全国駅名事典

全国駅名事典

星野真太郎 [著]　前里孝 [監修]

創元社

全国鉄道軌道路線図
2016

- JR、私鉄の鉄軌道、公営鉄軌道、第三セクター鉄軌道、貨物鉄道など、国内の鉄軌道の全路線・全停車場（駅・信号場・操車場）・（軌道の）停留場を掲載しています（専用鉄道・専用側線［専用線］や非営業の車庫線などを除く）。
- 路線は鉄道会社ごとに色分けしています。下記および各ページの凡例をご参照ください。
- 鉄道会社の境界に関しては、線路の財産的分界点を尊重しています。
- 路線・停車場・停留場名称などは2016年9月末現在のものを表記しています。
- 震災など災害の影響により、一部路線に不通区間がありますが、路線そのものは従前のとおり記載しています。また、BRT（バス高速輸送システム）として仮復旧している区間も鉄道路線として記載しました。

全体的な凡例

- ○：駅および（軌道の）停留場
- □：貨物専用駅
- △：信号場
    - ＊実質的に信号場として機能する操車場や、主に私鉄などで「分岐点」や「信号所」と呼称される信号場に類する設備を含みます（鉄道の場合、法規的にはこれらも信号場）。また、独立した信号場ではなく、隣接駅の構内扱いとされるような設備についても、線路の分岐の様子を理解するうえで必要と思われるものは適宜記載しています。
- ✂：JR旅客鉄道の会社境界
    - ＊新幹線と在来線で会社が異なるため、または新幹線同士で会社が異なるために、ひとつの駅の構内に会社境界が存在するような場合では、境界表示は省略してあります。
- ⊢⊣：JR旅客鉄道各社の支社境界
- ◀：JR貨物支社境界（JR化後に貨物列車の運転実績が無く、かつ運賃計算キロ程として使用できる線区にもなっていない線区の境界についても、便宜上、JR旅客鉄道の会社境界・支社境界と同一とみなして示しています）

【JR線】

- JR北海道 在来線
- JR東日本 在来線
- JR東海 在来線
- JR西日本 在来線
- JR四国線
- JR九州 在来線
- JR貨物 第1種鉄道事業区間
- JR北海道 新幹線
- JR東日本 新幹線
- JR東海 新幹線
- JR西日本 新幹線
- JR九州 新幹線
- JR東日本の在来線で新幹線列車が直通運転を行う区間
- JR北海道の新幹線と在来線の共用区間（3線軌道）

【その他の鉄軌道線】

- 普通鉄道およびその構造に相当する構造を有する軌道（新設軌道を主体とする軌道を含む）
- 地下鉄《普通鉄道・軌道・案内軌条式鉄道》
- 路面電車《軌道》（路面電車であっても法的に普通鉄道とされる区間が存在する路線は、その全区間を普通鉄道を表わす線により表現する）
- モノレール・新交通システム・ガイドウェイバス・リニモ《懸垂式・跨座式鉄道およびそれらの構造に相当する構造を有する軌道、案内軌条式鉄道およびその構造に相当する構造を有する軌道、浮上式の軌道》
- ケーブルカー《鋼索鉄道》
- トロリーバス《無軌条電車》

＊色分けの凡例については各ページに明示

【JR各社の支社等の表記について】　〈　〉内は支社等の最寄駅

〔JR北海道〕
旭川支社〈旭川駅〉　　釧路支社〈釧路駅〉　　本社鉄道事業本部直轄〈桑園駅〉　　函館支社〈函館駅〉

〔JR東日本〕
盛岡支社〈盛岡駅〉　　秋田支社〈秋田駅〉　　仙台支社〈仙台駅〉　　新潟支社〈新潟駅〉
長野支社〈長野駅〉　　高崎支社〈高崎駅〉　　水戸支社〈水戸駅〉　　千葉支社〈千葉駅〉
大宮支社〈大宮駅〉　　東京支社〈田端駅〉　　八王子支社〈八王子駅〉　　横浜支社〈横浜駅〉

〔JR東海〕
新幹線鉄道事業本部〈東京駅〉（東海道新幹線を独立して管轄）　　東海鉄道事業本部静岡支社〈静岡駅〉
東海鉄道事業本部〈名古屋駅〉
新幹線鉄道事業本部関西支社〈新大阪駅〉（関西地区の東海道新幹線および新幹線米原駅を独立して管轄）

〔JR西日本〕
金沢支社〈金沢駅〉　　近畿統括本部京都支社〈京都駅〉　　近畿統括本部大阪支社〈天王寺駅〉　　近畿統括本部神戸支社〈神戸駅〉
福知山支社〈福知山駅〉　　和歌山支社〈和歌山駅〉　　岡山支社〈岡山駅〉　　米子支社〈米子駅〉
広島支社〈広島駅〉　　新幹線管理本部〈新大阪駅〉（山陽新幹線と博多南線を独立して管轄）
※山陽新幹線・博多南線の小倉駅、博多駅、博多南駅は新幹線管理本部福岡支社の管轄。

〔JR四国〕
本社鉄道事業本部直轄〈高松駅〉

〔JR九州〕
本社鉄道事業本部直轄〈博多駅〉　　長崎支社〈長崎駅〉　　大分支社〈大分駅〉
熊本支社〈熊本駅〉　　鹿児島支社〈鹿児島中央駅〉　　本社鉄道事業本部新幹線部〈博多駅〉（九州新幹線を独立して管轄）

〔JR貨物〕
北海道支社〈桑園駅〉　　東北支社〈仙台駅〉　　関東支社〈五反田駅〉　　東海支社〈稲沢駅〉
関西支社〈大阪駅〉　　九州支社〈西小倉駅〉

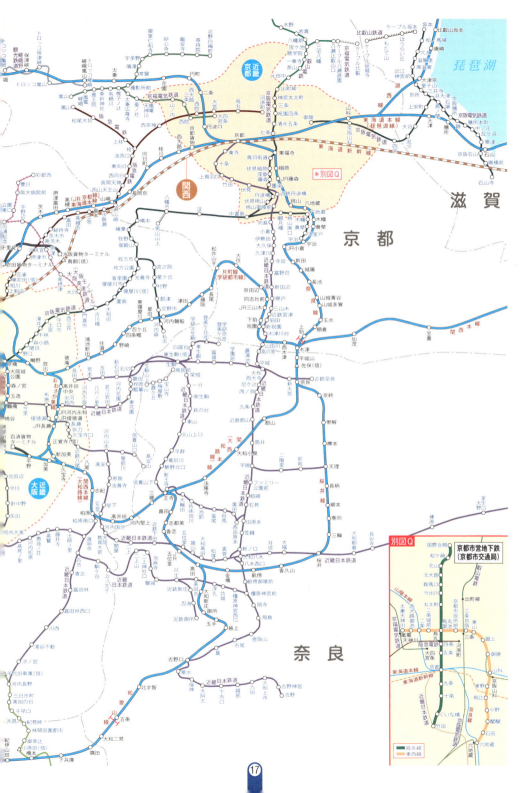

はじめに

　本書は「駅名事典」と題しているが、厳密には日本国内のすべての停車場および停留場を収録対象としている。すなわち、旅客用の「駅」だけでなく、「貨物駅」「信号場（所）」「操車場」も含まれる。それらの合計は2016（平成28）年10月1日現在で「9909」である。

　「駅名事典」と称する書籍はこれまでにも何度か出版されており、なかには駅名由来に特化したものもあるが、駅名、よみがな、所在地、開業日等の概要をまとめる網羅型の事典が常道である。本書もそうした先人の研究に多くを負っている。

　『鉄道停車場一覧』（昭和41年版から『停車場一覧』に改題）はそうした文献の代表であり、日本国有鉄道とその前身も含め、国の機関によって編纂され、数年または数十年の間隔をおいて断続的に発行されてきた。収録対象は国鉄および国鉄と連絡（連帯）運輸をしている私鉄であり、1907（明治40）年から1985（昭和60）年に至るまで17冊があるとされている。

　一方、民間で発行されたなかで著名なものとしては、中央書院の『駅名事典』がある。国鉄・JRおよび私鉄を対象としたもので、1952（昭和27）年から7版（最終版は第6版だが、直前に改訂新版と題するものが存在する）を重ねてきたが、2000（平成12）年を最後に発行されていない。

　国鉄・JRの停車場を網羅し、開業日のみならず、改称履歴や廃止停車場を含むものとしては『停車場変遷大事典 国鉄・JR編』（JTB、1998年）がある。『鉄道公報』『官報』といった一次資料に基づいて編集されており、鉄道創業以来の国鉄・JRの停車場変遷の全貌がつかめる大変有用な資料である。

　しかしながら、残念なことに、近年は全停車場を網羅するタイプの事典がまったくない状況が続いている。その間にも新駅が開業したり、あるいは廃止されたりと、数年前と比べても、状況は大きく変わっている。昨今はたいていの情報はインターネットで取得することができるものの、必ずしも詳らかではなく、一覧性にも欠け、信頼性という点でも疑念が残る。

　しかし座していても事態は変わらない。そこで、ささやかながら、長年にわたる私的研究をベースとして、新たに駅名事典を作ることとした。何かと至らぬ点もあるかと思うが、本書の刊行によって、その欠落を少しでも補うとともに、今後の鉄道史研究に微力ながら資することができれば、駅名研究を行う者として、また一鉄道ファンとして望外の喜びである。

　本書の編集方針や停車場調査の方法については、凡例や巻末の解説に詳しくまとめているが、ごく簡単にふれておきたい。

　本書の編集方針の根幹は「公文書主義」とでも言うべき原理主義であり、本書の前身となる私的研究においても、また本書を編纂する過程においても、安易に孫引きすることなく、できるかぎり一次資料にあたって調査した。とりわけ開業日の特定が眼目で、『鉄道省文書』『官報』や鉄道統計等の公文書を精査し、不明瞭なものについてはさらに社史、地図、その他の文献で補った。そのため、これまでの定説と多少違っている場合があることをお含みおき

いただきたい。

　また、本書編纂にあたっては、先述のように主として文献資料に依拠したが、必要に応じて全国の鉄道・軌道各社にも問い合わせをさせていただいた。駅の所在地確認が主目的であったが、開業日や駅種別、その他の項目についても貴重なご教示をいただいた。多大なるご協力に厚く御礼申し上げたい。

　駅名の研究は地味なものではあるが、駅は鉄道を運行するうえでも、また鉄道趣味や鉄道史研究を深めるうえでも重要な存在であると信じる。しかし、あまりに数が膨大なため、じっくりと取り組む人が少ないのではないかと思う。私もまた研究途上であるが、本書にはこれまでの成果を可能なかぎり注ぎ込んだつもりである。本書をレファレンスとして存分にご活用くだされば幸甚である。

　　2016年11月30日

星野真太郎

※本書編集に際しては細心の注意を払い、可能なかぎり誤りを避けるように努めましたが、調査不足や誤解による誤記があるかもしれません。見つけられた場合は、編集部気付でご教示をいただければ幸いです。　著者

総目次

巻頭路線図　①〜㉒
はじめに　i
凡　　例　iv
路線目次　viii

駅名一覧

JRグループ　　　　　　　　　　　　1
　JR北海道　　3　　JR西日本　109　　JR貨物　189
　JR東日本　23　　JR四国　　155
　JR東海　　91　　JR九州　　165

大手・準大手私鉄　　　　　　　　　193
　大手私鉄　195　　準大手私鉄　276

中小私鉄　　　　　　　　　　　　　281
　北海道　283　　信越　　339　　中国　410
　東北　　290　　北陸　　346　　四国　421
　北関東　305　　東海　　360　　九州　431
　南関東　312　　京滋　　384
　京浜　　322　　阪神その他　393

資料編

　都道府県別停車場数集計　453
　停車場開業数の推移　　　454
　駅・路線に関する日本一　455
　解　　説　　　　　　　　460
　参考文献　　　　　　　　464

索　引　466

凡 例

A 収録対象と構成について

■収録対象
本書の収録対象は、日本全国の鉄道事業者の「停車場」(駅、信号場、操車場)と軌道事業者の「停留場」「信号所」である(2016年10月1日現在)。ただし、2017年春頃までに新規開業または駅名改称の予定があるものなども、可能なかぎり掲載している。

■本編の構成
全体をJRグループ、大手・準大手私鉄、中小私鉄に分けて掲載した(公営鉄道や第三セクター鉄道も中小私鉄に含めた)。JRグループを含め、会社ごと、路線ごとに基本情報をまとめ、その後に駅名一覧を掲載するかたちをとっている(したがって、東海道本線の場合、JR東日本、JR東海、JR西日本の3社にまたがっている)。なお、中小私鉄については、便宜上、北海道、東北、北関東など13の地域に分けて掲載した。

■会社および路線の掲載順
路線名も含め、JRグループは「JR線路名称公告」に準じ、私鉄は国土交通省監修『鉄道要覧』に拠った。各路線の起終点も同様である(このため、各社の旅客案内用の起終点と逆転している場合もある)。

■掲載要素
(a) 鉄道事業者・軌道事業者について：本社所在地、設立年、保有路線、営業キロ(事業種別ごと)を記載した。
(b) 各路線について：当該路線の営業キロ(キロ程)／軌間／駅数(信号場、操車場を含む)／開業年月日／鉄道種別(普通鉄道、鋼索鉄道、軌道など)／動力種別(電化方式、内燃など)の順に記載した。
(c) 各駅について：駅名・読み方／取扱範囲／営業形態の種別(無人、業務委託など)／開業年月日／県名・所在地を記載した。

B 各駅の掲載項目について

煩瑣を避けるため、各項目の説明と本書における掲載データの基準を分けて記述する。事典を利用するうえでは B だけで事足りるが、本書の掲載基準そのものを確認される場合は「C 本書の掲載基準」もお読みいただきたい。

■駅名表記
各社要覧やホームページ、駅名標の表記にしたがった。ホームページと駅名標の表記が異なる場合は、諸事情を勘案していずれかの表記を採用した。なお、駅名にしばしば登場する「ケ」または「ヶ」(たとえば東海道本線「関ケ原」)については、基本的に各社表記にしたがったが、JRグループについては整合性を考慮して、すべて大きな「ケ」とした。

■ 開業日
　原則として『鉄道省文書』『官報』など公文書に基づいて記載したが、諸説あるものについては、その旨を欄外に注記した。

■ 駅の所属
　複数の路線が乗り入れている駅では、基本的には「最も開業の古い路線」の所属としている。ただし、会社が独自に所属を規定している場合はそれにしたがった。なお、当該路線に所属しない駅はカッコ付きで示している（例：千歳線「苗穂」は函館本線所属であるので、千歳線の駅名一覧では「(苗穂)」としている）。また、停車場に該当しない分岐点等は〈　〉付きとした。

■ 所在地
　基本的には各社ホームページや会社要覧等に拠っているが、必要に応じて各社に問い合わせた結果を記載した。ただし、諸般の事情で所在地情報が取得できない場合は、国土地理院地図などで調査した結果を記載した。なお、非公開あるいは調査不能のものについては、「N/A」(Not Applicable/Not Available、該当なし/情報なし) と表記した。

■ 単複電化
　本書では、各路線の電化・非電化、単線・複線、路線の起終点、分岐のようすが視覚的にわかるように、以下の記号を用いた（駅名一覧の最左列参照）。なお、起点・終点・分岐は、その会社の路線に限ったものであり、他社の路線との接続については、線路がつながっている場合でも図示していない。

● 非電化線・鋼索線
　┬　起点
　┬┬　起点（複線）
　│　単線
　││　複線
　├　分岐駅
　├├　分岐駅（複線）
　┌┘　単線→複線
　└┐　複線→単線
　│││　3線区間
　││　複線
　└┤　複線→単線＋分岐駅
　┌├　単線→複線＋分岐駅
　┴　終点
　┴┴　終点（複線）

● 電化線
　┬　起点
　┬┬　起点（複線）
　┬┬┬┬　起点（複々線）
　│　単線
　││　複線
　├　分岐駅
　├├　分岐駅（複線）
　┌┘　単線→複線
　└┐　複線→単線
　╥╥　複々線→複線
　╥╥　複線→複々線
　╨╨　複々線→複線＋分岐
　╥╥　複線→複々線＋分岐
　││││　複々線以上
　│││　3線区間
　└┤　複線→単線＋分岐駅
　┌├　単線→複線＋分岐駅
　┴　終点
　┴┴　終点（複線）

● 軌道線
　…　起点及び終点
　……　起点及び終点（複線）
　：　単線
　：：　複線
　∴　分岐停留場
　∴∴　分岐停留場（複線）
　・：　単線→複線、複線→単線

● 鉄軌分界点
　¡　軌道線→電化鉄道線
　!　電化鉄道線→軌道線

v

■ その他の略号
貨……………貨物のみ取扱う駅
共〔JR貨物〕……JR貨物の第2種区間で、旅客駅と共同使用している駅。
　　　　　※ORS（オフレールステーション＝JR貨物のコンテナ取り扱い基地だが、実際には貨物列車の運転は行われず、貨物駅までコンテナをトラック代行輸送している）を含む
臨……………臨時駅

■ 取扱範囲
駅名一覧中では「範囲」と表記した。下記の三種類に区分している。
　客：旅客取扱い／貨：貨物取扱い／客貨：旅客および貨物取扱い

■ 営業形態の種別
駅名一覧中では「種」とした。営業形態の種別や、信号場や停留場であることを示している。本欄略号は以下のとおり。なおJRについては、現時点では営業形態の把握が困難なため、今回は掲載を見送った。私鉄の空欄は基本的に直営であることを示すが、一部種別が不明なものもある。
　委：業務委託駅……関係会社等に駅業務全般を委託しているもの。
　簡：簡易委託駅……主として出札業務を自治体や地元商店などに委託しているもの。
　他：他社委託駅……共同使用駅において、一方の会社が他方の会社に駅業務全般を委託しているもの。改札が共用であっても出札が別の場合は他社委託駅とはしていない。
　無：無人駅……基本的に終日無人の駅。通勤・通学時など時間帯によって有人となる駅は除外。
　留：路面電車の停留場
　信：信号場・信号所
　操：操車場

C 本書の掲載基準

(1) 停車場、停留場の定義
■ 停車場
本書ではいわゆる「駅」だけでなく、「信号場」「操車場」を含めた「停車場」を収載している。各用語の定義は「普通鉄道構造規則」（昭和62年3月2日運輸省令第14号）第2条で以下のとおり定義されており（抜粋）、本書もこれにしたがった。
　駅：旅客の乗降又は貨物の積卸しを行うために使用される場所をいう。
　信号場：専ら列車の行き違い又は待ち合わせを行うために使用される場所をいう。
　操車場：専ら車両の入換え又は列車の組成を行うために使用される場所をいう。
　停車場：駅、信号場及び操車場をいう。
つまり、「駅」「信号場」「操車場」の総称が「停車場」である。

■ 停留場
軌道のうち、路面電車においてはしばしば電停と称されるが、「軌道建設規程」（大正12年12月29日

内務省・鉄道省令第1号）によれば、停留場である。それとは別に待避所があるが、現在では一般に信号所と呼称している。『鉄道省文書』においても、明治～大正期にかけては「待避所」という文言が使用されているが、明確な時期は不明であるものの、昭和期前後から「信号所」と称するようになった。

(2) **開業日について**
　鉄道路線や停車場などの開業日については、最初にその場所に停車場などが設置されて開業した日を示すのが原則であるが、種別の変更や事業者の移行などによりさまざまな解釈が生まれる。また事業者の設立日や営業キロ程についても基準を設けて統一している。具体的には下記のとおりである。

■ **路線開業日**
　その路線が最初に開業した区間の日付を記載している。国鉄から転換した第三セクター鉄道については、前身の国鉄または事業者名を記している。
　なお、煩瑣を避けるため、日本国有鉄道とその前身の運営主体（鉄道寮→鉄道局→鉄道庁→鉄道作業局→帝国鉄道庁→鉄道院→鉄道省→運輸通信省→運輸省）は、すべて「国有鉄道」と表記している。日本国有鉄道発足以前から、公文書、統計類では国有鉄道の用語が使用されていることによる。

■ **設立**
　『鉄道要覧』に記載されている事業者の設立日に加え、譲渡や会社分割等が実施された場合には、一部の事業者は前身会社の設立日もカッコ内に示している。公営交通等で一部設立日（発足日）を特定できていないものもある。

■ **駅開業日の定義**
　本書では公文書を重視している。一般に、一度廃止になった場所と同じ場所に後から開業した場合に、「復活」という言葉が使われることが多いが、「復活」と対になる用語は、官庁手続では「休止」であり、公文書に「廃止」とあれば、そこで駅の歴史はいったん途切れる。このため本書では、同じ場所に連続して違う形態の駅が同日に設置されても、開業日を旧駅まで遡らないこととした。

■ **営業キロ**
　第1種鉄道事業、第2種鉄道事業、軌道それぞれの営業キロと、駅数を示している。『鉄道要覧』記載のキロ程を基準としているが、会社提供の数値と異なる場合にはそちらを採用している。
　「鉄道事業法」第2条において、第1種、第2種、第3種の種別が定められている（要約）。本書でもこれにしたがって、各路線の概要で区別して記載した。
　第1種鉄道事業：旅客や貨物の運送を行う事業で、第2種以外のもの
　第2種鉄道事業：線路を保有せず、他の事業者の線路を使用する
　第3種鉄道事業：旅客や貨物の運送を行わず、線路を敷設して他の事業者に譲渡または使用させる

■ **駅数**
　路線ごとにカウントし、当該路線に所属しない駅（カッコ付きの駅）は数に入れていない。なお、共同使用駅については、管轄を区別せずに事業者ごとに1つの駅とみなしている。また、JR貨物第2種鉄道事業区間の貨物専用駅は、第1種鉄道事業の路線に駅数を計上していない。

路線目次 ※掲載順は、JRは「JR線路名称公告」、私鉄は『鉄道要覧』による。

JRグループ　1

●北海道旅客鉄道
函館本線	3
海峡線	6
北海道新幹線	6
札沼線	6
千歳線	7
石勝線	8
室蘭本線	10
日高本線	12
留萌本線	13
根室本線	14
富良野線	16
宗谷本線	17
石北本線	19
釧網本線	21

●東日本旅客鉄道
東海道本線	23
山手線	25
赤羽線	26
南武線	26
鶴見線	27
武蔵野線	28
横浜線	30
根岸線	30
横須賀線	31
相模線	31
伊東線	32
中央本線	33
青梅線	35
五日市線	36
八高線	36
小海線	37
篠ノ井線	38
大糸線	38
東北本線	40
東北新幹線	44
常磐線	45
水郡線	47
川越線	49
高崎線	49
上越線	50
上越新幹線	51
吾妻線	52
両毛線	52
水戸線	53
日光線	54
烏山線	54
仙山線	54
仙石線	55
石巻線	56
気仙沼線	56
大船渡線	57
北上線	58
釜石線	59
田沢湖線	60
山田線	60
花輪線	61
八戸線	62
大湊線	63
磐越東線	63
磐越西線	64
只見線	65
奥羽本線	67
米坂線	70
左沢線	70
男鹿線	71
五能線	71
津軽線	72
羽越本線	74
白新線	75
陸羽東線	76
陸羽西線	77
信越本線	78
北陸新幹線	80
飯山線	80
越後線	81
弥彦線	82
総武本線	83
京葉線	84
外房線	85
内房線	86
成田線	87
鹿島線	88
久留里線	88
東金線	89

●東海旅客鉄道
東海道本線	91
東海道新幹線	94
御殿場線	94
身延線	95
飯田線	96
武豊線	99
高山本線	100
中央本線	102
太多線	103
関西本線	104
紀勢本線	105
名松線	106
参宮線	106

●西日本旅客鉄道
東海道本線	109
湖西線	111
大阪環状線	112
桜島線	112
JR東西線	113

福知山線	113	舞鶴線	142	篠栗線	169
北陸本線	115	因美線	142	三角線	170
北陸新幹線	116	境線	143	肥薩線	170
小浜線	116	木次線	143	指宿枕崎線	171
越美北線	117	三江線	144	長崎本線	173
七尾線	118	関西本線	146	唐津線	174
城端線	118	草津線	147	筑肥線	175
氷見線	119	奈良線	147	佐世保線	176
高山本線	120	桜井線	148	大村線	176
大糸線	120	片町線	148	久大本線	177
山陽本線	121	おおさか東線	149	豊肥本線	179
山陽新幹線	124	和歌山線	150	日豊本線	181
加古川線	125	阪和線	151	日田彦山線	184
播但線	126	関西空港線	152	日南線	185
姫新線	126	紀勢本線	153	宮崎空港線	185
赤穂線	127			吉都線	186
津山線	128	●四国旅客鉄道…………………		筑豊本線	187
吉備線	129	本四備讃線	155	後藤寺線	187
宇野線	129	予讃線	155		
本四備讃線	130	内子線	158	●日本貨物鉄道(第一種鉄道事業)	
伯備線	130	予土線	158	奥羽本線	189
芸備線	131	高徳線	159	羽越本線	189
福塩線	132	鳴門線	160	仙石線	189
呉線	133	徳島線	160	信越本線	190
可部線	134	牟岐線	161	新湊線	190
岩徳線	134	土讃線	162	北陸本線	190
山口線	135			東海道本線	190
宇部線	136	●九州旅客鉄道…………………		関西本線	191
小野田線	136	山陽本線	165	鹿児島本線	191
美祢線	137	鹿児島本線	165	日豊本線	191
博多南線	137	九州新幹線	168		
山陰本線	138	香椎線	169		

大手・準大手私鉄　　193

東武鉄道	195	京浜急行電鉄	229	阪神電気鉄道	270
西武鉄道	203	相模鉄道	232	西日本鉄道	273
京成電鉄	208	名古屋鉄道	234	新京成電鉄	276
京王電鉄	212	近畿日本鉄道	245	北大阪急行電鉄	277
小田急電鉄	215	南海電気鉄道	257	泉北高速鉄道	278
東京急行電鉄	218	京阪電気鉄道	261	山陽電気鉄道	279
東京地下鉄	222	阪急電鉄	265		

中小私鉄

●北海道
- 札幌市交通局　283
- 函館市企業局　286
- 太平洋石炭販売輸送　288
- 道南いさりび鉄道　289

●東北
- 青函トンネル記念館　290
- 津軽鉄道　290
- 弘南鉄道　291
- 青い森鉄道　292
- 八戸臨海鉄道　293
- 三陸鉄道　293
- アイジーアールいわて銀河鉄道　294
- 岩手開発鉄道　295
- 仙台市交通局　296
- 仙台臨海鉄道　297
- 仙台空港鉄道　298
- 秋田内陸縦貫鉄道　298
- 秋田臨海鉄道　299
- 由利高原鉄道　300
- 山形鉄道　300
- 阿武隈急行　301
- 福島交通　302
- 会津鉄道　303
- 福島臨海鉄道　304

●北関東
- ひたちなか海浜鉄道　305
- 鹿島臨海鉄道　305
- 関東鉄道　306
- 筑波観光鉄道　307
- 野岩鉄道　308
- 真岡鐵道　308
- わたらせ渓谷鐵道　309
- 上毛電気鉄道　310
- 上信電鉄　311

●南関東
- 秩父鉄道　312
- 埼玉高速鉄道　313
- 埼玉新都市交通　314
- 銚子電気鉄道　314
- 北総鉄道　315
- 流鉄　316
- 東葉高速鉄道　316
- 山万　317
- 千葉都市モノレール　317
- 京葉臨海鉄道　318
- 舞浜リゾートライン　319
- 小湊鉄道　320
- いすみ鉄道　321
- 芝山鉄道　321

●京浜
- 首都圏新都市鉄道　322
- ゆりかもめ　323
- 東京臨海高速鉄道　324
- 東京モノレール　324
- 東京都交通局　325
- 多摩都市モノレール　330
- 高尾登山電鉄　331
- 御岳登山鉄道　331
- 神奈川臨海鉄道　332
- 横浜市交通局　333
- 横浜高速鉄道　334
- 横浜シーサイドライン　335
- 湘南モノレール　335
- 江ノ島電鉄　336
- 大山観光電鉄　337
- 箱根登山鉄道　337

●信越
- 富士急行　339
- 長野電鉄　340
- しなの鉄道　341
- 上田電鉄　342
- アルピコ交通　343

- 北越急行　343
- えちごトキめき鉄道　344

●北陸
- 富山地方鉄道　346
- 黒部峡谷鉄道　350
- 立山黒部貫光　350
- 関西電力　351
- 富山ライトレール　351
- 万葉線　352
- あいの風とやま鉄道　353
- のと鉄道　354
- 北陸鉄道　355
- IRいしかわ鉄道　356
- えちぜん鉄道　356
- 福井鉄道　358

●東海
- 伊豆箱根鉄道　360
- 伊豆急行　361
- 岳南電車　362
- 静岡鉄道　362
- 大井川鐵道　363
- 天竜浜名湖鉄道　364
- 遠州鉄道　366
- 豊橋鉄道　367
- 愛知環状鉄道　368
- 愛知高速交通　369
- 衣浦臨海鉄道　369
- 名古屋市交通局　370
- 名古屋臨海高速鉄道　373
- 名古屋臨海鉄道　374
- 名古屋ガイドウェイバス　375
- 東海交通事業　376
- 明知鉄道　376
- 長良川鉄道　377
- 樽見鉄道　378
- 養老鉄道　379
- 西濃鉄道　380
- 三岐鉄道　380

四日市あすなろう鉄道	381
伊勢鉄道	382
伊賀鉄道	383

● 京滋
近江鉄道	384
信楽高原鐵道	385
比叡山鉄道	386
WILLER TRAINS	386
丹後海陸交通	387
鞍馬寺	388
叡山電鉄	388
京福電気鉄道	389
嵯峨野観光鉄道	390
京都市交通局	391

● 阪神その他
大阪市交通局	393
阪堺電気軌道	398
水間鉄道	400
大阪高速鉄道	400
能勢電鉄	401
六甲山観光	402
神戸すまいまちづくり公社	403
北神急行電鉄	403
神戸市交通局	403
神戸電鉄	405
神戸新交通	407
北条鉄道	408
和歌山電鐵	408
紀州鉄道	409

● 中国
若桜鉄道	410
智頭急行	410
一畑電車	411
岡山電気軌道	412
水島臨海鉄道	413
井原鉄道	414
スカイレールサービス	415
広島電鉄	415
広島高速交通	419
錦川鉄道	420

● 四国
阿佐海岸鉄道	421
高松琴平電気鉄道	421
四国ケーブル	423
伊予鉄道	423
土佐くろしお鉄道	426
とさでん交通	428

● 九州
北九州高速鉄道	431
皿倉登山鉄道	431
筑豊電気鉄道	432
平成筑豊鉄道	433
福岡市交通局	435
甘木鉄道	436
松浦鉄道	437
長崎電気軌道	438
島原鉄道	440
南阿蘇鉄道	441
熊本電気鉄道	442
熊本市交通局	443
肥薩おれんじ鉄道	445
くま川鉄道	446
岡本製作所	446
鹿児島市交通局	447
沖縄都市モノレール	449

駅名一覧
JRグループ

北海道旅客鉄道

- ● 本　　社　〒060-8644 北海道札幌市中央区北11条西15丁目1番1号
- ● 設　　立　1987.04.01
- ● 路　　線　函館本線、海峡線、北海道新幹線、札沼線、千歳線、石勝線、室蘭本線、日高本線、留萌本線、根室本線、富良野線、宗谷本線、石北本線、釧網本線
- ● 営業キロ　第1種鉄道事業＝2572.3km（469駅）

駅　名	読み方	範囲	種	開業日	県名	所在地

函館本線

■函館～旭川

423.1km／1067mm／88駅／1880.11.28開業／普通鉄道／架空線式 交流20000V（函館～新函館北斗、小樽～旭川）・内燃・蒸気

第2種鉄道事業＝日本貨物鉄道（函館貨物～長万部、苗穂～旭川）

駅名	読み方	種	開業日	県名	所在地
函館	はこだて	客	1904.07.01	北海道	函館市若松町12-13
五稜郭	ごりょうかく	客	1911.09.01	北海道	函館市亀田本町64-16
函館貨物 [JR貨物]	はこだてかもつ	貨	2011.03.12	北海道	函館市港町1-35
桔梗	ききょう	客	1902.12.10	北海道	函館市桔梗
大中山	おおなかやま	客	1950.01.15	北海道	亀田郡七飯町大中山
七飯	ななえ	客	1902.12.10	北海道	亀田郡七飯町本町1-1-1
新函館北斗	しんはこだてほくと	客	1902.12.10	北海道	北斗市市渡1-1-1
仁山	にやま	客	1987.04.01	北海道	亀田郡七飯町仁山
大沼	おおぬま	客	1903.06.28	北海道	亀田郡七飯町字大沼町4-5
大沼公園	おおぬまこうえん	客	1908.05.25	北海道	亀田郡七飯町字大沼町85-8
赤井川	あかいがわ	客	1904.10.15	北海道	茅部郡森町赤井川
駒ケ岳	こまがたけ	客	1903.06.28	北海道	茅部郡森町駒ケ岳
東山	ひがしやま	客	1987.04.01	北海道	茅部郡森町駒ケ岳
姫川	ひめかわ	客	1987.04.01	北海道	茅部郡森町姫川
森	もり	客	1903.06.28	北海道	茅部郡森町字本町
桂川	かつらがわ	客	1987.04.01	北海道	茅部郡森町鷲ノ木町
石谷	いしや	客	1946.04.01	北海道	茅部郡森町本茅部町
本石倉	ほんいしくら	客	1987.04.01	北海道	茅部郡森町石倉町
石倉	いしくら	客	1903.11.03	北海道	茅部郡森町石倉町
落部	おとしべ	客	1911.08.05	北海道	二海郡八雲町落部
野田生	のだおい	客	1903.11.03	北海道	二海郡八雲町野田生
山越	やまこし	客	1903.11.03	北海道	二海郡八雲町山越
八雲	やくも	客	1903.11.03	北海道	二海郡八雲町本町125-1

JRグループ 北海道旅客鉄道

駅　名	読み方	範囲	種	開業日	県名	所 在 地
鷲ノ巣信号場	わしのす	一	信	2016.03.26	北海道	N/A
山崎	やまさき		客	1904.10.15	北海道	二海郡八雲町山崎
黒岩	くろいわ		客	1903.11.03	北海道	二海郡八雲町黒岩
北豊津	きたとよつ		客	1987.04.01	北海道	山越郡長万部町豊津
国縫	くんぬい		客	1903.11.03	北海道	山越郡長万部町国縫
中ノ沢	なかのさわ		客	1904.10.15	北海道	山越郡長万部町中ノ沢
長万部	おしゃまんべ		客	1903.11.03	北海道	山越郡長万部町字長万部228-7
二股	ふたまた		客	1903.11.03	北海道	山越郡長万部町双葉
蕨岱	わらびたい		客	1904.10.15	北海道	山越郡長万部町蕨岱
黒松内	くろまつない		客	1903.11.03	北海道	寿都郡黒松内町黒松内
熱郛	ねっぷ		客	1903.11.03	北海道	寿都郡黒松内町白井川
目名	めな		客	1904.10.15	北海道	磯谷郡蘭越町目名町
蘭越	らんこし		客	1904.10.15	北海道	磯谷郡蘭越町蘭越町
昆布	こんぶ		客	1904.10.15	北海道	磯谷郡蘭越町昆布町
ニセコ	にせこ		客	1904.10.15	北海道	虻田郡ニセコ町中央通
比羅夫	ひらふ		客	1904.10.15	北海道	虻田郡倶知安町比羅夫
倶知安	くっちゃん		客	1904.10.15	北海道	虻田郡倶知安町北3条西4-3
小沢	こざわ		客	1904.07.18	北海道	岩内郡共和町小沢
銀山	ぎんざん		客	1905.01.29	北海道	余市郡仁木町銀山
然別	しかりべつ		客	1902.12.10	北海道	余市郡仁木町然別
仁木	にき		客	1902.12.10	北海道	余市郡仁木町北町
余市	よいち		客	1902.12.10	北海道	余市郡余市町黒川町5-43-7
蘭島	らんしま		客	1902.12.10	北海道	小樽市蘭島
塩谷	しおや		客	1903.06.28	北海道	小樽市塩谷
小樽	おたる		客	1903.06.28	北海道	小樽市稲穂2-22-15
南小樽	みなみおたる		客	1880.11.28	北海道	小樽市住吉町10-7
小樽築港 田［JR貨物］	おたるちっこう		客貨	1910.11.21	北海道	小樽市築港1-4
朝里	あさり		客	1880.11.28	北海道	小樽市朝里
銭函	ぜにばこ		客	1880.11.28	北海道	小樽市銭函2-2-5
ほしみ	ほしみ		客	1995.03.16	北海道	札幌市手稲区星置
星置	ほしおき		客	1985.10.01	北海道	札幌市手稲区星置1条3-1-1
稲穂	いなほ		客	1986.11.01	北海道	札幌市手稲区稲穂1条
手稲	ていね		客	1880.11.28	北海道	札幌市手稲区手稲本町1条4
稲積公園	いなづみこうえん		客	1986.11.01	北海道	札幌市手稲区富丘1条4
発寒	はっさむ		客	1986.11.01	北海道	札幌市西区発寒9条13
発寒中央	はっさむちゅうおう		客	1986.11.01	北海道	札幌市西区発寒10条3
琴似	ことに		客	1880.11.28	北海道	札幌市西区琴似2条1-1-10
桑園	そうえん		客	1924.06.01	北海道	札幌市中央区北11条西15
札幌	さっぽろ		客	1880.11.28	北海道	札幌市北区北6条西4
苗穂 田［JR貨物］	なえぼ		客貨	1910.05.16	北海道	札幌市中央区北3条東13

駅　名	読み方	範囲	種	開業日	県名	所　在　地
白石	しろいし		客	1903.04.21	北海道	札幌市白石区平和通3-北6-1
札幌貨物ターミナル 囲[JR貨物]	さっぽろかもつたーみなる		貨	1968.10.01	北海道	札幌市白石区平和通16-北10-16
厚別	あつべつ		客	1894.08.01	北海道	札幌市厚別区厚別中央5条4-2-1
森林公園	しんりんこうえん		客	1984.09.20	北海道	札幌市厚別区厚別北1条4-3-1
大麻	おおあさ		客	1966.12.15	北海道	江別市大麻中町50
野幌	のっぽろ		客	1889.11.03	北海道	江別市野幌町94-1
高砂	たかさご		客	1986.11.01	北海道	江別市高砂町56-1
江別	えべつ		客	1882.11.13	北海道	江別市萩ケ岡25
豊幌	とよほろ		客	1956.11.01	北海道	江別市豊幌
幌向	ほろむい		客	1882.11.13	北海道	岩見沢市幌向南1条
上幌向	かみほろむい		客	1907.11.25	北海道	岩見沢市上幌向北1条
岩見沢	いわみざわ		客	1884.08.15	北海道	岩見沢市有明町南1-1
峰延	みねのぶ		客	1891.07.05	北海道	美唄市峰延町本町
光珠内	こうしゅない		客	1952.04.10	北海道	美唄市光珠内町北
美唄	びばい		客	1891.07.05	北海道	美唄市東1条南2-3-1
茶志内 囲[JR貨物]	ちゃしない		客貨	1916.07.15	北海道	美唄市茶志内町本町
奈井江	ないえ		客	1891.07.05	北海道	空知郡奈井江町奈井江町
豊沼	とよぬま		客	1947.02.20	北海道	砂川市東3条南19
砂川	すながわ		客	1891.07.05	北海道	砂川市東2条北2-1-1
滝川 囲[JR貨物]	たきかわ		客貨	1898.07.16	北海道	滝川市栄町4-9-15
江部乙	えべおつ		客	1898.07.16	北海道	滝川市江部乙町西12-4
妹背牛	もせうし		客	1898.07.16	北海道	雨竜郡妹背牛町字妹背牛
深川	ふかがわ		客	1898.07.16	北海道	深川市1条9-4
納内	おさむない		客	1898.07.16	北海道	深川市納内町字納内
伊納	いのう		客	1900.05.11	北海道	旭川市江丹別町春日
近文 囲[JR貨物]	ちかぶみ		客貨	1911.01.11	北海道	旭川市近文町20
旭川	あさひかわ		客	1898.07.16	北海道	旭川市宮下通8-3-1

[注] 苗穂～札幌貨物ターミナルは千歳線と二重戸籍。

■大沼～森
35.3km／1067mm／9駅／1945.01.25開業／普通鉄道／内燃・蒸気
第2種鉄道事業＝日本貨物鉄道（大沼～森）

駅　名	読み方	範囲	種	開業日	県名	所　在　地
(大沼)	(函館本線所属)			1945.06.01		
池田園	いけだえん		客	1945.06.01	北海道	亀田郡七飯町軍川
流山温泉	ながれやまおんせん		客	2002.04.27	北海道	亀田郡七飯町東大沼
銚子口	ちょうしぐち		客	1945.06.01	北海道	亀田郡七飯町東大沼
鹿部	しかべ		客	1945.06.01	北海道	茅部郡鹿部町本別
渡島沼尻	おしまぬまじり		客	1987.04.01	北海道	茅部郡森町砂原東
渡島砂原	おしまさわら		客	1945.01.25	北海道	茅部郡森町砂原
掛澗	かかりま		客	1945.01.25	北海道	茅部郡森町砂原西

	駅　名	読み方	範囲	種	開業日	県名	所 在 地
	尾白内	おしろない		客	1945.01.25	北海道	茅部郡森町尾白内町
	東森	ひがしもり		客	1945.01.25	北海道	茅部郡森町東森町
	(森)	(函館本線所属)			1945.01.25		

海峡線（かいきょうせん）

■中小国～木古内
87.8km／1067・1435mm／3駅／1988.03.13開業／普通鉄道／架空線式 交流25000V
第2種鉄道事業者＝日本貨物鉄道（中小国～木古内）

	駅名	読み方	範囲	種	開業日	県名	所在地
	(中小国)	(JR東日本津軽線所属)			1988.03.13		
	新中小国信号場	しんなかおぐに	—	信	1988.03.13	青森	東津軽郡外ヶ浜町蟹田
	湯の里知内信号場	ゆのさとしりうち	—	信	2014.03.15	北海道	上磯郡知内町湯の里
	木古内	きこない		客	1988.03.13	北海道	上磯郡木古内町字木古内206-3

北海道新幹線（ほっかいどうしんかんせん）

■新青森～新函館北斗
148.8km／1435mm／1駅／2016.03.26開業／普通鉄道／架空線式 交流25000V

	駅名	読み方	範囲	種	開業日	県名	所在地
	(新青森)	(JR東日本奥羽本線所属)			2016.03.26		
	(新中小国信号場)	(海峡線所属)			2016.03.26		
	奥津軽いまべつ	おくつがるいまべつ		客	1988.03.13	青森	東津軽郡今別町字大川平
	(湯の里知内信号場)	(海峡線所属)			2016.03.26		
	(木古内)	(海峡線所属)			2016.03.26		
	(新函館北斗)	(函館本線所属)			2016.03.26		

札沼線（さっしょうせん）（愛称：学園都市線（がくえんとしせん））

■桑園～新十津川
76.5km／1067mm／28駅／1931.10.10開業／普通鉄道／架空線式 交流20000V（桑園～北海道医療大学）・内燃・蒸気

	駅名	読み方	範囲	種	開業日	県名	所在地
	(桑園)	(函館本線所属)			1934.11.20		
	八軒	はちけん		客	1988.11.03	北海道	札幌市西区八軒6条東2
	新川	しんかわ		客	1986.11.01	北海道	札幌市北区新川4条2
	新琴似	しんことに		客	1934.11.20	北海道	札幌市北区新琴似8条1-4-1
	太平	たいへい		客	1986.11.01	北海道	札幌市北区太平2条
	百合が原	ゆりがはら		客	1986.06.28	北海道	札幌市北区百合が原
	篠路	しのろ		客	1934.11.20	北海道	札幌市北区篠路4条
	拓北	たくほく		客	1967.12.15	北海道	札幌市北区拓北6条3-9-1

駅　名	読み方	範囲	種	開業日	県名	所在地
あいの里教育大	あいのさときょういくだい		客	1986.11.01	北海道	札幌市北区あいの里1条5-1-2
あいの里公園	あいのさとこうえん		客	1958.07.01	北海道	札幌市北区あいの里2条
石狩太美	いしかりふとみ		客	1934.11.20	北海道	石狩郡当別町太美町
石狩当別	いしかりとうべつ		客	1934.11.20	北海道	石狩郡当別町錦町55-9
北海道医療大学	ほっかいどういりょうだいがく		客	1982.04.01	北海道	石狩郡当別町金沢
石狩金沢	いしかりかなざわ		客	1935.10.03	北海道	石狩郡当別町金沢
本中小屋	もとなかごや		客	1935.10.03	北海道	石狩郡当別町中小屋
中小屋	なかごや		客	1935.10.03	北海道	石狩郡当別町中小屋
月ケ岡	つきがおか		客	1958.07.01	北海道	樺戸郡月形町字知来乙
知来乙	ちらいおつ		客	1958.07.01	北海道	樺戸郡月形町字知来乙
石狩月形	いしかりつきがた		客	1935.10.03	北海道	樺戸郡月形町
豊ケ岡	とよがおか		客	1960.09.10	北海道	樺戸郡月形町
札比内	さっぴない		客	1935.10.03	北海道	樺戸郡月形町
晩生内	おそきない		客	1935.10.03	北海道	樺戸郡浦臼町晩生内
札的	さってき		客	1960.09.01	北海道	樺戸郡浦臼町ウラウスナイ
浦臼	うらうす		客	1934.10.10	北海道	樺戸郡浦臼町ウラウシナイ
鶴沼	つるぬま		客	1956.11.16	北海道	樺戸郡浦臼町オサツナイ
於札内	おさつない		客	1987.04.01	北海道	樺戸郡浦臼町オサツナイ
南下徳富	みなみしもとっぷ		客	1956.11.16	北海道	樺戸郡新十津川町花月
下徳富	しもとっぷ		客	1934.10.10	北海道	樺戸郡新十津川町花月
新十津川	しんとつかわ		客	1931.10.10	北海道	樺戸郡新十津川町中央

JRグループ　北海道旅客鉄道

千歳線

■ 苗穂〜沼ノ端

60.2km／1067mm／14駅／1926.08.21開業／普通鉄道／架空線式 交流20000V・内燃・蒸気
第2種鉄道事業者＝日本貨物鉄道（白石〜沼ノ端）

駅名	読み方	範囲	種	開業日	県名	所在地
(苗穂)	(函館本線所属)			1973.09.09		
(白石)	(函館本線所属)			1973.09.09		
平和	へいわ		客	1986.11.01	北海道	札幌市白石区平和通16丁目北
(札幌貨物ターミナル)	(函館本線所属)			1973.09.09		
新札幌	しんさっぽろ		客	1973.09.09	北海道	札幌市厚別区厚別中央2条5-6-1
上野幌	かみのっぽろ		客	1973.09.09	北海道	札幌市厚別区厚別町上野幌686-16
西の里信号場	にしのさと	―	信	1992.07.01	北海道	N/A
北広島	きたひろしま		客	1926.08.21	北海道	北広島市中央6-10
島松	しままつ		客	1926.08.21	北海道	恵庭市島松仲町1-1-1
恵み野	めぐみの		客	1982.03.01	北海道	恵庭市恵み野西1-1-1
恵庭	えにわ		客	1926.08.21	北海道	恵庭市相生町501-1
サッポロビール庭園	さっぽろびーるていえん		客	1990.07.01	北海道	恵庭市戸磯

駅　名	読　み　方	範囲	種	開業日	県名	所　在　地
長都	おさつ	客		1958.07.01	北海道	千歳市上長都
千歳	ちとせ	客		1926.08.21	北海道	千歳市千代田町7-7-2
南千歳	みなみちとせ	客		1980.10.01	北海道	千歳市平和1388-2
美々	びび	客		1926.08.21	北海道	千歳市美々
植苗	うえなえ	客		1926.08.21	北海道	苫小牧市植苗
(沼ノ端)	(室蘭本線所属)			1926.08.21		

[注] 苗穂〜札幌貨物ターミナルは函館本線と二重戸籍。

■南千歳〜新千歳空港

2.6km／1067mm／1駅／1992.07.01開業／普通鉄道／架空線式 交流20000V・内燃・蒸気

駅名	読み方	範囲	種	開業日	県名	所在地
(南千歳)	(千歳線所属)			1992.07.01		
新千歳空港	しんちとせくうこう	客		1992.07.01	北海道	千歳市美々

石勝線（せきしょうせん）

■南千歳〜新得

132.4km／1067mm／18駅／1892.11.01開業／普通鉄道／内燃・蒸気
第2種鉄道事業＝日本貨物鉄道（南千歳〜新得）

駅名	読み方	範囲	種	開業日	県名	所在地
(南千歳)	(千歳線所属)			1981.10.01	北海道	
駒里信号場	こまさと	―	信	1981.10.01	北海道	N/A
西早来信号場	にしはやきた	―	信	1981.10.01	北海道	N/A
(追分)	(室蘭本線所属)			1892.11.01		
東追分信号場	ひがしおいわけ	―	信	2016.03.26	北海道	N/A
川端	かわばた	客		1893.08.01	北海道	夕張郡由仁町川端
滝ノ下信号場	たきのした	―	信	1981.10.01	北海道	N/A
滝ノ上	たきのうえ	客		1897.02.16	北海道	夕張市滝ノ上
十三里信号場	とみさと	―	信	2016.03.26	北海道	N/A
新夕張	しんゆうばり	客		1892.11.01	北海道	夕張市紅葉山550
楓信号場	かえで	―	信	2004.03.13	北海道	N/A
オサワ信号場	おさわ	―	信	1981.10.01	北海道	N/A
東オサワ信号場	ひがしおさわ	―	信	1981.10.01	北海道	N/A
清風山信号場	せいふうざん	―	信	1981.10.01	北海道	N/A
占冠	しむかっぷ	客		1981.10.01	北海道	勇払郡占冠村占冠
東占冠信号場	ひがししむかっぷ	―	信	1981.10.01	北海道	N/A
滝ノ沢信号場	たきのさわ	―	信	1981.10.01	北海道	N/A
ホロカ信号場	ほろか	―	信	1981.10.01	北海道	N/A
トマム	とまむ	客		1981.10.01	北海道	勇払郡占冠村中トマム
串内信号場	くしない	―	信	1981.10.01	北海道	N/A
(上落合信号場)	(根室本線所属)			1981.10.01		

駅　名	読み方	範囲	種	開業日	県名	所在地
(新狩勝信号場)	(根室本線所属)			1981.10.01		
(広内信号場)	(根室本線所属)			1981.10.01		
(西新得信号場)	(根室本線所属)			1981.10.01		
(新得)	(根室本線所属)			1981.10.01		

■新夕張〜夕張
16.1km／1067mm／5駅／1892.11.01開業／普通鉄道／内燃・蒸気

駅　名	読み方	範囲	種	開業日	県名	所在地
(新夕張)	(石勝線所属)			1892.11.01	北海道	
沼ノ沢	ぬまのさわ		客	1905.11.15	北海道	夕張市沼ノ沢
南清水沢	みなみしみずさわ		客	1962.12.25	北海道	夕張市南清水沢
清水沢	しみずさわ		客	1897.02.16	北海道	夕張市清水沢
鹿ノ谷	しかのたに		客	1901.12.01	北海道	夕張市鹿の谷
夕張	ゆうばり		客	1892.11.01	北海道	夕張市末広1

室蘭本線

■長万部～岩見沢

211.0km／1067mm／42駅／1892.08.01開業／普通鉄道／架空線式 交流20000V（東室蘭～沼ノ端）・内燃・蒸気
第2種鉄道事業＝日本貨物鉄道（長万部～岩見沢）

駅名	読み方	範囲	種	開業日	県名	所在地
（長万部）	（函館本線所属）			1923.12.10		
静狩	しずかり		客	1923.12.10	北海道	山越郡長万部町静狩
小幌	こぼろ		客	1987.04.01	北海道	虻田郡豊浦町礼文華
礼文	れぶん		客	1928.09.10	北海道	虻田郡豊浦町礼文華
大岸	おおきし		客	1928.09.10	北海道	虻田郡豊浦町大岸
豊浦	とようら		客	1928.09.10	北海道	虻田郡豊浦町旭町
洞爺	とうや		客	1928.09.10	北海道	虻田郡洞爺湖町旭町19-1
北入江信号場	きたいりえ	ー	信	1994.03.16	北海道	N/A
有珠	うす		客	1928.09.10	北海道	伊達市有珠町
長和	ながわ		客	1928.09.10	北海道	伊達市長和町
伊達紋別	だてもんべつ		客	1925.08.20	北海道	伊達市山下町8-2
北舟岡	きたふなおか		客	1987.04.01	北海道	伊達市舟岡町
稀府	まれっぷ		客	1925.08.20	北海道	伊達市南稀府町
黄金	こがね		客	1925.08.20	北海道	伊達市南黄金町
崎守	さきもり		客	1968.09.19	北海道	室蘭市崎守町
陣屋町 [JR貨物]	じんやまち		貨	1953.07.15	北海道	室蘭市陣屋町
本輪西 [JR貨物]	もとわにし		客貨	1925.08.20	北海道	室蘭市本輪西町1-1
東室蘭 [JR貨物]	ひがしむろらん		客貨	1892.08.01	北海道	室蘭市東町2-29-4
鷲別	わしべつ		客	1901.12.01	北海道	登別市鷲別町
幌別	ほろべつ		客	1892.08.01	北海道	登別市幌別町3-20-1
富浦	とみうら		客	1953.12.20	北海道	登別市富浦町2
登別	のぼりべつ		客	1892.08.01	北海道	登別市登別港町1-4-1
虎杖浜	こじょうはま		客	1928.08.05	北海道	白老郡白老町虎杖浜
竹浦	たけうら		客	1897.02.16	北海道	白老郡白老町竹浦
北吉原	きたよしはら		客	1965.11.01	北海道	白老郡白老町北吉原
萩野 [JR貨物]	はぎの		客貨	1909.10.15	北海道	白老郡白老町萩野
白老	しらおい		客	1892.08.01	北海道	白老郡白老町東町1-2-1
社台	しゃだい		客	1909.10.15	北海道	白老郡白老町社台
錦岡	にしきおか		客	1898.02.01	北海道	苫小牧市宮前町3
糸井	いとい		客	1956.04.01	北海道	苫小牧市日吉町3
青葉	あおば		客	1988.11.03	北海道	苫小牧市青葉町2
苫小牧	とまこまい		客	1892.08.01	北海道	苫小牧市表町6-4-3
苫小牧貨物 [JR貨物]	とまこまいかもつ		貨	2011.03.12	北海道	苫小牧市一本松町15
沼ノ端	ぬまのはた		客	1898.02.01	北海道	苫小牧市沼ノ端中央4

駅　名	読み方	範囲	種	開業日	県名	所在地
遠浅	とあさ		客	1902.09.21	北海道	勇払郡安平町遠浅
早来	はやきた		客	1894.08.01	北海道	勇払郡安平町早来大町
安平	あびら		客	1902.10.11	北海道	勇払郡安平町安平
追分	おいわけ		客	1892.08.01	北海道	勇払郡安平町字追分中央1
三川	みかわ		客	1897.02.16	北海道	夕張郡由仁町三川旭町
古山	ふるさん		客	1946.04.01	北海道	夕張郡由仁町熊本
由仁	ゆに		客	1892.08.01	北海道	夕張郡由仁町本町
栗山	くりやま		客	1893.07.01	北海道	夕張郡栗山町錦
栗丘	くりおか		客	1946.04.01	北海道	岩見沢市栗沢町栗丘
栗沢	くりさわ		客	1894.10.01	北海道	岩見沢市栗沢町
志文	しぶん		客	1902.08.01	北海道	岩見沢市志文本町
(岩見沢)	(函館本線所属)			1892.08.01		

［注］北入江信号場の開業日は1994.01.19の説あり。

■ 東室蘭〜室蘭
7.0km／1067mm／4駅／1897.07.01開業／普通鉄道／架空線式 交流20000V・内燃・蒸気

駅名	読み方	範囲	種	開業日	県名	所在地
(東室蘭)	(室蘭本線所属)			1897.07.01		
輪西	わにし		客	1928.09.10	北海道	室蘭市仲町
御崎	みさき		客	1905.06.21	北海道	室蘭市御崎町2
母恋	ぼこい		客	1935.12.29	北海道	室蘭市母恋北町1
室蘭	むろらん		客	1897.07.01	北海道	室蘭市中央町4-5

日高本線

■苫小牧～様似
146.5km／1067mm／28駅／1913.10.01開業／普通鉄道／内燃・蒸気

駅　名	読み方	範囲	種	開業日	県名	所在地
(苫小牧)	(室蘭本線所属)			1913.10.01		
勇払	ゆうふつ		客	1913.10.01	北海道	苫小牧市勇払
浜厚真	はまあつま		客	1913.10.01	北海道	勇払郡厚真町浜厚真
浜田浦	はまたうら		客	1959.12.18	北海道	勇払郡むかわ町田浦
鵡川	むかわ		客	1913.10.01	北海道	勇払郡むかわ町末広2-1-6
汐見	しおみ		客	1959.12.18	北海道	勇払郡むかわ町汐見
富川	とみかわ		客	1913.10.01	北海道	沙流郡日高町富川南
日高門別	ひだかもんべつ		客	1924.09.06	北海道	沙流郡日高町門別本町
豊郷	とよさと		客	1924.09.06	北海道	沙流郡日高町豊郷
清畠	きよはた		客	1924.09.06	北海道	沙流郡日高町清畠
厚賀	あつが		客	1924.09.06	北海道	沙流郡日高町厚賀町
大狩部	おおかりべ		客	1958.07.15	北海道	新冠郡新冠町大狩部
節婦	せっぷ		客	1926.12.07	北海道	新冠郡新冠町節婦町
新冠	にいかっぷ		客	1926.12.07	北海道	新冠郡新冠町本町
静内	しずない		客	1926.12.07	北海道	日高郡新ひだか町静内本町5-1-22
東静内	ひがししずない		客	1933.12.15	北海道	日高郡新ひだか町東静内
春立	はるたち		客	1933.12.15	北海道	日高郡新ひだか町静内春立
日高東別	ひだかとうべつ		客	1958.07.15	北海道	日高郡新ひだか町静内東別
日高三石	ひだかみついし		客	1933.12.15	北海道	日高郡新ひだか町三石旭町
蓬栄	ほうえい		客	1958.07.15	北海道	日高郡新ひだか町三石蓬栄
本桐	ほんきり		客	1935.10.24	北海道	日高郡新ひだか町三石本桐
荻伏	おぎふし		客	1935.10.24	北海道	浦河郡浦河町荻伏町
絵笛	えふえ		客	1958.07.15	北海道	浦河郡浦河町絵笛
浦河	うらかわ		客	1935.10.24	北海道	浦河郡浦河町昌平駅通46
東町	ひがしちょう		客	1987.04.01	北海道	浦河郡浦河町東町うしお
日高幌別	ひだかほろべつ		客	1937.08.10	北海道	浦河郡浦河町西幌別
鵜苫	うとま		客	1937.08.10	北海道	様似郡様似町鵜苫
西様似	にしさまに		客	1937.08.10	北海道	様似郡様似町西様似
様似	さまに		客	1937.08.10	北海道	様似郡様似町大通2-101-1

JRグループ　北海道旅客鉄道

留萌本線

■ 深川〜増毛
66.8km／1067mm／19駅／1910.11.23開業／普通鉄道／内燃・蒸気

駅　名	読み方	範囲	種	開業日	県名	所在地
（深川）	（函館本線所属）			1910.11.23		
北一已	きたいちやん		客	1955.07.20	北海道	深川市一已町
秩父別	ちっぷべつ		客	1910.11.23	北海道	雨竜郡秩父別町2条
北秩父別	きたちっぷべつ		客	1987.04.01	北海道	雨竜郡秩父別町6条
石狩沼田	いしかりぬまた		客	1910.11.23	北海道	雨竜郡沼田町北1条3
真布	まっぷ		客	1987.04.01	北海道	雨竜郡沼田町字真布
恵比島	えびしま		客	1910.11.23	北海道	雨竜郡沼田町恵比島
峠下	とうげした		客	1910.11.23	北海道	留萌市大字留萌村字峠下
幌糠	ほろぬか		客	1910.11.23	北海道	留萌市幌糠町幌糠
藤山	ふじやま		客	1910.11.23	北海道	留萌市藤山町藤山
大和田	おおわだ		客	1910.11.23	北海道	留萌市大和田3
留萌	るもい		客	1910.11.23	北海道	留萌市船場町2-115-8
瀬越	せごし		客	1926.07.01	北海道	留萌市瀬越町
礼受	れうけ		客	1921.11.05	北海道	留萌市礼受町
阿分	あふん		客	1987.04.01	北海道	増毛郡増毛町大字阿分村
信砂	のぶしゃ		客	1987.04.01	北海道	増毛郡増毛町大字舎熊村字信砂
舎熊	しゃぐま		客	1921.11.05	北海道	増毛郡増毛町大字舎熊村字舎熊
朱文別	しゅもんべつ		客	1987.04.01	北海道	増毛郡増毛町大字朱文別
箸別	はしべつ		客	1987.04.01	北海道	増毛郡増毛町増毛村大字箸別
増毛	ましけ		客	1921.11.05	北海道	増毛郡増毛町弁天町1

［注］留萌〜増毛は2016.12.05廃止。

駅　名	読み方	範囲	種	開業日	県名	所在地

根室本線（愛称：花咲線＝釧路〜根室）

■ 滝川〜根室

443.8km／1067mm／75駅／1900.12.02開業／普通鉄道／内燃・蒸気
第2種鉄道事業＝日本貨物鉄道（滝川〜富良野、東鹿越〜釧路）

駅名	読み方	範囲	種	開業日	県名	所在地
(滝川)	(函館本線所属)			1913.11.10		
東滝川	ひがしたきかわ		客	1913.11.10	北海道	滝川市東滝川町
赤平 [JR貨物]	あかびら		客貨	1913.11.10	北海道	赤平市泉町1-1
茂尻	もしり		客	1918.12.28	北海道	赤平市茂尻新町2
平岸	ひらぎし		客	1913.11.10	北海道	赤平市平岸仲町1
芦別	あしべつ		客	1913.11.10	北海道	芦別市本町1018-2
上芦別	かみあしべつ		客	1920.01.16	北海道	芦別市上芦別町
野花南	のかなん		客	1913.11.10	北海道	芦別市野花南町
島ノ下	しまのした		客	1913.11.10	北海道	富良野市島ノ下
富良野 [JR貨物]	ふらの		客貨	1900.12.02	北海道	富良野市日の出町1-30
布部	ぬのべ		客	1927.12.26	北海道	富良野市布部
山部	やまべ		客	1901.04.01	北海道	富良野市山部中町1
下金山	しもかなやま		客	1913.10.01	北海道	空知郡南富良野町下金山
金山	かなやま		客	1900.12.02	北海道	空知郡南富良野町金山
東鹿越 [JR貨物]	ひがししかごえ		客貨	1946.03.01	北海道	空知郡南富良野町東鹿越
幾寅	いくとら		客	1902.12.06	北海道	空知郡南富良野町幾寅
落合	おちあい		客	1901.09.03	北海道	空知郡南富良野町落合
上落合信号場	かみおちあい	―	信	1966.09.30	北海道	N/A
新狩勝信号場	しんかりかち	―	信	1966.09.30	北海道	N/A
広内信号場	ひろうち	―	信	1966.09.30	北海道	N/A
西新得信号場	にししんとく	―	信	1966.09.30	北海道	N/A
新得	しんとく		客	1907.09.08	北海道	上川郡新得町本通り北1-53
十勝清水	とかちしみず		客	1907.09.08	北海道	上川郡清水町本通り1-1-1
平野川信号場	ひらのがわ	―	信	1965.09.30	北海道	N/A
羽帯	はおび		客	1958.09.10	北海道	上川郡清水町字羽帯南3線133-2
御影	みかげ		客	1907.09.08	北海道	上川郡清水町字御影南2線102-4
上芽室信号場	かみめむろ	―	信	1966.09.30	北海道	N/A
芽室	めむろ		客	1907.09.08	北海道	河西郡芽室町本通り1-1-1
大成	たいせい		客	1986.11.01	北海道	河西郡芽室町東芽室南1線55
西帯広	にしおびひろ		客	1907.09.08	北海道	帯広市西23条南1-133-13
帯広貨物 [JR貨物]	おびひろかもつ		貨	2011.03.12	北海道	帯広市西20条南1
柏林台	はくりんだい		客	1986.11.01	北海道	帯広市西17条南1-25-1
帯広	おびひろ		客	1905.10.21	北海道	帯広市西2条南12-4
札内	さつない		客	1910.01.07	北海道	中川郡幕別町札内中央町638-4

駅　　名	読み方	範囲	種	開業日	県名	所在地
稲士別	いなしべつ	客		1987.04.01	北海道	中川郡幕別町字千住718-1
幕別	まくべつ	客		1905.10.21	北海道	中川郡幕別町錦町141-1
利別	としべつ	客		1904.12.15	北海道	中川郡池田町字利別西町237-1
池田	いけだ	客		1904.12.15	北海道	中川郡池田町字東1条32-1
昭栄信号場	しょうえい	ー	信	1966.09.27	北海道	N/A
十弗	とおふつ	客		1911.12.15	北海道	中川郡豊頃町十弗宝町107-1
豊頃	とよころ	客		1904.08.12	北海道	中川郡豊頃町豊頃旭町314
新吉野	しんよしの	客		1910.01.07	北海道	十勝郡浦幌町字吉野262-1
浦幌	うらほろ	客		1903.12.25	北海道	十勝郡浦幌町字本町109-1
常豊信号場	つねとよ	ー	信	1965.09.30	北海道	N/A
上厚内	かみあつない	客		1926.08.01	北海道	十勝郡浦幌町字上厚内184-1
厚内	あつない	客		1903.12.25	北海道	十勝郡浦幌町字厚内18-2
直別	ちょくべつ	客		1907.10.25	北海道	釧路市音別町直別57-1
尺別	しゃくべつ	客		1920.04.01	北海道	釧路市音別町字尺別43-1
音別 [JR貨物]	おんべつ	客貨		1903.03.01	北海道	釧路市音別町本町1-139
古瀬	ふるせ	客		1987.04.01	北海道	白糠郡白糠町和天別1856-5
白糠	しらぬか	客		1901.07.20	北海道	白糠郡白糠町東1条南1-300-1
西庶路	にししょろ	客		1952.03.05	北海道	白糠郡白糠町西庶路西1条南3-300
庶路	しょろ	客		1901.07.20	北海道	白糠郡白糠町庶路乙区6-7
東庶路信号場	ひがししょろ	ー	信	1966.09.27	北海道	N/A
大楽毛	おたのしけ	客		1901.07.20	北海道	釧路市大楽毛5-1-22
新大楽毛	しんおたのしけ	客		1988.11.03	北海道	釧路市大楽毛南1-3-1
新富士	しんふじ	客		1923.12.25	北海道	釧路市新富士町3-1
釧路貨物 [JR貨物]	くしろかもつ	貨		2011.03.12	北海道	釧路市新富士町3-1
釧路	くしろ	客		1901.07.20	北海道	釧路市北大通り14-1
東釧路	ひがしくしろ	客		1928.11.11	北海道	釧路市貝塚2-23-76
武佐	むさ	客		1988.03.13	北海道	釧路市武佐4-56-2
別保	べっぽ	客		1917.12.01	北海道	釧路郡釧路町別保4-40-1
上尾幌	かみおぼろ	客		1917.12.01	北海道	厚岸郡厚岸町上尾幌1
尾幌	おぼろ	客		1917.12.01	北海道	厚岸郡厚岸町尾幌1
門静	もんしず	客		1917.12.01	北海道	厚岸郡厚岸町字門静3-1
厚岸	あっけし	客		1917.12.01	北海道	厚岸郡厚岸町宮園1-6
糸魚沢	いといざわ	客		1919.11.25	北海道	厚岸郡厚岸町糸魚沢1
茶内	ちゃない	客		1919.11.25	北海道	厚岸郡浜中町茶内緑113
浜中	はまなか	客		1919.11.25	北海道	厚岸郡浜中町浜中桜北5
姉別	あねべつ	客		1919.11.25	北海道	厚岸郡浜中町姉別3-50
厚床	あっとこ	客		1919.11.25	北海道	根室市厚床1-211
初田牛	はったうし	客		1920.11.10	北海道	根室市初田牛340-5
別当賀	べっとが	客		1920.11.10	北海道	根室市別当賀230-10
落石	おちいし	客		1920.11.10	北海道	根室市落石東296

JRグループ　北海道旅客鉄道

駅　名	読み方	範囲	種	開業日	県名	所在地
昆布盛	こんぶもり		客	1961.02.01	北海道	根室市昆布盛1335-2
西和田	にしわだ		客	1920.11.10	北海道	根室市西和田810
東根室	ひがしねむろ		客	1961.09.01	北海道	根室市光洋町2-15
根室	ねむろ		客	1921.08.05	北海道	根室市光和町2-1-1

富良野線
ふらのせん

■富良野～旭川
54.8km／1067mm／16駅／1899.09.01開業／普通鉄道／内燃・蒸気

駅　名	読み方	範囲	種	開業日	県名	所在地
（富良野）	（根室本線所属）			1900.08.01		
学田	がくでん		客	1958.03.25	北海道	富良野市字西学田二区
鹿討	しかうち		客	1958.03.25	北海道	空知郡中富良野町字中富良野
中富良野	なかふらの		客	1900.08.01	北海道	空知郡中富良野町西町8
ラベンダー畑 臨	らべんだーばたけ		客	臨	1999.06.01	北海道	空知郡中富良野町基線北15
西中	にしなか		客	1958.03.25	北海道	空知郡中富良野町字東1線北18
上富良野	かみふらの		客	1899.11.15	北海道	空知郡上富良野町中町1-1
美馬牛	びばうし		客	1926.09.10	北海道	上川郡美瑛町字美馬牛
美瑛	びえい		客	1899.09.01	北海道	上川郡美瑛町本町1-1
北美瑛	きたびえい		客	1958.03.25	北海道	上川郡美瑛町字字莫別
千代ケ岡	ちよがおか		客	1936.09.10	北海道	旭川市西神楽1線24
西聖和	にしせいわ		客	1958.03.25	北海道	旭川市西神楽2線17
西神楽	にしかぐら		客	1899.09.01	北海道	旭川市西神楽南1条1
西瑞穂	にしみずほ		客	1958.03.25	北海道	旭川市西神楽1線9
西御料	にしごりょう		客	1958.03.25	北海道	旭川市西御料4条3
緑が丘	みどりがおか		客	1996.09.01	北海道	旭川市神楽岡13条9
神楽岡	かぐらおか		客	1958.03.25	北海道	旭川市神楽4条14
（旭川）	（函館本線所属）			1899.09.01		

宗谷本線

■旭川～稚内
259.4km／1067mm／52駅／1898.08.12開業／普通鉄道／架空線式 交流20000V（旭川～北旭川）・内燃・蒸気
第2種鉄道事業＝日本貨物鉄道（旭川～名寄）

駅名	読み方	範囲	種	開業日	県名	所在地
（旭川）	（函館本線所属）			1898.08.12		
旭川四条	あさひかわよじょう		客	1973.09.29	北海道	旭川市4条通18
新旭川 [JR貨物]	しんあさひかわ		客貨	1922.11.04	北海道	旭川市東8条6
北旭川 [JR貨物]	きたあさひかわ		貨	1968.10.01	北海道	旭川市流通団地1条5
永山	ながやま		客	1898.08.12	北海道	旭川市永山1条19
北永山	きたながやま		客	1959.11.01	北海道	旭川市永山町14
南比布	みなみぴっぷ		客	1959.11.01	北海道	上川郡比布町南1線5
比布	ぴっぷ		客	1898.11.25	北海道	上川郡比布町西町2
北比布	きたぴっぷ		客	1959.11.01	北海道	上川郡比布町北5線11
蘭留	らんる		客	1898.11.25	北海道	上川郡比布町北9線14
塩狩	しおかり		客	1924.11.25	北海道	上川郡和寒町字塩狩
和寒	わっさむ		客	1899.11.15	北海道	上川郡和寒町字北町
東六線	ひがしろくせん		客	1959.11.01	北海道	上川郡剣淵町第10区
剣淵	けんぶち		客	1900.08.05	北海道	上川郡剣淵町仲町
北剣淵	きたけんぶち		客	1987.04.01	北海道	上川郡剣淵町第13区
士別	しべつ		客	1900.08.05	北海道	士別市西3条8
下士別	しもしべつ		客	1959.11.01	北海道	士別市下士別町
多寄	たよろ		客	1903.09.03	北海道	士別市多寄町
瑞穂	みずほ		客	1987.04.01	北海道	士別市多寄町31線
風連	ふうれん		客	1903.09.03	北海道	名寄市風連町本町
東風連	ひがしふうれん		客	1956.09.20	北海道	名寄市風連町字東風連
名寄 [JR貨物]	なよろ		客貨	1903.09.03	北海道	名寄市東1条南6
日進	にっしん		客	1959.11.01	北海道	名寄市日進
北星	ほくせい		客	1959.11.01	北海道	名寄市智恵文
智恵文	ちえぶん		客	1911.11.03	北海道	名寄市智恵文11線
智北	ちほく		客	1987.04.01	北海道	名寄市字智恵文
南美深	みなみびふか		客	1959.11.01	北海道	中川郡美深町字美深
美深	びふか		客	1911.11.03	北海道	中川郡美深町字開運町
初野	はつの		客	1959.11.01	北海道	中川郡美深町字富岡
紋穂内	もんぽない		客	1911.11.03	北海道	中川郡美深町字紋穂内
恩根内	おんねない		客	1911.11.03	北海道	中川郡美深町字恩根内
豊清水	とよしみず		客	1950.01.15	北海道	中川郡美深町字清水
天塩川温泉	てしおがわおんせん		客	1987.04.01	北海道	中川郡音威子府村字咲来
咲来	さっくる		客	1912.11.05	北海道	中川郡音威子府村字咲来

駅　名	読み方	範囲	種	開業日	県名	所在地
音威子府	おといねっぷ		客	1912.11.05	北海道	中川郡音威子府村字音威子府
筬島	おさしま		客	1922.11.08	北海道	中川郡音威子府村大字物満内小字筬島
佐久	さく		客	1922.11.08	北海道	中川郡中川町大字佐久
天塩中川	てしおなかがわ		客	1922.11.08	北海道	中川郡中川町字中川
歌内	うたない		客	1923.11.10	北海道	中川郡中川町字歌内
問寒別	といかんべつ		客	1923.11.10	北海道	天塩郡幌延町字問寒別
糠南	ぬかなん		客	1987.04.01	北海道	天塩郡幌延町字糠南
雄信内	おのっぷない		客	1925.07.20	北海道	天塩郡幌延町大字雄興小字雄信内
安牛	やすうし		客	1925.07.20	北海道	天塩郡幌延町字開進
南幌延	みなみほろのべ		客	1959.11.01	北海道	天塩郡幌延町字南幌延
上幌延	かみほろのべ		客	1925.07.20	北海道	天塩郡幌延町上幌延
幌延	ほろのべ		客	1925.07.20	北海道	天塩郡幌延町1条南1
下沼	しもぬま		客	1926.09.25	北海道	天塩郡幌延町下沼
豊富	とよとみ		客	1926.09.25	北海道	天塩郡豊富町字豊富西3条7
徳満	とくみつ		客	1926.09.25	北海道	天塩郡豊富町字徳満
兜沼	かぶとぬま		客	1924.06.25	北海道	天塩郡豊富町兜沼
勇知	ゆうち		客	1924.06.25	北海道	稚内市抜海村上勇知
抜海	ばっかい		客	1924.06.25	北海道	稚内市抜海村字クトネベツ
南稚内	みなみわっかない		客	1924.06.25	北海道	稚内市大黒1-8
稚内	わっかない		客	1928.12.26	北海道	稚内市中央3-6

JRグループ　北海道旅客鉄道

駅　名	読み方	範囲	種	開業日	県名	所在地

石北本線

■ 新旭川〜網走
234.0km／1067mm／41駅／1912.10.05開業／普通鉄道／内燃・蒸気
第2種鉄道事業＝日本貨物鉄道（新旭川〜北見）

駅　名	読み方	範囲	種	開業日	県名	所在地
（新旭川）	（宗谷本線所属）			1922.11.04		
南永山	みなみながやま		客	1986.11.01	北海道	旭川市永山10条3
東旭川	ひがしあさひかわ		客	1922.11.04	北海道	旭川市東旭川北3条5
北日ノ出	きたひので		客	1987.04.01	北海道	旭川市東旭川町日ノ出
桜岡	さくらおか		客	1922.11.04	北海道	旭川市東旭川町桜岡
当麻	とうま		客	1922.11.04	北海道	上川郡当麻町4条東3
将軍山	しょうぐんざん		客	1987.04.01	北海道	上川郡当麻町北星2区
伊香牛	いかうし		客	1922.11.04	北海道	上川郡当麻町伊香牛
愛別	あいべつ		客	1922.11.04	北海道	上川郡愛別町字東町
中愛別	なかあいべつ		客	1923.11.15	北海道	上川郡愛別町字中央
愛山	あいざん		客	1987.04.01	北海道	上川郡愛別町字愛山
安足間	あんたろま		客	1923.11.15	北海道	上川郡愛別町字愛山
東雲	とううん		客	1987.04.01	北海道	上川郡上川町字東雲
上川	かみかわ		客	1923.11.15	北海道	上川郡上川町中央町
中越信号場	なかこし	—	信	2001.07.01	北海道	N/A
上越信号場	かみこし	—	信	1975.12.25	北海道	N/A
奥白滝信号場	おくしらたき	—	信	2001.07.01	北海道	N/A
白滝	しらたき		客	1929.08.12	北海道	紋別郡遠軽町白滝
下白滝信号場	しもしらたき	—	信	2016.03.26	北海道	紋別郡遠軽町下白滝
丸瀬布	まるせっぷ		客	1927.10.10	北海道	紋別郡遠軽町丸瀬布中町
瀬戸瀬	せとせ		客	1927.10.10	北海道	紋別郡遠軽町瀬戸瀬西町
遠軽	えんがる		客	1915.11.01	北海道	紋別郡遠軽町岩見通り南1
安国	やすくに		客	1914.10.05	北海道	紋別郡遠軽町生田原安国
生野	いくの		客	1987.04.01	北海道	紋別郡遠軽町生田原豊原
生田原	いくたはら		客	1914.10.05	北海道	紋別郡遠軽町生田原
常紋信号場	じょうもん	—	信	1914.10.05	北海道	N/A
金華信号場	かねはな	—	信	2016.03.26	北海道	北見市留辺蘂町金華
西留辺蘂	にしるべしべ		客	2000.04.01	北海道	北見市留辺蘂町旭西334-1
留辺蘂	るべしべ		客	1912.11.18	北海道	北見市留辺蘂町東町
相内	あいのない		客	1912.11.18	北海道	北見市相内町
東相内	ひがしあいのない		客	1912.11.18	北海道	北見市東相内町
西北見	にしきたみ		客	1986.11.01	北海道	北見市緑町6
北見 [貨][JR貨物]	きたみ		客貨	1912.10.05	北海道	北見市大通西1
柏陽	はくよう		客	1987.04.01	北海道	北見市並木町

駅　名	読み方	範囲	種	開業日	県名	所在地
愛し野	いとしの		客	1986.11.01	北海道	北見市端野町三区
端野	たんの		客	1912.10.05	北海道	北見市端野町端野
緋牛内	ひうしない		客	1912.10.05	北海道	北見市端野町緋牛内
美幌	びほろ		客	1912.10.05	北海道	網走郡美幌町字新町3
西女満別	にしめまんべつ		客	1950.01.15	北海道	網走郡大空町女満別本郷
女満別	めまんべつ		客	1912.10.05	北海道	網走郡大空町女満別本通1
呼人	よびと		客	1923.09.01	北海道	網走郡字呼人
網走	あばしり		客	1932.12.01	北海道	網走市新町2-2-12

釧網本線

■ 東釧路～網走
166.2km／1067㎜／25駅／1924.11.15開業／普通鉄道／内燃・蒸気

駅　名	読み方	範囲	種	開業日	県名	所在地
(東釧路)	(根室本線所属)			1928.11.11		
遠矢	とおや		客	1927.09.15	北海道	釧路郡釧路町遠矢2-23-1
釧路湿原	くしろしつげん		客	1988.07.23	北海道	釧路郡釧路町字トリトウシ原野南5線27-4
細岡	ほそおか		客	1927.09.15	北海道	釧路郡釧路町字達古武23-2
塘路	とうろ		客	1927.09.15	北海道	川上郡標茶町字塘路4-11
茅沼	かやぬま		客	1927.09.15	北海道	川上郡標茶町コッタロ原野北17線35-2
五十石	ごじっこく		客	1927.09.15	北海道	川上郡標茶町オソベツ723-1
標茶	しべちゃ		客	1927.09.15	北海道	川上郡標茶町標茶旭1-1-1
磯分内	いそぶんない		客	1929.08.15	北海道	川上郡標茶町字熊牛原野16線東1-6
南弟子屈	みなみてしかが		客	1929.08.15	北海道	川上郡弟子屈町字熊牛原野144
摩周	ましゅう		客	1929.08.15	北海道	川上郡弟子屈町朝日1-7-26
美留和	びるわ		客	1930.08.20	北海道	川上郡弟子屈町字美留和131
川湯温泉	かわゆおんせん		客	1930.08.20	北海道	川上郡弟子屈町字川湯駅前1-1-18
緑	みどり		客	1931.09.20	北海道	斜里郡清里町緑町34-13
札弦	さっつる		客	1929.11.14	北海道	斜里郡清里町札弦町315-1
清里町	きよさとちょう		客	1929.11.14	北海道	斜里郡清里町水元町40-1
南斜里	みなみしゃり		客	1962.10.01	北海道	斜里郡斜里町字川上156-8
中斜里 [JR貨物]	なかしゃり		客貨	1929.11.14	北海道	斜里郡斜里町字中斜里83
知床斜里	しれとこしゃり		客	1925.11.10	北海道	斜里郡斜里町港町17
止別	やむべつ		客	1925.11.10	北海道	斜里郡小清水町字止別742-1
浜小清水	はまこしみず		客	1925.11.10	北海道	斜里郡小清水町字浜小清水474-7
原生花園 [臨]	げんせいかえん		客	臨	1987.07.01	北海道	斜里郡小清水町字浜小清水2-4
北浜	きたはま		客	1924.11.15	北海道	網走市字北浜365-1
藻琴	もこと		客	1924.11.15	北海道	網走市字藻琴38-1
鱒浦	ますうら		客	1924.11.15	北海道	網走市字鱒浦104-1
桂台	かつらだい		客	1987.04.01	北海道	網走市南10条東3
(網走)	(石北本線所属)			1924.11.15		

東日本旅客鉄道

- 本　社　〒151-8578 東京都渋谷区代々木2丁目2番2号
- 設　立　1987.04.01
- 路　線　東海道本線、山手線、赤羽線、南武線、鶴見線、武蔵野線、横浜線、根岸線、横須賀線、相模線、伊東線、中央本線、青梅線、五日市線、八高線、小海線、篠ノ井線、大糸線、東北本線、東北新幹線、常磐線、水郡線、川越線、高崎線、上越線、上越新幹線、吾妻線、両毛線、水戸線、日光線、烏山線、仙山線、仙石線、石巻線、気仙沼線、大船渡線、北上線、釜石線、田沢湖線、山田線、花輪線、八戸線、大湊線、磐越東線、磐越西線、只見線、奥羽本線、米坂線、左沢線、男鹿線、五能線、津軽線、羽越本線、白新線、陸羽東線、陸羽西線、信越本線、北陸新幹線、飯山線、越後線、弥彦線、総武本線、京葉線、外房線、内房線、成田線、鹿島線、久留里線、東金線
- 営業キロ　第1種鉄道事業＝7468.0km（1694駅）、第2種鉄道事業＝8.7km（3駅）

JRグループ　東日本旅客鉄道

駅　名	読み方	範囲	種	開業日	県名	所在地

東海道本線

■ 東京〜熱海

104.6km／1067mm／32駅／1872.06.12開業／普通鉄道／架空線式 直流1500V・内燃・蒸気
第2種鉄道事業＝日本貨物鉄道（品川〜熱海）

駅名	読み方	範囲	種	開業日	県名	所在地
東京	とうきょう		客	1914.12.20	東京	千代田区丸の内1
有楽町	ゆうらくちょう		客	1910.06.25	東京	千代田区有楽町2
新橋	しんばし		客	1909.12.16	東京	港区新橋2
浜松町	はままつちょう		客	1909.12.16	東京	港区海岸1
田町	たまち		客	1909.12.16	東京	港区芝5
品川 困［JR貨物］	しながわ		客貨	1872.06.12	東京	港区高輪3
大井町	おおいまち		客	1914.12.20	東京	品川区大井1
大森	おおもり		客	1876.06.12	東京	大田区大森北1
蒲田	かまた		客	1904.04.11	東京	大田区蒲田5
川崎	かわさき		客	1872.07.10	神奈川	川崎市川崎区駅前本町
鶴見	つるみ		客	1872.10.15	神奈川	横浜市鶴見区鶴見中央1
新子安	しんこやす		客	1943.11.01	神奈川	横浜市神奈川区子安通2
東神奈川	ひがしかながわ		客	1908.09.23	神奈川	横浜市神奈川区東神奈川1
横浜	よこはま		客	1915.08.15	神奈川	横浜市西区高島2
保土ケ谷	ほどがや		客	1887.07.11	神奈川	横浜市保土ケ谷区岩井町
東戸塚	ひがしとつか		客	1980.10.01	神奈川	横浜市戸塚区品濃町
戸塚	とつか		客	1887.07.11	神奈川	横浜市戸塚区戸塚町
大船	おおふな		客	1888.11.01	神奈川	鎌倉市大船1
藤沢	ふじさわ		客	1887.07.11	神奈川	藤沢市藤沢

駅　名	読み方	範囲	種	開業日	県名	所在地
辻堂	つじどう	客		1916.12.01	神奈川	藤沢市辻堂
茅ケ崎	ちがさき	客		1898.06.15	神奈川	茅ヶ崎市元町1
平塚	ひらつか	客		1887.07.11	神奈川	平塚市宝町
相模貨物 [区][JR貨物]	さがみかもつ	貨		1971.09.25	神奈川	中郡大磯町高麗3-4-16
大磯	おおいそ	客		1887.07.11	神奈川	中郡大磯町東小磯
二宮	にのみや	客		1902.04.15	神奈川	中郡二宮町二宮
国府津	こうづ	客		1887.07.11	神奈川	小田原市国府津4
西湘貨物 [区][JR貨物]	せいしょうかもつ	貨		1970.05.20	神奈川	N/A
鴨宮 [区][JR貨物]	かものみや	客貨		1923.06.01	神奈川	小田原市鴨宮
小田原 [区][JR貨物]	おだわら	客貨		1920.10.21	神奈川	小田原市栄町1
早川	はやかわ	客		1922.12.21	神奈川	小田原市早川1
根府川	ねぶかわ	客		1922.12.21	神奈川	小田原市根府川
真鶴	まなづる	客		1922.12.21	神奈川	足柄下郡真鶴町真鶴
湯河原	ゆがわら	客		1924.10.01	神奈川	足柄下郡湯河原町宮下
熱海	あたみ	客		1925.03.25	静岡	熱海市田原本町

■品川～鶴見

17.8km／1067mm／3駅／1929.08.21開業／普通鉄道／架空線式 直流1500V・内燃・蒸気
第2種鉄道事業＝日本貨物鉄道（品川～新鶴見信号場）

駅名	読み方	範囲	種	開業日	県名	所在地
(品川)	(東海道本線所属)			1929.08.21		
西大井	にしおおい	客		1986.04.02	東京	品川区西大井1
(武蔵小杉)	(南武線所属)			2010.03.13		
新川崎	しんかわさき	客		1980.10.01	神奈川	川崎市幸区鹿島田
新鶴見信号場	しんつるみ	―	信	1984.02.01	神奈川	N/A
(鶴見)	(東海道本線所属)			1929.08.21		

■浜松町～浜川崎

20.6km／1067mm／2駅／1964.03.25開業／普通鉄道／架空線式 直流1500V・内燃・蒸気
第2種鉄道事業＝日本貨物鉄道（東京貨物ターミナル～浜川崎）

駅名	読み方	範囲	種	開業日	県名	所在地
(浜松町)	(東海道本線所属)			1990.12.21		
東京貨物ターミナル [区][JR貨物]	とうきょうかもつたーみなる	客貨		1973.10.01	東京	品川区八潮3-3-22
川崎貨物 [区][JR貨物]	かわさきかもつ	貨		1964.03.25	神奈川	川崎市川崎区塩浜4-1-1
浜川崎 [区][JR貨物]	はまかわさき	客貨		1964.03.25	神奈川	川崎市川崎区鋼管通り5

［注］浜松町～東京貨物ターミナルは1998.01.30から休止中。

■鶴見～東戸塚

16.0km／1067mm／1駅／1979.10.01開業／普通鉄道／架空線式 直流1500V・内燃・蒸気
第2種鉄道事業＝日本貨物鉄道（鶴見～東戸塚）

駅名	読み方	範囲	種	開業日	県名	所在地
(鶴見)	(東海道本線所属)			1979.10.01		
横浜羽沢 [区][JR貨物]	よこはまはざわ	客貨		1979.10.01	神奈川	横浜市神奈川区羽沢町83-1
(東戸塚)	(東海道本線所属)			1980.10.01		

駅　名	読み方	範囲	種	開業日	県名	所　在　地

■ 鶴見～八丁畷 ....
2.3km／1067mm／0駅／1976.03.01開業／普通鉄道／架空線式　直流1500V・内燃・蒸気
第2種鉄道事業＝日本貨物鉄道（鶴見～八丁畷）

駅名	読み方	範囲	種	開業日	県名	所在地
（鶴見）	（東海道本線所属）			1976.03.01		
（八丁畷）	（南武線所属）			1987.04.01		

■ 鶴見～桜木町 ....
8.5km／1067mm／0駅／1917.06.17開業／普通鉄道／架空線式　直流1500V・内燃・蒸気
第2種鉄道事業＝日本貨物鉄道（鶴見～桜木町）

駅名	読み方	範囲	種	開業日	県名	所在地
（鶴見）	（東海道本線所属）			1917.06.17		
東高島 貨	ひがしたかしま		貨	1955.01.17	神奈川	N/A
（桜木町）	（根岸線所属）			1964.06.01		

山手線（やまのてせん）

■ 品川～田端 ....
20.6km／1067mm／14駅／1885.03.01開業／普通鉄道／架空線式　直流1500V・内燃・蒸気
第2種鉄道事業＝日本貨物鉄道（品川～田端）

駅名	読み方	範囲	種	開業日	県名	所在地
（品川）	（東海道本線所属）			1885.03.01		
大崎	おおさき		客	1901.02.25	東京	品川区大崎1
五反田	ごたんだ		客	1911.10.15	東京	品川区東五反田1
目黒	めぐろ		客	1885.03.16	東京	品川区上大崎2
恵比寿	えびす		客	1901.02.25	東京	渋谷区恵比寿南1
渋谷	しぶや		客	1885.03.01	東京	渋谷区道玄坂1
原宿	はらじゅく		客	1906.10.30	東京	渋谷区神宮前1
（代々木）	（中央本線所属）			1909.12.16		
新宿	しんじゅく		客	1885.03.01	東京	新宿区新宿3
新大久保	しんおおくぼ		客	1914.11.15	東京	新宿区百人町1
高田馬場	たかだのばば		客	1910.09.15	東京	新宿区高田馬場1
目白	めじろ		客	1885.03.16	東京	豊島区目白3
池袋	いけぶくろ		客	1903.04.01	東京	豊島区南池袋1
大塚	おおつか		客	1903.04.01	東京	豊島区南大塚3
巣鴨	すがも		客	1903.04.01	東京	豊島区巣鴨1
駒込	こまごめ		客	1910.11.15	東京	豊島区駒込2
（田端）	（東北本線所属）			1903.04.01		

駅名	読み方	範囲	種	開業日	県名	所在地

赤羽線

■ 池袋～赤羽
5.5km／1067mm／2駅／1885.03.01開業／普通鉄道／架空線式 直流1500V・内燃

駅名	読み方	種	開業日	県名	所在地
(池袋)	(山手線所属)		1903.04.01		
板橋	いたばし	客	1885.03.01	東京	板橋区板橋1
十条	じゅうじょう	客	1910.11.01	東京	北区上十条1
(赤羽)	(東北本線所属)		1885.03.01		

南武線

■ 川崎～立川
35.5km／1067mm／24駅／1927.03.09開業／普通鉄道／架空線式 直流1500V・内燃・蒸気
第2種鉄道事業＝日本貨物鉄道（尻手～立川）

駅名	読み方	種	開業日	県名	所在地
(川崎)	(東海道本線所属)		1927.03.09		
尻手	しって	客	1927.03.09	神奈川	川崎市幸区南幸町3
矢向	やこう	客	1927.03.09	神奈川	横浜市鶴見区矢向6
鹿島田	かしまだ	客	1927.03.09	神奈川	川崎市幸区鹿島田
平間	ひらま	客	1927.03.09	神奈川	川崎市中原区田尻町
向河原	むかいがわら	客	1927.03.09	神奈川	川崎市中原区下沼部
武蔵小杉	むさしこすぎ	客	1927.11.01	神奈川	川崎市中原区小杉町3
武蔵中原	むさしなかはら	客	1927.03.09	神奈川	川崎市中原区上小田中6
武蔵新城	むさししんじょう	客	1927.03.09	神奈川	川崎市中原区上新城2
武蔵溝ノ口	むさしみぞのくち	客	1927.03.09	神奈川	川崎市高津区溝口
津田山	つだやま	客	1941.02.05	神奈川	川崎市高津区下作延
久地	くじ	客	1927.08.11	神奈川	川崎市高津区久地
宿河原	しゅくがわら	客	1927.03.09	神奈川	川崎市多摩区宿河原3
登戸	のぼりと	客	1927.03.09	神奈川	川崎市多摩区登戸
中野島	なかのしま	客	1927.11.01	神奈川	川崎市多摩区中野島
稲田堤	いなだづつみ	客	1927.11.01	神奈川	川崎市多摩区菅稲田堤1
矢野口	やのくち	客	1927.11.01	東京	稲城市矢野口
稲城長沼	いなぎながぬま	客	1927.11.01	東京	稲城市東長沼
南多摩	みなみたま	客	1934.10.21	東京	稲城市大丸
府中本町	ふちゅうほんまち	客	1928.12.11	東京	府中市本町1
分倍河原	ぶばいがわら	客	1928.12.11	東京	府中市片町2
西府	にしふ	客	2009.03.14	東京	府中市本宿町1
谷保	やほ	客	1929.12.11	東京	国立市谷保
矢川	やがわ	客	1932.05.20	東京	国立市石田

駅　　名	読 み 方	範囲	種	開業日	県名	所 在 地
西国立	にしくにたち		客	1929.12.11	東京	立川市羽衣町1
(立川)	(中央本線所属)			1929.12.11		

■ 尻手～浜川崎

4.1km／1067mm／ 3 駅／1930.03.25開業／普通鉄道／架空線式 直流1500V・内燃・蒸気
第 2 種鉄道事業＝日本貨物鉄道（尻手～浜川崎）

駅名	読み方	範囲	種	開業日	県名	所在地
(尻手)	(南武線所属)			1930.03.25		
八丁畷	はっちょうなわて		客	1930.03.25	神奈川	川崎市川崎区池田1
川崎新町	かわさきしんまち		客	1930.03.25	神奈川	川崎市川崎区渡田山王町
小田栄	おださかえ		客	2016.03.26	神奈川	川崎市川崎区小田栄
(浜川崎)	(東海道本線所属)			1930.03.25		

■ 尻手～鶴見

5.4km／1067mm／ 0 駅／1973.10.01開業／普通鉄道／架空線式 直流1500V・内燃・蒸気
第 2 種鉄道事業＝日本貨物鉄道（尻手～新鶴見信号場）

駅名	読み方	範囲	種	開業日	県名	所在地
(尻手)	(南武線所属)			1973.10.01		
(新鶴見信号場)	(東海道本線所属)			1984.02.01		
(鶴見)	(東海道本線所属)			1973.10.01		

鶴見線（つるみせん）

■ 鶴見～扇町

7.0km／1067mm／ 8 駅／1926.03.10開業／普通鉄道／架空線式 直流1500V・内燃
第 2 種鉄道事業＝日本貨物鉄道（浅野～扇町）

駅名	読み方	範囲	種	開業日	県名	所在地
(鶴見)	(東海道本線所属)			1934.12.23		
国道	こくどう		客	1930.10.28	神奈川	横浜市鶴見区生麦5
鶴見小野	つるみおの		客	1936.12.08認可	神奈川	横浜市鶴見区小野町
弁天橋	べんてんばし		客	1926.03.10	神奈川	横浜市鶴見区末広町1
浅野	あさの		客	1926.03.10	神奈川	横浜市鶴見区末広町2
安善 [共][JR貨物]	あんぜん		客貨	1930.10.28	神奈川	横浜市鶴見区安善町1
武蔵白石	むさししらいし		客	1931.07.26	神奈川	川崎市川崎区白石町
(浜川崎)	(東海道本線所属)			1926.03.10		
昭和	しょうわ		客	1931.03.20	神奈川	川崎市川崎区扇町
扇町 [共][JR貨物]	おうぎまち		客貨	1928.08.18	神奈川	川崎市川崎区扇町

	駅　　名	読 み 方	範囲	種	開業日	県名	所 在 地

■浅野～海芝浦 ……………………………………………………………………………
1.7km／1067mm／2駅／1932.06.10開業／普通鉄道／架空線式 直流1500V・内燃
第2種鉄道事業＝日本貨物鉄道（浅野～新芝浦）

	駅名	読み方	範囲	種	開業日	県名	所在地
	（浅野）	（鶴見線所属）			1932.06.10		
	新芝浦 貨［JR貨物］	しんしばうら		客貨	1932.06.10	神奈川	横浜市鶴見区末広町2
	海芝浦	うみしばうら		客	1940.11.01	神奈川	横浜市鶴見区末広町2

■武蔵白石～大川 ……………………………………………………………………………
1.0km／1067mm／1駅／1926.03.10開業／普通鉄道／架空線式 直流1500V・内燃
第2種鉄道事業＝日本貨物鉄道

	駅名	読み方	範囲	種	開業日	県名	所在地
	（武蔵白石）	（鶴見線所属）			1931.07.25?		
	大川 貨［JR貨物］	おおかわ		客貨	1926.03.10	神奈川	川崎市川崎区大川町

［注］実際には安善から分岐。

武蔵野線
むさしのせん

■鶴見～西船橋 ……………………………………………………………………………
100.6km／1067mm／20駅／1973.04.01開業／普通鉄道／架空線式 直流1500V・内燃・蒸気
第2種鉄道事業＝日本貨物鉄道（鶴見～西船橋）

	駅名	読み方	範囲	種	開業日	県名	所在地
	（鶴見）	（東海道本線所属）			1976.03.01		
	（新鶴見信号場）	（東海道本線所属）			1984.02.01		
	梶ヶ谷貨物ターミナル 貨［JR貨物］	かじがやかもつたーみなる		貨	1976.03.01	神奈川	川崎市宮前区野川140
	（府中本町）	（南武線所属）			1973.04.01		
	北府中	きたふちゅう		客	1973.04.01	東京	府中市晴見町2
	（西国分寺）	（中央本線所属）			1973.04.01		
	新小平	しんこだいら		客	1973.04.01	東京	小平市小川町2
	新秋津	しんあきつ		客	1973.04.01	東京	東村山市秋津町5
	東所沢	ひがしところざわ		客	1973.04.01	埼玉	所沢市東所沢5
	新座貨物ターミナル 貨［JR貨物］	にいざかもつたーみなる		貨	1973.04.01	埼玉	新座市大和田2-1-9
	新座	にいざ		客	1973.04.01	埼玉	新座市野火止5
	北朝霞	きたあさか		客	1973.04.01	埼玉	朝霞市浜崎1
	西浦和	にしうらわ		客	1973.04.01	埼玉	さいたま市桜区田島5
	（武蔵浦和）	（東北本線所属）			1985.09.30		
	（南浦和）	（東北本線所属）			1973.04.01		
	東浦和	ひがしうらわ		客	1973.04.01	埼玉	さいたま市緑区東浦和1
	東川口	ひがしかわぐち		客	1973.04.01	埼玉	川口市戸塚1
	南越谷	みなみこしがや		客	1973.04.01	埼玉	越谷市南越谷1
	越谷貨物ターミナル 貨［JR貨物］	こしがやかもつたーみなる		貨	1973.04.01	埼玉	越谷市南越谷2-10

駅　名	読 み 方	範囲	種	開業日	県名	所 在 地
越谷レイクタウン	こしがやれいくたうん	客		2008.03.15	埼玉	越谷市レイクタウン
吉川	よしかわ	客		1973.04.01	埼玉	吉川市木売1
吉川美南	よしかわみなみ	客		2012.03.17	埼玉	吉川市美南
新三郷	しんみさと	客		1985.03.14	埼玉	三郷市新三郷ららシティ2
三郷	みさと	客		1973.04.01	埼玉	三郷市三郷1
南流山	みなみながれやま	客		1973.04.01	千葉	流山市南流山
(新松戸)	(常磐線所属)			1973.04.01		
新八柱	しんやはしら	客		1978.10.02	千葉	松戸市日暮
東松戸	ひがしまつど	客		1998.03.14	千葉	松戸市東松戸1
市川大野	いちかわおおの	客		1978.10.02	千葉	市川市大野町3
船橋法典	ふなばしほうてん	客		1978.10.02	千葉	船橋市藤原町1
(西船橋)	(総武本線所属)			1978.10.02		

■ 新小平〜国立 ‥‥
5.0km／1067mm／0駅／1973.04.01開業／普通鉄道／架空線式 直流1500V・内燃・蒸気
第2種鉄道事業＝日本貨物鉄道（新小平〜国立）

(新小平)	(武蔵野線所属)			1973.04.01		
(国立)	(中央本線所属)			1973.04.01		

[注] 第1種鉄道事業の営業キロ設定なし。

■ 西浦和〜与野 ‥‥
4.9km／1067mm／1駅／1973.04.01開業／普通鉄道／架空線式 直流1500V・内燃・蒸気
第2種鉄道事業＝日本貨物鉄道（西浦和〜与野）

(西浦和)	(武蔵野線所属)			1973.04.01		
別所信号場	べっしょ	ー	信	1973.04.01	埼玉	N/A
(与野)	(東北本線所属)			1973.04.01		

■ 南流山〜北小金 ‥‥
2.9km／1067mm／0駅／1973.04.01開業／普通鉄道／架空線式 直流1500V・内燃・蒸気
第2種鉄道事業＝日本貨物鉄道（南流山〜北小金）

(南流山)	(武蔵野線所属)			1973.04.01		
(北小金)	(常磐線所属)			1973.04.01		

[注] 第1種鉄道事業の営業キロ設定なし。

■ 南流山〜馬橋 ‥‥
3.7km／1067mm／0駅／1973.04.01開業／普通鉄道／架空線式 直流1500V・内燃・蒸気
第2種鉄道事業＝日本貨物鉄道（南流山〜馬橋）

(南流山)	(武蔵野線所属)			1973.04.01		
(馬橋)	(常磐線所属)			1973.04.01		

[注] 第1種鉄道事業の営業キロ設定なし。

駅　名	読み方	範囲	種	開業日	県名	所在地

横浜線

■ 東神奈川〜八王子

42.6km／1067mm／18駅／1908.09.23開業／普通鉄道／架空線式 直流1500V・内燃・蒸気
第2種鉄道事業＝日本貨物鉄道（長津田〜八王子）

駅名	読み方	種	開業日	県名	所在地
（東神奈川）	（東海道本線所属）		1908.09.23		
大口	おおぐち	客	1947.12.20	神奈川	横浜市神奈川区大口通り
菊名	きくな	客	1926.09.01	神奈川	横浜市港北区菊名7
新横浜	しんよこはま	客	1964.10.01	神奈川	横浜市港北区篠原町
小机	こづくえ	客	1908.09.23	神奈川	横浜市港北区小机町
鴨居	かもい	客	1962.12.25	神奈川	横浜市緑区鴨居町1
中山	なかやま	客	1908.09.23	神奈川	横浜市緑区寺山町
十日市場	とおかいちば	客	1979.04.01	神奈川	横浜市緑区十日市場町
長津田 ［JR貨物］	ながつた	客貨	1908.09.23	神奈川	横浜市緑区長津田4
成瀬	なるせ	客	1979.04.01	東京	町田市南成瀬1
町田	まちだ	客	1908.09.23	東京	町田市原町田1
古淵	こぶち	客	1988.03.13	神奈川	相模原市南区古淵2
淵野辺	ふちのべ	客	1908.09.23	神奈川	相模原市中央区淵野辺3
矢部	やべ	客	1957.10.01	神奈川	相模原市中央区矢部3
相模原	さがみはら	客	1941.04.05	神奈川	相模原市中央区相模原1
橋本	はしもと	客	1908.09.23	神奈川	相模原市緑区橋本6
相原	あいはら	客	1908.09.23	東京	町田市相原町
八王子みなみ野	はちおうじみなみの	客	1997.04.01	東京	八王子市みなみ野1
片倉	かたくら	客	1957.12.28	東京	八王子市片倉町
（八王子）	（中央本線所属）		1908.09.23		

根岸線

■ 横浜〜大船

22.1km／1067mm／10駅／1872.06.12開業／普通鉄道／架空線式 直流1500V・内燃・蒸気
第2種鉄道事業＝日本貨物鉄道（桜木町〜大船）

駅名	読み方	種	開業日	県名	所在地
（横浜）	（東海道本線所属）		1915.08.15		
桜木町	さくらぎちょう	客	1872.06.12	神奈川	横浜市中区桜木町1
関内	かんない	客	1964.05.19	神奈川	横浜市中区港町1
石川町	いしかわちょう	客	1964.05.19	神奈川	横浜市中区石川町2
山手	やまて	客	1964.05.19	神奈川	横浜市中区大和町2
根岸 ［JR貨物］	ねぎし	客貨	1964.05.19	神奈川	横浜市磯子区東町
磯子	いそご	客	1964.05.19	神奈川	横浜市磯子区森1

駅　名	読み方	範囲	種	開業日	県名	所在地
新杉田	しんすぎた		客	1970.03.17	神奈川	横浜市磯子区新杉田町
洋光台	ようこうだい		客	1970.03.17	神奈川	横浜市磯子区洋光台3
港南台	こうなんだい		客	1973.04.09	神奈川	横浜市港南区港南台3
本郷台	ほんごうだい		客	1973.04.09	神奈川	横浜市栄区小菅ヶ谷1
(大船)	(東海道本線所属)			1973.04.09		

横須賀線

■ 大船〜久里浜
23.9km／1067mm／8駅／1889.06.16開業／普通鉄道／架空線式 直流1500V・内燃・蒸気
第2種鉄道事業＝日本貨物鉄道（大船〜逗子）

駅　名	読み方	範囲	種	開業日	県名	所在地
(大船)	(東海道本線所属)			1889.06.16		
北鎌倉	きたかまくら		客	1927.05.20	神奈川	鎌倉市山ノ内
鎌倉	かまくら		客	1889.06.16	神奈川	鎌倉市小町1
逗子 囚[JR貨物]	ずし		客貨	1889.06.16	神奈川	逗子市逗子1
東逗子	ひがしずし		客	1952.04.01	神奈川	逗子市沼間1
田浦	たうら		客	1904.05.01	神奈川	横須賀市田浦町1
横須賀	よこすか		客	1889.06.16	神奈川	横須賀市東逸見町1
衣笠	きぬがさ		客	1944.04.01	神奈川	横須賀市衣笠栄町2
久里浜	くりはま		客	1944.04.01	神奈川	横須賀市久里浜1

相模線

■ 茅ケ崎〜橋本
33.3km／1067mm／16駅／1921.09.28開業／普通鉄道／架空線式 直流1500V・内燃・蒸気
第2種鉄道事業＝日本貨物鉄道（茅ケ崎〜厚木）

駅　名	読み方	範囲	種	開業日	県名	所在地
(茅ケ崎)	(東海道本線所属)			1921.09.28		
北茅ケ崎	きたちがさき		客	1940.02.01	神奈川	茅ヶ崎市茅ヶ崎3
香川	かがわ		客	1921.09.28	神奈川	茅ヶ崎市香川
寒川	さむかわ		客	1921.09.28	神奈川	高座郡寒川町岡田
宮山	みややま		客	1931.07.01	神奈川	高座郡寒川町宮山
倉見	くらみ		客	1926.04.01	神奈川	高座郡寒川町倉見
門沢橋	かどさわばし		客	1931.07.01	神奈川	海老名市門沢橋
社家	しゃけ		客	1926.07.15	神奈川	海老名市社家
厚木	あつぎ		客	1926.07.15	神奈川	海老名市河原口
海老名	えびな		客	1987.03.21	神奈川	海老名市上郷
入谷	いりや		客	1935.06.23	神奈川	座間市座間入谷
相武台下	そうぶだいした		客	1931.04.29	神奈川	相模原市南区新戸

駅　名	読 み 方	範囲	種	開業日	県名	所 在 地
下溝	しもみぞ	客		1931.04.29	神奈川	相模原市南区下溝
原当麻	はらたいま	客		1931.04.29	神奈川	相模原市南区当麻
番田	ばんだ	客		1931.04.29	神奈川	相模原市中央区上溝
上溝	かみみぞ	客		1931.04.29	神奈川	相模原市中央区上溝7
南橋本	みなみはしもと	客		1932.11.01	神奈川	相模原市中央区南橋本2
(橋本)	(横浜線所属)			1931.04.29		

伊東線

■ 熱海～伊東 ……………………………………………………………………………………………

16.9km／1067mm／5駅／1935.03.30開業／普通鉄道／架空線式 直流1500V・内燃・蒸気
第2種鉄道事業＝日本貨物鉄道（熱海～伊東）

駅名	読み方	範囲	開業日	県名	所在地
(熱海)	(東海道本線所属)		1935.03.30		
来宮	きのみや	客	1935.03.30	静岡	熱海市福道町
伊豆多賀	いずたが	客	1935.03.30	静岡	熱海市上多賀
網代	あじろ	客	1935.03.30	静岡	熱海市下多賀
宇佐美	うさみ	客	1938.12.15	静岡	伊東市宇佐美
伊東 囲[JR貨物]	いとう	客貨	1938.12.15	静岡	伊東市湯川3

駅　　名	読 み 方	範囲	種	開業日	県名	所 在 地

中央本線

■ 神田〜代々木
8.3km／1067mm／9駅／1894.10.09開業／普通鉄道／架空線式 直流1500V・内燃・蒸気

駅名	読み方	範囲	種	開業日	県名	所在地
神田	かんだ		客	1919.03.01	東京	千代田区鍛冶町2
御茶ノ水	おちゃのみず		客	1904.12.31	東京	千代田区神田駿河台2
水道橋	すいどうばし		客	1906.09.24	東京	千代田区三崎町2
飯田橋	いいだばし		客	1928.11.15	東京	千代田区飯田橋4
市ケ谷	いちがや		客	1895.03.06	東京	千代田区五番町
四ツ谷	よつや		客	1894.10.09	東京	新宿区四谷1
信濃町	しなのまち		客	1894.10.09	東京	新宿区信濃町
千駄ケ谷	せんだがや		客	1904.08.21	東京	渋谷区千駄ヶ谷1
代々木	よよぎ		客	1906.09.23	東京	渋谷区代々木1

■ 新宿〜塩尻
211.8km／1067mm／59駅／1889.04.11開業／普通鉄道／架空線式 直流1500V・内燃・蒸気
第2種鉄道事業＝日本貨物鉄道（新宿〜塩尻）

駅名	読み方	範囲	種	開業日	県名	所在地
（新宿）	（山手線所属）			1889.04.11		
大久保	おおくぼ		客	1895.05.05	東京	新宿区百人町1
東中野	ひがしなかの		客	1906.06.14	東京	中野区東中野4
中野 [JR貨物]	なかの		客貨	1889.04.11	東京	中野区中野5
高円寺	こうえんじ		客	1922.07.15	東京	杉並区高円寺南4
阿佐ケ谷	あさがや		客	1922.07.15	東京	杉並区阿佐谷南3
荻窪	おぎくぼ		客	1891.12.21	東京	杉並区上荻1
西荻窪	にしおぎくぼ		客	1922.07.15	東京	杉並区西荻南3
吉祥寺	きちじょうじ		客	1899.12.30	東京	武蔵野市吉祥寺南町1
三鷹	みたか		客	1930.06.25	東京	三鷹市下連雀3
武蔵境 [JR貨物]	むさしさかい		客貨	1889.04.11	東京	武蔵野市境1
東小金井	ひがしこがねい		客	1964.09.10	東京	小金井市梶野町5
武蔵小金井	むさしこがねい		客	1926.01.15	東京	小金井市本町6
国分寺	こくぶんじ		客	1889.04.11	東京	国分寺市本町2
西国分寺	にしこくぶんじ		客	1973.04.01	東京	国分寺市西恋ヶ窪2
国立	くにたち		客	1926.04.01	東京	国立市北1
立川	たちかわ		客	1889.04.11	東京	立川市曙町2
日野	ひの		客	1890.01.06	東京	日野市大坂上1
豊田	とよだ		客	1901.02.22	東京	日野市豊田4
八王子 [JR貨物]	はちおうじ		客貨	1889.08.11	東京	八王子市旭町1
西八王子	にしはちおうじ		客	1939.04.01	東京	八王子市千人町2
高尾	たかお		客	1901.08.01	東京	八王子市高尾町

JRグループ　東日本旅客鉄道

駅　名	読み方	範囲	種	開業日	県名	所在地
相模湖	さがみこ		客	1901.08.01	神奈川	相模原市緑区与瀬
藤野	ふじの		客	1943.07.15	神奈川	相模原市緑区小渕
上野原	うえのはら		客	1901.08.01	山梨	上野原市新田
四方津	しおつ		客	1910.12.15	山梨	上野原市四方津
梁川	やながわ		客	1949.04.01	山梨	大月市梁川町網之上
鳥沢	とりさわ		客	1902.06.01	山梨	大月市富浜町鳥沢
猿橋	さるはし		客	1902.10.01	山梨	大月市猿橋町殿上
大月	おおつき		客	1902.10.01	山梨	大月市大月1
初狩 [貨][JR貨物]	はつかり		客貨	1910.02.10	山梨	大月市初狩町下初狩
笹子	ささご		客	1903.02.01	山梨	大月市笹子町黒野田
甲斐大和	かいやまと		客	1903.02.01	山梨	甲州市大和町初鹿野
勝沼ぶどう郷	かつぬまぶどうきょう		客	1913.04.08	山梨	甲州市勝沼町菱山
塩山	えんざん		客	1903.06.11	山梨	甲州市塩山上於曽
東山梨	ひがしやまなし		客	1957.02.05	山梨	山梨市三ヶ所
山梨市	やまなしし		客	1903.06.11	山梨	山梨市上神内川
春日居町	かすがいちょう		客	1954.12.01	山梨	笛吹市春日居町別田393-5
石和温泉 [貨][JR貨物]	いさわおんせん		客貨	1903.06.11	山梨	笛吹市石和町松本177-1
酒折	さかおり		客	1926.02.11	山梨	甲府市酒折1
甲府	こうふ		客	1903.06.11	山梨	甲府市丸の内1
竜王 [貨][JR貨物]	りゅうおう		客貨	1903.12.15	山梨	甲斐市竜王新町無番地
塩崎	しおざき		客	1951.12.25	山梨	甲斐市下今井100-3
韮崎	にらさき		客	1903.12.15	山梨	韮崎市若宮1
新府	しんぷ		客	1972.09.10	山梨	韮崎市中田町中條上野
穴山	あなやま		客	1913.08.01	山梨	韮崎市穴山町
日野春	ひのはる		客	1904.12.21	山梨	北杜市長坂町富岡50
長坂	ながさか		客	1918.12.11	山梨	北杜市長坂町長坂上条2575
小淵沢	こぶちざわ		客	1904.12.21	山梨	北杜市小淵沢町1024
信濃境	しなのさかい		客	1928.11.01	長野	諏訪郡富士見町境
富士見	ふじみ		客	1904.12.21	長野	諏訪郡富士見町富士見
すずらんの里	すずらんのさと		客	1985.10.31	長野	諏訪郡富士見町富士見
青柳	あおやぎ		客	1905.11.25	長野	茅野市金沢字青柳
茅野	ちの		客	1905.11.25	長野	茅野市茅野
普門寺信号場	ふもんじ		信	1970.09.02	長野	N/A
上諏訪	かみすわ		客	1905.11.25	長野	諏訪市諏訪1
下諏訪	しもすわ		客	1905.11.25	長野	諏訪郡下諏訪町広瀬町
岡谷 [貨][JR貨物]	おかや		客貨	1905.11.25	長野	岡谷市本町1
みどり湖	みどりこ		客	1983.07.05	長野	塩尻市大字西条道畑
塩尻 [貨][JR貨物]	しおじり		客貨	1983.07.05	長野	塩尻市字大門八番町

JRグループ　東日本旅客鉄道

駅　　名	読 み 方	範囲	種	開業日	県名	所　在　地

■岡谷～塩尻

27.7km／1067mm／4駅／1906.06.11開業／普通鉄道／架空線式 直流1500V・内燃・蒸気
第2種鉄道事業＝日本貨物鉄道（岡谷～塩尻）

駅名	読み方	範囲	種	開業日	県名	所在地
（岡谷）	（中央本線所属）			1906.06.11		
川岸	かわぎし		客	1923.10.28	長野	岡谷市川岸東
辰野 困[JR貨物]	たつの		客貨	1906.06.11	長野	上伊那郡辰野町大字辰野
信濃川島	しなのかわしま		客	1955.04.01	長野	伊那郡辰野町大字川島
小野	おの		客	1906.06.11	長野	上伊那郡辰野町大字小野
（塩尻）	（中央本線所属）			1906.06.11		

青梅線（おうめせん）

■立川～奥多摩

37.2km／1067mm／24駅／1894.11.19開業／普通鉄道／架空線式 直流1500V・内燃・蒸気
第2種鉄道事業＝日本貨物鉄道（立川～拝島）

駅名	読み方	範囲	種	開業日	県名	所在地
（立川）	（中央本線所属）			1894.11.19		
西立川	にしたちかわ		客	1931.11.15	東京	立川市富士見町1
東中神	ひがしなかがみ		客	1942.07.01	東京	昭島市玉川町1
中神	なかがみ		客	1908.07.19	東京	昭島市朝日町1
昭島	あきしま		客	1938.12.25	東京	昭島市昭和町2
拝島 困[JR貨物]	はいじま		客貨	1894.11.19	東京	昭島市松原町4
牛浜	うしはま		客	1944.04.01	東京	福生市牛浜
福生	ふっさ		客	1894.11.19	東京	福生市本町
羽村	はむら		客	1894.11.19	東京	羽村市羽東1
小作	おざく		客	1894.11.19	東京	羽村市小作台5
河辺	かべ		客	1927.02.20	東京	青梅市河辺町5
東青梅	ひがしおうめ		客	1932.10.01	東京	青梅市東青梅1
青梅	おうめ		客	1894.11.19	東京	青梅市本町
宮ノ平	みやのひら		客	1914.04.01	東京	青梅市日向和田2
日向和田	ひなたわだ		客	1895.12.28	東京	青梅市日向和田3
石神前	いしがみまえ		客	1928.10.13	東京	青梅市二俣尾1
二俣尾	ふたまたお		客	1920.01.01	東京	青梅市二俣尾4
軍畑	いくさばた		客	1929.09.01	東京	青梅市沢井1
沢井	さわい		客	1929.09.01	東京	青梅市沢井2
御嶽	みたけ		客	1929.09.01	東京	青梅市御岳本町
川井	かわい		客	1944.07.01	東京	西多摩郡奥多摩町川井
古里	こり		客	1944.07.01	東京	西多摩郡奥多摩町小丹波
鳩ノ巣	はとのす		客	1944.07.01	東京	西多摩郡奥多摩町棚沢
白丸	しろまる		客	1944.07.01	東京	西多摩郡奥多摩町白丸
奥多摩	おくたま		客	1944.07.01	東京	西多摩郡奥多摩町氷川

JRグループ 東日本旅客鉄道

駅名	読み方	範囲	種	開業日	県名	所在地

五日市線

■ 拝島～武蔵五日市
11.1km／1067mm／6駅／1925.04.21開業／普通鉄道／架空線式 直流1500V・内燃・蒸気

駅名	読み方	範囲	種	開業日	県名	所在地
(拝島)	(青梅線所属)			1925.05.15		
熊川	くまがわ		客	1931.05.28	東京	福生市熊川北
東秋留	ひがしあきる		客	1925.04.21	東京	あきる野市野辺
秋川	あきがわ		客	1925.04.21	東京	あきる野市油平
武蔵引田	むさしひきだ		客	1930.04.04認可	東京	あきる野市下引田
武蔵増戸	むさしますこ		客	1925.04.21	東京	あきる野市伊奈
武蔵五日市	むさしいつかいち		客	1925.04.21	東京	あきる野市館谷

八高線

■ 八王子～倉賀野
92.0km／1067mm／20駅／1931.07.01開業／普通鉄道／架空線式 直流1500V（八王子～高麗川）・内燃・蒸気

駅名	読み方	範囲	種	開業日	県名	所在地
(八王子)	(中央本線所属)			1931.12.10		
北八王子	きたはちおうじ		客	1959.06.10	東京	八王子市石川町
小宮	こみや		客	1931.12.10	東京	八王子市小宮町
(拝島)	(青梅線所属)			1931.12.10		
東福生	ひがしふっさ		客	1931.12.10	東京	福生市武蔵台1
箱根ケ崎	はこねがさき		客	1931.12.10	東京	西多摩郡瑞穂町大字箱根ヶ崎
金子	かねこ		客	1931.12.10	埼玉	入間市南峯
東飯能	ひがしはんのう		客	1931.12.10	埼玉	飯能市東町1
高麗川	こまがわ		客	1933.04.15	埼玉	日高市原宿
毛呂	もろ		客	1933.04.15	埼玉	入間郡毛呂山町岩井
越生	おごせ		客	1933.04.15	埼玉	入間郡越生町越生
明覚	みょうかく		客	1934.03.24	埼玉	比企郡ときがわ町番匠475-2
小川町	おがわまち		客	1934.03.24	埼玉	比企郡小川町大塚
竹沢	たけざわ		客	1934.10.06	埼玉	比企郡小川町勝呂
折原	おりはら		客	1934.10.06	埼玉	大里郡寄居町西野入
寄居	よりい		客	1933.01.25	埼玉	大里郡寄居町寄居
用土	ようど		客	1933.01.25	埼玉	大里郡寄居町用土
松久	まつひさ		客	1933.01.25	埼玉	児玉郡美里町甘粕
児玉	こだま		客	1931.07.01	埼玉	本庄市児玉町児玉2482
丹荘	たんしょう		客	1931.07.01	埼玉	児玉郡神川町植竹
群馬藤岡	ぐんまふじおか		客	1931.07.01	群馬	藤岡市藤岡
北藤岡	きたふじおか		客	1961.02.21	群馬	藤岡市立石
(倉賀野)	(高崎線所属)			1931.07.01		

駅　名	読み方	範囲	種	開業日	県名	所　在　地

小海線
こうみせん

■ 小淵沢～小諸
78.9km／1067mm／30駅／1915.08.08開業／普通鉄道／内燃・蒸気

駅名	読み方	範囲	種	開業日	県名	所在地
(小淵沢)				1933.07.27		(中央本線所属)
甲斐小泉	かいこいずみ		客	1933.07.27	山梨	北杜市長坂町小荒間
甲斐大泉	かいおおいずみ		客	1933.07.27	山梨	北杜市大泉町西井出
清里	きよさと		客	1933.07.27	山梨	北杜市高根町清里
野辺山	のべやま		客	1935.11.29	長野	南佐久郡南牧村大字野辺山
信濃川上	しなのかわかみ		客	1935.01.16	長野	南佐久郡川上村大字御所平
佐久広瀬	さくひろせ		客	1935.01.16	長野	南佐久郡南牧村大字広瀬
佐久海ノ口	さくうみのくち		客	1932.12.27	長野	南佐久郡南牧村大字海ノ口
海尻	うみじり		客	1932.12.27	長野	南佐久郡南牧村大字海尻
松原湖	まつばらこ		客	1932.12.27	長野	南佐久郡小海町大字豊里
小海	こうみ		客	1919.03.11	長野	南佐久郡小海町大字小海
馬流	まながし		客	1919.03.11	長野	南佐久郡小海町大字東馬流
高岩	たかいわ		客	1919.03.11	長野	南佐久郡佐久穂町大字穂積
八千穂	やちほ		客	1919.03.11	長野	南佐久郡佐久穂町大字穂積
海瀬	かいぜ		客	1919.03.11	長野	南佐久郡佐久穂町大字海瀬
羽黒下	はぐろした		客	1915.12.28	長野	南佐久郡佐久穂町大字平林
青沼	あおぬま		客	1915.12.28	長野	佐久市入澤
臼田	うすだ		客	1915.12.28	長野	佐久市下越
龍岡城	たつおかじょう		客	1915.12.28	長野	佐久市田口
太田部	おおたべ		客	1952.05.01	長野	佐久市太田部
中込	なかごみ		客	1915.08.08	長野	佐久市中込
滑津	なめづ		客	1952.03.01	長野	佐久市中込
北中込	きたなかごみ		客	1915.08.08	長野	佐久市中込
岩村田	いわむらだ		客	1915.08.08	長野	佐久市岩村田
佐久平	さくだいら		客	1997.10.01	長野	佐久市佐久平駅東
中佐都	なかさと		客	1915.08.08	長野	佐久市長土呂
美里	みさと		客	1988.12.01	長野	小諸市大字市字土橋
三岡	みつおか		客	1925.04.14	長野	小諸市森山
乙女	おとめ		客	1915.08.08	長野	小諸市東山
東小諸	ひがしこもろ		客	1952.07.10	長野	小諸市小原
小諸	こもろ		客	1915.08.08	長野	小諸市相生町

JRグループ　東日本旅客鉄道

篠ノ井線(しののいせん)

■ 塩尻〜篠ノ井
66.7km／1067mm／15駅／1900.11.01開業／普通鉄道／架空線式 直流1500V・内燃・蒸気
第2種鉄道事業＝日本貨物鉄道（塩尻〜篠ノ井）

駅　名	読み方	範囲	種	開業日	県名	所在地
(塩尻)	(中央本線所属)			1902.12.15		
広丘	ひろおか		客	1933.07.10	長野	塩尻市広丘野村
村井 [JR貨物]	むらい		客貨	1902.12.15	長野	松本市村井町南1
平田	ひらた		客	2007.03.18	長野	松本市平田西
南松本 [JR貨物]	みなみまつもと		客貨	1944.09.01	長野	松本市出川町
松本	まつもと		客	1902.06.15	長野	松本市深志1
平瀬信号場	ひらせ		―	信	1965.09.27	長野	N/A
田沢	たざわ		客	1902.06.15	長野	安曇野市豊科田沢
明科	あかしな		客	1902.06.15	長野	安曇野市明科中川手
西条	にしじょう		客	1900.11.01	長野	東筑摩郡筑北村西条
坂北	さかきた		客	1927.11.03	長野	東筑摩郡筑北村坂北
聖高原	ひじりこうげん		客	1900.11.01	長野	東筑摩郡麻績村漆田
冠着	かむりき		客	1945.04.01	長野	東筑摩郡筑北村坂井
姨捨	おばすて		客	1900.11.01	長野	千曲市大字八幡
桑ノ原信号場	くわのはら		―	信	1961.09.27	長野	N/A
稲荷山	いなりやま		客	1900.11.01	長野	長野市篠ノ井塩崎
(篠ノ井)	(信越本線所属)			1900.11.01		

大糸線(おおいとせん)

■ 松本〜南小谷
70.1km／1067mm／33駅／1915.01.06開業／普通鉄道／架空線式 直流1500V・内燃・蒸気

駅　名	読み方	範囲	種	開業日	県名	所在地
(松本)	(篠ノ井線所属)			1916.09.18		
北松本	きたまつもと		客	1915.01.06	長野	松本市白坂1
島内	しまうち		客	1915.10.01	長野	松本市大字島内
島高松	しまたかまつ		客	1926.04.14	長野	松本市大字島内
梓橋	あずさばし		客	1915.01.06	長野	安曇野市豊科高家
一日市場	ひといちば		客	1915.01.06	長野	安曇野市三郷明盛
中萱	なかがや		客	1915.05.01	長野	安曇野市三郷明盛
南豊科	みなみとよしな		客	1926.04.14	長野	安曇野市豊科
豊科	とよしな		客	1915.01.06	長野	安曇野市豊科
柏矢町	はくやちょう		客	1915.06.01	長野	安曇野市穂高柏原
穂高	ほたか		客	1915.07.15	長野	安曇野市穂高

駅　名	読　み　方	範囲	種	開業日	県名	所　在　地
有明	ありあけ	客		1915.08.08	長野	安曇野市穂高有明
安曇追分	あずみおいわけ	客		1915.11.16	長野	安曇野市穂高北穂高
細野	ほその	客		1915.09.29	長野	北安曇郡松川村東川原
北細野	きたほその	客		1930.10.28	長野	北安曇郡松川村赤芝
信濃松川	しなのまつかわ	客		1915.09.29	長野	北安曇郡松川村赤芝
安曇沓掛	あずみくつかけ	客		1915.11.02	長野	大町市大字常盤区須沼
信濃常盤	しなのときわ	客		1915.11.02	長野	大町市大字常盤区下一本木
南大町	みなみおおまち	客		1934.02.01	長野	大町市大字大町字大新田
信濃大町	しなのおおまち	客		1916.07.05	長野	大町市大町
北大町	きたおおまち	客		1960.07.20	長野	大町市大字大町字荒沢
信濃木崎	しなのきざき	客		1929.09.25	長野	大町市大字平字木崎
稲尾	いなお	客		1960.07.20	長野	大町市大字平稲尾
海ノ口	うみのくち	客		1929.09.25	長野	大町市大字平字海ノ口
簗場	やなば	客		1929.09.25	長野	大町市平字中綱
ヤナバスキー場前 臨	やなばすきーじょうまえ	客	臨	1985.12.24	長野	大町市大字平
南神城	みなみかみしろ	客		1942.12.05	長野	北安曇郡白馬村大字神城
神城	かみしろ	客		1930.12.05	長野	北安曇郡白馬村大字神城
飯森	いいもり	客		1960.07.20	長野	北安曇郡白馬村大字神城字飯森
白馬	はくば	客		1932.11.20	長野	北安曇郡白馬村大字北城字四ッ谷
信濃森上	しなのもりうえ	客		1932.11.20	長野	北安曇郡白馬村大字北城森上
白馬大池	はくばおおいけ	客		1948.09.25	長野	北安曇郡小谷村大字千国
千国	ちくに	客		1962.12.25	長野	北安曇郡小谷村大字千国
南小谷	みなみおたり	客		1935.11.29	長野	北安曇郡小谷村大字千国

JRグループ　東日本旅客鉄道

駅　　名	読み方	範囲	種	開業日	県名	所　在　地

東北本線 (愛称：宇都宮線＝東京～黒磯)

■ 東京～盛岡

535.3km／1067mm／131駅／1883.07.28開業／普通鉄道／架空線式 直流1500V（東京～黒磯）交流20000V（黒磯～盛岡）・内燃・蒸気

第2種鉄道事業＝日本貨物鉄道（田端信号場～盛岡）

駅名	読み方	範囲	種	開業日	県名	所在地
（東京）			（東海道本線所属）	1925.11.01		
（神田）			（中央本線所属）	1925.11.01		
秋葉原	あきはばら		客	1890.11.01	東京	千代田区外神田1
御徒町	おかちまち		客	1925.11.01	東京	台東区上野5
上野	うえの		客	1883.07.28	東京	台東区上野7
鶯谷	うぐいすだに		客	1912.07.11	東京	台東区根岸1
日暮里	にっぽり		客	1905.04.01	東京	荒川区西日暮里2
西日暮里	にしにっぽり		客	1971.04.20	東京	荒川区西日暮里5
田端	たばた		客	1896.04.01	東京	北区東田端1
田端信号場 [JR貨物]	たばた		貨	1989.06.22	東京	N/A
上中里	かみなかざと		客	1933.07.01	東京	北区上中里1
王子	おうじ		客	1883.07.28	東京	北区王子1
東十条	ひがしじゅうじょう		客	1931.08.01	東京	北区東十条3
赤羽	あかばね		客	1885.03.01	東京	北区赤羽1
川口	かわぐち		客	1910.09.10	埼玉	川口市栄町3
西川口	にしかわぐち		客	1954.09.01	埼玉	川口市並木町2
蕨	わらび		客	1893.07.16	埼玉	蕨市中央1
南浦和	みなみうらわ		客	1961.07.01	埼玉	さいたま市南区南浦和2
浦和	うらわ		客	1883.07.28	埼玉	さいたま市浦和区高砂1
北浦和	きたうらわ		客	1936.09.01	埼玉	さいたま市浦和区北浦和3
与野	よの		客	1912.11.01	埼玉	さいたま市浦和区上木崎1
さいたま新都心	さいたましんとしん		客	2000.04.01	埼玉	さいたま市大宮区吉敷町4
大宮操車場 [JR貨物]	おおみや		操	1998以降	埼玉	N/A
大宮 [JR貨物]	おおみや		客貨	1885.03.16	埼玉	さいたま市大宮区錦町
土呂	とろ		客	1983.10.01	埼玉	さいたま市北区土呂町1
東大宮	ひがしおおみや		客	1964.03.20	埼玉	さいたま市見沼区東大宮4
蓮田	はすだ		客	1885.07.16	埼玉	蓮田市本町
白岡	しらおか		客	1910.02.11	埼玉	白岡市小久喜
新白岡	しんしらおか		客	1987.02.26	埼玉	白岡市野牛
久喜	くき		客	1885.07.16	埼玉	久喜市久喜中央2
東鷲宮 [JR貨物]	ひがしわしのみや		客貨	1981.04.15	埼玉	久喜市西大輪
栗橋	くりはし		客	1885.07.16	埼玉	久喜市栗橋北1
古河	こが		客	1885.07.16	茨城	古河市本町1

駅　名	読み方	範囲	種	開業日	県名	所在地
野木	のぎ		客	1963.02.16	栃木	下都賀郡野木町大字丸林
間々田	ままだ		客	1894.04.01	栃木	小山市乙女3
小山 [JR貨物]	おやま		客貨	1885.07.16	栃木	小山市城山町3
小金井	こがねい		客	1893.03.25	栃木	下野市小金井
自治医大	じちいだい		客	1983.04.27	栃木	下野市医大前
石橋	いしばし		客	1885.07.16	栃木	下野市石橋
宇都宮貨物ターミナル [JR貨物]	うつのみやかもつたーみなる		貨	1971.12.01	栃木	河内郡上三川町大字多功字上の原2970
雀宮	すずめのみや		客	1895.07.06	栃木	宇都宮市雀の宮1
宇都宮 [JR貨物]	うつのみや		客貨	1885.07.16	栃木	宇都宮市川向町
岡本	おかもと		客	1897.02.25	栃木	宇都宮市下岡本
宝積寺 [JR貨物]	ほうしゃくじ		客貨	1899.10.21	栃木	塩谷郡高根沢町大字宝積寺
氏家	うじいえ		客	1897.02.25	栃木	さくら市氏家
蒲須坂	かますさか		客	1923.02.11	栃木	さくら市蒲須坂字西原
片岡	かたおか		客	1897.06.05	栃木	矢板市片岡
矢板 [JR貨物]	やいた		客貨	1886.10.01	栃木	矢板市扇町1
野崎	のざき		客	1897.02.25	栃木	大田原市薄葉字狩野
西那須野	にしなすの		客	1886.10.01	栃木	那須塩原市永田町
那須塩原	なすしおばら		客	1898.11.28	栃木	那須塩原市大原間
黒磯	くろいそ		客	1886.12.01	栃木	那須塩原市本町
高久	たかく		客	1964.09.01	栃木	須賀那須郡大字高久甲字西久保
黒田原	くろだはら		客	1891.09.01	栃木	那須郡那須町大字寺子丙
豊原	とよはら		客	1887.07.16	栃木	那須郡那須町大字豊原甲
白坂	しらさか		客	1917.02.20	福島	白河市白坂字大倉矢見
新白河 [JR貨物]	しんしらかわ		客貨	1959.04.07	福島	西白河郡西郷村小田倉字道南
白河	しらかわ		客	1887.07.16	福島	白河市郭内
久田野	くたの		客	1919.10.12	福島	白河市大字久田野字田中
泉崎	いずみざき		客	1896.02.25	福島	西白河郡泉崎村大字泉崎字館
矢吹	やぶき		客	1887.07.16	福島	西白河郡矢吹町中町
鏡石	かがみいし		客	1911.06.25	福島	岩瀬郡鏡石町大字笠石字北原
須賀川	すかがわ		客	1887.07.16	福島	須賀川市中山
安積永盛 [JR貨物]	あさかながもり		客貨	1909.10.18	福島	郡山市笹川3
郡山貨物ターミナル [JR貨物]	こおりやまかもつたーみなる		貨	1977.03.01	福島	郡山市安積町大字荒井字猫田1-2
郡山 [JR貨物]	こおりやま		客貨	1887.07.16	福島	郡山市字燧田
日和田	ひわだ		客	1897.06.01	福島	郡山市日和田字小堰
五百川	ごひゃくがわ		客	1948.12.15	福島	本宮市荒井字新介
本宮	もとみや		客	1887.12.15	福島	本宮市本宮字九縄
杉田	すぎた		客	1948.12.19	福島	二本松市杉田町1
二本松	にほんまつ		客	1887.12.15	福島	二本松市本町2
安達	あだち		客	1917.07.11	福島	二本松市油井字古屋敷5
松川 [JR貨物]	まつかわ		客貨	1887.12.15	福島	福島市松川町字原

駅　名	読み方	範囲	種	開業日	県名	所　在　地
金谷川	かなやがわ	客		1909.10.18	福島	福島市松川町関谷字坂下
南福島	みなみふくしま	客		1962.04.05	福島	福島市永井川字壇ノ腰
福島	ふくしま	客		1887.12.15	福島	福島市栄町
矢野目信号場	やのめ	—	信	1988.07.01	福島	N/A
東福島 [貨][JR貨物]	ひがしふくしま	客貨		1923.10.15	福島	福島市宮代字段ノ腰
伊達	だて	客		1895.04.01	福島	伊達市細谷12
桑折	こおり	客		1887.12.15	福島	伊達郡桑折町大字南半田字六角
藤田	ふじた	客		1900.09.05	福島	伊達郡国見町大字山崎字北町田
貝田	かいだ	客		1952.06.10	福島	伊達郡国見町貝田字竹ノ根
越河	こすごう	客		1891.01.12	宮城	白石市越河字五賀字海道下
白石	しろいし	客		1887.12.15	宮城	白石市沢目
東白石	ひがししろいし	客		1961.12.20	宮城	白石市白川内親字阿久土
北白川	きたしらかわ	客		1911.12.19	宮城	白石市白川津田下谷地
大河原	おおがわら	客		1887.12.15	宮城	柴田郡大河原町大谷字町向
船岡	ふなおか	客		1929.02.25	宮城	柴田郡柴田町船岡中央1
槻木	つきのき	客		1891.01.12	宮城	柴田郡柴田町槻木新町1
岩沼 [貨][JR貨物]	いわぬま	客貨		1887.12.15	宮城	岩沼市舘下1
館腰	たてこし	客		1985.04.22	宮城	名取市植松4
名取 [貨][JR貨物]	なとり	客貨		1888.10.11	宮城	名取市増田2
南仙台	みなみせんだい	客		1924.09.10	宮城	仙台市太白区中田5
太子堂	たいしどう	客		2007.03.18	宮城	仙台市太白区
長町	ながまち	客		1894.11.02	宮城	仙台市太白区長町5
仙台	せんだい	客		1887.12.15	宮城	仙台市青葉区中央1
東仙台	ひがしせんだい	客		1932.07.25	宮城	仙台市宮城野区東仙台1
東仙台信号場	ひがしせんだい	—	信	1999.08.01	宮城	N/A
岩切	いわきり	客		1888.10.11	宮城	仙台市宮城野区岩切字洞ノ口
陸前山王	りくぜんさんのう	客		1944.11.15	宮城	多賀城市山王子千刈田
国府多賀城	こくふたがじょう	客		2001.09.29	宮城	多賀城市浮島1
塩釜	しおがま	客		1956.07.09	宮城	塩竈市東玉川町
松島	まつしま	客		1956.07.09	宮城	宮城郡松島町松島字小梨屋
愛宕	あたご	客		1962.07.01	宮城	宮城郡松島町高城字三居山
品井沼	しないぬま	客		1932.12.26	宮城	宮城郡松島町幡谷字鹿渡
鹿島台	かしまだい	客		1892.03.01	宮城	大崎市鹿島台大字平渡字東銭神1
松山町	まつやままち	客		1908.12.25	宮城	大崎市松山町金谷字赤沼上66
小牛田	こごた	客		1890.04.16	宮城	遠田郡美里町藤ヶ崎
田尻	たじり	客		1908.12.25	宮城	大崎市田尻沼部字塩加良66-3
瀬峰	せみね	客		1890.04.16	宮城	栗原市瀬峰下田
梅ケ沢	うめがさわ	客		1953.03.02	宮城	登米市迫町字新田外沢田
新田	にった	客		1894.01.04	宮城	登米市迫町新田字狼の欠
石越	いしこし	客		1890.04.16	宮城	登米市石越町南郷字西門沖

駅　名	読み方	範囲	種	開業日	県名	所 在 地
油島	ゆしま		客	1954.07.01	岩手	一関市花泉町油島字蒲ノ脇119-1
花泉	はないずみ		客	1890.04.16	岩手	一関市花泉町花泉字地平17
清水原	しみずはら		客	1955.07.01	岩手	一関市花泉町花泉字仁王原46-9
有壁	ありかべ		客	1924.10.16	宮城	栗原市金成有壁
一ノ関 [圧][JR貨物]	いちのせき		客貨	1890.04.16	岩手	一関市駅前67
山ノ目	やまのめ		客	1928.04.08	岩手	一関市山ノ目町3-4-15
平泉	ひらいずみ		客	1898.05.28	岩手	西磐井郡平泉町平泉字泉屋76
前沢	まえさわ		客	1890.11.01	岩手	奥州市前沢区字三日町浦
陸中折居	りくちゅうおりい		客	1928.11.25	岩手	奥州市水沢区真城
水沢 [圧][JR貨物]	みずさわ		客貨	1890.11.01	岩手	奥州市水沢区東大通り1-9-1
金ケ崎	かねがさき		客	1897.07.01	岩手	胆沢郡金ヶ崎町西根杉土手2-1
六原 [圧][JR貨物]	ろくはら		客貨	1937.02.01	岩手	胆沢郡金ヶ崎町大字三ヶ尻丹蔵堰11
北上 [圧][JR貨物]	きたかみ		客貨	1890.11.01	岩手	北上市大通り1-1-2
村崎野	むらさきの		客	1950.11.01	岩手	北上市村崎野15地割513
花巻	はなまき		客	1890.11.01	岩手	花巻市駅前大通り1-1-43-2
花巻空港 [圧][JR貨物]	はなまきくうこう		客貨	1932.11.20	岩手	花巻市二枚橋5-118
石鳥谷	いしどりや		客	1893.02.15	岩手	花巻市石鳥谷町大字好地7地割12-7
日詰	ひづめ		客	1890.11.01	岩手	紫波郡紫波町北日詰字八反田36
紫波中央	しわちゅうおう		客	1998.03.14	岩手	紫波郡紫波町中央駅前1
古館	ふるだて		客	1949.03.01	岩手	紫波郡紫波町中島落合60
矢幅	やはば		客	1898.09.01	岩手	紫波郡矢巾町又兵エ新田
盛岡貨物ターミナル [圧][JR貨物]	もりおかかもつたーみなる		貨	1974.07.20	岩手	盛岡市永井30-39
岩手飯岡	いわていいおか		客	1950.09.01	岩手	盛岡市永井17-53
仙北町	せんぼくちょう		客	1915.01.05	岩手	盛岡市仙北2
盛岡	もりおか		客	1890.11.01	岩手	盛岡市盛岡駅前通

■ 日暮里～赤羽
7.6km／1067mm／1駅／1929.06.20開業／普通鉄道／架空線式 直流1500V・内燃・蒸気

駅名	読み方	範囲	種	開業日	県名	所在地
(日暮里)	(東北本線所属)			1929.06.20		
尾久	おく		客	1929.06.20	東京	北区昭和町1
(赤羽)	(東北本線所属)			1929.06.20		

■ 赤羽～大宮
18.0km／1067mm／10駅／1985.09.30開業／普通鉄道／架空線式 直流1500V・内燃・蒸気

駅名	読み方	範囲	種	開業日	県名	所在地
(赤羽)	(東北本線所属)			1985.09.30		
北赤羽	きたあかばね		客	1985.09.30	東京	北区赤羽北2
浮間舟渡	うきまふなど		客	1985.09.30	東京	北区浮間4
戸田公園	とだこうえん		客	1985.09.30	埼玉	戸田市本町4
戸田	とだ		客	1985.09.30	埼玉	戸田市大字新曽字柳原
北戸田	きたとだ		客	1985.09.30	埼玉	戸田市大字新曽字芦原

		駅　名	読み方	範囲	種	開業日	県名	所　在　地
		武蔵浦和	むさしうらわ	客		1985.09.30	埼玉	さいたま市南区別所7
		中浦和	なかうらわ	客		1985.09.30	埼玉	さいたま市南区鹿手袋1
		南与野	みなみよの	客		1985.09.30	埼玉	さいたま市中央区鈴谷2
		与野本町	よのほんまち	客		1985.09.30	埼玉	さいたま市中央区本町東2
		北与野	きたよの	客		1985.09.30	埼玉	さいたま市中央区上落合2
		（大宮）	（東北本線所属）			1985.09.30		

■ 長町〜東仙台

6.6km／1067mm／1駅／1961.06.01開業／普通鉄道／架空線式 交流20000V・内燃・蒸気
第2種鉄道事業＝日本貨物鉄道（長町〜東仙台）

		駅　名	読み方	範囲	種	開業日	県名	所　在　地
		（長町）		（東北本線所属）		1961.06.01		
		仙台貨物ターミナル 貨 [JR貨物]	せんだいかもつたーみなる		客貨	1961.06.01	宮城	仙台市宮城野区宮城野3-2-1
		（東仙台）		（東北本線所属）		1961.06.01		

■ 岩切〜利府

4.2km／1067mm／2駅／1890.04.16開業／普通鉄道／架空線式 交流20000V・内燃・蒸気

		駅　名	読み方	範囲	種	開業日	県名	所　在　地
		（岩切）		（東北本線所属）		1890.04.16		
		新利府	しんりふ	客		1982.04.01	宮城	宮城郡利府町字谷地脇
		利府	りふ	客		1894.01.04	宮城	宮城郡利府町森郷字柱田

■ 松島〜高城町（愛称：仙石東北ライン）

0.3km／1067mm／0駅／2015.05.30開業／普通鉄道／内燃・蒸気

		駅　名	読み方	範囲	種	開業日	県名	所　在　地
		（松島）		（東北本線所属）		2015.05.30		
		（高城町）		（仙石線所属）		2015.05.30		

東北新幹線

■ 東京〜新青森

713.7km／1435mm／7駅／1982.06.23開業／普通鉄道／架空線式 交流25000V

		駅　名	読み方	範囲	種	開業日	県名	所　在　地
		（東京）		（東海道本線所属）		1991.06.20		
		（上野）		（東北本線所属）		1985.03.14		
		（大宮）		（東北本線所属）		1982.06.23		
		（小山）		（東北本線所属）		1982.06.23		
		（宇都宮）		（東北本線所属）		1982.06.23		
		（那須塩原）		（東北本線所属）		1982.06.23		
		（新白河）		（東北本線所属）		1982.06.23		
		（郡山）		（東北本線所属）		1982.06.23		
		（福島）		（東北本線所属）		1982.06.23		
		白石蔵王	しろいしざおう	客		1982.06.23	宮城	白石市大鷹沢三沢字桜田

駅　名	読み方	範囲	種	開業日	県名	所在地
（仙台）	（東北本線所属）			1982.06.23		
（古川）	（陸羽東線所属）			1982.06.23		
くりこま高原	くりこまこうげん		客	1990.03.10	宮城	栗原市志波姫新熊谷
（一ノ関）	（東北本線所属）			1982.06.23		
水沢江刺	みずさわえさし		客	1985.03.14	岩手	奥州市水沢区羽田町駅前1-185
（北上）	（東北本線所属）			1982.06.23		
新花巻	しんはなまき		客	1985.03.14	岩手	花巻市矢沢第10地割
（盛岡）	（東北本線所属）			1982.06.23		
いわて沼宮内	いわてぬまくない		客	2002.12.01	岩手	岩手郡岩手町大字江刈内7-9
二戸	にのへ		客	2002.12.01	岩手	二戸市石切所
（八戸）	（八戸線所属）			2002.12.01		
七戸十和田	しちのへとわだ		客	2010.12.04	青森	上北郡七戸町字荒熊内
（新青森）	（奥羽本線所属）			2010.12.04		

常磐線

■日暮里〜岩沼

343.7km／1067mm／77駅／1889.01.16開業／普通鉄道／架空線式 直流1500V（日暮里〜［取手・藤代］）交流20000V（［取手・藤代］〜岩沼）・内燃・蒸気
第2種鉄道事業＝日本貨物鉄道（三河島〜岩沼）

駅名	読み方	範囲	種	開業日	県名	所在地
（日暮里）		（東北本線所属）		1905.04.01		
三河島	みかわしま		客	1905.04.01	東京	荒川区西日暮里1
南千住	みなみせんじゅ		客	1896.12.25	東京	荒川区南千住4
北千住	きたせんじゅ		客	1896.12.25	東京	足立区千住旭町
綾瀬 [JR貨物]	あやせ		客貨	1943.04.01	東京	足立区綾瀬3
亀有	かめあり		客	1897.05.17	東京	葛飾区亀有3
金町 [JR貨物]	かなまち		客貨	1897.12.27	東京	葛飾区金町6
松戸	まつど		客	1896.12.25	千葉	松戸市松戸
北松戸	きたまつど		客	1952.05.01	千葉	松戸市上本郷
馬橋	まばし		客	1898.08.06	千葉	松戸市馬橋
新松戸	しんまつど		客	1973.04.01	千葉	松戸市幸谷字深追
北小金	きたこがね		客	1911.05.01	千葉	松戸市小金8
南柏	みなみかしわ		客	1953.10.01	千葉	柏市南柏1
柏	かしわ		客	1896.12.25	千葉	柏市柏1
北柏	きたかしわ		客	1970.04.10	千葉	柏市根戸字中馬場
我孫子	あびこ		客	1896.12.25	千葉	我孫子市本町2
天王台	てんのうだい		客	1971.04.20	千葉	我孫子市柴崎台1
取手	とりで		客	1896.12.25	茨城	取手市中央町
藤代	ふじしろ		客	1896.12.25	茨城	取手市宮和田1131

JRグループ 東日本旅客鉄道

駅　名	読み方	範囲	種	開業日	県名	所在地
佐貫	さぬき		客	1900.08.14	茨城	龍ヶ崎市佐貫町647
牛久	うしく		客	1896.12.25	茨城	牛久市牛久町282
ひたち野うしく	ひたちのうしく		客	1998.03.14	茨城	牛久市ひたち野西3
荒川沖 [JR貨物]	あらかわおき		客貨	1896.12.25	茨城	土浦市荒川沖東2-1-6
土浦 [JR貨物]	つちうら		客貨	1895.11.04	茨城	土浦市有明町1-30
神立 [JR貨物]	かんだつ		客貨	1895.11.04	茨城	土浦市神立中央
高浜	たかはま		客	1895.11.04	茨城	石岡市北根本245
石岡	いしおか		客	1895.11.04	茨城	石岡市国府1-1-17
羽鳥	はとり		客	1895.12.01	茨城	小美玉市羽鳥2665
岩間	いわま		客	1895.11.04	茨城	笠間市下郷4439
友部 [JR貨物]	ともべ		客貨	1895.07.01	茨城	笠間市友部駅前1-24
内原 [JR貨物]	うちはら		客貨	1889.01.16	茨城	水戸市内原町69
赤塚	あかつか		客	1894.01.04	茨城	水戸市赤塚1-1866
偕楽園 [臨]	かいらくえん		客	臨	1925.02.02	茨城	水戸市常盤町字神崎下6090
水戸 [JR貨物]	みと		客貨	1889.01.16	茨城	水戸市宮町1-1-1
勝田 [JR貨物]	かつた		客貨	1910.03.18	茨城	ひたちなか市勝田中央1-1
佐和	さわ		客	1897.02.25	茨城	ひたちなか市大字高揚574
東海	とうかい		客	1898.04.01	茨城	那珂郡東海村大字石川駅西1-1-1
大甕	おおみか		客	1897.02.25	茨城	日立市大みか町2-23-10
常陸多賀 [JR貨物]	ひたちたが		客貨	1897.02.25	茨城	日立市多賀町1-1-1
日立 [JR貨物]	ひたち		客貨	1897.02.25	茨城	日立市幸町1-1-1
小木津	おぎつ		客	1910.03.18	茨城	日立市日高町1-2
十王	じゅうおう		客	1897.02.25	茨城	日立市十王町友部177
高萩	たかはぎ		客	1897.02.25	茨城	高萩市大字高萩1928
南中郷	みなみなかごう		客	1910.02.16	茨城	北茨城市中郷町小野矢指238
磯原	いそはら		客	1897.02.25	茨城	北茨城市磯原町磯原759
大津港	おおつこう		客	1897.02.25	茨城	北茨城市大津町北町250
勿来	なこそ		客	1897.02.25	福島	いわき市勿来町関田寺下49-2
植田	うえだ		客	1897.02.25	福島	いわき市植田町金畑15
泉	いずみ		客	1897.02.25	福島	いわき市泉町滝尻字上谷地30
湯本	ゆもと		客	1897.02.25	福島	いわき市常磐湯本町天王崎92
内郷	うちごう		客	1897.02.25	福島	いわき市内郷綴町榎下12
いわき	いわき		客	1897.02.25	福島	いわき市平字田町1
草野	くさの		客	1897.08.29	福島	いわき市平泉崎字向原1
四ツ倉	よつくら		客	1897.08.29	福島	いわき市四倉町字鬼越138
久ノ浜	ひさのはま		客	1897.08.29	福島	いわき市久之浜町字北荒蒔12
末続	すえつぎ		客	1947.06.01	福島	いわき市久之浜町末続字代65
広野	ひろの		客	1898.08.23	福島	双葉郡広野町大字下浅見川字築地58
木戸	きど		客	1898.08.23	福島	双葉郡楢葉町大字山田岡字一升平18
竜田	たつた		客	1909.03.25	福島	双葉郡楢葉町大字井出字木屋126

駅　　名	読み方	範囲	種	開業日	県名	所在地
富岡	とみおか		客	1898.08.23	福島	双葉郡富岡町大字仏浜字釜田24
夜ノ森	よのもり		客	1921.03.15	福島	双葉郡富岡町大字本岡字新夜ノ森12-4
大野	おおの		客	1904.11.22	福島	双葉郡大熊町大字下野上字大野248
双葉	ふたば		客	1898.08.23	福島	双葉郡双葉町大字長塚字町西3912
浪江	なみえ		客	1898.08.23	福島	双葉郡浪江町大字権現堂字塚越8
桃内	もももうち		客	1948.08.10	福島	南相馬市小高区耳谷字桃内2
小高	おだか		客	1898.05.11	福島	南相馬市小高区東町1-140
磐城太田	いわきおおた		客	1898.05.11	福島	南相馬市原町区高字金井神1145
原ノ町	はらのまち		客	1898.04.03	福島	南相馬市原町区旭町2-27-2
鹿島	かしま		客	1898.04.03	福島	南相馬市鹿島区御前ノ内
日立木	にったき		客	1922.08.15	福島	相馬市赤木字上原田25
相馬	そうま		客	1897.11.10	福島	相馬市中村字曲田1
駒ヶ嶺	こまがみね		客	1952.07.10	福島	相馬郡新地町駒ヶ嶺字深町21
新地	しんち		客	1897.11.10	福島	相馬郡新地町谷地小屋字枡形
坂元	さかもと		客	1897.11.10	宮城	亘理郡山元町坂元字二又
山下	やました		客	1949.05.10	宮城	亘理郡山元町寺字頭無
浜吉田	はまよしだ		客	1897.11.10	宮城	亘理郡亘理町吉田字流
亘理	わたり		客	1897.11.10	宮城	亘理郡亘理町道田西
逢隈	おおくま		客	1988.08.02	宮城	亘理郡亘理町大字逢隈下郡
(岩沼)			(東北本線所属)	1897.11.10		

[注] 駒ケ嶺〜浜吉田は2013.3.11より休止中。2016.12.10再開予定。

■三河島〜南千住

5.7km／1067mm／1駅／1896.12.25開業／普通鉄道／架空線式 直流1500V・内燃・蒸気

(三河島)		(常磐線所属)		1905.04.01		
隅田川 [貨][JR貨物]	すみだがわ		客貨	1896.12.25	東京	荒川区南千住4-1-1
(南千住)		(常磐線所属)		1987.04.01		

■三河島〜田端

1.6km／1067mm／0駅／1896.12.25開業／普通鉄道／架空線式 直流1500V・内燃・蒸気

(三河島)	(常磐線所属)	1905.04.01
(田端)	(東北本線所属)	1896.12.25

水郡線(すいぐんせん)

■水戸〜安積永盛

137.5km／1067mm／38駅／1897.11.16開業／普通鉄道／内燃・蒸気

(水戸)		(常磐線所属)		1897.11.16		
常陸青柳	ひたちあおやぎ		客	1897.11.16	茨城	ひたちなか市枝川363

駅　名	読み方	範囲	種	開業日	県名	所在地
常陸津田	ひたちつだ		客	1935.09.01	茨城	ひたちなか市津田西山2171-1
後台	ごだい		客	1935.09.01	茨城	那珂市後台宿東695
下菅谷	しもすがや		客	1897.11.16	茨城	珂市菅谷4106
中菅谷	なかすがや		客	1935.09.01	茨城	珂市菅谷4300-2
上菅谷	かみすがや		客	1897.11.16	茨城	那珂市菅谷4496
常陸鴻巣	ひたちこうのす		客	1918.06.12	茨城	那珂郡那珂町大字鴻巣1362
瓜連	うりづら		客	1918.06.12	茨城	那珂市瓜連
静	しず		客	1919.02.01	茨城	那珂市下大賀
常陸大宮	ひたちおおみや		客	1918.10.23	茨城	常陸大宮市南町966
玉川村	たまがわむら		客	1922.12.10	茨城	常陸大宮市東野4580
野上原	のがみはら		客	1956.11.19	茨城	常陸大宮市野上字下町1234-1
山方宿	やまがたじゅく		客	1922.12.10	茨城	常陸大宮市山方904
中舟生	なかふにゅう		客	1956.11.19	茨城	常陸大宮市舟生堂下296-1
下小川	しもおがわ		客	1925.08.15	茨城	常陸大宮市盛金2358
西金	さいがね		客	1926.03.21	茨城	久慈郡大子町大字西金381-1
上小川	かみおがわ		客	1925.08.15	茨城	久慈郡大子町大字頃藤3528-2
袋田	ふくろだ		客	1927.03.10	茨城	久慈郡大子町袋田1928
常陸大子	ひたちだいご		客	1927.03.10	茨城	久慈郡大子町大字大子710
下野宮	しものみや		客	1930.04.16	茨城	久慈郡大子町大字下野宮2256
矢祭山	やまつりやま		客	1937.03.27	福島	東白川郡矢祭町大字内川字矢祭
東館	ひがしだて		客	1930.04.16	福島	東白川郡矢祭町大字東館字石田32
南石井	みなみいしい		客	1957.08.01	福島	東白川郡矢祭町下石井
磐城石井	いわきいしい		客	1931.10.10	福島	東白川郡矢祭町大中石井字御殿河原11
磐城塙	いわきはなわ		客	1931.10.10	福島	東白川郡塙町宮田1
近津	ちかつ		客	1932.11.11	福島	東白川郡棚倉町大字寺山字高瀬田19
中豊	なかとよ		客	1958.02.01	福島	東白川郡棚倉町大字流字中豊能登田43
磐城棚倉	いわきたなくら		客	1932.11.11	福島	東白川郡棚倉町大字棚倉字北町56
磐城浅川	いわきあさかわ		客	1934.12.04	福島	石川郡浅川町大字浅川字本町西裏58
里白石	さとしらいし		客	1934.12.04	福島	石川郡浅川町里白石宿裏126
磐城石川	いわきいしかわ		客	1934.12.04	福島	石川郡石川町当町223
野木沢	のぎさわ		客	1934.12.04	福島	石川郡石川町大字中野字水内4
川辺沖	かわべおき		客	1959.06.01	福島	石川郡玉川村大字川辺
泉郷	いずみごう		客	1934.12.04	福島	石川郡玉川村大字小高字中村前
川東	かわひがし		客	1931.10.30	福島	須賀川市大字小作田字西館132
小塩江	おしおえ		客	1952.05.01	福島	須賀川市大字塩田字小玉4
谷田川	やたがわ		客	1929.05.10	福島	郡山市田村町谷田川字荒小路1
磐城守山	いわきもりやま		客	1929.05.10	福島	郡山市田村町岩作字西河原181
(安積永盛)	(東北本線所属)			1929.05.10		

駅　名	読み方	範囲	種	開業日	県名	所　在　地

■上菅谷〜常陸太田 ……………………………………………………………………………………
9.5km／1067mm／5駅／1897.11.16開業／普通鉄道／内燃・蒸気

駅　名	読み方	範囲	種	開業日	県名	所　在　地
（上菅谷）	（水郡線所属）			1897.11.16		
南酒出	みなみさかいで		客	1935.09.01	茨城	那珂市南酒出字船岡久保903-1
額田	ぬかだ		客	1897.11.16	茨城	那珂市額田南郷
河合	かわい		客	1899.09.07	茨城	常陸太田市上河合町
谷河原	やがわら		客	1935.09.01	茨城	常陸太田市磯辺町七反田
常陸太田	ひたちおおた		客	1899.04.01	茨城	常陸太田市山下町1043

川越線

■大宮〜高麗川 ……………………………………………………………………………………
30.6km／1067mm／9駅／1940.07.22開業／普通鉄道／架空線式 直流1500V・内燃・蒸気

駅　名	読み方	範囲	種	開業日	県名	所　在　地
（大宮）	（東北本線所属）			1940.07.22		
日進	にっしん		客	1940.07.22	埼玉	さいたま市北区日進町2
西大宮	にしおおみや		客	2009.03.14	埼玉	さいたま市西区大字指扇
指扇	さしおうぎ		客	1940.07.22	埼玉	さいたま市西区大字宝来
南古谷	みなみふるや		客	1940.07.22	埼玉	川越市大字並木
川越	かわごえ		客	1940.07.22	埼玉	川越市脇田本町
西川越	にしかわごえ		客	1940.07.22	埼玉	川越市大字小ケ谷
的場	まとば		客	1940.07.22	埼玉	川越市大字的場
笠幡	かさはた		客	1940.07.22	埼玉	川越市大字笠幡
武蔵高萩	むさしたかはぎ		客	1940.07.22	埼玉	日高市大字高萩
（高麗川）	（八高線所属）			1940.07.22		

高崎線

■大宮〜高崎 ……………………………………………………………………………………
74.7km／1067mm／18駅／1883.07.28開業／普通鉄道／架空線式 直流1500V・内燃・蒸気
第2種鉄道事業＝日本貨物鉄道（大宮〜高崎）

駅　名	読み方	範囲	種	開業日	県名	所　在　地
（大宮）	（東北本線所属）			1885.03.16		
宮原	みやはら		客	1948.07.15	埼玉	さいたま市北区宮原町3
上尾	あげお		客	1883.07.28	埼玉	上尾市柏座1
北上尾	きたあげお		客	1988.12.17	埼玉	上尾市原新町
桶川	おけがわ		客	1885.03.01	埼玉	桶川市南1
北本	きたもと		客	1928.08.01	埼玉	北本市北本1
鴻巣	こうのす		客	1883.07.28	埼玉	鴻巣市本町1
北鴻巣	きたこうのす		客	1984.11.03	埼玉	鴻巣市赤見台1

JRグループ 東日本旅客鉄道

駅　名	読み方	範囲	種	開業日	県名	所在地
吹上 貨[JR貨物]	ふきあげ		客貨	1885.03.01	埼玉	鴻巣市吹上本町1-1-1
行田	ぎょうだ		客	1966.07.01	埼玉	行田市壱里山町
熊谷	くまがや		客	1883.07.28	埼玉	熊谷市筑波2
熊谷貨物ターミナル 貨[JR貨物]	くまがやかもつたーみなる		貨	1979.10.01	埼玉	熊谷市大字久保島字宮田1080
籠原	かごはら		客	1909.12.16	埼玉	熊谷市新堀713
深谷	ふかや		客	1883.10.21	埼玉	深谷市西島町3-1-8
岡部 貨[JR貨物]	おかべ		客貨	1909.12.16	埼玉	深谷市岡2661
本庄	ほんじょう		客	1883.10.21	埼玉	本庄市銀座3
神保原	じんぼはら		客	1897.11.15	埼玉	児玉郡上里町大字神保原
新町 貨[JR貨物]	しんまち		客貨	1883.12.27	群馬	高崎市新町2150
倉賀野 貨[JR貨物]	くらがの		客貨	1894.05.01	群馬	高崎市倉賀野町
高崎操車場[JR貨物]	たかさき		―	操	1943.10.01	群馬	N/A
高崎 貨[JR貨物]	たかさき		客貨	1884.05.01	群馬	高崎市八島町

上越線

■高崎～宮内

162.6km／1067mm／33駅／1920.11.01開業／普通鉄道／架空線式 直流1500V・内燃・蒸気
第2種鉄道事業＝日本貨物鉄道（高崎～宮内）

駅　名	読み方	範囲	種	開業日	県名	所在地
(高崎)	(高崎線所属)			1931.06.01		
高崎問屋町	たかさきとんやまち		客	2004.10.16	群馬	高崎市貝沢町
井野	いの		客	1957.12.20	群馬	高崎市井野町
新前橋	しんまえばし		客	1921.07.01	群馬	前橋市古市町
群馬総社	ぐんまそうじゃ		客	1921.07.01	群馬	前橋市総社町植野
八木原 貨[JR貨物]	やぎはら		客貨	1921.07.01	群馬	渋川市八木原
渋川 貨[JR貨物]	しぶかわ		客貨	1921.07.01	群馬	渋川市渋川1651-4
敷島	しきしま		客	1924.03.31	群馬	渋川市赤城町敷島354-7
津久田	つくだ		客	1948.01.01	群馬	渋川市赤城町津久田2854-2
岩本	いわもと		客	1924.03.31	群馬	沼田市岩本町
沼田	ぬまた		客	1924.03.31	群馬	沼田市清水町
後閑	ごかん		客	1926.11.20	群馬	利根郡みなかみ町後閑1237
上牧	かみもく		客	1928.10.30	群馬	利根郡みなかみ町上牧2145
水上	みなかみ		客	1928.10.30	群馬	利根郡みなかみ町鹿野沢96
湯檜曽	ゆびそ		客	1931.09.01	群馬	利根郡みなかみ町湯檜曽18-2
土合	どあい		客	1936.12.19	群馬	利根郡みなかみ町湯檜曽218-2
土樽	つちたる		客	1941.01.10	新潟	南魚沼郡湯沢町大字土樽
越後中里	えちごなかざと		客	1931.09.01	新潟	南魚沼郡湯沢町大字土樽
岩原スキー場前	いわっぱらすきーじょうまえ		客	1952.12.20	新潟	南魚沼郡湯沢町土樽
越後湯沢	えちごゆざわ		客	1925.11.01	新潟	南魚沼郡湯沢町大字湯沢主水

駅　名	読み方	範囲	種	開業日	県名	所在地
石打	いしうち		客	1925.11.01	新潟	南魚沼市上野
大沢	おおさわ		客	1949.05.28	新潟	南魚沼市大沢
上越国際スキー場前 ■	じょうえつこくさいすきーじょうまえ		臨	1997.12.27	新潟	南魚沼市大字樺野沢
塩沢	しおざわ		客	1923.11.18	新潟	南魚沼市塩沢
六日町	むいかまち		客	1923.11.18	新潟	南魚沼市六日町
五日町 ■ [JR貨物]	いつかまち		客貨	1923.11.18	新潟	南魚沼市五日町
浦佐	うらさ		客	1923.09.01	新潟	南魚沼市浦佐
八色	やいろ		客	1965.01.15	新潟	南魚沼市五箇
小出	こいで		客	1923.09.01	新潟	魚沼市四日町
越後堀之内	えちごほりのうち		客	1922.08.01	新潟	魚沼市堀之内
北堀之内	きたほりのうち		客	1950.02.15	新潟	魚沼市下島
越後川口	えちごかわぐち		客	1921.08.05	新潟	長岡市東川口町
小千谷	おぢや		客	1920.11.01	新潟	小千谷市東栄1
越後滝谷	えちごたきや		客	1920.11.01	新潟	長岡市滝谷町
(宮内)	(信越本線所属)			1920.11.01		

■越後湯沢～ガーラ湯沢 ....
1.8km／1435mm／ 1 駅／1990.12.20開業／普通鉄道／架空線式 交流25000V

(越後湯沢)	(上越線所属)			1990.12.20		
ガーラ湯沢 ■	がーらゆざわ		客 臨	1990.12.20	新潟	南魚沼郡湯沢町大字湯沢字茅平

上越新幹線

■大宮～新潟 ....
303.6km／1435mm／ 3 駅／1982.11.15開業／普通鉄道／架空線式 交流25000V

駅　名	読み方	範囲	種	開業日	県名	所在地
(大宮)	(東北本線所属)			1982.11.15		
(熊谷)	(高崎線所属)			1982.11.15		
本庄早稲田	ほんじょうわせだ		客	2004.03.13	埼玉	本庄市早稲田の杜
(高崎)	(高崎線所属)			1982.11.15		
上毛高原	じょうもうこうげん		客	1982.11.15	群馬	利根郡みなかみ町月夜野字薮田1756
(越後湯沢)	(上越線所属)			1982.11.15		
(浦佐)	(上越線所属)			1982.11.15		
(長岡)	(信越本線所属)			1982.11.15		
燕三条	つばめさんじょう		客	1982.11.15	新潟	三条市大字下須頃
(新潟)	(信越本線所属)			1982.11.15		

駅　　名	読　み　方	範囲	種	開業日	県名	所　在　地

吾妻線

渋川〜大前
55.3km／1067mm／17駅／1945.01.02開業／普通鉄道／架空線式 直流1500V・内燃・蒸気

駅名	読み方	範囲	種	開業日	県名	所在地
(渋川)	(上越線所属)			1945.01.02		
金島	かなしま		客	1945.08.05	群馬	渋川市川島
祖母島	うばしま		客	1959.02.10	群馬	渋川市祖母島
小野上	おのがみ		客	1945.11.20	群馬	渋川市村上3330
小野上温泉	おのがみおんせん		客	1992.03.14	群馬	渋川市村上376
市城	いちしろ		客	1945.11.20	群馬	吾妻郡中之条町大字市城
中之条	なかのじょう		客	1945.08.05	群馬	吾妻郡中之条町伊勢町
群馬原町	ぐんまはらまち		客	1945.08.05	群馬	吾妻郡東吾妻町大字原町
郷原	ごうばら		客	1946.04.20	群馬	吾妻郡東吾妻町大字郷原
矢倉	やぐら		客	1959.11.10	群馬	吾妻郡東吾妻町大字矢倉
岩島	いわしま		客	1945.08.05	群馬	吾妻郡東吾妻町大字岩下
川原湯温泉	かわらゆおんせん		客	1946.04.20	群馬	吾妻郡長野原町大字川原湯
長野原草津口	ながのはらくさつぐち		客	1945.01.02	群馬	吾妻郡長野原町長野原
群馬大津	ぐんまおおつ		客	1971.03.07	群馬	吾妻郡長野原町大字大津
羽根尾	はねお		客	1971.03.07	群馬	吾妻郡長野原町大字羽根尾
袋倉	ふくろぐら		客	1971.03.07	群馬	吾妻郡嬬恋村大字袋倉
万座・鹿沢口	まんざかざわぐち		客	1971.03.07	群馬	吾妻郡嬬恋村大字鎌原
大前	おおまえ		客	1971.03.07	群馬	吾妻郡嬬恋村大字大前

両毛線

小山〜新前橋
84.4km／1067mm／17駅／1888.05.22開業／普通鉄道／架空線式 直流1500V・内燃・蒸気

駅名	読み方	範囲	種	開業日	県名	所在地
(小山)	(東北本線所属)			1888.05.22		
思川	おもいがわ		客	1911.04.10	栃木	小山市大字松沼
栃木	とちぎ		客	1888.05.22	栃木	栃木市沼和田町1-1
大平下	おおひらした		客	1895.03.18	栃木	栃木市大平町富田
岩舟	いわふね		客	1889.10.10	栃木	栃木市岩舟町
佐野	さの		客	1888.05.22	栃木	佐野市若松町
富田	とみた		客	1893.02.18	栃木	足利市駒場町
足利	あしかが		客	1888.05.22	栃木	足利市伊勢町
山前	やままえ		客	1897.04.01	栃木	足利市鹿島町2
小俣	おまた		客	1889.10.10	栃木	足利市小俣町
桐生	きりゅう		客	1888.11.15	群馬	桐生市末広町

駅　名	読み方	範囲	種	開業日	県名	所　在　地
下新田信号場	しもしんでん	一	信	1911.03.30	群馬	N/A
岩宿	いわじゅく		客	1889.11.20	群馬	みどり市笠懸町阿佐美1500
国定	くにさだ		客	1889.11.20	群馬	伊勢崎市国定町2
伊勢崎	いせさき		客	1889.11.20	群馬	伊勢崎市曲輪町3
駒形	こまがた		客	1889.11.20	群馬	前橋市小屋原町
前橋大島	まえばしおおしま		客	1999.03.12	群馬	前橋市天川大島町1324
前橋	まえばし		客	1889.11.20	群馬	前橋市表町2
（新前橋）	（上越線所属）			1921.07.01		

水戸線

小山〜友部

50.2km／1067mm／14駅／1889.01.16開業／普通鉄道／架空線式　直流1500V（小山〜［小山・小田林］）交流20000V（［小山・小田林］〜友部）・内燃・蒸気
第2種鉄道事業＝日本貨物鉄道（小山〜友部）

駅名	読み方	範囲	種	開業日	県名	所在地
（小山）	（東北本線所属）			1889.01.16		
小田林	おたばやし		客	1955.04.01	茨城	結城市大字結城立ノ山
結城	ゆうき		客	1889.01.16	茨城	結城市大字結城7490-2
東結城	ひがしゆうき		客	1937.12.01	茨城	結城市大字結城上小塙
川島 [JR貨物]	かわしま		客貨	1889.04.16	茨城	筑西市伊佐山168-1
玉戸	たまど		客	1988.06.20	茨城	筑西市玉戸1675-1
下館 [JR貨物]	しもだて		客貨	1889.01.16	茨城	筑西市乙86
新治	にいはり		客	1895.09.25	茨城	筑西市新治2003-3
大和	やまと		客	1988.06.20	茨城	桜川市高森926
岩瀬	いわせ		客	1889.01.16	茨城	桜川市犬田1365
羽黒	はぐろ		客	1904.04.01	茨城	桜川市友部1553
福原	ふくはら		客	1890.12.01	茨城	笠間市福原2144
稲田	いなだ		客	1898.05.08	茨城	笠間市稲田2333
笠間	かさま		客	1889.01.16	茨城	笠間市下市毛
宍戸	ししど		客	1889.01.16	茨城	笠間市太田町
（友部）	（常磐線所属）			1895.07.01		

駅　名	読み方	範囲	種	開業日	県名	所在地

日光線

■宇都宮〜日光

40.5km／1067mm／6駅／1890.06.01開業／普通鉄道／架空線式 直流1500V

駅名	読み方	種	開業日	県名	所在地
（宇都宮）	（東北本線所属）		1890.06.01		
鶴田	つるた	客	1902.09.13	栃木	宇都宮市西川田町
鹿沼	かぬま	客	1890.06.01	栃木	鹿沼市上野町
文挾	ふばさみ	客	1890.06.01	栃木	日光市小倉
下野大沢	しもつけおおさわ	客	1929.11.01	栃木	日光市土沢
今市	いまいち	客	1890.06.01	栃木	日光市平ヶ崎
日光	にっこう	客	1890.08.01	栃木	日光市相生町

烏山線

■宝積寺〜烏山

20.4km／1067mm／7駅／1923.04.15開業／普通鉄道／内燃・電気（蓄電式）・蒸気

駅名	読み方	種	開業日	県名	所在地
（宝積寺）	（東北本線所属）		1923.04.15		
下野花岡	しもつけはなおか	客	1934.08.15	栃木	塩谷郡高根沢町大字花岡字漆原
仁井田	にいた	客	1923.04.15	栃木	塩谷郡高根沢町大字文挾
鴻野山	こうのやま	客	1934.08.15	栃木	那須烏山市鴻野山
大金	おおがね	客	1923.04.15	栃木	那須烏山市大金
小塙	こばな	客	1934.08.15	栃木	那須烏山市小塙
滝	たき	客	1954.06.01	栃木	那須烏山市滝
烏山	からすやま	客	1923.04.15	栃木	那須烏山市南2

仙山線

■仙台〜羽前千歳

58.0km／1067mm／17駅／1929.09.29開業／普通鉄道／架空線式 交流20000V・内燃・蒸気

駅名	読み方	種	開業日	県名	所在地
（仙台）	（東北本線所属）		1929.09.29		
東照宮	とうしょうぐう	客	1988.11.18	宮城	仙台市青葉区宮町5
北仙台	きたせんだい	客	1929.09.29	宮城	仙台市青葉区昭和町
北山	きたやま	客	1984.02.01	宮城	仙台市青葉区北山2
東北福祉大前	とうほくふくしだいまえ	客	2007.03.18	宮城	仙台市青葉区国見1-222-5
国見	くにみ	客	1984.02.01	宮城	仙台市青葉区荒巻字坊主門
葛岡	くずおか	客	1991.03.16	宮城	仙台市青葉区郷六字葛岡下
陸前落合	りくぜんおちあい	客	1929.09.29	宮城	仙台市青葉区下愛子森下

駅　名	読み方	範囲	種	開業日	県名	所在地
愛子	あやし	客		1929.09.29	宮城	仙台市青葉区愛子中央1
陸前白沢	りくぜんしらさわ	客		1931.08.30	宮城	仙台市青葉区上愛子大道
熊ヶ根	くまがね	客		1931.08.30	宮城	仙台市青葉区熊ヶ根檀ノ原
作並	さくなみ	客		1931.08.30	宮城	仙台市青葉区作並字相の沢
奥新川	おくにっかわ	客		1937.11.10	宮城	仙台市青葉区新川字岳山
面白山信号場	おもしろやま	―	信	1937.11.10	山形	N/A
面白山高原	おもしろやまこうげん	客		1987.04.01	山形	山形市大字山寺字面白山
山寺	やまでら	客		1933.10.17	山形	山形市大字山寺
高瀬	たかせ	客		1950.07.01	山形	山形市大字下東山
楯山	たてやま	客		1933.10.17	山形	山形市大字風間
(羽前千歳)	(奥羽本線所属)			1933.10.17		

仙石線

■ あおば通～石巻

49.0km／1067mm／30駅／1925.06.05開業／普通鉄道／架空線式 直流1500V・内燃
第2種鉄道事業＝日本貨物鉄道（陸前山下～石巻）

駅　名	読み方	範囲	種	開業日	県名	所在地
あおば通	あおばどおり	客		2000.03.11	宮城	仙台市青葉区中央3-2-1
(仙台)	(東北本線所属)			1952.09.26		
榴ケ岡	つつじがおか	客		1925.06.05	宮城	仙台市宮城野区榴岡5-11-1
宮城野原	みやぎのはら	客		1926.01.01	宮城	仙台市宮城野区宮城野2-4-1
陸前原ノ町	りくぜんはらのまち	客		1925.06.05	宮城	仙台市宮城野区五輪2-12-36
苦竹	にがたけ	客		1943.02.08届出	宮城	仙台市宮城野区苦竹1
小鶴新田	こづるしんでん	客		2004.03.13	宮城	仙台市宮城野区新田東3-20
宮城野信号場	みやぎの	―	信	1991.03.09	宮城	N/A
福田町	ふくだまち	客		1925.06.05	宮城	仙台市宮城野区福田町1
陸前高砂	りくぜんたかさご	客		1925.06.05	宮城	仙台市宮城野区福室字前田
中野栄	なかのさかえ	客		1981.04.01	宮城	仙台市宮城野区栄4
多賀城	たがじょう	客		1925.06.05	宮城	多賀城市中央2
下馬	げば	客		1932.08.01	宮城	多賀城市下馬2
西塩釜	にししおがま	客		1925.06.05	宮城	塩竈市錦町
本塩釜	ほんしおがま	客		1926.04.14	宮城	塩竈市海岸通
東塩釜	ひがししおがま	客		1927.04.18	宮城	塩竈市藤倉3
陸前浜田	りくぜんはまだ	客		1927.04.18	宮城	宮城郡利府町赤沼字井戸尻
松島海岸	まつしまかいがん	客		1927.04.18	宮城	宮城郡松島町松島字浪打浜
高城町	たかぎまち	客		1928.04.10	宮城	宮城郡松島町高城字元釜家
手樽	てたる	客		1928.04.10	宮城	宮城郡松島町手樽
陸前富山	りくぜんとみやま	客		1928.04.10	宮城	宮城郡松島町手樽早川
陸前大塚	りくぜんおおつか	客		1931.12.01	宮城	東松島市大塚字大塚

駅　名	読み方	範囲	種	開業日	県名	所在地
東名	とうな		客	1931.12.01	宮城	東松島市野蒜字北大仏
野蒜	のびる		客	1928.04.10	宮城	東松島市野蒜字後沢
陸前小野	りくぜんおの		客	1928.04.10	宮城	東松島市牛網字新上江戸原
鹿妻	かづま		客	1929.06.01	宮城	東松島市矢本字中谷地
矢本	やもと		客	1928.11.22	宮城	東松島市矢本字河戸
東矢本	ひがしやもと		客	1987.03.31	宮城	東松島市矢本字下浦
陸前赤井	りくぜんあかい		客	1928.11.22	宮城	東松島市赤井川前一
蛇田	へびた		客	1928.11.22	宮城	石巻市蛇田字下谷地
陸前山下	りくぜんやました		客	1939.02.01	宮城	石巻市錦町
(石巻)	(石巻線所属)			1928.11.22		

石巻線

■小牛田〜女川
44.7km／1067mm／13駅／1912.10.28開業／普通鉄道／内燃・蒸気
第2種鉄道事業＝日本貨物鉄道（小牛田〜石巻）

駅名	読み方	範囲	種	開業日	県名	所在地
(小牛田)	(東北本線所属)			1912.10.28		
上涌谷	かみわくや		客	1957.08.01	宮城	遠田郡涌谷町掃部字沖名
涌谷	わくや		客	1912.10.28	宮城	遠田郡涌谷町字新町裏
前谷地	まえやち		客	1912.10.28	宮城	石巻市前谷地字中埣
佳景山	かけやま		客	1912.10.28	宮城	石巻市鹿又字欠山
鹿又	かのまた		客	1912.10.28	宮城	石巻市鹿又字新田町浦
曽波神	そばのかみ		客	1956.04.05	宮城	石巻市鹿又字曽波神前
石巻	いしのまき		客	1912.10.28	宮城	石巻市鋳銭場
陸前稲井	りくぜんいない		客	1939.10.07	宮城	石巻市井内滝ノ口
渡波	わたのは		客	1939.10.07	宮城	石巻市渡波町1
万石浦	まんごくうら		客	1989.04.26	宮城	石巻市流留字垂水
沢田	さわだ		客	1939.10.07	宮城	石巻市沢田字沢田
浦宿	うらしゅく		客	1956.02.12	宮城	牡鹿郡女川町浦宿浜字浦宿
女川	おながわ		客	1939.10.07	宮城	牡鹿郡女川町女川浜字大原

気仙沼線

■前谷地〜気仙沼
72.8km／1067mm／22駅／1957.02.11開業／普通鉄道／内燃・蒸気

駅名	読み方	範囲	種	開業日	県名	所在地
(前谷地)	(石巻線所属)			1968.10.24		
和渕	わぶち		客	1968.10.24	宮城	石巻市和淵字清水
のの岳	ののだけ		客	1968.10.24	宮城	遠田郡涌谷町猪岡短台字大谷地

駅　名	読み方	範囲	種	開業日	県名	所 在 地
陸前豊里	りくぜんとよさと		客	1968.10.24	宮城	登米市豊里町上屋浦
御岳堂	みたけどう		客	1968.10.24	宮城	登米市豊里町大沢沼田
柳津	やないづ		客	1968.10.24	宮城	登米市津山町柳津字谷木
陸前横山	りくぜんよこやま		客	1977.12.11	宮城	登米市津山町横山字本町
陸前戸倉	りくぜんとぐら		客	1977.12.11	宮城	本吉郡南三陸町戸倉字転石5-3
志津川	しづがわ		客	1977.12.11	宮城	本吉郡南三陸町志津川字中瀬町32-6
ベイサイドアリーナ	べいさいどありーな		客	2012.08.20	宮城	本吉郡南三陸町志津川字沼田
清水浜	しずはま		客	1977.12.11	宮城	本吉町南三陸町志津川字小田2-8
歌津	うたつ		客	1977.12.11	宮城	本吉郡南三陸町歌津字伊里前
陸前港	りくぜんみなと		客	1977.12.11	宮城	本吉郡南三陸町歌津字港
蔵内	くらうち		客	1977.12.11	宮城	気仙沼市本吉町歌生
陸前小泉	りくぜんこいずみ		客	1977.12.11	宮城	気仙沼市本吉町下宿
本吉	もとよし		客	1957.02.11	宮城	気仙沼市本吉町津谷松尾
小金沢	こがねざわ		客	1957.02.11	宮城	気仙沼市本吉町小金沢
大谷海岸	おおやかいがん		客	1957.02.11	宮城	気仙沼市本吉町三島
陸前階上	りくぜんはしかみ		客	1957.02.11	宮城	気仙沼市字長磯原
最知	さいち		客	1967.07.20	宮城	気仙沼市最知川原
松岩	まついわ		客	1957.02.11	宮城	気仙沼市字松崎片浜10
南気仙沼	みなみけせんぬま		客	1957.02.11	宮城	気仙沼市字田谷
不動の沢	ふどうのさわ		客	1960.11.10	宮城	気仙沼市字四反田
(気仙沼)			(大船渡線所属)	1957.02.11		

［注］前谷地～柳津は鉄道・BRT（バス高速輸送システム）並走区間、柳津～気仙沼はBRT区間。

大船渡線 （愛称：ドラゴンレール大船渡線）

■一ノ関～盛

105.7km／1067mm／30駅／1925.07.26開業／普通鉄道／内燃・蒸気

駅名	読み方	範囲	種	開業日	県名	所在地
(一ノ関)		(東北本線所属)		1925.07.26		
真滝	またき		客	1925.07.26	岩手	一関市滝沢字館下1
陸中門崎	りくちゅうかんざき		客	1925.07.26	岩手	一関市川崎町字妻神無番地
岩ノ下	いわのした		客	1966.12.01	岩手	一関市東山町松川字岩の下18
陸中松川	りくちゅうまつかわ		客	1925.07.26	岩手	一関市東山町松川字滝の沢19
猊鼻渓	げいびけい		客	1986.11.01	岩手	一関市東山町長坂字町裏183
柴宿	しばじゅく		客	1962.05.15	岩手	一関市東山町長坂字柴宿
摺沢	すりさわ		客	1925.07.26	岩手	一関市大東町摺沢字街道下25
千厩	せんまや		客	1927.07.15	岩手	一関市千厩町千厩字上駒場15
小梨	こなし		客	1928.09.02	岩手	一関市千厩町清田字田畑28
矢越	やごし		客	1928.09.02	岩手	一関市室根町矢越
折壁	おりかべ		客	1928.09.02	岩手	一関市室根町折壁

駅　名	読み方	範囲	種	開業日	県名	所在地
新月	にいつき		客	1929.07.31	岩手	一関市室根町字上前木
気仙沼	けせんぬま		客	1929.07.31	宮城	気仙沼市古町1-5-25
鹿折唐桑	ししおりからくわ		客	1932.03.19	宮城	気仙沼市新浜町
上鹿折	かみししおり		客	1932.03.19	宮城	気仙沼市字上東側根
長部	おさべ		客	2013.03.02	岩手	陸前高田市気仙町字水上
陸前矢作	りくぜんやはぎ		客	1933.02.15	岩手	陸前高田市矢作町
奇跡の一本松	きせきのいっぽんまつ		客	2013.07.13	岩手	陸前高田市気仙町字土影
竹駒	たけこま		客	1933.12.15	岩手	陸前高田市竹駒町字十日市場
陸前高田	りくぜんたかた		客	1933.12.15	岩手	陸前高田市高田町
高田高校前	たかたこうこうまえ		客	2015.03.14	岩手	陸前高田市高田町字寒風
高田病院	たかたびょういん		客	2013.03.02	岩手	陸前高田市米崎町野沢
脇ノ沢	わきのさわ		客	1933.12.15	岩手	陸前高田市米崎町
小友	おとも		客	1933.12.15	岩手	陸前高田市小友町字下新田
碁石海岸口	ごいしかいがんぐち		客	2013.09.28	岩手	大船渡市末崎町字大田
細浦	ほそうら		客	1933.12.15	岩手	大船渡市末崎町字細浦
下船渡	しもふなと		客	1934.09.03	岩手	大船渡市大船渡町字宮ノ前
大船渡魚市場前	おおふなとうおいちばまえ		客	2015.12.05	岩手	大船渡市大船渡町字永沢
大船渡	おおふなと		客	1934.09.03	岩手	大船渡市大船渡町字茶屋前
盛	さかり		客	1935.09.29	岩手	大船渡市盛町字東町裏16

［注］気仙沼～盛はBRT（バス高速輸送システム）区間。

北上線

■北上～横手

61.1km／1067㎜／15駅／1920.10.10開業／普通鉄道／内燃・蒸気
第2種鉄道事業＝日本貨物鉄道（北上～横手）

駅名	読み方	範囲	種	開業日	県名	所在地
（北上）	（東北本線所属）			1921.03.25		
柳原	やなぎはら		客	1963.05.15	岩手	北上市柳原町1-7-1
江釣子	えづりこ		客	1923.04.15	岩手	北上市上江釣子17
藤根	ふじね		客	1921.03.25	岩手	北上市和賀町藤根18-9
立川目	たてかわめ		客	1963.05.15	岩手	北上市和賀町立川目2-80
横川目	よこかわめ		客	1921.03.25	岩手	北上市和賀町横川目12-12-2
岩沢	いわさわ		客	1921.11.18	岩手	北上市和賀町岩沢1-3
和賀仙人	わかせんにん		客	1921.11.18	岩手	北上市和賀町仙人7-18
ゆだ錦秋湖	ゆだきんしゅうこ		客	1924.11.15	岩手	和賀郡西和賀町耳取49地割2
ほっとゆだ	ほっとゆだ		客	1922.12.16	岩手	和賀郡西和賀町川尻40地割53
ゆだ高原	ゆだこうげん		客	1948.12.25	岩手	和賀郡西和賀町白木野67地割
黒沢	くろさわ		客	1921.11.27	秋田	横手市山内黒沢字蒲差坂
小松川	こまつかわ		客	1951.12.25	秋田	横手市山内小松川字中田谷地

駅　名	読み方	範囲	種	開業日	県名	所　在　地
平石	ひらいし		客	1963.07.15	秋田	横手市山内土渕字平石上段
相野々	あいのの		客	1920.10.10	秋田	横手市山内土渕字中島
矢美津	やびつ		客	1963.07.15	秋田	横手市山内大沢字下矢櫃
（横手）	（奥羽本線所属）			1920.10.10		

釜石線 （愛称：銀河ドリームライン釜石線）

■花巻～釜石
90.2km／1067mm／21駅／1913.10.25開業／普通鉄道／内燃・蒸気

駅　名	読み方	範囲	種	開業日	県名	所　在　地
（花巻）	（東北本線所属）			1943.09.20		
似内	にたない		客	1913.12.25	岩手	花巻市上似内
（新花巻）	（東北新幹線所属）			1985.03.14		
小山田	おやまだ		客	1913.10.25	岩手	花巻市幸田
土沢	つちざわ		客	1913.10.25	岩手	花巻市東和町土沢8区446
晴山	はるやま		客	1914.04.16	岩手	花巻市東和町東晴山
岩根橋	いわねばし		客	1914.12.15	岩手	遠野市宮守町下宮守
宮守	みやもり		客	1915.11.23	岩手	遠野市宮守町下宮守
柏木平	かしわぎだいら		客	1915.07.30	岩手	遠野市宮守町下鱒沢
鱒沢	ますざわ		客	1915.07.30	岩手	遠野市宮守町下鱒沢
荒谷前	あらやまえ		客	1924.12.16	岩手	遠野市宮守町上鱒沢
岩手二日町	いわてふつかまち		客	1914.12.15	岩手	遠野市綾織町下綾織
綾織	あやおり		客	1914.12.15	岩手	遠野市綾織町新里
遠野	とおの		客	1914.04.18	岩手	遠野市新穀町5-7
青笹	あおざさ		客	1915.09.01	岩手	遠野市青笹町青笹
岩手上郷	いわてかみごう		客	1914.04.18	岩手	遠野市上郷町板沢
平倉	ひらくら		客	1915.11.23	岩手	遠野市上郷町平倉
足ケ瀬	あしがせ		客	1915.11.23	岩手	遠野市上郷町細越
上有住	かみありす		客	1950.10.10	岩手	気仙郡住田町上有住
陸中大橋	りくちゅうおおはし		客	1944.10.11	岩手	釜石市甲子町第1地割
洞泉	どうせん		客	1945.06.15	岩手	釜石市甲子町第4地割
松倉	まつくら		客	1945.06.15	岩手	釜石市甲子町松倉
小佐野	こさの		客	1945.06.15	岩手	釜石市小佐野町1-6-1
（釜石）	（山田線所属）			1944.10.11		

［注］足ケ瀬～陸中大橋は1950.10.10の開業に先立ち、非営業線として10.01から車扱貨物の取扱をした。

駅　名	読み方	範囲	種	開業日	県名	所　在　地

田沢湖線

■盛岡～大曲

75.6km／1435mm／17駅／1921.06.25開業／普通鉄道／架空線式 交流20000V・内燃

駅名	読み方	範囲	種	開業日	県名	所在地
(盛岡)	(東北本線所属)			1921.06.25		
大釜	おおかま		客	1921.06.25	岩手	滝沢市篠木
小岩井	こいわい		客	1921.06.25	岩手	滝沢市大釜
雫石	しずくいし		客	1921.06.25	岩手	岩手郡雫石町10地割
春木場	はるきば		客	1964.09.10	岩手	岩手郡雫石町大字上野
赤渕	あかぶち		客	1964.09.10	岩手	岩手郡雫石町大字御明神
大地沢信号場	おおちざわ	―	信	1966.10.20	岩手	N/A
志度内信号場	しどない	―	信	1966.10.20	秋田	N/A
田沢湖	たざわこ		客	1923.08.31	秋田	仙北市田沢湖生保内字男坂
刺巻	さしまき		客	1923.08.31	秋田	仙北市田沢湖刺巻字大道
神代	じんだい		客	1921.12.11	秋田	仙北市田沢湖卒田字白旗
生田	しょうでん		客	1955.07.10	秋田	仙北市田沢湖神代字街道南
角館	かくのだて		客	1921.07.30	秋田	仙北市角館町岩瀬字中菅沢
鶯野	うぐいすの		客	1965.11.21	秋田	大仙市鶯野字上村
羽後長野	うごながの		客	1921.07.30	秋田	大仙市長野字柳田
鑓見内	やりみない		客	1960.04.01	秋田	大仙市鑓見内字大根田
羽後四ツ屋	うごよつや		客	1921.07.30	秋田	大仙市四ツ屋字前田
北大曲	きたおおまがり		客	1965.11.21	秋田	大仙市四ツ屋字下新谷地
(大曲)	(奥羽本線所属)			1921.07.30		

山田線

■盛岡～釜石

157.5km／1067mm／27駅／1923.10.10開業／普通鉄道／内燃・蒸気

駅名	読み方	範囲	種	開業日	県名	所在地
(盛岡)	(東北本線所属)			1923.10.10		
上盛岡	かみもりおか		客	1923.10.10	岩手	盛岡市本町通3
山岸	やまぎし		客	1952.02.10	岩手	盛岡市山岸2
上米内	かみよない		客	1923.10.10	岩手	盛岡市上米内中居20
区界	くざかい		客	1928.09.25	岩手	宮古市区界
松草	まつくさ		客	1930.10.31	岩手	宮古市区界第4地割
平津戸	ひらつと		客	1931.10.31	岩手	宮古市大字平津戸
川内	かわうち		客	1933.11.30	岩手	宮古市大字川内
箱石	はこいし		客	1933.11.30	岩手	宮古市大字箱石
陸中川井	りくちゅうかわい		客	1933.11.30	岩手	宮古市大字川井字中川井

駅　名	読 み 方	範囲	種	開業日	県名	所　在　地
腹帯	はらたい	客		1934.11.06	岩手	宮古市腹帯
茂市	もいち	客		1934.11.06	岩手	宮古市茂市
蟇目	ひきめ	客		1934.11.06	岩手	宮古市蟇目
花原市	けばらいち	客		1961.12.20	岩手	宮古市大字花原市
千徳	せんとく	客		1934.11.06	岩手	宮古市大字上鼻2
宮古	みやこ	客		1934.11.06	岩手	宮古市宮町1
磯鶏	そけい	客		1935.11.17	岩手	宮古市大字磯鶏
津軽石	つがるいし	客		1935.11.17	岩手	宮古市大字津軽石
豊間根	とよまね	客		1935.11.17	岩手	下閉伊郡山田町豊間根
陸中山田	りくちゅうやまだ	客		1935.11.17	岩手	下閉伊郡山田町川向
織笠	おりかさ	客		1936.11.10	岩手	下閉伊郡山田町織笠
岩手船越	いわてふなこし	客		1936.11.10	岩手	下閉伊郡山田町船越
浪板海岸	なみいたかいがん	客		1961.12.20	岩手	上閉伊郡大槌町浪板
吉里吉里	きりきり	客		1938.04.05	岩手	上閉伊郡大槌町吉里吉里
大槌	おおつち	客		1938.04.05	岩手	上閉伊郡大槌町本町1-1
鵜住居	うのすまい	客		1939.09.17	岩手	釜石市鵜住居町
両石	りょういし	客		1951.07.23	岩手	釜石市両石町
釜石	かまいし	客		1939.09.17	岩手	釜石市鈴子町

花輪線 (愛称：十和田八幡平四季彩ライン)

■ 好摩～大館
106.9km／1067mm／26駅／1914.07.01開業／普通鉄道／内燃・蒸気

駅　名	読 み 方	範囲	種	開業日	県名	所　在　地
好摩	こうま	客		1922.08.27	岩手	盛岡市玉山区好摩
東大更	ひがしおおぶけ	客		1960.12.01	岩手	八幡平市大更
大更	おおぶけ	客		1922.08.27	岩手	八幡平市大更
平館	たいらだて	客		1922.08.27	岩手	八幡平市平館
北森	きたもり	客		1961.04.20	岩手	八幡平市野駄
松尾八幡平	まつおはちまんたい	客		1926.11.10	岩手	八幡平市松尾
安比高原	あっぴこうげん	客		1961.12.28	岩手	八幡平市松尾
赤坂田	あかさかた	客		1926.11.10	岩手	八幡平市赤坂田
小屋の畑	こやのはた	客		1960.12.01	岩手	八幡平市保戸坂
荒屋新町	あらやしんまち	客		1927.10.30	岩手	八幡平市荒屋新町
横間	よこま	客		1966.11.01	岩手	八幡平市打田内
田山	たやま	客		1929.10.25	岩手	八幡平市石名坂
兄畑	あにはた	客		1931.10.17	岩手	八幡平市沖ノ平
湯瀬温泉	ゆぜおんせん	客		1931.10.17	秋田	鹿角市八幡平湯瀬53-4
八幡平	はちまんたい	客		1931.10.17	秋田	鹿角市大字八幡平字小山
陸中大里	りくちゅうおおさと	客		1960.12.01	秋田	鹿角市八幡平字大里

駅　名	読み方	範囲	種	開業日	県名	所　在　地
鹿角花輪	かづのはなわ		客	1923.11.10	秋田	鹿角市花輪下中島10
柴平	しばひら		客	1923.11.10	秋田	鹿角市花輪字柴内堰ノ口
十和田南	とわだみなみ		客	1920.07.04	秋田	鹿角市十和田錦木浜田100
末広	すえひろ		客	1915.12.25	秋田	鹿角市十和田末広字向平
土深井	どぶかい		客	1915.12.25	秋田	鹿角市十和田土深井字下向
沢尻	さわじり		客	1928.07.11	秋田	大館市十二所字川端
十二所	じゅうにしょ		客	1915.12.25	秋田	大館市十二所字荒町
大滝温泉	おおたきおんせん		客	1915.01.19	秋田	大館市十二所上川代
扇田	おうぎた		客	1914.07.01	秋田	大館市比内町扇田
東大館	ひがしおおだて		客	1914.07.01	秋田	大館市常盤木町14-1
(大館)	(奥羽本線所属)			1914.07.01		

八戸線（愛称：うみねこレール八戸市内線）

■八戸～久慈
64.9km／1067mm／24駅／1894.01.04開業／普通鉄道／内燃・蒸気
第2種鉄道事業＝日本貨物鉄道（八戸～本八戸）

駅　名		読み方	範囲	種	開業日	県名	所　在　地
八戸	貨[JR貨物]	はちのへ		客貨	1894.01.04	青森	八戸市尻内町舘田
長苗代		ながなわしろ		客	1934.06.01	青森	八戸市長苗代字島ノ前
本八戸	貨[JR貨物]	ほんはちのへ		客貨	1894.01.04	青森	八戸市内丸
小中野		こなかの		客	1934.06.01	青森	八戸市小中野4
陸奥湊		むつみなと		客	1926.07.11	青森	八戸市大字湊町字久保44
白銀		しろがね		客	1934.06.01	青森	八戸市大字白銀町字大沢片平
鮫		さめ		客	1924.11.10	青森	八戸市大字鮫町字日二子石18
陸奥白浜		むつしらはま		客	1961.04.15	青森	八戸市大字鮫町字横道通
種差海岸		たねさしかいがん		客	1924.11.10	青森	八戸市鮫町字棚久保
大久喜		おおくき		客	1956.12.10	青森	八戸市大字鮫町字大久喜
金浜		かねはま		客	1956.12.10	青森	八戸市大字鮫町字金浜
大蛇		おおじゃ		客	1956.12.10	青森	三戸郡階上町大字道仏字大蛇
階上		はしかみ		客	1924.11.10	青森	三戸郡階上町大字道仏字榊山11
角の浜		かどのはま		客	1954.08.05	岩手	九戸郡洋野町大字角の浜
平内		ひらない		客	1959.02.05	岩手	九戸郡洋野町36割4-3
種市		たねいち		客	1924.11.10	岩手	九戸郡洋野町23地割70
玉川		たまがわ		客	1954.08.05	岩手	九戸郡洋野町13地割7-3
宿戸		しゅくのへ		客	1954.08.05	岩手	九戸郡洋野町7割地字馬場117-17
陸中八木		りくちゅうやぎ		客	1925.11.01	岩手	九戸郡洋野町1地割114
有家		うげ		客	1961.12.25	岩手	九戸郡洋野町大字有家第2地割字向谷地46-7
陸中中野		りくちゅうなかの		客	1930.03.27	岩手	九戸郡洋野町大字中野第3地割字舘essentially39-22
侍浜		さむらいはま		客	1930.03.27	岩手	久慈市侍浜町字堀切

駅　名	読み方	範囲	種	開業日	県名	所　在　地
陸中夏井	りくちゅうなつい		客	1930.03.27	岩手	久慈市夏井町字大崎
久慈	くじ		客	1930.03.27	岩手	久慈市中央3-39-3

大湊線 （愛称：はまなすベイライン大湊線）

■野辺地～大湊
58.4km／1067mm／11駅／1921.03.20開業／普通鉄道／内燃・蒸気

駅　名	読み方	範囲	種	開業日	県名	所　在　地
野辺地	のへじ		客	1921.03.20	青森	上北郡野辺地町上小中野
北野辺地	きたのへじ		客	1958.12.20	青森	上北郡野辺地町石神裏
有戸	ありと		客	1921.03.20	青森	上北郡野辺地町小沢平
吹越	ふっこし		客	1943.03.20	青森	上北郡横浜町字吹越
陸奥横浜	むつよこはま		客	1921.03.20	青森	上北郡横浜町字館ノ後
有畑	ありはた		客	1946.06.10	青森	上北郡横浜町字有畑
近川	ちかがわ		客	1921.09.25	青森	むつ市大字奥内字近川
金谷沢	かなやさわ		客	1953.06.10	青森	むつ市大字奥内字金谷沢
赤川	あかがわ		客	1921.09.25	青森	むつ市赤川町
下北	しもきた		客	1939.12.06	青森	むつ市下北町4-13
大湊	おおみなと		客	1921.09.25	青森	むつ市大湊新町

磐越東線 （愛称：ゆうゆうあぶくまライン）

■いわき～郡山
85.6km／1067mm／14駅／1914.07.21開業／普通鉄道／内燃・蒸気

駅　名	読み方	範囲	種	開業日	県名	所　在　地
（いわき）	（常磐線所属）			1915.07.10		
赤井	あかい		客	1915.07.10	福島	いわき市平赤井
小川郷	おがわごう		客	1915.07.10	福島	いわき市小川町高萩
江田	えだ		客	1987.04.01	福島	いわき市小川町上小川字江田
川前	かわまえ		客	1917.10.10	福島	いわき市川前町字中の萱
夏井	なつい		客	1917.10.10	福島	田村郡小野町大字夏井字町屋
小野新町	おのにいまち		客	1915.03.21	福島	田村郡小野町大字谷津作字平館
神俣	かんまた		客	1915.03.21	福島	田村市滝根町神俣字梵天川
菅谷	すがや		客	1948.10.10	福島	田村市滝根町菅谷字堂田
大越	おおごえ		客	1915.03.21	福島	田村市大越町上大越字鷹待田
磐城常葉	いわきときわ		客	1921.04.10	福島	田村市船引町今泉字田中
船引	ふねひき		客	1915.03.21	福島	田村市船引町船引字上田中
要田	かなめた		客	1950.01.01	福島	田村市船引町要田字寺向
三春	みはる		客	1914.07.21	福島	田村郡三春町大字平沢字担橋
舞木	もうぎ		客	1914.07.21	福島	郡山市舞木町字平
（郡山）	（東北本線所属）			1914.07.21		

磐越西線 (愛称：森と水とロマンの鉄道)

■ 郡山〜新津

175.6km／1067mm／42駅／1898.07.26開業／普通鉄道／架空線式 交流20000V（郡山〜喜多方）・内燃・蒸気
第2種鉄道事業＝日本貨物鉄道（郡山〜新津）

駅名	読み方	範囲	種	開業日	県名	所在地
(郡山)	(東北本線所属)			1898.07.26		
郡山富田	こおりやまとみた		客	2017春予定	福島	郡山市富田町
喜久田	きくた		客	1898.07.26	福島	郡山市喜久田町堀之内字椚内
安子ケ島	あこがしま		客	1898.07.26	福島	郡山市熱海町安子ヶ島字出日
磐梯熱海	ばんだいあたみ		客	1898.07.26	福島	郡山市熱海町熱海4
中山宿	なかやまじゅく		客	1899.03.10	福島	郡山市熱海町中山字早稲田
沼上信号場	ぬまかみ	―	信	1962.06.04	福島	N/A
上戸	じょうこ		客	1899.03.10	福島	耶麻郡猪苗代町大字山潟字大橋道西
猪苗代湖畔[臨]	いなわしろこはん		臨	1986.07.20	福島	耶麻郡猪苗代町大字壺揚字南浜
関都	せきと		客	1899.07.15	福島	耶麻郡猪苗代町大字関都字南切立
川桁	かわげた		客	1899.08.04	福島	耶麻郡猪苗代町大字川桁字新町
猪苗代	いなわしろ		客	1899.07.15	福島	耶麻郡猪苗代町大字千代田字扇田
翁島	おきなしま		客	1899.07.15	福島	耶麻郡猪苗代町大字磐根中
更科信号場	さらしな	―	信	1962.12.20	福島	N/A
磐梯町	ばんだいまち		客	1899.07.15	福島	耶麻郡磐梯町大字磐梯字東松山
東長原	ひがしながはら		客	1940.12.20	福島	会津若松市河東町熊野堂字一本木
広田[JR貨物]	ひろた		客貨	1899.07.15	福島	会津若松市河東町広田字中島戊
会津若松[JR貨物]	あいづわかまつ		客貨	1899.07.15	福島	会津若松市駅前通り
堂島	どうじま		客	1934.11.01	福島	会津若松市河東町堂島字京丁前乙
笈川	おいかわ		客	1934.11.01	福島	河沼郡湯川村大字松川甲
塩川[JR貨物]	しおかわ		客貨	1904.01.20	福島	喜多方市塩川町字石橋851-2
姥堂	うばどう		客	1934.11.01	福島	喜多方市塩川町大字新井谷地字新井谷地
会津豊川	あいづとよかわ		客	1934.11.01	福島	喜多方市豊川町字一井
喜多方	きたかた		客	1904.01.20	福島	喜多方市町田下無番地
山都	やまと		客	1910.12.15	福島	喜多方市山都町広野
荻野	おぎの		客	1914.11.01	福島	喜多方市高郷町上郷
尾登	おのぼり		客	1955.10.01	福島	耶麻郡西会津町登世島
野沢	のざわ		客	1913.08.01	福島	耶麻郡西会津町野沢
上野尻	かみのじり		客	1914.11.01	福島	耶麻郡西会津町上野尻
徳沢	とくさわ		客	1914.11.01	福島	耶麻郡西会津町群岡
豊実	とよみ		客	1914.11.01	新潟	東蒲原郡阿賀町豊実
日出谷	ひでや		客	1914.11.01	新潟	東蒲原郡阿賀町日出谷
鹿瀬	かのせ		客	1914.11.01	新潟	東蒲原郡阿賀町鹿瀬
津川	つがわ		客	1913.06.01	新潟	東蒲原郡阿賀町角島

駅　名	読み方	範囲	種	開業日	県名	所 在 地
三川	みかわ		客	1913.06.01	新潟	東蒲原郡阿賀町白崎
五十島	いがしま		客	1913.06.01	新潟	東蒲原郡阿賀町五十島
東下条	ひがしげじょう		客	1953.01.10	新潟	東蒲原郡阿賀町熊渡
咲花	さきはな		客	1961.11.01	新潟	五泉市大字佐取
馬下	まおろし		客	1910.10.25	新潟	五泉市大字馬下
猿和田	さるわだ		客	1955.08.15	新潟	五泉市猿和田
五泉	ごせん		客	1910.10.25	新潟	五泉市駅前1
北五泉	きたごせん		客	1952.02.20	新潟	五泉市大字五泉
新関	しんせき		客	1954.04.15	新潟	新潟市秋葉区大関
東新津	ひがしにいつ		客	1952.02.20	新潟	新潟市秋葉区滝谷町
(新津)	(信越本線所属)			1910.10.25		

只見線

■ 会津若松〜小出 ....
135.2km／1067mm／34駅／1926.10.15開業／普通鉄道／内燃・蒸気

駅　名	読み方	範囲	種	開業日	県名	所 在 地
(会津若松)	(磐越西線所属)			1926.10.15		
七日町	なぬかまち		客	1934.11.01	福島	会津若松市七日町
西若松	にしわかまつ		客	1926.10.15	福島	会津若松市材木町1
会津本郷	あいづほんごう		客	1926.10.15	福島	会津若松市北会津町上米塚2104
会津高田	あいづたかだ		客	1926.10.15	福島	大沼郡会津美里町字柳台甲2332
根岸	ねぎし		客	1934.11.01	福島	大沼郡会津美里町米田字南地中甲1022-3
新鶴	にいつる		客	1926.10.15	福島	大沼郡会津美里町立石田字下石田甲257-2
若宮	わかみや		客	1934.11.01	福島	河沼郡会津坂下町字五ノ併
会津坂下	あいづばんげ		客	1926.10.15	福島	河沼郡会津坂下町字五反田
塔寺	とうでら		客	1928.11.20	福島	河沼郡会津坂下町字気多宮
会津坂本	あいづさかもと		客	1928.11.20	福島	河沼郡会津坂下町大字坂本字上新田丁
会津柳津	あいづやないづ		客	1928.11.20	福島	河沼郡柳津町大字柳津字下大平
郷戸	ごうど		客	1941.10.28	福島	河沼郡柳津町大字郷戸百苅
滝谷	たきや		客	1941.10.28	福島	河沼郡柳津町大字郷戸字居平丁
会津桧原	あいづひのはら		客	1941.10.28	福島	大沼郡三島町大字桧原
会津西方	あいづにしかた		客	1941.10.28	福島	大沼郡三島町大字名入字根岸居平
会津宮下	あいづみやした		客	1941.10.28	福島	大沼郡三島町大字宮下字田中
早戸	はやと		客	1956.09.20	福島	大沼郡三島町早戸字小沢巻
会津水沼	あいづみずぬま		客	1956.09.20	福島	大沼郡金山町大字水沼字桑畑
会津中川	あいづなかがわ		客	1956.09.20	福島	大沼郡金山町大字中川字坂下
会津川口	あいづかわぐち		客	1956.09.20	福島	大沼郡金山町大字川口字森上
本名	ほんな		客	1965.02.01	福島	大沼郡金山町大字本名字上通り
会津越川	あいづこすがわ		客	1965.02.01	福島	大沼郡金山町大字越川字中屋敷

JRグループ 東日本旅客鉄道

駅　名	読み方	範囲	種	開業日	県名	所在地
会津横田	あいづよこた		客	1963.08.20	福島	大沼郡金山町大字横田字松ノ木平
会津大塩	あいづおおしお		客	1965.02.01	福島	大沼郡金山町大字大塩
会津塩沢	あいづしおざわ		客	1965.02.01	福島	南会津郡只見町大字塩沢字上田
会津蒲生	あいづがもう		客	1963.08.20	福島	南会津郡只見町大字蒲生字久保
只見	ただみ		客	1963.08.20	福島	南会津郡只見町大字只見字上原
大白川	おおしらかわ		客	1942.11.01	新潟	魚沼市大白川
入広瀬	いりひろせ		客	1942.11.01	新潟	魚沼市大栃山
上条	かみじょう		客	1951.10.01	新潟	魚沼市渋川
越後須原	えちごすはら		客	1942.11.01	新潟	魚沼市須原
魚沼田中	うおぬまたなか		客	1951.10.01	新潟	魚沼市田中
越後広瀬	えちごひろせ		客	1942.11.01	新潟	魚沼市並柳
藪神	やぶかみ		客	1951.10.01	新潟	魚沼市今泉
(小出)	(上越線所属)			1942.11.01		

駅　名	読み方	範囲	種	開業日	県名	所在地

奥羽本線（愛称：山形線＝福島～新庄）

■ 福島～青森

484.5km／1067mm 1435mm／102駅／1894.12.01開業／普通鉄道／架空線式 交流20000V・内燃・蒸気
第2種鉄道事業＝日本貨物鉄道（横手～青森）

駅名	読み方	範囲	種	開業日	県名	所在地
（福島）	（東北本線所属）			1899.05.15		
笹木野	ささきの		客	1919.08.15	福島	福島市笹木野字金谷東
庭坂	にわさか		客	1899.05.15	福島	福島市町庭坂字狐林
赤岩	あかいわ		客	1910.10.13	福島	福島市大笹生字赤岩
板谷	いたや		客	1899.05.15	山形	米沢市大字板谷
峠	とうげ		客	1899.08.01	山形	米沢市大字大沢字峠
大沢	おおさわ		客	1906.12.25	山形	米沢市大字大沢字大沢
関根	せきね		客	1899.05.15	山形	米沢市大字関根
米沢	よねざわ		客	1899.05.15	山形	米沢市駅前1
置賜	おいたま		客	1917.12.20	山形	米沢市大字浅川字狐塚
高畠	たかはた		客	1900.04.21	山形	東置賜郡高畠町大字福沢
赤湯	あかゆ		客	1900.04.21	山形	南陽市郡山番外地
北赤湯信号場	きたあかゆ		一	信	1963.09.27	山形	N/A
中川	なかがわ		客	1903.11.03	山形	南陽市小岩沢字前田
羽前中山	うぜんなかやま		客	1952.11.15	山形	上山市中山
かみのやま温泉	かみのやまおんせん		客	1901.02.15	山形	上山市矢来1
茂吉記念館前	もきちきねんかんまえ		客	1952.03.05	山形	上山市北町弁天
蔵王	ざおう		客	1911.12.05	山形	山形市大字松原
山形 貨[JR貨物]	やまがた		客貨	1901.04.11	山形	山形市香澄町1
北山形	きたやまがた		客	1927.09.11	山形	山形市宮町1
羽前千歳	うぜんちとせ		客	1933.10.17	山形	山形市長町
南出羽	みなみでわ		客	1952.03.05	山形	山形市大字北浦
漆山	うるしやま		客	1902.11.01	山形	山形市大字漆山番外地
高擶	たかたま		客	1952.03.05	山形	天童市長岡大字長岡
天童南	てんどうみなみ		客	2015.03.14	山形	天童市大字北目
天童	てんどう		客	1901.08.23	山形	天童市本町
乱川	みだれがわ		客	1954.12.01	山形	天童市大字乱川
神町	じんまち		客	1901.08.23	山形	東根市神町中央1
さくらんぼ東根	さくらんぼひがしね		客	1999.12.04	山形	東根市さくらんぼ駅前1
東根	ひがしね		客	1911.12.05	山形	東根市宮崎3
村山	むらやま		客	1901.08.23	山形	村山市楯岡新町1
袖崎	そでさき		客	1918.11.10	山形	村山市大字土生田外外地
大石田	おおいしだ		客	1901.10.21	山形	北村山郡大石田町大石田番乙585
北大石田	きたおおいしだ		客	1960.12.20	山形	北村山郡大石田町鷹ノ巣

駅　　名	読み方	範囲	種	開業日	県名	所在地
芦沢	あしさわ		客	1916.12.01	山形	尾花沢市芦沢
舟形	ふながた		客	1902.07.21	山形	最上郡舟形町番外地
新庄	しんじょう		客	1903.06.11	山形	新庄市多門町
泉田	いずみた		客	1913.07.15	山形	新庄市大字泉田番外地
羽前豊里	うぜんとよさと		客	1921.12.15	山形	最上郡鮭川村石名坂
真室川	まむろがわ		客	1904.10.21	山形	最上郡真室川町大字新町番外地
釜淵	かまぶち		客	1904.10.21	山形	最上郡真室川町大字釜淵
大滝	おおたき		客	1941.09.20	山形	最上郡真室川町大字大滝
及位	のぞき		客	1904.10.21	山形	最上郡真室川町大字及位朴木沢
院内	いんない		客	1904.10.21	秋田	湯沢市上院内字小沢
横堀	よこぼり		客	1905.07.05	秋田	湯沢市小野字西堺
三関	みつせき		客	1930.07.01	秋田	湯沢市上関字二ツ橋5
上湯沢	かみゆざわ		客	1956.11.28	秋田	湯沢市関口字堀量88
湯沢	ゆざわ		客	1905.07.05	秋田	湯沢市表町2-2-10
下湯沢	しもゆざわ		客	1956.11.28	秋田	湯沢市成沢字上堤105
十文字	じゅうもんじ		客	1905.09.14	秋田	横手市十文字町新田字羽場大道東
醍醐	だいご		客	1951.11.15	秋田	横手市平鹿町醍醐字太茂田
柳田	やなぎた		客	1926.11.07	秋田	横手市新藤柳田字柳田175
横手 困[JR貨物]	よこて		客貨	1905.06.15	秋田	横手市駅前町5-1
後三年	ごさんねん		客	1921.12.12	秋田	仙北郡美郷町飯詰字東山本
飯詰	いいづめ		客	1905.06.15	秋田	仙北郡美郷町上深井字谷地中
大曲	おおまがり		客	1904.12.21	秋田	大仙市大曲通町
神宮寺	じんぐうじ		客	1904.08.21	秋田	大仙市神宮寺本郷野
刈和野	かりわの		客	1904.08.21	秋田	大仙市刈和野字愛宕下
峰吉川	みねよしかわ		客	1930.06.21	秋田	大仙市協和峰吉川字半仙
羽後境	うごさかい		客	1904.08.21	秋田	大仙市協和境字野田
大張野	おおばりの		客	1950.02.01	秋田	秋田市河辺神内字四国
和田	わだ		客	1903.10.01	秋田	秋田市河辺和田上野中
四ツ小屋	よつごや		客	1917.08.16	秋田	秋田市四ツ小屋小阿地字柳林49
秋田	あきた		客	1902.10.21	秋田	秋田市中通7-1-2
秋田貨物 困[JR貨物]	あきたかもつ		貨	1964.10.01	秋田	秋田市泉菅野1-19-1
土崎	つちざき		客	1902.10.21	秋田	秋田市土崎港中央6-16-15
上飯島	かみいいじま		客	1964.02.10	秋田	秋田市飯島鼠田
追分	おいわけ		客	1902.10.21	秋田	秋田市金足字海老穴257-4
大久保	おおくぼ		客	1902.10.21	秋田	潟上市昭和大久保字下虻川境
羽後飯塚	うごいいづか		客	1927.11.17	秋田	潟上市飯田川飯塚樋ノ下
井川さくら	いかわさくら		客	1995.12.01	秋田	南秋田郡井川町大字浜井川字新堰29-1
八郎潟	はちろうがた		客	1902.08.01	秋田	南秋田郡八郎潟町字中田
鯉川	こいかわ		客	1950.02.01	秋田	山本郡三種町鯉川字大深根
鹿渡	かど		客	1902.08.01	秋田	山本郡三種町鹿渡字東二本柳

駅　名	読み方	範囲	種	開業日	県名	所在地
森岳	もりたけ	客		1902.08.01	秋田	山本郡三種町森岳字町尻
北金岡	きたかなおか	客		1952.02.25	秋田	山本郡三種町志戸橋字新田
南能代信号場	みなみのしろ	―	信	1965.10.01	秋田	N/A
東能代 [JR][JR貨物]	ひがしのしろ	客貨		1901.11.01	秋田	能代市鰄渕字下悪戸
鶴形	つるがた	客		1952.01.25	秋田	能代市鶴形字草沢9
富根	とみね	客		1908.01.25	秋田	能代市二ツ井町飛根字町頭
二ツ井	ふたつい	客		1901.11.01	秋田	能代市二ツ井町字太田面
前山	まえやま	客		1951.03.01	秋田	北秋田市前山字網前
鷹ノ巣	たかのす	客		1900.10.07	秋田	北秋田市松葉町
糠沢	ぬかざわ	客		1956.12.03	秋田	北秋田市綴子字下谷地
早口	はやぐち	客		1900.10.07	秋田	大館市早口字弥五郎沢
下川沿	しもかわぞい	客		1954.05.01	秋田	大館市川口字隼人台116
大館 [JR][JR貨物]	おおだて	客貨		1899.11.15	秋田	大館市御成町1-3-1
白沢	しらさわ	客		1899.06.21	秋田	大館市白沢字白沢62
陣場	じんば	客		1899.06.21	秋田	大館市大字長走字相染台
津軽湯の沢	つがるゆのさわ	客		1949.06.01	青森	平川市碇ヶ関折橋
碇ケ関	いかりがせき	客		1895.10.21	青森	平川市碇ヶ関高田
長峰	ながみね	客		1952.12.01	青森	南津軽郡大鰐町大字長峰字前田413-3
大鰐温泉	おおわにおんせん	客		1895.10.21	青森	南津軽郡大鰐町大字大鰐字前田34-20
石川	いしかわ	客		1916.07.07	青森	弘前市大字石川字野崎25-2
弘前 [JR][JR貨物]	ひろさき	客貨		1894.12.01	青森	弘前市大字表町1-1
撫牛子	ないじょうし	客		1935.04.15	青森	弘前市大字撫牛子1-12-13
川部	かわべ	客		1894.12.01	青森	南津軽郡田舎館村大字川部字上西田31-2
北常盤	きたときわ	客		1924.12.20	青森	南津軽郡藤崎町大字常盤字二西田
浪岡	なみおか	客		1894.12.01	青森	青森市浪岡大字浪岡字細田
大釈迦	だいしゃか	客		1894.12.01	青森	青森市浪岡大字大釈迦字前田
鶴ケ坂	つるがさか	客		1933.01.20	青森	青森市大字鶴ヶ坂字川合91-3
津軽新城	つがるしんじょう	客		1894.12.01	青森	青森市大字新城字山田無番地
新青森	しんあおもり	客		1986.11.01	青森	青森市大字石江字高間
青森	あおもり	客		1894.12.01	青森	青森市柳川1

[注1] 福島～山形、羽前千歳～新庄は1435mm。
[注2] 山形～羽前千歳は1067mmと1435mmの単線並列。
[注3] 新庄～大曲は1067mm。
[注4] 大曲～秋田は1067mmと1435mmの単線並列。うち、神宮寺～峰吉川の片側は三線軌。

■ 新青森～青森信号場 ....

4.8km／1067mm／1駅／1926.10.25開業／普通鉄道／架空線式 交流20000V・内燃・蒸気
第2種鉄道事業＝日本貨物鉄道（新青森～青森信号場）

（新青森）	（奥羽本線所属）			1987.04.01		
青森信号場	あおもり	―	信	1986.11.01	青森	青森市大字大野字北片岡無番地

JRグループ　東日本旅客鉄道

米坂線

米沢〜坂町
90.7km／1067mm／18駅／1926.09.28開業／普通鉄道／内燃・蒸気

駅名	読み方	範囲	種	開業日	県名	所在地
（米沢）	（奥羽本線所属）			1926.09.28		
南米沢	みなみよねざわ		客	1926.09.28	山形	米沢市本町1
西米沢	にしよねざわ		客	1926.09.28	山形	米沢市直江町
成島	なるしま		客	1961.07.07	山形	米沢市大字成島ヤブサメ
中郡	ちゅうぐん		客	1926.09.28	山形	東置賜郡川西町時田
羽前小松	うぜんこまつ		客	1926.09.28	山形	東置賜郡川西町大字上小松
犬川	いぬかわ		客	1926.09.28	山形	東置賜郡川西町大字小松番外地
今泉	いまいずみ		客	1926.09.28	山形	長井市今泉番外地
萩生	はぎゅう		客	1931.08.10	山形	西置賜郡飯豊町大字萩生
羽前椿	うぜんつばき		客	1931.08.10	山形	西置賜郡飯豊町大字椿
手ノ子	てのこ		客	1931.08.10	山形	西置賜郡飯豊町大字手ノ子
羽前沼沢	うぜんぬまざわ		客	1933.11.10	山形	西置賜郡小国町沼沢
伊佐領	いさりょう		客	1935.10.30	山形	西置賜郡小国町大字伊佐領
羽前松岡	うぜんまつおか		客	1935.10.30	山形	西置賜郡小国町大字松岡
小国	おぐに		客	1935.10.30	山形	西置賜郡小国町大字岩沢
越後金丸	えちごかなまる		客	1933.11.30	新潟	岩船郡関川村大字金丸
越後片貝	えちごかたかい		客	1933.11.30	新潟	岩船郡関川村大字片貝
越後下関	えちごしもせき		客	1931.08.10	新潟	岩船郡関川村大字下関
越後大島	えちごおおしま		客	1931.08.10	新潟	岩船郡関川村土沢
（坂町）	（羽越本線所属）			1931.08.10		

左沢線（愛称：フルーツライン左沢線）

北山形〜左沢
24.3km／1067mm／10駅／1921.07.20開業／普通鉄道／内燃・蒸気

駅名	読み方	範囲	種	開業日	県名	所在地
（北山形）	（奥羽本線所属）			1921.07.20		
東金井	ひがしかない		客	1951.12.25	山形	山形市大字陣場
羽前山辺	うぜんやまべ		客	1921.07.20	山形	東村山郡山辺町大字山辺番外地
羽前金沢	うぜんかねざわ		客	1951.12.25	山形	東村山郡中山町金沢
羽前長崎	うぜんながさき		客	1921.07.20	山形	東村山郡中山町長崎
南寒河江	みなみさがえ		客	1951.12.25	山形	寒河江市大字島字島東
寒河江	さがえ		客	1921.12.11	山形	寒河江市本町1
西寒河江	にしさがえ		客	1951.12.25	山形	寒河江市六供町1
羽前高松	うぜんたかまつ		客	1922.04.23	山形	寒河江市大字八鍬字郷ノ目

駅　名	読み方	範囲	種	開業日	県名	所在地
柴橋	しばはし		客	1951.12.25	山形	寒河江市字松川大字木ノ沢
左沢	あてらざわ		客	1922.04.23	山形	西村山郡大江町大字左沢字前田

男鹿線（愛称：男鹿なまはげライン）

■ 追分〜男鹿
26.6km／1067mm／8駅／1913.11.09開業／普通鉄道／内燃・蒸気・電気（畜電式）

駅　名	読み方	範囲	種	開業日	県名	所在地
（追分）	（奥羽本線所属）			1913.11.09		
出戸浜	でとはま		客	1951.12.25	秋田	潟上市天王字北野
上二田	かみふただ		客	1956.11.26	秋田	潟上市天王字蒲沼
二田	ふただ		客	1913.11.09	秋田	潟上市天王字上江川
天王	てんのう		客	1956.11.26	秋田	潟上市天王字道合
船越	ふなこし		客	1914.11.08	秋田	男鹿市船越字狐森52
脇本	わきもと		客	1914.11.08	秋田	男鹿市脇本字曲田13
羽立	はだち		客	1915.12.01	秋田	男鹿市船川港比詰字大巻103
男鹿	おが		客	1916.12.16	秋田	男鹿市船川港船川字新浜町

五能線

■ 東能代〜川部
147.2km／1067mm／41駅／1908.07.01開業／普通鉄道／内燃・蒸気

駅　名	読み方	範囲	種	開業日	県名	所在地
（東能代）	（奥羽本線所属）			1908.07.01		
能代	のしろ		客	1908.10.15	秋田	能代市元町14-40
向能代	むかいのしろ		客	1952.01.25	秋田	能代市落合字下小野70-7
北能代	きたのしろ		客	1926.04.26	秋田	能代市竹生字前田20
鳥形	とりがた		客	1960.12.01	秋田	能代市坂形字鳥形
沢目	さわめ		客	1926.04.26	秋田	山本郡八峰町峰浜水沢字寺の後
東八森	ひがしはちもり		客	1926.04.26	秋田	山本郡八峰町八森字家の後
八森	はちもり		客	1926.04.26	秋田	山本郡八峰町八森中浜
滝ノ間	たきのま		客	1963.04.20	秋田	山本郡八峰町八森滝の間家向
あきた白神	あきたしらかみ		客	1997.10.01	秋田	山本郡八峰町八森字御所の台
岩館	いわだて		客	1926.11.24	秋田	山本郡八峰町八森字釜の上
大間越	おおまごし		客	1930.12.26	青森	西津軽郡深浦町大字大間越字宮崎浜
白神岳登山口	しらかみだけとざんぐち		客	1952.06.01	青森	西津軽郡深浦町大字黒崎字宮崎
松神	まつかみ		客	1932.10.14	青森	西津軽郡深浦町大字松神字上浜松
十二湖	じゅうにこ		客	1959.09.15	青森	西津軽郡深浦町大字松神字下浜松
陸奥岩崎	むついわさき		客	1932.10.14	青森	西津軽郡深浦町大字岩崎字松原
陸奥沢辺	むつさわべ		客	1936.07.30	青森	西津軽郡深浦町大字沢辺字吉花

駅　　名	読　み　方	範囲	種	開業日	県名	所　在　地
ウェスパ椿山	うぇすぱつばきやま		客	2001.12.01	青森	西津軽郡深浦町大字艫作字鍋石226-1
艫作	へなし		客	1936.07.30	青森	西津軽郡深浦町大字艫作字清滝124
横磯	よこいそ		客	1954.12.25	青森	西津軽郡深浦町大字横磯字下岡崎99
深浦	ふかうら		客	1934.12.13	青森	西津軽郡深浦町大字深浦字苗代沢41
広戸	ひろと		客	1954.12.25	青森	西津軽郡深浦町大字広戸字小広戸
追良瀬	おいらせ		客	1934.12.13	青森	西津軽郡深浦町大字追良瀬字塩見崎32
驫木	とどろき		客	1934.12.13	青森	西津軽郡深浦町大字驫木字扇田18
風合瀬	かそせ		客	1954.11.20	青森	西津軽郡深浦町大字風合瀬字上砂小川13
大戸瀬	おおどせ		客	1933.11.05	青森	西津軽郡深浦町大字田野沢字汐干浜77
千畳敷	せんじょうじき		客	1954.07.07	青森	西津軽郡深浦町大字北金ヶ沢字榊原145
北金ケ沢	きたかねがさわ		客	1931.10.20	青森	西津軽郡深浦町大字関字栃沢92
陸奥柳田	むつやなぎた		客	1953.06.01	青森	西津軽郡深浦町大字柳田宮崎84
陸奥赤石	むつあかいし		客	1929.11.26	青森	西津軽郡鰺ヶ沢町大字赤石町字名原17
鰺ケ沢	あじがさわ		客	1925.05.15	青森	西津軽郡鰺ヶ沢町大字舞戸町字下富田36
鳴沢	なるさわ		客	1925.05.15	青森	西津軽郡鰺ヶ沢町北浮田学外馬屋前田88
越水	こしみず		客	1954.11.20	青森	つがる市森田町大館広ケ平
陸奥森田	むつもりた		客	1924.10.21	青森	つがる市森田町床舞緑野
中田	なかた		客	1956.11.30	青森	つがる市森田町中田米本
木造	きづくり		客	1924.10.21	青森	つがる市木造房松
五所川原	ごしょがわら		客	1918.09.25	青森	五所川原市大町38
陸奥鶴田	むつつるだ		客	1918.09.25	青森	北津軽郡鶴田町大字鶴田字前田38
鶴泊	つるどまり		客	1918.09.25	青森	北津軽郡鶴田町大字鶴泊字梅林91
板柳	いたやなぎ		客	1918.09.25	青森	北津軽郡板柳町大字福野田字実田48
林崎	はやしざき		客	1935.04.15	青森	南津軽郡藤崎町大字林崎平岡
藤崎	ふじさき		客	1918.09.25	青森	南津軽郡藤崎町西川井大字藤崎字西村60
(川部)	(奥羽本線所属)			1918.09.25		

津軽線

■ 青森～三厩 ....
55.8km／1067mm／18駅／1951.12.05開業／普通鉄道／内燃・蒸気・架空線式 交流20000V（青森～新中小国信号場）

駅名	読み方	範囲	種	開業日	県名	所在地
(青森)	(奥羽本線所属)			1951.12.05		
新油川信号場	しんあぶらかわ		信	1988.03.13?	青森	N/A
油川	あぶらかわ		客	1951.12.05	青森	青森市大字羽白字沢田73
津軽宮田	つがるみやた		客	1959.11.25	青森	青森市大字奥内字宮田
奥内	おくない		客	1951.12.05	青森	青森市大字清水字浜元153
左堰	ひだりせき		客	1959.11.25	青森	青森市大字左堰
後潟	うしろがた		客	1951.12.05	青森	青森市大字六枚橋
中沢	なかさわ		客	1959.11.25	青森	青森市大字四戸橋字磯野729-1

駅　名	読み方	範囲	種	開業日	県名	所　在　地
蓬田	よもぎた	客		1951.12.05	青森	東津軽郡蓬田村大字阿弥陀川字塩千89
郷沢	ごうさわ	客		1959.11.25	青森	東津軽郡蓬田村大字郷沢字浜田138-40
瀬辺地	せへじ	客		1951.12.05	青森	東津軽郡蓬田村大字瀬辺地字田浦399
蟹田	かにた	客		1951.12.05	青森	東津軽郡外ヶ浜町字上蟹田
中小国	なかおぐに	客		1958.10.21	青森	東津軽郡外ヶ浜町字蟹田
（新中小国信号場）	（JR北海道海峡線所属）			1988.03.13	青森	
大平	おおだい	客		1958.10.21	青森	東津軽郡外ヶ浜町字蟹田大平
津軽二股	つがるふたまた	客		1958.10.21	青森	東津軽郡今別町大字大川平字清川87-2
大川平	おおかわだい	客		1958.10.21	青森	東津軽郡今別町大字大川平字熊沢29-4
今別	いまべつ	客		1958.10.21	青森	東津軽郡今別町大字今別字中沢37-1
津軽浜名	つがるはまな	客		1960.12.10	青森	東津軽郡今別町大字今別字西田370
三厩	みんまや	客		1958.10.21	青森	東津軽郡外ヶ浜町字三厩東町

JRグループ　東日本旅客鉄道

羽越本線

■新津～秋田

271.7km／1067㎜／62駅／1912.09.02開業／普通鉄道／架空線式 直流1500V（新津～［村上・間島］）
交流20000V（［村上・間島］～秋田）・内燃・蒸気
第2種鉄道事業＝日本貨物鉄道（新津～秋田）

駅名	読み方	範囲	種	開業日	県名	所在地
（新津）	（信越本線所属）			1912.09.02		
京ケ瀬	きょうがせ		客	1962.04.01	新潟	阿賀野市小河原
水原	すいばら		客	1912.09.02	新潟	阿賀野市下条町1
神山	かみやま		客	1955.01.20	新潟	阿賀野市船居
月岡	つきおか		客	1912.09.02	新潟	新発田市大字本田
中浦	なかうら		客	1953.07.01	新潟	新発田市大字下飯塚
新発田 ［JR貨物］	しばた		客貨	1912.09.02	新潟	新発田市諏訪町1
加治	かじ		客	1914.06.01	新潟	新発田市大字下中
金塚	かなづか		客	1914.06.01	新潟	新発田市金塚下小中山
中条 ［JR貨物］	なかじょう		客貨	1914.06.01	新潟	胎内市中条町表町
平木田	ひらきだ		客	1914.11.01	新潟	胎内市平木田
坂町	さかまち		客	1914.11.01	新潟	村上市坂町
平林	ひらばやし		客	1952.05.15	新潟	村上市宿田
岩船町	いわふねまち		客	1914.11.01	新潟	村上市小口川
村上	むらかみ		客	1914.11.01	新潟	村上市田端町
間島	まじま		客	1924.07.31	新潟	村上市大字間島
越後早川	えちごはやかわ		客	1924.07.31	新潟	村上市大字早川字上鏡
桑川	くわがわ		客	1924.07.31	新潟	村上市桑川
今川	いまがわ		客	1987.04.01	新潟	村上市今川
越後寒川	えちごかんがわ		客	1924.07.31	新潟	村上市寒川
勝木	がつぎ		客	1924.07.31	新潟	村上市勝木
府屋	ふや		客	1924.07.31	新潟	村上市府屋
鼠ケ関	ねずがせき		客	1923.11.23	山形	鶴岡市鼠ヶ関
小岩川	こいわがわ		客	1950.02.01	山形	鶴岡市小岩川
あつみ温泉	あつみおんせん		客	1923.03.18	山形	鶴岡市温海
五十川	いらがわ		客	1923.03.18	山形	鶴岡市五十川
小波渡	こばと		客	1950.02.01	山形	鶴岡市大字小波渡
三瀬	さんぜ		客	1922.05.22	山形	鶴岡市大字三瀬
羽前水沢 ［JR貨物］	うぜんみずさわ		客貨	1926.09.05	山形	鶴岡市大広
羽前大山	うぜんおおやま		客	1919.12.05	山形	鶴岡市大山1
西鶴岡信号場	にしつるおか	—	信	1965.09.26	山形	N/A
鶴岡	つるおか		客	1918.09.21	山形	鶴岡市末広町1
幕ノ内信号場	まくのうち	—	信	1964.09.30	山形	N/A

駅　名	読み方	範囲	種	開業日	県名	所　在　地
藤島	ふじしま		客	1918.09.21	山形	鶴岡市藤島
西袋	にしぶくろ		客	1950.03.15	山形	東田川郡庄内町西袋
余目	あまるめ		客	1914.12.24	山形	東田川郡庄内町余目
北余目	きたあまるめ		客	1964.02.01	山形	東田川郡庄内町平岡
砂越	さごし		客	1914.12.24	山形	酒田市砂越
東酒田	ひがしさかた		客	1958.12.25	山形	酒田市大字大町出雲
酒田	さかた		客	1914.12.24	山形	酒田市幸町1
本楯	もとたて		客	1919.12.05	山形	酒田市大字本楯字通伝13
南鳥海	みなみちょうかい		客	1952.01.16	山形	酒田市米島字下中道
遊佐	ゆざ		客	1919.12.05	山形	飽海郡遊佐町遊佐字石田
吹浦	ふくら		客	1920.07.20	山形	飽海郡遊佐町吹浦字上川原
女鹿	めが		客	1987.04.01	山形	飽海郡遊佐町吹浦字女鹿
小砂川	こさがわ		客	1921.11.15	秋田	にかほ市象潟町小砂川字小田
上浜	かみはま		客	1952.03.01	秋田	にかほ市象潟町洗釜字砂山
象潟	きさかた		客	1921.11.15	秋田	にかほ市象潟町字家の後
金浦	このうら		客	1922.06.30	秋田	にかほ市金浦町字十二林
仁賀保	にかほ		客	1922.06.30	秋田	にかほ市平沢字清水
出戸信号場	でと		一	信	1962.09.29	秋田	N/A
西目	にしめ		客	1922.06.30	秋田	由利本荘市西目町沼田字弁天前
羽後本荘 [四][JR貨物]	うごほんじょう		客貨	1922.06.30	秋田	由利本荘市西梵天
羽後岩谷	うごいわや		客	1922.10.16	秋田	由利本荘市岩谷町字川端
折渡	おりわたり		客	1987.04.01	秋田	由利本荘市岩城上黒川字泉田
羽後亀田	うごかめだ		客	1920.07.30	秋田	由利本荘市松ヶ崎高野
二古信号場	ふたご		一	信	1962.09.27	秋田	N/A
岩城みなと	いわきみなと		客	2001.12.01	秋田	由利本荘市岩城道川字水呑場
道川	みちかわ		客	1920.02.22	秋田	由利本荘市岩城道川字井戸の沢
下浜	しもはま		客	1920.02.22	秋田	秋田市下浜羽川字下野1
桂根	かつらね		客	1987.04.01	秋田	秋田市下浜桂根字浜添173
新屋	あらや		客	1920.02.22	秋田	秋田市新屋扇町9-33
羽後牛島	うごうしじま		客	1921.07.31	秋田	秋田市牛島西1-4-17
(秋田)	(奥羽本線所属)			1920.02.22		

白新線（はくしんせん）

■ 新発田〜新潟

27.3km／1067mm／8駅／1952.12.23開業／普通鉄道／架空線式 直流1500V・内燃・蒸気
第2種鉄道事業＝日本貨物鉄道（新発田〜上沼垂信号場）

(新発田)	(羽越本線所属)			1952.12.23		
西新発田	にししばた		客	1957.04.01	新潟	新発田市大字富塚町1

駅　　名	読み方	範囲	種	開業日	県名	所　在　地
佐々木	ささき	客		1952.12.23	新潟	新発田市上中沢
黒山 貨[JR貨物]	くろやま	客貨		1957.02.11	新潟	新潟市北区大田字上黒山
豊栄	とよさか	客		1952.12.23	新潟	新潟市北区白新町1
早通	はやどおり	客		1957.02.11	新潟	新潟市北区早通南1
新崎 貨[JR貨物]	にいざき	客貨		1956.04.15	新潟	新潟市北区新崎1
大形	おおがた	客		1957.02.11	新潟	新潟市東区岡山
新潟貨物ターミナル 貨[JR貨物]	にいがたかもつたーみなる	貨		1987.03.31	新潟	新潟市東区中島401-1
東新潟	ひがしにいがた	客		1978.10.02	新潟	新潟市東区中島字浦沢
（上沼垂信号場）	（信越本線所属）			1986.11.01		
（新潟）	（信越本線所属）			1958.04.29		

陸羽東線（愛称：奥の細道湯けむりライン）

■ 小牛田～新庄
94.1km／1067mm／25駅／1913.04.20開業／普通鉄道／内燃・蒸気

駅　　名	読み方	範囲	種	開業日	県名	所　在　地
（小牛田）	（東北本線所属）			1913.04.20		
北浦	きたうら	客		1914.09.13	宮城	遠田郡美里町北浦字道祖神前
陸前谷地	りくぜんやち	客		1960.08.13	宮城	遠田郡美里町北浦谷地
古川 貨[JR貨物]	ふるかわ	客貨		1913.04.20	宮城	大崎市古川駅前大通1-7-35
塚目	つかのめ	客		1960.05.01	宮城	大崎市古川塚ノ目字金皿232
西古川	にしふるかわ	客		1913.04.20	宮城	大崎市古川新堀字旭町1
東大崎	ひがしおおさき	客		1955.02.15	宮城	大崎市古川大崎字伏見余在下95
西大崎	にしおおさき	客		1960.05.01	宮城	大崎市岩出山下野目字小泉119
岩出山	いわでやま	客		1913.04.20	宮城	大崎市岩出山字東川原84
有備館	ゆうびかん	客		1996.03.16	宮城	大崎市岩出山字上川原9-1
上野目	かみのめ	客		1964.02.01	宮城	大崎市岩出山下一栗字熊野堂46
池月	いけづき	客		1914.04.19	宮城	大崎市岩出山池月字下宮白山30
川渡温泉	かわたびおんせん	客		1914.04.19	宮城	大崎市鳴子温泉名生定字田中1
鳴子御殿湯	なるこごてんゆ	客		1952.01.25	宮城	大崎市鳴子温泉大口字鷺の巣90
鳴子温泉	なるこおんせん	客		1915.04.18	宮城	大崎市鳴子温泉字湯元2-2
中山平温泉	なかやまだいらおんせん	客		1917.11.01	宮城	大崎市鳴子温泉星沼79
堺田	さかいだ	客		1917.11.01	山形	最上郡最上町大字堺田
赤倉温泉	あかくらおんせん	客		1917.11.01	山形	最上郡最上町富沢
立小路	たちこうじ	客		1959.07.10	山形	最上郡最上町立小路
最上	もがみ	客		1916.08.01	山形	最上郡最上町大字向町
大堀	おおほり	客		1949.02.01	山形	最上郡最上町字志茂
鵜杉	うすぎ	客		1965.09.01	山形	最上郡最上町字志茂字鵜杉
瀬見温泉	せみおんせん	客		1915.11.01	山形	最上郡最上町字志茂字瀬見
東長沢	ひがしながさわ	客		1959.07.10	山形	最上郡舟形町長沢字中

駅　名	読 み 方	範囲	種	開業日	県名	所 在 地
長沢	ながさわ		客	1915.11.01	山形	最上郡舟形町長沢番外地
南新庄	みなみしんじょう		客	1960.12.20	山形	新庄市大字鳥越番外地
(新庄)	(奥羽本線所属)			1915.11.01		

陸羽西線（愛称：奥の細道最上川ライン）

■ 新庄〜余目

43.0km／1067mm／8駅／1913.12.07開業／普通鉄道／内燃・蒸気

駅名	読み方	範囲	種	開業日	県名	所在地
(新庄)	(奥羽本線所属)			1913.12.07		
升形	ますかた		客	1913.12.07	山形	新庄市大字升形字下夕野
羽前前波	うぜんぜんなみ		客	1966.09.01	山形	新庄市大字升形字前波
津谷	つや		客	1914.09.06	山形	最上郡戸沢村大字津谷
古口	ふるくち		客	1913.12.07	山形	最上郡戸沢村大字古口
高屋	たかや		客	1952.02.15	山形	最上郡戸沢村大字古口字高屋
清川	きよかわ		客	1914.06.14	山形	東田川郡庄内町大字清川字下川原
狩川	かりかわ		客	1914.08.16	山形	東田川郡庄内町大字狩川字今岡
南野	みなみの		客	1959.05.15	山形	東田川郡庄内町古関口
(余目)	(羽越本線所属)			1914.09.20		

JRグループ　東日本旅客鉄道

信越本線

■ 高崎〜横川

29.7km／1067mm／7駅／1885.10.15開業／普通鉄道／架空線式 直流1500V・内燃・蒸気
第2種鉄道事業＝日本貨物鉄道（高崎〜安中）

駅名	読み方	範囲	種	開業日	県名	所在地
(高崎)	(高崎線所属)			1885.10.15		
北高崎	きたたかさき		客	1885.10.15	群馬	高崎市大橋町
群馬八幡	ぐんまやわた		客	1924.10.15	群馬	高崎市八幡町
安中 [JR貨物]	あんなか		客貨	1885.10.15	群馬	安中市中宿
磯部	いそべ		客	1885.10.15	群馬	安中市磯部
松井田	まついだ		客	1885.10.15	群馬	安中市松井田町八城94-1
西松井田	にしまついだ		客	1965.04.01	群馬	安中市松井田町新堀476
横川	よこかわ		客	1885.10.15	群馬	安中市松井田町横川398

■ 篠ノ井〜長野

9.3km／1067mm／5駅／1888.08.15開業／普通鉄道／架空線式 直流1500V・内燃・蒸気
第2種鉄道事業＝日本貨物鉄道（篠ノ井〜長野）

駅名	読み方	範囲	種	開業日	県名	所在地
篠ノ井	しののい		客	1888.08.15	長野	長野市篠ノ井布施高田
今井	いまい		客	1997.10.01	長野	長野市川中島町今井
川中島 [JR貨物]	かわなかじま		客貨	1917.07.20	長野	長野市川中島町上氷鉋
安茂里	あもり		客	1985.03.14	長野	長野市大字安茂里寺西河原
長野 [JR貨物]	ながの		客貨	1888.08.15	長野	長野市大字栗田

■ 直江津〜新潟

136.3km／1067mm／43駅／1897.05.13開業／普通鉄道／架空線式 直流1500V・内燃・蒸気
第2種鉄道事業＝日本貨物鉄道（直江津〜上沼垂信号場）

駅名	読み方	範囲	種	開業日	県名	所在地
直江津	なおえつ		客	1899.09.05	新潟	上越市東町
黒井 [JR貨物]	くろい		客貨	1902.07.01	新潟	上越市頸城区西福島
犀潟	さいがた		客	1897.05.13	新潟	上越市大潟区犀潟
土底浜	どそこはま		客	1960.03.15	新潟	上越市大潟区土底浜蜘ヶ池道西
潟町	かたまち		客	1897.05.13	新潟	上越市大潟区潟町
上下浜	じょうげはま		客	1952.07.25	新潟	上越市柿崎区上下浜
柿崎	かきざき		客	1897.05.13	新潟	上越市柿崎区柿崎
米山	よねやま		客	1897.05.13	新潟	柏崎市米山町
笠島	かさしま		客	1952.07.01	新潟	柏崎市大字笠島
青海川	おうみがわ		客	1899.07.28	新潟	柏崎市大字青海川
鯨波	くじらなみ		客	1904.04.01	新潟	柏崎市大字鯨波
柏崎 [JR貨物]	かしわざき		客貨	1897.08.01	新潟	柏崎市駅前1
茨目	いばらめ		客	1964.12.08	新潟	柏崎市茨目

駅　名	読み方	範囲	種	開業日	県名	所　在　地
安田	やすだ	客		1899.12.10	新潟	柏崎市大字安田
北条	きたじょう	客		1897.11.20	新潟	柏崎市大字本条字桜木町
越後広田	えちごひろた	客		1921.12.27	新潟	柏崎市大字旧広田
長鳥	ながとり	客		1953.12.15	新潟	柏崎市大字西長鳥字岩の入
塚山	つかやま	客		1898.12.27	新潟	長岡市西谷
越後岩塚	えちごいわつか	客		1945.06.01	新潟	長岡市飯塚
来迎寺	らいこうじ	客		1898.12.27	新潟	長岡市来迎寺
前川	まえかわ	客		1964.08.15	新潟	長岡市上前島
宮内	みやうち	客		1898.12.27	新潟	長岡市宮内3
南長岡 [JR貨物]	みなみながおか	貨		1966.01.10	新潟	長岡市宮内8-11-1
長岡	ながおか	客		1898.06.16	新潟	長岡市城内町2
北長岡	きたながおか	客		1915.11.01	新潟	長岡市城岡2
押切	おしきり	客		1901.09.01	新潟	長岡市池之島
見附	みつけ	客		1898.06.16	新潟	見附市本所2
帯織	おびおり	客		1898.06.16	新潟	三条市帯織
東光寺	とうこうじ	客		1953.07.01	新潟	三条市大字金子新田
三条	さんじょう	客		1898.06.16	新潟	三条市南新保
東三条 [JR貨物]	ひがしさんじょう	客貨		1897.11.20	新潟	三条市東三条1
保内	ほない	客		1949.08.01	新潟	三条市大字上保内
加茂	かも	客		1897.11.20	新潟	加茂市駅前
羽生田	はにゅうだ	客		1903.04.19	新潟	南蒲原郡田上町大字羽生田
田上	たがみ	客		1949.05.28	新潟	南蒲原郡田上町大字田上
矢代田	やしろだ	客		1897.11.20	新潟	新潟市矢代田
古津	ふるつ	客		1949.05.28	新潟	新潟市秋葉区朝日
新津 [JR貨物]	にいつ	客貨		1897.11.20	新潟	新潟市秋葉区新津本町1
さつき野	さつきの	客		1991.03.16	新潟	新潟市秋葉区さつき野1
荻川	おぎかわ	客		1926.11.20	新潟	新潟市秋葉区中野3
亀田	かめだ	客		1897.11.20	新潟	新潟市江南区東船場1
越後石山	えちごいしやま	客		1960.11.01	新潟	新潟市東区石山5
上沼垂信号場	かみぬったり	—	信	1986.11.01	新潟	N/A
新潟	にいがた	客		1904.05.03	新潟	新潟市中央区花園1

■越後石山〜新潟貨物ターミナル

2.4km／1067mm／0駅／1957.10.01開業／普通鉄道／架空線式 直流1500V・内燃
第2種鉄道事業＝日本貨物鉄道（越後石山〜新潟貨物ターミナル）

(越後石山)		(信越本線所属)			1957.10.01	
(東新潟)		(白新線所属)			1987.04.01	
(新潟貨物ターミナル) [JR]		(白新線所属)			1987.03.31	

駅　名	読み方	範囲	種	開業日	県名	所在地

北陸新幹線

■高崎〜上越妙高

176.9km／1435mm／4駅／1997.10.01開業／普通鉄道／架空線式 交流25000V

駅名	読み方	範囲	種	開業日	県名	所在地
（高崎）	（高崎線所属）			1997.10.01		
安中榛名	あんなかはるな		客	1997.10.01	群馬	安中市東上秋間2552-5
軽井沢	かるいざわ		客	1997.10.01	長野	北佐久郡軽井沢町大字軽井沢
（佐久平）	（小海線所属）			1997.10.01		
上田	うえだ		客	1997.10.01	長野	上田市天神1
（長野）	（信越本線所属）			1997.10.01		
（飯山）	（飯山線所属）			2015.03.14		
上越妙高	じょうえつみょうこう		客	2015.03.14	新潟	上越市大和

飯山線

■豊野〜越後川口

96.7km／1067mm／30駅／1921.10.20開業／普通鉄道／内燃・蒸気

駅名	読み方	範囲	種	開業日	県名	所在地
豊野	とよの		客	1921.10.20	長野	長野市豊野町豊野
信濃浅野	しなのあさの		客	1921.10.20	長野	長野市豊野町浅野
立ケ花	たてがはな		客	1958.08.08	長野	長野市豊野町蟹沢
上今井	かみいまい		客	1921.10.20	長野	中野市大字上今井
替佐	かえさ		客	1921.10.20	長野	中野市大字上豊津
蓮	はちす		客	1921.10.20	長野	飯山市大字蓮
飯山	いいやま		客	1921.10.20	長野	飯山市大字飯山桝ノ浦
北飯山	きたいいやま		客	1923.07.05	長野	飯山市大字飯山
信濃平	しなのたいら		客	1923.07.05	長野	飯山市大字常盤
戸狩野沢温泉	とがりのざわおんせん		客	1923.07.05	長野	飯山市大字照里
上境	かみさかい		客	1923.07.05	長野	飯山市大字一山
上桑名川	かみくわながわ		客	1951.10.10	長野	飯山市大字照岡
桑名川	くわながわ		客	1923.07.05	長野	飯山市大字照岡
西大滝	にしおおたき		客	1923.12.01	長野	飯山市大字照岡
信濃白鳥	しなのしらとり		客	1950.01.28	長野	下水内郡栄村大字豊栄
平滝	ひらたき		客	1931.10.16	長野	下水内郡栄村大字豊栄
横倉	よこくら		客	1925.11.19	長野	下水内郡栄村大字北信
森宮野原	もりみやのはら		客	1925.11.19	長野	下水内郡栄村大字北信
足滝	あしだき		客	1960.07.15	新潟	中魚沼郡津南町大字上郷寺石
越後田中	えちごたなか		客	1927.08.01	新潟	中魚沼郡津南町大字上郷上田
津南	つなん		客	1927.08.01	新潟	中魚沼郡津南町大字外丸

駅　　名	読み方	範囲	種	開業日	県名	所　在　地
越後鹿渡	えちごしかわたり		客	1927.11.06	新潟	中魚沼郡津南町字三箇
越後田沢	えちごたざわ		客	1927.11.06	新潟	十日町市田中
越後水沢	えちごみずさわ		客	1929.09.01	新潟	十日町市馬場
土市	どいち		客	1929.09.01	新潟	十日町市新宮
十日町	とおかまち		客	1927.11.15	新潟	十日町市旭町
魚沼中条	うおぬまなかじょう		客	1927.11.15	新潟	十日町市中条
下条	げじょう		客	1927.11.15	新潟	十日町市下条4
越後岩沢	えちごいわさわ		客	1927.06.15	新潟	小千谷市大字岩沢
内ケ巻	うちがまき		客	1927.06.15	新潟	小千谷市大字川井
(越後川口)	(上越線所属)			1927.06.15		

越後線

■ 柏崎～新潟

83.8km／1067mm／30駅／1912.11.11開業／普通鉄道／架空線式 直流1500V・内燃・蒸気

駅　　名	読み方	範囲	種	開業日	県名	所　在　地
(柏崎)	(信越本線所属)			1912.11.11		
東柏崎	ひがしかしわざき		客	1912.11.11	新潟	柏崎市小倉町
西中通	にしなかどおり		客	1912.11.11	新潟	柏崎市大字山本
荒浜	あらはま		客	1915.06.15	新潟	刈羽郡刈羽村字正明寺
刈羽	かりわ		客	1912.11.11	新潟	刈羽郡刈羽村大字刈羽
西山	にしやま		客	1912.11.11	新潟	柏崎市西山町和田
礼拝	らいはい		客	1913.12.16	新潟	柏崎市西山町礼拝
石地	いしじ		客	1912.11.11	新潟	柏崎市西山町別山
小木ノ城	おぎのじょう		客	1958.06.25	新潟	三島郡出雲崎町大字小木
出雲崎	いずもざき		客	1912.12.28	新潟	三島郡出雲崎町大字大門
妙法寺	みょうほうじ		客	1913.05.27	新潟	長岡市村田
小島谷	おじまや		客	1913.04.20	新潟	長岡市小島谷
桐原	きりはら		客	1919.12.05	新潟	長岡市五分一
寺泊	てらどまり		客	1913.04.20	新潟	長岡市寺泊竹森
分水	ぶんすい		客	1913.04.20	新潟	燕市分水桜町1
粟生津	あおうづ		客	1914.07.20	新潟	燕市下粟生津
南吉田	みなみよしだ		客	1965.06.10	新潟	燕市吉田西太田
吉田	よしだ		客	1912.08.25	新潟	燕市吉田堤町
北吉田	きたよしだ		客	1984.04.08	新潟	燕市吉田文京町
岩室	いわむろ		客	1912.08.25	新潟	新潟市西蒲区和納
巻	まき		客	1912.08.25	新潟	新潟市西蒲区巻
越後曽根	えちごそね		客	1912.08.25	新潟	新潟市西蒲区川崎
越後赤塚	えちごあかつか		客	1914.12.25	新潟	新潟市西区赤塚
内野西が丘	うちのにしがおか		客	2005.03.01	新潟	新潟市西区内野崎山

駅　名	読み方	範囲	種	開業日	県名	所 在 地
内野	うちの		客	1912.08.25	新潟	新潟市西区内野町
新潟大学前	にいがただいがくまえ		客	1984.04.08	新潟	新潟市西区坂井砂山4
寺尾	てらお		客	1914.10.20	新潟	新潟市西区寺尾2
小針	こばり		客	1960.06.01	新潟	新潟市西区小針南台5
青山	あおやま		客	1988.03.13	新潟	新潟市西区浦山1
関屋	せきや		客	1913.11.15	新潟	新潟市中央区関屋大川前2
白山	はくさん		客	1951.12.15	新潟	新潟市中央区白山浦2
（新潟）	（信越本線所属）			1943.11.01		

弥彦線

■ 弥彦〜東三条 ……………………………………………………………………………………………
17.4km／1067mm／5駅／1916.10.16開業／普通鉄道／架空線式 直流1500V・内燃・蒸気

駅　名	読み方	範囲	種	開業日	県名	所 在 地
弥彦	やひこ		客	1916.10.16	新潟	西蒲原郡弥彦村大字弥彦
矢作	やはぎ		客	1916.10.16	新潟	西蒲原郡弥彦村大字矢作
（吉田）	（越後線所属）			1916.10.16		
西燕	にしつばめ		客	1954.12.25	新潟	燕市大字花見富永分
燕	つばめ		客	1922.04.20	新潟	燕市燕
（燕三条）	（上越新幹線所属）			1982.11.15		
北三条	きたさんじょう		客	1925.04.10	新潟	三条市元町
（東三条）	（信越本線所属）			1925.04.10		

総武本線

■東京〜銚子
120.5km／1067mm／42駅／1894.07.20開業／普通鉄道／架空線式 直流1500V・内燃・蒸気
第２種鉄道事業＝日本貨物鉄道（新小岩信号場〜佐倉）

駅　名	読み方	範囲	種	開業日	県名	所在地
（東京）	（東海道本線所属）			1972.07.15		
新日本橋	しんにほんばし		客	1972.07.15	東京	中央区日本橋室町4
馬喰町	ばくろちょう		客	1972.07.15	東京	中央区日本橋馬喰町1
錦糸町	きんしちょう		客	1894.12.09	東京	墨田区江東橋3
亀戸	かめいど		客	1904.03.29	東京	江東区亀戸5
平井	ひらい		客	1899.04.28	東京	江戸川区平井3
新小岩	しんこいわ		客	1928.07.10	東京	葛飾区新小岩1
新小岩信号場 [JR貨物]	しんこいわ		貨	1987.03.31	東京	N/A
小岩	こいわ		客	1899.05.24	東京	江戸川区南小岩7
市川	いちかわ		客	1894.07.20	千葉	市川市市川1
本八幡	もとやわた		客	1935.09.01	千葉	市川市八幡2
下総中山	しもうさなかやま		客	1895.04.12	千葉	船橋市本中山2
西船橋	にしふなばし		客	1958.11.10	千葉	船橋市西船4
船橋	ふなばし		客	1894.07.20	千葉	船橋市本町7
東船橋	ひがしふなばし		客	1981.10.01	千葉	船橋市東船橋2
津田沼	つだぬま		客	1895.09.21	千葉	習志野市津田沼1
幕張本郷	まくはりほんごう		客	1981.10.01	千葉	千葉市花見川区幕張本郷1
幕張	まくはり		客	1894.12.09	千葉	千葉市花見川区幕張町5
新検見川	しんけみがわ		客	1951.07.15	千葉	千葉市花見川区南花園2
稲毛	いなげ		客	1899.09.13	千葉	千葉市稲毛区稲毛東3
黒砂信号場	くろすな	一	信	1980.11.28	千葉	N/A
西千葉	にしちば		客	1942.10.01	千葉	千葉市中央区春日2
千葉	ちば		客	1894.07.20	千葉	千葉市中央区新千葉1
東千葉	ひがしちば		客	1965.12.20	千葉	千葉市中央区要町
都賀	つが		客	1968.03.28	千葉	千葉市若葉区都賀3
四街道	よつかいどう		客	1894.12.09	千葉	四街道市四街道1
物井	ものい		客	1937.04.05	千葉	四街道市物井
佐倉	さくら		客	1894.07.20	千葉	佐倉市六崎
南酒々井	みなみしすい		客	1914.09.10	千葉	印旛郡酒々井町馬橋
榎戸	えのきど		客	1958.04.01	千葉	八街市榎戸
八街	やちまた		客	1897.05.01	千葉	八街市八街
日向	ひゅうが		客	1899.10.12	千葉	山武市椎崎
成東	なるとう		客	1897.05.01	千葉	山武市津辺
松尾	まつお		客	1898.02.25	千葉	山武市松尾町五反田

駅　名	読み方	範囲	種	開業日	県名	所在地
横芝	よこしば		客	1897.06.01	千葉	山武郡横芝光町横芝
飯倉	いいぐら		客	1964.10.01	千葉	匝瑳市飯倉
八日市場	ようかいちば		客	1897.06.01	千葉	匝瑳市八日市場イ
干潟	ひがた		客	1898.02.25	千葉	旭市ニ
旭	あさひ		客	1897.06.01	千葉	旭市ロ
飯岡	いいおか		客	1897.06.01	千葉	旭市後草
倉橋	くらはし		客	1960.06.01	千葉	旭市倉橋
猿田	さるだ		客	1898.01.25	千葉	銚子市猿田町
松岸	まつぎし		客	1897.06.01	千葉	銚子市長塚町
銚子	ちょうし		客	1897.06.01	千葉	銚子市西芝町

■ 錦糸町～御茶ノ水
4.3km／1067mm／2駅／1904.04.05開業／普通鉄道／架空線式 直流1500V・内燃・蒸気

駅　名	読み方	範囲	種	開業日	県名	所在地
(錦糸町)	(総武本線所属)			1904.04.05		
両国	りょうごく		客	1904.04.05	東京	墨田区横網1
浅草橋	あさくさばし		客	1932.07.01	東京	台東区浅草橋1
(秋葉原)	(東北本線所属)			1932.07.01		
(御茶ノ水)	(中央本線所属)			1932.07.01		

■ 小岩～越中島貨物
11.7km／1067mm／1駅／1958.11.10開業／普通鉄道／内燃・蒸気

駅　名	読み方	範囲	種	開業日	県名	所在地
(小岩)	(総武本線所属)			1986.11.01		
(新小岩信号場)	(総武本線所属)			1987.03.31		
越中島貨物 囲[JR貨物]	えっちゅうじまかもつ		客貨	1958.11.10	東京	江東区塩浜2-18

■ 小岩～金町
8.9km／1067mm／0駅／1926.07.01開業／普通鉄道／架空線式 直流1500V・内燃・蒸気

駅　名	読み方	範囲	種	開業日	県名	所在地
(小岩)	(総武本線所属)			1986.11.01		
(新小岩信号場)	(総武本線所属)			1987.03.31		
(金町)	(常磐線所属)			1926.07.01		

京葉線
けいようせん

■ 東京～蘇我
43.0km／1067mm／16駅／1975.05.10開業／普通鉄道／架空線式 直流1500V・内燃・蒸気
第2種鉄道事業＝日本貨物鉄道（南船橋～蘇我）

駅　名	読み方	範囲	種	開業日	県名	所在地
(東京)	(東海道本線所属)			1990.03.10		
八丁堀	はっちょうぼり		客	1990.03.10	東京	中央区八丁堀3
越中島	えっちゅうじま		客	1990.03.10	東京	江東区越中島2

駅　名	読み方	範囲	種	開業日	県名	所　在　地
潮見	しおみ		客	1990.03.10	東京	江東区潮見2
新木場	しんきば		客	1988.12.01	東京	江東区新木場1
葛西臨海公園	かさいりんかいこうえん		客	1988.12.01	東京	江戸川区臨海町6
舞浜	まいはま		客	1988.12.01	千葉	浦安市舞浜
新浦安	しんうらやす		客	1988.12.01	千葉	浦安市入船1
市川塩浜	いちかわしおはま		客	1988.12.01	千葉	市川市塩浜2
二俣新町	ふたまたしんまち		客	1988.12.01	千葉	市川市二俣新町
南船橋	みなみふなばし		客	1986.03.03	千葉	船橋市若松2
新習志野	しんならしの		客	1986.03.03	千葉	習志野市茜浜2
海浜幕張	かいひんまくはり		客	1986.03.03	千葉	千葉市美浜区ひび野
検見川浜	けみがわはま		客	1986.03.03	千葉	千葉市美浜区真砂4
稲毛海岸	いなげかいがん		客	1986.03.03	千葉	千葉市美浜区高洲3
新港信号場	しんみなと		―	信	2000.12.02	千葉	N/A
千葉みなと	ちばみなと		客	1986.03.03	千葉	千葉市中央区中央港1
（蘇我）	（外房線所属）			1975.05.10		

■市川塩浜～南船橋 ………………………………………………………………
11.3km／1067mm／0駅／1986.03.03開業／普通鉄道／架空線式 直流1500V
第2種鉄道事業＝日本貨物鉄道（西船橋～南船橋）

（市川塩浜）	（京葉線所属）			1988.12.01		
（西船橋）	（総武本線所属）			1986.03.03		
（南船橋）	（京葉線所属）			1986.03.03		

外房線
そとぼうせん

■千葉～安房鴨川 ………………………………………………………………
93.3km／1067mm／25駅／1896.01.20開業／普通鉄道／架空線式 直流1500V・内燃・蒸気

（千葉）	（総武本線所属）			1896.02.25		
本千葉	ほんちば		客	1896.02.25	千葉	千葉市中央区長洲1
蘇我	そが		客	1896.01.20	千葉	千葉市中央区今井2
鎌取	かまとり		客	1952.06.15	千葉	千葉市緑区鎌取町
誉田	ほんだ		客	1896.01.20	千葉	千葉市緑区誉田町2
土気	とけ		客	1896.11.01	千葉	千葉市緑区土気町
大網	おおあみ		客	1896.01.20	千葉	大網白里市南玉
永田	ながた		客	1959.03.20	千葉	大網白里市永田
本納	ほんのう		客	1897.04.17	千葉	茂原市本納
新茂原	しんもばら		客	1955.09.15	千葉	茂原市長尾
茂原	もばら		客	1897.04.17	千葉	茂原市町保
八積	やつみ		客	1898.03.25	千葉	長生郡長生村岩沼

駅　名	読み方	範囲	種	開業日	県名	所 在 地
上総一ノ宮	かずさいちのみや		客	1897.04.17	千葉	長生郡一宮町一宮
東浪見	とらみ		客	1925.12.15	千葉	長生郡一宮町東浪見
太東	たいとう		客	1899.12.13	千葉	いすみ市岬町椎木
長者町	ちょうじゃまち		客	1899.12.13	千葉	いすみ市岬町長者
三門	みかど		客	1903.08.16	千葉	いすみ市日在
大原	おおはら		客	1899.12.13	千葉	いすみ市大原
浪花	なみはな		客	1913.06.20	千葉	いすみ市小沢
御宿	おんじゅく		客	1913.06.20	千葉	夷隅郡御宿町須賀
勝浦	かつうら		客	1913.06.20	千葉	勝浦市墨名
鵜原	うばら		客	1927.04.01	千葉	勝浦市鵜原
上総興津	かずさおきつ		客	1927.04.01	千葉	勝浦市興津
行川アイランド	なめがわあいらんど		客	1970.07.02	千葉	勝浦市浜行川字沢山
安房小湊	あわこみなと		客	1929.04.15	千葉	鴨川市内浦
安房天津	あわあまつ		客	1929.04.15	千葉	鴨川市天津
(安房鴨川)	(内房線所属)			1929.04.15		

内房線

■蘇我～安房鴨川
119.4km／1067㎜／29駅／1912.03.28開業／普通鉄道／架空線式 直流1500V・内燃・蒸気

駅　名	読み方	範囲	種	開業日	県名	所 在 地
(蘇我)	(外房線所属)			1912.03.28		
浜野	はまの		客	1912.03.28	千葉	千葉市中央区村田町
八幡宿	やわたじゅく		客	1912.03.28	千葉	市原市八幡
五井	ごい		客	1912.03.28	千葉	市原市五井
姉ケ崎	あねがさき		客	1912.03.28	千葉	市原市姉崎
長浦	ながうら		客	1947.01.10	千葉	袖ヶ浦市蔵波
袖ケ浦	そでがうら		客	1912.08.21	千葉	袖ヶ浦市奈良輪
巌根	いわね		客	1941.11.20	千葉	木更津市岩根3
木更津	きさらづ		客	1912.08.21	千葉	木更津市富士見1
君津	きみつ		客	1915.01.15	千葉	君津市東坂田1
青堀	あおほり		客	1915.01.15	千葉	富津市大堀
大貫	おおぬき		客	1915.01.15	千葉	富津市千種新田
佐貫町	さぬきまち		客	1915.01.15	千葉	富津市亀田
上総湊	かずさみなと		客	1915.01.15	千葉	富津市湊
竹岡	たけおか		客	1926.06.16	千葉	富津市萩生
浜金谷	はまかなや		客	1916.10.11	千葉	富津市金谷
保田	ほた		客	1917.08.01	千葉	安房郡鋸南町保田
安房勝山	あわかつやま		客	1917.08.01	千葉	安房郡鋸南町竜島
岩井	いわい		客	1918.08.10	千葉	南房総市市部

駅　　名	読 み 方	範囲	種	開業日	県名	所 在 地
富浦	とみうら		客	1918.08.10	千葉	南房総市富浦町原岡
那古船形	なこふなかた		客	1918.08.10	千葉	館山市船形
館山	たてやま		客	1919.05.24	千葉	館山市北条
九重	ここのえ		客	1921.06.01	千葉	館山市二子
千倉	ちくら		客	1921.06.01	千葉	南房総市千倉町瀬戸
千歳	ちとせ		客	1927.05.20	千葉	南房総市千倉町白子
南三原	みなみはら		客	1921.06.01	千葉	南房総市和田町松田
和田浦	わだうら		客	1922.12.20	千葉	南房総市和田町仁我浦
江見	えみ		客	1922.12.20	千葉	鴨川市西江見
太海	ふとみ		客	1924.07.25	千葉	鴨川市太海
安房鴨川	あわかもがわ		客	1925.07.11	千葉	鴨川市横渚

成田線

■ 佐倉〜松岸
75.4km／1067mm／14駅／1897.01.19開業／普通鉄道／架空線式 直流1500V・内燃・蒸気
第2種鉄道事業＝日本貨物鉄道（佐倉〜香取）

駅　　名	読 み 方	範囲	種	開業日	県名	所 在 地
(佐倉)	(総武本線所属)			1897.01.19		
酒々井	しすい		客	1897.01.19	千葉	印旛郡酒々井町酒々井
成田	なりた		客	1897.01.19	千葉	成田市花崎町
〈成田線分岐点〉			—	1991.03.19		
久住	くずみ		客	1902.07.01	千葉	成田市飯岡
滑河	なめがわ		客	1897.12.29	千葉	成田市猿山
下総神崎	しもうさこうざき		客	1898.02.03	千葉	香取郡神崎町郡
大戸	おおと		客	1926.04.01	千葉	香取市大戸
佐原	さわら		客	1898.02.03	千葉	香取市佐原イ
香取	かとり		客	1931.11.10	千葉	香取市津宮
水郷	すいごう		客	1931.11.10	千葉	香取市一ノ分目
小見川	おみがわ		客	1931.11.10	千葉	香取市小見川
笹川	ささがわ		客	1931.11.10	千葉	香取郡東庄町笹川い
下総橘	しもうさたちばな		客	1933.03.11	千葉	香取郡東庄町石出い
下総豊里	しもうさとよさと		客	1933.03.11	千葉	銚子市笹本町
椎柴	しいしば		客	1933.03.11	千葉	銚子市野尻町
(松岸)	(総武本線所属)			1933.03.11		

■ 成田〜我孫子
32.9km／1067mm／8駅／1901.02.02開業／普通鉄道／架空線式 直流1500V・内燃・蒸気

駅　　名	読 み 方	範囲	種	開業日	県名	所 在 地
(成田)	(成田線所属)			1901.02.02		
下総松崎	しもうさまんざき		客	1901.08.10	千葉	成田市大竹

駅　名	読み方	範囲	種	開業日	県名	所　在　地
安食	あじき	客		1901.02.02	千葉	印旛郡栄町安食
小林	こばやし	客		1901.08.10	千葉	印西市小林
木下	きおろし	客		1901.04.01	千葉	印西市木下
布佐	ふさ	客		1901.04.01	千葉	我孫子市布佐
新木	あらき	客		1958.04.01	千葉	我孫子市新木
湖北	こほく	客		1901.04.01	千葉	我孫子市中里
東我孫子	ひがしあびこ	客		1950.10.12	千葉	我孫子市下ヶ戸
(我孫子)	(常磐線所属)			1901.04.01		

■成田〜成田空港
10.8km／1067mm／3駅／1991.03.19開業／普通鉄道／架空線式 直流1500V・内燃・蒸気
第2種鉄道事業（成田線分岐点〜成田空港）〔第3種鉄道事業＝成田空港高速鉄道（成田線分岐点〜成田空港）〕

(成田)	(成田線所属)			1991.03.19		
〈成田線分岐点〉		—		1991.03.19		
堀之内信号場	ほりのうち	—	信	2009.03.14	千葉	N/A
空港第2ビル	くうこうだいにびる		客	1992.12.03	千葉	成田市古込字古込
成田空港	なりたくうこう		客	1991.03.19	千葉	成田市三里塚御料牧場

鹿島線（かしまセン）

■香取〜鹿島サッカースタジアム
17.4km／1067mm／5駅／1970.08.20開業／普通鉄道／架空線式 直流1500V・内燃・蒸気
第2種鉄道事業＝日本貨物鉄道（香取〜鹿島サッカースタジアム）

(香取)	(成田線所属)			1970.08.20		
十二橋	じゅうにきょう		客	1970.08.20	千葉	香取市津宮
潮来	いたこ		客	1970.08.20	茨城	潮来市あやめ1
延方	のぶかた		客	1970.08.20	茨城	潮来市延方字押立
鹿島神宮	かしまじんぐう		客	1970.08.20	茨城	鹿嶋市宮下
鹿島サッカースタジアム 困［JR貨物］	かしまさっかーすたじあむ		客貨	1970.11.12	茨城	鹿嶋市神向寺

久留里線（くるりセン）

■木更津〜上総亀山
32.2km／1067mm／13駅／1912.12.28開業／普通鉄道／内燃・蒸気

(木更津)	(内房線所属)			1912.12.28		
祇園	ぎおん		客	1961.03.01	千葉	木更津市祇園
上総清川	かずさきよかわ		客	1912.12.28	千葉	木更津市菅生
東清川	ひがしきよかわ		客	1978.10.02	千葉	木更津市笹子
横田	よこた		客	1912.12.28	千葉	袖ヶ浦市横田

駅　名	読 み 方	範囲	種	開業日	県名	所 在 地
東横田	ひがしよこた	客		1937.04.20	千葉	袖ヶ浦市横田
馬来田	まくた	客		1912.12.28	千葉	木更津市真里
下郡	しもごおり	客		1937.04.20	千葉	君津市山本湯名下
小櫃	おびつ	客		1912.12.28	千葉	君津市末吉
俵田	たわらだ	客		1921.07.10	千葉	君津市俵田
久留里	くるり	客		1912.12.28	千葉	君津市久留里市場
平山	ひらやま	客		1936.03.25	千葉	君津市平山
上総松丘	かずさまつおか	客		1936.03.25	千葉	君津市広岡
上総亀山	かずさかめやま	客		1936.03.25	千葉	君津市藤林

東金線
とうがねせん

■大網〜成東

13.8km／1067mm／3駅／1900.06.30開業／普通鉄道／架空線式 直流1500V・内燃・蒸気

駅　名	読 み 方	範囲	種	開業日	県名	所 在 地
(大網)	(外房線所属)			1900.06.30		
福俵	ふくたわら	客		1938.03.01	千葉	東金市福俵
東金	とうがね	客		1900.06.30	千葉	東金市東金
求名	ぐみょう	客		1911.11.01	千葉	東金市求名
(成東)	(総武本線所属)			1911.11.01		

東海旅客鉄道
とうかいりょかくてつどう

- 本　　社　〒450-6501 愛知県名古屋市中村区名駅1丁目1番4号
- 設　　立　1987.04.01
- 路　　線　東海道本線、東海道新幹線、御殿場線、身延線、飯田線、武豊線、高山本線、中央本線、太多線、関西本線、紀勢本線、名松線、参宮線
- 営業キロ　第1種鉄道事業＝1970.8km（418駅）

駅　名	読み方	範囲	種	開業日	県名	所在地

東海道本線
とうかいどうほんせん

■熱海〜米原
341.3km／1067mm／82駅／1884.05.25開業／普通鉄道／架空線式 直流1500V・内燃・蒸気
第2種鉄道事業＝日本貨物鉄道（熱海〜米原）

駅名	読み方	範囲	種	開業日	県名	所在地
（熱海）	（JR東日本東海道本線所属）			1934.12.01		
函南	かんなみ		客	1934.12.01	静岡	田方郡函南町大竹190-6
三島 [図][JR貨物]	みしま		客貨	1934.12.01	静岡	三島市一番町16-1
沼津 [図][JR貨物]	ぬまづ		客貨	1889.02.01	静岡	沼津市本字下中溝601-4
片浜	かたはま		客	1987.03.21	静岡	沼津市今沢254-1
原 [図][JR貨物]	はら		客貨	1900.02.25	静岡	富士市中柏原新田
東田子の浦	ひがしたごのうら		客	1949.09.15	静岡	沼津市原字堀金383-2
吉原 [図][JR貨物]	よしわら		客貨	1889.02.01	静岡	富士市鈴川本町14-1
富士 [図][JR貨物]	ふじ		客貨	1909.04.21	静岡	富士市本町1-1
富士川	ふじかわ		客	1889.02.01	静岡	富士市中之郷1228-4
新蒲原	しんかんばら		客	1968.10.01	静岡	静岡市清水区蒲原
蒲原	かんばら		客	1890.05.16	静岡	静岡市清水区蒲原堰
由比	ゆい		客	1916.04.15	静岡	静岡市清水区由比今宿
興津	おきつ		客	1889.02.01	静岡	静岡市清水区興津中町300-14
清水	しみず		客	1889.02.01	静岡	静岡市清水区真砂町1-1
草薙	くさなぎ		客	1926.04.03	静岡	静岡市清水区草薙
静岡貨物 [図][JR貨物]	しずおかかもつ		貨	1967.10.01	静岡	静岡市駿河区池田字大黒坪346
東静岡	ひがししずおか		客	1998.10.30	静岡	静岡市葵区長沼584-8
静岡	しずおか		客	1889.02.01	静岡	静岡市葵区黒金町50
安倍川	あべかわ		客	1985.03.14	静岡	静岡市駿河区鎌田575-66
用宗	もちむね		客	1909.11.01	静岡	静岡市駿河区用宗城山町4-1
焼津	やいづ		客	1889.04.16	静岡	焼津市栄町1-1-1
西焼津	にしやいづ		客	1987.03.21	静岡	焼津市大字小屋敷字松原112-1
藤枝	ふじえだ		客	1889.04.16	静岡	藤枝市駅前1-1-1

駅　名	読み方	範囲	種	開業日	県名	所　在　地
六合	ろくごう		客	1986.04.26	静岡	島田市道悦1-10-15
島田 [JR貨物]	しまだ		客貨	1889.04.16	静岡	島田市字横井道上4928-11
金谷	かなや		客	1890.05.16	静岡	島田市金谷字新町2122-7
菊川	きくがわ		客	1889.04.16	静岡	菊川市堀之内蓮法547-9
掛川	かけがわ		客	1889.04.16	静岡	掛川市南1-1-1
愛野	あいの		客	2001.04.22	静岡	袋井市愛野691-8
袋井	ふくろい		客	1889.04.16	静岡	袋井市高尾字三門1211-1
磐田 [JR貨物]	いわた		客貨	1889.04.16	静岡	磐田市中泉633-1
豊田町	とよだちょう		客	1991.12.14	静岡	磐田市立野490
天竜川	てんりゅうがわ		客	1898.07.10	静岡	浜松市東区天龍川町
浜松	はままつ		客	1888.09.01	静岡	浜松市中区砂山町6-2
西浜松 [JR貨物]	にしはままつ		貨	1971.04.26	静岡	N/A
高塚	たかつか		客	1929.07.01	静岡	浜松市南区高塚町994-1
舞阪	まいさか		客	1888.09.01	静岡	浜松市西区馬郡町字今切325-9
弁天島	べんてんじま		客	1909.04.17	静岡	浜松市西区舞阪町弁天島
新居町	あらいまち		客	1915.01.10	静岡	湖西市新居町新居3423-26
鷲津	わしづ		客	1888.09.01	静岡	湖西市鷲津1295-14
新所原	しんじょはら		客	1936.12.01	静岡	湖西市新所原3-4
二川	ふたがわ		客	1896.04.07	愛知	豊橋市大岩町南元屋敷無番地
豊橋 [JR貨物]	とよはし		客貨	1888.09.01	愛知	豊橋市花田町西宿無番地
西小坂井	にしこざかい		客	1948.08.01	愛知	豊川市伊奈町新屋
愛知御津	あいちみと		客	1888.09.01	愛知	豊川市御津町西方松本
三河大塚	みかわおおつか		客	1953.07.16	愛知	蒲郡市大塚町端城
三河三谷	みかわみや		客	1929.07.03	愛知	蒲郡市三谷町上野
蒲郡	がまごおり		客	1888.09.01	愛知	蒲郡市元町1-1
三河塩津	みかわしおつ		客	1988.11.16	愛知	蒲郡市竹谷町油井
三ケ根	さんがね		客	1967.03.20	愛知	額田郡幸田町深溝大池田
幸田	こうだ		客	1908.09.11	愛知	額田郡幸田町大字芦谷字幸田
相見	あいみ		客	2012.03.17	愛知	額田郡幸田町大字相見字相見1
岡崎	おかざき		客	1888.09.01	愛知	岡崎市羽根町字東荒子
西岡崎	にしおかざき		客	1988.03.13	愛知	岡崎市昭和町北浦
安城	あんじょう		客	1891.06.16	愛知	安城市御幸本町1-1
三河安城	みかわあんじょう		客	1988.03.13	愛知	安城市三河安城町1-18-2
東刈谷	ひがしかりや		客	1966.12.24	愛知	刈谷市東刈谷1-35
野田新町	のだしんまち		客	2007.03.18	愛知	刈谷市野田新町1-905
刈谷 [JR貨物]	かりや		客貨	1888.09.01	愛知	刈谷市桜町1-55
逢妻	あいづま		客	1988.03.13	愛知	刈谷市高津波町1
大府	おおぶ		客	1897.09.10	愛知	大府市中央町3-135
共和	きょうわ		客	1933.12.07	愛知	大府市共栄町9-2-15
南大高	みなみおおだか		客	2009.03.14	愛知	名古屋市緑区大高町池之内4-10

JRグループ　東海旅客鉄道

JRグループ 東海旅客鉄道

駅　名	読み方	範囲	種	開業日	県名	所在地
大高	おおだか	客		1886.03.01	愛知	名古屋市緑区大高町字鶴田45-1
笠寺 [西][JR貨物]	かさでら	客貨		1943.08.01	愛知	名古屋市南区立脇町2-1
熱田	あつた	客		1886.03.01	愛知	名古屋市熱田区森後町2-502
(金山)	(中央本線所属)			1989.07.09		
尾頭橋	おとうばし	客		1995.03.16	愛知	名古屋市中川区尾頭橋4-14-1
名古屋 [西][JR貨物]	なごや	客貨		1886.05.01	愛知	名古屋市中村区名駅1-1-4
枇杷島	びわじま	客		1906.04.16	愛知	清須市西枇杷島町七畝割108-13
五条川信号場	ごじょうがわ	―	信	1942.01.15	愛知	N/A
清洲 [西][JR貨物]	きよす	客貨		1934.02.24	愛知	稲沢市北市場町390-1
稲沢 [西][JR貨物]	いなざわ	客貨		1904.08.05	愛知	稲沢市駅前1-9-1
尾張一宮	おわりいちのみや	客		1886.05.01	愛知	一宮市栄3-1-1
木曽川	きそがわ	客		1886.06.01	愛知	一宮市木曽川町黒田字東針口12
岐阜	ぎふ	客		1887.01.21	岐阜	岐阜市橋本町1-10
西岐阜	にしぎふ	客		1986.11.01	岐阜	岐阜市市橋4-14-20
岐阜貨物ターミナル [西][JR貨物]	ぎふかもつたーみなる	貨		1986.11.01	岐阜	岐阜市今嶺4-18-1
穂積 [西][JR貨物]	ほづみ	客貨		1906.08.01	岐阜	瑞穂市別府370
大垣	おおがき	客		1884.05.25	岐阜	大垣市高屋町1
南荒尾信号場	みなみあらお	―	信	1919.04.25	岐阜	N/A
垂井	たるい	客		1884.05.25	岐阜	不破郡垂井町1682-4
関ケ原	せきがはら	客		1884.05.25	岐阜	不破郡関ケ原町関ケ原
柏原	かしわばら	客		1900.02.21	滋賀	米原市柏原
近江長岡 [西][JR貨物]	おうみながおか	客貨		1889.07.01	滋賀	米原市長岡
醒ケ井	さめがい	客		1900.02.21	滋賀	米原市醒井
(米原)	(JR西日本所属)			1889.07.01		

［注］金山～名古屋は中央本線と二重戸籍。

■大垣～関ケ原 ……………………………………………………………………………………
13.8km／1067mm／0 駅／1944.10.11開業／普通鉄道／架空線式 直流1500V・内燃・蒸気
第2種鉄道事業＝日本貨物鉄道（南荒尾信号場～関ケ原）

	(大垣)	(東海道本線所属)			1944.10.11		
	(南荒尾信号場)	(東海道本線所属)			1944.10.11		
	(関ケ原)	(東海道本線所属)			1944.10.11		

■大垣～美濃赤坂 …………………………………………………………………………………
5.0km／1067mm／2 駅／1919.08.01開業／普通鉄道／架空線式 直流1500V・内燃・蒸気
第2種鉄道事業＝日本貨物鉄道（南荒尾信号場～関ケ原）

	(大垣)	(東海道本線所属)					
	(南荒尾信号場)	(東海道本線所属)					
	荒尾	あらお	客		1930.12.01	岐阜	大垣市荒尾町
	美濃赤坂 [西][JR貨物]	みのあかさか	客貨		1919.08.01	岐阜	大垣市赤坂町

駅　名	読み方	範囲	種	開業日	県名	所在地

東海道新幹線

■東京〜新大阪

552.6km／1435mm／12駅／1964.10.01開業／普通鉄道／架空線式 交流25000V

駅名	読み方	範囲	種	開業日	県名	所在地
東京	とうきょう		客	1964.10.01	東京	千代田区丸の内1-9-1
品川	しながわ		客	2003.10.01	東京	港区港南2-1-78
新横浜	しんよこはま		客	1964.10.01	神奈川	横浜市港北区篠原町2937
小田原	おだわら		客	1964.10.01	神奈川	小田原市城山1-1-1
熱海	あたみ		客	1964.10.01	静岡	熱海市田原本町11-1
(三島)	(東海道本線所属)			1969.04.25		
新富士	しんふじ		客	1988.03.13	静岡	富士市川成島640
(静岡)	(東海道本線所属)			1964.10.01		
(掛川)	(東海道本線所属)			1988.03.13		
(浜松)	(東海道本線所属)			1964.10.01		
(豊橋)	(東海道本線所属)			1964.10.01		
(三河安城)	(東海道本線所属)			1988.03.13		
(名古屋)	(東海道本線所属)			1964.10.01		
岐阜羽島	ぎふはしま		客	1964.10.01	岐阜	羽島市福寿町平方645-1
米原	まいばら		客	1964.10.01	滋賀	米原市米原
栗東信号場	りっとう	—	信	1964.10.01	滋賀	N/A
京都	きょうと		客	1964.10.01	京都	京都市下京区東塩小路高倉町8-3
鳥飼信号場	とりかい	—	信	1964.10.01	大阪	N/A
新大阪	しんおおさか		客	1964.10.01	大阪	大阪市淀川区西中島5-16-1

御殿場線

■国府津〜沼津

60.2km／1067mm／17駅／1889.02.01開業／普通鉄道／架空線式 直流1500V・内燃・蒸気
第2種鉄道事業＝日本貨物鉄道 (国府津〜沼津)

駅名	読み方	範囲	種	開業日	県名	所在地
(国府津)	(JR東日本東海道本線所属)			1889.02.01	神奈川	
下曽我 匡[JR貨物]	しもそが		客貨	1922.05.15	神奈川	小田原市曽我別所
上大井	かみおおい		客	1948.06.01	神奈川	足柄上郡大井町上大井
相模金子	さがみかねこ		客	1956.12.25	神奈川	足柄上郡大井町金子
松田 匡[JR貨物]	まつだ		客貨	1889.02.01	神奈川	足柄上郡松田町松田惣領1879-3
東山北	ひがしやまきた		客	1956.12.25	神奈川	足柄上郡山北町向原
山北	やまきた		客	1889.02.01	神奈川	足柄上郡山北町山北
谷峨	やが		客	1947.07.15	神奈川	足柄上郡山北町谷ケ
駿河小山	するがおやま		客	1889.02.01	静岡	駿東郡小山町小山

駅　名	読み方	範囲	種	開業日	県名	所在地
足柄	あしがら		客	1947.09.15	静岡	駿東郡小山町竹之下
御殿場	ごてんば		客	1889.02.01	静岡	御殿場市新橋1898-3
南御殿場	みなみごてんば		客	1962.07.20	静岡	御殿場市竈
富士岡	ふじおか		客	1944.08.01	静岡	御殿場市中山
岩波	いわなみ		客	1944.12.08	静岡	裾野市岩波
裾野	すその		客	1889.02.01	静岡	裾野市平松字滝ノ窪378-11
長泉なめり	ながいずみなめり		客	2002.09.07	静岡	駿東郡長泉町納米里
下土狩	しもとがり		客	1898.06.15	静岡	駿東郡長泉町下土狩字新田東1283-9
大岡	おおおか		客	1946.01.15	静岡	沼津市大岡
(沼津)	(東海道本線所属)			1889.02.01		

身延線

■富士〜甲府

88.4km／1067mm／37駅／1913.07.20開業／普通鉄道／架空線式 直流1500V・内燃

駅　名	読み方	範囲	種	開業日	県名	所在地
(富士)	(東海道本線所属)			1913.07.20		
柚木	ゆのき		客	1934.07.01	静岡	富士市柚木
竪堀	たてぼり		客	1926.03.08	静岡	富士市中島
入山瀬	いりやませ		客	1913.07.20	静岡	富士市鷹岡本町1
富士根	ふじね		客	1913.07.20	静岡	富士市天間
源道寺	げんどうじ		客	1930.12.25	静岡	富士宮市源道寺町
富士宮	ふじのみや		客	1913.07.20	静岡	富士宮市中央町16-1
西富士宮	にしふじのみや		客	1927.07.15	静岡	富士宮市貴船町1-10
沼久保	ぬまくぼ		客	1929.03.10	静岡	富士宮市沼久保
芝川	しばかわ		客	1915.03.01	静岡	富士宮市羽鮒
稲子	いなこ		客	1929.08.15	静岡	富士宮市下稲子
十島	とおしま		客	1918.08.10	山梨	南巨摩郡南部町十島
井出	いで		客	1929.03.26	山梨	南巨摩郡南部町井出
寄畑	よりはた		客	1931.11.01	山梨	南巨摩郡南部町内船
内船	うつぶな		客	1918.10.08	山梨	南巨摩郡南部町内船
甲斐大島	かいおおしま		客	1919.04.08	山梨	南巨摩郡身延町大島
身延	みのぶ		客	1920.05.18	山梨	南巨摩郡身延町角打537
塩之沢	しおのさわ		客	1933.09.01	山梨	南巨摩郡身延町帯金
波高島	はだかじま		客	1927.12.17	山梨	南巨摩郡身延町波高島
下部温泉	しもべおんせん		客	1927.12.17	山梨	南巨摩郡身延町常葉
甲斐常葉	かいときわ		客	1927.12.17	山梨	南巨摩郡身延町常葉
市ノ瀬	いちのせ		客	1932.05.10	山梨	南巨摩郡身延町市之瀬
久那土	くなど		客	1927.12.17	山梨	南巨摩郡身延町三澤
甲斐岩間	かいいわま		客	1927.12.17	山梨	西八代郡市川三郷町岩間

駅　名	読み方	範囲	種	開業日	県名	所在地
落居	おちい		客	1930.06.01	山梨	西八代郡市川三郷町落居
鰍沢口	かじかざわぐち		客	1927.12.17	山梨	西八代郡市川三郷町黒沢
市川大門	いちかわだいもん		客	1927.12.17	山梨	西八代郡市川三郷町市川大門
市川本町	いちかわほんまち		客	1930.10.01	山梨	西八代郡市川三郷町市川大門
芦川	あしがわ		客	1929.02.11	山梨	西八代郡市川三郷町上野
甲斐上野	かいうえの		客	1928.03.30	山梨	西八代郡市川三郷町上野
東花輪	ひがしはなわ		客	1928.03.30	山梨	中央市東花輪
小井川	こいかわ		客	1929.08.15	山梨	中央市上三條
常永	じょうえい		客	1928.03.30	山梨	中巨摩郡昭和町河東中島
国母	こくぼ		客	1928.03.30	山梨	甲府市上条新居町
甲斐住吉	かいすみよし		客	1931.04.01	山梨	甲府市中小河原1
南甲府	みなみこうふ		客	1928.03.30	山梨	甲府市南口町1-36
善光寺	ぜんこうじ		客	1928.03.30	山梨	甲府市善光寺1
金手	かねんて		客	1929.08.15	山梨	甲府市城東1
(甲府)	(JR東日本中央本線所属)			1928.03.30		

飯田線

■ 豊橋〜辰野 ....

195.7km／1067mm／93駅／1897.07.15開業／普通鉄道／架空線式 直流1500V・内燃・蒸気
第2種鉄道事業＝日本貨物鉄道（豊橋〜豊川、元善光寺〜辰野）

駅　名	読み方	範囲	種	開業日	県名	所在地
(豊橋)	(東海道本線所属)			1897.07.15		
船町	ふなまち		客	1927.06.01	愛知	豊橋市北島町
下地	しもじ		客	1925.12.23	愛知	豊橋市横須賀町横須賀
小坂井	こざかい		客	1898.03.13	愛知	豊川市小坂井町倉屋敷
牛久保	うしくぼ		客	1897.07.15	愛知	豊川市牛久保町城跡
豊川 ［JR貨物］	とよかわ		客貨	1897.07.15	愛知	豊川市豊川町仁保通り10
三河一宮	みかわいちのみや		客	1897.07.22	愛知	豊川市一宮町下新切
長山	ながやま		客	1899.10.19	愛知	豊川市上長山町西水神平
江島	えじま		客	1926.11.10	愛知	豊川市東上町丸塚
東上	とうじょう		客	1898.04.25	愛知	豊川市東上町東京寺
野田城	のだじょう		客	1918.01.01	愛知	新城市野田浄悦
新城	しんしろ		客	1898.04.25	愛知	新城市宮ノ西
東新町	ひがししんまち		客	1914.01.01	愛知	新城市平井若杉
茶臼山	ちゃうすやま		客	1926.05.01	愛知	新城市富永四条
三河東郷	みかわとうごう		客	1900.12.15	愛知	新城市川路夜燈
大海	おおみ		客	1900.09.23	愛知	新城市大海南田
鳥居	とりい		客	1923.02.01	愛知	新城市有海島
長篠城	ながしのじょう		客	1924.04.01	愛知	新城市長篠森下

駅　名	読み方	範囲	種	開業日	県名	所在地
本長篠	ほんながしの		客	1923.02.01	愛知	新城市長篠貝津
三河大野	みかわおおの		客	1923.02.01	愛知	新城市富栄
湯谷温泉	ゆやおんせん		客	1923.02.01	愛知	新城市豊岡滝上
三河槙原	みかわまきはら		客	1923.02.01	愛知	新城市豊岡ドウデイ
柿平	かきだいら		客	1950.02.15	愛知	新城市豊岡葭ケ滝
三河川合	みかわかわい		客	1923.02.01	愛知	新城市川合小西
池場	いけば		客	1946.12.01	愛知	新城市池場
東栄	とうえい		客	1933.12.21	愛知	北設楽郡東栄町三輪
出馬	いずんま		客	1934.11.11	静岡	浜松市天竜区佐久間町浦川
上市場	かみいちば		客	1946.12.01	静岡	浜松市天竜区佐久間町浦川
浦川	うらかわ		客	1934.11.11	静岡	浜松市天竜区佐久間町浦川
早瀬	はやせ		客	1946.12.01	静岡	浜松市天竜区佐久間町浦川
下川合	しもかわい		客	1934.11.11	静岡	浜松市天竜区佐久間町川合
中部天竜	ちゅうぶてんりゅう		客	1934.11.11	静岡	浜松市天竜区佐久間町半場15-3
佐久間	さくま		客	1936.11.10	静岡	浜松市天竜区佐久間町佐久間
相月	あいづき		客	1955.11.11	静岡	浜松市天竜区佐久間町相月
城西	しろにし		客	1955.11.11	静岡	浜松市天竜区佐久間町相月
向市場	むかいちば		客	1955.11.11	静岡	浜松市天竜区水窪町地頭方
水窪	みさくぼ		客	1955.11.11	静岡	浜松市天竜区水窪町地頭方
大嵐	おおぞれ		客	1937.08.20	静岡	浜松市天竜区水窪町奥領家
小和田	こわだ		客	1936.12.30	静岡	浜松市天竜区水窪町奥領家
中井侍	なかいさむらい		客	1936.12.30	長野	下伊那郡天龍村平岡
伊那小沢	いなこざわ		客	1936.12.30	長野	下伊那郡天龍村平岡
鶯巣	うぐす		客	1936.12.30	長野	下伊那郡天龍村平岡
平岡	ひらおか		客	1936.04.26	長野	下伊那郡天龍村平岡
為栗	してぐり		客	1936.08.19	長野	下伊那郡天龍村平岡
温田	ぬくた		客	1935.11.15	長野	下伊那郡泰阜村
田本	たもと		客	1935.11.15	長野	下伊那郡泰阜村
門島	かどしま		客	1932.10.30	長野	下伊那郡泰阜村
唐笠	からかさ		客	1932.10.30	長野	下伊那郡泰阜村
金野	きんの		客	1932.10.30	長野	飯田市千栄
千代	ちよ		客	1932.10.30	長野	飯田市千栄
天竜峡	てんりゅうきょう		客	1927.12.26	長野	飯田市川路
川路	かわじ		客	1927.12.26	長野	飯田市川路
時又	ときまた		客	1927.12.26	長野	飯田市時又
駄科	だしな		客	1927.04.08	長野	飯田市駄科
毛賀	けが		客	1927.04.08	長野	飯田市毛賀
伊那八幡	いなやわた		客	1926.12.17	長野	飯田市八幡町
下山村	しもやまむら		客	1926.12.17	長野	飯田市鼎下山
鼎	かなえ		客	1926.12.17	長野	飯田市鼎中平

JRグループ　東海旅客鉄道

駅　名	読み方	範囲	種	開業日	県名	所 在 地
切石	きりいし	客		1926.12.17	長野	飯田市鼎切石
飯田	いいだ	客		1923.08.03	長野	飯田市上飯田5356
桜町	さくらまち	客		1923.08.03	長野	飯田市桜町2
伊那上郷	いなかみさと	客		1923.__.__	長野	飯田市上郷黒田
元善光寺 [JR貨物]	もとぜんこうじ	客貨		1923.03.18	長野	飯田市座光寺
下市田	しもいちだ	客		1923.03.18	長野	下伊那郡高森町下市田
市田	いちだ	客		1923.03.13	長野	下伊那郡高森町下市田
下平	しもだいら	客		1923.03.13	長野	下伊那郡高森町山吹
山吹	やまぶき	客		1923.01.15	長野	下伊那郡高森町山吹
伊那大島	いなおおしま	客		1922.07.13	長野	下伊那郡松川町元大島
上片桐	かみかたぎり	客		1920.11.22	長野	下伊那郡松川町上片桐
伊那田島	いなたじま	客		1920.11.22	長野	上伊那郡中川村片桐
大沢信号場	おおさわ	─	信	1966.03.25	長野	N/A
高遠原	たかとおばら	客		1946.09.01	長野	上伊那郡飯島町七久保
七久保	ななくぼ	客		1918.07.23	長野	上伊那郡飯島町七久保
伊那本郷	いなほんごう	客		1918.07.23	長野	上伊那郡飯島町本郷
飯島	いいじま	客		1918.02.11	長野	上伊那郡飯島町飯島
田切	たぎり	客		1918.02.11	長野	上伊那郡飯島町田切
伊那福岡	いなふくおか	客		1914.12.26	長野	駒ヶ根市赤穂
小町屋	こまちや	客		1914.12.26	長野	駒ヶ根市下市場
駒ケ根	こまがね	客		1914.10.31	長野	駒ヶ根市東町1
大田切	おおたぎり	客		1946.09.01	長野	駒ヶ根市赤穂
宮田	みやだ	客		1913.12.27	長野	上伊那郡宮田村
赤木	あかぎ	客		1913.12.27	長野	伊那市西春近
沢渡 [JR貨物]	さわんど	客貨		1913.12.27	長野	伊那市西春近
下島	しもじま	客		1913.12.27	長野	伊那市西春近
伊那市	いなし	客		1912.05.14	長野	伊那市荒井3465
伊那北	いなきた	客		1912.01.04	長野	伊那市山寺
田畑	たばた	客		1923.12.01	長野	上伊那郡南箕輪村
北殿	きたとの	客		1911.11.03	長野	上伊那郡南箕輪村
木ノ下	きのした	客		1911.02.22	長野	上伊那郡箕輪町中箕輪
伊那松島	いなまつしま	客		1911.02.22	長野	上伊那郡箕輪町中箕輪
沢	さわ	客		1923.03.16	長野	上伊那郡箕輪町中箕輪
羽場	はば	客		1923.03.16	長野	上伊那郡辰野町伊那富
伊那新町	いなしんまち	客		1923.04.20	長野	上伊那郡辰野町伊那富
宮木	みやき	客		1923.07.24?	長野	上伊那郡辰野町伊那富
(辰野)	(JR東日本中央本線所属)			1923.03.16		

武豊線

■大府〜武豊

19.3km／1067mm／9駅／1886.03.01開業／普通鉄道／架空線式 直流1500V・内燃・蒸気
第2種鉄道事業＝日本貨物鉄道（大府〜東成岩）

駅　名	読み方	範囲	種	開業日	県名	所　在　地
（大府）	（東海道本線所属）			1887.09.10		
尾張森岡	おわりもりおか		客	1933.12.07	愛知	知多郡東浦町森岡前田
緒川	おがわ		客	1900.03.01	愛知	知多郡東浦町緒川竹塚
石浜	いしはま		客	1957.04.15	愛知	知多郡東浦町石浜なかね
東浦	ひがしうら		客	1944.11.11	愛知	知多郡東浦町藤江柳牛
亀崎	かめざき		客	1886.03.01	愛知	半田市亀崎常盤町2
乙川	おっかわ		客	1933.12.07	愛知	半田市乙川町
半田	はんだ		客	1886.03.01	愛知	半田市御幸町110-1
東成岩	ひがしならわ		客	1933.12.07	愛知	半田市旭町3
武豊	たけとよ		客	1886.03.01	愛知	知多郡武豊町金下

高山本線

■ 岐阜～猪谷
189.2km／1067mm／38駅／1920.11.01開業／普通鉄道／内燃・蒸気

駅　名	読み方	範囲	種	開業日	県名	所在地
（岐阜）	（東海道本線所属）			1920.11.01		
長森	ながもり		客	1920.11.01	岐阜	岐阜市蔵前2
那加	なか		客	1920.11.01	岐阜	各務原市那加本町
蘇原	そはら		客	1942.06.01	岐阜	各務原市川崎町
各務ケ原	かがみがはら		客	1920.11.01	岐阜	各務原市鵜沼各務原町1*
鵜沼	うぬま		客	1921.11.12	岐阜	各務原市鵜沼山崎町3
坂祝	さかほぎ		客	1921.11.12	岐阜	加茂郡坂祝町取組
美濃太田	みのおおた		客	1921.11.12	岐阜	美濃加茂市太田町
古井	こび		客	1922.11.25	岐阜	美濃加茂市森山町1
中川辺	なかかわべ		客	1922.11.25	岐阜	加茂郡川辺町中川辺
下麻生	しもあそう		客	1922.11.25	岐阜	加茂郡川辺町上川辺
上麻生	かみあそう		客	1924.03.20	岐阜	加茂郡七宗町上麻生
飛水峡信号場	ひすいきょう	―	信	1968.09.25	岐阜	N/A
白川口	しらかわぐち		客	1926.03.15	岐阜	加茂郡白川町坂ノ東
鷲原信号場	わしばら	―	信	1967.03.19	岐阜	N/A
下油井	しもゆい		客	1928.03.21	岐阜	加茂郡白川町白山
飛騨金山	ひだかなやま		客	1928.03.21	岐阜	下呂市金山町大船渡
福来信号場	ふくらい	―	信	1968.09.28	岐阜	N/A
焼石	やけいし		客	1929.04.14	岐阜	下呂市焼石
少ケ野信号場	しょうがの	―	信	1973.04.20	岐阜	N/A
下呂	げろ		客	1930.11.02	岐阜	下呂市幸田
禅昌寺	ぜんしょうじ		客	1931.05.09	岐阜	下呂市萩原町中呂
飛騨萩原	ひだはぎわら		客	1931.05.09	岐阜	下呂市萩原町萩原
上呂	じょうろ		客	1933.08.25	岐阜	下呂市萩原町上呂
飛騨宮田	ひだみやだ		客	1955.10.01	岐阜	下呂市萩原町宮田
飛騨小坂	ひだおさか		客	1933.08.25	岐阜	下呂市小坂町大島
渚	なぎさ		客	1934.10.25	岐阜	高山市久々野町渚
久々野	くぐの		客	1934.10.25	岐阜	高山市久々野町久々野
飛騨一ノ宮	ひだいちのみや		客	1934.10.25	岐阜	高山市一之宮町
高山	たかやま		客	1934.10.25	岐阜	高山市昭和町1
上枝	ほずえ		客	1934.10.25	岐阜	高山市下切町
飛騨国府	ひだこくふ		客	1934.10.25	岐阜	高山市国府町広瀬町
飛騨古川	ひだふるかわ		客	1934.10.25	岐阜	飛騨市古川町金森町
杉崎	すぎさき		客	1952.12.25	岐阜	飛騨市古川町沼町
飛騨細江	ひだほそえ		客	1934.10.25	岐阜	飛騨市古川町袈裟丸

	駅　名	読 み 方	範囲	種	開業日	県名	所 在 地
	角川	つのがわ		客	1934.10.25	岐阜	飛騨市河合町小無雁
	坂上	さかかみ		客	1933.11.12	岐阜	飛騨市宮川町林
	打保	うつぼ		客	1933.11.12	岐阜	飛騨市宮川町打保
	杉原	すぎはら		客	1932.08.20	岐阜	飛騨市宮川町杉原
├	（猪谷）	（JR西日本高山本線所属）			1932.08.20		

駅　名	読み方	範囲	種	開業日	県名	所在地

中央本線

■ 塩尻～名古屋

174.8km／1067mm／39駅／1900.07.25開業／普通鉄道／架空線式 直流1500V・内燃・蒸気
第2種鉄道事業＝日本貨物鉄道（塩尻～名古屋）

駅名	読み方	範囲	種	開業日	県名	所在地
（塩尻）	（JR東日本中央本線所属）			1909.12.01		
洗馬	せば		客	1909.12.01	長野	塩尻市宗賀
日出塩	ひでしお		客	1926.12.21	長野	塩尻市宗賀
贄川	にえかわ		客	1909.12.01	長野	塩尻市贄川
木曽平沢	きそひらさわ		客	1930.06.05	長野	塩尻市木曽平沢
奈良井	ならい		客	1909.12.01	長野	塩尻市奈良井
藪原	やぶはら		客	1910.10.05	長野	木曽郡木祖村藪原
宮ノ越	みやのこし		客	1910.11.25	長野	木曽郡木曽町日義
原野	はらの		客	1955.04.21	長野	木曽郡木曽町日義
木曽福島	きそふくしま		客	1910.11.25	長野	木曽郡木曽町福島2010-2
上松	あげまつ		客	1910.10.05	長野	木曽郡上松町上松
倉本	くらもと		客	1948.09.01	長野	木曽郡上松町荻原
須原	すはら		客	1909.12.01	長野	木曽郡大桑村須原
大桑	おおくわ		客	1951.09.01	長野	木曽郡大桑村長野
野尻	のじり		客	1909.09.01	長野	木曽郡大桑村野尻
十二兼	じゅうにかね		客	1948.09.01	長野	木曽郡南木曽町読書
南木曽	なぎそ		客	1909.07.15	長野	木曽郡南木曽町読書
田立	ただち		客	1948.09.01	長野	木曽郡南木曽町田立
坂下	さかした		客	1908.08.01	岐阜	中津川市坂下
落合川	おちあいがわ		客	1917.11.27	岐阜	中津川市落合
中津川	なかつがわ		客	1902.12.21	岐阜	中津川市太田町2-1-3
美乃坂本	みのさかもと		客	1917.11.25	岐阜	中津川市千旦林
恵那	えな		客	1902.12.21	岐阜	恵那市大井町301
武並	たけなみ		客	1926.04.01	岐阜	恵那市武並町竹折
釜戸	かまど		客	1902.12.21	岐阜	瑞浪市釜戸町
瑞浪	みずなみ		客	1902.12.21	岐阜	瑞浪市寺河戸町1171-2
土岐市	ときし		客	1902.12.21	岐阜	土岐市泉町久尻572-3
多治見 [JR貨物]	たじみ		客貨	1900.07.25	岐阜	多治見市音羽町2
古虎渓	ここけい		客	1952.04.01	岐阜	多治見市諏訪町神田
定光寺	じょうこうじ		客	1924.01.01	愛知	春日井市玉野町
高蔵寺	こうぞうじ		客	1900.07.25	愛知	春日井市高蔵寺町3-654-1
神領	じんりょう		客	1951.12.15	愛知	春日井市神領町向拝571
春日井 [JR貨物]	かすがい		客貨	1927.12.16	愛知	春日井市上条町1
勝川	かちがわ		客	1900.07.25	愛知	春日井市松新町6

駅　　名	読 み 方	範囲	種	開業日	県名	所 在 地
新守山 国 [JR貨物]	しんもりやま		客貨	1964.04.01	愛知	名古屋市守山区新守山268
大曽根	おおぞね		客	1911.04.09	愛知	名古屋市東区東大曽根町46-6
千種	ちくさ		客	1900.07.25	愛知	名古屋市千種区内山3-24-8
鶴舞	つるまい		客	1937.04.21	愛知	名古屋市中区千代田5-23-24
金山	かなやま		客	1962.01.25	愛知	名古屋市中区金山1-17-18
山王信号場	さんのう		信	1962.10.10	愛知	N/A
(名古屋)	(東海道本線所属)		―	1900.07.25		

〔注〕金山～名古屋は東海道本線と二重戸籍。

太多線

■多治見～美濃太田

17.8km／1067mm／6駅／1926.09.25開業／普通鉄道／内燃・蒸気

(多治見)	(中央本線所属)		1926.09.25		
小泉	こいずみ	客	1928.10.01	岐阜	多治見市小泉町1
根本	ねもと	客	1952.12.26	岐阜	多治見市根本町3
姫	ひめ	客	1928.10.01	岐阜	多治見市姫町1
下切	しもぎり	客	1952.12.26	岐阜	可児市下切
可児	かに	客	1928.10.01	岐阜	可児市下恵土
美濃川合	みのかわい	客	1952.12.26	岐阜	美濃加茂市川合町1
(美濃太田)	(高山本線所属)		1928.10.01		

JRグループ　東海旅客鉄道

駅　名	読み方	範囲	種	開業日	県名	所在地

関西本線

■ 名古屋〜亀山

59.9km／1067mm／20駅／1890.12.25開業／普通鉄道／架空線式 直流1500V・内燃・蒸気
第2種鉄道事業＝日本貨物鉄道（名古屋〜亀山）

駅　名	読み方	範囲	種	開業日	県名	所在地
（名古屋）	（東海道本線所属）			1895.05.24		
笹島信号場	ささしま	—	信	—	愛知	N/A
八田	はった		客	1928.02.01	愛知	名古屋市中村区八田町字長田
春田	はるた		客	2001.03.03	愛知	名古屋市中川区春田2-92-2
蟹江	かにえ		客	1895.05.24	愛知	海部郡蟹江町大字今上六反田
永和	えいわ		客	1929.02.01	愛知	愛西市大野町郷西
白鳥信号場	しらとり	—	信	1993.08.01?	愛知	N/A
弥富	やとみ		客	1895.05.24	愛知	弥富市鯏浦町中六
長島	ながしま		客	1899.11.11	三重	桑名市長島町西外面
桑名	くわな		客	1895.05.24	三重	桑名市東方135
朝明信号場	あさけ	—	信	1927.05.01	三重	N/A
朝日	あさひ		客	1983.08.08	三重	三重郡朝日町柿
富田	とみだ		客	1894.07.05	三重	四日市市富田3
富田浜	とみだはま		客	1928.03.01	三重	四日市市富田浜町20
四日市 囲[JR貨物]	よっかいち		客貨	1890.12.25	三重	四日市市本町3-8
南四日市 囲[JR貨物]	みなみよっかいち		客貨	1963.10.01	三重	四日市市日永東3-15
河原田	かわらだ		客	1890.12.25	三重	四日市市河原田町
河曲	かわの		客	1949.03.01	三重	鈴鹿市木田町
加佐登	かさど		客	1892.02.06	三重	鈴鹿市加佐登1-1
井田川	いだがわ		客	1929.05.20	三重	亀山市井田川町
亀山	かめやま		客	1890.12.25	三重	亀山市御幸町198

駅　名	読み方	範囲	種	開業日	県名	所在地

紀勢本線

■ 亀山～新宮
180.2km／1067㎜／39駅／1891.08.21開業／普通鉄道／内燃・蒸気

駅名	読み方	範囲	種	開業日	県名	所在地
(亀山)	(関西本線所属)			1891.08.21		
下庄	しものしょう		客	1891.08.21	三重	亀山市下庄町
一身田	いしんでん		客	1891.08.21	三重	津市大里窪田町
津	つ		客	1891.11.04	三重	津市羽所町1191-1
阿漕	あこぎ		客	1893.12.31	三重	津市大倉
高茶屋	たかちゃや		客	1893.12.31	三重	津市高茶屋1
六軒	ろっけん		客	1893.12.31	三重	松阪市小津町
松阪	まつさか		客	1893.12.31	三重	松阪市京町301
徳和	とくわ		客	1893.12.31	三重	松阪市下村町
多気	たき		客	1893.12.31	三重	多気郡多気町76-1
相可	おうか		客	1923.03.20	三重	多気郡多気町相可
佐奈	さな		客	1923.03.20	三重	多気郡多気町平谷
栃原	とちはら		客	1923.03.20	三重	多気郡大台町栃原
川添	かわぞえ		客	1923.09.25	三重	多気郡大台町上楠
三瀬谷	みせだに		客	1925.08.15	三重	多気郡大台町佐原
滝原	たきはら		客	1926.08.18	三重	多気郡大台町大ヶ所
阿曽	あそ		客	1928.11.08	三重	度会郡大紀町阿曽
伊勢柏崎	いせかしわざき		客	1927.07.03	三重	度会郡大紀町崎
大内山	おおうちやま		客	1927.11.13	三重	度会郡大紀町大内山
梅ケ谷	うめがだに		客	1965.11.01	三重	度会郡大紀町大内山
紀伊長島	きいながしま		客	1930.04.29	三重	北牟婁郡紀北町紀伊長島区東長島301
三野瀬	みのせ		客	1932.04.26	三重	北牟婁郡紀北町紀伊長島区三浦
船津	ふなつ		客	1934.12.19	三重	北牟婁郡紀北町海山区上里
相賀	あいが		客	1934.12.19	三重	北牟婁郡紀北町海山区相賀
尾鷲	おわせ		客	1934.12.19	三重	尾鷲市中村町7-6
大曽根浦	おおそねうら		客	1957.01.12	三重	尾鷲市大曽根浦
九鬼	くき		客	1957.01.12	三重	尾鷲市九鬼町
三木里	みきさと		客	1958.04.23	三重	尾鷲市三木里町
賀田	かた		客	1959.07.15	三重	尾鷲市曽根町
二木島	にぎしま		客	1959.07.15	三重	熊野市二木島町
新鹿	あたしか		客	1956.04.01	三重	熊野市新鹿町
波田須	はだす		客	1961.12.11	三重	熊野市波田須町
大泊	おおどまり		客	1956.04.01	三重	熊野市大泊町
熊野市	くまのし		客	1940.08.08	三重	熊野市井戸町809-3
有井	ありい		客	1940.08.08	三重	熊野市有馬町

JRグループ　東海旅客鉄道

駅　名	読み方	範囲	種	開業日	県名	所在地
神志山	こうしやま		客	1940.08.08	三重	南牟婁郡御浜町下市木
紀伊市木	きいいちぎ		客	1940.08.08	三重	南牟婁郡御浜町下市木
阿田和	あたわ		客	1940.08.08	三重	南牟婁郡御浜町阿田和
紀伊井田	きいいだ		客	1940.08.08	三重	南牟婁郡紀宝町井田
鵜殿	うどの		客	1940.08.08	三重	南牟婁郡紀宝町鵜殿
（新宮）	（JR西日本紀勢本線所属）			1940.08.08		

名松線

■ 松阪～伊勢奥津
43.5km／1067mm／14駅／1929.08.25開業／普通鉄道／内燃

駅　名	読み方	範囲	種	開業日	県名	所在地
（松阪）	（紀勢本線所属）			1929.08.25		
上ノ庄	かみのしょう		客	1960.08.01	三重	松阪市上ノ庄町
権現前	ごんげんまえ		客	1929.08.25	三重	松阪市嬉野権現前町
伊勢八太	いせはた		客	1930.03.30	三重	津市一志町小山
一志	いちし		客	1938.01.20	三重	津市一志町八太
井関	いせぎ		客	1930.03.30	三重	津市一志町井関
伊勢大井	いせおおい		客	1938.01.20	三重	津市一志町井生
伊勢川口	いせかわぐち		客	1931.09.11	三重	津市白山町川口
関ノ宮	せきのみや		客	1938.01.20	三重	津市白山町川口
家城	いえき		客	1931.09.11	三重	津市白山町南家城
伊勢竹原	いせたけはら		客	1935.12.05	三重	津市美杉町竹原
伊勢鎌倉	いせかまくら		客	1935.12.05	三重	津市美杉町八知
伊勢八知	いせやち		客	1935.12.05	三重	津市美杉町八知
比津	ひつ		客	1935.12.05	三重	津市美杉町八知
伊勢奥津	いせおきつ		客	1935.12.05	三重	津市美杉町奥津

参宮線

■ 多気～鳥羽
29.1km／1067mm／10駅／1893.12.31開業／普通鉄道／内燃

駅　名	読み方	範囲	種	開業日	県名	所在地
（多気）	（紀勢本線所属）			1893.12.31		
外城田	ときだ		客	1963.04.01	三重	多気郡多気町土羽
田丸	たまる		客	1893.12.31	三重	度会郡玉城町佐田
宮川	みやがわ		客	1893.12.31	三重	伊勢市小俣町本町
山田上口	やまだかみぐち		客	1897.11.11	三重	伊勢市常磐1-17
伊勢市	いせし		客	1897.11.11	三重	伊勢市吹上1-1-4
五十鈴ケ丘	いすずがおか		客	1963.04.01	三重	伊勢市黒瀬町

駅　名	読 み 方	範囲	種	開業日	県名	所 在 地
二見浦	ふたみのうら	客		1911.07.21	三重	伊勢市二見町三津
松下	まつした	客		1963.04.01	三重	伊勢市二見町松下
池の浦シーサイド 臨	いけのうらしーさいど	客	臨	1989.07.16	三重	伊勢市二見町松下
鳥羽	とば	客		1911.07.21	三重	鳥羽市鳥羽1-8-13

JRグループ　東海旅客鉄道

西日本旅客鉄道

- 本　　社　〒530-8341　大阪府大阪市北区芝田2丁目4番24号
- 設　　立　1987.04.01
- 路　　線　東海道本線、湖西線、大阪環状線、桜島線、JR東西線、福知山線、北陸本線、北陸新幹線、小浜線、越美北線、七尾線、城端線、氷見線、高山本線、大糸線、山陽本線、山陽新幹線、加古川線、播但線、姫新線、赤穂線、津山線、吉備線、宇野線、本四備讃線、伯備線、芸備線、福塩線、呉線、可部線、岩徳線、山口線、宇部線、小野田線、美祢線、博多南線、山陰本線、舞鶴線、因美線、境線、木次線、三江線、関西本線、草津線、奈良線、桜井線、片町線、おおさか東線、和歌山線、阪和線、関西空港線、紀勢本線
- 営業キロ　第1種鉄道事業＝4991.1km（1198駅）、第2種鉄道事業＝28.6km（14駅）

駅　名	読み方	範囲	種	開業日	県名	所在地

東海道本線（愛称：琵琶湖線＝米原〜京都、JR京都線＝京都〜大阪、JR神戸線＝大阪〜神戸）

■米原〜神戸
143.6km／1067mm／51駅／1874.05.11開業／普通鉄道／架空線式　直流1500V・内燃・蒸気
第2種鉄道事業＝日本貨物鉄道（米原〜神戸）

駅名	読み方	範囲	種	開業日	県名	所在地
米原 [JR貨物]	まいばら		客貨	1889.07.01	滋賀	米原市米原
彦根	ひこね		客	1889.07.01	滋賀	彦根市古沢町40-2
南彦根	みなみひこね		客	1981.06.30	滋賀	彦根市小泉町280
河瀬	かわせ		客	1896.05.01	滋賀	彦根市南川瀬町1521-1
稲枝	いなえ		客	1920.07.01	滋賀	彦根市稲枝町332
能登川	のとがわ		客	1889.07.01	滋賀	東近江市林町
安土	あづち		客	1914.04.25	滋賀	近江八幡市安土町上豊浦
近江八幡	おうみはちまん		客	1889.07.01	滋賀	近江八幡市鷹飼町
篠原	しのはら		客	1921.04.20	滋賀	近江八幡市上野町1260
野洲	やす		客	1891.06.16	滋賀	野洲市小篠原
守山 [JR貨物]	もりやま		客貨	1912.04.16	滋賀	守山市梅田町1-1
栗東	りっとう		客	1991.03.16	滋賀	栗東市綣2-6-11
草津	くさつ		客	1889.07.01	滋賀	草津市渋川1-1
南草津	みなみくさつ		客	1994.09.04	滋賀	草津市野路1-14-1
瀬田	せた		客	1969.08.12	滋賀	大津市大萱1-10
石山 [JR貨物]	いしやま		客貨	1903.04.01	滋賀	大津市粟津町3-1
膳所 [JR貨物]	ぜぜ		客貨	1889.07.01	滋賀	大津市馬場2-11-8
大津	おおつ		客	1921.08.01	滋賀	大津市春日町1-3
山科	やましな		客	1921.08.01	京都	京都市山科区安朱北屋敷町
京都	きょうと		客	1877.02.06	京都	京都市下京区烏丸通塩小路下ル東塩小路町

駅　名	読み方	範囲	種	開業日	県名	所　在　地
京都貨物 [貨][JR貨物]	きょうとかもつ		貨	1913.06.21	京都	京都市下京区梅小路頭町10
西大路	にしおおじ		客	1938.09.16	京都	京都市南区唐橋平垣町
桂川	かつらがわ		客	2008.10.18	京都	京都市南区久世高田町
向日町 [貨][JR貨物]	むこうまち		客貨	1876.07.26	京都	向日市寺戸町久々相
長岡京	ながおかきょう		客	1931.08.01	京都	長岡京市神足2-4-1
山崎	やまざき		客	1876.08.09	京都	乙訓郡大山崎町大山崎西谷
島本	しまもと		客	2008.03.15	大阪	三島郡島本町桜井1-3-39
高槻	たかつき		客	1876.07.26	大阪	高槻市白梅町1-1
摂津富田	せっつとんだ		客	1924.07.25	大阪	高槻市富田町1-1-18
茨木	いばらき		客	1876.08.09	大阪	茨木市駅前1-1
千里丘	せんりおか		客	1938.12.01	大阪	摂津市千里丘1-1
吹田貨物ターミナル [貨][JR貨物]	すいたかもつたーみなる		貨	2012.10.08	大阪	吹田市芝田町1-21
岸辺	きしべ		客	1947.04.11	大阪	吹田市岸部南1-16-1
吹田	すいた		客	1876.08.09	大阪	吹田市朝日町1-1
東淀川	ひがしよどがわ		客	1940.04.01	大阪	大阪市淀川区宮原2-3-17
新大阪	しんおおさか		客	1964.10.01	大阪	大阪市淀川区西中島5-16-1
大阪	おおさか		客	1874.05.11	大阪	大阪市北区梅田3-1-1
塚本	つかもと		客	1934.07.20	大阪	大阪市淀川区塚本2-28-2
尼崎	あまがさき		客	1874.06.01	兵庫	尼崎市潮江1-1-1
立花	たちばな		客	1934.07.20	兵庫	尼崎市立花町1-1-1
甲子園口	こうしえんぐち		客	1934.07.20	兵庫	西宮市甲子園口2-1
西宮	にしのみや		客	1874.05.11	兵庫	西宮市池田町9-3
さくら夙川	さくらしゅくがわ		客	2007.03.18	兵庫	西宮市神楽町11-28
芦屋	あしや		客	1913.08.01	兵庫	芦屋市船戸町1-30
甲南山手	こうなんやまて		客	1996.10.01	兵庫	神戸市東灘区森北町1-1
摂津本山	せっつもとやま		客	1935.12.25	兵庫	神戸市東灘区岡本1-1-1
住吉	すみよし		客	1874.06.01	兵庫	神戸市東灘区住吉本町1-2-9
六甲道	ろっこうみち		客	1934.07.20	兵庫	神戸市灘区永手町4-1-1
摩耶	まや		客	2016.03.26	兵庫	神戸市灘区灘南通5-5
灘	なだ		客	1917.12.01	兵庫	神戸市灘区岩屋北町7-3-1
三ノ宮	さんのみや		客	1874.05.11	兵庫	神戸市中央区布引町4-1-1
元町	もとまち		客	1934.07.20	兵庫	神戸市中央区元町高架通り1-100
神戸	こうべ		客	1874.05.11	兵庫	神戸市中央区相生町3-1-1

■吹田貨物ターミナル〜福島 ……………………………………………………

10.0km／1067mm／1駅／1928.12.01開業／普通鉄道／架空線式　直流1500V・内燃・蒸気
第2種鉄道事業＝日本貨物鉄道（吹田貨物ターミナル〜福島）

（吹田貨物ターミナル）	（東海道本線所属）			2012.10.08		
（新大阪）	（東海道本線所属）			1988.04.24		
梅田信号場	うめだ	—	信	2013.04.01	大阪	N/A
（福島）	（大阪環状線所属）			1934.06.01		

[注]　第1種鉄道事業の営業キロ設定なし。

駅　名	読み方	範囲	種	開業日	県名	所 在 地

■吹田貨物ターミナル～尼崎

12.2km／1067mm／0駅／1918.08.01開業／普通鉄道／架空線式 直流1500V・内燃・蒸気
第2種鉄道事業＝日本貨物鉄道（吹田貨物ターミナル～尼崎）

駅名	読み方	範囲	種	開業日	県名	所在地
（吹田貨物ターミナル）	（東海道本線所属）			2012.10.08		
（尼崎）	（東海道本線所属）			1918.08.01		

湖西線

■山科～近江塩津

74.1km／1067mm／19駅／1974.07.20開業／普通鉄道／架空線式 直流1500V・内燃・蒸気
第2種鉄道事業＝日本貨物鉄道（山科～近江塩津）

駅名	読み方	範囲	種	開業日	県名	所在地
（山科）	（東海道本線所属）			1974.07.20		
大津京	おおつきょう		客	1974.07.20	滋賀	大津市皇子が丘2-8-1
唐崎	からさき		客	1974.07.20	滋賀	大津市唐崎2-11-1
比叡山坂本	ひえいざんさかもと		客	1974.07.20	滋賀	大津市坂本3-31-47
おごと温泉	おごとおんせん		客	1974.07.20	滋賀	大津市雄琴北1-3-12
堅田	かたた		客	1974.07.20	滋賀	大津市真野町1-1-70
小野	おの		客	1988.12.04	滋賀	大津市湖青1-1-4
和邇	わに		客	1974.07.20	滋賀	大津市和邇中浜448
蓬莱	ほうらい		客	1974.07.20	滋賀	大津市八屋戸大字道皆頭940-1
志賀	しが		客	1974.07.20	滋賀	大津市木戸字前田107
比良	ひら		客	1974.07.20	滋賀	大津市北比良居本281-5
近江舞子	おうみまいこ		客	1974.07.20	滋賀	大津市南小松カヤ1109-8
北小松	きたこまつ		客	1974.07.20	滋賀	大津市北小松大堀743-4
近江高島	おうみたかしま		客	1974.07.20	滋賀	高島市勝野大門2245-5
安曇川	あどがわ		客	1974.07.20	滋賀	高島市安曇川町西万木601
新旭	しんあさひ		客	1974.07.20	滋賀	高島市新旭町村西917-2
近江今津	おうみいまづ		客	1974.07.20	滋賀	高島市今津町名小路1-9
近江中庄	おうみなかしょう		客	1974.07.20	滋賀	高島市マキノ町中庄中下1043
マキノ	まきの		客	1974.07.20	滋賀	高島市マキノ町西浜神田1243
永原	ながはら		客	1974.07.20	滋賀	長浜市西浅井町大浦羽部1098-4
（近江塩津）	（北陸本線所属）			1974.07.20		

駅　名	読み方	範囲	種	開業日	県名	所在地

大阪環状線

■大阪～大阪

21.7km／1067mm／16駅／1895.05.28開業／普通鉄道／架空線式 直流1500V・内燃
第2種鉄道事業＝日本貨物鉄道（福島～西九条）

駅名	読み方	範囲	種	開業日	県名	所在地
（大阪）	（東海道本線所属）			1898.04.05		
福島	ふくしま		客	1898.04.05	大阪	大阪市福島区福島7-1-3
野田	のだ		客	1898.04.05	大阪	大阪市福島区吉野3-1-12
西九条	にしくじょう		客	1898.10.01	大阪	大阪市此花区西九条1-32-18
弁天町	べんてんちょう		客	1961.04.25	大阪	大阪市港区波除3-11-6
大正	たいしょう		客	1961.04.25	大阪	大阪市大正区三軒家東1-8-18
芦原橋	あしはらばし		客	1966.04.01	大阪	大阪市浪速区浪速東1-3-22
（今宮）	（関西本線所属）			1997.03.08		
新今宮	しんいまみや		客	1964.03.22	大阪	大阪市浪速区恵美須西3-17-1
（天王寺）	（関西本線所属）			1895.05.28		
寺田町	てらだちょう		客	1932.07.16	大阪	大阪市天王寺区大道4-11-21
桃谷	ももだに		客	1895.05.28	大阪	大阪市天王寺区堂ケ芝1-8-27
鶴橋	つるはし		客	1932.09.21	大阪	大阪市天王寺区下味原町1-1
玉造	たまつくり		客	1895.05.28	大阪	大阪市天王寺区玉造元町1-40
森ノ宮	もりのみや		客	1932.04.21	大阪	大阪市中央区森ノ宮中央1-1-45
大阪城公園	おおさかじょうこうえん		客	1983.10.01	大阪	大阪市中央区大阪城3
京橋	きょうばし		客	1895.10.17	大阪	大阪市城東区新喜多1-2-31
桜ノ宮	さくらのみや		客	1898.04.27	大阪	大阪市都島区中野町5-1-22
天満	てんま		客	1895.10.17	大阪	大阪市北区錦町1-20
（大阪）	（東海道本線所属）			1900.06.06		

［注］今宮～天王寺は関西本線と二重戸籍。

桜島線（愛称：JRゆめ咲線）

■西九条～桜島

4.1km／1067mm／3駅／1898.04.05開業／普通鉄道／架空線式 直流1500V・内燃
第2種鉄道事業＝日本貨物鉄道（西九条～安治川口）

駅名	読み方	範囲	種	開業日	県名	所在地
（西九条）	（大阪環状線所属）			1898.10.01		
安治川口［貨］［JR貨物］	あじかわぐち		客貨	1898.04.05	大阪	大阪市此花区島屋6-1-101
ユニバーサルシティ	ゆにばーさるしてぃ		客	2001.03.01	大阪	大阪市此花区島屋6-2-28
桜島	さくらじま		客	1910.04.15	大阪	大阪市此花区桜島2-1-5

駅　名	読み方	範囲	種	開業日	県名	所在地

JR東西線

■ 京橋～尼崎

12.5km／1067mm／7駅／1997.03.08開業／普通鉄道／架空線式 直流1500V・内燃
第2種鉄道事業〔第3種鉄道事業＝関西高速鉄道〕

駅名	読み方	範囲	種	開業日	県名	所在地
(京橋)	(大阪環状線所属)			1997.03.08		
大阪城北詰	おおさかじょうきたづめ		客	1997.03.08	大阪	大阪市都島区網島町7
大阪天満宮	おおさかてんまんぐう		客	1997.03.08	大阪	大阪市北区東天満2-10先
北新地	きたしんち		客	1997.03.08	大阪	大阪市北区梅田1-3先
新福島	しんふくしま		客	1997.03.08	大阪	大阪市福島区福島5-9先
海老江	えびえ		客	1997.03.08	大阪	大阪市福島区海老江5-2先
御幣島	みてじま		客	1997.03.08	大阪	大阪市西淀川区御幣島1-8先
加島	かしま		客	1997.03.08	大阪	大阪市淀川区加島3-10
(尼崎)	(東海道本線所属)			1997.03.08		

福知山線 (愛称：JR宝塚線＝尼崎～篠山口)

■ 尼崎～福知山

106.5km／1067mm／28駅／1893.12.12開業／普通鉄道／架空線式 直流1500V・内燃・蒸気

駅名	読み方	範囲	種	開業日	県名	所在地
(尼崎)	(東海道本線所属)			1898.06.08		
塚口	つかぐち		客	1894.03.06	兵庫	尼崎市東塚口町1-9-1
猪名寺	いなでら		客	1981.04.01	兵庫	尼崎市猪名寺2-1-1
伊丹	いたみ		客	1893.12.12	兵庫	伊丹市伊丹1-15-20
北伊丹	きたいたみ		客	1944.04.01	兵庫	伊丹市北伊丹9-27
川西池田	かわにしいけだ		客	1893.12.12	兵庫	川西市栄根2-6-26
中山寺	なかやまでら		客	1897.12.27	兵庫	宝塚市中筋4-6-21
宝塚	たからづか		客	1897.12.27	兵庫	宝塚市栄町2-7-13
生瀬	なまぜ		客	1898.06.08	兵庫	西宮市生瀬町1-1-13
西宮名塩	にしのみやなじお		客	1986.11.01	兵庫	西宮市名塩新町5021-7
武田尾	たけだお		客	1899.01.25	兵庫	宝塚市玉瀬字イズリハ1
道場	どうじょう		客	1899.01.25	兵庫	神戸市北区道場町生野70
三田	さんだ		客	1899.01.25	兵庫	三田市駅前町1-32
新三田	しんさんだ		客	1986.11.01	兵庫	三田市福島字道野上
広野	ひろの		客	1899.03.25	兵庫	三田市広野字下野間5-1
相野	あいの		客	1899.03.25	兵庫	三田市下相野字五反田331-1
藍本	あいもと		客	1899.03.25	兵庫	三田市藍本字ふけ952-1
草野	くさの		客	1958.03.27	兵庫	篠山市草野字横道ノ坪146-3
古市	ふるいち		客	1899.03.25	兵庫	篠山市古市字北側199-1

JRグループ　西日本旅客鉄道

駅　名	読み方	範囲	種	開業日	県名	所在地
南矢代	みなみやしろ		客	1955.10.24	兵庫	篠山市南矢代字辻ノ下ノ坪449-4
篠山口	ささやまぐち		客	1899.03.25	兵庫	篠山市大沢165-3
丹波大山	たんばおおやま		客	1899.05.25	兵庫	篠山市西古佐字森田ノ坪1018-2
下滝	しもたき		客	1899.05.25	兵庫	丹波市山南町下滝字森ノ本118
谷川	たにかわ		客	1899.05.25	兵庫	丹波市山南町池谷字中道坪129-1
柏原	かいばら		客	1899.05.25	兵庫	丹波市柏原町柏原字松ヶ端1172-1
石生	いそう		客	1899.07.15	兵庫	丹波市氷上町石生字猪ノ尾421-2
黒井	くろい		客	1899.07.15	兵庫	丹波市春日町黒井1338-3
市島	いちじま		客	1899.07.15	兵庫	丹波市市島町市島字姥田117-1
丹波竹田	たんばたけだ		客	1899.07.15	兵庫	丹波市市島町中竹田字中嶋1510-3
(福知山)	(山陰本線所属)			1904.11.03		

北陸本線

■米原～金沢
176.6km／1067mm／41駅／1882.03.10開業／普通鉄道／架空線式 直流1500V（米原～［敦賀・南今庄］）／
交流20000V［敦賀・南今庄］～金沢）・内燃・蒸気
第2種鉄道事業＝日本貨物鉄道（米原～金沢）

駅名	読み方	範囲	種	開業日	県名	所在地
（米原）	（東海道本線所属）			1889.07.01		
坂田	さかた		客	1931.09.15	滋賀	米原市宇賀野
田村	たむら		客	1931.10.14	滋賀	長浜市田村町字南仙堂1210
長浜	ながはま		客	1882.03.10	滋賀	長浜市北船町1-5
虎姫	とらひめ		客	1902.06.01	滋賀	長浜市大寺町細田1043
河毛	かわけ		客	1954.08.01	滋賀	長浜市湖北町山脇560
高月 [貨][JR貨物]	たかつき		客貨	1882.03.10	滋賀	長浜市高月町高月24
木ノ本	きのもと		客	1882.03.10	滋賀	長浜市木之本町木之本1543
余呉	よご		客	1957.10.01	滋賀	長浜市余呉町下余呉1727
近江塩津	おうみしおつ		客	1957.10.01	滋賀	長浜市西浅井町余245
新疋田	しんひきだ		客	1957.10.01	福井	敦賀市疋田70-8
敦賀 [貨][JR貨物]	つるが		客貨	1882.03.10	福井	敦賀市鉄輪町1-1-24
南今庄	みなみいまじょう		客	1962.06.10	福井	南条郡南越前町南今庄7字10
今庄	いまじょう		客	1896.07.15	福井	南条郡南越前町今庄74字6
湯尾	ゆのお		客	1948.09.01	福井	南条郡南越前町湯尾19字3
南条	なんじょう		客	1896.07.15	福井	南条郡南越前町西大道第19号42
王子保	おうしお		客	1927.12.20	福井	越前市四郎丸町第55号4
武生	たけふ		客	1896.07.15	福井	越前市府中1-1-1
鯖江	さばえ		客	1896.07.15	福井	鯖江市日ノ出町1-2
北鯖江	きたさばえ		客	1955.05.01	福井	鯖江市下河端町61
大土呂	おおどろ		客	1896.07.15	福井	福井市半田町第17号6
（越前花堂）	（越美北線所属）			1968.10.01		
南福井 [貨][JR貨物]	みなみふくい		貨	1952.12.01	福井	福井市月見1-9-3
福井	ふくい		客	1896.07.15	福井	福井市中央1-1-1
森田	もりた		客	1897.09.20	福井	福井市栄町第10号46
春江	はるえ		客	1926.05.01	福井	坂井市春江町中筋1-1
丸岡	まるおか		客	1897.09.20	福井	坂井市坂井町上新庄第46号24
芦原温泉 [貨][JR貨物]	あわらおんせん		客貨	1897.09.20	福井	あわら市春宮1-12-15
細呂木	ほそろぎ		客	1897.09.20	福井	あわら市青ノ木第40号43
牛ノ谷	うしのや		客	1921.04.15	福井	あわら市牛ノ谷第36号11
大聖寺	だいしょうじ		客	1897.09.20	石川	加賀市熊坂町イ136
加賀温泉	かがおんせん		客	1944.10.11	石川	加賀市作見町ヲ58
動橋	いぶりはし		客	1897.09.20	石川	加賀市動橋町ナ92

JRグループ　西日本旅客鉄道

駅　名	読み方	範囲	種	開業日	県名	所 在 地
粟津	あわづ		客	1907.11.16	石川	小松市符津町井2-1-8
小松	こまつ		客	1897.09.20	石川	小松市土居原町466
明峰	めいほう		客	1988.10.01	石川	小松市松梨町甲77
能美根上	のみねあがり		客	1912.12.20	石川	能美市大成町チ303
小舞子	こまいこ		客	1903.06.20	石川	白山市湊町68
美川	みかわ		客	1898.04.01	石川	白山市美川中町221
加賀笠間	かがかさま		客	1923.08.01	石川	白山市笠間町
松任 [貨][JR貨物]	まっとう		客貨	1898.04.01	石川	白山市相木町1020
野々市	ののいち		客	1968.03.25	石川	野々市市二日市町1-1
西金沢	にしかなざわ		客	1912.08.01	石川	金沢市西金沢1-1
金沢	かなざわ		客	1898.04.01	石川	金沢市木ノ新保町1-1

北陸新幹線

■ 上越妙高〜金沢
168.6km／1435mm／1駅／2015.03.14開業／普通鉄道／架空線式 交流25000V

（上越妙高）	（JR東日本北陸新幹線所属）			2015.03.14		
（糸魚川）	（大糸線所属）			2015.03.14		
黒部宇奈月温泉	くろべうなづきおんせん		客	2015.03.14	富山	黒部市若栗3210-3
（富山）	（高山本線所属）			2015.03.14		
（新高岡）	（城端線所属）			2015.03.14		
（金沢）	（北陸本線所属）			2015.03.14		

小浜線

■ 敦賀〜東舞鶴
84.3km／1067mm／22駅／1917.12.15開業／普通鉄道／架空線式 直流1500V・内燃・蒸気

（敦賀）	（北陸本線所属）			1917.12.15		
西敦賀	にしつるが		客	1962.09.01	福井	敦賀市山泉
粟野	あわの		客	1917.12.15	福井	敦賀市野坂
東美浜	ひがしみはま		客	1961.08.01	福井	三方郡美浜町太田第18号10
美浜	みはま		客	1917.12.15	福井	三方郡美浜町松原第35号1
気山	きやま		客	1961.08.01	福井	三方上中郡若狭町気山第135号6
三方	みかた		客	1917.12.15	福井	三方上中郡若狭町三方第43号5
藤井	ふじい		客	1961.08.01	福井	三方上中郡若狭町藤井第41号12
十村	とむら		客	1917.12.15	福井	三方上中郡若狭町井崎第37号17
大鳥羽	おおとば		客	1918.11.10	福井	三方上中郡若狭町大鳥羽第2号13
若狭有田	わかさありた		客	1964.06.20	福井	三方上中郡若狭町有田第15号1

駅　名	読み方	範囲	種	開業日	県名	所 在 地
上中	かみなか		客	1918.11.10	福井	三方上中郡若狭町井ノ口第36号1
新平野	しんひらの		客	1918.11.10	福井	小浜市平野第19号2
東小浜	ひがしおばま		客	1953.08.14	福井	小浜市遠敷第83号15
小浜	おばま		客	1918.11.10	福井	小浜市駅前町第1号1
勢浜	せいはま		客	1961.07.15	福井	小浜市西勢第67号16
加斗	かと		客	1921.04.03	福井	小浜市加斗第37号7
若狭本郷	わかさほんごう		客	1921.04.03	福井	大飯郡おおい町本郷第153号1
若狭和田	わかさわだ		客	1925.06.26	福井	大飯郡高浜町和田第2号12
若狭高浜	わかさたかはま		客	1921.04.03	福井	大飯郡高浜町宮崎第77号1
三松	みつまつ		客	1961.07.15	福井	大飯郡高浜町東三松第13号12
青郷	あおのごう		客	1940.11.01	福井	大飯郡高浜町青第1号4
松尾寺	まつのおでら		客	1922.12.20	京都	舞鶴市字吉坂小字谷ノ中113-4
(東舞鶴)	(舞鶴線所属)			1922.12.20		

越美北線 (愛称：九頭竜線)

■ 越前花堂～九頭竜湖
52.5km／1067mm／22駅／1960.12.15開業／普通鉄道／内燃

駅　名	読み方	範囲	種	開業日	県名	所 在 地
越前花堂	えちぜんはなんどう		客	1960.12.15	福井	福井市花堂中1-1
六条	ろくじょう		客	1960.12.15	福井	福井市天王町9字杓子田1-2
足羽	あすわ		客	1964.05.20	福井	福井市稲津町第85号1
越前東郷	えちぜんとうごう		客	1960.12.15	福井	福井市東郷二ケ町第34号4
一乗谷	いちじょうだに		客	1960.12.15	福井	福井市安波賀中島町11字円田1-3
越前高田	えちぜんたかだ		客	1964.05.20	福井	福井市高田町29字上ノ大道上1
市波	いちなみ		客	1960.12.15	福井	福井市市波町12字日々焼17-4
小和清水	こわしょうず		客	1960.12.15	福井	福井市小和清水町10字大割9-2
美山	みやま		客	1960.12.15	福井	福井市境寺町2字中道通り1-2
越前薬師	えちぜんやくし		客	1960.12.15	福井	福井市薬師町30字比紋谷12-2
越前大宮	えちぜんおおみや		客	1960.12.15	福井	福井市大宮町25字中尻江2-2
計石	はかりいし		客	1960.12.15	福井	福井市計石町25字落合4-2
牛ケ原	うしがはら		客	1960.12.15	福井	大野市牛ケ原53字下正角1-5
北大野	きたおおの		客	1968.03.25	福井	大野市中野39字彼岸田2-3
越前大野	えちぜんおおの		客	1960.12.15	福井	大野市弥生町1-16
越前田野	えちぜんたの		客	1964.05.20	福井	大野市田野17字村下81
越前富田	えちぜんとみだ		客	1960.12.15	福井	大野市上野37字十月田1-6
下唯野	しもゆいの		客	1960.12.15	福井	大野市下唯野38字陰道屋敷5-4
柿ケ島	かきがしま		客	1960.12.15	福井	大野市柿ケ島35字中々原32-2
勝原	かどはら		客	1960.12.15	福井	大野市西勝原13字中川原1-6
越前下山	えちぜんしもやま		客	1972.12.15	福井	大野市下山第24号4
九頭竜湖	くずりゅうこ		客	1972.12.15	福井	大野市朝日第26号18

七尾線

■ 津幡〜和倉温泉

59.5km／1067mm／20駅／1898.04.24開業／普通鉄道／架空線式 交流20000V（津幡〜 ［津幡・中津幡］）
直流1500V（［津幡・中津幡］ 〜和倉温泉）・内燃・蒸気
第2種鉄道事業＝のと鉄道（七尾〜和倉温泉）

駅名	読み方	範囲	種	開業日	県名	所在地
津幡	つばた		客	1900.08.02	石川	河北郡津幡町南中条チ7
中津幡	なかつばた		客	1960.02.10	石川	河北郡津幡町字津幡ニ505
本津幡	ほんつばた		客	1902.06.25	石川	河北郡津幡町字清水チ7
能瀬	のせ		客	1960.02.10	石川	河北郡津幡町字能瀬ハ109
宇野気	うのけ		客	1898.04.24	石川	かほく市宇野気チ70-5
横山	よこやま		客	1901.06.15	石川	かほく市横山井77
高松	たかまつ		客	1898.04.24	石川	かほく市内高松ケ42
免田	めんでん		客	1950.05.01	石川	羽咋郡宝達志水町免田タ106
宝達	ほうだつ		客	1898.04.24	石川	羽咋郡宝達志水町小川リ14
敷浪	しきなみ		客	1898.04.24	石川	羽咋郡宝達志水町敷浪リ8
南羽咋	みなみはくい		客	1960.02.10	石川	羽咋市新保町83-2
羽咋	はくい		客	1898.04.24	石川	羽咋市川原町18
千路	ちじ		客	1898.04.24	石川	羽咋市千路町ヘ11
金丸	かねまる		客	1898.04.24	石川	鹿島郡中能登町金丸ヌレ49
能登部	のとべ		客	1898.04.24	石川	鹿島郡中能登町徳丸ロ41
良川	よしかわ		客	1901.06.15	石川	鹿島郡中能登町良川17部3-1
能登二宮	のとにのみや		客	1960.02.10	石川	鹿島郡中能登町武部ヘ7-1
徳田	とくだ		客	1898.04.24	石川	七尾市下町戊21
七尾	ななお		客	1898.04.24	石川	七尾市御祓町イ部28
和倉温泉	わくらおんせん		客	1925.12.15	石川	七尾市石崎町夕部55-3

城端線

■ 高岡〜城端

29.9km／1067mm／14駅／1897.05.04開業／普通鉄道／内燃・蒸気
第2種鉄道事業＝日本貨物鉄道（高岡〜二塚）

駅名	読み方	範囲	種	開業日	県名	所在地
高岡	たかおか		客	1898.01.02	富山	高岡市下関町6-1
新高岡	しんたかおか		客	2015.03.14	富山	高岡市下黒田1790-2
二塚 ［JR貨物］	ふたつか		客貨	1914.02.20	富山	高岡市二塚2209
林	はやし		客	1956.11.19	富山	高岡市東藤平蔵240
戸出	といで		客	1897.05.04	富山	高岡市戸出2-4
油田	あぶらでん		客	1900.12.29	富山	砺波市三郎丸

駅　名	読み方	範囲	種	開業日	県名	所　在　地
砺波	となみ		客	1897.05.04	富山	砺波市表町1
東野尻	ひがしのじり		客	1951.08.10	富山	砺波市苗加4162
高儀	たかぎ		客	1899.05.30	富山	南砺市川除新879-2
福野	ふくの		客	1897.05.04	富山	南砺市松原新1767
東石黒	ひがしいしぐろ		客	1951.08.10	富山	南砺市下吉江2683-2
福光	ふくみつ		客	1897.08.18	富山	南砺市荒木5327
越中山田	えっちゅうやまだ		客	1951.08.10	富山	南砺市竹林字天池田島586
城端	じょうはな		客	1897.10.31	富山	南砺市是安385

氷見線（ひみせん）

■ 高岡～氷見

16.5km／1067mm／7駅／1900.12.29開業／普通鉄道／内燃・蒸気
第2種鉄道事業＝日本貨物鉄道（高岡～伏木）

駅名	読み方	範囲	種	開業日	県名	所在地
(高岡)		(城端線所属)		1900.12.29		
越中中川	えっちゅうなかがわ		客	1916.04.01	富山	高岡市中川1-2
能町 [JR貨物]	のうまち		客貨	1900.12.29	富山	高岡市能町1438
伏木 [JR貨物]	ふしき		客貨	1900.12.29	富山	高岡市伏木古国府1
越中国分	えっちゅうこくぶ		客	1953.07.01	富山	高岡市伏木国分2-44
雨晴	あまはらし		客	1912.04.04	富山	高岡市渋谷105
島尾	しまお		客	1912.04.04	富山	氷見市島尾2015
氷見	ひみ		客	1912.09.19	富山	氷見市伊勢大町1-12

JRグループ 西日本旅客鉄道

高山本線

■猪谷～富山

36.6km／1067mm／10駅／1927.09.01開業／普通鉄道／内燃・蒸気
第2種鉄道事業＝日本貨物鉄道（猪谷～富山）

駅名	読み方	範囲	種	開業日	県名	所在地
猪谷	いのたに		客	1930.11.27	富山	富山市猪谷字旦暮1085
楡原	にれはら		客	1930.11.27	富山	富山市楡原3610
笹津	ささづ		客	1929.10.01	富山	富山市笹津860
東八尾	ひがしやつお		客	1956.06.01	富山	富山市八尾町城生
越中八尾	えっちゅうやつお		客	1927.09.01	富山	富山市八尾町福島50
千里	ちさと		客	1927.09.01	富山	富山市婦中町千里2003
速星 [JR貨物]	はやほし		客貨	1927.09.01	富山	富山市婦中町速星628
婦中鵜坂	ふちゅううさか		客	2008.03.15	富山	富山市婦中町西本郷字西本郷1162-3
西富山 [JR貨物]	にしとやま		客貨	1927.09.01	富山	富山市寺町4区字中田1186
富山	とやま		客	1927.09.01	富山	富山市明輪町1-225

大糸線

■南小谷～糸魚川

35.3km／1067mm／8駅／1934.11.14開業／普通鉄道／内燃・蒸気

駅名	読み方	範囲	種	開業日	県名	所在地
（南小谷）	(JR東日本大糸線所属)			1935.11.29		
中土	なかつち		客	1935.11.29	長野	北安曇郡小谷村大字中小谷字池原7466
北小谷	きたおたり		客	1957.08.15	長野	北安曇郡小谷村大字北小谷字向平4321
平岩	ひらいわ		客	1957.08.15	新潟	糸魚川市大字大所字平岩829
小滝	こたき		客	1935.12.24	新潟	糸魚川市大字小滝字尾巻10747
根知	ねち		客	1934.11.14	新潟	糸魚川市大字根小屋字松川道外274
頸城大野	くびきおおの		客	1934.11.14	新潟	糸魚川市大字大野字稲場1751
姫川	ひめかわ		客	1986.11.01	新潟	糸魚川市大字大野字横戸376
糸魚川	いといがわ		客	1934.11.14	新潟	糸魚川市大町1-7-47

山陽本線 (愛称：JR神戸線＝神戸〜姫路)

■ 神戸〜下関
528.1km／1067㎜／123駅／1888.11.01開業／普通鉄道／架空線式 直流1500V・内燃・蒸気
第2種鉄道事業＝日本貨物鉄道（神戸〜下関）

駅名	読み方	範囲	種	開業日	県名	所在地
（神戸）	（東海道本線所属）			1889.09.01		
兵庫 貨[JR貨物]	ひょうご		客貨	1888.11.01	兵庫	神戸市兵庫区駅南通5-3-7
新長田	しんながた		客	1954.04.01	兵庫	神戸市長田区松野通1-1
鷹取	たかとり		客	1900.04.01	兵庫	神戸市須磨区大池町5-1-10
神戸貨物ターミナル 貨[JR貨物]	こうべかもつたーみなる		貨	2003.12.01	兵庫	神戸市須磨区大池町5-1-21
須磨海浜公園	すまかいひんこうえん		客	2008.03.15	兵庫	神戸市須磨区松風町5-2-43
須磨	すま		客	1888.11.01	兵庫	神戸市須磨区須磨浦通4-2-1
塩屋	しおや		客	1896.07.01	兵庫	神戸市垂水区塩屋町1-2-16
垂水	たるみ		客	1888.11.01	兵庫	神戸市垂水区神田町1-20
舞子	まいこ		客	1896.07.01	兵庫	神戸市垂水区東舞子町3-1
朝霧	あさぎり		客	1968.06.20	兵庫	明石市朝霧南町1-238
明石	あかし		客	1888.11.01	兵庫	明石市大明石町1-1-23
西明石	にしあかし		客	1944.04.01	兵庫	明石市小久保2-7-20
大久保	おおくぼ		客	1888.12.23	兵庫	明石市大久保町大久保町20
魚住	うおずみ		客	1961.10.01	兵庫	明石市魚住町中尾607-1
土山	つちやま		客	1888.12.23	兵庫	加古郡播磨町野添1616-2
東加古川	ひがしかこがわ		客	1961.10.01	兵庫	加古川市平岡町新在家1498
加古川	かこがわ		客	1888.12.23	兵庫	加古川市加古川町篠原町30-1
宝殿 貨[JR貨物]	ほうでん		客貨	1900.05.14	兵庫	高砂市米田町神爪1-15-6
曽根	そね		客	1888.12.23	兵庫	高砂市阿弥陀1-6-1
姫路貨物 貨[JR貨物]	ひめじかもつ		貨	1994.03.21	兵庫	姫路市別所町別所字仲畑
ひめじ別所	ひめじべっしょ		客	2005.03.01	兵庫	姫路市別所町別所字今池1571-1
御着 貨[JR貨物]	ごちゃく		客貨	1900.04.18	兵庫	姫路市御国野町御着292
東姫路	ひがしひめじ		客	2016.03.26	兵庫	姫路市市之郷字高田1046-26
姫路	ひめじ		客	1888.12.23	兵庫	姫路市駅前町188
英賀保	あがほ		客	1913.04.15	兵庫	姫路市飾磨区山崎132
はりま勝原	はりまかつはら		客	2008.03.15	兵庫	姫路市勝原区熊見44-3
網干	あぼし		客	1889.11.11	兵庫	姫路市網干区和久508
竜野	たつの		客	1890.07.10	兵庫	たつの市揖保川町誉田35
相生	あいおい		客	1890.07.10	兵庫	相生市本郷町1-10
有年	うね		客	1890.07.10	兵庫	赤穂市有年横尾177-4
上郡	かみごおり		客	1895.04.04	兵庫	赤穂郡上郡町大持170-1
三石	みついし		客	1891.03.18	岡山	備前市三石3168
吉永	よしなが		客	1891.03.18	岡山	備前市吉永町吉永中465-1

JRグループ 西日本旅客鉄道

駅　名	読み方	範囲	種	開業日	県名	所在地
和気	わけ		客	1891.03.18	岡山	和気郡和気町福富572-9
熊山	くまやま		客	1930.08.11	岡山	赤磐市千躰329-2
万富	まんとみ		客	1897.12.26	岡山	岡山市東区瀬戸町万富329-2
瀬戸	せと		客	1891.03.18	岡山	岡山市東区瀬戸町瀬戸91-2
上道	じょうとう		客	1986.11.01	岡山	岡山市東区中尾140-1
東岡山	ひがしおかやま		客	1891.03.18	岡山	岡山市中区土田112-1
高島	たかしま		客	1985.03.14	岡山	岡山市中区清水2-589
西川原	にしがわら		客	2008.03.15	岡山	岡山市中区西川原1-203-17
岡山	おかやま		客	1891.03.18	岡山	岡山市北区駅元町1-1
岡山貨物ターミナル 匤［JR貨物］	おかやまかもつたーみなる		貨	1969.10.01	岡山	岡山市北区野田4-1-90
北長瀬	きたながせ		客	2005.10.01	岡山	岡山市北区北長瀬表町2-17-85
庭瀬	にわせ		客	1891.04.25	岡山	岡山市北区平野319-1
中庄	なかしょう		客	1930.03.11	岡山	倉敷市鳥羽35
倉敷	くらしき		客	1891.04.25	岡山	倉敷市阿知1-1-1
西阿知	にしあち		客	1920.05.25	岡山	倉敷市西阿知1049
新倉敷	しんくらしき		客	1891.07.14	岡山	倉敷市玉島爪崎390-4
金光	こんこう		客	1901.08.04	岡山	浅口市金光町占見新田335
鴨方	かもがた		客	1891.07.14	岡山	浅口市鴨方町六条院中3214
里庄	さとしょう		客	1920.11.15	岡山	浅口郡里庄町新庄2784-5
笠岡	かさおか		客	1891.07.14	岡山	笠岡市笠岡2493
大門	だいもん		客	1897.12.26	広島	福山市大門町大門
東福山 匤［JR貨物］	ひがしふくやま		客貨	1966.06.15	広島	福山市引野町5-50
福山 匤［JR貨物］	ふくやま		客貨	1891.09.11	広島	福山市三之丸町30-1
備後赤坂	びんごあかさか		客	1916.06.05	広島	福山市赤坂町赤坂1226
松永	まつなが		客	1891.11.03	広島	福山市松永町342-10
東尾道	ひがしおのみち		客	1996.07.21	広島	尾道市高須町4735-2
尾道	おのみち		客	1891.11.03	広島	尾道市東御所町1-1
糸崎 匤［JR貨物］	いとざき		客貨	1892.07.20	広島	三原市糸崎4-1-1
三原	みはら		客	1894.06.10	広島	三原市城町1-1-1
本郷	ほんごう		客	1894.06.10	広島	三原市本郷南6-22-1
河内	こうち		客	1894.06.10	広島	東広島市河内町中河内690-1
入野	にゅうの		客	1953.12.25	広島	東広島市河内町入野827-2
白市	しらいち		客	1895.01.25	広島	東広島市高屋町小谷334-2
西高屋	にしたかや		客	1926.10.01	広島	東広島市高屋町中島450-5
西条	さいじょう		客	1894.06.10	広島	東広島市西条本町12-3
寺家	じけ		客	2017春予定	広島	東広島市西条町寺家
八本松	はちほんまつ		客	1895.04.04	広島	東広島市八本松町飯田1539-3
瀬野	せの		客	1894.06.10	広島	広島市安芸区瀬野1-5-1
中野東	なかのひがし		客	1989.08.11	広島	広島市安芸区中野5-21-1
安芸中野	あきなかの		客	1920.08.15	広島	広島市安芸区中野2-2-3

駅　名	読み方	範囲	種	開業日	県名	所在地
海田市	かいたいち	客		1894.06.10	広島	安芸郡海田町新町20-20
向洋	むかいなだ	客		1920.08.01	広島	安芸郡府中町青崎南4-18
天神川	てんじんがわ	客		2004.03.13	広島	広島市南区東駅町1-13
広島貨物ターミナル 区[JR貨物]	ひろしまかもつたーみなる	貨		1969.03.01	広島	広島市南区東駅町1-3
広島	ひろしま	客		1894.06.10	広島	広島市南区松原町2-37
新白島	しんはくしま	客		2015.03.14	広島	広島市中区西白島町154-1
横川	よこがわ	客		1897.09.25	広島	広島市西区横川町3-2-30
西広島	にしひろしま	客		1897.09.25	広島	広島市西区己斐本町1-11-1
新井口	しんいのくち	客		1985.03.14	広島	広島市西区井口1-30
五日市	いつかいち	客		1899.12.08	広島	広島市佐伯区五日市駅前1-13
廿日市	はつかいち	客		1897.09.25	広島	廿日市市駅前1-1
宮内串戸	みやうちくしど	客		1988.04.03	広島	廿日市市串戸4-7-7
阿品	あじな	客		1989.08.11	広島	廿日市市阿品2-29-1
宮島口	みやじまぐち	客		1897.09.25	広島	廿日市市宮島口1-3-23
前空	まえぞら	客		2000.03.11	広島	廿日市市前空5-3-3
大野浦	おおのうら	客		1919.03.16	広島	廿日市市塩屋1-1
玖波	くば	客		1897.09.25	広島	大竹市玖波2-1
大竹 区[JR貨物]	おおたけ	客貨		1897.09.25	広島	大竹市新町1-1
和木	わき	客		2008.03.15	山口	玖珂郡和木町和木4-1-8
岩国 区[JR貨物]	いわくに	客貨		1897.09.25	山口	岩国市麻里布町1-1-1
南岩国	みなみいわくに	客		1952.06.20	山口	岩国市南岩国町1-1-33
藤生	ふじゅう	客		1897.09.25	山口	岩国市藤生町1-21-1
通津	つづ	客		1934.08.11	山口	岩国市大字通津3382-2
由宇	ゆう	客		1897.09.25	山口	岩国市由宇町南1-1-1
神代	こうじろ	客		1944.10.11	山口	岩国市由宇町神東区原
大畠	おおばたけ	客		1897.09.25	山口	柳井市神代4183-1
柳井港	やないみなと	客		1929.04.20	山口	柳井市柳井139-1
柳井	やない	客		1897.09.25	山口	柳井市中央2-18-21
田布施	たぶせ	客		1897.09.25	山口	熊毛郡田布施町大字波野381-1
岩田	いわた	客		1899.06.05	山口	光市岩田下大塚2511-1
島田	しまた	客		1897.09.25	山口	光市上島田4-8-1
光	ひかり	客		1912.04.11	山口	光市虹ヶ浜3-1-1
下松 区[JR貨物]	くだまつ	客貨		1897.09.25	山口	下松市駅南1-10-1
櫛ケ浜	くしがはま	客		1928.02.11	山口	周南市久米院内3975-1
徳山	とくやま	客		1897.09.25	山口	周南市御幸通り2-28
新南陽 区[JR貨物]	しんなんよう	客貨		1926.04.18	山口	周南市清水2-16-1
福川	ふくがわ	客		1898.03.17	山口	周南市社地町6
戸田	へた	客		1911.03.01	山口	周南市大字夜市中村
富海	とのみ	客		1898.03.17	山口	防府市大字富海1990
防府貨物 区[JR貨物]	ほうふかもつ	貨		1986.11.01	山口	防府市大字江泊字西水尻2288-1

駅　名	読み方	範囲	種	開業日	県名	所　在　地
防府	ほうふ	客		1898.03.17	山口	防府市戎町1-1
大道	だいどう	客		1900.12.03	山口	防府市大字道3607
四辻	よつつじ	客		1920.05.16	山口	山口市大字鋳銭司5716
新山口	しんやまぐち	客		1900.12.03	山口	山口市小郡下郷1294
嘉川	かがわ	客		1900.12.03	山口	山口市嘉川字中野ヶ浴4532
本由良	ほんゆら	客		1900.12.03	山口	山口市佐山字国木南4194
厚東	ことう	客		1900.12.03	山口	宇部市大字吉見宮の下997
宇部 [貨][JR貨物]	うべ	客貨		1910.07.01	山口	宇部市西宇部南4-4-18
小野田	おのだ	客		1900.12.03	山口	山陽小野田市大字東高泊1723
厚狭 [貨][JR貨物]	あさ	客貨		1900.12.03	山口	山陽小野田市大字厚狭沖田8-3
埴生	はぶ	客		1901.05.27	山口	山陽小野田市大字埴生字角野1467
小月	おづき	客		1901.05.27	山口	下関市小月駅前1-8-12
長府	ちょうふ	客		1901.05.27	山口	下関市長府松小田本町4-11
新下関 [貨][JR貨物]	しんしものせき	客貨		1901.05.27	山口	下関市秋根南町1-1
幡生	はたぶ	客		1901.05.27	山口	下関市幡生宮の下町1-1
下関 [貨][JR貨物]	しものせき	客貨		1901.05.27	山口	下関市竹崎町4-3

■ 兵庫〜和田岬
2.7km／1067mm／1 駅／1890.07.08以降開業／普通鉄道／架空線式 直流1500V・内燃・蒸気

駅名	読み方	範囲	種	開業日	県名	所在地
(兵庫)		(山陽本線所属)		1890.07.08以降		
和田岬	わだみさき	客	無	1890.07.08以降	兵庫	神戸市兵庫区和田宮通4-1

山陽新幹線

■ 新大阪〜博多
644.0km／1435mm／7 駅／1972.03.15開業／普通鉄道／架空線式 交流25000V

駅名	読み方	範囲	開業日	県名	所在地
(新大阪)		(東海道本線所属)	1972.03.15		
新神戸	しんこうべ	客	1972.03.15	兵庫	神戸市中央区加納町1-3-1
(西明石)		(山陽本線所属)	1972.03.15		
(姫路)		(山陽本線所属)	1972.03.15		
(相生)		(山陽本線所属)	1972.03.15		
(岡山)		(山陽本線所属)	1972.03.15		
(新倉敷)		(山陽本線所属)	1975.03.10		
(福山)		(山陽本線所属)	1975.03.10		
新尾道	しんおのみち	客	1988.03.13	広島	尾道市栗原町9381-4
(三原)		(山陽本線所属)	1975.03.10		
東広島	ひがしひろしま	客	1988.03.13	広島	東広島市三永1-4-24
(広島)		(山陽本線所属)	1975.03.10		
新岩国	しんいわくに	客	1975.03.10	山口	岩国市御庄1055-1

駅　名	読み方	範囲	種	開業日	県名	所在地
(徳山)	(山陽本線所属)			1975.03.10		
(新山口)	(山陽本線所属)			1975.03.10		
(厚狭)	(山陽本線所属)			1999.03.13		
(新下関)	(山陽本線所属)			1975.03.10		
小倉	こくら		客	1975.03.10	福岡	北九州市小倉北区浅野1-1-1
鞍手信号場	くらて		信	1975.03.10	福岡	N/A
博多	はかた		客	1975.03.10	福岡	福岡市博多区博多駅中央街1-1

加古川線

■ 加古川〜谷川
48.5km／1067mm／19駅／1913.04.01開業／普通鉄道／架空線式 直流1500V・内燃・蒸気

駅　名	読み方	範囲	種	開業日	県名	所在地
(加古川)	(山陽本線所属)			1915.05.14		
日岡	ひおか		客	1913.04.01	兵庫	加古川市加古川町大野1185
神野	かんの		客	1913.04.01	兵庫	加古川市神野町西条623
厄神	やくじん		客	1913.04.01	兵庫	加古川市上荘町国包703-2
市場	いちば		客	1913.08.10	兵庫	小野市黍田町字屋田635
小野町	おのまち		客	1913.08.10	兵庫	小野市下来住町字中前962
粟生	あお		客	1913.08.10	兵庫	小野市粟生町字前田1821
河合西	かわいにし		客	1913.08.10	兵庫	小野市新部町字久保田645
青野ケ原	あおがのはら		客	1913.08.10	兵庫	小野市復井町字十郎260
社町	やしろちょう		客	1913.08.10	兵庫	加東市河高大谷口2460
滝野	たきの		客	1913.09.01	兵庫	加東市上滝野宮前887
滝	たき		客	1913.08.10	兵庫	加東市上滝野187
西脇市	にしわきし		客	1913.10.22	兵庫	西脇市野村町962
新西脇	しんにしわき		客	1925.10.01	兵庫	西脇市和布町249
比延	ひえ		客	1924.12.27	兵庫	西脇市鹿野町189
日本へそ公園	にほんへそこうえん		客	1985.07.15	兵庫	西脇市上比延町351
黒田庄	くろだしょう		客	1924.12.27	兵庫	西脇市黒田庄町岡643
本黒田	ほんくろだ		客	1924.12.27	兵庫	西脇市黒田庄町黒田字西ノ内115
船町口	ふなまちぐち		客	1924.12.27	兵庫	西脇市黒田庄町船町字川東656
久下村	くげむら		客	1924.12.27	兵庫	丹波市山南町谷川字弓貫3
(谷川)	(福知山線所属)			1924.12.27		

JRグループ　西日本旅客鉄道

播但線

■姫路〜和田山
65.7km／1067mm／16駅／1894.07.26開業／普通鉄道／架空線式 直流1500V（姫路〜寺前）・内燃・蒸気

駅名	読み方	範囲	種	開業日	県名	所在地
（姫路）	（山陽本線所属）			1894.07.26		
京口	きょうぐち		客	1898.02.18	兵庫	姫路市城東町字北神屋418-2
野里	のざと		客	1894.07.26	兵庫	姫路市西中島字柳原286-1
砥堀	とほり		客	1935.11.20	兵庫	姫路市砥堀字高田32-2
仁豊野	にぶの		客	1896.08.19	兵庫	姫路市仁豊野字浦田254-2
香呂	こうろ		客	1894.07.26	兵庫	姫路市香寺町中屋28-1
溝口	みぞぐち		客	1898.03.28	兵庫	姫路市香寺町溝口字野田東507-1
福崎	ふくさき		客	1894.07.26	兵庫	神崎郡福崎町福田字中溝302-11
甘地	あまじ		客	1894.07.26	兵庫	神崎郡市川町甘地字荻原769-10
鶴居	つるい		客	1894.07.26	兵庫	神崎郡市川町鶴居字檜戸27-2
新野	にいの		客	1951.10.15	兵庫	神崎郡神河町新野字中村227-1
寺前	てらまえ		客	1894.07.26	兵庫	神崎郡神河町鍛冶字八重向142-2
長谷	はせ		客	1895.01.15	兵庫	神崎郡神河町栗字下モ所402-7
生野	いくの		客	1895.04.17	兵庫	朝来市生野町口銀谷字中筋229-1
新井	にい		客	1901.08.29	兵庫	朝来市新井字中川原588-2
青倉	あおくら		客	1934.08.10	兵庫	朝来市物部字前田1521-2
竹田	たけだ		客	1906.04.01	兵庫	朝来市和田山町竹田字中町西側241
（和田山）	（山陰本線所属）			1906.04.01		

姫新線

■姫路〜新見
158.1km／1067mm／35駅／1923.08.21開業／普通鉄道／内燃・蒸気

駅名	読み方	範囲	種	開業日	県名	所在地
（姫路）	（山陽本線所属）			1930.09.01		
播磨高岡	はりまたかおか		客	1930.09.01	兵庫	姫路市西今宿8
余部	よべ		客	1930.09.01	兵庫	姫路市青山北1-25-1
余部信号場	よべ		―	信	1994.03.21	兵庫	N/A
太市	おおいち		客	1931.12.23	兵庫	姫路市相野107
本竜野	ほんたつの		客	1931.12.23	兵庫	たつの市龍野町中村33
東觜崎	ひがしはしさき		客	1931.12.23	兵庫	たつの市神岡町大住寺507
播磨新宮	はりましんぐう		客	1932.07.11	兵庫	たつの市新宮町新宮371
千本	せんぼん		客	1934.03.24	兵庫	たつの市新宮町千本1989
西栗栖	にしくりす		客	1934.03.24	兵庫	たつの市新宮町鍛冶屋670
三日月	みかづき		客	1934.03.24	兵庫	佐用郡佐用町三日月999

駅　　名	読み方	範囲	種	開業日	県名	所在地
播磨徳久	はりまとくさ		客	1935.07.30	兵庫	佐用郡佐用町下徳久1034
佐用	さよ		客	1935.07.30	兵庫	佐用郡佐用町佐用
上月	こうづき		客	1936.04.08	兵庫	佐用郡佐用町上月513
美作土居	みまさかどい		客	1936.04.08	岡山	美作市土居
美作江見	みまさかえみ		客	1934.11.28	岡山	美作市川北92-2
楢原	ならはら		客	1954.10.01	岡山	美作市楢原上
林野	はやしの		客	1934.11.28	岡山	美作市栄町189-2
勝間田	かつまだ		客	1934.11.28	岡山	勝田郡勝央町勝間田765-3
西勝間田	にしかつまだ		客	1963.10.01	岡山	勝田郡勝央町黒坂
美作大崎	みまさかおおさき		客	1934.11.28	岡山	津山市福力
東津山	ひがしつやま		客	1928.03.15	岡山	津山市川崎203
津山	つやま		客	1923.08.21	岡山	津山市大谷178
院庄	いんのしょう		客	1923.08.21	岡山	津山市二宮42-3
美作千代	みまさかせんだい		客	1923.08.21	岡山	津山市領家
坪井	つぼい		客	1923.08.21	岡山	津山市中北上
美作追分	みまさかおいわけ		客	1923.08.21	岡山	真庭市上河内
美作落合	みまさかおちあい		客	1924.05.01	岡山	真庭市西原406-3
古見	こみ		客	1958.04.01	岡山	真庭市古見
久世	くせ		客	1924.05.01	岡山	真庭市久世2426-3
中国勝山	ちゅうごくかつやま		客	1925.03.15	岡山	真庭市勝山420-2
月田	つきだ		客	1930.12.11	岡山	真庭市月田7445-2
富原	とみはら		客	1930.12.11	岡山	真庭市若代
刑部	おさかべ		客	1930.12.11	岡山	新見市大佐小阪部2506-2
丹治部	たじべ		客	1930.12.11	岡山	新見市大佐田治部
岩山	いわやま		客	1929.04.14	岡山	新見市上熊谷
(新見)	(伯備線所属)			1929.04.14		

赤穂線
あこうせん

■ 相生～東岡山
57.4km／1067mm／17駅／1951.12.12開業／普通鉄道／架空線式 直流1500V・内燃・蒸気
第2種鉄道事業＝日本貨物鉄道（相生～東岡山）

駅名	読み方	範囲	種	開業日	県名	所在地
(相生)	(山陽本線所属)			1951.12.12		
西相生	にしあいおい		客	1951.12.12	兵庫	相生市千尋町22-8
坂越	さこし		客	1951.12.12	兵庫	赤穂市浜市350
播州赤穂	ばんしゅうあこう		客	1951.12.12	兵庫	赤穂市加里屋328
西浜 [JR貨物]	にしはま		貨	1987.03.31	兵庫	N/A
天和	てんわ		客	1963.05.01	兵庫	赤穂市袮和字苗座486
備前福河	びぜんふくかわ		客	1955.03.01	兵庫	赤穂市福浦

駅名	読み方	範囲	種	開業日	県名	所在地
寒河	そうご		客	1962.04.01	岡山	備前市日生町寒河
日生	ひなせ		客	1955.03.01	岡山	備前市日生町寒河中日生2574
伊里	いり		客	1958.03.25	岡山	備前市穂波17-1
備前片上	びぜんかたかみ		客	1958.03.25	岡山	備前市東片上518
西片上	にしかたかみ		客	1963.05.01	岡山	備前市西片上87-3
伊部	いんべ		客	1958.03.25	岡山	備前市伊部1685-1
香登	かがと		客	1962.09.01	岡山	備前市香登西
長船	おさふね		客	1962.09.01	岡山	瀬戸内市長船町福岡440-1
邑久	おく		客	1962.09.01	岡山	瀬戸内市邑久町山田庄186-3
大富	おおどみ		客	1962.09.01	岡山	瀬戸内市邑久町大富490-2
西大寺	さいだいじ		客	1962.09.01	岡山	岡山市東区西大寺上2-4-64
大多羅	おおだら		客	1962.09.01	岡山	岡山市東区西大寺大多羅399
(東岡山)	(山陽本線所属)			1962.09.01		

津山線

■岡山〜津山
58.7km／1067mm／15駅／1898.12.21開業／普通鉄道／内燃・蒸気

駅名	読み方	範囲	種	開業日	県名	所在地
(岡山)	(山陽本線所属)			1904.11.15		
法界院	ほうかいいん		客	1908.06.20	岡山	岡山市北区学南町3-11-2
備前原	びぜんはら		客	1929.06.20	岡山	岡山市北区原
玉柏	たまがし		客	1898.12.21	岡山	岡山市北区玉柏1325
牧山	まきやま		客	1912.10.10	岡山	岡山市北区牧山下牧
野々口	ののくち		客	1898.12.21	岡山	岡山市北区御津野々口1135
金川	かながわ		客	1898.12.21	岡山	岡山市北区御津金川300
建部	たけべ		客	1900.04.14	岡山	岡山市北区建部町中田
福渡	ふくわたり		客	1898.12.21	岡山	岡山市北区建部町福渡518
神目	こうめ		客	1929.12.25	岡山	久米郡久米南町神目中
弓削	ゆげ		客	1898.12.21	岡山	久米郡久米南町下弓削下沖366
誕生寺	たんじょうじ		客	1898.12.21	岡山	久米郡久米南町里方
小原	おばら		客	1956.10.01	岡山	久米郡美咲町小原
亀甲	かめのこう		客	1898.12.21	岡山	久米郡美咲町原田1757
佐良山	さらやま		客	1937.06.15	岡山	津山市高尾
津山口	つやまぐち		客	1898.12.21	岡山	津山市津山口
(津山)	(姫新線所属)			1923.08.21		

駅　名	読 み 方	範囲	種	開業日	県名	所　在　地

吉備線（愛称：桃太郎線）

■岡山～総社
20.4km／1067mm／8駅／1904.11.15開業／普通鉄道／内燃・蒸気

駅名	読み方	範囲	種	開業日	県名	所在地
（岡山）	（山陽本線所属）			1904.11.15		
備前三門	びぜんみかど		客	1904.11.15	岡山	岡山市北区下伊福上町14-8
大安寺	だいあんじ		客	1915.07.01	岡山	岡山市北区大安寺中町
備前一宮	びぜんいちのみや		客	1904.11.15	岡山	岡山市北区一宮553-19
吉備津	きびつ		客	1904.11.15	岡山	岡山市北区吉備津1054-2
備中高松	びっちゅうたかまつ		客	1904.11.15	岡山	岡山市北区高松136
足守	あしもり		客	1904.11.15	岡山	岡山市北区福崎80-119
服部	はっとり		客	1908.04.20	岡山	総社市北溝手243-6
東総社	ひがしそうじゃ		客	1904.11.15	岡山	総社市総社2-21-1
（総社）	（伯備線所属）			1925.08.07		

宇野線（愛称：瀬戸大橋線＝岡山～茶屋町、宇野みなと線＝茶屋町～宇野）

■岡山～宇野
32.8km／1067mm／14駅／1910.06.12開業／普通鉄道／架空線式 直流1500V・内燃・蒸気
第2種鉄道事業＝日本貨物鉄道（岡山～茶屋町）

駅名	読み方	範囲	種	開業日	県名	所在地
（岡山）	（山陽本線所属）			1910.06.12		
大元	おおもと		客	1910.06.12	岡山	岡山市北区大元駅前10
備前西市	びぜんにしいち		客	1939.01.01	岡山	岡山市南区西市457-4
妹尾	せのお		客	1910.06.12	岡山	岡山市南区東畦145
備中箕島	びっちゅうみしま		客	1939.01.01	岡山	岡山市南区箕島字濱前617-2
早島	はやしま		客	1910.06.12	岡山	都窪郡早島町前潟589-2
久々原	くぐはら		客	1952.03.20	岡山	都窪郡早島町前潟字久々原913-7
茶屋町	ちゃやまち		客	1910.06.12	岡山	倉敷市茶屋町478
彦崎	ひこさき		客	1910.06.12	岡山	岡山市南区彦崎2928-2
備前片岡	びぜんかたおか		客	1939.01.01	岡山	岡山市南区片岡字川西2360-3
迫川	はざかわ		客	1910.06.12	岡山	岡山市南区迫川237-22
常山	つねやま		客	1939.01.01	岡山	玉野市宇藤木714-2
八浜	はちはま		客	1910.06.12	岡山	玉野市八浜町大崎480
備前田井	びぜんたい		客	1939.01.01	岡山	玉野市田井3-3-1
宇野	うの		客	1910.06.12	岡山	玉野市築港1-1-1

本四備讃線（愛称：瀬戸大橋線）

■ 茶屋町～児島

12.9km／1067mm／4駅／1988.03.20開業／普通鉄道／架空線式 直流1500V・内燃・蒸気
第2種鉄道事業＝日本貨物鉄道（茶屋町～児島）

駅名	読み方	範囲	種	開業日	県名	所在地
（茶屋町）	（宇野線所属）			1988.03.20		
植松	うえまつ		客	1988.03.20	岡山	岡山市南区灘崎町植松565
木見	きみ		客	1988.03.20	岡山	倉敷市木見469
上の町	かみのちょう		客	1988.03.20	岡山	倉敷市児島上の町2-60-2
児島	こじま		客	1988.03.20	岡山	倉敷市児島駅前1-107

伯備線

■ 倉敷～伯耆大山

138.4km／1067mm／29駅／1919.08.10開業／普通鉄道／架空線式 直流1500V・内燃・蒸気
第2種鉄道事業＝日本貨物鉄道（倉敷～伯耆大山）

駅名	読み方	範囲	種	開業日	県名	所在地
（倉敷）	（山陽本線所属）			1925.02.17		
清音	きよね		客	1925.02.17	岡山	総社市清音上中島185-2
総社	そうじゃ		客	1925.02.17	岡山	総社市駅前1-1-1
豪渓	ごうけい		客	1925.02.17	岡山	総社市宍粟362-2
日羽	ひわ		客	1956.05.15	岡山	総社市日羽草部1480-1
美袋	みなぎ		客	1925.05.17	岡山	総社市美袋1924-2
備中広瀬	びっちゅうひろせ		客	1926.06.20	岡山	高梁市松山字新田古川筋236-2
備中高梁	びっちゅうたかはし		客	1926.06.20	岡山	高梁市旭町1317-2
木野山	きのやま		客	1926.06.20	岡山	高梁市津川町今津881-2
備中川面	びっちゅうかわも		客	1927.07.31	岡山	高梁市川面町平田2734-2
方谷	ほうこく		客	1928.10.25	岡山	高梁市中井町西方9194
広石信号場	ひろいし		―	信	1973.09.28	岡山	N/A
井倉	いくら		客	1928.10.25	岡山	新見市井倉706-4
石蟹	いしが		客	1928.10.25	岡山	新見市石蟹90-7
新見	にいみ		客	1928.10.25	岡山	新見市西方471
布原	ぬのはら		客	1987.04.01	岡山	新見市西方字野々原3701-7
備中神代	びっちゅうこうじろ		客	1928.10.25	岡山	新見市西方字庄兵衛1-3899-1
足立	あしだち		客	1926.12.01	岡山	新見市神郷油野1333-5
新郷	にいざと		客	1953.12.15	岡山	新見市神郷釜村696-2
上石見	かみいわみ		客	1924.12.06	鳥取	日野郡日南町大字中石見字寺ノ前23
下石見信号場	しもいわみ	―	信	1973.09.28	鳥取	N/A
生山	しょうやま		客	1923.11.28	鳥取	日野郡日南町生山字後藤屋敷153

駅　名	読み方	範囲	種	開業日	県名	所在地
上菅	かみすげ	客		1925.04.01	鳥取	日野郡日野町大字上菅字内原714
黒坂	くろさか	客		1922.11.10	鳥取	日野郡日野町大字黒坂字上堀1573
根雨	ねう	客		1922.07.30	鳥取	日野郡日野町根雨134-1
武庫	むこ	客		1961.08.23	鳥取	日野郡江府町大字武庫445
江尾	えび	客		1922.03.25	鳥取	日野郡江府町大字江尾字中屋敷2076
上溝口信号場	かみみぞぐち	—	信	1975.02.27	鳥取	N/A
伯耆溝口	ほうきみぞぐち	客		1919.08.10	鳥取	西伯郡伯耆町溝口776
岸本	きしもと	客		1919.08.10	鳥取	西伯郡伯耆町押口三日市上96
(伯耆大山)	(山陰本線所属)			1919.08.10		

芸備線

■ 備中神代～広島
159.1km／1067mm／42駅／1915.04.28開業／普通鉄道／内燃・蒸気

駅　名	読み方	範囲	種	開業日	県名	所在地
(備中神代)	(伯備線所属)			1930.02.10		
坂根	さかね	客		1930.02.10	岡山	新見市神郷下神代字手ツキ田345-3
市岡	いちおか	客		1953.10.01	岡山	新見市哲西町上神代字荒神前1259-1
矢神	やがみ	客		1930.02.10	岡山	新見市哲西町矢田字高橋田79-3
野馳	のち	客		1930.11.25	岡山	新見市哲西町畑木字キシ添808-2
東城	とうじょう	客		1930.11.25	広島	庄原市東城町川東160-3
備後八幡	びんごやわた	客		1935.06.15	広島	庄原市東城町菅295-2
内名	うちな	客		1955.07.20	広島	庄原市東城町竹森
小奴可	おぬか	客		1935.06.15	広島	庄原市東城町小奴可2581-1
道後山	どうごやま	客		1936.11.21	広島	庄原市西城町高尾
備後落合	びんごおちあい	客		1935.12.20	広島	庄原市西城町奥八鳥1778
比婆山	ひばやま	客		1935.12.20	広島	庄原市西城町大屋1956-1
備後西城	びんごさいじょう	客		1934.03.15	広島	庄原市西城町大佐764-2
平子	ひらこ	客		1952.02.01	広島	庄原市西城町平子436-10
高	たか	客		1934.03.15	広島	庄原市高町1262-2
備後庄原	びんごしょうばら	客		1923.12.08	広島	庄原市中本町2-13-1
備後三日市	びんごみっかいち	客		1930.04.25	広島	庄原市上原町1-4
七塚	ななつか	客		1923.12.08	広島	庄原市七塚町106-5
山ノ内	やまのうち	客		1924.09.20	広島	庄原市山内町1414-2
下和知	しもわち	客		1923.12.08	広島	三次市和知町333-5
塩町	しおまち	客		1930.04.22	広島	三次市塩町2183
神杉	かみすぎ	客		1922.06.07	広島	三次市高杉町1234-3
八次	やつぎ	客		1922.06.07	広島	三次市南畑敷町140
三次	みよし	客		1930.01.01	広島	三次市十日市南1-1-1
西三次	にしみよし	客		1915.06.01	広島	三次市十日市西4-9

駅　名	読み方	範囲	種	開業日	県名	所　在　地
志和地	しわち		客	1915.04.28	広島	三次市下志和地町710
上川立	かみかわたち		客	1915.04.28	広島	三次市上川立町67
甲立	こうたち		客	1915.04.28	広島	安芸高田市甲田町高田1994
吉田口	よしだぐち		客	1915.04.28	広島	安芸高田市甲田町下小原240
向原	むかいはら		客	1915.04.28	広島	安芸高田市向原町坂73
井原市	いばらいち		客	1915.04.28	広島	広島市安佐北区白木町井原798
志和口	しわぐち		客	1915.04.28	広島	広島市安佐北区白木町大字市川2193
上三田	かみみた		客	1930.01.01	広島	広島市安佐北区白木町大字三田9472
中三田	なかみた		客	1915.04.28	広島	広島市安佐北区白木町大字三田7145
白木山	しらきやま		客	1930.01.01	広島	広島市安佐北区白木町大字三田5568
狩留家	かるが		客	1915.04.28	広島	広島市安佐北区狩留家町2345
上深川	かみふかわ		客	1929.03.20	広島	広島市安佐北区上深川町830
中深川	なかふかわ		客	1924.09.20	広島	広島市安佐北区深川5-24
下深川	しもふかわ		客	1915.04.28	広島	広島市安佐北区深川1-10
玖村	くむら		客	1916.04.15	広島	広島市安佐北区落合2-12
安芸矢口	あきやぐち		客	1915.04.28	広島	広島市安佐北区口田1-13
戸坂	へさか		客	1916.04.15	広島	広島市東区戸坂山根2-1195
矢賀	やが		客	1929.03.20	広島	広島市東区矢賀町5-80
(広島貨物ターミナル)	(山陽本線所属)			1969.03.01		
(広島)	(山陽本線所属)			1920.07.15		

福塩線

■ 福山～塩町
78.0km／1067mm／25駅／1914.07.21開業／普通鉄道／架空線式 直流1500V（福山～府中）・内燃・蒸気

駅　名	読み方	範囲	種	開業日	県名	所　在　地
(福山)	(山陽本線所属)			1935.12.14		
備後本庄	びんごほんじょう		客	1940.02.01	広島	福山市本庄町中3-30-1
横尾	よこお		客	1914.07.21	広島	福山市横尾町264-3
神辺	かんなべ		客	1914.07.21	広島	福山市神辺町川南746-2
湯田村	ゆだむら		客	1914.07.21	広島	福山市神辺町徳田770-3
道上	みちのうえ		客	1914.07.21	広島	福山市神辺町道上754-9
万能倉	まなぐら		客	1914.07.21	広島	福山市駅家町大字万能倉145-2
駅家	えきや		客	1914.07.21	広島	福山市駅家町大字倉光89-4
近田	ちかた		客	1914.07.21	広島	福山市駅家町大字近田547-7
戸手	とで		客	1914.07.21	広島	福山市新市町大字戸手2335-4
上戸手	かみとで		客	1914.07.21	広島	福山市新市町大字戸手261-2
新市	しんいち		客	1914.07.21	広島	福山市新市町大字新市513-9
高木	たかぎ		客	1914.07.21	広島	府中市高木町39-5
鵜飼	うかい		客	1914.07.21	広島	府中市鵜飼町45-10

駅　名	読み方	範囲	種	開業日	県名	所　在　地
府中	ふちゅう		客	1914.07.21	広島	府中市府川町19
下川辺	しもかわべ		客	1938.07.28	広島	府中市篠根町741-6
中畑	なかはた		客	1963.10.01	広島	府中市河佐町441-2
河佐	かわさ		客	1938.07.28	広島	府中市久佐町271-3
備後三川	びんごみかわ		客	1938.07.28	広島	世羅郡世羅町大字伊尾2423-2
備後矢野	びんごやの		客	1938.07.28	広島	府中市上下町矢多田360
上下	じょうげ		客	1935.11.15	広島	府中市上下町上下847-1
甲奴	こうぬ		客	1935.11.15	広島	三次市甲奴町本郷639-2
梶田	かじた		客	1963.10.01	広島	三次市甲奴町梶田1857-9
備後安田	びんごやすだ		客	1935.11.15	広島	三次市吉舎町安田1546-3
吉舎	きさ		客	1933.11.15	広島	三次市吉舎町三玉676-4
三良坂	みらさか		客	1933.11.15	広島	三次市三良坂町三良坂949-2
(塩町)	(芸備線所属)			1933.11.15		

呉線

■ 三原〜海田市　　
87.0km／1067㎜／26駅／1903.12.27開業／普通鉄道／架空線式 直流1500V・内燃・蒸気

駅　名	読み方	範囲	種	開業日	県名	所　在　地
(三原)	(山陽本線所属)			1930.03.19		
須波	すなみ		客	1930.03.19	広島	三原市須波町1-5-8
安芸幸崎	あきさいざき		客	1931.04.28	広島	三原市幸崎町能地3-4-1
忠海	ただのうみ		客	1932.07.10	広島	竹原市忠海中町1-1-1
安芸長浜	あきながはま		客	1994.10.01	広島	竹原市忠海長浜1
大乗	おおのり		客	1932.07.10	広島	竹原市大乗353-3
竹原	たけはら		客	1932.07.10	広島	竹原市中央1-1-1
吉名	よしな		客	1935.02.17	広島	竹原市吉名町上郷附4886-2
安芸津	あきつ		客	1935.02.17	広島	東広島市安芸津町三津4212-3
風早	かざはや		客	1935.02.17	広島	東広島市安芸津町風早字向井2810-5
安浦	やすうら		客	1935.02.17	広島	呉市安浦町中央1-3-41
安登	あと		客	1935.11.24	広島	呉市安浦町安登西5-2-14
安芸川尻	あきかわじり		客	1935.11.24	広島	呉市川尻町西2-19-5
仁方	にがた		客	1935.11.24	広島	呉市仁方本町2-1-1
広	ひろ		客	1935.03.24	広島	呉市広中町2-6
新広	しんひろ		客	2002.03.23	広島	呉市広古新開
安芸阿賀	あきあが		客	1935.03.24	広島	呉市阿賀中央6-3-1
呉	くれ		客	1903.12.27	広島	呉市宝町1-16
川原石	かわらいし		客	1935.11.24	広島	呉市海岸3-8先
吉浦	よしうら		客	1903.12.27	広島	呉市吉浦本町1-1
かるが浜	かるがはま		客	1999.02.07	広島	呉市狩留賀町4

駅　　名	読 み 方	範囲	種	開業日	県名	所 在 地
天応	てんのう	客		1903.12.27	広島	呉市天応塩谷町3
呉ポートピア	くれぽーとぴあ	客		1992.03.19	広島	呉市天応伝十原町1-23
小屋浦	こやうら	客		1914.05.01	広島	安芸郡坂町小屋浦2-4-7
水尻	みずしり	客		1999.02.07	広島	安芸郡坂町水尻
坂	さか	客		1903.12.27	広島	安芸郡坂町平成ケ浜3-1-1
矢野	やの	客		1903.12.27	広島	広島市安芸区矢野西1-32-1
(海田市)	(山陽本線所属)			1903.12.27		

可部線(かべせん)

■横川〜可部

14.0km／1067mm／11駅／1909.12.19開業／普通鉄道／架空線式 直流1500V・内燃・蒸気

駅　　名	読 み 方	範囲	種	開業日	県名	所 在 地
(横川)	(山陽本線所属)			1936.09.01		
三滝	みたき	客		1930.10頃	広島	広島市西区三滝本町2-6
安芸長束	あきながつか	客		1928.11.09	広島	広島市安佐南区長束4-1-12
下祇園	しもぎおん	客		1913.05以前	広島	広島市安佐南区祇園3-11-1
古市橋	ふるいちばし	客		1910.11.19	広島	広島市安佐南区古市3-31
大町	おおまち	客		1994.08.20	広島	広島市安佐南区大町東2-9-28
緑井	みどりい	客		1910.12.25	広島	広島市安佐南区緑井4-10-1
七軒茶屋	しちけんぢゃや	客		1910.12.25	広島	広島市安佐南区緑井7-5-7
梅林	ばいりん	客		1910.12.25	広島	広島市安佐南区八木3-2-37
上八木	かみやぎ	客		1910.12.25	広島	広島市安佐南区八木8-24
中島	なかしま	客		1911.06.12	広島	広島市安佐北区可部南1-3
可部	かべ	客		1911.06.12	広島	広島市安佐北区可部2-27-63
河戸帆待川	こうどほまちがわ	客		2017春予定	広島	広島市安佐北区
あき亀山	あきかめやま	客		2017春予定	広島	広島市安佐北区

［注］可部〜あき亀山1.6km（予定）。

岩徳線(がんとくせん)

■岩国〜櫛ケ浜

43.7km／1067mm／14駅／1929.04.05開業／普通鉄道／内燃・蒸気

駅　　名	読 み 方	範囲	種	開業日	県名	所 在 地
(岩国)	(山陽本線所属)			1929.04.05		
西岩国	にしいわくに	客		1929.04.05	山口	岩国市錦見6-15-3
川西	かわにし	客		1960.04.16	山口	岩国市川西2-165-4
森ケ原信号場	もりがはら	―	信	1960.11.01	山口	N/A
柱野	はしらの	客		1934.12.01	山口	岩国市大字柱野610-2
欽明路	きんめいじ	客		1990.09.27	山口	岩国市玖珂町中野口1529-7
玖珂	くが	客		1934.12.01	山口	岩国市玖珂町581-3

駅　　名	読み方	範囲	種	開業日	県名	所在地
周防高森	すおうたかもり		客	1934.12.01	山口	岩国市周東町大字下久原1550-2
米川	よねかわ		客	1934.12.01	山口	岩国市周東町大字差川1722-5
高水	たかみず		客	1934.03.28	山口	周南市大字原字北長溝237
勝間	かつま		客	1934.03.28	山口	周南市大字呼坂字西下馬場1183
大河内	おおかわち		客	1987.03.27	山口	周南市大字大河内
周防久保	すおうくぼ		客	1934.03.28	山口	下松市大字河内795
生野屋	いくのや		客	1987.03.27	山口	下松市大字生野屋510
周防花岡	すおうはなおか		客	1932.05.29	山口	下松市大字末武上1900
（櫛ケ浜）	（山陽本線所属）			1932.05.29		

山口線

■新山口～益田
93.9km／1067mm／26駅／1913.03.20開業／普通鉄道／内燃・蒸気

駅　　名	読み方	範囲	種	開業日	県名	所在地
（新山口）	（山陽本線所属）			1913.03.20		
周防下郷	すおうしもごう		客	1935.12.20	山口	山口市小郡下郷
上郷	かみごう		客	1914.11.02	山口	山口市小郡新町5-5-8
仁保津	にほつ		客	1987.04.01	山口	山口市小郡上郷仁保津
大歳	おおとし		客	1913.02.20	山口	山口市朝田
矢原	やばら		客	1935.10.01	山口	山口市矢原
湯田温泉	ゆだおんせん		客	1913.02.20	山口	山口市今井町4
山口	やまぐち		客	1913.02.20	山口	山口市惣太夫町2-1-2
上山口	かみやまぐち		客	1953.04.10	山口	山口市道祖町3
宮野	みやの		客	1917.07.01	山口	山口市桜畠2-4
仁保	にほ		客	1917.07.01	山口	山口市仁保中郷
篠目	しのめ		客	1917.07.01	山口	山口市阿東篠目細野
長門峡	ちょうもんきょう		客	1928.07.18	山口	山口市阿東生雲東分御堂原
渡川	わたりがわ		客	1961.04.01	山口	山口市阿東生雲東分渡川
三谷	みたに		客	1918.04.28	山口	山口市阿東生雲東分三谷
名草	なぐさ		客	1961.04.01	山口	山口市阿東地福下字名草
地福	じふく		客	1918.11.03	山口	山口市阿東地福上字惣原
鍋倉	なべくら		客	1962.07.17	山口	山口市阿東徳佐下字鍋倉
徳佐	とくさ		客	1918.11.03	山口	山口市阿東徳佐中
船平山	ふなひらやま		客	1954.02.01	山口	山口市阿東徳佐上字水戸
津和野	つわの		客	1922.08.05	島根	鹿足郡津和野町後田
青野山	あおのやま		客	1961.04.01	島根	鹿足郡津和野町直地
日原	にちはら		客	1923.04.01	島根	鹿足郡津和野町枕瀬
青原	あおはら		客	1924.07.15	島根	鹿足郡津和野町冨田
東青原	ひがしあおはら		客	1961.04.01	島根	鹿足郡津和野町添谷

駅　名	読み方	範囲	種	開業日	県名	所在地
石見横田	いわみよこた		客	1923.04.01	島根	益田市神田町
本俣賀	ほんまたが		客	1987.04.01	島根	益田市本俣賀町256
（益田）	（山陰本線所属）			1923.04.01		

宇部線

■ 新山口〜宇部

33.2km／1067mm／17駅／1914.01.09開業／普通鉄道／架空線式 直流1500V・内燃・蒸気

駅　名	読み方	範囲	種	開業日	県名	所在地
（新山口）	（山陽本線所属）			1925.03.26		
上嘉川	かみかがわ		客	1925.03.26	山口	山口市嘉川字野間5155
深溝	ふかみぞ		客	1925.03.26	山口	山口市深溝字松原南1597
周防佐山	すおうさやま		客	1925.03.26	山口	山口市大字佐山字河内神五1094
岩倉	いわくら		客	1953.08.15	山口	山口市阿知須714
阿知須	あじす		客	1924.08.17	山口	山口市阿知須4775
岐波	きわ		客	1924.08.17	山口	宇部市大字東岐波字高橋1075
丸尾	まるお		客	1924.08.17	山口	宇部市大字東岐波字切貫5034
床波	とこなみ		客	1923.08.01	山口	宇部市床波2-4-16
常盤	ときわ		客	1925.06.01	山口	宇部市大字西岐波字大沢1393
草江	くさえ		客	1923.08.01	山口	宇部市草江4-1-37
宇部岬	うべみさき		客	1923.08.01	山口	宇部市松山町5-4-6
東新川	ひがししんかわ		客	1923.08.01	山口	宇部市東新川町2-17
琴芝	ことしば		客	1929.11.29	山口	宇部市琴芝町2-6-1
宇部新川	うべしんかわ		客	1923.08.01	山口	宇部市上町1-7-7
居能	いのう		客	1952.04.20	山口	宇部市居能町2-12
岩鼻	いわはな		客	1914.01.09	山口	宇部市岩鼻町1-1
際波信号場	きわなみ	―	信	1970.07.30	山口	N/A
（宇部）	（山陽本線所属）			1914.01.09		

小野田線

■ 居能〜小野田

11.6km／1067mm／7駅／1915.11.25開業／普通鉄道／架空線式 直流1500V・内燃・蒸気

駅　名	読み方	範囲	種	開業日	県名	所在地
（居能）	（宇部線所属）			1929.05.16		
妻崎	つまざき		客	1929.05.16	山口	宇部市大字須恵字浜田2973
長門長沢	ながとながさわ		客	1929.05.16	山口	宇部市大字須恵字大丸田3402
雀田	すずめだ		客	1929.05.16	山口	山陽小野田市大字小野田字小中原3817
小野田港	おのだこう		客	1915.11.25	山口	山陽小野田市北龍王町4-23
南小野田	みなみおのだ		客	1962.03.15	山口	山陽小野田市平成町6290-2

駅　　名	読 み 方	範囲	種	開業日	県名	所　在　地
南中川	みなみなかがわ		客	1915.11.25	山口	山陽小野田市中川2-5-48
目出	めで		客	1915.11.25	山口	山陽小野田市大字小野田字目出7512
(小野田)	(山陽本線所属)			1915.11.25		

■ 雀田～長門本山
2.3km／1067mm／2駅／1937.01.21開業／普通鉄道／架空線式 直流1500V・内燃・蒸気

駅　　名	読 み 方	範囲	種	開業日	県名	所　在　地
(雀田)	(小野田線所属)			1937.01.21		
浜河内	はまごうち		客	1957.06.01	山口	山陽小野田市大字小野田字夏目3153
長門本山	ながともとやま		客	1937.01.21	山口	山陽小野田市大字小野田字三の奈良原332

美祢線

■ 厚狭～長門市
46.0km／1067mm／11駅／1905.09.13開業／普通鉄道／内燃・蒸気

駅　　名	読 み 方	範囲	種	開業日	県名	所　在　地
(厚狭)	(山陽本線所属)			1905.09.13		
鴨ノ庄信号場	かものしょう	―	信	1969.03.29	山口	N/A
湯ノ峠	ゆのとう		客	1921.02.10	山口	山陽小野田市大字厚狭字立石5691-3
厚保	あつ		客	1905.09.13	山口	美祢市西厚保町本郷字猪喰115
四郎ケ原	しろうがはら		客	1905.09.13	山口	美祢市東厚保町川東字大向2128
南大嶺	みなみおおみね		客	1905.09.13	山口	美祢市大嶺町大字西分字祖父ヶ瀬189
美祢	みね		客	1916.09.15	山口	美祢市大嶺町大字東分字平城3408
重安	しげやす		客	1916.09.15	山口	美祢市大嶺町大字北分字山崎656
於福	おふく		客	1920.10.30	山口	美祢市於福町於福下字則田2863
渋木	しぶき		客	1924.03.23	山口	長門市深川湯本字畑河内1786
長門湯本	ながとゆもと		客	1924.03.23	山口	長門市深川湯本字三反田872
板持	いたもち		客	1958.07.25	山口	長門市深川湯本字立野124
(長門市)	(山陰本線所属)			1924.03.23		

博多南線

■ 博多～博多南
8.5km／1435mm／1駅／1990.04.01開業／普通鉄道／架空線式 交流25000V

駅　　名	読 み 方	範囲	種	開業日	県名	所　在　地
(博多)	(山陽新幹線所属)			1990.04.01		
博多南	はかたみなみ		客	1990.04.01	福岡	春日市上白水8-166

山陰本線 （愛称：嵯峨野線＝京都〜園部）

■京都〜幡生

673.8km／1067mm／159駅／1897.02.15開業／普通鉄道／架空線式 直流1500V（京都〜城崎温泉、伯耆大山〜西出雲）・内燃・蒸気
第2種鉄道事業＝日本貨物鉄道（伯耆大山〜東松江）

駅　名	読み方	範囲	種	開業日	県名	所在地
(京都)	(東海道本線所属)			1897.11.16		
丹波口	たんばぐち		客	1897.04.27	京都	京都市下京区中堂寺南町1
二条	にじょう		客	1897.02.15	京都	京都市中京区西ノ京栂尾町
円町	えんまち		客	2000.09.23	京都	京都市中京区西ノ京円町42-1
花園	はなぞの		客	1898.01.01	京都	京都市右京区花園寺ノ内町5
太秦	うずまさ		客	1989.03.11	京都	京都市右京区太秦上ノ段町6-2
嵯峨嵐山	さがあらしやま		客	1897.02.15	京都	京都市右京区嵯峨天竜寺車道町11-1
保津峡	ほづきょう		客	1936.04.15	京都	亀岡市保津町保津山3-1434
馬堀	うまほり		客	1935.07.20	京都	亀岡市篠町馬堀六ノ坪29-5
亀岡	かめおか		客	1899.08.15	京都	亀岡市追分町谷筋1-1
並河	なみかわ		客	1935.07.20	京都	亀岡市大井町土田2-57-6
千代川	ちよかわ		客	1935.07.20	京都	亀岡市千代川町今津1-116-5
八木	やぎ		客	1899.08.15	京都	南丹市八木町字八木小字上野34-1
吉富	よしとみ		客	1935.07.20	京都	南丹市八木町字木原小字ヒジ坪16-2
園部	そのべ		客	1899.08.15	京都	南丹市園部町小山東町溝辺無番地
船岡	ふなおか		客	1953.10.10	京都	南丹市園部町船岡諏訪2-2
日吉	ひよし		客	1910.08.25	京都	南丹市日吉町保野田市野1-4
鍼灸大学前	しんきゅうだいがくまえ		客	1996.03.16	京都	南丹市日吉町保野田岩ヶ下9-6
胡麻	ごま		客	1910.08.25	京都	南丹市日吉町胡麻角上2-2
下山	しもやま		客	1925.10.10	京都	船井郡京丹波町下山小野6-4
和知	わち		客	1910.08.25	京都	船井郡京丹波町本庄馬場19-1
安栖里	あせり		客	1957.02.11	京都	船井郡京丹波町安栖里萩尾21-2
立木	たちき		客	1947.11.01	京都	船井郡京丹波町広野北篠5-2
山家	やまが		客	1910.08.25	京都	綾部市上原町戸尻1-1
綾部	あやべ		客	1904.11.03	京都	綾部市幸通り東石ヶ坪7-1
高津	たかつ		客	1958.02.12	京都	綾部市高津町江尻1
石原	いさ		客	1904.11.03	京都	福知山市石原1-1
福知山 ［因］［JR貨物］	ふくちやま		客貨	1904.11.03	京都	福知山市駅前町439
上川口	かみかわぐち		客	1911.10.25	京都	福知山市字上小田122-2
下夜久野	しもやくの		客	1911.10.25	京都	福知山市夜久野町額田1313-2
上夜久野	かみやくの		客	1911.10.25	京都	福知山市夜久野町平野1284-2
梁瀬	やなせ		客	1911.10.25	兵庫	朝来市山東町滝田字西浦237-1
和田山	わだやま		客	1908.07.01	兵庫	朝来市和田山町東谷字藤原184-5

駅　名	読み方	範囲	種	開業日	県名	所在地
養父	やぶ		客	1908.07.01	兵庫	養父市堀畑字石郡133-2
八鹿	ようか		客	1908.07.01	兵庫	養父市八鹿町八鹿字大森100-2
宿南信号場	しゅくなみ	一	信	1968.09.23	兵庫	N/A
江原	えばら		客	1909.07.10	兵庫	豊岡市日高町日置字矢組13-2
国府	こくふ		客	1948.10.13	兵庫	豊岡市日高町上石字高屋374-1
豊岡	とよおか		客	1909.07.10	兵庫	豊岡市大手町3-2
玄武洞	げんぶどう		客	1912.03.02	兵庫	豊岡市城崎町上山字畑ヶ田1605-1
城崎温泉	きのさきおんせん		客	1909.09.05	兵庫	豊岡市城崎町今津字稗田283-1
竹野	たけの		客	1911.10.25	兵庫	豊岡市竹野町草飼字釜藤557-3
佐津	さつ		客	1911.10.25	兵庫	美方郡香美町香住区無南垣字左近谷口186-1
柴山	しばやま		客	1947.06.26	兵庫	美方郡香美町香住区浦上字小畑308-1
香住	かすみ		客	1911.10.25	兵庫	美方郡香美町香住区七日市字クゴ22
鎧	よろい		客	1912.03.01	兵庫	美方郡香美町香住区鎧字タルビ410-2
餘部	あまるべ		客	1959.04.16	兵庫	美方郡香美町香住区余部字ナワテ1861-2
久谷	くたに		客	1912.03.01	兵庫	美方郡新温泉町久谷字桑替840
浜坂	はまさか		客	1911.11.10	兵庫	美方郡新温泉町浜坂字東岡2330-1
諸寄	もろよせ		客	1938.06.01	兵庫	美方郡新温泉町諸寄字岡306-2
居組	いぐみ		客	1911.11.10	兵庫	美方郡新温泉町居組字大坂1532-1
東浜	ひがしはま		客	1950.01.01	鳥取	岩美郡岩美町大字陸上字下塚畑50
岩美	いわみ		客	1910.06.10	鳥取	岩美郡岩美町大字浦富字国次809
大岩	おおいわ		客	1950.01.01	鳥取	岩美郡岩美町大字大谷字上赤梨子1667
福部	ふくべ		客	1910.10.10	鳥取	鳥取市福部町粟谷398
滝山信号場	たきやま	一	信	1943.10.01	鳥取	N/A
鳥取	とっとり		客	1908.04.05	鳥取	鳥取市東品治町111
湖山 [因] [JR貨物]	こやま		客貨	1907.04.28	鳥取	鳥取市湖山町東1-683
鳥取大学前	とっとりだいがくまえ		客	1995.07.27	鳥取	鳥取市湖山町南5-199-22
末恒	すえつね		客	1928.09.11	鳥取	鳥取市伏野町字深沢304
宝木	ほうぎ		客	1907.04.28	鳥取	鳥取市気高町宝木1142
浜村	はまむら		客	1907.04.28	鳥取	鳥取市気高町勝見682
青谷	あおや		客	1905.05.15	鳥取	鳥取市青谷町青谷4041
泊	とまり		客	1905.05.15	鳥取	東伯郡湯梨浜町大字園字稲干場545
松崎	まつざき		客	1904.03.15	鳥取	東伯郡湯梨浜町大字中興寺字松原388
倉吉	くらよし		客	1903.12.20	鳥取	倉吉市上井町字長泓195
下北条	しもほうじょう		客	1915.03.10	鳥取	東伯郡北栄町北尾651
由良	ゆら		客	1903.12.20	鳥取	東伯郡北栄町由良宿584
浦安	うらやす		客	1903.08.28	鳥取	東伯郡琴浦町大字徳万字大久保田271
八橋	やばせ		客	1928.07.04	鳥取	東伯郡琴浦町大字八橋字下勝見988
赤碕	あかさき		客	1903.08.28	鳥取	東伯郡琴浦町大字赤碕字坂ノ前849-2
中山口	なかやまぐち		客	1951.11.01	鳥取	西伯郡大山町田中字内垣637
下市	しもいち		客	1903.08.28	鳥取	西伯郡大山町上市字狐塚300

JRグループ　西日本旅客鉄道

駅　名	読み方	範囲	種	開業日	県名	所 在 地
御来屋	みくりや		客	1902.11.01	鳥取	西伯郡大山町西坪字下山王468
名和	なわ		客	1912.01.31	鳥取	西伯郡大山町御来屋字東岡山1300
大山口	だいせんぐち		客	1926.09.17	鳥取	西伯郡大山町国信544
淀江	よどえ		客	1902.11.01	鳥取	米子市淀江町淀江字下雨造り297
伯耆大山 ［JR貨物］	ほうきだいせん		客貨	1902.12.01	鳥取	米子市蚊屋字焼小豆237
東山公園	ひがしやまこうえん		客	1993.03.18	鳥取	米子市車尾742
米子	よなご		客	1902.11.01	鳥取	米子市弥生町2
安来	やすぎ		客	1908.04.05	島根	安来市安来町字釜屋2136
荒島	あらしま		客	1908.11.08	島根	安来市荒島町字小山廻1806
揖屋	いや		客	1908.11.08	島根	松江市東出雲町揖屋804
東松江 ［JR貨物］	ひがしまつえ		客貨	1908.11.08	島根	松江市八幡町字灘大土手外821
松江	まつえ		客	1908.11.08	島根	松江市朝日町472-2
乃木	のぎ		客	1937.04.10	島根	松江市浜乃木2-15
玉造温泉	たまつくりおんせん		客	1909.11.07	島根	松江市玉湯町湯町976
来待	きまち		客	1929.12.25	島根	松江市宍道町東来待1053
宍道	しんじ		客	1909.11.07	島根	松江市宍道町宍道908
荘原	しょうばら		客	1910.06.10	島根	出雲市斐川町学頭1606
直江	なおえ		客	1910.10.10	島根	簸川郡斐川町大字上直江1100
出雲市	いずもし		客	1910.10.10	島根	出雲市駅北町11
西出雲	にしいずも		客	1913.11.21	島根	出雲市知井宮町嘉儀985
出雲神西	いずもじんざい		客	1982.07.01	島根	出雲市東神西町字番抜395
江南	こうなん		客	1913.11.21	島根	出雲市湖陵町三部575
小田	おだ		客	1913.11.21	島根	出雲市多伎町多岐814
田儀	たぎ		客	1915.07.11	島根	出雲市多伎町口田儀2016
波根	はね		客	1915.07.11	島根	大田市波根町字中浜1327
久手	くて		客	1915.07.11	島根	大田市久手町波根西字久手1762
大田市	おおだし		客	1915.07.11	島根	大田市大田町大田イ664-1
静間	しずま		客	1926.09.16	島根	大田市静間町1046
五十猛	いそたけ		客	1917.05.15	島根	大田市五十猛町字野田240
仁万	にま		客	1917.05.15	島根	大田市仁摩町仁万516
馬路	まじ		客	1918.11.25	島根	大田市仁摩町馬路495
湯里	ゆさと		客	1935.05.01	島根	大田市温泉津町湯里1303
温泉津	ゆのつ		客	1918.11.25	島根	大田市温泉津町小浜44
石見福光	いわみふくみつ		客	1928.10.25	島根	大田市温泉津町福光1718
黒松	くろまつ		客	1918.11.25	島根	江津市黒松町字畳畠355
浅利	あさり		客	1918.11.25	島根	江津市浅利町102
江津	ごうつ		客	1920.12.25	島根	江津市江津町926
都野津	つのづ		客	1920.12.25	島根	江津市都野津町大字都野津2270
敬川	うやがわ		客	1959.04.01	島根	江津市敬川町大字敬川1197
波子	はし		客	1921.09.01	島根	江津市波子町イ850

JRグループ　西日本旅客鉄道

駅　名	読み方	範囲	種	開業日	県名	所　在　地
久代	くしろ		客	1959.03.01	島根	浜田市久代221
下府	しもこう		客	1921.09.01	島根	浜田市下府855
浜田	はまだ		客	1921.09.01	島根	浜田市浅井町791-2
西浜田	にしはまだ		客	1922.03.10	島根	浜田市熱田町1445
周布	すふ		客	1922.03.10	島根	浜田市治和町ハ49
折居	おりい		客	1924.04.01	島根	浜田市折居町1067
三保三隅	みほみすみ		客	1922.09.01	島根	浜田市三隅町西川内469
岡見	おかみ		客	1926.04.01	島根	浜田市三隅町岡見2110
鎌手	かまて		客	1923.12.26	島根	益田市西平原町880
石見津田	いわみつだ		客	1923.12.26	島根	益田市津田町1270
益田	ますだ		客	1923.12.26	島根	益田市駅前町105-2
戸田小浜	とだこはま		客	1925.03.08	島根	益田市戸田町イ596
飯浦	いいのうら		客	1927.06.19	島根	益田市飯浦町イ233
江崎	えさき		客	1928.03.25	山口	萩市下田万1319
須佐	すさ		客	1928.03.25	山口	萩市須佐水海4993
宇田郷	うたごう		客	1931.11.15	山口	阿武郡阿武町大字宇田字長浜2143-1
木与	きよ		客	1931.11.15	山口	阿武郡阿武町大字木与字鎌所66
奈古	なご		客	1929.04.24	山口	阿武郡阿武町大字奈古字岡田橋2844
長門大井	ながとおおい		客	1929.04.24	山口	萩市大井字呑石151
越ケ浜	こしがはま		客	1960.04.01	山口	萩市大字椿東字長畠659
東萩	ひがしはぎ		客	1925.11.01	山口	萩市大字椿東字大広津2997
萩	はぎ		客	1925.04.03	山口	萩市大字椿字濁渕3611
玉江	たまえ		客	1925.04.03	山口	萩市大字山田字西沖田4757
三見	さんみ		客	1925.04.03	山口	萩市大字三見字片田3349
飯井	いい		客	1964.01.21	山口	萩市大字三見字前水無4876
長門三隅	ながとみすみ		客	1924.11.03	山口	長門市三隅下1453
長門市	ながとし		客	1924.11.03	山口	長門市東深川西中の坪903
黄波戸	きわど		客	1928.12.09	山口	長門市日置上字前田2008
長門古市	ながとふるいち		客	1929.10.13	山口	長門市日置上字五反田5791
人丸	ひとまる		客	1930.12.07	山口	長門市油谷新別名上江939
伊上	いがみ		客	1930.12.07	山口	長門市油谷伊上西前2842
長門粟野	ながとあわの		客	1930.12.07	山口	下関市豊北町粟野4896
阿川	あがわ		客	1928.09.09	山口	下関市豊北町阿川水取3653
特牛	こっとい		客	1928.09.09	山口	下関市豊北町神田字大場ヶ迫264
滝部	たきべ		客	1925.08.16	山口	下関市豊北町滝部森友452
長門二見	ながとふたみ		客	1925.08.16	山口	下関市豊北町神田上字二見7273
宇賀本郷	うかほんごう		客	1958.07.19	山口	下関市豊浦町大字宇賀字上田4186
湯玉	ゆたま		客	1925.08.16	山口	下関市豊浦町大字宇賀湯玉7441
小串	こぐし		客	1914.04.22	山口	下関市豊浦町大字小串字石堂3019
川棚温泉	かわたなおんせん		客	1914.04.22	山口	下関市豊浦町大字川棚6964

JRグループ　西日本旅客鉄道

駅　名	読み方	範囲	種	開業日	県名	所　在　地
黒井村	くろいむら		客	1914.04.22	山口	下関市豊浦町大字黒井2296
梅ケ峠	うめがとう		客	1914.04.22	山口	下関市豊浦町大字厚母郷字梅ヶ峠2
吉見	よしみ		客	1914.04.22	山口	下関市吉見本町1-1
福江	ふくえ		客	1914.04.22	山口	下関市大字福江字浜野原1466
安岡	やすおか		客	1914.04.22	山口	下関市安岡駅前1-1
梶栗郷台地	かじくりごうだいち		客	2008.03.15	山口	下関市綾羅木新町3-953-3
綾羅木	あやらぎ		客	1914.04.22	山口	下関市綾羅木本町2-1-13
(幡生)	(山陽本線所属)			1914.04.22		

■ 長門市〜仙崎 ....
2.2km／1067mm／1駅／1930.05.15開業／普通鉄道／内燃・蒸気

駅　名	読み方	範囲	種	開業日	県名	所　在　地
(長門市)	(山陰本線所属)			1930.05.15		
仙崎	せんざき		客	1930.05.15	山口	長門市仙崎町字道揚原1115

舞鶴線（まいづるせん）

■ 綾部〜東舞鶴 ....
26.4km／1067mm／5駅／1904.11.03開業／普通鉄道／架空線式 直流1500V・内燃・蒸気

駅　名	読み方	範囲	種	開業日	県名	所　在　地
(綾部)	(山陰本線所属)			1904.11.03		
淵垣	ふちがき		客	1960.03.29	京都	綾部市淵垣町林ノ下1-1
梅迫	うめざこ		客	1904.11.03	京都	綾部市梅迫町溝尻1-1
真倉	まぐら		客	1951.09.01	京都	舞鶴市字真倉小字河原178-1
西舞鶴	にしまいづる		客	1904.11.03	京都	舞鶴市字伊佐津小字213-1
東舞鶴	ひがしまいづる		客	1904.11.03	京都	舞鶴市浜町5-3

因美線（いんびせん）

■ 鳥取〜東津山 ....
70.8km／1067mm／17駅／1919.12.20開業／普通鉄道／内燃・蒸気

駅　名	読み方	範囲	種	開業日	県名	所　在　地
(鳥取)	(山陰本線所属)			1919.12.20		
津ノ井	つのい		客	1919.12.20	鳥取	鳥取市津ノ井字向上砂田271
東郡家	ひがしこおげ		客	1956.11.01	鳥取	八頭郡八頭町堀越字堀越6
郡家	こおげ		客	1919.12.20	鳥取	八頭郡八頭町郡家字石橋649
河原	かわはら		客	1919.12.20	鳥取	八頭郡八頭町国中字萩原589
国英	くにふさ		客	1919.12.20	鳥取	鳥取市河原町釜口810
鷹狩	たかがり		客	1961.08.01	鳥取	鳥取市用瀬町鷹狩717
用瀬	もちがせ		客	1919.12.20	鳥取	鳥取市用瀬町用瀬501
因幡社	いなばやしろ		客	1923.06.05	鳥取	鳥取市用瀬町宮原43

駅　　名	読　み　方	範囲	種	開業日	県名	所　在　地
智頭	ちず		客	1923.06.05	鳥取	八頭郡智頭町大字智頭字六地蔵ノ-1858-1
土師	はじ		客	1932.07.01	鳥取	八頭郡智頭町大字三吉字又衛門田29
那岐	なぎ		客	1932.07.01	鳥取	八頭郡智頭町大背
美作河井	みまさかかわい		客	1931.09.12	岡山	津山市加茂町山下
知和	ちわ		客	1931.09.12	岡山	津山市加茂町小淵小原918-4
美作加茂	みまさかかも		客	1928.03.15	岡山	津山市加茂町桑原
三浦	みうら		客	1963.04.01	岡山	津山市三浦
美作滝尾	みまさかたきお		客	1928.03.15	岡山	津山市堀坂
高野	たかの		客	1928.03.15	岡山	津山市高野本郷
(東津山)	(姫新線所属)			1928.03.15		

境線

■米子〜境港

17.9km／1067mm／15駅／1902.11.01開業／普通鉄道／架空線式 直流1500V (米子〜後藤)・内燃・蒸気

駅　　名	読　み　方	範囲	種	開業日	県名	所　在　地
(米子)	(山陰本線所属)			1902.11.01		
博労町	ばくろうまち		客	1952.07.01	鳥取	米子市博労町1-58
富士見町	ふじみちょう		客	1987.11.01	鳥取	米子市富士見町170
後藤	ごとう		客	1902.11.01	鳥取	米子市米原字三軒家道西空地1460
三本松口	さんぼんまつぐち		客	1987.11.01	鳥取	米子市両三柳1275
河崎口	かわさきぐち		客	1952.07.01	鳥取	米子市河崎字中通矢倉分2673
弓ケ浜	ゆみがはま		客	1917.07.01	鳥取	米子市夜見町字樋口三1351
和田浜	わだはま		客	1951.11.01	鳥取	米子市和田町字山際1189
大篠津町	おおしのづちょう		客	1987.11.01	鳥取	米子市大篠津町2211
米子空港	よなごくうこう		客	1902.11.01	鳥取	境港市佐斐神町744
中浜	なかはま		客	1952.07.01	鳥取	境港市小篠津町字本角978
高松町	たかまつちょう		客	1987.11.01	鳥取	境港市高松町字五輪松574
余子	あまりこ		客	1932.12.22	鳥取	境港市竹内町字旭田1503
上道	あがりみち		客	1952.07.01	鳥取	境港市中野町字下駒ケ坪1643
馬場崎町	ばばさきちょう		客	1987.11.01	鳥取	境港市馬場崎町303
境港	さかいみなと		客	1902.11.01	鳥取	境港市大正町1-28

木次線

■宍道〜備後落合

81.9km／1067mm／16駅／1916.10.11開業／普通鉄道／内燃・蒸気

駅　　名	読　み　方	範囲	種	開業日	県名	所　在　地
(宍道)	(山陰本線所属)			1916.10.11		
南宍道	みなみしんじ		客	1962.01.01	島根	松江市宍道町白石2312

駅　名	読み方	範囲	種	開業日	県名	所在地
加茂中	かもなか		客	1916.10.11	島根	雲南市加茂町加茂中1128
幡屋	はたや		客	1918.02.11	島根	雲南市大東町仁和寺1886
出雲大東	いずもだいとう		客	1916.10.11	島根	雲南市大東町飯田38
南大東	みなみだいとう		客	1963.10.01	島根	雲南市大東町上佐世546
木次	きすき		客	1916.10.11	島根	雲南市木次町里方26
日登	ひのぼり		客	1932.12.18	島根	雲南市木次町寺領472
下久野	しもくの		客	1932.12.18	島根	雲南市大東町下久野691
出雲八代	いずもやしろ		客	1932.12.18	島根	仁多郡奥出雲町馬馳57
出雲三成	いずもみなり		客	1932.12.18	島根	仁多郡奥出雲町三成641
亀嵩	かめだけ		客	1934.11.20	島根	仁多郡奥出雲町郡村335
出雲横田	いずもよこた		客	1934.11.20	島根	仁多郡奥出雲町横田1020
八川	やかわ		客	1934.11.20	島根	仁多郡奥出雲町八川99
出雲坂根	いずもさかね		客	1937.12.12	島根	仁多郡奥出雲町八川992
三井野原	みいのはら		客	1958.09.01	島根	仁多郡奥出雲町八川3109
油木	ゆき		客	1937.12.12	広島	庄原市西城町油木326
(備後落合)		(芸備線所属)		1937.12.12		

三江線

■江津〜三次
108.1km／1067mm／33駅／1930.04.20開業／普通鉄道／内燃・蒸気

駅　名	読み方	範囲	種	開業日	県名	所在地
(江津)		(山陰本線所属)		1930.04.20		
江津本町	ごうつほんまち		客	1958.07.14	島根	江津市江津町1579
千金	ちがね		客	1958.07.14	島根	江津市金田町イ54
川平	かわひら		客	1930.04.20	島根	江津市川平町大字南川上233
川戸	かわど		客	1930.04.20	島根	江津市桜江町川戸117
田津	たづ		客	1949.11.15	島根	江津市桜江町田津204
石見川越	いわみかわごえ		客	1931.05.20	島根	江津市桜江町川越517
鹿賀	しかが		客	1949.11.15	島根	江津市桜江町鹿賀197
因原	いんばら		客	1934.11.08	島根	邑智郡川本町大字因原415
石見川本	いわみかわもと		客	1934.11.08	島根	邑智郡川本町大字川本593
木路原	きろはら		客	1962.01.01	島根	邑智郡川本町大字川本171
竹	たけ		客	1958.07.14	島根	邑智郡美郷町乙原695
乙原	おんばら		客	1935.12.02	島根	邑智郡美郷町乙原465
石見簗瀬	いわみやなぜ		客	1935.12.02	島根	邑智郡美郷町簗瀬216
明塚	あかつか		客	1967.04.01	島根	邑智郡美郷町明塚84
粕淵	かすぶち		客	1937.10.20	島根	邑智郡美郷町粕淵407
浜原	はまはら		客	1937.10.20	島根	邑智郡美郷町浜原71
沢谷	さわだに		客	1975.08.31	島根	邑智郡美郷町石原111

駅　名	読み方	範囲	種	開業日	県名	所在地
潮	うしお		客	1975.08.31	島根	邑智郡美郷町潮村281
石見松原	いわみまつばら		客	1975.08.31	島根	邑智郡美郷町長藤604
石見都賀	いわみつが		客	1975.08.31	島根	邑智郡美郷町都賀本郷300
宇都井	うづい		客	1975.08.31	島根	邑智郡邑南町宇都井1044
伊賀和志	いかわし		客	1975.08.31	広島	三次市作木町伊賀和志214
口羽	くちば		客	1963.06.30	島根	邑智郡邑南町下口羽1300
江平	ごうびら		客	1963.06.30	島根	邑智郡邑南町上田3021
作木口	さくぎぐち		客	1963.06.30	島根	邑智郡邑南町上田3341
香淀	こうよど		客	1963.06.30	広島	三次市作木町門田字下組89
式敷	しきじき		客	1955.03.31	広島	安芸高田市高宮町佐々部七谷2438
信木	のぶき		客	1956.07.10	広島	安芸高田市高宮町佐々部中信木2163
所木	ところぎ		客	1956.07.10	広島	安芸高田市高宮町船木上所木3413
船佐	ふなさ		客	1955.03.31	広島	安芸高田市高宮町船木下場3333
長谷	ながたに		客	1987.04.01	広島	三次市粟屋町字長谷
粟屋	あわや		客	1955.03.31	広島	三次市粟屋町字下津河内3598
尾関山	おぜきやま		客	1955.03.31	広島	三次市三次町1770
(三次)	(芸備線所属)			1955.03.31		

［注］2018.04.01全線廃止予定。

JRグループ　西日本旅客鉄道

駅　名	読み方	範囲	種	開業日	県名	所在地
関西本線（愛称：大和路線＝加茂～JR難波）						

■ 亀山～JR難波
115.0km／1067mm／33駅／1889.05.14開業／普通鉄道／架空線式 直流1500V（加茂～JR難波）・内燃・蒸気

駅　名	読み方	範囲	種	開業日	県名	所在地
（亀山）	（JR東海関西本線所属）			1890.12.25		
関	せき		客	1890.12.25	三重	亀山市関町新所664
加太	かぶと		客	1896.09.21	三重	亀山市加太市場1622
中在家信号場	なかざいけ		信	1928.04.01	三重	N/A
柘植	つげ		客	1890.12.25	三重	伊賀市柘植町
新堂	しんどう		客	1921.07.15	三重	伊賀市新堂中出318
佐那具	さなぐ		客	1897.01.15	三重	伊賀市外山
伊賀上野	いがうえの		客	1897.01.15	三重	伊賀市三田
島ケ原	しまがはら		客	1897.11.11	三重	伊賀市島ヶ原5770
月ケ瀬口	つきがせぐち		客	1951.12.28	京都	相楽郡南山城村大字大河原殿田平尾
大河原	おおかわら		客	1897.11.11	京都	相楽郡南山城村大字大河原字欠ケ原
笠置	かさぎ		客	1897.11.11	京都	相楽郡笠置町大字笠置
加茂	かも		客	1897.11.11	京都	木津川市加茂町駅西1-6-3
木津	きづ		客	1896.04.18	京都	木津川市木津池田116-2
平城山	ならやま		客	1985.12.01	奈良	奈良市佐保台1-840-1
佐保信号場	さほ		信	1984.08.31	奈良	N/A
奈良	なら		客	1890.12.27	奈良	奈良市三条本町1-1
郡山	こおりやま		客	1890.12.27	奈良	大和郡山市高田口町104-1
大和小泉	やまとこいずみ		客	1920.08.25	奈良	大和郡山市小泉町492-3
法隆寺	ほうりゅうじ		客	1890.12.27	奈良	生駒郡斑鳩町興留9-1-1
王寺	おうじ		客	1890.12.27	奈良	北葛城郡王寺町久度2-6-10
三郷	さんごう		客	1980.03.03	奈良	生駒郡三郷町立野南2-10-17
河内堅上	かわちかたかみ		客	1927.04.19	大阪	柏原市青谷488-1
高井田	たかいだ		客	1985.08.29	大阪	柏原市高井田687-3
柏原	かしわら		客	1889.05.14	大阪	柏原市上市1-1-32
志紀	しき		客	1909.04.01	大阪	八尾市志紀町3-7
八尾	やお		客	1889.05.14	大阪	八尾市安中町3-9-15
久宝寺	きゅうほうじ		客	1910.12.01	大阪	八尾市龍華町2-3-1
加美	かみ		客	1909.04.01	大阪	大阪市平野区加美鞍作1-1-37
平野	ひらの		客	1889.05.14	大阪	大阪市平野区平野元町9-12
東部市場前	とうぶしじょうまえ		客	1989.11.11	大阪	大阪市東住吉区杭全1-10-24
天王寺	てんのうじ		客	1889.05.14	大阪	大阪市天王寺区悲田院町10-45
（新今宮）	（大阪環状線所属）			1972.03.15		
今宮	いまみや		客	1899.03.01	大阪	大阪市浪速区大国3-13-13
JR難波	じぇいあーるなんば		客	1889.05.14	大阪	大阪市浪速区湊町1-4-1

［注］天王寺～今宮は大阪環状線と二重戸籍。

草津線

■柘植〜草津
36.7km／1067mm／9駅／1889.12.15開業／普通鉄道／架空線式 直流1500V・内燃・蒸気

駅　名	読み方	範囲	種	開業日	県名	所在地
（柘植）	（関西本線所属）			1890.02.19		
油日	あぶらひ		客	1959.12.15	滋賀	甲賀市甲賀町上野1453
甲賀	こうか		客	1904.03.01	滋賀	甲賀市甲賀町大原市場
寺庄	てらしょう		客	1959.12.25	滋賀	甲賀市甲南町寺庄484-1
甲南	こうなん		客	1890.02.19	滋賀	甲賀市甲南町深川1615
貴生川	きぶかわ		客	1900.12.29	滋賀	甲賀市水口町虫生野875
三雲	みくも		客	1889.12.15	滋賀	湖南市三雲荒川457
甲西	こうせい		客	1981.10.01	滋賀	湖南市平松20-14
石部	いしべ		客	1889.12.15	滋賀	湖南市石部西3-5-35
手原	てはら		客	1922.11.05	滋賀	栗東市手原3-1-30
（草津）	（東海道本線所属）			1889.12.15		

奈良線

■木津〜京都
34.7km／1067mm／17駅／1879.08.18開業／普通鉄道／架空線式 直流1500V・内燃・蒸気

駅　名	読み方	範囲	種	開業日	県名	所在地
（木津）	（関西本線所属）			1896.03.13		
上狛	かみこま		客	1902.05.03	京都	木津川市山城町上狛北野田芝
棚倉	たなくら		客	1896.03.13	京都	木津川市山城町平尾里屋敷
玉水	たまみず		客	1896.01.25	京都	綴喜郡井手町大字井手小字北垣内21
山城多賀	やましろたが		客	1955.07.15	京都	綴喜郡井手町大字多賀小字中垣内49
山城青谷	やましろあおだに		客	1926.02.13	京都	城陽市市辺五島88
長池	ながいけ		客	1896.01.25	京都	城陽市字長池北裏72
城陽	じょうよう		客	1958.07.11	京都	城陽市大字寺田林ノ口7
新田	しんでん		客	1896.01.25	京都	宇治市広野町東裏
JR小倉	じぇいあーるおぐら		客	2001.03.03	京都	宇治市小倉町中畑48-1
宇治	うじ		客	1896.01.25	京都	宇治市宇治字文字16
黄檗	おうばく		客	1961.04.21	京都	宇治市五ケ庄新開18
木幡	こはた		客	1896.01.25	京都	宇治市木幡町大瀬戸
六地蔵	ろくじぞう		客	1992.10.22	京都	宇治市六地蔵奈良町77-1
桃山	ももやま		客	1896.01.25	京都	京都市伏見区桃山町鍋島34
JR藤森	じぇいあーるふじのもり		客	1997.03.08	京都	京都市伏見区深草大亀谷大山町99
稲荷	いなり		客	1879.08.18	京都	京都市伏見区深草稲荷御前町
東福寺	とうふくじ		客	1957.12.27	京都	京都市東山区本町12-224
（京都）	（東海道本線所属）			1879.08.18		

駅　名	読み方	範囲	種	開業日	県名	所在地

桜井線（愛称：万葉まほろば線）

■奈良〜高田
29.4km／1067mm／12駅／1893.05.23開業／普通鉄道／架空線式 直流1500V・内燃・蒸気

駅名	読み方	範囲	種	開業日	県名	所在地
（奈良）	（関西本線所属）			1899.10.14		
京終	きょうばて		客	1898.05.11	奈良	奈良市南京終町211
帯解	おびとけ		客	1898.05.11	奈良	奈良市今市町1-250
櫟本	いちのもと		客	1898.05.11	奈良	天理市櫟本町瓦釜1418
天理	てんり		客	1898.05.11	奈良	天理市川原城町816
長柄	ながら		客	1914.08.20	奈良	天理市兵庫町176-3
柳本	やなぎもと		客	1898.05.11	奈良	天理市柳本町1306
巻向	まきむく		客	1955.08.01	奈良	桜井市大字辻36
三輪	みわ		客	1898.05.11	奈良	桜井市大字三輪
桜井	さくらい		客	1893.05.23	奈良	桜井市桜井191-1
香久山	かぐやま		客	1913.04.21	奈良	橿原市出垣内町51
畝傍	うねび		客	1893.05.23	奈良	橿原市八木町2-1
金橋	かなはし		客	1913.04.21	奈良	橿原市曲川町
（高田）	（和歌山線所属）			1893.05.23		

片町線（愛称：学研都市線）

■木津〜京橋
44.8km／1067mm／22駅／1895.08.22開業／普通鉄道／架空線式 直流1500V・内燃・蒸気
第2種鉄道事業＝日本貨物鉄道（徳庵〜鴫野）

駅名	読み方	範囲	種	開業日	県名	所在地
（木津）	（関西本線所属）			1898.09.16		
西木津	にしきづ		客	1952.12.01	京都	木津川市相楽川ノ尻55
祝園	ほうその		客	1898.06.04	京都	相楽郡精華町大字祝園小字長塚
下狛	しもこま		客	1952.12.01	京都	相楽郡精華町大字下狛小字下新庄
JR三山木	じぇいあーるみやまき		客	1952.12.01	京都	京田辺市三山木高飛4
同志社前	どうししゃまえ		客	1986.04.01	京都	京田辺市三山木垣ノ内61
京田辺	きょうたなべ		客	1898.06.04	京都	京田辺市田辺久戸2-1
大住	おおすみ		客	1952.12.01	京都	京田辺市大住丸山17
松井山手	まついやまて		客	1989.03.11	京都	京田辺市山手中央70
長尾	ながお		客	1898.04.12	大阪	枚方市長尾元町5-21-1
藤阪	ふじさか		客	1979.10.01	大阪	枚方市藤阪南町2-1
津田	つだ		客	1898.04.12	大阪	枚方市津田駅前1-27
河内磐船	かわちいわふね		客	1935.12.02	大阪	交野市森南1-6
星田	ほしだ		客	1898.07.01	大阪	交野市星田5-11-5

駅　　名	読み方	範囲	種	開業日	県名	所　在　地
東寝屋川	ひがしねやがわ		客	1979.10.01	大阪	寝屋川市打上元町14-1
忍ケ丘	しのぶがおか		客	1953.05.01	大阪	四條畷市岡山東1-10-8
四条畷	しじょうなわて		客	1895.08.22	大阪	大東市学園町1-50
野崎	のざき		客	1912.04.21	大阪	大東市野崎1-1
住道	すみのどう		客	1895.08.22	大阪	大東市住道2-3-1
鴻池新田	こうのいけしんでん		客	1912.04.21	大阪	東大阪市西鴻池町1-1
徳庵 囲〔JR貨物〕	とくあん		客貨	1895.08.22	大阪	東大阪市稲田上町1-1-19
放出	はなてん		客	1895.08.22	大阪	大阪市鶴見区放出東3-21-52
鴫野	しぎの		客	1933.09.01	大阪	大阪市城東区鴫野西5-2-20
(京橋)	(大阪環状線所属)			1913.11.15		

■ 正覚寺信号場～平野 ……………………………………………………………
1.5km／1067mm／0駅／1931.08.10開業／普通鉄道／架空線式 直流1500V・内燃・蒸気
第2種鉄道事業＝日本貨物鉄道（正覚寺信号場～平野）

(正覚寺信号場)	(おおさか東線所属)			2008.03.09		
(平野)	(関西本線所属)			1931.08.10		

■ 放出～吹田貨物ターミナル ……………………………………………………
12.2km／1067mm／0駅／1931.08.10開業／普通鉄道／架空線式 直流1500V・内燃・蒸気
第2種鉄道事業＝日本貨物鉄道（放出～吹田貨物ターミナル）

(放出)	(片町線所属)			1931.08.10		
(鴫野)	(片町線所属)			1933.09.01		
(吹田)	(東海道本線所属)			1931.08.10		
(吹田貨物ターミナル)	(東海道本線所属)			2012.10.08		

［注］放出～鴫野は片町線本線と二重戸籍。

おおさか東線

■ 放出～久宝寺 ……………………………………………………………………
9.2km／1067mm／6駅／2008.03.15開業／普通鉄道／架空線式 直流1500V・内燃・蒸気
第2種鉄道事業＝日本貨物鉄道（放出～久宝寺）〔第3種鉄道事業＝大阪外環状鉄道（放出～久宝寺）〕

(放出)	(片町線所属)			2008.03.15		
高井田中央	たかいだちゅうおう		客	2008.03.15	大阪	東大阪市川俣1-1-1
JR河内永和	じぇいあーるかわちえいわ		客	2008.03.15	大阪	東大阪市永和1-1-21
JR俊徳道	じぇいあーるしゅんとくみち		客	2008.03.15	大阪	東大阪市永和1-24-15
JR長瀬	じぇいあーるながせ		客	2008.03.15	大阪	東大阪市長瀬町3-8-41
正覚寺信号場	しょうかくじ		信	2008.03.09	大阪	N/A
新加美	しんかみ		客	2008.03.15	大阪	大阪市平野区加美東4-9-27
(久宝寺)	(関西本線所属)			2008.03.15		

和歌山線
わかやません

■ 王寺〜和歌山
87.5km／1067mm／34駅／1891.03.01開業／普通鉄道／架空線式 直流1500V・内燃・蒸気

駅名	読み方	範囲	種	開業日	県名	所在地
(王寺)	(関西本線所属)			1891.03.01		
畠田	はたけだ		客	1955.12.27	奈良	北葛城郡王寺町畠田3-9
志都美	しずみ		客	1955.12.27	奈良	香芝市上中188
香芝	かしば		客	1891.03.01	奈良	香芝市下田西1-1
JR五位堂	じぇいあーるごいどう		客	2004.03.13	奈良	香芝市五位堂6-55
高田	たかだ		客	1891.03.01	奈良	大和高田市高砂町1
大和新庄	やまとしんじょう		客	1896.05.10	奈良	葛城市北花内676-1
御所	ごせ		客	1896.05.10	奈良	御所市153-2
玉手	たまで		客	1989.03.11	奈良	御所市大字玉手字畑田129-7
掖上	わきがみ		客	1896.05.10	奈良	御所市柏原上方723
吉野口	よしのぐち		客	1896.05.10	奈良	御所市古瀬442
北宇智	きたうち		客	1896.10.25	奈良	五條市住川町589-4
五条	ごじょう		客	1896.10.25	奈良	五條市須恵3-1-9
大和二見	やまとふたみ		客	1902.06.03	奈良	五條市二見3-1-1
隅田	すだ		客	1898.04.11	和歌山	橋本市隅田町芋生141
下兵庫	しもひょうご		客	1968.10.01	和歌山	橋本市隅田町下兵庫
橋本	はしもと		客	1898.04.11	和歌山	橋本市古佐田1-4-51
紀伊山田	きいやまだ		客	1952.10.01	和歌山	橋本市神野々大道南
高野口	こうやぐち		客	1901.03.29	和歌山	橋本市高野口町名倉826
中飯降	なかいぶり		客	1957.05.01	和歌山	伊都郡かつらぎ町中飯降231-2
妙寺	みょうじ		客	1900.11.25	和歌山	伊都郡かつらぎ町新田2227
大谷	おおたに		客	1952.10.01	和歌山	伊都郡かつらぎ町大谷
笠田	かせだ		客	1900.11.25	和歌山	伊都郡かつらぎ町笠田東20-13
西笠田	にしかせだ		客	1952.10.01	和歌山	伊都郡かつらぎ町高田
名手	なて		客	1901.10.01	和歌山	紀の川市名手市場208
粉河	こかわ		客	1900.11.25	和歌山	紀の川市粉河870
紀伊長田	きいながた		客	1938.07.15	和歌山	紀の川市深田110-1
打田	うちた		客	1900.08.24	和歌山	紀の川市打田1242-4
下井阪	しもいさか		客	1938.07.15	和歌山	紀の川市下井阪553-1
岩出	いわで		客	1902.03.01	和歌山	岩出市高塚55
船戸	ふなと		客	1899.01.01	和歌山	岩出市船戸204-1
紀伊小倉	きいおぐら		客	1938.07.15	和歌山	和歌山市小倉481-4
布施屋	ほしや		客	1899.10.01	和歌山	和歌山市布施屋638-3
千旦	せんだ		客	1952.10.01	和歌山	和歌山市関戸485-1
田井ノ瀬	たいのせ		客	1898.05.04	和歌山	和歌山市岩橋671-1
(和歌山)	(紀勢本線所属)			1963.01.01		

阪和線

■ 天王寺～和歌山
61.3km／1067mm／33駅／1929.07.18開業／普通鉄道／架空線式　直流1500V・内燃・蒸気

駅名	読み方	範囲	種	開業日	県名	所在地
（天王寺）	（関西本線所属）			1929.07.18		
美章園	びしょうえん		客	1931.06.03	大阪	大阪市阿倍野区美章園2-18-14
南田辺	みなみたなべ		客	1929.07.18	大阪	大阪市阿倍野区長池町4-10
鶴ケ丘	つるがおか		客	1938.05.22	大阪	大阪市阿倍野区西田辺町2-3-18
長居	ながい		客	1929.07.18	大阪	大阪市住吉区長居東4-3-52
我孫子町	あびこちょう		客	1930.12.06	大阪	大阪市住吉区我孫子3-14-18
杉本町	すぎもとちょう		客	1929.07.18	大阪	大阪市住吉区杉本3-2-73
浅香	あさか		客	1937.09.03	大阪	堺市堺区浅香山町3丁9-1
堺市	さかいし		客	1932.02.02	大阪	堺市堺区東雲西町1丁1
三国ケ丘	みくにがおか		客	1942.02.15	大阪	堺市堺区向陵中町2丁7
百舌鳥	もず		客	1929.07.18	大阪	堺市堺区百舌鳥夕雲町2丁166
上野芝	うえのしば		客	1929.07.18	大阪	堺市西区上野芝町3丁1
津久野	つくの		客	1960.09.01	大阪	堺市西区津久野町1丁2
鳳	おおとり		客	1929.07.18	大阪	堺市西区鳳東町1丁125
富木	とのき		客	1940.06.12	大阪	高石市取石2-1-3
北信太	きたしのだ		客	1932.02.02	大阪	和泉市太町61-29
信太山	しのだやま		客	1929.07.18	大阪	和泉市池上町1-6-17
和泉府中	いずみふちゅう		客	1929.07.18	大阪	和泉市府中町1-1-18
久米田	くめだ		客	1930.06.16	大阪	岸和田市大町373-2
下松	しもまつ		客	1984.04.01	大阪	岸和田市下松町3-3-1
東岸和田	ひがしきしわだ		客	1930.06.16	大阪	岸和田市土生町2072
東貝塚	ひがしかいづか		客	1934.09.24	大阪	貝塚市半田1-1-1
和泉橋本	いずみはしもと		客	1930.06.16	大阪	貝塚市橋本33
東佐野	ひがしさの		客	1939.01.09	大阪	泉佐野市泉ヶ丘1-1
熊取	くまとり		客	1930.06.16	大阪	泉佐野郡熊取町大久保中1-17-1
日根野	ひねの		客	1930.06.16	大阪	泉佐野市日根野4035
長滝	ながたき		客	1930.06.16	大阪	泉佐野市長滝1141
新家	しんげ		客	1930.06.16	大阪	泉南市新家2959-3
和泉砂川	いずみすながわ		客	1930.06.16	大阪	泉南市信達牧野165
和泉鳥取	いずみとっとり		客	1963.04.01	大阪	阪南市鳥取1069
山中渓	やまなかだに		客	1930.06.16	大阪	阪南市山中渓134
紀伊	きい		客	1930.06.16	和歌山	和歌山市北野441
六十谷	むそた		客	1930.06.16	和歌山	和歌山市六十谷351
紀伊中ノ島	きいなかのしま		客	1932.01.01	和歌山	和歌山市中之島391-4
（和歌山）	（紀勢本線所属）			1930.06.16		

■鳳〜東羽衣　………………………………………………………………………………………
1.7km／1067mm／1駅／1929.07.18開業／普通鉄道／架空線式 直流1500V・内燃・蒸気

駅　　名	読 み 方	範囲	種	開業日	県名	所 在 地
（鳳）	（阪和線所属）			1929.07.18		
東羽衣	ひがしはごろも		客	1929.07.18	大阪	高石市東羽衣1-18-49

関西空港線

■日根野〜関西空港　………………………………………………………………………………
11.1km／1067mm／2駅／1994.06.15開業／普通鉄道／架空線式 直流1500V・内燃
第2種鉄道事業（りんくうタウン〜関西空港）〔第3種鉄道事業＝新関西国際空港（りんくうタウン〜関西空港）〕

駅　　名	読 み 方	範囲	種	開業日	県名	所 在 地
（日根野）	（阪和線所属）			1994.06.15		
りんくうタウン	りんくうたうん		客	1994.06.15	大阪	泉佐野市りんくう往来北1
関西空港	かんさいくうこう		客	1994.06.15	大阪	泉南郡田尻町泉州空港中1

［注］りんくうタウン〜関西空港は南海電気鉄道空港線と線路を共用。

駅　　名	読み方	範囲	種	開業日	県名	所　在　地

紀勢本線

■ 新宮〜和歌山市
204.0km／1067㎜／57駅／1903.03.21開業／普通鉄道／架空線式 直流1500V・内燃・蒸気

駅名	読み方	範囲	種	開業日	県名	所在地
新宮	しんぐう		客	1938.05.20	和歌山	新宮市徐福2-1-1
三輪崎	みわさき		客	1912.12.04	和歌山	新宮市三輪崎1-5-30
紀伊佐野	きいさの		客	1913.03.01	和歌山	新宮市佐野3-9-2
宇久井	うくい		客	1912.12.04	和歌山	東牟婁郡那智勝浦町宇久井62-4
那智	なち		客	1912.12.04	和歌山	東牟婁郡那智勝浦町浜ノ宮382
紀伊天満	きいてんま		客	1912.12.04	和歌山	東牟婁郡那智勝浦町天満415-3
紀伊勝浦	きいかつうら		客	1912.12.04	和歌山	東牟婁郡那智勝浦町築地6-1-1
湯川	ゆかわ		客	1935.07.18	和歌山	東牟婁郡那智勝浦町二河1596
太地	たいじ		客	1935.07.18	和歌山	東牟婁郡太地町森浦248-1
下里	しもさと		客	1935.07.18	和歌山	東牟婁郡那智勝浦町下里662
紀伊浦神	きいうらがみ		客	1936.12.11	和歌山	東牟婁郡那智勝浦町浦神375-6
紀伊田原	きいたはら		客	1936.12.11	和歌山	東牟婁郡串本町田原219
古座	こざ		客	1936.12.11	和歌山	東牟婁郡串本町西向232
紀伊姫	きいひめ		客	1936.12.11	和歌山	東牟婁郡串本町姫字ゴウラ615-5
串本	くしもと		客	1936.12.11	和歌山	東牟婁郡串本町串本33-2
紀伊有田	きいありた		客	1940.08.08	和歌山	東牟婁郡串本町有田469
田並	たなみ		客	1940.08.08	和歌山	東牟婁郡串本町田並1550
田子	たこ		客	1954.11.15	和歌山	東牟婁郡串本町和深2954
和深	わぶか		客	1940.08.08	和歌山	東牟婁郡串本町和深800-5
江住	えすみ		客	1938.09.07	和歌山	西牟婁郡すさみ町江住912-4
見老津	みろづ		客	1938.09.07	和歌山	西牟婁郡すさみ町見老津41-6
双子山信号場	ふたごやま	—	信	1965.02.27	和歌山	N/A
周参見	すさみ		客	1936.10.30	和歌山	西牟婁郡すさみ町周参見4296
紀伊日置	きいひき		客	1936.10.30	和歌山	西牟婁郡白浜町矢田159-2
椿	つばき		客	1935.03.29	和歌山	西牟婁郡白浜町椿330-4
紀伊富田	きいとんだ		客	1933.12.20	和歌山	西牟婁郡白浜町栄609-2
白浜	しらはま		客	1933.12.20	和歌山	西牟婁郡白浜町堅田1475
朝来	あっそ		客	1933.12.20	和歌山	西牟婁郡上富田町朝来1362-2
紀伊新庄	きいしんじょう		客	1933.12.20	和歌山	田辺市新庄町472-2
紀伊田辺	きいたなべ		客	1932.11.08	和歌山	田辺市湊塔ノ内953-1
芳養	はや		客	1932.11.08	和歌山	田辺市芳養松原2-25-19
南部	みなべ		客	1931.09.21	和歌山	日高郡みなべ町芝371-2
岩代	いわしろ		客	1931.09.21	和歌山	日高郡みなべ町西岩代199-2
切目	きりめ		客	1931.09.21	和歌山	日高郡印南町島田1039-2
印南	いなみ		客	1930.12.14	和歌山	日高郡印南町印南2645-2

駅　名	読み方	範囲	種	開業日	県名	所　在　地
稲原	いなはら		客	1930.12.14	和歌山	日高郡印南町印南原1047-2
和佐	わさ		客	1930.12.14	和歌山	日高郡日高川町和佐1426-2
道成寺	どうじょうじ		客	1930.12.14	和歌山	御坊市藤田町藤井1865-4
御坊	ごぼう		客	1929.04.21	和歌山	御坊市湯川町小松原414-2
紀伊内原	きいうちはら		客	1929.04.21	和歌山	日高郡日高町萩原843-2
紀伊由良	きいゆら		客	1928.10.28	和歌山	日高郡由良町里466-2
広川ビーチ	ひろかわびーち		客	1993.03.14	和歌山	有田郡広川町山本969
湯浅	ゆあさ		客	1927.08.14	和歌山	有田郡湯浅町湯浅1100
藤並	ふじなみ		客	1926.08.08	和歌山	有田郡有田川町大字明王寺37-1
紀伊宮原	きいみやはら		客	1925.12.11	和歌山	有田市宮原町滝川原336
箕島	みのしま		客	1924.02.28	和歌山	有田市箕島893
初島	はつしま		客	1938.12.15	和歌山	有田市初島町浜1395
下津	しもつ		客	1924.08.20	和歌山	海南市下津町下津756-8
加茂郷	かもごう		客	1924.02.28	和歌山	海南市下津町黒田45-2
冷水浦	しみずうら		客	1938.12.15	和歌山	海南市冷水318-1
海南	かいなん		客	1924.02.28	和歌山	海南市名高187-8
黒江	くろえ		客	1966.11.01	和歌山	海南市岡田横山608-5
紀三井寺	きみいでら		客	1924.02.28	和歌山	和歌山市三葛107
宮前	みやまえ		客	1955.04.01	和歌山	和歌山市北中島1-45-3
和歌山 [JR貨物]	わかやま		客貨	1924.02.28	和歌山	和歌山市美園町5-61
紀和	きわ		客	1903.03.21	和歌山	和歌山市中之島803-1
和歌山市	わかやまし		客	1903.03.21	和歌山	和歌山市西蔵前3-1

# 四国旅客鉄道

- 本　　社　〒760-8580 香川県高松市浜ノ町8番33号
- 設　　立　1987.04.01
- 路　　線　本四備讃線、予讃線、内子線、予土線、高徳線、鳴門線、徳島線、牟岐線、土讃線
- 営業キロ　第1種鉄道事業＝855.2km（261駅）

駅　名	読み方	範囲	種	開業日	県名	所在地

本四備讃線（愛称：瀬戸大橋線）

■児島〜宇多津

18.1km／1067mm／0駅／1988.04.10開業／普通鉄道／架空線式 直流1500V・内燃・蒸気
第2種鉄道事業＝日本貨物鉄道（児島〜宇多津）

駅名	読み方	範囲	種	開業日	県名	所在地
（児島）		（JR西日本本四備讃線所属）		1988.04.10		
（宇多津）		（予讃線所属）		1988.04.10		

予讃線（愛称：瀬戸大橋線＝高松〜宇多津）

■高松〜宇和島

297.6km／1067mm／90駅／1889.05.23開業／普通鉄道／架空線式 直流1500V（高松〜伊予市）・内燃・蒸気
第2種鉄道事業＝日本貨物鉄道（高松〜伊予横田）

駅名	読み方	範囲	種	開業日	県名	所在地
高松 囲[JR貨物]	たかまつ		客貨	1897.02.21	香川	高松市浜ノ町
香西	こうざい		客	1952.01.27	香川	高松市鶴市町
高松貨物ターミナル 囲[JR貨物]	たかまつかもつたーみなる		貨	2000.08.16	香川	高松市香西南町347-2
鬼無	きなし		客	1897.02.21	香川	高松市鬼無町佐藤
端岡	はしおか		客	1897.02.21	香川	高松市国分寺町新居
国分	こくぶ		客	1897.02.21	香川	高松市国分寺町国分
讃岐府中	さぬきふちゅう		客	1952.01.27	香川	坂出市府中町
鴨川	かもがわ		客	1897.02.21	香川	坂出市府中町
八十場	やそば		客	1952.01.27	香川	坂出市西庄町
坂出	さかいで		客	1897.02.21	香川	坂出市元町1
宇多津	うたづ		客	1897.02.21	香川	綾歌郡宇多津町浜五番丁
丸亀	まるがめ		客	1889.05.23	香川	丸亀市新町
讃岐塩屋	さぬきしおや		客	1952.01.27	香川	丸亀市塩屋町3
多度津 囲[JR貨物]	たどつ		客貨	1889.05.23	香川	仲多度郡多度津町栄町3
海岸寺	かいがんじ		客	1913.12.20	香川	仲多度郡多度津町西白方
津島ノ宮 臨	つしまのみや		客 臨	1915.05.07	香川	三豊市三野町大見

駅　名	読　み　方	範囲	種	開業日	県名	所　在　地
詫間	たくま		客	1913.12.20	香川	三豊市詫間町松崎字浜
みの	みの		客	1952.01.27	香川	三豊市三野町下高瀬
高瀬	たかせ		客	1913.12.20	香川	三豊市高瀬町新名
比地大	ひじだい		客	1957.10.01	香川	三豊市豊中町比地大
本山	もとやま		客	1913.12.20	香川	三豊市豊中町岡本
観音寺	かんおんじ		客	1913.12.20	香川	観音寺市栄町
豊浜	とよはま		客	1916.04.01	香川	観音寺市豊浜町姫浜
箕浦	みのうら		客	1916.04.01	香川	観音寺市豊浜町箕浦
川之江	かわのえ		客	1916.04.01	愛媛	四国中央市川之江町
伊予三島 困[JR貨物]	いよみしま		客貨	1917.09.16	愛媛	四国中央市三島中央3
伊予寒川	いよさんがわ		客	1933.04.01	愛媛	四国中央市寒川町
赤星	あかぼし		客	1960.03.01	愛媛	四国中央市土居町津根
伊予土居	いよどい		客	1919.09.01	愛媛	四国中央市土居町土居
関川	せきがわ		客	1961.04.15	愛媛	四国中央市土居町北野
多喜浜	たきはま		客	1921.06.21	愛媛	新居浜市又野1-3
新居浜 困[JR貨物]	にいはま		客貨	1921.06.21	愛媛	新居浜市坂井町
中萩	なかはぎ		客	1921.09.21	愛媛	新居浜市大生院
伊予西条	いよさいじょう		客	1921.06.21	愛媛	西条市大町福森
石鎚山	いしづちやま		客	1929.07.02	愛媛	西条市西田甲
伊予氷見	いよひみ		客	1961.06.01	愛媛	西条市氷見乙
伊予小松	いよこまつ		客	1923.05.01	愛媛	西条市小松町新屋敷
玉之江	たまのえ		客	1963.02.01	愛媛	西条市石田
壬生川	にゅうがわ		客	1923.05.01	愛媛	西条市三津屋
伊予三芳	いよみよし		客	1923.10.01	愛媛	西条市三芳
伊予桜井	いよさくらい		客	1923.12.21	愛媛	今治市郷桜井2-5
伊予富田	いよとみた		客	1924.02.11	愛媛	今治市上徳
今治	いまばり		客	1924.02.11	愛媛	今治市北宝来町1
波止浜	はしはま		客	1924.12.01	愛媛	今治市高部
波方	なみかた		客	1960.03.01	愛媛	今治市波方町樋口
大西	おおにし		客	1924.12.01	愛媛	今治市大西町新町
伊予亀岡	いよかめおか		客	1925.06.21	愛媛	今治市菊間町佐方
菊間	きくま		客	1925.06.21	愛媛	今治市菊間町浜
浅海	あさなみ		客	1926.03.28	愛媛	松山市浅海本谷
大浦	おおうら		客	1991.03.16	愛媛	松山市大浦
伊予北条	いよほうじょう		客	1926.03.28	愛媛	松山市北条辻416-5
柳原	やなぎはら		客	1961.06.01	愛媛	松山市府中
粟井	あわい		客	1927.04.03	愛媛	松山市鹿峰
光洋台	こうようだい		客	1986.11.01	愛媛	松山市小川
堀江	ほりえ		客	1927.04.03	愛媛	松山市堀江町
伊予和気	いよわけ		客	1927.04.03	愛媛	松山市和気町1

JRグループ　四国旅客鉄道

駅　　名	読　み　方	範囲	種	開業日	県名	所　在　地
三津浜	みつはま	客		1927.04.03	愛媛	松山市会津町1
松山貨[JR貨物]	まつやま	客貨		1927.04.03	愛媛	松山市南江戸1
市坪	いちつぼ	客		1964.10.01	愛媛	松山市市坪西町
北伊予	きたいよ	客		1930.02.27	愛媛	伊予郡松前町神崎
伊予横田	いよよこた	客		1961.04.15	愛媛	伊予郡松前町横田
鳥ノ木	とりのき	客		1986.11.01	愛媛	伊予市下吾川
伊予市	いよし	客		1930.02.27	愛媛	伊予市米湊
向井原	むかいばら	客		1963.10.01	愛媛	伊予市中村
高野川	こうのかわ	客		1963.02.01	愛媛	伊予市双海町高野川
伊予上灘	いよかみなだ	客		1932.12.01	愛媛	伊予市双海町高岸
下灘	しもなだ	客		1935.06.09	愛媛	伊予市双海町串
串	くし	客		1964.10.01	愛媛	伊予市双海町串
喜多灘	きたなだ	客		1935.10.06	愛媛	伊予市双海町串
伊予長浜	いよながはま	客		1918.02.14	愛媛	大洲市長浜
伊予出石	いよいずし	客		1918.02.14	愛媛	大洲市長浜町上老松
伊予白滝	いよしらたき	客		1928.07.16	愛媛	大洲市白滝
八多喜	はたき	客		1918.02.14	愛媛	大洲市八多喜町
春賀	はるか	客		1961.10.20	愛媛	大洲市春賀
五郎	ごろう	客		1918.02.14	愛媛	大洲市五郎
伊予若宮信号場	いよわかみや	―	信	1986.03.03	愛媛	N/A
伊予大洲	いよおおず	客		1918.02.14	愛媛	大洲市中村
西大洲	にしおおず	客		1961.10.20	愛媛	大洲市阿蔵
伊予平野	いよひらの	客		1936.09.19	愛媛	大洲市平野町野田
千丈	せんじょう	客		1939.02.06	愛媛	八幡浜市郷
八幡浜	やわたはま	客		1939.02.06	愛媛	八幡浜市江戸岡1
双岩	ふたいわ	客		1945.06.20	愛媛	八幡浜市若山
伊予石城	いよいわき	客		1945.06.20	愛媛	西予市宇和町岩木
上宇和	かみうわ	客		1945.06.20	愛媛	西予市宇和町下松葉
卯之町	うのまち	客		1941.07.02	愛媛	西予市宇和町卯之町2
下宇和	しもうわ	客		1941.07.02	愛媛	西予市宇和町皆田
立間	たちま	客		1941.07.02	愛媛	宇和島市吉田町立間
伊予吉田	いよよしだ	客		1941.07.02	愛媛	宇和島市吉田町立間尻
高光	たかみつ	客		1941.07.02	愛媛	宇和島市高串
北宇和島	きたうわじま	客		1941.07.02	愛媛	宇和島市伊吹町
宇和島	うわじま	客		1941.07.02	愛媛	宇和島市錦町

■ 向井原～内子
23.5km／1067mm／3駅／1986.03.03開業／普通鉄道／内燃・蒸気

駅名	読み方	範囲	種	開業日	県名	所在地
（向井原）	（予讃線所属）			1986.03.03		
伊予大平	いよおおひら	客		1986.03.03	愛媛	伊予市大平

駅　名	読み方	範囲	種	開業日	県名	所在地
伊予中山	いよなかやま		客	1986.03.03	愛媛	伊予市中山町中山
伊予立川	いよたちかわ		客	1986.03.03	愛媛	喜多郡内子町立山
(内子)	(内子線所属)			1986.03.03		

■伊予大洲〜新谷 ………………………………………………………………………………………………
5.9km／1067mm／0 駅／1986.03.03開業／普通鉄道／内燃・蒸気

(伊予大洲)	(予讃線所属)			1986.03.03		
(伊予若宮信号場)	(予讃線所属)			1986.03.03		
(新谷)	(内子線所属)			1986.03.03		

内子線

■新谷〜内子 ………………………………………………………………………………………………
5.3km／1067mm／4 駅／1920.05.01開業／普通鉄道／内燃

新谷	にいや		客	1920.05.01	愛媛	大洲市新谷
喜多山	きたやま		客	1920.05.01	愛媛	大洲市新谷
五十崎	いかざき		客	1920.05.01	愛媛	喜多郡内子町五十崎
内子	うちこ		客	1920.05.01	愛媛	喜多郡内子町大字内子

予土線 (愛称：しまんとグリーンライン)

■若井〜北宇和島 ………………………………………………………………………………………………
76.3km／1067mm／19駅／1914.10.18開業／普通鉄道／内燃・蒸気

若井	わかい		客	1974.03.01	高知	高岡郡四万十町若井
(川奥信号場)	(土佐くろしお鉄道所属)			1974.03.01		
家地川	いえぢがわ		客	1974.03.01	高知	高岡郡四万十町家地川
打井川	うついがわ		客	1974.03.01	高知	高岡郡四万十町打井川
土佐大正	とさたいしょう		客	1974.03.01	高知	高岡郡四万十町大正
土佐昭和	とさしょうわ		客	1974.03.01	高知	高岡郡四万十町昭和
十川	とおかわ		客	1974.03.01	高知	高岡郡四万十町十川
半家	はげ		客	1974.03.01	高知	四万十市西土佐半家
江川崎	えかわさき		客	1953.03.26	高知	四万十市西土佐江川崎
西ケ方	にしがほう		客	1953.03.26	高知	四万十市西土佐西ケ方
真土	まつち		客	1960.10.01	愛媛	北宇和郡松野町蕨生
吉野生	よしのぶ		客	1923.12.12	愛媛	北宇和郡松野町吉野
松丸	まつまる		客	1923.12.12	愛媛	北宇和郡松野町松丸
出目	いずめ		客	1923.12.12	愛媛	北宇和郡鬼北町出目
近永	ちかなが		客	1914.10.18	愛媛	北宇和郡鬼北町近永

駅　名	読み方	範囲	種	開業日	県名	所在地
深田	ふかた		客	1914.10.18	愛媛	北宇和郡鬼北町内深田
大内	おおうち		客	1914.10.18	愛媛	宇和島市三間町古藤田
二名	ふたな		客	1914.10.18	愛媛	宇和島市三間町中野中
伊予宮野下	いよみやのした		客	1914.10.18	愛媛	宇和島市三間町宮野下
務田	むでん		客	1914.10.18	愛媛	宇和島市三間町迫目
(北宇和島)	(予讃線所属)			1941.07.02		

高徳線

■ 高松〜徳島
74.5km／1067mm／27駅／1916.07.01開業／普通鉄道／内燃

駅名	読み方	範囲	種	開業日	県名	所在地
(高松)	(予讃線所属)			1925.08.01		
昭和町	しょうわちょう		客	1987.03.23	香川	高松市昭和町2
栗林公園北口	りつりんこうえんきたぐち		客	1986.11.01	香川	高松市中野町
栗林	りつりん		客	1925.12.21	香川	高松市藤塚町3
木太町	きたちょう		客	1986.11.01	香川	高松市木太町
屋島	やしま		客	1925.08.01	香川	高松市高松町帰来
古高松南	ふるたかまつみなみ		客	1986.11.01	香川	高松市高松町
八栗口	やくりぐち		客	1961.09.01	香川	高松市牟礼町牟礼
讃岐牟礼	さぬきむれ		客	1986.11.01	香川	高松市牟礼町大町
志度	しど		客	1925.08.01	香川	さぬき市志度
オレンジタウン	おれんじたうん		客	1998.03.14	香川	さぬき市志度
造田	ぞうだ		客	1926.03.21	香川	さぬき市造田野間田
神前	かんざき		客	1952.01.27	香川	さぬき市寒川町神前
讃岐津田	さぬきつだ		客	1926.03.21	香川	さぬき市津田町津田
鶴羽	つるわ		客	1961.10.01	香川	さぬき市津田町鶴羽
丹生	にぶ		客	1928.04.15	香川	東かがわ市土居
三本松	さんぼんまつ		客	1928.04.15	香川	東かがわ市三本松
讃岐白鳥	さぬきしろとり		客	1928.04.15	香川	東かがわ市松原
引田	ひけた		客	1928.04.15	香川	東かがわ市引田
讃岐相生	さぬきあいおい		客	1935.03.20	香川	東かがわ市南野
阿波大宮	あわおおみや		客	1935.03.20	徳島	板野郡板野町大坂川東
板野	いたの		客	1923.02.15	徳島	板野郡板野町大寺字平田
阿波川端	あわかわばた		客	1927.07.15	徳島	板野郡板野町川端中坪
板東	ばんどう		客	1923.02.15	徳島	鳴門市大麻町板東辻見堂
池谷	いけのたに		客	1916.07.01	徳島	鳴門市大麻町池谷柳の本
勝瑞	しょうずい		客	1916.07.01	徳島	板野郡藍住町勝瑞東勝地
吉成	よしなり		客	1916.07.01	徳島	徳島市応神町吉成轟
(佐古)	(徳島線所属)			1935.03.20		
徳島 貨 [JR貨物]	とくしま		客貨	1961.04.01	徳島	徳島市寺島本町西1

駅　名	読み方	範囲	種	開業日	県名	所在地

鳴門線

■ 池谷〜鳴門
8.5km／1067mm／6駅／1916.07.01開業／普通鉄道／内燃

駅　名	読み方	範囲	種	開業日	県名	所在地
(池谷)	(高徳線所属)			1916.07.01		
阿波大谷	あわおおたに		客	1961.04.15	徳島	鳴門市大麻町大谷前場
立道	たつみち		客	1916.07.01	徳島	鳴門市大麻町姫田新田
教会前	きょうかいまえ		客	1927〜30	徳島	鳴門市撫養町木津
金比羅前	こんぴらまえ		客	1916.07.01	徳島	鳴門市撫養町木津
撫養	むや		客	1916.07.01	徳島	鳴門市撫養町南浜権現
鳴門	なると		客	1928.01.18	徳島	鳴門市撫養町小桑島

徳島線 (愛称：よしの川ブルーライン)

■ 佃〜佐古
67.5km／1067mm／23駅／1899.02.16開業／普通鉄道／内燃・蒸気

駅　名	読み方	範囲	種	開業日	県名	所在地
(佃)	(土讃線所属)			1962.07.18		
辻	つじ		客	1914.03.25	徳島	三好市井川町御領田
阿波加茂	あわかも		客	1914.03.25	徳島	三好郡東みよし町加茂
三加茂	みかも		客	1961.12.15	徳島	三好郡東みよし町中庄
江口	えぐち		客	1914.03.25	徳島	三好郡東みよし町中庄
阿波半田	あわはんだ		客	1914.03.25	徳島	美馬郡つるぎ町半田
貞光	さだみつ		客	1914.03.25	徳島	美馬郡つるぎ町貞光馬出
小島	おしま		客	1914.03.25	徳島	美馬市穴吹町三島小島
穴吹	あなぶき		客	1914.03.25	徳島	美馬市穴吹町穴吹
川田	かわた		客	1914.03.25	徳島	吉野川市山川町川田
阿波山川	あわやまかわ		客	1900.08.07	徳島	吉野川市山川町湯立
山瀬	やませ		客	1899.12.23	徳島	吉野川市山川町西久保
学	がく		客	1899.12.23	徳島	吉野川市川島町学吉本
阿波川島	あわかわしま		客	1899.08.19	徳島	吉野川市川島町川島
西麻植	にしおえ		客	1899.10.05	徳島	吉野川市鴨島町西麻植麻植市
鴨島	かもじま		客	1899.02.16	徳島	吉野川市鴨島町鴨島
麻植塚	おえづか		客	1934.09.20	徳島	吉野川市鴨島町牛島
牛島	うしのしま		客	1899.02.16	徳島	吉野川市鴨島町牛島
下浦	しもうら		客	1934.09.20	徳島	名西郡石井町浦庄下浦
石井	いしい		客	1899.02.16	徳島	名西郡石井町石井石井
府中	こう		客	1899.02.16	徳島	徳島市国府町府中
鮎喰	あくい		客	1986.11.01	徳島	徳島市庄町5

駅　　名	読　み　方	範囲	種	開業日	県名	所　在　地
蔵本	くらもと		客	1899.09.12	徳島	徳島市蔵本町2
佐古	さこ		客	1935.03.20	徳島	徳島市佐古二番町19

牟岐線（愛称：阿波室戸シーサイドライン）

■ 徳島～海部
79.3km／1067mm／29駅／1913.04.20開業／普通鉄道／内燃

駅　　名	読　み　方	範囲	種	開業日	県名	所　在　地
(徳島)		(高徳線所属)		1913.04.20		
阿波富田	あわとみだ		客	1986.11.01	徳島	徳島市明神町1
二軒屋	にけんや		客	1913.04.20	徳島	徳島市二軒屋町1-1
文化の森	ぶんかのもり		客	1990.11.03	徳島	徳島市八万町弐丈
地蔵橋	じぞうばし		客	1913.04.20	徳島	徳島市西須賀町西開
中田	ちゅうでん		客	1916.12.15	徳島	小松島市中郷町長手
南小松島	みなみこまつしま		客	1916.12.15	徳島	小松島市南小松島町7
阿波赤石	あわあかいし		客	1916.12.15	徳島	小松島市赤石町3
立江	たつえ		客	1916.12.15	徳島	小松島市立江町株木
羽ノ浦	はのうら		客	1916.12.15	徳島	阿南市羽ノ浦町宮倉羽ノ浦居内
西原	にしばら		客	1964.10.01	徳島	阿南市那賀川町大京原
阿波中島	あわなかしま		客	1936.03.27	徳島	阿南市那賀川町赤池
阿南	あなん		客	1936.03.27	徳島	阿南市富岡町字今福寺
見能林	みのばやし		客	1936.03.27	徳島	阿南市見能林町清水山ノ東
阿波橘	あわたちばな		客	1936.03.27	徳島	阿南市津乃峰町東分
桑野	くわの		客	1936.03.27	徳島	阿南市桑野町岡元
新野	あらたの		客	1937.06.27	徳島	阿南市新野町
阿波福井	あわふくい		客	1937.06.27	徳島	阿南市福井町
由岐	ゆき		客	1939.12.14	徳島	海部郡美波町西の地
田井ノ浜 [臨]	たいのはま		客	臨	1987.04.01	徳島	海部郡美波町田井
木岐	きき		客	1939.12.14	徳島	海部郡美波町木岐
北河内	きたがわち		客	1939.12.14	徳島	海部郡美波町北河内
日和佐	ひわさ		客	1939.12.14	徳島	海部郡美波町奥河内
山河内	やまがわち		客	1942.07.01	徳島	海部郡美波町山河内
辺川	へがわ		客	1942.07.01	徳島	海部郡牟岐町橘
牟岐	むぎ		客	1942.07.01	徳島	海部郡牟岐町大字中村
鯖瀬	さばせ		客	1973.10.01	徳島	海部郡海陽町浅川
浅川	あさかわ		客	1973.10.01	徳島	海部郡海陽町浅川
阿波海南	あわかいなん		客	1973.10.01	徳島	海部郡海陽町四方原
海部	かいふ		客	1973.10.01	徳島	海部郡海陽町奥浦

JRグループ　四国旅客鉄道

土讃線

■ 多度津〜窪川
198.7km／1067mm／60駅／1889.05.23開業／普通鉄道／架空線式 直流1500V（多度津〜琴平）・内燃・蒸気

駅　名	読み方	範囲	種	開業日	県名	所在地
(多度津)	(予讃線所属)			1889.05.23		
金蔵寺	こんぞうじ		客	1896.10.06	香川	仲多度郡多度津町栄町3
善通寺	ぜんつうじ		客	1889.05.23	香川	善通寺市文京町1
琴平	ことひら		客	1889.05.23	香川	仲多度郡琴平町榎井
塩入	しおいり		客	1923.05.21	香川	仲多度郡まんのう町帆山
黒川	くろかわ		客	1961.10.01	香川	仲多度郡まんのう町新目
讃岐財田	さぬきさいだ		客	1923.05.21	香川	三豊市財田町財田上
坪尻	つぼじり		客	1950.01.10	徳島	三好市池田町西山
箸蔵	はしくら		客	1929.04.28	徳島	三好市池田町州津宮ノ久保
佃	つくだ		客	1950.01.10	徳島	三好市井川町西井川
阿波池田	あわいけだ		客	1914.03.25	徳島	三好市池田町サラダ1840
三縄	みなわ		客	1931.09.19	徳島	三好市池田町中西
祖谷口	いやぐち		客	1935.11.28	徳島	三好市山城町下川
阿波川口	あわかわぐち		客	1935.11.28	徳島	三好市山城町大川持
小歩危	こぼけ		客	1935.11.28	徳島	三好市山城町西宇
大歩危	おおぼけ		客	1935.11.28	徳島	三好市西祖谷山村字徳善
土佐岩原	とさいわはら		客	1935.11.28	高知	長岡郡大豊町岩原
豊永	とよなが		客	1934.10.28	高知	長岡郡大豊町東土居
大田口	おおたぐち		客	1934.10.28	高知	長岡郡大豊町黒石
土佐穴内	とさあなない		客	1934.10.28	高知	長岡郡大豊町穴内
大杉	おおすぎ		客	1932.12.20	高知	長岡郡大豊町中村大王
土佐北川	とさきたがわ		客	1960.10.01	高知	長岡郡大豊町久壽軒
角茂谷	かくもだに		客	1930.06.21	高知	長岡郡大豊町角茂谷
繁藤	しげとう		客	1930.06.21	高知	香美市土佐山田町繁藤
新改	しんがい		客	1947.06.01	高知	香美市土佐山田町東川
土佐山田	とさやまだ		客	1925.12.05	高知	香美市土佐山田町東本町
山田西町	やまだにしまち		客	1952.01.27	高知	香美市土佐山田町
土佐長岡	とさながおか		客	1952.05.01	高知	南国市西山
後免	ごめん		客	1925.12.05	高知	南国市駅前町2
土佐大津	とさおおつ		客	1925.12.05	高知	高知市大津甲
布師田	ぬのしだ		客	1952.04.15	高知	高知市布師田
土佐一宮	とさいっく		客	1925.12.05	高知	高知市一宮徳谷1
薊野	あぞうの		客	1952.04.15	高知	高知市薊野中町34
高知 困[JR貨物]	こうち		客貨	1924.11.15	高知	高知市栄田町
入明	いりあけ		客	1961.12.15	高知	高知市入明町14

駅　名	読み方	範囲	種	開業日	県名	所在地
円行寺口	えんぎょうじぐち		客	1964.10.01	高知	高知市新屋敷2
旭	あさひ		客	1924.11.15	高知	高知市旭駅前町
高知商業前	こうちしょうぎょうまえ		客	1986.11.01	高知	高知市長尾山町
朝倉	あさくら		客	1924.11.15	高知	高知市朝倉丙
枝川	えだがわ		客	1986.11.01	高知	吾川郡いの町枝川
伊野	いの		客	1924.11.15	高知	吾川郡いの町
波川	はかわ		客	1964.10.01	高知	吾川郡いの町波川
小村神社前	おむらじんじゃまえ		客	2008.03.15	高知	高岡郡日高村下分
日下	くさか		客	1924.03.30	高知	高岡郡日高村本郷
岡花	おかばな		客	1960.08.20	高知	高岡郡日高村本郷
土佐加茂	とさかも		客	1924.03.30	高知	高岡郡佐川町加茂
西佐川	にしさかわ		客	1924.03.30	高知	高岡郡佐川町乙
佐川	さかわ		客	1924.03.30	高知	高岡郡佐川町
襟野々	えりのの		客	1960.10.01	高知	高岡郡佐川町永野
斗賀野	とがの		客	1924.03.30	高知	高岡郡佐川町東組
吾桑	あそう		客	1924.03.30	高知	須崎市吾井郷甲
多ノ郷	おおのごう		客	1947.06.01	高知	須崎市妙見町1
大間	おおま		客	1960.10.01	高知	須崎市大間東町1
須崎	すさき		客	1924.03.30	高知	須崎市原町1
土佐新荘	とさしんじょう		客	1939.11.15	高知	須崎市西町2-10
安和	あわ		客	1939.11.15	高知	須崎市安和
土佐久礼	とさくれ		客	1939.11.15	高知	高岡郡中土佐町久礼
影野	かげの		客	1947.10.20	高知	高岡郡四万十町影
六反地	ろくたんじ		客	1961.04.15	高知	高岡郡四万十町六反地
仁井田	にいだ		客	1951.11.12	高知	高岡郡四万十町仁井田
窪川	くぼかわ		客	1951.11.12	高知	高岡郡四万十町琴平町

JRグループ　四国旅客鉄道

九州旅客鉄道
きゅうしゅうりょかくてつどう

- 本　　社　〒812-8566 福岡県福岡市博多区博多駅前3丁目25番21号
- 設　　立　1987.04.01
- 路　　線　山陽本線、鹿児島本線、九州新幹線、香椎線、篠栗線、三角線、肥薩線、指宿枕崎線、長崎本線、唐津線、筑肥線、佐世保線、大村線、久大本線、豊肥本線、日豊本線、日田彦山線、日南線、宮崎空港線、吉都線、筑豊本線、後藤寺線
- 営業キロ　第1種鉄道事業＝2280.4km（581駅）

駅　名	読み方	範囲	種	開業日	県名	所在地

山陽本線
さんようほんせん

■下関～門司

6.3km／1067mm／0駅／1942.07.01開業／普通鉄道／架空線式 直流1500V・内燃・蒸気
第2種鉄道事業＝日本貨物鉄道（下関～門司）

駅名	読み方	範囲	種	開業日	県名	所在地
（下関）		(JR西日本山陽本線所属)		1942.07.01		
（門司）		(鹿児島本線所属)		1942.07.01		

鹿児島本線
かごしまほんせん

■門司港～八代

232.3km／1067mm／84駅／1889.12.11開業／普通鉄道／架空線式 交流20000V・内燃・蒸気
第2種鉄道事業＝日本貨物鉄道（門司港～八代）

駅名	読み方	範囲	種	開業日	県名	所在地
門司港	もじこう		客	1891.04.01	福岡	北九州市門司区西海岸1-5-31
小森江	こもりえ		客	1988.03.13	福岡	北九州市門司区小森江3-11
門司	もじ		客	1891.04.01	福岡	北九州市門司区中町2-1
北九州貨物ターミナル [JR貨物]	きたきゅうしゅうかもたーみなる		貨	2002.03.23	福岡	北九州市門司区大里新町11-3
東小倉 [JR貨物]	ひがしこくら		貨	1943.05.01	福岡	北九州市小倉北区高浜1-2
小倉	こくら		客	1891.04.01	福岡	北九州市小倉北区浅野1-1-1
紫川信号場	むらさきがわ		信	2000.09.11	福岡	N/A
（西小倉）		(日豊本線所属)		1987.10.01		
浜小倉 [JR貨物]	はまこくら		貨	1969.10.01	福岡	北九州市小倉北区西港町
九州工大前	きゅうしゅうこうだいまえ		客	1970.07.01	福岡	北九州市戸畑区中原西1-12-15
戸畑	とばた		客	1902.12.27	福岡	北九州市戸畑区汐井町1-1
枝光	えだみつ		客	1908.04.01	福岡	北九州市八幡東区枝光2-1-1
スペースワールド	すぺーすわーるど		客	1999.07.02	福岡	北九州市八幡東区東田2-3-1
八幡	やはた		客	1902.12.27	福岡	北九州市八幡東区西本町3-6-1

JRグループ

九州旅客鉄道

駅　名	読み方	範囲	種	開業日	県名	所在地
黒崎 [貨][JR貨物]	くろさき	客貨		1891.02.28	福岡	北九州市八幡西区黒崎3-15-1
東折尾信号場	ひがしおりお	一	信	1984.02.01	福岡	北九州市八幡西区陣原1
陣原	じんのはる	客		2000.11.21	福岡	北九州市八幡西区陣原1-2-1
折尾	おりお	客		1891.02.28	福岡	北九州市八幡西区堀川町1-1
水巻	みずまき	客		1961.10.01	福岡	遠賀郡水巻町頃末南1-2-1
遠賀川	おんががわ	客		1890.11.15	福岡	遠賀郡遠賀町遠賀川1-1-1
海老津	えびつ	客		1910.02.06	福岡	遠賀郡岡垣町海老津駅前1-1
教育大前	きょういくだいまえ	客		1988.03.13	福岡	宗像市赤間6-3-1
赤間	あかま	客		1890.09.28	福岡	宗像市赤間駅1-1-1
東郷	とうごう	客		1913.04.01	福岡	宗像市田熊4-9-1
東福間	ひがしふくま	客		1978.10.02	福岡	福津市東福間1-1306-1
福間	ふくま	客		1890.09.28	福岡	福津市中央3-1-1
千鳥	ちどり	客		1991.09.30	福岡	古賀市千鳥5-9-1
古賀	こが	客		1890.09.28	福岡	古賀市天神1-1-1
ししぶ	ししぶ	客		2009.03.14	福岡	古賀市美明2-28-1
新宮中央	しんぐうちゅうおう	客		2010.03.13	福岡	糟屋郡新宮町中央駅前21-1-1
福工大前	ふっこうだいまえ	客		1920.10.01	福岡	福岡市東区和白丘1-22-27
九産大前	きゅうさんだいまえ	客		1989.03.11	福岡	福岡市東区唐ノ原1-371-2
香椎	かしい	客		1890.09.28	福岡	福岡市東区香椎駅前1-11-1
千早	ちはや	客		2003.07.07	福岡	福岡市東区千早4-93-1
千早操車場 [貨][JR貨物]	ちはや	一	操	2003.07.07	福岡	福岡市東区水谷
箱崎	はこざき	客		1890.09.28	福岡	福岡市東区筥松2-32
吉塚	よしづか	客		1904.06.19	福岡	福岡市博多区吉塚本町13-28
博多	はかた	客		1889.12.11	福岡	福岡市博多区博多駅中央街1-1
竹下	たけした	客		1913.09.21	福岡	福岡市博多区竹下4-16-16
笹原	ささばる	客		1987.03.09	福岡	福岡市南区井尻3-17
南福岡	みなみふくおか	客		1889.12.11	福岡	福岡市博多区寿町2-9-30
春日	かすが	客		1989.03.11	福岡	春日市春日原北町5-1
大野城	おおのじょう	客		1961.10.01	福岡	大野城市白木原1-17-12
水城	みずき	客		1913.09.21	福岡	大野城市下大利3-1-13
太宰府信号場	だざいふ	一	信	2003.03.15	福岡	N/A
都府楼南	とふろうみなみ	客		1989.03.11	福岡	太宰府市都府楼南3-21-1
二日市	ふつかいち	客		1889.12.11	福岡	筑紫野市二日市中央1-1-1
天拝山	てんぱいざん	客		1989.03.11	福岡	筑紫野市立明寺643-2
原田	はるだ	客		1889.12.11	福岡	筑紫野市原田2243-1
けやき台	けやきだい	客		1990.03.10	佐賀	三養基郡基山町大字小倉椎長浦1871
基山	きやま	客		1921.08.05	佐賀	三養基郡基山町大字小倉532
弥生が丘	やよいがおか	客		2001.03.03	佐賀	鳥栖市弥生1-3
鳥栖貨物ターミナル [貨][JR貨物]	とすかもつたーみなる	貨		2006.03.18	佐賀	鳥栖市原町字大野1370-4
田代	たしろ	客		1889.12.11	佐賀	鳥栖市桜町1437

駅　　名	読 み 方	範囲	種	開業日	県名	所 在 地
鳥栖	とす	客		1889.12.11	佐賀	鳥栖市京町709
肥前旭	ひぜんあさひ	客		1934.06.07	佐賀	鳥栖市儀徳町2276
久留米	くるめ	客		1890.03.01	福岡	久留米市城南町2-21
荒木	あらき	客		1910.04.20	福岡	久留米市荒木町白口
西牟田	にしむた	客		1937.05.17	福岡	筑後市大字西牟田6887-8
羽犬塚	はいぬづか	客		1891.04.01	福岡	筑後市大字山ノ井諏訪の前178-3
筑後船小屋	ちくごふなごや	客		1928.07.20	福岡	筑後市大字津島字東1101-4
瀬高	せたか	客		1891.04.01	福岡	みやま市瀬高町下庄2315
南瀬高	みなみせたか	客		1935.03.23	福岡	みやま市瀬高町大字大神1112
渡瀬	わたぜ	客		1891.06.07	福岡	みやま市高田町濃施
吉野	よしの	客		1991.03.16	福岡	大牟田市大字倉永字神屋原
銀水	ぎんすい	客		1926.04.15	福岡	大牟田市大字草木229
大牟田 圧[JR貨物]	おおむた	客貨		1891.04.01	福岡	大牟田市不知火町1無番地
荒尾	あらお	客		1912.11.01	熊本	荒尾市万田1471-1
南荒尾	みなみあらお	客		1950.05.01	熊本	荒尾市増永無番地
長洲	ながす	客		1891.04.01	熊本	玉名郡長洲町高浜1479
大野下	おおのしも	客		1928.11.28	熊本	玉名郡岱明町大野下1520
玉名	たまな	客		1891.04.01	熊本	玉名市中1046
肥後伊倉	ひごいくら	客		1935.04.03	熊本	玉名市伊倉北方2003
木葉	このは	客		1892.04.01	熊本	玉名郡玉東町大字木葉高月598
田原坂	たばるざか	客		1965.10.01	熊本	熊本市北区植木町轟1687
植木	うえき	客		1891.07.01	熊本	熊本市北区鐙田75
西里	にしさと	客		1954.12.10	熊本	熊本市北区下硯川町
崇城大学前	そうじょうだいがくまえ	客		1988.03.13	熊本	熊本市西区池田4-20
上熊本	かみくまもと	客		1891.07.01	熊本	熊本市西区上熊本2-18
熊本 圧[JR貨物]	くまもと	客貨		1891.07.01	熊本	熊本市西区春日3-15-1
西熊本	にしくまもと	客		2016.03.26	熊本	熊本市南区刈草1-1-60
川尻	かわしり	客		1894.08.11	熊本	熊本市南区川尻2-8
富合	とみあい	客		2011.03.12	熊本	熊本市南区富合町63-6
宇土	うと	客		1895.01.28	熊本	宇土市三拾町無番地
松橋	まつばせ	客		1895.01.28	熊本	宇城市不知火町御領710
小川	おがわ	客		1896.11.21	熊本	宇城市小川町字川尻493
有佐	ありさ	客		1896.11.21	熊本	八代市鏡町下有佐152
千丁	せんちょう	客		1926.06.01	熊本	八代市千丁町吉王丸1580
新八代	しんやつしろ	客		2004.03.13	熊本	八代市上日置町女夫木4774-2
八代 圧[JR貨物]	やつしろ	客貨		1896.11.21	熊本	八代市荻原町1-2477

［注］小倉〜西小倉は日豊本線と二重戸籍。

JRグループ　九州旅客鉄道

駅　　名	読　み　方	範囲	種	開業日	県名	所　在　地

■川内〜鹿児島

49.3km／1067mm／14駅／1913.10.11開業／普通鉄道／架空線式 交流20000V・内燃・蒸気
第2種鉄道事業＝日本貨物鉄道（川内〜鹿児島貨物ターミナル）

駅　　名	読　み　方	範囲	種	開業日	県名	所　在　地
川内 [JR貨物]	せんだい		客貨	1914.06.01	鹿児島	薩摩川内市平佐町字百田町2911
隈之城	くまのじょう		客	1914.06.01	鹿児島	薩摩川内市隈之城町1857-2
木場茶屋	こばんちゃや		客	1914.06.01	鹿児島	薩摩川内市木場茶屋町8267
串木野	くしきの		客	1913.12.15	鹿児島	いちき串木野市曙町11760
神村学園前	かみむらがくえんまえ		客	2010.03.13	鹿児島	いちき串木野市照島
市来	いちき		客	1913.12.15	鹿児島	いちき串木野市大里4574
湯之元	ゆのもと		客	1913.12.15	鹿児島	日置市東市来町湯田3618
東市来	ひがしいちき		客	1913.10.11	鹿児島	日置市東市来町長里2253-7
伊集院	いじゅういん		客	1913.10.11	鹿児島	日置市伊集院町徳重407
薩摩松元	さつままつもと		客	1954.02.11	鹿児島	鹿児島市上谷口1222
上伊集院	かみいじゅういん		客	1913.10.11	鹿児島	鹿児島市上谷口1655
広木	ひろき		客	2009.03.14	鹿児島	鹿児島市田上町
鹿児島中央	かごしまちゅうおう		客	1913.10.11	鹿児島	鹿児島市中央町1-1
鹿児島貨物ターミナル [JR貨物]	かごしまかもつたーみなる		貨	2004.03.13	鹿児島	鹿児島市浜町2-6
鹿児島	かごしま		客	1913.10.11	鹿児島	鹿児島市浜町2-35

九州新幹線

■博多〜鹿児島中央

288.9km／1435mm／ 4駅／2004.03.13開業／普通鉄道／架空線式 交流25000V

駅　　名	読　み　方	範囲	種	開業日	県名	所　在　地
（博多）	（鹿児島本線所属）			2011.03.12		
（新鳥栖）	（長崎本線所属）			2011.03.12		
（久留米）	（鹿児島本線所属）			2011.03.12		
（筑後船小屋）	（鹿児島本線所属）			2011.03.12		
新大牟田	しんおおむた		客	2011.03.12	福岡	大牟田市大字岩本2059-3
新玉名	しんたまな		客	2011.03.12	熊本	玉名市玉名字石町1229-3
（熊本）	（鹿児島本線所属）			2011.03.12		
（新八代）	（鹿児島本線所属）			2004.03.13		
新水俣	しんみなまた		客	2004.03.13	熊本	水俣市初野305
出水	いずみ		客	2004.03.13	鹿児島	出水市上鯖淵715-6
（川内）	（鹿児島本線所属）			2004.03.13		
（鹿児島中央）	（鹿児島本線所属）			2004.03.13		

駅　名	読み方	範囲	種	開業日	県名	所在地

香椎線 （愛称：海の中道線＝西戸崎～香椎）

西戸崎～宇美
25.4km／1067mm／15駅／1904.01.01開業／普通鉄道／内燃・蒸気

駅名	読み方	範囲	種	開業日	県名	所在地
西戸崎	さいとざき		客	1904.01.01	福岡	福岡市東区西戸崎1-2-36
海ノ中道	うみのなかみち		客	1941.07.15認可	福岡	福岡市東区大字西戸崎6
中道信号場	なかみち		信	1988.07.14	福岡	N/A
雁ノ巣	がんのす		客	1904.01.01	福岡	福岡市東区奈多2-38-17
奈多	なた		客	1960.08.01	福岡	福岡市東区奈多3-6-1
和白	わじろ		客	1905.01.24	福岡	福岡市東区和白3-8-1
（香椎）	（鹿児島本線所属）			1904.01.01		
香椎神宮	かしいじんぐう		客	1988.03.13	福岡	福岡市東区香椎6-20-15-2
舞松原	まいまつばら		客	1994.03.01	福岡	福岡市東区舞松原5-26-13
土井	どい		客	1904.01.01	福岡	福岡市東区土井3-23-1
伊賀	いが		客	1904.01.01	福岡	糟屋郡粕屋町戸原259
（長者原）	（篠栗線所属）			1988.03.13		
酒殿	さかど		客	1909.08.01	福岡	糟屋郡粕屋町大字酒殿884
須恵	すえ		客	1904.01.01	福岡	糟屋郡須恵町大字植木587
須恵中央	すえちゅうおう		客	1989.03.11	福岡	糟屋郡須恵町大字須恵806
新原	しんばる		客	1905.06.03	福岡	糟屋郡須恵町新原249-1
宇美	うみ		客	1905.12.29	福岡	糟屋郡宇美町宇美5-13-1

篠栗線 （愛称：福北ゆたか線）

■吉塚～桂川
25.1km／1067mm／9駅／1904.06.19開業／普通鉄道／架空線式 交流20000V・内燃・蒸気

駅名	読み方	範囲	種	開業日	県名	所在地
（吉塚）	（鹿児島本線所属）			1904.06.19		
柚須	ゆす		客	1988.03.13	福岡	糟屋郡粕屋町柚須139-5
原町	はるまち		客	1904.06.19	福岡	糟屋郡粕屋町原町1-1-1
長者原	ちょうじゃばる		客	1988.03.13	福岡	糟屋郡粕屋町長者原東1-9-1
門松	かどまつ		客	1987.03.09	福岡	糟屋郡粕屋町大字大隈52-12
篠栗	ささぐり		客	1904.06.19	福岡	糟屋郡篠栗町大字篠栗4973-1
筑前山手	ちくぜんやまて		客	1968.05.25	福岡	糟屋郡篠栗町大字篠栗2279
城戸南蔵院前	きどなんぞういんまえ		客	1968.05.25	福岡	糟屋郡篠栗町大字篠栗869-3
九郎原	くろうばる		客	1968.05.25	福岡	飯塚市内住字川原8002
筑前大分	ちくぜんだいぶ		客	1968.05.25	福岡	飯塚市大分6008-1
（桂川）	（筑豊本線所属）			1968.05.25		

JRグループ　九州旅客鉄道

	駅　名	読み方	範囲	種	開業日	県名	所在地

三角線 （愛称：あまくさみすみ線）

宇土～三角
25.6km／1067mm／8駅／1899.12.25開業／普通鉄道／内燃・蒸気

	駅名	読み方	範囲	種	開業日	県名	所在地
	（宇土）	（鹿児島本線所属）			1899.12.25		
	緑川	みどりかわ		客	1960.04.01	熊本	宇土市野鶴町266
	住吉	すみよし		客	1899.12.25	熊本	宇土市住吉町846
	肥後長浜	ひごながはま		客	1931.07.17	熊本	宇土市長浜町西の二511
	網田	おうだ		客	1899.12.25	熊本	宇土市下網田町2102
	赤瀬	あかせ		客	1907.08.05	熊本	宇土市赤瀬町
	石打ダム	いしうちだむ		客	1989.03.11	熊本	宇城市三角町大字中村無番地
	波多浦	はたうら		客	1959.12.25	熊本	宇城市三角町大字波多
	三角	みすみ		客	1899.12.25	熊本	宇城市三角町大字三角浦無番地

肥薩線 （愛称：えびの高原線＝八代～吉松）

■八代～隼人
124.2km／1067mm／26駅／1903.01.15開業／普通鉄道／内燃・蒸気

	駅名	読み方	範囲	種	開業日	県名	所在地
	（八代）	（鹿児島本線所属）			1908.06.01		
	段	だん		客	1931.04.01	熊本	八代市坂本町西部段1862
	坂本	さかもと		客	1908.06.01	熊本	八代市坂本町坂本鶴地4269
	葉木	はき		客	1947.03.01	熊本	八代市坂本町葉木字駅床1684
	鎌瀬	かませ		客	1952.06.01	熊本	八代市坂本町鎌瀬字下村279
	瀬戸石	せといし		客	1910.06.25	熊本	八代市坂本町川嶽瀬戸石3145
	海路	かいじ		客	1952.06.01	熊本	葦北郡芦北町大字海路字平谷1589
	吉尾	よしお		客	1952.06.01	熊本	葦北郡芦北町箙瀬字鶴495
	白石	しろいし		客	1908.06.01	熊本	葦北郡芦北町大字白石字和奈木834
	球泉洞	きゅうせんどう		客	1947.03.01	熊本	球磨郡球磨村大字一勝地無番地
	一勝地	いっしょうち		客	1908.06.01	熊本	球磨郡球磨村大字一勝地甲字友尻無番地
	那良口	ならぐち		客	1910.06.25	熊本	球磨郡球磨村大字三ヶ浦無番地
	渡	わたり		客	1908.06.01	熊本	球磨郡球磨村渡無番地
	西人吉	にしひとよし		客	1952.06.01	熊本	人吉市下原田町原ノ前1317
	人吉	ひとよし		客	1908.06.01	熊本	人吉市中青井町上青井田326
	大畑	おこば		客	1909.12.26	熊本	人吉市上添田町茂野4301
	矢岳	やたけ		客	1909.11.21	熊本	人吉市矢岳町ノ本4706
	真幸	まさき		客	1911.05.11	宮崎	えびの市大字内堅947
	吉松	よしまつ		客	1903.09.05	鹿児島	姶良郡湧水町川西968
	栗野	くりの		客	1903.09.05	鹿児島	姶良郡湧水町木場677

駅　　名	読 み 方	範囲	種	開業日	県名	所 在 地
大隅横川	おおすみよこがわ		客	1903.01.15	鹿児島	霧島市横川町中ノ39-1
植村	うえむら		客	1957.07.05	鹿児島	霧島市横川町中ノ3181
霧島温泉	きりしまおんせん		客	1909.07.11	鹿児島	霧島市牧園町宿窪田169
嘉例川	かれいがわ		客	1903.01.15	鹿児島	霧島市隼人町嘉例川2176
中福良	なかふくら		客	1958.02.01	鹿児島	霧島市隼人町嘉例川3881
表木山	ひょうきやま		客	1920.10.11	鹿児島	霧島市隼人町嘉例川316
日当山	ひなたやま		客	1958.10.01	鹿児島	霧島市隼人町1517
(隼人)	(日豊本線所属)			1903.01.15		

指宿枕崎線（いぶすきまくらざきせん）

■ 鹿児島中央〜枕崎
87.8km／1067mm／35駅／1930.12.07開業／普通鉄道／内燃・蒸気

駅　　名	読 み 方	範囲	種	開業日	県名	所 在 地
(鹿児島中央)	(鹿児島本線所属)			1930.12.07		
郡元	こおりもと		客	1986.12.01	鹿児島	鹿児島市唐湊4-17
南鹿児島	みなみかごしま		客	1944.10.01	鹿児島	鹿児島市南郡元町27-18
宇宿	うすき		客	1986.12.01	鹿児島	鹿児島市宇宿3-34-1
谷山	たにやま		客	1930.12.07	鹿児島	鹿児島市谷山中央1-4087-7
慈眼寺	じげんじ		客	1988.03.13	鹿児島	鹿児島市慈眼寺町1-13
坂之上	さかのうえ		客	1966.10.01	鹿児島	鹿児島市坂之上4-1-31
五位野	ごいの		客	1930.12.07	鹿児島	鹿児島市平川町895
平川	ひらかわ		客	1934.05.20	鹿児島	鹿児島市平川町3769
瀬々串	せせくし		客	1934.05.20	鹿児島	鹿児島市喜入瀬々串町3313
中名	なかみょう		客	1934.05.20	鹿児島	鹿児島市喜入中名町885
喜入	きいれ		客	1934.05.20	鹿児島	鹿児島市喜入7108
前之浜	まえのはま		客	1934.12.19	鹿児島	鹿児島市喜入前之浜町8080
生見	ぬくみ		客	1934.12.19	鹿児島	鹿児島市喜入生見町2797
薩摩今和泉	さつまいまいずみ		客	1934.12.19	鹿児島	指宿市岩本2972
宮ケ浜	みやがはま		客	1934.12.19	鹿児島	指宿市西方4672
二月田	にがつでん		客	1934.12.19	鹿児島	指宿市十町147
指宿	いぶすき		客	1934.12.19	鹿児島	指宿市湊1-1-1
山川	やまかわ		客	1936.03.25	鹿児島	指宿市山川成川7321
大山	おおやま		客	1960.03.22	鹿児島	指宿市山川大山12
西大山	にしおおやま		客	1960.03.22	鹿児島	指宿市山川大山602
薩摩川尻	さつまかわしり		客	1960.03.22	鹿児島	指宿市開聞仙田4771
東開聞	ひがしかいもん		客	1960.03.22	鹿児島	指宿市開聞十町894
開聞	かいもん		客	1960.03.22	鹿児島	指宿市開聞十町2938
入野	いりの		客	1960.03.22	鹿児島	指宿市開聞十町4479
頴娃	えい		客	1960.03.22	鹿児島	南九州市頴娃町郡97

駅　名	読 み 方	範囲	種	開業日	県名	所 在 地
西頴娃	にしえい		客	1960.03.22	鹿児島	南九州市頴娃町牧之内2081
御領	ごりょう		客	1963.10.31	鹿児島	南九州市頴娃町御領6648
石垣	いしかき		客	1963.10.31	鹿児島	南九州市頴娃町別府3836
水成川	みずなりかわ		客	1963.10.31	鹿児島	南九州市頴娃町別府5382
頴娃大川	えいおおかわ		客	1963.10.31	鹿児島	南九州市頴娃町別府7154
松ケ浦	まつがうら		客	1963.10.31	鹿児島	南九州市知覧町南別府25067
薩摩塩屋	さつましおや		客	1963.10.31	鹿児島	南九州市知覧町塩屋27023
白沢	しらさわ		客	1963.10.31	鹿児島	枕崎市白沢西町8047
薩摩板敷	さつまいたしき		客	1963.10.31	鹿児島	枕崎市板敷南町3418
枕崎	まくらざき		客	1963.10.31	鹿児島	枕崎市東本町6

JRグループ　九州旅客鉄道

長崎本線

■鳥栖〜長崎

125.3km／1067mm／37駅／1891.08.20開業／普通鉄道／架空線式 交流20000V・内燃・蒸気
第２種鉄道事業＝日本貨物鉄道（鳥栖〜長崎）

駅　名	読み方	範囲	種	開業日	県名	所在地
（鳥栖）	（鹿児島本線所属）			1891.08.20		
新鳥栖	しんとす		客	2011.03.12	佐賀	鳥栖市原古賀町字一本松220-2
肥前麓	ひぜんふもと		客	1947.03.01	佐賀	鳥栖市平田町1248
中原	なかばる		客	1891.08.20	佐賀	三養基郡みやき町原古賀1016-2
吉野ケ里公園	よしのがりこうえん		客	1943.12.01	佐賀	神埼郡吉野ヶ里町吉田251-2
神埼	かんざき		客	1891.08.20	佐賀	神埼市神埼町大字田道ヶ里2344-5
伊賀屋	いがや		客	1928.12.01	佐賀	佐賀市兵庫町若宮1726-1
佐賀	さが		客	1891.08.20	佐賀	佐賀市駅前中央1-11-10
鍋島 [貨][JR貨物]	なべしま		客貨	1930.07.07	佐賀	佐賀市鍋島町八幡溝1303
バルーンさが [臨]	ばるーんさが		客	臨	1989.11.18	佐賀	佐賀市嘉瀬町大字荻野黒木篭
久保田	くぼた		客	1896.10.10	佐賀	佐賀市久保田町大字久富3066-1
牛津	うしづ		客	1895.05.05	佐賀	小城市牛津町大字柿樋瀬1128
肥前山口	ひぜんやまぐち		客	1895.05.05	佐賀	杵島郡江北町山口1381-1
肥前白石	ひぜんしろいし		客	1930.03.09	佐賀	杵島郡白石町大字福田1900-2
肥前竜王	ひぜんりゅうおう		客	1930.03.09	佐賀	杵島郡有明町大字坂田441-2
肥前鹿島	ひぜんかしま		客	1930.11.30	佐賀	鹿島市大字高津原4111-2
肥前浜	ひぜんはま		客	1930.11.30	佐賀	鹿島市浜町八宿933
肥前七浦	ひぜんななうら		客	1934.04.16	佐賀	鹿島市大字音成562
肥前飯田	ひぜんいいだ		客	1934.04.16	佐賀	鹿島市大字飯田3290-4
多良	たら		客	1934.04.16	佐賀	藤津郡太良町大字太良1702-5
里信号場	さと		―	信	1969.04.25	佐賀	N/A
肥前大浦	ひぜんおおうら		客	1934.12.01	佐賀	藤津郡太良町大字大浦丙1632-10
土井崎信号場	どいざき		―	信	1976.06.01	長崎	N/A
小長井	こながい		客	1934.12.01	長崎	諫早市小長井町小川原浦657-1
長里	ながさと		客	1990.03.10	長崎	諫早市小長井町打越10-3
湯江	ゆえ		客	1934.03.24	長崎	諫早市高来町三部壱259-2
小江	おえ		客	1934.03.24	長崎	諫早市高来町下与313-3
肥前長田	ひぜんながた		客	1934.03.24	長崎	諫早市長田町2106-1
東諫早	ひがしいさはや		客	1934.03.24	長崎	諫早市福田町386-1
諫早	いさはや		客	1898.11.27	長崎	諫早市永昌町1-1
西諫早	にしいさはや		客	1985.03.14	長崎	諫早市馬渡町8-2
喜々津	ききつ		客	1898.11.27	長崎	諫早市良見町化屋755
市布	いちぬの		客	1972.10.02	長崎	諫早市良見町市布1804-2
肥前古賀	ひぜんこが		客	1972.10.02	長崎	長崎市松原町2371

駅　名	読み方	範囲	種	開業日	県名	所 在 地
現川	うつつがわ		客	1972.10.02	長崎	長崎市現川町1947
肥前三川信号場	ひぜんみかわ		信	1972.10.02	長崎	N/A
浦上	うらかみ		客	1905.04.05	長崎	長崎市川口町1-50
長崎 区 [JR貨物]	ながさき		客貨	1905.04.05	長崎	長崎市尾上町1-89

■喜々津～浦上
23.5km／1067mm／7駅／1897.07.22開業／普通鉄道／内燃・蒸気

駅名	読み方	範囲	種	開業日	県名	所在地
(喜々津)	(長崎本線所属)			1898.11.27		
東園	ひがしその		客	1966.10.01	長崎	諫早市多良見町東園355-9
大草	おおくさ		客	1898.11.27	長崎	諫早市多良見町元釜168-1
本川内	ほんかわち		客	1952.06.01	長崎	西彼杵郡長与町本川内郷899-5
長与	ながよ		客	1897.07.22	長崎	西彼杵郡長与町吉無田郷275
高田	こうだ		客	1994.03.01	長崎	西彼杵郡長与町高田郷129-2
道ノ尾	みちのお		客	1897.07.22	長崎	長崎市葉山町372
西浦上	にしうらかみ		客	1987.03.09	長崎	長崎市音無町
(浦上)	(長崎本線所属)			1897.07.22		

唐津線

■久保田～西唐津
42.5km／1067mm／12駅／1898.12.01開業／普通鉄道／架空線式 直流1500V（唐津～西唐津）・内燃・蒸気

駅名	読み方	範囲	種	開業日	県名	所在地
(久保田)	(長崎本線所属)			1903.12.14		
小城	おぎ		客	1903.12.14	佐賀	小城市三日月町大字久米字甘木2076-1
東多久	ひがしたく		客	1903.12.14	佐賀	多久市東多久町大字別府5330-2
中多久	なかたく		客	1964.04.01	佐賀	多久市南多久町大字長尾4054-3
多久	たく		客	1899.12.25	佐賀	多久市北多久町大字小侍13-3-1
厳木	きゅうらぎ		客	1899.06.13	佐賀	唐津市厳木町厳木字下厳木822-2
岩屋	いわや		客	1899.06.13	佐賀	唐津市厳木町本山下田原369-2
相知	おうち		客	1899.06.13	佐賀	唐津市相知町白浜30-2
本牟田部	ほんむたべ		客	1960.02.01	佐賀	唐津市相知町牟田部字古川1193-6
山本	やまもと		客	1898.12.01	佐賀	唐津市山本字日出来464
鬼塚	おにづか		客	1899.06.13	佐賀	唐津市養母田鬼塚1-1
唐津	からつ		客	1898.12.01	佐賀	唐津市新興町2935
西唐津	にしからつ		客	1898.12.01	佐賀	唐津市新興町二夕子2-1

[注] 山本～唐津は筑肥線と二重戸籍。

筑肥線

■伊万里～姪浜
75.7km／1067mm／28駅／1923.12.05開業／普通鉄道／架空線式 直流1500V（唐津～姪浜）・内燃・蒸気

駅　名	読み方	範囲	種	開業日	県名	所在地
伊万里	いまり		客	1935.03.01	佐賀	伊万里市新天町字浜の浦554-4
上伊万里	かみいまり		客	1935.03.01	佐賀	伊万里市大坪町字午戻丙1239-2
金石原	かないしはら		客	1935.03.01	佐賀	伊万里市松浦町山形西ノ間4733-3
桃川	もものかわ		客	1935.03.01	佐賀	伊万里市松浦町桃川字平古場5504-2
肥前長野	ひぜんながの		客	1935.03.01	佐賀	伊万里市大川町大川野字赤坂1662-2
大川野	おおかわの		客	1935.03.01	佐賀	伊万里市大川町大川野字片竹3037-2
駒鳴	こまなき		客	1935.03.01	佐賀	伊万里市大川町駒鳴字東新田3936-2
佐里	さり		客	1946.06.01	佐賀	唐津市相知町佐里字谷口1762-2
西相知	にしおうち		客	1935.03.01	佐賀	唐津市相知町佐里字花クリ3229-3
肥前久保	ひぜんくぼ		客	1935.03.01	佐賀	唐津市相知町久保字平野308-3
(山本)	(唐津線所属)			1929.06.20		
(鬼塚)	(唐津線所属)			1983.03.22		
(唐津)	(唐津線所属)			1983.03.22		
和多田	わただ		客	1983.03.22	佐賀	唐津市和多田字谷間代2906-3
東唐津	ひがしからつ		客	1983.03.22	佐賀	唐津市松南町108-4
虹ノ松原	にじのまつばら		客	1924.07.07	佐賀	唐津市鏡字虹ノ松原3769-124
浜崎	はまさき		客	1923.12.05	佐賀	唐津市浜玉町浜崎987-2
鹿家	しかか		客	1923.12.05	福岡	糸島市二丈鹿家1798-13
福吉	ふくよし		客	1923.12.05	福岡	糸島市二丈吉井4082-1
大入	だいにゅう		客	1925.04.15	福岡	糸島市二丈福井2447-3
筑前深江	ちくぜんふかえ		客	1924.04.01	福岡	糸島市二丈深江1054-2
一貴山	いきさん		客	1924.05.29	福岡	糸島市二丈中牟田130-3
加布里	かふり		客	1924.04.01	福岡	糸島市神在字堂ノ下515-2
美咲が丘	みさきがおか		客	1995.10.28	福岡	糸島市荻浦字中新開482-12
筑前前原	ちくぜんまえばる		客	1924.04.01	福岡	糸島市前原中央1-1-15
波多江	はたえ		客	1928.07.01	福岡	糸島市池田字溝添1101-3
周船寺	すせんじ		客	1925.04.15	福岡	福岡市西区周船寺1-596-2
九大学研都市	きゅうだいがっけんとし		客	2005.09.23	福岡	福岡市西区北原1-1-1
今宿	いまじゅく		客	1925.04.15	福岡	福岡市西区今宿駅前1-638-2
下山門	しもやまと		客	1986.07.20	福岡	福岡市西区下山門4-700-6
姪浜	めいのはま		客	1925.04.15	福岡	福岡市西区姪ノ浜4-853-8

［注］山本～唐津は唐津線と二重戸籍。

佐世保線

■ 肥前山口～佐世保
48.8km／1067mm／14駅／1895.05.05開業／普通鉄道／架空線式 交流20000V・内燃・蒸気
第2種鉄道事業＝日本貨物鉄道（肥前山口～有田）

駅 名	読み方	範囲	種	開業日	県名	所 在 地
（肥前山口）	（長崎本線所属）			1895.05.05		
大町	おおまち		客	1928.09.01	佐賀	杵島郡大町町大字福母374-5
北方	きたがた		客	1895.05.05	佐賀	武雄市北方町大字志久290-1
高橋	たかはし		客	1923.08.21	佐賀	武雄市朝日町大字甘久1515-1
武雄温泉	たけおおんせん		客	1895.05.05	佐賀	武雄市武雄町大字富岡8249-4
永尾	ながお		客	1949.01.15	佐賀	武雄市山内町大字犬走6726-2
三間坂	みまさか		客	1897.07.10	佐賀	武雄市山内町大字三間坂甲14009-2
上有田	かみありた		客	1898.10.01	佐賀	西松浦郡有田町中樽1-3-16
有田 ［JR貨物］	ありた		客貨	1897.07.10	佐賀	西松浦郡有田町本町丙
西有田信号場	にしありた		―	1979.03.30	佐賀	N/A
三河内	みかわち		客	1897.07.10	長崎	佐世保市三川内本町295
早岐	はいき		客	1897.07.10	長崎	佐世保市早岐1-93
大塔	だいとう		客	1945.05.15	長崎	佐世保市大塔町16
日宇	ひう		客	1910.12.26	長崎	佐世保市日宇町682
佐世保	させぼ		客	1898.01.20	長崎	佐世保市三浦町21-1

大村線

■ 早岐～諫早
47.6km／1067mm／11駅／1898.01.20開業／普通鉄道／架空線式 交流20000V（早岐～ハウステンボス）・内燃・蒸気

駅 名	読み方	範囲	種	開業日	県名	所 在 地
（早岐）	（大村線所属）			1898.01.20		
ハウステンボス	はうすてんぼす		客	1992.03.10	長崎	佐世保市南風崎町417-2
南風崎	はえのさき		客	1898.01.20	長崎	佐世保市南風崎小島郷295
小串郷	おぐしごう		客	1944.10.21	長崎	東彼杵郡川棚町小串郷1480-3
川棚	かわたな		客	1898.01.20	長崎	東彼杵郡川棚町百津郷
彼杵	そのぎ		客	1898.01.20	長崎	東彼杵郡東彼杵町蔵本郷字濱崎1772-2
千綿	ちわた		客	1928.04.20	長崎	東彼杵郡東彼杵町平以田郷750-3
松原	まつばら		客	1898.01.20	長崎	大村市松原本町173-1
竹松	たけまつ		客	1922.05.25	長崎	大村市竹松本町531
諏訪	すわ		客	1989.03.11	長崎	大村市諏訪3-24-2
大村	おおむら		客	1898.01.20	長崎	大村市東本町123
岩松	いわまつ		客	1945.04.20	長崎	大村市岩松町946-2
（諫早）	（長崎本線所属）			1898.11.27		

久大本線（愛称：ゆふ高原線）

■ 久留米〜大分
141.5km／1067mm／35駅／1915.10.30開業／普通鉄道／内燃・蒸気

駅名	読み方	範囲	種	開業日	県名	所在地
(久留米)	(鹿児島本線所属)			1928.12.24		
久留米高校前	くるめこうこうまえ		客	2009.03.14	福岡	久留米市西町448-2
南久留米	みなみくるめ		客	1928.12.24	福岡	久留米市野中町1425
久留米大学前	くるめだいがくまえ		客	2000.03.11	福岡	久留米市御井朝妻1-8-1
御井	みい		客	1928.12.24	福岡	久留米市御井町大字松本695-3
善導寺	ぜんどうじ		客	1928.12.24	福岡	久留米市善導寺町大字飯田字西七草319
筑後草野	ちくごくさの		客	1928.12.24	福岡	久留米市草野町紅桃林244
田主丸	たぬしまる		客	1928.12.24	福岡	久留米市田主丸町大字田主丸1015-2
筑後吉井	ちくごよしい		客	1928.12.24	福岡	うきは市吉井町199
うきは	うきは		客	1931.07.11	福岡	うきは市浮羽町大字朝田349-3
筑後大石	ちくごおおいし		客	1931.07.11	福岡	うきは市浮羽町大字高見81-2
夜明	よあけ		客	1932.03.12	大分	日田市大字夜明中町1800-1
光岡	てるおか		客	1934.06.25	大分	日田市北友田町1-1109
日田	ひた		客	1934.03.03	大分	日田市元町11
豊後三芳	ぶんごみよし		客	1934.11.15	大分	日田市日高町取所780-1
豊後中川	ぶんごなかがわ		客	1934.11.15	大分	日田市天ヶ瀬町合田1978-4
天ヶ瀬	あまがせ		客	1933.09.29	大分	日田市天ヶ瀬町桜竹540-1
杉河内	すぎかわち		客	1957.03.15	大分	日田市天ヶ瀬町赤岩1546-7
北山田	きたやまだ		客	1932.09.16	大分	玖珠郡玖珠町大字戸畑1660
豊後森	ぶんごもり		客	1929.12.15	大分	玖珠郡玖珠町大字帆足245-3
恵良	えら		客	1929.12.15	大分	玖珠郡九重町大字石田3076-2
引治	ひきじ		客	1929.12.15	大分	玖珠郡九重町大字町田5461
豊後中村	ぶんごなかむら		客	1928.10.28	大分	玖珠郡九重町大字右田714-4
野矢	のや		客	1926.11.26	大分	玖珠郡九重町大字野上4004-10
由布院	ゆふいん		客	1925.07.29	大分	由布市湯布院町大字北井口8
南由布	みなみゆふ		客	1925.07.29	大分	由布市湯布院町中川1182
湯平	ゆのひら		客	1923.09.29	大分	由布市湯布院町下湯平2195
庄内	しょうない		客	1923.09.29	大分	由布市庄内町大字庄内969-2
天神山	てんじんやま		客	1923.09.29	大分	由布市庄内町大字西長室493-2
小野屋	おのや		客	1915.10.30	大分	由布市庄内町大字東長室469-2
鬼瀬	おにがせ		客	1925.02.03	大分	由布市挾間町鬼瀬629
向之原	むかいのはる		客	1915.10.30	大分	由布市挾間町向原188-2
豊後国分	ぶんごこくぶ		客	1989.03.11	大分	大分市大字国分字三畝田
賀来	かく		客	1915.10.30	大分	大分市賀来北3-715
南大分	みなみおおいた		客	1915.10.30	大分	大分市大字荏隈字神田335-2

JRグループ　九州旅客鉄道

	駅　　名	読 み 方	範囲	種	開業日	県名	所 在 地
├	古国府 （大分）	ふるごう （日豊本線所属）		客	1988.03.13 1922.12.01	大分	大分市古国府3130-2

豊肥本線（愛称：阿蘇高原線）

■熊本～大分

148.0km／1067㎜／36駅／1914.04.01開業／普通鉄道／架空線式 交流20000V（熊本～肥後大津、下郡信号場～大分）・内燃・蒸気

駅　名	読み方	範囲	種	開業日	県名	所在地
（熊本）	（鹿児島本線所属）			1914.06.21		
平成	へいせい		客	1992.07.15	熊本	熊本市中央区平成2
南熊本	みなみくまもと		客	1914.06.21	熊本	熊本市中央区南熊本3-14
新水前寺	しんすいぜんじ		客	1988.03.13	熊本	熊本市中央区国府1-3-1
水前寺	すいぜんじ		客	1914.06.21	熊本	熊本市中央区水前寺1-4
東海学園前	とうかいがくえんまえ		客	1986.11.01	熊本	熊本市東区大江渡鹿6-232
竜田口	たつたぐち		客	1914.06.21	熊本	熊本市北区黒髪7無番地
武蔵塚	むさしづか		客	1981.10.01	熊本	熊本市北区竜田町大字弓削平7上
光の森	ひかりのもり		客	2006.03.18	熊本	熊本市北区武蔵ヶ丘9-1643-69
三里木	さんりぎ		客	1914.06.21	熊本	菊池郡菊陽町津久礼
原水	はらみず		客	1920.07.25	熊本	菊池郡菊陽町原水字馬場無番地
肥後大津	ひごおおづ		客	1914.06.21	熊本	菊池郡大津町室160
瀬田	せた		客	1916.11.11	熊本	菊池郡大津町大林無番地
立野	たての		客	1916.11.11	熊本	阿蘇郡南阿蘇村大字立野1576
赤水	あかみず		客	1918.01.25	熊本	阿蘇市赤水大堀無番地
市ノ川	いちのかわ		客	1960.03.10	熊本	阿蘇市的石字市ノ川1476
内牧	うちのまき		客	1918.01.25	熊本	阿蘇市乙姫172
阿蘇	あそ		客	1918.01.25	熊本	阿蘇市黒川山下無番地
いこいの村	いこいのむら		客	1989.03.11	熊本	阿蘇市竹原字上ノ原無番地
宮地	みやじ		客	1918.01.25	熊本	阿蘇市一の宮町宮地4737
波野	なみの		客	1928.12.02	熊本	阿蘇市波野大字大道3579
滝水	たきみず		客	1928.12.02	熊本	阿蘇市波野大字滝水無番地
豊後荻	ぶんごおぎ		客	1928.12.02	大分	竹田市荻町馬場383-2
玉来	たまらい		客	1925.11.30	大分	竹田市大字吉田296-5
豊後竹田	ぶんごたけた		客	1924.10.15	大分	竹田市大字会々2318-2
朝地	あさじ		客	1923.12.20	大分	豊後大野市朝地町大字坪泉528-7
緒方	おがた		客	1922.11.23	大分	豊後大野市緒方町大字馬場213-2
豊後清川	ぶんごきよかわ		客	1922.11.23	大分	豊後大野市清川町大字雨堤2019
三重町	みえまち		客	1921.03.27	大分	豊後大野市三重町赤嶺2916-2
菅尾	すがお		客	1921.03.27	大分	豊後大野市三重町大字菅尾2554-1
犬飼	いぬかい		客	1917.07.20	大分	豊後大野市犬飼町下津尾3524-2
竹中	たけなか		客	1916.09.01	大分	大分市大字端登字川平1112
中判田	なかはんだ		客	1914.04.01	大分	大分市大字中判田昆布刈871-76
大分大学前	おおいたたいがくまえ		客	2002.03.23	大分	大分市大字旦野原700

駅　名	読み方	範囲	種	開業日	県名	所在地
敷戸	しきど	客		1987.02.22	大分	大分市大字鷲野字行衛1010
滝尾	たきお	客		1914.04.01	大分	大分市大字津守字雄城田1225
下郡信号場	しもごおり	―	信	1967.08.13	大分	N/A
（大分）	（日豊本線所属）			1914.04.01		

日豊本線

■小倉〜鹿児島
462.6km／1067mm／114駅／1895.04.01開業／普通鉄道／架空線式 交流20000V・内燃・蒸気
第2種鉄道事業＝日本貨物鉄道（小倉〜佐土原）

駅　　名	読 み 方	範囲	種	開業日	県名	所 在 地
（小倉）	（鹿児島本線所属）			1895.04.01		
西小倉	にしこくら		客	1974.12.14	福岡	北九州市小倉北区室町3-2-50
南小倉	みなみこくら		客	1944.12.01	福岡	北九州市小倉北区木町3-11-1
城野	じょうの		客	1895.04.01	福岡	北九州市小倉南区城野1-6-1
安部山公園	あべやまこうえん		客	1987.03.09	福岡	北九州市小倉南区湯川新町4-1
下曽根	しもそね		客	1895.10.25	福岡	北九州市小倉南区大字下曽根1-8-21
朽網	くさみ		客	1952.06.01	福岡	北九州市小倉南区朽網東1-32
苅田	かんだ		客	1895.04.01	福岡	京都郡苅田町大字堤3434
小波瀬西工大前	おばせにしこうだいまえ		客	1948.10.15	福岡	京都郡苅田町大字新津1-13-1
行橋	ゆくはし		客	1895.08.25	福岡	行橋市西宮町2-1-1
南行橋	みなみゆくはし		客	1988.03.13	福岡	行橋市泉中央2-3
新田原	しんでんばる		客	1897.09.25	福岡	行橋市大字道場寺1589
築城	ついき		客	1933.06.19	福岡	築上郡築城町東築城2036-2
椎田	しいだ		客	1897.09.25	福岡	築上郡椎田町大字櫛田959-1
豊前松江	ぶぜんしょうえ		客	1897.09.25	福岡	豊前市大字松江字横園1440-1
宇島	うのしま		客	1897.09.25	福岡	豊前市八屋2553
三毛門	みけかど		客	1956.02.11	福岡	豊前市大字三毛門715
吉富	よしとみ		客	1995.04.20	福岡	築上郡吉富町大字広津351-2
中津	なかつ		客	1897.09.25	大分	中津市島田219-2
東中津	ひがしなかつ		客	1901.05.25	大分	中津市大字是則970-3
今津	いまづ		客	1897.09.25	大分	中津市大字今津990
天津	あまつ		客	1956.10.01	大分	宇佐市大字下敷田364-3
豊前善光寺	ぶぜんぜんこうじ		客	1897.09.25	大分	宇佐市大字東高家1214-2
柳ケ浦	やなぎがうら		客	1897.09.25	大分	宇佐市江須盆3062-3
豊前長洲	ぶぜんながす		客	1911.04.22	大分	宇佐市大字長洲928-2
宇佐	うさ		客	1909.12.21	大分	宇佐市岩崎1195-2
西屋敷	にしやしき		客	1947.03.01	大分	宇佐市大字西屋敷201-1
立石	たていし		客	1910.12.15	大分	杵築市山香町大字立石1238-3
中山香	なかやまが		客	1910.12.15	大分	杵築市山香町大字野原1772-2
杵築	きつき		客	1911.03.22	大分	杵築市大字八坂1987
大神	おおが		客	1952.06.01	大分	速見郡日出町大字大神1561-3
日出	ひじ		客	1911.03.22	大分	速見郡日出町大字川崎364
暘谷	ようこく		客	1987.03.09	大分	速見郡日出町大字日出3167-5
豊後豊岡	ぶんごとよおか		客	1911.07.16	大分	速見郡日出町大字豊岡900-3

JRグループ　九州旅客鉄道

駅　名	読み方	範囲	種	開業日	県名	所在地
亀川	かめがわ	客		1911.07.16	大分	別府市亀川浜田町7-31
別府大学	べっぷだいがく	客		1987.03.09	大分	別府市上人ヶ浜町787
別府	べっぷ	客		1911.07.16	大分	別府市駅前町12-1
東別府	ひがしべっぷ	客		1911.11.01	大分	別府市浜脇1-15-35
西大分 [旅][JR貨物]	にしおおいた	客貨		1911.11.01	大分	大分市大字生石字五月殿226-10
大分	おおいた	客		1911.11.01	大分	大分市要町1-1
牧	まき	客		1987.02.22	大分	大分市牧1-385
高城	たかじょう	客		1914.04.01	大分	大分市高城新町219
鶴崎 [旅][JR貨物]	つるさき	客貨		1914.04.01	大分	大分市大字鶴崎2710-4
大在	おおざい	客		1924.11.25	大分	大分市大字政所字宮田1456
坂ノ市	さかのいち	客		1914.04.01	大分	大分市坂ノ市中央1-9-34
幸崎	こうざき	客		1914.04.01	大分	大分市大字本神崎260
佐志生	さしう	客		1950.01.10	大分	臼杵市大字佐志生302-2
下ノ江	したのえ	客		1915.08.15	大分	臼杵市大字田井1737-2
熊崎	くまさき	客		1920.08.15	大分	臼杵市大字井村1983-2
上臼杵	かみうすき	客		1917.07.18	大分	臼杵市大字福良塩入1829-3
臼杵	うすき	客		1915.08.15	大分	臼杵市海添2574-1
徳浦信号場	とくうら	―	信	1967.09.27	大分	N/A
津久見	つくみ	客		1916.10.25	大分	津久見市中央町1-30
日代	ひしろ	客		1916.10.25	大分	津久見市大字網代474-2
浅海井	あざむい	客		1916.10.25	大分	佐伯市上浦大字浅海井松浦1409
狩生	かりう	客		1959.04.15	大分	佐伯市大字狩生1542
海崎	かいざき	客		1923.07.01	大分	佐伯市大字海崎3525-2
佐伯	さいき	客		1916.10.25	大分	佐伯市駅前2-6-35
上岡	かみおか	客		1920.11.20	大分	佐伯市上岡字長通1394
直見	なおみ	客		1920.11.20	大分	佐伯市直川大字下直見字南ノ前2941
直川	なおかわ	客		1920.11.20	大分	佐伯市直川大字上直見字川又649
川原木信号場	かわらぎ	―	信	1962.10.01	大分	N/A
重岡	しげおか	客		1922.03.26	大分	佐伯市宇目大字大原字芝原2140
宗太郎	そうたろう	客		1947.03.01	大分	佐伯市宇目大字重岡字宗太郎3542
市棚	いちたな	客		1923.07.01	宮崎	延岡市北川町川内名字刈鉢2671-2
北川	きたがわ	客		1949.05.01	宮崎	延岡市北川町川内名字永代山6850-4
日向長井	ひゅうがながい	客		1922.10.29	宮崎	延岡市北川町長井5866-6
北延岡	きたのべおか	客		1953.02.11	宮崎	延岡市差木野町6552-2
延岡 [旅][JR貨物]	のべおか	客貨		1922.05.01	宮崎	延岡市幸町3-4420
南延岡 [旅][JR貨物]	みなみのべおか	客貨		1922.02.11	宮崎	延岡市溝口町1-5429-2
旭ケ丘	あさひがおか	客		1988.03.13	宮崎	延岡市旭ヶ丘2-6
土々呂	ととろ	客		1922.02.11	宮崎	延岡市土々呂町5-1522-2
門川	かどがわ	客		1922.02.11	宮崎	東臼杵郡門川町大字門川尾末字尻無991の246-2
日向市	ひゅうがし	客		1921.10.11	宮崎	日向市上町1-19

JRグループ　九州旅客鉄道

駅　名	読み方	範囲	種	開業日	県名	所　在　地
財光寺	ざいこうじ	客		1989.03.11	宮崎	日向市大字財光寺字沖の下3114-6
南日向	みなみひゅうが	客		1921.10.11	宮崎	日向市大字平岩ヨジヤノ木734-3
美々津	みみつ	客		1921.06.11	宮崎	日向市美々津町字清水ヶ谷2280-2
東都農	ひがしつの	客		1952.08.21	宮崎	児湯郡都農町大字川北字山末村下17184-2
都農	つの	客		1921.06.11	宮崎	児湯郡都農町大字川北字福原尾3641
川南	かわみなみ	客		1921.06.11	宮崎	児湯郡川南町大字平田字大久保4475
高鍋	たかなべ	客		1920.09.11	宮崎	児湯郡高鍋町大字蚊口浦6211
日向新富	ひゅうがしんとみ	客		1920.09.11	宮崎	児湯郡新富町大字三納代字荒田2226
佐土原 貨[JR貨物]	さどわら	客貨		1920.09.11	宮崎	宮崎市佐土原町下田島9895
日向住吉	ひゅうがすみよし	客		1913.12.15	宮崎	宮崎市大字島之内字千丈9671
蓮ケ池	はすがいけ	客		1986.12.01	宮崎	宮崎市村角町北田96
宮崎神宮	みやざきじんぐう	客		1913.12.15	宮崎	宮崎市神宮東3-123
宮崎	みやざき	客		1913.12.15	宮崎	宮崎市錦町1-8
南宮崎	みなみみやざき	客		1915.03.20	宮崎	宮崎市東大淀2-2-29
加納	かのう	客		1989.03.11	宮崎	宮崎市清武町大字加納字江良乙1-3
清武	きよたけ	客		1915.03.20	宮崎	宮崎市清武町船引484
日向沓掛	ひゅうがくつかけ	客		1965.10.01	宮崎	宮崎市清武町今和泉字船ヶ山通甲3512-2
田野	たの	客		1916.10.25	宮崎	宮崎市田野町字宮ノ原2782
門石信号場	かどいし	―	信	1965.10.01	宮崎	N/A
青井岳	あおいだけ	客		1916.03.21	宮崎	都城市山之口町大字山之口字奈留2142
楠ケ丘信号場	くすがおか	―	信	1965.10.01	宮崎	N/A
山之口	やまのくち	客		1914.08.15	宮崎	都城市山之口町花木字向原2035-3
餅原	もちばる	客		1965.04.01	宮崎	北諸県郡三股町大字餅原字方境332-2
三股	みまた	客		1914.02.11	宮崎	北諸県郡三股町大字樺山字東原4417-4
都城 貨[JR貨物]	みやこのじょう	客貨		1914.02.11	宮崎	都城市栄町4553
西都城	にしみやこのじょう	客		1923.01.14	宮崎	都城市松元町一街区1
五十市	いそいち	客		1929.04.28	宮崎	都城市五十市町2311-2
財部	たからべ	客		1929.04.28	鹿児島	曽於市財部町北俣1816-2
北俣	きたまた	客		1931.11.01	鹿児島	曽於市財部町北俣4070
大隅大川原	おおすみおおかわら	客		1931.11.01	鹿児島	曽於市財部町下財部6723
北永野田	きたながのだ	客		1932.12.06	鹿児島	霧島市霧島永水3348
霧島神宮	きりしまじんぐう	客		1930.07.10	鹿児島	霧島市霧島大窪465
南霧島信号場	みなみきりしま	―	信	1966.10.01	鹿児島	N/A
国分	こくぶ	客		1929.11.24	鹿児島	霧島市国分中央3-46-3
隼人	はやと	客		1901.06.10	鹿児島	霧島市隼人町内山田1-1-1
加治木	かじき	客		1901.06.10	鹿児島	姶良市加治木町反土903
錦江	きんこう	客		1986.03.03	鹿児島	姶良市加治木町新生町83
帖佐	ちょうさ	客		1926.04.01	鹿児島	姶良市東餅田2575
姶良	あいら	客		1988.03.13	鹿児島	姶良市西餅田3546-1
重富	しげとみ	客		1901.06.10	鹿児島	姶良市脇元3001

JRグループ　九州旅客鉄道

駅　名	読み方	範囲	種	開業日	県名	所 在 地
竜ケ水	りゅうがみず		客	1915.08.07	鹿児島	鹿児島市吉野町10252
（鹿児島）	（鹿児島本線所属）			1901.06.10		

[注] 小倉〜西小倉は鹿児島本線と二重戸籍。

日田彦山線 (ひたひこさんせん)

■城野〜夜明
68.7km／1067mm／22駅／1896.02.05開業／普通鉄道／内燃・蒸気

駅名	読み方	範囲	種	開業日	県名	所在地
（城野）	（日豊本線所属）			1956.11.19		
石田	いしだ		客	1915.04.01	福岡	北九州市小倉南区上石田1-5-17
志井公園	しいこうえん		客	1989.03.11	福岡	北九州市小倉南区志井6-55-1
志井	しい		客	1943.02.25	福岡	北九州市小倉南区大字志井
石原町	いしはらまち		客	1915.04.01	福岡	北九州市小倉南区大字新道寺372-2
呼野	よぶの		客	1915.04.01	福岡	北九州市小倉南区大字呼野
採銅所	さいどうしょ		客	1915.04.01	福岡	田川郡香春町大字採銅所2609
香春	かわら		客	1915.04.01	福岡	田川郡香春町大字香春1121-2
一本松	いっぽんまつ		客	1997.03.22	福岡	田川郡香春町大字中津原1805-2
田川伊田	たがわいた		客	1896.02.05	福岡	田川市大字伊田2621-1
田川後藤寺	たがわごとうじ		客	1896.02.05	福岡	田川市大字奈良1828-3
池尻	いけじり		客	1899.07.10	福岡	田川郡川崎町大字池尻1025-1
豊前川崎	ぶぜんかわさき		客	1899.07.10	福岡	田川郡川崎町大字川崎471-1
西添田	にしそえだ		客	1903.12.21	福岡	田川郡添田町大字庄899-2
添田	そえだ		客	1942.08.25	福岡	田川郡添田町大字添田1109-2
歓遊舎ひこさん	かんゆうしゃひこさん		客	2008.03.15	福岡	田川郡添田町大字野田
豊前桝田	ぶぜんますだ		客	1942.08.25	福岡	田川郡添田町大字桝田1558-2
彦山	ひこさん		客	1942.08.25	福岡	田川郡添田町大字落合807-2
筑前岩屋	ちくぜんいわや		客	1956.03.15	福岡	朝倉郡東峰村大字宝珠山4031-5
大行司	だいぎょうじ		客	1946.09.20	福岡	朝倉郡東峰村大字宝珠山11-6
宝珠山	ほうしゅやま		客	1937.08.22	福岡	朝倉郡東峰村大字福井926-7
大鶴	おおつる		客	1937.08.22	大分	日田市大字大肥1639-3
今山	いまやま		客	1937.08.22	大分	日田市大字夜明422-2
（夜明）	（久大本線所属）			1937.08.22		

日南線

■南宮崎～志布志
88.9km／1067mm／27駅／1935.04.15開業／普通鉄道／架空線式 交流20000V（南宮崎～田吉）・内燃・蒸気

駅名	読み方	範囲	種	開業日	県名	所在地
（南宮崎）	（日豊本線所属）			1963.05.08		
田吉	たよし		客	1996.07.18	宮崎	宮崎市大字田吉字赤江310-2
南方	みなみかた		客	1963.05.08	宮崎	宮崎市本郷南方字原2890
木花	きばな		客	1963.05.08	宮崎	宮崎市熊野字木花10577-3
運動公園	うんどうこうえん		客	1984.03.18	宮崎	宮崎市熊野字新正連寺787-2
曽山寺	そさんじ		客	1963.05.08	宮崎	宮崎市加江田字曽山寺4557-9
子供の国	こどものくに		客	1963.05.08	宮崎	宮崎市加江田字松添7264
青島	あおしま		客	1963.05.08	宮崎	宮崎市青島2-10
折生迫	おりゅうざこ		客	1966.12.01	宮崎	宮崎市大字折生迫字納屋田2946-3
内海	うちうみ		客	1963.05.08	宮崎	宮崎市大字内海字前田3390-2
小内海	こうちうみ		客	1963.05.08	宮崎	宮崎市大字内海字磯平6259-1
伊比井	いびい		客	1963.05.08	宮崎	日南市大字伊比井字浜之田2083
北郷	きたごう		客	1941.10.28	宮崎	日南市北郷町大字郷之原字沖水乙1387
内之田	うちのだ		客	1941.10.28	宮崎	日南市北郷町大字大藤字一里松2527
飫肥	おび		客	1941.10.28	宮崎	日南市星倉6674
日南	にちなん		客	1941.10.28	宮崎	日南市中央通1-4
油津	あぶらつ		客	1937.04.19	宮崎	日南市岩崎2-13-3
大堂津	おおどうつ		客	1936.03.01	宮崎	日南市大堂津3-4850-17
南郷	なんごう		客	1936.03.01	宮崎	日南市南郷町中村1862
谷之口	たにのくち		客	1949.01.15	宮崎	日南市南郷町大字谷之口字東原3130-6
榎原	よわら		客	1935.04.15	宮崎	日南市南郷町大字榎原字下原甲107-2
日向大束	ひゅうがおおつか		客	1935.04.15	宮崎	串間市大字奈留子清水5240-2
日向北方	ひゅうがきたかた		客	1935.04.15	宮崎	串間市大字串間字笑止田1495-3
串間	くしま		客	1935.04.15	宮崎	串間市大字西方字栗下5724-2
福島今町	ふくしまいままち		客	1935.04.15	宮崎	串間市大字西方字橋ノ口15124
福島高松	ふくしまたかまつ		客	1950.01.10	宮崎	串間市大字高松字山田4062
大隅夏井	おおすみなつい		客	1935.04.15	鹿児島	志布志市志布志町夏井字堀内500-6
志布志	しぶし		客	1935.04.15	鹿児島	志布志市志布志町志布志2-28-11

宮崎空港線

■田吉～宮崎空港
1.4km／1067mm／1駅／1996.07.18開業／普通鉄道／架空線式 交流20000V・内燃・蒸気

駅名	読み方	範囲	種	開業日	県名	所在地
（田吉）	（日南線所属）			1996.07.18		
宮崎空港	みやざきくうこう		客	1996.07.18	宮崎	宮崎市大字赤江字飛江田無番地

JRグループ　九州旅客鉄道

吉都線 (愛称：えびの高原線)

■ 都城〜吉松

61.6km／1067mm／15駅／1912.10.01開業／普通鉄道／内燃・蒸気

駅名	読み方	範囲	種	開業日	県名	所在地
(都城)	(日豊本線所属)			1913.10.08		
日向庄内	ひゅうがしょうない		客	1952.04.15	宮崎	都城市乙房町295
谷頭	たにがしら		客	1913.05.11	宮崎	都城市山田町中霧島
万ケ塚	まんがつか		客	1947.03.01	宮崎	都城市丸谷町454
東高崎	ひがしたかさき		客	1963.12.01	宮崎	都城市高崎町東霧島1672
高崎新田	たかさきしんでん		客	1913.05.11	宮崎	都城市高崎町大牟田1200
日向前田	ひゅうがまえだ		客	1947.03.01	宮崎	都城市高崎町前田678
高原	たかはる		客	1913.05.11	宮崎	西諸県郡高原町西麓485
広原	ひろわら		客	1961.10.01	宮崎	西諸県郡高原町大字広原2264
小林	こばやし		客	1912.10.01	宮崎	小林市細野1836
西小林	にしこばやし		客	1929.02.01	宮崎	小林市北西方1292
えびの飯野	えびのいいの		客	1912.10.01	宮崎	えびの市大字原田2213
えびの上江	えびのうわえ		客	1957.07.05	宮崎	えびの市上江1510
えびの	えびの		客	1912.10.01	宮崎	えびの市栗下
京町温泉	きょうまちおんせん		客	1912.10.01	宮崎	えびの市大字向江590
鶴丸	つるまる		客	1958.02.01	鹿児島	姶良郡湧水町鶴丸710
(吉松)	(肥薩線所属)			1912.10.01		

筑豊本線 (愛称：若松線＝若松〜折尾、福北ゆたか線＝折尾〜桂川、原田線＝桂川〜原田)

■若松〜原田
66.1km／1067mm／23駅／1891.08.30開業／普通鉄道／架空線式 交流20000V（折尾〜桂川）・内燃・蒸気・蓄電池式

駅名	読み方	範囲	種	開業日	県名	所在地
若松	わかまつ		客	1891.08.30	福岡	北九州市若松区白山1
藤ノ木	ふじのき		客	1944.08.12	福岡	北九州市若松区赤島町1-37
奥洞海	おくどうかい		客	1953.11.06	福岡	北九州市若松区赤岩町9-1
二島	ふたじま		客	1899.09.05	福岡	北九州市若松区二島1-1-1
本城	ほんじょう		客	2003.03.15	福岡	北九州市八幡西区力丸町25-14
(折尾)	(鹿児島本線所属)			1891.08.30		
東水巻	ひがしみずまき		客	1988.03.13	福岡	遠賀郡東水巻吉田南1-8-1
中間	なかま		客	1891.08.30	福岡	中間市中央2-12-12
筑前垣生	ちくぜんはぶ		客	1935.04.26	福岡	中間市垣生360
鞍手	くらて		客	1987.07.01	福岡	鞍手郡鞍手町大字小牧574
筑前植木	ちくぜんうえき		客	1893.12.20	福岡	直方市大字植木1182-1-2
新入	しんにゅう		客	1989.03.11	福岡	直方市大字下新入521-1
直方	のおがた		客	1891.08.30	福岡	直方市大字山部287-15
勝野	かつの		客	1901.02.13	福岡	鞍手郡小竹町大字赤池字兵丹1712-2
小竹	こたけ		客	1892.10.28	福岡	鞍手郡小竹町大字勝野2128
鯰田	なまずた		客	1893.07.03	福岡	飯塚市大字鯰田809
浦田	うらた		客	1989.03.11	福岡	飯塚市大字鯰田2415-2
新飯塚	しんいいづか		客	1902.06.15?	福岡	飯塚市大字立岩931-1
飯塚	いいづか		客	1893.07.03	福岡	飯塚市菰田西1-1
天道	てんとう		客	1901.12.09	福岡	飯塚市天道680
桂川	けいせん		客	1901.12.09	福岡	嘉穂郡桂川町大字豆田131-6
上穂波	かみほなみ		客	1928.07.15	福岡	飯塚市阿恵宮前6001
筑前内野	ちくぜんうちの		客	1928.07.15	福岡	飯塚市内野小深田7001
筑前山家	ちくぜんやまえ		客	1929.12.07	福岡	筑紫野市大字山家4928
(原田)	(鹿児島本線所属)			1929.12.07		

後藤寺線

■新飯塚〜田川後藤寺
13.3km／1067mm／4駅／1897.10.20開業／普通鉄道／内燃・蒸気

駅名	読み方	範囲	種	開業日	県名	所在地
(新飯塚)	(筑豊本線所属)			1902.06.15?		
上三緒	かみみお		客	1908.03.28	福岡	飯塚市上三緒325
下鴨生	しもかもお		客	1916.02.01	福岡	嘉麻市大字鴨生864
筑前庄内	ちくぜんしょうない		客	1926.07.15	福岡	飯塚市赤坂786

JRグループ 九州旅客鉄道

駅　名	読み方	範囲	種	開業日	県名	所在地
船尾 (田川後藤寺)	ふなお (日田彦山線所属)		客	1922.02.05 1897.10.20	福岡	田川市大字弓削田2800

日本貨物鉄道

- 本　　社　〒151-0051 東京都渋谷区千駄ヶ谷5丁目33番8号
- 設　　立　1987.04.01
- 路　　線　奥羽本線、羽越本線、仙石線、信越本線、新湊線、北陸本線、東海道本線、関西本線、鹿児島本線、日豊本線
- 営業キロ　第1種鉄道事業＝40.8km（14駅）　第2種鉄道事業＝7927.7km（266駅）

駅　名	読み方	範囲	種	開業日	県名	所在地

奥羽本線

■土崎〜秋田港
1.8km／1067mm／1駅／1907.04.10開業／普通鉄道／内燃

駅名	読み方	範囲	種	開業日	県名	所在地
（土崎）	（奥羽本線所属）			1907.04.10		
秋田港 ［JR貨物］	あきたこう		貨	1907.04.10	秋田	秋田市土崎港西1-12-6

羽越本線

■酒田〜酒田港
2.7km／1067mm／1駅／1915.04.25開業／普通鉄道／内燃

駅名	読み方	範囲	種	開業日	県名	所在地
（酒田）	（羽越本線所属）			1915.04.25		
酒田港 ［JR貨物］	さかたこう		貨	1915.04.25	山形	酒田市南新町2-7

仙石線

■陸前山下〜石巻港
1.8km／1067mm／1駅／1939.11.07開業／普通鉄道／内燃

駅名	読み方	範囲	種	開業日	県名	所在地
（陸前山下）	（仙石線所属）			1939.11.07		
石巻港 ［JR貨物］	いしのまきこう		貨	1939.11.07	宮城	石巻市南光町2-222

駅　名	読み方	範囲	種	開業日	県名	所在地

信越本線

■ 上沼垂信号場〜東新潟港 ……………………………………………………………
3.8km／1067mm／2駅／1924.12.01開業／普通鉄道／内燃

駅名	読み方	範囲	種	開業日	県名	所在地
├（上沼垂信号場）	（信越本線所属）			1986.11.01		
│ 焼島 [JR貨物]	やけじま		貨	1941.09.01	新潟	新潟市東区榎町
└ 東新潟港 [JR貨物]	ひがしにいがたこう		貨	1924.12.01	新潟	新潟市東区臨港町2

[注] 焼島〜東新潟港は2002.06.01より休止中。

新湊線

■ 能町〜高岡貨物 ……………………………………………………………
1.9km／1067mm／1駅／1918.01.27開業／普通鉄道／内燃

駅名	読み方	範囲	種	開業日	県名	所在地
├（能町）	（氷見線所属）			1918.01.27		
└ 高岡貨物 [JR貨物]	たかおかかもつ		貨	1918.01.27	富山	高岡市吉久1-1-120

北陸本線

■ 敦賀〜敦賀港 ……………………………………………………………
2.7km／1067mm／1駅／1882.03.10開業／普通鉄道／内燃

駅名	読み方	範囲	種	開業日	県名	所在地
├（敦賀）	（北陸本線所属）			1882.03.10		
└ 敦賀港 [JR貨物]	つるがみなと		貨	1882.03.10	福井	敦賀市金ヶ崎町1-19

[注] 2010.04.01より休止中。

東海道本線

■ 山王信号場〜名古屋港 ……………………………………………………………
6.2km／1067mm／2駅／1911.05.01開業／普通鉄道／内燃

駅名	読み方	範囲	種	開業日	県名	所在地
├（山王信号場）	（中央本線所属）			1962.10.10		
│ 八幡信号場	やわた	―	信	1916.12.08	愛知	N/A
└ 名古屋港 [JR貨物]	なごやみなと		貨	1911.05.01	愛知	名古屋市港区熱田前新田中川東

■ 吹田貨物ターミナル〜大阪貨物ターミナル ……………………………………
8.7km／1067mm／1駅／1982.11.15開業／普通鉄道／架空線式 直流1500V

駅名	読み方	範囲	種	開業日	県名	所在地
├（吹田貨物ターミナル）	（東海道本線所属）			2013.03.16		
└ 大阪貨物ターミナル [JR貨物]	おおさかかもつたーみなる		貨	1982.11.15	大阪	摂津市安威川南町2-5

駅　名	読み方	範囲	種	開業日	県名	所在地

関西本線

■ 四日市〜塩浜
3.3km／1067mm／ 1 駅／1944.06.01開業／普通鉄道／内燃

駅　名	読み方	範囲	種	開業日	県名	所在地
(四日市)	(関西本線所属)			1944.06.01		
塩浜 区[JR貨物]	しおはま		貨	1944.06.01	三重	四日市市御薗町2

■ 平野〜百済貨物ターミナル
1.4km／1067mm／ 1 駅／1963.10.01開業／普通鉄道／架空線式 直流1500V・内燃

駅　名	読み方	範囲	種	開業日	県名	所在地
(平野)	(関西本線所属)			1963.10.01		
百済貨物ターミナル 区[JR貨物]	くだらかもつたーみなる		貨	1963.10.01	大阪	大阪市東住吉区今林3-1-7

鹿児島本線

■ 香椎〜福岡貨物ターミナル
3.7km／1067mm／ 1 駅／1942.07.01開業／普通鉄道／内燃・架空線式 交流20000V

駅　名	読み方	範囲	種	開業日	県名	所在地
(香椎)	(鹿児島本線所属)			1942.07.01		
(千早)	(鹿児島本線所属)			2003.07.07		
(千早操車場)	(鹿児島本線所属)			2003.07.07		
福岡貨物ターミナル 区[JR貨物]	ふくおかかもつたーみなる		貨	1975.03.10	福岡	福岡市東区箱崎埠頭2-3-2

日豊本線

■ 小波瀬西工大前〜苅田港
2.8km／1067mm／ 1 駅／1944.09.01開業／普通鉄道／内燃

駅　名	読み方	範囲	種	開業日	県名	所在地
(小波瀬西工大前)	(日豊本線所属)			1949.06.01		
苅田港 区[JR貨物]	かんだこう		貨	1949.06.01	福岡	京都郡苅田町殿川町1

[注] 2008.10.01より休止中。

駅名一覧
大手・準大手私鉄

東武鉄道(とうぶてつどう)

- ●本　　社　〒131-8522 東京都墨田区押上2丁目18番12号
- ●設　　立　1897.11.01
- ●路　　線　伊勢崎線、亀戸線、大師線、桐生線、小泉線、佐野線、日光線、鬼怒川線、宇都宮線、野田線、東上本線、越生線
- ●営業キロ　第1種鉄道事業＝463.3km（205駅）

駅　名	読み方	範囲	種	開業日	県名	所在地

伊勢崎線(いせさきせん)（愛称：東武(とうぶ)スカイツリーライン）

■ 浅草～伊勢崎　114.5km／1067mm／54駅／1899.08.27開業／普通鉄道／架空線式 直流1500V・内燃（春日部～羽生）

駅名	読み方	範囲	種	開業日	県名	所在地
浅草	あさくさ		客	1931.05.25	東京	台東区花川戸1-4-1
とうきょうスカイツリー	とうきょうすかいつりー		客	1908.03.01	東京	墨田区押上1-1-65
曳舟	ひきふね		客	1902.04.01	東京	墨田区東向島2-26-6
東向島	ひがしむこうじま		客	1924.10.01	東京	墨田区東向島4-29-7
鐘ヶ淵	かねがふち		客	1902.04.01	東京	墨田区墨田5-50-2
堀切	ほりきり		客	1924.10.01	東京	足立区千住曙町34-1
牛田	うしだ		客	1932.09.01	東京	足立区千住曙町1-1
北千住	きたせんじゅ		客	1899.08.27	東京	足立区千住旭町42-1
小菅	こすげ		客	1924.10.01	東京	足立区足立2-46-11
五反野	ごたんの		客	1924.10.01	東京	足立区足立3-34-6
梅島	うめじま		客	1924.10.01	東京	足立区梅田7-37-1
西新井	にしあらい		客	1899.08.27	東京	足立区西新井栄町2-1-1
竹ノ塚	たけのつか		客	1900.03.21	東京	足立区竹の塚6-6-1
谷塚	やつか		客	1925.10.01	埼玉	草加市谷塚1-1-22
草加	そうか		客	1899.08.27	埼玉	草加市高砂2-5-25
松原団地	まつばらだんち		客	1962.12.01	埼玉	草加市松原1-1-1
新田	しんでん		客	1925.11.10	埼玉	草加市金明町道下263-2
蒲生	がもう		客	1908.12.25	埼玉	越谷市蒲生寿町16-17
新越谷	しんこしがや		客	1974.07.23	埼玉	越谷市南越谷1-11-4
越谷	こしがや		客	1920.04.17	埼玉	越谷市弥生町4-11
北越谷	きたこしがや		客	1899.08.27	埼玉	越谷市大沢3-4-23
大袋	おおぶくろ		客	1926.10.01	埼玉	越谷市大字袋山1200
せんげん台	せんげんだい		客	1967.04.15	埼玉	越谷市千間台東1-62-1
武里	たけさと		客	1899.12.20	埼玉	春日部市大場450
一ノ割	いちのわり		客	1926.10.01	埼玉	春日部市一ノ割1-1-1

大手・準大手私鉄

大手私鉄

駅　名	読み方	範囲	種	開業日	県名	所在地
春日部	かすかべ		客	1899.08.27	埼玉	春日部市粕壁1-10-1
北春日部	きたかすかべ		客	1966.09.01	埼玉	春日部市梅田本町1-13-1
姫宮	ひめみや		客	1927.09.01	埼玉	南埼玉郡宮代町川端1-1-1
東武動物公園	とうぶどうぶつこうえん		客	1899.08.27	埼玉	南埼玉郡宮代町百間2-3-24
和戸	わど		客	1899.12.20	埼玉	南埼玉郡宮代町和戸1-1-1
久喜	くき		客	1899.08.27	埼玉	久喜市久喜中央2-1-1
鷲宮	わしのみや		客	1902.09.06	埼玉	久喜市鷲宮中央1-1-17
花崎	はなさき		客	1927.04.01	埼玉	加須市花崎字蓮田157
加須	かぞ		客	1902.09.06	埼玉	加須市中央1-1-15
南羽生	みなみはにゅう		客	1927.04.01	埼玉	羽生市南羽生1-37
羽生	はにゅう		客	1903.04.23	埼玉	羽生市南1-1-62
川俣	かわまた		客	1907.08.27	群馬	邑楽郡明和町大字中谷328-3
茂林寺前	もりんじまえ		客	1927.04.01	群馬	館林市堀工町1624
館林	たてばやし		客	1907.08.27	群馬	館林市本町2-1-1
多々良	たたら		客	1907.08.27	群馬	館林市日向町987
県	あがた		客	1928.05.01	栃木	足利市県町49-1
福居	ふくい		客	1907.08.27	栃木	足利市福居町1157-1
東武和泉	とうぶいずみ		客	1935.09.20	栃木	足利市福居町2149
足利市	あしかがし		客	1907.08.27	栃木	足利市南町3694
野州山辺	やしゅうやまべ		客	1925.07.20	栃木	足利市八幡町637
韮川	にらがわ		客	1932.10.25	栃木	太田市台之郷町1098-2
太田	おおた		客	1909.02.17	栃木	太田市東本町16-1
細谷	ほそや		客	1927.10.01	栃木	太田市細谷町1169-4
木崎	きざき		客	1910.03.27	栃木	太田市新田木崎町45
世良田	せらだ		客	1927.10.01	栃木	太田市世良田町2415-1
境町	さかいまち		客	1910.03.27	栃木	伊勢崎市境百々432
剛志	ごうし		客	1910.03.27	栃木	伊勢崎市境保泉1164-4
新伊勢崎	しんいせさき		客	1910.03.27	栃木	伊勢崎市中央町15-3
伊勢崎	いせさき		客	1910.07.13	栃木	伊勢崎市曲輪町3-1

［注１］　押上〜曳舟の路線は、とうきょうスカイツリー〜曳舟の線増扱い。
［注２］　松原団地は2017春、獨協大学前に改称予定。

亀戸線

■ 曳舟〜亀戸　3.4km／1067mm／4駅／1904.04.05開業／普通鉄道／架空線式 直流1500V

駅名	読み方		種	開業日	県名	所在地
(曳舟)	(伊勢崎線所属)			1904.04.05		
小村井	おむらい		客	1928.04.15	東京	墨田区文花2-20-1
東あずま	ひがしあずま		客	1956.05.20	東京	墨田区立花4-23-8
亀戸水神	かめいどすいじん		客	1928.04.15	東京	江東区亀戸8-5-1
亀戸	かめいど		客	1904.04.05	東京	江東区亀戸5-1-1

駅 名	読み方	範囲	種	開業日	県名	所在地

大師線

■ 西新井～大師前　1.0km／1067mm／1駅／1931.12.20開業／普通鉄道／架空線式 直流1500V

駅名	読み方	範囲	種	開業日	県名	所在地
(西新井)	(伊勢崎線所属)			1931.12.20		
大師前	だいしまえ	客	無	1931.12.20	東京	足立区西新井1-3-1

桐生線

■ 太田～赤城　20.3km／1067mm／7駅／1913.03.19開業／普通鉄道／架空線式 直流1500V

駅名	読み方	範囲	種	開業日	県名	所在地
(太田)	(伊勢崎線所属)			1913.03.19		
三枚橋	さんまいばし	客	無	1913.03.19	群馬	太田市鳥山下町642-1
治良門橋	じろえんばし	客		1913.03.19	群馬	太田市成塚町1024
藪塚	やぶづか	客		1913.03.19	群馬	太田市藪塚町字八石379-2
阿左美	あざみ	客		1937.05.05	群馬	みどり市笠懸町阿左美1057-4
新桐生	しんきりゅう	客		1913.03.19	群馬	桐生市広沢町2-2990-4
相老	あいおい	客	他	1913.03.19	群馬	桐生市相生町2-756
赤城	あかぎ	客	他	1932.03.18	群馬	みどり市大間々町大間々2445-3

小泉線

■ 館林～西小泉　12.0km／1067mm／6駅／1917.03.12開業／普通鉄道／架空線式 直流1500V

駅名	読み方	範囲	種	開業日	県名	所在地
(館林)	(伊勢崎線所属)			1917.03.12		
成島	なるしま	客		1926.04.10	群馬	館林市成島町字小蓋725-2
本中野	ほんなかの	客		1917.03.12	群馬	邑楽郡邑楽町大字中野4858-5
篠塚	しのづか	客	無	1917.03.12	群馬	邑楽郡邑楽町大字篠塚3995-3
東小泉	ひがしこいずみ	客		1941.12.01	群馬	邑楽郡大泉町東小泉1-18-1
小泉町	こいずみまち	客	無	1917.03.12	群馬	邑楽郡大泉町城之内2-4-1
西小泉	にしこいずみ	客		1941.12.01	群馬	邑楽郡大泉町西小泉4-31-10

■ 太田～東小泉　6.4km／1067mm／1駅／1941.06.01開業／普通鉄道／架空線式 直流1500V

駅名	読み方	範囲	種	開業日	県名	所在地
(太田)	(伊勢崎線所属)			1941.06.01		
竜舞	りゅうまい	客	無	1945.05.10	群馬	太田市龍舞町1838
(東小泉)	(小泉線所属)			1941.06.01		

佐野線

■ 館林～葛生　22.1km／1067mm／9駅／1894.03.20開業／普通鉄道／架空線式 直流1500V

駅名	読み方	範囲	種	開業日	県名	所在地
(館林)	(伊勢崎線所属)			1914.08.02		
渡瀬	わたらせ		客	1927.12.16	群馬	館林市足次町65
田島	たじま		客	1914.08.02	栃木	佐野市田島町184
佐野市	さのし		客	1914.08.02	栃木	佐野市上台町2164
佐野	さの		客	1903.06.17	栃木	佐野市若松町外堀539
堀米	ほりごめ		客	1894.03.20	栃木	佐野市堀米町1274
吉水	よしみず		客	1915.07.01	栃木	佐野市新吉水町60-1
田沼	たぬま		客	1894.03.20	栃木	佐野市栃本町1766
多田	ただ		客	1894.03.20	栃木	佐野市多田町1272-2
葛生	くずう		客	1894.03.20	栃木	佐野市葛生東1-1-5

※ 範囲欄「無」は無人駅を示す(以下同)

日光線

■ 東武動物公園～東武日光　94.5km／1067mm／25駅／1929.04.01開業／普通鉄道／架空線式 直流1500V・内燃

駅名	読み方	範囲	種	開業日	県名	所在地
(東武動物公園)	(伊勢崎線所属)			1929.04.01		
杉戸高野台	すぎとたかのだい		客	1986.08.26	埼玉	北葛飾郡杉戸町高野台東1-19-8
幸手	さって		客	1929.04.01	埼玉	幸手市中1-1-23
南栗橋	みなみくりはし		客	1986.08.26	埼玉	久喜市南栗橋1-20
栗橋	くりはし		客	1929.04.01	埼玉	久喜市伊坂字土取場1202-2
新古河	しんこが		客	1935.07.21	埼玉	加須市向古河732
柳生	やぎゅう		客	1929.11.01	埼玉	加須市小野袋1834-4
板倉東洋大前	いたくらとうようだいまえ		客	1997.03.25	群馬	邑楽郡板倉町朝日野1-1-1
藤岡	ふじおか		客	1929.04.01	栃木	栃木市藤岡町藤岡5078-2
静和	しずわ		客	1929.04.01	栃木	栃木市岩舟町静和2143
新大平下	しんおおひらした		客	1931.11.01	栃木	栃木市大平町富田571-2
栃木	とちぎ		客	1929.04.01	栃木	栃木市沼和田町1-35
新栃木	しんとちぎ		客	1929.04.01	栃木	栃木市平柳町1-8-18
合戦場	かっせんば		客	無	1929.04.01	栃木	栃木市都賀町合戦場513
家中	いえなか		客	無	1929.04.01	栃木	栃木市都賀町家中5897-9
東武金崎	とうぶかなさき		客	1929.04.01	栃木	栃木市西方町金崎243-2
楡木	にれぎ		客	無	1929.04.01	栃木	鹿沼市楡木1018
樅山	もみやま		客	無	1929.04.01	栃木	鹿沼市樅山町702-2
新鹿沼	しんかぬま		客	1929.04.01	栃木	鹿沼市鳥居跡町1475
北鹿沼	きたかぬま		客	無	1931.12.10	栃木	鹿沼市玉田町743-3
板荷	いたが		客	1929.07.07	栃木	鹿沼市板荷222

駅　名	読み方	範囲	種	開業日	県名	所 在 地
下小代	しもごしろ	客	無	1929.07.07	栃木	日光市小代329
明神	みょうじん	客	無	1929.11.01	栃木	日光市明神883
下今市	しもいまいち	客		1929.07.07	栃木	日光市今市1110
上今市	かみいまいち	客	無	1929.10.01	栃木	日光市今市533-3
東武日光	とうぶにっこう	客		1929.10.01	栃木	日光市松原町4-3

鬼怒川線

■ 下今市～新藤原　16.2km／1067mm／8駅／1922.03.19開業／普通鉄道／架空線式 直流1500V・内燃・蒸気（下今市～鬼怒川温泉）

駅　名	読み方	範囲	種	開業日	県名	所 在 地
（下今市）	（伊勢崎線所属）			1929.10.22		
大谷向	だいやむこう	客	無	1931.03.01	栃木	日光市今市1406
大桑	おおくわ	客	無	1922.03.19	栃木	日光市大桑町131
新高徳	しんたかとく	客		1922.03.19	栃木	日光市高徳465
小佐越	こさごえ	客	無	1930.07.06	栃木	日光市鬼怒川温泉大原29
東武ワールドスクウェア	とうぶわーるどすくうぇあ	客		2017夏	栃木	日光市鬼怒川温泉334-10
鬼怒立岩信号場	きぬたていわ	―	信	1964.10.08	栃木	日光市鬼怒川温泉大原710
鬼怒川温泉	きぬがわおんせん	客		1922.03.19	栃木	日光市鬼怒川温泉大原1390
鬼怒川公園	きぬがわこうえん	客		1950.09.01	栃木	日光市藤原19
新藤原	しんふじわら	客	他	1922.03.19	栃木	日光市藤原399-28

宇都宮線

■ 新栃木～東武宇都宮　24.3km／1067mm／10駅／1931.08.11開業／普通鉄道／架空線式 直流1500V

駅　名	読み方	範囲	種	開業日	県名	所 在 地
（新栃木）	（伊勢崎線所属）			1931.08.11		
野州平川	やしゅうひらかわ	客		1944.10.01	栃木	栃木市大宮町229-19
野州大塚	やしゅうおおつか	客		1931.11.01	栃木	栃木市大塚町1258-10
壬生	みぶ	客		1931.08.11	栃木	下都賀郡壬生町駅東町3-1
国谷	くにや	客		1931.08.11	栃木	下都賀郡壬生町大字壬生甲3780-8
おもちゃのまち	おもちゃのまち	客		1965.06.07	栃木	下都賀郡壬生町幸町1-22-1
安塚	やすづか	客		1931.08.11	栃木	下都賀郡壬生町大字安塚1053
西川田	にしかわだ	客		1931.08.11	栃木	宇都宮市西川田町5-1-17
江曽島	えそじま	客		1944.07.01	栃木	宇都宮市大和2-12-31
南宇都宮	みなみうつのみや	客		1933.12.15	栃木	宇都宮市吉野2-8-23
東武宇都宮	とうぶうつのみや	客		1931.08.11	栃木	宇都宮市宮園町5-4

［注］　おもちゃのまちの開業日は、『停車場一覧』昭41、47では1965.04.01。

駅　名	読み方	範囲	種	開業日	県名	所在地

野田線（愛称：東武アーバンパークライン）

■ 大宮〜船橋　62.7km／1067mm／34駅／1911.05.09開業／普通鉄道／架空線式 直流1500V

駅名	読み方	範囲	種	開業日	県名	所在地
大宮	おおみや		客	1929.12.09	埼玉	さいたま市大宮区錦町630
北大宮	きたおおみや		客	1930.04.12	埼玉	さいたま市大宮区土手町3-285
大宮公園	おおみやこうえん		客	1929.11.17	埼玉	さいたま市大宮区寿能町1-172-1
大和田	おおわだ		客	1929.11.17	埼玉	さいたま市見沼区大和田町2-1774
七里	ななさと		客	1929.11.17	埼玉	さいたま市見沼区大字風渡野603
岩槻	いわつき		客	1929.11.17	埼玉	さいたま市岩槻区本町1-1-1
東岩槻	ひがしいわつき		客	1969.12.01	埼玉	さいたま市岩槻区東岩槻1-12-1
豊春	とよはる		客	1929.11.17	埼玉	春日部市上蛭田136-1
八木崎	やぎさき		客	1929.11.17	埼玉	春日部市粕壁6946
（春日部）			(伊勢崎線所属)	1929.11.17		
藤の牛島	ふじのうしじま		客	1931.03.01	埼玉	春日部市牛島1576
南桜井	みなみさくらい		客	1932.08.01	埼玉	春日部市米島1185
川間	かわま		客	1930.10.01	千葉	野田市尾崎832
七光台	ななこうだい		客	1968.07.01	千葉	野田市光葉町1-52-1
清水公園	しみずこうえん		客	1929.09.01	千葉	野田市清水公園東1-32-2
愛宕	あたご		客	1929.09.01	千葉	野田市中野台1217
野田市	のだし		客	1911.05.09	千葉	野田市野田128
梅郷	うめさと		客	1911.05.09	千葉	野田市山崎1892
運河	うんが		客	1911.05.09	千葉	流山市東深井405
江戸川台	えどがわだい		客	1958.02.16	千葉	流山市江戸川台東1-3
初石	はついし		客	1911.05.09	千葉	流山市西初石3-100
流山おおたかの森	ながれやまおおたかのもり		客	2005.08.24	千葉	流山市西初石6-181-3他
豊四季	とよしき		客	1911.05.09	千葉	柏市豊四季159
柏	かしわ		客	1911.05.09	千葉	柏市末広町1-1
新柏	しんかしわ		客	1983.07.21	千葉	柏市新柏1-1510
増尾	ますお		客	1923.12.27	千葉	柏市増尾1-1-1
逆井	さかさい		客	1931.08.01	千葉	柏市逆井848
高柳	たかやなぎ		客	1923.12.27	千葉	柏市高柳1489
六実	むつみ		客	1923.12.27	千葉	松戸市六実4-6-1
新鎌ヶ谷	しんかまがや		客	1999.11.25	千葉	鎌ケ谷市新鎌ヶ谷2-10-1
鎌ヶ谷	かまがや		客	1923.12.27	千葉	鎌ケ谷市道野辺中央2-1-10
馬込沢	まごめざわ		客	1923.12.27	千葉	船橋市藤原7-2-1
塚田	つかだ		客	1923.12.27	千葉	船橋市前貝塚町564
新船橋	しんふなばし		客	1956.09.15	千葉	船橋市山手1-3-1
船橋	ふなばし		客	1923.12.27	千葉	船橋市本町7-1-1

東上本線

■ 池袋～寄居　75.0km／1067mm／39駅／1914.05.01開業／普通鉄道／架空線式 直流1500V

駅　名	読み方	範囲	種	開業日	県名	所 在 地
池袋	いけぶくろ		客	1914.05.01	東京	豊島区西池袋1-1-21
北池袋	きたいけぶくろ		客	1951.09.01	東京	豊島区池袋本町1-36-6
下板橋	しもいたばし		客	1914.05.01	東京	豊島区池袋本町4-43-11
大山	おおやま		客	1931.08.25	東京	板橋区大山町4-1
中板橋	なかいたばし		客	1933.07.12	東京	板橋区弥生町33-1
ときわ台	ときわだい		客	1935.10.20	東京	板橋区常盤台1-43-1
上板橋	かみいたばし		客	1914.06.17	東京	板橋区上板橋2-36-7
東武練馬	とうぶねりま		客	1931.12.29	東京	板橋区徳丸2-2-14
下赤塚	しもあかつか		客	1930.12.29	東京	板橋区赤塚新町1-23-1
成増	なります		客	1914.05.01	東京	板橋区成増2-13-1
和光市	わこうし		客	1934.02.01	埼玉	和光市本町4-6
朝霞	あさか		客	1914.05.01	埼玉	朝霞市本町2-13-52
朝霞台	あさかだい		客	1974.08.06	埼玉	朝霞市東弁財1-4-17
志木	しき		客	1914.05.01	埼玉	新座市東北2-38-1
柳瀬川	やなせがわ		客	1979.11.08	埼玉	志木市館2-5-1
みずほ台	みずほだい		客	1977.10.21	埼玉	富士見市東みずほ台2-29-1
鶴瀬	つるせ		客	1914.05.01	埼玉	富士見市鶴瀬東1-11-1
ふじみ野	ふじみの		客	1993.11.15	埼玉	富士見市ふじみ野東1-26-1
上福岡	かみふくおか		客	1914.05.01	埼玉	ふじみ野市上福岡1-1-1
新河岸	しんがし		客	1914.06.17	埼玉	川越市大字砂914-5
川越	かわごえ		客	1915.04.01	埼玉	川越市脇田町24-9
川越市	かわごえし		客	1914.05.01	埼玉	川越市六軒町1-4-4
霞ヶ関	かすみがせき		客	1916.10.27	埼玉	川越市霞ヶ関東1-1-4
鶴ヶ島	つるがしま		客	1932.04.10	埼玉	鶴ヶ島市大字上広谷18-5
若葉	わかば		客	1979.04.02	埼玉	坂戸市関間4-13-1
坂戸	さかど		客	1916.10.27	埼玉	坂戸市日の出町1-1
北坂戸	きたさかど		客	1973.08.21	埼玉	坂戸市末広町1
高坂	たかさか		客	1923.10.01	埼玉	東松山市大字高坂1333-2
東松山	ひがしまつやま		客	1923.10.01	埼玉	東松山市箭弓町1-12-11
森林公園	しんりんこうえん		客	1971.03.01	埼玉	比企郡滑川町大字羽尾3977-1
つきのわ	つきのわ		客	2002.03.26	埼玉	比企郡滑川町月の輪1-1-1
武蔵嵐山	むさしらんざん		客	1923.11.05	埼玉	比企郡嵐山町大字菅谷135-6
嵐山信号場	らんざん		―	信	2005.03.17	埼玉	比企郡嵐山町大字菅谷志賀1646-7
小川町	おがわまち		客	1923.11.05	埼玉	比企郡小川町大字大塚1145
東武竹沢	とうぶたけざわ		客	1932.07.23	埼玉	比企郡小川町大字靭負680-4
男衾	おぶすま		客	1925.07.10	埼玉	大里郡寄居町大字富田1792-1

駅　名	読み方	範囲	種	開業日	県名	所在地
鉢形	はちがた	客		1925.07.10	埼玉	大里郡寄居町大字鉢形16-1
玉淀	たまよど	客		1951.09.07	埼玉	大里郡寄居町大字寄居824-1
寄居	よりい	客	他	1925.07.10	埼玉	大里郡寄居町大字寄居1211-1

越生線

■坂戸〜越生　　10.9km／1067mm／7駅／1932.02.17開業／普通鉄道／架空線式 直流1500V

駅　名	読み方	範囲	種	開業日	県名	所在地
(坂戸)	(東上本線所属)			1932.02.17		
一本松	いっぽんまつ	客		1946〜52	埼玉	鶴ヶ島市大字中新田80-3
西大家	にしおおや	客		1936.02.28	埼玉	坂戸市大字森戸623-7
川角	かわかど	客		1946〜52	埼玉	入間郡毛呂山町大字下川原289-2
武州長瀬	ぶしゅうながせ	客		1946〜52	埼玉	入間郡毛呂山町若山1-62-1
東毛呂	ひがしもろ	客		1934.12.16	埼玉	入間郡毛呂山町岩井東2-1-1
武州唐沢	ぶしゅうからさわ	客		1946〜52	埼玉	入間郡越生町大字上野51-6
越生	おごせ	客	他	1934.12.16	埼玉	入間郡越生町大字越生386

西武鉄道
せいぶてつどう

- ●本　　社　〒359-8520 埼玉県所沢市くすのき台1丁目11番地の1
- ●設　　立　1912.05.07
- ●路　　線　池袋線、西武秩父線、新宿線、西武園線、国分寺線、多摩湖線、西武有楽町線、豊島線、安比奈線、狭山線、拝島線、多摩川線、山口線
- ●営業キロ　第1種鉄道事業＝179.8km（102駅）

池袋線（いけぶくろせん）

■ 池袋〜吾野　57.8km／1067mm／32駅／1915.04.15開業／普通鉄道／架空線式 直流1500V

駅　名	読み方	範囲	種	開業日	県名	所在地
池袋	いけぶくろ		客	1915.04.15	東京	豊島区南池袋1-28-1
椎名町	しいなまち		客	1924.06.11	東京	豊島区長崎1-1-22
東長崎	ひがしながさき		客	1915.04.15	東京	豊島区長崎5-1-1
江古田	えこだ		客	1922.11.01	東京	練馬区旭丘1-78-7
桜台	さくらだい		客	1936.07.10	東京	練馬区桜台1-5-1
練馬	ねりま		客	1915.04.15	東京	練馬区練馬1-3-5
中村橋	なかむらばし		客	1924.06.11	東京	練馬区中村北4-2-1
富士見台	ふじみだい		客	1925.03.15	東京	練馬区貫井3-7-4
練馬高野台	ねりまたかのだい		客	1994.12.07	東京	練馬区高野台1-7-27
石神井公園	しゃくじいこうえん		客	1915.04.15	東京	練馬区石神井町3-23-10
大泉学園	おおいずみがくえん		客	1924.11.01	東京	練馬区東大泉1-29-7
保谷	ほうや		客	1915.04.15	東京	西東京市東町3-14-30
ひばりヶ丘	ひばりがおか		客	1924.06.11	東京	西東京市住吉町3-9-19
東久留米	ひがしくるめ		客	1915.04.15	東京	東久留米市本町1-8
清瀬	きよせ		客	1924.06.11	東京	清瀬市元町1-2-4
秋津	あきつ		客	1917.12.12	東京	東村山市秋津町5-7-8
(JR東日本・西武鉄道分界点)			—	1976.03.01	埼玉	所沢市上安松
(所沢)	(新宿線所属)			1915.04.15		
西所沢	にしところざわ		客	1915.04.15	埼玉	所沢市西所沢1-11-9
小手指	こてさし		客	1970.11.20	埼玉	所沢市小手指町1-8-1
狭山ヶ丘	さやまがおか		客	1915.04.15	埼玉	所沢市狭山ヶ丘1-2980
武蔵藤沢	むさしふじさわ		客	1926.04.01	埼玉	入間市下藤沢494-4
稲荷山公園	いなりやまこうえん		客	1933.04.01	埼玉	狭山市稲荷山1-1
入間市	いるまし		客	1915.04.15	埼玉	入間市河原町2-1
仏子	ぶし		客	1915.04.15	埼玉	入間市仏子880
元加治	もとかじ		客	1918.11.12	埼玉	入間市野田167

大手・準大手私鉄

大手私鉄

駅　名	読み方	範囲	種	開業日	県名	所　在　地
飯能	はんのう		客	1915.04.15	埼玉	飯能市仲町11-21
東飯能	ひがしはんのう		客	1931.12.10	埼玉	飯能市東町1-5
北飯能信号場	きたはんのう	一	信	1998.02.28	埼玉	N/A
武蔵丘信号場	むさしがおか	一	信	1988.11.16	埼玉	N/A
高麗	こま		客	1929.09.10	埼玉	日高市武蔵台1-1-1
武蔵横手	むさしよこて		客	1929.09.10	埼玉	日高市横手字山下750
東吾野	ひがしあがの		客	1929.09.10	埼玉	飯能市平戸220
吾野	あがの		客	1929.09.10	埼玉	飯能市坂石町分326-1

西武秩父線

■ 吾野〜西武秩父　19.0km／1067mm／6駅／1969.10.14開業／普通鉄道／架空線式 直流1500V・蒸気（西武秩父構内のみ）

駅　名	読み方	範囲	種	開業日	県名	所　在　地
（吾野）	（池袋線所属）			1969.10.14		
西吾野	にしあがの		客	1969.10.14	埼玉	飯能市吾野下ノ平579
正丸	しょうまる		客	1969.10.14	埼玉	飯能市坂元1658
正丸トンネル信号場	しょうまるとんねる	一	信	1969.10.14	埼玉	N/A
芦ヶ久保	あしがくぼ		客	1969.10.14	埼玉	秩父郡横瀬町芦ヶ久保1925
横瀬	よこぜ		客	1969.10.14	埼玉	秩父郡横瀬町横瀬4067
西武秩父	せいぶちちぶ		客	1969.10.14	埼玉	秩父市野坂町1-16-15

新宿線

■ 西武新宿〜本川越　47.5km／1067mm／30駅／1895.03.21開業／普通鉄道／架空線式 直流1500V

駅　名	読み方	範囲	種	開業日	県名	所　在　地
西武新宿	せいぶしんじゅく		客	1952.03.25	東京	新宿区歌舞伎町1-30-1
高田馬場	たかだのばば		客	1928.04.15	東京	新宿区高田馬場1-35-2
下落合	しもおちあい		客	1927.04.16	東京	新宿区下落合1-16-1
中井	なかい		客	1927.04.16	東京	新宿区中落合1-19-1
新井薬師前	あらいやくしまえ		客	1927.04.16	東京	中野区上高田5-43-20
沼袋	ぬまぶくろ		客	1927.04.16	東京	中野区沼袋1-35-1
野方	のがた		客	1927.04.16	東京	中野区野方6-3-3
都立家政	とりつかせい		客	1937.12.25	東京	中野区鷺宮1-16-1
鷺ノ宮	さぎのみや		客	1927.04.16	東京	中野区鷺宮3-15-1
下井草	しもいぐさ		客	1927.04.16	東京	杉並区下井草2-44-10
井荻	いおぎ		客	1927.04.16	東京	杉並区下井草5-23-15
上井草	かみいぐさ		客	1927.04.16	東京	杉並区上井草3-32-1
上石神井	かみしゃくじい		客	1927.04.16	東京	練馬区上石神井1-2-45
武蔵関	むさしせき		客	1927.04.16	東京	練馬区関町北2-29-1

駅　名	読 み 方	範囲	種	開業日	県名	所　在　地
東伏見	ひがしふしみ	客		1927.04.16	東京	西東京市東伏見2-5-1
西武柳沢	せいぶやぎさわ	客		1927.04.16	東京	西東京市保谷町3-11-24
田無	たなし	客		1927.04.16	東京	西東京市田無町4-1-1
花小金井	はなこがねい	客		1927.04.16	東京	小平市花小金井1-10-5
小平	こだいら	客		1927.04.16	東京	小平市美園町1-34-1
久米川	くめがわ	客		1927.04.16	東京	東村山市栄町2-3-1
(東村山)	(国分寺線所属)			1895.08.06		
所沢	ところざわ	客		1895.03.21	埼玉	所沢市くすのき台1-14-5
航空公園	こうくうこうえん	客		1987.05.28	埼玉	所沢市並木2-4-1
新所沢	しんところざわ	客		1938.06.21	埼玉	所沢市緑町1-21-3
南入曽信号場	みなみいりそ	—	信	1969.09.26	埼玉	N/A
入曽	いりそ	客		1895.03.21	埼玉	狭山市南入曽567
狭山市	さやまし	客		1895.03.21	埼玉	狭山市入間川1-1-1
新狭山	しんさやま	客		1964.11.15	埼玉	狭山市新狭山3-12-1
南大塚	みなみおおつか	客		1897.11.14	埼玉	川越市南台3-14
脇田信号場	わきた	—	信	1980.03.12	埼玉	N/A
本川越	ほんかわごえ	客		1895.03.21	埼玉	川越市新富町1-22

西武園線

■ 東村山〜西武園　2.4km／1067mm／1 駅／1930.04.05開業／普通鉄道／架空線式 直流1500V

駅　名	読 み 方	範囲	種	開業日	県名	所　在　地
(東村山)	(国分寺線所属)			1930.04.05		
西武園	せいぶえん	客		1950.05.23	東京	東村山市多摩湖町4-29-1

国分寺線

■ 東村山〜国分寺　7.8km／1067mm／6 駅／1894.12.21開業／普通鉄道／架空線式 直流1500V

駅　名	読 み 方	範囲	種	開業日	県名	所　在　地
東村山	ひがしむらやま	客		1895.08.06	東京	東村山市本町2-3-32
小川	おがわ	客		1894.12.21	東京	小平市小川東町1-20-1
鷹の台	たかのだい	客		1948.10.21	東京	小平市たかの台45-4
恋ヶ窪	こいがくぼ	客		1955.02.10	東京	国分寺市戸倉1-1-4
羽根沢信号場	はねさわ	—	信	1968.11.12	東京	N/A
国分寺	こくぶんじ	客		1894.12.21	東京	国分寺市本町2-1-23

駅　名	読み方	範囲	種	開業日	県名	所在地

多摩湖線

■国分寺～西武遊園地　9.2km／1067mm／8駅／1928.04.06開業／普通鉄道／架空線式 直流1500V

駅名	読み方	範囲	種	開業日	県名	所在地
（国分寺）	（国分寺線所属）			1928.04.06		
本町信号場	ほんちょう	一	信	1966.07.01	東京	N/A
一橋学園	ひとつばしがくえん		客	1933.09.11	東京	小平市学園西町2-1-1
青梅街道	おうめかいどう		客	1928.04.06	東京	小平市小川町2-1846
萩山	はぎやま		客	1928.04.06	東京	東村山市萩山町2-1-1
八坂	やさか		客	1942.10.01	東京	東村山市栄町3-18-1
回田信号場	めぐりた	一	信	1963.04.05	東京	N/A
武蔵大和	むさしやまと		客	1936.12.30	東京	東村山市廻田町3-9-19
西武遊園地	せいぶゆうえんち		客	1936.12.30	東京	東村山市多摩湖町3-15-18

［注］本町信号場は、待避線撤去済み。

西武有楽町線

■練馬～小竹向原　2.6km／1067mm／2駅／1983.10.01開業／普通鉄道／架空線式 直流1500V

駅名	読み方	範囲	種	開業日	県名	所在地
（練馬）	（池袋線所属）			1994.12.07		
新桜台	しんさくらだい		客	1983.10.01	東京	練馬区桜台1-28-11
小竹向原	こたけむかいはら		客	1983.10.01	東京	練馬区小竹町2-16-15

豊島線

■練馬～豊島園　1.0km／1067mm／1駅／1927.10.15開業／普通鉄道／架空線式 直流1500V

駅名	読み方	範囲	種	開業日	県名	所在地
（練馬）	（池袋線所属）			1927.10.15		
豊島園	としまえん		客	1927.10.15	東京	練馬区練馬4-16-5

安比奈線

■南大塚～安比奈　3.2km／1067mm／1駅／1925.02.15開業／普通鉄道／架空線式 直流1500V

駅名	読み方	範囲	種	開業日	県名	所在地
（南大塚）	（新宿線所属）			1925.02.15		
安比奈 貨	あひな		無	1925.02.15	埼玉	N/A

［注］2009.12.01休止実施。実態は1960年代より休止状態。2017.05.31まで休止。

駅　名	読み方	範囲	種	開業日	県名	所在地

狭山線

■ 西所沢～西武球場前　4.2km／1067mm／2駅／1929.05.01開業／普通鉄道／架空線式 直流1500V

駅名	読み方	種	開業日	県名	所在地
（西所沢）	（池袋線所属）		1929.05.01		
下山口	しもやまぐち	客	1929.05.01	埼玉	所沢市山口1254-3
西武球場前	せいぶきゅうじょうまえ	客	1929.05.01	埼玉	所沢市上山口2090-3

拝島線

■ 小平～拝島　14.3km／1067mm／5駅／1928.11.02開業／普通鉄道／架空線式 直流1500V

駅名	読み方	種	開業日	県名	所在地
（小平）	（新宿線所属）		1928.11.02		
（萩山）	（多摩湖線所属）		1928.11.02		
（小川）	（国分寺線所属）		1950.05.15		
東大和市	ひがしやまとし	客	1950.05.15	東京	東大和市桜が丘1-1415-1
玉川上水	たまがわじょうすい	客	1950.05.15	東京	立川市幸町6-36-1
武蔵砂川	むさしすながわ	客	1983.12.12	東京	立川市上砂町5-44-4
西武立川	せいぶたちかわ	客	1968.05.15	東京	立川市西砂町1-21-2
拝島	はいじま	客	1968.05.15	東京	昭島市美堀町5-21-2

多摩川線

■ 武蔵境～是政　8.0km／1067mm／6駅／1917.10.22開業／普通鉄道／架空線式 直流1500V

駅名	読み方	種	開業日	県名	所在地
武蔵境	むさしさかい	客	1917.10.22	東京	武蔵野市境南町2-1-12
新小金井	しんこがねい	客	1917.10.22	東京	小金井市東町4-24-1
多磨	たま	客	1929.01.05	東京	府中市紅葉丘3-42-2
白糸台	しらいとだい	客	1917.10.22	東京	府中市白糸台2-71-6
競艇場前	きょうていじょうまえ	客	1919.06.01	東京	府中市小柳町4-10-11
是政	これまさ	客	1922.06.20	東京	府中市是政5-8-2

山口線（愛称：レオライナー）

■ 西武遊園地～西武球場前　2.8km／2駅／1985.04.25開業／案内軌条式鉄道／直流750V

駅名	読み方	種	開業日	県名	所在地
（西武遊園地）	（多摩湖線所属）		1985.04.25		
遊園地西	ゆうえんちにし	客	1985.04.25	埼玉	所沢市山口2939
東中峯信号場	ひがしなかみね	— 信	1985.04.25	埼玉	N/A
（西武球場前）	（狭山線所属）		1985.04.25		

大手・準大手私鉄

大手私鉄

京成電鉄
けいせいでんてつ

- ●本　　社　〒272-8510　千葉県市川市八幡3丁目3番1号
- ●設　　立　1909.06.30
- ●路　　線　本線、東成田線、押上線、千葉線、千原線、金町線、成田空港線
- ●営業キロ　第1種鉄道事業＝106.3km（63駅）、第2種鉄道事業＝53.5km（4駅）

本線
ほんせん

■京成上野～成田空港　69.3km／1435mm／42駅／1912.11.03開業／普通鉄道／架空線式 直流1500V
　第2種鉄道事業＝駒井野分岐部～成田空港〔第3種鉄道事業＝成田空港高速鉄道〕

駅　名	読み方	範囲	種	開業日	県名	所在地
京成上野	けいせいうえの		客	1933.12.10	東京	台東区上野公園1-60
日暮里	にっぽり		客	1931.12.19	東京	荒川区西日暮里2-19-1
新三河島	しんみかわしま		客	1931.12.19	東京	荒川区西日暮里6-2-1
町屋	まちや		客	1931.12.19	東京	荒川区荒川7-40-1
千住大橋	せんじゅおおはし		客	1931.12.19	東京	足立区千住橋戸町11-1
京成関屋	けいせいせきや		客	1931.12.19	東京	足立区千住曙町2-2
堀切菖蒲園	ほりきりしょうぶえん		客	1931.12.19	東京	葛飾区堀切5-1-1
お花茶屋	おはなぢゃや		客	1931.12.19	東京	葛飾区宝町2-37-1
（青砥）	（押上線所属）			1928.11.01		
京成高砂	けいせいたかさご		客	1912.11.03	東京	葛飾区高砂5-28-1
京成小岩	けいせいこいわ		客	1932.05.15	東京	江戸川区北小岩2-10-9
江戸川	えどがわ		客	1912.11.03	東京	江戸川区北小岩3-24-15
国府台	こうのだい		客	1914.08.30	千葉	市川市市川3-30-1
市川真間	いちかわまま		客	1914.08.30	千葉	市川市真間1-11-1
菅野	すがの		客	1916.02.09	千葉	市川市菅野2-7-1
京成八幡	けいせいやわた		客	1915.11.03	千葉	市川市八幡3-2-1
鬼越	おにごえ		客	1935.08.03	千葉	市川市鬼越1-4-5
京成中山	けいせいなかやま		客	1915.11.03	千葉	船橋市本中山1-9-1
東中山	ひがしなかやま		客	1953.09.01	千葉	船橋市東中山2-2-22
京成西船	けいせいにしふな		客	1916.12.30	千葉	船橋市西船4-15-27
海神	かいじん		客	1919.10.25	千葉	船橋市海神5-1-22
京成船橋	けいせいふなばし		客	1916.12.30	千葉	船橋市本町1-5-1
大神宮下	だいじんぐうした		客	1921.07.17	千葉	船橋市宮本2-9-9
船橋競馬場	ふなばしけいばじょうまえ		客	1927.08.21	千葉	船橋市宮本8-42-1
谷津	やつ		客	1921.07.17	千葉	習志野市谷津5-4-5
京成津田沼	けいせいつだぬま		客	1921.07.17	千葉	習志野市津田沼3-1-1

駅　　名	読 み 方	範囲	種	開業日	県名	所 在 地
京成大久保	けいせいおおくぼ		客	1926.12.09	千葉	習志野市本大久保3-10-1
実籾	みもみ		客	1926.12.09	千葉	習志野市実籾1-1-1
八千代台	やちよだい		客	1956.03.20	千葉	八千代市八千代台北1-0
京成大和田	けいせいおおわだ		客	1926.12.09	千葉	八千代市大和田字小板橋308
勝田台	かつただい		客	1968.05.01	千葉	八千代市勝田台1-8-1
志津	しづ		客	1928.03.18	千葉	佐倉市上志津1669
ユーカリが丘	ゆーかりがおか		客	1982.11.01	千葉	佐倉市ユーカリが丘4-8-2
京成臼井	けいせいうすい		客	1926.12.09	千葉	佐倉市王子台3-30-3
京成佐倉	けいせいさくら		客	1926.12.09	千葉	佐倉市栄町1001-5
大佐倉	おおさくら		客	1926.12.09	千葉	佐倉市大佐倉松山277
京成酒々井	けいせいしすい		客	1926.12.09	千葉	印旛郡酒々井町中川560-1
宗吾参道	そうごさんどう		客	1928.04.01	千葉	印旛郡酒々井町下岩橋字仲424-1
公津の杜	こうづのもり		客	1994.04.01	千葉	成田市公津の杜4-11-2
京成成田	けいせいなりた		客	1930.04.25	千葉	成田市花崎町814
駒井野分岐部	こまいのぶんきぶ	―	信	1991.03.19	千葉	成田市取香
〈接続点〉		―	―	2010.07.17	千葉	N/A
空港第2ビル	くうこうだいにびる		客	1992.12.03	千葉	成田市古込字古込1-1
成田空港	なりたくうこう		客	1991.03.19	千葉	成田市三里塚御料牧場1-1

東成田線

■京成成田～東成田　7.1km／1435mm／1駅／1978.05.21開業／普通鉄道／架空線式　直流1500V

（京成成田）	（本線所属）			1978.05.21		
（駒井野分岐部）	（本線所属）			1991.03.19		
東成田	ひがしなりた		客	1978.05.21	千葉	成田市古込字込前124

［注］京成成田～駒井野分岐部6.0kmは本線と重複。

押上線

■押上～青砥　5.7km／1435mm／6駅／1912.11.03開業／普通鉄道／架空線式　直流1500V

押上	おしあげ		客	1912.11.03	東京	墨田区押上1-8-21
京成曳舟	けいせいひきふね		客	1912.11.03	東京	墨田区京島1-37-11
八広	やひろ		客	1923.07.11	東京	墨田区八広6-25-20
四ツ木	よつぎ		客	1912.11.03	東京	葛飾区四つ木1-1-1
京成立石	けいせいたていし		客	1912.11.03	東京	葛飾区立石4-24-1
青砥	あおと		客	1928.11.01	東京	葛飾区青戸3-36-1

	駅　名	読み方	範囲	種	開業日	県名	所在地

千葉線

■京成津田沼〜千葉中央　12.9km／1435mm／9駅／1921.07.17開業／普通鉄道／架空線式 直流1500V

	駅名	読み方	範囲	種	開業日	県名	所在地
	（京成津田沼）	（本線所属）			1921.07.17		
	京成幕張本郷	けいせいまくはりほんごう		客	1991.08.07	千葉	千葉市花見川区幕張本郷1-1-3
	京成幕張	けいせいまくはり		客	1921.07.17	千葉	千葉市花見川区幕張町4-601
	検見川	けみがわ		客	1921.07.17	千葉	千葉市花見川区検見川町1-791
	京成稲毛	けいせいいなげ		客	1921.07.17	千葉	千葉市稲毛区稲毛3-1-17
	みどり台	みどりだい		客	1923.02.22	千葉	千葉市稲毛区緑町1-7-1
	西登戸	にしのぶと		客	1922.03.18	千葉	千葉市中央区登戸4-9-1
	新千葉	しんちば		客	1923.07.24	千葉	千葉市中央区登戸2-10-15
	京成千葉	けいせいちば		客	1967.12.01	千葉	千葉市中央区新町250-3
	千葉中央	ちばちゅうおう		客	1921.07.17	千葉	千葉市中央区本千葉町15-1

千原線

■千葉中央〜ちはら台　10.9km／1435mm／5駅／1992.04.01開業／普通鉄道／架空線式 直流1500V

	駅名	読み方	範囲	種	開業日	県名	所在地
	（千葉中央）	（千葉線所属）			1992.04.01		
	千葉寺	ちばでら		客	1992.04.01	千葉	千葉市中央区千葉寺町912-1
	大森台	おおもりだい		客	1992.04.01	千葉	千葉市中央区大森町463-3
	学園前	がくえんまえ		客	1995.04.01	千葉	千葉市緑区おゆみ野中央1-14-2
	おゆみ野	おゆみの		客	1995.04.01	千葉	千葉市緑区おゆみ野南3-27-1
	ちはら台	ちはらだい		客	1995.04.01	千葉	市原市ちはら台西1-1

金町線

■京成高砂〜京成金町　2.5km／1435mm／2駅／1899.12.17開業／普通鉄道／架空線式 直流1500V

	駅名	読み方	範囲	種	開業日	県名	所在地
	（京成高砂）	（本線所属）			1912.11.03		
	柴又	しばまた		客	1899.12.17	東京	葛飾区柴又4-8-14
	京成金町	けいせいかなまち		客	1899.12.17	東京	葛飾区金町5-37-9

駅　　名	読み方	範囲	種	開業日	県名	所在地

成田空港線（愛称：成田スカイアクセス）

■ 京成高砂〜成田空港　51.4km／1435mm／2駅／2010.07.17開業／普通鉄道／架空線式 直流1500V
　第2種鉄道事業＝京成電鉄
　第1種鉄道事業＝北総鉄道（京成高砂〜小室）
　第3種鉄道事業＝千葉ニュータウン鉄道（小室〜印旛日本医大）
　第3種鉄道事業＝成田高速鉄道アクセス（印旛日本医大〜成田空港高速鉄道線接続点）
　第3種鉄道事業＝成田空港高速鉄道（成田高速鉄道アクセス線接続点〜接続点）

駅名	読み方	範囲	種	開業日	県名	所在地
（京成高砂）	（本線所属）			2010.07.17		
（東松戸）	（北総鉄道北総線所属）			2010.07.17		
（新鎌ヶ谷）	（北総鉄道北総線所属）			2010.07.17		
（千葉ニュータウン中央）	（北総鉄道北総線所属）			2010.07.17		
（印旛日本医大）	（北総鉄道北総線所属）			2010.07.17		
成田湯川	なりたゆかわ	客		2010.07.17	千葉	成田市松崎1620-1
〈成田空港高速鉄道接続点〉		—	—	2010.07.17		
新根古屋信号場	しんねこや	—	信	2010.07.17	千葉	成田市長田
〈接続点〉		—	—	2010.07.17		
（空港第2ビル）	（本線所属）			1992.12.03		
（成田空港）	（本線所属）			1991.03.19		

［注］接続点〜成田空港1.5kmは本線と重複。

京王電鉄
けいおうでんてつ

- ●本　　社　〒206-8502 東京都多摩市関戸1丁目9番地1
- ●設　　立　1948.06.01（1910.09.21）
- ●路　　線　京王線、相模原線、高尾線、競馬場線、動物園線、井の頭線
- ●営業キロ　第1種鉄道事業＝84.7km（69駅）

京王線
けいおうせん

■ 新宿～京王八王子　37.9km／1372mm／34駅／1913.04.15開業／普通鉄道／架空線式 直流1500V

駅　名	読み方	範囲	種	開業日	県名	所在地
新宿	しんじゅく		客	1945.07.24	東京	新宿区西新宿1-1-4
初台	はつだい		客	1914.06.11	東京	渋谷区初台1-53-7
幡ヶ谷	はたがや		客	1913.11.11	東京	渋谷区幡ヶ谷1-2-1
笹塚	ささづか		客	1913.04.15	東京	渋谷区笹塚1-56-7
代田橋	だいたばし		客	1913.04.15	東京	世田谷区大原2-18-9
明大前	めいだいまえ		客	1913.04.15	東京	世田谷区松原2-45-1
下高井戸	しもたかいど		客	1913.04.15	東京	世田谷区松原3-29-17
桜上水	さくらじょうすい		客	1926.04.28	東京	世田谷区桜上水5-29-52
上北沢	かみきたざわ		客	1913.04.15	東京	世田谷区上北沢4-14-3
八幡山	はちまんやま		客	1918.05.01	東京	杉並区上高井戸1-1-11
芦花公園	ろかこうえん		客	1913.04.15	東京	世田谷区南烏山3-1-16
千歳烏山	ちとせからすやま		客	1913.04.15	東京	世田谷区南烏山6-1-1
仙川	せんがわ		客	1913.04.15	東京	調布市仙川町1-43
つつじヶ丘	つつじがおか		客	1913.04.15	東京	調布市西つつじヶ丘3-35-1
柴崎	しばさき		客	1913.04.15	東京	調布市菊野台2-67-11
国領	こくりょう		客	1913.04.15	東京	調布市国領町3-18-1
布田	ふだ		客	1917.__.__	東京	調布市国領町5-67-1
調布	ちょうふ		客	1913.04.15	東京	調布市布田4-32-1
西調布	にしちょうふ		客	1916.09.01	東京	調布市上石原1-25-17
飛田給	とびたきゅう		客	1916.09.01	東京	調布市飛田給1-42-11
武蔵野台	むさしのだい		客	1916.10.31	東京	府中市白糸台4-18-4
多磨霊園	たまれいえん		客	1916.10.31	東京	府中市清水が丘3-26-11
東府中	ひがしふちゅう		客	1935.11.12	東京	府中市清水が丘1-8-3
府中	ふちゅう		客	1916.10.31	東京	府中市宮町1-1-10
分倍河原	ぶばいがわら		客	1925.03.24	東京	府中市片町2-21-18
中河原	なかがわら		客	1925.03.24	東京	府中市住吉町2-1-16
聖蹟桜ヶ丘	せいせきさくらがおか		客	1925.03.24	東京	多摩市関戸1-10-10

駅　名	読み方	範囲	種	開業日	県名	所在地
百草園	もぐさえん		客	1925.03.24	東京	日野市百草209
高幡不動	たかはたふどう		客	1925.03.24	東京	日野市高幡139
南平	みなみだいら		客	1926.04.28	東京	日野市南平6-9-31
平山城址公園	ひらやまじょうしこうえん		客	1925.03.24	東京	日野市平山5-18-10
長沼	ながぬま		客	1925.03.24	東京	八王子市長沼町700
北野	きたの		客	1925.03.24	東京	八王子市打越町335-1
京王八王子	けいおうはちおうじ		客	1925.03.24	東京	八王子市明神町3-27-1

相模原線

■ 調布～橋本　22.6km／1372mm／11駅／1916.06.01開業／普通鉄道／架空線式　直流1500V

駅　名	読み方	範囲	種	開業日	県名	所在地
(調布)	(京王線所属)			1916.06.01		
京王多摩川	けいおうたまがわ		客	1916.06.01	東京	調布市多摩川4-40-1
京王稲田堤	けいおういなだづつみ		客	1971.04.01	神奈川	川崎市多摩区菅4-1-1
京王よみうりランド	けいおうよみうりらんど		客	1971.04.01	東京	稲城市矢野口2200-1
稲城	いなぎ		客	1974.10.18	東京	稲城市東長沼3108
若葉台	わかばだい		客	1974.10.18	神奈川	川崎市麻生区黒川609
京王永山	けいおうながやま		客	1974.10.18	東京	多摩市永山1-18-1
京王多摩センター	けいおうたませんたー		客	1974.10.18	東京	多摩市落合1-10-2
京王堀之内	けいおうほりのうち		客	1988.05.21	東京	八王子市堀之内3-24-4
南大沢	みなみおおさわ		客	1988.05.21	東京	八王子市南大沢2-1-6
多摩境	たまさかい		客	1991.04.06	東京	町田市小山ヶ丘3-23
橋本	はしもと		客	1990.03.30	神奈川	相模原市緑区橋本2-3-2

高尾線

■ 北野～高尾山口　8.6km／1372mm／6駅／1931.03.20開業／普通鉄道／架空線式　直流1500V

駅　名	読み方	範囲	種	開業日	県名	所在地
(北野)	(京王線所属)			1931.03.20		
京王片倉	けいおうかたくら		客	1931.03.20	東京	八王子市片倉町39-4
山田	やまだ		客	1931.03.20	東京	八王子市緑町434
めじろ台	めじろだい		客	1967.10.01	東京	八王子市めじろ台1-100-1
狭間	はざま		客	1967.10.01	東京	八王子市東浅川町773
高尾	たかお		客	1967.10.01	東京	八王子市初沢町1227
高尾山口	たかおさんぐち		客	1967.10.01	東京	八王子市高尾町2241

駅　名	読み方	範囲	種	開業日	県名	所 在 地

競馬場線(けいばじょうせん)

■東府中～府中競馬正門前　0.9km／1372mm／1駅／1955.04.29開業／普通鉄道／架空線式 直流1500V

駅名	読み方	範囲	種	開業日	県名	所在地
(東府中)	(京王線所属)			1955.04.29		
府中競馬正門前	ふちゅうけいばせいもんまえ		客	1955.04.29	東京	府中市八幡町1-18

動物園線(どうぶつえんせん)

■高幡不動～多摩動物公園　2.0km／1372mm／1駅／1964.04.29開業／普通鉄道／架空線式 直流1500V

駅名	読み方	範囲	種	開業日	県名	所在地
(高幡不動)	(京王線所属)			1964.04.29		
多摩動物公園	たまどうぶつこうえん		客	1964.04.29	東京	日野市程久保3-36-39

井の頭線(いのかしらせん)

■渋谷～吉祥寺　12.7km／1067mm／16駅／1933.08.01開業／普通鉄道／架空線式 直流1500V

駅名	読み方	範囲	種	開業日	県名	所在地
渋谷	しぶや		客	1933.08.01	東京	渋谷区道玄坂1-4-1
神泉	しんせん		客	1933.08.01	東京	渋谷区神泉町4-6
駒場東大前	こまばとうだいまえ		客	1965.07.11	東京	目黒区駒場3-9-1
池ノ上	いけのうえ		客	1933.08.01	東京	世田谷区代沢2-43-8
下北沢	しもきたざわ		客	1933.08.01	東京	世田谷区北沢2-23-9
新代田	しんだいた		客	1933.08.01	東京	世田谷区代田5-30-18
東松原	ひがしまつばら		客	1933.08.01	東京	世田谷区松原5-2-6
(明大前)	(京王線所属)			1933.08.01		
永福町	えいふくちょう		客	1933.08.01	東京	杉並区永福2-60-31
西永福	にしえいふく		客	1933.08.01	東京	杉並区永福3-36-1
浜田山	はまだやま		客	1933.08.01	東京	杉並区浜田山3-31-2
高井戸	たかいど		客	1933.08.01	東京	杉並区高井戸西2-1-26
富士見ヶ丘	ふじみがおか		客	1933.08.01	東京	杉並区久我山5-1-25
久我山	くがやま		客	1933.08.01	東京	杉並区久我山4-1-11
三鷹台	みたかだい		客	1933.08.01	東京	三鷹市井の頭1-32-1
井の頭公園	いのかしらこうえん		客	1933.08.01	東京	三鷹市井の頭3-35-12
吉祥寺	きちじょうじ		客	1934.04.01	東京	武蔵野市吉祥寺南町2-1-31

小田急電鉄

- ●本　　社　〒160-8309 東京都新宿区西新宿１丁目８番３号
- ●設　　立　1948.06.01（1923.05.01）
- ●路　　線　小田原線、江ノ島線、多摩線
- ●営業キロ　第１種鉄道事業＝120.5km（71駅）

小田原線

■新宿～小田原　82.5km／1067mm／48駅／1927.04.01開業／普通鉄道／架空線式 直流1500V

	駅　名	読み方	範囲	種	開業日	県名	所在地
	新宿	しんじゅく		客	1927.04.01	東京	新宿区西新宿1-1-3
	南新宿	みなみしんじゅく		客	1927.04.01	東京	渋谷区代々木2-29-16
	参宮橋	さんぐうばし		客	1927.04.01	東京	渋谷区代々木4-6-7
	代々木八幡	よよぎはちまん		客	1927.04.01	東京	渋谷区代々木5-6-1
	代々木上原	よよぎうえはら		客	1927.04.01	東京	渋谷区西原3-8-5
	東北沢	ひがしきたざわ		客	1927.04.01	東京	世田谷区北沢3-1-4
	下北沢	しもきたざわ		客	1927.04.01	東京	世田谷区北沢2-24-2
	世田谷代田	せたがやだいた		客	1927.04.01	東京	世田谷区代田2-31-12
	梅ヶ丘	うめがおか		客	1934.04.01	東京	世田谷区梅丘1-31-21
	豪徳寺	ごうとくじ		客	1927.04.01	東京	世田谷区豪徳寺1-43-4
	経堂	きょうどう		客	1927.04.01	東京	世田谷区経堂2-1-3
	千歳船橋	ちとせふなばし		客	1927.04.01	東京	世田谷区船橋1-1-5
	祖師ヶ谷大蔵	そしがやおおくら		客	1927.04.01	東京	世田谷区祖師谷1-7-1
	成城学園前	せいじょうがくえんまえ		客	1927.04.01	東京	世田谷区成城6-5-34
	喜多見	きたみ		客	1927.04.01	東京	世田谷区喜多見9-2-26
	狛江	こまえ		客	1927.06.01	東京	狛江市東和泉1-17-1
	和泉多摩川	いずみたまがわ		客	1927.04.01	東京	狛江市東和泉4-2-1
	登戸	のぼりと		客	1927.04.01	神奈川	川崎市多摩区登戸2417
	向ヶ丘遊園	むこうがおかゆうえん		客	1927.04.01	神奈川	川崎市多摩区登戸2098
	生田	いくた		客	1927.04.01	神奈川	川崎市多摩区生田7-8-4
	読売ランド前	よみうりらんどまえ		客	1927.04.01	神奈川	川崎市多摩区西生田3-8-1
	百合ヶ丘	ゆりがおか		客	1960.03.25	神奈川	川崎市麻生区百合丘1-21-1
	新百合ヶ丘	しんゆりがおか		客	1974.06.01	神奈川	川崎市麻生区万福寺1-18-1
	柿生	かきお		客	1927.04.01	神奈川	川崎市麻生区上麻生5-42-1
	鶴川	つるかわ		客	1927.04.01	東京	町田市能ヶ谷1-6-3
	玉川学園前	たまがわがくえんまえ		客	1929.04.01	東京	町田市玉川学園2-21-9
	町田	まちだ		客	1927.04.01	東京	町田市原町田6-12-20

駅　名	読み方	範囲	種	開業日	県名	所　在　地
相模大野	さがみおおの		客	1929.04.01	神奈川	相模原市南区相模大野3-8-1
相模大野分岐点	さがみおおのぶんきてん	ー	信	1997.12.28	神奈川	N/A
小田急相模原	おだきゅうさがみはら		客	1938.03.01	神奈川	相模原市南区南台3-20-1
相武台前	そうぶだいまえ		客	1927.04.01	神奈川	座間市相武台1-33-1
座間	ざま		客	1927.08.01	神奈川	座間市入谷5-1682
海老名	えびな		客	1941.11.25	神奈川	海老名市上郷570
厚木	あつぎ		客	1927.04.01	神奈川	海老名市河原口1-1-1
本厚木	ほんあつぎ		客	1927.04.01	神奈川	厚木市泉町1-1
愛甲石田	あいこういしだ		客	1927.04.01	神奈川	厚木市愛甲1-1-1
伊勢原	いせはら		客	1927.04.01	神奈川	伊勢原市桜台1-1-7
鶴巻温泉	つるまきおんせん		客	1927.04.01	神奈川	秦野市鶴巻北2-1-1
東海大学前	とうかいだいがくまえ		客	1927.04.01	神奈川	秦野市南矢名1-1-1
秦野	はだの		客	1927.04.01	神奈川	秦野市大秦町1-1
渋沢	しぶさわ		客	1927.04.01	神奈川	秦野市曲松1-1-1
新松田	しんまつだ		客	1927.04.01	神奈川	足柄上郡松田町松田惣領1356
開成	かいせい		客	1985.03.14	神奈川	足柄上郡開成町吉田島4300-1
栢山	かやま		客	1927.04.01	神奈川	小田原市栢山2636
富水	とみなが		客	1927.04.01	神奈川	小田原市堀ノ内242
螢田	ほたるだ		客	1952.04.01	神奈川	小田原市蓮正寺319
足柄	あしがら		客	1927.04.01	神奈川	小田原市扇町3-32-27
小田原	おだわら		客	1927.04.01	神奈川	小田原市城山1-1-1

江ノ島線

■ 相模大野分岐点〜片瀬江ノ島　27.4km／1067㎜／16駅／1929.04.01開業／普通鉄道／架空線式 直流1500V

駅　名	読み方	範囲	種	開業日	県名	所　在　地
(相模大野分岐点)	(小田原線所属)			1997.12.28		
東林間	ひがしりんかん		客	1929.04.01	神奈川	相模原市南区上鶴間7-7-1
中央林間	ちゅうおうりんかん		客	1929.04.01	神奈川	大和市中央林間3-3-8
南林間	みなみりんかん		客	1929.04.01	神奈川	大和市南林間1-6-11
鶴間	つるま		客	1929.04.01	神奈川	大和市西鶴間1-1-1
大和	やまと		客	1929.04.01	神奈川	大和市大和南1-1-1
桜ヶ丘	さくらがおか		客	1952.11.25	神奈川	大和市福田5522
高座渋谷	こうざしぶや		客	1929.04.01	神奈川	大和市福田2019
長後	ちょうご		客	1929.04.01	神奈川	藤沢市下土棚472
湘南台	しょうなんだい		客	1966.11.07	神奈川	藤沢市湘南台2-15
六会日大前	むつあいにちだいまえ		客	1929.04.01	神奈川	藤沢市亀井野1-1-1
善行	ぜんぎょう		客	1960.10.01	神奈川	藤沢市善行1-27
藤沢本町	ふじさわほんまち		客	1929.04.01	神奈川	藤沢市藤沢3-3-4
藤沢	ふじさわ		客	1929.04.01	神奈川	藤沢市南藤沢1-1

駅　名	読 み 方	範囲	種	開業日	県名	所 在 地
本鵠沼	ほんくげぬま		客	1929.04.01	神奈川	藤沢市本鵠沼2-13-14
鵠沼海岸	くげぬまかいがん		客	1929.04.01	神奈川	藤沢市鵠沼海岸2-4-10
片瀬江ノ島	かたせえのしま		客	1929.04.01	神奈川	藤沢市片瀬海岸2-15-3

多摩線

■新百合ヶ丘〜唐木田　10.6km／1067mm／7駅／1974.06.01開業／普通鉄道／架空線式 直流1500V

駅　名	読 み 方	範囲	種	開業日	県名	所 在 地
(新百合ヶ丘)	(小田原線所属)			1974.06.01		
五月台	さつきだい		客	1974.06.01	神奈川	川崎市麻生区五力田3-18-1
栗平	くりひら		客	1974.06.01	神奈川	川崎市麻生区栗平2-1-1
黒川	くろかわ		客	1974.06.01	神奈川	川崎市麻生区南黒川4-1
はるひ野	はるひの		客	2004.12.11	神奈川	川崎市麻生区はるひ野5-8-1
小田急永山	おだきゅうながやま		客	1974.06.01	東京	多摩市永山1-18-23
小田急多摩センター	おだきゅうたませんたー		客	1975.04.23	東京	多摩市落合1-11-2
唐木田	からきだ		客	1990.03.27	東京	多摩市唐木田1-2-1

東京急行電鉄

- ●本　　社　〒150-8511 東京都渋谷区南平台町5番6号
- ●設　　立　1922.09.22
- ●路　　線　東横線、目黒線、田園都市線、大井町線、東急多摩川線、池上線、こどもの国線、世田谷線
- ●営業キロ　第1種鉄道事業＝89.1km（85駅）、第2種鉄道事業＝3.4km（2駅）、軌道＝5.0km（9駅）

東横線

■渋谷～横浜　24.2km／1067mm／19駅／1923.03.11開業／普通鉄道／架空線式 直流1500V

駅　名	読み方	範囲	種	開業日	県名	所在地
渋谷	しぶや		客	1927.08.28	東京	渋谷区道玄坂2-1-1
代官山	だいかんやま		客	1927.08.28	東京	渋谷区代官山町19-4
中目黒	なかめぐろ		客	1927.08.28	東京	目黒区上目黒3-4-1
祐天寺	ゆうてんじ		客	1927.08.28	東京	目黒区祐天寺2-13-3
学芸大学	がくげいだいがく		客	1927.08.28	東京	目黒区鷹番3-2-1
都立大学	とりつだいがく		客	1927.08.28	東京	目黒区中根1-5-1
自由が丘	じゆうがおか		客	1927.08.28	東京	目黒区自由が丘1-9-8
（田園調布）	（目黒線所属）			1923.03.11		
（多摩川）	（多摩川線所属）			1923.03.11		
新丸子	しんまるこ		客	1926.02.14	神奈川	川崎市中原区新丸子町766
武蔵小杉	むさしこすぎ		客	1945.06.16	神奈川	川崎市中原区小杉町3-472
元住吉	もとすみよし		客	1926.02.14	神奈川	川崎市中原区木月1-36-1
日吉	ひよし		客	1926.02.14	神奈川	横浜市港北区日吉2-1-1
綱島	つなしま		客	1926.02.14	神奈川	横浜市港北区綱島西1-1-8
大倉山	おおくらやま		客	1926.02.14	神奈川	横浜市港北区大倉山1-1-1
菊名	きくな		客	1926.02.14	神奈川	横浜市港北区菊名7-1-1
妙蓮寺	みょうれんじ		客	1926.02.14	神奈川	横浜市港北区菊名1-1-1
白楽	はくらく		客	1926.02.14	神奈川	横浜市神奈川区白楽100
東白楽	ひがしはくらく		客	1927.03.10	神奈川	横浜市神奈川区白楽12-1
反町	たんまち		客	1926.02.14	神奈川	横浜市神奈川区上反町1-1-1
横浜	よこはま		客	1928.10.15	神奈川	横浜市西区南幸1-1-1

目黒線

■目黒～田園調布　6.5km／1067mm／8駅／1923.03.11開業／普通鉄道／架空線式 直流1500V

駅　名	読み方	範囲	種	開業日	県名	所在地
目黒	めぐろ		客	1923.03.11	東京	品川区上大崎4-2-1

駅　名	読み方	範囲	種	開業日	県名	所在地
不動前	ふどうまえ		客	1923.03.11	東京	品川区西五反田5-12-1
武蔵小山	むさしこやま		客	1923.03.11	東京	品川区小山3-4-8
西小山	にしこやま		客	1928.08.01	東京	品川区小山6-3-10
洗足	せんぞく		客	1923.03.11	東京	目黒区洗足2-21-1
大岡山	おおおかやま		客	1923.03.11	東京	大田区北千束3-27-1
奥沢	おくさわ		客	1923.03.11	東京	世田谷区奥沢3-47-17
田園調布	でんえんちょうふ		客	1923.03.11	東京	大田区田園調布3-25-18

田園都市線

■渋谷～中央林間　31.5km／1067mm／26駅／1927.07.15開業／普通鉄道／架空線式　直流1500V

駅　名	読み方	範囲	種	開業日	県名	所在地
(渋谷)	(東横線所属)			1977.04.07		
池尻大橋	いけじりおおはし		客	1977.04.07	東京	世田谷区池尻3-2
三軒茶屋	さんげんぢゃや		客	1977.04.07	東京	世田谷区太子堂2-15
駒沢大学	こまざわだいがく		客	1977.04.07	東京	世田谷区上馬4-3
桜新町	さくらしんまち		客	1977.04.07	東京	世田谷区桜新町2-8
用賀	ようが		客	1977.04.07	東京	世田谷区用賀2-39
二子玉川	ふたこたまがわ		客	1927.07.15	東京	世田谷区玉川2-22-13
二子新地	ふたこしんち		客	1927.07.15	神奈川	川崎市高津区二子2-2-1
高津	たかつ		客	1927.07.15	神奈川	川崎市高津区二子4-1-1
溝の口	みぞのくち		客	1927.07.15	神奈川	川崎市高津区溝口2-1-1
梶が谷	かじがや		客	1966.04.01	神奈川	川崎市高津区末長1-48-6
宮崎台	みやざきだい		客	1966.04.01	神奈川	川崎市宮前区宮崎2-10-12
宮前平	みやまえだいら		客	1966.04.01	神奈川	川崎市宮前区宮前平1-11-1
鷺沼	さぎぬま		客	1966.04.01	神奈川	川崎市宮前区鷺沼3-1-1
たまプラーザ	たまぷらーざ		客	1966.04.01	神奈川	横浜市青葉区美しが丘1-3
あざみ野	あざみの		客	1977.05.25	神奈川	横浜市青葉区あざみ野2-1-1
江田	えだ		客	1966.04.01	神奈川	横浜市青葉区荏田町2360
市が尾	いちがお		客	1966.04.01	神奈川	横浜市青葉区市ヶ尾町1156-1
藤が丘	ふじがおか		客	1966.04.01	神奈川	横浜市青葉区藤が丘2-5-4
青葉台	あおばだい		客	1966.04.01	神奈川	横浜市青葉区青葉台1-7-3
田奈	たな		客	1966.04.01	神奈川	横浜市青葉区田奈町76
長津田	ながつた		客	1966.04.01	神奈川	横浜市緑区長津田4-1-1
つくし野	つくしの		客	1968.04.01	東京	町田市つくし野4-1
すずかけ台	すずかけだい		客	1972.04.01	東京	町田市南つくし野3-1
南町田	みなみまちだ		客	1976.10.15	東京	町田市鶴間3-3-2
つきみ野	つきみの		客	1976.10.15	神奈川	大和市つきみ野5-8-1
中央林間	ちゅうおうりんかん		客	1984.04.09	神奈川	和市中央林間4-6-3

駅　　名	読み方	範囲	種	開業日	県名	所在地

大井町線

■大井町〜二子玉川　10.4km／1067mm／12駅／1927.07.06開業／普通鉄道／架空線式 直流1500V

駅名	読み方	範囲	種	開業日	県名	所在地
大井町	おおいまち		客	1927.07.06	東京	品川区大井1-1-1
下神明	しもしんめい		客	1927.07.06	東京	品川区西品川1-29-6
戸越公園	とごしこうえん		客	1927.07.06	東京	品川区戸越5-10-15
中延	なかのぶ		客	1927.07.06	東京	品川区中延4-5-5
荏原町	えばらまち		客	1927.07.06	東京	品川区中延5-2-1
旗の台	はたのだい		客	1927.07.06	東京	品川区旗の台2-13-1
北千束	きたせんぞく		客	1928.10.10	東京	大田区北千束2-16-1
（大岡山）	（目黒線所属）			1927.07.06		
緑が丘	みどりがおか		客	1929.12.25	東京	目黒区緑が丘3-1-12
（自由が丘）	（東横線所属）			1929.11.01		
九品仏	くほんぶつ		客	1929.11.01	東京	世田谷区奥沢7-20-1
尾山台	おやまだい		客	1930.05.25	東京	世田谷区等々力5-5-7
等々力	とどろき		客	1929.11.01	東京	世田谷区等々力3-1-1
上野毛	かみのげ		客	1929.11.01	東京	世田谷区上野毛1-26-6
（二子玉川）	（田園都市線所属）			1929.11.01		

東急多摩川線

■多摩川〜蒲田　5.6km／1067mm／6駅／1923.03.11開業／普通鉄道／架空線式 直流1500V

駅名	読み方	範囲	種	開業日	県名	所在地
多摩川	たまがわ		客	1923.03.11	東京	大田区田園調布1-53-8
沼部	ぬまべ		客	1923.03.11	東京	大田区田園調布本町28-1
鵜の木	うのき		客	1924.02.28	東京	大田区鵜の木2-4-1
下丸子	しもまるこ		客	1924.05.02	東京	大田区下丸子3-7-1
武蔵新田	むさしにった		客	1923.11.01	東京	大田区矢口1-18-1
矢口渡	やぐちのわたし		客	1923.11.01	東京	大田区多摩川1-20-10
（蒲田）	（池上線所属）			1923.11.01		

池上線

■五反田〜蒲田　10.9km／1067mm／14駅／1922.10.06開業／普通鉄道／架空線式 直流1500V

駅名	読み方	範囲	種	開業日	県名	所在地
五反田	ごたんだ		客	1928.06.17	東京	品川区東五反田2-1-1
大崎広小路	おおさきひろこうじ		客	1927.10.09	東京	品川区大崎4-1-1
戸越銀座	とごしぎんざ		客	1927.08.28	東京	品川区平塚2-16-1
荏原中延	えばらなかのぶ		客	1927.08.28	東京	品川区中延2-8-1

駅　名	読み方	範囲	種	開業日	県名	所在地
（旗の台）	（大井町線所属）			1927.08.28		
長原	ながはら		客	1927.08.28	東京	大田区上池台1-10-10
洗足池	せんぞくいけ		客	1927.08.28	東京	大田区東雪谷1-1-6
石川台	いしかわだい		客	1927.08.28	東京	大田区東雪谷2-23-1
雪が谷大塚	ゆきがやおおつか		客	1923.05.04	東京	大田区南雪谷2-2-16
御嶽山	おんたけさん		客	1923.05.04	東京	大田区北嶺町32-17
久が原	くがはら		客	1923.05.04	東京	大田区南久が原2-6-10
千鳥町	ちどりちょう		客	1926.11.08	東京	大田区千鳥1-20-1
池上	いけがみ		客	1922.10.06	東京	大田区池上6-3-10
蓮沼	はすぬま		客	1922.10.06	東京	大田区西蒲田7-17-1
蒲田	かまた		客	1922.10.06	東京	大田区西蒲田7-69-1

こどもの国線

■長津田〜こどもの国　3.4km／1067mm／2駅／1967.04.28開業／普通鉄道／架空線式 直流1500V
　第2種鉄道事業／第3種鉄道事業＝横浜高速鉄道

駅名	読み方	範囲	種	開業日	県名	所在地
（長津田）	（田園都市線所属）			1967.04.28		
恩田	おんだ		客	2000.03.29	神奈川	横浜市青葉区あかね台1-10
こどもの国	こどものくに		客	1967.04.28	神奈川	横浜市青葉区奈良町995-1

世田谷線

■三軒茶屋〜下高井戸　5.0km／1372mm／9駅／1925.01.18開業／軌道／架空線式 直流600V

駅名	読み方	範囲	種	開業日	県名	所在地
（三軒茶屋）	（田園都市線所属）			1925.01.18		
西太子堂	にしたいしどう		客	留	1925.01.18	東京	世田谷区太子堂4-10-3
若林	わかばやし		客	留	1925.01.18	東京	世田谷区若林4-3-15
松陰神社前	しょういんじんじゃまえ		客	留	1925.01.18	東京	世田谷区若林4-21-16
世田谷	せたがや		客	留	1925.01.18	東京	世田谷区世田谷4-9-6
上町	かみまち		客	留	1925.05.01	東京	世田谷区世田谷3-4-3
宮の坂	みやのさか		客	留	1925.05.01	東京	世田谷区宮の坂1-24-7
山下	やました		客	留	1925.05.01	東京	世田谷区豪徳寺1-44-5
松原	まつばら		客	留	1925.05.01	東京	世田谷区松原4-10-8
下高井戸	しもたかいど		客	留	1925.05.01	東京	世田谷区松原3-29-17

東京地下鉄（愛称：東京メトロ）

- ●本　　社　〒110-8614 東京都台東区上野3丁目19番6号
- ●設　　立　2004.04.01（1941.07.04）
- ●路　　線　銀座線、丸ノ内線、丸ノ内線分岐線、日比谷線、東西線、千代田線、有楽町線、半蔵門線、南北線、副都心線
- ●営業キロ　第1種鉄道事業＝192.1km（143駅）

駅　名	読み方	範囲	種	開業日	県名	所在地

銀座線（3号線）

■浅草～渋谷　14.3km／1435mm／19駅／1927.12.30開業／普通鉄道／第三軌条式 直流600V

駅名	読み方		種	開業日	県名	所在地
浅草	あさくさ		客	1927.12.30	東京	台東区浅草1-1-3
田原町	たわらまち		客	1927.12.30	東京	台東区西浅草1-1-18
稲荷町	いなりちょう		客	1927.12.30	東京	台東区東上野3-33-11
上野	うえの		客	1927.12.30	東京	台東区上野7-1-1
上野広小路	うえのひろこうじ		客	1930.01.01	東京	台東区上野3-29-3
末広町	すえひろちょう		客	1930.01.01	東京	千代田区外神田4-7-3
神田	かんだ		客	1931.11.21	東京	千代田区神田須田町1-16
三越前	みつこしまえ		客	1932.04.29	東京	中央区日本橋室町2-2-1
日本橋	にほんばし		客	1932.12.24	東京	中央区日本橋1-3-11先
京橋	きょうばし		客	1932.12.24	東京	中央区京橋2-2-10
銀座	ぎんざ		客	1934.03.03	東京	中央区銀座4-1-2
新橋	しんばし		客	1934.06.21	東京	港区新橋2-17-5
虎ノ門	とらのもん		客	1938.11.18	東京	港区虎ノ門1-1-21先
溜池山王	ためいけさんのう		客	1997.09.30	東京	千代田区永田町2-11-1
赤坂見附	あかさかみつけ		客	1938.11.18	東京	港区赤坂3-1-6
青山一丁目	あおやまいっちょうめ		客	1938.11.18	東京	港区南青山1-1-19
外苑前	がいえんまえ		客	1938.11.18	東京	港区北青山2-7-16
表参道	おもてさんどう		客	1938.11.18	東京	港区北青山3-6-12
渋谷	しぶや		客	1938.12.20	東京	渋谷区道玄坂1-1-1

	駅　名	読み方	範囲	種	開業日	県名	所在地

丸ノ内線（4号線）

■ 池袋〜荻窪　24.2km／1435mm／23駅／1954.01.20開業／普通鉄道／第三軌条式 直流600V

駅名	読み方	範囲	種	開業日	県名	所在地
池袋	いけぶくろ		客	1954.01.20	東京	豊島区南池袋1-28-1
新大塚	しんおおつか		客	1954.01.20	東京	文京区大塚4-51-5
茗荷谷	みょうがだに		客	1954.01.20	東京	文京区小日向4-6-15
後楽園	こうらくえん		客	1954.01.20	東京	文京区春日1-2-3
本郷三丁目	ほんごうさんちょうめ		客	1954.01.20	東京	文京区本郷2-39-1
御茶ノ水	おちゃのみず		客	1954.01.20	東京	文京区湯島1-5-8
淡路町	あわじちょう		客	1956.03.20	東京	千代田区神田淡路町1-2
大手町	おおてまち		客	1956.07.20	東京	千代田区大手町1-6-1
東京	とうきょう		客	1956.07.20	東京	千代田区丸の内1-6-5
(銀座)	(銀座線所属)			1957.12.15		
霞ケ関	かすみがせき		客	1958.10.15	東京	千代田区霞が関2-1-2
国会議事堂前	こっかいぎじどうまえ		客	1959.03.15	東京	千代田区永田町1-7-1
(赤坂見附)	(銀座線所属)			1959.03.15		
四ツ谷	よつや		客	1959.03.15	東京	新宿区四谷1-1
四谷三丁目	よつやさんちょうめ		客	1959.03.15	東京	新宿区四谷3-8
新宿御苑前	しんじゅくぎょえんまえ		客	1959.03.15	東京	新宿区新宿1-7-2
新宿三丁目	しんじゅくさんちょうめ		客	1959.03.15	東京	新宿区新宿3-14-1
新宿	しんじゅく		客	1959.03.15	東京	新宿区西新宿1西口地下街1号
西新宿	にししんじゅく		客	1996.05.28	東京	新宿区西新宿6-7-51
中野坂上	なかのさかうえ		客	1961.02.08	東京	中野区本町2-48-2
新中野	しんなかの		客	1961.02.08	東京	中野区中央4-2-15
東高円寺	ひがしこうえんじ		客	1964.09.18	東京	杉並区和田3-55-42
新高円寺	しんこうえんじ		客	1961.11.01	東京	杉並区高円寺南2-20-1
南阿佐ケ谷	みなみあさがや		客	1961.11.01	東京	杉並区阿佐谷南1-15-7
荻窪	おぎくぼ		客	1962.01.23	東京	杉並区荻窪5-31-7

丸ノ内線分岐線（4号線）

■ 中野坂上〜方南町　3.2km／1435mm／3駅／1961.02.08開業／普通鉄道／第三軌条式 直流600V

駅名	読み方	範囲	種	開業日	県名	所在地
(中野坂上)	(丸ノ内線所属)			1961.02.08		
中野新橋	なかのしんばし		客	1961.02.08	東京	中野区弥生町2-26-8
中野富士見町	なかのふじみちょう		客	1961.02.08	東京	中野区弥生町5-24-4
方南町	ほうなんちょう		客	1962.03.23	東京	杉並区堀ノ内1-1-1

大手・準大手私鉄

大手私鉄

	駅　名	読み方	範囲	種	開業日	県名	所在地

日比谷線（2号線）

■ 北千住～中目黒　20.3km／1067mm／18駅／1961.03.28開業／普通鉄道／架空線式 直流1500V

	駅名	読み方	範囲	種	開業日	県名	所在地
	北千住	きたせんじゅ		客	他 1962.05.31	東京	足立区千住2-63
	南千住	みなみせんじゅ		客	1961.03.28	東京	荒川区南千住4-3-1
	三ノ輪	みのわ		客	1961.03.28	東京	台東区根岸5-19-6
	入谷	いりや		客	1961.03.28	東京	台東区下谷2-15-1
	(上野)	(銀座線所属)			1961.03.28	東京	台東区上野3-19-6
	仲御徒町	なかおかちまち		客	1961.03.28	東京	台東区上野5-24-12
	秋葉原	あきはばら		客	1962.05.31	東京	千代田区神田佐久間町1-21
	小伝馬町	こでんまちょう		客	1962.05.31	東京	中央区日本橋小伝馬町11-1
	人形町	にんぎょうちょう		客	1962.05.31	東京	中央区日本橋人形町2-6-5
	茅場町	かやばちょう		客	1963.02.28	東京	中央区日本橋茅場町1-4-6先
	八丁堀	はっちょうぼり		客	1963.02.28	東京	中央区八丁堀2-22-5
	築地	つきじ		客	1963.02.28	東京	中央区築地3-15-1
	東銀座	ひがしぎんざ		客	1963.02.28	東京	中央区銀座4-12-15先
	(銀座)	(銀座線所属)			1964.08.29		
	日比谷	ひびや		客	1964.08.29	東京	千代田区有楽町1-5-1先
	(霞ケ関)	(丸ノ内線所属)			1964.03.25		
	神谷町	かみやちょう		客	1964.03.25	東京	港区虎ノ門5-12-11
	六本木	ろっぽんぎ		客	1964.03.25	東京	港区六本木6-1-25
	広尾	ひろお		客	1964.03.25	東京	港区南麻布5-1-25
	恵比寿	えびす		客	1964.03.25	東京	渋谷区恵比寿南1-5-5
	中目黒	なかめぐろ		客	1964.07.22	東京	目黒区上目黒3-4-1

東西線（5号線）

■ 中野～西船橋　30.8km／1067mm／20駅／1964.12.23開業／普通鉄道／架空線式 直流1500V

	駅名	読み方	範囲	種	開業日	県名	所在地
	中野	なかの		客	他 1966.03.16	東京	中野区中野5-31-1
	落合	おちあい		客	1966.03.16	東京	新宿区上落合2-13-7
	高田馬場	たかだのばば		客	1964.12.23	東京	新宿区高田馬場1-35-2
	早稲田	わせだ		客	1964.12.23	東京	新宿区早稲田南町12
	神楽坂	かぐらざか		客	1964.12.23	東京	新宿区矢来町112
	飯田橋	いいだばし		客	1964.12.23	東京	千代田区飯田橋4-10-3
	九段下	くだんした		客	1964.12.23	東京	千代田区九段南1-6-1
	竹橋	たけばし		客	1966.03.16	東京	千代田区一ツ橋1-1-1
	(大手町)	(丸ノ内線所属)			1966.10.01	東京	千代田区大手町2-1-1
	(日本橋)	(銀座線所属)			1967.09.14		

224

駅　名	読み方	範囲	種	開業日	県名	所　在　地
(茅場町)	(日比谷線所属)			1967.09.14		
門前仲町	もんぜんなかちょう		客	1967.09.14	東京	江東区門前仲町1-4-8
木場	きば		客	1967.09.14	東京	江東区木場5-5-1
東陽町	とうようちょう		客	1967.09.14	東京	江東区東陽4-2-1
南砂町	みなみすなまち		客	1969.03.29	東京	江東区南砂3-11-85
西葛西	にしかさい		客	1979.10.01	東京	江戸川区西葛西6-14-1
葛西	かさい		客	1969.03.29	東京	江戸川区中葛西5-43-11
浦安	うらやす		客	1969.03.29	千葉	浦安市北栄1-13-1
南行徳	みなみぎょうとく		客	1981.03.27	千葉	市川市相之川4-17-1
行徳	ぎょうとく		客	1969.03.29	千葉	市川市行徳駅前2-4-1
妙典	みょうでん		客	2000.01.22	千葉	市川市富浜1-2-10
原木中山	ばらきなかやま		客	1969.03.29	千葉	船橋市本中山7-7-1
西船橋	にしふなばし		客	1969.03.29	千葉	船橋市西船4-27-7

千代田線（9号線）

■ 綾瀬～代々木上原　21.9km／1067mm／13駅／1969.12.20開業／普通鉄道／架空線式　直流1500V

駅　名	読み方	範囲	種	開業日	県名	所　在　地
綾瀬	あやせ		客	1971.04.20	東京	足立区綾瀬3-1-1
(北千住)	(日比谷線所属)			1969.12.20		
町屋	まちや		客	1969.12.20	東京	荒川区町屋1-1-5
西日暮里	にしにっぽり		客	1969.12.20	東京	荒川区西日暮里5-14-1
千駄木	せんだぎ		客	1969.12.20	東京	文京区千駄木3-36-7
根津	ねづ		客	1969.12.20	東京	文京区根津1-3-5
湯島	ゆしま		客	1969.12.20	東京	文京区湯島3-47-10
新御茶ノ水	しんおちゃのみず		客	1969.12.20	東京	千代田区神田駿河台3先
(大手町)	(丸ノ内線所属)			1969.12.20		
二重橋前	にじゅうばしまえ		客	1971.03.20	東京	千代田区丸の内2-3-1
(日比谷)	(日比谷線所属)			1971.03.20		
(霞ケ関)	(丸ノ内線所属)			1971.03.20		
(国会議事堂前)	(丸ノ内線所属)			1972.10.20		
赤坂	あかさか		客	1972.10.20	東京	港区赤坂5-4-5
乃木坂	のぎざか		客	1972.10.20	東京	港区南青山1-25-8
(表参道)	(銀座線所属)			1972.10.20		
明治神宮前	めいじじんぐうまえ		客	1972.10.20	東京	渋谷区神宮前1-18-22
代々木公園	よよぎこうえん		客	1972.10.20	東京	渋谷区富ケ谷1-3-9
代々木上原	よよぎうえはら		客	1978.03.31	東京	渋谷区西原3-8-5

駅　名	読み方	範囲	種	開業日	県名	所在地

■綾瀬～北綾瀬　2.1km／1067mm／1駅／1979.12.20開業／普通鉄道／架空線式 直流1500V

駅名	読み方	範囲	種	開業日	県名	所在地
（綾瀬）	（千代田線所属）			1979.12.20		
北綾瀬	きたあやせ		客	1979.12.20	東京	足立区谷中2-6-21

有楽町線（8号線）

■和光市～新木場　28.3km／1067mm／22駅／1974.10.30開業／普通鉄道／架空線式 直流1500V

駅名	読み方	範囲	種	開業日	県名	所在地
和光市	わこうし		客他	1987.08.25	埼玉	和光市本町4-6
地下鉄成増	ちかてつなります		客	1983.06.24	東京	板橋区成増2-11-3
地下鉄赤塚	ちかてつあかつか		客	1983.06.24	東京	練馬区北町8-37-16
平和台	へいわだい		客	1983.06.24	東京	練馬区早宮2-17-48
氷川台	ひかわだい		客	1983.06.24	東京	練馬区氷川台3-38-18
小竹向原	こたけむかいはら		客	1983.06.24	東京	練馬区小竹町2-16-15
千川	せんかわ		客	1983.06.24	東京	豊島区要町3-10-7
要町	かなめちょう		客	1983.06.24	東京	豊島区要町1-1-10
（池袋）	（丸ノ内線所属）			1974.10.30	東京	豊島区西池袋1-12-1
東池袋	ひがしいけぶくろ		客	1974.10.30	東京	豊島区東池袋4-4-4
護国寺	ごこくじ		客	1974.10.30	東京	文京区大塚5-40-8
江戸川橋	えどがわばし		客	1974.10.30	東京	文京区関口1-19-6
（飯田橋）	（東西線所属）			1974.10.30	東京	新宿区神楽坂1-13
市ケ谷	いちがや		客	1974.10.30	東京	新宿区市谷田町1先
麹町	こうじまち		客	1974.10.30	東京	千代田区麹町3-2先
永田町	ながたちょう		客	1974.10.30	東京	千代田区永田町1-11-28先
桜田門	さくらだもん		客	1974.10.30	東京	千代田区霞が関2-1-1
有楽町	ゆうらくちょう		客	1974.10.30	東京	千代田区有楽町1-11-1
銀座一丁目	ぎんざいっちょうめ		客	1974.10.30	東京	中央区銀座1-7-12
新富町	しんとみちょう		客	1980.03.27	東京	中央区築地1-1-1
月島	つきしま		客	1988.06.08	東京	中央区月島1-3-9先
豊洲	とよす		客	1988.06.08	東京	江東区豊洲4-1-1
辰巳	たつみ		客	1988.06.08	東京	江東区辰巳1-1-44
新木場	しんきば		客	1988.06.08	東京	江東区新木場1-6-5

［注］小竹向原～池袋の複線は実態は副都心線の一部だが、正式には有楽町線の線増扱い。

半蔵門線（11号線）

■渋谷～押上　16.8km／1067mm／7駅／1978.08.01開業／普通鉄道／架空線式 直流1500V

駅名	読み方	範囲	種	開業日	県名	所在地
（渋谷）	（銀座線所属）		他	1978.08.01		
（表参道）	（銀座線所属）			1978.08.01		

駅　　名	読　み　方	範囲	種	開業日	県名	所　在　地
(青山一丁目)	(銀座線所属)			1978.08.01		
(永田町)	(有楽町線所属)			1979.09.21		
半蔵門	はんぞうもん		客	1982.12.09	東京	千代田区麹町1-6先
(九段下)	(東西線所属)			1989.01.26		
神保町	じんぼうちょう		客	1989.01.26	東京	千代田区神田神保町2-2
(大手町)	(丸ノ内線所属)			1989.01.26		
(三越前)	(銀座線所属)			1989.01.26	東京	中央区日本橋室町1-8-1
水天宮前	すいてんぐうまえ		客	1990.11.28	東京	中央区日本橋蛎殻町2-1-1
清澄白河	きよすみしらかわ		客	2003.03.19	東京	江東区白河1-6-13
住吉	すみよし		客	2003.03.19	東京	江東区猿江2-9-10
錦糸町	きんしちょう		客	2003.03.19	東京	墨田区江東橋3-14-6先
押上	おしあげ		客	2003.03.19	東京	墨田区押上1-1-65

南北線（7号線）

■ 目黒～赤羽岩淵　21.3km／1067mm／13駅／1991.11.29開業／普通鉄道／架空線式 直流1500V
第2種鉄道事業＝東京都（目黒～白金高輪）

駅　　名	読　み　方	範囲	種	開業日	県名	所　在　地
目黒	めぐろ	客	他	2000.09.26	東京	品川区上大崎4-2-1
白金台	しろかねだい	客		2000.09.26	東京	港区白金台4-5-10
白金高輪	しろかねたかなわ	客		2000.09.26	東京	港区高輪1-3-20先
麻布十番	あざぶじゅうばん	客		2000.09.26	東京	港区麻布十番4-4-9先
六本木一丁目	ろっぽんぎいっちょうめ	客		2000.09.26	東京	港区六本木1-4-1
(溜池山王)	(銀座線所属)			1997.09.30		
(永田町)	(有楽町線所属)			1997.09.30		
(四ツ谷)	(丸ノ内線所属)			1996.03.26	東京	新宿区四谷1-3
(市ケ谷)	(有楽町線所属)			1996.03.26		
(飯田橋)	(東西線所属)			1996.03.26	東京	新宿区神楽坂1-13
(後楽園)	(丸ノ内線所属)			1996.03.26		
東大前	とうだいまえ	客		1996.03.26	東京	文京区向丘1-19-2
本駒込	ほんこまごめ	客		1996.03.26	東京	文京区向丘2-37-1
駒込	こまごめ	客		1991.11.29	東京	豊島区駒込2-1-40
西ケ原	にしがはら	客		1991.11.29	東京	北区西ヶ原2-3-8
王子	おうじ	客		1991.11.29	東京	北区王子1-10-18
王子神谷	おうじかみや	客		1991.11.29	東京	北区王子5-2-11
志茂	しも	客		1991.11.29	東京	北区志茂2-1-18
赤羽岩淵	あかばねいわぶち	客		1991.11.29	東京	北区赤羽1-52-8

副都心線（13号線）

■池袋〜渋谷　8.9km／1067mm／4駅／2008.06.14開業／普通鉄道／架空線式 直流1500V

駅名	読み方	範囲	種	開業日	県名	所在地
（池袋）	（丸ノ内線所属）			2008.06.14	東京	豊島区西池袋3-28-14
雑司が谷	ぞうしがや		客	2008.06.14	東京	豊島区雑司が谷2-6-1
西早稲田	にしわせだ		客	2008.06.14	東京	新宿区戸山3-18-2
東新宿	ひがししんじゅく		客	2008.06.14	東京	新宿区新宿7-27-11
（新宿三丁目）	（丸ノ内線所属）			2008.06.14	東京	新宿区新宿5-18-22
北参道	きたさんどう		客	2008.06.14	東京	渋谷区千駄ヶ谷4-7-11
（明治神宮前）	（千代田線所属）			2008.06.14	東京	渋谷区神宮前6-30-4
（渋谷）	（銀座線所属）		他	2008.06.14		

京浜急行電鉄
けいひんきゅうこうでんてつ

- ●本　　社　〒108-8625 東京都港区高輪2丁目20番20号
- ●設　　立　1948.06.01（1898.02.25）
- ●路　　線　本線、空港線、大師線、逗子線、久里浜線
- ●営業キロ　第1種鉄道事業＝87.0km（74駅）

本線
ほんせん

■ 泉岳寺〜浦賀　56.7km／1435mm／50駅／1901.02.01開業／普通鉄道／架空線式 直流1500V

駅　名	読み方	範囲	種	開業日	県名	所在地
泉岳寺	せんがくじ	客	他	1968.06.21	東京	港区高輪2-16-34
品川	しながわ	客		1933.04.01	東京	港区高輪3-26-26
北品川	きたしながわ	客		1904.05.08	東京	品川区北品川1-1-4
新馬場	しんばんば	客		1976.10.15	東京	品川区北品川2-18-1
青物横丁	あおものよこちょう	客		1904.05.08	東京	品川区南品川3-1-20
鮫洲	さめず	客		1904.05.08	東京	品川区東大井1-2-20
立会川	たちあいがわ	客		1904.05.08	東京	品川区東大井2-23-1
大森海岸	おおもりかいがん	客		1901.02.01	東京	品川区南大井3-32-1
平和島	へいわじま	客		1901.02.01	東京	大田区大森北6-13-11
大森町	おおもりまち	客		1952.12.15	東京	大田区大森西3-24-7
梅屋敷	うめやしき	客		1901.02.01	東京	大田区蒲田2-28-1
京急蒲田	けいきゅうかまた	客		1901.02.01	東京	大田区蒲田4-50-10
雑色	ぞうしき	客		1901.02.01	東京	大田区仲六郷2-42-1
六郷土手	ろくごうどて	客		1906.10.01	東京	大田区仲六郷4-27-11
京急川崎	けいきゅうかわさき	客		1902.09.01	神奈川	川崎市川崎区砂子1-3-1
八丁畷	はっちょうなわて	客		1915.__.__	神奈川	川崎市川崎区池田1-6-1
鶴見市場	つるみいちば	客		1916.__.__	神奈川	横浜市鶴見区市場大和町7-1
京急鶴見	けいきゅうつるみ	客		1905.12.24	神奈川	横浜市鶴見区鶴見中央1-30-22
花月園前	かげつえんまえ	客		1914.04.12	神奈川	横浜市鶴見区生麦5-1-3
生麦	なまむぎ	客		1905.12.24	神奈川	横浜市鶴見区生麦3-1-35
京急新子安	けいきゅうしんこやす	客		1910.03.27	神奈川	横浜市神奈川区子安通3-289
子安	こやす	客		1905.12.24	神奈川	横浜市神奈川区子安通1-46
神奈川新町	かながわしんまち	客		1915.08.21	神奈川	横浜市神奈川区亀住町19-1
仲木戸	なかきど	客		1905.12.24	神奈川	横浜市神奈川区東神奈川1-11-5
神奈川	かながわ	客		1930.03.29	神奈川	横浜市神奈川区青木町1-1
横浜	よこはま	客		1930.02.05	神奈川	横浜市西区高島2-16-1
戸部	とべ	客		1931.12.26	神奈川	横浜市西区戸部本町48-11

大手・準大手私鉄　大手私鉄

駅　名	読み方	範囲	種	開業日	県名	所在地
日ノ出町	ひのでちょう		客	1931.12.26	神奈川	横浜市中区日ノ出町1-31
黄金町	こがねちょう		客	1930.04.01	神奈川	横浜市南区白金町1-1
南太田	みなみおおた		客	1930.04.01	神奈川	横浜市南区南太田1-25-1
井土ヶ谷	いどがや		客	1930.04.01	神奈川	横浜市南区井土ヶ谷中町161
弘明寺	ぐみょうじ		客	1930.04.01	神奈川	横浜市南区弘明寺町山下267
上大岡	かみおおおか		客	1930.04.01	神奈川	横浜市港南区上大岡西1-6-1
屏風浦	びょうぶがうら		客	1930.04.01	神奈川	横浜市磯子区森3-18-6
杉田	すぎた		客	1930.07.10	神奈川	横浜市磯子区杉田2-1-9
京急富岡	けいきゅうとみおか		客	1930.07.10	神奈川	横浜市金沢区富岡西7-1-1
能見台	のうけんだい		客	1944.05.10	神奈川	横浜市金沢区能見台通2-1
金沢文庫	かなざわぶんこ		客	1930.04.01	神奈川	横浜市金沢区谷津町384
金沢八景	かなざわはっけい		客	1930.04.01	神奈川	横浜市金沢区瀬戸15-1
追浜	おっぱま		客	1930.04.01	神奈川	横須賀市追浜町3-3
京急田浦	けいきゅうたうら		客	1930.04.01	神奈川	横須賀市船越町5-2
安針塚	あんじんづか		客	1934.10.01	神奈川	横須賀市長浦町2-32
逸見	へみ		客	1930.04.01	神奈川	横須賀市東逸見町2-18
汐入	しおいり		客	1930.04.01	神奈川	横須賀市汐入町2-41
横須賀中央	よこすかちゅうおう		客	1930.04.01	神奈川	横須賀市若松町2-25
県立大学	けんりつだいがく		客	1930.04.01	神奈川	横須賀市安浦町2-28
堀ノ内	ほりのうち		客	1931.04.01	神奈川	横須賀市三春町3-45
京急大津	けいきゅうおおつ		客	1930.04.01	神奈川	横須賀市大津町1-11-19
馬堀海岸	まぼりかいがん		客	1930.04.01	神奈川	横須賀市馬堀町3-20-1
浦賀	うらが		客	1930.04.01	神奈川	横須賀市浦賀1-1-1

空港線

■ 京急蒲田～羽田空港国内線ターミナル　6.5km／1435mm／6駅／1902.06.28開業／普通鉄道／
架空線式 直流1500V

駅　名	読み方	範囲	種	開業日	県名	所在地
（京急蒲田）	（本線所属）			1902.06.28		
糀谷	こうじや		客	1902.06.28	東京	大田区西糀谷4-13-19
大鳥居	おおとりい		客	1902.06.28	東京	大田区西糀谷3-37-18
穴守稲荷	あなもりいなり		客	1902.06.28	東京	大田区羽田4-6-11
天空橋	てんくうばし		客	1993.04.01	東京	大田区羽田空港1-1-2
羽田空港国際線ターミナル	はねだくうこうこくさいせんたーみなる		客	2010.10.21	東京	大田区羽田空港2-6-5
羽田空港国内線ターミナル	はねだくうこうこくないせんたーみなる		客	1998.11.18	東京	大田区羽田空港3-3-4

駅　名	読み方	範囲	種	開業日	県名	所 在 地

大師線

■ 京急川崎〜小島新田　4.5km／1435mm／6駅／1899.01.21開業／普通鉄道／架空線式 直流1500V

駅名	読み方	範囲	種	開業日	県名	所在地
(京急川崎)	(本線所属)			1899.01.21		
港町	みなとちょう		客	1932.03.21	神奈川	川崎市川崎区港町1-1
鈴木町	すずきちょう		客	1929.__.__	神奈川	川崎市川崎区鈴木町2-2
川崎大師	かわさきだいし		客	1899.01.21	神奈川	川崎市川崎区大師駅前1-18-1
東門前	ひがしもんぜん		客	1944.06.01	神奈川	川崎市川崎区中瀬3-23-10
産業道路	さんぎょうどうろ		客	1944.06.01	神奈川	川崎市川崎区大師河原2-4-25
小島新田	こじましんでん		客	1944.10.01	神奈川	川崎市川崎区田町2-13-5

逗子線

■ 金沢八景〜新逗子　5.9km／1435mm／3駅／1930.04.01開業／普通鉄道／架空線式 直流1500V

駅名	読み方	範囲	種	開業日	県名	所在地
(金沢八景)	(本線所属)			1930.04.01		
六浦	むつうら		客	1949.03.01	神奈川	横浜市金沢区六浦5-1-1
神武寺	じんむじ		客	1931.04.01	神奈川	逗子市池子2-11-2
新逗子	しんずし		客	1985.03.02	神奈川	逗子市逗子5-1-6

久里浜線

■ 堀ノ内〜三崎口　13.4km／1435mm／9駅／1942.12.01開業／普通鉄道／架空線式 直流1500V

駅名	読み方	範囲	種	開業日	県名	所在地
(堀ノ内)	(本線所属)			1942.12.01		
新大津	しんおおつ		客	1942.12.01	神奈川	横須賀市大津町4-7-1
北久里浜	きたくりはま		客	1942.12.01	神奈川	横須賀市根岸町2-29-1
久里浜工場信号所	くりはまこうじょう		信	1963.11.01	神奈川	横須賀市舟合2-4
京急久里浜	けいきゅうくりはま		客	1943.09.21	神奈川	横須賀市久里浜4-4-10
ＹＲＰ野比	わいあーるぴーのび		客	1963.11.01	神奈川	横須賀市野比1-9-1
京急長沢	けいきゅうながさわ		客	1966.03.27	神奈川	横須賀市長沢1-35-1
津久井浜	つくいはま		客	1966.03.27	神奈川	横須賀市津久井4-2-1
三浦海岸	みうらかいがん		客	1966.07.07	神奈川	三浦市南下浦町上宮田1497
三崎口	みさきぐち		客	1975.04.26	神奈川	三浦市初声町下宮田495

相模鉄道（さがみてつどう）

- ●本　　社　〒220-0004 神奈川県横浜市西区北幸2丁目9番14号
- ●設　　立　1964.11.24（1917.12.18）
- ●路　　線　本線、厚木線、いずみ野線
- ●営業キロ　第1種鉄道事業＝38.1km（27駅）

本線（ほんせん）

■横浜～海老名　24.6km／1067mm／19駅／1926.05.12開業／普通鉄道／架空線式 直流1500V

駅　名	読み方	範囲	種	開業日	県名	所在地
横浜	よこはま		客	1933.12.27	神奈川	横浜市西区南幸1-5-1
平沼橋	ひらぬまばし		客	1931.10.25	神奈川	横浜市西区西平沼町3-7
西横浜	にしよこはま		客	1929.02.14	神奈川	横浜市西区西平沼町8-1
天王町	てんのうちょう		客	1930.09.20	神奈川	横浜市保土ヶ谷区天王町2-45-5
星川	ほしかわ		客	1927.05.31	神奈川	横浜市保土ヶ谷区星川1-1-1
和田町	わだまち		客	1930.09.20	神奈川	横浜市保土ヶ谷区仏向町4
上星川	かみほしかわ		客	1926.12.01	神奈川	横浜市保土ヶ谷区上星川1-1-1
西谷	にしや		客	1926.12.01	神奈川	横浜市保土ヶ谷区西谷町1101
鶴ヶ峰	つるがみね		客	1930.11.01	神奈川	横浜市旭区鶴ヶ峰2-78
二俣川	ふたまたがわ		客	1926.05.12	神奈川	横浜市旭区二俣川2-91-7
希望ヶ丘	きぼうがおか		客	1948.06.01	神奈川	横浜市旭区中希望が丘265
三ツ境	みつきょう		客	1926.05.12	神奈川	横浜市瀬谷区三ツ境4
瀬谷	せや		客	1926.05.12	神奈川	横浜市瀬谷区瀬谷4-1-1
大和	やまと		客	1926.05.12	神奈川	大和市中央2-1-1
相模大塚	さがみおおつか		客	1926.05.12	神奈川	大和市桜森3-1-1
さがみ野	さがみの		客	1975.08.17	神奈川	海老名市東柏ヶ谷2-30-28
かしわ台	かしわだい		客	1946.03.01	神奈川	海老名市柏ヶ谷1026
相模国分信号所	さがみこくぶ	―	信	1926.05.12	神奈川	海老名市国分北2-1-32
海老名	えびな		客	1941.11.25	神奈川	海老名市上郷1117

厚木線（あつぎせん）

■相模国分（信）～厚木（操）　2.2km／1067mm／1駅／1926.05.12開業／普通鉄道／架空線式 直流1500V

駅　名	読み方	範囲	種	開業日	県名	所在地
（相模国分信号所）	（本線所属）			1926.05.12		
厚木操車場	あつぎ	―	操	1926.05.12	神奈川	海老名市河原口4-2-28

駅　名	読み方	範囲	種	開業日	県名	所在地

いずみ野線(のせん)

■二俣川～湘南台　11.3km／1067mm／7駅／1976.04.08開業／普通鉄道／架空線式 直流1500V

駅名	読み方	範囲	種	開業日	県名	所在地
(二俣川)	(本線所属)			1976.04.08		
南万騎が原	みなみまきがはら		客	1976.04.08	神奈川	横浜市旭区柏町128
緑園都市	りょくえんとし		客	1976.04.08	神奈川	横浜市泉区緑園3-1-1
弥生台	やよいだい		客	1976.04.08	神奈川	横浜市泉区弥生台5-2
いずみ野	いずみの		客	1976.04.08	神奈川	横浜市泉区和泉町5736
いずみ中央	いずみちゅうおう		客	1990.04.04	神奈川	横浜市泉区和泉中央南5-4-13
ゆめが丘	ゆめがおか		客	1999.03.10	神奈川	横浜市泉区下飯田町1555-9
湘南台	しょうなんだい		客	1999.03.10	神奈川	藤沢市湘南台2-41-17

名古屋鉄道

- ●本　社　〒450-8501　愛知県名古屋市中村区名駅1丁目2番4号
- ●設　立　1921.06.13
- ●路　線　名古屋本線、西尾線、三河線、豊田線、蒲郡線、常滑線、築港線、河和線、知多新線、瀬戸線、小牧線、各務原線、犬山線、広見線、津島線、尾西線、竹鼻線、羽島線、空港線、豊川線
- ●営業キロ　第1種鉄道事業＝430.5km（273駅）、第2種鉄道事業＝6.5km（3駅）、軌道＝7.2km（5駅）

大手・準大手私鉄

大手私鉄

名古屋本線

■豊橋〜名鉄岐阜　99.8km／1067mm／62駅／1914.01.23開業／普通鉄道／架空線式　直流1500V・内燃

駅　名	読み方	範囲	種	開業日	県名	所在地
豊橋	とよはし	客		1927.06.01	愛知	豊橋市花田町字西宿0
（船町）	※豊橋〜平井信号場間、下り線はJR飯田線、上り線は名鉄所属					
（下地）						
平井信号場	ひらい	―	信	1927.06.01	愛知	N/A
伊奈	いな	客		1926.04〜27.06	愛知	豊川市伊奈町南山新田292-1
小田渕	おだぶち	客	無	1934.01.14	愛知	豊川市小田渕町卯足43-4
国府	こう	客		1926.04.01	愛知	豊川市久保町葉善寺35
御油	ごゆ	客	無	1926.04.01	愛知	豊川市御油町西井領2-4
名電赤坂	めいでんあかさか	客	無	1926.04.01	愛知	豊川市赤坂町松本35-2
名電長沢	めいでんながさわ	客	無	1926.04.01	愛知	豊川市長沢町音羽36
本宿	もとじゅく	客		1926.04.01	愛知	岡崎市本宿町字一里山30-4
名電山中	めいでんやまなか	客	無	1926.04.01	愛知	岡崎市舞木町字山中62-4
舞木信号場	まいぎ	―	信	1997.03.__	愛知	N/A
藤川	ふじかわ	客	無	1926.04.01	愛知	岡崎市藤川町字松本182
美合	みあい	客		1926.04.01	愛知	岡崎市美合町字一ノ久保1-64
男川	おとがわ	客	無	1926.04.01	愛知	岡崎市大西町字揚枝3
東岡崎	ひがしおかざき	客		1923.08.08	愛知	岡崎市明大寺本町4-70
岡崎公園前	おかざきこうえんまえ	客	無	1923.06.01	愛知	岡崎市中岡崎町15-2
矢作橋	やはぎばし	客		1923.06.01	愛知	岡崎市矢作町字馬乗46
宇頭	うとう	客	無	1923.06.01	愛知	岡崎市宇頭町字山ノ神2
新安城	しんあんじょう	客		1923.06.01	愛知	安城市東栄町1-1-5
牛田	うしだ	客	無	1923.06.01	愛知	知立市牛田1-84
知立	ちりゅう	客		1959.04.01	愛知	知立市栄2-60
一ツ木	ひとつぎ	客	無	1923.04.01	愛知	刈谷市一ツ木町5-5-2
富士松	ふじまつ	客	無	1923.04.01	愛知	刈谷市今川町1-805
豊明	とよあけ	客	無	1923.04.01	愛知	豊明市阿野町明定131

駅　名	読み方	範囲	種	開業日	県名	所在地
前後	ぜんご		客	1923.04.01	愛知	豊明市前後町善江1634-2
中京競馬場前	ちゅうきょうけいばじょうまえ		客	1953.07.15	愛知	名古屋市緑区大将ケ根2-1272
有松	ありまつ		客	1917.05.08	愛知	名古屋市緑区有松2102
左京山	さきょうやま		客無	1942.11.15	愛知	名古屋市緑区鳴海町左京山405
鳴海	なるみ		客	1917.05.08	愛知	名古屋市緑区鳴海町字向田1-3
本星崎	もとほしざき		客無	1917.05.08	愛知	名古屋市南区星宮町301
本笠寺	もとかさでら		客	1917.03.07	愛知	名古屋市南区前浜通7-3
桜	さくら		客無	1917.03.07	愛知	名古屋市南区呼続4-27-15
呼続	よびつぎ		客無	1917.03.07	愛知	名古屋市南区呼続1-1-17
堀田	ほりた		客	1928.04.15	愛知	名古屋市瑞穂区新開町28-26
神宮前	じんぐうまえ		客	1917.03.07	愛知	名古屋市熱田区三本松町18-1
金山	かなやま		客	1944.09.01	愛知	名古屋市熱田区金山町1-1-1
山王	さんのう		客無	1944.11.03	愛知	名古屋市中川区山王3-13-3先
名鉄名古屋	めいてつなごや		客	1941.08.12	愛知	名古屋市中村区名駅1-2-1
栄生	さこう		客	1941.08.12	愛知	名古屋市西区栄生2-5-11
東枇杷島	ひがしびわじま		客無	1912.03.29	愛知	名古屋市西区枇杷島1-18-9
枇杷島分岐点	びわじまぶんきてん	一	信	1949.08.01	愛知	N/A
西枇杷島	にしびわじま		客無	1914.01.23	愛知	清須市西枇杷島町川口37-2
二ツ杁	ふたついり		客無	1942.02.01	愛知	清須市西枇杷島町芳野2-59
新川橋	しんかわばし		客無	1914.01.23	愛知	清須市土器野199-1
須ケ口	すかぐち		客	1914.01.23	愛知	清須市須ヶ口1725
丸ノ内	まるのうち		客無	1914.09.22	愛知	清須市清州1942-7
新清洲	しんきよす		客	1928.02.03	愛知	清須市新清洲1-1-1
大里	おおさと		客無	1928.02.03	愛知	稲沢市奥田町三十番神7133-1
奥田	おくだ		客無	1928.02.03	愛知	稲沢市奥田町字木之内2195-4
国府宮	こうのみや		客	1924.02.15	愛知	稲沢市松下1-1-1
島氏永	しまうじなが		客無	1928.01.24	愛知	㊤一宮市大和町氏永字下垂534-3 ㊦稲沢市島町北浦16
妙興寺	みょうこうじ		客無	1924.02.15	愛知	一宮市大和町妙興寺字北浦宮地48
（名鉄一宮）	（尾西線所属）			1924.02.15		
今伊勢	いまいせ		客	1935.04.29	愛知	一宮市今伊勢町宮後字壱丁目40-2
石刀	いわと		客	1935.04.29	愛知	一宮市今伊勢町馬寄字西流19-1
新木曽川	しんきそがわ		客	1935.04.29	愛知	一宮市木曽川町黒田三ノ通り203
黒田	くろだ		客無	1936.09.15	愛知	一宮市木曽川町黒田字西針口北ノ切12-4
木曽川堤	きそがわづつみ		客無	1939.04.17	愛知	一宮市北方町北方字畑下裏34
笠松	かさまつ		客	1935.04.29	岐阜	羽島郡笠松町西金池町1
岐南	ぎなん		客無	1914.06.02	岐阜	羽島郡岐南町下印食4-169
茶所	ちゃじょ		客無	1914.06.02	岐阜	岐阜市加納八幡町28
加納	かのう		客無	1914.06.02	岐阜	岐阜市竜田町9-3-1
名鉄岐阜	めいてつぎふ		客	1914.12.26	岐阜	岐阜市神田町9-1

［注］『鉄道停車場一覧』昭27によれば、左京山の開業日は1942.06.10、二ツ杁は1941.09.22。

西尾線

■ 新安城〜吉良吉田　24.7km／1067mm／13駅／1911.10.30開業／普通鉄道／架空線式 直流1500V・内燃

駅　名	読み方	範囲	種	開業日	県名	所　在　地
（新安城）	（名古屋本線所属）			1926.07.01		
北安城	きたあんじょう	客	無	1926.07.01	愛知	安城市新田町新栄1
南安城	みなみあんじょう	客	無	1926.07.01	愛知	安城市安城町的場41-2
碧海古井	へきかいふるい	客	無	1926.07.01	愛知	安城市古井町大久後4-5
堀内公園	ほりうちこうえん	客	無	1926.07.01	愛知	安城市堀内町前山92
桜井	さくらい	客		1926.07.01	愛知	安城市桜井町新田19-11
南桜井	みなみさくらい	客	無	2008.06.29	愛知	安城市小川町水遣23
米津	よねづ	客	無	1926.07.01	愛知	西尾市米津町仲之畑1-1
桜町前	さくらまちまえ	客	無	1928.08.05	愛知	西尾市緑町4-28
西尾口	にしおぐち	客	無	1930.04.03	愛知	西尾市寄住町柴草7-3
西尾	にしお	客		1911.10.30	愛知	西尾市住吉町4-18
福地	ふくち	客	無	1915.02.13	愛知	西尾市川口町松原28
上横須賀	かみよこすか	客	無	1915.08.05	愛知	西尾市吉良町上横須賀宮前60-2
吉良吉田	きらよしだ	客		1915.08.05	愛知	西尾市吉良町吉田船戸5

三河線

■ 猿投〜碧南　39.8km／1067mm／22駅／1914.02.05開業／普通鉄道／架空線式 直流1500V・内燃

駅　名	読み方	範囲	種	開業日	県名	所　在　地
猿投	さなげ	客		1924.10.31	愛知	豊田市井上町5-62
平戸橋	ひらとばし	客	無	1924.10.31	愛知	豊田市平戸橋町石平43
越戸	こしど	客	無	1922.01.17	愛知	豊田市越戸町梅盛4
梅坪	うめつぼ	客	無	1923.11.15	愛知	豊田市梅坪町7-125
豊田市	とよたし	客		1920.11.01	愛知	豊田市若宮町1-35
上挙母	うわごろも	客	無	1920.08.31	愛知	豊田市金谷町2-96
土橋	つちはし	客		1920.07.05	愛知	豊田市土橋町8-145
竹村	たけむら	客	無	1920.07.05	愛知	豊田市竹村町宮下16
若林	わかばやし	客	無	1920.07.05	愛知	豊田市若林東町沖田37
三河八橋	みかわやつはし	客	無	1920.07.05	愛知	豊田市花園町五反田39
三河知立	みかわちりゅう	客	無	1915.10.28	愛知	知立市新地町吉良道東14-5
（知立）	（名古屋本線所属）			1959.04.01		
重原	しげはら	客	無	1923.04.06	愛知	知立市上重原町本郷4-4
刈谷	かりや	客		1914.02.05	愛知	刈谷市若松町1-78
刈谷市	かりやし	客	無	1914.02.05	愛知	刈谷市広小路3-504-1
小垣江	おがきえ	客	無	1914.02.05	愛知	刈谷市小垣江町下半ノ木20-3
吉浜	よしはま	客	無	1914.02.05	愛知	高浜市屋敷町1-2-30

駅　名	読み方	範囲	種	開業日	県名	所在地
三河高浜	みかわたかはま	客	無	1918.04.20	愛知	高浜市春日町5-3-1
高浜港	たかはまみなと	客	無	1914.02.05	愛知	高浜市青木町6-3-1
北新川	きたしんかわ	客	無	1914.02.05	愛知	碧南市久沓町4-19
新川町	しんかわまち	客	無	1914.02.05	愛知	碧南市新川町3-113
碧南中央	へきなんちゅうおう	客		1915.07.10	愛知	碧南市栄町3-59
碧南	へきなん	客	無	1914.02.05	愛知	碧南市中町5-48

豊田線

■ 赤池〜梅坪　15.2km／1067mm／7駅／1979.07.29開業／普通鉄道／架空線式 直流1500V

駅　名	読み方	範囲	種	開業日	県名	所在地
赤池	あかいけ	客	無	1979.07.29	愛知	日進市赤池1-1503
日進	にっしん	客		1979.07.29	愛知	日進市栄2-1708
米野木	こめのき	客	無	1979.07.29	愛知	日進市米野木町南山185-3
黒笹	くろざさ	客	無	1979.07.29	愛知	みよし市黒笹町縄手上36-2
三好ケ丘	みよしがおか	客		1979.07.29	愛知	みよし市三好丘2-1-1
浄水	じょうすい	客		1979.07.29	愛知	豊田市浄水町伊保原243
上豊田	かみとよた	客	無	1979.07.29	愛知	豊田市上原町西山135-2
(梅坪)	(三河線所属)			1979.07.29		

蒲郡線

■ 吉良吉田〜蒲郡　17.6km／1067mm／9駅／1929.08.11開業／普通鉄道／架空線式 直流1500V・内燃

駅　名	読み方	範囲	種	開業日	県名	所在地
(吉良吉田)	(三河線所属)			1929.08.11		
三河鳥羽	みかわとば	客	無	1929.08.11	愛知	西尾市鳥羽町古新田113-5
西幡豆	にしはず	客	無	1936.07.24	愛知	西尾市西幡豆町中屋敷16-4
東幡豆	ひがしはず	客	無	1936.07.24	愛知	西尾市東幡豆町小見行田7-5
こどもの国	こどものくに	客	無	1936.07.24	愛知	西尾市東幡豆町御堂前71-3
西浦	にしうら	客	無	1936.07.24	愛知	蒲郡市西浦町馬々48-1
形原	かたはら	客	無	1936.07.24	愛知	蒲郡市形原町御嶽62
三河鹿島	みかわかしま	客	無	1936.07.24	愛知	蒲郡市鹿島町横砂39-1
蒲郡競艇場前	がまごおりきょうていじょうまえ	客	無	1968.10.01	愛知	蒲郡市竹谷町油井17-9
蒲郡	がまごおり	客		1936.11.10	愛知	蒲郡市港町1-1

駅　　名	読み方	範囲	種	開業日	県名	所　在　地

常滑線

■ 神宮前～常滑　29.3km／1067mm／22駅／1912.02.18開業／普通鉄道／架空線式 直流1500V・内燃

駅名	読み方	範囲	種	開業日	県名	所在地
(神宮前)	(名古屋本線所属)			1913.08.31		
豊田本町	とよだほんまち		客	無	1957.02.20	愛知	名古屋市南区豊1-26-17
道徳	どうとく		客	無	1912.02.18	愛知	名古屋市南区豊田1-12-10
大江	おおえ		客		1917.05.10	愛知	名古屋市南区加福本通2-8-1
大同町	だいどうちょう		客		1945.10.01	愛知	名古屋市南区大同町3-1-1
柴田	しばた		客	無	1912.02.18	愛知	名古屋市南区元柴田東町2-5
名和	なわ		客	無	1912.02.18	愛知	東海市名和町四番割81-7
聚楽園	しゅうらくえん		客	無	1917.05.10	愛知	東海市荒尾町リノ割235-3
新日鉄前	しんにってつまえ		客	無	1912.02.18	愛知	東海市東海町2-6-4
太田川	おおたがわ		客		1912.02.18	愛知	東海市大田町後田52
尾張横須賀	おわりよこすか		客		1912.02.18	愛知	東海市養父町北反田13-2
寺本	てらもと		客	無	1912.02.18	愛知	知多市八幡字西水代135-2
朝倉	あさくら		客		1923.04.03	愛知	知多市緑町25-8
古見	こみ		客	無	1912.02.18	愛知	知多市新知字森下29-3
長浦	ながうら		客	無	1930.09.01	愛知	知多市長浦1-400
日長	ひなが		客	無	1912.02.18	愛知	知多市日長字森下108-1
新舞子	しんまいこ		客		1912.02.18	愛知	知多市新舞子字大瀬55-1
大野町	おおのまち		客	無	1912.02.18	愛知	常滑市大野町5-170
西ノ口	にしのくち		客	無	1913.03.29	愛知	常滑市住吉町4-131
蒲池	かばいけ		客	無	1913.06.18	愛知	常滑市蒲池町5-105
榎戸	えのきど		客	無	1944.11.18	愛知	常滑市港町6-208
多屋	たや		客	無	1913.03.29	愛知	常滑市多屋町5-160
常滑	とこなめ		客		1913.03.29	愛知	常滑市鯉江本町5-141-2

[注]『鉄道停車場一覧』昭27によれば、大同町の開業は1940.05.31、榎戸は1943.07.30。

築港線

■ 大江～東名古屋港　1.5km／1067mm／1駅／1924.01.15開業／普通鉄道／架空線式 直流1500V・内燃

駅名	読み方	範囲	種	開業日	県名	所在地
(大江)	(常滑線所属)			1924.01.15		
東名古屋港	ひがしなごやこう		客	無	1924.01.15	愛知	名古屋市港区大江町9

駅　　名	読み方	範囲	種	開業日	県名	所在地

河和線

■ 太田川〜河和　28.8km／1067mm／18駅／1931.04.01開業／普通鉄道／架空線式 直流1500V・内燃

駅名	読み方	範囲	種	開業日	県名	所在地
(太田川)	(常滑線所属)			1931.04.01		
高横須賀	たかよこすか		客	無	1931.04.01	愛知	東海市高横須賀町松本1-3
南加木屋	みなみかぎや		客		1931.04.01	愛知	東海市加木屋町南平井15
八幡新田	やわたしんでん		客	無	1931.04.01	愛知	東海市加木屋町陀々法師43-1
巽ケ丘	たつみがおか		客		1955.07.10	愛知	知多市巽ケ丘3-134
白沢	しらさわ		客	無	1931.04.01	愛知	知多郡阿久比町大字白沢字豊石山17-4
坂部	さかべ		客	無	1931.04.01	愛知	知多郡阿久比町大字卯坂字上向田35-7
阿久比	あぐい		客		1983.07.21	愛知	知多郡阿久比町大字阿久比字駅前1-13
植大	うえだい		客	無	1931.04.01	愛知	知多郡阿久比町大字植大字大前田4-3
半田口	はんだぐち		客	無	1931.04.01	愛知	半田市岩滑中町2-150
住吉町	すみよしちょう		客		1933.07.10	愛知	半田市宮路町156-2
知多半田	ちたはんだ		客		1931.04.01	愛知	半田市広小路町150-6
成岩	ならわ		客		1931.04.01	愛知	半田市栄町3-304
青山	あおやま		客		1933.07.10	愛知	半田市青山1-13-2
上ゲ	あげ		客	無	1932.07.01	愛知	知多郡武豊町字下門23-5
知多武豊	ちたたけとよ		客		1932.07.01	愛知	知多郡武豊町字道崎43-8
富貴	ふき		客		1932.07.01	愛知	知多郡武豊町大字富貴字外前田5-5
河和口	こうわぐち		客	無	1932.07.01	愛知	知多郡美浜町大字布土字中平井33-1
河和	こうわ		客		1935.08.01	愛知	知多郡美浜町大字河和字北田面5-1

知多新線

■ 富貴〜内海　13.9km／1067mm／6駅／1974.06.30開業／普通鉄道／架空線式 直流1500V・内燃

駅名	読み方	範囲	種	開業日	県名	所在地
(富貴)	(河和線所属)			1974.06.30		
別曽池信号場	べっそいけ	―	信	1986.03.18	愛知	N/A
上野間	かみのま		客	無	1974.06.30	愛知	知多郡美浜町大字上野間字小手廻間2-1
美浜緑苑	みはまりょくえん		客	無	1987.04.24	愛知	知多郡美浜町大字奥田字御茶銭165-10
知多奥田	ちたおくだ		客		1975.07.06	愛知	知多郡美浜町大字奥田字森越70-3
野間	のま		客	無	1976.04.04	愛知	知多郡美浜町大字野間字新大町168-2
内海	うつみ		客		1980.06.05	愛知	知多郡南知多町大字内海字先刈171-4

大手・準大手私鉄

大手私鉄

駅　名	読み方	範囲	種	開業日	県名	所　在　地

瀬戸線

■栄町～尾張瀬戸　20.6km／1067mm／20駅／1905.04.02開業／普通鉄道／架空線式 直流1500V

駅　名	読み方	範囲	種	開業日	県名	所　在　地
栄町	さかえまち	客		1978.08.20	愛知	名古屋市東区東桜1-12先
東大手	ひがしおおて	客		1911.10.01	愛知	名古屋市中区三の丸4-3-2
清水	しみず	客	無	1911.05.23	愛知	名古屋市北区清水2-5-1
尼ケ坂	あまがさか	客	無	1911.05.23	愛知	名古屋市北区大杉1-20-2
森下	もりした	客	無	1915.06.16	愛知	名古屋市東区徳川2-25-4
大曽根	おおぞね	客		1906.03.01	愛知	名古屋市東区矢田南5-2-6
矢田	やだ	客	無	1905.04.02	愛知	名古屋市東区大幸1-10
守山自衛隊前	もりやまじえいたいまえ	客	無	1905.04.02	愛知	名古屋市守山区廿軒家5-7
瓢箪山	ひょうたんやま	客	無	1921.04.11	愛知	名古屋市守山区長栄15-17
小幡	おばた	客		1905.04.02	愛知	名古屋市守山区小幡南1-21-21
喜多山	きたやま	客		1927.07.01	愛知	名古屋市守山区喜多山2-1-7
大森・金城学院前	おおもり・きんじょうがくいんまえ	客		1905.04.02	愛知	名古屋市守山区大森3-301
印場	いんば	客	無	1995.12.22	愛知	尾張旭市印場元町北山4409-3
旭前	あさひまえ	客	無	1921.04.11	愛知	尾張旭市旭前町5-4-5
尾張旭	おわりあさひ	客		1905.04.02	愛知	尾張旭市東大道町原田2591-3
三郷	さんごう	客		1905.04.02	愛知	尾張旭市三郷町栄92-1
水野	みずの	客	無	1921.04.11	愛知	瀬戸市效範町2-75
新瀬戸	しんせと	客		1927.02.01	愛知	瀬戸市東横山町62
瀬戸市役所前	せとしやくしょまえ	客	無	1905.04.02	愛知	瀬戸市西追分町2
尾張瀬戸	おわりせと	客		1905.04.02	愛知	瀬戸市山脇町12-1

小牧線

■上飯田～犬山　20.6km／1067mm／14駅／1931.02.11開業／普通鉄道／架空線式 直流1500V
第3種鉄道事業＝上飯田連絡線（上飯田～味鋺）

駅　名	読み方	範囲	種	開業日	県名	所　在　地
上飯田	かみいいだ	客		1931.02.11	愛知	名古屋市北区上飯田通1-15先
味鋺	あじま	客	無	1931.02.11	愛知	名古屋市北区東味鋺2-123
味美	あじよし	客	無	1931.02.11	愛知	春日井市西本町1-16-1
春日井	かすがい	客	無	1931.02.11	愛知	春日井市春日井町字土合34-3
牛山	うしやま	客	無	1931.02.11	愛知	春日井市牛山町951
間内	まない	客	無	1931.02.11	愛知	春日井市牛山町281-3
小牧口	こまきぐち	客	無	1931.02.11	愛知	小牧市大字北外山1897-2
小牧	こまき	客		1931.02.11	愛知	小牧市中央1-260
小牧原	こまきはら	客	無	1931.04.29	愛知	小牧市大字小牧原新田1820-3
味岡	あじおか	客	無	1931.04.29	愛知	小牧市大字岩崎143

駅　名	読み方	範囲	種	開業日	県名	所　在　地
田県神社前	たがたじんじゃまえ	客		1931.04.29	愛知	小牧市大字久保一色1052-2
楽田	がくでん	客	無	1931.04.29	愛知	犬山市字若宮126-2
羽黒	はぐろ	客	無	1931.04.29	愛知	犬山市大字羽黒字古市場75-1
五郎丸信号場	ごろうまる	—	信	2002.03.15	愛知	N/A
(犬山)		(犬山線所属)		1931.04.29		

［注］五郎丸信号場は運用開始日。

各務原線
かかみがはらせん

■ 名鉄岐阜～新鵜沼　17.6km／1067mm／16駅／1926.01.21開業／普通鉄道／架空線式 直流1500V・内燃

駅　名	読み方	範囲	種	開業日	県名	所　在　地
(名鉄岐阜)		(名古屋本線所属)		1928.12.28		
田神	たがみ	客	無	1926.01.21	岐阜	岐阜市入舟町1-22-1
細畑	ほそばた	客	無	1926.01.21	岐阜	岐阜市細畑5-1-1
切通	きりどおし	客	無	1926.01.21	岐阜	岐阜市切通2-16
手力	てぢから	客	無	1926.01.21	岐阜	岐阜市蔵前7-7-12
高田橋	たかだばし	客	無	1926.01.21	岐阜	岐阜市高田2-6-15
新加納	しんかのう	客	無	1926.01.21	岐阜	各務原市那加浜見町1-214
新那加	しんなか	客	無	1926.01.21	岐阜	各務原市那加新那加町27
市民公園前	しみんこうえんまえ	客	無	1926.01.21	岐阜	各務原市那加門前町4-51
各務原市役所前	かかみがはらしやくしょまえ	客	無	1926.01.21	岐阜	各務原市那加桜町2-102
六軒	ろっけん	客	無	1926.01.21	岐阜	各務原市蘇原六軒町4-36
三柿野	みかきの	客		1926.01.21	岐阜	各務原市蘇原三柿野町819-19
二十軒	にじっけん	客	無	1926.08.01	岐阜	各務原市鵜沼三ツ池町3-212
名電各務原	めいでんかかみがはら	客	無	1926.08.01	岐阜	各務原市鵜沼各務原町1-84
苧ヶ瀬	おがせ	客	無	1927.09.20	岐阜	各務原市鵜沼各務原町5-250
羽場	はば	客	無	1927.09.20	岐阜	各務原市鵜沼羽場町6-176
鵜沼宿	うぬまじゅく	客	無	1927.09.20	岐阜	各務原市鵜沼西町4-8-2
(新鵜沼)		(犬山線所属)		1927.09.20		

犬山線
いぬやません

■ 枇杷島分岐点～新鵜沼　26.8km／1067mm／17駅／1912.08.06開業／普通鉄道／架空線式 直流1500V・内燃

駅　名	読み方	範囲	種	開業日	県名	所　在　地
(枇杷島分岐点)		(名古屋本線所属)		1949.08.01		
下小田井	しもおたい	客	無	1912.08.06	愛知	清須市西枇杷町上新36
中小田井	なかおたい	客	無	1912.08.06	愛知	名古屋市西区中小田井1-688
上小田井	かみおたい	客		1912.08.06	愛知	名古屋市西区貴生町90
西春	にしはる	客		1912.08.06	愛知	北名古屋市九之坪南町1
徳重・名古屋芸大	とくしげ・なごやげいだい	客		1912.08.06	愛知	北名古屋市徳重広畑35

駅　名	読み方	範囲	種	開業日	県名	所　在　地
大山寺	たいさんじ	客		1915.02.05	愛知	岩倉市大山寺町東出993-1
岩倉	いわくら	客		1912.08.06	愛知	岩倉市本町1-34
石仏	いしぼとけ	客	無	1912.08.06	愛知	岩倉市石仏町中屋敷662
布袋	ほてい	客		1912.08.06	愛知	江南市布袋町西布173
江南	こうなん	客		1912.08.06	愛知	江南市古知野町朝日283
柏森	かしわもり	客		1912.08.06	愛知	丹羽郡扶桑町大字柏森字天神1-1
扶桑	ふそう	客		1912.08.06	愛知	丹羽郡扶桑町大字高雄字下山91
木津用水	こつようすい	客	無	1912.08.06	愛知	丹羽郡扶桑町大字高雄字米ノ山266
犬山口	いぬやまぐち	客		1912.08.06	愛知	犬山市大字犬山字末友21-4
犬山	いぬやま	客		1912.08.06	愛知	犬山市大字犬山字富士見町14
犬山遊園	いぬやまゆうえん	客		1926.05.02	愛知	犬山市大字犬山字瑞泉寺24-1
新鵜沼	しんうぬま	客		1926.10.01	岐阜	各務原市鵜沼南町5-215

広見線

■犬山〜御嵩　22.3km／1067mm／10駅／1920.08.21開業／普通鉄道／架空線式 直流1500V・内燃

駅　名	読み方	範囲	種	開業日	県名	所　在　地
（犬山）	（犬山線所属）			1946.03.01		
富岡前	とみおかまえ	客	無	1925.04.24	愛知	犬山市大字富岡字株池127-3
善師野	ぜんじの	客	無	1925.04.24	愛知	犬山市大字善師野字真土4-2
西可児	にしかに	客		1969.03.16	岐阜	可児市帷子新町2-26
可児川	かにがわ	客	無	1925.04.24	岐阜	可児市土田1356-7
日本ライン今渡	にほんらいんいまわたり	客		1925.04.24	岐阜	可児市今渡406-2
新可児	しんかに	客		1920.08.21	岐阜	可児市下恵土今広228
明智	あけち	客	無	1920.08.21	岐阜	可児市平貝戸26-4
顔戸	ごうど	客	無	1928.10.01	岐阜	可児郡御嵩町顔戸318-3
御嵩口	みたけぐち	客		1920.08.21	岐阜	可児郡御嵩町中473
御嵩	みたけ	客	無	1952.04.01	岐阜	可児郡御嵩町中2302-2

津島線

■須ケ口〜津島　11.8km／1067mm／6駅／1914.01.23開業／普通鉄道／架空線式 直流1500V・内燃

駅　名	読み方	範囲	種	開業日	県名	所　在　地
（須ケ口）	（名古屋本線所属）			1914.01.23		
甚目寺	じもくじ	客		1914.01.23	愛知	あま市甚目寺郷浦35
七宝	しっぽう	客	無	1914.01.23	愛知	あま市七宝町沖ノ島返上地82-1
木田	きだ	客		1914.01.23	愛知	あま市木田道下54-2
青塚	あおつか	客	無	1914.01.23	愛知	津島市青塚町1-90
勝幡	しょばた	客		1914.01.23	愛知	愛西市勝幡町五俵入2266-4
藤浪	ふじなみ	客	無	1914.01.23	愛知	愛西市諏訪町中島367
（津島）	（尾西線所属）			1932.10.25		

尾西線

■弥富～玉ノ井　30.9km／1067mm／22駅／1898.04.03開業／普通鉄道／架空線式 直流1500V・内燃（弥富～津島）

駅名	読み方	範囲	種	開業日	県名	所在地
弥富	やとみ	客	無	1898.04.03	愛知	弥富市鯏浦町仲六178
五ノ三	ごのさん	客	無	1924.10.01	愛知	弥富市五之三町西本田27
佐屋	さや	客		1898.04.03	愛知	愛西市須依町佐原2277
日比野	ひびの	客	無	1907.12.29	愛知	愛西市柚木町東田面793-3
津島	つしま	客		1898.04.03	愛知	津島市錦町1-1
町方	まちかた	客	無	1924.10.01	愛知	愛西市町方町南堤外1
六輪	ろくわ	客	無	1899.02.17	愛知	稲沢市平和町須ヶ脇426
渕高	ふちだか	客	無	1924.10.01	愛知	愛西市渕高町八畝割40
丸渕	まるぶち	客	無	1912.02.18	愛知	稲沢市祖父江町三丸渕駅通184
上丸渕	かみまるぶち	客	無	1924.10.01	愛知	稲沢市祖父江町三丸渕郷前48-3
森上	もりかみ	客		1899.02.17	愛知	稲沢市祖父江町森上本郷七30
山崎	やまざき	客	無	1930.01.25	愛知	稲沢市祖父江町山崎中屋敷105-1
玉野	たまの	客	無	1924.10.01	愛知	一宮市玉野町河端19
萩原	はぎわら	客	無	1899.07.18	愛知	一宮市萩原町串作字荒神田面1414
二子	ふたご	客	無	1924.10.01	愛知	一宮市萩原町萩原字大日2903-3
苅安賀	かりやすか	客	無	1900.01.24	愛知	一宮市大和町苅安賀字上西之杁130
観音寺	かんのんじ	客	無	1928.08.15	愛知	一宮市観音寺2-5-2
名鉄一宮	めいてついちのみや	客		1900.01.24	愛知	一宮市新生1-1-1
西一宮	にしいちのみや	客	無	1914.08.04	愛知	一宮市天王1-3-1
開明	かいめい	客	無	1914.08.04	愛知	一宮市開明字名古羅47-1
奥町	おくちょう	客	無	1914.08.04	愛知	一宮市奥町字南目草30-1
玉ノ井	たまのい	客	無	1914.08.04	愛知	一宮市木曽川町玉ノ井字古井田140

竹鼻線

■笠松～江吉良　10.3km／1067mm／8駅／1914.06.02開業／普通鉄道／架空線式 直流1500V

駅名	読み方	範囲	種	開業日	県名	所在地
（笠松）	（名古屋本線所属）			1935.04.29		
西笠松	にしかさまつ	客	無	1914.06.02	岐阜	羽島郡笠松町天王町45
柳津	やないづ	客	無	1921.06.25	岐阜	岐阜市柳津町梅松1-1-2
南宿	みなみじゅく	客	無	1921.06.25	岐阜	羽島市足近町南宿916-1
須賀	すか	客	無	1921.06.25	岐阜	羽島市正木町須賀小松219
不破一色	ふわいしき	客	無	1921.06.25	岐阜	羽島市正木町須賀2221-5
竹鼻	たけはな	客	無	1921.06.25	岐阜	羽島市竹鼻町狐穴栄町3305
羽島市役所前	はしまやくしょまえ	客		1929.04.01	岐阜	羽島市竹鼻町宮町761
江吉良	えぎら	客	無	1929.04.01	岐阜	羽島市江吉良町江東839

駅　名	読み方	範囲	種	開業日	県名	所 在 地

羽島線
はしません

■ 江吉良〜新羽島　1.3km／1067mm／1 駅／1982.12.11開業／普通鉄道／架空線式 直流1500V

駅名	読み方	範囲	種	開業日	県名	所在地
(江吉良)	(竹鼻線所属)			1982.12.11		
新羽島	しんはしま	客	無	1982.12.11	岐阜	羽島市舟橋町宮北1-1-1

空港線
くうこうせん

■ 常滑〜中部国際空港　4.2km／1067mm／2 駅／2005.01.29開業／普通鉄道／架空線式 直流1500V
第2種鉄道事業〔第3種鉄道事業＝中部国際空港連絡鉄道〕

駅名	読み方	範囲	種	開業日	県名	所在地
(常滑)	(常滑線所属)			2005.01.29		
りんくう常滑	りんくうとこなめ	客	無	2005.01.29	愛知	常滑市りんくう町2-3
中部国際空港	ちゅうぶこくさいくうこう	客	無	2005.01.29	愛知	常滑市セントレア1-1

豊川線
とよかわせん

■ 国府〜豊川稲荷　7.2km／1067mm／5 駅／1945.02.18開業／軌道／架空線式 直流1500V

駅名	読み方	範囲	種	開業日	県名	所在地
(国府)	(名古屋本線所属)	∴		1945.02.18		
八幡	やわた	：	客	無	1972.06.01	愛知	豊川市八幡町鐘鋳場116
諏訪新道信号場	すわしんみち	：	—	信	1948.10.15	愛知	N/A
諏訪町	すわちょう	：	客	無	1945.02.18	愛知	豊川市諏訪3-250先
稲荷口	いなりぐち	：	客	無	1954.04.01	愛知	豊川市駅前通3-33
豊川稲荷	とよかわいなり	⋯	客		1954.12.25	愛知	豊川市豊川町仁保通18

近畿日本鉄道

- ●本　　社　〒545-8585 大阪府大阪市天王寺区上本町6丁目1番55号
- ●設　　立　2014.04.30（1910.09.16）
- ●路　　線　大阪線、難波線、山田線、奈良線、けいはんな線、橿原線、天理線、信貴線、南大阪線、吉野線、長野線、京都線、生駒線、田原本線、道明寺線、御所線、名古屋線、鈴鹿線、湯の山線、志摩線、鳥羽線、生駒鋼索線、西信貴鋼索線
- ●営業キロ　第1種鉄道事業＝487.4km（280駅）、第2種鉄道事業＝8.6km（5駅）、軌道＝5.1km（4駅）

大阪線

■大阪上本町～伊勢中川　108.9km／1435mm／47駅／1914.04.30開業／普通鉄道／架空線式 直流1500V

駅名	読み方	範囲	種	開業日	県名	所在地
大阪上本町	おおさかうえほんまち		客	1914.04.30	大阪	大阪市天王寺区上本町6-1-55
鶴橋	つるはし		客	1914.04.30	大阪	大阪市生野区鶴橋2-1-20
今里	いまざと		客	1914.04.30	大阪	大阪市生野区新今里4-1-17
布施	ふせ		客	1914.04.30	大阪	東大阪市長堂1-1-18
俊徳道	しゅんとくみち		客	1926.12.30	大阪	東大阪市荒川2-70
長瀬	ながせ		客	1924.10.31	大阪	東大阪市菱屋西1-24-26
弥刀	みと		客	1925.12.10	大阪	東大阪市友井3-1-22
久宝寺口	きゅうほうじぐち		客	1925.09.30	大阪	八尾市佐堂町3-1-7
近鉄八尾	きんてつやお		客	1924.10.31	大阪	八尾市北本町2-153-2
河内山本	かわちやまもと		客	1925.09.30	大阪	八尾市山本町1-1-17
高安	たかやす		客	1925.09.30	大阪	八尾市山本高安町1-1-46
恩智	おんぢ		客	1925.09.30	大阪	八尾市恩智中町1-103
法善寺	ほうぜんじ		客	1927.07.01	大阪	柏原市法善寺4-1-22
堅下	かたしも		客	1927.07.01	大阪	柏原市大県2-5-1
安堂	あんどう		客	1927.07.01	大阪	柏原市安堂町2-1
河内国分	かわちこくぶ		客	1927.07.01	大阪	柏原市国分本町1-2-4
大阪教育大前	おおさかきょういくだいまえ		客	1991.12.06	大阪	柏原市旭ケ丘4-4555-1
関屋	せきや		客	1927.07.01	奈良	香芝市関屋1578-3
二上	にじょう		客	1927.07.01	奈良	香芝市穴虫2023
近鉄下田	きんてつしもだ		客	1927.07.01	奈良	香芝市下田西1-7-14
五位堂	ごいどう		客	1927.07.01	奈良	香芝市瓦口268
築山	つきやま		客	1927.07.01	奈良	大和高田市築山467-3
大和高田	やまとたかだ		客	1925.03.21	奈良	大和高田市北本町14-4
松塚	まつづか		客	1925.03.21	奈良	大和高田市松塚24-2
真菅	ますが		客	1925.03.21	奈良	橿原市曽我町1070

駅　名	読み方	範囲	種	開業日	県名	所在地
大和八木	やまとやぎ		客	1925.03.21	奈良	橿原市内膳町5-1-2
耳成	みみなし		客	1929.01.05	奈良	橿原市石原田町208-2
大福	だいふく		客	1929.01.05	奈良	桜井市大福3-241-2
桜井	さくらい		客	1929.01.05	奈良	桜井市桜井190-2
大和朝倉	やまとあさくら		客	1944.11.03	奈良	桜井市大字慈恩寺1029
長谷寺	はせでら		客	1929.10.27	奈良	桜井市大字初瀬2499
榛原	はいばら		客	1930.02.21	奈良	宇陀市榛原萩原2426
室生口大野	むろうぐちおおの		客	1930.10.10	奈良	宇陀市室生大野1756
三本松	さんぼんまつ		客	1930.10.10	奈良	宇陀市室生三本松2937
赤目口	あかめぐち		客	1930.10.10	三重	名張市赤目町丈六257-1
名張	なばり		客	1930.10.10	三重	名張市平尾2961
桔梗が丘	ききょうがおか		客	1964.10.01	三重	名張市桔梗が丘1番町1街区1
美旗	みはた		客	1930.10.10	三重	名張市新田1891
伊賀神戸	いがかんべ		客	1930.10.10	三重	伊賀市比土2628-3
青山町	あおやまちょう		客	1930.11.19	三重	伊賀市阿保405
伊賀上津	いがこうづ		客	1930.12.20	三重	伊賀市伊勢路192
西青山	にしあおやま		客	1930.12.20	三重	伊賀市伊勢路字青山1353-4
東青山	ひがしあおやま		客	1930.12.20	三重	津市白山町上ノ村1074
榊原温泉口	さかきばらおんせんぐち		客	1930.11.19	三重	津市白山町佐田1526-2
大三	おおみつ		客	1930.11.19	三重	津市白山町二本木815-1
伊勢石橋	いせいしばし		客	1930.11.19	三重	津市一志町大仰522-1
川合高岡	かわいたかおか		客	1930.11.19	三重	津市一志町田尻98-3
(伊勢中川)	(名古屋線所属)			1930.11.19		

難波線

■ **大阪上本町～大阪難波**　2.0km／1435mm／2駅／1970.03.15開業／普通鉄道／架空線式 直流1500V

駅名	読み方	範囲	種	開業日	県名	所在地
(大阪上本町)	(大阪線所属)			1970.03.15		
近鉄日本橋	きんてつにっぽんばし		客	1970.03.15	大阪	大阪市中央区日本橋1-18-14
大阪難波	おおさかなんば		客	1970.03.15	大阪	大阪市中央区難波4-1-17

山田線

■ **伊勢中川～宇治山田**　28.3km／1435mm／13駅／1930.03.27開業／普通鉄道／架空線式 直流1500V

駅名	読み方	範囲	種	開業日	県名	所在地
(伊勢中川)	(名古屋線所属)			1930.05.18		
伊勢中原	いせなかはら		客	1930.05.18	三重	松阪市嬉野津屋城町1455
松ヶ崎	まつがさき		客	1937.11.03	三重	松阪市久米町1274-2
松阪	まつさか		客	1930.03.27	三重	松阪市京町1区43-1

駅　名	読み方	範囲	種	開業日	県名	所在地
東松阪	ひがしまつさか		客	1930.03.27	三重	松阪市大津町字久地353-1
櫛田	くしだ		客	1930.03.27	三重	松阪市豊原町1131-5
漕代	こいしろ		客	1943.10.23	三重	松阪市稲木町1108-5
斎宮	さいくう		客	1930.03.27	三重	多気郡明和町大字斎宮3043-3
明星	みょうじょう		客	1930.03.27	三重	多気郡明和町大字明星2564
明野	あけの		客	1930.03.27	三重	伊勢市小俣町明野5285-1
小俣	おばた		客	1931.07.04	三重	伊勢市小俣町元町8254-5
宮町	みやまち		客	1930.03.27	三重	伊勢市御薗町高向686
伊勢市	いせし		客	1930.09.21	三重	伊勢市吹上1-1-57
宇治山田	うじやまだ		客	1931.03.17	三重	伊勢市岩渕2-1-43

奈良線

■布施〜近鉄奈良　26.7km／1435mm／18駅／1914.04.30開業／普通鉄道／架空線式 直流1500V

駅名	読み方	範囲	種	開業日	県名	所在地
（布施）		（大阪線所属）		1914.04.30		
河内永和	かわちえいわ		客	1936.08.01	大阪	東大阪市高井田元町1-1-5
河内小阪	かわちこさか		客	1914.04.30	大阪	東大阪市小阪1-8-8
八戸ノ里	やえのさと		客	1936.11.19	大阪	東大阪市小阪3-1-1
若江岩田	わかえいわた		客	1914.04.30	大阪	東大阪市岩田町4-4-21
河内花園	かわちはなぞの		客	1915.06.15	大阪	東大阪市吉田1-13-13
東花園	ひがしはなぞの		客	1929.11.22	大阪	東大阪市吉田6-9-18
瓢簞山	ひょうたんやま		客	1914.04.30	大阪	東大阪市昭和町4-1
枚岡	ひらおか		客	1914.04.30	大阪	東大阪市出雲井町2-6
額田	ぬかた		客	1920.07.13	大阪	東大阪市山手町2-10
石切	いしきり		客	1914.04.30	大阪	東大阪市上石切町2-1-6
生駒	いこま		客	1914.04.30	奈良	生駒市元町1-1-1
東生駒	ひがしいこま		客	1968.03.20	奈良	生駒市東生駒1-1-6
富雄	とみお		客	1914.04.30	奈良	奈良市富雄元町2-3-35
学園前	がくえんまえ		客	1942.03.06	奈良	奈良市学園南3-1-1
菖蒲池	あやめいけ		客	1923.09.09	奈良	奈良市あやめ池南2-2-1
大和西大寺	やまとさいだいじ		客	1914.04.30	奈良	奈良市西大寺国見町1-1-1
新大宮	しんおおみや		客	1969.12.09	奈良	奈良市芝辻町4-15-5
近鉄奈良	きんてつなら		客	1914.07.08	奈良	奈良市東向中町29

駅　名	読み方	範囲	種	開業日	県名	所　在　地

けいはんな線

■ 長田〜学研奈良登美ヶ丘　18.8km／1435mm／鉄道（5駅）、軌道（4駅）／1986.10.01開業／
普通鉄道（鉄軌分界点〜学研奈良富ヶ丘）、軌道（長田〜鉄軌分界点）／第三軌条式 直流750V
第2種鉄道事業＝生駒〜学研奈良登美ヶ丘〔第3種鉄道事業＝奈良生駒高速鉄道（生駒〜学研奈良登美ヶ丘）〕

駅　名	読み方	範囲	種	開業日	県名	所　在　地
長田	ながた	客	他	1986.10.01	大阪	東大阪市長田中2-21-2
荒本	あらもと	客		1986.10.01	大阪	東大阪市荒本北2-8-10
吉田	よしだ	客		1986.10.01	大阪	東大阪市今米1-1-6
新石切	しんいしきり	客		1986.10.01	大阪	東大阪市西石切町3-3
〈鉄軌分界点〉		—	—	1986.10.01	大阪	東大阪市上石切町
(生駒)	(奈良線所属)			1986.10.01		
東生駒信号場	ひがしいこま	—	信	2006.03.27	奈良	N/A
白庭台	しらにわだい	客		2006.03.27	奈良	生駒市白庭台6-11-1
学研北生駒	がっけんきたいこま	客		2006.03.27	奈良	生駒市上町3535-6
登美ヶ丘信号場	とみがおか	—	信	2006.03.27	奈良	N/A
学研奈良登美ヶ丘	がっけんならとみがおか	客		2006.03.27	奈良	奈良市中登美ヶ丘6-1-1

橿原線

■ 大和西大寺〜橿原神宮前　23.8km／1435mm／15駅／1921.04.01開業／普通鉄道／架空線式 直流1500V

駅　名	読み方	範囲	種	開業日	県名	所　在　地
(大和西大寺)	(奈良線所属)			1921.04.01		
尼ヶ辻	あまがつじ	客		1921.04.01	奈良	奈良市尼ヶ辻中町11-1
西ノ京	にしのきょう	客		1921.04.01	奈良	奈良市西ノ京町字金岡408
九条	くじょう	客		1921.04.01	奈良	大和郡山市九条町字出口375
近鉄郡山	きんてつこおりやま	客		1921.04.01	奈良	大和郡山市南郡山町232
筒井	つつい	客		1922.04.01	奈良	大和郡山市筒井町八王寺640
平端	ひらはた	客		1922.04.01	奈良	大和郡山市昭和町51
ファミリー公園前	ふぁみりーこうえんまえ	客		1979.07.01	奈良	大和郡山市宮堂字毘沙門339-2
結崎	ゆうざき	客		1923.03.20	奈良	磯城郡川西町結崎出屋敷584
石見	いわみ	客		1923.03.20	奈良	磯城郡三宅町石見485
田原本	たわらもと	客		1923.03.20	奈良	磯城郡田原本町171
笠縫	かさぬい	客		1923.03.20	奈良	磯城郡田原本町秦ノ庄330
新ノ口	にのくち	客		1923.03.20	奈良	橿原市新口町127
(大和八木)	(大阪線所属)			1923.03.20		
八木西口	やぎにしぐち	客		1923.03.20	奈良	橿原市八木町1-8-32
畝傍御陵前	うねびごりょうまえ	客		1939.07.28	奈良	橿原市大久保町455
橿原神宮前	かしはらじんぐうまえ	客		1923.03.20	奈良	橿原市久米町618

天理線

■ 平端～天理　4.5km／1435mm／3駅／1915.02.07開業／普通鉄道／架空線式 直流1500V

駅　名	読み方	範囲	種	開業日	県名	所　在　地
（平端）	（橿原線所属）			1922.04.01		
二階堂	にかいどう		客	1915.02.07	奈良	天理市二階堂上ノ庄町147-2
前栽	せんざい		客	1915.02.07	奈良	天理市杉本町290-6
天理	てんり		客	1915.02.07	奈良	天理市川原城町815

信貴線

■ 河内山本～信貴山口　2.8km／1435mm／2駅／1930.12.15開業／普通鉄道／架空線式 直流1500V

駅　名	読み方	範囲	種	開業日	県名	所　在　地
（河内山本）	（大阪線所属）			1930.12.15		
服部川	はっとりがわ		客	1930.12.15	大阪	八尾市服部川町7-258
信貴山口	しぎさんぐち		客	1930.12.15	大阪	八尾市黒谷6-154

南大阪線

■ 大阪阿部野橋～橿原神宮前　39.7km／1067mm／25駅／1898.03.24開業／普通鉄道／架空線式 直流1500V

駅　名	読み方	範囲	種	開業日	県名	所　在　地
大阪阿部野橋	おおさかあべのばし		客	1923.04.13	大阪	大阪市阿倍野区阿倍野筋1-1-43
河堀口	こぼれぐち		客	1923.10.16	大阪	大阪市阿倍野区天王寺町南2-24-1
北田辺	きたたなべ		客	1923.12.28	大阪	大阪市東住吉区北田辺4-16-29
今川	いまがわ		客	1931.06.10	大阪	大阪市東住吉区駒川3-4-55
針中野	はりなかの		客	1923.04.13	大阪	大阪市東住吉区駒川5-24-8
矢田	やた		客	1923.04.13	大阪	大阪市東住吉区矢田2-25-27
河内天美	かわちあまみ		客	1923.04.13	大阪	松原市天美南3-15-41
布忍	ぬのせ		客	1922.04.18	大阪	松原市北新町1-2-1
高見ノ里	たかみのさと		客	1932.09.22	大阪	松原市高見の里3-1-1
河内松原	かわちまつばら		客	1922.04.18	大阪	松原市上田3-5-1
恵我ノ荘	えがのしょう		客	1924.06.01	大阪	羽曳野市南恵我之荘8-1-23
高鷲	たかわし		客	1922.04.18	大阪	羽曳野市高鷲1-1-12
藤井寺	ふじいでら		客	1922.04.18	大阪	藤井寺市岡2-7-18
土師ノ里	はじのさと		客	1924.06.01	大阪	藤井寺市道明寺1-1-28
（道明寺）	（道明寺線所属）			1898.03.24		
（古市）	（長野線所属）			1898.03.24		
駒ヶ谷	こまがたに		客	1929.03.29	大阪	羽曳野市駒ヶ谷159-1
上ノ太子	かみのたいし		客	1929.03.29	大阪	羽曳野市飛鳥816-1
二上山	にじょうざん		客	1929.03.29	奈良	香芝市畑4-106-2

駅　　　名	読 み 方	範囲	種	開業日	県名	所 在 地
二上神社口	にじょうじんじゃぐち		客	1929.03.29	奈良	葛城市加守544
当麻寺	たいまでら		客	1929.03.29	奈良	葛城市當麻54-2
磐城	いわき		客	1929.03.29	奈良	葛城市長尾220-2
尺土	しゃくど		客	1929.03.29	奈良	葛城市尺土228
高田市	たかだし		客	1929.03.29	奈良	大和高田市片塩町17-4
浮孔	うきあな		客	1929.03.29	奈良	大和高田市田井11
坊城	ぼうじょう		客	1929.03.29	奈良	橿原市東坊城町281-2
橿原神宮西口	かしはらじんぐうにしぐち		客	1929.03.29	奈良	橿原市西池尻町376-2
(橿原神宮前)	(橿原線所属)			1929.03.29		

吉野線

■橿原神宮前〜吉野　25.2km／1067mm／15駅／1912.10.25開業／普通鉄道／架空線式 直流1500V

駅名	読み方	範囲	種	開業日	県名	所在地
(橿原神宮前)	(橿原線所属)			1923.12.05		
岡寺	おかでら		客	1923.12.05	奈良	橿原市見瀬町590
飛鳥	あすか		客	1928.03.30	奈良	高市郡明日香村越560
壺阪山	つぼさかやま		客	1923.12.05	奈良	高市郡高取町観覚寺886
市尾	いちお		客	1923.12.05	奈良	高市郡高取町市尾784
葛	くず		客	1923.12.05	奈良	御所市戸毛981-3
吉野口	よしのぐち		客 他	1912.10.25	奈良	御所市古瀬442
薬水	くすりみず		客	1924.02.07	奈良	吉野郡大淀町薬水1085
福神	ふくがみ		客	1924.05.11	奈良	吉野郡大淀町薬水599-4
大阿太	おおあだ		客	1929.03.31	奈良	吉野郡大淀町佐名伝1066
下市口	しもいちぐち		客	1912.10.25	奈良	吉野郡大淀町下渕875
越部	こしべ		客	1927.07.01	奈良	吉野郡大淀町越部4
六田	むだ		客	1912.10.25	奈良	吉野郡大淀町北六田42-1
大和上市	やまとかみいち		客	1928.03.25	奈良	吉野郡吉野町上市2044
吉野神宮	よしのじんぐう		客	1928.03.25	奈良	吉野郡吉野町丹治137-2
吉野	よしの		客	1928.03.25	奈良	吉野郡吉野町吉野山6261

長野線

■古市〜河内長野　12.5km／1067mm／8駅／1898.04.14開業／普通鉄道／架空線式 直流1500V

駅名	読み方	範囲	種	開業日	県名	所在地
古市	ふるいち		客	1898.04.14	大阪	羽曳野市古市1-1-22
喜志	きし		客	1898.04.14	大阪	富田林市喜志町3-4-32
富田林	とんだばやし		客	1898.04.14	大阪	富田林市本町18-17
富田林西口	とんだばやしにしぐち		客	1917.01.09	大阪	富田林市寿町1-1-34
川西	かわにし		客	1920.09.11	大阪	富田林市甲田3-2-29

駅　　名	読み方	範囲	種	開業日	県名	所 在 地
滝谷不動	たきだにふどう		客	1902.03.25	大阪	富田林市錦織東2-15-1
汐ノ宮	しおのみや		客	1911.08.15	大阪	河内長野市汐の宮町1-3
河内長野	かわちながの		客	1902.12.12	大阪	河内長野市本町29-1

京都線

■京都〜大和西大寺　34.6km／1435mm／25駅／1928.11.03開業／普通鉄道／架空線式 直流1500V

駅名	読み方	範囲	種	開業日	県名	所在地
京都	きょうと		客	1928.11.15	京都	京都市下京区東塩小路釜殿町31-1
東寺	とうじ		客	1928.11.15	京都	京都市南区西九条蔵王町39
十条	じゅうじょう		客	1928.11.15	京都	京都市南区西九条柳の内町1
上鳥羽口	かみとばぐち		客	1940.04.05	京都	京都市伏見区竹田向代町川町110
竹田	たけだ		客	他	1928.11.15	京都	京都市伏見区竹田桶ノ井町地先
伏見	ふしみ		客	1928.11.15	京都	京都市伏見区深草柴屋敷町79
近鉄丹波橋	きんてつたんばばし		客	1945.12.21	京都	京都市伏見区桃山筒井伊賀東町45
桃山御陵前	ももやまごりょうまえ		客	1928.11.03	京都	京都市伏見区観音寺町29
向島	むかいじま		客	1979.03.30	京都	京都市伏見区向島東定請11
小倉	おぐら		客	1928.11.03	京都	宇治市小倉町神楽田35-4
伊勢田	いせだ		客	1928.11.03	京都	宇治市伊勢田町中山25
大久保	おおくぼ		客	1928.11.03	京都	宇治市広野町西裏81-2
久津川	くつかわ		客	1928.11.03	京都	城陽市平川東垣外1-4
寺田	てらだ		客	1928.11.03	京都	城陽市寺田樋尻41-3
富野荘	とのしょう		客	1928.11.03	京都	城陽市枇杷庄鹿背田58
新田辺	しんたなべ		客	1928.11.03	京都	京田辺市河原食田2-3
興戸	こうど		客	1954.07.05	京都	京田辺市興戸北落延6-1
三山木	みやまき		客	1928.11.03	京都	京田辺市三山木高飛2-6
近鉄宮津	きんてつみやづ		客	1993.09.21	京都	京田辺市宮津灰崎3-1
狛田	こまだ		客	1928.11.03	京都	相楽郡精華町大字下狛小字下新庄62-1
新祝園	しんほうその		客	1928.11.03	京都	相楽郡精華町大字祝園小字長塚13-1
木津川台	きづがわだい		客	1994.09.21	京都	木津川市吐師高樋10-2
山田川	やまだがわ		客	1928.11.03	京都	相楽郡精華町大字山田小字下河原3-2
高の原	たかのはら		客	1972.11.22	奈良	奈良市朱雀3-12-3
平城	へいじょう		客	1928.11.03	奈良	奈良市山陵町宮の前269-12
(大和西大寺)	(奈良線所属)			1928.11.03		

駅　名	読み方	範囲	種	開業日	県名	所　在　地

生駒線(いこません)

■ 王寺～生駒　12.4km／1435mm／11駅／1922.05.16開業／普通鉄道／架空線式 直流1500V

駅名	読み方	範囲	種	開業日	県名	所在地
王寺	おうじ		客	1922.05.16	奈良	北葛城郡王寺町久度3-4-20
信貴山下	しぎさんした		客	1922.05.16	奈良	生駒郡三郷町勢野西1-4-1
勢野北口	せやきたぐち		客	1951.11.20	奈良	生駒郡三郷町勢野東4-3-50
竜田川	たつたがわ		客	1926.11.01	奈良	生駒郡平群町西宮2-7-12
平群	へぐり		客	1926.10.21	奈良	生駒郡平群町吉新4-3-32
元山上口	もとさんじょうぐち		客	1926.10.21	奈良	生駒郡平群町椿原802
東山	ひがしやま		客	1927.10.05	奈良	生駒市東山町1144-12
萩の台	はぎのだい		客	1980.04.23	奈良	生駒市萩の台1-3-1
南生駒	みなみいこま		客	1926.12.28	奈良	生駒市小瀬町692-2
一分	いちぶ		客	1927.04.01	奈良	生駒市壱分町902-3
菜畑	なばた		客	1927.04.01	奈良	生駒市中菜畑1-54-2
(生駒)	(奈良線所属)			1927.04.01		

田原本線(たわらもとせん)

■ 西田原本～新王寺　10.1km／1435mm／8駅／1918.04.26開業／普通鉄道／架空線式 直流1500V

駅名	読み方	範囲	種	開業日	県名	所在地
西田原本	にしたわらもと		客	1918.04.26	奈良	磯城郡田原本町大字殿町202-2
黒田	くろだ		客	1918.04.26	奈良	磯城郡田原本町大字黒田277-2345
但馬	たじま		客	1932.05.05	奈良	磯城郡三宅町大字但馬263
箸尾	はしお		客	1918.04.26	奈良	北葛城郡広陵町大字萱野312-2
池部	いけべ		客	1918.04.26	奈良	北葛城郡河合町池部1-1-3
佐味田川	さみたがわ		客	1983.11.30	奈良	北葛城郡河合町大字城内128-1
大輪田	おおわだ		客	1918.04.26	奈良	北葛城郡河合町大字大輪田1809-2
新王寺	しんおうじ		客	1918.04.26	奈良	北葛城郡王寺町久度2-1-1

道明寺線(どうみょうじせん)

■ 道明寺～柏原　2.2km／1067mm／3駅／1898.03.24開業／普通鉄道／架空線式 直流1500V

駅名	読み方	範囲	種	開業日	県名	所在地
道明寺	どうみょうじ		客	1898.03.24	大阪	藤井寺市道明寺3-1-55
柏原南口	かしわらみなみぐち		客	1911.11.12	大阪	柏原市上市2-3
柏原	かしわら		客	他	1898.03.24	大阪	柏原市上市1-1-32

駅　名	読み方	範囲	種	開業日	県名	所在地

御所線(ごせせん)

■尺土～近鉄御所　5.2km／1067mm／3駅／1930.12.09開業／普通鉄道／架空線式 直流1500V

駅名	読み方	範囲	種	開業日	県名	所在地
(尺土)	(南大阪線所属)			1930.12.09		
近鉄新庄	きんてつしんじょう		客	1930.12.09	奈良	葛城市柿本157-4
忍海	おしみ		客	1930.12.09	奈良	葛城市忍海342-2
近鉄御所	きんてつごせ		客	1930.12.09	奈良	御所市御所180-1

名古屋線(なこやせん)

■伊勢中川～近鉄名古屋　78.8km／1435mm／43駅／1915.09.10開業／普通鉄道／架空線式 直流1500V

駅名	読み方	範囲	種	開業日	県名	所在地
伊勢中川	いせなかがわ		客	1930.05.18	三重	松阪市嬉野中川新町1-93
桃園	ももぞの		客	1930.05.18	三重	津市牧町375
久居	ひさい		客	1930.05.18	三重	津市久居新町994-6
南が丘	みなみがおか		客	1989.04.28	三重	津市大字垂水字東焼尾2612-59
津新町	つしんまち		客	1931.07.04	三重	津市新町1-5-35
津	つ		客	1932.04.03	三重	津市羽所町242
江戸橋	えどばし		客	1917.01.01	三重	津市上浜町3-137-1
高田本山	たかだほんざん		客	1915.09.10	三重	津市一身田平野369-2
白塚	しらつか		客	1944.05.08	三重	津市白塚町820-2
豊津上野	とよつうえの		客	1943.07.01	三重	津市河芸町中別保1581-1
千里	ちさと		客	1943.07.01	三重	津市河芸町上野106-2
磯山	いそやま		客	1915.09.10	三重	鈴鹿市磯山2-12-16
鼓ヶ浦	つづみがうら		客	1915.09.10	三重	鈴鹿市寺家4-16-16
白子	しろこ		客	1915.09.10	三重	鈴鹿市白子駅前22-1
千代崎	ちよざき		客	1916.01.09	三重	鈴鹿市岸岡町109-2
伊勢若松	いせわかまつ		客	1917.12.22	三重	鈴鹿市若松西4-17-8
箕田	みだ		客	1917.12.22	三重	鈴鹿市南堀江1-18-10
長太ノ浦	なごのうら		客	1943.07.01	三重	鈴鹿市長太栄町2-18-19
楠	くす		客	1917.12.22	三重	四日市市楠町南川22
北楠	きたくす		客	1920.04.01	三重	四日市市楠町北五味塚2048
塩浜	しおはま		客	1919.10.25	三重	四日市市御薗町2-82
海山道	みやまど		客	1922.04.01	三重	四日市市海山道1-80-1
新正	しんしょう		客	1975.07.20	三重	四日市市新正4-5-20
(近鉄四日市)	(湯の山線所属)			1922.03.01		
川原町	かわらまち		客	1929.01.30	三重	四日市市本郷町1-1
阿倉川	あくらがわ		客	1929.01.30	三重	四日市市阿倉川町8-9
霞ヶ浦	かすみがうら		客	1929.07.05	三重	四日市市八田1-14-2

駅　名	読み方	範囲	種	開業日	県名	所在地
近鉄富田	きんてつとみだ	客		1929.01.30	三重	四日市市富田1-26-19
川越富洲原	かわごえとみすはら	客		1929.01.30	三重	三重郡川越町大字豊田275
伊勢朝日	いせあさひ	客		1929.01.30	三重	三重郡朝日町大字小向739-2
益生	ますお	客		1929.01.30	三重	桑名市大字矢田771
桑名	くわな	客		1929.01.30	三重	桑名市大字東方97
近鉄長島	きんてつながしま	客		1938.06.26	三重	桑名市長島町西外面1648
近鉄弥富	きんてつやとみ	客		1938.06.26	愛知	弥富市鯛浦町西前新田51
佐古木	さこぎ	客		1938.06.26	愛知	弥富市佐古木6-227-2
富吉	とみよし	客		1964.12.10	愛知	海部郡蟹江町富吉1-723
近鉄蟹江	きんてつかにえ	客		1938.06.26	愛知	海部郡蟹江町本町11-300
戸田	とだ	客		1938.06.26	愛知	名古屋市中川区水里3-137
伏屋	ふしや	客		1938.06.26	愛知	名古屋市中川区伏屋2-28-11
近鉄八田	きんてつはった	客		1938.06.26	愛知	名古屋市中村区八田町字長田163-3
烏森	からすもり	客		1938.06.26	愛知	名古屋市中村区牛田通4-5
黄金	こがね	客		1938.06.26	愛知	名古屋市中村区黄金通8-16
米野	こめの	客		1938.06.26	愛知	名古屋市中村区平池町4-48-1
近鉄名古屋	きんてつなごや	客		1938.06.26	愛知	名古屋市中村区名駅1-2-2

鈴鹿線

■伊勢若松〜平田町　8.2km／1435mm／4駅／1925.12.20開業／普通鉄道／架空線式 直流1500V

駅名	読み方	範囲	開業日	県名	所在地
（伊勢若松）	（名古屋線所属）		1925.12.20		
柳	やなぎ	客	1925.12.20	三重	鈴鹿市柳町726-4
鈴鹿市	すずかし	客	1925.12.20	三重	鈴鹿市神戸1-1-1
三日市	みっかいち	客	1963.04.08	三重	鈴鹿市三日市2-6-1
平田町	ひらたちょう	客	1963.04.08	三重	鈴鹿市算所3-1-1

湯の山線

■近鉄四日市〜湯の山温泉　15.4km／1435mm／10駅／1913.06.01開業／普通鉄道／架空線式 直流1500V

駅名	読み方	範囲	開業日	県名	所在地
近鉄四日市	きんてつよっかいち	客	1913.09.24	三重	四日市市安島1-1-56
中川原	なかがわら	客	1913.09.24	三重	四日市市中川原2-2-14
伊勢松本	いせまつもと	客	1913.09.24	三重	四日市市松本3-3-8
伊勢川島	いせかわしま	客	1913.06.01	三重	四日市市川島町字川原1052
高角	たかつの	客	1913.06.01	三重	四日市市高角町字境田2193-4
桜	さくら	客	1913.06.01	三重	四日市市智積町字武佐412-1
菰野	こもの	客	1913.06.01	三重	三重郡菰野町大字菰野字辰巳野892
中菰野	なかこもの	客	1927.04.01	三重	三重郡菰野町大字菰野字杉の木2189

	駅　名	読み方	範囲	種	開業日	県名	所　在　地
	大羽根園	おおばねえん	客		1964.03.23	三重	三重郡菰野町大字菰野字野中3928-6
	湯の山温泉	ゆのやまおんせん	客		1913.06.01	三重	三重郡菰野町大字菰野字募4852-2

志摩線

■ 鳥羽～賢島　24.5km／1435mm／16駅／1929.07.23開業／普通鉄道／架空線式 直流1500V

	駅　名	読み方	範囲	種	開業日	県名	所　在　地
	鳥羽	とば	客		1929.07.23	三重	鳥羽市鳥羽1-8-13
	中之郷	なかのごう	客		1929.07.23	三重	鳥羽市鳥羽3-1484-107
	志摩赤崎	しまあかさき	客		1949.07.25	三重	鳥羽市鳥羽5-4-27
	船津	ふなつ	客		1929.07.23	三重	鳥羽市船津町浜1025-6
	加茂	かも	客		1929.07.23	三重	鳥羽市岩倉町大野470-3
	松尾	まつお	客		1929.07.23	三重	鳥羽市松尾町南599-4
	白木	しらき	客		1929.07.23	三重	鳥羽市白木町細田62-2
	五知	ごち	客		1929.07.23	三重	志摩市磯部町五知46-9
	沓掛	くつかけ	客		1929.07.23	三重	志摩市磯部町沓掛72
	上之郷	かみのごう	客		1929.07.23	三重	志摩市磯部町上之郷24
	志摩磯部	しまいそべ	客		1929.07.23	三重	志摩市磯部町迫間1819
	穴川	あながわ	客		1929.07.23	三重	志摩市磯部町穴川1386-3
	志摩横山	しまよこやま	客		1929.07.23	三重	志摩市阿児町鵜方1243-4
	鵜方	うがた	客		1929.07.23	三重	志摩市阿児町鵜方1670-2
	志摩神明	しましんめい	客		1929.07.23	三重	志摩市阿児町神明1158-3
	賢島	かしこじま	客		1929.07.23	三重	志摩市阿児町神明747-17

鳥羽線

■ 宇治山田～鳥羽　13.2km／1435mm／3駅／1969.12.15開業／普通鉄道／架空線式 直流1500V

	駅　名	読み方	範囲	種	開業日	県名	所　在　地
	（宇治山田）	（山田線所属）			1969.12.15		
	五十鈴川	いすずがわ	客		1969.12.15	三重	伊勢市中村町325
	朝熊	あさま	客		1970.03.01	三重	伊勢市朝熊町小坊山1486
	池の浦	いけのうら	客		1970.03.01	三重	鳥羽市堅神町字宮の前783
	（鳥羽）	（志摩線所属）			1970.03.01		

生駒鋼索線

■ 鳥居前～生駒山上　2.0km／1067mm／5駅／1918.08.29開業／鋼索鉄道／電気

	駅　名	読み方	範囲	種	開業日	県名	所　在　地
	鳥居前	とりいまえ	客		1918.08.29	奈良	生駒市元町1-10-1
	宝山寺	ほうざんじ	客		1918.08.29	奈良	生駒市門前町10-1

駅　名	読み方	範囲	種	開業日	県名	所在地
梅屋敷	うめやしき		客	1929.03.27	奈良	生駒市門前町18-1
霞ヶ丘	かすみがおか		客	1929.03.27	奈良	生駒市菜畑町2312-45
生駒山上	いこまさんじょう		客	1929.03.27	奈良	生駒市菜畑町2312-51

西信貴鋼索線

■信貴山口〜高安山　1.3km／1067mm／１駅／1930.12.15開業／鋼索鉄道／電気

(信貴山口)	(信貴線所属)			1930.12.15		
高安山	たかやすやま		客	1930.12.15	大阪	八尾市郡川729-1

南海電気鉄道

- ●本　　社　〒556-8503 大阪府大阪市浪速区敷津東2丁目1番41号
- ●設　　立　1925.03.28（1894.06.16）
- ●路　　線　南海本線、高師浜線、空港線、多奈川線、加太線、和歌山港線、高野線、鋼索線
- ●営業キロ　第1種鉄道事業＝145.9km（101駅）、第2種鉄道事業＝8.9km（2駅）

南海本線

■ 難波～和歌山市　64.2km／1067mm／43駅／1885.12.29開業／普通鉄道／架空線式 直流1500V

駅名	読み方	範囲	種	開業日	県名	所在地
難波	なんば		客	1885.12.29	大阪	大阪市中央区難波5-1-60
今宮戎	いまみやえびす		客	1907.10.05	大阪	大阪市浪速区敷津東3-2-11
新今宮	しんいまみや		客	1966.12.01	大阪	大阪市西成区萩之茶屋1-2-24
萩ノ茶屋	はぎのちゃや		客	1907.12.20	大阪	大阪市西成区萩之茶屋3-5-38
天下茶屋	てんがちゃや		客	1885.12.29	大阪	大阪市西成区岸里1-1-9
岸里玉出	きしのさとたまで		客	1913.07.25	大阪	大阪市西成区玉出東1-1-17
粉浜	こはま		客	1917.04.21	大阪	大阪市住吉区東粉浜3-23-25
住吉大社	すみよしたいしゃ		客	1911.12.17	大阪	大阪市住吉区長峡町3-14
住ノ江	すみのえ		客	1928.02.05	大阪	大阪市住之江区西住之江1-1-41
七道	しちどう		客	1899.04.01	大阪	堺市堺区鉄砲町1-22
堺	さかい		客	1888.05.15	大阪	堺市堺区戎島町3丁22
湊	みなと		客	1897.10.01	大阪	堺市堺区出島町2丁4-9
石津川	いしづがわ		客	1919.06.01	大阪	堺市西区浜寺石津町中3丁15-19
諏訪ノ森	すわのもり		客	1907.12.20	大阪	堺市西区浜寺諏訪ノ森町西2丁78
浜寺公園	はまでらこうえん		客	1897.10.01	大阪	堺市西区浜寺公園町2丁188
羽衣	はごろも		客	1912.03.01	大阪	高石市羽衣1-15-16
高石	たかいし		客	1901.04.13	大阪	高石市千代田1-10-18
北助松	きたすけまつ		客	1957.12.28	大阪	泉大津市東助松町1-11-1
松ノ浜	まつのはま		客	1914.12.10	大阪	泉大津市二田町1-1-15
泉大津	いずみおおつ		客	1897.10.01	大阪	泉大津市旭町19-1
忠岡	ただおか		客	1925.07.11	大阪	泉北郡忠岡町忠岡南1-5-1
春木	はるき		客	1914.10.18	大阪	岸和田市春木若松町14-6
和泉大宮	いずみおおみや		客	1937.04.10	大阪	岸和田市上野町東13-1
岸和田	きしわだ		客	1897.10.01	大阪	岸和田市宮本町1-10
蛸地蔵	たこじぞう		客	1914.04.01	大阪	岸和田市岸城町16-1
貝塚	かいづか		客	1897.10.01	大阪	貝塚市海塚250-2
二色浜	にしきのはま		客	1938.10.01	大阪	貝塚市沢647-2
鶴原	つるはら		客	1916.05.15	大阪	泉佐野市鶴原1-1-26

駅　名	読み方	範囲	種	開業日	県名	所在地
井原里	いはらのさと		客	1952.04.01	大阪	泉佐野市下瓦屋1-1-57
泉佐野	いずみさの		客	1897.10.01	大阪	泉佐野市上町3-11-41
羽倉崎	はぐらざき		客	1942.02.01	大阪	泉佐野市羽倉崎1-1-24
吉見ノ里	よしみのさと		客	1915.10.01	大阪	泉南郡田尻町大字吉見603
岡田浦	おかだうら		客	1915.10.01	大阪	泉南市岡田5-24-3
樽井	たるい		客	1897.11.09	大阪	泉南市樽井5-41-1
尾崎	おざき		客	1897.11.09	大阪	阪南市尾崎町95-1
鳥取ノ荘	とっとりのしょう		客	1919.03.01	大阪	阪南市鳥取665
箱作	はこつくり		客	1898.10.22	大阪	阪南市箱作320
淡輪	たんのわ		客	1906.08.15	大阪	泉南郡岬町淡輪1197
みさき公園	みさきこうえん		客	1938.07.23	大阪	泉南郡岬町淡輪3714
孝子	きょうし		客	1915.04.11	大阪	泉南郡岬町孝子602
和歌山大学前	わかやまだいがくまえ		客	2012.04.01	和歌山	和歌山市中575-3
紀ノ川	きのかわ		客	1903.03.21	和歌山	和歌山市市小路162-3
和歌山市	わかやまし		客	1903.03.21	和歌山	和歌山市東蔵前丁3-6

高師浜線

■羽衣〜高師浜　1.5km／1067mm／2駅／1918.10.02開業／普通鉄道／架空線式 直流1500V

駅名	読み方	範囲	種	開業日	県名	所在地
（羽衣）	（南海本線所属）			1918.10.02		
伽羅橋	きゃらばし		客	1918.10.02	大阪	高石市羽衣5-15-18
高師浜	たかしのはま		客	1919.10.25	大阪	高石市高師浜4-1-37

空港線

■泉佐野〜関西空港　8.8km／1067mm／2駅／1994.06.15開業／普通鉄道／架空線式 直流1500V
第2種鉄道事業＝りんくうタウン〜関西空港／第3種鉄道事業＝新関西国際空港（りんくうタウン〜関西空港）

駅名	読み方	範囲	種	開業日	県名	所在地
（泉佐野）	（南海本線所属）			1994.06.15		
りんくうタウン	りんくうたうん		客	1994.06.15	大阪	泉佐野市りんくう往来北1
関西空港	かんさいくうこう		客	1994.06.15	大阪	泉南郡田尻町泉州空港中1

［注］りんくうタウン〜関西国際空港は、JR西日本と線路を共用。

多奈川線

■みさき公園〜多奈川　2.6km／1067mm／3駅／1944.05.31開業／普通鉄道／架空線式 直流1500V

駅名	読み方	範囲	種	開業日	県名	所在地
（みさき公園）	（南海本線所属）			1944.05.31		
深日町	ふけちょう		客	1944.05.31	大阪	泉南郡岬町深日1433

駅　名	読み方	範囲	種	開業日	県名	所在地
深日港	ふけこう		客	1948.11.03	大阪	泉南郡岬町深日2535
多奈川	たながわ		客	1944.05.31	大阪	泉南郡岬町多奈川

加太線

■紀ノ川〜加太　9.6km／1067mm／8駅／1912.06.16開業／普通鉄道／架空線式 直流1500V

駅　名	読み方	範囲	種	開業日	県名	所在地
(紀ノ川)	(南海本線所属)			1944.10.01		
梶取信号所	かんどり	―	信	1950.07.25	和歌山	N/A
東松江	ひがしまつえ		客	1930.12.01	和歌山	和歌山市松江東4-14-1
中松江	なかまつえ		客	1912.06.16	和歌山	和歌山市松江中3-3-1
八幡前	はちまんまえ		客	1912.06.16	和歌山	和歌山市古屋222-2
西ノ庄	にしのしょう		客	1930.12.01	和歌山	和歌山市西庄1016-3
二里ヶ浜	にりがはま		客	1912.06.16	和歌山	和歌山市西庄1017-3
磯ノ浦	いそのうら		客	1912.06.16	和歌山	和歌山市磯の浦377-2
加太	かだ		客	1912.06.16	和歌山	和歌山市加太1038-1

和歌山港線

■和歌山市〜和歌山港　2.8km／1067mm／1駅／1956.05.06開業／普通鉄道／架空線式 直流1500V
第2種鉄道事業＝県社分界点〜和歌山港〔第3種鉄道事業＝和歌山県（県社分界点〜和歌山港）〕

駅　名	読み方	範囲	種	開業日	県名	所在地
(和歌山市)	(南海本線所属)			1956.05.06		
〈県社分界点〉		―	―		和歌山	N/A
和歌山港	わかやまこう		客	1971.03.06	和歌山	和歌山市薬種畑

高野線

■汐見橋〜極楽橋　64.5km／1067mm／43駅／1898.01.30開業／普通鉄道／架空線式 直流1500V

駅　名	読み方	範囲	種	開業日	県名	所在地
汐見橋	しおみばし		客	1900.09.03	大阪	大阪市浪速区桜川3-8-74
芦原町	あしはらちょう		客	1914.10.21	大阪	大阪市浪速区芦原2-5-31
木津川	きづがわ		客	1900.09.03	大阪	大阪市西成区北津守1-8-67
津守	つもり		客	1913.02.21	大阪	大阪市西成区津守1-10-18
西天下茶屋	にしてんがちゃや		客	1915.09.18	大阪	大阪市西成区橘3-3-23
(岸里玉出)	(南海本線所属)			1900.09.03		
帝塚山	てづかやま		客	1934.12.26	大阪	大阪市住吉区帝塚山西1-5-8
住吉東	すみよしひがし		客	1900.09.03	大阪	大阪市住吉区住吉1-8-49
沢ノ町	さわのちょう		客	1942.02.15	大阪	大阪市住吉区殿辻2-4-3
我孫子前	あびこまえ		客	1912.10.10	大阪	大阪市住吉区遠里小野1-11-17

駅　　名	読み方	範囲	種	開業日	県名	所在地
浅香山	あさかやま	客		1915.06.23	大阪	堺市堺区高須町3丁3-1
堺東	さかいひがし	客		1898.01.30	大阪	堺市堺区三国ヶ丘御幸通61
三国ヶ丘	みくにがおか	客		1942.02.15	大阪	堺市堺区向陵中町2丁7-1
百舌鳥八幡	もずはちまん	客		1913.12.27届出	大阪	堺市堺区向陵東町2丁12-17
中百舌鳥	なかもず	客		1912.10.10	大阪	堺市北区中百舌鳥町2丁196
白鷺	しらさぎ	客		1964.05.25	大阪	堺市北区金岡町1150-1
初芝	はつしば	客		1898.01.30	大阪	堺市東区日置荘西町2丁1-4
萩原天神	はぎはらてんじん	客		1912.10.10	大阪	堺市東区日置荘寺町94-3
北野田	きたのだ	客		1914.08.06	大阪	堺市東区北野田51-4
狭山	さやま	客		1898.01.30	大阪	大阪狭山市池尻中1-1-1
大阪狭山市	おおさかさやまし	客		1917.07.05	大阪	大阪狭山市狭山4-2340-1
金剛	こんごう	客		1937.04.19	大阪	大阪狭山市金剛1-1-1
滝谷	たきだに	客		1898.04.02	大阪	富田林市須賀2-26-1
千代田	ちよだ	客		1938.02.11	大阪	河内長野市木戸1-1-13
千代田車庫信号所	ちよだしゃこ	一	信	1966.03.01	大阪	N/A
河内長野	かわちながの	客		1898.04.02	大阪	河内長野市本町29-9
三日市町	みっかいちちょう	客		1914.10.21	大阪	河内長野市三日市町1125
美加の台	みかのだい	客		1984.09.01	大阪	河内長野市石仏191-1
千早口	ちはやぐち	客		1915.03.11	大阪	河内長野市岩瀬1343
天見	あまみ	客		1915.03.11	大阪	河内長野市天見195-1
紀見峠	きみとうげ	客		1915.03.11	和歌山	橋本市矢倉脇226-2
林間田園都市	りんかんでんえんとし	客		1981.11.22	和歌山	橋本市三石台1-1-1
御幸辻	みゆきつじ	客		1915.03.11	和歌山	橋本市御幸辻567-1
小原田信号所	おはらた	一	信	1996.11.15	和歌山	N/A
橋本	はしもと	客		1915.03.11	和歌山	橋本市古佐田1-4-51
紀伊清水	きいしみず	客		1925.03.15	和歌山	橋本市清水558-4
学文路	かむろ	客		1924.11.01	和歌山	和歌山県橋本市学文路361-1
九度山	くどやま	客		1924.12.25	和歌山	伊都郡九度山町大字九度山123-2
高野下	こうやした	客		1925.07.30	和歌山	伊都郡九度山町大字椎出8-1
下古沢	しもこさわ	客		1928.06.18	和歌山	伊都郡九度山町大字下古沢
上古沢	かみこさわ	客		1928.06.18	和歌山	伊都郡九度山町大字上古沢
紀伊細川	きいほそかわ	客		1928.06.18	和歌山	伊都郡高野町大字細川732
紀伊神谷	きいかみや	客		1928.06.18	和歌山	伊都郡高野町大字神谷
極楽橋	ごくらくばし	客		1929.02.21	和歌山	伊都郡高野町大字高野山国有林第8林班

鋼索線

■ 極楽橋～高野山　0.8km／1067mm／1駅／1930.06.29開業／鋼索鉄道／電気

	駅名	読み方		種	開業日	県名	所在地
	(極楽橋)	(高野線所属)			1930.06.29		
	高野山	こうやさん		客	1930.06.29	和歌山	伊都郡高野町大字高野山国有林第9林班ノは

京阪電気鉄道
けいはんでんきてつどう

- ●本　　社　〒540-6591 大阪府大阪市中央区大手前1丁目7番31号
- ●設　　立　2015.04.01（1906.11.19）
- ●路　　線　交野線、京阪本線、宇治線、鴨東線、中之島線、鋼索線、京津線、石山坂本線
- ●営業キロ　第1種鉄道事業 66.5km（58駅）、第2種鉄道事業＝3.0km（4駅）、軌道＝21.6km（27駅）

駅　名	読み方	範囲	種	開業日	県名	所在地

交野線
かたのせん

■枚方市～私市　6.9km／1435mm／7駅／1929.07.10開業／普通鉄道／架空線式 直流1500V

駅名	読み方	種	開業日	県名	所在地
（枚方市）	（京阪本線所属）		1929.07.10		
宮之阪	みやのさか	客	1940.09.11	大阪	枚方市宮之阪1-755-2
星ケ丘	ほしがおか	客	1938.11.01	大阪	枚方市星丘2-1-1
村野	むらの	客	1929.07.10	大阪	枚方市村野本町1-25
郡津	こうづ	客	1929.07.10	大阪	交野市郡津5-11-1
交野市	かたのし	客	1929.07.10	大阪	交野市私部3-18-15
河内森	かわちもり	客	1930.10.21	大阪	交野市私市1-2-1
私市	きさいち	客	1929.07.10	大阪	交野市私市山手3-6-32

京阪本線
けいはんほんせん

■淀屋橋～三条　49.3km／1435mm／41駅／1910.04.15開業／普通鉄道／架空線式 直流1500V

駅名	読み方	種	開業日	県名	所在地
淀屋橋	よどやばし	客	1963.04.16	大阪	大阪市中央区北浜3-1-25
北浜	きたはま	客	1963.04.16	大阪	大阪市中央区北浜1-8-16
天満橋	てんまばし	客	1910.04.15	大阪	大阪市中央区天満橋京町1-1
京橋	きょうばし	客	1910.04.15	大阪	大阪市都島区東野田町2-1-38
野江	のえ	客	1910.04.15	大阪	大阪市城東区成育3-15-7
関目	せきめ	客	1931.10.14	大阪	大阪市城東区関目5-1-6
森小路	もりしょうじ	客	1931.10.14	大阪	大阪市旭区森小路1-4-15
千林	せんばやし	客	1931.10.14	大阪	大阪市旭区千林1-11-15
滝井	たきい	客	1931.10.14	大阪	守口市紅屋町8-8
土居	どい	客	1932.06.14	大阪	守口市文園町4-5
守口市	もりぐちし	客	1910.04.15	大阪	守口市河原町1-1
西三荘	にしさんそう	客	1975.03.23	大阪	門真市元町26-22
門真市	かどまし	客	1971.06.20	大阪	門真市新橋町436-1
古川橋	ふるかわばし	客	1910.04.15	大阪	門真市末広町482

大手・準大手私鉄　大手私鉄

駅　名	読み方	範囲	種	開業日	県名	所　在　地
大和田	おおわだ		客	1932.10.04	大阪	門真市常称寺町201
萱島	かやしま		客	1910.04.15	大阪	寝屋川市萱島本町198-1
寝屋川信号所	ねやがわ		信	1958.12.01	大阪	N/A
寝屋川市	ねやがわし		客	1910.04.15	大阪	寝屋川市早子町16-11
香里園	こうりえん		客	1910.04.15	大阪	寝屋川市香里南之町19-1
光善寺	こうぜんじ		客	1910.12.15	大阪	枚方市北中振1-17-15
枚方公園	ひらかたこうえん		客	1910.04.15	大阪	枚方市伊加賀東町3-8
枚方市	ひらかたし		客	1910.04.15	大阪	枚方市岡東町19-14
御殿山	ごてんやま		客	1929.05.25	大阪	枚方市御殿山町2-2
牧野	まきの		客	1910.04.15	大阪	枚方市牧野阪2-4-2
樟葉	くずは		客	1910.04.15	大阪	枚方市楠葉花園町14-1
橋本	はしもと		客	1910.04.15	京都	八幡市橋本中ノ町37
八幡市	やわたし		客	1910.04.15	京都	八幡市八幡高坊8-7
淀	よど		客	1910.04.15	京都	京都市伏見区淀池上町14-2
中書島	ちゅうしょじま		客	1910.04.15	京都	京都市伏見区葭島矢倉町59
伏見桃山	ふしみももやま		客	1910.04.15	京都	京都市伏見区京町3-173
丹波橋	たんばばし		客	1910.06.20	京都	京都市伏見区桃山筒井伊賀西町15
墨染	すみぞめ		客	1910.04.15	京都	京都市伏見区墨染町691
藤森	ふじのもり		客	1910.04.15	京都	京都市伏見区深草極楽町764
深草	ふかくさ		客	1910.04.15	京都	京都市伏見区深草ススハキ町38
伏見稲荷	ふしみいなり		客	1910.04.15	京都	京都市伏見区深草一坪町33
鳥羽街道	とばかいどう		客	1910.04.15	京都	京都市東山区福稲下高松町4
東福寺	とうふくじ		客	1910.04.15	京都	京都市東山区本町12-224
七条	しちじょう		客	1913.04.27	京都	京都市東山区七条大橋東詰
清水五条	きよみずごじょう		客	1910.04.15	京都	京都市東山区五条大橋東詰
祇園四条	ぎおんしじょう		客	1915.10.27	京都	京都市東山区四条大橋東詰
三条	さんじょう		客	1915.10.27	京都	京都市東山区三条大橋東詰

宇治線

■中書島〜宇治　7.6km／1435mm／7駅／1913.06.01開業／普通鉄道／架空線式 直流1500V

駅名	読み方	範囲	種	開業日	県名	所在地
(中書島)	(京阪本線所属)			1913.06.01		
観月橋	かんげつきょう		客	1913.06.01	京都	京都市伏見区豊後橋町761
桃山南口	ももやまみなみぐち		客	1913.06.01	京都	京都市伏見区桃山町丹後11
六地蔵	ろくじぞう		客	1913.06.01	京都	京都市伏見区桃山町中島2
木幡	こわた		客	1913.06.01	京都	宇治市木幡西中23
黄檗	おうばく		客	1913.06.01	京都	宇治市五ケ庄西浦37
三室戸	みむろど		客	1947.04.01	京都	宇治市菟道田中15
宇治	うじ		客	1913.06.01	京都	宇治市宇治乙方18-5

駅　　名	読 み 方	範囲	種	開業日	県名	所 在 地

鴨東線

■ 三条〜出町柳　2.3km／1435mm／2駅／1989.10.05開業／普通鉄道／架空線式 直流1500V

駅名	読み方	範囲	種	開業日	県名	所在地
（三条）	（京阪本線所属）			1989.10.05		
神宮丸太町	じんぐうまるたまち		客	1989.10.05	京都	京都市左京区丸太町橋東詰
出町柳	でまちやなぎ		客	1989.10.05	京都	京都市左京区賀茂大橋東詰

中之島線

■ 中之島〜天満橋　3.0km／1435mm／4駅／2008.10.19開業／普通鉄道／架空線式 直流1500V
第2種鉄道事業〔第3種鉄道事業＝中之島高速鉄道（中之島〜天満橋）〕

駅名	読み方	範囲	種	開業日	県名	所在地
中之島	なかのしま		客	2008.10.19	大阪	大阪市北区中之島5-3-50
渡辺橋	わたなべばし		客	2008.10.19	大阪	大阪市北区中之島3-2-30
大江橋	おおえばし		客	2008.10.19	大阪	大阪市北区中之島2-1-40
なにわ橋	なにわばし		客	2008.10.19	大阪	大阪市北区中之島1-1-1
（天満橋）	（京阪本線所属）			2008.10.19		

鋼索線

■ 八幡市〜男山山上　0.4km／1067mm／1駅／1955.12.03開業／鋼索鉄道／電気

駅名	読み方	範囲	種	開業日	県名	所在地
（八幡市）	（京阪本線所属）			1955.12.03	京都	八幡市八幡高坊2
男山山上	おとこやまさんじょう		客	1955.12.03	京都	八幡市八幡平ノ山85-1

京津線

■ 御陵〜浜大津　7.5km／1435mm／6駅／1912.08.15開業／軌道／架空線式 直流1500V

駅名	読み方	範囲	種	開業日	県名	所在地
御陵	みささぎ		客	他	1912.08.15	京都	京都市山科区御陵原西町17-4
京阪山科	けいはんやましな		客	1912.08.15	京都	京都市山科区安朱桟敷町
四宮	しのみや		客	1912.08.15	京都	京都市山科区四ノ宮堂ノ後町
追分	おいわけ		客	1912.08.15	滋賀	大津市追分町6-26
大谷	おおたに		客	1912.08.15	滋賀	大津市大谷町23-5
上栄町	かみさかえまち		客	1946.01.01	滋賀	大津市札の辻1-7
（浜大津）	（石山坂本線所属）			1925.05.05		

駅　名	読み方	範囲	種	開業日	県名	所　在　地

石山坂本線
いしやまさかもとせん

■ 石山寺～坂本　14.1km／1435mm／21駅／1913.03.01開業／軌道／架空線式 直流1500V

駅名	読み方	範囲	種	開業日	県名	所在地
……石山寺	いしやまでら		客	1914.06.04	滋賀	大津市蛍谷5-13
：：唐橋前	からはしまえ		客	1914.01.17	滋賀	大津市鳥居川町7-10
：：京阪石山	けいはんいしやま		客	1914.01.12	滋賀	大津市粟津町2-28
：：粟津	あわづ		客	1913.05.01	滋賀	大津市別保1-7-6
：：瓦ヶ浜	かわらがはま		客	1945.12.01	滋賀	大津市中庄1-23-16
：：中ノ庄	なかのしょう		客	1913.05.01	滋賀	大津市中庄2-16-2
：：膳所本町	ぜぜほんまち		客	1913.03.01	滋賀	大津市膳所2-8-5
：：錦	にしき		客	1959.09.01	滋賀	大津市昭和町2-8
：：京阪膳所	けいはんぜぜ		客	1913.03.01	滋賀	大津市馬場2-11-6
：：石場	いしば		客	1913.03.01	滋賀	大津市松本2-15-6
：：島ノ関	しまのせき		客	1913.03.01	滋賀	大津市島の関10-7
∴∴浜大津	はまおおつ		客	1913.03.01	滋賀	大津市浜大津1-3-8
：：三井寺	みいでら		客	1922.05.07	滋賀	大津市浜大津3-6-12
：：別所	べっしょ		客	1927.05.15	滋賀	大津市御陵町5-1
：：皇子山	おうじやま		客	1946.03.01	滋賀	大津市皇子が丘2-5-1
：：近江神宮前	おうみじんぐうまえ		客	1927.05.15	滋賀	大津市錦織2-7-16
：：南滋賀	みなみしが		客	1927.05.15	滋賀	大津市南志賀3-9-8
：：滋賀里	しがさと		客	1927.05.15	滋賀	大津市見世2-14-7
：：穴太	あのお		客	1927.05.15	滋賀	大津市穴太2-8-1
：：松ノ馬場	まつのばんば		客	1927.05.15	滋賀	大津市坂本2-10-66
……坂本	さかもと		客	1927.08.13	滋賀	大津市坂本4-12-35

阪急電鉄
はんきゅうでんてつ

- ●本　　社　〒530-8389　大阪府大阪市北区芝田1丁目16番1号
- ●設　　立　2005.04.01（1907.10.19）
- ●路　　線　京都線、千里線、嵐山線、神戸線、今津線、伊丹線、甲陽線、宝塚線、箕面線、神戸高速線
- ●営業キロ　第1種鉄道事業＝138.4km（88駅）、第2種鉄道事業＝2.8km（3駅）

駅　名	読み方	範囲	種	開業日	県名	所在地

京都線
きょうとせん

■十三～河原町　45.3km／1435mm／27駅／1921.04.01開業／普通鉄道／架空線式 直流1500V

駅名	読み方	範囲	種	開業日	県名	所在地
（十三）	（宝塚線所属）			1921.04.01		
南方	みなみかた		客	1921.04.01	大阪	大阪市淀川区西中島3-17-3
崇禅寺	そうぜんじ		客	1921.04.01	大阪	大阪市東淀川区柴島1-7-28
淡路	あわじ		客	1921.04.01	大阪	大阪市東淀川区東淡路4-17-8
上新庄	かみしんじょう		客	1928.01.16	大阪	大阪市東淀川区上新庄2-24-5
相川	あいかわ		客	1928.01.16	大阪	大阪市東淀川区相川1-7-24
東吹田信号所	ひがしすいた		信	1969.04.06	大阪	N/A
正雀	しょうじゃく		客	1928.01.16	大阪	摂津市阪急正雀1-1
摂津市	せっつし		客	2010.03.14	大阪	摂津市千里丘東4-1-1
南茨木	みなみいばらき		客	1970.03.08	大阪	茨木市天王2-6-14
茨木市	いばらきし		客	1928.01.16	大阪	茨木市永代町1-5
総持寺	そうじじ		客	1936.04.15	大阪	茨木市総持寺駅前町7-3
富田	とんだ		客	1928.01.16	大阪	高槻市富田町3-4-10
高槻市	たかつきし		客	1928.01.16	大阪	高槻市城北町2-1-18
上牧	かんまき		客	1934.05.16	大阪	高槻市神内2-1-5
水無瀬	みなせ		客	1939.05.16	大阪	三島郡島本町水無瀬1-17-12
大山崎	おおやまざき		客	1928.11.01	京都	乙訓郡大山崎町字大山崎小字明島13-2
西山天王山	にしやまてんのうざん		客	2013.12.21	京都	長岡京市友岡4-22-1
長岡天神	ながおかてんじん		客	1928.11.01	京都	長岡京市天神1-30-1
西向日	にしむこう		客	1928.11.01	京都	向日市上植野町南開23-1
東向日	ひがしむこう		客	1928.11.01	京都	向日市寺戸町小佃5-2
洛西口	らくさいぐち		客	2003.03.16	京都	京都市西京区川島六ノ坪町59-2
桂	かつら		客	1928.11.01	京都	京都市西京区川島北裏町97-2
西京極	にしきょうごく		客	1928.11.01	京都	京都市右京区西京極西池田町2
西院	さいいん		客	1928.11.01	京都	京都市右京区西院高山寺町38-1
大宮	おおみや		客	1931.03.31	京都	京都市中京区四条通大宮西入錦大宮町127
烏丸	からすま		客	1963.06.17	京都	京都市下京区四条通烏丸東入長刀鉾町17先
河原町	かわらまち		客	1963.06.17	京都	京都市下京区四条通河原町西入真町52先

駅名	読み方	範囲	種	開業日	県名	所在地

千里線

■ 天神橋筋六丁目〜北千里　13.6km／1435mm／10駅／1921.04.01開業／普通鉄道／架空線式 直流1500V

駅名	読み方	範囲	種	開業日	県名	所在地
天神橋筋六丁目	てんじんばしすじろくちょうめ		他	1925.10.15	大阪	大阪市北区浪花町14-28
柴島	くにじま		客	1925.10.15	大阪	大阪市東淀川区柴島2-12-3
(淡路)	(京都線所属)			1921.04.01		
下新庄	しもしんじょう		客	1921.04.01	大阪	大阪市東淀川区下新庄5-1-21
吹田	すいた		客	1921.04.01	大阪	吹田市西の庄町12-21
豊津	とよつ		客	1921.04.01	大阪	吹田市垂水町1-1-4
関大前	かんだいまえ		客	1964.04.10	大阪	吹田市山手町3-8-19
千里山	せんりやま		客	1921.10.26	大阪	吹田市千里山西5-1-3
南千里	みなみせんり		客	1963.08.29	大阪	吹田市津雲台1-1-1
山田	やまだ		客	1973.11.23	大阪	吹田市山田西4-1-1
北千里	きたせんり		客	1967.03.01	大阪	吹田市古江台4-2-D1-101

嵐山線

■ 桂〜嵐山　4.1km／1435mm／3駅／1928.11.09開業／普通鉄道／架空線式 直流1500V

駅名	読み方	範囲	種	開業日	県名	所在地
(桂)	(京都線所属)			1928.11.09		
上桂	かみかつら		客	1928.11.09	京都	京都市西京区上桂宮ノ後町33-2
松尾大社	まつおたいしゃ		客	1928.11.09	京都	京都市西京区嵐山宮ノ前町49
嵐山	あらしやま		客	1928.11.09	京都	京都市西京区嵐山東一川町7

神戸線

■ 梅田〜神戸三宮　32.3km／1435mm／13駅／1920.07.16開業／普通鉄道／架空線式 直流1500V

駅名	読み方	範囲	種	開業日	県名	所在地
(梅田)	(宝塚線所属)			1926.07.03		
(中津)	(宝塚線所属)			1926.07.03		
(十三)	(宝塚線所属)			1920.07.16		
神崎川	かんざきがわ		客	1920.07.16	大阪	大阪市淀川区新高6-14-16
園田	そのだ		客	1931.05.08	兵庫	尼崎市東園田町9-48-1
塚口	つかぐち		客	1920.07.16	兵庫	尼崎市塚口本町1-1
武庫之荘	むこのそう		客	1937.10.20	兵庫	尼崎市武庫之荘1-1-1
西宮北口	にしのみやきたぐち		客	1920.07.16	兵庫	西宮市高松町6-20
夙川	しゅくがわ		客	1920.07.16	兵庫	西宮市相生町2-1
芦屋川	あしやがわ		客	1920.07.16	兵庫	芦屋市西山町1-10
岡本	おかもと		客	1920.07.16	兵庫	神戸市東灘区岡本5-1-1

駅　名	読み方	範囲	種	開業日	県名	所在地
御影	みかげ		客	1920.07.16	兵庫	神戸市東灘区御影2-1-1
六甲	ろっこう		客	1920.07.16	兵庫	神戸市灘区宮山町3-1
王子公園	おうじこうえん		客	1936.04.01	兵庫	神戸市灘区王子町1-4-20
春日野道	かすがのみち		客	1936.04.01	兵庫	神戸市中央区国香通1-25-6
神戸三宮	こうべさんのみや		客	1936.04.01	兵庫	神戸市中央区加納町4-2-1

今津線(いまづせん)

■宝塚〜今津　9.3km／1435mm／8駅／1921.09.02開業／普通鉄道／架空線式 直流1500V

駅　名	読み方	範囲	種	開業日	県名	所在地
(宝塚)	(宝塚線所属)			1921.09.02		
宝塚南口	たからづかみなみぐち		客	1921.09.02	兵庫	宝塚市梅野町1-48
逆瀬川	さかせがわ		客	1921.09.02	兵庫	宝塚市逆瀬川2-1-17
小林	おばやし		客	1921.09.02	兵庫	宝塚市千種2-1-1
仁川	にがわ		客	1923.12.28	兵庫	宝塚市仁川北3-3-5
甲東園	こうとうえん		客	1922.06.01	兵庫	西宮市甲東園1-204
門戸厄神	もんどやくじん		客	1921.09.02	兵庫	西宮市下大市東町1-22
(西宮北口)	(神戸線所属)			1921.09.02		
阪神国道	はんしんこくどう		客	1927.05.10	兵庫	西宮市津門大塚町8-18
今津	いまづ		客	1926.12.18	兵庫	西宮市津門呉羽町1-37

伊丹線(いたみせん)

■塚口〜伊丹　3.1km／1435mm／3駅／1920.07.16開業／普通鉄道／架空線式 直流1500V

駅　名	読み方	範囲	種	開業日	県名	所在地
(塚口)	(神戸線所属)			1920.07.16		
稲野	いなの		客	1921.05.10	兵庫	伊丹市稲野町1-50-1
新伊丹	しんいたみ		客	1935.03.01	兵庫	伊丹市梅ノ木2-4-1
伊丹	いたみ		客	1920.07.16	兵庫	伊丹市西台1-1-1

甲陽線(こうようせん)

■夙川〜甲陽園　2.2km／1435mm／2駅／1924.10.01開業／普通鉄道／架空線式 直流1500V

駅　名	読み方	範囲	種	開業日	県名	所在地
(夙川)	(神戸線所属)			1924.10.01		
苦楽園口	くらくえんぐち		客	1925.03.08	兵庫	西宮市石刎町1-22
甲陽園	こうようえん		客	1924.10.01	兵庫	西宮市甲陽園若江町7-19

宝塚線

■梅田〜宝塚　24.5km／1435mm／19駅／1910.03.10開業／普通鉄道／架空線式 直流1500V

駅　名	読み方	範囲	種	開業日	県名	所在地
梅田	うめだ		客	1910.03.10	大阪	大阪市北区芝田1-1-2
中津	なかつ		客	1925.11.04	大阪	大阪市北区中津3-1-30
十三	じゅうそう		客	1910.03.10	大阪	大阪市淀川区十三東2-12-1
三国	みくに		客	1910.03.10	大阪	大阪市淀川区三国本町3-37-1
庄内	しょうない		客	1951.05.15	大阪	豊中市庄内東町1-10-1
服部天神	はっとりてんじん		客	1910.03.10	大阪	豊中市服部元町1-1-1
曽根	そね		客	1912.05.30	大阪	豊中市曽根東町3-1-1
岡町	おかまち		客	1910.03.10	大阪	豊中市中桜塚1-1-1
豊中	とよなか		客	1913.09.29	大阪	豊中市本町1-1-1
蛍池	ほたるがいけ		客	1910.04.25	大阪	豊中市蛍池東町1-5-1
石橋	いしばし		客	1910.03.10	大阪	池田市石橋2-18-1
池田	いけだ		客	1910.03.10	大阪	池田市栄町1-1
川西能勢口	かわにしのせぐち		客	1913.04.08	兵庫	川西市栄町20-1
雲雀丘花屋敷	ひばりがおかはなやしき		客	1961.01.16	兵庫	宝塚市雲雀丘1-1-10
山本	やまもと		客	1910.03.10	兵庫	宝塚市平井1-1-1
中山観音	なかやまかんのん		客	1910.03.10	兵庫	宝塚市中山寺2-7-1
売布神社	めふじんじゃ		客	1914.03.21	兵庫	宝塚市売布2-14-30
清荒神	きよしこうじん		客	1910.03.10	兵庫	宝塚市清荒神1-9-3
宝塚	たからづか		客	1910.03.10	兵庫	宝塚市栄町2-3-1

［注］梅田〜十三の3複線中、複々線は宝塚線、複線は神戸線。

箕面線

■石橋〜箕面　4.0km／1435mm／3駅／1910.03.10開業／普通鉄道／架空線式 直流1500V

駅　名	読み方	範囲	種	開業日	県名	所在地
(石橋)	(宝塚線所属)			1910.03.10		
桜井	さくらい		客	1910.04.12	大阪	箕面市桜井2-2-1
牧落	まきおち		客	1921.12.30	大阪	箕面市百楽荘1-1-6
箕面	みのお		客	1910.03.10	大阪	箕面市箕面1-1-1

駅　　名	読 み 方	範囲	種	開業日	県名	所 在 地

神戸高速線
こうべこうそくせん

■ 神戸三宮〜新開地　2.8km／1435mm／3駅／1968.04.07開業／普通鉄道／架空線式 直流1500V
　第2種鉄道事業〔第3種鉄道事業＝神戸高速鉄道（神戸三宮〜新開地）〕

駅名	読み方	範囲	種	開業日	県名	所在地
（神戸三宮）	（神戸線所属）			1968.04.07		
花隈	はなくま		客	1968.04.07	兵庫	神戸市中央区北長狭通6-3-5
高速神戸	こうそくこうべ		客	他 1968.04.07	兵庫	神戸市中央区多聞通3-3-13
新開地	しんかいち		客	他 1968.04.07	兵庫	神戸市兵庫区新開地2-3B-1

大手・準大手私鉄

大手私鉄

阪神電気鉄道
はんしんでんきてつどう

- ●本　　社　〒553-8553 大阪府大阪市福島区海老江１丁目１番24号
- ●設　　立　1899.06.12
- ●路　　線　本線、阪神なんば線、武庫川線、神戸高速線
- ●営業キロ　第１種鉄道事業＝40.1km（43駅）、第２種鉄道事業＝8.8km（10駅）

本線
ほんせん

■元町～梅田　32.1km／1435mm／35駅／1905.04.12開業／普通鉄道／架空線式 直流1500V

駅　名	読み方	範囲	種	開業日	県名	所在地
元町	もとまち		客	1936.03.18	兵庫	神戸市中央区元町通2-10-2
神戸三宮	こうべさんのみや		客	1933.06.17	兵庫	神戸市中央区小野柄通8-1-8
春日野道	かすがのみち		客	1934.05.01	兵庫	神戸市中央区吾妻通1-1-131
岩屋	いわや		客	1905.04.12	兵庫	神戸市灘区岩屋北町4-1-1
西灘	にしなだ		客	1927.07.01	兵庫	神戸市灘区都通5-5-1
大石	おおいし		客	1905.04.12	兵庫	神戸市灘区船寺通1-4-2
新在家	しんざいけ		客	1905.04.12	兵庫	神戸市灘区新在家北町1-4-1
石屋川	いしやがわ		客	1905.04.12	兵庫	神戸市東灘区御影石町2-23-12
御影	みかげ		客	1905.04.12	兵庫	神戸市東灘区御影本町4-12-4
住吉	すみよし		客	1905.04.12	兵庫	神戸市東灘区住吉宮町5-1-1
魚崎	うおざき		客	1905.04.12	兵庫	神戸市東灘区魚崎中町4-7-1
青木	おおぎ		客	1905.04.12	兵庫	神戸市東灘区北青木3-2-1
深江	ふかえ		客	1905.04.12	兵庫	神戸市東灘区深江北町4-1-8
芦屋	あしや		客	1905.04.12	兵庫	芦屋市公光町11-10
打出	うちで		客	1905.04.12	兵庫	芦屋市打出小槌町13-12
堀切信号場	ほりきり		一	信 1995.10.__	兵庫	N/A
香櫨園	こうろえん		客	1907.04.01	兵庫	西宮市松下町1-1
西宮	にしのみや		客	1905.04.12	兵庫	西宮市田中町1-16
今津	いまづ		客	1926.12.19	兵庫	西宮市今津曙町1-1
久寿川	くすがわ		客	1905.04.12	兵庫	西宮市今津曙町13-25
甲子園	こうしえん		客	1924.08.01	兵庫	西宮市甲子園七番町1-1
鳴尾	なるお		客	1905.04.12	兵庫	西宮市里中町3-13-18
武庫川信号場	むこがわ		一	信 1943.11.21	兵庫	N/A
武庫川	むこがわ		客	1905.04.12	兵庫	尼崎市大庄西町1-1-1
尼崎センタープール前	あまがさきせんたーぷーるまえ		客	1952.09.14	兵庫	尼崎市水明町373-6
出屋敷	でやしき		客	1905.04.12	兵庫	尼崎市竹谷町2-35
尼崎	あまがさき		客	1905.04.12	兵庫	尼崎市東御園町93

駅　名	読　み　方	範囲	種	開業日	県名	所　在　地
大物	だいもつ		客	1905.04.12	兵庫	尼崎市大物町2-1-1
杭瀬	くいせ		客	1905.04.12	兵庫	尼崎市杭瀬本町1-1-1
千船	ちぶね		客	1921.01.05	大阪	大阪市西淀川区佃2-2-33
姫島	ひめじま		客	1905.04.12	大阪	大阪市西淀川区姫里1-26-14
淀川	よどがわ		客	1905.04.12	大阪	大阪市福島区海老江8-17-3
野田	のだ		客	1905.04.12	大阪	大阪市福島区海老江1-1-11
福島	ふくしま		客	1905.04.12	大阪	大阪市福島区福島5-8-10
梅田	うめだ		客	1906.12.21	大阪	大阪市北区梅田3 大阪駅前地下街6号

［注］堀切信号場は運用開始日。

阪神なんば線

■尼崎〜大阪難波　10.1km／1435mm／9駅／1924.01.20開業／普通鉄道／架空線式 直流1500V
第2種鉄道事業＝西九条〜大阪難波〔第3種鉄道事業＝西大阪高速鉄道（西九条〜大阪難波）〕

駅名	読み方	範囲	種	開業日	県名	所在地
（尼崎）		(本線所属)		1928.12.28		
（大物）		(本線所属)		1924.01.20		
出来島	できじま		客	1930.12.30	大阪	大阪市西淀川区出来島1-13-6
福	ふく		客	1924.01.20	大阪	大阪市西淀川区福町2-3-28
伝法	でんぽう		客	1924.01.20	大阪	大阪市此花区伝法3-14-50
千鳥橋	ちどりばし		客	1924.08.01	大阪	大阪市此花区四貫島1-1-43
西九条	にしくじょう		客	1964.05.21	大阪	大阪市此花区西九条3-15-13
九条	くじょう		客	2009.03.20	大阪	大阪市西区九条1-25-8
ドーム前	どーむまえ		客	2009.03.20	大阪	大阪市西区千代崎3-北2-14
桜川	さくらがわ		客	2009.03.20	大阪	大阪市浪速区桜川3-8-3
大阪難波	おおさかなんば		客	他	2009.03.20	大阪	大阪市中央区難波4-1-17

武庫川線

■武庫川〜武庫川団地前　1.7km／1435mm／3駅／1943.11.21開業／普通鉄道／架空線式 直流1500V

駅名	読み方	範囲	種	開業日	県名	所在地
（武庫川）		(本線所属)		1943.11.21	兵庫	西宮市武庫川町2-15
東鳴尾	ひがしなるお		客	無	1943.11.21	兵庫	西宮市東鳴尾町1-7-12
洲先	すざき		客	無	1943.11.21	兵庫	西宮市東鳴尾町2-17-10
武庫川団地前	むこがわだんちまえ		客	無	1984.04.03	兵庫	西宮市上田東町4-83

大手・準大手私鉄　大手私鉄

神戸高速線

■元町〜西代　5.0km／1435㎜／6駅／1968.04.07開業／普通鉄道／架空線式 直流1500V

第2種鉄道事業＝元町〜西代〔第3種鉄道事業＝神戸高速鉄道（元町〜西代）〕

駅　名	読み方	範囲	種	開業日	県名	所在地
(元町)	(本線所属)			1968.04.07		
西元町	にしもとまち		客	1968.04.07	兵庫	神戸市中央区元町通6-7-11
高速神戸	こうそくこうべ		客	1968.04.07	兵庫	神戸市中央区多聞通3-3-13
新開地	しんかいち		客	1968.04.07	兵庫	神戸市兵庫区新開地2-3B-1
大開	だいかい		客	1968.04.07	兵庫	神戸市兵庫区水木通7-1B-1
高速長田	こうそくながた		客	1968.04.07	兵庫	神戸市長田区北町1-2先
西代	にしだい		客 他	1968.04.07	兵庫	神戸市長田区御屋敷通2-6-1

西日本鉄道

- ●本　　社　〒810-8570 福岡県福岡市中央区天神１丁目11番17号
- ●設　　立　1908.12.17
- ●路　　線　天神大牟田線、太宰府線、貝塚線、甘木線
- ●営業キロ　第１種鉄道事業＝106.1km（73駅）

駅　名	読み方	範囲	種	開業日	県名	所在地

天神大牟田線

■ 西鉄福岡（天神）～大牟田　74.8km／1435mm／50駅／1912.12.30開業／普通鉄道／架空線式 直流1500V

駅名	読み方	範囲	種	開業日	県名	所在地
西鉄福岡（天神）	にしてつふくおか（てんじん）		客	1924.04.12	福岡	福岡市中央区天神2-11-2
薬院	やくいん		客	1927.06.01	福岡	福岡市中央区渡辺通2-6-1
西鉄平尾	にしてつひらお		客	1924.04.12	福岡	福岡市中央区平尾2-235-6
高宮	たかみや		客	1924～30	福岡	福岡市南区大楠3-20-18
大橋	おおはし		客	1924.04.12	福岡	福岡市南区大橋1-5-1
井尻	いじり		客	1924～30	福岡	福岡市南区井尻5-1-1
雑餉隈	ざっしょのくま		客	1924.04.12	福岡	福岡市博多区銀天町1-1-1
春日原	かすがばる		客	1924.04.12	福岡	春日市春日原北町3-90
白木原	しらきばる		客	1945.06.01	福岡	大野城市白木原1-6-16
下大利	しもおおり		客	1924.04.12	福岡	大野城市東大利2-215-38
都府楼前	とふろうまえ		客	1936.03.10	福岡	太宰府市通古賀3-14-1
西鉄二日市	にしてつふつかいち		客	1924.04.12	福岡	筑紫野市二日市中央6-1-1
紫	むらさき		客	2010.03.27	福岡	筑紫野市紫2-1-1
朝倉街道	あさくらがいどう		客	1924.04.12	福岡	筑紫野市針摺中央2-16-1
桜台	さくらだい		客	1971.03.01	福岡	筑紫野市桜台2-1-1
筑紫	ちくし		客	1924.04.12	福岡	筑紫野市大字筑紫2-2
津古	つこ		客	1924.04.12	福岡	小郡市津古前田1423-4
三国が丘	みくにがおか		客	1992.03.25	福岡	小郡市三沢5032-2
三沢	みつさわ		客	1924.04.12	福岡	小郡市三沢3950-2
大保	おおほ		客	1924.04.12	福岡	小郡市大保1222-2
西鉄小郡	にしてつおごおり		客	1924.04.12	福岡	小郡市小郡186-2
端間	はたま		客	1924.04.12	福岡	小郡市福童字前畑3410-4
味坂	あじさか		客	1924.04.12	福岡	小郡市福童10-4
宮の陣	みやのじん		客	1924.04.12	福岡	久留米市宮ノ陣5-2-11
櫛原	くしわら		客	1936.03.10	福岡	久留米市東櫛原町1516-4
西鉄久留米	にしてつくるめ		客	1924.04.12	福岡	久留米市東町72-8
花畑	はなばたけ		客	1932.12.28	福岡	久留米市花畑1-23-3

駅　名	読み方	範囲	種	開業日	県名	所在地
試験場前	しけんじょうまえ		客	1933.10.06	福岡	久留米市津福本町453-2
津福	つぶく		客	1921.11.01	福岡	久留米市津福本町1638-1
安武	やすたけ		客	1912.12.30	福岡	久留米市安武町安武本3321-3
大善寺	だいぜんじ		客	1912.12.30	福岡	久留米市大善寺町宮本2170-1
三潴	みずま		客	1937.10.01	福岡	久留米市三潴町田川6002-1
犬塚	いぬづか		客	1937.10.01	福岡	久留米市三潴町玉満8004-1
大溝	おおみぞ		客	1937.10.01	福岡	三潴郡大木町大字大角1343-1
八丁牟田	はっちょうむた		客	1937.10.01	福岡	三潴郡大木町大字八丁牟田74-2
蒲池	かまち		客	1937.10.01	福岡	柳川市蒲生962-3
矢加部	やかべ		客	1937.10.01	福岡	柳川市三橋町柳河394-3
西鉄柳川	にしてつやながわ		客	1937.10.01	福岡	柳川市三橋町下百町46-2
徳益	とくます		客	1938.09.01	福岡	柳川市大和町徳益1-4
塩塚	しおつか		客	1938.09.01	福岡	柳川市大和町塩塚2064-2
中島信号場	なかしま	―	信	1974以前	福岡	N/A
西鉄中島	にしてつなかしま		客	1938.09.01	福岡	柳川市大和町中島651
江の浦	えのうら		客	1938.10.01	福岡	みやま市高田町江の浦618-3
開	ひらき		客	1938.10.01	福岡	みやま市高田町北新開360-2
西鉄渡瀬	にしてつわたぜ		客	1938.10.01	福岡	大牟田市大字倉永3366
倉永	くらなが		客	1938.10.01	福岡	大牟田市大字倉永83-12
東甘木	ひがしあまぎ		客	1952.11.01	福岡	大牟田市大字甘木468-2
西鉄銀水	にしてつぎんすい		客	1938.10.01	福岡	大牟田市大字草木127-1
新栄町	しんさかえまち		客	1938.10.01	福岡	大牟田市新栄町10-2
大牟田	おおむた		客	1939.07.01	福岡	大牟田市久保田町1-4

太宰府線

■西鉄二日市～太宰府　2.4km／1435mm／2駅／1902.05.01開業／普通鉄道／架空線式 直流1500V

駅　名	読み方	範囲	種	開業日	県名	所在地
(西鉄二日市)	(天神大牟田線所属)			1902.05.01		
西鉄五条	にしてつごじょう		客	1928.05.03頃	福岡	太宰府市五条2-7-1
太宰府	だざいふ		客	1902.05.01	福岡	太宰府市宰府2-5-1

貝塚線

■貝塚～西鉄新宮　11.0km／1067mm／10駅／1924.05.23開業／普通鉄道／架空線式 直流1500V

駅　名	読み方	範囲	種	開業日	県名	所在地
貝塚	かいづか		客	1935.02.05	福岡	福岡市東区箱崎7-1-2
名島	なじま		客	1924.05.23	福岡	福岡市東区名島4-70-6
西鉄千早	にしてつちはや		客	1951.06.15	福岡	福岡市東区千早4-93-2
香椎宮前	かしいみやまえ		客	1959.03.01	福岡	福岡市東区千早5-91-24

駅　名	読み方	範囲	種	開業日	県名	所　在　地
西鉄香椎	にしてつかしい		客	1924.05.23	福岡	福岡市東区香椎2-682-8
香椎花園前	かしいかえんまえ		客	1941.04.01	福岡	福岡市東区香住ヶ丘6-1-1
唐の原	とうのはる		客	1986.11.01	福岡	福岡市東区唐原2-22-10
和白	わじろ		客	1924.05.23	福岡	福岡市東区和白3-8-2
三苫	みとま		客	1925.07.01	福岡	福岡市東区美和台3-6-1
西鉄新宮	にしてつしんぐう		客	1925.07.01	福岡	粕屋郡新宮町下府5-1-1

甘木線
あまぎせん

■ 甘木〜宮の陣　17.9km／1435mm／11駅／1915.10.15開業／普通鉄道／架空線式 直流1500V

駅　名	読み方	範囲	種	開業日	県名	所　在　地
甘木	あまぎ		客	1921.12.08	福岡	朝倉市甘木字竹原1678-2
馬田	まだ		客	1921.12.08	福岡	朝倉市馬田字落合6-2
上浦	かみうら		客	1921.12.08	福岡	朝倉市上浦字正法寺10-2
本郷	ほんごう		客	1921.12.08	福岡	三井郡大刀洗町大字本郷字桑木2740-2
大堰	おおぜき		客	1921.12.08	福岡	三井郡大刀洗町大字富多字大藤841
金島	かねしま		客	1921.12.08	福岡	久留米市北野町八重亀184-8
大城	おおき		客	1921.12.08	福岡	久留米市北野町乙丸80-4
北野	きたの		客	1915.10.15	福岡	久留米市北野町今山627-1
古賀茶屋	こがんちゃや		客	1915.10.15	福岡	久留米市宮の陣町八丁島1878-6
学校前	がっこうまえ		客	1915.10.15	福岡	久留米市宮の陣町大社401-4
五郎丸	ごろうまる		客	1915.10.15	福岡	久留米市宮の陣6-4-20
(宮の陣)	(天神大牟田線所属)			1948.11.11		

新京成電鉄

- ●本　　社　〒273-0192 千葉県鎌ケ谷市くぬぎ山4丁目1番12号
- ●設　　立　1946.10.23
- ●路　　線　新京成線
- ●営業キロ　第1種鉄道事業＝26.5km（24駅）

新京成線

■京成津田沼〜松戸　26.5km／1435mm／24駅／1947.12.27開業／普通鉄道／架空線式 直流1500V

駅　名	読み方	範囲	種	開業日	県名	所在地
京成津田沼	けいせいつだぬま	客	他	1953.11.01	千葉	習志野市津田沼3-1-1
新津田沼	しんつだぬま	客		1961.08.23	千葉	習志野市津田沼1-10-35
前原	まえばら	客		1948.12.13	千葉	船橋市前原西7-17-21
薬園台	やくえんだい	客		1947.12.27	千葉	船橋市薬円台6-1-1
習志野	ならしの	客		1948.10.08	千葉	船橋市習志野台4-1-9
北習志野	きたならしの	客		1966.04.11	千葉	船橋市習志野台3-1-1
高根木戸	たかねきど	客		1948.10.08	千葉	船橋市習志野台1-1-3
高根公団	たかねこうだん	客		1961.08.01	千葉	船橋市高根台1-6-1
滝不動	たきふどう	客		1948.08.26	千葉	船橋市南三咲3-23-1
三咲	みさき	客		1949.01.08	千葉	船橋市三咲2-2-1
二和向台	ふたわむこうだい	客		1949.03.16	千葉	船橋市二和東5-38-1
鎌ヶ谷大仏	かまがやだいぶつ	客		1949.01.08	千葉	鎌ケ谷市鎌ケ谷1-8-1
初富	はつとみ	客		1949.10.07	千葉	鎌ケ谷市中央1-2-6
新鎌ヶ谷	しんかまがや	客	他	1992.07.08	千葉	鎌ケ谷市新鎌ケ谷1-13-1
北初富	きたはつとみ	客		1955.04.21	千葉	鎌ケ谷市北初富4-6
くぬぎ山	くぬぎやま	客		1955.04.21	千葉	鎌ケ谷市くぬぎ山5-1-6
元山	もとやま	客		1955.04.21	千葉	松戸市五香南1-5-1
五香	ごこう	客		1955.04.21	千葉	松戸市金ヶ作408-8
常盤平	ときわだいら	客		1955.04.21	千葉	松戸市常盤平1-29
八柱	やばしら	客		1955.04.21	千葉	松戸市日暮1-1-16
みのり台	みのりだい	客		1955.04.21	千葉	松戸市松戸新田575-19
松戸新田	まつどしんでん	客		1955.04.21	千葉	松戸市松戸新田264-2
上本郷	かみほんごう	客		1955.04.21	千葉	松戸市上本郷2648-11
松戸	まつど	客		1955.04.21	千葉	松戸市松戸1181

北大阪急行電鉄
きたおおさかきゅうこうでんてつ

- ●本　　社　　〒561-0872　大阪府豊中市寺内2丁目4番1号
- ●設　　立　　1967.12.11
- ●路　　線　　南北線
- ●営業キロ　　第1種鉄道事業＝5.9km（4駅）

南北線
なんぼくせん

■ 江坂〜千里中央　5.9km／1435mm／4駅／1970.02.24開業／普通鉄道／第三軌条式 直流750V

駅　名	読み方	範囲	種	開業日	県名	所在地
江坂	えさか	客	他	1970.02.24	大阪	吹田市豊津町100-1
緑地公園	りょくちこうえん	客		1975.03.30	大阪	豊中市東寺内町18-1
桃山台	ももやまだい	客		1970.02.24	大阪	吹田市桃山台5-1-1
千里中央	せんりちゅうおう	客		1970.02.24	大阪	豊中市新千里東町1-3-25

大手・準大手私鉄　準大手私鉄

泉北高速鉄道
せんぼくこうそくてつどう

- ●本　　社　〒594-0041 大阪府和泉市いぶき野5丁目1番1号
- ●設　　立　1965.12.24
- ●路　　線　泉北高速鉄道線
- ●営業キロ　第1種鉄道事業＝14.3km（6駅）

泉北高速鉄道線
せんぼくこうそくてつどうせん

■ 中百舌鳥〜和泉中央　14.3km／1067mm／6駅／1971.04.01開業／普通鉄道／架空線式 直流1500V

駅　名	読み方	範囲	種	開業日	県名	所在地
中百舌鳥	なかもず	客	他	1971.04.01	大阪	堺市北区中百舌鳥町2丁196
深井	ふかい	客		1971.04.01	大阪	堺市中区深井沢町3290
泉ケ丘	いずみがおか	客		1971.04.01	大阪	堺市南区竹城台1丁1-1
栂・美木多	とが・みきた	客		1973.12.07	大阪	堺市南区桃山台2丁1-1
光明池	こうみょういけ	客		1977.08.20	大阪	堺市南区新檜尾台2丁1-1
和泉中央	いずみちゅうおう	客		1995.04.01	大阪	和泉市いぶき野5-1-1

山陽電気鉄道

- ●本　　社　〒653-0843 兵庫県神戸市長田区御屋敷通3丁目1番1号
- ●設　　立　1933.06.06
- ●路　　線　本線、網干線
- ●営業キロ　第1種鉄道事業＝63.2km（49駅）

本線

■西代～山陽姫路　54.7km／1435mm／43駅／1910.03.15開業／普通鉄道／架空線式 直流1500V

駅　名	読み方	範囲	種	開業日	県名	所在地
西代	にしだい	客		1910.03.15	兵庫	神戸市長田区御屋敷通2-6-1
板宿	いたやど	客		1910.03.15	兵庫	神戸市須磨区平田町3-3-10
東須磨	ひがしすま	客		1910.03.15	兵庫	神戸市須磨区若木町1-1-1
月見山	つきみやま	客	無	1910.03.15	兵庫	神戸市須磨区月見山町2-2-1
須磨寺	すまでら	客		1910.03.15	兵庫	神戸市須磨区須磨寺町1-13-1
山陽須磨	さんようすま	客		1910.03.15	兵庫	神戸市須磨区須磨浦通5-7-2
須磨浦公園	すまうらこうえん	客		1947.10.01	兵庫	神戸市須磨区一ノ谷町5-3-2
山陽塩屋	さんようしおや	客	無	1913.05.11	兵庫	神戸市垂水区塩屋町1-2-46
滝の茶屋	たきのちゃや	客	無	1917.04.12	兵庫	神戸市垂水区城が山1-1-1
東垂水	ひがしたるみ	客	無	1917.04.12	兵庫	神戸市垂水区平磯2-1-1
山陽垂水	さんようたるみ	客		1917.04.12	兵庫	神戸市垂水区神田町1-37
霞ヶ丘	かすみがおか	客	無	1964.06.01	兵庫	神戸市垂水区五色山5-7-4
舞子公園	まいここうえん	客		1917.04.12	兵庫	神戸市垂水区舞子台2-1-1
西舞子	にしまいこ	客	無	1917.04.12	兵庫	神戸市垂水区西舞子2-6-1
大蔵谷	おおくらだに	客	無	1917.04.12	兵庫	明石市大蔵八幡町7-10
人丸前	ひとまるまえ	客	無	1917.04.12	兵庫	明石市大蔵天神町1-15
山陽明石	さんようあかし	客		1917.04.12	兵庫	明石市大明石町1-4-1
西新町	にししんまち	客	無	1923.08.19	兵庫	明石市西新町3-16-2
林崎松江海岸	はやしさきまつえかいがん	客		1941.05.03	兵庫	明石市南貴崎町4-1
藤江	ふじえ	客	無	1923.08.19	兵庫	明石市藤江大塚1701-3
中八木	なかやぎ	客	無	1923.08.19	兵庫	明石市大久保町八木道重110-2
江井ヶ島	えいがしま	客	無	1923.08.19	兵庫	明石市大久保町江井島字辻鼻837
西江井ヶ島	にしえいがしま	客	無	1923.08.19	兵庫	明石市大久保町西島高見800-1
山陽魚住	さんよううおずみ	客		1923.08.19	兵庫	明石市魚住町中尾出口976-3
東二見	ひがしふたみ	客		1923.08.19	兵庫	明石市二見町東二見藤寄417-9
西二見	にしふたみ	客	無	2004.08.21	兵庫	明石市二見町西二見1481-2
播磨町	はりまちょう	客	無	1923.08.19	兵庫	加古郡播磨町南野添3-10-1

駅　名	読　み　方	範囲	種	開業日	県名	所　在　地
別府	べふ	客	無	1923.08.19	兵庫	加古川市別府町朝日町10
浜の宮	はまのみや	客	無	1923.08.19	兵庫	加古川市尾上町口里789
尾上の松	おのえのまつ	客	無	1923.08.19	兵庫	加古川市尾上町今福283-2
高砂	たかさご	客		1923.08.19	兵庫	高砂市高砂町浜田町2-1-1
荒井	あらい	客	無	1923.08.19	兵庫	高砂市荒井町扇町20-22
伊保	いほ	客	無	1923.08.19	兵庫	高砂市伊保港町1-10-1
山陽曽根	さんようそね	客	無	1923.08.19	兵庫	高砂市曽根町入江浜2505-5
大塩	おおしお	客		1923.08.19	兵庫	姫路市大塩町宮前2088-3
的形	まとがた	客	無	1923.08.19	兵庫	姫路市的形町的形小島東1754-3
八家	やか	客	無	1923.08.19	兵庫	姫路市八家前浜1276-2
白浜の宮	しらはまのみや	客	無	1923.08.19	兵庫	姫路市白浜町塩辛町甲330-2
妻鹿	めが	客	無	1923.08.19	兵庫	姫路市飾磨区妻鹿出口22-6
飾磨	しかま	客		1923.08.19	兵庫	姫路市飾磨区清水40
亀山	かめやま	客	無	1923.08.19	兵庫	姫路市亀山町高福地208-3
手柄	てがら	客	無	1958.08.01	兵庫	姫路市東延末5-62
山陽姫路	さんようひめじ	客		1923.08.19	兵庫	姫路市南町1

網干線

■ 飾磨～山陽網干　8.5km／1435mm／6駅／1940.10.15開業／普通鉄道／架空線式 直流1500V

駅　名	読　み　方	範囲	種	開業日	県名	所　在　地
（飾磨）	（本線所属）			1940.10.15		
西飾磨	にししかま	客	無	1940.10.15	兵庫	姫路市飾磨区今在家4-98
夢前川	ゆめさきがわ	客	無	1940.10.15	兵庫	姫路市広畑区東新町3-148
広畑	ひろはた	客	無	1941.04.27	兵庫	姫路市広畑区高浜町1-120
山陽天満	さんようてんま	客	無	1941.04.27	兵庫	姫路市大津区天神町1-45
平松	ひらまつ	客	無	1942.02.11	兵庫	姫路市大津区平松外開256
山陽網干	さんようあぼし	客	無	1941.07.06	兵庫	姫路市網干区垣内中町12-5

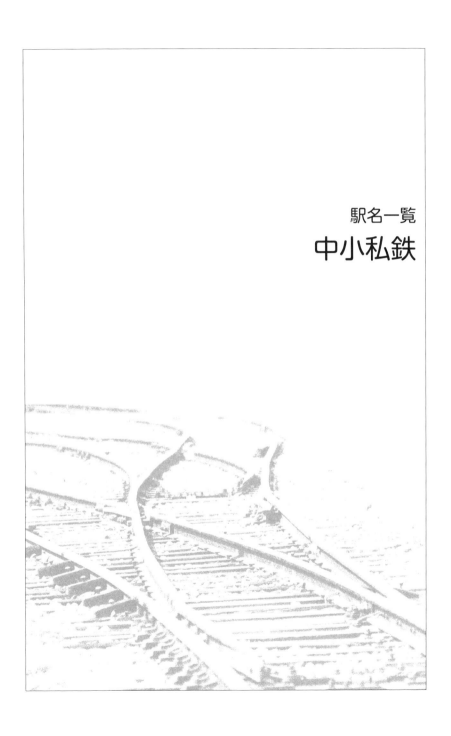

駅名一覧
中小私鉄

北海道

駅　名	読み方	範囲	種	開業日	県名	所在地

札幌市交通局

- ●本　　社　〒004-0041　北海道札幌市厚別区大谷地東２丁目４番１号
- ●設　　立　1927.12.01（札幌市電気局）
- ●路　　線　南北線、東西線、東豊線、１条線、山鼻線、山鼻西線、都心線
- ●営業キロ　第１種鉄道事業＝48.0km（46駅）、軌道＝8.9km（23駅）

南北線

■麻生〜真駒内　14.3km／16駅／1971.12.16開業／中央案内軌条式鉄道／第三軌条式　直流750V

駅名	読み方	種	開業日	県名	所在地
麻生	あさぶ	客	1978.03.16	北海道	札幌市北区北40条西5
北34条	きたさんじゅうよじょう	客	1978.03.16	北海道	札幌市北区北33条西4
北24条	きたにじゅうよじょう	客	1971.12.16	北海道	札幌市北区北23条西4
北18条	きたじゅうはちじょう	客	1971.12.16	北海道	札幌市北区北18条西4
北12条	きたじゅうにじょう	客	1971.12.16	北海道	札幌市北区北12条西4
さっぽろ	さっぽろ	客	1971.12.16	北海道	札幌市中央区北4条西4
大通	おおどおり	客	1971.12.16	北海道	札幌市中央区大通西4
すすきの	すすきの	客	1971.12.16	北海道	札幌市中央区南4条西4
中島公園	なかじまこうえん	客	1971.12.16	北海道	札幌市中央区南9条西4
幌平橋	ほろひらばし	客	1971.12.16	北海道	札幌市中央区南15条西4
中の島	なかのしま	客	1971.12.16	北海道	札幌市豊平区中の島2条1
平岸	ひらぎし	客	1971.12.16	北海道	札幌市豊平区平岸2条7
南平岸	みなみひらぎし	客	1971.12.16	北海道	札幌市豊平区平岸4条13
澄川	すみかわ	客	1971.12.16	北海道	札幌市南区澄川4条2
自衛隊前	じえいたいまえ	客	1971.12.16	北海道	札幌市南区澄川4条7
真駒内	まこまない	客	1971.12.16	北海道	札幌市南区真駒内17

東西線

■宮の沢〜新さっぽろ　20.1km／18駅／1976.06.10開業／中央案内軌条式鉄道／架空線式　直流1500V

駅名	読み方	種	開業日	県名	所在地
宮の沢	みやのさわ	客	1999.02.25	北海道	札幌市西区宮の沢1条1
発寒南	はっさむみなみ	客	1999.02.25	北海道	札幌市西区西町北7
琴似	ことに	客	1976.06.10	北海道	札幌市西区琴似1条5
二十四軒	にじゅうよんけん	客	1976.06.10	北海道	札幌市西区二十四軒1条4
西28丁目	にしにじゅうはっちょうめ	客	1976.06.10	北海道	札幌市中央区北4条西28
円山公園	まるやまこうえん	客	1976.06.10	北海道	札幌市中央区南1条西25

中小私鉄

北海道

	駅　名	読み方	範囲	種	開業日	県名	所　在　地
	西18丁目	にしじゅうはっちょうめ		客	1976.06.10	北海道	札幌市中央区大通西18
	西11丁目	にしじゅういっちょうめ		客	1976.06.10	北海道	札幌市中央区大通西11
	（大通）	（南北線所属）			1976.06.10	北海道	札幌市中央区大通西2
	バスセンター前	ばすせんたーまえ		客	1976.06.10	北海道	札幌市中央区南1条東4
	菊水	きくすい		客	1976.06.10	北海道	札幌市白石区菊水3条2
	東札幌	ひがしさっぽろ		客	1976.06.10	北海道	札幌市白石区東札幌2条2
	白石	しろいし		客	1976.06.10	北海道	札幌市白石区東札幌2条6
	南郷7丁目	なんごうななちょうめ		客	1982.03.21	北海道	札幌市白石区南郷通7
	南郷13丁目	なんごうじゅうさんちょうめ		客	1982.03.21	北海道	札幌市白石区南郷通13
	南郷18丁目	なんごうじゅうはっちょうめ		客	1982.03.21	北海道	札幌市白石区南郷通18
	大谷地	おおやち		客	1982.03.21	北海道	札幌市厚別区大谷地東2
	ひばりが丘	ひばりがおか		客	1982.03.21	北海道	札幌市厚別区厚別南1
	新さっぽろ	しんさっぽろ		客	1982.03.21	北海道	札幌市厚別区厚別中央2条5

東豊線

■栄町〜福住　13.6km／12駅／1988.12.02開業／中央案内軌条式鉄道／架空線式 直流1500V

	駅　名	読み方	範囲	種	開業日	県名	所　在　地
	栄町	さかえまち		客	1988.12.02	北海道	札幌市東区北42条東15
	新道東	しんどうひがし		客	1988.12.02	北海道	札幌市東区北34条東15
	元町	もとまち		客	1988.12.02	北海道	札幌市東区北24条東15
	環状通東	かんじょうどおりひがし		客	1988.12.02	北海道	札幌市東区北15条東15
	東区役所前	ひがしくやくしょまえ		客	1988.12.02	北海道	札幌市東区北13条東8
	北13条東	きたじゅうさんじょうひがし		客	1988.12.02	北海道	札幌市東区北13条東2
	（さっぽろ）	（南北線所属）			1988.12.02		
	（大通）	（南北線所属）			1988.12.02		
	豊水すすきの	ほうすいすすきの		客	1988.12.02	北海道	札幌市中央区南6条西2
	学園前	がくえんまえ		客	1994.10.14	北海道	札幌市豊平区豊平6条6
	豊平公園	とよひらこうえん		客	1994.10.14	北海道	札幌市豊平区豊平5条13
	美園	みその		客	1994.10.14	北海道	札幌市豊平区美園7条7
	月寒中央	つきさむちゅうおう		客	1994.10.14	北海道	札幌市豊平区月寒中央通7
	福住	ふくずみ		客	1994.10.14	北海道	札幌市豊平区月寒東1条13

1条線

■西4丁目〜西15丁目　1.3km／1067mm／4駅／1918.08.04開業／軌道／架空線式 直流600V

	駅　名	読み方	範囲	種	開業日	県名	所　在　地
	西4丁目	にしよんちょうめ		客	留	1918.08.04	北海道	札幌市中央区南1条西4
	西8丁目	にしはっちょうめ		客	留	1918.08.04	北海道	㊤札幌市中央区南1条西8
							㊦札幌市中央区南1条西7
	中央区役所前	ちゅうおうやくしょまえ		客	留	1918.08.04	北海道	㊤札幌市中央区南1条西11
							㊦札幌市中央区南1条西10

駅　名	読み方	範囲	種	開業日	県名	所在地
∴∴ 西15丁目	にしじゅうごちょうめ	客	留	1918.08.04	北海道	(外)札幌市中央区南1条西15
						(内)札幌市中央区南1条西14

[注] 1910.05.01に馬力で最初の開業をしているが、各停留場の開業日が不明のため電化開業日を示した。

山鼻線（やまはなせん）

■すすきの～中央図書館前　3.9km／1067mm／11駅／1923.08.15開業／軌道／架空線式 直流600V

駅　名	読み方	範囲	種	開業日	県名	所在地
∴∴ （すすきの）	（南北線所属）			1923.08.15		
∴∴ 資生館小学校前	しせいかんしょうがっこうまえ	客	留	1923.08.15	北海道	札幌市中央区南4条西6
∴∴ 東本願寺前	ひがしほんがんじまえ	客	留	1923.08.15	北海道	(外)札幌市中央区南7条西6
						(内)札幌市中央区南7条西7
∴∴ 山鼻9条	やまはなくじょう	客	留	1923.08.15	北海道	(外)札幌市中央区南9条西6
						(内)札幌市中央区南9条西7
∴∴ 中島公園通	なかじまこうえんどおり	客	留	1923.08.15	北海道	(外)札幌市中央区南11条西6
						(内)札幌市中央区南11条西7
∴∴ 行啓通	ぎょうけいどおり	客	留	1923.08.15	北海道	(外)札幌市中央区南14条西6
						(内)札幌市中央区南14条西7
∴∴ 静修学園前	せいしゅうがくえんまえ	客	留	1925.07.01	北海道	(外)札幌市中央区南16条西6
						(内)札幌市中央区南16条西7
∴∴ 山鼻19条	やまはなじゅうくじょう	客	留	1973.11.01	北海道	(外)札幌市中央区南19条西6
						(内)札幌市中央区南19条西7
∴∴ 幌南小学校前	こうなんしょうがっこうまえ	客	留	1931.11.21	北海道	(外)札幌市中央区南21条西6
						(内)札幌市中央区南21条西7
∴∴ 東屯田通	ひがしとんでんどおり	客	留	1931.11.21	北海道	(外)札幌市中央区南22条西8
						(内)札幌市中央区南21条西9
∴∴ 石山通	いしやまどおり	客	留	1931.11.21	北海道	(外)札幌市中央区南22条西10
						(内)札幌市中央区南21条西11
∴∴ 中央図書館前	ちゅうおうとしょかんまえ	客	留	1931.11.21	北海道	(外)札幌市中央区南22条西13
						(内)札幌市中央区南21条西13

山鼻西線（やまはなにしせん）

■西15丁目～中央図書館前　3.3km／1067mm／7駅／1931.11.07開業／軌道／架空線式 直流600V

駅　名	読み方	範囲	種	開業日	県名	所在地
∴∴ （西15丁目）	（1条線所属）			1931.11.07		
∴∴ 西線6条	にしせんろくじょう	客	留	1931.11.07	北海道	(外)札幌市中央区南6条西15
						(内)札幌市中央区南6条西14
∴∴ 西線9条旭山公園通	にしせんくじょうあさひやまこうえんどおり	客	留	1931.11.07	北海道	(外)札幌市中央区南9条西15
						(内)札幌市中央区南8条西14
∴∴ 西線11条	にしせんじゅういちじょう	客	留	1931.11.07	北海道	(外)札幌市中央区南11条西15
						(内)札幌市中央区南11条西14

駅　　名	読み方	範囲	種	開業日	県名	所在地
：： 西線14条	にしせんじゅうよじょう	客	留	1931.11.07	北海道	㊼札幌市中央区南14条西15
：：						㊄札幌市中央区南14条西14
：： 西線16条	にしせんじゅうろくじょう	客	留	1931.11.07	北海道	㊼札幌市中央区南17条西15
：：						㊄札幌市中央区南16条西14
：： ロープウェイ入口	ろーぷうぇいいりぐち	客	留	1931.11.07	北海道	㊼札幌市中央区南19条西15
：：						㊄札幌市中央区南19条西14
：： 電車事業所前	でんしゃじぎょうしょまえ	客	留	1931.11.21	北海道	㊼札幌市中央区南21条西15
：：						㊄札幌市中央区南21条西14
∴∴ （中央図書館前）	（山鼻線所属）			1931.11.21		

都心線
としんせん

■すすきの～西4丁目　0.4km／1067mm／1駅／2015.12.20開業／軌道／架空線式　直流600V

∴∴ （すすきの）	（南北線所属）			2015.12.20		
：： 狸小路	たぬきこうじ	客	留	2015.12.20	北海道	㊼札幌市中央区南2条西3
：：						㊄札幌市中央区南3条西4
∴∴ （西4丁目）	（1条線所属）			2015.12.20		

函館市企業局
はこだてしきぎょうきょく

- ●本　　社　〒040-0053　北海道函館市末広町5番14号
- ●設　　立　1943.11.01
- ●路　　線　本線、宝来・谷地頭線、大森線、湯の川線
- ●営業キロ　軌道＝10.9km（26駅）

本線
ほんせん

■函館どっく前～函館駅前　2.9km／1372mm／7駅／1913.10.31開業／軌道／架空線式　直流600V

…… 函館どっく前	はこだてどつくまえ	客	留	1913.10.31	北海道	函館市入舟町1先
：：						函館市入舟町6先
：： 大町	おおまち	客	留	1913.10.31	北海道	函館市大町7先
：：						函館市大町3先
：： 末広町	すえひろちょう	客	留	1913.10.31	北海道	函館市末広町21先
：：						函館市末広町20先
∴∴ 十字街	じゅうじがい	客	留	1913.10.31	北海道	函館市末広町9先
：： 魚市場通	うおいちばどおり	客	留	1913.10.31	北海道	函館市大手町3先
：：						函館市豊川町21先
：： 市役所前	しやくしょまえ	客	留	1947.04.23	北海道	函館市大手町18先
：：						函館市大手町12先

	駅　　名	読 み 方	範囲	種	開業日	県名	所 在 地
∴∴	函館駅前	はこだてえきまえ	客	留	1913.10.30	北海道	函館市若松町15先
							函館市若松町16先

[注] 馬力で最初の開業をしたが、電化した際の停留場と経路が一部異なるため、電化開業日を示した。

宝来・谷地頭線

■ 十字街〜谷地頭　1.4km／1372mm／3駅／1913.10.31開業／軌道／架空線式　直流600V

	駅名	読み方	範囲	種	開業日	県名	所在地
∴∴	（十字街）	（本線所属）			1913.10.31	北海道	函館市末広町8先
∴∴	宝来町	ほうらいちょう	客	留	1913.10.31	北海道	函館市宝来町10先
							函館市宝来町21先
∴∴	青柳町	あおやぎちょう	客	留	1913.10.31	北海道	函館市青柳町21先
							函館市青柳町33先
……	谷地頭	やちがしら	客	留	1913.10.31	北海道	函館市谷地頭町25先
							函館市谷地頭町35先

[注] 馬力で最初の開業をしたが、電化した際の停留場と経路が一部異なるため、電化開業日を示した。

大森線

■ 松風町〜函館駅前　0.5km／1372mm／0駅／1913.10.31開業／軌道／架空線式　直流600V

	駅名	読み方			開業日		
∴∴	（松風町）	（湯の川線所属）			1913.10.31		
∴∴	（函館駅前）	（本線所属）			1913.10.31		

[注] 馬力で最初の開業をしたが、電化した際の停留場と経路が一部異なるため、電化開業日を示した。

湯の川線

■ 松風町〜湯の川　6.1km／1372mm／16駅／1913.06.29開業／軌道／架空線式　直流600V

	駅名	読み方	範囲	種	開業日	県名	所在地
∴∴	松風町	まつかぜちょう	客	留	1913.06.29	北海道	函館市松風町11先
							函館市松風町12先
∴∴	新川町	しんかわちょう	客	留	1953.04.01	北海道	函館市新川町1先
							函館市千歳町10先
∴∴	千歳町	ちとせちょう	客	留	1913.06.29	北海道	函館市新川町23先
							函館市千歳町27先
∴∴	昭和橋	しょうわばし	客	留	1959.11.01	北海道	函館市堀川町6先
							函館市堀川町5先
∴∴	堀川町	ほりかわちょう	客	留	1913.06.29	北海道	函館市中島町21先
							函館市千代台町2先
∴∴	千代台	ちよがだい	客	留	1913.06.29	北海道	函館市千代台町16先
							函館市千代台町21先
∴∴	中央病院前	ちゅうおうびょういんまえ	客	留	1952.11.01	北海道	函館市本町2先
							函館市本町33先

駅　名	読み方	範囲	種	開業日	県名	所在地
五稜郭公園前	ごりょうかくこうえんまえ	客	留	1913.06.29	北海道	函館市本町25先
						函館市本町31先
杉並町	すぎなみちょう	客	留	1936.03以前	北海道	函館市杉並町21先
						函館市松陰町1先
柏木町	かしわぎちょう	客	留	1913.06.29	北海道	函館市柏木町3先
						函館市柏木町1先
深堀町	ふかぼりちょう	客	留	1913.06.29	北海道	函館市柏木町34先
						函館市柏木町24先
競馬場前	けいばじょうまえ	客	留	1950.11.22	北海道	函館市深堀町22先
						函館市駒場町12先
駒場車庫前	こまばしゃこまえ	客	留	1938.06.10?	北海道	函館市深堀町24先
						函館市駒場町14先
函館アリーナ前	はこだてありーなまえ	客	留	1913.06.29	北海道	函館市湯川町1-32先
						函館市湯川町1-34先
湯の川温泉	ゆのかわおんせん	客	留	1938.07～43.10	北海道	函館市湯川町1-28先
						函館市湯川町1-26先
湯の川	ゆのかわ	客	留	1959.09.02	北海道	函館市湯川町2-27先
						函館市湯川町2-18先

［注］馬力で最初の開業をしたが、電化した際の停留場と経路が一部異なるため、電化開業日を示した。

太平洋石炭販売輸送

- 本　　社　〒111-0041 東京都台東区元浅草2丁目6番7号
- 設　　立　1970.09.01
- 路　　線　臨港線
- 営業キロ　第1種鉄道事業＝4.0km（2駅）

臨港線

■ 春採～知人　4.0km／1067mm／2駅／1925.02.11開業／普通鉄道／内燃

春採	はるとり		貨		1925.02.11	北海道	釧路市春採8-1-13
知人	しれと		貨	無	1925.02.11	北海道	釧路市知人町5-7

道南いさりび鉄道

- 本　　社　〒040-0063 北海道函館市若松町12番5号
- 設　　立　2014.08.01
- 路　　線　道南いさりび鉄道線
- 営業キロ　第1種鉄道事業＝37.8km（13駅）
  　　　　　第2種鉄道事業＝日本貨物鉄道（五稜郭～木古内）

道南いさりび鉄道線

■ **五稜郭～木古内**　37.8km／1067mm／13駅／2016.03.26開業（国有鉄道上磯軽便線1913.09.15開業）／普通鉄道／内燃・交流20000V（一部25000V）

駅名	読み方	範囲	種	開業日	県名	所在地
五稜郭	ごりょうかく	客	他	1913.09.15	北海道	函館市亀田本町64-16
七重浜	ななえはま	客	無	1926.06.21	北海道	北斗市七重浜2-31-21
東久根別	ひがしくねべつ	客	無	1986.11.01	北海道	北斗市久根別1
久根別	くねべつ	客	無	1913.09.15	北海道	北斗市久根別2-25-14
清川口	きよかわぐち	客	無	1956.10.01	北海道	北斗市中央1-3-10
上磯	かみいそ	客	無	1913.09.15	北海道	北斗市飯生2-1-6
矢不来信号場	やふらい	―	信	1990.07.01	北海道	N/A
茂辺地	もへじ	客	簡	1930.10.25	北海道	北斗市茂辺地2-367-8
渡島当別	おしまとうべつ	客	無	1930.10.25	北海道	北斗市当別236-2
釜谷	かまや	客	簡	1930.10.25	北海道	上磯郡木古内町釜谷334
泉沢	いずみさわ	客	簡	1930.10.25	北海道	上磯郡木古内町字泉沢454-2
札苅	さつかり	客	簡	1930.10.25	北海道	上磯郡木古内町札苅593
木古内	きこない	客	無	1930.10.25	北海道	上磯郡木古内町字本町525

東北

駅 名	読み方	範囲	種	開業日	県名	所在地

青函トンネル記念館

- **本　　社**　〒030-171 青森県東津軽郡外ヶ浜町字三厩竜浜99番地
- **設　　立**　1977.02.23
- **路　　線**　青函トンネル竜飛斜坑線
- **営業キロ**　第1種鉄道事業＝0.8km（2駅）

青函トンネル竜飛斜坑線

■青函トンネル記念館〜体験坑道　0.8km／914mm／2駅／1988.07.09開業／鋼索鉄道／電気

駅名	読み方			開業日	県名	所在地
青函トンネル記念館	せいかんとんねるきねんかん	客		1988.07.09	青森	東津軽郡外ヶ浜町字三厩竜浜54-50
体験坑道	たいけんこうどう	客	無	1988.07.09	青森	東津軽郡外ヶ浜町字三厩竜浜54-50 地下185m

津軽鉄道

- **本　　社**　〒037-0063 青森県五所川原市字大町39番地
- **設　　立**　1928.02.24
- **路　　線**　津軽鉄道線
- **営業キロ**　第1種鉄道事業＝20.7km（12駅）

津軽鉄道線

■津軽五所川原〜津軽中里　20.7km／1067mm／12駅／1930.07.15開業／普通鉄道／内燃

駅名	読み方			開業日	県名	所在地
津軽五所川原	つがるごしょがわら	客		1930.07.15	青森	五所川原市字大町7-5
十川	とがわ	客	無	1961.04.25	青森	五所川原市大字漆川字鍋懸77-3
五農校前	ごのうこうまえ	客	無	1974.04.01	青森	五所川原市大字一野坪字朝日田崎91
津軽飯詰	つがるいいづめ	客	無	1930.07.15	青森	五所川原市大字飯詰字清野22-3
毘沙門	びしゃもん	客	無	1931.07.05	青森	五所川原市大字毘沙門字上熊石113-3
嘉瀬	かせ	客	無	1930.07.15	青森	五所川原市金木町嘉瀬字端山崎269-3
金木	かなぎ	客		1930.07.15	青森	五所川原市金木町芦野90
芦野公園	あしのこうえん	客	無	1930.10.04	青森	五所川原市金木町芦野84-171
川倉	かわくら	客	無	1932.04.24	青森	五所川原市金木町川倉字林下17-7
大沢内	おおざわない	客	無	1930.10.04	青森	北津軽郡中泊町大字大沢内字海原48-2
深郷田	ふこうだ	客	無	1932.04.24	青森	北津軽郡中泊町大字深郷田字甘木7-3
津軽中里	つがるなかざと	客		1930.11.13	青森	北津軽郡中泊町大字中里字亀山225-1

駅　名	読み方	範囲	種	開業日	県名	所在地

弘南鉄道

- 本　社　〒036-0103 青森県平川市本町北柳田23番5号
- 設　立　1926.03.27
- 路　線　弘南線、大鰐線
- 営業キロ　第1種鉄道事業＝30.7km（27駅）

弘南線

■ 弘前〜黒石　16.8km／1067mm／13駅／1927.09.07開業／普通鉄道／架空線式 直流1500V

駅名	読み方	範囲	種	開業日	県名	所在地
弘前	ひろさき	客		1927.09.07	青森	弘前市大字表町2-71
弘前東高前	ひろさきひがしこうまえ	客		1927.09.07	青森	弘前市大字川先4-11-1
運動公園前	うんどうこうえんまえ	客	無	1977.09.10	青森	弘前市大字豊田2-8-15
新里	にさと	客		1927.09.07	青森	弘前市大字新里字東里見14-2
館田	たちた	客		1927.09.07	青森	平川市館田中前田98-4
平賀	ひらか	客		1927.09.07	青森	平川市本町北柳田23-5
柏農高校前	はくのうこうこうまえ	客	無	1980.06.23	青森	平川市荒田南岡部18-3
津軽尾上	つがるおのえ	客		1927.09.07	青森	平川市中佐渡南田18-2
尾上高校前	おのえこうこうまえ	客	無	1999.04.01	青森	平川市猿賀上川50-3
田んぼアート	たんぼあーと	客	無	2013.07.27	青森	田舎館村大字髙樋字泉18- 3
田舎館	いなかだて	客		1950.07.01	青森	田舎館村大字髙樋字深山林10-7
境松	さかいまつ	客		1950.07.01	青森	黒石市境松2-46
黒石	くろいし	客		1950.07.01	青森	黒石市緑町1-162

［注］田んぼアートは、12〜3月は全列車通過。

大鰐線

■ 大鰐〜中央弘前　13.9km／1067mm／14駅／1952.01.26開業／普通鉄道／架空線式 直流1500V

駅名	読み方	範囲	種	開業日	県名	所在地
大鰐	おおわに	客		1952.01.26	青森	南津軽郡大鰐町大字大鰐字前田34-8
宿川原	しゅくがわら	客	無	1952.03以降	青森	南津軽郡大鰐町大字宿川原字川崎94-3
鯖石	さばいし	客	無	1952.01.26	青森	南津軽郡大鰐町大字鯖石字桜ノ木3-1
石川プール前	いしかわぷーるまえ	客	無	2002.10.01	青森	弘前市大字小金崎字村井元60-5
石川	いしかわ	客		1952.01.26	青森	弘前市大字石川字大仏下33-2
義塾高校前	ぎじゅくこうこうまえ	客	無	1987.11.01	青森	弘前市大字石川字野崎69-2
津軽大沢	つがるおおさわ	客		1952.01.26	青森	弘前市大字大沢字稲元1-1
松木平	まつきたい	客		1952.01.26	青森	弘前市大字小栗山字長田31-3
小栗山	こぐりやま	客	無	1952.01.26	青森	弘前市大字小栗山字川合19-2
千年	ちとせ	客		1952.01.26	青森	弘前市大字松原西3-3-8
聖愛中高前	せいあいちゅうこうまえ	客	無	1973.12.01	青森	弘前市大字中野3-5-11
弘前学院大前	ひろさきがくいんだいまえ	客	無	1952.01.26	青森	弘前市大字中野1-13-1

駅　名	読み方	範囲	種	開業日	県名	所在地
弘高下	ひろこうした	客	無	1952.01.26	青森	弘前市大字桜林町9-7
中央弘前	ちゅうおうひろさき	客		1952.01.26	青森	弘前市大字吉野町1-6

青い森鉄道

- ●本　社　〒038-8550 青森県青森市篠田１丁目６番２号
- ●設　立　2001.05.30
- ●路　線　青い森鉄道線
- ●営業キロ　第２種鉄道事業＝121.9km（27駅）

青い森鉄道線

■ 目時〜青森　121.9km／1067mm／27駅／2002.12.01開業（日本鉄道1891.09.01開業）／普通鉄道
架空線式　交流20000V
第２種鉄道事業＝日本貨物鉄道（目時〜青森）〔第３種鉄道事業＝青森県（目時〜青森）〕

駅　名	読み方	範囲	種	開業日	県名	所在地
目時	めとき	客	無	1948.10.01	青森	三戸郡三戸町目時村中12
三戸	さんのへ	客		1891.09.01	青森	三戸郡南部町大字大向字泉山道9-2
諏訪ノ平	すわのたいら	客	無	1933.01.15	青森	三戸郡南部町大字玉掛字諏訪ノ平39
剣吉	けんよし	客		1897.07.01	青森	三戸郡南部町大字剣吉字大坊13
苫米地	とまべち	客	無	1961.08.15	青森	三戸郡南部町大字苫米地四切3
北高岩	きたたかいわ	客	無	1923.08.10	青森	八戸市上野字高岩
八戸 ［JR貨物］	はちのへ	客貨		1891.09.01	青森	八戸市尻内町館田2-2
八戸貨物 ［JR貨物］	はちのへかもつ	貨		1970.12.01	青森	八戸市大字長苗代字亀子谷地20-1
陸奥市川	むついちかわ	客	無	1944.10.11	青森	八戸市大字市川字和野前山17
下田	しもだ	客		1891.12.20	青森	上北郡おいらせ町境田126-10
向山	むかいやま	客	無	1936.07.10	青森	上北郡おいらせ町向山3
三沢	みさわ	客		1894.04.01	青森	三沢市大字犬落瀬字古間木51-7
小川原	こがわら	客	無	1953.06.10	青森	上北郡東北町大字大浦字寒水
上北町	かみきたちょう	客		1891.09.01	青森	上北郡東北町上北1-22-97
乙供	おっとも	客		1894.01.04	青森	上北郡東北町字上笹橋3
千曳	ちびき	客	無	1910.11.15	青森	上北郡東北町字千曳
野辺地	のへじ	客		1891.09.01	青森	上北郡野辺地町字上小中野49-2
狩場沢	かりばさわ	客	無	1894.01.04	青森	東津軽郡平内町大字狩場沢字檜沢31
清水川	しみずがわ	客	無	1936.06.20	青森	東津軽郡平内町大字清水川字山46
小湊	こみなと	客		1891.09.01	青森	東津軽郡平内町大字小湊字下夕田12-1
西平内	にしひらない	客	無	1939.10.01	青森	東津軽郡平内町大字小豆沢字茂浦沢14-7
浅虫温泉	あさむしおんせん	客		1891.09.01	青森	青森市大字浅虫字螢谷70
野内	のない	客		1893.07.16	青森	青森市大字野内字菊川
矢田前	やだまえ	客	無	1986.11.01	青森	青森市大字矢田前字本泉

駅　名	読み方	範囲	種	開業日	県名	所　在　地
小柳	こやなぎ	客	無	1986.11.01	青森	青森市小柳4
東青森 JR[JR貨物]	ひがしあおもり	客貨	無	1968.07.21	青森	青森市大字古館14-3
筒井	つつい	客	無	2014.03.15	青森	青森市筒井3
（青森信号場）	（JR東日本奥羽本線所属）			1986.11.01		
青森	あおもり	客		1891.09.01	青森	青森市柳川1-1-1

［注］青森信号場～青森は旅客線と貨物線の単線並列。

八戸臨海鉄道
はちのへりんかいてつどう

- ● 本　　社　〒039-1102 青森県八戸市一番町1丁目3番1号
- ● 設　　立　1970.07.30
- ● 路　　線　八戸臨海鉄道線
- ● 営業キロ　第1種鉄道事業＝8.5km（2駅）

八戸臨海鉄道線
はちのへりんかいてつどうせん

■ 八戸貨物～北沼　8.5km／1067mm／2駅／1970.12.01開業／普通鉄道／内燃

駅名	読み方	種	開業日	県名	所在地
八戸貨物 JR	はちのへかもつ	貨	1970.12.01	青森	八戸市大字長苗代字上亀子谷地9
北沼 JR	きたぬま	貨	1970.12.01	青森	八戸市大字河原木字北沼1-128

三陸鉄道
さんりくてつどう

- ● 本　　社　〒027-0076 岩手県宮古市栄町4番地
- ● 設　　立　1981.11.10
- ● 路　　線　北リアス線、南リアス線
- ● 営業キロ　第1種鉄道事業＝107.6km（26駅）

北リアス線
きたりあすせん

■ 宮古～久慈　71.0km／1067mm／16駅／1984.04.01開業（国有鉄道宮古線1972.02.27、久慈線1975.07.20開業）／普通鉄道／内燃

駅名	読み方	種	範囲	開業日	県名	所在地
宮古	みやこ	客		1972.02.27	岩手	宮古市栄町4
山口団地	やまぐちだんち	客	無	2010.10.16	岩手	宮古市山口3-203-1
一の渡	いちのわたり	客	無	1972.02.27	岩手	宮古市崎山第5地割字内ノ沢299-5
佐羽根	さばね	客	無	1972.02.27	岩手	宮古市大字田代第1地割府金6-2
田老	たろう	客	無	1972.02.27	岩手	宮古市田老小林17-2
摂待	せったい	客	無	1984.04.01	岩手	宮古市田老大字摂待第5地割星山6-6
岩泉小本	いわいずみおもと	客	簡	1984.04.01	岩手	下閉伊郡岩泉町小本第9地割南中野202-3

駅　名	読み方	範囲	種	開業日	県名	所在地
島越	しまのこし	客	簡	1984.04.01	岩手	下閉伊郡田野畑村松前沢1-22
田野畑	たのはた	客	簡	1984.04.01	岩手	下閉伊郡田野畑村和野38-14
普代	ふだい	客	簡	1975.07.20	岩手	下閉伊郡普代村第9地割字銅屋503
白井海岸	しらいかいがん	客	無	1984.12.22	岩手	下閉伊郡普代村第19地割白井2-31
堀内	ほりない	客	無	1975.07.20	岩手	下閉伊郡普代村第20地割馬場野105-4
野田玉川	のだたまがわ	客	無	1975.07.20	岩手	九戸郡野田村大字玉川第5地割104-87
十府ヶ浦海岸	とふがうらかいがん	客	無	2017.03.25予定	岩手	九戸郡野田村大字野田第10地割中沼10-3
陸中野田	りくちゅうのだ	客	簡	1975.07.20	岩手	九戸郡野田村大字野田第31地割31-1
陸中宇部	りくちゅううべ	客	無	1975.07.20	岩手	久慈市宇部町第5地割115-4
久慈	くじ	客		1975.07.20	岩手	久慈市中央3-38-2

南リアス線

■盛～釜石　36.6km／1067mm／10駅／1984.04.01開業（国有鉄道盛線1970.03.01開業）／普通鉄道／内燃

駅	読み方	範囲	種	開業日	県名	所在地
盛	さかり	客		1970.03.01	岩手	大船渡市盛町字東町裏16
陸前赤崎	りくぜんあかさき	客	無	1970.03.01	岩手	大船渡市赤崎町大洞111-3
綾里	りょうり	客	簡	1970.03.01	岩手	大船渡市三陸町綾里字宮野40-3
恋し浜	こいしはま	客	無	1985.10.16	岩手	大船渡市三陸町綾里字小石浜123-4
甫嶺	ほれい	客	無	1973.07.01	岩手	大船渡市三陸町越喜来字甫嶺82-5
三陸	さんりく	客		1973.07.01	岩手	大船渡市三陸町越喜来字肥田38-1
吉浜	よしはま	客	無	1973.07.01	岩手	大船渡市三陸町吉浜字上野95-4
唐丹	とうに	客	無	1984.04.01	岩手	釜石市唐丹町字片岸65-12
平田	へいた	客	無	1984.04.01	岩手	釜石市平田町第4地割6-2
釜石	かまいし	客		1984.04.01	岩手	釜石市鈴子町22-5

アイジーアールいわて銀河鉄道

- 本　　社　〒020-0133 岩手県盛岡市青山2丁目2番8号
- 設　　立　2001.05.25
- 路　　線　いわて銀河鉄道線
- 営業キロ　第1種鉄道事業＝82.0km（18駅）

いわて銀河鉄道線

■盛岡～目時　82.0km／1067mm／18駅／2002.12.01開業（日本鉄道1891.09.01開業）／普通鉄道／架空線式 交流20000V

第2種鉄道事業＝日本貨物鉄道（盛岡～目時）

盛岡	もりおか	客	1891.09.01	岩手	盛岡市盛岡駅前通1-48
青山	あおやま	客	2006.03.18	岩手	盛岡市青山2-2-40

駅　名	読み方	範囲	種	開業日	県名	所　在　地
厨川	くりやがわ		客	1918.11.01	岩手	盛岡市厨川1-17-1
巣子	すご		客	2006.03.18	岩手	滝沢市巣子290-8
滝沢	たきざわ		客	1906.01.21	岩手	滝沢市野沢90
渋民	しぶたみ		客	1950.12.01	岩手	盛岡市玉山区下田陣場65-1
好摩	こうま		客	1891.09.01	岩手	盛岡市玉山区好摩字上山2-14
岩手川口	いわてかわぐち		客	1898.01.11	岩手	岩手郡岩手町字川口9-68-1
いわて沼宮内	いわてぬまくない		客	1891.09.01	岩手	岩手郡岩手町江刈内6-1-4
御堂	みどう		客	1961.04.15	岩手	岩手郡岩手町大字五日市4-33
奥中山高原	おくなかやまこうげん		客	1891.09.01	岩手	二戸郡一戸町中山字大塚76-3
小繋	こつなぎ		客	1909.09.21	岩手	二戸郡一戸町大字小繋字西田子3-2
小鳥谷	こずや		客	1891.09.01	岩手	二戸郡一戸町大字小鳥谷字中屋敷1
一戸	いちのへ		客	1893.02.15	岩手	二戸郡一戸町西法寺字稲荷10-1
二戸	にのへ		客	1891.12.20	岩手	二戸市石切所字枋ノ木63-4
斗米	とまい		客	1966.10.01	岩手	二戸市米沢字沢内176-2
金田一温泉	きんたいちおんせん		客	1909.11.25	岩手	二戸市金田一字水梨14-1
目時	めとき		客	1948.10.01	青森	三戸郡三戸町目時村中12

中小私鉄　東北

岩手開発鉄道 (いわてかいはつてつどう)

- 本　　社　〒022-0003 岩手県大船渡市盛町字東町10番地3
- 設　　立　1939.08.17
- 路　　線　日頃市線、赤崎線
- 営業キロ　第1種鉄道事業＝11.5km（5駅）

日頃市線 (ひころいちせん)

■ 盛〜岩手石橋　9.5km／1067mm／4駅／1950.10.21開業／普通鉄道／内燃

	盛	さかり		貨	1950.10.21	岩手	大船渡市盛町字砂土場27-15
	長安寺信号場	ちょうあんじ		信	1950.10.21	岩手	大船渡市日頃市町字長安寺112-2
	日頃市信号場	ひころいち	—	信	1950.10.21	岩手	大船渡市日頃市町字関谷107-2
	岩手石橋	いわていしばし		貨	1960.06.21	岩手	大船渡市日頃市町字石橋19-2

赤崎線 (あかさきせん)

■ 盛〜赤崎　2.0km／1067mm／1駅／1957.06.21開業／普通鉄道／内燃

	（盛）	（日頃市線所属）			1957.06.21	岩手	
	赤崎	あかさき		貨	1957.06.21	岩手	大船渡市盛町字跡浜21-6

駅 名	読み方	範囲	種	開業日	県名	所在地

仙台市交通局

- 本　　社　〒980-0801 宮城県仙台市青葉区木町通1丁目4番15号
- 設　　立　──
- 路　　線　南北線、東西線
- 営業キロ　第1種鉄道事業＝28.7km（29駅）

南北線（なんぼくせん）

■ 富沢〜泉中央　14.8km／1067mm／17駅／1987.07.15開業／普通鉄道／架空線式 直流1500V

駅名	読み方	範囲	種	開業日	県名	所在地
富沢	とみざわ		客	1987.07.15	宮城	仙台市太白区富沢4-2-22
長町南	ながまちみなみ		客	1987.07.15	宮城	仙台市太白区長町南3-1-60先
長町	ながまち		客	1987.07.15	宮城	仙台市太白区長町5-1-15先
長町一丁目	ながまちいっちょうめ		客	1987.07.15	宮城	仙台市太白区長町1-2-12先
河原町	かわらまち		客	1987.07.15	宮城	仙台市若林区河原町1-5-10先
愛宕橋	あたごばし		客	1987.07.15	宮城	仙台市若林区土樋1-11-10先
五橋	いつつばし		客	1987.07.15	宮城	仙台市青葉区五橋2-1-10先
仙台	せんだい		客	1987.07.15	宮城	仙台市青葉区中央1-10-10先
広瀬通	ひろせどおり		客	1987.07.15	宮城	仙台市青葉区中央2-10-22先
勾当台公園	こうとうだいこうえん		客	1987.07.15	宮城	仙台市青葉区本町3-9-2先
北四番丁	きたよばんちょう		客	1987.07.15	宮城	仙台市青葉区二日町13-22先
北仙台	きたせんだい		客	1987.07.15	宮城	仙台市青葉区昭和町6-6先
台原	だいのはら		客	1987.07.15	宮城	仙台市青葉区台原森林公園1-1先
旭ヶ丘	あさひがおか		客	1987.07.15	宮城	仙台市青葉区旭ケ丘3-25-15先
黒松	くろまつ		客	1987.07.15	宮城	仙台市泉区旭丘堤2-22-1
八乙女	やおとめ		客	1987.07.15	宮城	仙台市泉区八乙女中央1-4-10
泉中央	いずみちゅうおう		客	1992.07.15	宮城	仙台市泉区泉中央1-7-1

東西線（とうざいせん）

■ 八木山動物公園〜荒井　13.9km／1435mm／12駅／2015.12.06開業／普通鉄道／架空線式 直流1500V 鉄輪式リニアモーターカー

駅名	読み方	範囲	種	開業日	県名	所在地
八木山動物公園	やぎやまどうぶつこうえん		客	2015.12.06	宮城	仙台市太白区八木山本町1-43内
青葉山	あおばやま		客	2015.12.06	宮城	仙台市青葉区荒巻字青葉468-39
川内	かわうち		客	2015.12.06	宮城	仙台市青葉区川内42
国際センター	こくさいせんたー		客	2015.12.06	宮城	仙台市青葉区青葉山2-6
大町西公園	おおまちにしこうえん		客	2015.12.06	宮城	仙台市青葉区大町2-3-14先
青葉通一番町	あおばどおりいちばんちょう		客	2015.12.06	宮城	仙台市青葉区一番町3-3-2先
（仙台）	（南北線所属）			2015.12.06		
宮城野通	みやぎのどおり		客	2015.12.06	宮城	仙台市宮城野区榴岡4-6-1先

駅　名	読み方	範囲	種	開業日	県名	所　在　地
連坊	れんぼう	客		2015.12.06	宮城	仙台市若林区連坊2-319-5先
薬師堂	やくしどう	客		2015.12.06	宮城	仙台市若林区白萩町401-2先
卸町	おろしまち	客		2015.12.06	宮城	仙台市若林区卸町1-1-7先
六丁の目	ろくちょうのめ	客		2015.12.06	宮城	仙台市若林区六丁の目中町1-34先
荒井	あらい	客		2015.12.06	宮城	仙台市若林区荒井字杏形85-4

仙台臨海鉄道
せんだいりんかいてつどう

- ●本　　社　〒983-0001 宮城県仙台市宮城野区港4丁目11番2号
- ●設　　立　1970.11.07
- ●路　　線　臨海本線、仙台埠頭線、仙台西港線
- ●営業キロ　第1種鉄道事業＝9.5km（5駅）

臨海本線
りんかいほんせん

■陸前山王～仙台北港　5.4km／1067mm／3駅／1971.10.01開業／普通鉄道／内燃

駅名	読み方	種	開業日	県名	所在地
陸前山王 貨	りくぜんさんのう	貨	1971.10.01	宮城	多賀城市山王字千刈田
仙台港 貨	せんだいこう	貨	1971.10.01	宮城	仙台市港4-11-2
仙台北港 貨	せんだいきたこう	貨	1971.10.01	宮城	仙台市港4

仙台埠頭線
せんだいふとうせん

■仙台港～仙台埠頭　1.6km／1067mm／1駅／1975.09.01開業／普通鉄道／内燃

駅名	読み方	種	開業日	県名	所在地
（仙台港）	（臨海本線所属）		1975.09.01		
仙台埠頭 貨	せんだいふとう	貨	1975.09.01	宮城	仙台市宮城野区港4

仙台西港線
せんだいにしこうせん

■仙台港～仙台西港　2.5km／1067mm／1駅／1983.04.01開業／普通鉄道／内燃

駅名	読み方	種	開業日	県名	所在地
（仙台港）	（臨海本線所属）		1983.04.01		
仙台西港 貨	せんだいにしこう	貨	1983.04.01	宮城	仙台市宮城野区港2

仙台空港鉄道

- ●本　　社　〒981-1227 宮城県名取市せきのした5丁目34番地
- ●設　　立　2000.04.07
- ●路　　線　仙台空港線
- ●営業キロ　第1種鉄道事業＝7.1km（4駅）

仙台空港線

■名取〜仙台空港　7.1km／1067mm／4駅／2007.03.18開業／普通鉄道／架空線式 交流20000V

駅名	読み方	範囲	種	開業日	県名	所在地
名取	なとり	客	他	2007.03.18	宮城	名取市増田2-5-1
杜せきのした	もりせきのした	客		2007.03.18	宮城	名取市せきのした5-34
美田園	みたぞの	客		2007.03.18	宮城	名取市美田園5-29
仙台空港	せんだいくうこう	客		2007.03.18	宮城	名取市下増田字南原

秋田内陸縦貫鉄道

- ●本　　社　〒018-4613 秋田県北秋田市阿仁銀山字下新町41番地1
- ●設　　立　1984.10.31
- ●路　　線　秋田内陸線
- ●営業キロ　第1種鉄道事業＝94.2km（29駅）

秋田内陸線（愛称：あきた♥美人ライン）

■鷹巣〜角館　94.2km／1067mm／29駅／1986.11.01開業（国有鉄道阿仁合線1934.12.10開業）／普通鉄道／内燃

駅名	読み方	範囲	種	開業日	県名	所在地
鷹巣	たかのす	客		1934.12.10	秋田	北秋田市松葉町3-2
西鷹巣	にしたかのす	客	無	1989.04.01	秋田	北秋田市鷹巣字東中岱66-4
小ケ田	おがた	客	無	1963.12.10	秋田	北秋田市脇神字小ヶ田囲の内135-2
大野台	おおのだい	客	無	1965.04.20	秋田	北秋田市上杉字金沢
合川	あいかわ	客	委	1934.12.10	秋田	北秋田市下杉字川井境6-2
上杉	かみすぎ	客	無	1965.11.21	秋田	北秋田市上杉字相染岱172-3
米内沢	よないざわ	客	委	1934.12.10	秋田	北秋田市米内沢字上野131-1
桂瀬	かつらせ	客	無	1935.11.15	秋田	北秋田市桂瀬字下羽貫谷地
阿仁前田	あにまえだ	客	委	1935.11.15	秋田	北秋田市小又字堂ノ下21
前田南	まえだみなみ	客	無	1963.12.10	秋田	北秋田市五味堀字堂ノ前
小渕	こぶち	客	無	1936.09.25	秋田	北秋田市阿仁字小渕谷地
阿仁合	あにあい	客		1936.09.25	秋田	北秋田市阿仁銀山字下新町119
荒瀬	あらせ	客	無	1963.10.15	秋田	北秋田市阿仁荒瀬字中野108
萱草	かやくさ	客	無	1963.10.15	秋田	北秋田市阿仁萱草字水上口

駅　名	読み方	範囲	種	開業日	県名	所在地
笑内	おかしない	客	無	1963.10.15	秋田	北秋田市阿仁笑内字笑内
岩野目	いわのめ	客	無	1963.10.15	秋田	北秋田市阿仁幸屋渡字岩野目沢道下
比立内	ひたちない	客	無	1963.10.15	秋田	北秋田市阿仁比立内字上添根
奥阿仁	おくあに	客	無	1989.04.01	秋田	北秋田市戸鳥内字小倉岱113-3
阿仁マタギ	あにまたぎ	客	無	1989.04.01	秋田	北秋田市中村字中村アサミ沢2-2
戸沢	とざわ	客	無	1989.04.01	秋田	仙北市西木町上桧木内字東下戸沢77-1
上桧木内	かみひのきない	客	無	1989.04.01	秋田	仙北市西木町上桧木内字寺村73-2
左通	さどおり	客	無	1989.04.01	秋田	仙北市西木町上桧木内字左通14-2
羽後中里	うごなかざと	客	無	1989.04.01	秋田	仙北市西木町桧木内字中里184-2
松葉	まつば	客	無	1970.11.01	秋田	仙北市西木町桧木内字松葉
羽後長戸呂	うごながとろ	客	無	1970.11.01	秋田	仙北市西木町桧木内字長戸呂
八津	やつ	客	無	1970.11.01	秋田	仙北市西木町小山田字八津
西明寺	さいみょうじ	客	無	1970.11.01	秋田	仙北市西木町門屋六本杉89-3
羽後太田	うごおおた	客	無	1970.11.01	秋田	仙北市田沢湖角館東前郷字折橋88-2
角館	かくのだて	客		1970.11.01	秋田	仙北市角館町中菅沢14

秋田臨海鉄道

- 本　　社　〒011-0945　秋田県秋田市土崎港西１丁目12番６号
- 設　　立　1970.04.21
- 路　　線　南線、北線
- 営業キロ　第1種鉄道事業＝7.9km（4駅）

南線

■ 秋田港〜向浜　5.4km／1067mm／２駅／1971.07.07開業／普通鉄道／内燃

駅名	読み方	種	開業日	県名	所在地
秋田港	あきたこう	貨	1971.07.07	秋田	秋田市土崎港西1-12-6
向浜	むかいはま	貨	1971.07.07	秋田	秋田市向浜1-10地内

北線

■ 秋田港〜秋田北港　2.5km／1067mm／２駅／1971.07.07開業／普通鉄道／内燃

駅名	読み方	種	開業日	県名	所在地
（秋田港）	（南線所属）		1971.07.07		
中島埠頭	なかじまふとう	貨	1971.07.07	秋田	秋田市土崎港相染町土浜地内
秋田北港	あきたきたこう	貨	1971.10.01	秋田	秋田市土崎港相染町地内

［注］2015.07.01より全線休止中。

由利高原鉄道

- ●本　社　〒015-0404 秋田県由利本荘市矢島町七日町字羽坂21番地2
- ●設　立　1984.10.31
- ●路　線　鳥海山ろく線
- ●営業キロ　第1種鉄道事業＝23.0km（12駅）

鳥海山ろく線

■羽後本荘～矢島　23.0km／1067mm／12駅／1985.10.01開業（横荘鉄道1922.08.01開業）／普通鉄道／内燃

駅名	読み方	範囲	種	開業日	県名	所在地
羽後本荘	うごほんじょう	客		1922.08.01	秋田	由利本荘市西梵天85-1
薬師堂	やくしどう	客	無	1922.08.01	秋田	由利本荘市薬師堂字山崎70
子吉	こよし	客	無	1922.08.01	秋田	由利本荘市玉ノ池字落シ14-8
鮎川	あゆかわ	客	無	1922.08.01	秋田	由利本荘市東鮎川字岡田38-4
黒沢	くろさわ	客	無	1922.08.01	秋田	由利本荘市黒沢字黒沢118-3
曲沢	まがりさわ	客	無	1989.10.29	秋田	由利本荘市前郷字出川原17-3
前郷	まえごう	客		1922.08.01	秋田	由利本荘市前郷字家岸68
久保田	くぼた	客	無	1985.10.01	秋田	由利本荘市久保田字上正満18-1
西滝沢	にしたきさわ	客	無	1937.12.15	秋田	由利本荘市山本字前田表175
吉沢	よしざわ	客	無	1989.10.29	秋田	由利本荘市吉沢字吉沢前田76-3
川辺	かわべ	客	無	1938.10.21	秋田	由利本荘市矢島町川辺字艾田33-3
矢島	やしま	客		1938.10.21	秋田	由利本荘市矢島町七日町字羽坂21-2

山形鉄道

- ●本　社　〒993-0084 山形県長井市栄町1番10号
- ●設　立　1988.04.26
- ●路　線　フラワー長井線
- ●営業キロ　第1種鉄道事業＝30.5km（17駅）

フラワー長井線

■赤湯～荒砥　30.5km／1067mm／17駅／1988.10.25開業（国有鉄道長井軽便線1913.10.26開業）／普通鉄道／内燃

駅名	読み方	範囲	種	開業日	県名	所在地
赤湯	あかゆ	客		1913.10.26	山形	南陽市若狭郷屋863
南陽市役所	なんようしやくしょ	客	無	1988.10.25	山形	南陽市三間通469-4
宮内	みやうち	客		1913.10.26	山形	南陽市宮内2857
おりはた	おりはた	客	無	1959.06.01	山形	南陽市漆山1464
梨郷	りんごう	客	無	1913.10.26	山形	南陽市竹原2839
西大塚	にしおおつか	客	無	1914.11.15	山形	川西町西大塚2972-2

駅　名	読み方	範囲	種	開業日	県名	所 在 地
今泉	いまいずみ	客	他	1914.11.15	山形	長井市今泉972-2
時庭	ときにわ	客	無	1914.11.15	山形	長井市時庭1038-1
南長井	みなみながい	客	無	1960.05.20	山形	長井市台町709 3
長井	ながい	客		1914.11.15	山形	長井市栄町1-1
あやめ公園	あやめこうえん	客	無	2002.06.09	山形	長井市横町1379-2
羽前成田	うぜんなりた	客	無	1922.12.11	山形	長井市成田1900-2
白兎	しろうさぎ	客	無	1989.12.16	山形	長井市白兎1265-3
蚕桑	こぐわ	客	無	1922.12.11	山形	白鷹町高玉1784
鮎貝	あゆかい	客	無	1922.12.11	山形	白鷹町鮎貝997-2
四季の郷	しきのさと	客	無	2007.10.13	山形	白鷹町鮎貝1683-5
荒砥	あらと	客		1923.04.22	山形	白鷹町荒砥甲1296-1

阿武隈急行(あぶくまきゅうこう)

- **本　社**　〒960-0773 福島県伊達市梁川町字五反田100番地 1
- **設　立**　1984.04.05
- **路　線**　阿武隈急行線
- **営業キロ**　第 1 種鉄道事業＝54.9km（24駅）

阿武隈急行線(あぶくまきゅうこうせん)

■ 福島〜槻木　54.9km／1067mm／24駅／1988.07.01開業（国有鉄道丸森線1968.04.01開業）／普通鉄道／内燃・架空線式 交流20000V

駅名	読み方	範囲	種	開業日	県名	所在地
福島	ふくしま	客		1988.07.01	福島	福島市栄町1
(矢野目信号場)	(JR東日本東北本線所属)			1988.07.01		
卸町	おろしまち	客	無	1988.07.01	福島	福島市鎌田字卸町3-1
福島学院前	ふくしまがくいんまえ	客	無	2000.03.11	福島	福島市瀬上字街道東8-3
瀬上	せのうえ	客	無	1988.07.01	福島	福島市瀬上字桜町5-2
向瀬上	むかいせのうえ	客	無	1988.07.01	福島	福島市瀬上字南岩川原38-2
高子	たかこ	客	無	1988.07.01	福島	伊達市保原町上保原字向台13-6
上保原	かみほばら	客	無	1988.07.01	福島	伊達市保原町上保原字下当築16-2
保原	ほばら	客		1988.07.01	福島	伊達市保原町字東野崎45-2
大泉	おおいずみ	客	無	1988.07.01	福島	伊達市保原町大泉字大地内15-4
二井田	にいだ	客	無	1988.07.01	福島	伊達市保原町二井田字前原15-3
新田	にった	客	無	1988.07.01	福島	伊達市梁川町新田字台70-2
梁川	やながわ	客		1988.07.01	福島	伊達市梁川町青葉町17
やながわ希望の森公園前	やながわきぼうのもりこうえんまえ	客	無	1988.07.01	福島	伊達市梁川町北町頭118-1
富野	とみの	客	無	1988.07.01	福島	伊達市梁川町舟生字原田42-3
兜	かぶと	客	無	1988.07.01	福島	伊達市梁川町舟生字山田3-3

駅　名	読み方	範囲	種	開業日	県名	所在地
あぶくま	あぶくま	客	無	1988.07.01	宮城	伊具郡丸森町字滝野上34-4
丸森	まるもり	客		1968.04.01	宮城	伊具郡丸森町舘矢間字山田土手下102
北丸森	きたまるもり	客	無	1986.07.01	宮城	伊具郡丸森町舘矢間木沼字鶴巻51-3
南角田	みなみかくだ	客	無	1986.07.01	宮城	角田市摺鉢1-82
角田	かくだ	客		1968.04.01	宮城	角田市角田字流159-2
横倉	よこくら	客	無	1986.07.01	宮城	角田市横倉字宮下39-2
岡	おか	客	無	1968.04.01	宮城	角田市岡字白岩155-4
東船岡	ひがしふなおか	客	無	1968.04.01	宮城	柴田郡柴田町大字上名生字東船岡130-7
槻木	つきのき	客	無	1968.04.01	宮城	柴田郡柴田町槻木字新町1-1-1

福島交通
ふくしまこうつう

- 本　　社　〒960-8132 福島県福島市東浜町7番8号
- 設　　立　1986.07.09（1907.08.01）
- 路　　線　飯坂線
- 営業キロ　第1種鉄道事業＝9.2km（12駅）

飯坂線
いいざかせん

■ 福島～飯坂温泉　9.2km／1067mm／12駅／1924.04.13開業／普通鉄道／架空線式　直流1500V

駅名	読み方	範囲	種	開業日	県名	所在地
福島	ふくしま	客		1942.12.03	福島	福島市栄町1-1
曽根田	そねだ	客		1942.12.03	福島	福島市曽根田町3-37
美術館図書館前	びじゅつかんとしょかんまえ	客		1942.12.03	福島	福島市森合字台3-5
岩代清水	いわしろしみず	客		1925.06.21	福島	福島市泉字大仏36-1
泉	いずみ	客	無	1940.03.04	福島	福島市泉字早稲田5-4
上松川	かみまつかわ	客		1964.01.10	福島	福島市南沢又字上並松19-1
笹谷	ささや	客		1924.04.13	福島	福島市笹谷字三本松18-2
桜水	さくらみず	客		1975.08.20	福島	福島市笹谷字古屋前2-5
平野	ひらの	客		1925.06.20	福島	福島市飯坂町平野字堂ノ前16
医王寺前	いおうじまえ	客		1925.06.20	福島	福島市飯坂町平野字道添14
花水坂	はなみずざか	客	無	1924.04.13	福島	福島市飯坂町字町裏5-1
飯坂温泉	いいざかおんせん	客		1927.03.23	福島	福島市飯坂町字十綱下28

会津鉄道

- 本　　社　〒965-0853 福島県会津若松市材木町1丁目3番20号
- 設　　立　1986.11.10
- 路　　線　会津線
- 営業キロ　第1種鉄道事業＝57.4km（21駅）

会津線

■ 西若松〜会津高原尾瀬口　57.4km／1067mm／21駅／1987.07.16開業（国有鉄道会津線1927.11.01開業）／
普通鉄道／内燃・架空線式 直流1500V（会津田島〜会津高原）

駅　名	読み方	範囲	種	開業日	県名	所在地
西若松	にしわかまつ	客		1927.11.01	福島	会津若松市材木町1-4-1
南若松	みなみわかまつ	客	無	1995.08.10	福島	会津若松市門田町大字一ノ堰字下住459
門田	もんでん	客	無	1927.11.01	福島	会津若松市門田町大字面川字中島417
あまや	あまや	客	無	1999.08.06	福島	会津若松市大戸町大字雨屋字上雨屋367-1
芦ノ牧温泉	あしのまきおんせん	客		1927.11.01	福島	会津若松市大戸町上三寄乙49
大川ダム公園	おおかわだむこうえん	客	無	1987.04.01	福島	会津若松市大戸町大字大川ロクロ石乙2974-3
芦ノ牧温泉南	あしのまきおんせんみなみ	客	無	1932.12.22	福島	会津若松市大戸町大字大川字大平甲391-4
湯野上温泉	ゆのかみおんせん	客		1932.12.22	福島	南会津郡下郷町大字湯野上字大島無番地
塔のへつり	とうのへつり	客	無	1988.04.27	福島	南会津郡下郷町大字弥五島字下タ林5331-3
弥五島	やごしま	客	無	1934.12.27	福島	南会津郡下郷町大字弥五島字寺下無番地
会津下郷	あいづしもごう	客	簡	1934.12.27	福島	南会津郡下郷町大字豊成字トモ6276
ふるさと公園	ふるさとこうえん	客	無	2002.08.29	福島	南会津郡下郷町大字沢田字下沢田甲無番地
養鱒公園	ようそんこうえん	客	無	1947.09.20	福島	南会津郡下郷町大字落合字下ノ原810-19
会津長野	あいづながの	客	無	1934.12.27	福島	南会津郡南会津町大字長野字下谷地25-2
田島高校前	たじまこうこうまえ	客	無	1951.12.01	福島	南会津郡南会津町大字田島字田部原1693-173
会津田島	あいづたじま	客		1934.12.27	福島	南会津郡南会津町大字田島字西番場甲358-3
中荒井	なかあらい	客	無	1947.12.12	福島	南会津郡南会津町大字中荒井字長畔534-1
会津荒海	あいづあらかい	客	無	1947.12.12	福島	南会津郡南会津町大字関本字百一527
会津山村道場	あいづさんそんどうじょう	客	無	2001.07.18	福島	南会津郡南会津町大字糸沢字今泉平43-1
七ケ岳登山口	ななつがたけとざんぐち	客	無	1953.11.08	福島	南会津郡南会津町大字糸沢字下宮之原2449-2
会津高原尾瀬口	あいづこうげんおぜぐち	客		1953.11.08	福島	南会津郡南会津町大字滝原字羽根子1056-1

福島臨海鉄道

- ●本　　社　〒971-8101 福島県いわき市小名浜字高山34番地の14
- ●設　　立　1915.06.02
- ●路　　線　福島臨海鉄道本線
- ●営業キロ　第1種鉄道事業＝4.8km（2駅）

福島臨海鉄道本線

■泉～小名浜　4.8km／1067mm／2駅／1941.11.01開業／普通鉄道／内燃

駅名	読み方	範囲	種	開業日	県名	所在地
泉 貨	いずみ		貨	1941.11.01	福島	いわき市泉玉露2-8-1
小名浜 貨	おなはま		貨	1941.11.01	福島	いわき市小名浜字高山34-14

北関東

ひたちなか海浜鉄道

- ●本　社　〒311-1225 茨城県ひたちなか市釈迦町22番2号
- ●設　立　2008.04.01
- ●路　線　湊線
- ●営業キロ　第1種鉄道事業＝14.3km（10駅）

湊線

■ 勝田〜阿字ヶ浦　14.3km／1067mm／10駅／1913.12.25開業／普通鉄道／内燃

駅名	読み方	範囲	種	開業日	県名	所在地
勝田	かつた	客		1913.12.25	茨城	ひたちなか市勝田中央1-1
日工前	にっこうまえ	客	無	1962.04.01	茨城	ひたちなか市武田字大塚前1092-15
金上	かねあげ	客	無	1928.07.16	茨城	ひたちなか市大平4-3433
中根	なかね	客	無	1931.07.25	茨城	ひたちなか市三反田字中丸4458
高田の鉄橋	たかだのてっきょう	客	無	2014.10.01	茨城	ひたちなか市横堰9748-2
那珂湊	なかみなと	客		1913.12.25	茨城	ひたちなか市釈迦町22-2
殿山	とのやま	客	無	1928.07.16	茨城	ひたちなか市牛久保2-103-2
平磯	ひらいそ	客	無	1924.09.03	茨城	ひたちなか市平磯町字根本の上265-7
磯崎	いそざき	客	無	1924.09.03	茨城	ひたちなか市磯崎町西ノ三3847-4
阿字ヶ浦	あじがうら	客		1928.07.17	茨城	ひたちなか市阿字ヶ浦町204-4

鹿島臨海鉄道

- ●本　社　〒311-1307 茨城県東茨城郡大洗町桜道301番地
- ●設　立　1969.04.01
- ●路　線　鹿島臨港線、大洗鹿島線
- ●営業キロ　第1種鉄道事業＝72.2km（17駅）

鹿島臨港線

■ 鹿島サッカースタジアム〜奥野谷浜　19.2km／1067mm／3駅／1970.11.12開業／普通鉄道／内燃

駅名	読み方	範囲	種	開業日	県名	所在地
鹿島サッカースタジアム	かしまさっかーすたじあむ	客貨		1970.11.12	茨城	鹿嶋市神向寺4980
神栖	かみす	貨		1970.11.12	茨城	神栖市東深芝22-1
奥野谷浜	おくのやはま	貨		1970.11.12	茨城	神栖市東和田

大洗鹿島線

■水戸～鹿島サッカースタジアム　53.0km／1067mm／14駅／1985.03.14開業／普通鉄道／内燃

駅名	読み方	範囲	種	開業日	県名	所在地
水戸	みと	客貨	他	1985.03.14	茨城	水戸市宮町1-1-1
東水戸	ひがしみと	客	無	1985.03.14	茨城	水戸市吉沼町1426-3
常澄	つねずみ	客	無	1985.03.14	茨城	水戸市塩ヶ崎町3300-2
大洗	おおあらい	客		1985.03.14	茨城	東茨城郡大洗町桜道301
涸沼	ひぬま	客	無	1985.03.14	茨城	鉾田市下太田866-2
鹿島旭	かしまあさひ	客	無	1985.03.14	茨城	鉾田市造谷1375-103
徳宿	とくしゅく	客	無	1985.03.14	茨城	鉾田市徳宿795-3
新鉾田	しんほこた	客		1985.03.14	茨城	鉾田市新鉾田1-837-3
北浦湖畔	きたうらこはん	客	無	1985.03.14	茨城	鉾田市梶山1423-3
大洋	たいよう	客	無	1985.03.14	茨城	鉾田市汲上2676-3
鹿島灘	かしまなだ	客	無	1985.03.14	茨城	鹿嶋市大小志崎1510-7
鹿島大野	かしまおおの	客	無	1985.03.14	茨城	鹿嶋市荒井561-3
長者ケ浜潮騒はまなす公園前	ちょうじゃがはましおさいはまなすこうえんまえ	客	無	1990.11.18	茨城	鹿嶋市角折2273-17
荒野台	こうやだい	客	無	1985.03.14	茨城	鹿嶋市荒野1565-44
(鹿島サッカースタジアム)	(鹿島臨港線所属)			1985.03.14		

関東鉄道

- ●本　　社　〒300-8555 茨城県土浦市真鍋１丁目10番８号
- ●設　　立　1922.09.03
- ●路　　線　竜ヶ崎線、常総線
- ●営業キロ　第１種鉄道事業＝55.6km（29駅）

竜ヶ崎線

■佐貫～竜ヶ崎　4.5km／1067mm／３駅／1900.08.14開業／普通鉄道／内燃

駅名	読み方	範囲	種	開業日	県名	所在地
佐貫	さぬき	客		1900.08.14	茨城	龍ケ崎市佐貫町蛭川646
入地	いれじ	客	無	1901.01.01	茨城	龍ケ崎市入地351
竜ヶ崎	りゅうがさき	客		1900.08.14	茨城	龍ケ崎市米町3903-1

常総線

■取手～下館　51.1km／1067mm／26駅／1913.11.01開業／普通鉄道／内燃

駅名	読み方	範囲	種	開業日	県名	所在地
取手	とりで	客		1913.11.01	茨城	取手市中央町2-5
西取手	にしとりで	客	無	1979.12.01	茨城	取手市本郷1-13-1
寺原	てらはら	客	無	1913.11.01	茨城	取手市駒場1-1-1

中小私鉄

北関東

駅　　名	読 み 方	範囲	種	開業日	県名	所 在 地
新取手	しんとりで	客	無	1968.04.01	茨城	取手市新取手1-1-1
ゆめみ野	ゆめみの	客	無	2011.03.12	茨城	取手市野々井字柏原788-3
稲戸井	いなとい	客	無	1913.11.01	茨城	取手市米ノ井2-2
戸頭	とがしら	客		1975.03.26	茨城	取手市戸頭5-3-1
南守谷	みなみもりや	客	無	1960.11.15	茨城	守谷市けやき台1-1-1
守谷	もりや	客		1913.11.01	茨城	守谷市中央2-18-3
新守谷	しんもりや	客		1982.03.27	茨城	守谷市御所ヶ丘1-1-1
小絹	こきぬ	客	無	1913.11.01	茨城	つくばみらい市小絹739-3
南水海道信号所	みなみみつかいどう	―	信	1992.03.06	茨城	常総市高野町字金山351-1
水海道	みつかいどう	客		1913.11.01	茨城	常総市水海道宝町2861-2
北水海道	きたみつかいどう	客	無	1972.03.15	茨城	常総市相野谷町43-3
中妻	なかつま	客		1920.02.01	茨城	常総市中妻町714-4
三妻	みつま	客	無	1913.11.01	茨城	常総市三坂町1672
南石下	みなみいしげ	客	無	1931.11.15	茨城	常総市大房742-4
石下	いしげ	客		1913.11.01	茨城	常総市新石下376-1
玉村	たまむら	客	無	1931.11.15	茨城	常総市小保川164-5
宗道	そうどう	客		1913.11.01	茨城	下妻市宗道164
下妻	しもつま	客		1913.11.01	茨城	下妻市下妻乙363-2
大宝	だいほう	客	無	1913.11.01	茨城	下妻市大宝233-9
騰波ノ江	とばのえ	客	無	1926.08.15	茨城	下妻市若柳甲533-7
黒子	くろご	客	無	1913.11.01	茨城	筑西市辻1520-3
大田郷	おおたごう	客		1913.11.01	茨城	筑西市玉戸1523-2
下館	しもだて	客		1913.11.01	茨城	筑西市乙84-10

中小私鉄　北関東

筑波観光鉄道

- ●本　　社　〒300-4352 茨城県つくば市筑波1番地
- ●設　　立　1923.04.04
- ●路　　線　筑波山鋼索鉄道線
- ●営業キロ　第1種鉄道事業＝1.6km（2駅）

筑波山鋼索鉄道線

■宮脇〜筑波山頂　1.6km／1067mm／2駅／1954.11.03開業／鋼索鉄道／電気

宮脇	みやわき	客		1954.11.03	茨城	つくば市筑波1
筑波山頂	つくばさんちょう	客		1954.11.03	茨城	つくば市筑波1

駅　名	読み方	範囲	種	開業日	県名	所在地

野岩鉄道
やがんてつどう

- ●本　　社　〒321-2521 栃木県日光市藤原326番地3号
- ●設　　立　1981.11.20
- ●路　　線　会津鬼怒川線
- ●営業キロ　第1種鉄道事業＝30.7km（9駅）

会津鬼怒川線
あいづきぬがわせん

■新藤原～会津高原尾瀬口　30.7km／1067mm／9駅／1986.10.09開業／普通鉄道／架空線式 直流1500V・内燃

駅名	読み方	種	範囲	開業日	県名	所在地
新藤原	しんふじわら	客		1986.10.09	栃木	日光市藤原399-28
龍王峡	りゅうおうきょう	客		1986.10.09	栃木	日光市藤原1357
川治温泉	かわじおんせん	客		1986.10.09	栃木	日光市藤原1077-4
川治湯元	かわじゆもと	客		1986.10.09	栃木	日光市川治129-1
湯西川温泉	ゆにしがわおんせん	客		1986.10.09	栃木	日光市西川481-1
中三依温泉	なかみよりおんせん	客	無	1986.10.09	栃木	日光市中三依378-2
上三依塩原温泉口	かみみよりしおばらおんせんぐち	客		1986.10.09	栃木	日光市三依804
男鹿高原	おじかこうげん	客	無	1986.10.09	栃木	日光市横川680-5
会津高原尾瀬口	あいづこうげんおぜぐち	客	他	1986.10.09	福島	南会津郡南会津町大字滝原字羽根子1052-4

真岡鐵道
もおかてつどう

- ●本　　社　〒321-4306 栃木県真岡市台町2474番地1
- ●設　　立　1987.10.12
- ●路　　線　真岡線
- ●営業キロ　第1種鉄道事業＝41.9km（17駅）

真岡線
もおかせん

■下館～茂木　41.9km／1067mm／17駅／1988.04.11開業（国有鉄道真岡軽便線1912.04.01開業）／普通鉄道／蒸気・内燃

駅名	読み方	種	範囲	開業日	県名	所在地
下館	しもだて	客		1912.04.01	茨城	筑西市乙86
下館二高前	しもだてにこうまえ	客	無	1988.04.11	茨城	筑西市岡芹848-3
折本	おりもと	客	無	1912.04.01	茨城	筑西市折本322-4
ひぐち	ひぐち	客	無	1992.03.14	茨城	筑西市折本747-3
久下田	くげた	客		1912.04.01	栃木	真岡市久下田800-4
寺内	てらうち	客	無	1912.04.01	栃木	真岡市寺内830-4
真岡	もおか	客		1912.04.01	栃木	真岡市台町
北真岡	きたもおか	客	無	1955.04.01	栃木	真岡市熊倉町908-10

駅　名	読み方	範囲	種	開業日	県名	所 在 地
西田井	にしだい	客	無	1913.07.11	栃木	真岡市西田井2136-6
北山	きたやま	客	無	1989.03.11	栃木	西田井北山778-3
益子	ましこ	客		1913.07.11	栃木	芳賀郡益子町益子1591-2
七井	なない	客	無	1913.07.11	栃木	芳賀郡益子町大沢1415-2
多田羅	たたら	客	無	1955.04.01	栃木	芳賀郡市貝町多田羅770-4
市塙	いちはな	客	無	1920.12.15	栃木	芳賀郡市貝町市塙2068-2
笹原田	ささはらだ	客	無	1992.03.14	栃木	芳賀郡市貝町笹原田59-1
天矢場	てんやば	客	無	1992.03.14	栃木	芳賀郡茂木町北高岡1225-4
茂木	もてぎ	客		1920.12.15	栃木	芳賀郡茂木町1499-2

わたらせ渓谷鐵道

- 本　社　〒376-0101　群馬県みどり市大間々町大間々1603番地1
- 設　立　1988.10.25
- 路　線　わたらせ渓谷線
- 営業キロ　第1種鉄道事業＝44.1km（17駅）

わたらせ渓谷線

■桐生〜間藤　44.1km／1067㎜／17駅／1989.03.29開業（足尾鉄道1911.04.15開業）／普通鉄道／内燃

駅名	読み方	範囲	種	開業日	県名	所在地
桐生	きりゅう	客	他	1911.04.15	群馬	桐生市末広町11-1
（下新田信号場）	（JR東日本両毛線所属）			1911.04.15		
下新田	しもしんでん	客	無	1992.03.14	群馬	桐生市相生町2-81-15
相老	あいおい	客		1911.04.15	群馬	桐生市相生町2-756
運動公園	うんどうこうえん	客	無	1989.03.29	群馬	桐生市相生町3-246
大間々	おおまま	客		1911.04.15	群馬	みどり市大間々町大間々1375
上神梅	かみかんばい	客	無	1912.09.05	群馬	みどり市大間々町上神梅245
本宿	もとじゅく	客	無	1989.03.29	群馬	桐生市黒保根町宿廻1037-5
水沼	みずぬま	客		1912.09.05	群馬	桐生市黒保根町水沼151
花輪	はなわ	客		1912.09.05	群馬	みどり市東町花輪99
中野	なかの	客	無	1989.03.29	群馬	みどり市東町花輪613-1
小中	こなか	客	無	1960.11.18	群馬	みどり市東町小中780
神戸	ごうど	客		1912.09.05	群馬	みどり市東町神戸891
沢入	そうり	客	無	1912.11.11	群馬	みどり市東町沢入962
原向	はらむこう	客		1912.12.31	栃木	日光市足尾3066
通洞	つうどう	客		1912.12.31	栃木	日光市足尾町松原13
足尾	あしお	客		1912.12.31	栃木	日光市足尾町掛水6
間藤	まとう	客	無	1914.11.01	栃木	日光市足尾町下間藤2

上毛電気鉄道

- ●本　　社　〒371-0016 群馬県前橋市城東町 4 丁目 1 番 1 号
- ●設　　立　1926.05.27
- ●路　　線　上毛線
- ●営業キロ　第 1 種鉄道事業＝25.4km（23駅）

上毛線

■中央前橋〜西桐生　25.4km／1067mm／23駅／1928.11.10開業／普通鉄道／架空線式 直流1500V

駅名	読み方	範囲	種	開業日	県名	所在地
中央前橋	ちゅうおうまえばし	客		1928.11.10	群馬	前橋市城東町3-1-1
城東	じょうとう	客	無	1928.11.10	群馬	前橋市城東町4-23-1
三俣	みつまた	客	無	1928.11.10	群馬	前橋市三俣町1-32-5
片貝	かたかい	客	無	1928.11.10	群馬	前橋市西片貝町1-280-5
上泉	かみいずみ	客	無	1928.11.10	群馬	前橋市上泉町281
赤坂	あかさか	客	無	1933.12.17	群馬	前橋市上泉町3444-3
心臓血管センター	しんぞうけっかんせんたー	客	無	1994.04.10	群馬	前橋市亀泉町6-2
江木	えぎ	客	無	1928.11.10	群馬	前橋市江木町1223-3
大胡	おおご	客		1928.11.10	群馬	前橋市茂木町41-2
樋越	ひごし	客	無	1928.11.10	群馬	前橋市樋越町191-4
北原	きたはら	客	無	1939.07.11	群馬	前橋市粕川町込皆戸38-3
新屋	あらや	客	無	1928.11.10	群馬	前橋市粕川町新屋233-2
粕川	かすかわ	客		1928.11.10	群馬	前橋市粕川町西田面293-2
膳	ぜん	客	無	1928.11.10	群馬	前橋市粕川町膳568-3
新里	にいさと	客		1928.11.10	群馬	桐生市新里町小林126-1
新川	にっかわ	客	無	1928.11.10	群馬	桐生市新里町新川2042-3
東新川	ひがしにっかわ	客	無	1993.10.19	群馬	桐生市新里町新川3906
赤城	あかぎ	客		1928.11.10	群馬	みどり市大間々町大間々2445-3
桐生球場前	きりゅうきゅうじょうまえ	客	無	2006.10.01	群馬	桐生市相生町2-532-3
天王宿	てんのうじゅく	客	無	1938.03.10	群馬	桐生市相生町2-477-3
富士山下	ふじやました	客	無	1928.11.10	群馬	桐生市相生町2-274-7
丸山下	まるやました	客	無	1928.11.10	群馬	桐生市堤町3-9-1
西桐生	にしきりゅう	客		1928.11.10	群馬	桐生市宮前町2-1-33

上信電鉄

- ●本　　社　〒370-0848 群馬県高崎市鶴見町51
- ●設　　立　1895.12.27
- ●路　　線　上信線
- ●営業キロ　第１種鉄道事業＝33.7km（24駅）

上信線

■高崎〜下仁田　33.7km／1067mm／24駅／1897.05.10開業／普通鉄道／架空線式 直流1500V

駅　名	読み方	範囲	種	開業日	県名	所在地
高崎	たかさき	客		1897.05.10	群馬	高崎市八島町235
南高崎	みなみたかさき	客	無	1935.09.09	群馬	高崎市下和田町3-7-6
佐野信号所	さの	―	信	1973.12.28	群馬	高崎市上佐野町100-3
佐野のわたし	さののわたし	客	無	2014.12.22	群馬	高崎市上佐野町167-3
根小屋	ねごや	客	委	1926.06.01	群馬	高崎市根小屋町2040-3
高崎商科大学前	たかさきしょうかだいがくまえ	客	無	2002.03.17	群馬	高崎市根小屋町
山名	やまな	客	委	1897.05.10	群馬	高崎市山名町1515-3
西山名	にしやまな	客	無	1930.06.15	群馬	高崎市山名町1261-2
馬庭	まにわ	客	委	1910.07.05	群馬	高崎市吉井町馬庭191-1
吉井	よしい	客		1897.05.10	群馬	高崎市吉井町吉井219
西吉井	にしよしい	客	無	1971.12.15	群馬	高崎市吉井町長根1367-34
新屋信号所	にいや	―	信	1981.11.12	群馬	甘楽郡甘楽町金井625
上州新屋	じょうしゅうにいや	客	無	1915.07.25	群馬	甘楽郡甘楽町金井343-4
上州福島	じょうしゅうふくしま	客	委	1897.05.10	群馬	甘楽郡甘楽町福島664-5
東富岡	ひがしとみおか	客	委	1990.04.01	群馬	富岡市富岡1955-2
上州富岡	じょうしゅうとみおか	客		1897.07.07	群馬	富岡市富岡1599-3
西富岡	にしとみおか	客	委	1937.10.15	群馬	富岡市七日市671-8
上州七日市	じょうしゅうなのかいち	客	委	1912.05.11	群馬	富岡市七日市1625-1
上州一ノ宮	じょうしゅういちのみや	客	委	1897.07.07	群馬	富岡市一ノ宮226-2
神農原	かのはら	客	無	1910.12.25	群馬	富岡市神農原674-2
南蛇井	なんじゃい	客	委	1897.07.07	群馬	富岡市南蛇井496-2
千平	せんだいら	客	無	1911.08.20	群馬	富岡市南蛇井乙2038
赤津信号所	あかづ	―	信	1981.11.12	群馬	甘楽郡下仁田町白山245
下仁田	しもにた	客		1897.09.10	群馬	甘楽郡下仁田町下仁田374-4

［注］南高崎の開業日は、『鉄道停車場一覧』昭12では1935.05.10。

南関東

駅　名	読み方	範囲	種	開業日	県名	所　在　地

秩父鉄道

- 本　　社　〒360-0033 埼玉県熊谷市曙町1丁目1番地
- 設　　立　1899.11.08
- 路　　線　秩父本線、三ヶ尻線
- 営業キロ　第1種鉄道事業＝79.3km（39駅）

秩父本線

■ 羽生〜三峰口　71.7km／1067mm／37駅／1901.10.07開業／普通鉄道／蒸気・架空線式 直流1500V

駅名	読み方		種	開業日	県名	所在地
羽生	はにゅう		客	1921.04.01	埼玉	羽生市南1-1-62
西羽生	にしはにゅう		客	1981.09.01	埼玉	羽生市西5-32-2
新郷	しんごう		客	1921.04.01	埼玉	羽生市大字上新郷1950
武州荒木	ぶしゅうあらき		客	1921.04.01	埼玉	行田市大字荒木1411
東行田	ひがしぎょうだ		客	1932.11.20	埼玉	行田市桜町2-23-12
行田市	ぎょうだし		客	1921.04.01	埼玉	行田市中央19-18
持田	もちだ		客	1925.11.15	埼玉	行田市城西4-6-1
ソシオ流通センター	そしおりゅうつうせんたー		客	2017春予定	埼玉	行田市佐谷田
熊谷	くまがや		客	1901.10.07	埼玉	熊谷市桜木町1-202-1
上熊谷	かみくまがや		客	1933.04.01	埼玉	熊谷市宮本町255
石原	いしわら		客	1901.10.07	埼玉	熊谷市石原1485
ひろせ野鳥の森	ひろせやちょうのもり		客	2003.03.27	埼玉	熊谷市広瀬川原1040-1
広瀬川原[貨]	ひろせがわら		貨	1945.10.13	埼玉	熊谷市大麻生2229-3
大麻生	おおあそう		客	1901.10.07	埼玉	熊谷市大麻生1921-6
明戸	あけと		客	1985.03.14	埼玉	深谷市瀬山578-8
武川	たけかわ		客	1901.10.07	埼玉	深谷市田中100-4
永田	ながた		客	1913.06.01	埼玉	深谷市永田153-4
小前田	おまえだ		客	1901.10.07	埼玉	深谷市小前田1680-1
桜沢	さくらざわ		客	1989.04.01	埼玉	大里郡寄居町大字桜沢1987-1
寄居	よりい		客	1901.10.07	埼玉	大里郡寄居町大字寄居133-2
波久礼	はぐれ		客	1903.04.02	埼玉	大里郡寄居町大字末野81-1
樋口	ひぐち		客	1911.09.14	埼玉	秩父郡長瀞町大字野上下郷939-4
野上	のがみ		客	1911.09.14	埼玉	秩父郡長瀞町大字本野上272-2
長瀞	ながとろ		客	1911.09.14	埼玉	秩父郡長瀞町大字長瀞529-2
上長瀞	かみながとろ		客	1916.01.01	埼玉	秩父郡長瀞町大字長瀞1524-1
親鼻	おやはな		客	1914.10.27	埼玉	秩父郡皆野町大字皆野2499-2

駅　名	読み方	範囲	種	開業日	県名	所 在 地
皆野	みなの	客		1914.10.27	埼玉	秩父郡皆野町大字皆野971
和銅黒谷	わどうくろや	客		1914.10.27	埼玉	秩父市黒谷412-4
武州原谷 🏣	ぶしゅうはらや	貨		1956.02.05	埼玉	秩父市大野原1800
大野原	おおのはら	客		1914.10.27	埼玉	秩父市大野原309-2
秩父	ちちぶ	客		1914.10.27	埼玉	秩父市宮側町1-7
御花畑	おはなばたけ	客		1917.09.27	埼玉	秩父市東町21-3
影森	かげもり	客貨		1917.09.27	埼玉	秩父市上影森71-4
浦山口	うらやまぐち	客		1930.03.15	埼玉	秩父市荒川久那3895
武州中川	ぶしゅうなかがわ	客		1930.03.15	埼玉	秩父市荒川上田野1451-5
武州日野	ぶしゅうひの	客		1930.03.15	埼玉	秩父市荒川日野822
白久	しろく	客		1930.03.15	埼玉	秩父市荒川白久524-8
三峰口	みつみねぐち	客		1930.03.15	埼玉	秩父市荒川白久1625

［注］広瀬川原の開業日は、『鉄道停車場一覧』昭21では1945.12.01。

三ヶ尻線

■武川～熊谷貨物ターミナル　7.6km／1067mm／2駅／1979.10.01開業／普通鉄道／架空線式 直流1500V

駅名	読み方	範囲	種	開業日	県名	所在地
（武川）	（秩父本線所属）			1979.10.01		
三ヶ尻 🏣	みかじり		貨	1979.10.01	埼玉	熊谷市三ヶ尻3082-2
熊谷貨物ターミナル 🏣	くまがやかもつたーみなる		貨	1979.10.01	埼玉	熊谷市久保島1071-4

埼玉高速鉄道

- ●本　　社　〒336-0963 埼玉県さいたま市緑区大字大門字宮下3888番地
- ●設　　立　1992.03.25
- ●路　　線　埼玉高速鉄道線
- ●営業キロ　第1種鉄道事業＝14.6km（8駅）

埼玉高速鉄道線（愛称：埼玉スタジアム線）

■赤羽岩淵～浦和美園　14.6km／1067mm／8駅／2001.03.28開業／普通鉄道／架空線式 直流1500V

駅名	読み方	範囲	種	開業日	県名	所在地
赤羽岩淵	あかばねいわぶち	客	他	2001.03.28	東京	北区赤羽1-52-8
川口元郷	かわぐちもとごう	客		2001.03.28	埼玉	川口市元郷1-2-15
南鳩ヶ谷	みなみはとがや	客		2001.03.28	埼玉	川口市南鳩ヶ谷5-1-7
鳩ヶ谷	はとがや	客		2001.03.28	埼玉	川口市大字里1650-1
新井宿	あらいじゅく	客		2001.03.28	埼玉	川口市大字新井宿15-3
戸塚安行	とづかあんぎょう	客		2001.03.28	埼玉	川口市大字長蔵新田331-1
東川口	ひがしかわぐち	客		2001.03.28	埼玉	川口市東川口1-1-1
浦和美園	うらわみその	客		2001.03.28	埼玉	さいたま市緑区大門宮下3888

駅　名	読み方	範囲	種	開業日	県名	所在地

埼玉新都市交通

- 本　社　〒362-0806 埼玉県北足立郡伊奈町大字小室288
- 設　立　1980.04.01
- 路　線　伊奈線
- 営業キロ　第1種鉄道事業＝12.7km（13駅）

伊奈線（愛称：ニューシャトル）

■大宮～内宿　12.7km／13駅／1983.12.22開業／案内軌条式鉄道／三相交流750V

駅名	読み方	種	開業日	県名	所在地
大宮	おおみや	客	1983.12.22	埼玉	さいたま市大宮区錦町685-1
鉄道博物館	てつどうはくぶつかん	客	1983.12.22	埼玉	さいたま市大宮区大成町3-89
加茂宮	かものみや	客	1983.12.22	埼玉	さいたま市北区宮原町1-305
東宮原	ひがしみやはら	客	1983.12.22	埼玉	さいたま市北区宮原町2-109-7
今羽	こんば	客	1983.12.22	埼玉	さいたま市北区吉野町1-25-1
吉野原	よしのはら	客	1983.12.22	埼玉	さいたま市北区吉野町1-404-2
原市	はらいち	客	1983.12.22	埼玉	上尾市大字原市512-1
沼南	しょうなん	客	1983.12.22	埼玉	上尾市大字原市2135-10
丸山	まるやま	客	1983.12.22	埼玉	北足立郡伊奈町大字小室289-1
志久	しく	客	1983.12.22	埼玉	北足立郡伊奈町大字小室4935
伊奈中央	いなちゅうおう	客	1983.12.22	埼玉	北足立郡伊奈町大字小室9742-2
羽貫	はぬき	客	1983.12.22	埼玉	北足立郡伊奈町学園1-1
内宿	うちじゅく	客	1990.08.02	埼玉	北足立郡伊奈町内宿台3-3

銚子電気鉄道

- 本　社　〒288-0056 千葉県銚子市新生町2丁目297番
- 設　立　1948.08.20
- 路　線　銚子電気鉄道線
- 営業キロ　第1種鉄道事業＝6.4km（10駅）

銚子電気鉄道線

■銚子～外川　6.4km／1067mm／10駅／1923.07.05開業／普通鉄道／架空線式 直流600V

駅名	読み方	種		開業日	県名	所在地
銚子	ちょうし	客	他	1923.07.05	千葉	銚子市西芝町
仲ノ町	なかのちょう	客		1923.07.05	千葉	銚子市新生町2-297
観音	かんのん	客		1923.07.05	千葉	銚子市前宿町36-1
本銚子	もとちょうし	客		1923.07.05	千葉	銚子市清水町2917
笠上黒生	かさがみくろはえ	客		1925.07.01	千葉	銚子市笠上町6015

駅　名	読み方	範囲	種	開業日	県名	所在地
西海鹿島	にしあしかじま		客	1970.03.01	千葉	銚子市海鹿島町5212
海鹿島	あしかじま		客	1923.07.05	千葉	銚子市小畑新町8505-1
君ヶ浜	きみがはま		客	1931.06.21	千葉	銚子市君ヶ浜8987-4
犬吠	いぬぼう		客	1935.06.21	千葉	銚子市犬吠埼9595-1
外川	とかわ		客	1923.07.05	千葉	銚子市外川町2-10636

北総鉄道
（ほくそうてつどう）

- ● 本　　社　〒273-0107　千葉県鎌ケ谷市新鎌ケ谷4丁目2番3号
- ● 設　　立　1972.05.10
- ● 路　　線　北総線
- ● 営業キロ　第1種鉄道事業＝京成高砂～小室 19.8km（12駅）、
  　　　　　　第2種鉄道事業＝小室～印旛日本医大 12.5km（3駅）〔第3種鉄道事業＝千葉ニュータウン鉄道（小室～印旛日本医大）〕

北総線
（ほくそうせん）

■ 京成高砂～印旛日本医大　32.3km／1435mm／15駅／1979.03.09開業／普通鉄道／架空線式 直流1500V

駅名	読み方	範囲	種	開業日	県名	所在地
京成高砂	けいせいたかさご	客	他	1991.03.31	東京	葛飾区高砂5-28-1
新柴又	しんしばまた	客		1991.03.31	東京	葛飾区柴又5-7-1
矢切	やぎり	客		1991.03.31	千葉	松戸市下矢切120
北国分	きたこくぶん	客		1991.03.31	千葉	市川市堀之内3-21-1
秋山	あきやま	客		1991.03.31	千葉	松戸市秋山112
東松戸	ひがしまつど	客		1991.03.31	千葉	松戸市東松戸2-158
松飛台	まつひだい	客		1991.03.31	千葉	松戸市紙敷1-29-5
大町	おおまち	客		1991.03.31	千葉	市川市大町175
新鎌ヶ谷	しんかまがや	客		1991.03.31	千葉	鎌ケ谷市新鎌ケ谷1-13-1
西白井	にししろい	客		1979.03.09	千葉	白井市根1059-2
白井	しろい	客		1979.03.09	千葉	白井市復620
小室	こむろ	客		1979.03.09	千葉	船橋市小室町3106
千葉ニュータウン中央	ちばにゅーたうんちゅうおう	客		1988.04.01	千葉	印西市中央南1-1390-1
印西牧の原	いんざいまきのはら	客		1995.04.01	千葉	印西市原1-2191
印旛日本医大	いんばにほんいだい	客		2000.07.22	千葉	印西市若萩1-1

中小私鉄

南関東

	駅　　名	読み方	範囲	種	開業日	県名	所　在　地

流鉄

- 本　　社　〒270-0164 千葉県流山市流山１丁目264番地
- 設　　立　1913.11.07
- 路　　線　流山線
- 営業キロ　第１種鉄道事業＝5.7km（６駅）

流山線

■ 馬橋〜流山　5.7km／1067mm／６駅／1916.03.14開業／普通鉄道／架空線式 直流1500V・内燃

駅名	読み方	種	開業日	県名	所在地
馬橋	まばし	客	1916.03.14	千葉	松戸市馬橋西ノ下181
幸谷	こうや	客	1961.02.03	千葉	松戸市新松戸1-441
小金城趾	こがねじょうし	客	1953.12.24	千葉	松戸市大金平4-212-2
鰭ヶ崎	ひれがさき	客	1916.03.14	千葉	流山市鰭ヶ崎宮後1438-3
平和台	へいわだい	客	1933.04.07	千葉	流山市流山4-483
流山	ながれやま	客	1916.03.14	千葉	流山市流山1-264

東葉高速鉄道

- 本　　社　〒276-0049 千葉県八千代市緑が丘１丁目1120番地３
- 設　　立　1981.09.01
- 路　　線　東葉高速線
- 営業キロ　第１種鉄道事業＝16.2km（９駅）

東葉高速線

■ 西船橋〜東葉勝田台　16.2km／1067mm／９駅／1996.04.27開業／普通鉄道／架空線式 直流1500V

駅名	読み方	種		開業日	県名	所在地
西船橋	にしふなばし	客	他	1996.04.27	千葉	船橋市西船4-27-7
東海神	ひがしかいじん	客		1996.04.27	千葉	船橋市海神2-15　地下1号
飯山満	はさま	客		1996.04.27	千葉	船橋市飯山満町2-1053-5
北習志野	きたならしの	客		1996.04.27	千葉	船橋市習志野台3-1-1
船橋日大前	ふなばしにちだいまえ	客		1996.04.27	千葉	船橋市坪井東1-4-1
八千代緑が丘	やちよみどりがおか	客		1996.04.27	千葉	八千代市緑が丘1-1104-3
八千代中央	やちよちゅうおう	客		1996.04.27	千葉	八千代市ゆりのき台1-38
村上	むらかみ	客		1996.04.27	千葉	八千代市村上南1-8-1
東葉勝田台	とうようかつただい	客		1996.04.27	千葉	八千代市勝田台北3-2-5

山方

- ●本　　社　〒103-0016 東京都中央区日本橋小網町 6 番 1 号
- ●設　　立　1951.02.20
- ●路　　線　ユーカリが丘線
- ●営業キロ　第 1 種鉄道事業＝4.1km（6駅）

ユーカリが丘線

■ ユーカリが丘～公園　4.1km／6駅／1982.11.02開業／中央案内軌条式鉄道／直流750V

駅名	読み方	範囲	種	開業日	県名	所在地
ユーカリが丘	ゆーかりがおか	客		1982.11.02	千葉	佐倉市ユーカリが丘4-8-4
地区センター	ちくせんたー	客		1992.12.03	千葉	佐倉市ユーカリが丘4-3-1
公園	こうえん	客		1982.11.02	千葉	佐倉市ユーカリが丘6-5-5
女子大	じょしだい	客		1982.11.02	千葉	佐倉市ユーカリが丘5-1-1
中学校	ちゅうがっこう	客		1982.11.02	千葉	佐倉市宮ノ台3-1-1
井野	いの	客		1983.09.22	千葉	佐倉市ユーカリが丘7-24-1
（公園）				1983.09.22		

千葉都市モノレール

- ●本　　社　〒263-0012 千葉県千葉市稲毛区萩台町199番地 1
- ●設　　立　1979.03.20
- ●路　　線　2号線、1号線
- ●営業キロ　軌道＝15.2km（18駅）

2号線

■ 千葉～千城台　12.0km／13駅／1988.03.28開業／懸垂式軌道／直流1500V

駅名	読み方	範囲	種	開業日	県名	所在地
千葉	ちば	客		1995.08.01	千葉	千葉市中央区新千葉1-1-1
千葉公園	ちばこうえん	客	無	1991.06.12	千葉	千葉市中央区弁天3-464-1
作草部	さくさべ	客	無	1991.06.12	千葉	千葉市稲毛区作草部2-1-19
天台	てんだい	客	無	1991.06.12	千葉	千葉市稲毛区天台1-1095-2
穴川	あながわ	客	無	1991.06.12	千葉	千葉市稲毛区穴川79-1
スポーツセンター	すぽーつせんたー	客	無	1988.03.28	千葉	千葉市稲毛区天台6-212-6
動物公園	どうぶつこうえん	客	無	1988.03.28	千葉	千葉市若葉区源町407-7
みつわ台	みつわだい	客	無	1988.03.28	千葉	千葉市若葉区みつわ台3-28
都賀	つが	客		1988.03.28	千葉	千葉市若葉区都賀3-31-1
桜木	さくらぎ	客	無	1988.03.28	千葉	千葉市若葉区桜木7-20-1
小倉台	おぐらだい	客	無	1988.03.28	千葉	千葉市若葉区小倉台4-1731-1

駅　名	読み方	範囲	種	開業日	県名	所　在　地
∴∴ 千城台北	ちしろだいきた	客	無	1988.03.28	千葉	千葉市若葉区千城台北1-2-2
…… 千城台	ちしろだい	客		1988.03.28	千葉	千葉市若葉区千城台北3-1-418

[注] 今後、住居表示の取得に伴い、所在地表記が変わる可能性あり。

1号線

■千葉みなと～県庁前　3.2km／5駅／1995.08.01開業／懸垂式軌道／直流1500V

駅　名	読み方	範囲	種	開業日	県名	所　在　地
…… 千葉みなと	ちばみなと	客		1995.08.01	千葉	千葉市中央区中央港1-17-12
∴∴ 市役所前	しやくしょまえ	客	無	1995.08.01	千葉	千葉市中央区千葉港地先道路
∴∴ （千葉）	（2号線所属）			1995.08.01		
∴∴ 栄町	さかえちょう	客	無	1999.03.24	千葉	千葉市中央区栄町29-9
∴∴ 葭川公園	よしかわこうえん	客	無	1999.03.24	千葉	千葉市中央区中央2-1
…… 県庁前	けんちょうまえ	客	無	1999.03.24	千葉	千葉市中央区市場町1-2

[注] 今後、住居表示の取得に伴い、所在地表記が変わる可能性あり。

京葉臨海鉄道

- 本　　社　〒260-0028　千葉県千葉市中央区新町18-14
- 設　　立　1962.11.20
- 路　　線　臨海本線
- 営業キロ　第1種鉄道事業＝23.8km（12駅）

臨海本線

■蘇我～浜五井　8.8km／1067mm／4駅／1963.09.16開業／普通鉄道／内燃

駅　名	読み方	範囲	種	開業日	県名	所　在　地
蘇我	そが	貨		1963.09.16	千葉	千葉市中央区今井2-50-2
千葉貨物	ちばかもつ	貨		1963.09.16	千葉	千葉市中央区浜野町1216
市原分岐点	いちはらぶんきてん	一	信	1963.09.16	千葉	市原市八幡海岸通
浜五井	はまごい	貨		1963.09.16	千葉	市原市五井南海岸

■市原分岐点～京葉市原　1.6km／1067mm／1駅／1963.09.16開業／普通鉄道／内燃

駅　名	読み方	範囲	種	開業日	県名	所　在　地
（市原分岐点）				1963.09.16		
京葉市原	けいよういちはら	貨		1963.09.16	千葉	市原市八幡海岸通

■浜五井～椎津　8.9km／1067mm／4駅／1965.06.01開業／普通鉄道／内燃

駅　名	読み方	範囲	種	開業日	県名	所　在　地
（浜五井）				1965.06.01		
玉前	たまさき	貨		1965.06.01	千葉	市原市五井南海岸70
甲子	きのえね	貨		1965.06.01	千葉	市原市五井南海岸12-1

駅　名	読み方	範囲	種	開業日	県名	所在地
前川 🈓	まえかわ		貨	1965.06.01	千葉	市原市姉崎海岸2-1
椎津 🈓	しいづ		貨	1965.06.01	千葉	市原市姉崎海岸5

■椎津～北袖　2.2km／1067mm／2駅／1968.10.01開業／普通鉄道／内燃

（椎津）				1968.10.01		
北袖分岐点	きたそでぶんきてん	―	信	1973.03.28	千葉	N/A
北袖 🈓	きたそで		貨	1968.10.01	千葉	袖ヶ浦市北袖9

■北袖分岐点～京葉久保田　2.3km／1067mm／1駅／1973.03.28開業／普通鉄道／内燃

（北袖分岐点）				1973.03.28		
京葉久保田 🈓	けいようくぼた		貨	1973.03.28	千葉	袖ヶ浦市北袖122

舞浜リゾートライン

- ●本　　社　〒279-8523　千葉県浦安市舞浜2番地18
- ●設　　立　1997.04.09
- ●路　　線　ディズニーリゾートライン
- ●営業キロ　第1種鉄道事業＝5.0km（4駅）

ディズニーリゾートライン

■リゾートゲートウェイ・ステーション～リゾートゲートウェイ・ステーション　5.0km／4駅／
2001.07.27開業／跨座式鉄道／直流1500V

リゾートゲートウェイ・ステーション	りぞーとげーとうぇい・すてーしょん	客	2001.07.27	千葉	浦安市舞浜
東京ディズニーランド・ステーション	とうきょうでぃずにーらんど・すてーしょん	客	2001.07.27	千葉	浦安市舞浜
ベイサイド・ステーション	べいさいど・すてーしょん	客	2001.07.27	千葉	浦安市舞浜
東京ディズニーシー・ステーション	とうきょうでぃずにーしー・すてーしょん	客	2001.07.27	千葉	浦安市舞浜
（リゾートゲートウェイ・ステーション）			2001.07.27	千葉	浦安市舞浜

小湊鉄道（小湊鐵道）

- ●本　　社　〒290-0054 千葉県市原市五井中央東1丁目1番地2
- ●設　　立　1917.05.19
- ●路　　線　小湊鉄道線
- ●営業キロ　第1種鉄道事業＝39.1km（18駅）

小湊鉄道線

■五井〜上総中野　39.1km／1067mm／18駅／1925.03.07開業／普通鉄道／内燃

駅名	読み方	範囲	種	開業日	県名	所在地
五井	ごい	客		1925.03.07	千葉	市原市五井中央西2-1-11
上総村上	かずさむらかみ	客	無	1927.02.25	千葉	市原市村上1358-2
海士有木	あまありき	客	無	1925.03.07	千葉	市原市海士有木1813
上総三又	かずさみつまた	客	無	1932.11.20	千葉	市原市海士有木276-1
上総山田	かずさやまだ	客	無	1925.03.07	千葉	市原市磯ヶ谷2079-3
光風台	こうふうだい	客		1976.11.23	千葉	市原市中高根846
馬立	うまたて	客	無	1925.03.07	千葉	市原市馬立790-2
上総牛久	かずさうしく	客		1925.03.07	千葉	市原市牛久897-2
上総川間	かずさかわま	客	無	1937.04.10	千葉	市原市下矢田547-4
上総鶴舞	かずさつるまい	客	無	1925.03.07	千葉	市原市池和田898-2
上総久保	かずさくぼ	客	無	1933.04.10	千葉	市原市久保574-3
高滝	たかたき	客	無	1925.03.07	千葉	市原市高滝736-2
里見	さとみ	客		1925.03.07	千葉	市原市平野176-1
飯給	いたぶ	客	無	1926.09.01	千葉	市原市飯給973-3
月崎	つきざき	客	簡	1926.09.01	千葉	市原市月崎539
上総大久保	かずさおおくぼ	客	無	1928.05.16	千葉	市原市大久保496-2
養老渓谷	ようろうけいこく	客		1928.05.16	千葉	市原市朝生原177
上総中野	かずさなかの	客	無	1928.05.16	千葉	夷隅郡大多喜町堀切61

いすみ鉄道

- ●本　　社　〒298-0216 千葉県夷隅郡大多喜町大多喜264番地
- ●設　　立　1987.07.07
- ●路　　線　いすみ線
- ●営業キロ　第1種鉄道事業＝26.8km（14駅）

いすみ線

■ 大原～上総中野　26.8km／1067mm／14駅／1988.03.24開業（国有鉄道木原線1930.04.01開業）／普通鉄道／内燃

駅名	読み方	範囲	種	開業日	県名	所在地
大原	おおはら	客		1930.04.01	千葉	いすみ市大原8701
西大原	にしおおはら	客		1960.06.20	千葉	いすみ市新田3559
上総東	かずさあずま	客		1930.04.01	千葉	いすみ市佐室339
新田野	にったの	客		1960.06.20	千葉	いすみ市新田野330
国吉	くによし	客		1930.04.01	千葉	いすみ市苅谷537-2
上総中川	かずさなかがわ	客		1930.04.01	千葉	いすみ市行川705-1
城見ヶ丘	しろみがおか	客		2008.08.09	千葉	夷隅郡大多喜町船子681-3
大多喜	おおたき	客		1930.04.01	千葉	夷隅郡大多喜264
小谷松	こやまつ	客		1960.06.20	千葉	夷隅郡小谷松283-3
東総元	ひがしふさもと	客		1937.02.01	千葉	夷隅郡大戸626
久我原	くがはら	客		1960.06.20	千葉	夷隅郡久我原1026
総元	ふさもと	客		1933.08.25	千葉	夷隅郡三又218-2
西畑	にしはた	客		1937.02.01	千葉	夷隅郡庄司414-7
上総中野	かずさなかの	客		1934.08.26	千葉	夷隅郡堀切61

芝山鉄道

- ●本　　社　〒289-1601 千葉県山武郡芝山町香山新田148番地1
- ●設　　立　1981.05.01
- ●路　　線　芝山鉄道線
- ●営業キロ　第1種鉄道事業＝2.2km（2駅）

芝山鉄道線

■ 東成田～芝山千代田　2.2km／1435mm／2駅／2002.10.27開業／普通鉄道／架空線式 直流1500V

駅名	読み方	範囲	種	開業日	県名	所在地
東成田	ひがしなりた	客	他	2002.10.27	千葉	成田市古込字込前124
芝山千代田	しばやまちよだ	客		2002.10.27	千葉	山武郡芝山町香山新田148-1

京浜

駅　名	読み方	範囲	種	開業日	県名	所在地

首都圏新都市鉄道

- 本　　社　〒110-8554 東京都台東区台東4丁目25番地7
- 設　　立　1991.03.15
- 路　　線　常磐新線
- 営業キロ　第1種鉄道事業＝58.3km（20駅）

つくばエクスプレス線

■秋葉原～つくば　58.3km／1067mm／20駅／2005.08.24開業／普通鉄道／架空線式 直流1500V（秋葉原～［守谷・みらい平］）交流20000V（［守谷・みらい平］～つくば）

駅名	読み方	種	開業日	県名	所在地
秋葉原	あきはばら	客	2005.08.24	東京	千代田区神田佐久間町1-6-10
新御徒町	しんおかちまち	客	2005.08.24	東京	台東区小島2-21-18
浅草	あさくさ	客	2005.08.24	東京	台東区西浅草3-1-11
南千住	みなみせんじゅ	客	2005.08.24	東京	荒川区南千住4-4-1
北千住	きたせんじゅ	客	2005.08.24	東京	足立区千住旭町42-3
青井	あおい	客	2005.08.24	東京	足立区青井3-24-1
六町	ろくちょう	客	2005.08.24	東京	足立区六町4-1-1
八潮	やしお	客	2005.08.24	埼玉	八潮市大瀬6-5-1
三郷中央	みさとちゅうおう	客	2005.08.24	埼玉	三郷市中央1-1
南流山	みなみながれやま	客	2005.08.24	千葉	流山市南流山2-1
流山セントラルパーク	ながれやまセントラルぱーく	客	2005.08.24	千葉	流山市前平井119
流山おおたかの森	ながれやまおおたかのもり	客	2005.08.24	千葉	流山市西初石6-182-3
柏の葉キャンパス	かしわのはきゃんぱす	客	2005.08.24	千葉	柏市若柴174
柏たなか	かしわたなか	客	2005.08.24	千葉	柏市小青田274-1
守谷	もりや	客	2005.08.24	茨城	守谷市中央4-9
みらい平	みらいだいら	客	2005.08.24	茨城	つくばみらい市陽光台1-5
みどりの	みどりの	客	2005.08.24	茨城	つくば市みどりの1-29-3
万博記念公園	ばんぱくきねんこうえん	客	2005.08.24	茨城	つくば市島名4386
研究学園	けんきゅうがくえん	客	2005.08.24	茨城	つくば市研究学園5-9-1
つくば	つくば	客	2005.08.24	茨城	つくば市吾妻2-128

駅　名	読み方	範囲	種	開業日	県名	所在地

ゆりかもめ

- ●本　　社　〒135-0063 東京都江東区有明３丁目13番１号
- ●設　　立　1988.04.25
- ●路　　線　東京臨海新交通臨海線
- ●営業キロ　第１種鉄道事業＝6.8km（４駅）、軌道＝7.9km（12駅）
  鉄道＝日の出～お台場海浜公園、テレコムセンター～国際展示場正門／軌道＝新橋～日の出、
  お台場海浜公園～テレコムセンター、国際展示場正門～豊洲

東京臨海新交通臨海線

■新橋～豊洲　14.7km／16駅／1995.11.01開業／側方案内軌条式鉄道・側方案内軌条式軌道／三相交流600V

	駅名	読み方	範囲	種	開業日	県名	所在地
……	新橋	しんばし	客		2001.03.22	東京	港区東新橋1
∷	汐留	しおどめ	客	無	2002.11.02	東京	港区東新橋1
∷	竹芝	たけしば	客	無	1995.11.01	東京	港区海岸1
∥	日の出	ひので	客	無	1995.11.01	東京	港区海岸1
∥	芝浦ふ頭	しばうらふとう	客	無	1995.11.01	東京	港区海岸3
∷	お台場海浜公園	おだいばかいひんこうえん	客	無	1995.11.01	東京	港区台場2
∷	台場	だいば	客	無	1995.11.01	東京	港区台場2
∷	船の科学館	ふねのかがくかん	客		1995.11.01	東京	江東区青海1
∥	テレコムセンター	てれこむせんたー	客	無	1995.11.01	東京	江東区青海2
∥	青海	あおみ	客		1995.11.01	東京	江東区青海1
∷	国際展示場正門	こくさいてんじじょうせいもん	客	無	1995.11.01	東京	江東区有明3
∷	有明	ありあけ	客	無	1995.11.01	東京	江東区有明3
∷	有明テニスの森	ありあけてにすのもり	客	無	2006.03.27	東京	江東区有明1
∷	市場前	しじょうまえ	客	無	2006.03.27	東京	江東区豊洲6
∷	新豊洲	しんとよす	客	無	2006.03.27	東京	江東区豊洲6
……	豊洲	とよす	客		2006.03.27	東京	江東区豊洲2

中小私鉄

京浜

	駅　　名	読み方	範囲	種	開業日	県名	所 在 地

東京臨海高速鉄道

- 本　　社　〒135-0064　東京都江東区青海１丁目２番１号
- 設　　立　1991.03.12
- 路　　線　りんかい線
- 営業キロ　第１種鉄道事業＝12.2km（８駅）

りんかい線

■新木場〜大崎　12.2km／1067mm／８駅／1996.03.30開業／普通鉄道／架空線式 直流1500V

	駅名	読み方		種	開業日	県名	所在地
	新木場	しんきば		客	1996.03.30	東京	江東区新木場1-6
	東雲	しののめ		客	1996.03.30	東京	江東区東雲2-8-10
	国際展示場	こくさいてんじじょう		客	1996.03.30	東京	江東区有明3-7-3
	東京テレポート	とうきょうてれぽーと		客	1996.03.30	東京	江東区青海1-2-1
	天王洲アイル	てんのうずあいる		客	2001.03.31	東京	品川区東品川2-5-19
	品川シーサイド	しながわしーさいど		客	2002.12.01	東京	品川区東品川4-12-22
	大井町	おおいまち		客	2002.12.01	東京	品川区大井1-2-10
	大崎	おおさき		客 他	2002.12.01	東京	品川区大崎1-21-4

［注］東京テレポート〜天王洲アイルに品川埠頭分岐部が存在するが、停車場ではない。

東京モノレール

- 本　　社　〒105-0013　東京都港区浜松町２丁目４番12号
- 設　　立　1959.08.07
- 路　　線　東京モノレール羽田空港線
- 営業キロ　第１種鉄道事業＝17.8km（11駅）

東京モノレール羽田空港線

■羽田空港第２ビル〜モノレール浜松町　17.8km／11駅／1964.09.17開業／跨座式鉄道／直流750V

	駅名	読み方		種	開業日	県名	所在地
	羽田空港第２ビル	はねだくうこうだいにびる		客	2004.12.01	東京	大田区羽田空港3-4-2
	羽田空港第１ビル	はねだくうこうだいいちびる		客	1993.09.27	東京	大田区羽田空港3-3-2
	新整備場	しんせいびじょう		客	1993.09.27	東京	大田区羽田空港3-5-1
	羽田空港国際線ビル	はねだくうこうこくさいせんびる		客	2010.10.21	東京	大田区羽田空港2-6-5
	天空橋	てんくうばし		客	1993.09.27	東京	大田区羽田空港1-1-2
	整備場	せいびじょう		客	1967.03.20	東京	大田区羽田空港1-7-4
	昭和島	しょうわじま		客	1985.02.07	東京	大田区昭和島2-2-1
	流通センター	りゅうつうせんたー		客	1969.12.15	東京	大田区平和島6-1-2
	大井競馬場前	おおいけいばじょうまえ		客	1965.05.27	東京	品川区勝島2-2-35
	天王洲アイル	てんのうずあいる		客	1992.06.19	東京	品川区東品川2-3-8

駅　名	読み方	範囲	種	開業日	県名	所在地
モノレール浜松町	ものれーるはままつちょう		客	1964.09.17	東京	港区浜松町2-4-12

東京都交通局

- **本　社**　〒163-8001 東京都新宿区西新宿2丁目8番1号
- **設　立**　──
- **路　線**　浅草線、三田線、新宿線、大江戸線、上野懸垂線、荒川線、日暮里・舎人ライナー
- **営業キロ**　第1種鉄道事業＝106.7km（97駅）、第2種鉄道事業＝2.3km（2駅）、懸垂式鉄道 0.3km（2駅）、軌道＝12.2km（30駅）、案内式軌道＝9.7km（12駅）

浅草線（1号線）

■ 西馬込〜押上　18.3km／1435mm／20駅／1960.12.04開業／普通鉄道／架空線式 直流1500V

駅名	読み方	範囲	種	開業日	県名	所在地
西馬込	にしまごめ		客	1968.11.15	東京	大田区西馬込2-1-6
馬込	まごめ		客	1968.11.15	東京	大田区北馬込2-31-9
中延	なかのぶ		客	1968.11.15	東京	品川区東中延2-9-12
戸越	とごし		客	1968.11.15	東京	品川区戸越3-4-17
五反田	ごたんだ		客	1968.11.15	東京	品川区東五反田1-26-2
高輪台	たかなわだい		客	1968.11.15	東京	港区白金台2-26-7先
泉岳寺	せんがくじ		客	1968.06.21	東京	港区高輪2-16-34
三田	みた		客	1968.06.21	東京	港区芝5-34-10
大門	だいもん		客	1964.10.01	東京	港区浜松町1-27-12
新橋	しんばし		客	1963.12.12	東京	港区新橋2-21-1先
東銀座	ひがしぎんざ		客	1963.02.28	東京	中央区銀座4-10-10先
宝町	たからちょう		客	1963.02.28	東京	中央区京橋2-13-11先
日本橋	にほんばし		客	1963.02.28	東京	中央区日本橋1-13-1先
人形町	にんぎょうちょう		客	1962.09.30	東京	中央区日本橋人形町3-7-13
東日本橋	ひがしにほんばし		客	1962.05.31	東京	中央区東日本橋3-11-8先
浅草橋	あさくさばし		客	1960.12.04	東京	台東区浅草橋1-18-11
蔵前	くらまえ		客	1960.12.04	東京	台東区蔵前2-3-1
浅草	あさくさ		客	1960.12.04	東京	台東区駒形1-12-14
本所吾妻橋	ほんじょあづまばし		客	1960.12.04	東京	墨田区吾妻橋3-7-16先
押上	おしあげ		客 他	1960.12.04	東京	墨田区押上1-8-21

三田線（6号線）

■ 目黒〜西高島平　26.5km／1067mm／26駅／1968.12.27開業／普通鉄道／架空線式 直流1500V
　第2種鉄道事業＝目黒〜白金高輪〔第3種鉄道事業＝東京地下鉄（目黒〜白金高輪）〕

駅名	読み方	範囲	種	開業日	県名	所在地
目黒	めぐろ		客 他	2000.09.26	東京	品川区上大崎4-2-1
白金台	しろかねだい		客 他	2000.09.26	東京	港区白金台4-5-10

駅名	読み方	範囲	種	開業日	県名	所在地
白金高輪	しろかねたかなわ	客	他	2000.09.26	東京	港区高輪1-3-20先
(三田)	(浅草線所属)			1973.11.27		
芝公園	しばこうえん	客		1973.11.27	東京	港区芝公園4-8-14
御成門	おなりもん	客		1973.11.27	東京	港区西新橋3-24-6
内幸町	うちさいわいちょう	客		1973.11.27	東京	千代田区内幸町2-2-3先
日比谷	ひびや	客		1972.06.30	東京	千代田区有楽町1-13-1先
大手町	おおてまち	客		1972.06.30	東京	千代田区丸の内1-3-1先
神保町	じんぼうちょう	客		1972.06.30	東京	千代田区神田神保町2-1
水道橋	すいどうばし	客		1972.06.30	東京	文京区後楽1-3-42先
春日	かすが	客		1972.06.30	東京	文京区本郷4-15-16
白山	はくさん	客		1972.06.30	東京	文京区白山5-36-10
千石	せんごく	客		1972.06.30	東京	文京区千石1-29-13
巣鴨	すがも	客		1968.12.27	東京	豊島区巣鴨3-27-7
西巣鴨	にしすがも	客		1968.12.27	東京	豊島区西巣鴨3-25-13
新板橋	しんいたばし	客		1968.12.27	東京	板橋区板橋1-53-17
板橋区役所前	いたばしくやくしょまえ	客		1968.12.27	東京	板橋区板橋2-66-17
板橋本町	いたばしほんちょう	客		1968.12.27	東京	板橋区大和町17-1
本蓮沼	もとはすぬま	客		1968.12.27	東京	板橋区蓮沼町19-8
志村坂上	しむらさかうえ	客		1968.12.27	東京	板橋区志村1-14-13
志村三丁目	しむらさんちょうめ	客		1968.12.27	東京	板橋区志村3-23-1
蓮根	はすね	客		1968.12.27	東京	板橋区蓮根2-31-30
西台	にしだい	客		1968.12.27	東京	板橋区高島平9-1-1
高島平	たかしまだいら	客		1968.12.27	東京	板橋区高島平8-2-1
新高島平	しんたかしまだいら	客		1976.05.06	東京	板橋区高島平7-1
西高島平	にしたかしまだいら	客		1976.05.06	東京	板橋区高島平6-1

新宿線（10号線）

■ 新宿〜本八幡　23.5km／1372mm／20駅／1978.12.21開業／普通鉄道／架空線式 直流1500V

駅名	読み方	範囲	種	開業日	県名	所在地
新宿	しんじゅく	客	他	1980.03.16	東京	新宿区西新宿1-18先
新宿三丁目	しんじゅくさんちょうめ	客		1980.03.16	東京	新宿区新宿3-3-2
曙橋	あけぼのばし	客		1980.03.16	東京	新宿区住吉町7-1
市ヶ谷	いちがや	客		1980.03.16	東京	千代田区九段南4-8-22
九段下	くだんした	客		1980.03.16	東京	千代田区九段北1-13-19
(神保町)	(三田線所属)			1980.03.16		
小川町	おがわちょう	客		1980.03.16	東京	千代田区神田小川町1-6
岩本町	いわもとちょう	客		1978.12.21	東京	千代田区神田岩本町1
馬喰横山	ばくろよこやま	客		1978.12.21	東京	中央区日本橋横山町4-13
浜町	はまちょう	客		1978.12.21	東京	中央区日本橋浜町2-59-3
森下	もりした	客		1978.12.21	東京	江東区森下1-13-10

駅　名	読み方	範囲	種	開業日	県名	所在地
菊川	きくかわ		客	1978.12.21	東京	墨田区菊川3-16-2
住吉	すみよし		客	1978.12.21	東京	江東区住吉2-23-12
西大島	にしおおじま		客	1978.12.21	東京	江東区大島2-41-19
大島	おおじま		客	1978.12.21	東京	江東区大島5-10-8
東大島	ひがしおおじま		客	1978.12.21	東京	江東区大島9-3-14
船堀	ふなぼり		客	1983.12.23	東京	江戸川区船堀3-6-1
一之江	いちのえ		客	1986.09.14	東京	江戸川区一之江8-14-1
瑞江	みずえ		客	1986.09.14	東京	江戸川区瑞江2-2-1
篠崎	しのざき		客	1986.09.14	東京	江戸川区篠崎町7-27-1
本八幡	もとやわた		客	1989.03.19	千葉	市川市八幡2-16-13

大江戸線（12号線）

■ 都庁前～光が丘　40.7km／1435mm／33駅／1991.12.10開業／普通鉄道／架空線式 直流1500V 鉄輪式リニアモーターカー

駅　名	読み方	範囲	種	開業日	県名	所在地
都庁前	とちょうまえ		客	2000.12.12	東京	新宿区西新宿2-8-1
新宿西口	しんじゅくにしぐち		客	2000.12.12	東京	新宿区西新宿1-3-17
東新宿	ひがししんじゅく		客	2000.12.12	東京	新宿区新宿7-27-3
若松河田	わかまつかわだ		客	2000.12.12	東京	新宿区河田町10-10
牛込柳町	うしごめやなぎちょう		客	2000.12.12	東京	新宿区原町2-32
牛込神楽坂	うしごめかぐらざか		客	2000.12.12	東京	新宿区箪笥町15
飯田橋	いいだばし		客	2000.12.12	東京	文京区後楽1-9-5
（春日）	（三田線所属）			2000.12.12		
本郷三丁目	ほんごうさんちょうめ		客	2000.12.12	東京	文京区本郷2-40-8
上野御徒町	うえのおかちまち		客	2000.12.12	東京	台東区上野5-26-6
新御徒町	しんおかちまち		客	2000.12.12	東京	台東区元浅草1-5-2
（蔵前）	（浅草線所属）			2000.12.12		
両国	りょうごく		客	2000.12.12	東京	墨田区横網1-4-29
（森下）	（新宿線所属）			2000.12.12		
清澄白河	きよすみしらかわ		客	2000.12.12	東京	江東区白河1-7-14
門前仲町	もんぜんなかちょう		客	2000.12.12	東京	江東区門前仲町2-5-2先
月島	つきしま		客	2000.12.12	東京	中央区月島1-5-4先
勝どき	かちどき		客	2000.12.12	東京	中央区勝どき2-10-15先
築地市場	つきじしじょう		客	2000.12.12	東京	中央区築地5-1-2
汐留	しおどめ		客	2002.11.02	東京	港区東新橋1-9-1先
（大門）	（浅草線所属）			2000.12.12		
赤羽橋	あかばねばし		客	2000.12.12	東京	港区東麻布1-28-13
麻布十番	あざぶじゅうばん		客	2000.12.12	東京	港区麻布十番1-4-6
六本木	ろっぽんぎ		客	2000.12.12	東京	港区赤坂9-7-39
青山一丁目	あおやまいっちょうめ		客	2000.12.12	東京	港区北青山1-2-4

駅　名	読み方	範囲	種	開業日	県名	所在地
国立競技場	こくりつきょうぎじょう	客		2000.04.20	東京	新宿区霞ヶ丘町10-3
代々木	よよぎ	客		2000.04.20	東京	渋谷区代々木1-35-5
(新宿)	(新宿線所属)			1997.12.19		
(都庁前)	(大江戸線所属)			1997.12.19		
西新宿五丁目	にししんじゅくごちょうめ	客		1997.12.19	東京	新宿区西新宿5-25-9
中野坂上	なかのさかうえ	客		1997.12.19	東京	中野区中央2-2-28
東中野	ひがしなかの	客		1997.12.19	東京	中野区東中野3-8-16
中井	なかい	客		1997.12.19	東京	新宿区上落合2-20-8
落合南長崎	おちあいみなみながさき	客		1997.12.19	東京	新宿区西落合3-1-18
新江古田	しんえごた	客		1997.12.19	東京	中野区江原町2-29-13
練馬	ねりま	客		1991.12.10	東京	練馬区豊玉北5-17-12
豊島園	としまえん	客		1991.12.10	東京	練馬区練馬4-14-17
練馬春日町	ねりまかすがちょう	客		1991.12.10	東京	練馬区春日町3-29-25
光が丘	ひかりがおか	客		1991.12.10	東京	練馬区光が丘2-9-5

上野懸垂線

■上野動物園東園〜上野動物園西園　0.3km／2駅／1957.12.17開業／懸垂式鉄道／直流600V

駅　名	読み方	範囲	種	開業日	県名	所在地
上野動物園東園	うえのどうぶつえんひがしえん	客		1957.12.17	東京	台東区上野公園
上野動物園西園	うえのどうぶつえんにしえん	客		1957.12.17	東京	台東区上野公園

荒川線

■三ノ輪橋〜早稲田　12.2km／1372mm／30駅／1911.08.20開業／軌道／架空線式 直流600V

駅　名	読み方	範囲	種	開業日	県名	所在地
三ノ輪橋	みのわばし	客	留	1913.04.01	東京	Ⓐ荒川区南千住1-12 / Ⓑ荒川区南千住1-17
荒川一中前	あらかわいっちゅうまえ	客	留	2000.11.11	東京	Ⓐ荒川区南千住1-1 / Ⓑ荒川区南千住1-21
荒川区役所前	あらかわくやくしょまえ	客	留	1961.＿.＿	東京	Ⓐ荒川区荒川1-33 / Ⓑ荒川区荒川1-3
荒川二丁目	あらかわにちょうめ	客	留	1951頃	東京	Ⓐ荒川区荒川2-37 / Ⓑ荒川区荒川8-25
荒川七丁目	あらかわななちょうめ	客	留	1913.04.01	東京	Ⓐ荒川区荒川7-9 / Ⓑ荒川区荒川7-6
町屋駅前	まちやえきまえ	客	留	1927.07.27	東京	Ⓐ荒川区荒川7-50 / Ⓑ荒川区町屋2-1
町屋二丁目	まちやにちょうめ	客	留	1947頃	東京	Ⓐ荒川区荒川6-41 / Ⓑ荒川区町屋2-17
東尾久三丁目	ひがしおぐさんちょうめ	客	留	1913.04.01	東京	Ⓐ荒川区東尾久3-7 / Ⓑ荒川区東尾久6-8

駅　名	読み方	範囲	種	開業日	県名	所在地
熊野前	くまのまえ	客	留	1913.04.01	東京	Ⓐ荒川区東尾久5-12
						Ⓑ荒川区東尾久6-52
宮ノ前	みやのまえ	客	留	1948.08.24?	東京	Ⓐ荒川区東尾久5-46
						Ⓑ荒川区西尾久3-7
小台	おだい	客	留	1913.04.01	東京	Ⓐ荒川区西尾久5-8
						Ⓑ荒川区西尾久3-21
荒川遊園地前	あらかわゆうえんちまえ	客	留	1947.10.15	東京	Ⓐ荒川区西尾久7-5
						Ⓑ荒川区西尾久6-30
荒川車庫前	あらかわしゃこまえ	客	留	1913.04.01	東京	Ⓐ荒川区西尾久7-42
						Ⓑ荒川区西尾久8-33
梶原	かじわら	客	留	1913.04.01	東京	Ⓐ北区堀船3-31
						Ⓑ北区堀船1-34
栄町	さかえちょう	客	留	1950.12.10	東京	Ⓐ北区栄町36
						Ⓑ北区栄町46
王子駅前	おうじえきまえ	客	留	1925.02.07	東京	Ⓐ北区王子1-3
						Ⓑ北区王子1-3
飛鳥山	あすかやま	客	留	1911.08.20	東京	Ⓐ北区滝野川1-4
						Ⓑ北区滝野川1-59
滝野川一丁目	たきのがわいっちょうめ	客	留	1956.09.15	東京	Ⓐ北区滝野川1-23
						Ⓑ北区滝野川1-48
西ヶ原四丁目	にしがはらよんちょうめ	客	留	1911.08.20	東京	Ⓐ北区西ヶ原4-47
						Ⓑ豊島区西巣鴨4-30
新庚申塚	しんこうしんづか	客	留	1929.05.24	東京	Ⓐ豊島区西巣鴨4-1
						Ⓑ豊島区西巣鴨3-15
庚申塚	こうしんづか	客	留	1948.08.25	東京	Ⓐ豊島区西巣鴨3-2
						Ⓑ豊島区西巣鴨2-32
巣鴨新田	すがもしんでん	客	留	1911.08.20	東京	Ⓐ豊島区西巣鴨1-1
						Ⓑ豊島区北大塚2-22
大塚駅前	おおつかえきまえ	客	留	1911.08.20	東京	Ⓐ豊島区南大塚2-46
						Ⓑ豊島区南大塚3-33
向原	むこうはら	客	留	1925.11.12	東京	Ⓐ豊島区南大塚3-24
						Ⓑ豊島区東池袋2-41
東池袋四丁目	ひがしいけぶくろよんちょうめ	客	留	1925.11.12	東京	Ⓐ豊島区東池袋5-8
						Ⓑ豊島区東池袋2-41
都電雑司ヶ谷	とでんぞうしがや	客	留	1948.08.25	東京	Ⓐ豊島区南池袋4-11
						Ⓑ豊島区南池袋3-25
鬼子母神前	きしぼじんまえ	客	留	1925.11.12	東京	Ⓐ豊島区雑司が谷2-8
						Ⓑ豊島区雑司が谷3-2
学習院下	がくしゅういんした	客	留	1928.12.25	東京	Ⓐ豊島区高田2-7
						Ⓑ豊島区高田2-7

駅名	読み方	範囲	種	開業日	県名	所在地
∴∴ 面影橋	おもかげばし	客	留	1945頃	東京	Ⓐ新宿区西早稲田3-7
∴∴						Ⓑ新宿区西早稲田3-17
…… 早稲田	わせだ	客	留	1930.03.30	東京	Ⓐ新宿区西早稲田1-23
∴∴						Ⓑ新宿区西早稲田1-23

日暮里・舎人ライナー

■日暮里〜見沼代親水公園　9.7km／12駅／2008.03.30開業／側方案内式軌道／三相交流750V

駅名	読み方	範囲	種	開業日	県名	所在地
…… 日暮里	にっぽり	客		2008.03.30	東京	荒川区西日暮里2-19-2
∴∴ 西日暮里	にしにっぽり	客		2008.03.30	東京	荒川区西日暮里5-31-7
∴∴ 赤土小学校前	あかどしょうがっこうまえ	客		2008.03.30	東京	荒川区東尾久4-7-7
∴∴ (熊野前)	(荒川線所属)			2008.03.30	東京	荒川区東尾久3-37-6
∴∴ 足立小台	あだちおだい	客		2008.03.30	東京	足立区小台1-20-1
∴∴ 扇大橋	おうぎおおはし	客		2008.03.30	東京	足立区扇2-25-17
∴∴ 高野	こうや	客		2008.03.30	東京	足立区扇2-45-1
∴∴ 江北	こうほく	客		2008.03.30	東京	足立区江北4-30-27
∴∴ 西新井大師西	にしあらいだいしにし	客		2008.03.30	東京	足立区江北6-30-23
∴∴ 谷在家	やざいけ	客		2008.03.30	東京	足立区谷在家3-20-23
∴∴ 舎人公園	とねりこうえん	客		2008.03.30	東京	足立区舎人公園1-10
∴∴ 舎人	とねり	客		2008.03.30	東京	足立区舎人1-16-15
…… 見沼代親水公園	みぬまだいしんすいこうえん	客		2008.03.30	東京	足立区舎人2-21-13

多摩都市モノレール

- ●本　社　〒190-0015 東京都立川市泉町1078番92号
- ●設　立　1986.04.08
- ●路　線　多摩都市モノレール線
- ●営業キロ　軌道＝16.0km（19駅）

多摩都市モノレール線

■多摩センター〜上北台　16.0km／19駅／1998.11.27開業／跨座式軌道／直流1500V

駅名	読み方	範囲	種	開業日	県名	所在地
…… 多摩センター	たまセンター	客		2000.01.10	東京	多摩市落合1-481先
∴∴ 松が谷	まつがや	客	無	2000.01.10	東京	八王子市松が谷40先
∴∴ 大塚・帝京大学	おおつか・ていきょうだいがく	客	無	2000.01.10	東京	八王子市大塚1473先
∴∴ 中央大学・明星大学	ちゅうおうだいがく・めいせいだいがく	客		2000.01.10	東京	八王子市東中野742先
∴∴ 多摩動物公園	たまどうぶつこうえん	客		2000.01.10	東京	日野市程久保7-1先
∴∴ 程久保	ほどくぼ	客	無	2000.01.10	東京	日野市程久保8-1先
∴∴ 高幡不動	たかはたふどう	客		2000.01.10	東京	日野市高幡1039先

駅　名	読み方	範囲	種	開業日	県名	所在地
万願寺	まんがんじ	客	無	2000.01.10	東京	日野市万願寺4-34
甲州街道	こうしゅうかいどう	客	無	2000.01.10	東京	日野市日野1030先
柴崎体育館	しばさきたいいくかん	客	無	2000.01.10	東京	立川市柴崎町6-107先
立川南	たちかわみなみ	客		2000.01.10	東京	立川市柴崎3-7先
立川北	たちかわきた	客		1998.11.27	東京	立川市曙町2-4付近
高松	たかまつ	客		1998.11.27	東京	立川市高松町1-100先
立飛	たちひ	客		1998.11.27	東京	立川市泉町935
泉体育館	いずみたいいくかん	客	無	1998.11.27	東京	立川市泉841
砂川七番	すながわななばん	客	無	1998.11.27	東京	立川市柏町3-1先
玉川上水	たまがわじょうすい	客		1998.11.27	東京	東大和市桜ヶ丘4-19先
桜街道	さくらかいどう	客	無	1998.11.27	東京	東大和市上北台3-470
上北台	かみきただい	客		1998.11.27	東京	東大和市上北台1-5

高尾登山電鉄

- ●本　　社　〒193-8511 東京都八王子市高尾町2205番地
- ●設　　立　1921.09.29
- ●路　　線　高尾鋼索線
- ●営業キロ　第1種鉄道事業＝1.0km（2駅）

高尾鋼索線

■清滝～高尾山　1.0km／1067mm／2駅／1927.01.21開業／鋼索鉄道／電気

	駅名	読み方	種	開業日	県名	所在地
清滝	きよたき	客	1927.01.21	東京	八王子市高尾町2205
高尾山	たかおさん	客	1927.01.21	東京	八王子市高尾町2205

御岳登山鉄道

- ●本　　社　〒198-0174 東京都青梅市御岳2丁目483番地
- ●設　　立　1927.11.20
- ●路　　線　──
- ●営業キロ　第1種鉄道事業＝1.0km（2駅）

■滝本～御岳山　1.0km／1049mm／2駅／1934.12.31開業／鋼索鉄道／電気

駅名	読み方	種	開業日	県名	所在地
滝本	たきもと	客	1934.12.31	東京	青梅市御岳2-483
御岳山	みたけさん	客	1934.12.31	東京	青梅市御岳山17

神奈川臨海鉄道
（かながわりんかいてつどう）

- ●本　　社　〒210-0007 神奈川県川崎市川崎区駅前本町11番地2
- ●設　　立　1963.06.01
- ●路　　線　水江線、千鳥線、浮島線、本牧線
- ●営業キロ　第1種鉄道事業＝16.3km（8駅）

水江線（みずえせん）

■川崎貨物～水江町　2.6km／1067mm／2駅／1964.03.25開業／普通鉄道／内燃

駅名	読み方	範囲	種	開業日	県名	所在地
川崎貨物	かわさきかもつ		貨	1964.03.25	神奈川	川崎市川崎区塩浜4-1-1
水江町	みずえちょう		貨	1964.03.25	神奈川	川崎市川崎区水江町3

千鳥線（ちどりせん）

■川崎貨物～千鳥町　4.2km／1067mm／1駅／1964.03.25開業／普通鉄道／内燃

駅名	読み方	範囲	種	開業日	県名	所在地
（川崎貨物）				1964.03.25		
千鳥町	ちどりちょう		貨	1964.03.25	神奈川	川崎市川崎区千鳥町6

浮島線（うきしません）

■川崎貨物～浮島町　3.9km／1067mm／2駅／1964.03.25開業／普通鉄道／内燃

駅名	読み方	範囲	種	開業日	県名	所在地
（川崎貨物）				1964.03.25		
末広町	すえひろちょう		貨	1964.03.25	神奈川	川崎市川崎区浮島町3
浮島町	うきしまちょう		貨	1964.03.25	神奈川	川崎市川崎区浮島町10

本牧線（ほんもくせん）

■根岸～本牧埠頭　5.6km／1067mm／3駅／1969.10.01開業／普通鉄道／内燃

駅名	読み方	範囲	種	開業日	県名	所在地
根岸	ねぎし		貨	1969.10.01	神奈川	横浜市磯子区東町
横浜本牧	よこはまほんもく		貨	1969.10.01	神奈川	横浜市中区錦町15
本牧埠頭	ほんもくふとう		貨	1969.10.01	神奈川	横浜市中区本牧ふ頭

	駅　名	読み方	範囲	種	開業日	県名	所在地

横浜市交通局

- 本　　社　〒220-0022 神奈川県横浜市西区花咲町6丁目145番地
- 設　　立　―
- 路　　線　1号線、3号線、4号線
- 営業キロ　第1種鉄道事業＝53.4km（40駅）

1号線 (愛称：ブルーライン)

■ 関内～湘南台　19.7km／1435mm／17駅／1972.12.16開業／普通鉄道／第三軌条式 直流750V

駅名	読み方	種	開業日	県名	所在地
関内	かんない	客	1976.09.04	神奈川	横浜市中区尾上町3-42
伊勢佐木長者町	いせざきちょうじゃまち	客	1972.12.16	神奈川	横浜市中区長者町5-48
阪東橋	ばんどうばし	客	1972.12.16	神奈川	横浜市中区弥生町5-48
吉野町	よしのちょう	客	1972.12.16	神奈川	横浜市南区吉野町3-7
蒔田	まいた	客	1972.12.16	神奈川	横浜市南区宮元町3-46
弘明寺	ぐみょうじ	客	1972.12.16	神奈川	横浜市南区通町4-114
上大岡	かみおおおか	客	1972.12.16	神奈川	横浜市港南区上大岡西1-9-B-1
港南中央	こうなんちゅうおう	客	1976.09.04	神奈川	横浜市港南区港南中央通10-B-1
上永谷	かみながや	客	1976.09.04	神奈川	横浜市港南区丸山台1-1-1
下永谷	しもながや	客	1985.03.14	神奈川	横浜市港南区日限山1-58-27
舞岡	まいおか	客	1985.03.14	神奈川	横浜市戸塚区舞岡町771
戸塚	とつか	客	1987.05.24	神奈川	横浜市戸塚区戸塚町121
踊場	おどりば	客	1999.08.29	神奈川	横浜市泉区中田南1-2-1
中田	なかだ	客	1999.08.29	神奈川	横浜市泉区中田南3-1-5
立場	たてば	客	1999.08.29	神奈川	横浜市泉区中田西1-1-30
下飯田	しもいいだ	客	1999.08.29	神奈川	横浜市泉区下飯田町8291
湘南台	しょうなんだい	客	1999.08.29	神奈川	藤沢市湘南台1-43-13

3号線 (愛称：ブルーライン)

■ 関内～あざみ野　20.7km／1435mm／15駅／1976.09.04開業／普通鉄道／第三軌条式 直流750V

駅名	読み方	種	開業日	県名	所在地
（関内）	（1号線所属）		1976.09.04		
桜木町	さくらぎちょう	客	1976.09.04	神奈川	横浜市中区花咲町1-34
高島町	たかしまちょう	客	1976.09.04	神奈川	横浜市西区花咲町7-41
横浜	よこはま	客	1976.09.04	神奈川	横浜市西区南幸1-9-B-2
三ツ沢下町	みつざわしもちょう	客	1985.03.14	神奈川	横浜市神奈川区三ツ沢下町2-16
三ツ沢上町	みつざわかみちょう	客	1985.03.14	神奈川	横浜市神奈川区三ツ沢上町5-9
片倉町	かたくらちょう	客	1985.03.14	神奈川	横浜市神奈川区片倉1-33-7
岸根公園	きしねこうえん	客	1985.03.14	神奈川	横浜市港北区篠原町1123
新横浜	しんよこはま	客	1985.03.14	神奈川	横浜市港北区新横浜2-100

駅　　名	読　み　方	範囲	種	開業日	県名	所　在　地
北新横浜	きたしんよこはま		客	1993.03.18	神奈川	横浜市港北区北新横浜1-539-1
新羽	にっぱ		客	1993.03.18	神奈川	横浜市港北区新羽町1285-1
仲町台	なかまちだい		客	1993.03.18	神奈川	横浜市都筑区仲町台1-1-1
センター南	せんたーみなみ		客	1993.03.18	神奈川	横浜市都筑区茅ヶ崎中央1-1
センター北	せんたーきた		客	1993.03.18	神奈川	横浜市都筑区中川中央1-1-1
中川	なかがわ		客	1993.03.18	神奈川	横浜市都筑区中川1-1-1
あざみ野	あざみの		客	1993.03.18	神奈川	横浜市青葉区あざみ野1-2-20

4号線（愛称：グリーンライン）

■日吉～中山　13.0km／1435mm／8駅／2008.03.30開業／普通鉄道／架空線式 直流1500V 鉄輪式リニアモーターカー

駅　　名	読　み　方	範囲	種	開業日	県名	所　在　地
日吉	ひよし		客	2008.03.30	神奈川	横浜市港北区日吉4-1-11
日吉本町	ひよしほんちょう		客	2008.03.30	神奈川	横浜市港北区日吉本町5-3-1
高田	たかた		客	2008.03.30	神奈川	横浜市港北区高田東3-1-3
東山田	ひがしやまた		客	2008.03.30	神奈川	横浜市都筑区東山田町300
北山田	きたやまた		客	2008.03.30	神奈川	横浜市都筑区北山田1-6-11
(センター北)	(3号線所属)			2008.03.30		
(センター南)	(3号線所属)			2008.03.30		
都筑ふれあいの丘	つづきふれあいのおか		客	2008.03.30	神奈川	横浜市都筑区葛が谷11-1
川和町	かわわちょう		客	2008.03.30	神奈川	横浜市都筑区川和町1252
中山	なかやま		客	2008.03.30	神奈川	横浜市緑区中山町350-5

横浜高速鉄道

- ●本　　社　〒231-0861 神奈川県横浜市中区元町1丁目11番地
- ●設　　立　1989.03.29
- ●路　　線　みなとみらい線
- ●営業キロ　第1種鉄道事業＝4.1km（6駅）

みなとみらい線

■横浜～元町・中華街　4.1km／1067mm／6駅／2004.02.01開業／普通鉄道／架空線式 直流1500V

駅　　名	読　み　方	範囲	種	開業日	県名	所　在　地
横浜	よこはま	客	他	2004.02.01	神奈川	横浜市西区南幸1-1
新高島	しんたかしま		客	2004.02.01	神奈川	横浜市西区高島1-3先
みなとみらい	みなとみらい		客	2004.02.01	神奈川	横浜市西区みなとみらい3-5先
馬車道	ばしゃみち		客	2004.02.01	神奈川	横浜市中区本町5-49先
日本大通り	にほんおおどおり		客	2004.02.01	神奈川	横浜市中区日本大通9先
元町・中華街	もとまち・ちゅうかがい		客	2004.02.01	神奈川	横浜市中区山下町65先

駅 名	読み方	範囲	種	開業日	県名	所在地

横浜シーサイドライン

- ● 本　　社　　〒236-0003 神奈川県横浜市金沢区幸浦２丁目１番地１
- ● 設　　立　　1983.04.22
- ● 路　　線　　金沢シーサイドライン
- ● 営業キロ　　軌道＝10.6km（14駅）

金沢シーサイドライン

■ 新杉田～金沢八景(仮)　10.6km／14駅／1989.07.05開業／側方案内軌条式軌道／直流750V

	駅名	読み方	種	無	開業日	県名	所在地
……	新杉田	しんすぎた	客		1989.07.05	神奈川	横浜市磯子区新杉田8-1
：：	南部市場	なんぶしじょう	客	無	1989.07.05	神奈川	横浜市金沢区鳥浜町18-1
：：	鳥浜	とりはま	客	無	1989.07.05	神奈川	横浜市金沢区幸浦1-20-1
：：	並木北	なみききた	客	無	1989.07.05	神奈川	横浜市金沢区幸浦1-20-1
：：	並木中央	なみきちゅうおう	客		1989.07.05	神奈川	横浜市金沢区幸浦2-27-1
：：	幸浦	さちうら	客		1989.07.05	神奈川	横浜市金沢区幸浦2-27-1
：：	産業振興センター	さんぎょうしんこうせんたー	客		1989.07.05	神奈川	横浜市金沢区福浦1-18
：：	福浦	ふくうら	客		1989.07.05	神奈川	横浜市金沢区福浦2-28
：：	市大医学部	しだいいがくぶ	客		1989.07.05	神奈川	横浜市金沢区福浦3-29
：：	八景島	はっけいじま	客		1989.07.05	神奈川	横浜市金沢区海の公園17
：：	海の公園柴口	うみのこうえんしばぐち	客	無	1989.07.05	神奈川	横浜市金沢区海の公園16
：：	海の公園南口	うみのこうえんみなみぐち	客	無	1989.07.05	神奈川	横浜市金沢区海の公園15
：：	野島公園	のじまこうえん	客	無	1989.07.05	神奈川	横浜市金沢区平潟271-4
……	金沢八景（仮駅）	かなざわはっけい	客		1989.07.05	神奈川	横浜市金沢区瀬戸4848-2

湘南モノレール

- ● 本　　社　　〒248-0022 神奈川県鎌倉市常盤18番地
- ● 設　　立　　1966.04.11
- ● 路　　線　　江の島線
- ● 営業キロ　　第１種鉄道事業＝6.6km（8駅）

江の島線

■ 人船～湘南江の島　6.6km／8駅／1970.03.07開業／懸垂式鉄道／直流1500V

	駅名	読み方	種	無	開業日	県名	所在地
	大船	おおふな	客		1970.03.07	神奈川	鎌倉市大船1-1
	富士見町	ふじみちょう	客	無	1970.03.07	神奈川	鎌倉市台2
	湘南町屋	しょうなんまちや	客		1970.03.07	神奈川	鎌倉市上町屋
	湘南深沢	しょうなんふかさわ	客	無	1970.03.07	神奈川	鎌倉市梶原

中小私鉄　京浜

駅　名	読み方	範囲	種	開業日	県名	所在地
西鎌倉	にしかまくら	客		1970.03.07	神奈川	鎌倉市西鎌倉1
片瀬山	かたせやま	客	無	1971.07.02	神奈川	鎌倉市西鎌倉4
目白山下	めじろやました	客	無	1971.07.02	神奈川	藤沢市片瀬3
湘南江の島	しょうなんえのしま	客		1971.07.02	神奈川	藤沢市片瀬3-15

江ノ島電鉄

- 本　　社　〒251-0035 神奈川県藤沢市片瀬海岸1丁目4番7号
- 設　　立　1926.07.10
- 路　　線　江ノ島電鉄線
- 営業キロ　第1種鉄道事業＝10.0km（16駅）

江ノ島電鉄線

■ 藤沢〜鎌倉　10.0km／1067mm／16駅／1902.09.01開業／普通鉄道／架空線式 直流600V

駅名	読み方	範囲	種	開業日	県名	所在地
藤沢	ふじさわ	客		1902.09.01	神奈川	藤沢市南藤沢21-1-201
石上	いしがみ	客	無	1948.04以前	神奈川	藤沢市鵠沼橘1-9-3
柳小路	やなぎこうじ	客	無	1950.07.15	神奈川	藤沢市鵠沼藤が谷4-8-11
鵠沼	くげぬま	客		1902.09.01	神奈川	藤沢市鵠沼松が岡1-1-1
湘南海岸公園	しょうなんかいがんこうえん	客	無	1948.04以前	神奈川	藤沢市片瀬4-9-22
江ノ島	えのしま	客		1902.09.01	神奈川	藤沢市片瀬海岸1-4-7
腰越	こしごえ	客		1903.06.20	神奈川	鎌倉市腰越2-14-14
鎌倉高校前	かまくらこうこうまえ	客	無	1903.06.20	神奈川	鎌倉市腰越1-1-25
峰ヶ原信号場	みねがはら	一	信	1953.08.20	神奈川	N/A
七里ヶ浜	しちりがはま	客		1903.06.20	神奈川	鎌倉市七里ガ浜1-9-5
稲村ヶ崎	いなむらがさき	客		1903.07.17	神奈川	鎌倉市稲村ガ崎2-8-1
極楽寺	ごくらくじ	客		1904.04.01	神奈川	鎌倉市極楽寺3-7-4
長谷	はせ	客		1907.08.16	神奈川	鎌倉市長谷2-14-10
由比ヶ浜	ゆいがはま	客	無	1950.07.15	神奈川	鎌倉市由比ヶ浜3-10-13
和田塚	わだづか	客	無	1907.08.16	神奈川	鎌倉市由比ガ浜3-4-1
鎌倉	かまくら	客		1949.03.01	神奈川	鎌倉市御成町1-15

駅　名	読み方	範囲	種	開業日	県名	所 在 地

大山観光電鉄

- 本　　社　〒259-1107 神奈川県伊勢原市大山667番地
- 設　　立　1950.07.21
- 路　　線　大山鋼索線
- 営業キロ　第1種鉄道事業＝0.8km（3駅）

大山鋼索線

■ 大山ケーブル〜阿夫利神社　0.8km／1067mm／3駅／1965.07.11開業／鋼索鉄道／電気

駅名	読み方	種	開業日	県名	所在地
大山ケーブル	おおやまけーぶる	客	1965.07.11	神奈川	伊勢原市大山667
大山寺	おおやまでら	客	1965.07.11	神奈川	N/A
阿夫利神社	あふりじんじゃ	客	1965.07.11	神奈川	N/A

箱根登山鉄道

- 本　　社　〒250-0045 神奈川県小田原市城山1丁目15番1号
- 設　　立　2004.10.01（1888.02.21）
- 路　　線　鉄道線、鋼索線
- 営業キロ　第1種鉄道事業＝15.0km（14駅）、鋼索鉄道＝1.2km（5駅）

鉄道線

■ 小田原〜強羅　15.0km／1067mm（小田原〜入生田）、1067mm・1435mm（入生田〜箱根湯本）、1435mm（箱根湯本〜強羅）／14駅／1919.06.01開業／普通鉄道／架空線式 直流1500V（小田原〜箱根湯本）直流750V（箱根湯本〜強羅）

駅名	読み方	種	範囲	開業日	県名	所在地
小田原	おだわら	客	他	1935.10.01	神奈川	小田原市城山1-1-1
箱根板橋	はこねいたばし	客		1935.10.01	神奈川	小田原市板橋150-2
風祭	かざまつり	客		1935.10.01	神奈川	小田原市風祭240-2
入生田	いりうだ	客		1935.10.01	神奈川	小田原市入生田190-4
箱根湯本	はこねゆもと	客		1919.06.01	神奈川	足柄下郡箱根町湯本707
塔ノ沢	とうのさわ	客	無	1919.06.01	神奈川	足柄下郡箱根町塔ノ沢46-2
出山信号場	でやま	—	信	1919.06.01	神奈川	N/A
大平台	おおひらだい	客		1919.06.01	神奈川	足柄下郡箱根町大平台355
上大平台信号場	かみおおひらだい	—	信	1919.06.01	神奈川	N/A
仙人台信号場	せんにんだい	—	信	1919.06.01	神奈川	N/A
宮ノ下	みやのした	客		1919.06.01	神奈川	足柄下郡箱根町宮ノ下404-11
小涌谷	こわきだに	客		1919.06.01	神奈川	足柄下郡箱根町小涌谷466-6
彫刻の森	ちょうこくのもり	客		1919.06.01	神奈川	足柄下郡箱根町二ノ平1204-6
強羅	ごうら	客		1919.06.01	神奈川	足柄下郡箱根町強羅1300

鋼索線

■強羅～早雲山　1.2km／983mm／5駅／1921.12.01開業／鋼索鉄道／電気

駅名	読み方	範囲	種	開業日	県名	所在地
(強羅)	(鉄道線所属)			1921.12.01		
公園下	こうえんしも	客	無	1921.12.01	神奈川	足柄下郡箱根町強羅1300
公園上	こうえんかみ	客	無	1921.12.01	神奈川	足柄下郡箱根町強羅1300
中強羅	なかごうら	客	無	1921.12.01	神奈川	足柄下郡箱根町強羅1300
上強羅	かみごうら	客	無	1921.12.01	神奈川	足柄下郡箱根町強羅1300
早雲山	そううんざん	客	無	1921.12.01	神奈川	足柄下郡箱根町強羅1300

信越

富士急行

- 本　　社　〒403-0017 山梨県富士吉田市新西原5丁目2番1号
- 設　　立　1926.09.18
- 路　　線　大月線、河口湖線
- 営業キロ　第1種鉄道事業＝26.6km（18駅）

大月線

■大月〜富士山　23.6km／1067mm／16駅／1929.06.19開業／普通鉄道／架空線式 直流1500V

駅名	読み方	範囲	種	開業日	県名	所在地
大月	おおつき	客		1929.06.19	山梨	大月市大月1-1-1
上大月	かみおおつき	客	無	1929.06.19	山梨	大月市大月2-223-3
田野倉	たのくら	客		1929.06.19	山梨	都留市田野倉771
禾生	かせい	客		1929.06.19	山梨	都留市古川渡524-3
赤坂	あかさか	客	無	1929.06.19	山梨	都留市四日市場87-2
都留市	つるし	客		1929.06.19	山梨	都留市つる1-12-1
谷村町	やむらまち	客		1929.06.19	山梨	都留市上谷1-2-8
都留文科大学前	つるぶんかだいがくまえ	客		2004.11.16	山梨	都留市田原2-7-12
十日市場	とおかいちば	客	無	1929.06.19	山梨	都留市十日市場769-3
東桂	ひがしかつら	客		1929.06.19	山梨	都留市桂町1380
三つ峠	みつとうげ	客		1929.06.19	山梨	南都留郡西桂町小沼1583
寿	ことぶき	客	無	1929.06.19	山梨	富士吉田市上暮地2930-2
葭池温泉前	よしいけおんせんまえ	客	無	1930.01.21	山梨	富士吉田市下吉田6659-4
下吉田	しもよしだ	客		1929.06.19	山梨	富士吉田市新倉840
月江寺	げっこうじ	客		1931.10.01	山梨	富士吉田市緑ヶ丘1-1-14
富士山	ふじさん	客		1929.06.19	山梨	富士吉田市上吉田2-5-1

河口湖線

■富士山〜河口湖　3.0km／1067mm／2駅／1950.08.24開業／普通鉄道／架空線式 直流1500V

駅名	読み方	範囲	種	開業日	県名	所在地
（富士山）	（大月線所属）			1950.08.24		
富士急ハイランド	ふじきゅうはいらんど	客		1961.12.01	山梨	南都留郡富士河口湖町船津字剣丸尾6663
河口湖	かわぐちこ	客		1950.08.24	山梨	南都留郡富士河口湖町船津3641

長野電鉄

- ●本　社　〒390-0833 長野県長野市権堂町2201番地
- ●設　立　1920.05.30
- ●路　線　長野線
- ●営業キロ　第1種鉄道事業＝33.2km（24駅）

長野線

■長野～湯田中　33.2km／1067mm／24駅／1923.03.26開業／普通鉄道／架空線式 直流1500V

駅名	読み方	範囲	種	開業日	県名	所在地
長野	ながの		客	1928.06.24	長野	長野市大字南千歳1-25
市役所前	しやくしょまえ		客	1928.06.24	長野	長野市大字鶴賀字森下1120-5
権堂	ごんどう		客	1926.06.28	長野	長野市大字鶴賀字腰巻2199-10
善光寺下	ぜんこうじした		客	1926.06.28	長野	長野市三輪7-919-2
本郷	ほんごう		客	1926.06.28	長野	長野市三輪3-15-9
桐原	きりはら		客	1926.06.28	長野	長野市大字桐原1-24-21
信濃吉田	しなのよしだ		客	1926.06.28	長野	長野市吉田3-9-13
朝陽	あさひ		客	1926.06.28	長野	長野市大字南堀字村北191-1
附属中学前	ふぞくちゅうがくまえ		客	1985.03.14	長野	長野市大字南堀中堰木83-1
柳原	やなぎはら		客	1926.06.28	長野	長野市大字柳原字西井2133-2
村山	むらやま		客	無	1926.06.28	長野	須坂市大字高梨字流303-2
日野	ひの		客	無	1926.06.28	長野	須坂市小山2517-15
須坂	すざか		客		1923.03.26	長野	須坂市大字須坂字宗石1288-2
北須坂	きたすざか		客	無	1923.03.26	長野	須坂市大字小河原字北山道北沖2038-2
小布施	おぶせ		客		1923.03.26	長野	上高井郡小布施町大字小布施字親木1497-2
都住	つすみ		客	無	1928.10.11	長野	上高井郡小布施町大字都住字宮上472-4
桜沢	さくらさわ		客	無	1949.03.28	長野	中野市大字三ツ和字大日前1497-2
延徳	えんとく		客	無	1923.03.26	長野	中野市大字篠井字堰向229-2
信州中野	しんしゅうなかの		客		1923.03.26	長野	中野市西1-1
中野松川	なかのまつかわ		客	無	1927.04.28	長野	中野市大字中野字馬場1840-3
信濃竹原	しなのたけはら		客	無	1927.04.28	長野	中野市大字竹原字松崎1813
夜間瀬	よませ		客	無	1927.04.28	長野	下高井郡山ノ内町大字夜間瀬字下田2493-2
上条	かみじょう		客	無	1927.04.28	長野	下高井郡山ノ内町大字平隠字二王堂下4594-2
湯田中	ゆだなか		客		1927.04.28	長野	下高井郡山ノ内町大字平隠字下中道南3227-2

| 駅　名 | 読み方 | 範囲 | 種 | 開業日 | 県名 | 所　在　地 |

しなの鉄道

- 本　　社　〒386-0018 長野県上田市常田1丁目3番29号
- 設　　立　1996.05.01
- 路　　線　しなの鉄道線、北しなの線
- 営業キロ　第1種鉄道事業＝102.4km（27駅）

しなの鉄道線

■ 軽井沢～篠ノ井　65.1km／1067mm／19駅／1997.10.01開業（国有鉄道1888.08.15開業）／普通鉄道／
架空線式 直流1500V・内燃
第2種鉄道事業＝日本貨物鉄道（西上田～篠ノ井）

駅名	読み方	種	開業日	県名	所在地
軽井沢	かるいざわ	客	1888.12.01	長野	北佐久郡軽井沢町大字軽井沢1178
中軽井沢	なかかるいざわ	客簡	1910.07.15	長野	北佐久郡軽井沢町大字長倉3037-2
信濃追分	しなのおいわけ	客無	1923.10.01	長野	北佐久郡軽井沢町大字追分1092
御代田	みよた	客簡	1888.12.01	長野	北佐久郡御代田町大字御代田2422
平原	ひらはら	客無	1952.01.10	長野	小諸市大字平原603
小諸	こもろ	客	1888.12.01	長野	小諸市相生町1-1
滋野	しげの	客簡	1923.10.01	長野	東御市滋野乙997
田中	たなか	客	1888.12.01	長野	東御市田中279
大屋	おおや	客	1896.01.20	長野	上田市大屋454
信濃国分寺	しなのこくぶんじ	客簡	2002.03.29	長野	上田市国分浦沖1246-5
上田	うえだ	客	1888.08.15	長野	上田市天神1-1-1
西上田 貨[JR貨物]	にしうえだ	客貨	1920.06.01	長野	上田市下塩尻屋敷341-2
テクノさかき	てくのさかき	客簡	1999.04.01	長野	埴科郡坂城町大字南条4910-5
坂城 貨[JR貨物]	さかき	客貨	1888.08.15	長野	埴科郡坂城町大字坂城101-1
戸倉	とぐら	客	1912.02.11	長野	千曲市大字戸倉1445
千曲	ちくま	客簡	2009.03.14	長野	千曲市大字寂蒔200
屋代 貨[JR貨物]	やしろ	客貨	1888.08.15	長野	千曲市大字小島3139
屋代高校前	やしろこうこうまえ	客	2001.03.22	長野	千曲市大字屋代字新田1411-3
篠ノ井	しののい	客他	1888.08.15	長野	長野市篠ノ井布施高田1413

北しなの線

■ 長野～妙高高原　37.3km／1067mm／8駅／2015.03.14開業（国有鉄道1888.05.01開業）／普通鉄道／
架空線式 直流1500V
第2種鉄道事業＝日本貨物鉄道（長野～北長野）

駅名	読み方	種	開業日	県名	所在地
長野	ながの	客	1888.05.01	長野	長野市大字栗田1038
北長野 貨[JR貨物]	きたながの	客貨簡	1898.09.01	長野	長野市中越2-34-34
三才	さんさい	客簡	1958.01.08	長野	長野市大字三才字念仏塚2207

中小私鉄　信越

駅　名	読み方	範囲	種	開業日	県名	所在地
豊野	とよの	客		1888.05.01	長野	長野市豊野町豊野1002
牟礼	むれ	客		1888.05.01	長野	上水内郡飯綱町大字豊野4921-1
古間	ふるま	客	無	1928.12.23	長野	上水内郡信濃町大字富濃409
黒姫	くろひめ	客	簡	1888.05.01	長野	上水内郡信濃町大字柏原2711
妙高高原	みょうこうこうげん	客	他	1888.05.01	新潟	妙高市大字田口字南312

上田電鉄

- 本　社　〒386-0025 長野県上田市天神1丁目2番1号
- 設　立　2005.10.03（1916.09.17）
- 路　線　別所線
- 営業キロ　第1種鉄道事業＝11.6km（15駅）

別所線

■上田〜別所温泉　11.6km／1067mm／15駅／1921.06.17開業／普通鉄道／架空線式 直流1500V

駅名	読み方	範囲	種	開業日	県名	所在地
上田	うえだ	客		1924.08.15	長野	上田市天神1-1-1
城下	しろした	客	無	1921.06.17	長野	上田市諏訪形983-3
三好町	みよしちょう	客	無	1921.06.17	長野	上田市御所240-5
赤坂上	あかさかうえ	客	無	1932.09.21	長野	上田市上田原875-7
上田原	うえだはら	客	無	1921.06.17	長野	上田市上田原695-2
寺下	てらした	客	無	1934.07.14	長野	上田市神畑616-1
神畑	かばたけ	客	無	1921.06.17	長野	上田市神畑95-3
大学前	だいがくまえ	客	無	1934.07.14	長野	上田市下之郷284-3
下之郷	しものごう	客		1921.06.17	長野	上田市下之郷517-3
中塩田	なかしおだ	客	無	1921.06.17	長野	上田市五加1225-3
塩田町	しおだまち	客	無	1934.07.14	長野	上田市中野40-2
中野	なかの	客	無	1921.06.17	長野	上田市中野496-4
舞田	まいた	客	無	1934.07.14	長野	上田市舞田36-1
八木沢	やぎさわ	客	無	1921.06.17	長野	上田市八木沢439-2
別所温泉	べっしょおんせん	客		1921.06.17	長野	上田市別所温泉1853-3

| 駅　名 | 読み方 | 範囲 | 種 | 開業日 | 県名 | 所　在　地 |

アルピコ交通
（こうつう）

- 本　　社　〒390-0831 長野県松本市井川城2丁目1番1号
- 設　　立　1920.05.29
- 路　　線　上高地線
- 営業キロ　第1種鉄道事業＝14.4km（14駅）

上高地線
（かみこうちせん）

■ 松本〜新島々　14.4km／1067mm／14駅／1921.10.02開業／普通鉄道／架空線式 直流1500V

駅名	読み方	範囲	種	開業日	県名	所在地
松本	まつもと	客	他	1921.10.02	長野	松本市深志1-1
西松本	にしまつもと	客	無	1927.05.01	長野	松本市中条3-15
渚	なぎさ	客	無	1922.05.03	長野	松本市渚3-9-42
信濃荒井	しなのあらい	客	無	1921.10.02	長野	松本市大字島立字荒井56-3
大庭	おおにわ	客	無	1921.10.02	長野	松本市大字島立字大庭1868-1
下新	しもにい	客		1921.10.02	長野	松本市大字新村下新北3287
北新・松本大学前	きたにい・まつもとだいがくまえ	客		1921.10.02	長野	松本市大字新村北新西2088
新村	にいむら	客		1921.10.02	長野	松本市大字新村山王548
三溝	さみぞ	客	無	1922.05.03	長野	松本市波田1680-2
森口	もりぐち	客		1922.05.03	長野	松本市波田4417-25
下島	しもじま	客	無	1922.05.03	長野	松本市波田4417-12
波田	はた	客		1922.05.03	長野	松本市波田4417-28
渕東	えんどう	客		1924.02.20	長野	松本市波田4207
新島々	しんしましま	客		1924.08.26	長野	松本市波田3050-1

北越急行
（ほくえつきゅうこう）

- 本　　社　〒949-6680 新潟県南魚沼市六日町2902番地1
- 設　　立　1984.08.30
- 路　　線　ほくほく線
- 営業キロ　第1種鉄道事業＝59.5km（15駅）

ほくほく線
（せん）

■ 六日町〜犀潟　59.5km／1067mm／15駅／1997.03.22開業／普通鉄道／架空線式 直流1500V・内燃

駅名	読み方	範囲	種	開業日	県名	所在地
六日町	むいかまち	客	他	1997.03.22	新潟	南魚沼市六日町140-2
魚沼丘陵	うおぬまきゅうりょう	客	無	1997.03.22	新潟	南魚沼市野田228-5
赤倉信号場	あかくら	－	信	1997.03.22	新潟	十日町市赤倉
美佐島	みさしま	客	無	1997.03.22	新潟	十日町市猿倉130-2

中小私鉄

信越

駅　名	読み方	範囲	種	開業日	県名	所在地
しんざ	しんざ	客	無	1997.03.22	新潟	十日町市新座228-4
十日町	とおかまち	客	他	1997.03.22	新潟	十日町市旭町251-6
薬師峠信号場	やくしとうげ	―	信	1997.03.22	新潟	十日町市松代
まつだい	まつだい	客		1997.03.22	新潟	十日町市松代3701-2
儀明信号場	ぎみょう	―	信	1997.03.22	新潟	十日町市儀明
ほくほく大島	ほくほくおおしま	客	無	1997.03.22	新潟	上越市大島区下達256-5
虫川大杉	むしがわおおすぎ	客	無	1997.03.22	新潟	上越市浦川原区虫川2033-2
うらがわら	うらがわら	客	無	1997.03.22	新潟	上越市浦川原区顕聖寺631-2
大池いこいの森	おおいけいこいのもり	客	無	1997.03.22	新潟	上越市頸城区大蒲生田1210-1
くびき	くびき	客	無	1997.03.22	新潟	上越市頸城区手宮992-2
犀潟	さいがた	客	他	1997.03.22	新潟	上越市大潟区犀潟600-1

えちごトキめき鉄道

- 本　　社　〒942-0004 新潟県上越市西本町3丁目8番12号
- 設　　立　2010.11.22
- 路　　線　妙高はねうまライン、日本海ひすいライン
- 営業キロ　第1種鉄道事業＝97.0km（21駅）

妙高はねうまライン

■妙高高原～直江津　37.7km／1067mm／10駅／2015.03.14開業（国有鉄道1886.08.15開業）／普通鉄道／
架空線式 直流1500V・内燃・蒸気
第2種鉄道事業＝日本貨物鉄道（妙高高原～直江津）

駅名	読み方	範囲	種	開業日	県名	所在地
妙高高原	みょうこうこうげん	客		1898.05.01	新潟	妙高市大字田口字南312
関山	せきやま	客		1886.08.15	新潟	妙高市大字関山1213-15
二本木 [貨][JR貨物]	にほんぎ	客貨		1911.05.01	新潟	上越市中郷区板橋552
新井 [貨][JR貨物]	あらい	客貨		1886.08.15	新潟	妙高市栄町1-1
北新井	きたあらい	客	無	1955.07.15	新潟	妙高市柳井田町1-10-20
上越妙高	じょうえつみょうこう	客		1921.08.15	新潟	上越市大和5-192-18
南高田	みなみたかだ	客	無	1961.12.10	新潟	上越市南高田町字戸木518-2、519
高田	たかだ	客		1886.08.15	新潟	上越市仲町4-1
春日山	かすがやま	客		1928.10.26	新潟	上越市春日山町3-1
直江津	なおえつ	客		1886.08.15	新潟	上越市東町1

日本海ひすいライン

■**市振～直江津**　59.3km／1067mm／11駅／2015.03.14開業（国有鉄道信越本線1911.07.01開業）／普通鉄道／架空線式 交流20000V（市振～［糸魚川・梶屋敷］）直流1500V（［糸魚川・梶屋敷］～直江津）・内燃・蒸気
第2種鉄道事業＝日本貨物鉄道（市振～直江津）

駅　名	読み方	範囲	種	開業日	県名	所在地
市振	いちぶり	客	無	1912.10.15	新潟	糸魚川市大字市振913
親不知	おやしらず	客	無	1912.10.15	新潟	糸魚川市大字歌18
青海 貨［JR貨物］	おうみ	客貨	簡	1912.10.15	新潟	糸魚川市大字青海832
糸魚川 貨［JR貨物］	いといがわ	客貨		1912.12.16	新潟	糸魚川市大町1-7-10
梶屋敷	かじやしき	客	無	1912.12.16	新潟	糸魚川市大字田伏字川成368
浦本	うらもと	客	無	1950.01.28	新潟	糸魚川市大字間脇字砂田830
能生	のう	客	委	1912.12.16	新潟	糸魚川市大字能生2583
筒石	つついし	客	委	1912.12.16	新潟	糸魚川市大字仙納928
名立	なだち	客	無	1911.07.01	新潟	上越市名立区名立大町字町田道下1009
有間川	ありまがわ	客	無	1947.07.01	新潟	上越市大字有間川字平浜1075
谷浜	たにはま	客	無	1911.07.01	新潟	上越市大字長浜字家の下122
（直江津）	（妙高はねうまライン所属）			1911.07.01		

北陸

駅　名	読み方	範囲	種	開業日	県名	所在地

富山地方鉄道

- ●本　社　〒930-8636　富山県富山市桜町1丁目1番36号
- ●設　立　1930.02.11
- ●路　線　本線（鉄道線）、立山線、不二越線、上滝線、本線（軌道線）、支線、安野屋線、呉羽線、富山都心線、富山駅南北接続線
- ●営業キロ　第1種鉄道事業＝93.2km（66駅）、軌道＝7.5km（26駅）

本線（鉄道線）

■電鉄富山〜宇奈月温泉　53.3km／1067mm／41駅／1913.06.25開業／普通鉄道／架空線式 直流1500V・内燃

駅名	読み方		種	開業日	県名	所在地
電鉄富山	でんてつとやま		客	1931.10.03	富山	富山市桜町1-1-1
稲荷町	いなりまち		客	1931.08.15	富山	富山市稲荷町4-1-73
新庄田中	しんじょうたなか		客	2012.12.21	富山	富山市田中町4-96-3
東新庄	ひがししんじょう		客	1931.08.15	富山	富山市新庄町1-25-6
越中荏原	えっちゅうえばら		客	1931.11.07	富山	富山市向新庄2-13-7
越中三郷	えっちゅうさんごう		客	1931.08.15	富山	富山市水橋開発460-1
越中舟橋	えっちゅうふなはし		客	1931.08.15	富山	中新川郡舟橋村竹内602
寺田	てらだ		客	1931.08.15	富山	中新川郡立山町浦田257
越中泉	えっちゅういずみ		客	1931.08.15	富山	中新川郡立山町泉128-1
相ノ木	あいのき		客	1949.04.20届出	富山	中新川郡上市町正印新47
新相ノ木	しんあいのき		客	2013.12.26	富山	中新川郡上市町上経田4-91
上市	かみいち		客	1931.08.15	富山	中新川郡上市町若杉4-2
新宮川	しんみやかわ		客	1913.06.25	富山	中新川郡上市町中江上32
中加積	なかかづみ		客	1913.06.25	富山	滑川市堀江938
西加積	にしかづみ		客	1913.06.25	富山	滑川市下梅沢621
西滑川	にしなめりかわ		客	1913.06.25	富山	滑川市菰原294-2
中滑川	なかなめりかわ		客	1914.02.18	富山	滑川市田中新町39
滑川	なめりかわ		客	1913.06.25	富山	滑川市辰野660-1
浜加積	はまかづみ		客	1935.12.14	富山	滑川市曲淵393-5
早月加積	はやつきかづみ		客	1950.03.23	富山	滑川市追分1243-1
越中中村	えっちゅうなかむら		客	1935.12.14	富山	滑川市中村319-1
西魚津	にしうおづ		客	1936.06.05	富山	魚津市住吉3363-7
電鉄魚津	でんてつうおづ		客	1936.06.05	富山	魚津市文化町10-3
新魚津	しんうおづ		客	1936.08.21	富山	魚津市釈迦堂430-1
経田	きょうでん		客	1936.10.01	富山	魚津市浜経田437-1

駅　　名	読み方	範囲	種	開業日	県名	所　在　地
電鉄石田	でんてついしだ	客	無	1940.06.01	富山	黒部市岡253-2
電鉄黒部	でんてつくろべ	客		1922.11.05	富山	黒部市三日市815
東三日市	ひがしみっかいち	客		1922.11.05	富山	黒部市三日市字桜2984-3
荻生	おぎゅう	客	無	1922.11.05	富山	黒部市荻生5276
長屋	ながや	客	無	1922.11.05	富山	黒部市長屋1382
新黒部	しんくろべ	客	無	2015.02.26	富山	黒部市若栗2787
舌山	したやま	客	無	1922.11.05	富山	黒部市若栗4229
若栗	わかぐり	客	無	1922.11.05	富山	黒部市若栗1860
栃屋	とちや	客	無	1922.11.05	富山	黒部市宇奈月町栃屋953
浦山	うらやま	客	無	1922.11.05	富山	黒部市宇奈月町浦山623-2
下立口	おりたてぐち	客	無	1922.11.05	富山	黒部市宇奈月町下立2654
下立	おりたて	客	無	1951.08.30届出	富山	黒部市宇奈月町下立3195-2
愛本	あいもと	客	無	1923.11.21	富山	黒部市宇奈月町内山2826
内山	うちやま	客	無	1923.11.21	富山	黒部市宇奈月町内山1675
音沢	おとざわ	客	無	1923.11.21	富山	黒部市宇奈月町内山3993-2
宇奈月温泉	うなづきおんせん	客		1923.11.21	富山	黒部市宇奈月温泉260

立山線

■寺田～立山　24.2km／1067mm／13駅／1921.03.19開業／普通鉄道／架空線式　直流1500V・内燃

駅　　名	読み方	範囲	種	開業日	県名	所　在　地
（寺田）	(本線所属)			1931.08.15		
稚子塚	ちごづか	客	無	1952.03.01以降	富山	中新川郡立山町浦田1766-4
田添	たぞえ	客	無	1931.08.15	富山	中新川郡立山町田添262-2
五百石	ごひゃくこく	客		1921.03.19	富山	中新川郡立山町前沢1172
榎町	えのきまち	客		1921.03.19	富山	中新川郡立山町前沢2879-2
下段	しただん	客	無	1936.12.26	富山	中新川郡立山町榎42-2
釜ヶ淵	かまがふち	客	無	1921.03.19	富山	中新川郡立山町寺坪15-2
沢中山	さわなかやま	客	無	1921.03.19	富山	中新川郡立山町岩峅寺2-2
岩峅寺	いわくらじ	客		1921.03.19	富山	中新川郡立山町岩峅寺105-4
横江	よこえ	客	無	1931.06.01	富山	中新川郡立山町横江45
千垣	ちがき	客		1923.04.20	富山	中新川郡立山町千垣156
有峰口	ありみねぐち	客	無	1937.10.01	富山	富山市大山町小見362
本宮	ほんぐう	客	無	1937.10.01	富山	富山市大山町本宮字下覚知割1157
立山	たてやま	客		1955.07.01	富山	中新川郡立山町千寿ケ原2

不二越線

■稲荷町～南富山　3.3km／1067mm／3駅／1914.12.06開業／普通鉄道／架空線式　直流1500V・内燃

駅　　名	読み方	範囲	種	開業日	県名	所　在　地
（稲荷町）	(本線所属)			1914.12.06		
不二越	ふじこし	客		1914.12.06	富山	富山市石金2-1-1

	駅　　名	読　み　方	範囲	種	開業日	県名	所 在 地
	大泉	おおいずみ	客	無	1952.09.26	富山	富山市大泉1520
├	南富山	みなみとやま	客		1914.12.06	富山	富山市大町217-8

上滝線

■ 南富山〜岩峅寺　12.4km／1067mm／9駅／1921.04.25開業／普通鉄道／架空線式 直流1500V・内燃

	駅名	読み方	範囲	種	開業日	県名	所在地
├	（南富山）	（不二越線所属）			1921.04.25		
	朝菜町	あさなまち	客	無	1958.04.05	富山	富山市堀川町13-13
	上堀	かみほり	客	無	1921.04.25	富山	富山市堀61
	小杉	こすぎ	客		2003.03.25	富山	富山市小杉70-3
	布市	ぬのいち	客	無	1921.04.25	富山	富山市布市747
	開発	かいほつ	客	無	1921.04.25	富山	富山市月岡町6-591
	月岡	つきおか	客	無	1921.04.25	富山	富山市月岡町2-282
	大庄	おおしょう	客	無	1921.04.25	富山	富山市南大場131
	上滝	かみだき	客		1921.04.25	富山	富山市中滝260-1
	大川寺	だいせんじ	客	無	1929.06.10	富山	富山市上滝11
	（岩峅寺）	（立山線所属）			1921.08.20		

本線（軌道線）

■ 電鉄富山駅・エスタ前〜南富山駅前　3.6km／1067mm／14駅／1913.09.01開業／軌道／架空線式 直流600V

	駅名	読み方	範囲	種	開業日	県名	所在地
∴	電鉄富山駅・エスタ前	でんてつとやまえき・えすたまえ	客	留	1913.09.01	富山	富山市新富町1地内
∷	地鉄ビル前	ちてつびるまえ	客	留	1935.10以降	富山	富山市桜橋通り地内
∷	電気ビル前	でんきびるまえ	客	留	1935.10以降	富山	富山市桜橋通り地内
∷	桜橋	さくらばし	客	留	1913.09.01	富山	富山市桜橋通り地内
∷	荒町	あらまち	客	留	1913.09.01	富山	富山市荒町地内
∷	中町（西町北）	なかまち（にしちょうきた）	客	留	2013.05.17	富山	富山市総曲輪3地内
∴	西町	にしちょう	客	留	1913.09.01	富山	富山市西町地内
∷	上本町	かみほんまち	客	留	1913.09.01	富山	富山市上本町地内
∷	広貫堂前	こうかんどうまえ	客	留	1913.09.01	富山	富山市中野新町2地内
∷	西中野	にしなかの	客	留	1935頃	富山	富山市西中野町地内
∷	小泉町	こいずみちょう	客	留	1950.05.15	富山	富山市小泉町地内
∷	堀川小泉	ほりかわこいずみ	客	留	1913.09.01	富山	富山市堀川小泉地内
∷	大町	おおまち	客	留	1933.01.09	富山	富山市堀川小泉地内
……	南富山駅前	みなみとやまえきまえ	客	留	1915.03.13	富山	富山市大町地内

駅　名	読み方	範囲	種	開業日	県名	所 在 地

支線

■ 電鉄富山駅・エスタ前〜丸の内　1.0km／1067mm／4駅／1913.09.01開業／軌道／架空線式 直流600V

駅名	読み方	範囲	種	開業日	県名	所在地
∴∴	(電鉄富山駅・エスタ前)			1913.09.01		
∴∴	支線接続点	しせんせつぞくてん	—	信	2015.03.14	富山	N/A
∷∷	新富町	しんとみちょう	客	留	1914〜15頃	富山	富山市新富町2地内
∷∷	県庁前	けんちょうまえ	客	留	1913.09.01	富山	富山市安住町地内
∴∴	丸の内	まるのうち	客	留	1913.09.01	富山	富山市丸の内3地内

安野屋線

■ 丸の内〜安野屋　0.4km／1067mm／2駅／1952.08.15開業／軌道／架空線式 直流600V

	駅名	読み方	範囲	種	開業日	県名	所在地
∴∴	(丸の内)	(支線所属)			1952.08.15		
∷∷	諏訪川原	すわのかわら	客	留	1952.08.15	富山	富山市諏訪川原2地内
∴∴	安野屋	やすのや	客	留	1952.08.15	富山	富山市安野屋1地内

呉羽線

■ 安野屋〜大学前　1.4km／1067mm／2駅／1916.11.22開業／軌道／架空線式 直流600V

	駅名	読み方	範囲	種	開業日	県名	所在地
∴∴	(安野屋)	(安野屋線所属)			1952.08.15		
∷∷	富山トヨペット本社前（五福末広町）	とやまとよぺっとほんしゃまえ（ごふくすえひろちょう）	客	留	1916.11.22	富山	富山市鴨島地内
……	大学前	だいがくまえ	客	留	1916.11.22	富山	富山市五福5区地内

富山都心線

■ 丸の内〜西町　0.9km／1067mm／3駅／2009.12.23開業／軌道／架空線式 直流600V

軌道運送事業＝富山地方鉄道〔軌道整備事業＝富山市〕

	駅名	読み方	範囲	種	開業日	県名	所在地
∴	(丸の内)	(支線所属)			2009.12.23		
∷	国際会議場前	こくさいかいぎじょうまえ	客	留	2009.12.23	富山	富山市大手町地内
∷	大手モール	おおてもーる	客	留	2009.12.23	富山	富山市総曲輪3地内
∷	グランドプラザ前	ぐらんどぷらざまえ	客	留	2009.12.23	富山	富山市西町地内
∴	(西町)	(本線所属)			2009.12.23		

［注］丸の内→西町の一方通行。西町では、客扱いなし。

富山駅南北接続線

■ 富山駅〜支線接続点　0.2km／1067mm／1駅／2015.03.14開業／軌道／架空線式 直流600V

軌道運送事業＝富山地方鉄道〔軌道整備事業＝富山市〕

	駅名	読み方	範囲	種	開業日	県名	所在地
…	富山駅	とやまえき	客	留	2015.03.14	富山	富山市明輪町地内
∴	(支線接続点)	(支線所属)	—		2015.03.14		

中小私鉄　北陸

駅　　名	読み方	範囲	種	開業日	県名	所　在　地

黒部峡谷鉄道

- ● 本　　社　〒938-0293 富山県黒部市黒部峡谷口11番地
- ● 設　　立　1971.05.04
- ● 路　　線　本線
- ● 営業キロ　第1種鉄道事業＝20.1km（10駅）

本線

■ 宇奈月〜欅平　20.1km／762mm／10駅／1953.11.16開業／普通鉄道／架空線式 直流600V・内燃

駅名	読み方	範囲	種	開業日	県名	所在地
宇奈月	うなづき		客貨	1953.11.16	富山	黒部市黒部峡谷口11
柳橋	やなぎばし		客貨	1953.11.16	富山	黒部市宇奈月町舟見明日音澤字尾瀬場谷
森石	もりいし		客貨	1953.11.16	富山	黒部市宇奈月町舟見明日音澤字森石
黒薙	くろなぎ		客貨	1953.11.16	富山	黒部市宇奈月町黒部字黒部奥山
笹平	ささだいら		客貨	1953.11.16	富山	黒部市宇奈月町黒部字黒部奥山
出平	だしだいら		客貨	1953.11.16	富山	黒部市宇奈月町黒部字黒部奥山
猫又	ねこまた		客貨	1953.11.16	富山	黒部市宇奈月町黒部字黒部奥山
鐘釣	かねつり		客貨	1953.11.16	富山	黒部市宇奈月町黒部字黒部奥山
小屋平	こやだいら		客貨	1953.11.16	富山	黒部市宇奈月町黒部字黒部奥山
欅平	けやきだいら		客貨	1953.11.16	富山	黒部市宇奈月町黒部字黒部奥山

［注］途中駅で、黒薙、鐘釣以外は一般客乗降不可。

立山黒部貫光

- ● 本　　社　〒930-8558 富山県富山市桜町1丁目1番36号
- ● 設　　立　1964.12.25
- ● 路　　線　鋼索線、無軌条電車線
- ● 営業キロ　第1種鉄道事業＝2.1km（4駅）、無軌条電車＝3.7km（3駅）

鋼索線

■ 黒部湖〜黒部平　0.8km／1067mm／2駅／1969.07.20開業／鋼索鉄道／電気

駅名	読み方	範囲	種	開業日	県名	所在地
黒部湖	くろべこ		客	1969.07.20	富山	中新川郡立山町芦峅寺ブナ坂外11国有林121いろ林小班
黒部平	くろべだいら		客	1969.07.20	富山	中新川郡立山町芦峅寺ブナ坂外11国有林121いろ林小班

■ 立山〜美女平　1.3km／1067mm／2駅／1954.08.13開業／鋼索鉄道／電気

駅名	読み方	範囲	種	開業日	県名	所在地
立山	たてやま		客	1954.08.13	富山	中新川郡立山町芦峅寺字ブナ坂66
美女平	びじょだいら		客	1954.08.13	富山	中新川郡立山町芦峅寺字ブナ坂69

駅　名	読み方	範囲	種	開業日	県名	所在地

無軌条電車線

■ 室堂～大観峰　3.7km／3駅／1996.04.23開業／無軌条電車／架空線式 直流600V

駅名	読み方	範囲	種	開業日	県名	所在地
室堂	むろどう	客		1996.04.23	富山	中新川郡立山町芦峅寺ブナ坂外11国有林137ト林小班
信号所	しんごうじょ	—	信	1996.04.23	富山	N/A
大観峰	だいかんぼう	客		1996.04.23	富山	中新川郡立山町芦峅寺ブナ坂外11国有林121ヌ林小班

［注］雷電臨時駅は、2013.11.30に廃止。

関西電力

- **本　　社**　〒530-8270 大阪府大阪市北区中之島3丁目6番16号
- **設　　立**　1951.05.01
- **路　　線**　無軌条電車線
- **営業キロ**　無軌条電車＝6.1km（3駅）

無軌条電車線

■ 扇沢～黒部ダム　6.1km／3駅／1964.08.01開業／無軌条電車／架空線式 直流600V

駅名	読み方	範囲	種	開業日	県名	所在地
扇沢	おうぎざわ	客		1964.08.01	長野	大町市平篭川谷2117-2
関電トンネル中間信号所	かんでんとんねるちゅうかん	—	信	1964.08.01	富山	N/A
黒部ダム	くろべだむ	客		1964.08.01	富山	中新川郡立山町芦峅寺字ブナ坂外11国有林

富山ライトレール

- **本　　社**　〒931-8325 富山県富山市城川原3丁目3番45番
- **設　　立**　2004.04.21
- **路　　線**　富山港線
- **営業キロ**　第1種鉄道事業＝6.5km（10駅）、軌道＝1.1km（3駅）

富山港線

■ 富山駅北～岩瀬浜　7.6km／1067mm／13駅／2006.04.29開業／普通鉄道（奥田中学校前～岩瀬浜）・軌道（富山駅北～奥田中学校前）／架空線式 直流600V

駅名	読み方	範囲	種	開業日	県名	所在地
富山駅北	とやまえききた	客	留	2006.04.29	富山	富山市牛島町24-3先
インテック本社前	いんてっくほんしゃまえ	客	留	2006.04.29	富山	富山市牛島新町5-8先
奥田中学校前	おくだちゅうがっこうまえ	客	留	2006.04.29	富山	富山市永楽町32
下奥井	しもおくい	客	留	2006.04.29	富山	富山市下奥井町2-1
粟島（大阪屋ショップ前）	あわじま（おおさかやしょっぷまえ）	客	留	2006.04.29	富山	富山市粟島町3-20

中小私鉄　北陸

	駅　名	読み方	範囲	種	開業日	県名	所　在　地
	越中中島	えっちゅうなかじま	客	留	2006.04.29	富山	富山市中島3-5
	城川原	じょうがわら	客	留	2006.04.29	富山	富山市城川原3-5
	犬島新町	いぬじましんまち	客	留	2006.04.29	富山	富山市犬島新町1-14
	蓮町	はすまち	客	留	2006.04.29	富山	富山市蓮町1-2
	大広田	おおひろた	客	留	2006.04.29	富山	富山市西宮町6
	東岩瀬	ひがしいわせ	客	留	2006.04.29	富山	富山市岩瀬御蔵町255
	競輪場前	けいりんじょうまえ	客	留	2006.04.29	富山	富山市岩瀬池田町8
	岩瀬浜	いわせはま	客	留	2006.04.29	富山	富山市岩瀬天神町45

万葉線(まんようせん)

- ●本　社　〒933-0073 富山県高岡市荻布字川西68番地
- ●設　立　2001.04.05
- ●路　線　高岡軌道線、新湊港線
- ●営業キロ　第1種鉄道事業＝4.9km（8駅）、軌道＝8.0km（17駅）

高岡軌道線(たかおかきどうせん)

■高岡駅〜六渡寺　8.0km／1067mm／17駅／1948.04.10開業／軌道／架空線式 直流600V

	駅名	読み方	範囲	種	開業日	県名	所在地
…	高岡駅	たかおかえき	客	留	1948.04.10	富山	高岡市下関町6-1
:	末広町	すえひろちょう	客	留	2008.03.15	富山	高岡市宮脇町1003
:	片原町	かたはらまち	客	留	1963以前	富山	高岡市片原町51
:	坂下町	さかしたまち	客	留	1963以前	富山	高岡市坂下町21
:	急患医療センター前	きゅうかんいりょうせんたーまえ	客	留	1963以前	富山	高岡市本町101
・:	広小路	ひろこうじ	客	留	1948.04.10	富山	高岡市本丸町2-5
::	志貴野中学校前	しきのちゅうがっこうまえ	客	留	1963以前	富山	高岡市あわら町2-2
::	市民病院前	しみんびょういんまえ	客	留	1953.04.10	富山	高岡市向野町3-49
::	江尻	えじり	客	留	1963以前	富山	高岡市江尻355
::	旭ヶ丘	あさひがおか	客	留	1963以前	富山	高岡市江尻37
::	荻布	おぎの	客	留	1951.03.28	富山	高岡市荻布360
::	新能町	しんのうまち	客	留	1951.03.28	富山	高岡市能町168
・:	米島口アルビス米島店前	よねじまぐちあるびすよねじまてんまえ	客	留	1948.04.10	富山	高岡市荻布453-3
:	能町口	のうまちぐち	客	留	1951.04.01	富山	高岡市能町3323
:	新吉久	しんよしひさ	客	留	1951.04.01	富山	高岡市吉久1-1-5-1
:	吉久	よしひさ	客	留	1951.04.01	富山	高岡市吉久3-1-4
:	中伏木	なかふしき	客	留	1951.04.01	富山	射水市庄西町2-5-60
i	（六渡寺）	（新湊港線所属）			1951.04.01		

新湊港線

■ 越ノ潟～六渡寺　4.9km／1067mm／8駅／1930.10.12開業／普通鉄道／架空線式 直流600V

駅名	読み方	範囲	種	開業日	県名	所在地
越ノ潟	こしのかた	客	留	1966.09.10	富山	射水市越の潟町831-18
海王丸	かいおうまる	客	留	＿＿.＿＿.＿＿	富山	射水市越の潟町796
東新湊	ひがししんみなと	客	留	1930.10.12	富山	射水市八幡町3-672
中新湊	なかしんみなと	客	留	1932.11.09	富山	射水市中新湊306-1
新町口	しんまちぐち	客	留	1955.10.14	富山	射水市中央町1010
射水市新湊庁舎前	いみずししんみなとちょうしゃまえ	客	留	1952.03.01以降	富山	射水市本町2-120-2
庄川口	しょうがわぐち	客	留	＿＿.＿＿.＿＿	富山	射水市庄川本町130-3
六渡寺	ろくどうじ	客	留	1933.12.25	富山	射水市庄西町1-789-2

［注］射水市新湊庁舎前は、2016.10.11に西新湊に改称。

あいの風とやま鉄道

- 本　社　〒930-0088　富山県富山市諏訪川原1丁目3番22号
- 設　立　2012.07.24
- 路　線　あいの風とやま鉄道線
- 営業キロ　第1種鉄道事業＝100.1km（21駅）

あいの風とやま鉄道線

■ 倶利伽羅～市振　100.1km／1067mm／21駅／2015.03.14開業（国有鉄道北陸本線1898.11.01開業）／普通鉄道／架空線式 交流20000V・内燃・蒸気

第2種鉄道事業＝日本貨物鉄道（倶利伽羅～市振）

駅名	読み方	範囲	種	開業日	県名	所在地
倶利伽羅	くりから	客	無	1909.06.15	石川	河北郡津幡町字刈安レ150
石動	いするぎ	客		1898.11.01	富山	小矢部市石動町11-10
福岡	ふくおか	客	委	1898.11.01	富山	高岡市福岡町下蓑321
西高岡	にしたかおか	客		1957.04.25	富山	高岡市立野池町319
高岡	たかおか	客		1898.11.01	富山	高岡市下関町6-1
越中大門 [JR貨物]	えっちゅうだいもん	客貨	委	1923.10.15	富山	射水市北野1442
小杉	こすぎ	客		1899.03.20	富山	射水市三ケ4156-2
呉羽	くれは	客	委	1908.11.03	富山	富山市呉羽町1669
富山	とやま	客		1899.03.20	富山	富山市明輪町1-227
富山貨物 [JR貨物]	とやまかもつ	貨		1987.03.31	富山	富山市下赤江中掲15
東富山 [JR貨物]	ひがしとやま	客貨	委	1908.11.16	富山	富山市東富山寿町3-17-53
水橋	みずはし	客	委	1908.11.16	富山	富山市水橋伊勢屋676-2
滑川	なめりかわ	客		1908.11.16	富山	滑川市辰野548-1
東滑川	ひがしなめりかわ	客	無	1964.11.20	富山	滑川市中村亀割1512
魚津 [JR貨物]	うおづ	客貨		1908.11.16	富山	魚津市釈迦堂1-1

駅　名	読み方	範囲	種	開業日	県名	所　在　地
黒部 [貨][JR貨物]	くろべ	客貨		1910.04.16	富山	黒部市天神新5
生地	いくじ	客		1910.04.16	富山	黒部市吉田字浦島4303
西入善	にしにゅうぜん	客	無	1960.07.01	富山	下新川郡入善町下飯野新392-2
入善	にゅうぜん	客	委	1910.04.16	富山	下新川郡入善町入膳6987-2
泊	とまり	客		1910.04.16	富山	下新川郡朝日町平柳628
越中宮崎	えっちゅうみやざき	客	無	1957.11.20	富山	下新川郡朝日町宮崎字横田3239
市振	いちぶり	客	無	1912.10.15	富山	糸魚川市大字市振913

のと鉄道

- 本　社　〒927-0026 石川県鳳珠郡穴水町大町チ24番地2
- 設　立　1987.04.30
- 路　線　七尾線
- 営業キロ　第2種鉄道事業＝33.1km（8駅）〔第1種鉄道事業＝西日本旅客鉄道（七尾～和倉温泉）、第3種鉄道事業＝西日本旅客鉄道（和倉温泉～穴水）〕

七尾線

■ 七尾～穴水　33.1km／1067mm／8駅／1991.09.01開業（国有鉄道七尾線1925.12.15開業）／普通鉄道／内燃

駅名	読み方	範囲	種	開業日	県名	所在地
七尾	ななお	客	他	1925.12.15	石川	七尾市御祓町イ部28
和倉温泉	わくらおんせん	客	他	1925.12.15	石川	七尾市石崎町夕部55-3
田鶴浜	たつるはま	客	簡	1928.10.31	石川	七尾市田鶴浜町カ1-2
笠師保	かさしほ	客	無	1928.10.31	石川	七尾市中島町塩津ム72-3
能登中島	のとなかじま	客	簡	1928.10.31	石川	七尾市中島町浜田ノ1-2
西岸	にしぎし	客	無	1932.08.27	石川	七尾市中島町外ロ3
能登鹿島	のとかしま	客	無	1932.08.27	石川	鳳珠郡穴水町字曽福イ1
穴水	あなみず	客		1932.08.27	石川	鳳珠郡穴水町字大町ト33

北陸鉄道

- **本　　社**　〒920-8508 石川県金沢市割出町556番地
- **設　　立**　1943.10.13
- **路　　線**　浅野川線、石川線
- **営業キロ**　第1種鉄道事業＝20.6km（29駅）

浅野川線

■ 北鉄金沢～内灘　6.8km／1067mm／12駅／1925.05.10開業／普通鉄道／架空線式 直流1500V

駅名	読み方	範囲	種	開業日	県名	所在地
北鉄金沢	ほくてつかなざわ	客		1926.05.18	石川	金沢市堀川新町1-11
七ツ屋	ななつや	客	無	1925.05.10	石川	金沢市北安江1-965
上諸江	かみもろえ	客	無	1925.05.10	石川	金沢市諸江町ヨ77-4
磯部	いそべ	客	無	1925.05.10	石川	金沢市諸江町ヌ22
割出	わりだし	客	無	1925.05.10	石川	金沢市諸江町ワ94-3
三口	みつくち	客	無	1925.05.10	石川	金沢市三口町水20
三ツ屋	みつや	客	無	1925.05.10	石川	金沢市三ツ屋町ハ49-2
大河端	おこばた	客	無	1925.05.10	石川	金沢市大河端町ホ35
北間	きたま	客	無	1925.05.10	石川	金沢市北間町イ65
蚊爪	かがつめ	客	無	1925.05.10	石川	金沢市蚊爪町イ147-2
粟ヶ崎	あわがさき	客	無	1952.03.01以降	石川	河北郡内灘町向粟崎ホ3
内灘	うちなだ	客		1960.05.14	石川	河北郡内灘町向粟崎4-228

石川線

■ 野町～鶴来　13.8km／1067mm／17駅／1915.06.22開業／普通鉄道／架空線式 直流600V・内燃

駅名	読み方	範囲	種	開業日	県名	所在地
野町	のまち	客		1922.10.01	石川	金沢市野町5-59-1
西泉	にしいずみ	客		1934.12.01	石川	金沢市泉本町7-11-1
新西金沢	しんにしかなざわ	客		1915.06.22	石川	金沢市米泉町7-23-1
押野	おしの	客	無	1915.06.22	石川	野々市市押野町1433
野々市	ののいち	客		1916.12.01	石川	野々市市本町1-74-2
野々市工大前	ののいちこうだいまえ	客	無	1931.08.01	石川	野々市市本町2-307
馬替	まがえ	客	無	1940.11.02	石川	金沢市馬替3-1-4
額住宅前	ぬかじゅうたくまえ	客		1915.06.22	石川	金沢市額新保1-20
乙丸	おとまる	客		1935.03.02	石川	金沢市額乙丸ハ210
四十万	しじま	客		1915.06.22	石川	金沢市四十万4-286
陽羽里	ひばり	客	無	2015.03.14	石川	白山市曽谷町ヲ40
曽谷	そだに	客		1915.06.22	石川	白山市曽谷町ヲ1
道法寺	どうほうじ	客		1915.06.22	石川	白山市道法寺町ホ50-1
井口	いのくち	客	無	1937.07.28	石川	白山市道法寺町ネ39-2

駅　　名	読み方	範囲	種	開業日	県名	所　在　地
小柳	おやなぎ	客	無	1915.06.22	石川	白山市小柳町イ1
日御子	ひのみこ	客	無	1925.09.05	石川	白山市日御子町ホ68-2
鶴来	つるぎ	客		1915.06.22	石川	白山市鶴来本町4-ニ550-3-1

IRいしかわ鉄道

- ●本　　社　〒920-8203　石川県金沢市鞍月1丁目1番地
- ●設　　立　2012.08.28
- ●路　　線　IRいしかわ鉄道線
- ●営業キロ　第1種鉄道事業＝17.8km（5駅）

IRいしかわ鉄道線

■金沢～倶利伽羅　17.8km／1067mm／5駅／2015.03.14開業（国有鉄道1898.11.01開業）／普通鉄道／架空線式 交流20000V・内燃・蒸気
第2種鉄道事業＝日本貨物鉄道（金沢～倶利伽羅）

駅名	読み方	範囲	種	開業日	県名	所在地
金沢	かなざわ	客	他	1898.11.01	石川	金沢市木ノ新保町1-1
金沢貨物ターミナル 貨 [JR貨物]	かなざわかもつたーみなる	貨		2003.06.12	石川	金沢市高柳町5-1-1
東金沢	ひがしかなざわ	客	委	1933.08.01	石川	金沢市三池町204
森本	もりもと	客	委	1911.11.01	石川	金沢市弥勒町ロ61-2
津幡	つばた	客		1898.11.01	石川	河北郡津幡町南中条チ7
倶利伽羅	くりから	客	無	1909.06.15	石川	河北郡津幡町字刈安レ150

えちぜん鉄道

- ●本　　社　〒910-0845　福井県福井市松本上町15-3-1
- ●設　　立　2002.09.17
- ●路　　線　勝山永平寺線、三国芦原線
- ●営業キロ　第1種鉄道事業＝53.0km（45駅）

勝山永平寺線

■福井～勝山　27.8km／1067mm／23駅／1914.02.11開業／普通鉄道／架空線式 直流600V

駅名	読み方	範囲	種	開業日	県名	所在地
福井	ふくい	客		1929.09.21	福井	福井市中央1-1-1
新福井	しんふくい	客	無	1914.02.11	福井	福井市日之出1-8-1
福井口	ふくいぐち	客		1914.02.11	福井	福井市志比口3-1-1
越前開発	えちぜんかいほつ	客		1932.08.20	福井	福井市開発1-601
越前新保	えちぜんしんぼ	客		1916.04.11	福井	福井市新保2-608

駅　　名	読 み 方	範囲	種	開業日	県名	所 在 地
追分口	おいわけぐち	客	無	1915.05.13	福井	福井市上中町13-1-4
東藤島	ひがしふじしま	客	無	1914.02.11	福井	福井市藤島町48-4-2
越前島橋	えちぜんしまばし	客	無	1919.06.01	福井	福井市中ノ郷9-23-4
観音町	かんのんまち	客		1914.03.11	福井	吉田郡永平寺町松岡芝原3-8
松岡	まつおか	客		1914.02.11	福井	吉田郡永平寺町松岡神明1-98-1
志比堺	しいざかい	客	無	1914.02.11	福井	吉田郡永平寺町松岡志比堺12-32
永平寺口	えいへいじぐち	客		1914.02.11	福井	吉田郡永平寺町東古市9-85-2
下志比	しもしい	客	無	1951.12.15	福井	吉田郡永平寺町谷口12-41-2
光明寺	こうみょうじ	客		1920.05.19	福井	吉田郡永平寺町光明寺13-40-2
轟	どめき	客	無	1914.02.11	福井	吉田郡永平寺町轟10-3-4
越前野中	えちぜんのなか	客	無	1950.09.10	福井	吉田郡永平寺町野中1-11-4
山王	さんのう	客		1914.02.11	福井	吉田郡永平寺町山王21-15-3
越前竹原	えちぜんたけはら	客	無	1954.09.01	福井	吉田郡永平寺町竹原2-11-4
小舟渡	こぶなと	客		1914.03.11	福井	吉田郡永平寺町藤巻64-1-42
保田	ほた	客	無	1916.08.21	福井	勝山市鹿谷町保田62-9-10
発坂	ほっさか	客		1914.03.11	福井	勝山市鹿谷町保田97-8-2
比島	ひしま	客	無	1931.05.01	福井	勝山市遅羽町比島14-21-1
勝山	かつやま	客		1914.03.11	福井	勝山市遅羽町比島34-2-7

三国芦原線

■ 福井口～三国港　25.2km／1067mm／22駅／1928.12.30開業／普通鉄道／架空線式 直流600V

駅　　名	読 み 方	範囲	種	開業日	県名	所 在 地
（福井口）	（勝山永平寺線所属）			1928.12.30		
まつもと町屋	まつもとまちや	客		2015.09.27	福井	福井市町屋2-3
西別院	にしべついん	客		1929.12.01	福井	福井市松本3-25-7
田原町	たわらまち	客		1937.04.01	福井	福井市田原1-20-7
福大前西福井	ふくだいまえにしふくい	客		1928.12.30	福井	福井市文京4-3-1
日華化学前	にっかかがくまえ	客	無	2007.09.01	福井	福井市大宮4-6-7
八ツ島	やつしま	客	無	2007.09.01	福井	福井市二の宮5-17-9
新田塚	にったづか	客		1928.12.30	福井	福井市新田塚2-110-1
中角	なかつの	客	無	1928.12.30	福井	福井市中角町52-138
仁愛グランド前	じんあいぐらんどまえ	客	臨	1992.09.10	福井	福井市川合鷲塚町21字布施飛
鷲塚針原	わしづかはりばら	客		1928.12.30	福井	福井市川合鷲塚町33-46
太郎丸	たろうまる	客		1928.12.30	福井	坂井市春江町西太郎丸5-40-2
西春江	にしはるえ	客		1928.12.30	福井	坂井市春江町本堂2-41-1
西長田	にしながた	客		1928.12.30	福井	坂井市春江町西長田20-8-4
下兵庫	しもひょうご	客		1928.12.30	福井	坂井市坂井町下兵庫87-4-24
大関	おおぜき	客		1928.12.30	福井	坂井市坂井町大味30-33
本荘	ほんじょう	客		1928.12.30	福井	あわら市中番15-1
番田	ばんでん	客		1928.12.30	福井	あわら市番田34-48-3

中小私鉄

北陸

駅　名	読み方	範囲	種	開業日	県名	所在地
あわら湯のまち	あわらゆのまち	客		1928.12.30	福井	あわら市二面33-1-5
水居	みずい	客	無	1929.01.31	福井	坂井市三国町水居22-52-1
三国神社	みくにじんじゃ	客	無	1930.07.01	福井	坂井市三国町三国東7-2-2
三国	みくに	客		1929.01.31	福井	坂井市三国町北本町2-1-20
三国港	みくにみなと	客	無	1944.10.11	福井	坂井市三国町宿1-16-1

［注］仁愛グランド前は、仁愛女子高校体育祭の時のみ使用され、利用は同校関係者に限る。

福井鉄道

- ●本　　社　〒915-0802 福井県越前市北府2丁目5番20号
- ●設　　立　1945.08.01
- ●路　　線　福武線
- ●営業キロ　第1種鉄道事業＝18.1km（19駅）、軌道＝3.4km（6駅）

福武線

■越前武生～田原町　鉄道18.1km、軌道2.8km／1067mm／24駅／1924.02.23開業／普通鉄道、軌道／架空線式 直流600V・内燃

駅　名	読み方	範囲	種	開業日	県名	所在地
越前武生	えちぜんたけふ	客		1924.02.23	福井	越前市府中3-1-1
北府	きたご	客	無	1924.02.23	福井	越前市北府2-4-7
スポーツ公園	すぽーつこうえん	客	無	2010.03.25	福井	越前市家久町99-15
家久	いえひさ	客	無	1924.02.23	福井	越前市家久町88字1-5
サンドーム西	さんどーむにし	客	無	1929.08.13	福井	鯖江市舟津町3-4-15
西鯖江	にしさばえ	客		1924.02.23	福井	鯖江市桜町1-3-13
西山公園	にしやまこうえん	客	無	1929.05.03	福井	鯖江市長泉寺町1-8-3
水落	みずおち	客	無	1927.10.05	福井	鯖江市水落町2-10-22
神明	しんめい	客		1924.02.23	福井	鯖江市神明町1-7-6
鳥羽中	とばなか	客	無	1935.10.01	福井	鯖江市神明町5-2-20
三十八社	さんじゅうはっしゃ	客	無	1935.07.01	福井	福井市下江尻町5-27-4
泰澄の里	たいちょうのさと	客	無	2011.03.20	福井	福井市浅水町139字上五枚田
浅水	あそうず	客		1925.07.26	福井	福井市浅水町104庄境15
ハーモニーホール	はーもにーほーる	客	無	1997.09.20	福井	福井市今市町37字板取22
清明	せいめい	客	無	2011.03.20	福井	福井市今市町65字板取22
江端	えばた	客	無	1925.07.26	福井	福井市江端町21-49-3
ベル前	べるまえ	客	無	1989.10.01	福井	福井市花堂南1-8
花堂	はなんどう	客	無	1925.07.26	福井	福井市花堂北1-11-11
赤十字前	せきじゅうじまえ	客		1925.07.26	福井	福井市みのり1-14-21
〈鉄軌分界点〉		―			福井	福井市
商工会議所前	しょうこうかいぎしょまえ	客	留	1933.10.15	福井	ⓉⒷ福井市西木田2-4-5付近

	駅　名	読み方	範囲	種	開業日	県名	所　在　地
∵∵	足羽山公園口	あすわやまこうえんぐち	客	留	1962.04.01	福井	㊤福井市西木田1-19-14付近
∵∵							㊦福井市毛矢町2-7-2付近
∵∵							㊤福井市毛矢町1-23-6付近
∴∵	市役所前	しやくしょまえ	客	留	1950.11.27	福井	㊦福井市大手1-11-9付近
∵∵							㊤福井市大手3-7-8付近
∵∵	仁愛女子高校	じんあいじょしこうこう	客	留	1950.11.27	福井	㊦福井市春山1-6-4付近
∵∵							㊤福井市宝永4-10-6付近
⋯⋯	田原町	たわらまち	客		1950.11.27	福井	福井市田原町1-20-7

［注］西山公園の開業日は、申請日、認可日が不明で、当局からの問い合わせに同社が回答したもの。

■ **市役所前～福井駅**　軌道0.6km／1067mm／1駅／1933.10.15開業／軌道／架空線式 直流600V

	駅　名	読み方	範囲	種	開業日	県名	所　在　地
∴	（市役所前）	（福武線所属）			1950.11.27		
⋯	福井駅	ふくいえき	客	留	1933.10.15	福井	福井市中央1-3-1付近

東海

駅　名	読み方	範囲	種	開業日	県名	所　在　地

伊豆箱根鉄道

- 本　　社　〒411-8533　静岡県三島市大場300番地
- 設　　立　1916.12.07
- 路　　線　大雄山線、駿豆線、十国鋼索線
- 営業キロ　第1種鉄道事業＝29.7km（27駅）

大雄山線

■ 小田原〜大雄山　9.6km／1067mm／12駅／1925.10.15開業／普通鉄道／架空線式 直流1500V

駅名	読み方	種	開業日	県名	所在地
小田原	おだわら	客	1935.06.14	神奈川	小田原市栄町1-1-5
緑町	みどりちょう	客	1935.06.14	神奈川	小田原市栄町3-5-21
井細田	いさいだ	客	1926.11.24	神奈川	小田原市扇町3-21-1
五百羅漢	ごひゃくらかん	客	1925.10.15	神奈川	小田原市扇町5-11-10
穴部	あなべ	客	1926.03.31	神奈川	小田原市穴部563
飯田岡	いいだおか	客	1926.11.24	神奈川	小田原市飯田岡545
相模沼田	さがみぬた	客	1925.10.15	神奈川	南足柄市沼田68
岩原	いわはら	客	1925.10.15	神奈川	南足柄市岩原270-2
塚原	つかはら	客	1925.10.15	神奈川	南足柄市塚原2690
和田河原	わだがはら	客	1925.10.15	神奈川	南足柄市和田河原583
富士フイルム前	ふじふいるむまえ	客	1956.08.13	神奈川	南足柄市狩野60-1
大雄山	だいゆうざん	客	1925.10.15	神奈川	南足柄市関本592-1

駿豆線

■ 三島〜修善寺　19.8km／1067mm／13駅／1898.05.20開業／普通鉄道／架空線式 直流1500V

駅名	読み方	範囲	種	開業日	県名	所在地
三島	みしま		客	1934.12.01	静岡	三島市一番町16-1
三島広小路	みしまひろこうじ		客	1928.04.10	静岡	三島市広小路町4-16
三島田町	みしまたまち		客	1898.05.20	静岡	三島市北田町3-62
三島二日町	みしまふつかまち		客	1932.12.10	静岡	三島市南二日町23-54
大場	だいば		客	1898.05.20	静岡	三島市大場122-2
伊豆仁田	いずにった		客	1922.07.01	静岡	田方郡函南町仁田181-5
原木	ばらき	無	客	1898.05.20	静岡	伊豆の国市原木763-3
韮山	にらやま		客	1900.08.05	静岡	伊豆の国市四日町747-1
伊豆長岡	いずながおか		客	1898.05.20	静岡	伊豆の国市南条773-2
田京	たきょう		客	1899.07.17	静岡	伊豆の国市田京675-3

駅　　名	読み方	範囲	種	開業日	県名	所　在　地
大仁	おおひと	客		1899.07.17	静岡	伊豆の国市大仁584
牧之郷	まきのこう	客	無	1924.08.01	静岡	伊豆市牧之郷538-3
修善寺	しゅぜんじ	客		1924.08.01	静岡	伊豆市柏久保631-7

十国鋼索線

■十国登り口〜十国峠　0.3km／1435mm／2駅／1956.10.16開業／鋼索鉄道／電気

駅名	読み方	範囲	種	開業日	県名	所在地
十国登り口	じゅっこくのぼりぐち	客		1956.10.16	静岡	田方郡函南町桑原1400-20
十国峠	じゅっこくとうげ	客		1956.10.16	静岡	田方郡函南町桑原1400-21

伊豆急行

- 本　　社　〒413-0292　静岡県伊東市八幡野1151番地
- 設　　立　1959.04.11
- 路　　線　伊豆急行線
- 営業キロ　第1種鉄道事業＝45.7km（16駅）

伊豆急行線

■伊東〜伊豆急下田　45.7km／1067mm／16駅／1961.12.10開業／普通鉄道／架空線式 直流1500V

駅名	読み方	範囲	種	開業日	県名	所在地
伊東	いとう	客	他	1961.12.10	静岡	伊東市湯川3
南伊東	みなみいとう	客		1961.12.10	静岡	伊東市桜ガ丘1-170-11
川奈	かわな	客		1961.12.10	静岡	伊東市川奈1215-7
富戸	ふと	客		1961.12.10	静岡	伊東市富戸178-1
城ヶ崎海岸	じょうがさきかいがん	客		1972.03.15	静岡	伊東市富戸919-8
伊豆高原	いずこうげん	客		1961.12.10	静岡	伊東市八幡野1183
伊豆大川	いずおおかわ	客	無	1961.12.10	静岡	賀茂郡東伊豆町大川270-1
伊豆北川	いずほっかわ	客	無	1964.10.01	静岡	賀茂郡東伊豆町奈良本1225-12
伊豆熱川	いずあたがわ	客		1961.12.10	静岡	賀茂郡東伊豆町奈良本969-3
片瀬白田	かたせしらた	客		1961.12.10	静岡	賀茂郡東伊豆町白田222-2
伊豆稲取	いずいなとり	客		1961.12.10	静岡	賀茂郡東伊豆町稲取2832-1
今井浜海岸	いまいはまかいがん	客		1962.07.07	静岡	賀茂郡河津町見高180
河津	かわづ	客		1961.12.10	静岡	賀茂郡河津町浜155-2
稲梓	いなずさ	客	無	1961.12.10	静岡	下田市落合92-1
蓮台寺	れんだいじ	客		1961.12.10	静岡	下田市河内907-6
伊豆急下田	いずきゅうしもだ	客		1961.12.10	静岡	下田市東本郷1-6-1

岳南電車

- 本　社　〒417-0001 静岡県富士市今泉1丁目17番39号
- 設　立　2013.04.01（1948.12.15）
- 路　線　岳南鉄道線
- 営業キロ　第1種鉄道事業＝9.2km（10駅）

岳南鉄道線

■吉原～岳南江尾　9.2km／1067mm／10駅／1949.11.18開業／普通鉄道／架空線式 直流1500V

駅名	読み方	範囲	種	開業日	県名	所在地
吉原	よしわら	客		1949.11.18	静岡	富士市鈴川本町14-2
ジヤトコ前	じゃとこまえ	客	無	1949.11.18	静岡	富士市依田原町7
吉原本町	よしわらほんちょう	客		1949.11.18	静岡	富士市吉原1-4-1
本吉原	ほんよしわら	客	無	1950.04.18	静岡	富士市今泉1-17-39
岳南原田	がくなんはらだ	客		1951.12.20	静岡	富士市原田217-1
比奈	ひな	客	無	1951.12.20	静岡	富士市比奈666-1
岳南富士岡	がくなんふじおか	客		1951.12.20	静岡	富士市富士岡538-1
須津	すど	客	無	1953.01.20	静岡	富士市中里106-2
神谷	かみや	客	無	1953.01.20	静岡	富士市神谷379-2
岳南江尾	がくなんえのお	客	無	1953.01.20	静岡	富士市江尾143-2

静岡鉄道

- 本　社　〒420-8510 静岡県静岡市葵区鷹匠1丁目1番1号
- 設　立　1919.05.01
- 路　線　静岡清水線
- 営業キロ　第1種鉄道事業＝11.0km（15駅）

静岡清水線

■新静岡～新清水　11.0km／1067mm／15駅／1908.12.09開業／普通鉄道／架空線式 直流600V

駅名	読み方	範囲	種	開業日	県名	所在地
新静岡	しんしずおか	客		1908.12.09	静岡	静岡市葵区鷹匠1-14-1
日吉町	ひよしちょう	客	無	1950.02.15	静岡	静岡市葵区鷹匠2-22-1
音羽町	おとわちょう	客	無	1908.12.09	静岡	静岡市葵区音羽町132
春日町	かすがちょう	客		1934.02.11	静岡	静岡市葵区春日町2-42
柚木	ゆのき	客		1942.10.08	静岡	静岡市葵区宮前町109
長沼	ながぬま	客	無	1908.12.09	静岡	静岡市葵区長沼町1-1-1
古庄	ふるしょう	客		1908.12.09	静岡	静岡市葵区古庄3-424-2
県総合運動場	けんそうごううんどうじょう	客		1930.03.20認可	静岡	静岡市駿河区栗原6-25

駅　名	読み方	範囲	種	開業日	県名	所　在　地
県立美術館前	けんりつびじゅつかんまえ	客	無	1986.03.25	静岡	静岡市清水区中之郷2-310
草薙	くさなぎ	客		1934.02.11	静岡	静岡市清水区草薙1-345
御門台	みかどだい	客		1934.02.11	静岡	静岡市清水区七ツ新屋19
狐ヶ崎	きつねがさき	客		1934.02.11	静岡	静岡市清水区上原1-2-10
桜橋	さくらばし	客		1934.02.11	静岡	静岡市清水区春日1-1-1
入江岡	いりえおか	客	無	1908.12.09	静岡	静岡市清水区浜田町721-3
新清水	しんしみず	客		1920.08.02	静岡	静岡市清水区相生町62-1

[注] 前身の軌道時代を含め各駅の開業日の特定は困難で、開業日の中には現在線への移設日も含まれている。

大井川鐵道

- 本　社　〒428-8503 静岡県島田市金谷東2丁目1112番地の2
- 設　立　1982.06.25（1925.03.10）
- 路　線　大井川本線、井川線
- 営業キロ　第1種鉄道事業＝65.0km（32駅）

大井川本線

■金谷〜千頭　39.5km／1067mm／19駅／1927.06.10開業／普通鉄道／蒸気・内燃・架空線式 直流1500V

駅名	読み方	範囲	種	開業日	県名	所在地
金谷	かなや	客		1927.06.10	静岡	島田市新町2126-1
新金谷	しんかなや	客		1927.06.10	静岡	島田市金谷東2-1112-2
代官町	だいかんちょう	客	無	1965.09.16	静岡	島田市金谷代官町309-2
日切	ひぎり	客	無	1985.07.23	静岡	島田市島字大西下852-3
五和	ごか	客	無	1927.06.10	静岡	島田市竹下字籾蒔島442-3
神尾	かみお	客	無	1932.07.21	静岡	島田市神尾字地蔵下244-1
福用	ふくよう	客	無	1929.12.01	静岡	島田市福用字上島1001-2
大和田	おわだ	客	無	1969.07.01	静岡	島田市川根町家山字大和田新地4167
家山	いえやま	客		1929.12.01	静岡	島田市川根町家山字大島新地4152-1
抜里	ぬくり	客	無	1933.09.07	静岡	島田市川根町抜里字追出1125-4
川根温泉笹間渡	かわねおんせんささまど	客	無	1930.07.16	静岡	島田市川根町笹間渡字タマブチ436-1
地名	じな	客	無	1930.07.16	静岡	榛原郡川根本町地名字ές360-11
塩郷	しおごう	客	無	1930.09.23	静岡	榛原郡川根本町下泉字島片瀬199-9
下泉	しもいずみ	客	無	1931.02.01	静岡	榛原郡川根本町下泉字島253
田野口	たのぐち	客	無	1931.04.12	静岡	榛原郡川根本町田野口字鈴の平246-5
駿河徳山	するがとくやま	客		1931.04.12	静岡	榛原郡川根本町徳山字田森737-2
青部	あおべ	客	無	1931.04.12	静岡	榛原郡川根本町青部字大形144-2
崎平	さきだいら	客	無	1931.12.01	静岡	榛原郡川根本町崎平字根岸21-1
千頭	せんず	客		1931.12.01	静岡	榛原郡川根本町千頭字上の島1216-5

[注] 新金谷、家山、千頭は小荷物扱いあり。

井川線

■ 千頭〜井川　25.5km／1067mm／13駅／1959.08.01開業／普通鉄道／内燃・架空線式 直流1500V（アプトいちしろ〜長島ダム）

駅　名	読み方	範囲	種	開業日	県名	所在地
（千頭）	（大井川本線所属）			1959.08.01		
川根両国	かわねりょうごく	客	無	1960.07.16	静岡	榛原郡川根本町千頭760-1
沢間	さわま	客	無	1959.08.01	静岡	榛原郡川根本町千頭667-2
土本	どもと	客	無	1959.08.01	静岡	榛原郡川根本町奥泉913-4
川根小山	かわねこやま	客	無	1959.08.01	静岡	榛原郡川根本町奥泉905-7
奥泉	おくいずみ	客		1959.08.01	静岡	榛原郡川根本町奥泉468-3
アプトいちしろ	あぷといちしろ	客	無	1959.08.01	静岡	榛原郡川根本町梅地市代2-8
長島ダム	ながしまだむ	客	無	1959.08.01	静岡	榛原郡川根本町犬間字怒多山540-5
ひらんだ	ひらんだ	客	無	1959.08.01	静岡	榛原郡川根本町犬間字水道540-2
奥大井湖上	おくおおいこじょう	客	無	1959.08.01	静岡	榛原郡川根本町梅地字山椒打84-3
接岨峡温泉	せっそきょうおんせん	客	簡	1959.08.01	静岡	榛原郡川根本町犬間62-4
尾盛	おもり	客	無	1959.08.01	静岡	榛原郡川根本町犬間33-2
閑蔵	かんぞう	客	無	1959.08.01	静岡	静岡市葵区井川2248-2
井川	いかわ	客		1959.08.01	静岡	静岡市葵区井川1959字島253

天竜浜名湖鉄道

- ● 本　　社　〒431-3311 静岡県浜松市天竜区二俣町阿蔵
- ● 設　　立　1986.08.18
- ● 路　　線　天竜浜名湖線
- ● 営業キロ　第1種鉄道事業＝67.7km（39駅）

天竜浜名湖線

■ 掛川〜新所原　67.7km／1067mm／39駅／1987.03.15開業（国有鉄道二俣西線1935.04.17開業）／普通鉄道／内燃

駅　名	読み方	範囲	種	開業日	県名	所在地
掛川	かけがわ	客		1935.04.17	静岡	掛川市南西郷77-20
掛川市役所前	かけがわしやくしょまえ	客	無	1996.03.18	静岡	掛川市下俣30-3
西掛川	にしかけがわ	客	無	1954.10.10	静岡	掛川市大池934-3
桜木	さくらぎ	客	無	1935.04.17	静岡	掛川市富部251-5
いこいの広場	いこいのひろば	客	無	1988.03.13	静岡	掛川市細谷531-3
細谷	ほそや	客	無	1956.05.10	静岡	掛川市細谷348-3
原谷	はらのや	客	無	1935.04.17	静岡	掛川市本郷1416-2
原田	はらだ	客	無	1988.03.13	静岡	掛川市幡鎌554-1
戸綿	とわた	客	無	1960.04.20	静岡	周智郡森町睦実1579-3

駅　　名	読 み 方	範囲	種	開業日	県名	所　在　地
遠州森	えんしゅうもり	客		1935.04.17	静岡	周智郡森町980-2
森町病院前	もりまちびょういんまえ	客	無	2015.03.14	静岡	周智郡森町草ヶ谷37-2
円田	えんでん	客	無	1988.03.13	静岡	周智郡森町円田1066-2
遠江一宮	とおとうみいちのみや	客	無	1940.06.01	静岡	周智郡森町一宮2431-2
敷地	しきじ	客	無	1940.06.01	静岡	磐田市敷地404-2
豊岡	とよおか	客	無	1940.06.01	静岡	磐田市新開144-1
上野部	かみのべ	客	無	1955.06.01	静岡	磐田市上野部2704-2
天竜二俣	てんりゅうふたまた	客		1940.06.01	静岡	浜松市天竜区二俣町阿蔵114-2
二俣本町	ふたまたほんまち	客	無	1956.12.15	静岡	浜松市天竜区二俣町二俣1605-7
西鹿島	にしかじま	客	無	1940.06.01	静岡	浜松市天竜区二俣町南鹿島67-4
岩水寺	がんすいじ	客	無	1940.06.01	静岡	浜松市浜北区根堅1730-2
宮口	みやぐち	客	無	1940.06.01	静岡	浜松市浜北区宮口119-2
フルーツパーク	ふるーつぱーく	客	無	1996.03.18	静岡	浜松市北区都田町4072-25
都田	みやこだ	客	無	1940.06.01	静岡	浜松市北区都田町5563-21
常葉大学前	とこはだいがくまえ	客	無	1988.03.13	静岡	浜松市北区都田町7104-6
金指	かなさし	客		1938.04.01	静岡	浜松市北区引佐町金指1033-2
岡地	おかじ	客	無	1987.03.15	静岡	浜松市北区細江町中川4672-3
気賀	きが	客	無	1938.04.01	静岡	浜松市北区細江町気賀429-1
西気賀	にしきが	客	無	1938.04.01	静岡	浜松市北区細江町気賀10185-3
寸座	すんざ	客	無	1955.05.06	静岡	浜松市北区細江町寸座11136-3
浜名湖佐久米	はまなこさくめ	客	無	1938.04.01	静岡	浜松市北区三ヶ日町佐久米725-9
東都筑	ひがしつづき	客	無	1953.07.08	静岡	浜松市北区三ヶ日町都筑1089-4
都筑	つづき	客	無	1938.04.01	静岡	浜松市北区三ヶ日町都筑1789-3
三ヶ日	みっかび	客		1936.12.01	静岡	浜松市北区三ヶ日町三ヶ日1148-3
奥浜名湖	おくはまなこ	客	無	1988.03.13	静岡	浜松市北区三ヶ日町下尾奈1-10
尾奈	おな	客	無	1936.12.01	静岡	浜松市北区三ヶ日町下尾奈1170-4
知波田	ちばた	客	無	1936.12.01	静岡	湖西市太田469-20
大森	おおもり	客	無	2009.04.01	静岡	湖西市新所5404-1
アスモ前	あすもまえ	客	無	1987.03.15	静岡	湖西市岡崎52-3
新所原	しんじょはら	客		1936.12.01	静岡	湖西市新所原3-4-1

中小私鉄　東海

遠州鉄道

- 本　　社　〒430-8655 静岡県浜松市中区旭町12番地の1
- 設　　立　1943.11.01
- 路　　線　鉄道線
- 営業キロ　第1種鉄道事業＝17.8km（18駅）

鉄道線

■新浜松～西鹿島　17.8km／1067mm／18駅／1909.12.06開業／普通鉄道／架空線式 直流750V

駅　名	読み方	範囲	種	開業日	県名	所在地
新浜松	しんはままつ	客		1927.09.01	静岡	浜松市中区鍛冶町4
第一通り	だいいちどおり	客		1985.12.01	静岡	浜松市中区田町230-28
遠州病院	えんしゅうびょういん	客	無	1958.06.01	静岡	浜松市中区早馬町2-21
八幡	はちまん	客	無	1930.02.27	静岡	浜松市中区八幡町139-4
助信	すけのぶ	客		1909.12.06	静岡	浜松市中区助信町52-1
曳馬	ひくま	客		1909.12.06	静岡	浜松市中区曳馬5-24-26
上島	かみじま	客		1909.12.06	静岡	浜松市中区上島3-40-1
自動車学校前	じどうしゃがっこうまえ	客	無	1909.12.06	静岡	浜松市東区有玉南町1739
さぎの宮	さぎのみや	客		1909.12.06	静岡	浜松市東区大瀬町417-2
積志	せきし	客	無	1909.12.06	静岡	浜松市東区積志町814
遠州西ヶ崎	えんしゅうにしがさき	客	無	1909.12.06	静岡	浜松市東区西ヶ崎町686-1
遠州小松	えんしゅうこまつ	客		1909.12.06	静岡	浜松市浜北区小松4500-1
浜北	はまきた	客		1909.12.06	静岡	浜松市浜北区沼54-1
美薗中央公園	みそのちゅうおうこうえん	客	無	1951.04.01	静岡	浜松市浜北区貴布祢487-3
遠州小林	えんしゅうこばやし	客	無	1909.12.06	静岡	浜松市浜北区本沢合871-7
遠州芝本	えんしゅうしばもと	客	無	1946.11.01	静岡	浜松市浜北区於呂3061-2
遠州岩水寺	えんしゅうがんすいじ	客	無	1909.12.06	静岡	浜松市浜北区於呂2819-3
西鹿島	にしかじま	客		1938.03.01	静岡	浜松市天竜区二俣町南鹿島67-1

中小私鉄　東海

| 駅　名 | 読み方 | 範囲 | 種 | 開業日 | 県名 | 所　在　地 |

豊橋鉄道

- ●本　　社　〒440-8604 愛知県豊橋市駅前大通1丁目46番地の1
- ●設　　立　1924.03.17
- ●路　　線　渥美線、東田本線
- ●営業キロ　第1種鉄道事業＝18.0km（17駅）、軌道＝5.4km（14駅）

渥美線

■新豊橋～三河田原　　18.0km／1067mm／17駅／1924.01.22開業／普通鉄道／架空線式 直流1500V

駅名	読み方	範囲	種	開業日	県名	所在地
新豊橋	しんとよはし	客		1927.10.01	愛知	豊橋市駅前大通1-138
花田信号所	はなだ	―	信	___.__.__	愛知	豊橋市西松山町154-
柳生橋	やぎゅうばし	客	無	1925.05.01	愛知	豊橋市南松山町154-
小池	こいけ	客	無	1925.05.01	愛知	豊橋市小池町字原下58-3
愛知大学前	あいちだいがくまえ	客		1924.04.25	愛知	豊橋市町畑町1-1
南栄	みなみさかえ	客		1937.12.28申請	愛知	豊橋市南栄町字空池46-1
高師	たかし	客		1924.01.22	愛知	豊橋市高師町字北新切116-1
芦原	あしはら	客	無	1924.01.22	愛知	豊橋市芦原町字東112-2
植田	うえた	客	無	1924.01.22	愛知	豊橋市植田町字中畑27-2
向ヶ丘	むこうがおか	客	無	1959.01.16	愛知	豊橋市植田町西蛤沢25-3
大清水	おおしみず	客		1924.01.22	愛知	豊橋市大清水町字大清水3-121
老津	おいつ	客		1924.01.22	愛知	豊橋市老津町字西紺縄23
杉山	すぎやま	客		1924.01.22	愛知	豊橋市杉山町字前屋敷56-2
やぐま台	やぐまだい	客		1924.01.22	愛知	田原市やぐま台39-8
豊島	としま	客	無	1924.01.22	愛知	田原市豊島町奥谷134-2
神戸	かんべ	客	無	1989.07.10	愛知	田原市神戸町大坪44-3
三河田原	みかわたはら	客		1924.06.10	愛知	田原市田原町東大浜4-12

東田本線

■駅前～赤岩口　　4.8km／1067mm／13駅／1925.07.14開業／軌道／架空線式 直流600V

駅名	読み方	範囲	種	開業日	県名	所在地
駅前	えきまえ	客	留	1950.08.26	愛知	豊橋市駅前大通1
駅前大通	えきまえおおどおり	客	留	2005.03.31	愛知	豊橋市駅前大通2
新川	しんかわ	客	留	1950.08.26	愛知	豊橋市駅前大通3
札木	ふだぎ	客	留	1925.07.14	愛知	豊橋市魚町
市役所前	しやくしょまえ	客	留	1940頃	愛知	豊橋市八町通3
豊橋公園前	とよはしこうえんまえ	客	留	1950.__.__	愛知	豊橋市八町通3
東八町	ひがしはっちょう	客	留	1925.07.21	愛知	豊橋市旭本町
前畑	まえはた	客	留	1925.12.25	愛知	豊橋市前畑町
東田坂上	あずまださかうえ	客	留	1925.12.25	愛知	豊橋市東田町

駅　名	読み方	範囲	種	開業日	県名	所在地
東田	あずまだ	客	留	1950.04.07	愛知	豊橋市東雲町
競輪場前	けいりんじょうまえ	客	留	1950.09.17	愛知	豊橋市上地町
井原	いはら	客	留	1960.06.01	愛知	豊橋市井原町
赤岩口	あかいわぐち	客	留	1960.06.01	愛知	豊橋市東田町

■井原〜運動公園前　0.6km／1067mm／1駅／1982.07.31開業／軌道／架空線式 直流600V

駅　名	読み方	範囲	種	開業日	県名	所在地
（井原）				1982.07.31		
運動公園前	うんどうこうえんまえ	客	留	1982.07.31	愛知	豊橋市岩田町

愛知環状鉄道

- 本　社　〒444-0951 愛知県岡崎市北野町字二番沢68番地
- 設　立　1986.09.19
- 路　線　愛知環状鉄道線
- 営業キロ　第1種鉄道事業＝45.3km（23駅）

愛知環状鉄道線

■岡崎〜高蔵寺　45.3km／1067mm／23駅／1988.01.31開業（国有鉄道岡多線1970.10.01開業）／普通鉄道／架空線式 直流1500V

駅　名	読み方	範囲	種	開業日	県名	所在地
岡崎	おかざき	客	他	1970.10.01	愛知	岡崎市羽根町東荒子
六名	むつな	客	無	1988.01.31	愛知	岡崎市六名新町11
中岡崎	なかおかざき	客		1976.04.26	愛知	岡崎市八帖町字住環通り
北岡崎	きたおかざき	客		1971.10.01	愛知	岡崎市葵町19-1
大門	だいもん	客		1988.01.31	愛知	岡崎市大樹寺2-1
北野桝塚	きたのますづか	客		1970.10.01	愛知	岡崎市北野町二番訳68-2
三河上郷	みかわかみごう	客		1976.04.26	愛知	豊田市上郷町5-18-1
永覚	えかく	客	無	1976.04.26	愛知	豊田市永覚町高根86-2
末野原	すえのはら	客		1988.01.31	愛知	豊田市豊栄町12-2-3
三河豊田	みかわとよた	客		1976.04.26	愛知	豊田市トヨタ町643
新上挙母	しんうわごろも	客		1988.01.31	愛知	豊田市司町1-6-2
新豊田	しんとよた	客		1976.04.26	愛知	豊田市小坂本町1-16
愛環梅坪	あいかんうめつぼ	客		2005.03.01	愛知	豊田市東梅坪町1-6
四郷	しごう	客		1988.01.31	愛知	豊田市四郷町森前
貝津	かいづ	客		2005.03.01	愛知	豊田市貝津町片坂105-3
保見	ほみ	客		1988.01.31	愛知	豊田市保見町権堂坊
篠原	ささばら	客	無	1988.01.31	愛知	豊田市篠原町砂ケ入
八草	やくさ	客		1988.01.31	愛知	豊田市八草町石坂
山口	やまぐち	客		1988.01.31	愛知	瀬戸市田中町

駅　名	読 み 方	範囲	種	開業日	県名	所 在 地
瀬戸口	せとぐち	客		1988.01.31	愛知	瀬戸市東赤重町2
瀬戸市	せとし	客		1988.01.31	愛知	瀬戸市東横山町
中水野	なかみずの	客		1988.01.31	愛知	瀬戸市内田町2
高蔵寺	こうぞうじ	客	他	1988.01.31	愛知	春日井市高蔵寺町3

愛知高速交通

- 本　社　〒480-1101 愛知県長久手市茨ヶ廻間1553番地736
- 設　立　2000.02.07
- 路　線　東部丘陵線
- 営業キロ　第1種鉄道事業＝8.9km（9駅）

東部丘陵線（愛称：リニモ）

■ 藤が丘〜八草　8.9km／常電導吸引型磁気浮上・リニアインダクションモーター推進方式／9駅／2005.03.06開業／浮上式軌道／直流1500V

駅名	読み方			開業日	県	所在地
藤が丘	ふじがおか	客		2005.03.06	愛知	名古屋市名東区藤が丘170-4
はなみずき通	はなみずきどおり	客	無	2005.03.06	愛知	長久手市久保山113
杁ヶ池公園	いりがいけこうえん	客	無	2005.03.06	愛知	長久手市戸田谷901-1
長久手古戦場	ながくてこせんじょう	客	無	2005.03.06	愛知	長久手市勝入塚117
芸大通	げいだいどおり	客	無	2005.03.06	愛知	長久手市岩作床寒27-5
公園西	こうえんにし	客	無	2005.03.06	愛知	長久手市丸山25-1
愛・地球博記念公園	あい・ちきゅうはくきねんこうえん	客		2005.03.06	愛知	長久手市茨ヶ廻間乙1533-1
陶磁資料館南	とうじしりょうかんみなみ	客	無	2005.03.06	愛知	豊田市八草町秋合1267-3
八草	やくさ	客		2005.03.06	愛知	豊田市八草町石坂793-4

衣浦臨海鉄道

- 本　社　〒475-0831 愛知県半田市11号地19番地の2
- 設　立　1971.04.08
- 路　線　半田線、碧南線
- 営業キロ　第1種鉄道事業＝11.6km（4駅）

半田線

■ 半田埠頭〜東成岩　3.4km／1067mm／2駅／1975.11.15開業／普通鉄道／内燃

駅名	読み方			開業日	県	所在地
半田埠頭 貨	はんだふとう	貨		1975.11.15	愛知	半田市11号地19-2
東成岩 貨	ひがしならわ	貨		1975.11.15	愛知	半田市旭町4-42-19

駅　名	読み方	範囲	種	開業日	県名	所　在　地

碧南線

■ 東浦〜碧南市　8.2km／1067mm／2駅／1977.05.25開業／普通鉄道／内燃

駅名	読み方	範囲	種	開業日	県名	所在地
東浦 貨	ひがしうら		貨	1977.05.25	愛知	知多郡東浦町大字藤江字柳牛24
碧南市 貨	へきなんし		貨	1977.05.25	愛知	碧南市浜町2-10

名古屋市交通局

- 本　社　〒460-8508　愛知県名古屋市中区三の丸3丁目1番1号
- 設　立　1922.08.01
- 路　線　東山線（1号線）、名城線（2・4号線）、名港線（2号線）、鶴舞線（3号線）、桜通線（6号線）、上飯田線
- 営業キロ　第1種鉄道事業＝92.5km（87駅）、第2種鉄道事業＝0.8km（1駅）

東山線（1号線）

■ 高畑〜藤が丘　20.6km／1435mm／22駅／1957.11.15開業／普通鉄道／第三軌条式 直流600V

駅名	読み方	範囲	種	開業日	県名	所在地
高畑	たかばた		客	1982.09.21	愛知	名古屋市中川区高畑2-151先
八田	はった		客	1982.09.21	愛知	名古屋市中川区八田町1812先
岩塚	いわつか		客	1982.09.21	愛知	名古屋市中村区岩塚町字向田37-1地先
中村公園	なかむらこうえん		客	1969.04.01	愛知	名古屋市中村区豊国通1-3
中村日赤	なかむらにっせき		客	1969.04.01	愛知	名古屋市中村区道下町3-35先
本陣	ほんじん		客	1969.04.01	愛知	名古屋市中村区鳥居通2-36
亀島	かめじま		客	1969.04.01	愛知	名古屋市中村区亀島1-2-2
名古屋	なごや		客	1957.11.15	愛知	名古屋市中村区名駅3-14-15先
伏見	ふしみ		客	1957.11.15	愛知	名古屋市中区錦2-16-24先
栄	さかえ		客	1957.11.15	愛知	名古屋市中区栄3-5-12先
新栄町	しんさかえまち		客	1960.06.15	愛知	名古屋市東区葵1-19-23先
千種	ちくさ		客	1960.06.15	愛知	名古屋市東区葵3-15-21先
今池	いまいけ		客	1960.06.15	愛知	名古屋市千種区今池5-1先
池下	いけした		客	1960.06.15	愛知	名古屋市千種区覚王山通7-11
覚王山	かくおうざん		客	1963.04.01	愛知	名古屋市千種区末盛通1-7先
本山	もとやま		客	1963.04.01	愛知	名古屋市千種区四谷通1-18-1先
東山公園	ひがしやまこうえん		客	1963.04.01	愛知	名古屋市千種区東山通5-1先
星ヶ丘	ほしがおか		客	1967.03.30	愛知	名古屋市千種区井上町85-1先
一社	いっしゃ		客	1969.04.01	愛知	名古屋市名東区一社2-1
上社	かみやしろ		客	1970.12.10	愛知	名古屋市名東区上社1-803
本郷	ほんごう		客	1969.04.01	愛知	名古屋市名東区本郷2-153
藤が丘	ふじがおか		客	1969.04.01	愛知	名古屋市名東区藤が丘163

名城線（2・4号線）

■ 大曽根〜金山〜八事〜大曽根　26.4km（2号線 大曽根〜栄〜金山）（4号線 金山〜八事〜大曽根）／1435mm／25駅／1965.10.15開業／普通鉄道／第三軌条式 直流600V

駅　名	読み方	範囲	種	開業日	県名	所在地
大曽根	おおぞね		客	1971.12.20	愛知	名古屋市北区山田1-5-10先
平安通	へいあんどおり		客	1971.12.20	愛知	名古屋市北区平安通1-15先
志賀本通	しがほんどおり		客	1971.12.20	愛知	名古屋市北区志賀本通2-47先
黒川	くろかわ		客	1971.12.20	愛知	名古屋市北区城見通3-13先
名城公園	めいじょうこうえん		客	1971.12.20	愛知	名古屋市北区名城2-1-26先
市役所	しやくしょ		客	1965.10.15	愛知	名古屋市中区三の丸3-1-1先
久屋大通	ひさやおおどおり		客	1989.09.10	愛知	名古屋市中区錦3-48
（栄）	（東山線所属）			1965.10.15		
矢場町	やばちょう		客	1967.03.30	愛知	名古屋市中区栄3-31-13先
上前津	かみまえづ		客	1967.03.30	愛知	名古屋市中区大須4-11-15先
東別院	ひがしべついん		客	1967.03.30	愛知	名古屋市中区大井町3-24先
金山	かなやま		客	1967.03.30	愛知	名古屋市中区金山1-13-11先
西高蔵	にしたかくら		客	1974.03.30	愛知	名古屋市熱田区五本松町9-34先
神宮西	じんぐうにし		客	1974.03.30	愛知	名古屋市熱田区神宮1-1-4先
伝馬町	てんまちょう		客	1974.03.30	愛知	名古屋市熱田区伝馬2-1-1先
堀田	ほりた		客	1974.03.30	愛知	名古屋市瑞穂区苗代町25-18先
妙音通	みょうおんどおり		客	1974.03.30	愛知	名古屋市瑞穂区妙音通3-9先
新瑞橋	あらたまばし		客	1974.03.30	愛知	名古屋市瑞穂区瑞穂通8-27先
瑞穂運動場東	みずほうんどうじょうひがし		客	2004.10.06	愛知	名古屋市瑞穂区八勝通3-18先
総合リハビリセンター	そうごうりはびりせんたー		客	2004.10.06	愛知	名古屋市瑞穂区弥富町字月見ヶ岡5先
（八事）	（鶴舞線所属）			2004.10.06		
八事日赤	やごとにっせき		客	2004.10.06	愛知	名古屋市昭和区山手通3-17先
名古屋大学	なごやだいがく		客	2003.12.13	愛知	名古屋市千種区四谷通20先
（本山）	（東山線所属）			2003.12.13		
自由ヶ丘	じゆうがおか		客	2003.12.13	愛知	名古屋市千種区自由ヶ丘3-11先
茶屋ヶ坂	ちゃやがさか		客	2003.12.13	愛知	名古屋市千種区茶屋ヶ坂1-2116
砂田橋	すなだばし		客	2000.01.19	愛知	名古屋市東区大幸4-16先
ナゴヤドーム前矢田	なごやどーむまえやだ		客	2000.01.19	愛知	名古屋市東区矢田東1先
（大曽根）				2000.01.19		

名港線（2号線）

■ 金山〜名古屋港　6.0km／1435mm／6駅／1971.03.29開業／普通鉄道／第三軌条式 直流600V

駅　名	読み方	範囲	種	開業日	県名	所在地
（金山）	（名城線所属）			1971.03.29		
日比野	ひびの		客	1971.03.29	愛知	名古屋市熱田区大宝1-3-18
六番町	ろくばんちょう		客	1971.03.29	愛知	名古屋市熱田区四番1-10-12

駅　名	読み方	範囲	種	開業日	県名	所　在　地
東海通	とうかいどおり	客		1971.03.29	愛知	名古屋市港区東海通3-177
港区役所	みなとくやくしょ	客		1971.03.29	愛知	名古屋市港区港楽1-14-20
築地口	つきじぐち	客		1971.03.29	愛知	名古屋市港区港楽3-4-13先
名古屋港	なごやこう	客		1971.03.29	愛知	名古屋市港区入船1-8-23

鶴舞線（3号線）

■ 上小田井～赤池　20.4km／1067mm／18駅／1977.03.18開業／普通鉄道／架空線式 直流1500V

駅　名	読み方	範囲	種	開業日	県名	所　在　地
上小田井	かみおたい	客	他	1993.08.12	愛知	名古屋市西区貴生町90
庄内緑地公園	しょうないりょくちこうえん	客		1984.09.06	愛知	名古屋市西区山田町大字上小田井字東古川3129
庄内通	しょうないどおり	客		1984.09.06	愛知	名古屋市西区庄内通3-12先
浄心	じょうしん	客		1981.11.27	愛知	名古屋市西区城西4-3208先
浅間町	せんげんちょう	客		1981.11.27	愛知	名古屋市西区浅間1-206先
丸の内	まるのうち	客		1981.11.27	愛知	名古屋市中区錦2-1先
(伏見)	(東山線所属)			1977.03.18		
大須観音	おおすかんのん	客		1977.03.18	愛知	名古屋市中区大須2-10-39先
(上前津)	(名城線所属)			1977.03.18		
鶴舞	つるまい	客		1977.03.18	愛知	名古屋市中区千代田2-15-17先
荒畑	あらはた	客		1977.03.18	愛知	名古屋市昭和区鶴舞4-17-22先
御器所	ごきそ	客		1977.03.18	愛知	名古屋市昭和区阿由知通3-23-1先
川名	かわな	客		1977.03.18	愛知	名古屋市昭和区広路通8-7先
いりなか	いりなか	客		1977.03.18	愛知	名古屋市昭和区隼人町3-4
八事	やごと	客		1977.03.18	愛知	名古屋市昭和区広路町字北石坂102先
塩釜口	しおがまぐち	客		1978.10.01	愛知	名古屋市天白区塩釜口1-834先
植田	うえだ	客		1978.10.01	愛知	名古屋市天白区植田3-1001
原	はら	客		1978.10.01	愛知	名古屋市天白区原1-513
平針	ひらばり	客		1978.10.01	愛知	名古屋市天白区平針2-1301先
赤池	あかいけ	客		1978.10.01	愛知	日進市赤池1-1503

桜通線（6号線）

■ 中村区役所～徳重　19.1km／1067mm／15駅／1989.09.10開業／普通鉄道／架空線式 直流1500V

駅　名	読み方	範囲	種	開業日	県名	所　在　地
中村区役所	なかむらくやくしょ	客		1989.09.10	愛知	名古屋市中村区太閤通3-27-3先
(名古屋)	(東山線所属)			1989.09.10		名古屋市中村区名駅1-1083
国際センター	こくさいせんたー	客		1989.09.10	愛知	名古屋市中村区名駅4-13
(丸の内)	(鶴舞線所属)			1989.09.10		
(久屋大通)	(名城線所属)			1989.09.10		
高岳	たかおか	客		1989.09.10	愛知	名古屋市東区東桜2-1-2
車道	くるまみち	客		1989.09.10	愛知	名古屋市東区葵3-12
(今池)	(東山線所属)			1989.09.10		

駅　名	読み方	範囲	種	開業日	県名	所　在　地
吹上	ふきあげ	客		1994.03.30	愛知	名古屋市千種区千種通7-24-2先
(御器所)	(鶴舞線所属)			1994.03.30		
桜山	さくらやま	客		1994.03.30	愛知	名古屋市瑞穂区桜見町1-1-14先
瑞穂区役所	みずほくやくしょ	客		1994.03.30	愛知	名古屋市瑞穂区瑞穂通2-27先
瑞穂運動場西	みずほうんどうじょうにし	客		1994.03.30	愛知	名古屋市瑞穂区瑞穂通5-24先
(新瑞橋)	(名城線所属)			1994.03.30		
桜本町	さくらほんまち	客		1994.03.30	愛知	名古屋市南区桜台1-101先
鶴里	つるさと	客		1994.03.30	愛知	名古屋市南区鯛取通3-18-2先
野並	のなみ	客		1994.03.30	愛知	名古屋市天白区古川町200
鳴子北	なるこきた	客		2011.03.27	愛知	名古屋市天白区相川1-1先
相生山	あいおいやま	客		2011.03.27	愛知	名古屋市緑区相川3-61先
神沢	かみさわ	客		2011.03.27	愛知	名古屋市緑区神沢1-303先
徳重	とくしげ	客		2011.03.27	愛知	名古屋市緑区乗鞍2-102-1先

上飯田線

■ 平安通～上飯田　0.8km／1067mm／1駅／2003.03.27開業／普通鉄道／架空線式 直流1500V
　第2種鉄道事業〔第3種鉄道事業＝上飯田連絡線〕

駅名	読み方	範囲	種	開業日	県名	所在地
(平安通)	(名城線所属)			2003.03.27		
上飯田	かみいいだ	客	他	2003.03.27	愛知	名古屋市北区上飯田通1-15先

名古屋臨海高速鉄道

- 本　社　〒455-0831 愛知県名古屋市港区十一屋1丁目46番地
- 設　立　1997.12.02
- 路　線　西名古屋港線
- 営業キロ　第1種鉄道事業＝15.2km（13駅）

西名古屋港線（愛称：あおなみ線）

■ 名古屋～金城ふ頭　15.2km／1067mm／13駅／2004.10.06開業／普通鉄道／架空線式 直流1500V・内燃
　第2種鉄道事業＝日本貨物鉄道（名古屋～名古屋貨物ターミナル）

駅名	読み方	範囲	種	開業日	県名	所在地
名古屋	なごや	客		1986.11.01	愛知	名古屋市中村区名駅1-1015-1
ささしまライブ	ささしまらいぶ	客	無	2004.10.06	愛知	名古屋市中村区平池町4-51-1
笹島信号場	ささしま	—	信	2004.10.06	愛知	N/A
小本	こもと	客	無	2004.10.06	愛知	名古屋市中川区小本1-19-16
荒子	あらこ	客	無	2004.10.06	愛知	名古屋市中川区吉良町138-2
名古屋貨物ターミナル [JR貨物]	なごやかもつたーみなる	貨		1980.10.01	愛知	名古屋市中川区掛入町3
南荒子	みなみあらこ	客	無	2004.10.06	愛知	名古屋市中川区若山町2-59-2

駅　　名	読み方	範囲	種	開業日	県名	所在地
中島	なかじま	客		2004.10.06	愛知	名古屋市中川区掛入町3-24
名古屋競馬場前	なごやけいばじょうまえ	客	無	2004.10.06	愛知	名古屋市港区正保町5-3-1
荒子川公園	あらこがわこうえん	客	無	2004.10.06	愛知	名古屋市港区寛政町5-39-1
稲永	いなえい	客	無	2004.10.06	愛知	名古屋市港区稲永1-1-49
潮凪信号場	しおなぎ	―	信	2004.10.06	愛知	N/A
野跡	のせき	客	無	2004.10.06	愛知	名古屋市港区野跡2-4-32
金城ふ頭	きんじょうふとう	客		2004.10.06	愛知	名古屋市港区金城ふ頭3-2

名古屋臨海鉄道

- 本　　社　〒457-0819 愛知県名古屋市南区滝春町12番地3
- 設　　立　1965.01.23
- 路　　線　東港線、昭和町線、汐見町線、南港線、東築線
- 営業キロ　第1種鉄道事業＝20.5km（8駅）

東港線

■笠寺〜東港　3.8km／1067mm／2駅／1965.08.20開業／普通鉄道／内燃

笠寺 貨	かさでら	貨	1965.08.20	愛知	名古屋市南区浜中町2-5
東港 貨	とうこう	貨	1965.08.20	愛知	名古屋市港区昭和町43

昭和町線

■東港〜昭和町　1.1km／1067mm／1駅／1965.08.20開業／普通鉄道／内燃

(東港)	(東港線所属)		1965.08.20		
昭和町 貨	しょうわまち	貨	1965.08.20	愛知	名古屋市港区昭和町

［注］2015.08.01より全線休止中。

汐見町線

■東港〜汐見町　3.0km／1067mm／2駅／1965.08.20開業／普通鉄道／内燃

(東港)	(東港線所属)		1965.08.20		
船見町 貨	ふなみちょう	貨	1965.08.20	愛知	名古屋市港区船見町
汐見町 貨	しおみちょう	貨	1965.08.20	愛知	名古屋市港区潮見町

［注］2015.08.01より全線休止中。

南港線

■ 東港〜知多　11.3km／1067mm／2駅／1968.09.01開業／普通鉄道／内燃

駅　名	読み方	範囲	種	開業日	県名	所在地
（東港）	（東港線所属）			1968.09.01		
名古屋南貨物 貨	なごやみなみかもつ		貨	1968.09.01	愛知	東海市元浜町49-5
知多 貨	ちた		貨	1969.06.25	愛知	知多市北浜町5

［注］2015.08.01より名古屋南貨物〜知多は休止中。

東築線

■ 東港〜名電築港　1.3km／1067mm／1駅／1982.04.26開業／普通鉄道／内燃

駅　名	読み方	範囲	種	開業日	県名	所在地
（東港）	（東港線所属）			1982.04.26		
名電築港 貨	めいでんちっこう		貨	1982.04.26	愛知	名古屋市港区大江町

名古屋ガイドウェイバス

- ● 本　　社　〒463-0801 愛知県名古屋市守山区竜泉寺2丁目301番地
- ● 設　　立　1994.04.01
- ● 路　　線　ガイドウェイバス志段味線
- ● 営業キロ　軌道＝6.5km（9駅）

ガイドウェイバス志段味線（愛称：ゆとりーとライン）

■ 大曽根〜小幡緑地　6.5km／9駅／2001.03.23開業／側方案内式軌道／内燃

駅　名	読み方	範囲	種	開業日	県名	所在地
大曽根	おおぞね	客	留	2001.03.23	愛知	名古屋市東区矢田南5-2-16
ナゴヤドーム前矢田	なごやどーむまえやだ	客	留	2001.03.23	愛知	名古屋市東区大幸1-1先
砂田橋	すなだばし	客	留	2001.03.23	愛知	名古屋市東区大幸4-16先
守山	もりやま	客	留	2001.03.23	愛知	名古屋市守山区守山1-9先
金屋	かなや	客	留	2001.03.23	愛知	名古屋市守山区金屋2-243先
川宮	かわみや	客	留	2001.03.23	愛知	名古屋市守山区川宮町78先
川村	かわむら	客	留	2001.03.23	愛知	名古屋市守山区川北町322-2
白沢渓谷	しらさわけいこく	客	留	2001.03.23	愛知	名古屋市守山区川字東山1807
小幡緑地	おばたりょくち	客	留	2001.03.23	愛知	名古屋市守山区竜泉寺2-1-44内

	駅　名	読み方	範囲	種	開業日	県名	所在地

東海交通事業

- ●本　　社　〒452-0815 愛知県名古屋市西区八筋町 8 番地の 1
- ●設　　立　1988.02.18
- ●路　　線　城北線
- ●営業キロ　第 2 種鉄道事業＝11.2km（6 駅）〔第 1 種鉄道事業＝東海旅客鉄道〕

城北線

■勝川～枇杷島　11.2km／1067mm／6 駅／1991.12.01開業／普通鉄道／蒸気・内燃

	駅名	読み方	範囲	種	開業日	県名	所在地
	勝川	かちがわ	客	無	1991.12.01	愛知	春日井市勝川町5-4
	味美	あじよし	客	無	1991.12.01	愛知	春日井市中新町2-22
	比良	ひら	客	無	1991.12.01	愛知	名古屋市西区比良3-403
	小田井	おたい	客	無	1991.12.01	愛知	名古屋市西区八筋町189-3
	尾張星の宮	おわりほしのみや	客	無	1991.12.01	愛知	清須市阿原星の宮119
	枇杷島	びわじま	客		1993.03.18	愛知	清須市西枇杷島町七畝割108-13

明知鉄道

- ●本　　社　〒509-7705 岐阜県恵那郡明智町469番地の 4
- ●設　　立　1985.05.21
- ●路　　線　明知線
- ●営業キロ　第 1 種鉄道事業＝25.1km（11駅）

明知線

■恵那～明智　25.1km／1067mm／11駅／1985.11.16開業（国有鉄道明知線1933.05.24開業）／普通鉄道／内燃

	駅名	読み方	範囲	種	開業日	県名	所在地
	恵那	えな	客		1933.05.24	岐阜	恵那市大井町
	東野	ひがしの	客	無	1933.05.24	岐阜	恵那市東野
	飯沼	いいぬま	客	無	1991.10.28	岐阜	中津川市飯沼
	阿木	あぎ	客	無	1933.05.24	岐阜	中津川市阿木
	飯羽間	いいばま	客	無	1959.01.10	岐阜	恵那市岩村町飯羽間
	極楽	ごくらく	客	無	2008.12.25	岐阜	恵那市岩村町飯羽間
	岩村	いわむら	客		1934.01.26	岐阜	恵那市岩村町
	花白温泉	はなしろおんせん	客	無	1967.11.15	岐阜	恵那市山岡町馬場山田
	山岡	やまおか	客	無	1934.06.24	岐阜	恵那市山岡町田沢
	野志	のし	客	無	1994.12.25	岐阜	恵那市明智町野志
	明智	あけち	客		1934.06.24	岐阜	恵那市明智町

長良川鉄道

- 本　社　〒501-3881 岐阜県関市元重町74番1号
- 設　立　1986.08.28
- 路　線　越美南線
- 営業キロ　第1種鉄道事業＝72.1km（38駅）

越美南線

■ 美濃太田～北濃　72.1km／1067mm／38駅／1986.12.11開業（国有鉄道越美南線1923.10.05開業）／普通鉄道／内燃

駅名	読み方	範囲	種	開業日	県名	所在地
美濃太田	みのおおた	客		1923.10.05	岐阜	美濃加茂市太田町立石2488-1
前平公園	まえひらこうえん	客	無	1986.12.11	岐阜	美濃加茂市太田町宮前1324-8
加茂野	かもの	客	無	1952.12.26	岐阜	美濃加茂市加茂野町木野字西阿折り53-13
富加	とみか	客	無	1923.10.05	岐阜	加茂郡富加町羽生字古熊野1614-3
関富岡	せきとみおか	客	無	1986.12.11	岐阜	関市肥田瀬字屋敷田1504-6
関口	せきぐち	客	無	1952.12.26	岐阜	関市関口町1-3-1
刃物会館前	はものかいかんまえ	客	無	1986.12.11	岐阜	関市日の出町字古町2513-3
関	せき	客		1923.10.05	岐阜	関市元重町74-1
関市役所前	せきしやくしょまえ	客	無	1999.04.01	岐阜	関市下有知字境松4483-3
関下有知	せきしもうち	客	無	1986.12.11	岐阜	関市下有知走り下り6237-3
松森	まつもり	客	無	1999.04.01	岐阜	美濃市松森字八幡前1061-16
美濃市	みのし	客		1923.10.05	岐阜	美濃市広岡町字沓掛2966-2
梅山	うめやま	客	無	1987.09.21	岐阜	美濃市字藤岡1731-4
湯の洞温泉口	ゆのほらおんせんぐち	客	無	1926.07.15	岐阜	美濃市保木脇字神明下350-1
洲原	すはら	客	無	1957.04.01	岐阜	美濃市須原字鐘寿場293-7
母野	はんの	客	無	1927.04.10	岐阜	郡上市美並町上田3334
木尾	こんの	客	無	1986.12.11	岐阜	郡上市美並町上田3049-5
八坂	やさか	客	無	1952.07.01	岐阜	郡上市美並町上田2046-5
みなみ子宝温泉	みなみこだからおんせん	客	無	2002.04.04	岐阜	郡上市美並町大原2669-1
大矢	おおや	客	無	1927.10.09	岐阜	郡上市美並町大原1293-2
福野	ふくの	客	無	1952.07.01	岐阜	郡上市美並町白山1746-3
美並苅安	みなみかりやす	客	無	1928.05.06	岐阜	郡上市美並町白山857-8
赤池	あかいけ	客	無	1952.07.01	岐阜	郡上市美並町山田848-5
深戸	ふかど	客	無	1928.05.06	岐阜	郡上市美並町三戸163-3
相生	あいおい	客	無	1929.12.08	岐阜	郡上市八幡町相生1244-1
郡上八幡	ぐじょうはちまん	客		1929.12.08	岐阜	郡上市八幡町城南町188-54
自然園前	しぜんえんまえ	客	無	1986.12.11	岐阜	郡上市八幡町瀬取1038-2
山田	やまだ	客	無	1932.07.09	岐阜	郡上市大和町河辺223-20
徳永	とくなが	客	無	1955.03.01	岐阜	郡上市大和町徳永181-3

駅　名	読み方	範囲	種	開業日	県名	所 在 地
郡上大和	ぐじょうやまと	客	無	1932.07.09	岐阜	郡上市大和町剣303
万場	まんば	客	無	1955.03.01	岐阜	郡上市大和町万場2145-8
上万場	かみまんば	客	無	1987.09.21	岐阜	郡上市大和町万場292-2
大中	おおなか	客	無	1933.07.05	岐阜	郡上市白鳥町大島1425-4
大島	おおしま	客	無	1955.03.01	岐阜	郡上市白鳥町大島1871-32
美濃白鳥	みのしろとり	客		1933.07.05	岐阜	郡上市白鳥町白鳥160-30
白鳥高原	しろとりこうげん	客	無	1955.08.01	岐阜	郡上市白鳥町二日町297-3
白山長滝	はくさんながたき	客	無	1988.08.06	岐阜	郡上市白鳥町長滝28-7
北濃	ほくのう	客	無	1934.08.16	岐阜	郡上市白鳥町歩岐島162-5

樽見鉄道

- 本　社　〒501-1205　岐阜県本巣市曽井中島680番地の11
- 設　立　1984.02.01
- 路　線　樽見線
- 営業キロ　第1種鉄道事業＝34.5km（19駅）

樽見線

■ 大垣〜樽見　34.5km／1067mm／19駅／1984.10.06開業（国有鉄道樽見線1956.03.20開業）／普通鉄道／内燃

駅名	読み方	範囲	種	開業日	県名	所在地
大垣	おおがき	客		1956.03.20	岐阜	大垣市高屋1
東大垣	ひがしおおがき	客	無	1956.03.20	岐阜	大垣市和合本町1
横屋	よこや	客	無	1960.02.15	岐阜	瑞穂市大跡43-3
十九条	じゅうくじょう	客	無	1956.03.20	岐阜	瑞穂市十九条字河原56-1
美江寺	みえじ	客	無	1956.03.20	岐阜	瑞穂市美江寺字榎前511-3
北方真桑	きたがたまくわ	客		1956.03.20	岐阜	本巣市上真桑1521-2
モレラ岐阜	もれらぎふ	客	無	2006.04.21	岐阜	本巣市早野175
糸貫	いとぬき	客	無	1956.03.20	岐阜	本巣市石田534-2
本巣	もとす	客		1956.03.20	岐阜	本巣市曽井中島680-11
織部	おりべ	客	無	2002.04.01	岐阜	本巣市山口森本680-3
木知原	こちぼら	客	無	1958.01.15	岐阜	本巣市木知原字川端453-3
谷汲口	たにぐみぐち	客		1956.03.20	岐阜	揖斐郡揖斐川町谷汲長瀬937-2
神海	こうみ	客	無	1958.04.29	岐阜	本巣市神海字西ノ上1281-2
高科	たかしな	客	無	1989.03.25	岐阜	揖斐郡揖斐川町谷汲高科
鍋原	なべら	客	無	1989.03.25	岐阜	本巣市佐原字佐畑654-4
日当	ひなた	客	無	1989.03.25	岐阜	本巣市日当字前沖1309-3
高尾	たかお	客	無	1989.03.25	岐阜	本巣市根尾高尾字吉尾1022-5
水鳥	みどり	客	無	1989.03.25	岐阜	本巣市根尾水鳥字下島521-2
樽見	たるみ	客	無	1989.03.25	岐阜	本巣市根尾樽見字下川原3-4

養老鉄道

- 本　社　〒503-0973 岐阜県大垣市木戸町910番地
- 設　立　2007.02.14
- 路　線　養老線
- 営業キロ　第1種鉄道事業＝57.5km（28駅）〔第3種鉄道事業者＝近畿日本鉄道〕

養老線

■桑名～揖斐　57.5km／1067mm／28駅／1913.07.31開業／普通鉄道／架空線式 直流1500V

駅　名	読み方	範囲	種	開業日	県名	所在地
桑名	くわな	客	他	1919.04.27	三重	桑名市大字東方97
東方操車場	ひがしかた	一	操	1964.03.10	三重	N/A
播磨	はりま	客		1939.12.29	三重	桑名市大字播磨2500-3
下深谷	しもふかや	客		1921.08.01	三重	桑名市大字下深谷部2279
下野代	しものしろ	客		1920.06.01	三重	桑名市多度町下野代3162-3
多度	たど	客		1919.04.27	三重	桑名市多度町小山1860-2
美濃松山	みのまつやま	客		1929.02.24	岐阜	海津市南濃町松山字古堤221
石津	いしづ	客		1919.04.27	岐阜	海津市南濃町太田92
美濃山崎	みのやまざき	客		1919.04.27	岐阜	海津市南濃町山崎大北267
駒野	こまの	客		1919.04.27	岐阜	海津市南濃町駒野横道上617
美濃津屋	みのつや	客		1919.04.27	岐阜	海津市南濃町津屋字借田2693-5
養老	ようろう	客		1913.07.31	岐阜	養老郡養老町鷲ノ巣白石道1200
美濃高田	みのたかだ	客		1913.07.31	岐阜	養老郡養老町高田字古宮842-4
烏江	からすえ	客		1915.01.01	岐阜	養老郡養老町烏江940-4
大外羽	おおとば	客		1974.06.01	岐阜	大垣市西大外羽3-28
友江	ともえ	客		1913.07.31	岐阜	大垣市友江1-221
美濃青柳	みのやなぎ	客		1934.10.01	岐阜	大垣市青柳町425-1
西大垣	にしおおがき	客		1913.07.31	岐阜	大垣市木戸町910
大垣	おおがき	客		1913.07.31	岐阜	大垣市高屋町1-130-2
室	むろ	客		1916.04.01	岐阜	大垣市木戸町134-3
北大垣	きたおおがき	客		1944.07.01	岐阜	大垣市笠木町76-3
東赤坂	ひがしあかさか	客		1914.01.01	岐阜	安八郡神戸町中沢村西124-6
広神戸	ひろごうど	客		1913.07.31	岐阜	安八郡神戸町神戸西浦122
北神戸	きたごうど	客		1986.03.27	岐阜	安八郡神戸町北一色別当572-2
池野	いけの	客		1913.07.31	岐阜	揖斐郡池田町池野259-4
北池野	きたいけの	客		1954.04.01	岐阜	揖斐郡池田町本郷1515
美濃本郷	みのほんごう	客		1920.06.01	岐阜	揖斐郡池田町本郷550
揖斐	いび	客		1919.04.27	岐阜	揖斐郡揖斐川町脛永山王元434

中小私鉄　東海

	駅　　名	読み方	範囲	種	開業日	県名	所　在　地

西濃鉄道
せいのうてつどう

- ●本　　社　　〒503-2213　岐阜県大垣市赤坂町173番1号
- ●設　　立　　1927.01.15
- ●路　　線　　市橋線
- ●営業キロ　　第1種鉄道事業＝2.0km（3駅）

市橋線
いちはしせん

■美濃赤坂〜猿岩　2.0km／1067mm／3駅／1928.12.17開業／普通鉄道／内燃

	駅名	読み方	範囲	種	開業日	県名	所在地
┬	美濃赤坂	みのあかさか	貨		1928.12.17	岐阜	大垣市赤坂町153-1
│	乙女坂	おとめざか	貨	無	1928.12.17	岐阜	大垣市南市橋町1268
┴	猿岩	さるいわ	貨	無	1928.12.17	岐阜	大垣市南市橋町1289

三岐鉄道
さんぎてつどう

- ●本　　社　　〒510-8014　三重県四日市市冨田3丁目22番83号
- ●設　　立　　1928.09.20
- ●路　　線　　三岐線、近鉄連絡線、北勢線
- ●営業キロ　　第1種鉄道事業＝48.0km（31駅）

三岐線
さんぎせん

■冨田〜西藤原　26.5km／1067mm／16駅／1931.07.23開業／普通鉄道／内燃・架空線式 直流1500V

	駅名	読み方	範囲	種	開業日	県名	所在地
┬	冨田	とみだ	貨		1931.07.23	三重	四日市市冨田3-22-83
│	三岐朝明信号場	さんぎあさけ	一	信	1950.10.30	三重	N/A
│	大矢知	おおやち	客		1931.07.23	三重	四日市市大矢知町3279
│	平津	へいづ	客		1931.07.23	三重	四日市市平津町385-2
│	暁学園前	あかつきがくえんまえ	客		1931.07.23	三重	四日市市中村町393-2
│	山城	やまじょう	客		1931.07.23	三重	四日市市山城町1106-2
│	保々	ほぼ	客		1931.07.23	三重	四日市市小牧町1937
│	北勢中央公園口	ほくせいちゅうおうこうえんぐち	客		1931.07.23	三重	四日市市市場町東高見536-2
│	梅戸井	うめどい	客		1931.07.23	三重	いなべ市大安町梅戸2354-2
│	大安	だいあん	客		1931.07.23	三重	いなべ市大安町大井田1305
│	三里	みさと	客		1931.07.23	三重	いなべ市大安町平塚512-11
│	丹生川	にゅうがわ	客		1931.07.23	三重	いなべ市大安町丹生川中1170-1
│	伊勢治田	いせはった	客		1931.07.23	三重	いなべ市北勢町東村103
│	東藤原	ひがしふじわら	客貨		1931.07.23	三重	いなべ市東禅寺895
│	西野尻	にしのじり	客	無	1931.12.23	三重	いなべ市藤原町西野尻556-2
┴	西藤原	にしふじわら	客		1931.12.23	三重	いなべ市藤原町大貝戸336

近鉄連絡線

■三岐朝明(信)〜近鉄富田　1.1km／1067mm／1駅／1970.06.25開業／普通鉄道／内燃・架空線式　直流1500V

駅　名	読み方	範囲	種	開業日	県名	所在地
(三岐朝明)	(三岐線所属)			1970.06.25		
近鉄富田	きんてつとみだ	客		1970.06.25	三重	四日市市富田4-145-2

北勢線

■西桑名〜阿下喜　20.4km／762mm／14駅／1914.04.05開業／普通鉄道／架空線式　直流750V

駅　名	読み方	範囲	種	開業日	県名	所在地
西桑名	にしくわな	客		1914.04.05	三重	桑名市寿町2-31
馬道	うまみち	客	無	1914.04.05	三重	桑名市本願寺笠松228-2
西別所	にしべっしょ	客	無	1914.04.05	三重	桑名市西別所180-2
蓮花寺	れんげじ	客	無	1914.04.05	三重	桑名市蓮花寺269-3
在良	ありよし	客	無	1914.04.05	三重	桑名市額田字中縄381-1
星川	ほしかわ	客		2005.03.26	三重	桑名市星川902-2
七和	ななわ	客	無	1914.04.05	三重	桑名市芳ヶ崎字屋敷田602-7
穴太	あのう	客	無	1914.04.05	三重	員弁郡東員町筑紫字堤田886-2
東員	とういん	客		2005.03.26	三重	員弁郡東員町山田1953-1
北大社信号場	きたおおやしろ	―	信	1914.04.05	三重	N/A
大泉	おおいずみ	客	無	2004.04.01	三重	いなべ市員弁町大泉2516
楚原	そはら	客		1914.04.05	三重	いなべ市員弁町楚原544-1
麻生田	おうだ	客		1916.08.06	三重	いなべ市北勢町麻生田2003-2
阿下喜	あげき	客		1931.07.08	三重	いなべ市北勢町阿下喜3734

四日市あすなろう鉄道

- ●本　　社　〒510-0075 三重県四日市市安島1丁目1番60号
- ●設　　立　2014.03.27
- ●路　　線　内部線、八王子線
- ●営業キロ　第2種鉄道事業＝7.0km（9駅）〔第3種鉄道事業＝四日市市〕

内部線

■あすなろう四日市〜内部　5.7km／762mm／8駅／2015.04.01開業（三重軌道1912.08.14開業）／普通鉄道／架空線式　直流750V

駅　名	読み方	範囲	種	開業日	県名	所在地
あすなろう四日市	あすなろうよっかいち	客		1913.05.16	三重	四日市市安島1-1-60
赤堀	あかほり	客	無	1912.10.06	三重	四日市市赤堀2-13-20
日永	ひなが	客	無	1912.08.14	三重	四日市市日永1-14-6
南日永	みなみひなが	客	無	1922.01.10	三重	四日市市日永4-5-48

駅　名	読み方	範囲	種	開業日	県名	所 在 地
泊	とまり	客	無	1922.01.10	三重	四日市市泊町3-20
追分	おいわけ	客	無	1922.06.21	三重	四日市市追分3-3-19
小古曽	おごそ	客	無	1912.01.10	三重	四日市市小古曽2-6-12
内部	うつべ	客	無	1922.06.21	三重	四日市市小古曽3-5-29

八王子線

■ 日永〜西日野　1.3km／762mm／1駅／2015.04.01開業(三重軌道1912.08.14開業)／普通鉄道／架空線式 直流 750V

駅　名	読み方	範囲	種	開業日	県名	所 在 地
(日永)	(内部線所属)			1912.08.14		
西日野	にしひの	客	無	1912.08.14	三重	四日市市西日野町字東浦30

伊勢鉄道

- 本　社　〒513-0817 三重県鈴鹿市桜島町1丁目20番
- 設　立　1986.10.01
- 路　線　伊勢線
- 営業キロ　第1鉄道事業＝22.3km（10駅）

伊勢線

■ 河原田〜津　22.3km／1067mm／10駅／1987.03.27開業(国有鉄道伊勢線1973.09.01開業)／普通鉄道／内燃

駅　名	読み方	範囲	種	開業日	県名	所 在 地
河原田	かわらだ	客	無	1973.09.01	三重	四日市市河原田町2179-3
鈴鹿	すずか	客		1973.09.01	三重	鈴鹿市矢橋1-11
玉垣	たまがき	客		1973.09.01	三重	鈴鹿市桜島町1-20
鈴鹿サーキット稲生	すずかさーきっといのう	客	無	1973.09.01	三重	鈴鹿市稲生西3-8
徳田	とくだ	客	無	1991.03.16	三重	鈴鹿市徳田町1413-2
中瀬古	なかせこ	客	無	1973.09.01	三重	鈴鹿市郡山町663-571
伊勢上野	いせうえの	客	無	1987.03.27	三重	津市河芸町上野3528-2
河芸	かわげ	客	無	1973.09.01	三重	津市河芸町浜田1907-2
東一身田	ひがしいしんでん	客	無	1973.09.01	三重	津市一身田平野31-2
津	つ	客		1973.09.01	三重	津市羽所町1136-1

伊賀鉄道

- ●本　　社　〒518-0873 三重県伊賀市上野丸之内61番地の2
- ●設　　立　2007.03.26
- ●路　　線　伊賀線
- ●営業キロ　第2種鉄道事業＝16.6km（14駅）〔第3種鉄道事業＝近畿日本鉄道〕

伊賀線

■ 伊賀上野～伊賀神戸　16.6km／1067mm／14駅／1916.08.08開業／普通鉄道／架空線式 直流1500V

駅名	読み方	範囲	種	開業日	県名	所在地
伊賀上野	いがうえの	客	他	1916.08.08	三重	伊賀市三田下西向
新居	にい	客	無	1916.08.08	三重	伊賀市東高倉83-2
西大手	にしおおて	客	無	1916.08.08	三重	伊賀市上野西大手町1
上野市	うえのし	客		1916.08.08	三重	伊賀市上野丸之内61-2
広小路	ひろこうじ	客	無	1922.07.18	三重	伊賀市上野農人町426-2
茅町	かやまち	客		1922.07.18	三重	伊賀市上野茅町2652-2
桑町	くわまち	客	無	1922.07.18	三重	伊賀市四十九町八反田2135
猪田道	いだみち	客	無	1922.07.18	三重	伊賀市依那具1024-4
市部	いちべ	客	無	1926.05.25	三重	伊賀市市部417-2
依那古	いなこ	客	無	1922.07.18	三重	伊賀市沖18-2
丸山	まるやま	客	無	1922.07.18	三重	伊賀市才良353-4
上林	うえばやし	客	無	1926.05.25	三重	伊賀市上林字原代26-2
比土	ひど	客	無	1922.07.18	三重	伊賀市比土字城之越332-4
伊賀神戸	いがかんべ	客	他	1930.10.10?	三重	伊賀市比土2628-3

京滋

駅　名	読み方	範囲	種	開業日	県名	所　在　地

近江鉄道
おうみてつどう

- ●本　　社　〒522-8503 滋賀県彦根市古沢町181番地
- ●設　　立　1896.06.15
- ●路　　線　本線、多賀線、八日市線
- ●営業キロ　第1種鉄道事業＝59.5km（33駅）

本線（愛称:彦根・多賀大社線＝米原～高宮、湖東近江路線＝高宮～八日市、水口・蒲生野線＝八日市～貴生川）

■米原～貴生川　47.7km／1067mm／25駅／1898.06.11開業／普通鉄道／架空線式 直流1500V

駅名	読み方	範囲	種	開業日	県名	所在地
米原	まいばら		客	1931.03.15	滋賀	米原市米原464-23
フジテック前	ふじてっくまえ		客無	2006.03.18	滋賀	彦根市甲田町356
鳥居本	とりいもと		客無	1931.03.15	滋賀	彦根市鳥居本町647
彦根	ひこね		客	1898.06.11	滋賀	彦根市古沢町40-1
ひこね芹川	ひこねせりかわ		客無	2009.04.08	滋賀	彦根市芹川町564-1
彦根口	ひこねぐち		客	1901.05.20	滋賀	彦根市西沼波町655
高宮	たかみや		客	1898.06.11	滋賀	彦根市高宮町876-1
尼子	あまご		客無	1911.06.15	滋賀	犬上郡甲良町尼子1712-2
豊郷	とよさと		客	1899.03.19	滋賀	犬上郡豊郷町八目11-1
愛知川	えちがわ		客	1898.06.11	滋賀	愛知郡愛荘町市895
五箇荘	ごかしょう		客無	1899.03.19	滋賀	東近江市五個荘小幡町467-4
河辺の森	かわべのもり		客無	2004.03.13	滋賀	東近江市建部下野町1241-2
八日市	ようかいち		客	1898.07.24	滋賀	東近江市八日市浜野町485
長谷野	ながたにの		客	1916.12.27	滋賀	東近江市今堀町813-2
大学前	だいがくまえ		客	1990.03.29	滋賀	東近江市布施町29-2
京セラ前	きょうせらまえ		客	1991.03.16	滋賀	東近江市川合町13-16
桜川	さくらがわ		客	1900.12.28	滋賀	東近江市桜川西町78
朝日大塚	あさひおおつか		客	1916.10.16	滋賀	東近江市大塚町315-3
朝日野	あさひの		客	1900.12.28	滋賀	東近江市鋳物師町903-2
日野	ひの		客	1900.10.01	滋賀	蒲生郡日野町内池754-5
水口松尾	みなくちまつお		客	1989.04.05	滋賀	甲賀市水口町水口1637-1
水口	みなくち		客	1900.12.28	滋賀	甲賀市水口町新町1-2475
水口石橋	みなくちいしばし		客	1957.08.16	滋賀	甲賀市水口町鹿深4508-1
水口城南	みなくちじょうなん		客	1989.04.05	滋賀	甲賀市水口町水口5668-2
貴生川	きぶかわ		客	1900.12.28	滋賀	甲賀市水口町虫生野875

駅　名	読み方	範囲	種	開業日	県名	所在地

多賀線（愛称：彦根・多賀大社線）

■ 高宮～多賀大社前　2.5km／1067mm／2駅／1914.03.08開業／普通鉄道／架空線式 直流1500V

駅名	読み方	範囲	種	開業日	県名	所在地
(高宮)	(本線所属)			1914.03.08		
スクリーン	すくりーん		客	2008.03.15	滋賀	彦根市高宮町458-1
多賀大社前	たがたいしゃまえ		客	無 1914.03.08	滋賀	犬上郡多賀町多賀1322

八日市線（愛称：万葉あかね線）

■ 八日市～近江八幡　9.3km／1067mm／6駅／1913.12.29開業／普通鉄道／架空線式 直流1500V

駅名	読み方	範囲	種	開業日	県名	所在地
(八日市)	(本線所属)			1946.01.01		
新八日市	しんようかいち		客	1913.12.29	滋賀	東近江市八日市清水2-137-2
太郎坊宮前	たろぼうぐうまえ		客 無	1949.07.01	滋賀	東近江市小脇町753-5
市辺	いちのべ		客 無	1913.12.29	滋賀	東近江市市辺町2801
平田	ひらた		客	1913.12.29	滋賀	東近江市平田町121-2
武佐	むさ		客 無	1913.12.29	滋賀	近江八幡市長光寺町55-3
近江八幡	おうみはちまん		客	1913.12.29	滋賀	近江八幡市鷹飼町616

信楽高原鐵道

- 本　社　〒529-1851 滋賀県甲賀市信楽町長野192番地
- 設　立　1987.02.10
- 路　線　信楽線
- 営業キロ　第2種鉄道事業＝14.7km（7駅）〔第3種鉄道事業者＝甲賀市〕

信楽線

■ 貴生川～信楽　14.7km／1067mm／7駅／2013.04.01開業（国有鉄道信楽線1933.05.08開業）／普通鉄道／内燃

駅名	読み方	範囲	種	開業日	県名	所在地
貴生川	きぶかわ		客	他 1933.05.08	滋賀	甲賀市水口町虫生野875
小野谷信号場	おのだに		―	信 1991.03.16	滋賀	甲賀市水口町牛飼2138-1
紫香楽宮跡	しがらきぐうし		客	1987.07.13	滋賀	甲賀市信楽町牧1-59
雲井	くもい		客	1933.05.08	滋賀	甲賀市信楽町牧915
勅旨	ちょくし		客	1963.06.01	滋賀	甲賀市信楽町勅旨388-3
玉桂寺前	ぎょくけいじまえ		客	1987.07.13	滋賀	甲賀市信楽町勅旨2172-3
信楽	しがらき		客	1933.05.08	滋賀	甲賀市信楽町長野192

〔注〕小野谷信号場は1991.10.16休止認可。

駅名	読み方	範囲	種	開業日	県名	所在地

比叡山鉄道
- ●本　社　〒520-0016　滋賀県大津市坂本本町4244番地
- ●設　立　1924.10.23
- ●路　線　比叡山鉄道線
- ●営業キロ　鋼索鉄道＝2.0km（4駅）

比叡山鉄道線
■ケーブル坂本〜ケーブル延暦寺　2.0km／1067mm／4駅／1927.03.15開業／鋼索鉄道／電気

駅名	読み方	種	範囲	開業日	県名	所在地
ケーブル坂本	けーぶるさかもと	客		1927.03.15	滋賀	大津市坂本本町4244
ほうらい丘	ほうらいおか	客	無	1984.04.26	滋賀	大津市坂本坂本町
もたて山	もたてやま	客	無	1949.__.__	滋賀	大津市坂本坂本町
ケーブル延暦寺	けーぶるえんりゃくじ	客		1927.03.15	滋賀	大津市坂本坂本町

WILLER TRAINS（愛称：京都丹後鉄道）
- ●本　社　〒626-0041　京都府宮津市字鶴賀2065番地の4
- ●設　立　2014.07.14
- ●路　線　宮福線、宮津線
- ●営業キロ　第2種鉄道事業＝114.0km（32駅）〔第3種鉄道事業＝北近畿タンゴ鉄道〕

宮福線
■宮津〜福知山　30.4km／1067mm／13駅／2015.04.01開業（宮福鉄道1988.07.16開業）／普通鉄道／内燃・架空線式　直流1500V

駅名	読み方	種	範囲	開業日	県名	所在地
(宮津)	(宮津線所属)			1988.07.16		
宮村	みやむら	客	無	1988.07.16	京都	宮津市宮村
喜多	きた	客	無	1988.07.16	京都	宮津市今福
辛皮	からかわ	客	無	1988.07.16	京都	福知山市大江町小田
大江山口内宮	おおえやまぐちないく	客	無	1988.07.16	京都	福知山市大江町内宮
二俣	ふたまた	客	無	1988.07.16	京都	福知山市大江町二俣
大江高校前	おおえこうこうまえ	客	無	1988.07.16	京都	福知山市大江町金屋
大江	おおえ	客		1988.07.16	京都	福知山市大江町河守409-2
公庄	ぐじょう	客	無	1988.07.16	京都	福知山市大江町公庄
下天津	しもあまず	客	無	1988.07.16	京都	福知山市下天津
牧	まき	客	無	1988.07.16	京都	福知山市牧
荒河かしの木台	あらがかしのきだい	客	無	1988.07.16	京都	福知山市上荒河
福知山市民病院口	ふくちやましみんびょういんぐち	客	無	1988.07.16	京都	福知山市厚中間屋町75
福知山	ふくちやま	客		1988.07.16	京都	福知山市字天田262

駅　名	読み方	範囲	種	開業日	県名	所在地

宮津線 （愛称：宮舞線＝西舞鶴〜宮津、宮豊線＝宮津〜豊岡）

■ 西舞鶴〜豊岡　83.6km／1067mm／19駅／2015.04.01開業（国有鉄道宮津線1924.04.12開業）／普通鉄道／内燃・架空線式 直流1500V（宮津〜天橋立）

駅名	読み方	範囲	種	開業日	県名	所在地
西舞鶴	にしまいづる		客	1924.04.12	京都	舞鶴市字伊佐津216-1
四所	ししょ		客無	1924.04.12	京都	舞鶴市字上福井1222-2
東雲	しののめ		客無	1924.04.12	京都	舞鶴市字水間257-2
丹後神崎	たんごかんざき		客無	1957.06.22	京都	舞鶴市字油江109-4
丹後由良	たんごゆら		客	1924.04.12	京都	宮津市字由良2048-2
栗田	くんだ		客	1924.04.12	京都	宮津市字上司384-2
宮津	みやづ		客	1924.04.12	京都	宮津市鶴賀2065-4
天橋立	あまのはしだて		客	1925.07.31	京都	宮津市字文殊314-2
岩滝口	いわたきぐち		客無	1925.07.31	京都	宮津市字須津705-4
与謝野	よさの		客	1925.07.31	京都	与謝郡与謝野町字下山田1332
京丹後大宮	きょうたんごおおみや		客	1925.11.03	京都	京丹後市大宮町口大野380-2
峰山	みねやま		客	1925.11.03	京都	京丹後市峰山町杉谷992-2
網野	あみの		客	1926.12.25	京都	京丹後市網野町下岡119-2
夕日ヶ浦木津温泉	ゆうひがうらきつおんせん		客	1931.05.25	京都	京丹後市網野町木津元上野71-1
小天橋	しょうてんきょう		客	1932.08.10	京都	京丹後市久美浜町浦明220-2
かぶと山	かぶとやま		客無	1962.03.01	京都	京丹後市久美浜町甲山
久美浜	くみはま		客	1929.12.15	京都	京丹後市久美浜町栄町772
コウノトリの郷	こうのとりのさと		客無	1929.12.15	兵庫	豊岡市日撫
豊岡	とよおか		客	1929.12.15	兵庫	豊岡市大手町3-40

丹後海陸交通

- 本　　社　〒629-2301 京都府与謝郡与謝野町字上山田641番地1
- 設　　立　1944.02.14
- 路　　線　天橋立鋼索鉄道
- 営業キロ　第1種鉄道事業＝0.4km（2駅）

天橋立鋼索鉄道

■ 府中〜傘松　0.4km／1067mm／2駅／1951.08.12開業／鋼索鉄道／電気

駅名	読み方	範囲	種	開業日	県名	所在地
府中	ふちゅう		客	1951.08.12	京都	宮津市字大垣75
傘松	かさまつ		客	1951.08.12	京都	宮津市字大垣19-1

駅　名	読み方	範囲	種	開業日	県名	所在地

鞍馬寺

- ●本　　社　〒601-1111 京都府京都市左京区鞍馬本町1074番地
- ●設　　立　1953.01.26
- ●路　　線　鞍馬山鋼索鉄道
- ●営業キロ　第1種鉄道事業＝0.2km（2駅）

鞍馬山鋼索鉄道

■山門～多宝塔　0.2km／2駅／1957.01.01開業／鋼索鉄道／電気 ゴムタイヤ式

駅名	読み方	範囲	種	開業日	県名	所在地
山門	さんもん		客	1957.01.01	京都	京都市左京区鞍馬本町1074
多宝塔	たほうとう		客	1957.01.01	京都	京都市左京区鞍馬本町1074

叡山電鉄

- ●本　　社　〒606-8007 京都府京都市左京区山端壱町田町8番地の80
- ●設　　立　1985.07.06
- ●路　　線　叡山本線、鞍馬線
- ●営業キロ　第1種鉄道事業＝14.4km（17駅）

叡山本線

■出町柳～八瀬比叡山口　5.6km／1435mm／8駅／1925.09.27開業／普通鉄道／架空線式 直流600V

駅名	読み方	範囲	種	開業日	県名	所在地
出町柳	でまちやなぎ		客	1925.09.27	京都	京都市左京区田中上柳町32-1
元田中	もとたなか	無	客	1925.09.27	京都	京都市左京区田中南大久保町75
茶山	ちゃやま	無	客	1925.09.27	京都	京都市左京区田中北春菜町38
一乗寺	いちじょうじ	無	客	1925.09.27	京都	京都市左京区一乗寺里ノ西町102
修学院	しゅうがくいん		客	1925.09.27	京都	京都市左京区山端壱町田町14-1
宝ケ池	たからがいけ	無	客	1925.09.27	京都	京都市左京区上高野上荒蒔町5-4
三宅八幡	みやけはちまん	無	客	1925.09.27	京都	京都市左京区上高野木ノ下町20-3
八瀬比叡山口	やせひえいざんぐち	無	客	1925.09.27	京都	京都市左京区八瀬野瀬町113

鞍馬線

■宝ケ池～鞍馬　8.8km／1435mm／9駅／1928.12.01開業／普通鉄道／架空線式 直流600V

駅名	読み方	範囲	種	開業日	県名	所在地
（宝ケ池）	（叡山本線所属）			1928.12.01		
八幡前	はちまんまえ	無	客	1928.12.01	京都	京都市左京区岩倉三宅町25
岩倉	いわくら	無	客	1928.12.01	京都	京都市左京区岩倉忠在地町300
木野	きの	無	客	1928.12.01	京都	京都市左京区岩倉幡枝町45

駅　名	読み方	範囲	種	開業日	県名	所在地
京都精華大前	きょうとせいかだいまえ	客	無	1989.09.21	京都	京都市左京区静市市原町871
二軒茶屋	にけんちゃや	客	無	1928.12.01	京都	京都市左京区静市市原町968
市原	いちはら	客	無	1928.12.01	京都	京都市左京区静市市原町124
二ノ瀬	にのせ	客	無	1929.10.20	京都	京都市左京区鞍馬二ノ瀬町160
貴船口	きぶねぐち	客	無	1929.10.20	京都	京都市左京区鞍馬貴船町5-1
鞍馬	くらま	客		1929.12.20	京都	京都市左京区鞍馬本町191

京福電気鉄道

- 本　　社　〒604-8811 京都府京都市中央区壬生賀陽御所町3番地の20
- 設　　立　1942.03.02
- 路　　線　嵐山本線、北野線、鋼索線
- 営業キロ　軌道＝11.0km（22駅）、鉄道＝1.3km（2駅）

嵐山本線

■ 四条大宮〜嵐山　7.2km／1435mm／13駅／1910.03.25開業／軌道／架空線式 直流600V

	駅名	読み方	範囲	種	開業日	県名	所在地
……	四条大宮	しじょうおおみや	客	留	1910.03.25	京都	京都市下京区四条大宮町4-4
：：	西院	さい	客	留	1910.03.25	京都	京都市中京区壬生仙念町16
：：	西大路三条	にしおおじさんじょう	客	留	1910.03.25	京都	㊤京都市中京区西ノ京坊町
：：							㊦京都市右京区西院上今田町22
：：	山ノ内	やまのうち	客	留	1910.03.25	京都	京都市右京区山ノ内宮前町
：：	嵐電天神川	らんでんてんじんがわ	客	留	2008.03.28	京都	京都市右京区太秦下刑部町
：：	蚕ノ社	かいこのやしろ	客	留	1910.03.25	京都	㊤京都市右京区太秦森ヶ前町13-5
：：							㊦京都市右京区太秦森ヶ前町13-4
：：	太秦広隆寺	うずまさこうりゅうじ	客	留	1910.03.25	京都	㊤京都市右京区太秦組石町10-3
：：							㊦京都市右京区太秦組石町10-4
：∴	帷子ノ辻	かたびらのつじ	客	留	1926.03.10	京都	京都市右京区太秦帷子ノ辻町30-3
：：	有栖川	ありすがわ	客	留	1910.03.25	京都	㊤京都市右京区嵯峨野有栖川町50-5
：：							㊦京都市右京区嵯峨野神ノ木町37-6
：：	車折神社	くるまざきじんじゃ	客	留	1910.03.25	京都	㊤京都市右京区嵯峨中又町30-4
：：							㊦京都市右京区嵯峨中又町30-2
：：	鹿王院	ろくおういん	客	留	1956.11.27	京都	㊤京都市右京区嵯峨北堀町20-7
：：							㊦京都市右京区嵯峨北堀町26-6
：：	嵐電嵯峨	らんでんさが	客	留	1910.03.25	京都	㊤京都市右京区嵯峨天竜寺今堀町23-3
：：							㊦京都市右京区嵯峨天竜寺今堀町23-2
……	嵐山	あらしやま	客	留	1910.03.25	京都	京都市右京区嵯峨天竜寺造路町20-2

中小私鉄

京滋

北野線

■ 北野白梅町〜帷子ノ辻　3.8km／1435mm／9駅／1925.11.03開業／軌道／架空線式 直流600V

	駅　名	読み方	範囲	種	開業日	県名	所在地
…	北野白梅町	きたのはくばいちょう	客	留	1943.10.01	京都	京都市北区北野白梅町15-2
：	等持院	とうじいん	客	留	1925.11.03	京都	京都市北区等持院西町15-2
：	龍安寺	りょうあんじ	客	留	1925.11.03	京都	京都市右京区谷口垣ノ内町9-1
：	妙心寺	みょうしんじ	客	留	1925.11.03	京都	Ⓤ京都市右京区花園天授ヶ岡町10-3
：							ⒹR京都市右京区花園天授ヶ岡町3-2
：	御室仁和寺	おむろにんなじ	客	留	1925.11.03	京都	京都市右京区御室小松野町12-2
：	宇多野	うたの	客	留	1925.11.03	京都	京都市右京区宇多野長尾町11-1
・：	鳴滝	なるたき	客	留	1926.03.10	京都	京都市右京区鳴滝嵯峨園町1-2
・：	常盤	ときわ	客	留	1926.03.10	京都	京都市右京区常盤馬塚町5-1
：	撮影所前	さつえいしょまえ	客	留	2016.04.01	京都	京都市右京区太秦上ノ段町1-5
∴	(帷子ノ辻)	(嵐山本線所属)			1926.03.10		

鋼索線

■ ケーブル八瀬〜ケーブル比叡　1.3km／1067mm／2駅／1925.12.20開業／鋼索鉄道／電気

	駅　名	読み方	範囲	種	開業日	県名	所在地
⌐	ケーブル八瀬	けーぶるやせ	客		1925.12.20	京都	京都市左京区上高野東山12
⌐	ケーブル比叡	けーぶるひえい	客		1925.12.20	京都	京都市左京区八瀬野瀬町1-10

嵯峨野観光鉄道

- ●本　社　〒616-8373 京都府京都市右京区嵯峨天竜寺車道町
- ●設　立　1990.11.14
- ●路　線　嵯峨野観光線
- ●営業キロ　第2種鉄道事業＝7.3km（4駅）〔第3種鉄道事業＝西日本旅客鉄道〕

嵯峨野観光線

■ トロッコ嵯峨〜トロッコ亀岡　7.3km／1067mm／4駅／1991.04.27開業／普通鉄道／内燃

	駅　名	読み方	範囲	種	開業日	県名	所在地
⌐	トロッコ嵯峨	とろっこさが	客		1991.04.27	京都	京都市右京区嵯峨天竜寺車道町
	トロッコ嵐山	とろっこあらしやま	客		1991.04.27	京都	京都市右京区嵯峨小倉山田淵山町4-2
	トロッコ保津峡	とろっこほづきょう	客	無	1991.04.27	京都	京都市西京区嵐山北松尾山18
⌐	トロッコ亀岡	とろっこかめおか	客		1991.04.27	京都	亀岡市篠町山本神田18-3

駅　名	読み方	範囲	種	開業日	県名	所在地

京都市交通局

- 本　　社　〒616-8104　京都府京都市右京区太秦下刑部町12番地
- 設　　立　1912.01.04
- 路　　線　烏丸線、東西線
- 営業キロ　第1種鉄道事業＝31.2km（31駅）

烏丸線

■ 国際会館〜竹田　13.7km／1435mm／15駅／1981.05.29開業／普通鉄道／架空線式 直流1500V

駅名	読み方	種	開業日	県名	所在地
国際会館	こくさいかいかん	客	1997.06.03	京都	京都市左京区岩倉大鷺町地内
松ヶ崎	まつがさき	客	1997.06.03	京都	京都市左京区松ヶ崎六ノ坪町先
北山	きたやま	客	1990.10.24	京都	京都市北区上賀茂岩ヶ垣内町地内
北大路	きたおおじ	客	1981.05.29	京都	京都市北区小山北上総町地内
鞍馬口	くらまぐち	客	1981.05.29	京都	京都市上京区上御霊中町先
今出川	いまでがわ	客	1981.05.29	京都	京都市上京区岡松町地先
丸太町	まるたまち	客	1981.05.29	京都	京都市中京区大倉町地先
烏丸御池	からすまおいけ	客	1981.05.29	京都	京都市中京区虎屋町地先
四条	しじょう	客	1981.05.29	京都	京都市下京区二帖半敷町地先
五条	ごじょう	客	1981.05.29	京都	京都市下京区大阪町地先
京都	きょうと	客	1981.05.29	京都	京都市下京区東塩小路町地先
九条	くじょう	客	1988.06.11	京都	京都市南区東九条南烏丸町地先
十条	じゅうじょう	客	1988.06.11	京都	京都市南区東九条南石田町地先
くいな橋	くいなばし	客	1988.06.11	京都	京都市伏見区竹田中島町地先
竹田	たけだ	客	1988.06.11	京都	京都市伏見区竹田桶ノ井町地先

東西線

■ 六地蔵〜太秦天神川　17.5km／1435mm／16駅／1997.10.12開業／普通鉄道／架空線式 直流1500V

駅名	読み方	種	開業日	県名	所在地
六地蔵	ろくじぞう	客	2004.11.26	京都	宇治市六地蔵奈良町地先
石田	いしだ	客	2004.11.26	京都	京都市伏見区石田森東町地先
醍醐	だいご	客	1997.10.12	京都	京都市伏見区醍醐高畑町30-1先
小野	おの	客	1997.10.12	京都	京都市山科区小野西浦6-3先
椥辻	なぎつじ	客	1997.10.12	京都	京都市山科区椥辻草海道町38-11先
東野	ひがしの	客	1997.10.12	京都	京都市山科区東野片下り町22-2先
山科	やましな	客	1997.10.12	京都	京都市山科区安朱南屋敷町29-2先
御陵	みささぎ	客	1997.10.12	京都	京都市山科区御陵原西町17-4先
蹴上	けあげ	客	1997.10.12	京都	京都市東山区東小物座町339先
東山	ひがしやま	客	1997.10.12	京都	京都市東山区大井手町98-1先
三条京阪	さんじょうけいはん	客	1997.10.12	京都	京都市東山区大橋町85-1先

駅　名	読み方	範囲	種	開業日	県名	所　在　地
京都市役所前	きょうとしやくしょまえ		客	1997.10.12	京都	京都市中京区下丸屋町392-1先
（烏丸御池）	（烏丸線所属）			1997.10.12		
二条城前	にじょうじょうまえ		客	1997.10.12	京都	京都市中京区二条城町541先
二条	にじょう		客	1997.10.12	京都	京都市中京区西ノ京星池町地先
西大路御池	にしおおじおいけ		客	2008.01.16	京都	京都市中京区西ノ京東中合町地先
太秦天神川	うずまさてんじんがわ		客	2008.01.16	京都	京都市右京区太秦下刑部町地先

阪神その他

駅名	読み方	範囲	種	開業日	県名	所在地

大阪市交通局

- ●本　　社　〒550-8552 大阪府大阪市西区九条南1丁目12番62号
- ●設　　立　1903.09.12（大阪市工務課）
- ●路　　線　御堂筋線、谷町線、四つ橋線、中央線、千日前線、堺筋線、長堀鶴見緑地線、今里筋線、南港ポートタウン線
- ●営業キロ　第1種鉄道事業＝2.7km（3駅）、第2種鉄道事業＝3.0km（1駅）、軌道＝132.1km（104駅）

1号線（御堂筋線）

■江坂〜中百舌鳥　24.5km／1435mm／20駅／1933.05.20開業／軌道／第三軌条式 直流750V

駅名	読み方	範囲	種	開業日	県名	所在地
……江坂	えさか		客	1970.02.24	大阪	吹田市豊津町9
∴∴東三国	ひがしみくに		客	1970.02.24	大阪	大阪市淀川区東三国1-33-6
∴∴新大阪	しんおおさか		客	1964.09.24	大阪	大阪市淀川区西中島5-15-5
∴∴西中島南方	にしなかじまみなみがた		客	1964.09.24	大阪	大阪市淀川区西中島1-12-10
∴∴中津	なかつ		客	1964.09.24	大阪	大阪市北区中津1-13-19
∴∴梅田	うめだ		客	1935.10.06	大阪	大阪市北区角田町8-6
∴∴淀屋橋	よどやばし		客	1933.05.20	大阪	大阪市中央区北浜3-6-14
∴∴本町	ほんまち		客	1933.05.20	大阪	大阪市中央区本町4-1-15
∴∴心斎橋	しんさいばし		客	1933.05.20	大阪	大阪市中央区心斎橋筋1-8-16
∴∴難波	なんば		客	1935.10.30	大阪	大阪市中央区難波1-9-7
∴∴大国町	だいこくちょう		客	1938.04.21	大阪	大阪市浪速区敷津東3-11-10
∴∴動物園前	どうぶつえんまえ		客	1938.04.21	大阪	大阪市西成区太子1-6-12
∴∴天王寺	てんのうじ		客	1938.04.21	大阪	大阪市阿倍野区阿倍野筋1-1-48
∴∴昭和町	しょうわちょう		客	1951.12.20	大阪	大阪市阿倍野区昭和町1-9-26
∴∴西田辺	にしたなべ		客	1952.10.04	大阪	大阪市阿倍野区西田辺町1-1-25
∴∴長居	ながい		客	1960.07.01	大阪	大阪市住吉区長居東4-6-5
∴∴我孫子	あびこ		客	1960.07.01	大阪	大阪市住吉区苅田7-12-21
∴∴北花田	きたはなだ		客	1987.04.18	大阪	大阪市堺市北区北花田町2丁14-3
∴∴新金岡	しんかなおか		客	1987.04.18	大阪	大阪市堺市北区新金岡町1丁7-2
……中百舌鳥	なかもず		客	1987.04.18	大阪	大阪市堺市北区中百舌鳥町2丁240-1

[注] 駅名標などの案内表記では、「なんば」「あびこ」「なかもず」。

駅　名	読み方	範囲	種	開業日	県名	所在地

2号線（谷町線）

■大日～八尾南　28.1km／1435mm／24駅／1967.03.24開業／軌道／第三軌条式 直流750V

駅名	読み方	範囲	種	開業日	県名	所在地
大日	だいにち	……	客	1983.02.08	大阪	大阪市守口市大日町2-1-B1
守口	もりぐち	∴∵	客	1977.04.06	大阪	大阪市守口市京阪本通2-2-B1
太子橋今市	たいしばしいまいち	∴∵	客	1977.04.06	大阪	大阪市旭区太子橋1-4先
千林大宮	せんばやしおおみや	∴∵	客	1977.04.06	大阪	大阪市旭区森小路2-6先
関目高殿	せきめたかどの	∴∵	客	1977.04.06	大阪	大阪市旭区高殿4-22先
野江内代	のえうちんだい	∴∵	客	1977.04.06	大阪	大阪市都島区内代町1-8
都島	みやこじま	∴∵	客	1974.05.29	大阪	大阪市都島区都島本通3-3先
(天神橋筋六丁目)	(堺筋線所属)	∴∵		1974.05.29		
中崎町	なかざきちょう	∴∵	客	1974.05.29	大阪	大阪市北区中崎1-6-16
東梅田	ひがしうめだ	∴∵	客	1967.03.24	大阪	大阪市北区曾根崎2-11-11
南森町	みなみもりまち	∴∵	客	1967.03.24	大阪	大阪市北区南森町2-1-4
天満橋	てんまばし	∴∵	客	1967.03.24	大阪	大阪市中央区谷町1-2-5
谷町四丁目	たにまちよんちょうめ	∴∵	客	1967.03.24	大阪	大阪市中央区谷町4-4-21
谷町六丁目	たにまちろくちょうめ	∴∵	客	1968.12.17	大阪	大阪市中央区谷町6-9-1
谷町九丁目	たにまちきゅうちょうめ	∴∵	客	1968.12.17	大阪	大阪市天王寺区生玉前町1-24
四天王寺前夕陽ヶ丘	してんのうじまえゆうひがおか	∴∵	客	1968.12.17	大阪	大阪市天王寺区夕陽ヶ丘3-2
(天王寺)	(御堂筋線所属)	∴∵		1968.12.17		大阪市天王寺区茶臼山5-52
阿倍野	あべの	∴∵	客	1980.11.27	大阪	大阪市阿倍野区阿倍野筋2-4先
文の里	ふみのさと	∴∵	客	1980.11.27	大阪	大阪市阿倍野区昭和町1-1-1
田辺	たなべ	∴∵	客	1980.11.27	大阪	大阪市東住吉区田辺1-4-4
駒川中野	こまがわなかの	∴∵	客	1980.11.27	大阪	大阪市東住吉区針中野1-1-1
平野	ひらの	∴∵	客	1980.11.27	大阪	大阪市平野区平野西5-2先
喜連瓜破	きれうりわり	∴∵	客	1980.11.27	大阪	大阪市平野区喜連2-5先
出戸	でと	∴∵	客	1980.11.27	大阪	大阪市平野区長吉原西1-1-10
長原	ながはら	∴∵	客	1980.11.27	大阪	大阪市平野区長吉原東2-2-33
八尾南	やおみなみ	……	客	1980.11.27	大阪	大阪市八尾市若林町1-36

3号線（四つ橋線）

■西梅田～住之江公園　11.4km／1435mm／8駅／1942.05.10開業／軌道／第三軌条式 直流750V

駅名	読み方	範囲	種	開業日	県名	所在地
西梅田	にしうめだ	……	客	1965.10.01	大阪	大阪市西区江戸堀1-13-18
肥後橋	ひごばし	∴∵	客	1965.10.01	大阪	大阪市西区本町1-4-10
(本町)	(御堂筋線所属)	∴∵		1965.10.01	大阪	大阪市西区本町1-4-10
四ツ橋	よつばし	∴∵	客	1965.10.01	大阪	大阪市西区北堀江1-1-29
(難波)	(御堂筋線所属)	∴∵		1965.10.01	大阪	大阪市浪速区元町1-1-17
(大国町)	(御堂筋線所属)	∴∵		1942.05.10		
花園町	はなぞのちょう	∴∵	客	1942.05.10	大阪	大阪市西成区旭1-5-2

	駅　　名	読 み 方	範囲	種	開業日	県名	所 在 地
∴∴	岸里	きしのさと		客	1956.06.01	大阪	大阪市西成区岸里1-5-15
∴∴	玉出	たまで		客	1958.05.31	大阪	大阪市住之江区粉浜西1-1-1
∴∴	北加賀屋	きたかがや		客	1972.11.09	大阪	大阪市住之江区北加賀屋2-11-2
∴∴	住之江公園	すみのえこうえん		客	1972.11.09	大阪	大阪市住之江区泉1-1-52

4号線（中央線）

■コスモスクエア～長田　17.9km／1435mm／12駅／1961.12.11開業／普通鉄道（コスモスクエア～大阪港）・軌道（大阪港～長田）／第三軌条式 直流750V
第2種鉄道事業＝コスモスクエア～大阪港〔第3種鉄道事業＝大阪港トランスポートシステム〕

	駅名	読み方	範囲	種	開業日	県名	所在地
├┤	コスモスクエア	こすもすくえあ		客	1997.12.18	大阪	大阪市住之江区南港北1-30-21
!!	大阪港	おおさかこう		客	1961.12.11	大阪	大阪市港区築港3-5-9
∴∴	朝潮橋	あさしおばし		客	1961.12.11	大阪	大阪市港区田中3-1-4
∴∴	弁天町	べんてんちょう		客	1961.12.11	大阪	大阪市港区波除3-11-6
∴∴	九条	くじょう		客	1964.10.31	大阪	大阪市西区九条2-3-2
∴∴	阿波座	あわざ		客	1964.10.31	大阪	大阪市西区西本町3-1-23
∴∴	（本町）	（御堂筋線所属）			1969.07.01		大阪市中央区船場中央4-1-6
∴∴	堺筋本町	さかいすじほんまち		客	1969.12.06	大阪	大阪市中央区船場中央1-4-16
∴∴	（谷町四丁目）	（谷町線所属）			1967.09.30		
∴∴	森ノ宮	もりのみや		客	1967.09.30	大阪	大阪市中央区森ノ宮中央1-1-43
∴∴	緑橋	みどりばし		客	1968.07.29	大阪	大阪市東成区東中本1-14-17
∴∴	深江橋	ふかえばし		客	1968.07.29	大阪	大阪市東成区深江北1-1-21
∴∴	高井田	たかいだ		客	1985.04.05	大阪	大阪市東大阪市川俣1-1-45
……	長田	ながた		客	1985.04.05	大阪	大阪市東大阪市長田中2-21-2

5号線（千日前線）

■野田阪神～南巽　12.6km／1435mm／10駅／1969.04.16開業／軌道／第三軌条式 直流750V

	駅名	読み方	範囲	種	開業日	県名	所在地
……	野田阪神	のだはんしん		客	1969.04.16	大阪	大阪市福島区大開1-14-18
∴∴	玉川	たまがわ		客	1969.04.16	大阪	大阪市福島区吉野3-1-5
∴∴	（阿波座）	（中央線所属）			1969.04.16		
∴∴	西長堀	にしながほり		客	1969.04.16	大阪	大阪市西区北堀江3-12-20
∴∴	桜川	さくらがわ		客	1969.04.16	大阪	大阪市浪速区幸町2-3-7
∴∴	（難波）	（御堂筋線所属）			1970.03.11		
∴∴	（日本橋）	（堺筋線所属）			1970.03.11		
∴∴	（谷町九丁目）	（谷町線所属）			1969.07.25		
∴∴	鶴橋	つるはし		客	1969.07.25	大阪	大阪市天王寺区下味原町1-24
∴∴	今里	いまざと		客	1969.07.25	大阪	大阪市東成区大今里3-15-18
∴∴	新深江	しんふかえ		客	1969.09.10	大阪	大阪市東成区神路4-12-16
∴∴	小路	しょうじ		客	1981.12.02	大阪	大阪市生野区小路東2-11-14

駅　　名	読み方	範囲	種	開業日	県名	所在地
北巽	きたたつみ		客	1981.12.02	大阪	大阪市生野区巽東1-1-39
南巽	みなみたつみ		客	1981.12.02	大阪	大阪市生野区巽東2-19-27

6号線（堺筋線）

■ 天神橋筋六丁目〜天下茶屋　8.5km／1435mm／7駅／1969.12.06開業／軌道／架空線式 直流1500V

駅名	読み方	範囲	種	開業日	県名	所在地
天神橋筋六丁目	てんじんばしすじろくちょうめ		客	1969.12.06	大阪	大阪市北区浪花町14-28
扇町	おうぎまち		客	1969.12.06	大阪	大阪市北区天神橋4-8-3
（南森町）	（谷町線所属）			1969.12.06		
北浜	きたはま		客	1969.12.06	大阪	大阪市中央区北浜1-8-16
（堺筋本町）	（中央線所属）			1969.12.06		
長堀橋	ながほりばし		客	1969.12.06	大阪	大阪市中央区島之内1-18-9
日本橋	にっぽんばし		客	1969.12.06	大阪	大阪市中央区日本橋1-5-12
恵美須町	えびすちょう		客	1969.12.06	大阪	大阪市浪速区日本橋5-5-15
（動物園前）	（御堂筋線所属）			1969.12.06		
天下茶屋	てんがちゃや		客	1993.03.04	大阪	大阪市西成区岸里1-1-10

7号線（長堀鶴見緑地線）

■ 大正〜門真南　15.0km／1435mm／12駅／1990.03.20開業／軌道／架空線式 直流1500V 鉄輪式リニアモーターカー

駅名	読み方	範囲	種	開業日	県名	所在地
大正	たいしょう		客	1997.08.29	大阪	大阪市大正区三軒家西1-2-1
ドーム前千代崎	どーむまえちよざき		客	1997.08.29	大阪	大阪市西区千代崎3-北2-8
（西長堀）	（千日前線所属）			1997.08.29	大阪	大阪市西区北堀江3-12-20
西大橋	にしおおはし		客	1997.08.29	大阪	大阪市西区新町1-28-11
（心斎橋）	（御堂筋線所属）			1996.12.11		
（長堀橋）	（堺筋線所属）			1996.12.11		
松屋町	まつやまち		客	1996.12.11	大阪	大阪市中央区松屋町3-27
（谷町六丁目）	（谷町線所属）			1996.12.11	大阪	大阪市中央区安堂寺町1-6-10
玉造	たまつくり		客	1996.12.11	大阪	大阪市天王寺区玉造本町1-2
（森ノ宮）	（中央線所属）			1996.12.11		
大阪ビジネスパーク	おおさかびじねすぱーく		客	1996.12.11	大阪	大阪市中央区城見1-3-13
京橋	きょうばし		客	1990.03.20	大阪	大阪市都島区東野田町2-6-18
蒲生四丁目	がもうよんちょうめ		客	1990.03.20	大阪	大阪市城東区今福西3-1-35
今福鶴見	いまふくつるみ		客	1990.03.20	大阪	大阪市城東区今福東2-14-15
横堤	よこづつみ		客	1990.03.20	大阪	大阪市鶴見区横堤5-3-31
鶴見緑地	つるみりょくち		客	1990.03.20	大阪	大阪市鶴見区緑地公園1-55
門真南	かどまみなみ		客	1997.08.29	大阪	大阪市門真市三ツ島3-2201

	駅　　名	読み方	範囲	種	開業日	県名	所在地

8号線（今里筋線）

■井高野〜今里　11.9km／1435mm／7駅／2006.12.24開業／軌道／架空線式 直流1500V 鉄輪式リニアモーターカー

	駅名	読み方	範囲	種	開業日	県名	所在地
……	井高野	いたかの		客	2006.12.24	大阪	大阪市東淀川区北江口4-20-3
∴∴	瑞光四丁目	ずいこうよんちょうめ		客	2006.12.24	大阪	大阪市東淀川区瑞光4-9-4
∴∴	だいどう豊里	だいどうとよさと		客	2006.12.24	大阪	大阪市東淀川区大桐1-1-7
∴∴	（太子橋今市）	（谷町線所属）			2006.12.24	大阪	守口市京阪本通1-3B-1
∴∴	清水	しみず		客	2006.12.24	大阪	大阪市旭区清水4-8-2
∴∴	新森古市	しんもりふるいち		客	2006.12.24	大阪	大阪市旭区新森4-2-27
∴∴	関目成育	せきめせいいく		客	2006.12.24	大阪	大阪市城東区関目5-1-5
∴∴	（蒲生四丁目）	（長堀鶴見緑地線所属）			2006.12.24	大阪	大阪市城東区今福西3-1-11
∴∴	鴫野	しぎの		客	2006.12.24	大阪	大阪市城東区鴫野東1-13-12
∴∴	（緑橋）	（中央線所属）			2006.12.24	大阪	大阪市東成区東中本1-1-14
∴∴	（今里）	（千日前線所属）			2006.12.24	大阪	大阪市大今里3-14-24

南港ポートタウン線（愛称：ニュートラム）

■コスモスクエア〜住之江公園　7.9km／8駅／1981.03.16開業／側方案内式鉄道（コスモスクエア〜トレードセンター前・中埠頭〜フェリーターミナル）・側方案内式軌道（トレードセンター前〜中ふ頭・フェリターミナル〜住之江公園）／三相交流600V
第1種鉄道事業＝中ふ頭〜フェリーターミナル、第2種鉄道事業＝コスモスクエア〜トレードセンター前、軌道＝トレードセンター前〜中ふ頭、フェリーターミナル〜住之江公園〔第3種鉄道事業＝大阪港トランスポートシステム（コスモスクエア〜トレードセンター前）〕

	駅名	読み方	範囲	種	開業日	県名	所在地
┬┬	（コスモスクエア）	（中央線所属）			1997.12.18		
！！	トレードセンター前	とれーどせんたーまえ		客	1997.12.18	大阪	大阪市住之江区南港北1-14-72
ｉｉ	中ふ頭	なかふとう		客	1981.03.16	大阪	大阪市住之江区南港中5-3-48
｜｜	ポートタウン西	ぽーとたうんにし		客	1981.03.16	大阪	大阪市住之江区南港中3-2-68
｜｜	ポートタウン東	ぽーとたうんひがし		客	1981.03.16	大阪	大阪市住之江区南港中2-1-14
！！	フェリーターミナル	ふぇりーたーみなる		客	1981.03.16	大阪	大阪市住之江区南港東4-8-52
∴∴	南港東	なんこうひがし		客	1981.03.16	大阪	大阪市住之江区南港東2-4-52
∴∴	南港口	なんこうぐち		客	1981.03.16	大阪	大阪市住之江区南港東1-7-69
∴∴	平林	ひらばやし		客	1981.03.16	大阪	大阪市住之江区平林南1-2先
∴∴	（住之江公園）	（四つ橋線所属）			1981.03.16	大阪	大阪市住之江区泉1-1先

中小私鉄　阪神その他

阪堺電気軌道

- ●本　　社　〒558-0033 大阪府大阪市住吉区清水丘3丁目14番72号
- ●設　　立　1980.07.07
- ●路　　線　阪堺線、上町線
- ●営業キロ　軌道＝18.5km（40駅）

阪堺線

■恵美須町〜浜寺駅前　14.1km／1435㎜／31駅／1911.12.01開業／軌道／架空線式 直流600V

	駅名	読み方	範囲	種	開業日	県名	所在地
……	恵美須町	えびすちょう	客	留	1911.12.01	大阪	大阪市浪速区恵美須町西2-1-1
∴∴	新今宮駅前	しんいまみやえきまえ	客	留	1911.12.01	大阪	上 大阪市西成区萩之茶屋1-1-6
∴∴							下 大阪市西成区太子1-1-20
∴∴	今池	いまいけ	客	留	1911.12.01	大阪	大阪市西成区萩之茶屋2-2-7先
∴∴	今船	いまふね	客	留	1980.11.28	大阪	上 大阪市西成区天下茶屋北2-4-24先
∴∴							下 大阪市西成区天下茶屋東1-23-5先
∴∴	松田町	まつだちょう	客	留	1931〜35	大阪	上 大阪市西成区天下茶屋2-1先
∴∴							下 大阪市西成区天下茶屋東2-16先
∴∴	北天下茶屋	きたてんがちゃや	客	留	1911.12.01	大阪	上 大阪市西成区天下茶屋3-3-21先
∴∴							下 大阪市西成区聖天下1-12-16先
∴∴	聖天坂	しょうてんざか	客	留	1911.12.01	大阪	上 大阪市西成区天神ノ森1-12先
∴∴							下 大阪市西成区天神ノ森1-11先
∴∴	天神ノ森	てんじんのもり	客	留	1911.12.01	大阪	上 大阪市西成区岸里東2-4-20先
∴∴							下 大阪市西成区天神ノ森2-3-9先
∴∴	東玉出	ひがしたまで	客	留	1911.12.01	大阪	上 大阪市西成区玉出東2-2-33先
∴∴							下 大阪市西成区玉出東1-1-13先
∴∴	塚西	つかにし	客	留	1914〜15	大阪	上 大阪市住吉区東粉浜1-8-21先
∴∴							下 大阪市西成区玉出東2-9-28先
∴∴	東粉浜	ひがしこはま	客	留	1923〜27	大阪	上 大阪市住吉区東粉浜2-23-9先
∴∴							下 大阪市住吉区東粉浜2-7-14先
∴∴	住吉	すみよし	客	留	1913.07.02	大阪	上 大阪市住吉区長峡町1-1-30先
∴∴							下 大阪市住吉区東粉浜3-11-6先
∴∴	住吉鳥居前	すみよしとりいまえ	客	留	1911.12.01	大阪	大阪市住吉区住吉2-9先
∴∴	細井川	ほそいがわ	客	留	1911.12.01	大阪	上 大阪市住之江区安立1-1-28先
∴∴							下 大阪市住吉区墨江1-11-26先
∴∴	安立町	あんりゅうまち	客	留	1911.12.01	大阪	上 大阪市住之江区安立2-1-22先
∴∴							下 大阪市住吉区清水丘1-35-8先
∴∴	我孫子道	あびこみち	客	留	1911.12.01	大阪	上 大阪市住之江区安立4-1-21先
∴∴							下 大阪市住吉区清水丘2-29-60先
∴∴	大和川	やまとがわ	客	留	1911.12.01	大阪	上 堺市堺区七道東町148番先
∴∴							下 堺市堺区七道東町148番先

駅　名	読み方	範囲	種	開業日	県名	所　在　地
高須神社	たかすじんしゃ	客	留	1911.12.01	大阪	㊤堺市堺区北旅籠町東1丁3-15先
						㊦堺市堺区北旅籠町東1丁3-15先
綾ノ町	あやのちょう	客	留	1911.12.01	大阪	㊤堺市堺区錦之町西1丁1-20先
						㊦堺市堺区綾之町東1丁1-33先
神明町	しんめいちょう	客	留	1911.12.01	大阪	㊤堺市堺区神明町西1丁1-20先
						㊦堺市堺区九間町東1丁1-2先
妙国寺前	みょうこくじまえ	客	留	1920〜38	大阪	㊤堺市堺区材木町西1丁1-22先
						㊦堺市堺区宿屋町東1丁1-32先
花田口	はなたぐち	客	留	1911.12.01	大阪	㊤堺市堺区櫛屋町1丁先
						㊦堺市堺区車之町東1丁32先
大小路	おおしょうじ	客	留	1911.12.01	大阪	㊤堺市堺区市之町西1丁1-17先
						㊦堺市堺区熊野町東1丁1-1先
宿院	しゅくいん	客	留	1912.03.05	大阪	㊤堺市堺区大町西1丁1-1先
						㊦堺市堺区宿院町東1丁1-1先
寺地町	てらじちょう	客	留	1912.03.05	大阪	㊤堺市堺区少林寺町西1丁2-1先
						㊦堺市堺区寺地町西1丁1-1先
御陵前	ごりょうまえ	客	留	1912.03.05	大阪	堺市堺区南半丁町1丁1-24先
東湊	ひがしみなと	客	留	1929〜31	大阪	㊤堺市堺区八幡通1丁8先
						㊦堺市堺区春日通1丁6先
石津北	いしづきた	客	留	2015.02.01	大阪	㊤堺市西区浜寺石津町中1丁2-22先
						㊦堺市西区浜寺石津町中2丁1-51先
石津	いしづ	客	留	1912.04.01	大阪	㊤堺市西区浜寺石津町中4丁1-15先
						㊦堺市西区浜寺石津町中4丁1-26先
船尾	ふなお	客	留	1913?	大阪	堺市西区浜寺諏訪森町2丁158先
浜寺駅前	はまでらえきまえ	客	留	1913?	大阪	堺市西区浜寺公園町2丁140

上町線

■ **天王寺駅前〜住吉**　4.4km／1435mm／9駅／1910.10.01開業／軌道／架空線式 直流600V

駅　名	読み方	範囲	種	開業日	県名	所　在　地
天王寺駅前	てんのうじえきまえ	客	留	1910.10.01	大阪	大阪市阿倍野区阿倍野筋1先
阿倍野	あべの	客	留	1910.10.01	大阪	㊤大阪市阿倍野区阿倍野筋3-10先
						㊦大阪市阿倍野区阿倍野筋3-5先
松虫	まつむし	客	留	1927〜29	大阪	大阪市阿倍野区阿倍野元町1-6先
東天下茶屋	ひがしてんがちゃや	客	留	1910.10.01	大阪	㊤大阪市阿倍野区晴明通12-32先
						㊦大阪市阿倍野区阿倍野元町3-22先
北畠	きたばたけ	客	留	1912.09以前	大阪	㊤大阪市阿倍野区北畠2-3-1先
						㊦大阪市阿倍野区北畠1-7-11先
姫松	ひめまつ	客	留	1912.09以前	大阪	㊤大阪市阿倍野区帝塚山2-8-1先
						㊦大阪市阿倍野区帝塚山2-4-13先
帝塚山三丁目	てづかやまさんちょうめ	客	留	1915〜20	大阪	㊤大阪市住吉区帝塚山東2-5-21先
						㊦大阪市住吉区帝塚山東2-4-13先

駅　名	読み方	範囲	種	開業日	県名	所在地
帝塚山四丁目	てづかやまよんちょうめ	客	留	1931～35	大阪	大阪市住吉区帝塚山東4-4-14先
神ノ木	かみのき	客	留	1910.10.01	大阪	㊤大阪市住吉区帝塚山西4-3-14先 ㊦大阪市住吉区住吉1-1-3先
(住吉)	(阪堺線所属)	客	留	1910.10.01	大阪	大阪市住吉区住吉2-9-109先

[注] 上町線の全線キロ程は、2016.12.03から4.3kmに変更予定。

水間鉄道

- ●本　社　〒597-0001 大阪府貝塚市近木町２番２号
- ●設　立　1924.04.17
- ●路　線　水間線
- ●営業キロ　第１種鉄道事業＝5.5km（10駅）

水間線

■貝塚～水間観音　5.5km／1067mm／10駅／1925.12.24開業／普通鉄道／架空線式 直流1500V

駅名	読み方	範囲	種	開業日	県名	所在地
貝塚	かいづか	客		1934.01.20	大阪	貝塚市海塚137
貝塚市役所前	かいづかしやくしょまえ	客	無	1967.07.10	大阪	貝塚市畠中31
近義の里	こぎのさと	客	無	1969.06.10	大阪	貝塚市鳥羽276
石才	いしざい	客	無	1925.12.24	大阪	貝塚市石才529
清児	せちご	客	無	1925.12.24	大阪	貝塚市清児867
名越	なごせ	客	無	1925.12.24	大阪	貝塚市名越702
森	もり	客	無	1926.01.30	大阪	貝塚市森548
三ツ松	みつまつ	客	無	1926.01.30	大阪	貝塚市三ツ松839
三ヶ山口	みかやまぐち	客	無	1960.11.23	大阪	貝塚市三ツ松689
水間観音	みずまかんのん	客		1926.01.30	大阪	貝塚市水間260

大阪高速鉄道（大阪モノレール）

- ●本　社　〒565-0826 大阪府吹田市千里万博公園１番８号
- ●設　立　1980.12.15
- ●路　線　大阪モノレール線、国際文化公園都市モノレール線（彩都線）
- ●営業キロ　軌道＝28.0km（18駅）

大阪モノレール線

■大阪空港～門真市　21.2km／14駅／1990.06.01開業／跨座式軌道／直流1500V

駅名	読み方	範囲	種	開業日	県名	所在地
大阪空港	おおさかくうこう	客		1997.04.01	大阪	豊中市螢池西町3
螢池	ほたるがいけ	客		1997.04.01	大阪	豊中市螢池中町3

駅　名	読み方	範囲	種	開業日	県名	所在地
柴原	しばはら	客		1994.09.30	大阪	豊中市柴原町4
少路	しょうじ	客		1994.09.30	大阪	豊中市少路1
千里中央	せんりちゅうおう	客		1990.06.01	大阪	豊中市新千里東町1
山田	やまだ	客		1990.06.01	大阪	吹田市山田西4
万博記念公園	ばんぱくきねんこうえん	客		1990.06.01	大阪	吹田市千里万博公園1
宇野辺	うのべ	客		1990.06.01	大阪	茨木市宇野辺1
南茨木	みなみいばらき	客		1990.06.01	大阪	茨木市天王2
沢良宜	さわらぎ	客		1997.08.22	大阪	茨木市高浜町2
摂津	せっつ	客		1997.08.22	大阪	摂津市鶴野1
南摂津	みなみせっつ	客		1997.08.22	大阪	摂津市東一津屋
大日	だいにち	客		1997.08.22	大阪	守口市大日東町2
門真市	かどまし	客		1997.08.22	大阪	門真市新橋町

国際文化公園都市モノレール線（彩都線）

■万博記念公園〜彩都西　6.8km／4駅／1998.10.01開業／跨座式軌道／直流1500V

駅名	読み方	範囲	種	開業日	県名	所在地
（万博記念公園）	（大阪モノレール線所属）			1998.10.01		
公園東口	こうえんひがしぐち	客		1998.10.01	大阪	吹田市千里万博公園
阪大病院前	はんだいびょういんまえ	客		1998.10.01	大阪	茨木市美穂ケ丘
豊川	とよかわ	客		2007.03.19	大阪	茨木市豊川4
彩都西	さいとにし	客		2007.03.19	大阪	茨木市彩都あさぎ1

［注］駅所在地については編集部で調査。

能勢電鉄

- ●本　　社　〒666-0121 兵庫県川西市平野1丁目35番2号
- ●設　　立　1908.05.23
- ●路　　線　妙見線、日生線、（鋼索線）
- ●営業キロ　第1種鉄道事業＝15.4km　（17駅）

妙見線

■川西能勢口〜妙見口　12.2km／1435mm／14駅／1913.04.13開業／普通鉄道／架空線式 直流1500V

駅名	読み方	範囲	種	開業日	県名	所在地
川西能勢口	かわにしのせぐち	客	他	1913.04.13	兵庫	川西市小花1-1-10
絹延橋	きぬのべばし	客	無	1913.04.13	兵庫	川西市絹延町3-23
滝山	たきやま	客	無	1913.04.13	兵庫	川西市滝山町12-3
鴬の森	うぐいすのもり	客	無	1953.08.21	兵庫	川西市鴬の森町7-14
鼓滝	つづみがたき	客	無	1913.04.13	兵庫	川西市鼓が滝1-5-1
多田	ただ	客	無	1913.04.13	兵庫	川西市東多田3-1-21
平野	ひらの	客	無	1913.04.13	兵庫	川西市平野1-36-1

駅　名	読み方	範囲	種	開業日	県名	所在地
一の鳥居	いちのとりい	客	無	1913.04.13	兵庫	川西市東畦野山手1-11-1
畦野	うねの	客	無	1923.11.02	兵庫	川西市東畦野2-2-12
山下	やました	客	無	1923.11.02	兵庫	川西市美野1-19-1
笹部	ささべ	客	無	1923.11.02	兵庫	川西市笹部字川原277-2
光風台	こうふうだい	客	無	1978.11.16	大阪	豊能郡豊能町光風台3-57-7
ときわ台	ときわだい	客	無	1968.07.07	大阪	豊能郡豊能町ときわ台1-9-4
妙見口	みょうけんぐち	客	無	1923.11.02	大阪	豊能郡豊能町吉川146-1

日生線

■山下〜日生中央　2.6km／1435mm／1駅／1978.12.12開業／普通鉄道／架空線式 直流1500V

(山下)	(妙見線所属)			1978.12.12		
日生中央	にっせいちゅうおう	客		1978.12.12	兵庫	川辺郡猪名川町松尾台1-2-2

鋼索線（愛称：妙見の森ケーブル）

■黒川〜ケーブル山上　0.6km／1435mm／2駅／1960.04.22開業／鋼索鉄道／電気

黒川	くろかわ	客		1960.04.22	大阪	川西市黒川字針田5-1
ケーブル山上	けーぶるさんじょう	客		1960.04.22	大阪	川西市黒川字奥瀧谷16-1

六甲山観光

- 本　　社　〒657-0101 兵庫県神戸市灘区六甲山町一ケ谷1-32
- 設　　立　1923.10.14
- 路　　線　六甲ケーブル線
- 営業キロ　鋼索鉄道＝1.7km（2駅）

六甲ケーブル線

■六甲ケーブル下〜六甲山上　1.7km／1067mm／2駅／1932.03.10開業／鋼索鉄道／電気

六甲ケーブル下	ろっこうけーぶるした	客		1932.03.10	兵庫	神戸市灘区高羽字西山8-2
六甲山上	ろっこうさんじょう	客		1932.03.10	兵庫	神戸市灘区六甲山町一ヶ谷1-32

駅　名	読 み 方	範囲	種	開業日	県名	所 在 地

神戸すまいまちづくり公社

- ● 本　　社　〒651-0096　兵庫県神戸市中央区雲井5丁目3番1号
- ● 設　　立　1963.05.18
- ● 路　　線　摩耶ケーブル線
- ● 営業キロ　鋼索鉄道＝0.9km（2駅）

摩耶ケーブル線

■ 摩耶ケーブル～虹　0.9km／1067mm／2駅／1925.01.06開業／鋼索鉄道／電気

	摩耶ケーブル	まやけーぶる		客	1925.01.06	兵庫	神戸市灘区箕岡通4-3-1
	虹	にじ		客	1925.01.06	兵庫	神戸市灘区上野字小屋場三ノ休原830-1

北神急行電鉄

- ● 本　　社　〒651-1243　兵庫県神戸市北区山田町下谷字大橋27番地
- ● 設　　立　1979.10.29
- ● 路　　線　北神線
- ● 営業キロ　第2種鉄道事業＝7.5km（2駅）〔第3種鉄道事業＝神戸高速鉄道〕

北神線

■ 新神戸～谷上　7.5km／1435mm／2駅／1988.04.02開業／普通鉄道／架空線式 直流1500V

	新神戸	しんこうべ		客	他	1988.04.02	兵庫	神戸市中央区加納町1
	谷上	たにがみ		客		1988.04.02	兵庫	神戸市北区谷上東町1-1

神戸市交通局

- ● 本　　社　〒650-8570　兵庫県神戸市中央区加納町6丁目5番1号
- ● 設　　立　──
- ● 路　　線　西神延伸線、西神線、山手線、海岸線
- ● 営業キロ　第1種鉄道事業＝30.6km（25駅）

西神延伸線 （愛称：西神・山手線）

■ 名谷～西神中央　9.4km／1435mm／5駅／1985.06.18開業／普通鉄道／架空線式 直流1500V

	（名谷）	（西神線所属）			1985.06.18		
	総合運動公園	そうごううんどうこうえん		客	1985.06.18	兵庫	神戸市須磨区緑台

中小私鉄　阪神その他

駅　　名	読 み 方	範囲	種	開業日	県名	所 在 地
学園都市	がくえんとし		客	1985.06.18	兵庫	神戸市西区学園西町1
伊川谷	いかわだに		客	1987.03.18	兵庫	神戸市西区前開南町1-2-1
西神南	せいしんみなみ		客	1993.03.20	兵庫	神戸市西区井吹台東町1
西神中央	せいしんちゅうおう		客	1987.03.18	兵庫	神戸市西区糀台5

西神線（愛称：西神・山手線）

■名谷〜新長田　5.7km／1435mm／4駅／1977.03.13開業／普通鉄道／架空線式 直流1500V

駅　　名	読 み 方	範囲	種	開業日	県名	所 在 地
名谷	みょうだに		客	1977.03.13	兵庫	神戸市須磨区中落合2-3-1
妙法寺	みょうほうじ		客	1977.03.13	兵庫	神戸市須磨区横尾1
板宿	いたやど		客	1977.03.13	兵庫	神戸市須磨区大黒町2
新長田	しんながた		客	1977.03.13	兵庫	神戸市長田区松野通1

山手線（愛称：西神・山手線）

■新長田〜新神戸　7.6km／1435mm／7駅／1983.06.17開業／普通鉄道／架空線式 直流1500V

駅　　名	読 み 方	範囲	種	開業日	県名	所 在 地
（新長田）	（西神線所属）		客	1983.06.17	兵庫	神戸市長田区松野通1
長田	ながた		客	1983.06.17	兵庫	神戸市長田区四番町7
上沢	かみさわ		客	1983.06.17	兵庫	神戸市兵庫区下沢通8
湊川公園	みなとがわこうえん		客	1983.06.17	兵庫	神戸市兵庫区下沢通1
大倉山	おおくらやま		客	1983.06.17	兵庫	神戸市中央区楠町3
県庁前	けんちょうまえ		客	1985.06.18	兵庫	神戸市中央区下山手通5
三宮	さんのみや		客	1985.06.18	兵庫	神戸市中央区北長狭通1
新神戸	しんこうべ		客	1985.06.18	兵庫	神戸市中央区加納町1

海岸線

■三宮・花時計前〜新長田　7.9km／1435mm／9駅／2001.07.07開業／普通鉄道／架空線式 直流1500V 鉄輪式リニアモーターカー

駅　　名	読 み 方	範囲	種	開業日	県名	所 在 地
三宮・花時計前	さんのみや・はなどけいまえ		客	2001.07.07	兵庫	神戸市中央区御幸通8
旧居留地・大丸前	きゅうきょりゅうち・だいまるまえ		客	2001.07.07	兵庫	神戸市中央区三宮町2
みなと元町	みなともとまち		客	2001.07.07	兵庫	神戸市中央区栄町通4
ハーバーランド	はーばーらんど		客	2001.07.07	兵庫	神戸市中央区東川崎町1
中央市場前	ちゅうおういちばまえ		客	2001.07.07	兵庫	神戸市兵庫区中之島1
和田岬	わだみさき		客	2001.07.07	兵庫	神戸市兵庫区上庄町2
御崎公園	みさきこうえん		客	2001.07.07	兵庫	神戸市兵庫区浜中町1
苅藻	かるも		客	2001.07.07	兵庫	神戸市長田区浜添通5
駒ケ林	こまがばやし		客	2001.07.07	兵庫	神戸市長田区庄田町4
（新長田）	（西神線所属）			2001.07.07		

	駅　名	読み方	範囲	種	開業日	県名	所 在 地

神戸電鉄

- ●本　　社　〒652-0811　兵庫県神戸市兵庫区新開地１丁目３番24号
- ●設　　立　1926.03.27
- ●路　　線　有馬線、三田線、公園都市線、粟生線、神戸高速線
- ●営業キロ　第１種鉄道事業＝69.2km（49駅）、第２種鉄道事業＝0.4km（１駅）

有馬線

■湊川～有馬温泉　　22.5km／1067mm／16駅／1928.11.28開業／普通鉄道／架空線式 直流1500V

駅名	読み方	種		開業日	県名	所在地
湊川	みなとがわ	客		1928.11.28	兵庫	神戸市兵庫区荒田町1-20-3
長田	ながた	客	無	1928.11.28	兵庫	神戸市長田区長田天神町2-10-1
丸山	まるやま	客	無	1928.11.28	兵庫	神戸市長田区滝谷町3-9-2
鵯越	ひよどりごえ	客	無	1928.11.28	兵庫	神戸市兵庫区里山町651-3
菊水山	きくすいやま	客	無	1940.10.05	兵庫	神戸市北区山田町下谷上字中一里山11-6
鈴蘭台	すずらんだい	客		1928.11.28	兵庫	神戸市北区鈴蘭台北町1-7-17
北鈴蘭台	きたすずらんだい	客	無	1970.04.06	兵庫	神戸市北区甲栄台4-1-13
山の街	やまのまち	客	無	1935.03.08	兵庫	神戸市北区緑町1-1-1
箕谷	みのたに	客	無	1928.11.28	兵庫	神戸市北区山田町下谷上字箕谷27-2
谷上	たにがみ	客	他	1928.11.28	兵庫	神戸市北区谷上東町1-1
花山	はなやま	客	無	1965.12.01	兵庫	神戸市北区花山台1-1
大池	おおいけ	客	無	1928.11.28	兵庫	神戸市北区西大池1-2-5
神鉄六甲	しんてつろっこう	客	無	1928.11.28	兵庫	神戸市北区有野町唐櫃字種池3039-2
唐櫃台	からとだい	客	無	1966.07.01	兵庫	神戸市北区唐櫃台2-1-1
有馬口	ありまぐち	客		1928.11.28	兵庫	神戸市北区有野町唐櫃字フチネ垣127-2
有馬温泉	ありまおんせん	客		1928.11.28	兵庫	神戸市北区有馬町字ウツギ谷266-2

［注］菊水山は2005.03.26より休止中。

三田線

■有馬口～三田　　12.0km／1067mm／９駅／1928.12.18開業／普通鉄道／架空線式 直流1500V

駅名	読み方	種		開業日	県名	所在地
（有馬口）	（有馬所属）		無	1928.11.28		
五社	ごしゃ	客	無	1928.12.18	兵庫	神戸市北区有野町有野字バンヤ882-2
岡場	おかば	客		1928.12.18	兵庫	神戸市北区藤原台中町1-1-1
田尾寺	たおじ	客	無	1928.12.18	兵庫	神戸市北区有野町有野字福谷口3389-1
二郎	にろう	客	無	1928.12.18	兵庫	神戸市北区有野町二郎字細116-2
道場南口	どうじょうみなみぐち	客	無	1928.12.18	兵庫	神戸市北区道場町日下部1806
神鉄道場	しんてつどうじょう	客	無	1928.12.18	兵庫	神戸市北区道場町日下部字尼ヶ谷742-1
横山	よこやま	客		1928.12.18	兵庫	三田市南が丘2-9-13
三田本町	さんだほんまち	客		1929.11.14	兵庫	三田市相生町12-5
三田	さんだ	客		1928.12.18	兵庫	三田市駅前町1-30

駅　名	読　み　方	範囲	種	開業日	県名	所在地

公園都市線

■ 横山〜ウッディタウン中央　5.5km／1067mm／3駅／1991.10.28開業／普通鉄道／架空線式 直流1500V

駅名	読み方	範囲	種	開業日	県名	所在地
（横山）	（三田線所属）		無	1991.10.28		
フラワータウン	ふらわーたうん	客	無	1991.10.28	兵庫	三田市弥生が丘1-11
南ウッディタウン	みなみうっでいたうん	客	無	1996.03.28	兵庫	三田市あかしあ台5-101-5
ウッディタウン中央	うっでいたうんちゅうおう	客	無	1996.03.28	兵庫	三田市ゆりのき台1-102

粟生線

■ 鈴蘭台〜粟生　29.2km／1067mm／21駅／1936.12.28開業／普通鉄道／架空線式 直流1500V

駅名	読み方	範囲	種	開業日	県名	所在地
（鈴蘭台）	（有馬線所属）			1936.12.28		
鈴蘭台西口	すずらんだいにしぐち	客	無	1937.11.16届出	兵庫	神戸市北区鈴蘭台南町3-12-15
西鈴蘭台	にしすずらんだい	客	無	1970.06.05	兵庫	神戸市北区北五葉1-1-1
藍那	あいな	客	無	1936.12.28	兵庫	神戸市北区山田町藍那字清水26-2
川池信号所	かわいけ	ー	信	1975.10.16	兵庫	神戸市西区押部谷町木津字東笹山1364-12
木津	きづ	客	無	1937.04.27届出	兵庫	神戸市西区押部谷町木津字勝田964-3
見津信号所	みづ	ー	信	1937.04.15以前	兵庫	神戸市西区押部谷町木津字砂子1106-2
木幡	こばた	客	無	1937.06.15届出	兵庫	神戸市西区押部谷町木津字居垣内54-2
栄	さかえ	客	無	1937.06.15届出	兵庫	神戸市西区押部谷町栄字北万覚251-1
押部谷	おしべだに	客	無	1936.12.28	兵庫	神戸市西区押部谷町福住字岡本501-3
緑が丘	みどりがおか	客	無	1951.04.01	兵庫	三木市志染町広野7-118
広野ゴルフ場前	ひろのごるふじょうまえ	客	無	1936.12.28	兵庫	三木市志染町広野7-116
志染	しじみ	客	無	1937.12.28	兵庫	三木市志染町西自由が丘1-836
恵比須	えびす	客	無	1937.12.28	兵庫	三木市大塚2-1-56
三木上の丸	みきうえのまる	客	無	1937.12.28	兵庫	三木市本町1-3-8
三木	みき	客	無	1938.01.28	兵庫	三木市末広1-1-35
大村	おおむら	客	無	1951.12.28	兵庫	三木市大村字谷後845-4
樫山	かしやま	客	無	1951.12.28	兵庫	小野市樫山町字腰掛1476-3
市場	いちば	客	無	1951.12.28	兵庫	小野市池尻町字尾ノカチ410-2
小野	おの	客	無	1951.12.28	兵庫	小野市神明町字西畑ケ235-3
葉多	はた	客	無	1952.04.10	兵庫	小野市葉多町字家ケ内578-2
粟生	あお	客	無	1952.04.10	兵庫	小野市粟生町字大畑1883-38

神戸高速線

■ 新開地〜湊川　0.4km／1067mm／1駅／1968.04.07開業／普通鉄道／架空線式 直流1500V
第2種鉄道事業〔第3種鉄道事業＝神戸高速鉄道〕

駅名	読み方	範囲	種	開業日	県名	所在地
新開地	しんかいち	客	他	1968.04.07	兵庫	神戸市兵庫区新開地2-3-B-1
（湊川）	（有馬線所属)			1968.04.07		

［注］神戸電鉄では、時間帯により係員を配置する駅も含め「無人駅」としている。

	駅　名	読み方	範囲	種	開業日	県名	所 在 地

神戸新交通

- ●本　　社　〒650-0045 兵庫県神戸市中央区港島6丁目6番地の1
- ●設　　立　1977.07.18
- ●路　　線　ポートアイランド線、六甲アイランド線
- ●営業キロ　第1種鉄道事業＝4.5km（5駅）、軌道＝10.8km（13駅）

ポートアイランド線（愛称：ポートライナー）

■三宮～神戸空港　8.2km／9駅／1981.02.05開業／側方案内軌条式鉄道（ポートターミナル～中公園）・側方案内軌条式軌道（三宮～ポートターミナル・中公園～神戸空港）／三相交流750V

	駅名	読み方	種	開業日	県名	所在地
……	三宮	さんのみや	客	1981.02.05	兵庫	神戸市中央区雲井通8
∴∴	貿易センター	ぼうえきせんたー	客	1981.02.05	兵庫	神戸市中央区磯辺通3
ii	ポートターミナル	ぽーとたーみなる	客	1981.02.05	兵庫	神戸市中央区新港町新港第4突堤
∴	中公園	なかこうえん	客	1981.02.05	兵庫	神戸市中央区港島中町4
∴∴	みなとじま	みなとじま	客	1981.02.05	兵庫	神戸市中央区港島中町4
∴∴	市民広場	しみんひろば	客	1981.02.05	兵庫	神戸市中央区港島中町6
∴∴	医療センター	いりょうせんたー	客	2006.02.02	兵庫	神戸市中央区港島南町1
∴∴	京コンピュータ前	けいこんぴゅーたまえ	客	2006.02.02	兵庫	神戸市中央区港島南町7
……	神戸空港	こうべくうこう	客	2006.02.02	兵庫	神戸市中央区神戸空港1

■市民広場～中公園　2.6km／3駅／1981.02.05開業／側方案内軌条式鉄道（南公園～中公園）・側方案内軌条式軌道（市民広場～南公園）／直流600V

	駅名	読み方	種	開業日	県名	所在地
∴	(市民広場)	(ポートアイランド線所属)		1981.02.25		
i	南公園	みなみこうえん	客	1981.02.05	兵庫	神戸市中央区港島中町8
i	中埠頭	なかふとう	客	1981.02.05	兵庫	神戸市中央区港島中町7
┃	北埠頭	きたふとう	客	1981.02.05	兵庫	神戸市中央区港島中町2
┗	(中公園)	(ポートアイランド線所属)		1981.02.05		

六甲アイランド線（愛称：六甲ライナー）

■住吉～マリンパーク　4.5km／6駅／1990.02.21開業／側方案内軌条式鉄道（南魚崎～アイランド北口）・側方案内軌条式軌道（住吉～南魚崎・アイランド北口～マリンパーク）／三相交流750V

	駅名	読み方	種	開業日	県名	所在地
……	住吉	すみよし	客	1990.02.21	兵庫	神戸市東灘区住吉本町1-2
∴∴	魚崎	うおざき	客	1990.02.21	兵庫	神戸市東灘区魚崎西町4
ii	南魚崎	みなみうおざき	客	1990.02.21	兵庫	神戸市東灘区魚崎西町1
!!	アイランド北口	あいらんどきたぐち	客	1990.02.21	兵庫	神戸市東灘区向洋町中1
∴∴	アイランドセンター	あいらんどせんたー	客	1990.02.21	兵庫	神戸市東灘区向洋町中2
……	マリンパーク	まりんぱーく	客	1990.02.21	兵庫	神戸市東灘区向洋町中4

駅　名	読み方	範囲	種	開業日	県名	所 在 地

北条鉄道

- ●本　社　〒675-2312 兵庫県加西市北条町北条28番地２号
- ●設　立　1984.10.18
- ●路　線　北条線
- ●営業キロ　第１種鉄道事業＝13.6km（８駅）

北条線

■粟生～北条町　13.6km／1067mm／８駅／1985.04.01（播州鉄道1915.03.03開業）／普通鉄道／内燃

駅名	読み方	範囲	種	開業日	県名	所在地
粟生	あお	客	無	1915.03.03	兵庫	小野市粟生町字前田1821
網引	あびき	客	無	1915.03.03	兵庫	加西市網引町538-1
田原	たはら	客	無	1952.02.18	兵庫	加西市田原町2404-2
法華口	ほっけぐち	客	無	1915.03.03	兵庫	加西市東笠原町224-2
播磨下里	はりましもさと	客	無	1917.08.14	兵庫	加西市王子町152-1
長	おさ	客	無	1915.03.03	兵庫	加西市西長町321-2
播磨横田	はりまよこた	客	無	1961.12.20	兵庫	加西市西横田町554-2
北条町	ほうじょうまち	客		1915.03.03	兵庫	加西市北条町北条28-2

和歌山電鐵

- ●本　社　〒640-0361 和歌山県和歌山市伊太祈曽73番地
- ●設　立　2005.06.27
- ●路　線　貴志川線
- ●営業キロ　第１種鉄道事業＝14.3km（14駅）

貴志川線

■和歌山～貴志　14.3km／1067mm／14駅／1916.02.15開業／普通鉄道／架空線式 直流1500V

駅名	読み方	範囲	種	開業日	県名	所在地
和歌山	わかやま	客		1924.02.28	和歌山	和歌山市美園町5-2
田中口	たなかぐち	客	無	1924.06.15	和歌山	和歌山市美園町5-93
日前宮	にちぜんぐう	客	無	1916.02.15	和歌山	和歌山市有家88
神前	こうざき	客	無	1916.02.15	和歌山	和歌山市神前396
竈山	かまやま	客	無	1916.02.15	和歌山	和歌山市和田1193
交通センター前	こうつうせんたーまえ	客	無	1999.05.07	和歌山	和歌山市西22-1
岡崎前	おかざきまえ	客	無	1916.02.15	和歌山	和歌山市相坂578
吉礼	きれ	客	無	1916.02.15	和歌山	和歌山市吉礼61
伊太祈曽	いだきそ	客		1916.02.15	和歌山	和歌山市伊太祈曽73
山東	さんどう	客	無	1948.07.16	和歌山	和歌山市永山38

駅　名	読み方	範囲	種	開業日	県名	所　在　地
大池遊園	おいけゆうえん	客	無	1933.08.18	和歌山	紀の川市貴志川町長山280
西山口	にしやまぐち	客	無	1933.08.18	和歌山	紀の川市貴志川町長山53
甘露寺前	かんろじまえ	客	無	1933.08.18	和歌山	紀の川市貴志川町長原580
貴志	きし	客	無	1933.08.18	和歌山	紀の川市貴志川町神戸803

紀州鉄道

- 本　　社　〒103-0015 東京都中央区日本橋箱崎町1番7号
- 設　　立　1928.12.24
- 路　　線　紀州鉄道線
- 営業キロ　第1種鉄道事業＝2.7km（5駅）

紀州鉄道線

■御坊〜西御坊　2.7km／1067mm／5駅／1931.06.15開業／普通鉄道／内燃

駅名	読み方	範囲	種	開業日	県名	所在地
御坊	ごぼう	客	他	1931.06.15	和歌山	御坊市湯川町小松原414-2
学門	がくもん	客	無	1979.08.10	和歌山	御坊市湯川町財部750-2
紀伊御坊	きいごぼう	客		1931.06.15	和歌山	御坊市薗275
市役所前	しやくしょまえ	客	無	1967.08.30	和歌山	御坊市薗351-2
西御坊	にしごぼう	客		1932.04.10	和歌山	御坊市薗563-4

中国

駅名	読み方	範囲	種	開業日	県名	所在地

若桜鉄道

- 本　社　〒680-0701 鳥取県八頭郡若桜町大字若桜345番地2
- 設　立　1987.08.06
- 路　線　若桜線
- 営業キロ　第2種鉄道事業＝19.2km（9駅）〔第3種鉄道事業者＝八頭町（郡家～若桜町若桜線接続点）・若桜町（八頭町若桜線接続点～若桜）〕

若桜線

■郡家～若桜　19.2km／1067mm／9駅／1987.04.01開業（国有鉄道若桜線1930.01.20開業）／普通鉄道／内燃

駅名	読み方	範囲	種	開業日	県名	所在地
郡家	こおげ	客	他	1930.01.20	鳥取	八頭郡八頭町郡家字石橋649
八頭高校前	やずこうこうまえ	客	無	1996.10.01	鳥取	八頭郡八頭町久能寺882-2
因幡船岡	いなばふなおか	客	簡	1930.01.20	鳥取	八頭郡八頭町船岡197-3
隼	はやぶさ	客	無	1930.01.20	鳥取	八頭郡八頭町見槻中178-2
安部	あべ	客	簡	1932.02.05	鳥取	八頭郡八頭町日下部1244-1
八東	はっとう	客	簡	1930.12.01	鳥取	八頭郡八頭町才代140-2
徳丸	とくまる	客	無	2002.03.23	鳥取	八頭郡八頭町徳丸1212
丹比	たんぴ	客	簡	1930.12.01	鳥取	八頭郡八頭町南323-3
若桜	わかさ	客		1930.12.01	鳥取	八頭郡若桜町若桜345-2

智頭急行

- 本　社　〒689-1402 鳥取県八頭郡智頭町智頭2052番地1
- 設　立　1986.05.31
- 路　線　智頭線
- 営業キロ　第1種鉄道事業＝56.1km（15駅）

智頭線

■上郡～智頭　56.1km／1067mm／15駅／1994.12.03開業／普通鉄道／内燃

駅名	読み方	範囲	種	開業日	県名	所在地
上郡	かみごおり	客		1994.12.03	兵庫	赤穂郡上郡町大持110-2
岩木信号場	いわき	—	信	1994.12.03	兵庫	N/A
苔縄	こけなわ	客	無	1994.12.03	兵庫	赤穂郡上郡町苔縄554-2
河野原円心	こうのはらえんしん	客	無	1994.12.03	兵庫	赤穂郡上郡町河野原289-3

駅　名	読み方	範囲	種	開業日	県名	所 在 地
久崎	くざき	客	無	1994.12.03	兵庫	佐用郡佐用町久崎104-2
佐用	さよ	客	委	1994.12.03	兵庫	佐用郡佐用町間島田2826-2
平福	ひらふく	客	無	1994.12.03	兵庫	佐用郡佐用町平福382-3
石井	いしい	客	無	1994.12.03	兵庫	佐用郡佐用町下石井1918-2
宮本武蔵	みやもとむさし	客	無	1994.12.03	岡山	美作市今岡384-5
大原	おおはら	客		1994.12.03	岡山	美作市古町1494-7
西粟倉	にしあわくら	客	無	1994.12.03	岡山	英田郡西粟倉村長尾794-3
あわくら温泉	あわくらおんせん	客	無	1994.12.03	岡山	英田郡西粟倉村影石612-4
山郷	やまさと	客	無	1994.12.03	鳥取	八頭郡智頭町西谷1-3
恋山形	こいやまがた	客	無	1994.12.03	鳥取	八頭郡智頭町大内159-3
智頭	ちず	客		1994.12.03	鳥取	八頭郡智頭町智頭1-1815-1

一畑電車

- 本　　社　〒691-0001　島根県出雲市平田町2226番地
- 設　　立　2006.04.03（1914.04.06）
- 路　　線　北松江線、大社線
- 営業キロ　第1種鉄道事業＝42.2km（26駅）

北松江線

■ 電鉄出雲市〜松江しんじ湖温泉　33.9km／1067mm／22駅／1914.04.29開業／普通鉄道／架空線式 直流1500V

駅名	読み方	範囲	種	開業日	県名	所在地
電鉄出雲市	でんてついいずもし	客		1914.04.29	島根	出雲市駅北町10-1
出雲科学館パークタウン前	いずもかがくかんぱーくたうんまえ	客	無	1928.09.15	島根	出雲市今市町1904-11
大津町	おおつまち	客	無	1914.04.29	島根	出雲市大津町1398-6
武志	たけし	客	無	1932.02.02	島根	出雲市武志町42-2
川跡	かわと	客		1930.02.02	島根	出雲市武志町1027-1
大寺	おおてら	客	無	1931.02.01	島根	出雲市東林木町302-5
美談	みだみ	客	無	1952.01.21	島根	出雲市美談町514-6
旅伏	たぶし	客	無	1914.04.29	島根	出雲市西代町585-6
雲州平田	うんしゅうひらた	客		1914.04.29	島根	出雲市平田町2226
布崎	ぬのざき	客	無	1915.02.04	島根	出雲市園町1295-5
湖遊館新駅	こゆうかんしんえき	客	無	1995.10.01	島根	出雲市園町1336-1
園	その	客		1915.02.04	島根	出雲市園町168-5
一畑口	いちばたぐち	客		1915.02.04	島根	出雲市小境町379-3
伊野灘	いのなだ	客	無	1928.04.05	島根	出雲市美野町523-4
津ノ森	つのもり	客	無	1928.04.05	島根	松江市大野町117-3
高ノ宮	たかのみや	客	無	1928.04.05	島根	松江市大垣町1145-5
松江フォーゲルパーク	まつえふぉーげるぱーく	客	無	2001.07.23	島根	松江市大垣町28-3

駅　名	読み方	範囲	種	開業日	県名	所在地
秋鹿町	あいかまち	客	無	1928.04.05	島根	松江市秋鹿町3342-2
長江	ながえ	客	無	1928.04.05	島根	松江市東長江町45-11
朝日ヶ丘	あさひがおか	客	無	1988.04.01	島根	松江市古曽志町1620-3
松江イングリッシュガーデン前	まつえいんぐりっしゅがーでんまえ	客	無	1964.04.01	島根	松江市西浜佐陀町264-6
松江しんじ湖温泉	まつえしんじこおんせん	客	無	1928.04.05	島根	松江市中原町30-2

大社線

■川跡～出雲大社前　8.3km／1067mm／4駅／1930.02.02開業／普通鉄道／架空線式 直流1500V

駅　名	読み方	範囲	種	開業日	県名	所在地
（川跡）	（北松江線所属）			1930.02.02		
高浜	たかはま	客	無	1930.02.02	島根	出雲市里方町793-3
遙堪	ようかん	客	無	1930.02.02	島根	出雲市常松町179-4
浜山公園北口	はまやまこうえんきたぐち	客	無	1930.02.02	島根	出雲市大社町983-1
出雲大社前	いずもたいしゃまえ	客	無	1930.02.02	島根	出雲市大社町1346-9

岡山電気軌道

- 本　　社　〒703-8291 岡山県岡山市中区徳吉町2丁目8番22号
- 設　　立　1910.05.21
- 路　　線　東山本線、清輝橋線
- 営業キロ　軌道＝4.7km（16駅）

東山本線

■岡山駅前～東山　3.0km／1067mm／10駅／1912.05.05開業／軌道／架空線式 直流600V

駅　名	読み方	範囲	種	開業日	県名	所在地
岡山駅前	おかやまえきまえ	客	留	1912.05.05	岡山	岡山市北区駅前町
西川緑道公園	にしがわりょくどうこうえん	客	留	1912.05.05	岡山	岡山市北区野田屋町1
柳川	やながわ	客	留	1912.05.05	岡山	岡山市北区磨屋町2
城下	しろした	客	留	1949.04.08	岡山	岡山市北区表町1
県庁通り	けんちょうどおり	客	留	1927.09.26	岡山	岡山市北区丸の内1（東山方面）
						岡山市北区内山下1（岡山駅前方面）
西大寺町	さいだいじちょう	客	留	1912.06.01	岡山	岡山市北区表町3
小橋	こばし	客	留	1923.07.09	岡山	岡山市中区小橋町1
中納言	ちゅうなごん	客	留	1923.07.09	岡山	岡山市中区小橋町1
門田屋敷	かどたやしき	客	留	1923.07.09	岡山	岡山市中区門田屋敷2
東山	ひがしやま	客	留	1923.07.09	岡山	岡山市中区徳吉町2

［注］『鉄道要覧』では、東山本線のキロ程は3.1kmである。

駅　　名	読　み　方	範囲	種	開業日	県名	所　在　地

清輝橋線

■ 柳川～清輝橋　1.7km／1067mm／6駅／1928.03.18開業／軌道／架空線式 直流600V

駅名	読み方	範囲	種	開業日	県名	所在地
∴∴ (柳川)	(東山本線所属)			1928.03.18		
∷∷ 郵便局前	ゆうびんきょくまえ	客	留	1931.09.01	岡山	岡山市北区中山下1
∷∷ 田町	たまち	客	留	1928.03.18	岡山	岡山市北区田町1
∷∷ 新西大寺町筋	しんさいだいじちょうすじ	客	留	1928.03.18	岡山	岡山市北区田町2
∷∷ 大雲寺前	だいうんじまえ	客	留	1928.03.18	岡山	岡山市北区中央町
∷∷ 東中央町	ひがしちゅうおうちょう	客	留	2007.08.03	岡山	岡山市北区東中央町
…… 清輝橋	せいきばし	客	留	1946.09.06	岡山	岡山市北区清輝橋1

［注］『鉄道要覧』では、清輝橋線のキロ程は1.6km。

水島臨海鉄道

- ● 本　　社　〒712-8031 岡山県倉敷市水島東栄町12番46号
- ● 設　　立　1970.02.02
- ● 路　　線　水島本線、港東線
- ● 営業キロ　第1種鉄道事業＝14.8km（12駅）

水島本線

■ 倉敷市～倉敷貨物ターミナル　11.2km／1067mm／11駅／1948.08.20開業／普通鉄道／内燃

駅名	読み方	範囲	種	開業日	県名	所在地
倉敷市	くらしきし	客		1948.08.20	岡山	倉敷市阿知1-1-2
球場前	きゅうじょうまえ	客	無	1949.05.20	岡山	倉敷市四十瀬字西堤外4-4
西富井	にしとみい	客	無	1949.11.15	岡山	倉敷市上富井字大西628-20
福井	ふくい	客	無	1989.03.29	岡山	倉敷市福井398-1
浦田	うらだ	客	無	1988.03.13	岡山	倉敷市福田町浦田2465-9
弥生	やよい	客	無	1948.08.20	岡山	倉敷市水島東弥生町78
栄	さかえ	客	無	1986.03.03	岡山	倉敷市水島東栄町79-1
常盤	ときわ	客	無	1992.09.07	岡山	倉敷市水島東常盤町70
水島	みずしま	客		1948.08.20	岡山	倉敷市水島東千鳥町10-1
三菱自工前	みつびしじこうまえ	客	無	1972.09.18	岡山	倉敷市水島海岸通2-1-1
倉敷貨物ターミナル図	くらしきかもつたーみなる	貨		1983.04.01	岡山	倉敷市西通2-1-7

中小私鉄

中国

駅　名	読み方	範囲	種	開業日	県名	所在地

港東線
こうとうせん

■水島〜東水島　3.6km／1067mm／1駅／1962.07.01開業／普通鉄道／内燃

駅名	読み方	範囲	種	開業日	県名	所在地
（水島）	（水島本線所属）			1962.07.01		
東水島 貨	ひがしみずしま		貨	1962.07.01	岡山	倉敷市潮通3-3-8

井原鉄道
いばらてつどう

- ●本　　社　〒715-0003 岡山県井原市東江原町695番地1
- ●設　　立　1986.12.01
- ●路　　線　井原線
- ●営業キロ　第1種鉄道事業＝38.3km（14駅）、第2種鉄道事業＝3.4km（1駅）
  　　　　　　第2種鉄道事業＝総社〜清音〔第1種鉄道事業＝西日本旅客鉄道（総社〜清音）〕

井原線
いばらせん

■総社〜神辺　41.7km／1067mm／15駅／1999.01.11開業／普通鉄道／内燃

駅名	読み方	範囲	種	開業日	県名	所在地
総社	そうじゃ	客	無	1999.01.11	岡山	総社市駅前1-1-1
清音	きよね	客		1999.01.11	岡山	総社市清音上中島169-2
川辺宿	かわべじゅく	客	無	1999.01.11	岡山	倉敷市真備町川辺美トロ2272-4
吉備真備	きびのまきび	客	無	1999.01.11	岡山	倉敷市真備町箭田別府後1102-11
備中呉妹	びっちゅうくれせ	客	無	1999.01.11	岡山	倉敷市真備町尾崎井野1368-2
三谷	みたに	客	無	1999.01.11	岡山	小田郡矢掛町東三成市場1111
矢掛	やかげ	客	簡	1999.01.11	岡山	小田郡矢掛町矢掛尾崎2247-2
小田	おだ	客	無	1999.01.11	岡山	小田郡矢掛町小田蓮町5546-1
早雲の里荏原	そううんのさとえばら	客	無	1999.01.11	岡山	井原市東江原町久岡856-4
井原	いばら	客		1999.01.11	岡山	井原市七日市町943-3
いずえ	いずえ	客	無	1999.01.11	岡山	井原市下出部町小塚280-3
子守唄の里高屋	こもりうたのさとたかや	客	無	1999.01.11	岡山	井原市高屋町3-5-1
御領	ごりょう	客	無	1999.01.11	広島	福山市神辺町下御領為金町256-4
湯野	ゆの	客	無	1999.01.11	広島	福山市神辺町湯野久貝尻86-2
神辺	かんなべ	客		1999.01.11	広島	福山市神辺町川南747-3

駅　名	読み方	範囲	種	開業日	県名	所在地

スカイレールサービス

- ● 本　　社　〒739-0311 広島県広島市安芸区瀬野1丁目41番21号
- ● 設　　立　1994.04.01
- ● 路　　線　広島短距離交通瀬野線
- ● 営業キロ　懸垂式軌道＝1.3km（3駅）

広島短距離交通瀬野線

■ みどり口～みどり中央　1.3km／3駅／1998.08.28開業／懸垂式軌道／440V

	駅名	読み方	範	種	開業日	県名	所在地
……	みどり口	みどりぐち	客	留	1998.08.28	広島	広島市安芸区瀬野1-41-21
：：	みどり中街	みどりなかまち	客	留	1998.08.28	広島	広島市安芸区瀬野西1-23-12
……	みどり中央	みどりちゅうおう	客	留	1998.08.28	広島	広島市安芸区瀬野西4-4-41

広島電鉄

- ● 本　　社　〒730-8610 広島県広島市中区東千田町2丁目9番29号
- ● 設　　立　1942.04.10（1910.06.18）
- ● 路　　線　宮島線、本線、宇品線、江波線、横川線、皆実線、白島線
- ● 営業キロ　第1種鉄道事業＝16.1km（21駅）、軌道＝19.0km（57駅）

宮島線

■ 広電西広島（己斐）～広電宮島口　16.1km／1435mm／21駅／1922.08.22開業／普通鉄道／架空線式 直流600V

	駅名	読み方	範	種	開業日	県名	所在地
	（広電西広島（己斐））	（本線所属）			1922.08.22		
	東高須	ひがしたかす	客		1964.12.01	広島	広島市西区庚午北2-12-30
	高須	たかす	客		1922.08.22	広島	広島市西区庚午北3-11-1
	古江	ふるえ	客		1922.08.22	広島	広島市西区古江新町4-26
	草津	くさつ	客		1922.08.22	広島	広島市西区草津東2-11-24
	草津南	くさつみなみ	客		1924.04.06	広島	広島市西区草津南3-2-1
	商工センター入口	しょうこうせんたーいりぐち	客		1960.09.01	広島	広島市西区草津南3-9-2
	井口	いのくち	客		1924.04.06	広島	広島市西区井口明神2-1-16
	修大附属鈴峯前	しゅうだいふぞくすずがみねまえ	客		1941.07.04	広島	広島市西区井口4-1-1
	広電五日市	ひろでんいつかいち	客		1924.04.06	広島	広島市佐伯区旭園2-12
	佐伯区役所前	さえきくやくしょまえ	客		1987.03.27	広島	広島市佐伯区海老園2-4-3
	楽々園	らくらくえん	客		1935.12.01	広島	広島市佐伯区楽々園2-2-5
	山陽女子大前	さんようじょしだいまえ	客		1950.11.24	広島	廿日市市佐方本町1-6
	広電廿日市	ひろでんはつかいち	客		1924.04.06	広島	廿日市市廿日市2-1-25
	廿日市市役所前（平良）	はつかいちしやくしょまえ（へら）	客		1984.11.01	広島	廿日市市新宮1-2-38

駅　名	読み方	範囲	種	開業日	県名	所 在 地
宮内	みやうち	客		1925.07.15	広島	廿日市市串戸2-15-15
JA広島病院前	じぇいえいひろしまびょういんまえ	客		1998.09.01	広島	廿日市市地御前1-3-13
地御前	じごぜん	客		1925.07.15	広島	廿日市市地御前5-6-3
阿品東	あじなひがし	客		1931.12.01	広島	廿日市市阿品1-10-1
広電阿品	ひろでんあじな	客		1978.08.01	広島	廿日市市阿品3-1-1
競艇場前	きょうていじょうまえ	客	臨	1954.10.31	広島	廿日市市宮島口1-60先
広電宮島口	ひろでんみやじまぐち	客		1931.02.01	広島	廿日市市宮島口1-12-34

本線

■広島駅～広電西広島（己斐） 5.4km／1435mm／20駅／1912.11.23開業／軌道／架空線式 直流600V

駅　名	読み方	範囲	種	開業日	県名	所 在 地
広島駅	ひろしまえき	客	留	1912.11.23	広島	広島市南区松原町
猿猴橋町	えんこうばしちょう	客	留	1949.03.01	広島	広島市南区猿猴橋町
的場町	まとばちょう	客	留	1912.11.23	広島	広島市南区的場町1
稲荷町	いなりまち	客	留	1950頃	広島	㊦広島市南区的場町
						㊤広島市稲荷町
銀山町	かねやまちょう	客	留	1912.11.23	広島	広島市中区幟町
胡町	えびすちょう	客	留	1912.11.23	広島	㊦広島市中区幟町
						㊤広島市中区鉄砲町
八丁堀	はっちょうぼり	客	留	1912.11.23	広島	㊦広島市中区鉄砲町
						㊤広島市八丁堀（白島線）
立町	たてまち	客	留	1952.06.10	広島	㊦広島市中区基町
						㊤広島市八丁堀
紙屋町東	かみやちょうひがし	客	留	1912.11.23	広島	広島市中区基町
紙屋町西	かみやちょうにし	客	留	2001.11.01	広島	広島市中区基町
原爆ドーム前	げんばくどーむまえ	客	留	1912.11.23	広島	広島市中区基町
本川町	ほんかわちょう	客	留	1912.12.08	広島	広島市中区本川町2
十日市町	とおかいちまち	客	留	1944.12.26	広島	広島市中区十日市町1
土橋	どばし	客	留	1912.12.08	広島	広島市中区堺町1
小網町	こあみちょう	客	留	1912.12.08	広島	広島市中区堺町2
天満町	てんまちょう	客	留	1917頃	広島	広島市西区天満町
観音町	かんおんまち	客	留	1964.04.21	広島	広島市西区天満町
西観音町	にしかんおんまち	客	留	1964.09.01	広島	広島市西区西観音町
福島町	ふくしまちょう	客	留	1912.12.08	広島	広島市西区福島町
広電西広島（己斐）	ひろでんにしひろしま（こい）	客	留	1912.12.08	広島	広島市西区己斐本町1-18-8

［注］紙屋町東と紙屋町西は、営業キロのうえでは、紙屋町という一つの電停。開業日は便宜上、紙屋町東を最初の開業日に、紙屋町西を分離した開業日を代表させている。

駅　名	読み方	範囲	種	開業日	県名	所　在　地

宇品線

■ 紙屋町〜広島港（宇品）　5.9km／1435mm／18駅／1912.11.23開業／軌道／架空線式 直流600V

駅名	読み方	範囲	種	開業日	県名	所在地
(紙屋町 [紙屋町東・紙屋町西])	(本線所属)	∴∴		1912.11.23		
本通	ほんどおり	∴∴	客	留	1912.11.23	広島	広島市中区本通
袋町	ふくろまち	∴∴	客	留	1912.11.23	広島	㊦広島市中区袋町
		∴∴				㊤広島市中町
中電前	ちゅうでんまえ	∴∴	客	留	1912.11.23	広島	広島市中区小町
市役所前	しやくしょまえ	∴∴	客	留	1912.11.23	広島	広島市中区国泰寺町1
鷹野橋	たかのばし	∴∴	客	留	1912.11.23	広島	㊦広島市中区国泰寺町2
		∴∴				㊤広島市千田町1
日赤病院前	にっせきびょういんまえ	∴∴	客	留	1912.11.23	広島	広島市中区千田町1
広電本社前	ひろでんほんしゃまえ	∴∴	客	留	1912.11.23	広島	広島市中区千田町3
御幸橋	みゆきばし	∴∴	客	留	1912.11.23	広島	広島市中区千田町3
皆実町六丁目	みなみまちろくちょうめ	∴∴	客	留	1935.12.27	広島	広島市南区皆実町6
						皆実町3、皆実町5（皆実線）
広大附属学校前	ひろだいふぞくがっこうまえ	∴∴	客	留	1945.08.__	広島	広島市南区翠1
県病院前	けんびょういんまえ	∴∴	客	留	1935.12.27	広島	㊦広島市南区翠1
		∴∴				㊤広島市宇品神田1
宇品二丁目	うじなにちょうめ	∴∴	客	留	1945.08.__	広島	㊦広島市南区宇品神田1
		∴∴				㊤広島市南区宇品神田2
宇品三丁目	うじなさんちょうめ	∴∴	客	留	1935.12.27	広島	㊦広島市南区宇品神田2
		∴∴				㊤広島市南区宇品神田3
宇品四丁目	うじなよんちょうめ	∴∴	客	留	1935.12.27	広島	㊦広島市南区宇品神田4
		∴∴				㊤広島市南区宇品神田5
宇品五丁目	うじなごちょうめ	∴∴	客	留	1950.12.01	広島	広島市南区宇品神田5
海岸通	かいがんどおり	∴∴	客	留	1950.12.01	広島	広島市南区宇品海岸2
元宇品口	もとうじなぐち	∴∴	客	留	1935.12.27	広島	広島市南区宇品海岸2
広島港（宇品）	ひろしまこう（うじな）	……	客	留	2003.03.29	広島	広島市南区宇品海岸1

［注］紙屋町東・紙屋町西は、営業キロのうえでは、紙屋町という一つの電停。

江波線

■ 土橋〜江波　2.6km／1435mm／6駅／1943.12.26開業／軌道／架空線式 直流600V

駅名	読み方	範囲	種	開業日	県名	所在地
(土橋)	(本線所属)	∴∴			1943.12.26		
舟入町	ふないりまち	∴∴	客	留	1943.12.26	広島	広島市中区河原町
舟入本町	ふないりほんまち	∴∴	客	留	1943.12.26	広島	広島市中区舟入本町
舟入幸町	ふないりさいわいちょう	∴∴	客	留	1959.11.01	広島	広島市中区舟入幸町
舟入川口町	ふないりかわぐちちょう	∴∴	客	留	1944.06.20	広島	広島市中区舟入川口町
舟入南町	ふないりみなみまち	∴∴	客	留	1944.06.20	広島	㊦広島市中区舟入南5

駅　　名	読み方	範囲	種	開業日	県名	所在地
∴∵ ⋯⋯ 江波	えば		客	留	1954.01.08	広島	㊤舟入南4 広島市中区江波西1

横川線

■十日市町〜横川駅　1.4km／1435mm／4 駅／1917.11.01開業／軌道／架空線式 直流600V

∴∵ （十日市町）	（本線所属）			1944.12.25		
∴∵ 寺町	てらまち	客	留	1917.11.01	広島	㊦広島市中区寺町 ㊤十日市町2
∴∵ 別院前	べついんまえ	客	留	1917.11.01	広島	広島市中区寺町
∴∵ 横川一丁目	よこがわいっちょうめ	客	留	1917.11.01	広島	広島市中区横川町2
⋯⋯ 横川駅	よこがわえき	客	留	1917.11.01	広島	広島市中区横川町3

皆実線

■的場町〜皆実町六丁目　2.5km／1435mm／5 駅／1944.12.27開業／軌道／架空線式 直流600V

∴∵ （的場町）	（本線所属）			1944.12.27		
∴∵ 段原一丁目	だんばらいっちょうめ	客	留	1944.12.27	広島	広島市南区段原1
∴∵ 比治山下	ひじやました	客	留	1944.12.27	広島	広島市南区比治山本町
∴∵ 比治山橋	ひじやまばし	客	留	1944.12.27	広島	広島市南区比治山本町
∴∵ 南区役所前	みなみくやくしょまえ	客	留	1982.03.01	広島	㊦広島市南区皆実町1 ㊤比治山本町
∴∵ 皆実町二丁目	みなみまちにちょうめ	客	留	1944.12.27	広島	㊦広島市南区皆実町3 ㊤皆実町1
∴∵ （皆実町六丁目）	（宇品線所属）			1944.12.27		

白島線

■八丁堀〜白島　1.2km／1435mm／4 駅／1912.11.23開業／軌道／架空線式 直流600V

∴∵ （八丁堀）	（本線所属）			1912.11.23		
∴∵ 女学院前	じょがくいんまえ	客	留	1952.06.10	広島	㊤広島市中区鉄砲町 ㊦上幟町
∴∵ 縮景園前	しゅっけいえんまえ	客	留	1952.06.10	広島	広島市中区上幟町
∴∵ 家庭裁判所前	かていさいばんしょまえ	客	留	1952.06.10	広島	広島市中区上幟町
⋯⋯ 白島	はくしま	客	留	1952.06.10	広島	広島市中区東白島町

駅　名	読み方	範囲	種	開業日	県名	所在地

広島高速交通

- ●本　社　〒731-0143 広島県広島市安佐南区長楽寺2丁目12番1号
- ●設　立　1987.12.01
- ●路　線　広島新交通1号線
- ●営業キロ　第1種鉄道事業＝0.3km（1駅）、軌道＝18.1km（21駅）

広島新交通1号線（愛称：アストラムライン）

■本通～広域公園前　18.4km／22駅／1994.08.20開業／側方案内式鉄道・側方案内式軌道／直流750V

駅名	読み方	種	開業日	県名	所在地
本通	ほんどおり	客	1994.08.20	広島	広島市中区本通6-30
県庁前	けんちょうまえ	客	1994.08.20	広島	広島市中区基町10-90
城北	じょうほく	客	1994.08.20	広島	広島市中区西白島町25-80
新白島	しんはくしま	客	2015.03.14	広島	広島市中区西白島町5-2
白島	はくしま	客	1994.08.20	広島	広島市中区白島北町18-20
牛田	うした	客	1994.08.20	広島	広島市東区牛田新町2-4-44
不動院前	ふどういんまえ	客	1994.08.20	広島	広島市東区牛田新町3-3-12
祇園新橋北	ぎおんしんばしきた	客	1994.08.20	広島	広島市安佐南区西原4-43-28
西原	にしはら	客	1994.08.20	広島	広島市安佐南区西原8-34-1
中筋	なかすじ	客	1994.08.20	広島	広島市安佐南区中筋2-6-17
古市	ふるいち	客	1994.08.20	広島	広島市安佐南区中須1-1-16
大町	おおまち	客	1994.08.20	広島	広島市安佐南区大町東2-9-28
毘沙門台	びしゃもんだい	客	1994.08.20	広島	広島市安佐南区毘沙門台1-7-45
安東	やすひがし	客	1994.08.20	広島	広島市安佐南区安東2-10-1
上安	かみやす	客	1994.08.20	広島	広島市安佐南区上安2-30-10
高取	たかとり	客	1994.08.20	広島	広島市安佐南区高取北1-4-28
長楽寺	ちょうらくじ	客	1994.08.20	広島	広島市安佐南区長楽寺1-28-37
伴	とも	客	1994.08.20	広島	広島市安佐南区伴東2-9-20
大原	おおばら	客	1994.08.20	広島	広島市安佐南区伴東7-59-10
伴中央	ともちゅうおう	客	1994.08.20	広島	広島市安佐南区伴中央4-3-6
大塚	おおづか	客	1994.08.20	広島	広島市安佐南区大塚西3-21-13
広域公園前	こういきこうえんまえ	客	1994.08.20	広島	広島市安佐南区大塚西4-4-8

	駅　　名	読み方	範囲	種	開業日	県名	所　在　地

錦川鉄道

- ●本　　社　〒740-0724 山口県岩国市錦町広瀬7873番地の9
- ●設　　立　1987.04.01
- ●路　　線　錦川清流線
- ●営業キロ　第1種鉄道事業＝32.7km（12駅）

錦川清流線

■川西〜錦町　32.7km／1067mm／12駅／1987.07.25（国有鉄道岩日線1960.11.01開業）／普通鉄道／内燃

	駅名	読み方	種	範囲	開業日	県名	所在地
	川西	かわにし	客	無	1960.11.01	山口	岩国市川西1-100-1
	（森ケ原信号場）	（JR西日本岩徳線所属）			1960.11.01		
	清流新岩国	せいりゅうしんいわくに	客	無	1960.11.01	山口	岩国市御庄1361-5
	守内かさ神	しゅうちかさがみ	客	無	1993.03.18	山口	岩国市守内427-4
	南河内	みなみごうち	客	無	1960.11.01	山口	岩国市角230
	行波	ゆかば	客	無	1987.04.01	山口	岩国市行波312-2
	北河内	きたごうち	客	無	1960.11.01	山口	岩国市天尾158
	椋野	むくの	客	無	1960.11.01	山口	岩国市美川町南桑1078-1
	南桑	なぐわ	客	無	1960.11.01	山口	岩国市美川町南桑3009
	根笠	ねがさ	客	無	1960.11.01	山口	岩国市美川町根笠220
	河山	かわやま	客	無	1960.11.01	山口	岩国市美川町四馬神1358-4
	柳瀬	やなぜ	客	無	1963.10.01	山口	岩国市美川町四馬神296-3
	錦町	にしきちょう	客		1963.10.01	山口	岩国市錦町広瀬7873-9

四国

駅　名	読み方	範囲	種	開業日	県名	所在地

阿佐海岸鉄道

- ●本　社　〒775-0501　徳島県海部郡海陽町宍喰浦字正梶22番地1
- ●設　立　1988.09.17
- ●路　線　阿佐東線
- ●営業キロ　第1種鉄道事業＝8.5km（3駅）

阿佐東線（愛称：阿波室戸シーサイドライン）

■海部～甲浦　8.5km／1067mm／3駅／1992.03.26開業／普通鉄道／内燃

駅名	読み方	種		開業日	県名	所在地
海部	かいふ	客	無	1992.03.26	徳島	海部郡海陽町奥浦字一宇谷23-15
宍喰	ししくい	客		1992.03.26	徳島	海部郡海陽町久保字松本34-2
甲浦	かんのうら	客		1992.03.26	高知	安芸郡東洋町大字河内661-3

高松琴平電気鉄道

- ●本　社　〒760-0073　香川県高松市栗林町2丁目19-20
- ●設　立　1943.11.01（1910.05.01）
- ●路　線　琴平線、志度線、長尾線
- ●営業キロ　第1種鉄道事業＝60.0km（52駅）

琴平線

■高松築港～琴電琴平　32.9km／1435mm／21駅／1926.12.21開業／普通鉄道／架空線式 直流1500V

駅名	読み方	種		開業日	県名	所在地
高松築港	たかまつちっこう	客		1955.09.10	香川	高松市玉藻町9-2
片原町	かたはらまち	客		1948.02.18	香川	高松市鶴屋町9-1（7-5）
（瓦町）	（志度線所属）			1927.04.22	香川	高松市常磐町1-3-1
栗林公園	りつりんこうえん	客		1926.12.21	香川	高松市栗林町3-830（6-13）
三条	さんじょう	客		1956.03.01	香川	高松市上之町2-1244-3（10-22）
太田	おおた	客		1926.12.21	香川	高松市太田上町705-6
仏生山	ぶっしょうざん	客		1926.12.21	香川	高松市仏生山町302-1
空港通り	くうこうどおり	客	無	2006.07.29	香川	高松市寺井町277-3
一宮	いちのみや	客		1926.12.21	香川	高松市一宮町504-5
円座	えんざ	客	無	1926.12.21	香川	高松市円座町1469-2
岡本	おかもと	客	無	1926.12.21	香川	高松市岡本町1554-3

駅　　名	読み方	範囲	種	開業日	県名	所 在 地
挿頭丘	かざしがおか	客	無	1926.12.21	香川	綾歌郡綾川町畑田562-3
畑田	はただ	客	無	1926.12.21	香川	綾歌郡綾川町畑田1059-3
陶	すえ	客	無	1926.12.21	香川	綾歌郡綾川町陶5692-4
綾川	あやがわ	客	無	2013.12.15	香川	綾歌郡綾川町萱原744-3
滝宮	たきのみや	客		1926.12.21	香川	綾歌郡綾川町滝宮515-3
羽床	はゆか	客	無	1927.03.15	香川	綾歌郡綾川町羽床1115-3
栗熊	くりくま	客	無	1927.03.15	香川	丸亀市綾歌町栗熊480-2
岡田	おかだ	客	無	1927.03.15	香川	丸亀市綾歌町岡田473-3
羽間	はざま	客	無	1927.03.15	香川	仲多度郡まんのう町東高篠2386
榎井	えない	客	無	1927.03.15	香川	仲多度郡琴平町榎井400-3
琴電琴平	ことでんことひら	客		1927.03.15	香川	仲多度郡琴平町360-22

[注] 各駅所在地の（　）内は住居表示番号。

志度線

■瓦町〜琴電志度　12.5km／1435mm／16駅／1911.11.18開業／普通鉄道／架空線式 直流1500V

駅名	読み方	範囲	種	開業日	県名	所在地
瓦町	かわらまち	客		1915.04.22	香川	高松市八坂町3-18
今橋	いまばし	客		1911.11.18	香川	高松市松島町1-3-21
松島二丁目	まつしまにちょうめ	客	無	1911.11.18	香川	高松市松福町2-15-2
沖松島	おきまつしま	客	無	1911.11.18	香川	高松市福岡町4-32-1
春日川	かすががわ	客	無	1911.11.18	香川	高松市木太町2708
潟元	かたもと	客		1932.07.__	香川	高松市屋島西町1723-5
琴電屋島	ことでんやしま	客	無	1917.07.26届出	香川	高松市屋島中町270-1
古高松	ふるたかまつ	客		1911.11.18	香川	高松市高松町15-2
八栗	やくり	客		1911.11.18	香川	高松市牟礼町牟礼2216-2
六万寺	ろくまんじ	客	無	1911.11.18	香川	高松市牟礼町牟礼1097-2
大町	おおまち	客	無	1911.11.18	香川	高松市牟礼町大町1532-5
八栗新道	やくりしんみち	客	無	1911.11.18	香川	高松市牟礼町大町1389-7
塩屋	しおや	客	無	1911.11.18	香川	高松市牟礼町大町1052-5
房前	ふさざき	客	無	1911.11.18	香川	高松市牟礼町原622-1
原	はら	客	無	1911.11.18	香川	高松市牟礼町原355-2
琴電志度	ことでんしど	客		1911.11.18	香川	さぬき市志度495-7

長尾線

■瓦町〜長尾　14.6km／1435mm／15駅／1912.04.30開業／普通鉄道／架空線式 直流1500V

駅名	読み方	範囲	種	開業日	県名	所在地
（瓦町）	（志度線所属）			1945.06.26	香川	高松市常磐町1-3-1
花園	はなぞの	客	無	1912.04.30	香川	高松市花園町1-1331-10 (12-14)
林道	はやしみち	客	無	1948以前	香川	高松市木太町1609-2
木太東口	きたひがしぐち	客	無	1912.04.30	香川	高松市木太町4007-7

駅　名	読み方	範囲	種	開業日	県名	所在地
元山	もとやま	客	無	1912.04.30	香川	高松市元山町974-2
水田	みずた	客	無	1912.04.30	香川	高松市東山崎町263-4
西前田	にしまえだ	客	無	1912.04.30	香川	高松市前田東町1047-2
高田	たかた	客		1912.04.30	香川	高松市亀田町381-3
池戸	いけのべ	客	無	1912.04.30	香川	木田郡三木町池戸3362-3
農学部前	のうがくぶまえ	客	無	1912.04.30	香川	木田郡三木町池戸2852-6
平木	ひらぎ	客	無	1912.04.30	香川	木田郡三木町平木113-2
学園通り	がくえんどおり	客	無	2002.09.28	香川	木田郡三木町鹿伏208-2
白山	しらやま	客	無	1912.04.30	香川	木田郡三木町白山967-5
井戸	いど	客	無	1947.07.25	香川	木田郡三木町井戸4217-2
公文明	くもんみょう	客	無	1952.09.30	香川	木田郡三木町井戸4125-2
長尾	ながお	客		1912.04.30	香川	さぬき市長尾西559-2

［注］各駅所在地の（　）内は住居表示番号。

四国ケーブル

- ●本　　社　〒761-0121 香川県高松市牟礼町牟礼3378番地の3
- ●設　　立　1964.06.26
- ●路　　線　――
- ●営業キロ　第1種鉄道事業＝0.7km（2駅）

■八栗登山口～八栗山上　0.7km／1067mm／2駅／1964.12.28開業／鋼索鉄道／電気

八栗登山口	やくりとざんぐち	客		1964.12.28	香川	高松市牟礼町牟礼3378-3
八栗山上	やくりさんじょう	客		1964.12.28	香川	高松市牟礼町牟礼3418-2

伊予鉄道

- ●本　　社　〒790-8691 愛媛県松山市湊町4丁目4番地1
- ●設　　立　1942.04.01
- ●路　　線　高浜線、横河原線、郡中線、城北線、城南線、本町線、大手町線、花園線
- ●営業キロ　第1種鉄道事業＝36.6km（43駅）、軌道＝6.9km（18駅）

高浜線

■高浜～松山市　9.4km／1067mm／10駅／1888.10.28開業／普通鉄道／架空線式 直流600V

高浜	たかはま	客		1892.05.01	愛媛	松山市高浜町1
梅津寺	ばいしんじ	客		1899.07.06	愛媛	松山市梅津寺町

駅　名	読み方	範囲	種	開業日	県名	所在地
港山	みなとやま	客	無	1931.05.01	愛媛	松山市港山町
三津	みつ	客		1888.10.28	愛媛	松山市三杉町
山西	やまにし	客		1927.11.01	愛媛	松山市古三津6
西衣山	にしきぬやま	客	無	1968.06.10	愛媛	松山市衣山4
衣山	きぬやま	客		1927.11.01	愛媛	松山市衣山2
古町	こまち	客		1888.10.28	愛媛	松山市平和通6
大手町	おおてまち	客		1927.04.03	愛媛	松山市大手町2
松山市	まつやまし	客		1888.10.28	愛媛	松山市湊町5

横河原線

■松山市～横河原　13.2km／1067mm／14駅／1893.05.07開業／普通鉄道／架空線式 直流750V

駅　名	読み方	範囲	種	開業日	県名	所在地
(松山市)	(高浜線所属)			1893.05.07		
石手川公園	いしてがわこうえん	客	無	1972.06.14	愛媛	松山市立花1
いよ立花	いよたちばな	客		1893.05.07	愛媛	松山市立花2
福音寺	ふくおんじ	客		1968.02.10	愛媛	松山市福音寺町
北久米	きたくめ	客		1967.01.01	愛媛	松山市北久米町
久米	くめ	客		1893.05.07	愛媛	松山市南久米町
鷹ノ子	たかのこ	客		1967.10.01	愛媛	松山市鷹ノ子町
平井	ひらい	客		1893.05.07	愛媛	松山市平井町
梅本	うめのもと	客		1935.05.01	愛媛	松山市南梅本町
牛渕団地前	うしぶちだんちまえ	客		1970.05.01	愛媛	東温市牛渕
牛渕	うしぶち	客	無	1889.10.04	愛媛	東温市牛渕
田窪	たのくぼ	客		1967.01.01	愛媛	東温市田窪
見奈良	みなら	客		1938.09.04	愛媛	東温市見奈良
愛大医学部南口	あいだいいがくぶみなみぐち	客		1981.08.10	愛媛	東温市志津川
横河原	よこがわら	客		1889.10.04	愛媛	東温市横河原

郡中線

■松山市～郡中港　11.3km／1067mm／11駅／1896.07.04開業／普通鉄道／架空線式 直流750V

駅　名	読み方	範囲	種	開業日	県名	所在地
(松山市)	(高浜線所属)			1896.07.04		
土橋	どばし	客		1953.04.15	愛媛	松山市土橋町
土居田	どいだ	客		1930.03.01	愛媛	松山市土居田町
余戸	ようご	客		1896.07.04	愛媛	松山市余戸中6
鎌田	かまた	客	無	1967.02.15	愛媛	松山市余戸南4
岡田	おかだ	客		1910.07.18	愛媛	伊予郡松前町大字昌農内
古泉	こいずみ	客		1967.03.09	愛媛	伊予郡松前町大字西古泉
松前	まさき	客		1896.07.04	愛媛	伊予郡松前町大字浜
地蔵町	じぞうまち	客		1901.02.21	愛媛	伊予郡松前町大字北黒田

駅　名	読み方	範囲	種	開業日	県名	所在地
新川	しんかわ	客		1915.07.17	愛媛	伊予市下吾川
郡中	ぐんちゅう	客		1896.07.04	愛媛	伊予市下吾川
郡中港	ぐんちゅうこう	客		1939.05.10	愛媛	伊予市米湊

城北線

■ 古町～平和通一丁目　2.7km／1067mm／8駅／1895.08.22開業／普通鉄道／架空線式 直流600V

駅　名	読み方	範囲	種	開業日	県名	所在地
(古町)	(高浜線所属)			1895.08.22		
萱町六丁目	かやまちろくちょうめ	客	留	1911.11.16	愛媛	松山市萱町5
本町六丁目	ほんまちろくちょうめ	客	留	1962.__.__	愛媛	松山市本町6
木屋町	きやちょう	客	留	1895.08.22	愛媛	松山市木屋町3
高砂町	たかさごちょう	客	留	1927.04.03	愛媛	松山市高砂町3
清水町	しみずまち	客	留	1927.04.03	愛媛	松山市清水町2
鉄砲町	てっぽうちょう	客	留	1927.04.03	愛媛	松山市鉄砲町
赤十字病院前	せきじゅうじびょういんまえ	客	留	1947.08.01	愛媛	松山市文京町
平和通一丁目	へいわどおりいっちょうめ	客	留	1969.12.01	愛媛	松山市平和通1

城南線

■ 道後温泉～西堀端　3.5km／1067mm／11駅／1911.09.01開業／軌道／架空線式 直流600V・内燃

駅　名	読み方	範囲	種	開業日	県名	所在地
道後温泉	どうごおんせん	客	留	1911.09.01	愛媛	松山市道後町1
道後公園	どうごこうえん	客	留	1926.__.__	愛媛	松山市道後町1
南町	みなみまち	客	留	1912.12.16認可	愛媛	松山市道後町2
上一万	かみいちまん	客	留	1927.04.03	愛媛	松山市勝山町2
警察署前	けいさつしょまえ	客	留	1926.05.02	愛媛	松山市勝山町2
勝山町	かつやまちょう	客	留	1912.07.05	愛媛	松山市勝山町2
大街道	おおかいどう	客	留	1911.09.01	愛媛	松山市一番町3
県庁前	けんちょうまえ	客	留	1911.09.01	愛媛	松山市一番町4
市役所前	しやくしょまえ	客	留	1914.08.27認可	愛媛	松山市二番町4
南堀端	みなみほりばた	客	留	1911.09.01	愛媛	松山市南堀端町
西堀端	にしほりばた	客	留	1911.09.01	愛媛	松山市大手町1

■ 平和通一丁目～上一万　0.1km／1067mm／0駅／1927.04.03開業／軌道／架空線式 直流600V・内燃

駅　名	読み方	範囲	種	開業日	県名	所在地
(平和通一丁目)	(城北線所属)			1927.04.03		
(上一万)	(城南線所属)			1927.04.03		

中小私鉄

四国

駅　　名	読 み 方	範囲	種	開業日	県名	所 在 地

本町線

■西堀端〜本町六丁目　1.5km／1067mm／3駅／1911.09.01開業／軌道／架空線式 直流600V・内燃

駅名	読み方	範囲	種	開業日	県名	所在地
∴（西堀端）	（城南線所属）			1911.09.01		
: 本町三丁目	ほんまちさんちょうめ	客	留	1911.09.01	愛媛	松山市本町2
: 本町四丁目	ほんまちよんちょうめ	客	留	1948.07.01	愛媛	松山市本町3
: 本町五丁目	ほんまちごちょうめ	客	留	1962.02.01	愛媛	松山市本町5
∴（本町六丁目）	（城北線所属）			1962.02.01		

大手町線

■西堀端〜古町　1.4km／1067mm／3駅／1927.04.03開業／軌道／架空線式 直流600V・内燃

駅名	読み方	範囲	種	開業日	県名	所在地
∴∴（西堀端）	（城南線所属）			1927.04.03		
::大手町駅前	おおてまちえきまえ	客	留	1927.04.03	愛媛	松山市大手町1
: JR松山駅前	じぇいあーるまつやまえきまえ	客	留	1927.04.03	愛媛	松山市宮田町
: 宮田町	みやたちょう	客	留	1967.02.01	愛媛	松山市宮田町
∴（古町）	（高浜線所属）			1936.05.01		

花園線

■松山市駅前〜南堀端　0.4km／1067mm／1駅／1947.03.25開業／軌道／架空線式 直流600V・内燃

駅名	読み方	範囲	種	開業日	県名	所在地
……松山市駅前	まつやましえきまえ	客	留	1927.04.03	愛媛	松山市湊町5
∴∴（南堀端）	（城南線所属）			1927.04.03		

土佐くろしお鉄道

- ●本　　社　〒780-0850 高知県高知市丸ノ内1丁目2番20号
- ●設　　立　1986.05.08
- ●路　　線　中村線、宿毛線、阿佐線
- ●営業キロ　第1種鉄道事業＝109.3km（43駅）

中村線

■窪川〜中村　43.0km／1067mm／16駅／1988.04.01開業（国有鉄道中村線1963.12.18開業）／普通鉄道／内燃

駅名	読み方	範囲	種	開業日	県名	所在地
窪川	くぼかわ	客		1963.12.18	高知	高岡郡四万十町琴平町字沖屋敷594-4
若井	わかい	客	無	1963.12.18	高知	高岡郡四万十町若井47
川奥信号場	かわおく	—	信	1974.03.01	高知	幡多郡黒潮町川奥
荷稲	かいな	客	無	1963.12.18	高知	幡多郡黒潮町荷稲236
伊与喜	いよき	客	無	1963.12.18	高知	幡多郡黒潮町伊与喜61

駅　名	読み方	範囲	種	開業日	県名	所在地
土佐佐賀	とささが	客	無	1963.12.18	高知	幡多郡黒潮町佐賀1278
佐賀公園	さがこうえん	客	無	1993.10.01	高知	幡多郡黒潮町佐賀字雨神子3154-5
土佐白浜	とさしらはま	客	無	1970.10.01	高知	幡多郡黒潮町白浜127
有井川	ありいがわ	客	無	1970.10.01	高知	幡多郡黒潮町大字有井川塩屋ヶ原1503
土佐上川口	とさかみかわぐち	客	無	1970.10.01	高知	幡多郡黒潮町大字上川口字弓場ノ谷206
海の王迎	うみのおうむかえ	客	無	2003.04.22	高知	幡多郡黒潮町大字上川口字捨五代地1316-1
浮鞭	うきぶち	客	無	1970.10.01	高知	幡多郡黒潮町大字浮鞭字丸田1143
土佐入野	とさいりの	客	無	1970.10.01	高知	幡多郡黒潮町大字入野厩尻1986
西大方	にしおおがた	客	無	1970.10.01	高知	幡多郡黒潮町大字上田の口字下新田1283
古津賀	こつか	客	無	1988.04.01	高知	四万十市古津賀道廣2243
中村	なかむら	客		1970.10.01	高知	四万十市駅前町7-1

宿毛線

■ 宿毛～中村　23.6km／1067mm／7駅／1997.10.01開業／普通鉄道／内燃

駅　名	読み方	範囲	種	開業日	県名	所在地
宿毛	すくも	客		1997.10.01	高知	宿毛市駅前町1丁目703
東宿毛	ひがしすくも	客	無	1997.10.01	高知	宿毛市宿毛字鎌田670
平田	ひらた	客	無	1997.10.01	高知	宿毛市平田戸内字小堂ノハナ1548
工業団地	こうぎょうだんち	客	無	1997.10.01	高知	宿毛市平田町字扇3386-3
有岡	ありおか	客	無	1997.10.01	高知	四万十市有岡字スギノキ784-1
国見	くにみ	客	無	1997.10.01	高知	四万十市国見字二又サコ708-3
具同	ぐどう	客	無	1997.10.01	高知	四万十市具同字カギタ3223
（中村）	（中村線所属）			1997.10.01		

阿佐線 (愛称：ごめん・なはり線)

■ 後免～奈半利　42.7km／1067mm／20駅／2002.07.01開業／普通鉄道／内燃

駅　名	読み方	範囲	種	開業日	県名	所在地
後免	ごめん	客	他	2002.07.01	高知	南国市駅前町2-1464
後免町	ごめんまち	客	無	2002.07.01	高知	南国市大埇甲1212-1
立田	たてだ	客	無	2002.07.01	高知	南国市立田字神木内603-2
のいち	のいち	客	無	2002.07.01	高知	香南市野市町西野2056-2
よしかわ	よしかわ	客	無	2002.07.01	高知	香南市吉川町古川字九六山542-1
あかおか	あかおか	客	無	2002.07.01	高知	香南市赤岡町字西浜374-1
香我美	かがみ	客	無	2002.07.01	高知	香南市香我美町岸本字ルノ丸329-1
夜須	やす	客	無	2002.07.01	高知	香南市夜須町千切字外ト新町573-39
西分	にしぶん	客	無	2002.07.01	高知	安芸郡芸西村西分甲5082-2
和食	わじき	客	無	2002.07.01	高知	安芸郡芸西村和食甲96-1
赤野	あかの	客	無	2002.07.01	高知	安芸市赤野外浜田乙2933
穴内	あなない	客	無	2002.07.01	高知	安芸市穴内内浜田乙234
球場前	きゅうじょうまえ	客	無	2002.07.01	高知	安芸市桜ヶ丘町2250

	駅　　名	読み方	範囲	種	開業日	県名	所在地
	安芸	あき	客		2002.07.01	高知	安芸市東浜下柿ノ木294
	伊尾木	いおき	客	無	2002.07.01	高知	安芸市伊尾木字ホヲノスカ552-15
	下山	しもやま	客	無	2002.07.01	高知	安芸市下山カシノ原386
	唐浜	とうのはま	客	無	2002.07.01	高知	安芸郡安田町唐浜692-1
	安田	やすだ	客	無	2002.07.01	高知	安芸郡安田町西島43-1
	田野	たの	客	無	2002.07.01	高知	安芸郡田野町北町字上島田1430-1
	奈半利	なはり	客		2002.07.01	高知	安芸郡奈半利町字水門乙4779-3

とさでん交通

- ●本　社　〒780-8010　高知県高知市桟橋通4丁目12番7号
- ●設　立　2014.10.01（1903.07.08）
- ●路　線　伊野線、後免線、駅前線、桟橋線
- ●営業キロ　軌道＝25.3km（79駅）

伊野線

■ はりまや橋～伊野　11.2km／1067mm／36駅／1904.05.02開業／軌道／架空線式 直流600V

		駅名	読み方	範囲	種	開業日	県名	所在地
∴	∴	はりまや橋	はりまやばし	客	留	1908.10.31	高知	高知市播磨屋町1
∶	∶	堀詰	ほりづめ	客	留	1904.05.02	高知	高知市本町1
∶	∶	大橋通	おおはしどおり	客	留	1904.05.02	高知	高知市本町2
∶	∶	高知城前	こうちじょうまえ	客	留	1904.05.02	高知	高知市本町4
∶	∶	県庁前	けんちょうまえ	客	留	1904.05.02	高知	高知市本町5
∶	∶	グランド通	ぐらんどどおり	客	留	1904.05.02	高知	高知市本町5
∶	∶	枡形	ますがた	客	留	1904.05.02	高知	高知市枡形
∶	∶	上町一丁目	かみまちいっちょうめ	客	留	1906.10.09	高知	高知市上町1
∶	∶	上町二丁目	かみまちにちょうめ	客	留	1906.10.09	高知	高知市上町2
∶	∶	上町四丁目	かみまちよんちょうめ	客	留	1906.10.09	高知	高知市上町4
∶	∶	上町五丁目	かみまちごちょうめ	客	留	1906.10.09	高知	高知市上町5
∶	∶	旭町一丁目	あさひまちいっちょうめ	客	留	1906.10.09	高知	高知市旭町1
∶	∶	旭駅前通	あさひえきまえどおり	客	留	1906.10.09	高知	高知市旭町3
∶	∶	旭町三丁目	あさひまちさんちょうめ	客	留	1906.10.09	高知	高知市旭町3
∶	∶	蛍橋	ほたるばし	客	留	1929.01.29	高知	高知市旭町3
・	∶	鏡川橋	かがみがわばし	客	留	1906.10.09	高知	高知市字水神通
	∶	鴨部	かもべ	客	留	1907.09.16	高知	高知市鴨部高町
	∶	市場前信号所	いちばまえ	―	信	1954.02.08	高知	N/A
	∶	曙町東町	あけぼのちょうひがしまち	客	留	1956.07.12認可	高知	高知市朝倉乙361先
	∶	曙町	あけぼのちょう	客	留	1907.09.16	高知	高知市朝倉乙470先
	∶	朝倉	あさくら	客	留	1907.09.16	高知	高知市朝倉丙317先

駅　名	読み方	範囲	種	開業日	県名	所在地
朝倉駅前	あさくらえきまえ	客	留	1925.02.05	高知	高知市朝倉字横田
朝倉神社前	あさくらじんじゃまえ	客	留	1907.09.16	高知	高知市朝倉字宮の前
宮の奥	みやのおく	客	留	1907.09.16	高知	高知市朝倉字宮の奥
咥内	こうない	客	留	1907.09.16	高知	高知市朝倉字咥内
宇治団地前	うじだんちまえ	客	留	1908.02.20	高知	吾川郡いの町枝川215
八代通	やしろどおり	客	留	1908.02.20	高知	吾川郡いの町2422
中山信号所	なかやま	―	信	2014.11.11	高知	N/A
中山	なかやま	客	留	1908.02.20	高知	吾川郡いの町枝川西浦
枝川	えだがわ	客	留	1907.11.07	高知	吾川郡いの町枝川西浦
伊野商業前	いのしょうぎょうまえ	客	留	1907.11.07	高知	吾川郡いの町字桑ノ木
北内	きたうち	客	留	2007.01.10	高知	吾川郡いの町北大内432-3地先
北山	きたやま	客	留	1960.11.01	高知	吾川郡いの町北山1819
鳴谷	なるたに	客	留	1907.11.07	高知	吾川郡いの町駅東町
伊野駅前	いのえきまえ	客	留	1958.02.13	高知	吾川郡いの町和田前1463
伊野	いの	客	留	1907.11.07	高知	吾川郡いの町新町1704-3

後免線
ごめんせん

■ はりまや橋～後免町　10.9km／1067mm／33駅／1908.10.31開業／軌道／架空線式 直流600V

駅　名	読み方	範囲	種	開業日	県名	所在地
(はりまや橋)	(伊野線所属)			1908.10.31		
デンテツターミナルビル前	でんてつたーみなるびるまえ	客	留	1908.10.31	高知	高知市播磨屋町1
菜園場町	さえんばちょう	客	留	1908.10.31	高知	高知市菜園場町
城見町	しろみちょう	客	留	1908.10.31	高知	高知市城見町二番小路(休止当時)
宝永町	ほうえいちょう	客	留	1908.10.31	高知	高知市中宝永町
知寄町一丁目	ちよりちょういっちょうめ	客	留	1928.09.19認可	高知	高知市知寄町1
知寄町二丁目	ちよりちょうにちょうめ	客	留	1909.10.30	高知	高知市知寄町2
知寄町	ちよりちょう	客	留	1957.04.21	高知	高知市知寄町2-28先
知寄町三丁目	ちよりちょうさんちょうめ	客	留	1909.10.30	高知	高知市知寄町3
葛島橋東詰	かづらしまばしひがしづめ	客	留	1910.10.15	高知	高知市高須字万島
西高須	にしたかす	客	留	1964.08.30	高知	高知市高須396-1
県立美術館通	けんりつびじゅつかんどおり	客	留	1993.11.01	高知	高知市高須新町1-10-5先
高須	たかす	客	留	1910.10.15	高知	高知市高須字高須
文珠通	もんじゅどおり	客	留	1910.10.15	高知	高知市高須字高須
介良通	けらどおり	客	留	1910.10.15	高知	高知市高須字高須
新木	しんぎ	客	留	1910.10.15	高知	高知市高須字新木
東新木	ひがししんぎ	客	留	1975.04.08	高知	高知市高須字六塩田
田辺島通	たべしまどおり	客	留	1910.10.15	高知	高知市大津字田辺島
鹿児	かこ	客	留	1910.10.15	高知	高知市大津字鹿児
舟戸	ふなと	客	留	1910.10.15	高知	高知市大津字舟戸
北浦	きたうら	客	留	1910.12.04	高知	高知市大津字北浦

駅　名	読み方	範囲	種	開業日	県名	所　在　地
領石通	りょうせきどおり	客	留	1910.12.04	高知	高知市大津字関
清和学園前	せいわがくえんまえ	客	留	1985.09.10	高知	高知市大津字長崎
一条橋	いちじょうばし	客	留	1911.01.27	高知	高知市大津字長崎
明見橋	みょうけんばし	客	留	1911.01.27	高知	高知市大津字長崎
長崎	ながさき	客	留	1911.01.27	高知	高知市大津字長崎
小篭通	こごめどおり	客	留	1911.01.27	高知	南国市南小篭
篠原	しのはら	客	留	1911.01.27	高知	南国市若宮
住吉通	すみよしどおり	客	留	1911.01.27	高知	南国市東野
東工業前	ひがしこうぎょうまえ	客	留	1963.09.10	高知	南国市篠原字大窪
後免西町	ごめんにしまち	客	留	1911.01.27	高知	南国市日吉町1-1-8先
後免中町	ごめんなかまち	客	留	1911.01.27	高知	南国市後免町2-1-1先
後免東町	ごめんひがしまち	客	留	1911.05.14	高知	南国市後免町東町
後免町	ごめんまち	客	留	1925.02.21	高知	南国市字貫代田

[注] 城見町は1967.11.01より休止中。

駅前線（えきまえせん）

■ はりまや橋〜高知駅前　0.8km／1067mm／3駅／1928.08.10開業／軌道／架空線式 直流600V

駅　名	読み方	範囲	種	開業日	県名	所　在　地
(はりまや橋)	(伊野線所属)			1928.08.10		
蓮池町通	はすいけまちどおり	客	留	1928.08.10	高知	高知市播磨屋町3
高知橋	こうちばし	客	留	2001.03.27	高知	高知市駅前町
高知駅前	こうちえきまえ	客	留	1928.08.10	高知	高知市北本町2

桟橋線（さんばしせん）

■ はりまや橋〜桟橋通五丁目　2.4km／1067mm／7駅／1904.05.02開業／軌道／架空線式 直流600V

駅　名	読み方	範囲	種	開業日	県名	所　在　地
(はりまや橋)	(伊野線所属)			1928.08.10		
梅の辻	うめのつじ	客	留	1904.05.02	高知	高知県高知市梅の辻
桟橋通一丁目	さんばしどおりいっちょうめ	客	留	1904.05.02	高知	高知県高知市桟橋通1
桟橋通二丁目	さんばしどおりにちょうめ	客	留	1950.08.05認可	高知	高知県高知市桟橋通2
桟橋通三丁目	さんばしどおりさんちょうめ	客	留	1955.06.20	高知	高知県高知市桟橋通3
桟橋通四丁目	さんばしどおりよんちょうめ	客	留	1904.05.02	高知	高知県高知市桟橋通4
桟橋車庫前	さんばししゃこまえ	客	留	1953以前	高知	高知県高知市桟橋通5
桟橋通五丁目	さんばしどおりごちょうめ	客	留	1905.04.07	高知	高知県高知市桟橋通5

九州

駅　名	読み方	範囲	種	開業日	県名	所　在　地

北九州高速鉄道

- 本　　社　〒802-0981 福岡県北九州市小倉南区企救丘2丁目13番1号
- 設　　立　1976.07.31
- 路　　線　小倉線
- 営業キロ　軌道＝8.8km（13駅）

小倉線

■小倉～企救丘　8.8km／13駅／1985.01.09開業／跨座式軌道／直流1500V

	駅名	読み方		種	開業日	県名	所在地
……	小倉	こくら		客	1998.04.01	福岡	北九州市小倉北区浅野1-1-1
：：	平和通	へいわどおり		客	1985.01.09	福岡	北九州市小倉北区魚町2
：：	旦過	たんが		客	1985.01.09	福岡	北九州市小倉北区魚町4
：：	香春口三萩野	かわらぐちみはぎの		客	1985.01.09	福岡	北九州市小倉北区香春口1
：：	片野	かたの		客	1985.01.09	福岡	北九州市小倉北区東篠崎1
：：	城野	じょうの		客	1985.01.09	福岡	北九州市小倉南区富士見2
：：	北方	きたがた		客	1985.01.09	福岡	北九州市小倉南区北方3
：：	競馬場前	けいばじょうまえ		客	1985.01.09	福岡	北九州市小倉南区北方4
：：	守恒	もりつね		客	1985.01.09	福岡	北九州市小倉南区守恒本町1
：：	徳力公団前	とくりきこうだんまえ		客	1985.01.09	福岡	北九州市小倉南区徳力1
：：	徳力嵐山口	とくりきあらしやまぐち		客	1985.01.09	福岡	北九州市小倉南区徳力6
：：	志井	しい		客	1985.01.09	福岡	北九州市小倉南区志井1
……	企救丘	きくがおか		客	1985.01.09	福岡	北九州市小倉南区企救丘2

皿倉登山鉄道

- 本　　社　〒805-0057 福岡県北九州市八幡東区大字尾倉1481-1
- 設　　立　1957.03.01
- 路　　線　――
- 営業キロ　第2種鉄道事業＝1.1km（2駅）〔第3種鉄道事業＝北九州市〕

■山麓～山上　1.1km／1067mm／2駅／1957.11.12開業／鋼索鉄道／電気

	駅名	読み方		種	開業日	県名	所在地
	山麓	さんろく		客	1957.11.12	福岡	北九州市八幡東区大字尾倉1481-1
	山上	さんじょう		客	1957.11.12	福岡	北九州市八幡東区大字大蔵2664-1

駅　名	読み方	範囲	種	開業日	県名	所在地

筑豊電気鉄道

- 本　　社　〒809-0022 福岡県中間市鍋山町1番6号
- 設　　立　1951.02.15
- 路　　線　──
- 営業キロ　第1種鉄道事業＝16.0km（21駅）

■ 黒崎駅前〜筑豊直方　16.0km／1435mm／21駅／1914.06.25開業／普通鉄道／架空線式 直流600V

駅名	読み方	範囲	種	開業日	県名	所在地
黒崎駅前	くろさきえきまえ	客	無	1914.06.25	福岡	北九州市八幡西区黒崎3-57-2
西黒崎	にしくろさき	客	無	1992.10.25	福岡	北九州市八幡西区黒崎3-146
熊西	くまにし	客	無	1956.03.21	福岡	北九州市八幡西区熊西1-28-1
萩原	はぎわら	客	無	1963.08.25	福岡	㊤北九州市八幡西区萩原1-10-5
						㊦北九州市八幡西区萩原1-1-10
穴生	あのお	客	無	1956.03.21	福岡	北九州市八幡西区穴生1-8-1
森下	もりした	客	無	1956.10.15	福岡	北九州市八幡西区森下町13-1
今池	いまいけ	客	無	1970.12.20	福岡	㊤北九州市八幡西区里中2-1468-13
						㊦北九州市八幡西区里中2-1467-6
永犬丸	えいのまる	客	無	1956.03.21	福岡	北九州市八幡西区里中1-324-3
三ヶ森	さんがもり	客	無	1957.04.26	福岡	北九州市八幡西区三ヶ森1-12
西山	にしやま	客	無	1965.12.24	福岡	㊤北九州市八幡西区春日台5-792-2
						㊦北九州市八幡西区春日台5-791-2
通谷	とおりたに	客	無	1964.12.27	福岡	㊤中間市太賀1-380
						㊦中間市鍋山町388-1
東中間	ひがしなかま	客	無	1956.10.15	福岡	㊤中間市東中間2-2609-1
						㊦中間市大字中間字外扇2616-1
筑豊中間	ちくほうなかま	客	無	1956.03.21	福岡	㊤中間市東中間1-3372-3
						㊦中間市東中間1-3598-1
希望が丘高校前	きぼうがおかこうこうまえ	客	無	1958.04.29	福岡	中間市大字下大隈字新土手207-7
筑豊香月	ちくほうかつき	客	無	1958.04.29	福岡	北九州市八幡西区楠北3-2491-2
楠橋	くすばし	客	無	1958.04.29	福岡	㊤北九州市八幡西区楠北3-2491-2
						㊦北九州市八幡西区楠橋下方3-1973-2
新木屋瀬	しんこやのせ	客	無	2004.04.28	福岡	北九州市八幡西区木屋瀬1-466-3
木屋瀬	こやのせ	客	無	1958.04.29	福岡	㊤北九州市八幡西区木屋瀬5-201-1
						㊦北九州市八幡西区木屋瀬1-329-6
遠賀野	おんがの	客	無	1959.09.18	福岡	㊤直方市大字感田字若柳2211-2
						㊦福岡県直方市大字感田字若柳2204-2
感田	がんだ	客	無	1959.09.18	福岡	㊤直方市大字感田字渕尻2971-2
						㊦直方市大字感田字渕尻1202-3
筑豊直方	ちくほうのおがた	客	無	1959.09.18	福岡	直方市知古1-325-2

平成筑豊鉄道

- **本　　社**　〒822-1201 福岡県福岡県田川郡福智町金田1145番地の2
- **設　　立**　1989.04.26
- **路　　線**　伊田線、糸田線、田川線、門司港レトロ観光線
- **営業キロ**　第1種鉄道事業＝49.2km（35駅）、第2種鉄道事業＝2.1km（4駅）

伊田線

■直方～田川伊田　16.1km／1067mm／14駅／1989.10.01（筑豊興業鉄道1893.02.11開業）／普通鉄道／内燃

駅名	読み方	範囲	種	開業日	県名	所在地
直方	のおがた	客	無	1893.02.11	福岡	直方市大字山部226-2
南直方御殿口	みなみのおがたごてんぐち	客	無	2001.03.03	福岡	直方市大字直方183-2
あかぢ	あかぢ	客	無	1990.10.01	福岡	鞍手郡小竹町大字赤地327-3
藤棚	ふじたな	客	無	1990.12.22	福岡	直方市大字下境3910-2
中泉	なかいずみ	客	無	1898.02.09	福岡	直方市大字中泉395-1-2
市場	いちば	客	無	1990.04.01	福岡	田川郡福智町市場560-2
ふれあい生力	ふれあいしょうりき	客	無	1997.03.22	福岡	田川郡福智町赤池1026-2
赤池	あかいけ	客	無	1937.06.25	福岡	田川郡福智町赤池298-9
人見	ひとみ	客	無	1990.04.01	福岡	田川郡福智町金田1565-2
金田	かなだ	客		1893.02.11	福岡	田川郡福智町金田1145-2
上金田	かみかなだ	客	無	1990.04.01	福岡	田川郡福智町金田86-2
糒	ほしい	客	無	1900.09.17	福岡	田川市大字糒2421-2
田川市立病院	たがわしりつびょういん	客	無	1999.03.22	福岡	田川市大字糒1722-3
下伊田	しもいた	客	無	1992.04.01	福岡	田川市大字伊田4801-3
（田川伊田）	（田川線所属）			1899.03.25		

糸田線

■金田～田川後藤寺　6.8km／1067mm／5駅／1989.10.01開業（豊州鉄道1897.10.20開業）／普通鉄道／内燃

駅名	読み方	範囲	種	開業日	県名	所在地
（金田）	（伊田線所属）			1929.02.01		
豊前大熊	ぶぜんおおくま	客	無	1942.10.01	福岡	田川郡糸田町大字糸田4097-2
松山	まつやま	客	無	1997.03.22	福岡	田川郡糸田町大字糸田3933-4
糸田	いとだ	客	無	1897.10.20	福岡	田川郡糸田町大字糸田3721-4
大藪	おおやぶ	客	無	1990.10.01	福岡	田川市大字川宮1457-2
田川後藤寺	たがわごとうじ	客	無	1897.10.20	福岡	田川市大字奈良1829

駅 名	読み方	範囲	種	開業日	県名	所在地

田川線(たがわせん)

■ 行橋～田川伊田　26.3km／1067mm／16駅／1989.10.01開業（豊州鉄道1895.08.15開業）／普通鉄道／内燃

駅名	読み方	範囲	種	開業日	県名	所在地
行橋	ゆくはし	客	無	1895.08.15	福岡	行橋市西宮市2-1-1
美夜古泉	みやこいずみ	客	無	1991.10.01	福岡	行橋市大字西泉7-1780-2
今川河童	いまがわかっぱ	客	無	1990.10.01	福岡	行橋市大字流末1380-2
豊津	とよつ	客	無	1895.08.15	福岡	行橋市大字矢留68
新豊津	しんとよつ	客	無	1990.10.01	福岡	京都郡みやこ町彦徳523-2
東犀川三四郎	ひがしさいがわさんしろう	客	無	1993.03.18	福岡	京都郡みやこ町犀川統命院67-2
犀川	さいがわ	客	委	1897.04.20	福岡	京都郡みやこ町犀川本庄323-2
崎山	さきやま	客	無	1956.08.11	福岡	京都郡みやこ町犀川崎山3079-2
源じいの森	げんじいのもり	客	無	1995.07.21	福岡	田川郡赤村大字赤6933-2
油須原	ゆすばる	客	無	1895.08.15	福岡	田川郡赤村大字赤4865-2
赤	あか	客	無	2003.03.15	福岡	田川郡赤村大字内田1166-2
内田	うちだ	客	無	1990.04.01	福岡	田川郡赤村大字内田2417-2
柿下温泉口	かきしたおんせんぐち	客	無	1993.03.18	福岡	田川郡香春町大字柿下1034-2
勾金	まがりかね	客	無	1895.08.15	福岡	田川郡香春町大字中津原1679-2
上伊田	かみいた	客	無	2001.03.03	福岡	田川市大字伊田1195-2
田川伊田	たがわいた	客	無	1895.08.15	福岡	田川市大字伊田2621-1

門司港レトロ観光線(もじこうかんこうせん)（愛称：北九州銀行(きたきゅうしゅうぎんこう)レトロライン）

■ 九州鉄道記念館～関門海峡めかり　2.1km／1067mm／4駅／2009.04.26開業／普通鉄道／内燃
　第2種鉄道事業〔第3種鉄道事業＝北九州市〕

駅名	読み方	範囲	種	開業日	県名	所在地
九州鉄道記念館	きゅうしゅうてつどうきねんかん	客		2009.04.26	福岡	北九州市門司区西海岸1-916-14
出光美術館	いでみつびじゅつかん	客		2009.04.26	福岡	北九州市門司区東港1-2
ノーフォーク広場	のーふぉーくひろば	客		2009.04.26	福岡	北九州市門司区旧門司2-19-1
関門海峡めかり	かんもんかいきょうめかり	客		2009.04.26	福岡	北九州市門司区大字門司3491-6

駅　名	読　み　方	範囲	種	開業日	県名	所在地

福岡市交通局

- 本　　社　〒810-0041　福岡県福岡市中央区大名2丁目5番31号
- 設　　立　──
- 路　　線　1号線、2号線、3号線
- 営業キロ　第1種鉄道事業＝29.8km（35駅）

1号線（空港線）

■姪浜～福岡空港　13.1km／1067mm／13駅／1981.07.26開業／普通鉄道／架空線式　直流1500V

駅名	読み方	範囲	種	開業日	県名	所在地
姪浜	めいのはま	客		1983.03.22	福岡	福岡市西区姪の浜4-8-1
室見	むろみ	客		1981.07.26	福岡	福岡市早良区室見1
藤崎	ふじさき	客		1981.07.26	福岡	福岡市早良区百道2
西新	にしじん	客		1981.07.26	福岡	福岡市早良区西新3
唐人町	とうじんまち	客	委	1981.07.26	福岡	福岡市中央区唐人町1
大濠公園	おおほりこうえん	客	委	1981.07.26	福岡	福岡市中央区大手門1
赤坂	あかさか	客	委	1981.07.26	福岡	福岡市中央区赤坂1
天神	てんじん	客		1981.07.26	福岡	福岡市中央区天神2
中洲川端	なかすかわばた	客		1982.04.20	福岡	福岡市博多区上川端町
祇園	ぎおん	客		1983.03.22	福岡	福岡市博多区御供所町
博多	はかた	客		1985.03.03	福岡	福岡市博多区博多駅中央街
東比恵	ひがしひえ	客		1993.03.03	福岡	福岡市博多区東比恵2
福岡空港	ふくおかくうこう	客		1993.03.03	福岡	福岡市博多区大字下臼井

2号線（箱崎線）

■中洲川端～貝塚　4.7km／1067mm／6駅／1982.04.20開業／普通鉄道／架空線式　直流1500V

駅名	読み方	範囲	種	開業日	県名	所在地
（中洲川端）	（1号線所属）			1982.04.20		
呉服町	ごふくまち	客	委	1982.04.20	福岡	福岡市博多区綱場町
千代県庁口	ちよけんちょうぐち	客	委	1984.04.27	福岡	福岡市博多区千代4
馬出九大病院前	まいだしきゅうだいびょういんまえ	客	委	1984.04.27	福岡	福岡市東区馬出2
箱崎宮前	はこざきぐうまえ	客	委	1986.01.31	福岡	福岡市東区馬出4
箱崎九大前	はこざききゅうだいまえ	客	委	1986.01.31	福岡	福岡市東区箱崎3
貝塚	かいづか	客	委	1986.11.12	福岡	福岡市東区箱崎7-1-1

3号線（七隈線）

■橋本～天神南　12.0km／1435／16駅／2005.02.03開業／普通鉄道／架空線式　直流1500V　鉄輪式リニアモーターカー

駅名	読み方	範囲	種	開業日	県名	所在地
橋本	はしもと	客	委	2005.02.03	福岡	福岡市西区橋本2
次郎丸	じろうまる	客	委	2005.02.03	福岡	福岡市早良区次郎丸1

駅　名	読み方	範囲	種	開業日	県名	所 在 地
賀茂	かも	客	委	2005.02.03	福岡	福岡市早良区賀茂3
野芥	のけ	客	委	2005.02.03	福岡	福岡市早良区野芥2
梅林	うめばやし	客	委	2005.02.03	福岡	福岡市城南区梅林4
福大前	ふくだいまえ	客	委	2005.02.03	福岡	福岡市城南区七隈8
七隈	ななくま	客	委	2005.02.03	福岡	福岡市城南区七隈4
金山	かなやま	客	委	2005.02.03	福岡	福岡市城南区七隈3
茶山	ちゃやま	客	委	2005.02.03	福岡	福岡市城南区茶山1
別府	べふ	客	委	2005.02.03	福岡	福岡市城南区別府2
六本松	ろっぽんまつ	客	委	2005.02.03	福岡	福岡市中央区六本松4
桜坂	さくらざか	客	委	2005.02.03	福岡	福岡市中央区桜坂3
薬院大通	やくいんおおどおり	客	委	2005.02.03	福岡	福岡市中央区薬院4
薬院	やくいん	客	委	2005.02.03	福岡	福岡市中央区白金1
渡辺通	わたなべどおり	客	委	2005.02.03	福岡	福岡市中央区渡辺通2
天神南	てんじんみなみ	客	委	2005.02.03	福岡	福岡市中央区渡辺通5

甘木鉄道

- 本　　社　〒838-0068 福岡県朝倉市甘木1320番地
- 設　　立　1985.07.11
- 路　　線　甘木線
- 営業キロ　第1種鉄道事業＝13.7km（12駅）

甘木線

■ 基山～甘木　13.7km／1067mm／12駅／1986.04.01開業（国有鉄道甘木線1939.04.28開業）／普通鉄道／内燃

駅　名	読み方	範囲	種	開業日	県名	所 在 地
基山	きやま	客	無	1939.04.28	佐賀	三養基郡基山町小倉551-4
立野	たての	客	無	1987.11.01	佐賀	三養基郡基山町長野298-3
大原信号場	おおはら	―	信	2003.04.01	福岡	小郡市小郡字下牟田1881-4
小郡	おごおり	客	無	1939.04.28	福岡	小郡市小郡234-3
大板井	おおいたい	客	無	1987.11.01	福岡	小郡市大板井字屋敷118-3
松崎	まつざき	客	無	1939.04.28	福岡	小郡市上岩田字大添1047-6
今隈	いまぐま	客	無	2002.12.01	福岡	小郡市山隈字向浦126-2
西太刀洗	にしたちあらい	客	無	1939.04.28	福岡	小郡市山隈239-3
山隈	やまぐま	客	無	1987.11.01	福岡	朝倉郡筑前町山隈1640-5
太刀洗	たちあらい	客	無	1939.04.28	福岡	朝倉郡筑前町高田417-3
高田	たかた	客	無	1960.11.01	福岡	朝倉郡筑前町高田417-11
甘木	あまぎ	客		1939.04.28	福岡	朝倉市甘木1320-2

駅　名	読み方	範囲	種	開業日	県名	所　在　地

松浦鉄道

- 本　　社　〒857-0862 長崎県佐世保市白南風町1番10号
- 設　　立　1987.12.10
- 路　　線　西九州線
- 営業キロ　第1種鉄道事業＝93.8km（57駅）

西九州線

■ 有田～佐世保　93.8km／1067mm／57駅／1988.04.01開業（伊万里鉄道1898.08.07開業）／普通鉄道・内燃

駅名	読み方	範囲	種	開業日	県名	所在地
有田	ありた	客		1898.08.07	佐賀	西松浦郡有田町本町無番地
三代橋	みだいばし	客	無	1989.03.11	佐賀	西松浦郡有田町南原甲496-1
黒川	くろごう	客	無	1997.03.22	佐賀	西松浦郡有田町黒川甲1589-20
蔵宿	ぞうしゅく	客	無	1898.08.07	佐賀	西松浦郡有田町仏原丙2759-8
西有田	にしありた	客	無	1996.03.16	佐賀	西松浦郡有田町立部乙56-3
大木	おおぎ	客	無	1960.04.01	佐賀	西松浦郡有田町大木宿乙824-8
山谷	やまだに	客	無	1991.03.16	佐賀	西松浦郡有田町下山谷乙227-2
夫婦石	めおといし	客	無	1898.08.07	佐賀	西松浦郡有田町二ノ瀬甲932-4
金武	かなたけ	客	無	1960.05.01	佐賀	伊万里市二里町中里字川向乙1138-3
川東	かわひがし	客	無	1989.03.11	佐賀	伊万里市二里町大里甲1977-2
伊万里	いまり	客		1898.08.07	佐賀	伊万里市新天町字浜ノ浦622-13
東山代	ひがしやましろ	客	無	1930.03.21	佐賀	伊万里市東山代町長浜字北土居2107-1
里	さと	客	無	1990.03.10	佐賀	伊万里市東山代町字五反間104-4
楠久	くすく	客	無	1930.03.21	佐賀	伊万里市山代町楠久津字茅の搦1521-1
鳴石	なるいし	客	無	1990.03.10	佐賀	伊万里市山代町峰字鳴石6545-14
久原	くばら	客	無	1930.10.01	佐賀	伊万里市山代町久原字羽佐間2874-3
波瀬	はぜ	客	無	1991.03.16	佐賀	伊万里市山代町久原5075-4
浦ノ崎	うらのさき	客	無	1930.10.01	佐賀	伊万里市山代町立岩字佐代搦
福島口	ふくしまぐち	客	無	1990.03.10	佐賀	伊万里市山代町立岩字新搦2770-2
今福	いまぶく	客	無	1930.10.01	長崎	松浦市今福町東免字潟367-2
鷹島口	たかしまぐち	客	無	1990.03.10	長崎	松浦市今福町仏坂免町の上779
前浜	まえはま	客	無	1990.03.10	長崎	松浦市調川町平尾免字潮入207-10
調川	つきのかわ	客	無	1933.06.25	長崎	松浦市調川町下免字桟敷695-8の内
松浦	まつうら	客		1933.06.25	長崎	松浦市志佐町浦免字住吉新田1039-3
松浦発電所前	まつうらはつでんしょまえ	客	無	1989.03.11	長崎	松浦市志佐町白浜免字大切193
御厨	みくりや	客	無	1935.08.06	長崎	松浦市御厨町里免字塩入401-5
西木場	にしこば	客	無	1991.03.16	長崎	松浦市御厨町米ノ山免字五反間109-3
東田平	ひがしたびら	客	無	1935.08.06	長崎	平戸市田平町小崎369-18
中田平	なかたびら	客	無	1991.03.16	長崎	平戸市田平町下亀971-5
たびら平戸口	たびらひらどぐち	客		1935.08.06	長崎	平戸市田平町山内418-2

駅　名	読み方	範囲	種	開業日	県名	所在地
西田平	にしたびら	客	無	1989.03.11	長崎	平戸市田平町萩田1169-2
すえたちばな	すえたちばな	客	無	1999.03.13	長崎	佐世保市江迎町末橘免940
江迎鹿町	えむかえしかまち	客	無	1939.01.25	長崎	佐世保市鹿町町深江潟免126-2
高岩	たかいわ	客	無	1989.03.11	長崎	佐世保市江迎町乱橋免570-3
いのつき	いのつき	客	無	1990.03.10	長崎	佐世保市江迎町猪調免675-3
潜竜ヶ滝	せんりゅうがたき	客	無	1939.01.25	長崎	佐世保市江迎町田の元免283-4
吉井	よしい	客	無	1933.10.24	長崎	佐世保市吉井町大渡6-2
神田	こうだ	客	無	1934.02.11	長崎	北松浦郡佐々町皆瀬免948-2
清峰高校前	せいほうこうこうまえ	客	無	1959.01.20	長崎	北松浦郡佐々町中川原字田原51-3
佐々	さざ	客		1933.10.24	長崎	北松浦郡佐々町本田原免174
小浦	こうら	客	無	1931.08.29	長崎	北松浦郡佐々町小浦免92
真申	まさる	客	無	1931.08.29	長崎	佐世保市光町14
棚方	たながた	客	無	1989.03.11	長崎	佐世保市棚方町61-2
相浦	あいのうら	客	無	1920.03.27	長崎	佐世保市相浦町1150
大学	だいがく	客	無	1991.03.16	長崎	佐世保市川下町247-1
上相浦	かみあいのうら	客	無	1920.03.27	長崎	佐世保市新田町67-1
本山	もとやま	客	無	1994.10.03	長崎	佐世保市下本山町1309
中里	なかざと	客	無	1920.03.27	長崎	佐世保市上本山町808
皆瀬	かいぜ	客	無	1920.03.27	長崎	佐世保市皆瀬町671-1
野中	のなか	客	無	1990.03.10	長崎	佐世保市野中町409
左石	ひだりいし	客	無	1920.03.27	長崎	佐世保市田原町8-1
泉福寺	せんぷくじ	客	無	1989.03.11	長崎	佐世保市瀬戸越3-310-3
山の田	やまのた	客	無	1990.03.10	長崎	佐世保市春日町589-1
北佐世保	きたさせぼ	客	無	1935.11.09	長崎	佐世保市俵町187
中佐世保	なかさせぼ	客	無	1961.07.15	長崎	佐世保市島瀬町42-3
佐世保中央	させぼちゅうおう	客		1990.03.10	長崎	佐世保市島瀬町144
佐世保	させぼ	客		1935.11.09	長崎	佐世保市白南風町1-10

長崎電気軌道

- 本　　社　〒852-8134 長崎県長崎市大橋町4番5号
- 設　　立　1914.08.02
- 路　　線　赤迫支線、本線、桜町支線、大浦支線、蛍茶屋支線
- 営業キロ　軌道＝11.5km（37駅）

赤迫支線

■赤迫～住吉　0.3km／1435mm／2駅／1960.05.08開業／軌道／架空線式 直流600V

	赤迫	あかさこ	客	留	1960.05.08	長崎	長崎市中園町21-21先
	住吉	すみよし	客	留	1960.05.08	長崎	長崎市住吉町7-1先

駅　名	読み方	範囲	種	開業日	県名	所在地

本線
はんせん

■住吉〜正覚寺下　7.0km／1435mm／24駅／1915.11.16開業／軌道／架空線式 直流600V

駅　名	読み方	範囲	種	開業日	県名	所在地
∴∴ （住吉）	（赤迫支線所属）			1950.09.16		
：： 昭和町通り	しょうわまちどおり	客	留	1960.05.08	長崎	長崎市中園町1先
：： 千歳町	ちとせまち	客	留	1998.05.07	長崎	長崎市若葉町10-3先
：： 若葉町	わかばまち	客	留	1952.03.__	長崎	長崎市若葉町4-21先
：： 長崎大学前	ながさきだいがくまえ	客	留	1950.09.16	長崎	長崎市若葉町1-23先
：： 岩屋橋	いわやばし	客	留	1950.09.16	長崎	長崎市大橋町7-9先
：： 浦上車庫前	うらかみしゃこまえ	客	留	1953.08.01	長崎	長崎市大橋町4-4先
：： 大橋	おおはし	客	留	1933.12.25	長崎	長崎市松山町3-46先
：： 松山町	まつやままち	客	留	1933.12.25	長崎	長崎市松山町3-3先
：： 浜口町	はまぐちまち	客	留	1920.07.09	長崎	長崎市川口町13先
：： 大学病院前	だいがくびょういんまえ	客	留	1947.05.16	長崎	長崎市浜口町2-5先
：： 浦上駅前	うらかみえきまえ	客	留	1915.11.16	長崎	長崎市川口町3先
：： 茂里町	もりまち	客	留	1954.02.01	長崎	長崎市目覚町5-1先
：： 銭座町	ぜんざまち	客	留	1915.11.16	長崎	長崎市目覚町1-3先
：： 宝町	たからまち	客	留	1957.12.19	長崎	長崎市宝町5-7先
：： 八千代町	やちよまち	客	留	1957.12.19	長崎	長崎市八千代町2-9先
∴∴ 長崎駅前	ながさきえきまえ	客	留	1915.11.16	長崎	長崎市大黒町7-1先
：： 五島町	ごとうまち	客	留	____.__.__	長崎	長崎市元船町2-18先
：： 大波止	おおはと	客	留	1915.11.16	長崎	長崎市江戸町2-1先
：： 出島	でじま	客	留	1947.12.__	長崎	長崎市出島町6-26先
∴∴ 築町	つきまち	客	留	1961.10.05	長崎	長崎市銅座町1先
∴∴ 西浜町	にしはまのまち	客	留	1920.12.25	長崎	長崎市銅座町4-1先
：： 観光通り	かんこうどおり	客	留	1953.07.01	長崎	長崎市銅座町6-30先
：： 思案橋	しあんばし	客	留	1921.04.30	長崎	長崎市油屋町1-1先
…… 正覚寺下	しょうかくじした	客	留	1968.06.17	長崎	長崎市油屋町5-2先

桜町支線
さくらまちしせん

■長崎駅前〜公会堂前　0.9km／1435mm／2駅／1919.12.25開業／軌道／架空線式 直流600V

駅　名	読み方	範囲	種	開業日	県名	所在地
∴∴ （長崎駅前）	（本線所属）			1919.12.25		
：： 桜町	さくらまち	客	留	1919.12.25	長崎	長崎市桜町1-3先
∴∴ 公会堂前	こうかいどうまえ	客	留	1954.03.01	長崎	長崎市魚の町4-18先

中小私鉄

九州

駅　　名	読み方	範囲	種	開業日	県名	所在地

大浦支線
おおうらしせん

■築町〜石橋　1.1km／1435mm／4駅／1916.12.27開業／軌道／架空線式 直流600V

駅名	読み方	範囲	種	開業日	県名	所在地
∴∴ (築町)	(本線所属)			1916.12.27		
∴∴ 市民病院前	しみんびょういんまえ	客	留	1961.10.05	長崎	長崎市新地町6-38先
∴∴ 大浦海岸通り	おおうらかいがんどおり	客	留	1916.12.27	長崎	長崎市常磐町1先
∴ 大浦天主堂下	おおうらてんしゅどうした	客	留	1916.12.27	長崎	長崎市大浦町3-25先
⋯ 石橋	いしばし	客	留	1916.12.27	長崎	長崎市大浦町9-23先

蛍茶屋支線
ほたるぢゃやしせん

■西浜町〜蛍茶屋　2.2km／1435mm／5駅／1920.12.25開業／軌道／架空線式 直流600V

駅名	読み方	範囲	種	開業日	県名	所在地
∴∴ (西浜町)	(本線所属)			1920.12.25		
∴∴ 賑橋	にぎわいばし	客	留	1920.12.25	長崎	長崎市栄町5-1先
∴∴ (公会堂前)	(桜町支線所属)			1954.03.01		
∴∴ 諏訪神社前	すわじんじゃまえ	客	留	1934.12.20	長崎	長崎市出来大工町4先
∴∴ 新大工町	しんだいくまち	客	留	1934.12.20	長崎	長崎市新大工町71先
∴∴ 新中川町	しんなかがわまち	客	留	1934.12.20	長崎	長崎市新中川町1先
⋯⋯ 蛍茶屋	ほたるぢゃや	客	留	1934.12.20	長崎	長崎市中川町129先

島原鉄道
しまばらてつどう

- ●本　　社　〒855-0802 長崎県島原市弁天町2丁目7385番地1
- ●設　　立　1908.05.05
- ●路　　線　島原鉄道線
- ●営業キロ　第1種鉄道事業＝43.2km（24駅）

島原鉄道線
しまばらてつどうせん

■諫早〜島原外港　43.2km／1067mm／24駅／1911.06.19開業／普通鉄道／内燃

駅名	読み方	範囲	種	開業日	県名	所在地
諫早	いさはや	客	無	1911.08.21	長崎	諫早市永昌町1-1
本諫早	ほんいさはや	客		1911.06.19	長崎	諫早市東小路町4-22
幸	さいわい	客	無	2000.03.11	長崎	諫早市幸町821-2
小野本町	おのほんまち	客	無	1911.06.19	長崎	諫早市小野町520-13
干拓の里	かんたくのさと	客	無	1995.04.20	長崎	諫早市小野町289-2
森山	もりやま	客	無	1911.06.19	長崎	諫早市森山町井牟田2411-5
釜ノ鼻	かまのはな	客	無	1930.09.01	長崎	諫早市森山町田尻985-1
諫早東高校前	いさはやひがしこうこうまえ	客	無	1984.11.12	長崎	諫早市森山町杉谷109-2
愛野	あいの	客	委	1911.06.19	長崎	雲仙市愛野町甲3873-3

駅　名	読み方	範囲	種	開業日	県名	所 在 地
阿母崎	あぼざき	客	無	1955.03.09	長崎	雲仙市吾妻町阿母名1096-1
吾妻	あづま	客	無	1912.10.10	長崎	雲仙市吾妻町牛口名280-3
古部	こべ	客	無	1912.10.10	長崎	雲仙市瑞穂町古部乙82-4
大正	たいしょう	客	無	1955.03.09	長崎	雲仙市瑞穂町古部甲5-2
西郷	さいごう	客	無	1912.10.10	長崎	雲仙市瑞穂町西郷辛136-1
神代町	こうじろまち	客	無	1912.10.10	長崎	雲仙市国見町神代乙454-2
多比良町	たいらまち	客		1913.05.10	長崎	雲仙市国見町多比良乙200-2
島鉄湯江	しまてつゆえ	客	無	1919.05.06	長崎	島原市明het湯江甲472-2
大三東	おおみさき	客	無	1913.05.10	長崎	島原市明het大三東丙135-2
松尾町	まつおまち	客	無	1931.10.01	長崎	島原市有明町大三東甲2012
三会	みえ	客	無	1913.09.24	長崎	島原市大手原町甲2218-1
島原	しまばら	客		1913.09.24	長崎	島原市片町577-1
島鉄本社前	しまてつほんしゃまえ	客	無	1984.11.12	長崎	島原市弁天町2-7389-10
南島原	みなみしまばら	客		1913.09.24	長崎	島原市津町409-1
島原外港	しまばらがいこう	客		1960.11.11	長崎	島原市下川尻町7923-2

南阿蘇鉄道
みなみあそてつどう

- 本　　社　〒869-1602 熊本県阿蘇郡高森町大字高森1537番地2
- 設　　立　1985.04.01
- 路　　線　高森線
- 営業キロ　第1種鉄道事業＝17.7km（10駅）

高森線
たかもりせん

■ 立野〜高森　17.7km／1067mm／10駅／1986.04.01開業（国有鉄道宮地線1928.02.12開業）／普通鉄道／内燃

立野	たての	客		1928.02.12	熊本	南阿蘇村大字立野字古村1575
長陽	ちょうよう	客	無	1928.02.12	熊本	南阿蘇村大字河陽3440-4
加勢	かせ	客	無	1986.10.01	熊本	南阿蘇村大字河陽1837-2
阿蘇下田城ふれあい温泉	あそしもだじょうふれあいおんせん	客		1928.02.12	熊本	南阿蘇村大字河陽392-7
南阿蘇水の生まれる里白水高原	みなみあそみずのうまれるさとはくすいこうげん	客	無	1992.04.01	熊本	南阿蘇村大字中松字東金間1220-1
中松	なかまつ	客	無	1928.02.12	熊本	南阿蘇村大字一関字高木786-1
阿蘇白川	あそしらかわ	客	無	1928.02.12	熊本	南阿蘇村大字白川318-7
南阿蘇白川水源	みなみあそしらかわすいげん	客	無	2012.03.17	熊本	南阿蘇村大字白川224-3
見晴台	みはらしだい	客	無	1986.10.01	熊本	南阿蘇村大字両併2232-5
高森	たかもり	客		1928.02.12	熊本	高森町大字高森1526-3

駅　名	読み方	範囲	種	開業日	県名	所在地

熊本電気鉄道

- ●本　　社　〒860-0862 熊本県熊本市中央区黒髪3丁目7番29号
- ●設　　立　1909.08.15
- ●路　　線　菊池線、藤崎線
- ●営業キロ　第1種鉄道事業＝13.1km（18駅）

菊池線

■上熊本〜御代志　10.8km／1067mm／16駅／1923.08.27開業／普通鉄道／架空線式 直流600V

駅名	読み方	範囲	種	開業日	県名	所在地
上熊本	かみくまもと	客	無	1950.10.01	熊本	熊本市西区上熊本2-447-22
韓々坂	かんかんざか	客	無	1955.12.01	熊本	熊本市西区上熊本3-552
池田	いけだ	客	無	1950.10.01	熊本	熊本市西区池田2-817-1
打越	うちこし	客	無	1953.03.15	熊本	熊本市北区打越町149-4
坪井川公園	つぼいがわこうえん	客	無	1995.01.09	熊本	熊本市中央区坪井6-374
北熊本	きたくまもと	客		1949.04.01	熊本	熊本県熊本市北区室園町262
亀井	かめい	客	無	1913.08.27	熊本	熊本市北区清水亀井町137-6
八景水谷	はけのみや	客	無	1923〜25	熊本	熊本市北区清水亀井町275-5
堀川	ほりかわ	客	無	1913.08.27	熊本	熊本市北区八景水谷1-1092-2
新須屋	しんすや	客	無	1984.09.01	熊本	合志市須屋字塔の木442-5
須屋	すや	客	無	1913.08.27	熊本	合志市須屋字迫田1217-5
三ツ石	みついし	客	無	2001.02.25	熊本	合志市須屋字峠1816-4
黒石	くろいし	客	無	1913.08.27	熊本	合志市須屋字黒石屋敷2619-7
熊本高専前	くまもとこうせんまえ	客	無	1995.01.09	熊本	合志市須屋字大窪2670-4
再春荘前	さいしゅんそうまえ	客	無	1965.10.16	熊本	合志市須屋字大窪2662-5
御代志	みよし	客	無	1913.08.27	熊本	合志市御代志東海林1693-1

藤崎線

■北熊本〜藤崎宮前　2.3km／1067mm／2駅／1923.08.27開業／普通鉄道／架空線式 直流600V

駅名	読み方	範囲	種	開業日	県名	所在地
（北熊本）	（菊池線所属）			1949.04.01		
黒髪町	くろかみまち	客	無	1951.10.25	熊本	熊本市中央区坪井6-548
藤崎宮前	ふじさきぐうまえ	客	無	1923.08.27	熊本	熊本市中央区坪井2-2-40

駅　名	読み方	範囲	種	開業日	県名	所在地

熊本市交通局

- 本　社　　〒862-0971 熊本県熊本市中央区大江5丁目1番40号
- 設　立　　──
- 路　線　　幹線、水前寺線、健軍線、上熊本線、田崎線
- 営業キロ　軌道＝12.1km（35駅）

幹線

■熊本駅前～水道町　3.4km／1435mm／10駅／1924.08.01開業／軌道／架空線式 直流600V

	駅名	読み方	範囲	種	開業日	県名	所在地
∴∴	熊本駅前	くまもとえきまえ	客	留	1924.08.01	熊本	熊本市西区春日2地先
∴∴	祇園橋	ぎおんばし	客	留	1948.05.__	熊本	熊本市中央区細工町5地先
∴∴	呉服町	ごふくまち	客	留	1924.08.01	熊本	㊤熊本市中央区魚屋町2地先
∴∴							㊦熊本市中央区呉服町2地先
∴∴	河原町	かわらまち	客	留	1924.08.01	熊本	熊本市中央区横紺屋町2地先
∴∴	慶徳校前	けいとくこうまえ	客	留	1955.__.__	熊本	㊤熊本市中央区練兵町73地先
∴∴							㊦熊本市中央区山崎町72地先
∴∴	辛島町	からしまちょう	客	留	1924.08.01	熊本	熊本市中央区新市街7地先
∴∴	花畑町	はなばたちょう	客	留	1924.08.01	熊本	熊本市中央区花畑町12地先
∴∴	熊本城・市役所前	くまもとじょう・しやくしょまえ	客	留	1924.08.01	熊本	熊本市中央区手取本町1地先
∴∴	通町筋	とおりちょうすじ	客	留	1950.12.16	熊本	熊本市中央区手取本町4地先
∴∴	水道町	すいどうちょう	客	留	1924.08.01	熊本	熊本市中央区水道町1地先

水前寺線

■水道町～水前寺公園　2.4km／1435mm／6駅／1924.08.01開業／軌道／架空線式 直流600V

	駅名	読み方	範囲	種	開業日	県名	所在地
∴∴	（水道町）	（幹線所属）			1924.08.01		
∴∴	九品寺交差点	くほんじこうさてん	客	留	1950以降	熊本	㊤熊本市中央区九品寺1地先
∴∴							㊦熊本市中央区大江4地先
∴∴	交通局前	こうつうきょくまえ	客	留	1924.08.01	熊本	熊本市中央区大江5地先
∴∴	味噌天神前	みそてんじんまえ	客	留	1924.08.01	熊本	熊本市中央区大江5地先
∴∴	新水前寺駅前	しんすいぜんじえきまえ	客	留	1924.08.01	熊本	熊本市中央区水前寺1地先
∴∴	国府	こくぶ	客	留	____.__.__	熊本	熊本市中央区国府1地先
∴∴	水前寺公園	すいぜんじこうえん	客	留	1945.05.06	熊本	熊本市中央区出水1地先

健軍線

■水前寺公園～健軍町　3.0km／1435mm／8駅／1945.05.06開業／軌道／架空線式 直流600V

	駅名	読み方	範囲	種	開業日	県名	所在地
∴∴	（水前寺公園）	（水前寺線所属）			1945.05.06		
∴∴	市立体育館前	しりつたいいくかんまえ	客	留	____.__.__	熊本	熊本市中央区出水1地先

駅　　名	読 み 方	範囲	種	開業日	県名	所 在 地
∴∴ 商業高校前	しょうぎょうこうこうまえ	客	留	1950.__.__	熊本	熊本市中央区神水本町1地先
∴∴ 八丁馬場	はっちょうばば	客	留	1959.04.16	熊本	㊤熊本市中央区神水本町19地先
						㊦熊本市中央区神水本町20地先
∴∴ 神水・市民病院前	くわみず・しみんびょういんまえ	客	留	1945.05.06	熊本	㊤熊本市中央区神水本町21地先
∴∴						㊦熊本市東区健軍2地先
∴∴ 健軍校前	けんぐんこうまえ	客	留	1945.05.06	熊本	熊本市東区健軍4地先
∴∴ 動植物園入口	どうしょくぶつえんいりぐち	客	留	1969.04.01	熊本	熊本市東区健軍3地先
∴∴ 健軍交番前	けんぐんこうばんまえ	客	留	1956.05.20	熊本	熊本市東区健軍3地先
…… 健軍町	けんぐんまち	客	留	1945.05.06	熊本	㊤熊本市東区若葉1地先
						㊦熊本市東区健軍3地先

上熊本線 (かみくまもとせん)

■ 辛島町～上熊本駅前　2.9km／1435mm／9駅／1929.06.20開業／軌道／架空線式 直流600V

駅　　名	読 み 方	範囲	種	開業日	県名	所 在 地
∴∴ (辛島町)	(幹線所属)			1929.06.20		
∴∴ 西辛島町	にしからしまちょう	客	留	1955.__.__	熊本	㊤熊本市中央区辛島町65地先
						㊦熊本市中央区辛島町6地先
∴∴ 洗馬橋	せんばばし	客	留	1948.05.__	熊本	熊本市中央区新町2地先
∴∴ 新町	しんまち	客	留	1929.06.20	熊本	熊本市中央区新町2地先
∴∴ 蔚山町	うるさんまち	客	留	1948.05.__	熊本	熊本市中央区新町3地先
∴∴ 段山町	だにやままち	客	留	1929.06.20	熊本	熊本市中央区段山本町4地先
∴∴ 杉塘	すぎども	客	留	1962以前	熊本	㊤熊本市中央区段山本町2地先
						㊦熊本市西区花園1地先
∴∴ 本妙寺入口	ほんみょうじいりぐち	客	留	1935.03.24	熊本	熊本市西区花園1地先
∴∴ 県立体育館前	けんりつたいいくかんまえ	客	留	1983.01.20	熊本	熊本市西区上熊本2地先
…… 上熊本駅前	かみくまもとえきまえ	客	留	1935.03.24	熊本	熊本市西区上熊本218-8

田崎線 (たざきせん)

■ 熊本駅前～田崎橋　0.4km／1435mm／2駅／1959.12.24開業／軌道／架空線式 直流600V

駅　　名	読 み 方	範囲	種	開業日	県名	所 在 地
∴∴ (熊本駅前)	(幹線所属)			1959.12.24		
∴∵ 二本木口	にほんぎぐち	客	留	1959.12.24	熊本	熊本市西区春日2地先
… 田崎橋	たざきばし	客	留	1959.12.24	熊本	熊本市西区春日2地先

駅　名	読み方	範囲	種	開業日	県名	所在地

肥薩おれんじ鉄道

- 本　社　〒866-0831 熊本県八代市萩原町1丁目1番1号
- 設　立　2002.10.31
- 路　線　肥薩おれんじ鉄道線
- 営業キロ　第1種鉄道事業＝116.9km（29駅）

肥薩おれんじ鉄道線

■ 八代～川内　116.9km／1067mm／29駅／2004.03.14開業（国有鉄道川内線1922.07.01開業）／普通鉄道／
内燃・架空線式 交流20000V
第2種鉄道事業＝日本貨物鉄道（八代～川内）

駅名	読み方	範囲	種	開業日	県名	所在地
八代 貨[JR貨物]	やつしろ	客貨		1923.07.15	熊本	八代市萩原町1-1-1
肥後高田	ひごこうだ	客	無	1933.07.17	熊本	八代市奈良木町2448
日奈久温泉	ひなぐおんせん	客		1923.07.15	熊本	八代市日奈久塩北町2994-5
肥後二見	ひごふたみ	客	無	1925.04.15	熊本	八代市二見洲口町325
上田浦	かみたのうら	客		1952.10.10	熊本	葦北郡芦北町大字井牟田1567
たのうら御立岬公園	たのうらおたちみさきこうえん	客	無	2005.03.01	熊本	葦北郡芦北町大字田浦町字八幡ノ元700
肥後田浦	ひごたのうら	客		1925.04.15	熊本	葦北郡芦北町大字小田浦1362-1
海浦	うみのうら	客	無	1959.06.01	熊本	葦北郡芦北町大字海浦38
佐敷	さしき	客		1925.04.15	熊本	葦北郡芦北町大字花岡西1653-4
湯浦	ゆのうら	客		1926.09.12	熊本	葦北郡芦北町大字宮崎358
津奈木	つなぎ	客		1927.10.17	熊本	葦北郡津奈木町大字岩城2113-2
新水俣	しんみなまた	客	無	2004.03.13	熊本	水俣市初野字西原2852-2
水俣	みなまた	客		1926.07.21	熊本	水俣市桜井町1-1-1
袋	ふくろ	客	無	1926.07.21	熊本	水俣市大字袋字永尾2112
米ノ津	こめのつ	客	無	1923.10.15	鹿児島	出水市下鯖町1964
出水	いずみ	客		1923.10.15	鹿児島	出水市上鯖淵717
西出水	にしいずみ	客		1923.10.15	鹿児島	出水市西出水町943
高尾野	たかおの	客		1923.10.15	鹿児島	出水市高尾野町柴引24
野田郷	のだごう	客		1923.03.25	鹿児島	出水市野田町下名5461-4
折口	おりぐち	客	無	1923.03.25	鹿児島	阿久根市折口字鳥飼山1955
赤瀬川信号場	あかせがわ	―	信	1975.02.26	鹿児島	阿久根市赤瀬川字西平3401-4
阿久根	あくね	客		1922.10.15	鹿児島	阿久根市栄町1
牛ノ浜	うしのはま	客	無	1922.10.15	鹿児島	阿久根市芳木ノ上9852
薩摩大川	さつまおおかわ	客		1936.12.15	鹿児島	阿久根市大川字春田4984-1
西方	にしかた	客		1922.07.01	鹿児島	薩摩川内市西方町3316-2
薩摩高城	さつまたき	客		1952.05.01	鹿児島	薩摩川内市湯田町字江ノ之口1175-2
草道	くさみち	客		1922.07.01	鹿児島	薩摩川内市水引町一町田下2956-2
上川内	かみせんだい	客		1922.07.01	鹿児島	薩摩川内市御陵下町字公佛3268
川内 貨[JR貨物]	せんだい	客貨		1922.07.01	鹿児島	薩摩川内市鳥追町1-1

くま川鉄道

- ●本　　社　〒868-0008 熊本県人吉市中青井町265番地
- ●設　　立　1989.04.26
- ●路　　線　湯前線
- ●営業キロ　第1種鉄道事業＝24.8km（14駅）

湯前線

■人吉温泉〜湯前　24.8km／1067mm／14駅／1989.10.01開業（国鉄湯前線1924.03.30開業）／普通鉄道／内燃

駅名	読み方	範囲	種	開業日	県名	所在地
人吉温泉	ひとよしおんせん	客		1924.03.30	熊本	人吉市中青井町265
相良藩願成寺	さがらはんがんじょうじ	客		1937.04.01	熊本	人吉市願成寺町高野253-3
川村	かわむら	客	無	1953.07.15	熊本	球磨郡相良村大字柳瀬1314-3
肥後西村	ひごにしのむら	客	無	1924.03.30	熊本	球磨郡錦町大字西209-5
一武	いちぶ	客	無	1924.03.30	熊本	球磨郡錦町大字一武638-6
木上	きのえ	客	無	1953.07.15	熊本	球磨郡錦町大字木上300-3
おかどめ幸福	おかどめこうふく	客	無	1989.10.01	熊本	球磨郡あさぎり町免田西字岡留1423-2
あさぎり	あさぎり	客		1924.03.30	熊本	球磨郡あさぎり町免田東堀の角1482-2
東免田	ひがしめんだ	客	無	1963.04.05	熊本	球磨郡あさぎり町免田東築地4128-3
公立病院前	こうりつびょういんまえ	客	無	1989.10.01	熊本	球磨郡多良木町大字多良木字古多良木4082-3
多良木	たらぎ	客	委	1924.03.30	熊本	球磨郡多良木町大字多良木字馬場田1564-2
東多良木	ひがしたらぎ	客	無	1963.04.05	熊本	球磨郡多良木町大字黒肥地仁原川41-3
新鶴羽	しんつるば	客	無	1989.10.01	熊本	球磨郡多良木町大字多良木字植木1052-3
湯前	ゆのまえ	客		1924.03.30	熊本	球磨郡湯前町字上牧原1760-3

岡本製作所

- ●本　　社　〒553-0002 大阪府大阪市福島区鷺洲3丁目6番21号
- ●設　　立　1951.12.06
- ●路　　線　別府ラクテンチケーブル線
- ●営業キロ　第1種鉄道事業＝0.3km（2駅）

別府ラクテンチケーブル線

■雲泉寺〜乙原　0.3km／1067mm／2駅／1929.09.21開業／鋼索鉄道／電気

駅名	読み方	範囲	種	開業日	県名	所在地
雲泉寺	うんぜんじ	客		1929.09.21	大分	別府市乙原
乙原	おとばる	客		1929.09.21	大分	別府市乙原

駅　　名	読み方	範囲	種	開業日	県名	所在地

鹿児島市交通局

- ●本　　社　〒890-0055 鹿児島県鹿児島市上荒田町37番20号
- ●設　　立　1928.07.01
- ●路　　線　第一期線、第二期線、谷山線、唐湊線
- ●営業キロ　軌道＝12.6km（35駅）

第一期線

■ 武之橋〜鹿児島駅前　3.0km／1435mm／10駅／1914.07.03開業／軌道／架空線式 直流600V

駅名	読み方	範囲	種	開業日	県名	所在地
（武之橋）	（谷山線所属）			1914.07.03		
新屋敷	しんやしき	客	留	1957.07.01	鹿児島	㊤鹿児島市加治屋町20-17先
						㊦鹿児島市新屋敷町16-12先
甲東中学校前	こうとうちゅうがっこうまえ	客	留	1929.01.15	鹿児島	㊤鹿児島市加治屋町20-17先
						㊦鹿児島市樋之口町1-16先
高見馬場	たかみばば	客	留	1914.07.22	鹿児島	一系統㊤鹿児島市加治屋町14-8先
						㊦鹿児島市山之口町2-1先
						二系統㊤鹿児島市西千石町11-25先
						㊦鹿児島市加治屋町13-6先
天文館通	てんもんかんどおり	客	留	1914.07.22	鹿児島	㊤鹿児島市東千石町13-16先
						㊦鹿児島市千日町15-1先
いづろ通	いづろどおり	客	留	1914.10.03	鹿児島	㊤鹿児島市金生町1-15先
						㊦鹿児島市金生町7-8先
朝日通	あさひどおり	客	留	1914.10.03	鹿児島	㊤鹿児島市金生町4-1先
						㊦鹿児島市名山町1-3先
市役所前	しやくしょまえ	客	留	1956.05.19	鹿児島	㊤鹿児島市山下町11-1先
						㊦鹿児島市易居町1-2先
水族館口	すいぞくかんぐち	客	留	1956.05.10	鹿児島	㊤鹿児島市山下町17-20先
						㊦鹿児島市小川町17-10先
桜島桟橋通	さくらじまさんばしどおり	客	留	1958以降	鹿児島	㊤鹿児島市小川町10-2先
						㊦鹿児島市小川町12-7先
鹿児島駅前	かごしまえきまえ	客	留	1914.12.20	鹿児島	鹿児島市浜町1-1

第二期線

■ 高見馬場〜鹿児島中央駅前　0.8km／1435mm／3駅／1915.12.17開業／軌道／架空線式 直流600V

駅名	読み方	範囲	種	開業日	県名	所在地
（高見馬場）	（第一期線所属）			1915.12.17		
加治屋町	かじやちょう	客	留	1915.12.17	鹿児島	㊤鹿児島市西千石町10-38先
						㊦鹿児島市加治屋町12-5先

中小私鉄

九州

	駅　　名	読み方	範囲	種	開業日	県名	所在地
∴∴	高見橋	たかみばし	客	留	1915.12.17	鹿児島	⊕鹿児島市中央町4-31先
∴∴							⊖鹿児島市中央町6-7先
∴∴	鹿児島中央駅前	かごしまちゅうおうえきまえ	客	留	1915.12.17	鹿児島	鹿児島市中央町37-21先

谷山線

■ 武之橋～谷山　6.1km／1435mm／14駅／1912.12.01開業／軌道／架空線式 直流600V

	駅名	読み方	範囲	種	開業日	県名	所在地
∴∴	武之橋	たけのはし	客	留	1912.12.01	鹿児島	鹿児島市下荒田1-1-1先
∴∴	二中通	にちゅうどおり	客	留	1929.06.09	鹿児島	⊕鹿児島市下荒田1-6-1先
∴∴							⊖鹿児島市下荒田1-5-17先
∴∴	荒田八幡	あらたはちまん	客	留	1912.12.01	鹿児島	鹿児島市下荒田3-1-1先
∴∴	騎射場	きしゃば	客	留	1912.12.01	鹿児島	鹿児島市下荒田3-38-20先
∴∴	鴨池	かもいけ	客	留	1915.07.01	鹿児島	鹿児島市鴨池2-23-1先
∴∴	郡元	こおりもと	客	留	1929.06.09	鹿児島	鹿児島市鴨池2-26-30先
∴∴							⊖(南側)鹿児島市郡元3-1-22先
∴∴	涙橋	なみだばし	客	留	1917.11.03	鹿児島	鹿児島市郡元2-16-20先
∴∴							鹿児島市郡元3-22-18先
∴∴	南鹿児島駅前	みなみかごしまえきまえ	客	留	1935以前	鹿児島	鹿児島市南郡元町27-18先
∴∴	二軒茶屋	にけんぢゃや	客	留	1912.12.01	鹿児島	鹿児島市宇宿1-15-10先
∴∴	宇宿一丁目	うすきいっちょうめ	客	留	1979.04.14	鹿児島	⊕鹿児島市宇宿1-38-1先
∴∴							⊖鹿児島市宇宿1-41-3先
∴∴	脇田	わきだ	客	留	1912.12.01	鹿児島	⊕鹿児島市宇宿3-2-1先
∴∴							⊖鹿児島市宇宿3-28-1先
∴∴	笹貫	ささぬき	客	留	1920.02.09	鹿児島	⊕鹿児島市小松原1-1-10先
∴∴							⊖鹿児島市小松原1-13-1先
∴∴	上塩屋	かみしおや	客	留	1912.12.01	鹿児島	⊕鹿児島市小松原1-50-12先
∴∴							⊖鹿児島市小松原1-51-18先
……	谷山	たにやま	客	留	1912.12.01	鹿児島	鹿児島市東谷山2-7-4

［注］1929.01.27に全線鉄道を廃止し新たに軌道を開業しているが、開業日は鉄道時代のものを採った。

唐湊線

■ 鹿児島中央駅前～郡元　2.7km／1435mm／8駅／1951.10.14開業／軌道／架空線式 直流600V

	駅名	読み方	範囲	種	開業日	県名	所在地
∴∴	(鹿児島中央駅前)	(第二期線所属)			1951.10.14		
∴∴	都通	みやこどおり	客	留	1951.10.14以降	鹿児島	⊕鹿児島市中央町31-6先
∴∴							⊖鹿児島市中央町29-12先
∴∴	中洲通	なかすどおり	客	留	1951.10.14	鹿児島	⊕鹿児島市上荒田町2-8先
∴∴							⊖鹿児島市上荒田町3-1先
∴∴	市立病院前	しりつびょういんまえ	客	留	1952.06.01	鹿児島	⊕鹿児島市上荒田38-4先

駅　名	読み方	範囲	種	開業日	県名	所在地
神田（交通局前）	しんでん(こうつうきょくまえ)	客	留	1952.06.01	鹿児島	Ⓟ鹿児島市上荒田25-23先 Ⓚ鹿児島市上荒田41-12先 Ⓚ鹿児島市上荒田37-1先
唐湊	とそ	客	留	1957.03.29	鹿児島	Ⓚ鹿児島市郡元1-3-3先 Ⓚ鹿児島市郡元1-21-1先
工学部前	こうがくぶまえ	客	留	1957.03.29	鹿児島	Ⓚ鹿児島市郡元1-7-5先 Ⓚ鹿児島市郡元1-20先
純心学園前	じゅんしんがくえんまえ	客	留	1959.12.20	鹿児島	Ⓚ鹿児島市郡元1-10-2先 Ⓚ鹿児島市郡元1-20-35先
中郡	なかごおり	客	留	1959.12.20	鹿児島	Ⓚ鹿児島市郡元1-15-3先 Ⓟ鹿児島市郡元1-19-3先
（郡元）	(谷山線所属)			1959.12.20		

沖縄都市モノレール

- 本　　社　〒901-0143 沖縄県那覇市字安次嶺377番地2
- 設　　立　1982.09.27
- 路　　線　沖縄都市モノレール線
- 営業キロ　軌道＝12.9km（15駅）

沖縄都市モノレール線 （愛称：ゆいレール）

■那覇空港～首里　12.9km／15駅／2003.08.10開業／跨座式軌道／直流1500V

駅名	読み方	種	開業日	県名	所在地
那覇空港	なはくうこう	客	2003.08.10	沖縄	那覇市字鏡水938-5
赤嶺	あかみね	客	2003.08.10	沖縄	那覇市赤嶺2-1000-11
小禄	おろく	客	2003.08.10	沖縄	那覇市田原3-1000-1
奥武山公園	おうのやまこうえん	客	2003.08.10	沖縄	那覇市奥武山町316-2地先
壺川	つぼがわ	客	2003.08.10	沖縄	那覇市壺川3-106
旭橋	あさひばし	客	2003.08.10	沖縄	那覇市泉崎1-105
県庁前	けんちょうまえ	客	2003.08.10	沖縄	那覇市久茂地1-103
美栄橋	みえばし	客	2003.08.10	沖縄	那覇市牧志1-965
牧志	まきし	客	2003.08.10	沖縄	那覇市牧志3-272-5
安里	あさと	客	2003.08.10	沖縄	那覇市字安里389-7
おもろまち	おもろまち	客	2003.08.10	沖縄	那覇市字安里305-3
古島	ふるじま	客	2003.08.10	沖縄	那覇市字古島93-1
市立病院前	しりつびょういんまえ	客	2003.08.10	沖縄	那覇市字古島172-2
儀保	ぎぼ	客	2003.08.10	沖縄	那覇市首里儀保町3-14-3
首里	しゅり	客	2003.08.10	沖縄	那覇市首里江良町3-19

会社別キロ程・停車場数合計

会社種別	キロ程	停車場数
北海道旅客鉄道	2572.3km	469
東日本旅客鉄道	7476.7km	1,697
東海旅客鉄道	1970.8km	418
西日本旅客鉄道	5019.7km	1,212
四国旅客鉄道	855.2km	261
九州旅客鉄道	2280.4km	581
日本貨物鉄道	40.8km	62
JRグループ計	20215.9km	4,700
私鉄（公営含む）	7935.3km	5,209
合計	28151.2km	9,909

［注］
(1) 2016年10月1日現在。全駅数には臨時駅も含む。
(2) 肥薩おれんじ鉄道の八代、川内、鹿島臨海鉄道の鹿島サッカースタジアムはJRと重複で△3。

資 料 編

資料1　都道府県別停車場数集計

都道府県	総数	事業者分類			取扱範囲			停車場種別		
		JR	私鉄	公営	旅客	貨物	旅・貨	信号場	操車場	臨時駅
北海道	584	474	15	95	524	9	16	33	0	2
青森県	164	92	72	0	153	3	5	3	0	0
岩手県	191	143	49	0	179	4	5	3	0	0
宮城県	185	138	18	29	173	7	3	2	0	0
秋田県	157	112	45	0	143	6	4	4	0	0
山形県	127	110	17	0	120	1	2	4	0	0
福島県	196	145	51	0	180	3	8	3	0	1
茨城県	141	73	68	0	126	2	11	1	0	1
栃木県	127	44	83	0	121	1	4	1	0	0
群馬県	135	99	163	0	124	0	6	4	1	0
埼玉県	256	125	259	0	235	8	5	8	1	0
千葉県	376	157	218	1	359	10	0	7	0	0
東京都	780	148	490	142	765	4	8	3	0	0
神奈川県	407	118	249	40	372	14	12	8	1	0
新潟県	212	175	37	0	189	4	13	4	0	2
富山県	203	32	171	0	179	2	19	3	0	0
石川県	78	35	43	0	76	1	1	0	0	0
福井県	133	63	70	0	128	2	2	0	0	1
山梨県	73	55	18	0	70	3	0	0	0	0
長野県	269	189	80	0	251	0	13	4	0	1
岐阜県	198	66	132	0	186	4	3	5	0	0
静岡県	227	82	145	0	217	2	8	0	0	0
愛知県	531	87	357	87	494	14	9	14	0	0
三重県	246	85	161	0	235	2	3	4	1	1
滋賀県	128	60	68	0	120	0	6	2	0	0
京都府	252	75	146	31	249	1	2	0	0	0
大阪府	530	108	314	108	519	3	2	6	0	0
兵庫県	401	150	226	25	388	3	3	7	0	0
奈良県	134	33	101	0	131	0	0	3	0	0
和歌山県	127	81	46	0	123	0	1	3	0	0
鳥取県	78	66	12	0	73	0	2	3	0	0
島根県	118	92	26	0	117	0	1	0	0	0
岡山県	169	125	44	0	165	3	0	1	0	0
広島県	255	152	106	0	249	1	4	0	0	1
山口県	156	144	12	0	145	1	7	3	0	0
徳島県	77	75	2	0	75	0	1	0	0	1
香川県	103	49	54	0	99	1	2	0	0	1
愛媛県	145	84	61	0	141	0	3	1	0	0
高知県	177	54	123	0	173	1	3	0	0	0
福岡県	371	178	158	35	356	5	2	7	1	0
佐賀県	84	63	21	0	78	1	2	2	0	1
長崎県	138	39	99	0	135	0	1	2	0	0
熊本県	161	70	56	35	158	3	0	0	0	0
大分県	90	88	2	0	85	0	2	3	0	0
宮崎県	78	78	0	0	72	0	4	2	0	0
鹿児島県	127	77	15	35	122	1	2	2	0	0
沖縄県	15	0	15	0	15	0	0	0	0	0
計	9910	4788	4718	663	9387	130	210	165	5	13

[注]　(1)　本表では、現存するすべての停車場（駅，信号場，操車場，停留場。休止中を含む）を対象として、都道府県ごとにその数を集計した。
　　　(2)　「総数」は、事業者分類の合計数であり、これが各都道府県にある停車場の総数となる（ただし、本書の編集方針および集計の都合上、共同使用駅は重複計上している）。また、この「総数」は、「取扱範囲」と「停車場種別」を合計した数値でもある（ここでは「臨時駅」は旅客駅、貨物駅のいずれにも含めていないため、重複計上にはならない）。

資料2 停車場開業数の推移（1872〜2017年） ※現存のみ

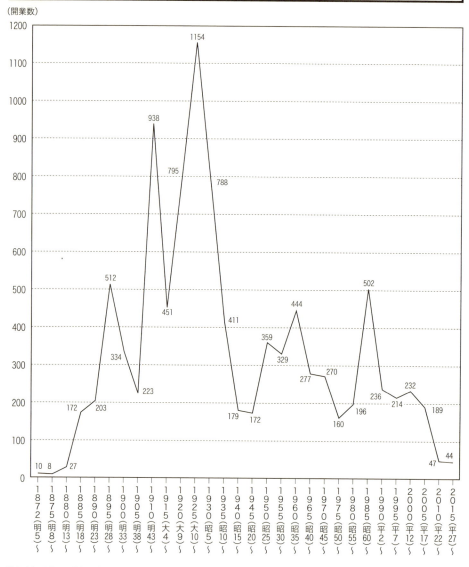

[注] (1) 現存する停車場（駅、信号場、操車場、停留場、信号所。休止中を含む）の開業年を拾い上げ、5年ごとの開業数を図示した（したがって、過去に廃止された停車場の開業数は反映されていない）。
(2) 開業年が不明なもの、不確かなものは集計の対象外とした（対象：9876停車場）

資料3　駅・路線に関する日本一

　以下は、本書編集とは別途の調査に基づき、駅・路線に関するさまざまな日本一を整理したもの（索道を除く）。できるだけ多角的な視点から見られるように項目を立てたが、読者便宜を考慮して、鉄道事業の種別ごと、または運行形態別に分類しているため、鉄道事業法や軌道法における分類とは必ずしも一致しないことに留意されたい。（いずれも本書編集時点のデータに基づく）

駅に関する日本一

最も高所にある駅	全 鉄 道	立山黒部貫光・無軌条電車線「室堂」[2,450m]
	普通鉄道	JR東日本・小海線「野辺山」[1,345.67m][※1]
	地 下 鉄	仙台市交通局・東西線「八木山動物公園」[136.4m][※2]
	※1	「JR線最高駅野辺山」の標札がある。
	※2	「日本一標高の高い地下鉄駅」の掲示がある。
最も低所にある駅	全 鉄 道	青函トンネル記念館・青函トンネル竜飛斜坑線「体験坑道」[−140m]
	普通鉄道	東京都交通局・大江戸線「六本木」[−42.3m]
	地　　上	JR東海・関西本線「弥富」[−0.93m][※1]
	※1	「地上で日本一低い駅」の標札がある。 非公表ながら「近鉄弥富」の方が低い可能性あり。
最北端の駅	全 鉄 道	JR北海道・宗谷本線「稚内」[北緯45度25分]
	新 幹 線	JR北海道・北海道新幹線「新函館北斗」[北緯41度54分]
	電　　停	札幌市交通局・1条線、都心線「西四丁目」[北緯43度3分]
最東端の駅	全 鉄 道	JR北海道・根室本線「東根室」[東経145度36分]
	新 幹 線	JR東日本・東北新幹線「八戸」[東経141度26分]
	電　　停	札幌市交通局・都心線「狸小路」[東経141度21分]
最西端の駅	全 鉄 道	沖縄都市モノレール・沖縄都市モノレール線「那覇空港」[東経127度40分]
	普通鉄道	松浦鉄道・西九州線「たびら平戸口」[東経129度35分]
	新 幹 線	JR九州・九州新幹線「川内」[東経130度19分]
	電　　停	長崎電気軌道・赤迫支線「赤迫」[東経129度51分]
最南端の駅	全 鉄 道	沖縄都市モノレール・沖縄都市モノレール線「赤嶺」[北緯26度11分]
	普通鉄道	JR九州・指宿枕崎線「西大山」[北緯31度11分]
	新 幹 線	JR九州・九州新幹線「鹿児島中央」[北緯31度35分]
	電　　停	鹿児島市交通局・谷山線「谷山」[北緯31度31分]
	※各駅の緯度・経度は、当地にある掲示または国土交通省の地図による（以下同）。	

最も長い駅名	鹿島臨海鉄道・大洗鹿島線「長者が浜潮騒はまなす公園前」 ［ひらがな22文字］ 南阿蘇鉄道・高森線「南阿蘇水の生まれる里白水高原」 ［ひらがな22文字］※1 ※1　熊本地震により2016.10.1現在運休中。
最も短い駅名（漢字・かな）	JR東海・紀勢本線および近畿日本鉄道・名古屋線「津」［1文字］
最も短い駅名（ローマ字）	JR西日本、JR九州ほか「粟生（AO）」「頴娃（EI）」「飯井（II）」 「小江（OE）」「大江（OE）」［2文字］※1 ※1　「大江」は名古屋鉄道・京都丹後鉄道ともに駅名標表記が「OE」。
ホームのりば数が最も多い駅	J　　R　　JR東日本およびJR東海「東京」［28線］
ホームのりばの数字が 最も大きな駅	J　　R　　JR西日本「京都」［34番のりば］ 民　　鉄　　阪急電鉄「梅田」［9線18のりば］
最も長いホームがある駅	全　鉄　道　　JR西日本「京都駅0・30番ホーム」［558m］
乗降客が最も多い駅	J　　R　　JR東日本「新宿」［76万43人］※1 民　　鉄　　京王電鉄「新宿」［75万7,823人］※2 ※1　2015年度JR東日本乗車人員。 ※2　2015年度京王電鉄乗降人員。
営業日数が最も少ない駅	JR四国・予讃線「津島ノ宮」［2日／年］
日本最古の駅	JR東日本・東海道本線「品川」［1872（明治5）年6月12日］※1 ※1　品川〜横浜間仮営業開始の日を太陽暦に換算（旧暦5月7日）。

路線に関する日本一

路線長が最も長い 鉄軌道事業		
	J R	JR東日本 [7,457.9km] [※1]
	私　鉄	近畿日本鉄道 [492.7km] [※2]
	地下鉄	東京地下鉄（東京メトロ）[192.1km]
	路面電車	とさでん交通 [25.3km]
	新交通システム	広島高速交通（アストラムライン）[18.4km]
	モノレール	大阪高速鉄道（大阪モノレール）[28.0km]
	鋼索鉄道	比叡山鉄道（坂本ケーブル）[2.0km]

※1　成田線分岐～成田空港間を含む
※2　けいはんな線を含み、伊賀線・養老線は除く

路線長が最も短い鉄軌道事業

- J R　JR四国 [855.2km]
- 私　鉄　芝山鉄道・芝山鉄道線 東成田～芝山千代田 [2.2km]
- 地下鉄　広島高速交通・広島新交通1号線 本通～県庁前 [0.3km]
- 路面電車　岡山電気軌道 [4.7km]
- 新交通システム　西武鉄道・山口線 西武遊園地～西武球場前 [2.8km]
- モノレール　東京都交通局・上野懸垂線 上野動物園東園～上野動物園西園 [0.3km]
- 鋼索鉄道　鞍馬寺・鞍馬山鋼索鉄道 山門～多宝塔 [0.2km]

最長の路線

- 新幹線　JR東日本・東北新幹線 東京～新青森 [713.7km]
- 在来線　JR西日本・山陰本線 京都～幡生 [673.8km]
- 私　鉄　東武鉄道・伊勢崎線 浅草～伊勢崎 [114.5km]
- 地下鉄　東京都交通局・大江戸線 都庁前～光が丘 [40.7km]
- 路面電車　京阪電気鉄道・石山坂本線 石山寺～坂本 [14.1km]
  阪堺電気軌道・阪堺線 恵美須町～浜寺駅前 [同上]
- 新交通システム　広島高速交通・広島新交通1号線 県庁前～広域公園前 [18.1km] [※1]
- モノレール　大阪高速鉄道・大阪モノレール線 大阪空港～門真市 [21.2km]
- 鋼索鉄道　比叡山鉄道・比叡山鉄道線 ケーブル坂本～ケーブル延暦寺 [2.0km]

※1　モノレールを除く。

最短の路線

- 新幹線　JR北海道・北海道新幹線 新青森～新函館北斗 [148.8km]
- JR在来線　JR東日本・鶴見線大川支線 武蔵白石～大川間 [1.0km]
- 私　鉄　神戸電鉄・神戸高速線 新開地～湊川 [0.4km]
- 地下鉄　広島高速交通・広島新交通1号線 本通～県庁前 [0.3km] [※1]
- 路面電車　富山地方鉄道・富山駅南北接続線 富山駅～支線接続点 [0.2km]
- 新交通システム　広島高速交通・広島新交通1号線 本通～県庁前 [0.3km] [※2]

	モノレール　東京都交通局・上野懸垂線　上野動物園東園～上野動物園西園　[0.3km]
	鋼索鉄道　鞍馬寺・鞍馬山鋼索鉄道　山門～多宝塔　[0.2km]
	※1　地下鉄として建設した新交通システム
	※2　モノレールを除く。

直線距離が最も長い区間	JR北海道・室蘭本線　白老付近～沼ノ端付近　[28.736km]
最長の盲腸線	JR北海道・宗谷線　新旭川～稚内　[255.7km]
最短の盲腸線	JR東日本・鶴見線大川支線　武蔵白石～大川間　[1.0km] 東武鉄道・大師線　西新井～大師前間　[同上] 西武鉄道・豊島線　練馬～豊島園　[同上]
他線接続のない最長路線	JR東海およびJR西日本・紀勢線　御坊～多気　[283.8km]
最急勾配路線	普通鉄道（アプト式）　大井川鐵道・井川線　アプトいちしろ～長島ダム　[90‰] 普通鉄道（粘着式）　箱根登山鉄道・鉄道線　箱根湯本～強羅間に各所　[80‰] 鋼索鉄道　高尾登山電鉄・高尾鋼索線　清滝～高尾山　[608‰]
最も高低差のある路線	鋼索鉄道　京福電気鉄道・鋼索線　ケーブル八瀬～ケーブル比叡間　[561m]
駅間最長	新幹線　JR北海道・北海道新幹線　奥津軽いまべつ～木古内間　[74.8km] 在来線　JR北海道・石勝線　トマム～新得間　[33.8km]※1 ※1　2016.10.1現在、台風被害により運休中。
駅間最短	普通鉄道　松浦鉄道・西九州線　中佐世保～佐世保中央間　[0.2km] 路面電車　とさでん交通・御免線　清和学園前～一条橋　[84m]
平均駅間が最も長い路線	JR北海道・北海道新幹線　新青森～新函館北斗　[49.6km]
平均駅間が最も短い路線	阪神電気鉄道・武庫川線　武庫川～武庫川団地前　[0.567km]※1 ※1　3駅以上ある普通鉄道路線を対象とした。
複々線区が最も長い区間	Ｊ　　Ｒ　　JR西日本・東海道・山陽本線　草津～西明石間　[120.9km] 私　　鉄　　東武鉄道・伊勢崎線　北千住～北越谷間　[18.9km]

複線が最も多い区間	JR	JR東日本・上野〜日暮里間（京浜東北線・山手線・東北線［本線＋回送線］・常磐線）［5複線］
	私鉄	阪急電鉄・梅田〜十三間（神戸線・宝塚線・京都線）［3複線］
相互直通運転が最も多い鉄道事業者		京浜急行・東京都・京成・北総・千葉ニュータウン・芝山の各鉄道［6社］
現役最古の路線	新幹線	JR東海・東海道新幹線 東京〜新大阪
	普通鉄道	JR東日本・東海道本線 品川〜横浜（現・桜木町駅付近）※1
		※1 仮営業開始日を開業日とした。
最も長いトンネル	JR	JR北海道・北海道新幹線 奥津軽いまべつ〜木古内間「青函トンネル」［53,850m］
	JR地上	JR東日本・東北新幹線 八戸〜新青森間「八甲田トンネル」［26,455m］
	私鉄	北越急行・ほくほく線 魚沼丘陵〜しんざ間「赤倉トンネル」［10,472m］
最も短いトンネル		JR西日本・呉線 安芸川尻〜安登間「川尻トンネル」［8.7m］
トンネルが最も多い鉄道事業者	JR	JR東日本［1,272ヵ所］
	私鉄	大井川鐵道［79ヵ所］
最も長い橋梁	JR	JR東日本・東北新幹線 一ノ関〜水沢江差間「第一北上川橋梁」［3,868m］
	私鉄	新関西国際空港・空港連絡鉄道線 りんくうタウン〜関西空港間「関西国際空港連絡橋」［3,849m］
最も高所にある橋梁		大井川鐵道・井川線 尾盛〜閑蔵間「関の沢橋梁」［71m］
		※1 2016.10.1現在、災害により運休中。
最も橋梁が多い鉄道事業者	JR	JR東日本［30,775ヵ所］
	私鉄	東武鉄道［6,438ヵ所］

［参考資料］各社公式サイト、『平成28年度 鉄道要覧』『平成25年度 鉄道統計年報』『数字でみる鉄道2016』

解 説

　ここでは、本書の編集方針と特徴についてまず紹介し、次に停車場・停留場の開業日の調査方法を中心に解説する。国鉄・JRについては、JTB発行の『停車場変遷大事典』(1998年) があるので、詳しくはそちらに譲るとして、主として私鉄に関して触れたい。

● 編集方針
　巻頭で触れたとおり、可能なかぎり一次資料を調査することである。とくに開業日の特定には、『鉄道省文書』『官報』『鉄道停車場一覧』や鉄道統計、営業報告書等を精査した。つまり、基本的には資料の孫引きをせず、公文書を重視することに力点を置いている。社史との照合も当然行ったが、相違があった場合には、公文書を優先している。
　ただし、公文書が残されていない年代もあれば、『鉄道停車場一覧』等の公文書の記述が不適切な場合もある。そういうケースでは、社史、当時発行の新聞、時刻表、地図等を駆使して、少しでも開業日の解明に近づく努力をした。

● 本書の特徴
　上記の編集方針から、これまでの類書と異なる特徴を挙げる。
(1) 停車場の休止と廃止は厳密に区分した。『鉄道省文書』では、休止した場合は再開できるのに対し、廃止した場合はたとえ同じ場所に設置しても、「復活」や「再開」とはならない。このため本書では、たとえ過去にあった停車場と同位置に新たに停車場が設置された場合でも、旧駅の開業日にまで遡っていない。それゆえ、開業日が、これまでの定説と多々違っている場合がある（本来こうした変遷や、停車場ごとの典拠を示すべきで、著者の手元にはそのデータもあるが、紙幅の都合上割愛せざるを得なかった。機会があれば、この種のデータもまとめたい）。
(2) 公文書としては、『鉄道省文書』『鉄道公報』『官報』「営業報告書」等にあたった。社史、郷土史などはあくまで二次資料であり、公文書を重視している。また、資料の孫引きは可能なかぎり避けた。

● 停車場変遷史の研究
　研究という段階には至っていなくても、明治期から各鉄道会社から社史が発行されたり、また、鉄道省でも『日本鉄道史』(1921年) を刊行したりと、鉄道史を記録にとどめる作業は以前から行われてきた。これらの資料は、路線の営業開始日や停車場の設置、廃止等の確認に欠かせない。
　一方、私鉄については、アマチュア研究家を中心として進められてきた。具体的には1960年年代から『鉄道ピクトリアル』で連載された「私鉄車両めぐり」における私鉄研究記事である。この連載では沿革史の調査の一環として、各執筆者により停車場の開業日や廃止日が調査されており、これが私鉄の駅名研究の嚆矢と思われる。連載の各執筆者や当時の研究環境から推測するに、こうした調査は社史、郷土史等の文献や実地取材に拠ったと思われ、大変貴重な研究といえる。
　しかし、交通博物館に所蔵されていた『鉄道省文書』は、買収および補償私鉄がほとんどである。さらに、運輸省から移管された文書が国立公文書館で公開されはじめたのは昭和47年度移管分からで、しかも廃止私鉄ばかりであったことを考えると、私鉄停車場の調査は非常に難しかった時代といえる。若干の瑕疵があったとしても致し方ないであろう。
　『鉄道省文書』といえば、廃棄寸前の同書の保存に尽力し、『鉄道省文書』を用いた調査研究の手法

を確立した青木栄一氏（東京学芸大学名誉教授）の功績は特筆に値する。本書の研究手法は、公文書を重視する鉄道史研究に先鞭を付けた青木氏の成果に多くの示唆を得た。

また、鉄道統計に基づいて、私鉄の誕生から現在に至るまで、すべての事業者の開業・廃止などを整理した和久田康雄氏の功績もきわめて大きく、本書は氏の研究による部分も多い。『資料・日本の私鉄』にはじまり、『鉄道ファンのための私鉄史研究資料』に至る一連の著作は私鉄史研究になくてはならない文献である。

その後、1992から1993年にかけて、宮脇俊三・原田勝正編『JR・私鉄全線各駅停車』（小学館）がシリーズ12巻で刊行された。多くの執筆者が分担して書かれたものだが、ほぼ全駅の開業日を掲載し、また別巻2冊の巻末には変遷表が付いており、駅の開業日を研究するうえで見逃せない資料である。

1993年にはJTBの雑誌『旅』の付録として、国鉄・JRの駅を対象とした『駅名変遷事典』が刊行された。同書の編集の中心的存在であった石野哲氏が手がけた『停車場変遷大事典 国鉄・JR編』（JTB、1998年）は、『鉄道公報』『官報』等の一次資料に基づき、各停車場の典拠を逐一示した。同書は停車場研究における金字塔であり、他の追随をゆるさない。石野氏の緻密かつ継続的な調査研究はまさに理想的なもので、本書では一々典拠を示すことはできなかったものの、かなりの部分を氏の著作に負っている。

ただ残念なことに、私鉄に関しては、このような事典が存在していない。

● 停車場の調査方法

停車場の開業日を特定するのは意外に困難である。国有鉄道の場合は、明治以来国鉄終焉までほぼ一貫した告示（公示）が『鉄道公報』に掲載されている。停車場の数は膨大であり、調査は容易ではないが、『官報』とともに丹念に調査すれば、たいていの事実が判明する。国鉄に関しては、先に挙げたJTB刊行の『停車場変遷大事典』があり、『鉄道公報』『鉄道省文書』『官報』をはじめとする資料を漏らさず調べ尽くしたと言ってもよいほどのものであり、全容をつかむことができる。

一方、私鉄は個別に事業者の『鉄道省文書』を丹念に調査するか、『官報』をしらみつぶしに調査するしかない。元々、『鉄道省文書』には「官報掲載案」という文書が綴られていて、それを基にして『官報』の文案ができあがるので、これを調べるに越したことはない。

ここで、各資料の性質と利用のしかたについて説明しておきたい。

(1) 『鉄道省文書』

申請や届出を行う事業者側と、許認可を出す運輸省（戦前ならば鉄道院や鉄道省）がやりとりした文書の綴りで、一般には鉄道院や運輸省の時代も含めて『鉄道省文書』と総称される。軌道は、1908（明治41）年以降、鉄道省と内務省の共管になったので、双方の文書が存在する。

現存私鉄と廃止私鉄も含め、最も収蔵数が多いのが国立公文書館本館（東京都千代田区）であり、比較的近年の文書と戦前の一部文書は同つくば分館（茨城県つくば市）に、買収、補償での営業廃止を中心とした文書は鉄道博物館（埼玉県さいたま市）に所蔵されている。

運輸省から国立公文書館への移管は、昭和47年度に始まるが、昭和49年度分も含めて、免許返納・失効・取消の私鉄が主である。平9年度と12年度には、営業廃止はもとより、現役私鉄の大量の文書が移管されたことで、調査できる事業者が大幅に増えた。なお、他年度移管分も存在する。

JR発足以前は地方鉄道法（それ以前は軽便鉄道法、私設鉄道法）に基づいて、さまざまな事項で事業者が監督官庁に申請や届出を行い、当局はそれを稟議して許可あるいは認可した。さらに事業者は実施届や報告書を提出するので、路線の運輸営業開始（現在では開業というようになった）や廃止、停車場の設置や廃止等の記録を、つぶさに見ることができる。

鉄道省における、ある時期の文書の分類は次掲図のとおりで、雑書のある部分は永年保存ではなく、

一部は一定期間で廃棄されたようである。

『鉄道省文書』は、「免許編」と「営業編」に大別できる。前者は免許の申請、免許状の下付から、停車場や工事方法の変更等あらゆる申請や届出、そして当局の許認可書類が時系列で綴られており、停車場の調査には主にこちらを調査することになる。後者は、主に営業報告書からなっており、つぶさに見て行けば当局への申請または許認可事項が一覧となって掲載されていて、そのなかから停車場関係の事項が見つかる場合もある。

軌道は内務省と鉄道省の共管であったので、『内務（建設）省文書』も国立公文書館に所蔵されているが、概ね大正14年頃以前は残されていないので、関東大震災で焼失したとも考えられる。『鉄道省文書』が和綴じで簿冊になっているのに対して、『内務省文書』は文書を紐で縛っただけという状態で、目録の整合性も悪く、閲覧には労力がかかる。

また、インターネット上の「国立公文書館デジタルアーカイブ」では検索だけでなく、主に昭和47年度、49年度移管分の文書を中心に、デジタル画像で閲覧することもできるので、地方在住者でも有益である。

検索は、鉄道の場合は「行政文書＞運輸省＞陸運関係＞鉄道関係」とたどり、軌道の場合は「行政文書＞建設省＞道路関係＞軌道関係」とたどれば、そこから絞り込んで検索が容易にできる。

第十門 地方鉄道及軌道ニ関スル書類

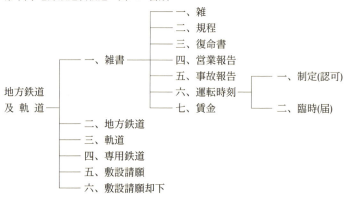

(2) 都道府県の公文書

郷土史編纂に活用された文書の保存、公開目的や、近年、情報公開制度が普及したこともあって、全国各地に公文書館ができ、鉄道・軌道関係のものも所蔵されている。これは、事業者の申請書類が都道府県知事を介して監督官庁に提出されていたためで、地方の公文書として残されているのである。所蔵数を誇るのは、東京都公文書館（東京都世田谷区）が圧倒的で、他に神奈川県立公文書館などがある。

(3) 『官報』

政府が刊行する日報の類だが、明治期から鉄道の開業や停車場設置の日付、所在地、哩程更正等について掲載されていたので、『鉄道省文書』の残っていない時代や、掲載漏れの停車場の設置をチェックするには必要である。ただし、停車場設置情報は、1927（昭和2）年2月1日の東武鉄道水谷設置が最後の掲載となる。

なお、インターネット上での「国立国会図書館デジタルコレクション」でも閲覧することができる。

(4) 『鉄道停車場一覧』
　ある時点の概要がつかめ、かつ開業日が分かるものとして『鉄道停車場一覧』がある。序文でも少し触れたが、いわゆる国有鉄道が1907（明治40）年〜1985（昭和60）年まで『鉄道停車場一覧』（昭和41年から『停車場一覧』に改題）を刊行し続けてきた。国鉄と、国鉄と連帯運輸（戦後は連絡運輸）をしている私鉄の、駅名、読み仮名、駅間キロ、累計キロ、所在地名、営業開始年月日が掲載されている。
　ただし、稀ではあるが、誤植と思われるものもあるので、『鉄道省文書』や『官報』との照合確認が必要である。

(5) 社史
　事業者が所蔵していた資料を中心に編纂されたものなので、十分尊重すべきだが、『鉄道省文書』を仔細に調べると、稀に申請日、認可日、実施日を取り違えている場合も見られる。このような場合だけでなく、日付が食い違う場合は、『鉄道要覧』の前身である『地方鉄道軌道一覧』や鉄道統計、新聞等でも確認が必要である。社史の所蔵量が多い機関としては、神奈川県立川崎図書館（神奈川県川崎市）がある。

● 今後の研究課題
　私鉄に関しては、これまでの類書にない編集方針を持って臨めたと自負しているが、いまだ調査不足の部分が多い。開業日について、駅ごとにその典拠を本文に逐一示せなかったことも、今後の課題である。国鉄・JRについては『停車場変遷大事典』という労作があり大きな成果を上げているが、私鉄の停車場変遷史の研究については緒についたばかりで、さらなる調査研究が必要である。
　とくに残された公文書が少ない軌道や、私鉄の監督権限の一部が地方運輸局に移譲された戦後の一時期から現在までのほうが、かえって戦前よりも文書が残されていないために解明が困難である。そのうえ、国土交通省で保管している、事業基本計画の変更に関する文書は保存期間が30年であり、国立公文書館にどの程度移管されるのかも不明である。つまり、近年の公文書ほど調査を急ぐ必要があるのかもしれない。

＊　　　＊　　　＊

　末筆ではありますが、お忙しいなか取材に応じてくださった全国の鉄道・軌道事業者の皆様には、かさねて厚く御礼申し上げます。文献調査だけでは解明できないことも多く、直接のご教示をいただかなければ、ここまで辿りつくことはできませんでした。本当にありがとうございます。
　また、本書の監修者として、書籍化のきっかけをつくり、有益なアドバイスをくださった前里孝氏、単複電化図示の発案や資料作成、議論の進行役を務めてくださった伊藤博康氏、校正に大きな役割を果たしてくださった来住憲司氏、また最終段階で種々のご教示をくださった所澤秀樹氏、そして本企画の編集担当の堂本誠二氏に、心より感謝を申し上げます。他にもここでお名前を挙げないものの、各種の情報をご提供くださった方々に大変お世話になりました。

星野真太郎

参考文献

- 『鉄道省文書』
- 『内務省文書』
- 『官報』
- 『鉄道公報』
- 『鉄道局年報』（各年版）
- 『鉄道院年報』（各年版）
- 『鉄道院鉄道統計資料』（各年版）
- 『鉄道省鉄道統計資料』（各年版）
- 『鉄道統計資料』（各年版）
- 『鉄道統計』（各年版）
- 国土交通省鉄道局『鉄道要覧』（各年版）電気車研究会
- 『鉄道停車場一覧』（明45、大8、大13、昭2、昭5、昭9、昭12、昭21、昭27）
- 『停車場一覧』（昭41、昭47、昭60）
- 『地方鉄道軌道一覧』（昭7、昭14）鉄道同志会
- 『停車場変遷大事典 国鉄・JR編Ⅰ Ⅱ』JTB、1998年
- 『停車場変遷大事典 国鉄・JR編』補遺データ、梁山泊会所告示（鉄道フォーラム）
  (http://www.rilforum.jp/ftrain/public/dl/ryozanpaku/hoi00.html)
- JTB出版事業局 石野哲「日本の鉄道全駅駅名総覧9820」『旅』(2002年8月号別冊付録)、JTB、2002年
- 和久田康雄『鉄道ファンのための私鉄史研究資料』電気車研究会、2014年
- 和久田康雄『やさしい鉄道の法規』2003年
- 佐藤信之『モノレールと新交通システム』グランプリ出版、2004年
- 青木栄一「鉄道史研究と『鉄道省文書』」『歴史地理学』歴史地理学会、2004年9月
- 宮脇俊三・原田勝正編『JR・私鉄全線各駅停車』小学館、1992～1993年
- 中央書院編集部『駅名事典〈第6版〉』中央書院、2000年
- 今尾恵介監修『日本鉄道旅行地図帳』新潮社、2008～2009年
- 『鉄道ピクトリアル』電気車研究会各号
- 『JTB時刻表』（各号）JTBパブリッシング
- 駒鉄太郎の鉄道データベース
  (http://www.ne.jp/asahi/wc6y-nmk/komatetsu/)

- 田中潜『札幌市交通事業三十年史』札幌市交通局、1957年
- 函館市交通局『市電50年のあゆみ』函館市交通局、1964年
- 函館市交通局『走りました80年』函館市交通局、1993年
- 津軽鉄道『津軽鉄道六十年史』津軽鉄道、1993年
- 東武鉄道『東武鉄道百年史 資料編』東武鉄道、1998年
- 東武鉄道広報部『2016 東武会社要覧』東武鉄道、2016年
- 東京急行電鉄『東京急行電鉄50年史』東京急行電鉄、1973年
- 『写真で見る西武鉄道100年』ネコ・パブリッシング、2013年
- 京成電鉄『京成電鉄100年の歩み』京成電鉄、2009年
- 小田急電鉄『小田急五十年史』小田急電鉄、1980年
- 小田急電鉄『小田急七十五年史』小田急電鉄、2003年
- 京王電鉄『京王電鉄五十年史』京王電鉄、1998年
- 京王電鉄『2016年京王ハンドブック』2016年
- 東京地下鉄『帝都高速度交通営団史』東京地下鉄、2004年
- 京浜急行電鉄『京浜急行八十年史』京浜急行電鉄、1980年
- 相模鉄道『相鉄七十年史』相模鉄道、1987年
- 新京成電鉄『新京成電鉄五十年史』新京成電鉄、1997年
- 東京モノレール『東京モノレール50年史』東京モノレール、2014年
- 江ノ島電鉄『江ノ電の百年』江ノ島電鉄、2002年
- 伊豆急行『伊豆と共に生きる 伊豆急行30年史』伊豆急行、1992年
- 名古屋鉄道『名古屋鉄道百年史』名古屋鉄道、1994年
- 比叡山鉄道『坂本ケーブル75年のあゆみ』比叡山鉄道、2003年
- 北大阪急行電鉄『北大阪急行25年史』北大阪急行電鉄、1994年
- 大阪市交通局『大阪市交通局百年史 資料編』大阪

- 市交通局、2005年
- 『大阪府統計書』（各年度版）大阪府
- 『大阪府行政文書』（大阪府公文書館所蔵）
- 南海鉄道『南海鉄道発達史』南海鉄道、1938年
- 南海電気鉄道『南海電気鉄道百年史』南海電気鉄道、1985年
- 阪堺電気軌道『阪堺百年』阪堺電気軌道、2001年
- 近畿日本鉄道『最近20年のあゆみ』近畿日本鉄道、1980年
- 近畿日本鉄道『80年のあゆみ』近畿日本鉄道、1990年
- 近畿日本鉄道『近畿日本鉄道100年のあゆみ』近畿日本鉄道、2010年
- 京阪電気鉄道『鉄路五十年』京阪電気鉄道』1960年
- 京阪電気鉄道『京阪百年のあゆみ』京阪電気鉄道、2011年
- 『京都府庁行政文書』（京都府総合資料館所蔵）
- 阪急電鉄『阪急電車駅めぐり　宝塚線の巻』阪急電鉄、1980年
- 阪急電鉄『阪急電車駅めぐり　神戸線の巻』阪急電鉄、1980年
- 阪急電鉄『阪急電車駅めぐり　京都線の巻』阪急電鉄、1981年
- 阪急阪神ホールディングス『100年のあゆみ』阪急阪神ホールディングス、2008年
- 阪神電気鉄道『阪神電気鉄道百年史』阪神電気鉄道、2005年
- 神戸高速鉄道『神戸高速鉄道のあゆみ』神戸高速鉄道、1978年
- 水間鉄道『水間鉄道50年の歩み』水間鉄道、1973年
- 能勢電鉄『能勢電鉄80年史』能勢電鉄、1991年
- 山陽電気鉄道『山陽電気鉄道百年史』山陽電気鉄道、2007年
- 神戸電気鉄道『神戸電鉄五十年のあゆみ』神戸電気鉄道、1976年
- 神戸電気鉄道『神戸電鉄六十年のあゆみ』神戸電気鉄道、1987年
- 岡山電気軌道『おかでん七十年の歩み』岡山電気軌道、1980年
- 広島電鉄『電車のあゆみ』広島電鉄、1968年
- 広島電鉄『ひろしまの路面電車』広島電鉄、1987年
- 広島電鉄『広島電鉄開業80年創立50年史』広島電鉄、1992年
- 広島電鉄『広島電鉄開業100創立70年史』広島電鉄、2012年
- 長船友則『広電が走る街今昔』JTB、2005年
- 『広島県統計書』（各年度版）広島県
- 『広島県行政文書』（広島県立文書館所蔵）
- 高松琴平電気鉄道『80年のあゆみ』高松琴平電気鉄道、1989年
- 四国水力電気『事業報告書 大6上期～』四国水力電気、1917年
- 『愛媛県統計書』（各年度版）愛媛県
- 伊予鉄道『伊予鉄道百年史』伊予鉄道、1987年
- 大野鐡・速水純『伊予鉄が走る街今昔』JTB、2006年
- 土佐電気鉄道『土佐電八十八年史』土佐電気鉄道、1991年
- 土佐電気鉄道『土佐電気鉄道営業報告書』土佐電気鉄道
- 土佐電鉄の電車とまちを愛する会『土佐電鉄が走る街今昔』JTB、2006年
- 里見正矣『土佐電気鉄道五十年史』土佐電気鉄道、1954年
- 土佐電気鉄道『土佐電鉄の100年　電車開通100周年記念誌』土佐電気鉄道、2004年
- 西日本鉄道『西日本鉄道百年史』西日本鉄道、2009年
- 長崎電気軌道『五十年史』長崎電気軌道、1967年
- 長崎電気軌道『ふりかえる二十年のあゆみ』長崎電気軌道、1985年
- 田栗優一『長崎「電車」が走る街今昔』JTB、2005年
- 中村弘之『熊本市電が走る街今昔』JTB、2005年
- 『鹿児島県統計書』（各年度版）鹿児島県
- 鹿児島市電気局『電車事業報告書第1～8回』鹿児島市電気局、1928～1936年
- 鹿児島市交通局『事業概要』（昭35、36）鹿児島市交通局、1960～1961年
- 鹿児島市交通局『鹿児島市交通局三十年史』1958年
- 鹿児島市交通局管理部企画室『鹿児島の路面（チンチン）電車50年』毎日写真ニュースサービス社、1978年
- 鹿児島市交通局『市電・市バス物語り――市民とともに70余年』鹿児島市交通局、2000年
- 水元景文『鹿児島市電が走る街今昔』JTB、2007年

索　引

あ

相生	あいおい（山陽本線）	121
相老	あいおい（東武鉄道）	197
相老	あいおい（わたらせ渓谷鐵道）	309
相生	あいおい（長良川鉄道）	377
相生山	あいおいやま（名古屋市交通局）	373
相賀	あいが（紀勢本線）	105
秋鹿町	あいかまち（一畑電車）	412
相川	あいかわ（阪急電鉄）	265
合川	あいかわ（秋田内陸縦貫鉄道）	298
愛環梅坪	あいかんうめつぼ（愛知環状鉄道）	368
愛甲石田	あいこういしだ（小田急電鉄）	216
愛山	あいざん（石北本線）	19
愛大医学部南口	あいだいいがくぶみなみぐち（伊予鉄道）	424
愛・地球博記念公園	あい・ちきゅうはくきねんこうえん（愛知高速交通）	369
愛知大学前	あいちだいがくまえ（豊橋鉄道）	367
愛知御津	あいちみと（東海道本線）	92
会津荒海	あいづあらかい（会津鉄道）	303
会津大塩	あいづおおしお（只見線）	66
会津蒲生	あいづがもう（只見線）	66
会津川口	あいづかわぐち（只見線）	65
相月	あいづき（飯田線）	97
会津高原尾瀬口	あいづこうげんおぜぐち（会津鉄道）	303
会津高原尾瀬口	あいづこうげんおぜぐち（野岩鉄道）	308
会津越川	あいづこすがわ（只見線）	65
会津坂本	あいづさかもと（只見線）	65
会津山村道場	あいづさんそんどうじょう（会津鉄道）	303
会津塩沢	あいづしおざわ（只見線）	66
会津下郷	あいづしもごう（会津鉄道）	303
会津高田	あいづたかだ（只見線）	65
会津田島	あいづたじま（会津鉄道）	303
会津豊川	あいづとよかわ（磐越西線）	64
会津中川	あいづなかがわ（只見線）	65
会津長野	あいづながの（会津鉄道）	303
会津西方	あいづにしかた（只見線）	65
会津坂下	あいづばんげ（只見線）	65
会津桧原	あいづひのはら（只見線）	65
会津本郷	あいづほんごう（只見線）	65
逢妻	あいづま（東海道本線）	92
会津水沼	あいづみずぬま（只見線）	65
会津宮下	あいづみやした（只見線）	65
会津柳津	あいづやないづ（只見線）	65
会津横田	あいづよこた（只見線）	66
会津若松	あいづわかまつ（磐越西線）	64
藍那	あいな（神戸電鉄）	406
愛野	あいの（東海道本線）	92
相野	あいの（福知山線）	113
愛野	あいの（島原鉄道）	440
相浦	あいのうら（松浦鉄道）	438

相ノ木	あいのき（富山地方鉄道）	346
あいの里教育大	あいのさときょういくだい（札沼線）	7
あいの里公園	あいのさとこうえん（札沼線）	7
相内	あいのない（石北本線）	19
相野々	あいのの（北上線）	59
相原	あいはら（横浜線）	30
愛別	あいべつ（石北本線）	19
相見	あいみ（東海道本線）	92
藍本	あいもと（福知山線）	113
愛本	あいもと（富山地方鉄道）	347
姶良	あいら（日豊本線）	183
アイランド北口	あいらんどきたぐち（神戸新交通）	407
アイランドセンター	あいらんどせんたー（神戸新交通）	407
粟生	あお（加古川線）	125
粟生	あお（神戸電鉄）	406
粟生	あお（北条鉄道）	408
青井	あおい（首都圏新都市鉄道）	322
青井岳	あおいだけ（日豊本線）	183
粟生津	あおうづ（越後線）	81
青倉	あおくら（播但線）	126
青笹	あおざさ（釜石線）	59
青島	あおしま（日南線）	185
青塚	あおつか（名古屋鉄道）	242
青砥	あおと（京成電鉄）	209
青沼	あおぬま（小海線）	37
青野ケ原	あおのがはら（加古川線）	125
青郷	あおのごう（小浜線）	117
青野山	あおのやま（山口線）	135
青葉	あおば（室蘭本線）	10
青葉台	あおばだい（東京急行電鉄）	219
あおば通	あおばどおり（仙石線）	55
青葉通一番町	あおばどおりいちばんちょう（仙台市交通局）	296
青葉山	あおばやま（仙台市交通局）	296
青原	あおはら（山口線）	135
青部	あおべ（大井川鐵道）	363
青堀	あおほり（内房線）	86
青海	あおみ（ゆりかもめ）	323
青物横丁	あおものよこちょう（京浜急行電鉄）	229
青森	あおもり（奥羽本線）	69
青森信号場	あおもり（奥羽本線）	69
青森	あおもり（青い森鉄道）	293
青谷	あおや（山陰本線）	139
青柳	あおやぎ（中央本線）	34
青柳町	あおやぎちょう（函館市企業局）	287
青山	あおやま（越後線）	82
青山	あおやま（名古屋鉄道）	239
青山	あおやま（IGRいわて銀河鉄道）	294
青山一丁目	あおやまいっちょうめ（東京地下鉄）	222
青山一丁目	あおやまいっちょうめ（東京都交通局）	327

青山町	あおやまちょう（近畿日本鉄道）	246
赤	あか	434
赤井	あかい（磐越東線）	63
赤井川	あかいがわ（函館本線）	3
赤池	あかいけ（名古屋鉄道）	237
赤池	あかいけ（名古屋市交通局）	372
赤池	あかいけ（長良川鉄道）	377
赤池	あかいけ（平成筑豊鉄道）	433
赤岩	あかいわ（奥羽本線）	67
赤岩口	あかいわぐち（豊橋鉄道）	368
あかおか	あかおか（土佐くろしお鉄道）	427
赤川	あかがわ（大湊線）	63
赤木	あかぎ（飯田線）	98
赤城	あかぎ（東武鉄道）	197
赤城	あかぎ（上毛電気鉄道）	310
赤倉信号場	あかくら（北越急行）	343
赤倉温泉	あかくらおんせん（陸羽東線）	76
赤坂	あかさか（東京地下鉄）	225
赤坂	あかさか（上毛電気鉄道）	310
赤坂	あかさか（富士急行）	339
赤坂	あかさか（福岡市交通局）	435
赤坂上	あかさかうえ（上田電鉄）	342
赤坂田	あかさかた（花輪線）	61
赤坂見附	あかさかみつけ（東京地下鉄）	222
赤碕	あかさき（山陰本線）	139
赤崎	あかさき（岩手開発鉄道）	295
赤迫	あかさこ（長崎電気軌道）	438
明石	あかし（山陽本線）	121
明科	あかしな（篠ノ井線）	38
赤瀬	あかせ（三角線）	170
赤瀬川信号場	あかせがわ（肥薩おれんじ鉄道）	445
県	あがた（東武鉄道）	196
あかぎ	あかぎ（平成筑豊鉄道）	433
赤津信号所	あかづ（上信電鉄）	311
赤塚	あかつか（常磐線）	46
明塚	あかつか（三江線）	144
暁学園前	あかつきがくえんまえ（三岐鉄道）	380
赤土小学校前	あかどしょうがっこうまえ（東京都交通局）	330
赤野	あかの（土佐くろしお鉄道）	427
吾野	あがの（西武鉄道）	204
赤羽	あかばね（東北本線）	40
赤羽岩淵	あかばねいわぶち（東京地下鉄）	227
赤羽岩淵	あかばねいわぶち（埼玉高速鉄道）	313
赤羽橋	あかばねばし（東京都交通局）	327
赤平	あかびら（根室本線）	14
赤渕	あかぶち（田沢湖線）	60
英賀保	あがほ（山陽本線）	121
赤星	あかぼし（予讃線）	156
赤堀	あかほり（四日市あすなろう鉄道）	381
赤間	あかま（鹿児島本線）	166
赤水	あかみず（豊肥本線）	179
赤嶺	あかみね（沖縄都市モノレール）	449
赤目口	あかめぐち（近畿日本鉄道）	246

466

駅名	よみ	(路線)	ページ
赤湯	あかゆ	(奥羽本線)	67
赤湯	あかゆ	(山形鉄道)	300
上道	あがりみち	(境線)	143
阿川	あがわ	(山陰本線)	141
安芸	あき	(土佐くろしお鉄道)	428
阿木	あき	(明知鉄道)	376
安芸阿賀	あきあが	(呉線)	133
あき亀山	あきかめやま	(可部線)	134
秋川	あきがわ	(五日市線)	36
安芸川尻	あきかわじり	(呉線)	133
安芸幸崎	あきさいざき	(呉線)	133
昭島	あきしま	(青梅線)	35
秋田	あきた	(奥羽本線)	68
秋田貨物	あきたかもつ	(奥羽本線)	68
秋田北港	あきたきたこう	(秋田臨海鉄道)	299
秋田港	あきたこう	(奥羽本線)	189
秋田港	あきたこう	(秋田臨海鉄道)	299
あきた白神	あきたしらかみ	(五能線)	71
安芸津	あきつ	(呉線)	133
秋津	あきつ	(西武鉄道)	203
安芸長束	あきながつか	(可部線)	134
安芸中野	あきなかの	(山陽本線)	122
安芸長浜	あきながはま	(呉線)	133
秋葉原	あきはばら	(東北本線)	40
秋葉原	あきはばら	(東京地下鉄)	224
秋葉原	あきはばら	(首都圏新都市鉄道)	322
安芸矢口	あきやぐち	(芸備線)	132
秋山	あきやま	(北総鉄道)	315
鮎喰	あくい	(徳島線)	160
阿久比	あぐい	(名古屋鉄道)	239
阿久根	あくね	(肥薩おれんじ鉄道)	445
阿久川	あくらがわ	(近畿日本鉄道)	253
上ゲ	あげ	(名古屋鉄道)	239
上尾	あげお	(高崎線)	49
阿下喜	あげき	(三岐鉄道)	381
明智	あけち	(名古屋鉄道)	242
明智	あけち	(明知鉄道)	376
明戸	あけと	(秩父鉄道)	312
明野	あけの	(近畿日本鉄道)	247
曙	あけぼの	(とさでん交通)	428
曙町東町	あけぼのちょうひがしまち	(とさでん交通)	428
曙橋	あけぼのばし	(東京都交通局)	326
上松	あげまつ	(中央本線)	102
安子ケ島	あこがしま	(磐越西線)	64
阿漕	あこぎ	(紀勢本線)	105
厚狭	あさ	(山陽本線)	124
浅香	あさか	(阪和線)	151
朝霞	あさか	(東武鉄道)	201
朝霞台	あさかだい	(東武鉄道)	201
安積永盛	あさかながもり	(東北本線)	41
阿佐ケ谷	あさがや	(中央本線)	33
浅香山	あさかやま	(南海電気鉄道)	260
浅川	あさかわ	(牟岐線)	161
朝霧	あさぎり	(山陽本線)	121
あさぎり	あさぎり	(くま川鉄道)	446
浅草	あさくさ	(東武鉄道)	195
浅草	あさくさ	(東京地下鉄)	222
浅草	あさくさ	(首都圏新都市鉄道)	322
浅草	あさくさ	(東京都交通局)	325
浅草橋	あさくさばし	(総武本線)	84
浅草橋	あさくさばし	(東京都交通局)	325
朝倉	あさくら	(土讃線)	163
朝倉	あさくら	(名古屋鉄道)	238
朝倉	あさくら	(とさでん交通)	428
朝倉駅前	あさくらえきまえ	(とさでん交通)	429
朝倉街道	あさくらがいどう	(西日本鉄道)	273
朝倉神社前	あさくらじんじゃまえ	(とさでん交通)	429
朝日信号場	あさけ	(関西本線)	104
朝地	あさじ	(豊肥本線)	179
朝潮橋	あさしおばし	(大阪市交通局)	395
安里	あさと	(沖縄都市モノレール)	449
朝菜町	あさなまち	(富山地方鉄道)	348
浅海	あさなみ	(予讃線)	156
浅野	あさの	(鶴見線)	27
朝日	あさひ	(総武本線)	84
朝日	あさひ	(関西本線)	104
旭	あさひ	(土讃線)	163
朝陽	あさひ	(長野電鉄)	340
旭駅前通	あさひえきまえどおり	(とさでん交通)	428
朝日大塚	あさひおおつか	(近江鉄道)	384
旭ヶ丘	あさひがおか	(日豊本線)	182
旭ヶ丘	あさひがおか	(仙台市交通局)	296
旭ヶ丘	あさひがおか	(万葉線)	352
朝日ヶ丘	あさひがおか	(一畑電車)	412
旭川	あさひかわ	(函館本線)	5
旭川四条	あさひかわよじょう	(宗谷本線)	17
朝日通	あさひどおり	(鹿児島市交通局)	447
朝日野	あさひの	(近江鉄道)	384
旭橋	あさひばし	(沖縄都市モノレール)	449
旭前	あさひまえ	(名古屋鉄道)	240
旭町一丁目	あさひまちいっちょうめ	(とさでん交通)	428
旭町三丁目	あさひまちさんちょうめ	(とさでん交通)	428
麻生	あさぶ	(札幌市交通局)	283
麻布十番	あざぶじゅうばん	(東京地下鉄)	227
麻布十番	あざぶじゅうばん	(東京都交通局)	327
朝熊	あさま	(近畿日本鉄道)	255
阿左美	あざみ	(東武鉄道)	197
あざみ野	あざみの	(東京急行電鉄)	219
あざみ野	あざみの	(横浜市交通局)	334
浅海井	あざむい	(日豊本線)	182
浅虫温泉	あさむしおんせん	(青い森鉄道)	292
朝里	あさり	(函館本線)	4
浅利	あさり	(山陰本線)	140
足尾	あしお	(わたらせ渓谷鐵道)	309
味岡	あじおか	(名古屋鉄道)	240
阿字ケ浦	あじがうら	(ひたちなか海浜鉄道)	305
足利	あしかが	(両毛線)	52
足利市	あしかがし	(東武鉄道)	196
芦ヶ久保	あしがくぼ	(西武鉄道)	204
鰺ケ沢	あじがさわ	(五能線)	72
海鹿島	あしかじま	(銚子電気鉄道)	315
足ケ瀬	あしがせ	(釜石線)	59
足柄	あしがら	(御殿場線)	95
足柄	あしがら	(小田急電鉄)	216
芦川	あしがわ	(身延線)	96
安治川口	あじかわぐち	(桜島線)	112
安食	あじき	(成田線)	88
味坂	あじさか	(西日本鉄道)	273
芦沢	あしさわ	(奥羽本線)	68
阿知須	あじす	(宇部線)	136
足滝	あしだき	(飯山線)	80
足立	あしだち	(伯備線)	130
阿品	あじな	(山陽本線)	123
阿品東	あじなひがし	(広島電鉄)	416
芦野公園	あしのこうえん	(津軽鉄道)	290
芦ノ牧温泉	あしのまきおんせん	(会津鉄道)	303
芦ノ牧温泉南	あしのまきおんせんみなみ	(会津鉄道)	303
芦原	あしはら	(豊橋鉄道)	367
芦原町	あしはらちょう	(南海電気鉄道)	259
芦原橋	あしはらばし	(大阪環状線)	112
芦別	あしべつ	(根室本線)	14
味鋺	あじま	(名古屋鉄道)	240
足守	あしもり	(吉備線)	129
芦屋	あしや	(東海道本線)	110
芦屋	あしや	(阪神電気鉄道)	270
芦屋川	あしやがわ	(阪急電鉄)	266
味美	あじよし	(名古屋鉄道)	240
味美	あじよし	(東海交通事業)	376
網代	あじろ	(伊東線)	32
飛鳥	あすか	(近畿日本鉄道)	250
飛鳥山	あすかやま	(東京都交通局)	329
梓橋	あずさばし	(大糸線)	38
あすなろう四日市	あすなろうよっかいち	(四日市あすなろう鉄道)	381
東田	あずまだ	(豊橋鉄道)	368
東田坂上	あずまださかうえ	(豊橋鉄道)	367
安曇追分	あずみおいわけ	(大糸線)	39
安曇沓掛	あずみくつかけ	(大糸線)	39
アスモ前	あすもまえ	(天竜浜名湖鉄道)	365
足羽	あすわ	(越美北線)	117
足羽山公園口	あすわやまこうえんぐち	(福井鉄道)	359
安栖里	あせり	(山陰本線)	138
阿曽	あそ	(紀勢本線)	105
阿蘇	あそ	(豊肥本線)	179
吾桑	あそう	(土讃線)	163
浅水	あそうず	(福井鉄道)	358
薊野	あぞうの	(土讃線)	163
阿蘇下田城ふれあい温泉	あそしもだじょうふれあいおんせん	(南阿蘇鉄道)	441
阿蘇白川	あそしらかわ	(南阿蘇鉄道)	441
愛宕	あたご	(東北本線)	42
愛宕	あたご	(武蔵野線)	200
愛宕橋	あたごばし	(仙台市交通局)	296
新鹿	あたしか	(紀勢本線)	105
安達	あだち	(東北本線)	41
足立小台	あだちおだい	(東京都交通局)	330
熱海	あたみ	(東海道本線)	24
熱海	あたみ	(東海道新幹線)	94
阿田和	あたわ	(紀勢本線)	106
厚保	あつ	(美祢線)	137
厚賀	あつが	(日高本線)	12
厚木	あつぎ	(相模線)	31

467

厚木 あつぎ (小田急電鉄)	216	
厚木操車場 あつぎ (相模鉄道)	232	
厚岸 あっけし (根室本線)	15	
朝来 あっそ (紀勢本線)	153	
熱田 あつた (東海道本線)	93	
安土 あづち (東海道本線)	109	
厚床 あっとこ (根室本線)	15	
厚内 あつない (根室本線)	15	
安比高原 あっぴこうげん (花輪線)	61	
厚別 あつべつ (函館本線)	5	
吾妻 あづま (島原鉄道)	441	
あつみ温泉 あつみおんせん (羽越本線)	74	
左沢 あてらざわ (左沢線)	71	
安登 あと (呉線)	133	
安曇川 あどがわ (湖西線)	111	
穴川 あながわ (近畿日本鉄道)	255	
穴川 あながわ (千葉都市モノレール)	317	
穴内 あなない (土佐くろしお鉄道)	427	
穴吹 あなぶき (徳島線)	160	
穴部 あなべ (伊豆箱根鉄道)	360	
穴水 あなみず (のと鉄道)	354	
穴守稲荷 あなもりいなり (京浜急行電鉄)	230	
阿山 あなやま (中央本線)	34	
阿南 あなん (牟岐線)	161	
阿仁合 あにあい (秋田内陸縦貫鉄道)	298	
兄畑 あにはた (花輪線)	61	
阿仁前田 あにまえだ (秋田内陸縦貫鉄道)	298	
阿仁マタギ あにまたぎ (秋田内陸縦貫鉄道)	299	
姉ケ崎 あねがさき (内房線)	86	
姉別 あねべつ (根室本線)	15	
穴太 あのう (三岐鉄道)	381	
穴太 あのお (京阪電気鉄道)	264	
穴生 あのお (筑豊電気鉄道)	432	
網走 あばしり (石北本線)	20	
網引 あびき (北条鉄道)	408	
我孫子 あびこ (常磐線)	45	
我孫子 あびこ (大阪市交通局)	393	
我孫子町 あびこちょう (阪和線)	259	
我孫子前 あびこまえ (南海電気鉄道)	151	
我孫子道 あびこみち (阪堺電気軌道)	398	
安比奈 あひな (西武鉄道)	206	
安平 あびら (室蘭本線)	11	
あぶくま あぶくま (阿武隈急行)	302	
アプトいちしろ あぷといちしろ (大井川鐵道)	364	
油川 あぶらかわ (津軽線)	72	
油津 あぶらつ (日南線)	185	
油田 あぶらでん (城端線)	118	
油日 あぶらひ (草津線)	147	
阿夫利神社 あふりじんじゃ (大山観光電鉄)	337	
阿分 あぶん (留萌本線)	13	
安部 あべ (若桜鉄道)	410	
安倍川 あべかわ (東海道本線)	91	
阿倍野 あべの (大阪市交通局)	394	
阿倍野 あべの (阪堺電気軌道)	399	
安部山公園 あべやまこうえん (日豊本線)	181	
阿母崎 あぼざき (島原鉄道)	441	

網干 あぼし (山陽本線)	121	
海士有木 あまありき (小湊鉄道)	320	
尼ケ坂 あまがさか (名古屋鉄道)	240	
尼崎 あまがさき (東海道本線)	110	
尼崎 あまがさき (阪神電気鉄道)	270	
尼崎センタープール前 あまがさきせんたーぷーるまえ (阪神電気鉄道)	270	
天ケ瀬 あまがせ (久大本線)	177	
尼ケ辻 あまがつじ (近畿日本鉄道)	248	
甘木 あまぎ (西日本鉄道)	275	
甘木 あまぎ (甘木鉄道)	436	
尼子 あまご (近江鉄道)	384	
甘地 あまじ (播但線)	126	
天津 あまつ (日豊本線)	181	
天橋立 あまのはしだて (WILLER TRAINS)	387	
雨晴 あまはらし (氷見線)	119	
天見 あまみ (南海電気鉄道)	260	
あまや あまや (会津鉄道)	303	
余子 あまりこ (境線)	143	
餘部 あまるべ (山陰本線)	139	
余目 あまるめ (羽越本線)	75	
網野 あみの (WILLER TRAINS)	387	
安茂里 あもり (信越本線)	78	
綾織 あやおり (釜石線)	59	
綾川 あやがわ (高松琴平電気鉄道)	422	
愛子 あやし (仙山線)	55	
綾瀬 あやせ (常磐線)	45	
綾瀬 あやせ (東京地下鉄)	225	
綾ノ町 あやのちょう (阪堺電気軌道)	399	
綾部 あやべ (山陰本線)	138	
菖蒲池 あやめいけ (近畿日本鉄道)	247	
あやめ公園 あやめこうえん (山形鉄道)	301	
綾羅木 あやらぎ (山陰本線)	142	
鮎貝 あゆかい (山形鉄道)	301	
鮎川 あゆかわ (由利高原鉄道)	300	
荒井 あらい (山陽電気鉄道)	280	
荒井 あらい (仙台市交通局)	297	
新井 あらい (えちごトキめき鉄道)	344	
新井宿 あらいじゅく (埼玉高速鉄道)	313	
新居町 あらいまち (東海道本線)	92	
新井薬師前 あらいやくしまえ (西武鉄道)	204	
荒尾 あらお (東海道本線)	93	
荒尾 あらお (鹿児島本線)	167	
荒河かしの木台 あらかがしのきだい (WILLER TRAINS)	386	
荒川一中前 あらかわいっちゅうまえ (東京都交通局)	328	
荒川沖 あらかわおき (常磐線)	46	
荒川区役所前 あらかわくやくしょまえ (東京都交通局)	328	
荒川車庫前 あらかわしゃこまえ (東京都交通局)	329	
荒川七丁目 あらかわななちょうめ (東京都交通局)	328	
荒川二丁目 あらかわにちょうめ (東京都交通局)	328	
荒川遊園地前 あらかわゆうえんちまえ (東京都交通局)	329	
新木 あらき (成田線)	88	

荒木 あらき (鹿児島本線)	167	
荒子 あらこ (名古屋臨海高速鉄道)	373	
荒子川公園 あらこがわこうえん (名古屋臨海高速鉄道)	374	
荒島 あらしま (山陰本線)	140	
嵐山 あらしやま (阪急電鉄)	266	
嵐山 あらしやま (京福電気鉄道)	389	
荒瀬 あらせ (秋田内陸縦貫鉄道)	298	
新野 あらたの (牟岐線)	161	
荒田八幡 あらたはちまん (鹿児島市交通局)	448	
新瑞橋 あらたまばし (名古屋市交通局)	371	
荒砥 あらと (山形鉄道)	301	
荒畑 あらはた (名古屋市交通局)	372	
荒浜 あらはま (越後線)	81	
荒町 あらまち (富山地方鉄道)	348	
荒本 あらもと (近畿日本鉄道)	248	
新屋 あらや (羽越本線)	75	
新屋 あらや (上毛電気鉄道)	310	
荒屋新町 あらやしんまち (花輪線)	61	
荒谷前 あらやまえ (釜石線)	59	
有明 ありあけ (大糸線)	39	
有明 ありあけ (ゆりかもめ)	323	
有明テニスの森 ありあけてにすのもり (ゆりかもめ)	323	
有井 ありい (紀勢本線)	105	
有井川 ありいがわ (土佐くろしお鉄道)	427	
有岡 ありおか (土佐くろしお鉄道)	427	
有壁 ありかべ (東北本線)	43	
有佐 ありさ (鹿児島本線)	167	
有栖川 ありすがわ (京福電気鉄道)	389	
有田 ありた (佐世保線)	176	
有田 ありた (松浦鉄道)	437	
有戸 ありと (大湊線)	63	
有畑 ありはた (大湊線)	63	
有馬温泉 ありまおんせん (神戸電鉄)	405	
有間川 ありまがわ (えちごトキめき鉄道)	345	
有馬口 ありまぐち (神戸電鉄)	405	
有松 ありまつ (名古屋鉄道)	235	
有峰口 ありみねぐち (富山地方鉄道)	347	
在良 ありよし (三岐鉄道)	381	
安和 あわ (土讃線)	163	
阿波赤石 あわあかいし (牟岐線)	161	
安房天津 あわあまつ (外房線)	86	
粟井 あわい (予讃線)	156	
阿波池田 あわいけだ (土讃線)	162	
阿波大谷 あわおおたに (鳴門線)	160	
阿波大宮 あわおおみや (高徳線)	159	
阿波海南 あわかいなん (牟岐線)	161	
粟ケ崎 あわがさき (北陸鉄道)	355	
安房勝山 あわかつやま (内房線)	86	
阿波加茂 あわかも (徳島線)	160	
安房鴨川 あわかもがわ (内房線)	87	
阿波川口 あわかわぐち (土讃線)	162	
阿波川島 あわかわしま (徳島線)	160	
阿波川端 あわかわばた (高徳線)	159	
あわくら温泉 あわくらおんせん (智頭急行)	411	
安房小湊 あわこみなと (外房線)	86	
阿波座 あわざ (大阪市交通局)	395	
淡路 あわじ (阪急電鉄)	265	

淡路町 あわじちょう (東京地下鉄)	223
粟島(大阪屋ショップ前) あわじま(おおさかやしょっぷまえ) (富山ライトレール)	351
阿波橘 あわたちばな (牟岐線)	161
粟津 あわづ (北陸本線)	116
粟津 あわづ (京福電気鉄道)	264
阿波富田 あわとみだ (牟岐線)	161
阿波中島 あわなかしま (牟岐線)	161
粟野 あわの (小浜線)	116
阿波半田 あわはんだ (徳島線)	160
阿波福井 あわふくい (牟岐線)	161
粟屋 あわや (三江線)	145
阿波山川 あわやまかわ (徳島線)	160
芦原温泉 あわらおんせん (北陸本線)	115
あわら湯のまち あわらゆのまち (えちぜん鉄道)	358
安城 あんじょう (東海道本線)	92
安針塚 あんじんづか (京浜急行電鉄)	230
安善 あんぜん (鶴見線)	27
安足間 あんたろま (石北本線)	19
安堂 あんどう (近畿日本鉄道)	245
安中 あんなか (信越本線)	78
安中榛名 あんなかはるな (北陸新幹線)	80
安立町 あんりゅうまち (阪堺電気軌道)	398

い

飯井 いい (山陰本線)	141
飯岡 いいおか (総武本線)	84
飯倉 いいぐら (武豊線)	84
飯坂温泉 いいざかおんせん (福島交通)	302
飯島 いいじま (飯田線)	98
飯田 いいだ (飯田線)	98
飯田岡 いいだおか (伊豆箱根鉄道)	360
飯田橋 いいだばし (中央本線)	33
飯田橋 いいだばし (東京地下鉄)	224
飯田橋 いいだばし (東京都交通局)	327
飯塚 いいづか (筑豊本線)	187
飯詰 いいづめ (奥羽本線)	68
飯沼 いいぬま (明知鉄道)	376
飯浦 いいのうら (山陰本線)	141
飯羽間 いいばま (明知鉄道)	376
飯森 いいもり (大糸線)	39
飯山 いいやま (飯山線)	80
家城 いえき (名松線)	106
家地川 いえぢがわ (予土線)	158
家中 いえなか (東武鉄道)	198
家久 いえひさ (福井鉄道)	358
家山 いえやま (大井川鐵道)	363
医王寺前 いおうじまえ (福島交通)	302
伊尾木 いおき (土佐くろしお鉄道)	428
井荻 いおぎ (西武鉄道)	204
伊賀 いが (香椎線)	169
伊賀上野 いがうえの (関西本線)	146
伊賀上野 いがうえの (伊賀鉄道)	383
井香牛 いかうし (石北本線)	19
伊賀神戸 いがかんべ (近畿日本鉄道)	246
伊賀神戸 いがかんべ (伊賀鉄道)	383
伊賀上津 いがこうづ (近畿日本鉄道)	246
五十崎 いかざき (内子線)	158
五十島 いがしま (磐越西線)	65

伊上 いがみ (山陰本線)	141
伊賀屋 いがや (長崎本線)	173
碇ケ関 いかりがせき (奥羽本線)	69
井川 いかわ (大井川鐵道)	364
井川さくら いかわさくら (奥羽本線)	68
伊賀和志 いがわし (三江線)	145
伊賀谷 いがわだに (神戸市交通局)	404
一貴山 いきさん (筑肥線)	175
軍畑 いくさばた (青梅線)	35
生地 いくじ (あいの風とやま鉄道)	354
生田 いくた (小田急電鉄)	215
生田原 いくたはら (石北本線)	19
幾寅 いくとら (根室本線)	14
生野 いくの (石北本線)	19
生野 いくの (播但線)	126
生野屋 いくのや (岩徳線)	135
居組 いぐみ (山陰本線)	139
井倉 いくら (伯備線)	130
池上 いけがみ (東京急行電鉄)	221
池下 いけした (名古屋市交通局)	370
池尻 いけじり (日田彦山線)	184
池尻大橋 いけじりおおはし (東京急行電鉄)	219
池田 いけだ (根室本線)	15
池田 いけだ (阪急電鉄)	268
池田 いけだ (熊本電気鉄道)	442
池田園 いけだえん (函館本線)	5
池月 いけづき (陸羽東線)	76
池野 いけの (養老鉄道)	379
池ノ上 いけのうえ (京王電鉄)	214
池の浦 いけのうら (近畿日本鉄道)	255
池の浦シーサイド《臨》いけのうらしーさいど (参宮線)	107
池谷 いけのたに (高徳線)	159
池戸 いけのべ (高松琴平電気鉄道)	423
池場 いけば (飯田線)	97
池袋 いけぶくろ (山手線)	25
池袋 いけぶくろ (東武鉄道)	201
池袋 いけぶくろ (西武鉄道)	203
池袋 いけぶくろ (東京地下鉄)	223
池部 いけべ (近畿日本鉄道)	252
いこいの広場 いこいのひろば (天竜浜名湖鉄道)	364
いこいの村 いこいのむら (豊肥本線)	179
生駒 いこま (近畿日本鉄道)	247
生駒山上 いこまさんじょう (近畿日本鉄道)	256
石原 いさ (山陰本線)	138
井細田 いさいだ (伊豆箱根鉄道)	360
諫早 いさはや (長崎本線)	173
諫早 いさはや (島原鉄道)	440
諫早東高校前 いさはやひがしこうこうまえ (島原鉄道)	440
伊佐領 いさりょう (米坂線)	70
石和温泉 いさわおんせん (中央本線)	34
石井 いしい (徳島線)	160
石井 いしい (智頭急行)	411
石打 いしうち (上越線)	51
石打ダム いしうちだむ (三角線)	170
石岡 いしおか (常磐線)	46
石蟹 いしが (伯備線)	130

石垣 いしがき (指宿枕崎線)	172
石上 いしがみ (江ノ島電鉄)	336
石神前 いしがみまえ (青梅線)	35
石狩金沢 いしかりかなざわ (札沼線)	7
石狩月形 いしかりつきがた (札沼線)	7
石狩当別 いしかりとうべつ (札沼線)	7
石狩沼田 いしかりぬまた (留萌本線)	13
石狩太美 いしかりふとみ (札沼線)	7
石川 いしかわ (奥羽本線)	69
石川 いしかわ (弘南鉄道)	291
石川台 いしかわだい (東京急行電鉄)	221
石川町 いしかわちょう (根岸線)	30
石川プール前 いしかわぷーるまえ (弘南鉄道)	291
石切 いしきり (近畿日本鉄道)	247
石倉 いしくら (函館本線)	3
石下 いしげ (関東鉄道)	307
石越 いしこし (東北本線)	42
石才 いしざい (水間鉄道)	400
石地 いしじ (越後線)	81
石田 いしだ (日田彦山線)	184
石田 いしだ (京都市交通局)	391
石津 いしづ (養老鉄道)	379
石津 いしづ (阪堺電気軌道)	399
石津川 いしづがわ (南海電気鉄道)	257
石津北 いしづきた (阪堺電気軌道)	399
石鎚山 いしづちやま (予讃線)	156
石手川公園 いしてがわこうえん (伊予鉄道)	424
石鳥谷 いしどりや (東北本線)	43
石巻 いしのまき (石巻線)	56
石巻港 いしのまきこう (仙石線)	189
石場 いしば (京阪電気鉄道)	264
石橋 いしばし (東北本線)	41
石橋 いしばし (阪急電鉄)	268
石橋 いしばし (長崎電気軌道)	440
石浜 いしはま (武豊線)	99
石原町 いしはらまち (日田彦山線)	184
石部 いしべ (草津線)	147
石仏 いしぼとけ (名古屋鉄道)	242
石谷 いしや (函館本線)	3
石屋川 いしやがわ (阪神電気鉄道)	270
石山 いしやま (東海道本線)	109
石山寺 いしやまでら (京阪電気鉄道)	264
石山通 いしやまどおり (札幌市交通局)	285
伊集院 いじゅういん (鹿児島本線)	168
井尻 いじり (西日本鉄道)	273
石原 いしわら (秩父鉄道)	312
一身田 いしんでん (紀勢本線)	105
伊豆熱川 いずあたがわ (伊豆急行)	361
伊豆稲取 いずいなとり (伊豆急行)	361
いずえ いずえ (原鉄道)	414
伊豆大川 いずおおかわ (伊豆急行)	361
伊豆急下田 いずきゅうしもだ (伊豆急行)	361
伊豆高原 いずこうげん (伊豆急行)	361
五十鈴ケ丘 いすずがおか (参宮線)	106
五十鈴川 いすずがわ (近畿日本鉄道)	255
伊豆多賀 いずたが (伊東線)	32
伊豆長岡 いずながおか (伊豆箱根鉄道)	360
伊豆仁田 いずにった (伊豆箱根鉄道)	360

伊豆北川 いずほっかわ (伊豆急行) 361	伊勢中川 いせなかがわ (近畿日本鉄道) 253	市棚 いちたな (日豊本線) 182
泉 いずみ (常磐線) 46	伊勢中原 いせなかはら (近畿日本鉄道) 246	市坪 いちつぼ (予讃線) 157
出水 いずみ (九州新幹線) 168	伊勢八太 いせはた (名松線) 106	市波 いちなみ (越美北線) 117
泉 いずみ (福島交通) 302	伊勢治田 いせはった (三岐鉄道) 380	市布 いちぬの (長崎本線) 173
泉 いずみ (福島臨海鉄道) 304	伊勢原 いせはら (小田急電鉄) 216	一之江 いちのえ (東京都交通局) 327
出水 いずみ (肥薩おれんじ鉄道) 445	伊勢松本 いせまつもと (近畿日本鉄道) 106	市ノ川 いちのかわ (豊肥本線) 179
泉大津 いずみおおつ (南海電気鉄道) 257	伊勢八知 いせやち (名松線) 106	市ノ瀬 いちのせ (身延線) 95
和泉大宮 いずみおおみや (南海電気鉄道) 257	伊勢若松 いせわかまつ (近畿日本鉄道) 253	一ノ関 いちのせき (東北本線) 43
泉ケ丘 いずみがおか (泉北高速鉄道) 278	五十市 いそいち (日豊本線) 183	一の鳥居 いちのとりい (能勢電鉄) 402
泉郷 いずみごう (水郡線) 48	石生 いそう (福知山線) 114	一戸 いちのへ (IGRいわて銀河鉄道) 295
泉崎 いずみざき (東北本線) 41	磯子 いそご (根岸線) 30	市辺 いちのべ (近江鉄道) 385
泉佐野 いずみさの (南海電気鉄道) 258	磯崎 いそざき (ひたちなか海浜鉄道) 305	一宮 いちのみや (高松琴平電気鉄道) 421
泉沢 いずみさわ (道南いさりび鉄道) 289	五十猛 いそたけ (山陰本線) 140	櫟本 いちのもと (桜井線) 148
和泉砂川 いずみすながわ (阪和線) 151	磯ノ浦 いそのうら (南海電気鉄道) 259	一の渡 いちのわたり (三陸鉄道) 293
泉田 いずみた (奥羽本線) 68	磯原 いそはら (常磐線) 46	一ノ割 いちのわり (東武鉄道) 195
泉体育館 いずみたいいくかん (多摩都市モノレール) 331	磯分内 いそぶんない (釧網本線) 21	市場 いちば (加古川線) 125
和泉多摩川 いずみたまがわ (小田急電鉄) 215	磯部 いそべ (信越本線) 78	市場 いちば (神戸電鉄) 406
いずみ中央 いずみちゅうおう (相模鉄道) 233	磯部 いそべ (北陸本線) 355	市場 いちば (平成筑豊鉄道) 433
和泉中央 いずみちゅうおう (泉北高速鉄道) 278	磯山 いそやま (近畿日本鉄道) 253	一畑口 いちばたぐち (一畑電車) 411
泉中央 いずみちゅうおう (仙台市交通局) 296	板荷 いたが (東武鉄道) 198	市塙 いちばな (真岡鐵道) 309
和泉鳥取 いずみとっとり (阪和線) 151	井高野 いたかの (大阪市交通局) 397	市場前信号所 いちばまえ (とさでん交通) 428
いずみ野 いずみの (相模鉄道) 233	井田川 いだがわ (関西本線) 104	市原 いちはら (叡山電鉄) 389
和泉橋本 いずみはしもと (阪和線) 151	伊太祈曽 いだきそ (和歌山電鐵) 408	市原分岐点信号場 いちはらぶんきてん (京葉臨海鉄道) 318
和泉府中 いずみふちゅう (阪和線) 151	板倉東洋大前 いたくらとうようだいまえ (東武鉄道) 198	一分 いちぶ (近畿日本鉄道) 252
出目 いずめ (予土線) 158	潮来 いたこ (鹿島線) 88	一武 いちぶ (くま川鉄道) 446
出雲科学館パークタウン前 いずもかがくかんぱーくたうんまえ (一畑電車) 411	板野 いたの (高徳線) 159	市振 いちぶり (えちごトキめき鉄道) 345
出雲坂根 いずもさかね (木次線) 144	板橋 いたばし (赤羽線) 26	市部 いちべ (伊賀鉄道) 383
出雲崎 いずもざき (越後線) 81	板橋区役所前 いたばしくやくしょまえ (東京都交通局) 326	五日市 いつかいち (山陽本線) 123
出雲市 いずもし (山陰本線) 140	板橋本町 いたばしほんちょう (東京都交通局) 326	五日町 いつかまち (上越線) 51
出雲神西 いずもじんざい (山陰本線) 140	飯給 いたぶ (小湊鉄道) 320	一社 いっしゃ (名古屋市交通局) 370
出雲大社前 いずもたいしゃまえ (一畑電車) 412	伊丹 いたみ (福知山線) 113	一勝地 いっしょうち (肥薩線) 170
	伊丹 いたみ (阪急電鉄) 267	五橋 いつつばし (仙台市交通局) 296
出雲大東 いずもだいとう (木次線) 144	猪田道 いだみち (伊賀鉄道) 383	一本松 いっぽんまつ (日田彦山線) 184
出雲三成 いずもみなり (木次線) 144	板持 いたもち (美祢線) 137	一本松 いっぽんまつ (東武鉄道) 202
出雲八代 いずもやしろ (木次線) 144	板谷 いたや (奥羽本線) 67	いづろ通 いづろどおり (鹿児島市交通局) 447
出雲横田 いずもよこた (木次線) 144	板宿 いたやど (山陽電気鉄道) 279	井出 いで (身延線) 95
石動 いするぎ (あいの風とやま鉄道) 353	板宿 いたやど (神戸市交通局) 404	出光美術館 いでみつびじゅつかん (平成筑豊鉄道) 434
出馬 いずんま (飯田線) 97	板柳 いたやなぎ (五能線) 72	井戸 いど (高松琴平電気鉄道) 423
伊勢朝日 いせあさひ (近畿日本鉄道) 254	市尾 いちお (近畿日本鉄道) 250	糸井 いとい (室蘭本線) 10
伊勢石橋 いせいしばし (近畿日本鉄道) 246	市岡 いちおか (芸備線) 131	糸魚川 いといがわ (大糸線) 120
伊勢上野 いせうえの (伊勢鉄道) 382	市が尾 いちがお (東京急行電鉄) 219	糸魚川 いといがわ (えちごトキめき鉄道) 345
伊勢大井 いせおおい (名松線) 106	市ケ谷 いちがや (中央本線) 33	糸崎 いとざき (呉線本線) 15
伊勢奥津 いせおきつ (名松線) 106	市ケ谷 いちがや (東京地下鉄) 226	伊東 いとう (伊東線) 32
伊勢柏崎 いせかしわざき (紀勢本線) 105	市ケ谷 いちがや (東京都交通局) 326	伊東 いとう (伊豆急行) 361
伊勢鎌倉 いせかまくら (名松線) 106	市川 いちかわ (総武本線) 83	井土ヶ谷 いどがや (京浜急行電鉄) 230
伊勢川口 いせかわぐち (近畿日本鉄道) 106	市川大野 いちかわおおの (武蔵野線) 29	糸崎 いとざき (山陽本線) 122
伊勢川島 いせかわしま (近畿日本鉄道) 254	市川塩浜 いちかわしおはま (京葉線) 85	愛し野 いとしの (石北本線) 20
井関 いせき (名松線) 106	市川大門 いちかわだいもん (身延線) 96	糸田 いとだ (平成筑豊鉄道) 433
伊勢崎 いせさき (両毛線) 53	市川本町 いちかわほんまち (身延線) 96	糸貫 いとぬき (樽見鉄道) 378
伊勢崎 いせさき (東武鉄道) 196	市川真間 いちかわまま (京成電鉄) 208	伊奈 いな (名古屋鉄道) 234
伊勢佐木長者町 いせざきちょうじゃまち (横浜市交通局) 333	市来 いちき (鹿児島本線) 168	稲枝 いなえ (東海道本線) 109
	一志 いちし (名松線) 106	稲永 いなえい (名古屋臨海高速鉄道) 374
伊勢市 いせし (参宮線) 104	市島 いちじま (福知山線) 114	稲尾 いなお (大糸線) 39
伊勢市 いせし (近畿日本鉄道) 247	一乗寺 いちじょうじ (叡山電鉄) 388	伊勢大島 いせおおしま (飯田線) 98
伊勢田 いせだ (近畿日本鉄道) 251	一乗谷 いちじょうだに (越美北線) 117	田舎館 いなかだて (弘南鉄道) 291
伊勢竹原 いせたけはら (名松線) 106	一条橋 いちじょうばし (とさでん交通) 430	伊那上郷 いなかみさと (飯田線) 98
	市城 いちしろ (吾妻線) 52	稲城 いなぎ (京王電鉄) 213
	市田 いちだ (飯田線) 98	

470

駅名	よみ（路線）	ページ
伊那北	いなきた（飯田線）	98
稲城長沼	いなぎながぬま（南武線）	26
稲毛	いなげ（総武本線）	83
稲毛海岸	いなげかいがん（京葉線）	85
稲子	いなこ（身延線）	95
依那古	いなこ（伊賀鉄道）	383
伊那小沢	いなこざわ（飯田線）	97
稲沢	いなざわ（東海道本線）	93
伊那市	いなし（飯田線）	98
稲士別	いなしべつ（根室本線）	15
伊那新町	いなしんまち（飯田線）	98
稲梓	いなずさ（伊豆急行）	361
稲田	いなだ（水戸線）	53
伊那田島	いなたじま（飯田線）	98
稲田堤	いなだづつみ（南武線）	26
伊奈中央	いなちゅうおう（埼玉新都市交通）	314
稲積公園	いなづみこうえん（函館本線）	4
猪名寺	いなでら（福知山線）	113
稲戸井	いなとい（関東鉄道）	307
稲野	いなの（阪急電鉄）	267
因幡船岡	いなばふなおか（若桜鉄道）	410
因幡社	いなばやしろ（因美線）	142
稲原	いなはら（紀勢本線）	154
伊那福岡	いなふくおか（飯田線）	98
稲穂	いなほ（函館本線）	4
伊那本郷	いなほんごう（飯田線）	98
伊那松島	いなまつしま（飯田線）	98
印南	いなみ（紀勢本線）	153
稲村ヶ崎	いなむらがさき（江ノ島電鉄）	336
伊那八幡	いなやわた（飯田線）	97
稲荷	いなり（奈良線）	147
稲荷口	いなりぐち（名古屋鉄道）	244
稲荷町	いなりちょう（東京地下鉄）	222
稲荷町	いなりまち（富山地方鉄道）	346
稲荷町	いなりまち（広島電鉄）	416
稲荷山	いなりやま（篠ノ井線）	38
稲荷山公園	いなりやまこうえん（西武鉄道）	203
猪苗代	いなわしろ（磐越西線）	64
猪苗代湖畔《臨》	いなわしろこはん（磐越西線）	64
犬飼	いぬかい（豊肥本線）	179
犬川	いぬかわ（米坂線）	70
犬島新町	いぬじましんまち（富山ライトレール）	352
犬塚	いぬづか（西日本鉄道）	274
犬吠	いぬぼう（銚子電気鉄道）	315
犬山	いぬやま（名古屋鉄道）	242
犬山口	いぬやまぐち（名古屋鉄道）	242
犬山遊園	いぬやまゆうえん（名古屋鉄道）	242
井野	いの（上越線）	50
伊野	いの（土讃線）	163
井野	いの（山万）	317
伊野	いの（とさでん交通）	429
伊納	いのう（函館本線）	5
居能	いのう（宇部線）	136
伊野駅前	いのえきまえ（とさでん交通）	429
井の頭公園	いのかしらこうえん（京王電鉄）	214
井口	いのくち（北陸鉄道）	355
井口	いのくち（広島電鉄）	415
井野商業前	いのしょうぎょうまえ（とさでん交通）	429
猪谷	いのたに（高山本線）	120
いのつき	いのつき（松浦鉄道）	438
伊野灘	いのなだ（一畑電車）	411
井原	いはら（豊橋鉄道）	368
井原	いばら（井原鉄道）	414
井原市	いばらいち（芸備線）	132
茨木	いばらき（東海道本線）	110
茨木市	いばらきし（阪急電鉄）	265
井原里	いはらのさと（南海電気鉄道）	258
茨目	いばらめ（信越本線）	78
揖斐	いび（養老鉄道）	379
伊比井	いびい（日南線）	185
指宿	いぶすき（指宿枕崎線）	171
動橋	いぶりはし（北陸本線）	115
伊保	いほ（山陽電気鉄道）	280
今井	いまい（信越本線）	78
今池	いまいけ（名古屋市交通局）	370
今池	いまいけ（阪堺電気軌道）	398
今池	いまいけ（筑豊電気鉄道）	432
今泉	いまいずみ（米坂線）	70
今泉	いまいずみ（山形鉄道）	301
今伊勢	いまいせ（名古屋鉄道）	235
今市	いまいち（日光線）	54
今井浜海岸	いまいはまかいがん（伊豆急行）	361
今川	いまがわ（羽越本線）	74
今川	いまがわ（近畿日本鉄道）	249
今川河童	いまがわかっぱ（平成筑豊鉄道）	434
今隈	いまぐま（甘木鉄道）	436
今里	いまざと（近畿日本鉄道）	245
今里	いまざと（大阪市交通局）	395
今宿	いまじゅく（筑肥線）	175
今庄	いまじょう（北陸本線）	115
今津	いまづ（日豊本線）	181
今津	いまづ（阪急電鉄）	267
今津	いまづ（阪神電鉄）	270
今出川	いまでがわ（京都市交通局）	391
今橋	いまばし（高松琴平電気鉄道）	422
今治	いまばり（予讃線）	156
今福	いまふく（松浦鉄道）	437
今福鶴見	いまふくつるみ（大阪市交通局）	396
今船	いまふね（阪堺電気軌道）	398
今列	いまれつ（智頭急行）	73
今宮	いまみや（関西本線）	146
今宮戎	いまみやえびす（南海電気鉄道）	257
今山	いまやま（日田彦山線）	184
伊万里	いまり（筑肥線）	175
伊万里	いまり（松浦鉄道）	437
射水市新湊庁舎前	いみずししんみなとちょうしゃまえ（万葉線）	353
揖屋	いや（山陰本線）	140
祖谷口	いやぐち（土讃線）	162
伊予出石	いよいずし（予讃線）	157
伊予石城	いよいわき（予讃線）	157
伊予大洲	いよおおず（予讃線）	157
伊予大平	いよおおひら（予讃線）	157
伊予上灘	いよかみなだ（予讃線）	157
伊予亀岡	いよかめおか（予讃線）	156
伊与喜	いよき（土佐くろしお鉄道）	426
伊予小松	いよこまつ（予讃線）	156
伊予西条	いよさいじょう（予讃線）	156
伊予桜井	いよさくらい（予讃線）	156
伊予寒川	いよさんがわ（予讃線）	156
伊予市	いよし（予讃線）	157
伊予白滝	いよしらたき（予讃線）	157
伊予立川	いよたちかわ（予讃線）	158
いよ立花	いよたちばな（伊予鉄道）	424
伊予土居	いよどい（予讃線）	156
伊予富田	いよとみだ（予讃線）	156
伊予長浜	いよながはま（予讃線）	157
伊予中山	いよなかやま（予讃線）	158
伊予氷見	いよひみ（予讃線）	156
伊予平野	いよひらの（予讃線）	157
伊予北条	いよほうじょう（予讃線）	156
伊予三島	いよみしま（予讃線）	156
伊予宮野下	いよみやのした（予土線）	159
伊予三芳	いよみよし（予讃線）	156
伊予横田	いよよこた（予讃線）	157
伊予吉田	いよよしだ（予讃線）	157
伊予若宮信号場	いよわかみや（予讃線）	157
伊予和気	いよわけ（予讃線）	156
五十川	いらがわ（羽越本線）	74
伊里	いり（赤穂線）	128
入明	いりあけ（土讃線）	162
入生田	いりうだ（箱根登山鉄道）	337
入江岡	いりえおか（静岡鉄道）	363
杁ヶ池公園	いりがいけこうえん（愛知高速交通）	369
入曽	いりそ（西武鉄道）	205
いりなか	いりなか（名古屋市交通局）	372
入野	いりの（指宿枕崎線）	171
入広瀬	いりひろせ（只見線）	66
入谷	いりや（相模線）	31
入谷	いりや（東京地下鉄）	224
入山瀬	いりやませ（身延線）	95
医療センター	いりょうせんたー（神戸新交通）	407
入間市	いるまし（西武鉄道）	203
入地	いれじ（関東鉄道）	306
岩井	いわい（内房線）	86
岩泉小本	いわいずみおもと（三陸鉄道）	293
いわき	いわき（常磐線）	46
磐城	いわき（近畿日本鉄道）	250
岩木信号場	いわきしんごうじょう（智頭急行）	410
磐城浅川	いわきあさかわ（水郡線）	48
磐城石井	いわきいしい（水郡線）	48
磐城石川	いわきいしかわ（水郡線）	48
磐城太田	いわきおおた（常磐線）	47
磐城棚倉	いわきたなくら（水郡線）	48
磐城常葉	いわきときわ（磐越東線）	63
磐城塙	いわきはなわ（水郡線）	48
岩城みなと	いわきみなと（羽越本線）	75
磐城守山	いわきもりやま（水郡線）	48
岩切	いわきり（東北本線）	42
岩国	いわくに（山陽本線）	123
岩倉	いわくら（宇部線）	136
岩倉	いわくら（名古屋鉄道）	242
岩倉	いわくら（叡山電鉄）	388
岩峅寺	いわくらじ（富山地方鉄道）	347

岩沢 いわさわ (北上線) 58	岩山 いわやま (姫新線) 127	鶯谷 うぐいすだに (東北線) 40
岩島 いわしま (吾妻線) 52	印西牧の原 いんざいまきのはら (北総鉄道) 315	鶯野 うぐいすの (田沢湖線) 60
岩宿 いわじゅく (両毛線) 53	インテック本社前 いんてっくほんしゃまえ (富山ライトレール) 351	鶯の森 うぐいすのもり (能勢電鉄) 401
岩代 いわしろ (紀勢本線) 153	院内 いんない (奥羽本線) 68	鶯巣 うぐす (飯田線) 97
岩代清水 いわしろしみず (福島交通) 302	院庄 いんのしょう (姫新線) 127	有家 うげ (八戸線) 62
岩瀬 いわせ (水戸線) 53	印場 いんば (名古屋鉄道) 240	羽後飯塚 うごいいづか (奥羽本線) 68
岩瀬浜 いわせはま (富山ライトレール) 352	印旛日本医大 いんばにほんいだい (北総鉄道) 315	羽後岩谷 うごいわや (羽越本線) 75
磐田 いわた (東海道本線) 92	因原 いんばら (三江線) 144	羽後牛島 うごうしじま (羽越本線) 75
岩田 いわた (山陽本線) 123	伊部 いんべ (赤穂線) 128	羽後太田 うごおおた (秋田内陸縦貫鉄道) 299
岩滝口 いわたきぐち (WILLER TRAINS) 387	**う**	羽後亀田 うごかめだ (羽越本線) 75
岩館 いわだて (五能線) 71	植木 うえき (鹿児島本線) 167	羽後境 うごさかい (奥羽本線) 68
岩塚 いわつか (名古屋市交通局) 370	ウェスパ椿山 うぇすぱつばきやま (五能線) 72	羽後中里 うごなかざと (秋田内陸縦貫鉄道) 299
岩槻 いわつき (東武鉄道) 200	植田 うえた (豊橋鉄道) 367	羽後長戸呂 うごながとろ (秋田内陸縦貫鉄道) 299
岩原スキー場前 いわっぱらすきーじょうまえ (上越線) 50	植田 うえた (常磐線) 46	羽後長野 うごながの (田沢湖線) 60
岩出 いわで (和歌山線) 150	上田 うえだ (北陸新幹線) 80	羽後本荘 うごほんじょう (羽越本線) 75
岩手飯岡 いわていいおか (東北本線) 43	上田 うえだ (しなの鉄道) 341	羽後本荘 うごほんじょう (由利高原鉄道) 300
岩手石橋 いわていしばし (岩手開発鉄道) 295	上田 うえだ (上田電鉄) 342	羽後四ツ屋 うごよつや (田沢湖線) 60
岩手上郷 いわてかみごう (釜石線) 59	上田 うえだ (名古屋市交通局) 372	宇佐 うさ (日豊本線) 181
岩手川口 いわてかわぐち (IGRいわて銀河鉄道) 295	植大 うえだい (名古屋鉄道) 239	宇佐美 うさみ (伊東線) 32
いわて沼宮内 いわてぬまくない (東北新幹線) 45	上田原 うえだはら (上田電鉄) 342	宇治 うじ (奈良線) 147
いわて沼宮内 いわてぬまくない (IGRいわて銀河鉄道) 45	植苗 うえなえ (千歳線) 8	宇治 うじ (京阪電気鉄道) 262
岩手二日町 いわてふつかまち (釜石線) 59	上野 うえの (東北本線) 40	氏家 うじいえ (東北本線) 41
岩手船越 いわてふなこし (山田線) 61	上野 うえの (東京地下鉄) 222	潮 うしお (三江線) 145
岩出山 いわでやま (陸羽東線) 76	上野御徒町 うえのおかちまち (東京都交通局) 327	牛ケ原 うしがはら (越美北線) 117
石刀 いわと (名古屋鉄道) 235	上野市 うえのし (伊賀鉄道) 383	牛久 うしく (常磐線) 46
岩波 いわなみ (御殿場線) 95	上野芝 うえのしば (阪和線) 151	牛久保 うしくぼ (飯田線) 96
岩沼 いわぬま (東北本線) 42	上野動物園西園 うえのどうぶつえんにしえん (東京都交通局) 328	牛込神楽坂 うしごめかぐらざか (東京都交通局) 327
巖根 いわね (内房線) 86	上野動物園東園 うえのどうぶつえんひがしえん (東京都交通局) 328	牛込柳町 うしごめやなぎちょう (東京都交通局) 327
岩根橋 いわねばし (釜石線) 59	上野原 うえのはら (中央本線) 34	牛田 うした (広島高速交通) 419
岩ノ下 いわのした (大船渡線) 57	上野広小路 うえのひろこうじ (東京地下鉄) 222	牛田 うしだ (東武鉄道) 195
岩野目 いわのめ (秋田内陸縦貫鉄道) 299	上林 うえばやし (伊賀鉄道) 383	牛田 うしだ (名古屋鉄道) 234
岩鼻 いわはな (宇部線) 136	植松 うえまつ (本四備讃線) 130	宇治団地前 うじだんちまえ (とさでん交通) 429
岩原 いわはら (伊豆箱根鉄道) 360	植村 うえむら (肥薩線) 171	牛津 うしづ (長崎本線) 173
岩船町 いわふね (両毛線) 52	魚市場通 うおいちばどおり (函館市企業局) 286	宇品五丁目 うじなごちょうめ (広島電鉄) 417
岩舟町 いわねまち (羽越本線) 74	魚崎 うおざき (阪神電気鉄道) 270	宇品三丁目 うじなさんちょうめ (広島電鉄) 417
岩間 いわま (常磐線) 46	魚崎 うおざき (阪神電気鉄道) 407	宇品二丁目 うじなにちょうめ (広島電鉄) 417
岩松 いわまつ (大村線) 176	魚住 うおずみ (山陽本線) 121	宇品四丁目 うじなよんちょうめ (広島電鉄) 417
岩美 いわみ (山陰本線) 139	魚津 うおづ (あいの風とやま鉄道) 353	牛島 うしのしま (徳島線) 160
石見 いわみ (近畿日本鉄道) 248	魚沼丘陵 うおぬまきゅうりょう (北越急行) 343	牛ノ浜 うしのはま (肥薩おれんじ鉄道) 445
石見川越 いわみかわごえ (三江線) 144	魚沼田中 うおぬまたなか (只見線) 66	牛ノ谷 うしのや (北陸本線) 115
石見川本 いわみかわもと (三江線) 144	魚沼中条 うおぬまなかじょう (飯山線) 81	牛浜 うしはま (青梅線) 35
石見沢 いわみざわ (函館本線) 5	鵜飼 うかい (福塩線) 132	牛渕 うしぶち (伊予鉄道) 424
石見都賀 いわみつが (三江線) 145	鵜方 うがた (近畿日本鉄道) 255	牛渕団地前 うしぶちだんちまえ (伊予鉄道) 424
石見津田 いわみつだ (山陰本線) 141	宇賀本郷 うがほんごう (山陰本線) 141	牛山 うしやま (名古屋鉄道) 240
石見福光 いわみふくみつ (山陰本線) 140	浮孔 うきあな (近畿日本鉄道) 250	宇治山田 うじやまだ (近畿日本鉄道) 247
石見松原 いわみまつばら (山陰本線) 145	浮島町 うきしまちょう (神奈川臨海鉄道) 332	後潟 うしろがた (津軽線) 72
石見簗瀬 いわみやなぜ (三江線) 144	うきは うきは (久大本線) 177	有珠 うす (室蘭本線) 10
石見横田 いわみよこた (山口線) 136	浮鞭 うきぶち (土佐くろしお鉄道) 427	宇宿 うすき (指宿枕崎線) 171
岩村 いわむら (明知鉄道) 376	浮間舟渡 うきましゅうど (東北本線) 43	臼杵 うすき (日豊本線) 182
岩村田 いわむらだ (小海線) 37	宇久井 うくい (紀勢本線) 153	鵜杉 うすぎ (陸羽東線) 76
岩室 いわむろ (越後線) 81		
岩本 いわもと (上越線) 50		
岩本町 いわもとちょう (東京都交通局) 326		
岩屋 いわや (唐津線) 174		
岩屋 いわや (阪神電気鉄道) 270		
岩屋橋 いわやばし (長崎電気軌道) 439		

駅名	読み	(路線)	ページ
宇宿一丁目	うすきいっちょうめ	(鹿児島市交通局)	448
臼田	うすだ	(小海線)	37
太秦	うずまさ	(山陰本線)	138
太秦広隆寺	うずまさこうりゅうじ	(京福電気鉄道)	389
太秦天神川	うずまさてんじんがわ	(京都市交通局)	392
羽前大山	うぜんおおやま	(羽越本線)	74
羽前金沢	うぜんかねざわ	(左沢線)	70
羽前小松	うぜんこまつ	(米坂線)	70
羽前前波	うぜんぜんなみ	(陸羽西線)	77
羽前高松	うぜんたかまつ	(左沢線)	70
羽前千歳	うぜんちとせ	(奥羽本線)	67
羽前椿	うぜんつばき	(米坂線)	70
羽前豊里	うぜんとよさと	(奥羽本線)	68
羽前長崎	うぜんながさき	(左沢線)	70
羽前中山	うぜんなかやま	(奥羽本線)	67
羽前成田	うぜんなりた	(山形鉄道)	301
羽前沼沢	うぜんぬまざわ	(米坂線)	70
羽前松岡	うぜんまつおか	(米坂線)	70
羽前水沢	うぜんみずさわ	(羽越本線)	74
羽前山辺	うぜんやまべ	(左沢線)	70
宇田郷	うたごう	(山陰本線)	141
歌津	うたつ	(気仙沼線)	57
宇多津	うたづ	(予讃線)	155
歌内	うたない	(宗谷本線)	18
宇多野	うたの	(京福電気鉄道)	390
内海	うちうみ	(山口線)	185
内ケ巻	うちがまき	(飯山線)	81
内子	うちこ	(内子線)	158
内郷	うちごう	(常磐線)	46
打越	うちこし	(熊本電気鉄道)	442
内幸町	うちさいわいちょう	(東京都交通局)	326
内宿	うちじゅく	(埼玉新都市交通)	314
打田	うちた	(和歌山線)	150
内田	うちだ	(平成筑豊鉄道)	434
打出	うちで	(阪神電気鉄道)	270
内名	うちな	(芸備線)	131
内灘	うちなだ	(北陸鉄道)	355
内野	うちの	(越後線)	82
内之田	うちのだ	(日南線)	185
内野西が丘	うちのにしがおか	(越後線)	81
内牧	うちのまき	(豊肥本線)	179
内原	うちはら	(常磐線)	46
内山	うちやま	(富山地方鉄道)	347
宇都井	うづい	(三江線)	145
打井川	うついがわ	(予土線)	158
現川	うつつがわ	(長崎本線)	174
ウッディタウン中央	うっでぃたうんちゅうおう	(神戸電鉄)	406
宇都宮	うつのみや	(東北本線)	41
宇都宮貨物ターミナル	うつのみやかもつたーみなる	(東北本線)	41
内船	うつぶな	(身延線)	95
内部	うつべ	(四日市あすなろう鉄道)	382
打保	うつぼ	(高山本線)	101
内海	うつみ	(名古屋鉄道)	239
宇土	うと	(鹿児島本線)	167
宇頭	うとう	(名古屋鉄道)	234
鵜殿	うどの	(紀勢本線)	106
鵜苫	うとま	(日高本線)	12
宇奈月	うなづき	(黒部峡谷鉄道)	350
宇奈月温泉	うなづきおんせん	(富山地方鉄道)	347
鵜沼	うぬま	(高山本線)	100
鵜沼宿	うぬまじゅく	(名古屋鉄道)	241
有年	うね	(山陽本線)	121
畦野	うねの	(能勢電鉄)	402
畝傍	うねび	(桜井線)	148
畝傍御陵前	うねびごりょうまえ	(近畿日本鉄道)	248
宇野	うの	(宇野線)	129
鵜の木	うのき	(東京急行電鉄)	220
宇野気	うのけ	(七尾線)	118
宇島	うのしま	(日豊本線)	181
鵜住居	うのすまい	(山田線)	61
宇野辺	うのべ	(大阪高速鉄道)	401
卯之町	うのまち	(予讃線)	157
祖母島	うばしま	(吾妻線)	52
姥堂	うばどう	(磐越西線)	64
鵜原	うばら	(外房線)	86
宇部	うべ	(山陽本線)	124
宇部新川	うべしんかわ	(宇部線)	136
宇部岬	うべみさき	(宇部線)	136
馬立	うまたて	(小湊鉄道)	320
馬堀	うまほり	(山陰本線)	138
馬道	うまみち	(三岐鉄道)	381
宇美	うみ	(香椎線)	169
海芝浦	うみしばうら	(鶴見線)	28
海尻	うみじり	(小海線)	37
海浦	うみのうら	(肥薩おれんじ鉄道)	445
海の王迎	うみのおうむかえ	(土佐くろしお鉄道)	427
海ノ口	うみのくち	(大糸線)	39
海の公園柴口	うみのこうえんしばぐち	(横浜シーサイドライン)	335
海の公園南口	うみのこうえんなみぐち	(横浜シーサイドライン)	335
海ノ中道	うみのなかみち	(香椎線)	169
梅ヶ丘	うめがおか	(小田急電鉄)	215
梅ケ沢	うめがさわ	(東北本線)	42
梅ケ谷	うめがだに	(紀勢本線)	105
梅ケ峠	うめがとう	(山陰本線)	142
梅迫	うめざこ	(舞鶴線)	142
梅郷	うめさと	(東武鉄道)	200
梅島	うめじま	(東武鉄道)	195
梅田信号場	うめだ	(東海道本線)	110
梅田	うめだ	(阪急電鉄)	268
梅田	うめだ	(阪神電気鉄道)	271
梅田	うめだ	(大阪市交通局)	393
梅坪	うめつぼ	(名古屋鉄道)	236
梅戸井	うめどい	(三岐鉄道)	380
梅の辻	うめのつじ	(とさでん交通)	430
梅本	うめのもと	(伊予鉄道)	424
梅林	うめばやし	(福岡市交通局)	436
梅屋敷	うめやしき	(京浜急行電鉄)	229
梅屋敷	うめやしき	(近畿日本鉄道)	256
梅山	うめやま	(長良川鉄道)	377
敬川	うやがわ	(山陰本線)	140
浦臼	うらうす	(札沼線)	7
浦賀	うらが	(京浜急行電鉄)	230
浦上	うらかみ	(長崎本線)	174
浦上駅前	うらかみえきまえ	(長崎電気軌道)	439
浦上車庫前	うらかみしゃこまえ	(長崎電気軌道)	439
浦河	うらかわ	(日高本線)	12
浦川	うらかわ	(飯田線)	97
うらがわら	うらがわら	(北越急行)	344
浦佐	うらさ	(上越線)	51
浦宿	うらしゅく	(石巻線)	56
浦宿	うらた	(筑豊本線)	187
浦田	うらた	(水島臨海鉄道)	413
浦ノ崎	うらのさき	(松浦鉄道)	437
浦幌	うらほろ	(根室本線)	15
浦本	うらもと	(えちごトキめき鉄道)	345
浦安	うらやす	(JR陰本線)	139
浦安	うらやす	(東京地下鉄)	225
浦山	うらやま	(富山地方鉄道)	347
浦山口	うらやまぐち	(秩父鉄道)	313
浦和	うらわ	(東北本線)	40
浦和美園	うらわみその	(埼玉高速鉄道)	313
瓜連	うりづら	(水郡線)	48
蔚山町	うるさんまち	(熊本市交通局)	444
漆山	うるしやま	(奥羽本線)	67
上挙母	うわごろも	(名古屋鉄道)	236
宇和島	うわじま	(予讃線)	157
運河	うんが	(東武鉄道)	200
雲州平田	うんしゅうひらた	(一畑電車)	411
雲泉寺	うんぜんじ	(岡本製作所)	446
運動公園	うんどうこうえん	(日南線)	185
運動公園	うんどうこうえん	(わたらせ渓谷鐵道)	309
運動公園前	うんどうこうえんまえ	(弘南鉄道)	291
運動公園前	うんどうこうえんまえ	(豊橋鉄道)	368

え

駅名	読み	(路線)	ページ
頴娃	えい	(指宿枕崎線)	171
頴娃大川	えいおおかわ	(指宿枕崎線)	172
江井ヶ島	えいがしま	(山陽電気鉄道)	279
越前新保	えちぜんしんぼ	(えちぜん鉄道)	356
永犬丸	えいのまる	(筑豊電気鉄道)	432
永福町	えいふくちょう	(京王電鉄)	214
永平寺口	えいへいじぐち	(えちぜん鉄道)	357
永和	えいわ	(関西本線)	104
永覚	えかく	(愛知環状鉄道)	368
恵我ノ荘	えがのしょう	(近畿日本鉄道)	249
江川崎	えかわさき	(予土線)	158
江木	えぎ	(上毛電気鉄道)	310
駅前	えきまえ	(豊橋鉄道)	367
駅前大通	えきまえおおどおり	(豊橋鉄道)	367
駅家	えきや	(福塩線)	132
江吉良	えぎら	(名古屋鉄道)	243
江口	えぐち	(徳島線)	160
江古田	えこだ	(西武鉄道)	203
江坂	えさか	(北大阪急行電鉄)	277
江坂	えさか	(大阪市交通局)	393
江崎	えさき	(山陰本線)	141

473

江島 えじま (飯田線)		96
江尻 えじり (万葉線)		352
江住 えすみ (紀勢本線)		153
江曽島 えそじま (東武鉄道)		199
江田 えだ (磐越東線)		63
江田 えだ (東京急行電鉄)		219
枝川 えだがわ (土讃線)		163
枝川 えだがわ (とさでん交通)		429
枝光 えだみつ (鹿児島本線)		165
愛知川 えちがわ (近江鉄道)		384
越後赤坂 えちごあかつか (越後線)		81
越後石山 えちごいしやま (信越本線)		79
越後岩塚 えちごいわつか (飯山線)		81
越後岩塚 えちごいわつか (信越本線)		79
越後大島 えちごおおしま (米坂線)		70
越後片貝 えちごかたかい (米坂線)		70
越後金丸 えちごかなまる (羽越本線)		70
越後川口 えちごかわぐち (上越線)		51
越後寒川 えちごかんがわ (羽越本線)		74
越後鹿渡 えちごしかわたり (飯山線)		81
越後下関 えちごしもせき (米坂線)		70
越後須原 えちごすはら (只見線)		66
越後曽根 えちごそね (越後線)		81
越後滝谷 えちごたきや (上越線)		51
越後田沢 えちごたざわ (飯山線)		81
越後田中 えちごたなか (飯山線)		80
越後中里 えちごなかざと (上越線)		50
越後早川 えちごはやかわ (羽越本線)		74
越後広瀬 えちごひろせ (只見線)		66
越後広田 えちごひろた (信越本線)		79
越後堀之内 えちごほりのうち (上越線)		51
越後水沢 えちごみずさわ (飯山線)		81
越後湯沢 えちごゆざわ (上越線)		50
越前大宮 えちぜんおおみや (越美北線)		117
越前大宮 えちぜんおおみや (越美北線)		117
越前開発 えちぜんかいほつ (えちぜん鉄道)		356
越前島橋 えちぜんしまばし (えちぜん鉄道)		357
越前下山 えちぜんしもやま (越美北線)		117
越前高田 えちぜんたかだ (越美北線)		117
越前竹原 えちぜんたけはら (えちぜん鉄道)		357
越前武生 えちぜんたけふ (福井鉄道)		358
越前田野 えちぜんたの (越美北線)		117
越前東郷 えちぜんとうごう (越美北線)		117
越前富田 えちぜんとみだ (越美北線)		117
越前野中 えちぜんのなか (越美北線)		357
越前花堂 えちぜんはなんどう (越美北線)		117
越前薬師 えちぜんやくし (越美北線)		117
越中泉 えっちゅういずみ (富山地方鉄道)		346
越中荏原 えっちゅうえばら (富山地方鉄道)		346
越中国分 えっちゅうこくぶ (氷見線)		119
越中三郷 えっちゅうさんごう (富山地方鉄道)		346
越中島 えっちゅうじま (京葉線)		84
越中島貨物 えっちゅうじまかもつ (総武本線)		84
越中大門 えっちゅうだいもん (あいの風とやま鉄道)		353
越中中川 えっちゅうなかがわ (氷見線)		119
越中中島 えっちゅうなかじま (富山ライトレール)		352
越中中村 えっちゅうなかむら (富山地方鉄道)		346
越中舟橋 えっちゅうふなはし (富山地方鉄道)		346
越中宮崎 えっちゅうみやざき (あいの風とやま鉄道)		354
越中八尾 えっちゅうやつお (高山本線)		120
越中山田 えっちゅうやまだ (城端線)		119
江釣子 えづりこ (北上線)		58
江戸川 えどがわ (京成電鉄)		208
江戸川台 えどがわだい (東武鉄道)		200
江戸川橋 えどがわばし (東京地下鉄)		226
江戸橋 えどばし (近畿日本鉄道)		253
恵那 えな (中央本線)		102
恵那 えな (明知鉄道)		376
榎井 えない (高松琴平電気鉄道)		422
恵庭 えにわ (千歳線)		7
江の浦 えのうら (西日本鉄道)		274
榎戸 えのきど (総武本線)		83
榎戸 えのきど (名古屋鉄道)		238
榎町 えのきまち (富山地方鉄道)		347
江ノ島 えのしま (江ノ島電鉄)		336
江波 えば (広島電鉄)		418
江端 えばた (福井鉄道)		358
江原 えばら (山陰本線)		139
荏原中延 えばらなかのぶ (東京急行電鉄)		220
荏原町 えばらまち (東京急行電鉄)		220
江尾 えび (伯備線)		131
海老江 えびえ (JR東西線)		113
恵比島 えびしま (留萌本線)		13
恵比寿 えびす (山手線)		25
恵比寿 えびす (東京地下鉄)		224
恵比須 えびす (神戸電鉄)		406
恵美須町 えびすちょう (大阪市交通局)		396
恵美須町 えびすちょう (阪堺電気軌道)		398
胡町 えびすちょう (広島電鉄)		416
海老津 えびつ (鹿児島本線)		166
海老名 えびな (相模線)		31
海老名 えびな (小田急電鉄)		216
海老名 えびな (相模鉄道)		232
えびの えびの (吉都線)		186
えびの飯野 えびのいいの (吉都線)		186
えびの上江 えびのうわえ (吉都線)		186
絵笛 えふえ (日高本線)		12
江部乙 えべおつ (函館本線)		5
江別 えべつ (函館本線)		5
江見 えみ (内房線)		87
江迎鹿町 えむかえしかまち (松浦鉄道)		438
恵良 えら (久大本線)		177
襟野々 えりのの (土讃線)		163
遠軽 えんがる (石北本線)		19
円行寺口 えんぎょうじぐち (土讃線)		163
猿猴橋町 えんこうばしちょう (広島電鉄)		416
円座 えんざ (高松琴平電気鉄道)		421
塩山 えんざん (中央本線)		34
遠州岩水寺 えんしゅうがんすいじ (遠州鉄道)		366
遠州小林 えんしゅうこばやし (遠州鉄道)		366
遠州小松 えんしゅうこまつ (遠州鉄道)		366
遠州芝本 えんしゅうしばもと (遠州鉄道)		366
遠州西ヶ崎 えんしゅうにしがさき (遠州鉄道)		366
遠州病院 えんしゅうびょういん (遠州鉄道)		366
遠州森 えんしゅうもり (天竜浜名湖鉄道)		365
円田 えんでん (天竜浜名湖鉄道)		365
渕東 えんどう (アルピコ交通)		343
延徳 えんとく (長野電鉄)		340
円町 えんまち (山陰本線)		138

お

笈川 おいかわ (磐越西線)		64
大池遊園 おいけゆうえん (和歌山電鐵)		409
置賜 おいたま (奥羽本線)		67
老津 おいつ (豊橋鉄道)		367
追良瀬 おいらせ (五能線)		72
追分 おいわけ (室蘭本線)		11
追分 おいわけ (奥羽本線)		68
追分 おいわけ (京阪電気鉄道)		263
追分 おいわけ (四日市あすなろう鉄道)		382
追分口 おいわけぐち (えちぜん鉄道)		357
相口 おうか (紀勢本線)		105
扇大橋 おうぎおおはし (東京都交通局)		330
扇沢 おうぎさわ (関西電力)		351
扇田 おうぎた (花輪線)		62
扇町 おうぎまち (鶴見線)		27
扇町 おうぎまち (大阪市交通局)		396
王子 おうじ (東北本線)		40
王寺 おうじ (関西本線)		146
王子 おうじ (東京地下鉄)		227
王寺 おうじ (近畿日本鉄道)		252
王子駅前 おうじえきまえ (東京都交通局)		329
王子保 おうしお (北陸本線)		115
王子神谷 おうじかみや (東京地下鉄)		227
王子公園 おうじこうえん (阪急電鉄)		267
皇后山 おうじやま (京阪電気鉄道)		264
網田 おうだ (三角線)		170
麻生田 おうだ (三岐鉄道)		381
相知 おうち (唐津線)		174
奥武山公園 おうのやまこうえん (沖縄都市モノレール)		449
黄檗 おうばく (奈良線)		147
黄檗 おうばく (京阪電気鉄道)		262
青海 おうみ (えちごトキめき鉄道)		345
青海川 おうみがわ (信越本線)		78
近江今津 おうみいまづ (湖西線)		111
近江塩津 おうみしおつ (北陸線)		115
近江神宮前 おうみじんぐうまえ (京阪電気鉄道)		264
近江高島 おうみたかしま (湖西線)		111
近江長岡 おうみながおか (東海道本線)		93
近江中庄 おうみなかしょう (湖西線)		111
近江八幡 おうみはちまん (東海道本線)		109
近江八幡 おうみはちまん (近江鉄道)		385
近江舞子 おうみまいこ (湖西線)		111
青梅 おうめ (青梅線)		35
青梅街道 おうめかいどう (西武鉄道)		206
小江 おえ (長崎本線)		173
麻植塚 おえづか (徳島線)		160

駅名	よみ	(路線)	ページ
大麻	おおあさ	(函館本線)	5
大麻生	おおあそう	(秩父鉄道)	312
大阿太	おおあだ	(近畿日本鉄道)	250
大網	おおあみ	(外房線)	85
大洗	おおあらい	(鹿島臨海鉄道)	306
大池	おおいけ	(神戸電鉄)	405
大池いこいの森	おおいけいこいのもり	(北越急行)	344
大井競馬場前	おおいけいばじょうまえ	(東京モノレール)	324
大石	おおいし	(阪神電気鉄道)	270
大石田	おおいしだ	(奥羽本線)	67
大泉	おおいずみ	(阿武隈急行)	301
大泉	おおいずみ	(富山地方鉄道)	348
大泉	おおいずみ	(三岐鉄道)	381
大泉学園	おおいずみがくえん	(西武鉄道)	203
大磯	おおいそ	(東海道本線)	24
大分	おおいた	(日豊本線)	182
大板井	おおいたい	(甘木鉄道)	436
大分大学前	おおいただいがくまえ	(豊肥本線)	179
太市	おおいち	(姫新線)	126
大井町	おおいまち	(東海道本線)	23
大井町	おおいまち	(東京急行電鉄)	220
大井町	おおいまち	(東京臨海高速鉄道)	324
大岩	おおいわ	(山陰本線)	139
大内	おおうち	(予土線)	159
大内山	おおうちやま	(紀勢本線)	105
大浦	おおうら	(予讃線)	156
大浦海岸通り	おおうらかいがんどおり	(長崎電気軌道)	440
大浦天主堂下	おおうらてんしゅどうした	(長崎電気軌道)	440
大江	おおえ	(名古屋鉄道)	238
大江	おおえ	(WILLER TRAINS)	386
大江高校前	おおえこうこうまえ	(WILLER TRAINS)	386
大江橋	おおえばし	(京阪電気鉄道)	263
大江山口内宮	おおえやまぐちないく	(WILLER TRAINS)	386
大岡	おおおか	(御殿場線)	95
大岡山	おおおかやま	(東京急行電鉄)	219
大神	おおが	(日豊本線)	181
大街道	おおかいどう	(伊予鉄道)	425
大垣	おおがき	(東海道本線)	93
大垣	おおがき	(樽見鉄道)	378
大垣	おおがき	(養老鉄道)	379
大形	おおがた	(白新線)	76
大金	おおがね	(烏山線)	54
大釜	おおかま	(田沢湖線)	60
大狩部	おおかりべ	(日高本線)	12
大川	おおかわ	(鶴見線)	28
大川平	おおかわだい	(津軽線)	73
大川ダム公園	おおかわだむこうえん	(会津鉄道)	303
大河内	おおかわち	(岩徳線)	135
大川野	おおかわの	(筑肥線)	175
大河原	おおかわら	(関西本線)	146
大河原	おおかわら	(東北本線)	42
大城	おおき	(西日本鉄道)	275
青木	おおぎ	(阪神電気鉄道)	270
大木	おおき	(松浦鉄道)	437
大岸	おおきし	(室蘭本線)	10
大久喜	おおくき	(八戸線)	62
大草	おおくさ	(長崎本線)	174
大口	おおぐち	(横浜線)	30
大久保	おおくぼ	(中央本線)	33
大久保	おおくぼ	(奥羽本線)	68
大久保	おおくぼ	(山陽本線)	121
大久保	おおくぼ	(近畿日本鉄道)	251
逢隈	おおくま	(常磐線)	47
大蔵谷	おおくらだに	(山陽電気鉄道)	279
大倉山	おおくらやま	(東京急行電鉄)	218
大倉山	おおくらやま	(神戸市交通局)	404
大桑	おおくわ	(中央本線)	102
大桑	おおくわ	(東武鉄道)	199
大胡	おおご	(上毛電気鉄道)	310
大越	おおごえ	(磐越東線)	63
大在	おおざい	(日豊本線)	182
大阪	おおさか	(東海道本線)	110
大阪阿部野橋	おおさかあべのばし	(近畿日本鉄道)	249
大阪上本町	おおさかうえほんまち	(近畿日本鉄道)	245
大阪貨物ターミナル	おおさかかもつたーみなる	(東海道本線)	190
大阪教育大前	おおさかきょういくだいまえ	(近畿日本鉄道)	245
大阪空港	おおさかくうこう	(大阪高速鉄道)	400
大阪港	おおさかこう	(大阪市交通局)	395
大阪狭山市	おおさかさやまし	(南海電気鉄道)	260
大阪城北詰	おおさかじょうきたづめ	(JR東西線)	113
大阪城公園	おおさかじょうこうえん	(大阪環状線)	112
大阪天満宮	おおさかてんまんぐう	(JR東西線)	113
大阪難波	おおさかなんば	(近畿日本鉄道)	246
大阪難波	おおさかなんば	(阪神電気鉄道)	271
大阪ビジネスパーク	おおさかびじねすぱーく	(大阪市交通局)	396
大崎	おおさき	(山手線)	25
大崎	おおさき	(東京臨海高速鉄道)	324
大崎広小路	おおさきひろこうじ	(東急電鉄)	220
大佐倉	おおさくら	(京成電鉄)	209
大里	おおさと	(名古屋鉄道)	235
大沢	おおさわ	(上越線)	51
大沢	おおさわ	(奥羽本線)	67
大沢信号場	おおさわ	(飯山線)	98
大沢内	おおざわない	(津軽鉄道)	290
大塩	おおしお	(山陽電気鉄道)	280
大篠津町	おおしのづちょう	(境線)	143
大島	おおしま	(長良川鉄道)	378
大島	おおじま	(東京都交通局)	327
大清水	おおしみず	(豊橋鉄道)	367
大蛇	おおじゃ	(八戸線)	62
大庄	おおしょう	(関西本線)	348
大小路	おおしょうじ	(阪堺電気鉄道)	399
大白川	おおしらかわ	(只見線)	66
大須観音	おおすかんのん	(名古屋市交通局)	372
大杉	おおすぎ	(土讃線)	162
大住	おおすみ	(片町線)	148
大隅大川原	おおすみおおかわら	(日豊本線)	183
大隅夏井	おおすみなつい	(日南線)	185
大隅横川	おおすみよこがわ	(肥薩線)	171
大堰	おおぜき	(西日本鉄道)	275
大関	おおぜき	(えちぜん鉄道)	357
大曽根	おおぞね	(中央本線)	103
大曽根	おおぞね	(名古屋鉄道)	240
大曽根	おおぞね	(名古屋市交通局)	371
大曽根	おおぞね	(名古屋ガイドウェイバス)	375
大曽根浦	おおそねうら	(紀勢本線)	105
大嵐	おおぞれ	(飯田線)	97
太田	おおた	(東武鉄道)	196
太田	おおた	(高松琴平電気鉄道)	421
大平	おおだい	(津軽線)	73
大高	おおだか	(東海道本線)	93
太田川	おおたがわ	(名古屋鉄道)	238
大滝	おおたき	(奥羽本線)	68
大多喜	おおたき	(いすみ鉄道)	321
大滝温泉	おおたきおんせん	(花輪線)	62
大田切	おおたぎり	(飯田線)	98
大田口	おおたぐち	(土讃線)	162
大竹	おおたけ	(山陽本線)	123
太田郷	おおたごう	(関東鉄道)	307
太田市	おおたし	(山陰本線)	140
大館	おおだて	(奥羽本線)	69
大谷	おおたに	(和歌山線)	150
大谷	おおたに	(京阪電気鉄道)	263
太田部	おおたべ	(小海線)	37
大多羅	おおだら	(赤穂線)	128
大地沢信号場	おおぢざわ	(田沢湖線)	60
大津	おおつ	(東海道本線)	109
大塚	おおつか	(山手線)	25
大塚	おおつか	(広島高速交通)	419
大塚駅前	おおつかえきまえ	(東京都交通局)	329
大塚・帝京大学	おおつか・ていきょうだいがく	(多摩都市モノレール)	330
大月	おおつき	(中央本線)	34
大月	おおつき	(富士急行)	339
大津京	おおつきょう	(湖西線)	111
大津港	おおつこう	(常磐線)	46
大槌	おおつち	(山田線)	61
大津町	おおつまち	(一畑電車)	411
大鶴	おおつる	(日田彦山線)	184
大手町	おおてまち	(東京地下鉄)	223
大手町	おおてまち	(東京都交通局)	326
大手町	おおてまち	(伊予鉄道)	424
大手町駅前	おおてまちえきまえ	(伊予鉄道)	426
大手モール	おおてもーる	(富山地方鉄道)	349
大寺	おおてら	(一畑電車)	411
大戸	おおと	(成田線)	87
大堂津	おおどうつ	(日南線)	185
大通	おおどおり	(札幌市交通局)	283

駅名	よみ（路線）	ページ
大歳	おおとし（山口線）	135
大戸瀬	おおどせ（五能線）	72
大鳥羽	おおとば（小浜線）	116
大外羽	おおとば（養老鉄道）	379
大泊	おおどまり（紀勢本線）	105
大富	おおとみ（赤穂線）	128
鳳	おおとり（阪和線）	151
大鳥居	おおとりい（京浜急行電鉄）	230
大土呂	おおどろ（北陸本線）	115
大中	おおなか（長良川鉄道）	378
大中山	おおなかやま（函館本線）	3
大西	おおにし（予讃線）	156
大庭	おおにわ（アルピコ交通）	343
大貫	おおぬき（内房線）	86
大沼	おおぬま（函館本線）	3
大沼公園	おおぬまこうえん（函館本線）	3
大野	おおの（常磐線）	47
大野浦	おおのうら（山陽本線）	123
多ノ郷	おおのごう（土讃線）	163
大野下	おおのしも（鹿児島本線）	167
大野城	おおのじょう（鹿児島本線）	166
大野台	おおのだい（秋田内陸縦貫鉄道）	298
大野原	おおのはら（秩父線）	313
大野町	おおのまち（名古屋鉄道）	238
大乗	おおのり（呉線）	133
大橋	おおはし（西日本鉄道）	273
大橋	おおはし（長崎電気軌道）	439
大橋通	おおはしどおり（とさでん交通）	428
大畠	おおばたけ（山陽本線）	123
大波止	おおはと（長崎電気軌道）	439
大羽根園	おおばねえん（近畿日本鉄道）	255
大原	おおはら（外房線）	86
大原	おおはら（いすみ鉄道）	321
大原	おおはら（智頭急行）	411
大原信号場	おおはら（甘木鉄道）	436
大原	おおはら（広島高速交通）	419
大張野	おおばりの（奥羽本線）	68
大仁	おおひと（伊豆箱根鉄道）	361
大平	おおひらした（両毛線）	52
大平台	おおひらだい（箱根登山鉄道）	337
大広田	おおひろた（富山ライトレール）	352
大府	おおぶ（東海道本線）	92
大袋	おおぶくろ（東武鉄道）	195
大更	おおぶけ（花輪線）	61
大船	おおふな（東海道本線）	23
大船	おおふな（湘南モノレール）	335
大船渡	おおふなと（大船渡線）	58
大船渡魚市場前	おおふなとうおいちばまえ（大船渡線）	58
大保	おおほ（西日本鉄道）	273
大歩危	おおぼけ（土讃線）	162
大堀	おおほり（陸東線）	76
大濠公園	おおほりこうえん（福岡市交通局）	435
大間	おおま（土讃線）	163
大前	おおまえ（吾妻線）	52
大曲	おおまがり（奥羽本線）	68
大間越	おおまごし（五能線）	71
大町	おおまち（可部線）	134
大町	おおまち（佐世保線）	176
大町	おおまち（函館市企業局）	286
大町	おおまち（北総鉄道）	315
大町	おおまち（富山地方鉄道）	348
大町	おおまち（広島高速交通）	419
大町	おおまち（高松琴平電気軌道）	422
大町西公園	おおまちにしこうえん（仙台市交通局）	296
大間々	おおまま（わたらせ渓谷鐵道）	309
大海	おおみ（飯田線）	96
大甕	おおみか（常磐線）	46
大三東	おおみさき（島原鉄道）	441
大溝	おおみぞ（西日本鉄道）	274
大三	おおみつ（近畿日本鉄道）	246
大湊	おおみなと（大湊線）	63
大宮操車場	おおみや（東北本線）	40
大宮	おおみや（東北本線）	40
大宮	おおみや（東武鉄道）	200
大宮	おおみや（阪急電鉄）	265
大宮	おおみや（埼玉新都市交通）	200
大宮公園	おおみやこうえん（東武鉄道）	200
大牟田	おおむた（鹿児島本線）	167
大牟田	おおむた（西日本鉄道）	274
大村	おおむら（大村線）	176
大村	おおむら（神戸電鉄）	406
大元	おおもと（宇野線）	129
大森	おおもり（東海道本線）	23
大森	おおもり（天竜浜名湖鉄道）	365
大森海岸	おおもりかいがん（京浜急行電鉄）	229
大森・金城学院前	おおもり・きんじょうがくいんまえ（名古屋鉄道）	240
大森台	おおもりだい（京成電鉄）	210
大森町	おおもりまち（京浜急行電鉄）	229
大屋	おおや（しなの鉄道）	341
大矢	おおや（長良川鉄道）	377
大谷海岸	おおやかいがん（気仙沼線）	57
大谷地	おおやち（札幌市交通局）	284
大矢知	おおやち（三岐鉄道）	380
大藪	おおやぶ（平成筑豊鉄道）	433
大山	おおやま（指宿枕崎線）	171
大山	おおやま（東武鉄道）	201
大山ケーブル	おおやまけーぶる（大山観光電鉄）	337
大山崎	おおやまざき（阪急電鉄）	265
大山寺	おおやまでら（大山観光電鉄）	337
大和田	おおわだ（留萌本線）	13
大和田	おおわだ（東武鉄道）	200
大輪田	おおわだ（近畿日本鉄道）	252
大和田	おおわだ（阪急電鉄）	262
大鰐	おおわに（弘南鉄道）	291
大鰐温泉	おおわにおんせん（奥羽本線）	69
岡	おか（阿武隈急行）	302
男鹿	おが（男鹿線）	71
小垣江	おがきえ（名古屋鉄道）	236
岡崎	おかざき（東海道本線）	92
岡崎	おかざき（愛知環状鉄道）	368
岡崎公園前	おかざきこうえんまえ（名古屋鉄道）	234
岡崎前	おかざきまえ（和歌山電鐵）	408
岡地	おかじ（天竜浜名湖鉄道）	365
笑内	おかしない（秋田内陸縦貫鉄道）	299
苧ヶ瀬	おがせ（名古屋鉄道）	241
岡田	おかだ（高松琴平電気軌道）	422
岡田	おかだ（伊予鉄道）	424
緒方	おがた（豊肥本線）	179
小ケ田	おがた（秋田内陸縦貫鉄道）	298
岡田浦	おかだうら（南海電鉄）	258
御徒町	おかちまち（東北本線）	40
岡寺	おかでら（近畿日本鉄道）	250
おかどめ幸福	おかどめこうふく（くま川鉄道）	446
岡場	おかば（神戸電鉄）	405
岡花	おかばな（土讃線）	163
岡部	おかべ（高崎線）	50
岡町	おかまち（阪急電鉄）	268
岡見	おかみ（山陰本線）	141
岡本	おかもと（東北本線）	41
岡本	おかもと（阪急電鉄）	266
岡本	おかもと（高松琴平電気軌道）	421
岡谷	おかや（中央本線）	34
岡山	おかやま（山陽本線）	122
岡山駅前	おかやまえきまえ（岡山電気軌道）	412
岡山貨物ターミナル	おかやまかもつたーみなる（山陽本線）	122
緒川	おがわ（武豊線）	99
小川	おがわ（鹿児島本線）	167
小川	おがわ（西武鉄道）	205
小川郷	おがわごう（磐越東線）	63
小川町	おがわまち（八高線）	36
小川町	おがわまち（東武鉄道）	201
小川町	おがわまち（東京都交通局）	326
小城	おぎ（唐津線）	174
荻川	おぎかわ（信越本線）	79
荻窪	おぎくぼ（中央本線）	33
荻窪	おぎくぼ（東京地下鉄）	223
興津	おきつ（東海道本線）	91
小木津	おぎつ（常磐線）	46
翁島	おきなしま（磐越西線）	64
荻野	おぎの（磐越西線）	64
荻布	おぎの（万葉線）	352
小木ノ城	おぎのじょう（越後線）	81
荻伏	おぎふし（日高本線）	12
沖松島	おきまつしま（高松琴平電気軌道）	422
荻生	おぎゅう（富山地方鉄道）	347
尾久	おく（東北本線）	43
邑久	おく（赤穂線）	128
奥阿仁	おくあに（秋田内陸縦貫鉄道）	299
奥泉	おくいずみ（大井川鐵道）	364
奥大井湖上	おくおおいこじょう（大井川鐵道）	364
奥沢	おくさわ（東京急行電鉄）	219
小串郷	おくしごう（大村線）	176
奥白滝信号場	おくしらたき（石北本線）	19
奥田	おくだ（名古屋鉄道）	235
奥田中学校前	おくだちゅうがっこうまえ（富山ライトレール）	351
奥多摩	おくたま（青梅線）	35
奥多摩	おくたま（名古屋鉄道）	243
奥津軽いまべつ	おくつがるいまべつ（北海道新幹線）	6
奥洞海	おくどうかい（筑豊本線）	187

奥内 おくない (津軽線)	72
奥中山高原 おくなかやまこうげん (IGRいわて銀河鉄道)	295
小国 おぐに (米坂線)	70
奥新川 おくにっかわ (仙山線)	55
奥野谷浜 おくのやはま (鹿島臨海鉄道)	305
奥浜名湖 おくはまなこ (天竜浜名湖線)	365
小倉 おぐら (近畿日本鉄道)	251
小倉台 おぐらだい (千葉都市モノレール)	317
桶川 おけがわ (高崎線)	49
小郡 おごおり (甘木鉄道)	436
越生 おごせ (八高線)	36
越生 おごせ (東武鉄道)	202
小古曽 おごそ (四日市あすなろう鉄道)	382
おごと温泉 おごとおんせん (湖西線)	111
大畑 おこば (肥薩線)	170
大河端 おこばた (北陸鉄道)	355
長 おさ (北条鉄道)	408
刑部 おさかべ (姫新線)	127
尾崎 おざき (南海電気鉄道)	258
小作 おざく (青梅線)	35
筬島 おさしま (宗谷本線)	18
長都 おさつ (千歳線)	8
於札内 おさつない (札沼線)	7
長船 おさふね (赤穂線)	128
長部 おさべ (大船渡線)	58
納内 おさむない (函館本線)	5
オサワ信号場 おさわ (石勝線)	8
押上 おしあげ (京成電鉄)	209
押上 おしあげ (東京地下鉄)	227
押上 おしあげ (東京都交通局)	325
小塩江 おしおえ (水郡線)	48
男鹿高原 おじかこうげん (野岩鉄道)	308
押切 おしきり (信越本線)	79
押野 おしの (北陸鉄道)	355
押部谷 おしべだに (神戸電鉄)	406
小島 おしま (徳島線)	160
渡島砂原 おしまさわら (函館本線)	5
渡島当別 おしまとうべつ (道南いさりび鉄道)	289
渡島沼尻 おしまぬまじり (函館本線)	5
小島谷 おじまや (越後線)	81
忍海 おしみ (近畿日本鉄道)	253
長万部 おしゃまんべ (函館本線)	4
尾白内 おしろない (函館本線)	6
尾関山 おぜきやま (三江線)	145
晩生内 おそきない (札沼線)	7
小田 おだ (山陰本線)	140
小田 おだ (井原鉄道)	414
小田井 おたい (東海交通事業)	376
小台 おだい (東京都交通局)	329
お台場海浜公園 おだいばかいひんこうえん (ゆりかもめ)	323
小高 おだか (常磐線)	47
小田急相模原 おだきゅうさがみはら (小田急電鉄)	216
小田急多摩センター おだきゅうたません たー (小田急電鉄)	217
小田急永山 おだきゅうながやま (小田急電鉄)	217
小田栄 おたさかえ (南武線)	27
大楽毛 おたのしけ (根室本線)	15
小田林 おたばやし (水戸線)	53
小田渕 おだぶち (名古屋本線)	234
小樽 おたる (函館本線)	4
小樽築港 おたるちっこう (函館本線)	4
小田原 おだわら (東海道本線)	24
小田原 おだわら (東海道新幹線)	94
小田原 おだわら (小田急電鉄)	216
小田原 おだわら (箱根登山鉄道)	337
小田原 おだわら (伊豆箱根鉄道)	360
落合 おちあい (根室本線)	14
落合 おちあい (東京地下鉄)	224
落合南長崎 おちあいみなみながさき (東京都交通局)	328
落居 おちい (身延線)	96
落石 おちいし (根室本線)	15
小千谷 おぢや (上越線)	51
御茶ノ水 おちゃのみず (中央本線)	33
御茶ノ水 おちゃのみず (東京地下鉄)	223
乙川 おっかわ (武豊線)	99
小月 おづき (山陽本線)	124
乙供 おっとも (青い森鉄道)	292
追浜 おっぱま (京浜急行電鉄)	230
音威子府 おといねっぷ (宗谷本線)	18
尾頭橋 おとうばし (東海道本線)	93
男川 おとがわ (名古屋本線)	234
男山山上 おとこやまさんじょう (京阪電気鉄道)	263
音沢 おとざわ (富山地方鉄道)	347
落部 おとしべ (函館本線)	3
乙原 おとばる (岡本製作所)	446
乙丸 おとまる (北陸鉄道)	355
乙女 おとめ (小海線)	37
乙女坂 おとめざか (西濃鉄道)	380
大友 おとも (大船渡線)	58
踊場 おどりば (横浜市交通局)	333
音羽町 おとわちょう (静岡鉄道)	362
尾奈 おな (天竜浜名湖線)	365
女川 おながわ (石巻線)	56
小名浜 おなはま (福島臨海鉄道)	304
御成門 おなりもん (東京都交通局)	326
鬼瀬 おにがせ (久大本線)	177
鬼越 おにごえ (京成電鉄)	208
鬼塚 おにづか (唐津線)	174
小奴可 おぬか (芸備線)	131
小野 おの (中央本線)	35
小野 おの (湖西線)	111
小野 おの (京都市交通局)	391
小野 おの (神戸電鉄)	406
尾上高校前 おのえこうこうまえ (弘南鉄道)	291
尾上の松 おのえのまつ (山陽電気鉄道)	280
小野上 おのがみ (吾妻線)	52
小野上温泉 おのがみおんせん (吾妻線)	52
小野田 おのだ (小野田線)	124
小野田港 おのだこう (小野田線)	136
小野谷信号場 おのだに (信柴高原鐵道)	385
雄信内 おのっぷない (宗谷本線)	18
小野新町 おのにいまち (磐越東線)	63
尾登 おのぼり (磐越西線)	64
小野本町 おのほんまち (島原鉄道)	440
小野町 おのまち (加古川線)	125
尾道 おのみち (山陽本線)	122
小野屋 おのや (久大本線)	177
姨捨 おばすて (篠ノ井線)	38
小波瀬西工大前 おばせにしこうだいまえ (日豊本線)	181
小幡 おばた (名古屋本線)	240
小俣 おばた (近畿日本鉄道)	247
小幡緑地 おばたりょくち (名古屋ガイドウェイバス)	375
お花茶屋 おはなぢゃや (京成電鉄)	208
御花畑 おはなばたけ (秩父鉄道)	313
小浜 おばま (小浜線)	117
小林 おばやし (阪急電鉄)	267
小原 おばら (津山線)	128
小原田信号所 おはらた (南海電気鉄道)	260
飫肥 おび (日南線)	185
帯織 おびおり (信越本線)	79
小櫃 おびつ (久留里線)	89
帯解 おびとけ (桜井線)	148
帯広 おびひろ (根室本線)	14
帯広貨物 おびひろかもつ (根室本線)	14
於福 おふく (美祢線)	137
男衾 おぶすま (東武鉄道)	201
小布施 おぶせ (長野電鉄)	340
尾幌 おぼろ (根室本線)	15
小前田 おまえだ (秩父鉄道)	312
小俣 おまた (両毛線)	52
小見川 おみがわ (成田線)	87
小村井 おむらい (東武鉄道)	196
小村神社前 おむらじんじゃまえ (土讃線)	163
御室仁和寺 おむろにんなじ (京福電気鉄道)	390
思川 おもいがわ (両毛線)	52
面影橋 おもかげばし (東京都交通局)	330
面白山信号場 おもしろやま (仙山線)	55
面白山高原 おもしろやまこうげん (仙山線)	55
おもちゃのまち おもちゃのまち (東武鉄道)	199
表参道 おもてさんどう (東京地下鉄)	222
尾盛 おもり (大井川鐵道)	364
おもろまち おもろまち (沖縄都市モノレール)	449
親不知 おやしらず (えちごトキめき鉄道)	345
小柳 おやなぎ (北陸鉄道)	356
親鼻 おやはな (秩父鉄道)	312
小山 おやま (東北本線)	41
小山田 おやまだ (釜石線)	59
尾山台 おやまだい (東京急行電鉄)	220
おゆみ野 おゆみの (京成電鉄)	210
折居 おりい (山陰本線)	141
折尾 おりお (鹿児島本線)	166
織笠 おりかさ (山田線)	61
折壁 おりかべ (大船渡線)	57
折口 おりぐち (肥薩おれんじ鉄道)	445
下立 おりたて (富山地方鉄道)	347
下立口 おりたてぐち (富山地方鉄道)	347
おりはた おりはた (山形鉄道)	300

折原 おりはら（八高線）		36
織部 おりべ（樽見鉄道）		378
折本 おりもと（真岡鐵道）		308
折生迫 おりゅうざこ（日南線）		185
折渡 おりわたり（羽越本線）		75
オレンジタウン おれんじたうん（高徳線）		159
小禄 おろく（沖縄都市モノレール）		449
卸町 おろしまち（仙台市交通局）		297
卸町 おろしまち（阿武隈急行）		301
尾鷲 おわせ（紀勢本線）		105
大和田 おわだ（大井川鐵道）		363
尾張旭 おわりあさひ（名古屋鉄道）		240
尾張一宮 おわりいちのみや（東海道本線）		93
尾張瀬戸 おわりせと（名古屋鉄道）		240
尾張星の宮 おわりほしのみや（東海交通事業）		376
尾張森岡 おわりもりおか（武豊線）		99
尾張横須賀 おわりよこすか（名古屋鉄道）		238
遠賀川 おんががわ（鹿児島本線）		166
遠賀野 おんがの（筑豊電気鉄道）		432
御宿 おんじゅく（外房線）		86
恩田 おんだ（東京急行電鉄）		221
御嶽山 おんたけさん（東京急行電鉄）		221
恩智 おんぢ（近畿日本鉄道）		245
恩根内 おんねない（宗谷本線）		17
乙原 おんばら（三江線）		144
音別 おんべつ（根室本線）		15

か

ガーラ湯沢《臨》 がーらゆざわ（上越線）		51
甲斐岩間 かいいわま（身延線）		95
甲斐上野 かいうえの（身延線）		96
外苑前 がいえんまえ（東京地下鉄）		222
海王丸 かいおうまる（万葉線）		353
甲斐大泉 かいおおいずみ（小海線）		37
甲斐大島 かいおおしま（身延線）		95
海岸寺 かいがんじ（予讃線）		155
海岸通 かいがんどおり（広島電鉄）		417
甲斐小泉 かいこいずみ（小海線）		37
蚕ノ社 かいこのやしろ（京福電気鉄道）		389
海崎 かいざき（日豊本線）		182
海路 かいじ（肥薩線）		170
海神 かいじん（京成電鉄）		208
甲斐住吉 かいすみよし（身延線）		96
海瀬 かいぜ（小海線）		37
皆瀬 かいせ（松浦鉄道）		438
開成 かいせい（小田急電鉄）		216
貝田 かいだ（東北本線）		42
海田市 かいたいち（山陽本線）		123
貝津 かいづ（愛知環状鉄道）		368
貝塚 かいづか（南海電気鉄道）		257
貝塚 かいづか（西日本鉄道）		274
貝塚 かいづか（水間鉄道）		400
貝塚 かいづか（福岡市交通局）		435
貝塚市役所前 かいづかしやくしょまえ（水間鉄道）		400
甲斐常葉 かいときわ（身延線）		95
荷稲 かいな（土佐くろしお鉄道）		426
海南 かいなん（紀勢本線）		154
柏原 かいばら（福知山線）		114
海浜幕張 かいひんまくはり（京葉線）		85
海部 かいふ（牟岐線）		161
海部 かいふ（阿佐海岸鉄道）		421
開発 かいほつ（富山地方鉄道）		348
開明 かいめい（名古屋鉄道）		243
開聞 かいもん（指宿枕崎線）		171
甲斐大和 かいやまと（中央本線）		34
偕楽園《臨》 かいらくえん（常磐線）		46
替佐 かえさ（飯山線）		80
楓信号場 かえで（石勝線）		8
加賀温泉 かがおんせん（北陸本線）		115
加賀笠間 かがかさま（北陸本線）		116
蚊爪 かがつめ（北陸線）		355
香登 かがと（赤穂線）		128
香我美 かがみ（土佐くろしお鉄道）		427
鏡石 かがみいし（東北本線）		41
各務ケ原 かがみがはら（高山本線）		100
各務原市役所前 かかみがはらしやくしょまえ（名古屋鉄道）		241
鏡川橋 かがみがわばし（とさでん交通）		428
掛澗 かかりま（函館本線）		5
香川 かがわ（相模線）		31
嘉川 かがわ（山陽本線）		124
柿生 かきお（小田急電鉄）		215
柿ケ島 かきがしま（越美北線）		117
柿崎 かきざき（信越本線）		78
柿下温泉口 かきしたおんせんぐち（平成筑豊鉄道）		434
柿平 かきだいら（飯田線）		97
賀来 かく（久大本線）		177
学 がく（徳島線）		160
学園通り がくえんどおり（高松琴平電気鉄道）		423
学園都市 がくえんとし（神戸市交通局）		404
学園前 がくえんまえ（京成電鉄）		210
学園前 がくえんまえ（近畿日本鉄道）		247
学園前 がくえんまえ（札幌市交通局）		284
覚王山 かくおうざん（名古屋市交通局）		370
学芸大学 がくげいだいがく（東京急行電鉄）		218
学習院下 がくしゅういんした（東京都交通局）		329
角田 かくだ（阿武隈急行）		302
学田 がくでん（富良野線）		16
楽田 がくでん（名古屋鉄道）		241
岳南江尾 がくなんえのお（岳南電車）		362
岳南原田 がくなんはらだ（岳南電車）		362
岳南富士岡 がくなんふじおか（岳南電車）		362
角館 かくのだて（田沢湖線）		60
角館 かくのだて（秋田内陸縦貫鉄道）		299
角茂谷 かくもだに（土讃線）		162
香門 かくもん（紀州線）		409
香久山 かぐやま（桜井線）		148
神楽岡 かぐらおか（富良野線）		16
神楽坂 かぐらざか（東京地下鉄）		224
掛川 かけがわ（東海道本線）		92
掛川 かけがわ（天竜浜名湖鉄道）		364
掛川市役所前 かけがわしやくしょまえ（天竜浜名湖鉄道）		364
花月園前 かげつえんまえ（京浜急行電鉄）		229
影野 かげの（土讃線）		163
影森 かげもり（秩父鉄道）		313
佳景山 かけやま（石巻線）		56
鹿児 かこ（とさでん交通）		429
加古川 かこがわ（山陽本線）		121
鹿児島 かごしま（鹿児島本線）		168
鹿児島駅前 かごしまえきまえ（鹿児島市交通局）		447
鹿児島貨物ターミナル かごしまかもつたーみなる（鹿児島本線）		168
鹿児島中央 かごしまちゅうおう（鹿児島本線）		168
鹿児島中央駅前 かごしまちゅうおうえきまえ（鹿児島市交通局）		448
籠原 かごはら（高崎線）		50
葛西 かさい（東京地下鉄）		225
葛西臨海公園 かさいりんかいこうえん（京葉線）		85
笠岡 かさおか（山陽本線）		122
笠上黒生 かさがみくろはえ（銚子電気鉄道）		314
笠置 かさぎ（関西本線）		146
挿頭丘 かざしがおか（高松琴平電気鉄道）		422
笠師保 かさしほ（のと鉄道）		354
笠島 かさしま（信越本線）		78
笠寺 かさでら（東海道本線）		93
笠寺 かさでら（名古屋臨海鉄道）		374
加佐登 かさど（関西本線）		104
笠縫 かさぬい（近畿日本鉄道）		248
笠幡 かさはた（川越線）		49
風早 かざはや（呉線）		133
笠間 かさま（水戸線）		53
笠松 かさまつ（名古屋鉄道）		235
傘松 かさまつ（丹後海陸交通）		387
風祭 かざまつり（箱根登山鉄道）		337
加治 かじ（羽越本線）		74
香椎 かしい（鹿児島本線）		166
香椎花園前 かしいかえんまえ（西日本鉄道）		275
香椎神宮 かしいじんぐう（香椎線）		169
香椎宮前 かしいみやまえ（西日本鉄道）		274
鰍沢口 かじかざわぐち（身延線）		96
梶が谷 かじがや（東京急行電鉄）		219
梶ケ谷貨物ターミナル かじがやかもつたーみなる（武蔵野線）		28
加治木 かじき（日豊本線）		183
梶栗郷台地 かじくりごうだいち（山陰本線）		142
賢島 かしこじま（近畿日本鉄道）		255
梶田 かじた（福塩線）		133
香芝 かしば（和歌山線）		150
橿原神宮西口 かしはらじんぐうにしぐち（近畿日本鉄道）		250
橿原神宮前 かしはらじんぐうまえ（近畿日本鉄道）		248
鹿島 かしま（常磐線）		47
加島 かしま（JR東西線）		113
鹿島旭 かしまあさひ（鹿島臨海鉄道）		306
鹿島大野 かしまおおの（鹿島臨海鉄道）		306
鹿島サッカースタジアム かしまさっかー		

駅名	よみ（路線）	ページ
すたじあむ（鹿島線）		88
鹿島サッカースタジアム	かしまさっかーすたじあむ（鹿島臨海鉄道）	305
鹿島神宮	かしまじんぐう（鹿島線）	88
鹿島田	かしまだ（南武線）	26
鹿島台	かしまだい（東北本線）	42
鹿島灘	かしまなだ（鹿島臨海鉄道）	306
梶屋敷	かじやしき（えちごトキめき鉄道）	345
加治屋町	かじやちょう（鹿児島市交通局）	447
樫山	かしやま（神戸電鉄）	406
柏	かしわ（常磐線）	45
柏	かしわ（東武線）	200
柏木平	かしわぎだいら（釜石線）	59
柏木町	かしわぎちょう（函館市企業局）	288
柏崎	かしわざき（信越本線）	78
かしわ台	かしわだい（相模鉄道）	232
柏たなか	かしわたなか（首都圏新都市鉄道）	322
柏の葉キャンパス	かしわのはきゃんぱす（首都圏新都市鉄道）	322
柏原	かしわばら（東海道本線）	93
柏森	かしわもり（名古屋鉄道）	242
柏原	かしわら（関西本線）	146
柏原	かしわら（近畿日本鉄道）	252
梶原	かじわら（東京都交通局）	329
柏原南口	かしわらみなみぐち（近畿日本鉄道）	252
春日	かすが（鹿児島本線）	166
春日	かすが（東京都交通局）	326
春日井	かすがい（中央本線）	102
春日井	かすがい（名古屋鉄道）	240
春日居町	かすがいちょう（中央本線）	34
春日川	かすががわ（高松琴平電気鉄道）	422
春日町	かすがちょう（静岡鉄道）	362
春日野道	かすがのみち（神戸市営地下鉄）	267
春日野道	かすがのみち（阪神電気鉄道）	401
春日原	かすがばる（西日本鉄道）	273
春日部	かすかべ（東武鉄道）	196
春日山	かすがやま（えちごトキめき鉄道）	344
粕川	かすかわ（上毛電気鉄道）	310
上総東	かずさあずま（いすみ鉄道）	321
上総一ノ宮	かずさいちのみや（外房線）	86
上総牛久	かずさうしく（小湊鉄道）	320
上総大久保	かずさおおくぼ（小湊鉄道）	320
上総興津	かずさおきつ（外房線）	86
上総亀山	かずさかめやま（久留里線）	89
上総川間	かずさかわま（小湊鉄道）	320
上総清川	かずさきよかわ（久留里線）	88
上総久保	かずさくぼ（小湊鉄道）	320
上総鶴舞	かずさつるまい（小湊鉄道）	320
上総中川	かずさなかがわ（いすみ鉄道）	321
上総中野	かずさなかの（小湊鉄道）	320
上総中野	かずさなかの（いすみ鉄道）	321
上総松丘	かずさまつおか（久留里線）	89
上総三又	かずさみつまた（小湊鉄道）	320
上総湊	かずさみなと（内房線）	86
上総村上	かずさむらかみ（小湊鉄道）	320
上総川間	かずさやわた（小湊鉄道）	320
粕淵	かすぶち（三江線）	144
香住	かすみ（山陰本線）	139
霞ヶ浦	かすみがうら（近畿日本鉄道）	253
霞ヶ丘	かすみがおか（近畿日本鉄道）	256
霞ヶ丘	かすみがおか（山陽電気鉄道）	279
霞ヶ関	かすみがせき（東武鉄道）	201
霞ヶ関	かすみがせき（東京地下鉄）	223
嘉瀬	かせ（津軽鉄道）	290
加勢	かせ（南阿蘇鉄道）	441
禾生	かせい（富士急行）	339
笠田	かせだ（和歌山線）	150
加須	かぞ（東武鉄道）	196
風合瀬	かそせ（五能線）	72
賀田	かた（紀勢本線）	105
加太	かだ（南海電気鉄道）	259
片岡	かたおか（東北本線）	41
片貝	かたかい（上毛電気鉄道）	310
片倉	かたくら（横浜線）	30
片倉町	かたくらちょう（横浜市交通局）	333
堅下	かたしも（近畿日本鉄道）	245
片瀬江ノ島	かたせえのしま（小田急電鉄）	217
片瀬白田	かたせしらた（伊豆急行）	361
片瀬山	かたせやま（湘南モノレール）	336
堅田	かただ（湖西線）	111
片野	かたの（北九州高速鉄道）	431
交野市	かたのし（京阪電気鉄道）	261
片浜	かたはま（東海道本線）	91
形原	かたはら（名古屋鉄道）	237
片原町	かたはらまち（万葉線）	352
片原町	かたはらまち（高松琴平電気鉄道）	421
帷子ノ辻	かたびらのつじ（京福電気鉄道）	389
潟町	かたまち（信越本線）	78
潟元	かたもと（高松琴平電気鉄道）	422
勝川	かちがわ（中央本線）	102
勝川	かちがわ（東海交通事業）	376
勝どき	かちどき（東京都交通局）	327
勝浦	かつうら（外房線）	86
勝木	がつぎ（羽越本線）	74
学研北生駒	がっけんきたいこま（近畿日本鉄道）	248
学研奈良登美ヶ丘	がっけんならとみがおか（近畿日本鉄道）	248
学校前	がっこうまえ（西日本鉄道）	275
合戦場	かっせんば（東武鉄道）	198
勝田	かつた（常磐線）	46
勝田	かつた（ひたちなか海浜鉄道）	305
勝田台	かつただい（京成電鉄）	209
勝沼ぶどう郷	かつぬまぶどうきょう（中央本線）	34
勝野	かつの（筑豊本線）	187
鹿角花輪	かづのはなわ（花輪線）	62
勝間	かつま（岩徳線）	135
鹿妻	かづま（仙石線）	56
勝間田	かつまだ（新幹線）	127
勝山	かつやま（えちぜん鉄道）	357
勝山町	かつやまちょう（伊予鉄道）	425
桂	かつら（阪急電鉄）	265
桂川	かつらがわ（函館本線）	3
桂川	かつらがわ（東海道本線）	110
葛島橋東詰	かづらしまばしひがしづめ（とさでん交通）	429
桂瀬	かつらせ（秋田内陸縦貫鉄道）	298
桂台	かつらだい（釧網本線）	21
桂根	かつらね（羽越本線）	75
家庭裁判所前	かていさいばんしょまえ（広島電鉄）	418
加斗	かと（小浜線）	117
鹿渡	かど（奥羽本線）	68
門石信号場	かどいし（日豊本線）	183
門川	かどがわ（日豊本線）	182
門沢橋	かどさわばし（相模線）	31
門島	かどしま（飯田線）	97
門田屋敷	かどたやしき（岡山電気軌道）	412
角の浜	かどのはま（八戸線）	62
勝原	かどはら（越美北線）	117
門真市	かどまし（京阪電気鉄道）	261
門真市	かどまし（大阪高速鉄道）	401
門松	かどまつ（篠栗線）	169
門真南	かどまみなみ（大阪市交通局）	396
香取	かとり（成田線）	87
金石原	かないしはら（筑肥線）	175
鼎	かなえ（飯田線）	97
金川	かながわ（津山線）	128
神奈川	かながわ（京浜急行電鉄）	229
神奈川新町	かながわしんまち（京浜急行電鉄）	229
金木	かなぎ（津軽鉄道）	290
金指	かなさし（天竜浜名湖鉄道）	365
金沢	かなざわ（北陸本線）	116
金沢	かなざわ（IRいしかわ鉄道）	356
金沢貨物ターミナル	かなざわかもつたーみなる（IRいしかわ鉄道）	356
金沢八景	かなざわはっけい（京浜急行電鉄）	230
金沢八景（仮駅）	かなざわはっけい（横浜シーサイドライン）	335
金沢文庫	かなざわぶんこ（京浜急行電鉄）	230
金島	かなしま（吾妻線）	52
金田	かなだ（平成筑豊鉄道）	433
金武	かなたけ（松浦鉄道）	437
金塚	かなづか（羽越本線）	74
金橋	かなはし（桜井線）	148
金町	かなまち（常磐線）	45
要町	かなめちょう（越後東線）	63
要町	かなめちょう（東京地下鉄）	226
金谷	かなや（東海道本線）	92
金谷	かなや（大井川鐵道）	363
金屋	かなや（名古屋ガイドウェイバス）	375
金谷川	かなやがわ（東北本線）	42
金沢	かなやざわ（大線）	63
金山	かなやま（根室本線）	14
金山	かなやま（中央本線）	103
金山	かなやま（名古屋鉄道）	235
金山	かなやま（名古屋市交通局）	371
金山	かなやま（福岡市交通局）	436
可児	かに（太多線）	103
蟹江	かにえ（関西本線）	104
可児川	かにがわ（名古屋鉄道）	242
蟹田	かにた（津軽線）	73
鹿沼	かぬま（日光線）	54
金上	かねあげ（ひたちなか海浜鉄道）	305
金ヶ崎	かねがさき（東北本線）	43
鐘ヶ淵	かねがふち（東武鉄道）	195
金子	かねこ（八高線）	36

金島	かねしま	(西日本鉄道)	275
鐘釣	かねつり	(黒部峡谷鉄道)	350
金華信号場	かねはな	(石北本線)	19
金浜	かねはま	(八戸線)	62
金丸	かねまる	(七尾線)	118
銀山町	かなやまちょう	(広島電鉄)	416
金手	かねんて	(身延線)	96
加納	かのう	(日豊本線)	183
加納	かのう	(名古屋鉄道)	235
鹿瀬	かのせ	(磐越西線)	64
神農原	かのはら	(上信電鉄)	311
鹿又	かのまた	(石巻線)	56
蒲池	かばいけ	(名古屋鉄道)	238
神畑	かばたけ	(上田電鉄)	342
加太	かぶと	(関西本線)	146
兜	かぶと	(阿武隈急行)	301
兜沼	かぶとぬま	(宗谷本線)	18
かぶと山	かぶとやま	(WILLER TRAINS)	387
加布里	かふり	(筑肥線)	175
河辺	かべ	(可部線)	35
可部	かべ	(可部線)	134
釜石	かまいし	(山田線)	61
釜石	かまいし	(三陸鉄道)	294
釜ヶ淵	かまがふち	(富山地方鉄道)	347
鎌ヶ谷	かまがや	(東武鉄道)	200
鎌ヶ谷大仏	かまがやだいぶつ	(新京成電鉄)	276
鎌倉	かまくら	(横須賀線)	31
鎌倉	かまくら	(江ノ島電鉄)	336
鎌倉高校前	かまくらこうこうまえ	(江ノ島電鉄)	336
蒲郡	がまごおり	(東海道本線)	92
蒲郡	がまごおり	(名古屋鉄道)	237
蒲郡競艇場前	がまごおりきょうていじょうまえ	(名古屋鉄道)	237
蒲須坂	かますさか	(東北本線)	41
鎌瀬	かませ	(肥薩線)	170
蒲田	かまた	(東海道本線)	23
蒲田	かまた	(東京急行電鉄)	221
鎌田	かまた	(伊予鉄道)	424
蒲池	かまち	(西日本鉄道)	274
鎌手	かまて	(山陰本線)	141
釜戸	かまど	(中央本線)	102
鎌取	かまとり	(外房線)	85
釜ノ鼻	かまのはな	(島原鉄道)	440
釜淵	かまぶち	(奥羽本線)	68
釜谷	かまや	(道南いさりび鉄道)	289
竈山	かまやま	(和歌山電鐵)	408
加美	かみ	(関西本線)	146
上相浦	かみあいのうら	(松浦鉄道)	438
上芦別	かみあしべつ	(根室本線)	14
上麻生	かみあそう	(高山本線)	100
上厚内	かみあつない	(根室本線)	15
上有住	かみありす	(釜石線)	59
上有田	かみありた	(佐世保線)	176
上飯島	かみいいじま	(奥羽本線)	68
上飯田	かみいいだ	(名古屋市交通局)	240
上飯田	かみいいだ	(名古屋市交通局)	373
上井草	かみいぐさ	(西武鉄道)	204
上伊集院	かみいじゅういん	(鹿児島本線)	168
上泉	かみいずみ	(上毛電気鉄道)	310
上磯	かみいそ	(道南いさりび鉄道)	289
上伊田	かみいた	(平成筑豊鉄道)	434
上板橋	かみいたばし	(東武鉄道)	201
上市	かみいち	(富山地方鉄道)	346
上境	かみいち	(飯山線)	97
上一万	かみいちまん	(伊予鉄道)	425
上今井	かみいまい	(飯山線)	80
上今井	かみいまい	(東武鉄道)	199
上伊万里	かみいまり	(筑肥線)	175
上石見	かみいわみ	(伯備線)	130
上臼杵	かみうすき	(日豊本線)	182
上浦	かみうら	(西日本鉄道)	275
上宇和	かみうわ	(予讃線)	157
神尾	かみお	(大井川鐵道)	363
上大井	かみおおい	(御殿場線)	94
上大岡	かみおおおか	(京浜急行電鉄)	230
上大岡	かみおおおか	(横浜市交通局)	333
上大月	かみおおつき	(富士急行)	339
上大平台信号場	かみおおひらだい	(箱根登山鉄道)	337
上岡	かみおか	(日豊本線)	182
上小川	かみおがわ	(水郡線)	48
上小田井	かみおたい	(名古屋鉄道)	241
上小田井	かみおたい	(名古屋市交通局)	372
上落合信号場	かみおちあい	(根室本線)	14
上尾幌	かみおぼろ	(根室本線)	15
上嘉川	かみかがわ	(宇部線)	136
上片桐	かみかたぎり	(飯田線)	98
上桂	かみかつら	(阪急電鉄)	266
上金田	かみかなだ	(平成筑豊鉄道)	433
上川	かみかわ	(石北本線)	19
上川口	かみかわぐち	(山陰本線)	138
上川立	かみかわたて	(芸備線)	132
上神梅	かみかんばい	(わたらせ渓谷鐵道)	309
上北沢	かみきたざわ	(京王電鉄)	212
上北台	かみきただい	(多摩都市モノレール)	331
上北町	かみきたちょう	(青い森鉄道)	292
上熊谷	かみくまがや	(秩父鉄道)	312
上熊本	かみくまもと	(鹿児島本線)	167
上熊本	かみくまもと	(熊本電気鉄道)	442
上熊本駅前	かみくまもとえきまえ	(熊本市交通局)	444
上桑名川	かみくわながわ	(飯山線)	80
上郷	かみごう	(山口線)	135
上強羅	かみごうら	(箱根登山鉄道)	338
上郡	かみごおり	(山陽本線)	121
上郡	かみごおり	(智頭急行)	410
上古沢	かみこさわ	(南海電気鉄道)	260
上越信号場	かみこし	(石北本線)	19
上狛	かみこま	(奈良線)	147
上境	かみさかい	(飯山線)	80
上栄町	かみさかえまち	(京阪電気鉄道)	263
神沢	かみさわ	(名古屋市交通局)	373
上沢	かみさわ	(神戸市交通局)	404
上塩屋	かみしおや	(鹿児島本線)	448
上鹿折	かみしかおり	(大船渡線)	58
上島	かみじま	(遠州鉄道)	366
上石神井	かみしゃくじい	(西武鉄道)	204
上条	かみじょう	(只見線)	66
上条	かみじょう	(長野電鉄)	340
神城	かみしろ	(大糸線)	39
上新庄	かみしんじょう	(阪急電鉄)	265
神栖	かみす	(鹿島臨海鉄道)	305
上菅谷	かみすがや	(水郡線)	48
神杉	かみすぎ	(芸備線)	131
上杉	かみすぎ	(秋田内陸縦貫鉄道)	298
上菅	かみすげ	(伯備線)	131
上諏訪	かみすわ	(中央本線)	34
上川内	かみせんだい	(肥薩おれんじ鉄道)	445
上滝	かみだき	(富山地方鉄道)	348
上田浦	かみたのうら	(肥薩おれんじ鉄道)	445
上戸手	かみとで	(福塩線)	132
上鳥羽口	かみとばぐち	(近畿日本鉄道)	251
上豊田	かみとよた	(名古屋鉄道)	237
上中	かみなか	(小浜線)	117
上中里	かみなかざと	(東北本線)	40
上長瀞	かみながとろ	(秩父鉄道)	312
上永谷	かみながや	(横浜市交通局)	333
上沼垂信号場	かみぬったり	(信越本線)	79
神ノ木	かみのき	(阪堺電気軌道)	400
上野毛	かみのげ	(東京急行電鉄)	220
上之郷	かみのごう	(近畿日本鉄道)	255
上ノ庄	かみのしょう	(名松線)	106
上野尻	かみのじり	(磐越西線)	64
上ノ太子	かみのたいし	(近畿日本鉄道)	249
上の町	かみのちょう	(本四備讃線)	130
上野幌	かみのっぽろ	(千歳線)	7
上野辺	かみのべ	(天竜浜名湖鉄道)	365
上野間	かみのま	(名古屋鉄道)	239
上野目	かみのめ	(陸羽東線)	76
かみのやま温泉	かみのやまおんせん	(奥羽本線)	67
上浜	かみはま	(羽越本線)	75
上桧木内	かみひのきない	(秋田内陸縦貫鉄道)	299
上深川	かみふかわ	(芸備線)	132
上福岡	かみふくおか	(東武鉄道)	201
上二田	かみふただ	(男鹿線)	71
上富良野	かみふらの	(富良野線)	16
上星川	かみほしかわ	(相模鉄道)	232
上穂波	かみほなみ	(筑豊本線)	187
上保原	かみほばら	(阿武隈急行)	301
上堀	かみほり	(富山地方鉄道)	348
上幌延	かみほろのべ	(宗谷本線)	18
上幌向	かみほろむい	(函館本線)	5
上本郷	かみほんごう	(新京成電鉄)	276
上本町	かみほんまち	(富山地方鉄道)	348
上前津	かみまえづ	(名古屋市交通局)	371
上町	かみまち	(東京急行電鉄)	221
上町一丁目	かみまちいっちょうめ	(とさでん交通)	428
上町五丁目	かみまちごちょうめ	(とさでん交通)	428
上町二丁目	かみまちにちょうめ	(とさでん交通)	428
上町四丁目	かみまちよんちょうめ	(とさでん交通)	428
上松川	かみまつかわ	(福島交通)	302
上丸渕	かみまるぶち	(名古屋鉄道)	243
上万場	かみまんば	(長良川鉄道)	378

上三緒	かみみお（後藤寺線）	187
上溝	かみみぞ（相模線）	32
上溝口信号場	かみみぞぐち（伯備線）	131
上三田	かみみた（芸備線）	132
上三依塩原温泉口	かみみよりしおばらおんせんぐち（野岩鉄道）	308
神村学園前	かみむらがくえんまえ（鹿児島本線）	168
上芽室信号場	かみめむろ（根室本線）	14
上牧	かみもく（上越線）	50
上盛岡	かみもりおか（山田線）	60
上諸江	かみもろえ（北陸鉄道）	355
神谷	かみや（岳南電車）	362
上八木	かみやぎ（可部線）	134
上夜久野	かみやくの（山陰本線）	138
上社	かみやしろ（名古屋市交通局）	370
上安	かみやす（広島高速交通）	419
神谷町	かみやちょう（東京地下鉄）	224
紙屋町西	かみやちょうにし（広島電鉄）	416
紙屋町東	かみやちょうひがし（広島電鉄）	416
神山	かみやま（羽越本線）	74
上山口	かみやまぐち（山口線）	135
上湯沢	かみゆざわ（奥羽本線）	68
上横須賀	かみよこすか（名古屋鉄道）	236
上米内	かみよない（山田線）	60
上涌谷	かみわくや（石巻線）	56
冠着	かむりき（篠ノ井線）	38
学文路	かむろ（南海電気鉄道）	260
亀有	かめあり（常磐線）	45
亀井	かめい（熊本電気鉄道）	442
亀戸	かめいど（総武本線）	83
亀戸	かめいど（東武鉄道）	196
亀戸水神	かめいどすいじん（東武鉄道）	196
亀岡	かめおか（山陰本線）	138
亀川	かめがわ（日豊本線）	182
亀崎	かめざき（武豊線）	99
亀島	かめじま（名古屋市交通局）	370
亀田	かめだ（信越本線）	79
亀嵩	かめだけ（木次線）	144
亀甲	かめのこう（津山線）	128
亀山	かめやま（関西本線）	104
亀山	かめやま（山陽電気鉄道）	280
加茂	かも（信越本線）	79
加茂	かも（関西本線）	146
加茂	かも（近畿日本鉄道）	255
賀茂	かも（福岡市交通局）	436
鴨居	かもい（横浜線）	30
鴨池	かもいけ（鹿児島市交通局）	448
蒲生	かもう（東武鉄道）	195
蒲生四丁目	がもうよんちょうめ（大阪市交通局）	396
鴨方	かもがた（山陽本線）	122
鴨川	かもがわ（予讃線）	155
加茂郷	かもごう（紀勢本線）	154
鴨島	かもじま（徳島線）	160
加茂中	かもなか（木次線）	144
加茂中	かもの（長良川鉄道）	377
鴨ノ庄信号場	かものしょう（美祢線）	137
鴨宮	かものみや（東海道本線）	30
加茂宮	かものみや（埼玉新都市交通）	314
鴨部	かもべ（とさでん交通）	428

萱草	かやくさ（秋田内陸縦貫鐵道）	298
萱島	かやしま（京阪電気鉄道）	262
茅沼	かやぬま（釧網本線）	21
茅場町	かやばちょう（東京地下鉄）	224
栢山	かやま（小田急電鉄）	216
茅町	かやまち（伊賀鉄道）	383
萱町六丁目	かやまちろくちょうめ（伊予鉄道）	425
唐笠	からかさ（飯田線）	97
辛皮	からかわ（WILLER TRAINS）	386
唐木田	からきだ（小田急電鉄）	217
唐崎	からさき（湖西線）	111
辛島町	からしまちょう（熊本市交通局）	443
烏江	からすえ（養老鉄道）	379
烏丸	からすま（阪急電鉄）	265
烏丸御池	からすまおいけ（京都市交通局）	391
烏森	からすもり（近畿日本鉄道）	254
烏山	からすやま（烏山線）	54
唐津	からつ（唐津線）	174
唐櫃台	からとだい（神戸電鉄）	405
唐橋前	からはしまえ（京阪電気鉄道）	264
狩生	かりう（日豊本線）	182
狩川	かりかわ（陸羽西線）	77
狩場沢	かりばさわ（青い森鉄道）	292
刈谷	かりや（東海道本線）	92
刈谷	かりや（名古屋鉄道）	236
刈谷市	かりやし（名古屋鉄道）	236
苅安賀	かりやすか（名古屋鉄道）	243
刈羽	かりわ（越後線）	81
刈和野	かりわの（奥羽本線）	68
軽井沢	かるいざわ（北陸新幹線）	80
軽井沢	かるいざわ（しなの鉄道）	341
狩留家	かるが（芸備線）	132
かるが浜	かるがはま（呉線）	133
苅藻	かるも（神戸市交通局）	404
嘉例川	かれいがわ（肥薩線）	171
川井	かわい（青梅線）	35
河合	かわい（水郡線）	49
川池信号所	かわいけ（神戸電鉄）	406
川合高岡	かわいたかおか（近畿日本鉄道）	246
河合西	かわいにし（加古川線）	125
川内	かわうち（山田線）	60
川内	かわうち（仙台市交通局）	296
川奥信号場	かわおく（土佐くろしお鉄道）	426
川角	かわかど（東武鉄道）	202
川岸	かわぎし（中央線）	35
川口	かわぐち（東北本線）	40
河口湖	かわぐちこ（富士急行）	339
川口元郷	かわぐちもとごう（埼玉高速鉄道）	313
川倉	かわくら（津軽鉄道）	290
河毛	かわけ（北陸本線）	115
河芸	かわげ（伊勢鉄道）	382
川桁	かわげた（磐越西線）	64
川越	かわごえ（川越線）	49
川越	かわごえ（東武鉄道）	201
川越市	かわごえし（東武鉄道）	201
川越富洲原	かわごえとみすはら（近畿日本鉄道）	254
河佐	かわさ（福塩線）	133

川崎	かわさき（東海道本線）	23
川崎貨物	かわさきかもつ（東海道本線）	24
川崎貨物	かわさきかもつ（神奈川臨海鉄道）	332
川崎口	かわさきぐち（境線）	143
川崎新町	かわさきしんまち（南武線）	27
川崎大師	かわさきだいし（京浜急行電鉄）	231
川路	かわじ（飯田線）	97
川治温泉	かわじおんせん（野岩鉄道）	308
川島	かわしま（水戸線）	53
川治湯元	かわじゆもと（野岩鉄道）	308
川尻	かわしり（鹿児島本線）	167
河瀬	かわせ（東海道本線）	109
川添	かわぞえ（紀勢本線）	105
川田	かわた（徳島線）	160
川棚	かわたな（大村線）	176
川棚温泉	かわたなおんせん（山陰本線）	141
川渡温泉	かわたびおんせん（陸羽東線）	76
河内天美	かわちあまみ（近畿日本鉄道）	249
河内磐船	かわちいわふね（片町線）	148
河内永和	かわちえいわ（近畿日本鉄道）	247
河内堅上	かわちかたかみ（関西本線）	146
河内国分	かわちこくぶ（近畿日本鉄道）	247
河内小阪	かわちこさか（近畿日本鉄道）	247
河内長野	かわちながの（近畿日本鉄道）	251
河内長野	かわちながの（南海電気鉄道）	260
河内花園	かわちはなぞの（近畿日本鉄道）	247
河内松原	かわちまつばら（近畿日本鉄道）	249
河内森	かわちもり（京阪電気鉄道）	261
河内山本	かわちやまもと（近畿日本鉄道）	245
河津	かわづ（伊豆急行）	361
川跡	かわと（一畑電車）	411
川戸	かわど（三江線）	144
川奈	かわな（伊豆急行）	361
川名	かわな（名古屋市交通局）	372
川中島	かわなかじま（信越本線）	78
川西	かわにし（岩徳線）	134
川西	かわにし（近畿日本鉄道）	250
川西	かわにし（錦川鉄道）	420
川西池田	かわにしいけだ（福知山線）	113
川西能勢口	かわにしのせぐち（阪急電鉄）	268
川西能勢口	かわにしのせぐち（能勢電鉄）	401
川根温泉笹間渡	かわねおんせんささまど（大井川鐵道）	363
川根小山	かわねこやま（大井川鐵道）	364
川根両国	かわねりょうごく（大井川鐵道）	364
河曲	かわの（関西本線）	104
川之江	かわのえ（予讃線）	156
川端	かわばた（石勝線）	8
河原	かわはら（因美線）	142
川東	かわひがし（水郡線）	48
川東	かわひがし（松浦鉄道）	437
川平	かわひら（三江線）	144
川部	かわべ（奥羽本線）	69
川辺	かわべ（由利高原鉄道）	300
川辺沖	かわべおき（水郡線）	48
川辺宿	かわべじゅく（井原鉄道）	414
河辺の森	かわべのもり（近江鉄道）	384
川間	かわま（東武鉄道）	200

川前	かわまえ (磐越東線)	63
川俣	かわまた (東武鉄道)	196
川南	かわみなみ (日豊本線)	183
川宮	かわみや (名古屋ガイドウェイバス)	375
川村	かわむら (名古屋ガイドウェイバス)	375
川村	かわむら (くま川鉄道)	446
河山	かわやま (錦川鉄道)	420
川湯温泉	かわゆおんせん (釧網本線)	21
香春	かわら (日田彦山線)	344
川原石	かわらいし (呉線)	133
瓦ヶ浜	かわらがはま (京阪電気鉄道)	264
川原木信号場	かわらぎ (日豊本線)	182
香春口三萩野	かわらぐちみはぎの (北九州高速鉄道)	431
河原田	かわらだ (関西本線)	104
河原田	かわらだ (伊勢線)	382
川原町	かわらまち (近畿日本鉄道)	253
河原町	かわらまち (阪急電鉄)	265
河原町	かわらまち (仙台市交通局)	296
瓦町	かわらまち (高松琴平電気鉄道)	422
河原町	かわらまち (熊本市交通局)	443
川原湯温泉	かわらゆおんせん (吾妻線)	52
川和町	かわわちょう (横浜市交通局)	334
観音寺	かんおんじ (予讃線)	156
観音町	かんおんまち (広島電鉄)	416
韓々坂	かんかんざか (熊本電気鉄道)	442
観月橋	かんげつきょう (京阪電気鉄道)	262
観光通	かんこうどおり (長崎電気軌道)	439
関西空港	かんさいくうこう (関西空港線)	152
関西空港	かんさいくうこう (南海電気鉄道)	258
神前	かんざき (高徳線)	159
神埼	かんざき (長崎本線)	173
神崎川	かんざきがわ (阪急電鉄)	266
環状通東	かんじょうどおりひがし (札幌市交通局)	284
岩水寺	がんすいじ (天竜浜名湖鉄道)	365
閑蔵	かんぞう (大井川鐵道)	364
神田	かんだ (中央本線)	33
苅田	かんだ (日豊本線)	181
神田	かんだ (東京地下鉄)	222
感田	がんだ (筑豊電気鉄道)	432
関大前	かんだいまえ (阪急電鉄)	266
干拓の里	かんたくのさと (島原鉄道)	440
苅田港	かんだこう (日豊本線)	191
神立	かんだつ (常磐線)	46
関電トンネル中間信号場	かんでんとんねるちゅうかん (関西電力)	351
梶取信号所	かんどり (近畿日本鉄道)	259
関内	かんない (根岸線)	30
関内	かんない (横浜市交通局)	333
神辺	かんなべ (福塩線)	132
神辺	かんなべ (井原鉄道)	414
函南	かんなみ (東海道本線)	91
神野	かんの (加古川線)	125
甲浦	かんのうら (阿佐海岸鉄道)	421
雁ノ巣	がんのす (香椎線)	169
観音	かんのん (銚子電気鉄道)	314
観音寺	かんのんじ (名古屋鉄道)	243
観音町	かんのんまち (えちぜん鉄道)	357
蒲原	かんばら (東海道本線)	91

神戸	かんべ (豊橋鉄道)	367
上牧	かんまき (阪急電鉄)	265
神俣	かんまた (磐越東線)	63
関門海峡めかり	かんもんかいきょうめかり (平成筑豊鉄道)	434
歓遊舎ひこさん	かんゆうしゃひこさん (日田彦山線)	184
甘露寺前	かんろじまえ (和歌山電鐵)	409

き

紀伊	きい (和歌山線)	151
紀伊有田	きいありた (紀勢本線)	153
紀伊井田	きいいだ (紀勢本線)	106
紀伊市木	きいいちぎ (紀勢本線)	106
紀伊内原	きいうちはら (紀勢本線)	154
紀伊浦神	きいうらがみ (紀勢本線)	153
紀伊小倉	きいおぐら (和歌山線)	150
紀伊勝浦	きいかつうら (紀勢本線)	153
紀伊神谷	きいかみや (南海電気鉄道)	260
紀伊御坊	きいごぼう (紀州鉄道)	409
紀伊佐野	きいさの (紀勢本線)	153
紀伊清水	きいしみず (南海電気鉄道)	260
紀伊新庄	きいしんじょう (紀勢本線)	153
紀伊田辺	きいたなべ (紀勢本線)	153
紀伊田原	きいたはら (紀勢本線)	153
紀伊天満	きいてんま (紀勢本線)	153
紀伊富田	きいとんだ (紀勢本線)	153
紀伊長島	きいながしま (紀勢本線)	105
紀伊長田	きいながた (和歌山線)	150
紀伊中ノ島	きいなかのしま (阪和線)	151
紀伊日置	きいひき (紀勢本線)	153
紀伊姫	きいひめ (紀勢本線)	153
紀伊細川	きいほそかわ (南海電気鉄道)	260
紀伊宮原	きいみやはら (紀勢本線)	154
紀伊山田	きいやまだ (和歌山線)	150
紀伊由良	きいゆら (紀勢本線)	154
喜入	きいれ (指宿枕崎線)	171
木下	きおろし (成田線)	88
祇園	ぎおん (久留里線)	88
祇園	ぎおん (福岡市交通局)	435
祇園四条	ぎおんしじょう (京阪電気鉄道)	262
祇園新橋北	ぎおんしんばしきた (広島高速交通)	419
祇園橋	ぎおんばし (熊本市交通局)	443
気賀	きが (天竜浜名湖鉄道)	365
木岐	きき (牟岐線)	161
喜々津	ききつ (長崎本線)	173
桔梗	ききょう (函館本線)	3
桔梗が丘	ききょうがおか (近畿日本鉄道)	246
企救丘	きくがおか (北九州高速鉄道)	431
菊川	きくかわ (東京都交通局)	327
菊川	きくがわ (東海道本線)	92
菊水	きくすい (札幌市交通局)	284
菊水山	きくすいやま (神戸電鉄)	405
喜久田	きくた (磐越西線)	64
菊名	きくな (横浜線)	30
菊名	きくな (東京急行電鉄)	218
菊間	きくま (予讃線)	156
木古内	きこない (海峡線)	6
木古内	きこない (道南いさりび鉄道)	289
吉舎	きさ (福塩線)	133

私市	きさいち (京阪電気鉄道)	261
象潟	きさかた (羽越本線)	75
木崎	きざき (東武鉄道)	196
木更津	きさらづ (内房線)	86
喜志	きし (近畿日本鉄道)	250
貴志	きし (和歌山電鐵)	409
岸根公園	きしねこうえん (横浜市交通局)	333
岸里	きしのさと (大阪市交通局)	395
岸里玉出	きしのさとたまで (南海電気鉄道)	257
岸辺	きしべ (東海道本線)	110
鬼子母神前	きしぼじんまえ (東京都交通局)	329
岸本	きしもと (伯備線)	131
騎射場	きしゃば (鹿児島市交通局)	448
義塾高校前	ぎじゅくこうこうまえ (弘南鉄道)	291
岸和田	きしわだ (南海電気鉄道)	257
木次	きすき (木次線)	144
奇跡の一本松	きせきのいっぽんまつ (大船渡線)	58
木曽川	きそがわ (東海道本線)	93
木曽川堤	きそがわづつみ (名古屋鉄道)	235
木曽平沢	きそひらさわ (中央本線)	102
木曽福島	きそふくしま (中央本線)	102
喜多	きた (WILLER TRAINS)	386
木田	きだ (名古屋鉄道)	242
北赤羽	きたあかばね (東北本線)	43
北赤湯信号場	きたあかゆ (奥羽本線)	67
北上尾	きたあげお (高崎線)	49
北朝霞	きたあさか (武蔵野線)	28
北旭川	きたあさひかわ (宗谷本線)	17
北余目	きたあまるめ (羽越本線)	75
北綾瀬	きたあやせ (東京地下鉄)	226
北新井	きたあらい (えちごトキめき鉄道)	344
北安城	きたあんじょう (名古屋鉄道)	236
北飯山	きたいいやま (飯山線)	80
北池野	きたいけの (養老鉄道)	379
北池袋	きたいけぶくろ (東武鉄道)	201
北伊丹	きたいたみ (福知山線)	113
北一已	きたいちやん (留萌本線)	13
北伊予	きたいよ (予讃線)	157
北入江信号場	きたいりえ (室蘭本線)	10
北宇智	きたうち (和歌山線)	150
北内	きたうち (とさでん交通)	429
北浦	きたうら (陸羽東線)	76
北浦	きたうら (とさでん交通)	429
北浦湖畔	きたうらこはん (鹿島臨海鉄道)	306
北浦和	きたうらわ (東北本線)	40
北宇和島	きたうわじま (予讃線)	157
北大石田	きたおおいしだ (奥羽本線)	67
北大垣	きたおおがき (養老鉄道)	379
北大路	きたおおじ (京都市交通局)	391
北大野	きたおおの (越美北線)	117
北大曲	きたおおまがり (田沢湖線)	60
北大町	きたおおまち (大糸線)	39
北大宮	きたおおみや (東武鉄道)	200
北大社信号場	きたおおやしろ (三岐鉄道)	381
北岡崎	きたおかざき (愛知環状鉄道)	368
北小谷	きたおたり (大糸線)	120

482

北加賀屋	きたかがや	(大阪市交通局)	395
北柏	きたかしわ	(常磐線)	45
北春日部	きたかすかべ	(東武鉄道)	196
喜多方	きたかた	(磐越西線)	64
北方	きたがた	(佐世保線)	176
北方	きたがた	(北九州高速鉄道)	431
北真桑	きたまくわ	(樽見鉄道)	378
北金岡	きたかなおか	(奥羽本線)	69
北鹿沼	きたかぬま	(東武鉄道)	198
北金ケ沢	きたかねがさわ	(五能線)	72
北鎌倉	きたかまくら	(横須賀線)	31
北上	きたかみ	(東北本線)	43
北川	きたがわ	(日豊本線)	182
北河内	きたがわち	(牟岐線)	161
北九州貨物ターミナル	きたきゅうしゅうかもつたーみなる	(鹿児島本線)	165
北楠	きたくす	(近畿日本鉄道)	253
北熊本	きたくまもと	(熊本電気鉄道)	442
北久米	きたくめ	(伊予鉄道)	424
北久里浜	きたくりはま	(京浜急行電鉄)	231
北剣淵	きたけんぶち	(宗谷本線)	17
北府	きたご	(福井鉄道)	358
北郷	きたごう	(日南線)	185
北河内	きたごうち	(錦川鉄道)	420
北神戸	きたごうど	(養老鉄道)	379
北鴻巣	きたこうのす	(高崎線)	49
北小金	きたこがね	(常磐線)	45
北国分	きたこくぶん	(北総鉄道)	315
北越谷	きたこしがや	(東武鉄道)	195
北五泉	きたごせん	(磐越西線)	65
北小松	きたこまつ	(湖西線)	111
北坂戸	きたさかど	(東武鉄道)	201
北佐世保	きたさせぼ	(松浦鉄道)	438
北鯖江	きたさばえ	(北陸本線)	115
北34条	きたさんじゅうよじょう	(札幌市交通局)	283
北三条	きたさんじょう	(弥彦線)	82
北参道	きたさんどう	(東京地下鉄)	228
北品川	きたしながわ	(京浜急行電鉄)	229
北信太	きたしのだ	(阪和線)	151
北13条東	きたじゅうさんじょうひがし	(札幌市交通局)	284
北12条	きたじゅうにじょう	(札幌市交通局)	283
北18条	きたじゅうはちじょう	(札幌市交通局)	283
北条	きたじょう	(信越本線)	79
北白川	きたしらかわ	(東北本線)	42
北新川	きたしんかわ	(名古屋鉄道)	237
北新地	きたしんち	(JR東西線)	113
北新横浜	きたしんよこはま	(横浜市交通局)	334
北助松	きたすけまつ	(南海電気鉄道)	257
北須坂	きたすざか	(長野電鉄)	340
北鈴蘭台	きたすずらんだい	(神戸電鉄)	405
北千住	きたせんじゅ	(常磐線)	45
北千住	きたせんじゅ	(東武鉄道)	195
北千住	きたせんじゅ	(首都圏新都市鉄道)	224
北千束	きたせんぞく	(東京急行電鉄)	220
北仙台	きたせんだい	(仙山線)	54
北仙台	きたせんだい	(仙台市交通局)	296
北千里	きたせんり	(阪急電鉄)	266
北袖	きたそで	(京葉臨海鉄道)	319
北袖分岐点信号場	きたそでぶんきてん	(京葉臨海鉄道)	319
北高岩	きたたかいわ	(青い森鉄道)	292
北高崎	きたたかさき	(信越本線)	78
北巽	きたたつみ	(大阪市交通局)	396
北田辺	きたたなべ	(近畿日本鉄道)	249
北茅ケ崎	きたちがさき	(相模線)	31
北秩父別	きたちっぷべつ	(留萌本線)	13
太田町	きたちょう	(高徳線)	159
北天下茶屋	きたてんがちゃや	(阪堺電気軌道)	398
北常盤	きたときわ	(奥羽本線)	69
北戸田	きたとだ	(東北本線)	43
北殿	きたどの	(飯田線)	98
北豊津	きたとよつ	(函館本線)	4
北長岡	きたながおか	(信越本線)	79
北中込	きたなかごみ	(小海線)	37
北長瀬	きたながせ	(山陽本線)	122
北長野	きたながの	(しなの鉄道)	341
北永田	きたながのだ	(日豊本線)	183
北永山	きたながやま	(宗谷本線)	17
喜多灘	きたなだ	(予讃線)	157
北習志野	きたならしの	(新京成電鉄)	276
北習志野	きたならしの	(東葉高速鉄道)	316
北新・松本大学前	きたにい・まつもとだいがくまえ	(アルピコ交通)	343
北24条	きたにじゅうよじょう	(札幌市交通局)	283
北沼	きたぬま	(八戸臨海鉄道)	293
北野	きたの	(京王電鉄)	213
北野	きたの	(西日本鉄道)	275
北能代	きたのしろ	(五能線)	71
北野田	きたのだ	(南海電気鉄道)	260
北野白梅町	きたのはくばいちょう	(京福電気鉄道)	390
北延岡	きたのべおか	(日豊本線)	182
北野辺地	きたのへじ	(青い森鉄道)	63
北野桝塚	きたのますづか	(愛知環状鉄道)	368
北畠	きたばたけ	(阪堺電気軌道)	399
北八王子	きたはちおうじ	(八高線)	36
北初富	きたはつとみ	(新京成電鉄)	276
北花田	きたはなだ	(大阪市交通局)	393
北浜	きたはま	(山陽本線)	21
北浜	きたはま	(京阪電気鉄道)	261
北浜	きたはま	(大阪市交通局)	396
北原	きたはら	(上毛電気鉄道)	310
北飯能信号場	きたはんのう	(西武鉄道)	204
北美瑛	きたびえい	(富良野線)	16
木太東口	きたひがしぐち	(高松琴平電気鉄道)	422
北比布	きたぴっぷ	(宗谷本線)	17
北日ノ出	きたひので	(石北本線)	19
北広島	きたひろしま	(千歳線)	7
北藤岡	きたふじおか	(八高線)	36
北府中	きたふちゅう	(武蔵野線)	28
北埠頭	きたふとう	(神戸新交通)	407
北舟岡	きたふなおか	(室蘭本線)	10
北細野	きたほその	(大糸線)	39
北堀之内	きたほりのうち	(上越線)	51
北間	きたま	(北陸鉄道)	355
北俣	きたまた	(日豊本線)	183
北松戸	きたまつど	(常磐線)	45
北松本	きたまつもと	(大糸線)	38
北丸森	きたまるもり	(阿武隈急行)	302
北見	きたみ	(石北本線)	19
喜多見	きたみ	(小田急電鉄)	215
北水海道	きたみつかいどう	(関東鉄道)	307
北真岡	きたもおか	(真岡鐵道)	308
北本	きたもと	(高崎線)	49
北森	きたもり	(花輪線)	61
北山	きたやま	(仙山線)	54
喜多山	きたやま	(内子線)	158
喜多山	きたやま	(名古屋鉄道)	240
北山	きたやま	(真岡鐵道)	309
北山	きたやま	(京都市交通局)	391
北山	きたやま	(とさでん交通)	429
北山形	きたやまがた	(奥羽本線)	67
北山田	きたやまた	(横浜市交通局)	334
北山田	きたやまだ	(久大本線)	177
北吉田	きたよしだ	(越後線)	81
北吉原	きたよしはら	(室蘭本線)	10
北与野	きたよの	(東北線)	44
北四番丁	きたよばんちょう	(仙台市交通局)	296
吉祥寺	きちじょうじ	(中央本線)	33
吉祥寺	きちじょうじ	(京王電鉄)	214
木津	きづ	(関西本線)	146
木津	きづ	(神戸電鉄)	406
木津川	きづがわ	(南海電気鉄道)	259
木津川台	きづがわだい	(近畿日本鉄道)	251
杵築	きつき	(日豊本線)	181
木造	きづくり	(五能線)	72
狐ケ崎	きつねがさき	(静岡鉄道)	363
木戸	きど	(常磐線)	46
城戸南蔵院前	きどなんぞういんまえ	(篠栗線)	169
鬼無	きなし	(予讃線)	155
岐南	ぎなん	(名古屋鉄道)	235
衣笠	きぬがさ	(横須賀線)	31
鬼怒川温泉	きぬがわおんせん	(東武鉄道)	199
鬼怒川公園	きぬがわこうえん	(東武鉄道)	199
鬼怒立岩信号場	きぬたていわ	(東武鉄道)	199
絹延橋	きぬのべばし	(能勢電鉄)	401
衣山	きぬやま	(伊予鉄道)	424
木野	きの	(叡山電鉄)	388
木上	きのえ	(くま川鉄道)	446
甲子	きのえね	(京葉臨海鉄道)	318
紀ノ川	きのかわ	(南海電気鉄道)	258
城崎温泉	きのさきおんせん	(山陰本線)	139
木ノ下	きのした	(飯田線)	98
来宮	きのみや	(伊東線)	32
木ノ本	きのもと	(北陸本線)	115
木野山	きのやま	(伯備線)	130
木場	きば	(東京地下鉄)	225
木花	きばな	(日南線)	185
吉備津	きびつ	(吉備線)	129

吉備真備	きびのまきび (井原鉄道)	414
岐阜	ぎふ (東海道本線)	93
岐阜貨物ターミナル	ぎふかもつたーみなる (東海道本線)	93
貴生川	きぶかわ (草津線)	147
貴生川	きぶかわ (近江鉄道)	384
貴生川	きぶかわ (信楽高原鐵道)	385
貴船口	きぶねぐち (叡山電鉄)	389
岐阜羽島	ぎふはしま (東海道新幹線)	94
儀保	ぎぼ (沖縄都市モノレール)	449
希望ヶ丘	きぼうがおか (相模鉄道)	232
希望が丘高校前	きぼうがおかこうこうまえ (筑豊電気鉄道)	432
来待	きまち (山陰本線)	140
木見	きみ (本四備讃線)	130
紀三井寺	きみいでら (紀勢本線)	154
君ヶ浜	きみがはま (銚子電気鉄道)	315
君津	きみつ (内房線)	86
紀見峠	きみとうげ (南海電気鉄道)	260
儀明信号場	ぎみょう (北越急行)	344
木屋町	きやちょう (伊予鉄道)	425
気山	きやま (小浜線)	116
基山	きやま (鹿児島本線)	166
基山	きやま (甘木鉄道)	436
伽羅橋	きゃらばし (南海電気鉄道)	258
急患医療センター前	きゅうかんいりょうせんたーまえ (万葉線)	352
旧居留地・大丸前	きゅうきょりゅうち・だいまるまえ (神戸市交通局)	404
九産大前	きゅうさんだいまえ (鹿児島本線)	166
九州工大前	きゅうしゅうこうだいまえ (鹿児島本線)	165
九州鉄道記念館	きゅうしゅうてつどうきねんかん (平成筑豊鉄道)	434
球場前	きゅうじょうまえ (水島臨海鉄道)	413
球場前	きゅうじょうまえ (土佐くろしお鉄道)	427
球泉洞	きゅうせんどう (肥薩線)	170
九大学研都市	きゅうだいがっけんとし (筑肥線)	175
久宝寺	きゅうほうじ (関西本線)	146
久宝寺口	きゅうほうじぐち (近畿日本鉄道)	245
厳木	きゅうらぎ (唐津線)	174
木与	きよ (山陰本線)	141
教育大前	きょういくだいまえ (鹿児島本線)	166
教会前	きょうかいまえ (鳴門線)	160
京ケ瀬	きょうがせ (羽越本線)	74
京口	きょうぐち (播但線)	126
行啓通	ぎょうけいどおり (札幌市交通局)	285
孝子	きょうし (南海電気鉄道)	258
京セラ前	きょうせらまえ (近江鉄道)	384
行田	ぎょうだ (高崎線)	50
行田市	ぎょうだし (秩父鉄道)	312
京田辺	きょうたなべ (片町線)	126
京丹後大宮	きょうたんごおおみや (WILLER TRAINS)	387
競艇場前	きょうていまえ (西武鉄道)	207
競艇場前〈臨〉	きょうていじょうまえ (広島電鉄)	416
経田	きょうでん (富山地方鉄道)	346
京都	きょうと (東海道新幹線)	94
京都	きょうと (東海道本線)	109
京都	きょうと (近畿日本鉄道)	251
京都	きょうと (京都市交通局)	391
経堂	きょうどう (小田急電鉄)	215
京都貨物	きょうとかもつ (東海道本線)	110
行徳	ぎょうとく (東京地下鉄)	225
京都市役所前	きょうとしやくしょまえ (京都市交通局)	392
京都精華大前	きょうとせいかだいまえ (叡山電鉄)	389
京橋	きょうばし (大阪環状線)	112
京橋	きょうばし (東京地下鉄)	222
京橋	きょうばし (京阪電気鉄道)	261
京橋	きょうばし (大阪市交通局)	396
京終	きょうばて (桜井線)	148
京町温泉	きょうまちおんせん (吉都線)	186
共和	きょうわ (東海道本線)	92
清川	きよかわ (陸羽西線)	77
清川口	きよかわぐち (道南いさりび鉄道)	289
玉桂寺前	ぎょくけいじまえ (信楽高原鐵道)	385
清里	きよさと (小海線)	37
清里町	きよさとちょう (釧網本線)	21
清荒神	きよしこうじん (阪急電鉄)	268
清州	きよす (東海道本線)	93
清澄白河	きよすみしらかわ (東京地下鉄)	227
清澄白河	きよすみしらかわ (東京都交通局)	327
清瀬	きよせ (西武鉄道)	203
清滝	きよたき (高尾登山電鉄)	331
清武	きよたけ (日豊本線)	183
清音	きよね (伯備線)	130
清音	きよね (井原鉄道)	414
清畠	きよはた (日高本線)	12
清水五条	きよみずごじょう (京阪電気鉄道)	262
吉良吉田	きらよしだ (名古屋鉄道)	236
切石	きりいし (飯田線)	98
吉里吉里	きりきり (山田線)	61
霧島温泉	きりしまおんせん (肥薩線)	171
霧島神宮	きりしまじんぐう (日豊本線)	183
切通	きりどおし (名古屋鉄道)	241
桐原	きりはら (越後線)	81
桐原	きりはら (長野電鉄)	340
切目	きりめ (紀勢本線)	153
桐生	きりゅう (両毛線)	52
桐生	きりゅう (わたらせ渓谷鐵道)	309
桐生球場前	きりゅうきゅうじょうまえ (上毛電気鉄道)	310
吉礼	きれ (和歌山電鐵)	408
喜連瓜破	きれうりわり (大阪市交通局)	394
木路原	きろはら (三江線)	144
紀和	きわ (伊勢本線)	136
紀和	きわ (紀勢本線)	154
黄波戸	きわど (山陰本線)	141
際波信号場	きわなみ (宇部線)	136
錦江	きんこう (日豊本線)	183

銀座	ぎんざ (東京地下鉄)	222
銀座一丁目	ぎんざいっちょうめ (東京地下鉄)	226
銀山	ぎんざん (函館本線)	4
錦糸町	きんしちょう (総武本線)	83
錦糸町	きんしちょう (東京地下鉄)	227
金城ふ頭	きんじょうふとう (名古屋臨海高速鉄道)	374
銀水	ぎんすい (鹿児島本線)	167
金田一温泉	きんたいちおんせん (IGRいわて銀河鉄道)	295
近鉄蟹江	きんてつかにえ (近畿日本鉄道)	254
近鉄郡山	きんてつこおりやま (近畿日本鉄道)	248
近鉄御所	きんてつごせ (近畿日本鉄道)	253
近鉄下田	きんてつしもだ (近畿日本鉄道)	245
近鉄新庄	きんてつしんじょう (近畿日本鉄道)	253
近鉄丹波橋	きんてつたんばばし (近畿日本鉄道)	251
近鉄富田	きんてつとみだ (近畿日本鉄道)	254
近鉄富田	きんてつとみだ (三岐鉄道)	381
近鉄長島	きんてつながしま (近畿日本鉄道)	254
近鉄名古屋	きんてつなごや (近畿日本鉄道)	254
近鉄奈良	きんてつなら (近畿日本鉄道)	247
近鉄日本橋	きんてつにっぽんばし (近畿日本鉄道)	246
近鉄八田	きんてつはった (近畿日本鉄道)	254
近鉄宮津	きんてつみやづ (近畿日本鉄道)	251
近鉄八尾	きんてつやお (近畿日本鉄道)	245
近鉄弥富	きんてつやとみ (近畿日本鉄道)	254
近鉄四日市	きんてつよっかいち (近畿日本鉄道)	254
金野	きんの (飯田線)	97
欽明路	きんめいじ (岩徳線)	134

く

杭瀬	くいせ (阪神電気鉄道)	271
くいな橋	くいなばし (京都市交通局)	391
空港第2ビル	くうこうだいにびる (成田線)	88
空港第2ビル	くうこうだいにびる (京成電鉄)	209
空港通り	くうこうどおり (高松琴平電気鉄道)	421
玖珂	くが (岩徳線)	134
久が原	くがはら (東京急行電鉄)	221
久我原	くがはら (いすみ鉄道)	321
久我山	くがやま (京王電鉄)	214
久喜	くき (東北本線)	40
九鬼	くき (紀勢本線)	105
久喜	くき (東武鉄道)	196
久々野	くぐの (高山本線)	100
久々原	くぐはら (宇野線)	129
久下田	くげた (真岡鐵道)	308
鵠沼	くげぬま (江ノ島電鉄)	336
鵠沼海岸	くげぬまかいがん (小田急電鉄)	217
久下村	くげむら (加古川線)	125
草江	くさえ (宇部線)	136

駅名	読み	(路線)	ページ
日下	くさか	(土讃線)	163
区界	くざかい	(山田線)	60
久崎	くざき	(智頭急行)	411
草津	くさつ	(東海道本線)	109
草津	くさつ	(広島電鉄)	415
草津南	くさつみなみ	(広島電鉄)	415
草薙	くさなぎ	(東海道本線)	91
草薙	くさなぎ	(静岡鉄道)	363
草野	くさの	(常磐線)	46
草野	くさの	(福知山線)	113
朽網	くさみ	(日豊本線)	181
草道	くさみち	(肥薩おれんじ鉄道)	445
串	くし	(予讃線)	157
久地	くじ	(南武線)	26
久慈	くじ	(八戸線)	63
久慈	くじ	(三陸鉄道)	294
櫛ケ浜	くしがはま	(山陽本線)	123
串木野	くしきの	(鹿児島本線)	168
櫛田	くしだ	(近畿日本鉄道)	247
串内信号場	くしない	(石勝線)	8
串間	くしま	(日南線)	185
串本	くしもと	(紀勢本線)	153
九条	くじょう	(近畿日本鉄道)	248
九条	くじょう	(阪神電気鉄道)	271
九条	くじょう	(京都市交通局)	391
九条	くじょう	(大阪市交通局)	395
公庄	ぐじょう	(WILLER TRAINS)	386
郡上八幡	ぐじょうはちまん	(長良川鉄道)	377
郡上大和	ぐじょうやまと	(長良川鉄道)	378
鯨波	くじらなみ	(信越本線)	78
釧路	くしろ	(根室本線)	15
久代	くしろ	(山陰本線)	141
釧路貨物	くしろかもつ	(根室本線)	15
釧路湿原	くしろしつげん	(釧網線)	21
櫛原	くしわら	(西日本鉄道)	273
楠	くす	(近畿日本鉄道)	253
葛	くす	(近畿日本鉄道)	250
葛生	くずう	(東武鉄道)	198
葛岡	くずおか	(仙山線)	54
楠ケ丘信号場	くすがおか	(日豊本線)	183
久寿川	くすがわ	(阪神電気鉄道)	270
楠久	くすく	(松浦鉄道)	437
樟葉	くずは	(京阪電気鉄道)	262
楠橋	くすばし	(筑豊電気鉄道)	432
久住	くすみ	(成田線)	87
薬水	くすりみず	(近畿日本鉄道)	250
九頭竜湖	くずりゅうこ	(越美北線)	117
久世	くせ	(姫新線)	127
久谷	くたに	(山陰本線)	139
久田野	くたの	(東北本線)	41
下松	くだまつ	(山陽本線)	123
百済貨物ターミナル	くだらかもつターミナル	(関西本線)	191
九段下	くだんした	(東京地下鉄)	224
九段下	くだんした	(東京都交通局)	326
口羽	くちば	(三江線)	145
沓掛	くつかけ	(近畿日本鉄道)	255
久津川	くつかわ	(近畿日本鉄道)	251
倶知安	くっちゃん	(函館本線)	4
久手	くて	(山陰本線)	140
具同	ぐどう	(土佐くろしお鉄道)	427
九度山	くどやま	(南海電気鉄道)	260
久那土	くなど	(身延線)	95
国定	くにさだ	(両毛線)	53
柴島	くにじま	(阪急電鉄)	266
国立	くにたち	(中央本線)	33
国英	くにふさ	(因美線)	142
国見	くにみ	(仙山線)	54
国見	くにみ	(土佐くろしお鉄道)	427
国谷	くにや	(東武鉄道)	199
国吉	くによし	(いすみ鉄道)	321
くぬぎ山	くぬぎやま	(新京成電鉄)	276
久松川	くねつつ	(道南いさりび鉄道)	289
玖波	くば	(山陽本線)	123
久原	くばら	(松浦鉄道)	437
くびき	くびき	(北越急行)	344
頸城大野	くびきおおの	(大糸線)	120
窪川	くぼかわ	(土讃線)	163
窪川	くぼかわ	(土佐くろしお鉄道)	426
久保田	くぼた	(長崎本線)	173
久保田	くぼた	(由利高原鉄道)	300
九品寺交差点	くほんじこうさてん	(熊本市交通局)	443
九品仏	くほんぶつ	(東京急行電鉄)	220
熊ケ根	くまがね	(仙山線)	55
熊谷	くまがや	(高崎線)	50
熊谷	くまがや	(秩父鉄道)	312
熊谷貨物ターミナル	くまがやかもつターミナル	(高崎線)	50
熊谷貨物ターミナル	くまがやかもつターミナル	(秩父鉄道)	313
熊川	くまがわ	(五日市線)	36
熊崎	くまさき	(日豊本線)	182
熊取	くまとり	(阪和線)	151
熊西	くまにし	(筑豊電気鉄道)	432
熊本市	くまもとし	(鹿児島本線)	105
隈之城	くまのじょう	(鹿児島本線)	168
熊野前	くまのまえ	(東京都交通局)	329
熊本	くまもと	(鹿児島本線)	167
熊本駅前	くまもとえきまえ	(熊本市交通局)	443
熊本高専前	くまもとこうせんまえ	(熊本電気鉄道)	442
熊本城・市役所前	くまもとじょう・しやくしょまえ	(熊本市交通局)	443
熊山	くまやま	(山陽本線)	122
久美浜	くみはま	(WILLER TRAINS)	387
求菩提	ぐみょうじ	(東金線)	89
弘明寺	ぐみょうじ	(京浜急行電鉄)	230
弘明寺	ぐみょうじ	(横浜市交通局)	333
玖村	くむら	(芸備線)	132
久米	くめ	(伊予鉄道)	424
久米川	くめがわ	(西武鉄道)	205
久米田	くめだ	(阪和線)	151
雲井	くもい	(信楽高原鐵道)	385
公文明	くもんみょう	(高松琴平電気鉄道)	423
蔵内	くらうち	(気仙沼線)	57
倉賀野	くらがの	(高崎線)	50
苦楽園口	くらくえんぐち	(阪急電鉄)	267
倉敷	くらしき	(山陽本線)	122
倉敷貨物ターミナル	くらしきかもつターミナル	(水島臨海鉄道)	413
倉敷市	くらしきし	(水島臨海鉄道)	413
鞍手信号場	くらて	(山陽新幹線)	125
鞍手	くらて	(筑豊本線)	187
倉永	くらなが	(西日本鉄道)	274
倉橋	くらはし	(総武本線)	84
鞍馬	くらま	(叡山電鉄)	389
鞍馬前	くらまえ	(東京都交通局)	325
鞍馬口	くらまぐち	(京都市交通局)	391
倉見	くらみ	(相模線)	31
倉本	くらもと	(中央本線)	102
蔵本	くらもと	(徳島線)	161
倉吉	くらよし	(山陰本線)	139
グランド通	ぐらんどどおり	(とさでん交通)	428
グランドプラザ前	ぐらんどぷらざまえ	(富山地方鉄道)	349
栗丘	くりおか	(室蘭本線)	11
倶利伽羅	くりから	(あいの風とやま鉄道)	353
倶利伽羅	くりから	(IRいしかわ鉄道)	356
栗熊	くりくま	(高松琴平電気鉄道)	422
くりこま高原	くりこまこうげん	(東北新幹線)	45
栗沢	くりさわ	(室蘭本線)	11
栗野	くりの	(肥薩線)	170
栗橋	くりはし	(東北本線)	40
栗橋	くりはし	(東武鉄道)	198
久里浜	くりはま	(横須賀線)	31
久里浜工場信号所	くりはまこうじょう	(京浜急行電鉄)	231
栗平	くりひら	(小田急電鉄)	217
厨川	くりやがわ	(IGRいわて銀河鉄道)	295
栗山	くりやま	(室蘭本線)	11
車折神社	くるまざきじんじゃ	(京福電気鉄道)	389
車道	くるまみち	(名古屋市交通局)	372
久留米	くるめ	(鹿児島本線)	167
久留米高校前	くるめこうこうまえ	(久大本線)	177
久留米大学前	くるめだいがくまえ	(久大本線)	177
久留里	くるり	(久留里線)	89
呉	くれ	(呉線)	133
呉羽	くれは	(あいの風とやま鉄道)	353
呉ポートピア	くれぽーとぴあ	(呉線)	134
黒井	くろい	(信越本線)	78
黒井	くろい	(福知山線)	114
黒石	くろいし	(弘南鉄道)	291
黒石	くろいし	(熊本電気鉄道)	442
黒磯	くろいそ	(東北本線)	41
黒井村	くろいむら	(山陰本線)	142
黒岩	くろいわ	(函館本線)	4
九郎原	くろうばる	(篠栗線)	169
黒江	くろえ	(紀勢本線)	154
黒髪町	くろかみまち	(熊本電気鉄道)	442
黒川	くろかわ	(土讃線)	162
黒川	くろかわ	(小田急電鉄)	217
黒川	くろかわ	(名古屋市交通局)	371
黒川	くろかわ	(能勢電鉄)	402
黒子	くろご	(関東鉄道)	307
黒島	くろごう	(松浦鉄道)	437
黒坂	くろさか	(伯備線)	131

項目	読み（路線）	ページ
黒崎	くろさき（鹿児島本線）	166
黒崎駅前	くろさきえきまえ（筑豊電気鉄道）	432
黒笹	くろざさ（名古屋鉄道）	237
黒沢	くろさわ（北上線）	58
黒沢	くろさわ（由利高原鉄道）	300
黒砂信号場	くろすな（総武本線）	83
黒田	くろだ（名古屋鉄道）	235
黒田	くろだ（近畿日本鉄道）	252
黒田庄	くろだしょう（加古川線）	125
黒田原	くろだばら（東北本線）	41
黒薙	くろなぎ（黒部峡谷鉄道）	350
黒姫	くろひめ（しなの鉄道）	342
黒部	くろべ（あいの風とやま鉄道）	354
黒部宇奈月温泉	くろべうなづきおんせん（北陸新幹線）	146
黒部湖	くろべこ（立山黒部貫光）	350
黒部平	くろべだいら（立山黒部貫光）	350
黒部ダム	くろべだむ（関西電力）	351
黒松	くろまつ（山陰本線）	140
黒松	くろまつ（仙台市交通局）	296
黒松内	くろまつない（函館本線）	4
黒山	くろやま（白新線）	76
桑川	くわがわ（羽越本線）	74
桑名	くわな（関西本線）	104
桑名	くわな（近畿日本鉄道）	254
桑名	くわな（養老鉄道）	379
桑名駅	くわながわ（飯山線）	80
桑野	くわの（牟岐線）	161
桑ノ原信号場	くわのはら（篠ノ井線）	38
桑町	くわまち（伊賀鉄道）	383
神水・市民病院前	くわみず・しみんびょういんまえ（熊本市交通局）	444
栗田	くんだ（WILLER TRAINS）	387
郡中	ぐんちゅう（伊予鉄道）	425
郡中港	ぐんちゅうこう（伊予鉄道）	425
国縫	くんぬい（函館本線）	4
群馬大津	ぐんまおおつ（吾妻線）	52
群馬総社	ぐんまそうじゃ（上越線）	50
群馬原町	ぐんまはらまち（吾妻線）	52
群馬藤岡	ぐんまふじおか（八高線）	36
群馬八幡	ぐんまやわた（信越本線）	78

け

項目	読み（路線）	ページ
蹴上	けあげ（京都市交通局）	391
京王稲田堤	けいおういなだづつみ（京王電鉄）	213
京王片倉	けいおうかたくら（京王電鉄）	213
京王多摩川	けいおうたまがわ（京王電鉄）	213
京王多摩センター	けいおうたまセンター（京王電鉄）	213
京王永山	けいおうながやま（京王電鉄）	213
京王八王子	けいおうはちおうじ（京王電鉄）	213
京王堀之内	けいおうほりのうち（京王電鉄）	213
京王よみうりランド	けいおうよみうりらんど（京王電鉄）	213
京急大津	けいきゅうおおつ（京浜急行電鉄）	230
京急蒲田	けいきゅうかまた（京浜急行電鉄）	229
京急川崎	けいきゅうかわさき（京浜急行電鉄）	229
京急久里浜	けいきゅうくりはま（京浜急行電鉄）	231
京急新子安	けいきゅうしんこやす（京浜急行電鉄）	229
京急田浦	けいきゅうたうら（京浜急行電鉄）	230
京急鶴見	けいきゅうつるみ（京浜急行電鉄）	229
京急富岡	けいきゅうとみおか（京浜急行電鉄）	230
京急長沢	けいきゅうながさわ（京浜急行電鉄）	231
京コンピュータ前	けいこんぴゅーたまえ（神戸新交通）	407
警察署前	けいさつしょまえ（伊予鉄道）	425
京成稲毛	けいせいいなげ（京成電鉄）	210
京成上野	けいせいうえの（京成電鉄）	208
京成臼井	けいせいうすい（京成電鉄）	209
京成大久保	けいせいおおくぼ（京成電鉄）	209
京成大和田	けいせいおおわだ（京成電鉄）	209
京成金町	けいせいかなまち（京成電鉄）	210
京成小岩	けいせいこいわ（京成電鉄）	208
京成佐倉	けいせいさくら（京成電鉄）	209
京成酒々井	けいせいしすい（京成電鉄）	209
京成関屋	けいせいせきや（京成電鉄）	208
京成高砂	けいせいたかさご（京成電鉄）	208
京成高砂	けいせいたかさご（北総鉄道）	315
京成立石	けいせいたていし（京成電鉄）	209
京成千葉	けいせいちば（京成電鉄）	210
京成津田沼	けいせいつだぬま（京成電鉄）	208
京成津田沼	けいせいつだぬま（新京成電鉄）	276
京成中山	けいせいなかやま（京成電鉄）	208
京成成田	けいせいなりた（京成電鉄）	209
京成西船	けいせいにしふな（京成電鉄）	208
京成曳舟	けいせいひきふね（京成電鉄）	209
京成船橋	けいせいふなばし（京成電鉄）	208
京成幕張	けいせいまくはり（京成電鉄）	210
京成幕張本郷	けいせいまくはりほんごう（京成電鉄）	210
京成八幡	けいせいやわた（京成電鉄）	208
桂川	けいせん（筑豊本線）	187
芸大通	げいだいどおり（愛知高速交通）	369
慶徳校前	けいとくこうまえ（熊本市交通局）	443
競馬場前	けいばじょうまえ（函館市企業局）	288
競馬場前	けいばじょうまえ（北九州高速鉄道）	431
京阪石山	けいはんいしやま（京阪電気鉄道）	264
京阪膳所	けいはんぜぜ（京阪電気鉄道）	264
京阪山科	けいはんやましな（京阪電気鉄道）	263
猊鼻渓	げいびけい（大船渡線）	57
京葉市原	けいよういちはら（京葉臨海鉄道）	318
京葉久保田	けいようくぼた（京葉臨海鉄道）	319
競輪場前	けいりんじょうまえ（富山ライトレール）	352
競輪場前	けいりんじょうまえ（豊橋鉄道）	368
ケーブル延暦寺	けーぶるえんりゃくじ（比叡山鉄道）	386
ケーブル坂本	けーぶるさかもと（比叡山鉄道）	386
ケーブル山上	けーぶるさんじょう（能勢電鉄）	402
ケーブル比叡	けーぶるひえい（京福電気鉄道）	390
ケーブル八瀬	けーぶるやせ（京福電気鉄道）	390
毛賀	けが（飯田線）	97
下条	げじょう（飯田線）	81
気仙沼	けせんぬま（大船渡線）	58
月江寺	げっこうじ（富士急行）	339
下馬	げば（仙石線）	55
花原市	けばらいち（山田線）	61
検見川	けみがわ（京成電鉄）	210
検見川浜	けみがわはま（京葉線）	85
けやき台	けやきだい（鹿児島本線）	166
欅平	けやきだいら（黒部峡谷鉄道）	350
介良通	けらがどおり（とさでん交通）	429
下呂	げろ（高山本線）	100
研究学園	けんきゅうがくえん（首都圏新都市鉄道）	322
健軍交番前	けんぐんこうばんまえ（熊本市交通局）	444
健軍校前	けんぐんこうまえ（熊本市交通局）	444
健軍町	けんぐんまち（熊本市交通局）	444
源じいの森	げんじいのもり（平成筑豊鉄道）	434
原生花園《臨》	げんせいかえん（釧網本線）	21
県総合運動場	けんそうごううんどうじょう（静岡鉄道）	362
県庁通り	けんちょうどおり（岡山電気軌道）	412
県庁前	けんちょうまえ（千葉都市モノレール）	318
県庁前	けんちょうまえ（富山地方鉄道）	349
県庁前	けんちょうまえ（神戸市交通局）	404
県庁前	けんちょうまえ（広島高速交通）	419
県庁前	けんちょうまえ（伊予鉄道）	425
県庁前	けんちょうまえ（とさでん交通）	428
県庁前	けんちょうまえ（沖縄都市モノレール）	449
源道寺	げんどうじ（身延線）	95
原爆ドーム前	げんばくどーむまえ（広島電鉄）	416
県病院前	けんびょういんまえ（広島電鉄）	417
剣淵	けんぶち（宗谷本線）	17
玄武洞	げんぶどう（山陰本線）	139
剣吉	けんよし（青い森鉄道）	292
県立体育館前	けんりつたいいくかんまえ	

(熊本市交通局) 444	麹町 こうじまち (東京地下鉄) 226	鴻池新田 こうのいけしんでん (片町線) 149
県立大学 けんりつだいがく (京浜急行電鉄) 230	糀谷 こうじや (京浜急行電鉄) 230	高野川 こうのかわ (予讃線) 157
県立美術館通 けんりつびじゅつかんどおり (とさでん交通) 429	神志山 こうしやま (紀勢本線) 106	鴻巣 こうのす (高崎線) 49
県立美術館前 けんりつびじゅつかんまえ (静岡鉄道) 363	甲州街道 こうしゅうかいどう (多摩都市モノレール) 331	国府台 こうのだい (京成電鉄) 208
	光珠内 こうしゅない (函館本線) 5	コウノトリの郷 こうのとりのさと (WILLER TRAINS) 387
こ	神代 こうじろ (山陽本線) 123	河野原円心 こうのはらえんしん (智頭急行) 410
小網町 こあみちょう (広島電鉄) 416	神代町 こうじろまち (島原鉄道) 441	国府宮 こうのみや (名古屋鉄道) 235
五井 ごい (内房線) 86	庚申塚 こうしんづか (東京都交通局) 329	鴻野山 こうのやま (烏山線) 54
五井 ごい (小湊鉄道) 320	甲西 こうせい (草津線) 147	郷原 こうばら (吾妻線) 52
恋ヶ窪 こいがくぼ (西武鉄道) 205	光善寺 こうぜんじ (京阪電気鉄道) 262	江平 こうひら (三江線) 145
鯉川 こいかわ (奥羽本線) 68	高蔵寺 こうぞうじ (中央本線) 102	甲府 こうふ (中央本線) 34
小井川 こいかわ (身延線) 96	高蔵寺 こうぞうじ (愛知環状鉄道) 369	光風台 こうふうだい (小湊鉄道) 320
小池 こいけ (豊橋鉄道) 367	高速神戸 こうそくこうべ (阪急電鉄) 269	光風台 こうふうだい (能勢電鉄) 402
碁石海岸口 こいしかいがんぐち (大船渡線) 58	高速神戸 こうそくこうべ (阪神電気鉄道) 272	神戸 こうべ (東海道本線) 110
恋し浜 こいしはま (三陸鉄道) 294	高速長田 こうそくながた (阪神電気鉄道) 272	神戸貨物ターミナル こうべかもつたーみなる (山陽本線) 121
漕代 こいしろ (近畿日本鉄道) 247	幸田 こうだ (東海道本線) 92	神戸空港 こうべくうこう (神戸新交通) 407
小泉 こいずみ (太多線) 103	高田 こうだ (長崎本線) 174	神戸三宮 こうべさんのみや (阪急電鉄) 267
古泉 こいずみ (伊予鉄道) 424	神田 こうだ (松浦鉄道) 438	神戸三宮 こうべさんのみや (阪神電気鉄道) 270
小泉町 こいずみちょう (富山地方鉄道) 348	甲立 こうたち (芸備線) 132	江北 こうほく (東京都交通局) 330
小泉町 こいずみまち (東武鉄道) 197	河内 こうち (山陽本線) 122	好摩 こうま (花輪線) 61
小出 こいで (上越線) 51	高知 こうち (土讃線) 162	好摩 こうま (IGRいわて銀河鉄道) 295
五位堂 こいどう (近畿日本鉄道) 245	小内海 こうちうみ (日南線) 185	小海 こうみ (小海線) 37
五位野 こいの (指宿枕崎線) 171	高知駅前 こうちえきまえ (とさでん交通) 430	神海 こうみ (樽見鉄道) 378
恋山形 こいやまがた (智頭急行) 411	高知商業前 こうちしょうぎょうまえ (土讃線) 163	光明池 こうみょういけ (泉北高速鉄道) 278
小岩 こいわ (総武本線) 83	高知城前 こうちじょうまえ (とさでん交通) 428	光明寺 こうみょうじ (えちぜん鉄道) 357
小岩井 こいわい (田沢湖線) 60	高知橋 こうちばし (とさでん交通) 430	神目 こうめ (津山線) 128
小岩川 こいわがわ (羽越本線) 74	国府津 こうづ (東海道本線) 24	幸谷 こうや (流鉄) 316
府中 こう (徳島線) 160	郡津 こうづ (京阪電気鉄道) 261	高野 こうや (東京都交通局) 330
国府 こう (名古屋鉄道) 234	江津 ごうつ (山陰本線) 140	高野口 こうやぐち (和歌山線) 150
広域公園前 こういきこうえんまえ (広島高速交通) 419	交通局前 こうつうきょくまえ (熊本市交通局) 443	高野山 こうやさん (南海電気鉄道) 260
公園 こうえん (山万) 317	交通センター前 こうつうせんたーまえ (和歌山電鐵) 408	高野下 こうやした (南海電気鉄道) 260
公園上 こうえんかみ (箱根登山鉄道) 338	上月 こうづき (姫新線) 127	荒野台 こうやだい (鹿島臨海鉄道) 306
高円寺 こうえんじ (中央本線) 33	公津の杜 こうづのもり (京成電鉄) 209	甲陽園 こうようえん (阪急電鉄) 267
公園下 こうえんしも (箱根登山鉄道) 338	江津本町 ごうつほんまち (三江線) 144	光洋台 こうようだい (予讃線) 156
公園西 こうえんにし (愛知高速交通) 369	興戸 こうど (近畿日本鉄道) 251	香淀 こうよど (三江線) 145
公園東口 こうえんひがしぐち (大阪高速鉄道) 401	郷戸 ごうど (只見線) 65	小浦 こうら (松浦鉄道) 438
甲賀 こうか (草津線) 147	顔戸 ごうど (名古屋鉄道) 242	強羅 ごうら (箱根登山鉄道) 337
公会堂前 こうかいどうまえ (長崎電気軌道) 439	神戸 ごうど (わたらせ渓谷鐵道) 309	後楽園 こうらくえん (東京地下鉄) 223
工学部前 こうがくぶまえ (鹿児島市交通局) 449	甲東園 こうとうえん (阪急電鉄) 267	香里園 こうりえん (京阪電気鉄道) 262
広貫堂前 こうかんどうまえ (富山地方鉄道) 348	勾当台公園 こうとうだいこうえん (仙台市交通局) 296	公立病院前 こうりつびょういんまえ (くま川鉄道) 446
工業団地 こうぎょうだんち (土佐くろしお鉄道) 427	甲東中学校前 こうとうちゅうがっこうまえ (鹿児島市交通局) 447	香呂 こうろ (播但線) 126
航空公園 こうくうこうえん (西武鉄道) 205	豪徳寺 ごうとくじ (小田急電鉄) 215	香櫨園 こうろえん (阪神電気鉄道) 270
豪渓 ごうけい (伯備線) 130	河戸帆待川 こうどほまちがわ (可部線) 134	河和 こうわ (名古屋鉄道) 239
香西 こうざい (予讃線) 155	咥内 こうない (とさでん交通) 429	河和口 こうわぐち (名古屋鉄道) 239
幸崎 こうざき (日豊本線) 182	江南 こうなん (山陽本線) 140	郡家 こおげ (因美線) 142
神前 こうざき (和歌山電鐵) 408	甲南 こうなん (草津線) 147	郡家 こおげ (若桜鉄道) 410
高座渋谷 こうざしぶや (小田急電鉄) 216	江南 こうなん (名古屋鉄道) 242	桑折 こおり (東北本線) 42
郷沢 ごうざわ (東武鉄道) 73	幌南小学校前 こうなんしょうがっこうまえ (札幌市交通局) 285	郡元 こおりもと (指宿枕崎線) 171
剛志 ごうし (東武鉄道) 196	港南台 こうなんだい (根岸線) 31	郡元 こおりもと (鹿児島市交通局) 448
甲子園 こうしえん (阪神電気鉄道) 270	港南中央 こうなんちゅうおう (横浜市交通局) 333	郡山 こおりやま (東北本線) 41
甲子園口 こうしえんぐち (東海道本線) 110	甲南山手 こうなんやまて (東海道本線) 110	郡山 こおりやま (関西本線) 146
	甲奴 こうぬ (福塩線) 133	郡山貨物ターミナル こおりやまかもつたーみなる (東北本線) 41
		郡山富田 こおりやまとみた (磐越西線) 64
		古河 こが (東北本線) 40
		古賀 こが (鹿児島本線) 166

487

駅名	よみ	(路線)	ページ
五和	ごか	(大井川鐵道)	363
五箇荘	ごかしょう	(近江鉄道)	384
黄金	こがね	(室蘭本線)	10
黄金	こがね	(近畿日本鉄道)	254
小金井	こがねい	(東北本線)	41
小金沢	こがねざわ	(気仙沼線)	57
小金城趾	こがねじょうし	(流鉄)	316
黄金町	こがねちょう	(京浜急行電鉄)	230
粉河	こかわ	(和歌山線)	150
小川原	こがわら	(青い森鉄道)	292
後関	こかん	(上越線)	50
古賀茶屋	こがんちゃや	(西日本鉄道)	275
御器所	ごきそ	(名古屋市交通局)	372
小絹	こきぬ	(関東鉄道)	307
近義の里	こぎのさと	(水間鉄道)	400
国際会館	こくさいかいかん	(京都市交通局)	391
国際会議場前	こくさいかいぎじょうまえ	(富山地方鉄道)	349
国際センター	こくさいせんたー	(仙台市交通局)	296
国際センター	こくさいせんたー	(名古屋市交通局)	372
国際展示場	こくさいてんじじょう	(東京臨海高速鉄道)	324
国際展示場正門	こくさいてんじじょうせいもん	(ゆりかもめ)	323
小串	こぐし	(山陰本線)	141
国道	こくどう	(鶴見線)	27
国府	こくふ	(山陰本線)	139
国分	こくぶ	(予讃線)	155
国分	こくぶ	(日豊本線)	183
国府	こくふ	(熊本市交通局)	443
国府多賀城	こくふたがじょう	(東北本線)	42
国分寺	こくぶんじ	(中央本線)	33
国分寺	こくぶんじ	(西武鉄道)	205
国母	こくぼ	(身延線)	96
小倉	こくら	(山陽新幹線)	125
小倉	こくら	(鹿児島本線)	165
小倉	こくら	(北九州高速鉄道)	431
極楽	ごくらく	(明知鉄道)	376
極楽寺	ごくらくじ	(江ノ島電鉄)	336
極楽橋	ごくらくばし	(南海電気鉄道)	260
国立競技場	こくりつきょうぎじょう	(東京都交通局)	328
小栗山	こぐりやま	(弘南鉄道)	291
国領	こくりょう	(京王電鉄)	212
蚕桑	こぐわ	(山形鉄道)	301
苔縄	こけなわ	(智頭急行)	410
五香	ごこう	(新京成電鉄)	276
護国寺	ごこくじ	(東京地下鉄)	226
古虎渓	ここけい	(中央本線)	102
小牛田	こごた	(東北本線)	42
九重	ここのえ	(内房線)	87
小篭通	こごめどおり	(とさでん交通)	430
御座	ござ	(紀勢本線)	153
小坂井	こざかい	(飯田線)	96
小砂川	こさがわ	(羽越本線)	75
小佐越	こさごえ	(東武鉄道)	199
小佐野	こさの	(釜石線)	59
小沢	こざわ	(函館本線)	3
後三年	ごさんねん	(奥羽本線)	68
越ケ浜	こしがはま	(山陰本線)	141
越谷	こしがや	(東武鉄道)	195
越谷貨物ターミナル	こしがやかもつたーみなる	(武蔵野線)	28
越谷レイクタウン	こしがやれいくたうん	(武蔵野線)	29
腰越	こしごえ	(江ノ島電鉄)	336
五十石	ごじっこく	(釧網本線)	21
越戸	こしど	(名古屋鉄道)	236
越ノ潟	こしのかた	(万葉線)	353
越部	こしべ	(近畿日本鉄道)	250
児島	こじま	(本四備讃線)	130
小島新田	こじましんでん	(京浜急行電鉄)	231
越水	こしみず	(五能線)	72
五社	ごしゃ	(神戸電鉄)	405
五条	ごじょう	(和歌山線)	150
五条	ごじょう	(京都市交通局)	391
五条川信号場	ごじょうがわ	(東海道本線)	93
虎杖浜	こじょうはま	(室蘭本線)	10
五所川原	ごしょがわら	(五能線)	72
小杉	こすぎ	(富山地方鉄道)	348
小杉	こすぎ	(あいの風とやま鉄道)	353
小菅	こすげ	(東武鉄道)	195
越河	こすごう	(東北本線)	42
コスモスクエア	こすもすくえあ	(大阪市交通局)	395
小鳥谷	こずや	(IGRいわて銀河鉄道)	295
御所	ごせ	(和歌山線)	150
五泉	ごせん	(磐越西線)	65
後台	ごだい	(水郡線)	48
小平	こだいら	(西武鉄道)	205
小滝	こたき	(大糸線)	120
小竹	こたけ	(筑豊本線)	187
小竹向原	こたけむかいはら	(西武鉄道)	226
小竹向原	こたけむかいはら	(東京地下鉄)	226
児玉	こだま	(八高線)	36
五反田	ごたんだ	(山手線)	25
五反田	ごたんだ	(東京急行電鉄)	220
五反田	ごたんだ	(東京都交通局)	325
五反野	ごたんの	(東武鉄道)	195
五知	ごち	(近畿日本鉄道)	255
木知原	こちばら	(樽見鉄道)	378
御着	ごちゃく	(山陽本線)	121
古津賀	こつか	(土佐くろしお鉄道)	427
国会議事堂前	こっかいぎじどうまえ	(東京地下鉄)	223
小机	こづくえ	(横浜線)	30
特牛	こっとい	(山陰本線)	141
小繋	こつなぎ	(IGRいわて銀河鉄道)	295
木津用水	こつようすい	(名古屋鉄道)	242
小鶴新田	こづるしんでん	(仙石線)	55
小手指	こてさし	(西武鉄道)	203
御殿場	ごてんば	(御殿場線)	95
小伝馬町	こでんまちょう	(東京地下鉄)	224
御殿山	ごてんやま	(京阪電気鉄道)	262
厚東	ことう	(山陽本線)	124
後藤	ごとう	(山陰本線)	143
五島町	ごとうまち	(長崎電気軌道)	439
琴芝	ことしば	(宇部線)	136
琴電琴平	ことでんことひら	(高松琴平電気鉄道)	422
琴電志度	ことでんしど	(高松琴平電気鉄道)	422
琴電屋島	ことでんやしま	(高松琴平電気鉄道)	422
琴似	ことに	(函館本線)	4
琴似	ことに	(札幌市交通局)	283
琴平	ことひら	(土讃線)	162
寿	ことぶき	(富士急行)	339
子供の国	こどものくに	(日南線)	185
こどもの国	こどものくに	(東京急行電鉄)	221
こどもの国	こどものくに	(名古屋市交通局)	237
小中	こなか	(わたらせ渓谷鉄道)	309
小長井	こながい	(長崎本線)	173
小中野	こなかの	(八戸線)	62
小梨	こなし	(大船渡線)	57
五農校前	ごのうこうまえ	(津軽鉄道)	290
金浦	このうら	(羽越線)	75
五ノ三	ごのさん	(名古屋鉄道)	243
木葉	このは	(鹿児島本線)	167
小橋	こばし	(岡山電気軌道)	412
木幡	こはた	(奈良線)	147
木幡	こはた	(神戸電鉄)	406
小波渡	こばと	(羽越本線)	74
小塙	こばな	(烏山線)	54
粉浜	こはま	(南海電気鉄道)	257
小林	こばやし	(成田線)	88
小林	こばやし	(吉都線)	186
小針	こばり	(白新線)	82
木場茶屋	こばんちゃや	(鹿児島本線)	168
古井	こび	(高山本線)	100
五百川	ごひゃくがわ	(東北本線)	41
五百石	ごひゃくこく	(富山地方鉄道)	347
五百羅漢	ごひゃくらかん	(伊豆箱根鉄道)	360
呉服町	ごふくまち	(福岡市交通局)	435
呉服町	ごふくまち	(熊本市交通局)	443
小渕	こぶち	(横浜線)	30
小渕	こぶち	(秋田内陸縦貫鉄道)	298
小淵沢	こぶちざわ	(中央本線)	34
小舟渡	こぶなと	(えちぜん鉄道)	357
古部	こべ	(島原鉄道)	441
御坊	ごぼう	(紀勢本線)	154
御坊	ごぼう	(紀州鉄道)	409
湖北	こほく	(成田線)	88
小歩危	こぼけ	(土讃線)	162
河堀口	こぼれぐち	(近畿日本鉄道)	249
小幌	こぼろ	(室蘭本線)	10
高麗	こま	(西武鉄道)	204
胡麻	ごま	(山陰本線)	138
小舞子	こまいこ	(北陸本線)	116
駒井野分岐部	こまいのぶんきぶ	(京成電鉄)	209
狛江	こまえ	(小田急電鉄)	215
駒形	こまがた	(両毛線)	53
駒ケ岳	こまがたけ	(函館本線)	3
駒ケ谷	こまがたに	(近畿日本鉄道)	249
駒ケ根	こまがね	(飯田線)	98
駒ケ林	こまがばやし	(神戸市交通局)	404
駒ケ嶺	こまがみね	(常磐線)	47
高麗川	こまがわ	(八高線)	36

駒川中野 こまがわなかの (大阪市交通局) 394	(函館市企業局) 288	境松 さかいまつ (弘南鉄道) 291
小牧 こまき (名古屋鉄道) 240	御陵前 ごりょうまえ (阪堺電気軌道) 399	境港 さかいみなと (境線) 143
小牧口 こまきぐち (名古屋鉄道) 240	是政 これまさ (西武鉄道) 207	栄 さかえ (名古屋市交通局) 370
小牧原 こまきはら (名古屋鉄道) 240	五郎 ごろう (予讃線) 157	栄 さかえ (神戸電鉄) 406
駒込 こまごめ (山手線) 25	五郎丸信号場 ごろうまる (名古屋鉄道) 241	栄 さかえ (水島臨海鉄道) 413
駒込 こまごめ (東京地下鉄) 227	五郎丸 ごろうまる (西日本鉄道) 275	寒河江 さがえ (左沢線) 70
駒里信号場 こまさと (石勝線) 8	小涌谷 こわきだに (箱根登山鉄道) 337	栄町 さかえちょう (千葉都市モノレール) 318
駒沢大学 こまざわだいがく (東京急行電鉄) 219	小和清水 こわしょうず (越美北線) 117	栄町 さかえちょう (東京都交通局) 329
狛田 こまだ (近畿日本鉄道) 251	木幡 こわた (京阪電気鉄道) 262	栄町 さかえちょう (名古屋鉄道) 240
古町 こまち (伊予鉄道) 424	小和田 こわだ (飯田線) 97	栄町 さかえまち (札幌市交通局) 284
小町屋 こまちや (飯田線) 98	権現前 ごんげんまえ (名松線) 106	酒折 さかおり (中央本線) 34
小松 こまつ (北陸本線) 116	金光 こんこう (山陽本線) 122	坂上 さかうえ (高山本線) 101
小松川 こまつかわ (北上線) 58	金剛 こんごう (南海電気鉄道) 260	坂城 さかき (しなの鉄道) 341
駒鳴 こまなき (筑肥線) 175	金蔵寺 こんぞうじ (土讃線) 162	坂北 さかきた (篠ノ井線) 38
駒野 こまの (養老鉄道) 379	権堂 ごんどう (長野電鉄) 340	榊原温泉口 さかきばらおんせんぐち (近畿日本鉄道) 246
駒場車庫前 こまばしゃこまえ (函館市企業局) 288	木尾 この (長良川鉄道) 377	佐賀公園 さがこうえん (土佐くろしお鉄道) 427
駒場東大前 こまばとうだいまえ (京王電鉄) 214	今羽 こんは (埼玉新都市交通) 314	逆井 さかさい (東武鉄道) 200
古見 こみ (姫新線) 127	金比羅前 こんぴらまえ (鳴門線) 160	坂下 さかした (中央本線) 102
古見 こみ (名古屋鉄道) 238	昆布 こんぶ (函館本線) 4	坂下町 さかしたまち (万葉線) 352
小湊 こみなと (青い森鉄道) 292	昆布盛 こんぶもり (根室本線) 16	逆瀬川 さかせがわ (阪急電鉄) 267
小宮 こみや (八高線) 36	**さ**	酒田 さかた (羽越本線) 75
小室 こむろ (北総鉄道) 315	西院 さい (京福電気鉄道) 389	坂田 さかた (北陸本線) 115
米野 こめの (近畿日本鉄道) 254	西院 さいいん (阪急電鉄) 265	酒田港 さかたこう (羽越本線) 189
米野木 こめのき (名古屋鉄道) 237	犀潟 さいがた (信越本線) 78	酒殿 さかど (香椎線) 169
米ノ津 こめのつ (肥薩おれんじ鉄道) 445	犀潟 さいがた (北越急行) 344	坂戸 さかど (東武鉄道) 201
後免 ごめん (土讃線) 162	西金 さいがね (水郡線) 48	坂根 さかね (芸備線) 131
後免 ごめん (土佐くろしお鉄道) 427	犀川 さいがわ (平成筑豊鉄道) 434	坂ノ市 さかのいち (日豊本線) 182
後免中町 ごめんなかまち (とさでん交通) 430	佐伯 さいき (日豊本線) 182	坂之上 さかのうえ (指宿枕崎線) 171
後免西町 ごめんにしまち (とさでん交通) 430	斎宮 さいくう (近畿日本鉄道) 247	坂部 さかべ (名古屋鉄道) 239
後免東町 ごめんひがしまち (とさでん交通) 430	西郷 さいごう (島原鉄道) 441	坂祝 さかほぎ (高山本線) 100
後免町 ごめんまち (土佐くろしお鉄道) 427	財光寺 ざいこうじ (日豊本線) 183	坂町 さかまち (羽越本線) 74
後免町 ごめんまち (とさでん交通) 430	再春荘前 さいしゅんそうまえ (熊本電気鉄道) 442	相模大塚 さがみおおつか (相模鉄道) 232
小本 こもと (名古屋臨海高速鉄道) 373	西条 さいじょう (山陽本線) 122	相模大野 さがみおおの (小田急電鉄) 216
菰野 こもの (近畿日本鉄道) 254	西大寺 さいだいじ (赤穂線) 128	相模大野分岐点 さがみおおのぶんきてん (小田急電鉄) 216
子守唄の里高屋 こもりうたのさとたかや (井原鉄道) 414	西大寺町 さいだいじちょう (岡山電気軌道) 412	相模金子 さがみかねこ (御殿場線) 94
小森江 こもりえ (鹿児島本線) 165	さいたま新都心 さいたましんとしん (東北本線) 40	相模貨物 さがみかもつ (東海道本線) 24
小諸 こもろ (小海線) 37	最知 さいち (気仙沼線) 57	相模湖 さがみこ (中央本線) 34
小諸 こもろ (しなの鉄道) 341	採銅所 さいどうしょ (日田彦山線) 184	相模国分信号所 さがみこくぶ (相模鉄道) 232
小屋浦 こやうら (呉線) 134	西戸崎 さいとざき (香椎線) 169	相模沼田 さがみぬまた (伊豆箱根鉄道) 360
子安 こやす (京浜急行電鉄) 229	彩都西 さいとにし (大阪高速鉄道) 401	さがみ野 さがみの (相模鉄道) 232
小屋平 こやだいら (林部峡谷鉄道) 350	西明寺 さいみょうじ (秋田内陸縦貫鉄道) 299	相模原 さがみはら (横浜線) 30
小柳 こやなぎ (青い森鉄道) 293	幸 さいわい (島原鉄道) 440	坂元 さかもと (常磐線) 47
木屋瀬 こやのせ (筑豊電気鉄道) 432	佐伯区役所前 さえきくやくしょまえ (広島電鉄) 415	坂本 さかもと (肥薩線) 170
小屋の畑 こやのはた (花輪線) 61	菜園場町 さえんばちょう (とさでん交通) 429	坂本 さかもと (京阪電気鉄道) 264
湖山 こやま (山陰本線) 139	蔵王 ざおう (奥羽本線) 67	相良藩願成寺 さがらはんがんじょうじ (くま川鉄道) 446
小谷松 こやまつ (いすみ鉄道) 321	坂 さか (呉線) 134	盛 さかり (大船渡線) 58
御油 こゆ (名古屋鉄道) 219	佐賀 さが (長崎本線) 173	盛 さかり (三陸鉄道) 294
湖港館新駅 こゆうかんしんえき (一畑電車) 411	嵯峨嵐山 さがあらしやま (山陰本線) 138	盛 さかり (岩手開発鉄道) 295
子吉 こよし (由利高原鉄道) 300	堺 さかい (南海電気鉄道) 257	佐川 さかわ (土讃線) 163
古里 こり (青梅線) 35	堺市 さかいし (阪和線) 151	崎平 さきだいら (大井川鐵道) 363
御領 ごりょう (指宿枕崎線) 172	堺筋本町 さかいすじほんまち (大阪市交通局) 395	鷺沼 さぎぬま (東京急行電鉄) 219
御領 ごりょう (井原鉄道) 414	堺田 さかいだ (陸羽東線) 76	鷺ノ宮 さぎのみや (西武鉄道) 204
五稜郭 ごりょうかく (函館本線) 3	坂出 さかいで (予讃線) 155	さぎの宮 さぎのみや (遠州鉄道) 366
五稜郭 ごりょうかく (道南いさりび鉄道) 289	堺東 さかいひがし (南海電気鉄道) 260	咲花 さきはな (磐越西線) 65
五稜郭公園前 ごりょうかくこうえんまえ	境町 さかいまち (東武鉄道) 196	崎守 さきもり (室蘭本線) 10
		崎山 さきやま (平成筑豊鉄道) 434

駅名	よみ (路線)	ページ
左京山	さきょうやま (名古屋鉄道)	235
佐久	さく (宗谷本線)	18
佐久海ノ口	さくうみのくち (小海線)	37
作木口	さくぎぐち (三江線)	145
作草部	さくさべ (千葉都市モノレール)	317
佐久平	さくだいら (小海線)	37
作並	さくなみ (仙山線)	55
佐久広瀬	さくひろせ (小海線)	37
佐久間	さくま (飯田線)	97
佐倉	さくら (総武本線)	83
桜	さくら (名古屋鉄道)	235
桜	さくら (近畿日本鉄道)	254
桜井	さくらい (桜井線)	148
桜井	さくらい (名古屋鉄道)	236
桜井	さくらい (近畿日本鉄道)	246
桜井	さくらい (阪急電鉄)	268
桜岡	さくらおか (石北本線)	19
桜街道	さくらかいどう (多摩都市モノレール)	331
桜ヶ丘	さくらがおか (小田急電鉄)	216
桜川	さくらがわ (阪神電気鉄道)	271
桜川	さくらがわ (近江鉄道)	384
桜川	さくらがわ (大阪市交通局)	395
桜木	さくらぎ (千葉都市モノレール)	317
桜木	さくらぎ (天竜浜名湖鉄道)	364
桜木町	さくらぎちょう (根岸線)	30
桜木町	さくらぎちょう (横浜市交通局)	333
桜坂	さくらざか (福岡市交通局)	436
桜沢	さくらざわ (長野電鉄)	340
桜沢	さくらざわ (秩父鉄道)	312
桜島	さくらじま (桜島線)	112
桜島桟橋通	さくらじまさんばしどおり (鹿児島市交通局)	447
さくら夙川	さくらしゅくがわ (東海道本線)	110
桜上水	さくらじょうすい (京王電鉄)	212
桜新町	さくらしんまち (東京急行電鉄)	219
桜台	さくらだい (西武鉄道)	203
桜台	さくらだい (西日本鉄道)	273
桜田門	さくらだもん (東京地下鉄)	226
桜ノ宮	さくらのみや (大阪環状線)	112
桜橋	さくらばし (富山地方鉄道)	348
桜橋	さくらばし (静岡鉄道)	363
桜本町	さくらほんまち (名古屋市交通局)	373
桜町	さくらまち (飯田線)	98
桜町	さくらまち (長崎電気軌道)	439
桜町前	さくらまちまえ (名古屋鉄道)	236
桜水	さくらみず (福島交通)	302
桜山	さくらやま (名古屋市交通局)	373
さくらんぼ東根	さくらんぼひがしね (奥羽本線)	67
佐古	さこ (徳島線)	161
栄生	さこう (名古屋鉄道)	235
佐古木	さこぎ (近畿日本鉄道)	254
坂越	さごし (赤穂線)	127
砂越	さごし (羽越本線)	75
佐々	さざ (松浦鉄道)	438
笹川	ささがわ (成田線)	82
笹ヶ	ささき (白新線)	76
笹木野	ささきの (奥羽本線)	67
篠栗	ささぐり (篠栗線)	169
笹子	ささご (中央線)	34
笹島信号場	ささしま (関西線)	104
笹島信号場	ささしま (名古屋臨海高速鉄道)	373
ささしまライブ	ささしまらいぶ (名古屋臨海高速鉄道)	373
笹平	ささだいら (黒部峡谷鉄道)	350
笹津	ささづ (高山本線)	120
笹塚	ささづか (京王電鉄)	212
笹貫	ささぬき (鹿児島市交通局)	448
篠原	ささばら (愛知環状鉄道)	368
笹原田	ささはらだ (真岡鐵道)	309
笹原	ささばる (鹿児島本線)	166
笹部	ささべ (能勢電鉄)	402
笹谷	ささや (福島交通)	302
篠山口	ささやまぐち (福知山線)	114
佐志生	さしう (日豊本線)	182
指扇	さしおうぎ (川越線)	49
刺敷	さしき (肥薩おれんじ鉄道)	445
刺巻	さしまき (田沢湖線)	60
佐世保	させぼ (佐世保線)	176
佐世保	させぼ (松浦鉄道)	438
佐世保中央	させぼちゅうおう (松浦鉄道)	438
貞光	さだみつ (徳島線)	160
幸浦	さちうら (横浜シーサイドライン)	335
佐津	さつ (山陰本線)	139
撮影所前	さつえいしょまえ (京福電気鉄道)	390
札苅	さつかり (道南いさりび鉄道)	289
五月台	さつきだい (小田急電鉄)	217
さつき野	さつきの (信越本線)	79
咲来	さっくる (宗谷本線)	17
雑餉隈	ざっしょのくま (西日本鉄道)	273
幸弦	さつる (釧網本線)	21
幸手	さって (東武鉄道)	198
札的	さってき (札沼線)	7
札内	さつない (根室本線)	14
札比内	さっぴない (札沼線)	7
札幌	さっぽろ (函館本線)	4
さっぽろ	さっぽろ (札幌市交通局)	283
札幌貨物ターミナル	さっぽろかもつたーみなる (函館本線)	5
サッポロビール庭園	さっぽろびーるていえん (千歳線)	7
薩摩板敷	さつまいたしき (指宿枕崎線)	172
薩摩今和泉	さつまいまいずみ (指宿枕崎線)	171
薩摩大川	さつまおおかわ (肥薩おれんじ鉄道)	445
薩摩川尻	さつまかわしり (指宿枕崎線)	171
薩摩塩屋	さつましおや (指宿枕崎線)	171
薩摩高城	さつまたき (肥薩おれんじ鉄道)	445
薩摩松元	さつままつもと (鹿児島本線)	168
里信号場	さと (長崎本線)	173
里	さと (松浦鉄道)	437
左通	さどおり (秋田内陸縦貫鉄道)	299
里庄	さとしょう (山陽本線)	122
里白石	さとしらいし (水郡線)	48
里見	さとみ (小湊鉄道)	320
佐土原	さどわら (日豊本線)	183
佐奈	さな (紀勢本線)	105
佐那具	さなぐ (関西本線)	146
猿投	さなげ (名古屋鉄道)	236
佐貫	さぬき (常磐線)	46
佐貫	さぬき (関東鉄道)	306
讃岐相生	さぬきあいおい (高徳線)	159
讃岐財田	さぬきさいだ (土讃線)	162
讃岐塩屋	さぬきしおや (予讃線)	155
讃岐白鳥	さぬきしろとり (高徳線)	159
讃岐津田	さぬきつだ (高徳線)	159
讃岐府中	さぬきふちゅう (予讃線)	155
佐貫町	さぬきまち (内房線)	86
讃岐牟礼	さぬきむれ (高徳線)	159
佐野	さの (両毛線)	52
佐野	さの (東武鉄道)	198
佐野信号所	さの (上信電鉄)	311
佐野市	さのし (東武鉄道)	198
佐野のわたし	さののわたし (上信電鉄)	311
鯖石	さばいし (弘南鉄道)	291
鯖江	さばえ (北陸本線)	115
鯖瀬	さばせ (牟岐線)	161
佐羽根	さばね (三陸鉄道)	293
佐保信号場	さほ (関西本線)	146
座間	ざま (小田急電鉄)	216
様似	さまに (日高本線)	12
三溝	さみぞ (アルピコ交通)	343
佐味田川	さみたがわ (近畿日本鉄道)	252
寒川	さむかわ (相模線)	31
侍浜	さむらいはま (八戸線)	62
鮫	さめ (八戸線)	62
醒ケ井	さめがい (東海道本線)	93
鮫洲	さめず (京浜急行電鉄)	229
佐屋	さや (名古屋鉄道)	243
狭山	さやま (南海電気鉄道)	260
狭山ヶ丘	さやまがおか (西武鉄道)	203
狭山市	さやまし (西武鉄道)	205
佐用	さよ (姫新線)	127
佐用	さよ (智頭急行)	411
更科信号場	さらしな (磐越西線)	64
佐良山	さらやま (津山線)	128
佐里	さり (筑肥線)	175
猿岩	さるいわ (三岐鉄道)	380
猿田	さるだ (総武本線)	84
猿橋	さるはし (中央本線)	34
猿和田	さるわだ (磐越西線)	65
沢	さわ (常磐線)	46
沢	さわ (飯田線)	98
沢井	さわい (青梅線)	35
沢尻	さわじり (花輪線)	62
沢田	さわだ (石巻線)	56
沢谷	さわだに (三江線)	144
沢中山	さわなかやま (富山地方鉄道)	347
沢ノ町	さわのちょう (南海電気鉄道)	259
沢間	さわま (大井川鐵道)	364
沢目	さわめ (五能線)	71
佐原	さわら (成田線)	87
沢良宜	さわらぎ (大阪高速鉄道)	401
沢渡	さわわたり (飯田線)	98
三ケ根	さんがね (東海道本線)	92
三ヶ森	さんがもり (筑豊電気鉄道)	432
三岐朝明信号場	さんぎあさけ (三岐鉄道)	

490

380	山陽天満 さんようてんま (山陽電気鉄道) 280	塩谷 しおや (函館本線) 4
産業振興センター さんぎょうしんこうせんたー (横浜シーサイドライン) 335	山陽姫路 さんようひめじ (山陽電気鉄道) 280	塩屋 しおや (山陽本線) 121
産業道路 さんぎょうどうろ (京浜急行電鉄) 231	三里木 さんりぎ (豊肥本線) 179	塩屋 しおや (高松琴平電気鉄道) 422
参宮橋 さんぐうばし (小田急電鉄) 215	三陸 さんりく (三陸鉄道) 294	志賀 しが (湖西線) 111
三軒茶屋 さんげんぢゃや (東京急行電鉄) 219	山麓 さんろく (皿倉山登山鉄道) 431	鹿討 しかうち (富良野線) 16
三郷 さんごう (関西本線) 146	**し**	鹿家 しかか (筑肥線) 175
三郷 さんごう (名古屋鉄道) 240	思案橋 しあんばし (長崎電気軌道) 439	鹿賀 しかが (三江線) 144
三才 さんさい (しなの鉄道) 341	志井 しい (日田彦山線) 184	滋賀里 しがさと (京阪電気鉄道) 264
三十八社 さんじゅうはっしゃ (福井鉄道) 358	志井 しい (北九州高速鉄道) 431	鹿ノ谷 しかのたに (石勝線) 9
三条 さんじょう (信越本線) 79	志井公園 しいこうえん (日田彦山線) 184	鹿部 しかべ (函館本線) 5
三条 さんじょう (京阪電気鉄道) 262	志比堺 しびざかい (えちぜん鉄道) 357	志賀本通 しがほんどおり (名古屋市交通局) 371
三条 さんじょう (高松琴平電気鉄道) 421	椎柴 しいしば (成田線) 87	飾磨 しかま (山陽電気鉄道) 280
山上 さんじょう (皿倉山登山鉄道) 431	椎田 しいだ (日豊本線) 181	信楽 しがらき (信楽高原鐵道) 385
三条京阪 さんじょうけいはん (京都市交通局) 391	椎津 しいづ (京葉臨海鉄道) 319	紫香楽宮跡 しがらきぐうし (信楽高原鐵道) 385
三瀬 さんぜ (羽越本線) 74	椎名町 しいなまち (西武鉄道) 203	別問 しかりべつ (函館本線) 4
三田 さんだ (福知山線) 113	JR小倉 じぇいあーるおぐら (奈良線) 147	志紀 しき (関西本線) 146
三田 さんだ (神戸電鉄) 405	JR河内永和 じぇいあーるかわちえいわ (おおさか東線) 149	志木 しき (東武鉄道) 201
三田本町 さんだほんまち (神戸電鉄) 405	JR五位堂 じぇいあーるごいどう (和歌山線) 150	信貴山口 しぎさんぐち (近畿日本鉄道) 249
山東 さんどう (和歌山電鐵) 408	JR俊徳道 じぇいあーるしゅんとくみち (おおさか東線)	信貴山下 しぎさんした (近畿日本鉄道) 252
サンドーム西 さんどーむにし (福井鉄道) 358	JR長瀬 じぇいあーるながせ (おおさか東線) 149	敷地 しきじ (天竜浜名湖線) 365
山王信号場 さんのう (中央本線) 103	JR難波 じぇいあーるなんば (関西本線) 146	式敷 しきしき (三江線) 145
山王 さんのう (名古屋鉄道) 235	JR藤森 じぇいあーるふじのもり (奈良線) 147	敷島 しきしま (上越線) 50
山王 さんのう (えちぜん鉄道) 357	JR松山駅前 じぇいあーるまつやまえきまえ (伊予鉄道) 426	敷戸 しきど (豊肥本線) 180
三戸 さんのへ (青い森鉄道) 292	JR三山木 じぇいあーるみやまき (片町線) 148	敷浪 しきなみ (七尾線) 118
三ノ宮 さんのみや (東海道本線) 110	JA広島病院前 じぇいえいひろしまびょういんまえ (広島電鉄) 416	鴫野 しぎの (片町線) 149
三宮 さんのみや (神戸市交通局) 404	自衛隊前 じえいたいまえ (札幌市交通局) 283	鴫野 しぎの (大阪市交通局) 397
三宮 さんのみや (神戸新交通) 407	塩入 しおいり (土讃線) 162	四季の郷 しきのさと (山形鉄道) 301
三宮・花時計前 さんのみや・はなどけいまえ (神戸市交通局) 404	汐入 しおいり (京浜急行電鉄) 230	志貴野中学校前 しきのちゅうがっこうまえ (万葉線) 352
桟橋車庫前 さんばししゃこまえ (とさでん交通) 430	塩釜 しおがま (東北本線) 42	志久 しく (埼玉新都市交通) 314
桟橋通一丁目 さんばしどおりいっちょうめ (とさでん交通) 430	塩釜口 しおがまぐち (名古屋市交通局) 372	寺家 じけ (山陽本線) 122
桟橋通五丁目 さんばしどおりごちょうめ (とさでん交通) 430	塩狩 しおかり (宗谷本線) 17	重岡 しげおか (日豊本線) 182
桟橋通三丁目 さんばしどおりさんちょうめ (とさでん交通) 430	塩川 しおかわ (磐越西線) 64	繁藤 しげとう (土讃線) 162
桟橋通二丁目 さんばしどおりにちょうめ (とさでん交通) 430	塩郷 しおごう (大井川鐵道) 363	重富 しげとみ (日豊本線) 183
桟橋通四丁目 さんばしどおりよんちょうめ (とさでん交通) 430	塩崎 しおざき (中央本線) 34	滋野 しげの (しなの鉄道) 341
三本松 さんぼんまつ (高徳線) 159	塩沢 しおざわ (上越線) 51	重原 しげはら (名古屋鉄道) 236
三本松 さんぼんまつ (近畿日本鉄道) 246	塩尻 しおじり (中央本線) 34	重安 しげやす (美祢線) 137
三本松口 さんぼんまつぐち (境線) 143	塩田町 しおだまち (上田電鉄) 342	慈眼寺 じげんじ (指宿枕崎線) 171
三枚橋 さんまいばし (東武鉄道) 197	四方津 しおつ (中央本線) 34	試験場前 しけんじょうまえ (西日本鉄道) 274
三見 さんみ (山陰本線) 141	塩塚 しおつか (西日本鉄道) 274	四郷 しごう (愛知環状鉄道) 368
山門 さんもん (鞍馬寺) 388	汐留 しおどめ (ゆりかもめ) 323	地御前 じごぜん (広島電鉄) 416
山陽明石 さんようあかし (山陽電気鉄道) 279	汐留 しおどめ (東京都交通局) 327	鹿折唐桑 ししおりからくわ (大船渡線) 58
山陽網干 さんようあぼし (山陽電気鉄道) 280	潮凪信号場 しおなぎ (名古屋臨海高速鉄道) 374	宍喰 ししくい (阿佐海岸鉄道) 421
山陽魚住 さんよううおずみ (山陽電気鉄道) 279	塩之沢 しおのさわ (身延線) 95	宍戸 ししど (水戸線) 53
山陽塩屋 さんようしおや (山陽電気鉄道) 279	汐ノ宮 しおのみや (近畿日本鉄道) 251	ししぶ ししぶ (鹿児島本線) 166
山陽女子大前 さんようじょしだいまえ (広島電鉄) 415	塩浜 しおはま (関西本線) 191	四十万 しじま (北陸鉄道) 355
山陽須磨 さんようすま (山陽電気鉄道) 279	塩浜 しおはま (近畿日本鉄道) 253	志染 しじみ (神戸電鉄) 406
山陽曽根 さんようそね (山陽電気鉄道) 280	塩町 しおまち (芸備線) 131	四所 ししょ (WILLER TRAINS) 387
山陽垂水 さんようたるみ (山陽電気鉄道) 279	汐見 しおみ (日ённ本線) 12	四条 しじょう (京都市交通局) 391
	潮見 しおみ (京葉線) 85	四条大宮 しじょうおおみや (京福電気鉄道) 389
	汐見町 しおみちょう (名古屋臨海鉄道) 374	四条畷 しじょうなわて (片町線) 149
	汐見橋 しおみばし (南海電気鉄道) 259	市場前 しじょうまえ (ゆりかもめ) 323
		静 しず (水郡線) 48
		酒々井 しすい (成田線) 87
		静岡 しずおか (東海道本線) 91
		静岡貨物 しずおかかもつ (東海道本線) 91
		静狩 しずかり (室蘭本線) 10
		雫石 しずくいし (田沢湖線) 60

静内	しずない (日高本線)	12
清水浜	しずはま (気仙沼線)	57
静間	しずま (山陰本線)	140
志都美	しずみ (和歌山線)	150
静和	しずわ (東武線)	198
資生館小学校前	せいかんしょうがっこうまえ (札幌市交通局)	285
自然園前	しぜんえんまえ (長良川鉄道)	377
支線接続点信号所	しせんせつぞくてん (富山地方鉄道)	349
地蔵橋	じぞうばし (牟岐線)	161
地蔵町	じぞうまち (伊予鉄道)	424
市大医学部	しだいいがくぶ (横浜シーサイドライン)	335
下段	しただん (富山地方鉄道)	347
下ノ江	したのえ (日豊本線)	182
舌山	したやま (富山地方鉄道)	347
自治医大	じちいだい (東北本線)	41
七軒茶屋	しちけんぢゃや (可部線)	134
七条	しちじょう (京阪電気鉄道)	262
七道	しちどう (南海電気鉄道)	257
七戸十和田	しちのへとわだ (東北新幹線)	45
七里ヶ浜	しちりがはま (江ノ島電鉄)	336
志津	しづ (京成電鉄)	209
志津川	しづがわ (気仙沼線)	57
尻手	しって (南武線)	26
七宝	しっぽう (名古屋鉄道)	242
為栗	してぐり (飯田線)	97
四天王寺前夕陽ヶ丘	してんのうじまえゆうひがおか (大阪市交通局)	394
志度	しど (高徳線)	159
自動車学校前	じどうしゃがっこうまえ (遠州鉄道)	366
志取内信号場	しどない (田沢湖線)	60
地名	じな (大井川鐵道)	363
品井沼	しないぬま (東北本線)	42
品川	しながわ (東海道本線)	23
品川	しながわ (東海道新幹線)	94
品川	しながわ (京浜急行電鉄)	229
品川シーサイド	しながわしーさいど (東京臨海高速鉄道)	324
信濃浅野	しなのあさの (飯山線)	80
信濃荒井	しなのあらい (アルピコ交通)	343
信濃追分	しなのおいわけ (しなの鉄道)	341
信濃大町	しなのおおまち (大糸線)	39
信濃川上	しなのかわかみ (小海線)	37
信濃川島	しなのかわしま (中央本線)	35
信濃木崎	しなのきざき (大糸線)	39
信濃国分寺	しなのこくぶんじ (しなの鉄道)	341
信濃境	しなのさかい (中央本線)	34
信濃白鳥	しなのしらとり (飯山線)	80
信濃平	しなのたいら (飯山線)	80
信濃竹原	しなのたけはら (長野電鉄)	340
信濃常盤	しなのときわ (大糸線)	39
信濃町	しなのまち (中央本線)	33
信濃松川	しなのまつかわ (大糸線)	39
信濃森上	しなのもりうえ (大糸線)	39
信濃吉田	しなのよしだ (長野電鉄)	340
篠崎	しのざき (東京都交通局)	327
信太山	しのだやま (阪和線)	151

篠塚	しのづか (東武鉄道)	197
篠ノ井	しののい (信越本線)	78
篠ノ井	しののい (しなの鉄道)	341
東雲	しののめ (東京臨海高速鉄道)	324
東雲	しののめ (WILLER TRAINS)	387
篠原	しのはら (東海道本線)	109
篠原	しのはら (とさでん交通)	430
忍ヶ丘	しのぶがおか (片町線)	149
四宮	しのみや (京阪電気鉄道)	263
篠目	しのめ (山口線)	135
篠路	しのろ (札幌線)	6
芝浦ふ頭	しばうらふとう (ゆりかもめ)	323
芝川	しばかわ (身延線)	95
芝公園	しばこうえん (東京都交通局)	326
柴崎	しばさき (京王線)	212
柴崎体育館	しばさきたいいくかん (多摩都市モノレール)	331
柴宿	しばじゅく (大船渡線)	57
新発田	しばた (羽越本線)	74
柴田	しばた (名古屋鉄道)	238
柴橋	しばはし (左沢線)	71
柴原	しばはら (大阪高速鉄道)	401
柴平	しばひら (花輪線)	62
柴又	しばまた (京成電鉄)	210
柴山	しばやま (山陰本線)	139
芝山千代田	しばやまちよだ (芝山鉄道)	321
渋川	しぶかわ (上越線)	50
渋木	しぶき (美祢線)	137
渋沢	しぶさわ (小田急電鉄)	216
志布志	しぶし (日南線)	185
渋民	しぶたみ (IGRいわて銀河鉄道)	295
渋谷	しぶや (山手線)	25
渋谷	しぶや (京王線)	214
渋谷	しぶや (東京急行電鉄)	218
渋谷	しぶや (東京地下鉄)	222
志文	しぶん (室蘭本線)	11
標茶	しべちゃ (釧網本線)	21
士別	しべつ (宗谷本線)	17
志摩赤崎	しまあかさき (近畿日本鉄道)	255
志摩磯部	しまいそべ (近畿日本鉄道)	255
島氏永	しまうじなが (名古屋鉄道)	235
島内	しまうち (大糸線)	38
島尾	しまお (氷見線)	119
島ケ原	しまがはら (関西本線)	146
志摩神明	しましんめい (近畿日本鉄道)	255
島田	しまだ (山陽本線)	123
島田	しまだ (東海道本線)	92
島高松	しまたかまつ (大糸線)	38
島鉄本社前	しまてつほんしゃまえ (島原鉄道)	441
島鉄湯江	しまてつゆえ (島原鉄道)	441
島越	しまのこし (三陸鉄道)	294
島ノ下	しまのした (根室本線)	14
島ノ関	しまのせき (京阪電気鉄道)	264
島原	しまばら (島原鉄道)	441
島原外港	しまばらがいこう (島原鉄道)	441
島松	しままつ (千歳線)	7
島本	しまもと (東海道本線)	110
志摩横山	しまよこやま (近畿日本鉄道)	255
清水	しみず (東海道本線)	91

清水	しみず (名古屋鉄道)	240
清水	しみず (大阪市交通局)	397
冷水浦	しみずうら (紀勢本線)	154
清水川	しみずがわ (青い森鉄道)	292
清水公園	しみずこうえん (東武鉄道)	200
清水沢	しみずさわ (石勝線)	9
清水原	しみずはら (東北本線)	43
清水町	しみずまち (伊予鉄道)	425
市民公園前	しみんこうえんまえ (名古屋鉄道)	241
市民病院前	しみんびょういんまえ (万葉線)	352
市民病院前	しみんびょういんまえ (長崎電気軌道)	440
市民広場	しみんひろば (神戸新交通)	407
占冠	しむかっぷ (石勝線)	8
志村坂上	しむらさかうえ (東京都交通局)	326
志村三丁目	しむらさんちょうめ (東京都交通局)	326
志茂	しも (東京地下鉄)	227
下赤塚	しもあかつか (東武鉄道)	201
下麻生	しもあそう (高山本線)	100
下天津	しもあまづ (WILLER TRAINS)	386
下飯田	しもいいだ (横浜市交通局)	333
下井草	しもいぐさ (西武鉄道)	204
下井阪	しもいさか (和歌山線)	150
下泉	しもいずみ (大井川鐵道)	363
下伊田	しもいた (平成筑豊鉄道)	433
下板橋	しもいたばし (東武鉄道)	201
下市	しもいち (山陰本線)	139
下市口	しもいちぐち (近畿日本鉄道)	250
下吉田	しもいちだ (飯田線)	98
下今市	しもいまいち (東武鉄道)	199
下石見信号場	しもいわみ (伯備線)	130
下総神崎	しもうさこうざき (成田線)	87
下総橘	しもうさたちばな (成田線)	87
下総豊里	しもうさとよさと (成田線)	87
下総中山	しもうさなかやま (総武本線)	83
下総松崎	しもうさまんざき (成田線)	87
下浦	しもうら (徳島線)	160
下宇和	しもうわ (予讃線)	157
下大利	しもおおり (西日本鉄道)	273
下小川	しもおがわ (水郡線)	48
下奥井	しもおくい (富山ライトレール)	351
下小田井	しもおたい (名古屋鉄道)	241
下落合	しもおちあい (西武鉄道)	204
下金山	しもかなやま (根室本線)	14
下鴨生	しもかもお (後藤寺線)	187
下川合	しもかわい (飯田線)	97
下川沿	しもかわぞい (奥羽本線)	69
下川辺	しもかわべ (福塩線)	133
下祇園	しもぎおん (可部線)	134
下北	しもきた (大湊線)	63
下北沢	しもきたざわ (京王電鉄)	214
下北沢	しもきたざわ (小田急電鉄)	215
下切	しもぎり (太多線)	103
甚目寺	じもくじ (名古屋鉄道)	242
下久野	しもくの (木次線)	144
下府	しもこう (山陰本線)	141
下郡	しもごおり (久留里線)	89
下郡信号場	しもごおり (豊肥本線)	180

下古沢	しもこさわ (南海電気鉄道)	260	下油井	しもゆい (高山本線)	100	松陰神社前	しょういんじんじゃまえ (東京急行電鉄)	221
下小代	しもごしろ (東武鉄道)	199	下唯野	しもゆいの (越美北線)	117	昭栄信号場	しょうえい (根室本線)	15
下狛	しもこま (片町線)	148	下湯沢	しもゆざわ (奥羽本線)	68	常永	じょうえい (身延線)	96
下里	しもさと (紀勢本線)	153	下吉田	しもよしだ (富士急行)	339	上越国際スキー場前《臨》	じょうえつこくさいすきーじょうまえ (上越線)	51
下地	しもじ (飯田線)	96	下和知	しもわち (芸備線)	131	上越妙高	じょうえつみょうこう (北陸新幹線)	80
下志比	しもしい (えちぜん鉄道)	357	石神井公園	しゃくじいこうえん (西武鉄道)	203	上越妙高	じょうえつみょうこう (えちごトキめき鉄道)	344
下土狩	しもとがり (宗谷本線)	17	市役所	しやくしょ (名古屋市交通局)	371	正覚寺信号場	しょうかくじ (おおさか東線)	149
下島	しもじま (飯田線)	98	市役所前	しやくしょまえ (函館市企業局)	286	正覚寺下	しょうかくじした (長崎電気軌道)	439
下島	しもじま (アルピコ交通)	343	市役所前	しやくしょまえ (千葉都市モノレール)	318	城ヶ崎海岸	じょうがさきかいがん (伊豆急行)	361
下白滝信号場	しもしらたき (石北本線)	19	市役所前	しやくしょまえ (長野電鉄)	340	少ケ野信号場	しょうがの (高山本線)	100
下新庄	しもしんじょう (阪急電鉄)	266	市役所前	しやくしょまえ (福井鉄道)	359	庄川口	しょうがわぐち (万葉線)	353
下新田信号場	しもしんでん (両毛線)	53	市役所前	しやくしょまえ (豊橋鉄道)	367	城川原	じょうがわら (富山ライトレール)	352
下新田	しもしんでん (わたらせ渓谷鐡道)	309	市役所前	しやくしょまえ (紀州鉄道)	409	商業高校前	しょうぎょうこうまえ (熊本市交通局)	444
下神明	しもしんめい (東京急行電鉄)	220	市役所前	しやくしょまえ (広島電鉄)	417	将軍山	しょうぐんざん (石北本線)	19
下菅谷	しもすがや (水郡線)	48	市役所前	しやくしょまえ (伊予鉄道)	425	上下	じょうげ (福塩線)	133
下諏訪	しもすわ (中央本線)	34	市役所前	しやくしょまえ (鹿児島市交通局)	447	上条ばま	じょうばま (信越本線)	78
下曽我	しもそが (御殿場線)	94	尺土	しゃくど (近畿日本鉄道)	250	上戸	じょうこ (磐越西線)	64
下曽根	しもそね (日豊本線)	181	尺別	しゃくべつ (根室本線)	15	商工会議所前	しょうこうかいぎしょまえ (福井鉄道)	358
下田	しもだ (青い森鉄道)	292	舎熊	しゃぐま (留萌本線)	13	定光寺	じょうこうじ (中央本線)	102
下平	しもだいら (飯田線)	98	社家	しゃけ (相模線)	31	商工センター入口	しょうこうせんたーいりぐち (広島電鉄)	415
下高井戸	しもたかいど (京王電鉄)	212	社台	しゃだい (室蘭本線)	10	小路	しょうじ (大阪市交通局)	395
下高井戸	しもたかいど (東京急行電鉄)	221	ジャトコ前	じゃとこまえ (岳南電車)	362	少路	しょうじ (大阪高速鉄道)	401
下滝	しもたき (福知山線)	114	十王	じゅうおう (常磐線)	46	正雀	しょうじゃく (阪急電鉄)	265
下館	しもだて (水戸線)	53	自由が丘	じゆうがおか (東京急行電鉄)	218	商工会議所前	しょうこうかいぎしょまえ (福井鉄道)	358
下館	しもだて (関東鉄道)	307	自由ヶ丘	じゆうがおか (名古屋市交通局)	371	上州一ノ宮	じょうしゅういちのみや (上信電鉄)	311
下館	しもだて (真岡鐵道)	308	修学院	しゅうがくいん (叡山電鉄)	388	上州富岡	じょうしゅうとみおか (上信電鉄)	311
下館二高前	しもだてにこうまえ (真岡鐵道)	308	十九条	じゅうくじょう (樽見鉄道)	378	上州七日市	じょうしゅうなのかいち (上信電鉄)	311
下津	しもつ (紀勢本線)	154	十字街	じゅうじがい (函館市企業局)	286	上州新屋	じょうしゅうにいや (上信電鉄)	311
下野大沢	しもつけおおさわ (日光線)	54	十条	じゅうじょう (赤羽線)	26	上州福島	じょうしゅうふくしま (上信電鉄)	311
下野花岡	しもつけはなおか (烏山線)	54	十条	じゅうじょう (近畿日本鉄道)	251	浄心	じょうしん (名古屋市交通局)	372
下妻	しもつま (関東鉄道)	307	十条	じゅうじょう (京都市交通局)	391	勝瑞	しょうずい (高徳線)	159
下土狩	しもとがり (御殿場線)	95	十三	じゅうそう (阪急電鉄)	268	浄水	じょうすい (名古屋鉄道)	237
下徳富	しもとっぷ (札沼線)	7	修大附属鈴峯前	しゅうだいふぞくすずがみねまえ (広島電鉄)	415	生田	しょうでん (田沢湖線)	60
下永谷	しもながや (横浜市交通局)	333	守内かさ神	しゅうちかさがみ (錦川鉄道)	420	小天橋	しょうてんきょう (WILLER TRAINS)	387
下灘	しもなだ (予讃線)	157	十二兼	じゅうにかね (中央本線)	102	聖天坂	しょうてんざか (阪堺電気軌道)	398
下新	しもにい (アルピコ交通)	343	十二橋	じゅうにはし (鹿島線)	88	上道	じょうとう (山陽本線)	122
下仁田	しもにた (上信電鉄)	311	十二湖	じゅうにこ (五能線)	71	城東	じょうとう (上毛電気鉄道)	310
下沼	しもぬま (宗谷本線)	18	十二所	じゅうにしょ (花輪線)	62	庄内	しょうない (久大本線)	177
下之郷	しものごう (上田電鉄)	342	十文字	じゅうもんじ (奥羽本線)	68	庄内	しょうない (阪急電鉄)	268
下庄	しものしょう (紀勢本線)	105	聚楽園	しゅうらくえん (名古屋鉄道)	238	庄内通	しょうないどおり (名古屋市交通局)	372
下野代	しものしろ (養老鉄道)	379	宿院	しゅくいん (阪堺電気軌道)	399	庄内緑地公園	しょうないりょくちこうえん (名古屋市交通局)	372
下関	しものせき (山陽本線)	124	夙川	しゅくがわ (阪急電鉄)	266	沼南	しょうなん (埼玉新都市交通)	314
下野宮	しものみや (水郡線)	48	宿河原	しゅくがわら (南武線)	26	湘南江の島	しょうなんえのしま (湘南モノレール)	336
下浜	しもはま (羽越本線)	75	宿川原	しゅくがわら (弘南鉄道)	291	湘南海岸公園	しょうなんかいがんこうえん	
下兵庫	しもひょうご (和歌山線)	150	宿南信号場	しゅくなみ (山陰本線)	139			
下兵庫	しもひょうご (えちぜん鉄道)	357	宿戸	しゅくのへ (八戸線)	62			
下深谷	しもふかや (養老鉄道)	379	修善寺	しゅぜんじ (伊豆箱根鉄道)	361			
下深川	しもふかわ (芸備線)	132	縮景園	しゅっけいえん (広島電鉄)	418			
下船渡	しもふなと (大船渡線)	58	十国峠	じゅっこくとうげ (伊豆箱根鉄道)	361			
下部温泉	しもべおんせん (身延線)	95	十国登り口	じゅっこくのぼりぐち (伊豆箱根鉄道)	361			
下北条	しもほうじょう (山陰本線)	139	朱文別	しゅもんべつ (留萌本線)	13			
下松	しもまつ (伊予鉄道)	151	首里	しゅり (沖縄都市モノレール)	449			
下丸子	しもまるこ (東京急行電鉄)	220	純心学園前	じゅんしんがくえんまえ (鹿児島市交通局)	449			
下溝	しもみぞ (相模線)	32	俊徳道	しゅんとくみち (近畿日本鉄道)	245			
下夜久野	しもやくの (山陰本線)	138						
下山	しもやま (山陰本線)	138						
下山	しもやま (土佐くろしお鉄道)	428						
下山口	しもやまぐち (西武鉄道)	207						
下山門	しもやまと (筑肥線)	175						
下山村	しもやまむら (飯田線)	97						

駅名	よみ（路線）	ページ
	（江ノ島電鉄）	336
湘南台	しょうなんだい（小田急電鉄）	216
湘南台	しょうなんだい（相模鉄道）	233
湘南台	しょうなんだい（横浜市交通局）	333
湘南深沢	しょうなんふかさわ（湘南モノレール）	335
湘南町屋	しょうなんまちや（湘南モノレール）	335
城野	じょうの（日豊本線）	181
城野	じょうの（北九州高速鉄道）	431
城端	じょうはな（城端線）	119
荘原	しょうばら（山陰本線）	140
城北	じょうほく（広島高速交通）	419
正丸	しょうまる（西武鉄道）	204
正丸トンネル信号場	しょうまるとんねる（西武鉄道）	204
上毛高原	じょうもうこうげん（上越新幹線）	51
常紋信号場	じょうもん（石北本線）	19
生山	しょうやま（伯備線）	130
城陽	じょうよう（奈良線）	147
上呂	じょうろ（高山本線）	100
昭和	しょうわ（鶴見線）	27
昭和島	しょうわじま（東京モノレール）	324
昭和町	しょうわちょう（高徳線）	159
昭和町	しょうわちょう（大阪市交通局）	393
昭和橋	しょうわばし（函館市企業局）	287
昭和町	しょうわまち（名古屋臨海鉄道）	374
昭和町通り	しょうわまちどおり（長崎電気軌道）	439
女学院前	じょがくいんまえ（広島電鉄）	418
女子大	じょしだい（山万）	317
勝幡	しょばた（名古屋鉄道）	242
庶路	しょろ（根室本線）	15
白井海岸	しらいいがん（三陸鉄道）	294
白市	しらいち（山陽本線）	122
白糸台	しらいとだい（西武鉄道）	207
白老	しらおい（室蘭本線）	10
白岡	しらおか（東北本線）	40
白神岳登山口	しらかみだけとざんぐち（五能線）	71
白河	しらかわ（東北本線）	41
白川口	しらかわぐち（高山本線）	100
白木	しらき（近畿日本鉄道）	255
白木原	しらきばる（西日本鉄道）	273
白木山	しらきやま（芸備線）	132
白坂	しらさか（東北本線）	41
白鷺	しらさぎ（南海電気鉄道）	260
白沢	しらさわ（奥羽本線）	69
白沢	しらさわ（指宿枕崎線）	172
白沢	しらさわ（名古屋鉄道）	239
白沢渓谷	しらさわけいこく（名古屋ガイドウェイバス）	375
白滝	しらたき（石北本線）	19
白塚	しらつか（近畿日本鉄道）	253
白鳥信号場	しらとり（関西本線）	104
白庭台	しらにわだい（近畿日本鉄道）	248
白糠	しらぬか（根室本線）	15
白浜	しらはま（紀勢本線）	153
白浜の宮	しらはまのみや（山陽電気鉄道）	280
白山	しらやま（高松琴平電気鉄道）	423
市立体育館前	しりつたいいくかんまえ（熊本市交通局）	443
市立病院前	しりつびょういんまえ（鹿児島市交通局）	448
市立病院前	しりつびょういんまえ（沖縄都市モノレール）	449
知人	しれと（太平洋石炭販売輸送）	288
知床斜里	しれとこしゃり（釧網本線）	21
白井	しろい（北総鉄道）	315
白石	しろいし（函館本線）	5
白石	しろいし（東北本線）	42
白石	しろいし（肥薩線）	170
白石	しろいし（札幌市交通局）	284
白石蔵王	しろいしざおう（東北新幹線）	44
四郎ケ原	しろうがはら（美祢線）	137
白兎	しろうさぎ（山形鉄道）	301
次郎丸	じろうまる（福岡市交通局）	435
治良門橋	じろえんばし（上毛電気鉄道）	197
白銀	しろがね（八戸線）	62
白金台	しろかねだい（東京地下鉄）	227
白金台	しろかねだい（東京都交通局）	325
白金高輪	しろかねたかなわ（東京地下鉄）	227
白金高輪	しろかねたかなわ（東京都交通局）	326
白久	しろく（秩父鉄道）	313
白子	しろこ（近畿日本鉄道）	253
城下	しろした（上田電鉄）	342
城下	しろした（岡山電気軌道）	412
白鳥高原	しろとりこうげん（長良川鉄道）	378
城西	しろにし（飯田線）	97
城丸	しろまる（青梅線）	35
城見ヶ丘	しろみがおか（いすみ鉄道）	321
城見町	しろみちょう（とさでん交通）	429
志和口	しわぐち（芸備線）	132
志和地	しわち（芸備線）	132
紫波中央	しわちゅうおう（東北本線）	43
仁愛グランド前《臨》	じんあいぐらんどまえ（えちぜん鉄道）	357
仁愛女子高校	じんあいじょしこうこう（福井鉄道）	359
新相ノ木	しんあいのき（富山地方鉄道）	346
新青森	しんあおもり（奥羽本線）	69
新秋津	しんあきつ（武蔵野線）	28
新旭	しんあさひ（湖西線）	111
新旭川	しんあさひかわ（宗谷本線）	17
新油川信号場	しんあぶらかわ（津軽線）	72
新安城	しんあんじょう（名古屋鉄道）	234
新飯塚	しんいいづか（筑豊線）	187
新石切	しんいしきり（近畿日本鉄道）	248
新伊勢崎	しんいせさき（東武鉄道）	196
新板橋	しんいたばし（東京都交通局）	326
新伊丹	しんいたみ（阪急電鉄）	267
新市	しんいち（福塩線）	132
新井口	しんいのくち（山陽本線）	123
新今宮	しんいまみや（大阪環状線）	112
新今宮	しんいまみや（南海電気鉄道）	257
新今宮駅前	しんいまみやえきまえ（阪堺電気軌道）	398
新岩国	しんいわくに（山陽新幹線）	124
新魚津	しんうおづ（富山地方鉄道）	346
新鵜沼	しんうぬま（名古屋鉄道）	242
新浦安	しんうらやす（京葉線）	85
新上挙母	しんうわごろも（愛知環状鉄道）	368
新江古田	しんえごた（東京都交通局）	328
新王寺	しんおうじ（近畿日本鉄道）	252
新大久保	しんおおくぼ（山手線）	25
新大阪	しんおおさか（東海道新幹線）	94
新大阪	しんおおさか（大阪市交通局）	110
新大阪	しんおおさか（大阪市交通局）	393
新大津	しんおおつ（京浜急行電鉄）	231
新大塚	しんおおつか（東京地下鉄）	223
新大平下	しんおおひらした（東武鉄道）	198
新大宮	しんおおみや（近畿日本鉄道）	247
新大牟田	しんおおむた（九州新幹線）	168
新御徒町	しんおかちまち（首都圏新都市鉄道）	322
新御徒町	しんおかちまち（東京都交通局）	327
新大楽毛	しんおたのしけ（根室本線）	15
新御茶ノ水	しんおちゃのみず（東京地下鉄）	225
新尾道	しんおのみち（山陽新幹線）	124
新改	しんがい（土讃線）	162
新開地	しんかいち（阪急電鉄）	269
新開地	しんかいち（阪神電気鉄道）	272
新開地	しんかいち（神戸電鉄）	406
新河岸	しんがし（東武鉄道）	201
新柏	しんかしわ（東武鉄道）	200
新金岡	しんかなおか（大阪市交通局）	393
新金谷	しんかなや（大井川鐵道）	363
新可児	しんかに（名古屋鉄道）	242
新鹿沼	しんかぬま（東武鉄道）	198
新加納	しんかのう（名古屋鉄道）	241
新鎌ケ谷	しんかまがや（東武鉄道）	200
新鎌ケ谷	しんかまがや（京成電鉄）	276
新鎌ケ谷	しんかまがや（北総鉄道）	315
新加美	しんかみ（名古屋鉄道東線）	149
新狩勝信号場	しんかりかち（根室本線）	14
新川	しんかわ（札沼線）	6
新川	しんかわ（豊橋鉄道）	367
新川	しんかわ（伊予鉄道）	425
新川崎	しんかわさき（東海道本線）	24
新川町	しんかわまち（函館市企業局）	287
新川橋	しんかわばし（名古屋鉄道）	235
新川町	しんかわまち（名古屋鉄道）	237
新蒲原	しんかんばら（東海道本線）	91
新木	しんぎ（とさでん交通）	429
新木曽川	しんきそがわ（名古屋鉄道）	235
新木場	しんきば（京葉線）	85
新木場	しんきば（東京地下鉄）	226
新木場	しんきば（東京臨海高速鉄道）	324
新伊勢崎	しんいせさき（東武鉄道）	196
鍼灸大学前	しんきゅうだいがくまえ（山陰本線）	138
新清洲	しんきよす（名古屋鉄道）	235
新桐生	しんきりゅう（東武鉄道）	197
新宮	しんぐう（紀勢本線）	153
神宮寺	じんぐうじ（奥羽本線）	68
神宮中央	しんぐうちゅうおう（鹿児島本線）	166
神宮西	じんぐうにし（名古屋市交通局）	371
神宮前	じんぐうまえ（名古屋鉄道）	235
神宮丸太町	じんぐうまるたまち（京阪電気鉄道）	263

494

新倉敷	しんくらしき	(山陽本線)	122
新黒部	しんくろべ	(富山地方鉄道)	347
新家	しんげ	(阪和線)	151
新検見川	しんけみがわ	(総武本線)	83
新小岩	しんこいわ	(総武本線)	83
新小岩信号場	しんこいわ	(総武本線)	83
新郷	しんごう	(秩父鉄道)	312
新高円寺	しんこうえんじ	(東京地下鉄)	223
信号所	しんごうじょ	(立山黒部貫光)	351
新庚申塚	しんこうしんづか	(東京都交通局)	329
新神戸	しんこうべ	(山陽新幹線)	124
新神戸	しんこうべ	(北神急行電鉄)	403
新神戸	しんこうべ	(神戸市交通局)	404
新古河	しんこが	(東武鉄道)	198
新小金井	しんこがねい	(西武鉄道)	207
新越谷	しんこしがや	(東武鉄道)	195
新小平	しんこだいら	(武蔵野線)	28
新琴似	しんことに	(札沼線)	6
新子安	しんこやす	(東海道本線)	23
新木屋瀬	しんこやのせ	(筑豊電気鉄道)	432
しんざ	しんざ	(北越急行)	344
新在家	しんざいけ	(阪神電気鉄道)	270
新西大寺町筋	しんさいだいじちょうすじ	(岡山電気軌道)	413
心斎橋	しんさいばし	(大阪市交通局)	393
新栄町	しんさかえまち	(西日本鉄道)	274
新栄町	しんさかえまち	(名古屋市交通局)	370
新桜台	しんさくらだい	(西武鉄道)	206
新札幌	しんさっぽろ	(千歳線)	7
新さっぽろ	しんさっぽろ	(札幌市交通局)	284
新狭山	しんさやま	(西武鉄道)	205
新三田	しんさんだ	(福知山線)	113
宍道	しんじ	(山陰本線)	140
新静岡	しんしずおか	(静岡鉄道)	362
新芝浦	しんしばうら	(鶴見線)	28
新柴又	しんしばまた	(北総鉄道)	315
新島々	しんしましま	(アルピコ交通)	343
新清水	しんしみず	(静岡鉄道)	363
新下関	しんしものせき	(山陽本線)	124
信濃中野	しんしゅうなかの	(長野電鉄)	340
新宿	しんじゅく	(山手線)	25
新宿	しんじゅく	(京王電鉄)	212
新宿	しんじゅく	(小田急電鉄)	215
新宿	しんじゅく	(東京地下鉄)	223
新宿	しんじゅく	(東京都交通局)	326
新宿御苑前	しんじゅくぎょえんまえ	(東京地下鉄)	223
新宿三丁目	しんじゅくさんちょうめ	(東京地下鉄)	223
新宿三丁目	しんじゅくさんちょうめ	(東京都交通局)	327
新宿西口	しんじゅくにしぐち	(東京都交通局)	327
新正	しんしょう	(近畿日本鉄道)	253
新庄	しんじょう	(奥羽本線)	68
新庄田中	しんじょうたなか	(富山地方鉄道)	346
新所原	しんじょはら	(東海道本線)	92
新所原	しんじょはら	(天竜浜名湖鉄道)	365

新白岡	しんしらおか	(東北本線)	40
新白河	しんしらかわ	(東北本線)	41
新城	しんしろ	(飯田線)	96
新水前寺	しんすいぜんじ	(豊肥本線)	179
新水前寺駅前	しんすいぜんじえきまえ	(熊本市交通局)	443
新杉田	しんすぎた	(根岸線)	31
新杉田	しんすぎた	(横浜シーサイドライン)	335
新逗子	しんずし	(京浜急行電鉄)	231
新須屋	しんすや	(熊本電気鉄道)	442
新整備場	しんせいびじょう	(東京モノレール)	324
新関	しんせき	(磐越西線)	65
新瀬戸	しんせと	(名古屋鉄道)	240
神泉	しんせん	(京王電鉄)	214
心臓血管センター	しんぞうけっかんせんたー	(上毛電気鉄道)	310
神代	じんだい	(田沢湖線)	60
新大工町	しんだいくまち	(長崎電気軌道)	440
新代田	しんだいた	(京王電鉄)	214
新高岡	しんたかおか	(城端線)	118
新高島	しんたかしま	(横浜高速鉄道)	334
新高島平	しんたかしまだいら	(東京都交通局)	326
新高徳	しんたかとく	(東武鉄道)	199
新田辺	しんたなべ	(近畿日本鉄道)	251
新玉名	しんたまな	(九州新幹線)	168
新地	しんち	(常磐線)	47
新千歳空港	しんちとせくうこう	(千歳線)	8
新千葉	しんちば	(京成電鉄)	210
新津田沼	しんつだぬま	(新京成電鉄)	276
新鶴羽	しんつるば	(くま川鉄道)	446
新鶴見信号場	しんつるみ	(東武本線)	24
神鉄道場	しんてつどうじょう	(神戸電鉄)	405
神鉄六甲	しんてつろっこう	(神戸電鉄)	405
新田	しんでん	(奈良線)	147
新田	しんでん	(東武鉄道)	195
神田(交通局前)	しんでん(こうつうきょくまえ)	(鹿児島市交通局)	449
新田原	しんでんばる	(日豊本線)	181
新堂	しんどう	(関西本線)	146
新道東	しんどうひがし	(札幌市交通局)	284
新得	しんとく	(根室本線)	14
新所沢	しんところざわ	(西武鉄道)	205
新鳥栖	しんとす	(長崎本線)	173
新栃木	しんとちぎ	(東武鉄道)	198
新十津川	しんとつかわ	(札沼線)	7
新富町	しんとみちょう	(東京地下鉄)	226
新富町	しんとみちょう	(富山地方鉄道)	349
新豊洲	しんとよす	(ゆりかもめ)	323
新豊田	しんとよた	(愛知環状鉄道)	368
新豊津	しんとよつ	(平成筑豊鉄道)	434
新豊橋	しんとよはし	(豊橋鉄道)	367
新取手	しんとりで	(関東鉄道)	307
新那加	しんなか	(名古屋鉄道)	241
新中小国信号場	しんなかおぐに	(海峡線)	6
新川町	しんなかがわまち	(長崎電気軌道)	440
新長田	しんながた	(山陽本線)	121
新長田	しんながた	(神戸市交通局)	404

新中野	しんなかの	(東京地下鉄)	223
新習志野	しんならしの	(京葉線)	85
新南陽	しんなんよう	(山陽本線)	123
新西金沢	しんにしかなざわ	(北陸鉄道)	355
新西脇	しんにしわき	(加古川線)	125
新日鉄前	しんにってつまえ	(名古屋鉄道)	238
新日本橋	しんにほんばし	(総武本線)	83
新入	しんにゅう	(筑豊本線)	187
新根古屋信号場	しんねこや	(京成電鉄)	211
新能町	しんのうまち	(万葉線)	352
陣原	じんのはる	(鹿児島本線)	166
陣場	じんば	(奥羽本線)	69
新白島	しんはくしま	(山陽本線)	123
新白島	しんはくしま	(広島高速交通)	419
新函館北斗	しんはこだてほくと	(函館本線)	3
新橋	しんばし	(東海道本線)	23
新橋	しんばし	(東京地下鉄)	222
新橋	しんばし	(ゆりかもめ)	323
新橋	しんばし	(東京都交通局)	325
新羽島	しんはしま	(名古屋鉄道)	244
新花巻	しんはなまき	(東北新幹線)	45
新浜松	しんはままつ	(遠州鉄道)	366
新原	しんばる	(香椎線)	169
新馬場	しんばんば	(京浜急行電鉄)	229
新疋田	しんひきだ	(北陸本線)	115
新平野	しんひらの	(小浜線)	117
新広	しんひろ	(呉線)	133
新府	しんぷ	(中央本線)	34
新深江	しんふかえ	(大阪市交通局)	395
新福井	しんふくい	(えちぜん鉄道)	356
新福島	しんふくしま	(JR東西線)	113
新富士	しんふじ	(根室本線)	15
新富士	しんふじ	(東海道新幹線)	94
新藤原	しんふじわら	(東武鉄道)	199
新藤原	しんふじわら	(野岩鉄道)	308
新船橋	しんふなばし	(東武鉄道)	200
新祝園	しんほうその	(近畿日本鉄道)	251
神保町	じんぼうちょう	(東京地下鉄)	227
神保町	じんぼうちょう	(東京都交通局)	326
新鉾田	しんほこた	(鹿島臨海鉄道)	306
新保	しんぼ	(高崎線)	50
新舞子	しんまいこ	(名古屋鉄道)	238
新前橋	しんまえばし	(上越線)	50
新町	しんまち	(高崎線)	50
新町	しんまち	(熊本市交通局)	444
神町	じんまち	(奥羽本線)	67
新町口	しんまちぐち	(万葉線)	353
新松田	しんまつだ	(小田急電鉄)	216
新松戸	しんまつど	(常磐線)	45
新丸子	しんまるこ	(東京急行電鉄)	218
新三河島	しんみかわしま	(京成電鉄)	208
新三郷	しんみさと	(武蔵野線)	29
新港信号場	しんみなと	(京葉線)	85
新水俣	しんみなまた	(九州新幹線)	168
新水俣	しんみなまた	(肥薩おれんじ鉄道)	445
新宮川	しんみやかわ	(富山地方鉄道)	346
神武寺	じんむじ	(京浜急行電鉄)	231
神明	しんめい	(養老鉄道)	358
神明町	しんめいちょう	(阪堺電気軌道)	399
新茂原	しんもばら	(外房線)	85
新森古市	しんもりふるいち	(大阪市交通局)	395

495

	菅野 すがの (京成電鉄) 208	須磨 すま (山陽本線) 121
	巣鴨 すがも (山手線) 25	須磨浦公園 すまうらこうえん (山陽電気鉄道) 279
新守谷 しんもりや (関東鉄道) 307	巣鴨 すがも (東京都交通局) 326	
新守山 しんもりやま (中央本線) 103	巣鴨新田 すがもしんでん (東京都交通局) 329	須磨海浜公園 すまかいひんこうえん (山陽本線) 121
新屋敷 しんやしき (鹿児島市交通局) 447	菅谷 すがや (磐越東線) 63	須磨寺 すまでら (山陽電気鉄道) 279
新八代 しんやつしろ (鹿児島本線) 167	杉河内 すぎかわち (久大本線) 177	澄川 すみかわ (札幌市交通局) 283
新八柱 しんやはしら (武蔵野線) 29	杉崎 すぎさき (高山本線) 100	墨染 すみぞめ (京阪電気鉄道) 262
新山口 しんやまぐち (山陽本線) 124	杉田 すぎた (東北本線) 41	隅田川 すみだがわ (常磐線) 47
陣屋町 じんやまち (室蘭本線) 10	杉田 すぎた (京浜急行電鉄) 230	住ノ江 すみのえ (南海電気鉄道) 257
新夕張 しんゆうばり (石勝線) 8	杉戸高野台 すぎとたかのだい (東武鉄道) 198	住之江公園 すみのえこうえん (大阪市交通局) 395
新百合ヶ丘 しんゆりがおか (小田急電鉄) 215	杉塘 すぎども (熊本市交通局) 444	住道 すみのどう (片町線) 149
新八日市 しんようかいち (近江鉄道) 385	杉並町 すぎなみちょう (函館市企業局) 288	住吉 すみよし (東海道本線) 110
新横浜 しんよこはま (横浜線) 30	杉原 すぎはら (高山本線) 101	住吉 すみよし (三角線) 170
新横浜 しんよこはま (東海道新幹線) 94	杉本町 すぎもとちょう (阪和線) 151	住吉 すみよし (東京地下鉄) 227
新横浜 しんよこはま (横浜市交通局) 333	杉山 すぎやま (豊橋鉄道) 367	住吉 すみよし (阪神電気鉄道) 270
新吉野 しんよしの (根室本線) 15	宿毛 すくも (土佐くろしお鉄道) 427	住吉 すみよし (東京都交通局) 327
新吉久 しんよしひさ (万葉線) 352	スクリーン すくりーん (近江鉄道) 385	住吉 すみよし (阪神電気軌道) 398
新利府 しんりふ (東北本線) 44	助信 すけのぶ (遠州鉄道) 366	住吉 すみよし (神戸新交通) 407
神領 じんりょう (中央本線) 102	巣子 すご (IGRいわて銀河鉄道) 295	住吉 すみよし (長崎電気軌道) 438
森林公園 しんりんこうえん (函館本線) 5	須佐 すさ (山陰本線) 141	住吉大社 すみよしたいしゃ (南海電気鉄道) 257
森林公園 しんりんこうえん (東武鉄道) 201	須坂 すざか (長野電鉄) 340	住吉町 すみよしちょう (名古屋市交通局) 239
す	須崎 すさき (土讃線) 163	住吉通 すみよしどおり (とさでん交通) 430
水郷 すいごう (成田線) 87	洲先 すざき (阪神電気鉄道) 271	住吉鳥居前 すみよしとりいまえ (阪堺電気軌道) 398
瑞光四丁目 ずいこうよんちょうめ (大阪市交通局) 397	周参見 すさみ (紀勢本線) 153	住吉東 すみよしひがし (南海電気鉄道) 259
水前寺 すいぜんじ (豊肥本線) 179	逗子 ずし (横須賀線) 31	須屋 すや (熊本電気鉄道) 442
水前寺公園 すいぜんじこうえん (熊本市交通局) 443	鈴鹿 すずか (伊勢鉄道) 382	摺沢 すりさわ (大船渡線) 57
水族館口 すいぞくかんぐち (鹿児島市交通局) 447	すずかけ台 すずかけだい (東京急行電鉄) 219	駿河小山 するがおやま (御殿場線) 94
吹田 すいた (東海道本線) 110	鈴鹿サーキット稲生 すずかさーきっといのう (伊勢鉄道) 382	駿河徳山 するがとくやま (大井川鐵道) 363
吹田 すいた (阪急電鉄) 266	鈴鹿市 すずかし (近畿日本鉄道) 254	諏訪 すわ (大村線) 176
吹田貨物ターミナル すいたかもつたーみなる (東海道本線) 110	鈴木町 すずきちょう (京浜急行電鉄) 231	諏訪神社前 すわじんじゃまえ (長崎電気軌道) 440
水天宮前 すいてんぐうまえ (東京地下鉄) 227	すずきの すずきの (札幌市交通局) 283	諏訪新道信号場 すわしんみち (名古屋鉄道) 244
水道町 すいどうちょう (熊本市交通局) 443	雀田 すずめだ (小野田線) 136	諏訪町 すわちょう (名古屋鉄道) 244
水道橋 すいどうばし (中央本線) 33	雀宮 すずめのみや (東北本線) 41	諏訪川原 すわのかわら (富山地方鉄道) 349
水道橋 すいどうばし (東京都交通局) 326	鈴蘭台 すずらんだい (神戸電鉄) 405	諏訪ノ平 すわのたいら (青い森鉄道) 292
水原 すいばら (羽越本線) 74	鈴蘭台西口 すずらんだいにしぐち (神戸電鉄) 406	諏訪ノ森 すわのもり (南海電気鉄道) 257
須恵 すえ (香椎線) 169	すずらんの里 すずらんのさと (中央本線) 34	寸座 すんざ (天竜浜名湖鉄道) 365
陶 すえ (高松琴平電気鉄道) 422	周船寺 すせんじ (筑肥線) 175	**せ**
すえたちばな すえたちばな (松浦鉄道) 438	裾野 すその (御殿場線) 95	聖愛中高前 せいあいちゅうこうまえ (弘南鉄道) 291
須恵中央 すえちゅうおう (香椎線) 169	隅田 すだ (和歌山線) 150	青函トンネル記念館 せいかんとんねるきねんかん (青函トンネル記念館) 290
末続 すえつぎ (常磐線) 46	須津 すど (岳南電車) 362	清輝橋 せいきばし (岡山電気軌道) 413
末恒 すえつね (山陰本線) 139	砂川 すながわ (函館本線) 5	静修学園前 せいしゅうがくえんまえ (札幌市交通局) 285
末野原 すえのはら (愛知環状鉄道) 368	砂川七番 すながわななばん (多摩都市モノレール) 331	成城学園前 せいじょうがくえんまえ (小田急電鉄) 215
末広 すえひろ (花輪線) 62	砂田橋 すなだばし (名古屋市交通局) 371	西湘貨物 せいしょうかもつ (東海道本線) 24
末広町 すえひろちょう (東京地下鉄) 222	砂田橋 すなだばし (名古屋ガイドウェイバス) 375	西神中央 せいしんちゅうおう (神戸市交通局) 404
末広町 すえひろちょう (函館市企業局) 286	須波 すなみ (呉線) 133	西神南 せいしんみなみ (神戸市交通局) 404
末広町 すえひろちょう (神奈川臨海鉄道) 332	須原 すはら (中央本線) 102	聖蹟桜ヶ丘 せいせきさくらがおか (京王電鉄) 212
末広町 すえひろちょう (万葉線) 352	洲原 すはら (長良川鉄道) 377	勢浜 せいはま (小浜線) 117
周防久保 すおうくぼ (岩徳線) 135	周布 すふ (山陰本線) 141	整備場 せいびじょう (東京モノレール) 324
周防佐山 すおうさやま (宇部線) 136	スペースワールド すぺーすわーるど (鹿児島本線) 165	
周防下郷 すおうしもごう (山口線) 135	スポーツ公園 すぽーつこうえん (福井鉄道) 358	
周防高森 すおうたかもり (岩徳線) 135	スポーツセンター すぽーつせんたー (千葉都市モノレール) 317	
周防花岡 すおうはなおか (岩徳線) 135		
須賀 すが (岩徳線) 243		
菅尾 すがお (豊肥本線) 179		
須賀川 すがかわ (東北本線) 41		
須ケ口 すかぐち (名古屋鉄道) 235		

清風山信号場 せいふうざん (石勝線)		8
西武園 せいぶえん (西武鉄道)		205
西武球場前 せいぶきゅうじょうまえ (西武鉄道)		207
西武新宿 せいぶしんじゅく (西武鉄道)		204
西武立川 せいぶたちかわ (西武鉄道)		207
西武秩父 せいぶちちぶ (西武鉄道)		204
西武柳沢 せいぶやぎさわ (西武鉄道)		205
西武遊園地 せいぶゆうえんち (西武鉄道)		206
清峰高校前 せいほうこうこうまえ (松浦鉄道)		438
清明 せいめい (愛井鉄道)		358
清流新岩国 せいりゅうしんいわくに (錦川鉄道)		420
清和学園前 せいわがくえんまえ (とさでん交通)		430
関 せき (関西本線)		146
関 せき (長良川鉄道)		377
関ヶ原 せきがはら (東海道本線)		93
関川 せきがわ (予讃線)		156
関口 せきぐち (長良川鉄道)		377
積志 せきし (遠州鉄道)		366
関下有知 せきしもうち (長良川鉄道)		377
関市役所前 せきしやくしょまえ (長良川鉄道)		377
赤十字病院前 せきじゅうじびょういんまえ (伊予鉄道)		425
赤十字前 せきじゅうじまえ (福井鉄道)		358
関都 せきと (磐越西線)		64
関富岡 せきとみおか (長良川鉄道)		377
関根 せきね (奥羽本線)		67
関ノ宮 せきのみや (名松線)		106
関目 せきめ (京阪電気鉄道)		261
関目成育 せきめせいいく (大阪市交通局)		397
関目高殿 せきめたかどの (大阪市交通局)		394
関屋 せきや (越後線)		82
関屋 せきや (近畿日本鉄道)		245
関山 せきやま (えちごトキめき鉄道)		344
瀬越 せごし (留萌本線)		13
膳所 ぜぜ (東海道本線)		109
瀬々串 ぜぜくし (指宿枕崎線)		171
膳所本町 ぜぜほんまち (京阪電気鉄道)		264
瀬田 せた (東海道本線)		109
瀬田 せた (肥薩本線)		179
瀬高 せたか (鹿児島本線)		167
世田谷 せたがや (東京急行電鉄)		221
世田谷代田 せたがやだいた (小田急電鉄)		215
清児 せちご (水間鉄道)		400
接岨峡温泉 せっそきょうおんせん (大井川鐡道)		364
摂待 せったい (三陸鉄道)		293
摂津 せっつ (大阪高速鉄道)		401
摂津市 せっつし (阪急電鉄)		265
摂津富田 せっつとんだ (東海道本線)		110
摂津本山 せっつもとやま (東海道本線)		110
節婦 せっぷ (日高本線)		12
瀬戸 せと (山陽本線)		122
瀬戸石 せといし (肥薩線)		170
瀬戸口 せとぐち (愛知環状鉄道)		369

瀬戸市 せとし (愛知環状鉄道)		369
瀬戸市役所前 せとしやくしょまえ (名古屋鉄道)		240
瀬戸瀬 せとせ (石北本線)		19
銭函 ぜにばこ (函館本線)		4
瀬野 せの (山陽本線)		122
瀬上 せのうえ (阿武隈急行)		301
妹尾 せのお (宇野線)		129
洗馬 せば (中央本線)		102
瀬辺地 せへじ (津軽線)		73
瀬見温泉 せみおんせん (陸羽東線)		76
瀬峰 せみね (東北本線)		42
瀬谷 せや (相模鉄道)		232
勢野北口 せやきたぐち (近畿日本鉄道)		252
世良田 せらだ (東武鉄道)		196
膳 ぜん (上毛電気鉄道)		310
泉岳寺 せんがくじ (京浜急行電鉄)		229
泉岳寺 せんがくじ (東京都交通局)		325
千川 せんかわ (東京地下鉄)		226
仙川 せんがわ (京王電鉄)		212
善行 ぜんぎょう (小田急電鉄)		216
せんげん台 せんげんだい (東武鉄道)		195
浅間町 せんげんちょう (名古屋市交通局)		372
前後 ぜんご (名古屋鉄道)		235
善光寺 ぜんこうじ (身延線)		96
善光寺下 ぜんこうじした (長野電鉄)		340
千石 せんごく (東京都交通局)		326
前栽 せんざい (近畿日本鉄道)		249
仙崎 せんざき (山陰本線)		142
銭座町 ぜんざまち (長崎電気軌道)		439
善師野 ぜんじの (名古屋鉄道)		242
千住大橋 せんじゅおおはし (京成電鉄)		208
千丈 せんじょう (予讃線)		157
禅昌寺 ぜんしょうじ (高山本線)		100
千畳敷 せんじょうじき (五能線)		72
千頭 せんず (大井川鐡道)		363
洗足 せんぞく (東京急行電鉄)		219
洗足池 せんぞくいけ (東京急行電鉄)		221
千旦 せんだ (和歌山線)		150
センター北 せんたーきた (横浜市交通局)		334
センター南 せんたーみなみ (横浜市交通局)		334
仙台 せんだい (東北本線)		42
川内 せんだい (鹿児島本線)		168
仙台 せんだい (仙台市交通局)		296
川内 せんだい (肥薩おれんじ鉄道)		445
仙台貨物ターミナル せんだいかもつたーみなる (東北本線)		44
仙台北港 せんだいきたこう (仙台臨海鉄道)		297
仙台空港 せんだいくうこう (仙台空港鉄道)		298
仙台港 せんだいこうこう (仙台臨海鉄道)		297
仙台西港 せんだいにしこう (仙台臨海鉄道)		297
仙台埠頭 せんだいふとう (仙台臨海鉄道)		297
千平 せんだいら (上信電鉄)		311
千駄ケ谷 せんだがや (中央本線)		33
千駄木 せんだぎ (東京地下鉄)		225
千丁 せんちょう (鹿児島本線)		167

善通寺 ぜんつうじ (土讃線)		162
善導寺 ぜんどうじ (久大本線)		177
千徳 せんとく (山田線)		61
仙人台信号場 せんにんだい (箱根登山鉄道)		337
洗馬橋 せんばばし (熊本市交通局)		444
千林 せんばやし (京阪電気鉄道)		261
千林大宮 せんばやしおおみや (大阪市交通局)		394
泉福寺 せんぷくじ (松浦鉄道)		438
仙北町 せんぼくちょう (東北本線)		43
千本 せんぼん (姫新線)		126
千厩 せんまや (大船渡線)		57
千里丘 せんりおか (東海道本線)		110
千里中央 せんりちゅうおう (北大阪急行電鉄)		277
千里中央 せんりちゅうおう (大阪高速鉄道)		401
千里山 せんりやま (阪急電鉄)		266
潜竜ヶ滝 せんりゅうがたき (松浦鉄道)		438
そ		
早雲山 そううんざん (箱根登山鉄道)		338
早雲の里荏原 そううんのさとえばら (井原鉄道)		414
桑園 そうえん (函館本線)		4
草加 そうか (東武鉄道)		195
寒河 そうご (赤穂線)		128
総合運動公園 そうごううんどうこうえん (神戸市交通局)		403
総合リハビリセンター そうごうりはびりせんたー (名古屋市交通局)		371
宗吾参道 そうござんどう (京成電鉄)		209
雑司が谷 ぞうしがや (東京地下鉄)		228
雑色 ぞうしき (京浜急行電鉄)		229
総持寺 そうじじ (阪急電鉄)		265
総社 そうじゃ (伯備線)		130
総社 そうじゃ (井原鉄道)		414
蔵宿 ぞうしゅく (松浦鉄道)		437
崇城大学前 そうじょうだいがくまえ (鹿児島本線)		167
崇禅寺 そうぜんじ (阪急電鉄)		265
造田 ぞうだ (高徳線)		159
宗太郎 そうたろう (日豊本線)		182
宗道 そうどう (関東鉄道)		307
相武台下 そうぶだいした (相模線)		31
相武台前 そうぶだいまえ (小田急電鉄)		216
相馬 そうま (常磐線)		47
沢入 そうり (わたらせ渓谷鐵道)		309
添田 そえだ (日田彦山線)		184
蘇我 そが (外房線)		85
蘇我 そが (京葉臨海鉄道)		318
磯鶏 そけい (山田線)		61
曽山寺 そさんじ (日南線)		185
ソシオ流通センター そしおりゅうつうせんたー (秩父鉄道)		312
祖師ヶ谷大蔵 そしがやおおくら (小田急電鉄)		215
曽谷 そだに (北陸鉄道)		355
袖ケ浦 そでがうら (内房線)		86
袖崎 そでさき (奥羽本線)		67

曽根	そね（山陽本線）	121
曽根	そね（阪急電鉄）	268
曽根田	そねだ（福島交通）	302
園	その（一畑電車）	411
彼杵	そのぎ（大村線）	176
園部	そのべ（阪急電鉄）	266
園部	そのべ（山陰本線）	138
曽波神	そばのかみ（石巻線）	56
蘇原	そはら（高山本線）	100
楚原	そはら（三岐鉄道）	381

た

大安	だいあん（三岐鉄道）	380
大安寺	だいあんじ（吉備線）	129
第一通り	だいいちどおり（遠州鉄道）	366
大雲寺前	だいうんじまえ（岡山電気軌道）	413
大開	だいかい（阪神電気鉄道）	272
大学	だいがく（大井川鐵道）	438
大学病院前	だいがくびょういんまえ（長崎電気軌道）	439
大学前	だいがくまえ（上田電鉄）	342
大学前	だいがくまえ（富山地方鉄道）	349
大学前	だいがくまえ（近江鉄道）	384
代官前	だいかんまえ（水島臨海鐵道）	363
大観峰	だいかんぼう（立山黒部貫光）	351
代官山	だいかんやま（東京急行電鉄）	218
大行司	だいぎょうじ（日田彦山線）	184
体験坑道	たいけんこうどう（青函トンネル記念館）	290
醍醐	だいご（奥羽本線）	68
醍醐	だいご（京都市交通局）	391
大国町	だいこくちょう（大阪市交通局）	393
大山寺	たいさんじ（名古屋鉄道）	242
太地	たいじ（紀勢本線）	153
太子堂	たいしどう（東北本線）	42
太子橋今市	たいしばしいまいち（大阪市交通局）	394
大師前	だいしまえ（東武鉄道）	197
大釈迦	だいしゃか（奥羽本線）	69
大正	たいしょう（大阪環状線）	112
大正	たいしょう（大阪市交通局）	396
大正	たいしょう（島原鉄道）	441
大聖寺	だいしょうじ（北陸本線）	115
大神宮下	だいじんぐうした（京成電鉄）	208
大成	たいせい（根室本線）	14
大山口	だいせんぐち（山陰本線）	140
大川寺	だいせんじ（富山地方鉄道）	348
大善寺	だいぜんじ（西日本鉄道）	274
代田橋	だいたばし（京王電鉄）	212
泰澄の里	たいちょうのさと（福井鉄道）	358
太東	たいとう（外房線）	86
大塔	だいとう（佐世保線）	176
大道	だいどう（山陽本線）	124
大同町	だいどうちょう（名古屋鉄道）	238
だいどう豊里	だいどうとよさと（大阪市交通局）	397
大日	だいにち（大阪市交通局）	394
大日	だいにち（大阪市交通局）	401
大入	だいにゅう（筑肥線）	175
田井ノ瀬	たいのせ（和歌山線）	150
田井ノ浜《臨》	たいのはま（牟岐線）	161
台原	だいのはら（仙台市交通局）	296
台場	だいば（ゆりかもめ）	323
大場	だいば（伊豆箱根鉄道）	360
大福	だいふく（近畿日本鉄道）	246
太平	たいへい（札沼線）	6
大宝	だいほう（関東鉄道）	307
当麻寺	たいまでら（近畿日本鉄道）	250
大物	だいもつ（阪神電気鉄道）	271
大門	だいもん（山陽本線）	122
大門	だいもん（東京都交通局）	325
大門	だいもん（愛知環状鉄道）	368
大谷向	だいやむこう（東武鉄道）	199
大雄山	だいゆうざん（伊豆箱根鉄道）	360
大洋	たいよう（鹿島臨海鉄道）	306
平館	たいだて（花輪線）	61
多比良町	たいらまち（島原鉄道）	441
田浦	たうら（横須賀線）	31
田尾寺	たおじ（神戸電鉄）	405
高	たか（芸備線）	131
高石	たかいし（南海電鉄）	257
高井田	たかいだ（関西本線）	146
高井田	たかいだ（大阪市交通局）	395
高井田中央	たかいだちゅうおう（おおさか東線）	149
高井戸	たかいど（京王電鉄）	214
高岩	たかいわ（小海線）	37
高岩	たかいわ（松浦鉄道）	438
高尾	たかお（中央本線）	33
高尾	たかお（京王電鉄）	213
高尾	たかお（城端線）	378
高岡	たかおか（城端線）	118
高岡	たかおか（あいの風とやま鉄道）	353
高岳	たかおか（名古屋市交通局）	372
高岡駅	たかおかえき（万葉線）	352
高岡貨物	たかおかかもつ（新湊線）	190
高尾山	たかおさん（高尾登山電鉄）	331
高尾山口	たかおさんぐち（京王電鉄）	213
高尾野	たかおの（肥薩おれんじ鉄道）	445
鷹狩	たかがり（因美線）	142
高儀	たかぎ（城端線）	119
高木	たかぎ（高塩線）	132
高城町	たかぎまち（仙石線）	55
高久	たかく（東北本線）	41
高子	たかこ（阿武隈急行）	301
高坂	たかさか（東武鉄道）	201
高崎操車場	たかさき（高崎線）	50
高崎	たかさき（信越本線）	50
高崎	たかさき（上信電鉄）	311
高崎商科大学前	たかさきしょうかだいがくまえ（上信電鉄）	311
高崎新田	たかさきしんでん（吉都線）	186
高崎問屋町	たかさきとんやまち（上越線）	50
高砂	たかさご（函館本線）	5
高砂	たかさご（山陽電気鉄道）	280
高砂町	たかさごちょう（伊予鉄道）	425
高師	たかし（豊橋鉄道）	367
高科	たかしな（樽見鉄道）	378
高師浜	たかしはま（南海電気鉄道）	258
高島	たかしま（山陽本線）	122
鷹島口	たかしまぐち（松浦鉄道）	437
高島平	たかしまだいら（東京都交通局）	326
高島町	たかしまちょう（横浜市交通局）	333
高城	たかじょう（日豊本線）	182
多賀城	たがじょう（仙石線）	55
高須	たかす（広島電鉄）	415
高須	たかす（とさでん交通）	429
高須神社	たかすじんじゃ（阪堺電気軌道）	399
高瀬	たかせ（仙山線）	55
高瀬	たかせ（予讃線）	156
高田	たかた（横浜市交通局）	334
高田	たかた（高松琴平電気鉄道）	423
高田	たかた（甘木線）	436
高田	ただ（和歌山線）	150
高田	たかだ（えちごトキめき鉄道）	344
多賀大社前	たがたいしゃまえ（近江鉄道）	385
高滝	たかたき（小湊鉄道）	320
高田高校前	たかたこうこうまえ（大船渡線）	58
高田市	たかだし（近畿日本鉄道）	250
田県神社前	たがたじんじゃまえ（名古屋鉄道）	241
高田の鉄橋	たかだのてっきょう（ひたちなか海浜鉄道）	305
高田馬場	たかだのばば（山手線）	25
高田馬場	たかだのばば（西武鉄道）	204
高田馬場	たかだのばば（東京地下鉄）	224
高田橋	たかだばし（名古屋鉄道）	241
高田病院	たかだびょういん（大船渡線）	58
高田本山	たかだほんざん（近畿日本鉄道）	253
高擶	たかたま（奥羽本線）	67
高茶屋	たかちゃや（紀勢本線）	105
高津	たかつ（山陰本線）	138
高津	たかつ（東京急行電鉄）	219
高塚	たかつか（東海道本線）	92
高槻	たかつき（東海道本線）	110
高月	たかつき（北陸本線）	115
高槻市	たかつきし（阪急電鉄）	265
高角	たかつの（近畿日本鉄道）	254
高遠原	たかとおばら（飯田線）	98
鷹取	たかとり（山陽本線）	121
鷹取	たかとり（広島高速交通）	419
高鍋	たかなべ（日豊本線）	183
高輪台	たかなわだい（東京都交通局）	325
高根木戸	たかねぎど（新京成電鉄）	276
高根公団	たかねこうだん（新京成電鉄）	276
高野	たかの（因美線）	143
鷹ノ子	たかのこ（伊予鉄道）	424
鷹ノ巣	たかのす（奥羽本線）	69
鷹巣	たかのす（秋田内陸縦貫鉄道）	298
鷹の台	たかのだい（西武鉄道）	205
鷹野橋	たかのばし（広島電鉄）	417
高の原	たかのはら（近畿日本鉄道）	251
高の宮	たかのみや（一畑電車）	411
高萩	たかはぎ（常磐線）	46
高橋	たかはし（佐世保線）	176
高畠	たかはた（奥羽本線）	67
高畑	たかばた（名古屋市交通局）	370
高幡不動	たかはたふどう（京王電鉄）	213
高幡不動	たかはたふどう（多摩都市モノレール）	330
高浜	たかはま（常磐線）	46

駅名	よみ	(路線)	ページ
高浜	たかはま	(一畑電車)	412
高浜	たかはま	(伊予鉄道)	423
高浜港	たかはまみなと	(名古屋鉄道)	237
高原	たかはる	(吉都線)	186
高松	たかまつ	(七尾線)	118
高松	たかまつ	(予讃線)	155
高松	たかまつ	(多摩都市モノレール)	331
高松貨物ターミナル	たかまつかもつたーみなる	(予讃線)	155
高松築港	たかまつちっこう	(高松琴平電気鉄道)	421
高松町	たかまつちょう	(境線)	143
田上	たがみ	(信越本線)	79
田神	たがみ	(名古屋鉄道)	241
高水	たかみず	(岩徳線)	135
高光	たかみつ		157
高見ノ里	たかみのさと	(近畿日本鉄道)	249
高見橋	たかみばし	(鹿児島市交通局)	448
高見馬場	たかみばば	(鹿児島市交通局)	447
高宮	たかみや	(西日本鉄道)	273
高宮	たかみや	(近江鉄道)	384
高森	たかもり	(南阿蘇鉄道)	441
高屋	たかや	(陸羽西線)	77
高安	たかやす	(近畿日本鉄道)	245
高安山	たかやすやま	(近畿日本鉄道)	256
高柳	たかやなぎ	(東武鉄道)	200
高山	たかやま	(高山本線)	100
高横須賀	たかよこすか	(名古屋鉄道)	239
宝ヶ池	たからがいけ	(叡山電鉄)	388
宝町	たからちょう	(東京都交通局)	325
宝塚	たからづか	(福知山線)	113
宝塚	たからづか	(阪急電鉄)	268
宝塚南口	たからづかみなみぐち	(阪急電鉄)	267
財部	たからべ	(日豊本線)	183
宝町	たからまち	(長崎電気軌道)	439
田川伊田	たがわいた	(日田彦山線)	184
田川伊田	たがわいた	(平成筑豊鉄道)	434
田川後藤寺	たがわごとうじ	(日田彦山線)	184
田川後藤寺	たがわごとうじ	(平成筑豊鉄道)	433
高鷲	たかわし	(近畿日本鉄道)	249
田川市立病院	たがわしりつびょういん	(平成筑豊鉄道)	433
滝	たき	(烏山線)	54
多気	たき	(紀勢本線)	105
滝	たき	(加古川線)	125
田儀	たぎ	(山陰本線)	140
滝井	たきい	(京阪電気鉄道)	261
滝尾	たきお	(豊肥本線)	180
滝川	たきかわ	(函館本線)	5
滝沢	たきざわ	(IGRLいわて銀河鉄道)	295
滝谷	たきたに	(南海電気鉄道)	251
滝谷不動	たきだにふどう	(近畿日本鉄道)	251
滝野	たきの	(加古川線)	125
滝ノ上	たきのうえ	(石勝線)	8
滝野川一丁目	たきのがわいっちょうめ	(東京都交通局)	329
滝ノ沢信号場	たきのさわ	(石勝線)	8
滝ノ下信号場	たきのした	(石勝線)	8
滝の茶屋	たきのちゃや	(山陽電気鉄道)	279
滝ノ間	たきのま	(五能線)	71
滝宮	たきのみや	(高松琴平電気鉄道)	422
多喜浜	たきはま	(予讃線)	156
滝原	たきはら	(紀勢本線)	105
滝不動	たきふどう	(新京成電鉄)	276
滝部	たきべ	(山陰本線)	141
滝水	たきみず	(豊肥本線)	179
滝本	たきもと	(御岳登山鉄道)	331
滝谷	たきや	(只見線)	65
滝山信号場	たきやま	(山陰本線)	139
滝山	たきやま	(能勢電鉄)	401
田京	たきょう	(伊豆箱根鉄道)	360
田切	たぎり	(飯田線)	98
多久	たく	(唐津線)	174
拓北	たくほく	(札沼線)	6
詫間	たくま	(予讃線)	156
竹	たけ	(三江線)	144
竹浦	たけうら	(室蘭本線)	10
武雄温泉	たけおおんせん	(佐世保線)	176
竹岡	たけおか	(内房線)	86
武川	たけかわ	(秩父鉄道)	312
竹駒	たけこま	(大船渡線)	58
武里	たけさと	(東武鉄道)	195
竹沢	たけざわ	(八高線)	36
武志	たけし	(一畑電車)	411
竹下	たけした	(鹿児島本線)	166
竹芝	たけしば	(ゆりかもめ)	323
竹田	たけだ	(播但線)	126
竹田	たけだ	(近畿日本鉄道)	251
竹田	たけだ	(京都市交通局)	391
武田尾	たけだお	(福知山線)	113
竹豊	たけとよ	(武豊線)	99
竹中	たけなか	(豊肥本線)	179
武並	たけなみ	(中央本線)	102
武野	たけの	(山陰本線)	139
竹ノ塚	たけのつか	(東武鉄道)	195
武之橋	たけのはし	(鹿児島市交通局)	448
竹橋	たけばし	(東京地下鉄)	224
竹鼻	たけはな	(名古屋鉄道)	243
竹原	たけはら	(呉線)	133
武生	たけふ	(北陸本線)	115
建部	たけべ	(津山線)	128
竹松	たけまつ	(大村線)	176
竹村	たけむら	(名古屋鉄道)	236
田子	たこ	(紀勢本線)	153
蛸地蔵	たこじぞう	(南海電気鉄道)	257
太宰府信号場	だざいふ	(鹿児島本線)	166
太宰府	だざいふ	(西日本鉄道)	274
田崎橋	たさきばし	(熊本市交通局)	444
田沢	たざわ	(篠ノ井線)	38
田沢湖	たざわこ	(田沢湖線)	60
出平	だしだいら	(黒部峡谷鉄道)	350
駄科	だしな	(飯田線)	97
丹治部	たじべ	(姫新線)	127
田島	たじま	(東武鉄道)	198
但馬	たじま	(近畿日本鉄道)	252
田島高校前	たじまこうこうまえ	(会津鉄道)	303
多治見	たじみ	(中央本線)	102
田尻	たじり	(東北本線)	42
田代	たしろ	(鹿児島本線)	166
田添	たぞえ	(富山地方鉄道)	347
多田	ただ	(東武鉄道)	198
多田	ただ	(能勢電鉄)	401
忠岡	ただおか	(南海電気鉄道)	257
田立	ただち	(中央本線)	102
忠海	ただのうみ	(呉線)	133
只見	ただみ	(只見線)	66
多々良	たたら	(東武鉄道)	196
多田羅	たたら	(真岡鐵道)	309
立会川	たちあいがわ	(京浜急行電鉄)	229
太刀洗	たちあらい	(甘木鉄道)	436
立川	たちかわ	(中央本線)	33
立川北	たちかわきた	(多摩都市モノレール)	331
立川南	たちかわみなみ	(多摩都市モノレール)	331
立木	たちき	(山陰本線)	138
立小路	たちこうじ	(陸羽東線)	76
館田	たちた	(弘南鉄道)	291
立花	たちばな	(東海道本線)	110
立飛	たちひ	(多摩都市モノレール)	331
立間	たちま	(予讃線)	157
田津	たづ	(三江線)	144
立江	たつえ	(牟岐線)	161
龍岡城	たつおかじょう	(小海線)	37
竜田	たつた	(常磐線)	46
竜田川	たつたがわ	(近畿日本鉄道)	252
竜田口	たつたぐち	(豊肥本線)	179
辰野	たつの	(中央本線)	35
竜野	たつの	(山陽本線)	121
辰巳	たつみ	(東京地下鉄)	226
巽ケ丘	たつみがおか	(名古屋鉄道)	239
立道	たつみち	(鳴門線)	160
田鶴浜	たつるはま	(のと鉄道)	354
伊達	だて	(東北本線)	42
立石	たていし	(日豊本線)	181
立ケ花	たてがはな	(飯山線)	80
立川目	たてかわめ	(北上線)	58
館腰	たてこし	(東北本線)	42
立田	たてだ	(土佐くろしお鉄道)	427
立野	たての	(豊肥本線)	179
立野	たての	(甘木鉄道)	436
立野	たての	(南阿蘇鉄道)	441
立場	たてば	(横浜市交通局)	333
館林	たてばやし	(東武鉄道)	196
竪堀	たてぼり	(身延線)	95
立町	たてまち	(広島電鉄)	416
伊達紋別	だてもんべつ	(室蘭本線)	10
楯山	たてやま	(仙山線)	55
館山	たてやま	(内房線)	87
立山	たてやま	(富山地方鉄道)	347
立山	たてやま	(立山黒部貫光)	350
多度	たど	(養老鉄道)	379
多度津	たどつ	(予讃線)	155
田奈	たな	(東京急行電鉄)	219
田中	たなか	(しなの鉄道)	341
田中	たなか	(和歌山電鐵)	408
棚方	たながた	(松浦鉄道)	438
多奈川	たながわ	(南海電気鉄道)	259
棚倉	たなくら	(奈良線)	147

田無	たなし	(西武鉄道)	205	田町	たまち	(岡山電気軌道)	413	
田辺	たなべ	(大阪市交通局)	394	玉造	たまつくり	(大阪環状線)	112	
田並	たなみ	(紀勢本線)	153	玉造	たまつくり	(大阪市交通局)	396	
谷頭	たにがしら	(吉都線)	186	玉造温泉	たまつくりおんせん	(山陰本線)	140	
谷上	たにがみ	(北神急行電鉄)	403	玉手	たまで	(和歌山線)	150	
谷上	たにがみ	(神戸電鉄)	405	玉出	たまで	(大阪市交通局)	395	
谷川	たにかわ	(福知山線)	114	玉戸	たまど	(水戸線)	53	
谷汲口	たにぐみぐち	(樽見鉄道)	378	多摩動物公園	たまどうぶつこうえん	(京王電鉄)	214	
谷之口	たにのくち	(南線)	185	多摩動物公園	たまどうぶつこうえん	(多摩都市モノレール)	330	
谷浜	たにはま	(えちごトキめき鉄道)	345	玉名	たまな	(鹿児島本線)	167	
谷町九丁目	たにまちきゅうちょうめ	(大阪市交通局)	394	玉野	たまの	(名古屋鉄道)	243	
谷町四丁目	たにまちよんちょうめ	(大阪市交通局)	394	玉ノ井	たまのい	(名古屋鉄道)	243	
谷町六丁目	たにまちろくちょうめ	(大阪市交通局)	394	玉之江	たまのえ	(予讃線)	156	
谷山	たにやま	(指宿枕崎線)	171	たまプラーザ	たまぷらーざ	(東京急行電鉄)	219	
谷山	たにやま	(鹿児島市交通局)	448	玉水	たまみず	(奈良線)	147	
段山町	だにやままち	(熊本市交通局)	444	玉村	たまむら	(関東鉄道)	307	
狸小路	たぬきこうじ	(札幌市交通局)	286	玉淀	たまよど	(東武鉄道)	202	
田主丸	たぬしまる	(久大本線)	177	玉来	たまらい	(豊肥本線)	179	
田沼	たぬま	(東武鉄道)	198	田丸	たまる	(参宮線)	106	
種市	たねいち	(八戸線)	62	多磨霊園	たまれいえん	(京王電鉄)	212	
種差海岸	たねさしかいがん	(八戸線)	62	田村	たむら	(北陸本線)	115	
田野	たの	(日豊本線)	183	溜池山王	ためいけさんのう	(東京地下鉄)	222	
田野	たの	(土佐くろしお鉄道)	428	田本	たもと	(飯田線)	97	
たのうら御立岬公園	たのうらおたちみさきこうえん	(肥薩おれんじ鉄道)	445	多屋	たや	(名古屋鉄道)	238	
田野口	たのぐち	(大井川鐵道)	363	田山	たやま	(花輪線)	61	
田ノ窪	たのくぼ	(伊予鉄道)	424	田吉	たよし	(日南線)	185	
田野倉	たのくら	(富士急行)	339	多寄	たよろ	(宗谷本線)	17	
田野畑	たのはた	(三陸鉄道)	294	多良	たら	(長崎本線)	173	
田端	たばた	(東北本線)	40	多良木	たらぎ	(くま川鉄道)	446	
田端信号場	たばた	(東北本線)	40	垂井	たるい	(東海道本線)	93	
田畑	たばた	(飯田線)	98	樽井	たるい	(南海電気鉄道)	258	
田原	たはら	(北条鉄道)	408	垂水	たるみ	(山陽本線)	121	
田原坂	たばるざか	(鹿児島本線)	167	樽見	たるみ	(樽見鉄道)	378	
たびら平戸口	たびらひらどぐち	(松浦鉄道)	437	田老	たろう	(三陸鉄道)	293	
旅伏	たぶせ	(一畑電車)	411	太郎丸	たろうまる	(えちぜん鉄道)	357	
田布施	たぶせ	(山陽本線)	123	太郎宮前	たろぼうぐうまえ	(近江鉄道)	385	
田辺島通	たべしまどおり	(とさでん交通)	429	俵田	たわらだ	(久留里線)	89	
多宝塔	たほうとう	(鞍馬寺)	388	田原町	たわらまち	(東京地下鉄)	222	
多磨	たま	(西武鉄道)	207	田原町	たわらまち	(えちぜん鉄道)	357	
玉江	たまえ	(山陰本線)	141	田原町	たわらまち	(福井鉄道)	359	
玉垣	たまがき	(伊勢鉄道)	382	田原本	たわらもと	(近畿日本鉄道)	248	
玉柏	たまがし	(津山線)	128	段	だん	(肥薩線)	170	
玉川	たまがわ	(八戸線)	62	旦過	たんが	(北九州高速鉄道)	431	
多摩川	たまがわ	(東京急行電鉄)	220	丹後神崎	たんごかんざき	(WILLER TRAINS)	387	
玉川	たまがわ	(大阪市交通局)	395	丹後由良	たんごゆら	(WILLER TRAINS)	387	
玉川学園前	たまがわがくえんまえ	(小田急電鉄)	215	丹荘	たんしょう	(八高線)	36	
玉川上水	たまがわじょうすい	(西武鉄道)	207	誕生寺	たんじょうじ	(津山線)	128	
玉川上水	たまがわじょうすい	(多摩都市モノレール)	331	端野	たんの	(石北本線)	20	
玉川村	たまがわむら	(水郡線)	48	淡輪	たんのわ	(南海電気鉄道)	258	
多摩境	たまさかい	(京王電鉄)	213	丹波大山	たんばおおやま	(福知山線)	114	
玉前	たまさき	(京阪電気鉄道)	—	丹波口	たんばぐち	(山陰本線)	138	
多摩センター	たませんたー	(多摩都市モノレール)	330	丹波竹田	たんばたけだ	(福知山線)	114	
田町	たまち	(東海道本線)	23	丹波橋	たんばばし	(京阪電気鉄道)	262	
				段原一丁目	だんばらいっちょうめ	(広島電鉄)	418	
丹比	たんぴ	(若桜鉄道)	410					
田んぼアート	たんぼあーと	(弘南鉄道)	291					
反町	たんまち	(東京急行電鉄)	218					

ち

智恵文	ちえぶん	(宗谷本線)	17
近川	ちかがわ	(大湊線)	63
千垣	ちがき	(富山地方鉄道)	347
茅ケ崎	ちがさき	(東海道本線)	24
近田	ちかた	(福塩線)	132
近津	ちかつ	(水郡線)	48
地下鉄赤塚	ちかてつあかつか	(東京地下鉄)	226
地下鉄成増	ちかてつなります	(東京地下鉄)	226
近永	ちかなが	(予土線)	158
千金	ちがね	(三江線)	144
近文	ちかぶみ	(函館本線)	5
筑後大石	ちくごおおいし	(久大本線)	177
筑後草野	ちくごくさの	(久大本線)	177
筑後船小屋	ちくごふなごや	(鹿児島本線)	167
筑後吉井	ちくごよしい	(久大本線)	177
千種	ちくさ	(中央本線)	103
千種	ちくさ	(名古屋市交通局)	370
筑紫	ちくし	(西日本鉄道)	273
筑前岩屋	ちくぜんいわや	(日田彦山線)	184
筑前植木	ちくぜんうえき	(筑豊本線)	187
筑前内野	ちくぜんうちの	(筑豊本線)	187
筑前庄内	ちくぜんしょうない	(後藤寺線)	187
地区センター	ちくせんたー	(山万)	317
筑前大分	ちくぜんだいぶ	(篠栗線)	169
筑前垣生	ちくぜんはぶ	(筑豊本線)	187
筑前深江	ちくぜんふかえ	(筑肥線)	175
筑前前原	ちくぜんまえばる	(筑肥線)	175
筑前山家	ちくぜんやまえ	(筑豊本線)	187
筑前山手	ちくぜんやまて	(篠栗線)	169
千国	ちくに	(大糸線)	39
筑豊香月	ちくほうかつき	(筑豊電気鉄道)	432
筑豊中間	ちくほうなかま	(筑豊電気鉄道)	432
筑豊直方	ちくほうのおがた	(筑豊電気鉄道)	432
千曲	ちくま	(しなの鉄道)	341
千倉	ちくら	(内房線)	87
稚子塚	ちごづか	(富山地方鉄道)	347
千里	ちさと	(高山本線)	120
千里	ちさと	(近畿日本鉄道)	253
千路	ちじ	(七尾線)	118
千城台	ちしろだい	(千葉都市モノレール)	318
千城台北	ちしろだいきた	(千葉都市モノレール)	318
智頭	ちず	(因美線)	143
智頭	ちず	(智頭急行)	411
知多	ちた	(名古屋臨海鉄道)	375
知多奥田	ちたおくだ	(名古屋鉄道)	239
知多武豊	ちたたけとよ	(名古屋鉄道)	239
知多半田	ちたはんだ	(名古屋鉄道)	239
秩父	ちちぶ	(秩父鉄道)	313
秩父別	ちっぷべつ	(留萌本線)	13
地鉄ビル前	ちてつびるまえ	(富山地方鉄道)	348

500

駅名	よみ	(路線)	ページ
千歳	ちとせ	(千歳線)	8
千歳	ちとせ	(内房線)	87
千年	ちとせ	(弘南鉄道)	291
千歳烏山	ちとせからすやま	(京王電鉄)	212
千歳町	ちとせちょう	(函館市企業局)	287
千歳船橋	ちとせふなばし	(小田急電鉄)	215
千歳町	ちとせまち	(長崎電気軌道)	439
千鳥	ちどり	(鹿児島本線)	166
千鳥町	ちどりちょう	(東京急行電鉄)	221
千鳥町	ちどりちょう	(神奈川臨海鉄道)	332
千鳥橋	ちどりばし	(阪神電気鉄道)	271
茅野	ちの	(中央本線)	34
千葉	ちば	(総武本線)	83
千葉	ちば	(千葉都市モノレール)	317
千葉貨物	ちばかもつ	(京葉臨海鉄道)	318
千葉公園	ちばこうえん	(千葉都市モノレール)	317
知波田	ちばた	(天竜浜名湖鉄道)	365
千葉中央	ちばちゅうおう	(京成電鉄)	210
千葉寺	ちばでら	(京成電鉄)	210
千葉ニュータウン中央	ちばにゅーたうんちゅうおう	(北総鉄道)	315
千葉みなと	ちばみなと	(京葉線)	85
千葉みなと	ちばみなと	(千葉都市モノレール)	318
千早	ちはや	(鹿児島本線)	166
千早操車場	ちはや	(鹿児島本線)	166
ちはや口	ちはやぐち	(南海電気鉄道)	260
ちはや台	ちはやだい	(京成電鉄)	210
千曳	ちびき	(青い森鉄道)	292
千船	ちぶね	(阪神電気鉄道)	271
智北	ちほく	(宗谷本線)	17
茶臼山	ちゃうすやま	(飯田線)	96
茶志内	ちゃしない	(函館本線)	5
茶所	ちゃじょ	(名古屋鉄道)	235
茶ノ丸	ちゃのまる	(信越本線)	5
茶屋ケ坂	ちゃやがさか	(名古屋市交通局)	371
茶山	ちゃやま	(叡山電鉄)	388
茶山	ちゃやま	(福岡市交通局)	436
茶屋町	ちゃやまち	(宇野線)	129
中央市場前	ちゅうおういちばまえ	(神戸市交通局)	404
中央区役所前	ちゅうおうくやくしょまえ	(札幌市交通局)	284
中央大学・明星大学	ちゅうおうだいがく・めいせいだいがく	(多摩都市モノレール)	330
中央図書館前	ちゅうおうとしょかんまえ	(札幌市交通局)	285
中央病院前	ちゅうおうびょういんまえ	(函館市企業局)	287
中央弘前	ちゅうおうひろさき	(弘南鉄道)	292
中央前橋	ちゅうおうまえばし	(上毛電気鉄道)	310
中央林間	ちゅうおうりんかん	(小田急電鉄)	216
中央林間	ちゅうおうりんかん	(東京急行電鉄)	219
中学校	ちゅうがっこう	(山万)	317
中京競馬場前	ちゅうきょうけいばじょうまえ	(名古屋鉄道)	235
中郡	ちゅうぐん	(米坂線)	70

駅名	よみ	(路線)	ページ
中国勝山	ちゅうごくかつやま	(姫新線)	127
中書島	ちゅうしょじま	(京阪電気鉄道)	262
中田	ちゅうでん	(牟岐線)	161
中電前	ちゅうでんまえ	(広島電鉄)	417
中納言	ちゅうなごん	(岡山電気軌道)	412
中部国際空港	ちゅうぶこくさいくうこう	(名古屋鉄道)	244
中部天竜	ちゅうぶてんりゅう	(飯田線)	97
千代	ちよ	(飯田線)	97
長安寺信号場	ちょうあんじ	(岩手開発鉄道)	295
長後	ちょうご	(小田急電鉄)	216
彫刻の森	ちょうこくのもり	(箱根登山鉄道)	337
帖佐	ちょうさ	(日豊本線)	183
銚子	ちょうし	(総武本線)	84
銚子	ちょうし	(銚子電気鉄道)	314
銚子口	ちょうしぐち	(函館本線)	5
長者ケ浜潮騒はまなす公園前	ちょうじゃがはまちおさいはまなすこうえんまえ	(鹿島臨海鉄道)	306
長者原	ちょうじゃばる	(篠栗線)	169
長者町	ちょうじゃまち	(外房線)	86
長府	ちょうふ	(山陽本線)	124
調布	ちょうふ	(京王電鉄)	212
長門峡	ちょうもんきょう	(山口線)	135
長陽	ちょうよう	(南阿蘇鉄道)	441
長楽寺	ちょうらくじ	(広島高速交通)	419
千代ケ岡	ちよがおか	(富良野線)	16
千代台	ちよがだい	(函館市企業局)	287
千代川	ちよかわ	(山陰本線)	138
勅旨	ちょくし	(信楽高原鐵道)	385
直別	ちょくべつ	(根室本線)	15
千代県庁口	ちよけんちょうぐち	(福岡市交通局)	435
千代崎	ちよざき	(近畿日本鉄道)	253
千代田	ちよだ	(南海電気鉄道)	260
千代田車庫信号所	ちよだしゃこ	(南)海電気鉄道	260
知寄町	ちよりちょう	(とさでん交通)	429
知寄町一丁目	ちよりちょういっちょうめ	(とさでん交通)	429
知寄町三丁目	ちよりちょうさんちょうめ	(とさでん交通)	429
知寄町二丁目	ちよりちょうにちょうめ	(とさでん交通)	429
知来乙	ちらいおつ	(札沼線)	7
知立	ちりゅう	(名古屋鉄道)	234
知和	ちわ	(因美線)	143
千綿	ちわた	(大村線)	176

つ

駅名	よみ	(路線)	ページ
津	つ	(紀勢本線)	105
津	つ	(近畿日本鉄道)	253
津	つ	(伊勢鉄道)	382
築城	ついき	(日豊本線)	181
通洞	つうどう	(わたらせ渓谷鐵道)	309
都賀	つが	(総武本線)	83
都賀	つが	(千葉都市モノレール)	317
塚口	つかぐち	(福知山線)	113
塚口	つかぐち	(阪急電鉄)	266

駅名	よみ	(路線)	ページ
塚田	つかだ	(東武鉄道)	200
塚西	つかにし	(阪堺電気軌道)	398
塚目	つかのめ	(陸羽東線)	76
塚原	つかはら	(伊豆箱根鉄道)	360
塚本	つかもと	(東海道本線)	110
塚山	つかやま	(信越本線)	79
津軽飯詰	つがるいいづめ	(津軽鉄道)	290
津軽石	つがるいし	(山田線)	61
津軽大沢	つがるおおさわ	(弘南鉄道)	291
津軽尾上	つがるおのえ	(弘南鉄道)	291
津軽五所川原	つがるごしょがわら	(津軽鉄道)	290
津軽新城	つがるしんじょう	(奥羽本線)	69
津軽中里	つがるなかさと	(津軽鉄道)	290
津軽浜名	つがるはまな	(津軽鉄道)	73
津軽二股	つがるふたまた	(津軽鉄道)	73
津軽宮田	つがるみやた	(津軽鉄道)	72
津軽湯の沢	つがるゆのさわ	(奥羽本線)	69
津川	つがわ	(磐越西線)	64
月岡	つきおか	(羽越本線)	74
月岡	つきおか	(富山地方鉄道)	348
月ケ岡	つきがおか	(札沼線)	7
月ケ瀬口	つきがせぐち	(関西本線)	146
月崎	つきさき	(小湊鉄道)	320
月寒中央	つきさむちゅうおう	(札幌市交通局)	284
築地	つきじ	(東京地下鉄)	224
築地口	つきじぐち	(名古屋市交通局)	372
築地市場	つきじしじょう	(東京都交通局)	327
月島	つきしま	(東京地下鉄)	226
月島	つきしま	(東京都交通局)	327
月田	つきだ	(姫新線)	127
調川	つきのかわ	(松浦鉄道)	437
槻木	つきのき	(東北本線)	42
槻木	つきのき	(阿武隈急行)	302
つきのわ	つきのわ	(東武鉄道)	201
築町	つきまち	(長崎電気軌道)	439
つきみ野	つきみの	(東京急行電鉄)	219
月見山	つきみやま	(山陽電気鉄道)	279
築山	つきやま	(近畿日本鉄道)	245
津久井浜	つくいはま	(京浜急行電鉄)	231
つくし野	つくしの	(東京急行電鉄)	219
津久田	つくだ	(上越線)	50
佃	つくだ	(土讃線)	162
津久野	つくの	(阪和線)	151
つくば	つくば	(首都圏新都市鉄道)	322
筑波山頂	つくばさんちょう	(筑波観光鉄道)	307
津久見	つくみ	(日豊本線)	182
柘植	つげ	(関西本線)	146
津古	つこ	(西日本鉄道)	273
辻	つじ	(徳島線)	160
辻堂	つじどう	(東海道本線)	24
津島	つしま	(名古屋鉄道)	243
津島ノ宮(臨)	つしまのみや	(予讃線)	155
津新町	つしんまち	(近畿日本鉄道)	253
都住	つすみ	(長野電鉄)	340
津田	つだ	(片町線)	148
津田沼	つだぬま	(総武本線)	83
津田山	つだやま	(南武線)	26
土浦	つちうら	(常磐線)	46

501

駅名	よみ	(路線)	ページ
土崎	つちざき	(奥羽本線)	68
土沢	つちざわ	(釜石線)	59
土樽	つちたる	(上越線)	50
土橋	つちはし	(名古屋鉄道)	236
土山	つちやま	(山陽本線)	121
通津	つづ	(山陽本線)	123
筒井	つつい	(近畿日本鉄道)	248
筒井	つつい	(青い森鉄道)	293
筒石	つついし	(えちごトキめき鉄道)	345
都筑	つづき	(天竜浜名湖鉄道)	365
都筑ふれあいの丘	つづきふれあいのおか	(横浜市交通局)	334
榴ケ岡	つつじがおか	(仙石線)	55
つつじヶ丘	つつじがおか	(京王電鉄)	212
鼓ケ浦	つづみがうら	(近畿日本鉄道)	253
鼓滝	つづみがたき	(能勢電鉄)	401
津奈木	つなぎ	(肥薩おれんじ鉄道)	445
綱島	つなしま	(東京急行電鉄)	218
津南	つなん	(飯山線)	80
常澄	つねずみ	(鹿島臨海鉄道)	306
常豊信号場	つねとよ	(根室本線)	15
常山	つねやま	(宇野線)	129
都農	つの	(日豊本線)	183
津ノ井	つのい	(因美線)	142
角川	つのがわ	(高山本線)	101
都野津	つのづ	(山陰本線)	140
津ノ森	つのもり	(一畑電車)	411
椿	つばき	(紀勢本線)	153
津幡	つばた	(七尾線)	118
津幡	つばた	(IRいしかわ鉄道)	356
燕	つばめ	(弥彦線)	82
燕三条	つばめさんじょう	(上越新幹線)	51
津福	つぶく	(西日本鉄道)	274
坪井	つぼい	(姫新線)	127
坪井川公園	つぼいがわこうえん	(熊本電気鉄道)	442
壺川	つぼがわ	(沖縄都市モノレール)	449
壺阪山	つぼさかやま	(近畿日本鉄道)	250
坪尻	つぼじり	(土讃線)	162
妻崎	つまざき	(小野田線)	136
津守	つもり	(南海電気鉄道)	259
津谷	つや	(陸羽西線)	77
津山	つやま	(姫新線)	127
津山口	つやまぐち	(津山線)	128
鶴居	つるい	(播但線)	126
鶴岡	つるおか	(羽越本線)	74
敦賀	つるが	(北陸本線)	115
鶴ケ丘	つるがおか	(阪和線)	151
鶴ケ坂	つるがさか	(奥羽本線)	69
鶴ヶ島	つるがしま	(東武鉄道)	201
鶴形	つるがた	(奥羽本線)	69
敦賀港	つるがみなと	(北陸本線)	190
鶴ヶ峰	つるがみね	(相模鉄道)	232
鶴川	つるかわ	(小田急電鉄)	215
鶴来	つるぎ	(北陸鉄道)	356
鶴崎	つるさき	(日豊本線)	182
鶴里	つるさと	(名古屋市交通局)	373
都留市	つるし	(富士急行)	339
鶴瀬	つるせ	(東武鉄道)	201
鶴田	つるた	(日光線)	54
鶴泊	つるどまり	(五能線)	72
鶴沼	つるぬま	(札沼線)	7
鶴橋	つるはし	(大阪環状線)	112
鶴橋	つるはし	(近畿日本鉄道)	245
鶴橋	つるはし	(大阪市交通局)	395
鶴原	つるはら	(南海電気鉄道)	257
都留文科大学前	つるぶんかだいがくまえ	(富士急行)	339
鶴間	つるま	(小田急電鉄)	216
鶴舞	つるまい	(中央本線)	103
鶴舞	つるまい	(名古屋市交通局)	372
鶴巻温泉	つるまきおんせん	(小田急電鉄)	216
鶴丸	つるまる	(肥薩線)	186
鶴見	つるみ	(東海道本線)	23
鶴見市場	つるみいちば	(京浜急行電鉄)	229
鶴見小野	つるみおの	(鶴見線)	27
鶴見緑地	つるみりょくち	(大阪市交通局)	396
鶴羽	つるわ	(高徳線)	159
津和野	つわの	(山口線)	135

て

駅名	よみ	(路線)	ページ
手稲	ていね	(函館本線)	4
手柄	てがら	(山陽電気鉄道)	280
出来島	できじま	(阪神電気鉄道)	271
テクノさかき	てくのさかき	(しなの鉄道)	341
天塩川温泉	てしおがわおんせん	(宗谷本線)	17
天塩中川	てしおなかがわ	(宗谷本線)	18
出島	でじま	(長崎電気軌道)	439
手樽	たる	(仙石線)	55
手力	てぢから	(名古屋鉄道)	241
帝塚山	てづかやま	(南海電気鉄道)	259
帝塚山三丁目	てづかやまさんちょうめ	(阪堺電気軌道)	399
帝塚山四丁目	てづかやまよんちょうめ	(阪堺電気軌道)	400
鉄道博物館	てつどうはくぶつかん	(埼玉新都市交通)	314
鉄砲町	てっぽうちょう	(伊予鉄道)	425
出戸信号場	でと	(羽越本線)	75
出戸	でと	(大阪市交通局)	394
出戸浜	でとはま	(男鹿線)	71
手ノ子	てのこ	(米坂線)	70
手原	てはら	(草津線)	147
出町柳	でまちやなぎ	(京阪電気鉄道)	263
出町柳	でまちやなぎ	(叡山電鉄)	388
出屋敷	でやしき	(阪神電気鉄道)	270
出山信号場	でやま	(箱根登山鉄道)	337
寺内	てらうち	(真岡鐵道)	308
寺尾	てらお	(越後線)	82
寺下	てらした	(上田電鉄)	342
寺地町	てらじちょう	(阪堺電気軌道)	399
寺庄	てらしょう	(草津線)	147
寺田	てらだ	(近畿日本鉄道)	251
寺田	てらだ	(富山地方鉄道)	346
寺田町	てらだちょう	(大阪環状線)	112
寺泊	てらどまり	(越後線)	81
寺前	てらまえ	(播但線)	126
寺町	てらまち	(広島電鉄)	418
寺本	てらもと	(名古屋鉄道)	238
光岡	てるおか	(久大本線)	177
テレコムセンター	てれこむせんたー	(ゆりかもめ)	323
田園調布	でんえんちょうふ	(東京急行電鉄)	219
天下茶屋	てんがちゃや	(南海電気鉄道)	257
天下茶屋	てんがちゃや	(大阪市交通局)	396
電気ビル前	でんきびるまえ	(富山地方鉄道)	348
天空橋	てんくうばし	(京浜急行電鉄)	230
天空橋	てんくうばし	(東京モノレール)	324
電車事業所前	でんしゃじぎょうしょまえ	(札幌市交通局)	286
天神	てんじん	(福岡市交通局)	435
天神川	てんじんがわ	(山陽本線)	123
天神ノ森	てんじんのもり	(阪堺電気軌道)	398
天神橋筋六丁目	てんじんばしすじろくちょうめ	(阪急電鉄)	266
天神橋筋六丁目	てんじんばしすじろくちょうめ	(大阪市交通局)	396
天神南	てんじんみなみ	(福岡市交通局)	436
天神山	てんじんやま	(久大本線)	177
天台	てんだい	(千葉都市モノレール)	317
電鉄出雲市	でんてついずもし	(一畑電車)	411
電鉄石田	でんてついしだ	(富山地方鉄道)	347
電鉄魚津	でんてつうおづ	(富山地方鉄道)	346
電鉄黒部	でんてつくろべ	(富山地方鉄道)	347
デンテツターミナルビル前	でんてつたーみなるびるまえ	(とさでん交通)	429
電鉄富山	でんてつとやま	(富山地方鉄道)	346
電鉄富山駅・エスタ前	でんてつとやま・えすたまえ	(富山地方鉄道)	348
天道	てんとう	(筑豊本線)	187
天童	てんどう	(奥羽本線)	67
天童南	てんどうみなみ	(奥羽本線)	67
天王	てんのう	(男鹿線)	71
天応	てんのう	(呉線)	134
天王寺	てんのうじ	(関西本線)	146
天王寺	てんのうじ	(大阪市交通局)	393
天王寺駅前	てんのうじえきまえ	(阪堺電気軌道)	399
天王宿	てんのうじゅく	(上毛電気鉄道)	310
天王洲アイル	てんのうずあいる	(東京臨海高速鉄道)	324
天王洲アイル	てんのうずあいる	(東京モノレール)	324
天王台	てんのうだい	(常磐線)	45
天王町	てんのうちょう	(相模鉄道)	232
天拝山	てんぱいざん	(鹿児島本線)	166
伝法	でんぽう	(阪神電気鉄道)	271
天満	てんま	(大阪環状線)	112
伝馬町	てんまちょう	(名古屋市交通局)	371
天満町	てんまちょう	(広島電鉄)	416
天満橋	てんまばし	(京阪電気鉄道)	261
天満橋	てんまばし	(大阪市交通局)	394
天文館通	てんもんかんどおり	(鹿児島市交通局)	447
天矢場	てんやば	(真岡鐵道)	309
天理	てんり	(桜井線)	148
天理	てんり	(近畿日本鉄道)	249

502

天竜川	てんりゅうがわ (東海道本線)	92	動植物園入口	どうしょくぶつえんいりぐち	405	十勝清水	とかちしみず (根室本線)	14
天竜峡	てんりゅうきょう (飯田線)	97		(熊本市交通局)	444	斗賀野	とがの (土讃線)	163
天竜二俣	てんりゅうふたまた (天竜浜名湖鉄道)	365	唐人町	とうじんまち (福岡市交通局)	435	栂・美木多	とが・みきた (泉北高速鉄道)	278
天和	てんわ (赤穂線)	127	洞泉	どうせん (釜石線)	59	戸狩野沢温泉	とがりのざわおんせん (飯山線)	80
			東大前	とうだいまえ (東京地下鉄)	227			
と			塔寺	とうでら (只見線)	65	外川	とかわ (銚子電気鉄道)	315
土合	どあい (上越線)	50	道徳	どうとく (名古屋鉄道)	238	十川	とがわ (津軽鉄道)	290
遠浅	とおあさ (室蘭本線)	11	東名	とうな (仙石線)	56	土岐市	ときし (中央本線)	102
土井	どい (香椎線)	169	唐丹	とうに (三陸鉄道)	294	外城田	ときだ (参宮線)	106
土居	どい (京阪電気鉄道)	261	塔ノ沢	とうのさわ (箱根登山鉄道)	337	時庭	ときにわ (山形鉄道)	301
問寒別	といかんべつ (宗谷本線)	18	唐浜	とうのはま (土佐くろしお鉄道)	428	時又	ときまた (飯田線)	97
土井崎信号場	どいざき (長崎本線)	173	唐の原	とうのはる (西日本鉄道)	275	常盤	ときわ (宇部線)	136
土居田	どいだ (伊予鉄道)	424	塔のへつり	とうのへつり (会津鉄道)	303	常盤	ときわ (京福電気鉄道)	390
土市	どいち (飯山線)	81	東武和泉	とうぶいずみ (東武鉄道)	196	常盤	ときわ (水島臨海鉄道)	413
戸出	といで (城端線)	118	東武宇都宮	とうぶうつのみや (東武鉄道)	199	ときわ台	ときわだい (東武鉄道)	201
東員	とういん (三岐鉄道)	381	東武金崎	とうぶかなさき (東武鉄道)	198	ときわ台	ときわだい (能勢電鉄)	402
東雲	とううん (石北本線)	19	東福寺	とうふくじ (奈良線)	147	常盤平	ときわだいら (新京成電鉄)	276
東栄	とうえい (飯田線)	97	東福寺	とうふくじ (京阪電気鉄道)	262	徳庵	とくあん (片町線)	149
東海	とうかい (常磐線)	46	東部市場前	とうぶしじょうまえ (関西本線)	146	徳浦信号場	とくうら (日豊本線)	182
東海学園前	とうかいがくえんまえ (豊肥本線)	179	東武竹沢	とうぶたけざわ (東武鉄道)	201	徳佐	とくさ (山口線)	135
東海大学前	とうかいだいがくまえ (小田急電鉄)	216	動物園前	どうぶつえんまえ (大阪市交通局)	393	徳沢	とくさわ (磐越西線)	64
東海通	とうかいどおり (名古屋市交通局)	372	動物公園	どうぶつこうえん (千葉都市モノレール)	317	徳重	とくしげ (名古屋市交通局)	373
東金	とうがね (東金線)	89	東武動物公園	とうぶどうぶつこうえん (東武鉄道)	196	徳重・名古屋芸大	とくしげ・なごやげいだい (名古屋鉄道)	241
東京	とうきょう (東海道本線)	23	東武日光	とうぶにっこう (東武鉄道)	199	徳島	とくしま (高徳線)	159
東京	とうきょう (東海道新幹線)	94	東武練馬	とうぶねりま (東武鉄道)	201	徳宿	とくしゅく (鹿島臨海鉄道)	306
東京	とうきょう (東京地下鉄)	223	東武ワールドスクウェア	とうぶわーるどすくうぇあ (東武鉄道)	199	徳田	とくだ (七尾線)	118
東京貨物ターミナル	とうきょうかもつたーみなる (東海道本線)	24	道法寺	どうほうじ (北陸鉄道)	355	徳田	とくだ (伊勢鉄道)	382
とうきょうスカイツリー	とうきょうすかいつりー (東武鉄道)	195	東北福祉大前	とうほくふくしだいまえ (仙山線)	54	徳永	とくなが (長良川鉄道)	377
東京ディズニーシー・ステーション	とうきょうでぃずにーしー・すてーしょん (舞浜リゾートライン)	319	当麻	とうま (石北本線)	19	徳益	とくます (西日本鉄道)	274
東京ディズニーランド・ステーション	とうきょうでぃずにーらんど・すてーしょん (舞浜リゾートライン)	319	道明寺	どうみょうじ (近畿日本鉄道)	252	徳丸	とくまる (若桜鉄道)	410
東京テレポート	とうきょうてれぽーと (東京臨海高速鉄道)	324	洞爺	とうや (室蘭本線)	10	徳満	とくみつ (宗谷本線)	18
峠	とうげ (奥羽本線)	67	東葉勝田台	とうようかつただい (東葉高速鉄道)	316	徳山	とくやま (山陽本線)	123
峠下	とうげした (留萌本線)	13	東陽町	とうようちょう (東京地下鉄)	225	戸倉	とぐら (しなの鉄道)	341
東港	とうこう (名古屋臨海鉄道)	374	塘路	とうろ (釧網本線)	21	徳力嵐山口	とくりきあらしやまぐち (北九州高速鉄道)	431
東郷	とうごう (鹿児島本線)	166	十日市場	とおかいちば (横浜線)	30	徳力公団前	とくりきこうだんまえ (北九州高速鉄道)	431
東光寺	とうこうじ (信越本線)	79	十日市場	とおかいちば (富士急行)	339	徳和	とくわ (紀勢本線)	105
道後温泉	どうごおんせん (伊予鉄道)	425	十日町	とおかまち (広島電鉄)	416	土気	とけ (外房線)	85
道後公園	どうごこうえん (伊予鉄道)	425	十日町	とおかまち (飯山線)	81	戸越	とごし (東京都交通局)	325
道後山	どうごやま (芸備線)	131	十日町	とおかまち (北越急行)	344	戸越銀座	とごしぎんざ (東京急行電鉄)	220
東寺	とうじ (近畿日本鉄道)	251	十川	とおかわ (予土線)	158	戸越公園	とごしこうえん (東京急行電鉄)	220
等持院	とうじいん (京福電気鉄道)	390	十島	とおしま (身延線)	95	床波	とこなみ (宇部線)	136
同志社前	どうししゃまえ (片町線)	148	土佐穴内	とさあなない (土讃線)	162	常滑	とこなめ (名古屋鉄道)	238
陶磁資料館南	とうじしりょうかんみなみ (愛知高速交通)	369	土佐一宮	とさいっく (土讃線)	162	常葉大学前	とこはだいがくまえ (天竜浜名湖鉄道)	365
堂島	どうじま (磐越西線)	64	土佐大津	とさおおつ (土讃線)	162	所木	ところき (三江線)	145
東上	とうじょう (飯田線)	96	土佐上川口	とさかみかわぐち (土佐くろしお鉄道)	427	所沢	ところざわ (西武鉄道)	205
東城	とうじょう (芸備線)	131	土佐加茂	とさかも (土讃線)	163	土佐穴内	とさあなない (土讃線)	162
道後	どうご (愛知高速交通)	113	土佐北川	とさきたがわ (土讃線)	162	土佐一宮	とさいっく (土讃線)	162
東照宮	とうしょうぐう (仙山線)	54	土佐久礼	とさくれ (土讃線)	163	土佐入野	とさいりの (土佐くろしお鉄道)	427
道成寺	どうじょうじ (紀勢本線)	154	土佐佐賀	とささが (土佐くろしお鉄道)	427	土佐岩原	とさいわはら (土讃線)	162
道場南口	どうじょうみなみぐち (神戸電鉄)		土佐昭和	とさしょうわ (予土線)	158			

土佐白浜 とさしらはま (土佐くろしお鉄道)		427
土佐新荘 とさしんじょう (土讃線)		163
土佐大正 とさたいしょう (予土線)		158
土佐長岡 とさながおか (土讃線)		162
土佐山田 とさやまだ (土讃線)		162
戸沢 とざわ (秋田内陸縦貫鉄道)		299
利別 としべつ (根室本線)		15
豊島 としま (豊橋鉄道)		367
豊島園 としまえん (西武鉄道)		206
豊島園 としまえん (東京都交通局)		328
鳥栖 とす (鹿児島本線)		167
鳥栖貨物ターミナル とすかもつたーみなる (鹿児島本線)		166
唐湊 とそ (鹿児島市交通局)		449
土底浜 どそこはま (信越本線)		78
戸田 とだ (東北本線)		43
戸田 とだ (近畿日本鉄道)		254
戸田公園 とだこうえん (東北本線)		43
戸田小浜 とだこはま (山陰本線)		141
栃木 とちぎ (両毛線)		52
栃木 とちぎ (東武鉄道)		198
栃原 とちはら (紀勢本線)		105
栃屋 とちや (富山地方鉄道)		347
都庁前 とちょうまえ (東京都交通局)		327
戸塚 とつか (東海道本線)		23
戸塚 とつか (横浜市交通局)		333
戸塚安行 とづかあんぎょう (埼玉高速鉄道)		313
鳥取 とっとり (山陰本線)		139
鳥取大学前 とっとりだいがくまえ (山陰本線)		139
鳥取ノ荘 とっとりのしょう (南海電気鉄道)		258
戸手 とで (福塩線)		132
都電雑司ヶ谷 とでんぞうしがや (東京都交通局)		329
土々呂 ととろ (日豊本線)		182
轟木 とどろき (五能線)		72
等々力 とどろき (東京急行電鉄)		220
砺波 となみ (城端線)		119
舎人 とねり (東京都交通局)		330
舎人公園 とねりこうえん (東京都交通局)		330
富木 とのき (阪和線)		151
富野荘 とのしょう (近畿日本鉄道)		251
富海 とのみ (山陽本線)		123
殿山 とのやま (ひたちなか海浜鉄道)		305
鳥羽 とば (参宮線)		107
鳥羽 とば (近畿日本鉄道)		255
鳥羽街道 とばかいどう (京阪電気鉄道)		262
土橋 どばし (広島電鉄)		416
土橋 どばし (伊予鉄道)		424
戸畑 とばた (鹿児島本線)		165
鳥羽中 とばなか (福井鉄道)		358
鵄波ノ上 とばのえ (関東鉄道)		307
飛田給 とびたきゅう (京王電鉄)		212
土深井 どぶかい (花輪線)		62
十府ヶ浦海岸 とふがうらかいがん (三陸鉄道)		294
都府楼前 とふろうまえ (西日本鉄道)		273
都府楼南 とふろうみなみ (鹿児島本線)		165
戸部 とべ (京浜急行電鉄)		229
砥堀 とほり (播但線)		126
斗米 とまい (IGRいわて銀河鉄道)		295
苫小牧 とまこまい (室蘭本線)		10
苫小牧貨物 とまこまいかもつ (室蘭本線)		10
苫米地 とまべち (青い森鉄道)		292
トマム とまむ (石勝線)		8
泊 とまり (山陰本線)		139
泊 とまり (あいの風とやま鉄道)		354
泊 とまり (四日市あすなろう鉄道)		382
富合 とみあい (鹿児島本線)		167
富浦 とみうら (室蘭本線)		10
富浦 とみうら (内房線)		87
富雄 とみお (近畿日本鉄道)		247
富岡 とみおか (常磐線)		47
富岡前 とみおかまえ (名古屋鉄道)		242
富加 とみか (長良川鉄道)		377
登美ヶ丘信号場 とみがおか (近畿日本鉄道)		248
富川 とみかわ (日高本線)		12
十三里信号場 とみさと (石勝線)		8
富沢 とみざわ (仙台市交通局)		296
富田 とみた (両毛線)		52
富田 とみだ (関西本線)		104
富田 とみだ (三岐鉄道)		380
富田浜 とみだはま (関西本線)		104
富水 とみなが (小田急電鉄)		216
富根 とみね (奥羽本線)		69
富野 とみの (阿武隈急行)		301
富原 とみはら (姫新線)		127
富吉 とみよし (近畿日本鉄道)		254
十村 とむら (小浜線)		116
轟 どめき (えちぜん鉄道)		357
伴 とも (広島高速交通)		419
友江 ともえ (養老鉄道)		379
伴中央 ともちゅうおう (広島高速交通)		419
土本 どもと (大井川鐵道)		364
友部 ともべ (常磐線)		46
富山 とやま (高山本線)		120
富山 とやま (あいの風とやま鉄道)		353
富山駅 とやまえき (富山地方鉄道)		349
富山駅北 とやまえききた (富山ライトレール)		351
富山貨物 とやまかもつ (あいの風とやま鉄道)		353
富山トヨペット本社前 (五福末広町) とやまとよぺっとほんしゃまえ (ごふくすえひろちょう) (富山地方鉄道)		349
豊明 とよあけ (名古屋鉄道)		234
豊浦 とようら (室蘭本線)		10
豊岡 とよおか (山陰本線)		139
豊岡 とよおか (天竜浜名湖鉄道)		365
豊岡 とよおか (WILLER TRAINS)		387
豊ヶ岡 とよがおか (札沼線)		7
豊川 とよかわ (飯田線)		96
豊川 とよかわ (大阪高速鉄道)		401
豊川稲荷 とよかわいなり (名古屋鉄道)		244
豊頃 とよころ (根室本線)		15
豊栄 とよさか (白新線)		76
豊郷 とよさと (日高本線)		12
豊郷 とよさと (近江鉄道)		384
豊四季 とよしき (東武鉄道)		200
豊科 とよしな (大糸線)		38
豊清水 とよしみず (宗谷本線)		17
豊洲 とよす (東京地下鉄)		226
豊洲 とよす (ゆりかもめ)		323
豊田 とよだ (中央本線)		33
豊田市 とよたし (名古屋鉄道)		236
豊田町 とよだちょう (東海道本線)		92
豊田本町 とよだほんまち (名古屋鉄道)		238
豊津 とよつ (阪急電鉄)		266
豊津 とよつ (平成筑豊鉄道)		434
豊津上野 とよつうえの (近畿日本鉄道)		253
豊富 とよとみ (宗谷本線)		18
豊中 とよなか (阪急電鉄)		268
豊永 とよなが (土讃線)		162
豊沼 とよぬま (函館本線)		5
豊野 とよの (飯山線)		80
豊野 とよの (しなの鉄道)		342
豊橋 とよはし (東海道本線)		92
豊橋 とよはし (名古屋鉄道)		234
豊橋公園前 とよはしこうえんまえ (豊橋鉄道)		367
豊浜 とよはま (予讃線)		156
豊原 とよはら (東北本線)		41
豊春 とよはる (東武鉄道)		200
豊平公園 とよひらこうえん (札幌市交通局)		284
豊幌 とよほろ (函館本線)		5
豊間根 とよまね (山田線)		61
豊実 とよみ (磐越西線)		64
虎ノ門 とらのもん (東京地下鉄)		222
虎姫 とらひめ (北陸本線)		115
東浪見 とらみ (外房線)		86
鳥居 とりい (飯田線)		96
鳥居前 とりいまえ (近畿日本鉄道)		255
鳥居本 とりいもと (近江鉄道)		384
鳥飼信号場 とりかい (東海道新幹線)		94
鳥形 とりがた (五能線)		71
鳥沢 とりさわ (中央本線)		34
都立家政 とりつかせい (西武鉄道)		204
都立大学 とりつだいがく (東京急行電鉄)		218
取手 とりで (常磐線)		45
取手 とりで (関東鉄道)		306
鳥ノ木 とりのき (予讃線)		157
鳥浜 とりはま (横浜シーサイドライン)		335
トレードセンター前 とれーどせんたーまえ (大阪市交通局)		397
土呂 とろ (東北本線)		40
トロッコ嵐山 とろっこあらしやま (嵯峨野観光鉄道)		390
トロッコ亀岡 とろっこかめおか (嵯峨野観光鉄道)		390
トロッコ嵯峨 とろっこさが (嵯峨野観光鉄道)		390
トロッコ保津峡 とろっこほづきょう (嵯峨野観光鉄道)		390
戸綿 とわた (天竜浜名湖鉄道)		364
十和田南 とわだみなみ (花輪線)		62
富田 とんだ (阪急電鉄)		265
富田林 とんだばやし (近畿日本鉄道)		250
富田林西口 とんだばやしにしぐち (近畿日本鉄道)		

鉄道）　　　　　　　　　　　250

な

奈井江　ないえ（函館本線）　　　　　5
撫牛子　ないじょうし（奥羽本線）　69
苗穂　なえぼ（函館本線）　　　　　4
直江　なおえ（山陰本線）　　　　140
直江津　なおえつ（信越本線）　　78
直江津　なおえつ（えちごトキめき鉄道）　344
直川　なおかわ（日豊本線）　　182
直見　なおみ（日豊本線）　　　182
那加　なか（高山本線）　　　　100
中愛别　なかあいべつ（石北本線）　19
中荒井　なかあらい（会津鉄道）　303
中井　なかい（西武鉄道）　　　204
中井　なかい（東京都交通局）　328
長居　ながい（阪和線）　　　　151
長井　ながい（山形鉄道）　　　301
長居　ながい（大阪市交通局）　393
中池　ながいけ（奈良線）　　　147
中井侍　なかいさむらい（飯田線）　97
中泉　なかいずみ（平成筑豊鉄道）　433
長泉なめり　ながいずみなめり（御殿場線）　95
中板橋　なかいたばし（東武鉄道）　201
中飯降　なかいぶり（和歌山線）　150
中浦　なかうら（羽越本線）　　74
長浦　ながうら（内房線）　　　86
長浦　ながうら（名古屋鉄道）　238
中浦和　なかうらわ（東北本線）　44
長江　ながえ（一畑電車）　　　412
長尾　ながお（片町線）　　　148
永尾　ながお（佐世保線）　　　176
長尾　ながお（高松琴平電気鉄道）　423
長岡　ながおか（信越本線）　　79
中岡崎　なかおかざき（東海道本線）　110
中岡崎　なかおかざき（愛知環状鉄道）　368
仲御徒町　なかおかちまち（東京地下鉄）　224
長岡天神　ながおかてんじん（阪急電鉄）　265
中小国　なかおぐに（津軽線）　73
中加田井　なかおたい（名古屋鉄道）　241
中加積　なかかづみ（富山地方鉄道）　346
中神　なかがみ（青梅線）　　　35
中菅　なかがや（大糸線）　　　38
中軽井沢　なかかるいざわ（しなの鉄道）　341
中川　なかがわ（奥羽本線）　67
中川　なかがわ（横浜市交通局）　334
中川辺　なかがわべ（高山本線）　100
中河原　なかがわら（京王電鉄）　212
中川原　なかがわら（近畿日本鉄道）　254
仲木戸　なかぎど（京浜急行電鉄）　229
長久手古戦場　ながくてこせんじょう（愛知高速交通）　369
中公園　なかこうえん（神戸新交通）　407
中強羅　なかごうら（箱根登山鉄道）　338
中郡　なかごおり（鹿児島市交通局）　449
中越信号場　なかこし（石北本線）　19
中込　なかごみ（小海線）　　　37
中茄子　なかなす（近畿日本鉄道）　254
中小屋　なかごや（札沼線）　　7
中在家信号場　なかざいけ（関西本線）　146
長坂　ながさか（中央本線）　　34

長崎　ながさき（長崎本線）　　174
長崎　ながさき（とさでん交通）　430
長崎駅前　ながさきえきまえ（長崎電気軌道）　439
長崎大学前　ながさきだいがくまえ（長崎電気軌道）　439
中崎町　なかざきちょう（大阪市交通局）　394
中佐世保　なかさせぼ（松浦鉄道）　438
中佐都　なかさと（小海線）　　37
中里　なかざと（松浦鉄道）　　438
長里　ながさと（長崎本線）　　173
中沢　なかざわ（津軽線）　　　72
長沢　ながさわ（陸羽東線）　　77
中塩田　なかしおだ（上田電鉄）　342
長篠城　ながしのじょう（飯田線）　96
中島　なかしま（可部線）　　　134
中島信号場　なかしま（西日本鉄道）　274
中島　なかじま（名古屋臨海高速鉄道）　374
長島　ながしま（関西本線）　　104
中島公園　なかじまこうえん（札幌市交通局）　283
中島公園通　なかじまこうえんどおり（札幌市交通局）　285
長島ダム　ながしまだむ（大井川鐵道）　364
中島埠頭　なかじまふとう（秋田臨海鉄道）　299
中斜里　なかしゃり（釧網本線）　21
中庄　なかしょう（山陽本線）　122
中条　なかじょう（羽越本線）　74
中新湊　なかしんみなと（万葉線）　353
長洲　ながす（鹿児島本線）　　167
中菅谷　なかすがや（水郡線）　48
中洲川端　なかすかわばた（福岡市交通局）　435
中筋　なかすじ（広島高速交通）　419
中洲通　なかすどおり（広島市交通局）　448
長瀬　ながせ（近畿日本鉄道）　245
中瀬古　なかせこ（伊勢鉄道）　382
中田　なかた（五能線）　　　　72
中田　なかだ（横浜市交通局）　333
永田　ながた（外房線）　　　　85
長田　ながた（近畿日本鉄道）　248
永田　ながた（秩父鉄道）　　　312
長田　ながた（大阪市交通局）　395
長田　ながた（神戸市交通局）　404
長田　ながた（神戸電鉄）　　　405
長滝　ながたき（阪和線）　　　151
中多久　なかたく（唐津線）　　174
永田町　ながたちょう（東京地下鉄）　226
長谷　ながたに（三江線）　　　145
長谷野　ながたにの（近江鉄道）　384
中田平　なかたびら（松浦鉄道）　437
中津　なかつ（日豊本線）　　　181
中津　なかつ（阪急電鉄）　　　268
中津　なかつ（大阪市交通局）　393
中津川　なかつがわ（中央本線）　102
長津田　ながつた（横浜線）　　30
長津田　ながつた（東京急行電鉄）　219
中土　なかつち（大糸線）　　　120
中角　なかつの（えちぜん鉄道）　357
中津幡　なかつばた（七尾線）　118
長妻　ながつま（関東鉄道）　　307
長門粟野　ながとあわの（山陰本線）　141

長門大井　ながとおおい（山陰本線）　141
長門市　ながとし（山陰本線）　141
長門長沢　ながとながさわ（小野田線）　136
長門二見　ながとふたみ（山陰本線）　141
長門古市　ながとふるいち（山陰本線）　141
長門三隅　ながとみすみ（山陰本線）　141
長門本山　ながともとやま（小野田線）　137
長門湯本　ながとゆもと（美祢線）　137
中豊　なかとよ（水郡線）　　　48
長島　ながとり（信越本線）　　79
長瀞　ながとろ（秩父鉄道）　　173
中滑川　なかなめりかわ（富山地方鉄道）　346
長苗代　ながなわしろ（八戸線）　62
長沼　ながぬま（京王電鉄）　　213
長沼　ながぬま（静岡鉄道）　　362
中根　なかね（ひたちなか海浜鉄道）　305
中野　なかの（中央本線）　　　33
中野　なかの（東京地下鉄）　224
中野　なかの（わたらせ渓谷鐵道）　309
中野　なかの（上田電鉄）　　　342
長野　ながの（信越本線）　　　78
長野　ながの（長野電鉄）　　　340
長野　ながの（しなの鉄道）　341
中之郷　なかのごう（近畿日本鉄道）　255
中野坂上　なかのさかうえ（東京地下鉄）　223
中野坂上　なかのさかうえ（東京都交通局）　328
中野栄　なかのさかえ（仙石線）　55
中ノ沢　なかのさわ（函館本線）　4
中野島　なかのしま（南武線）　26
中之島　なかのしま（京阪電気鉄道）　263
中の島　なかのしま（札幌市交通局）　283
中ノ庄　なかのしょう（京阪電気鉄道）　264
中之条　なかのじょう（吾妻線）　52
中野新橋　なかのしんばし（東京地下鉄）　223
仲ノ町　なかのちょう（銚子電気鉄道）　314
長野原草津口　ながのはらくさつぐち（吾妻線）　52
中野東　なかのひがし（山陽本線）　122
中延　なかのぶ（東京急行電鉄）　220
中延　なかのぶ（東京都交通局）　325
中野富士見町　なかのふじみちょう（東京地下鉄）　223
中野松川　なかのまつかわ（長野電鉄）　340
中萩　なかはぎ（予讃線）　　　156
中畑　なかはた（福塩線）　　　133
中浜　なかはま（境線）　　　　143
長浜　ながはま（北陸本線）　　115
永原　ながはら（湖西線）　　　111
長原　ながはら（東京急行電鉄）　221
長原　ながはら（大阪市交通局）　394
長原　ながはら（長崎本線）　173
中判田　なかはんだ（豊肥本線）　179
中深川　なかふかわ（芸備線）　132
中福良　なかふくら（肥薩線）　171
中伏木　なかふしき（万葉線）　352
中ふ頭　なかふとう（大阪市交通局）　397
中埠頭　なかふとう（神戸新交通）　407
中舟生　なかふにゅう（水郡線）　48
中富良野　なかふらの（富良野線）　16
長堀橋　なかほりばし（大阪市交通局）　396
中間　なかま（筑豊本線）　　187

長町 ながまち (東北線)		42
長町 ながまち (仙台市交通局)		296
中町（西町北） なかまち (にしちょうきた) (富山地方鉄道)		348
長町一丁目 ながまちいっちょうめ (仙台市交通局)		296
仲町台 なかまちだい (横浜市交通局)		334
長町南 ながまちみなみ (仙台市交通局)		296
中松 なかまつ (南阿蘇鉄道)		441
中松江 なかまつえ (南海電気鉄道)		259
中水野 なかみずの (愛知環状鉄道)		369
中三田 なかみた (芸備線)		132
中道信号場 なかみち (香椎線)		169
那珂湊 なかみなと (ひたちなか海浜鉄道)		305
長峰 ながみね (奥羽本線)		69
中名 なかみょう (指宿枕崎線)		171
中三依温泉 なかみよりおんせん (野岩鉄道)		308
中村 なかむら (土佐くろしお鉄道)		427
中村区役所 なかむらくやくしょ (名古屋市交通局)		372
中村公園 なかむらこうえん (名古屋市交通局)		370
中村日赤 なかむらにっせき (名古屋市交通局)		370
中村橋 なかむらばし (西武鉄道)		203
中目黒 なかめぐろ (東京急行電鉄)		218
中目黒 なかめぐろ (東京地下鉄)		224
中百舌鳥 なかもず (南海電気鉄道)		260
中百舌鳥 なかもず (泉北高速鉄道)		278
中百舌鳥 なかもず (大阪市交通局)		393
長森 ながもり (高山本線)		100
長屋 ながや (富山地方鉄道)		347
八木 なやぎ (山陽電気鉄道)		279
中山 なかやま (横浜線)		30
中山 なかやま (横浜市交通局)		334
中山信号所 なかやま (とさでん交通)		429
中山 なかやま (とさでん交通)		429
永山 ながやま (宗谷本線)		17
長山 ながやま (飯田線)		96
中山香 なかやまが (日豊本線)		181
中山観音 なかやまかんのん (阪急電鉄)		268
中山口 なかやまぐち (山陰本線)		139
中山宿 なかやまじゅく (磐越西線)		64
中山平温泉 なかやまだいらおんせん (陸羽東線)		76
中山寺 なかやまでら (福知山線)		113
長与 ながよ (長崎本線)		174
長柄 ながら (桜井線)		148
流山 ながれやま (流鉄)		316
流山おおたかの森 ながれやまおおたかのもり (東武鉄道)		200
流山おおたかの森 ながれやまおおたかのもり (首都圏新都市鉄道)		322
流山温泉 ながれやまおんせん (函館本線)		5
流山セントラルパーク ながれやませんとらるぱーく (首都圏新都市鉄道)		322
長和 ながわ (室蘭本線)		10
那岐 なぎ (因美線)		143
渚 なぎさ (高山本線)		100
渚 なぎさ (アルピコ交通)		343
南木曽 なぎそ (中央本線)		102
椥辻 なぎつじ (京都市交通局)		391
名草 なぐさ (山口線)		135
南桑 なぐわ (錦川鉄道)		420
奈古 なご (山陰本線)		141
名越 なごえ (水間鉄道)		400
勿来 なこそ (常磐線)		46
長太ノ浦 なごのうら (近畿日本鉄道)		253
那古船形 なこふなかた (内房線)		87
名古屋 なごや (東海道本線)		93
名古屋 なごや (名古屋市交通局)		370
名古屋 なごや (名古屋臨海高速鉄道)		373
名古屋貨物ターミナル なごやかもつたーみなる (名古屋臨海高速鉄道)		373
名古屋競馬場前 なごやけいばじょうまえ (名古屋臨海高速鉄道)		374
名古屋港 なごやこう (名古屋市交通局)		372
名古屋大学 なごやだいがく (名古屋市交通局)		371
ナゴヤドーム前矢田 なごやどーむまえやだ (名古屋市交通局)		371
ナゴヤドーム前矢田 なごやどーむまえやだ (名古屋ガイドウェイバス)		375
名古屋港 なごやみなと (東海道本線)		190
名古屋南貨物 なごやみなみかもつ (名古屋臨海高速鉄道)		375
名島 なじま (西日本鉄道)		274
那須塩原 なすしおばら (東北本線)		41
奈多 なた (香椎線)		169
灘 なだ (東海道本線)		110
名立 なだち (えちごトキめき鉄道)		345
那智 なち (紀勢本線)		153
夏井 なつい (磐越東線)		63
名手 なて (和歌山線)		150
名取 なとり (東北本線)		42
名取 なとり (仙台空港鉄道)		298
七井 なない (真岡鐵道)		309
七飯 ななえ (函館本線)		3
七重浜 ななえはま (道南いさりび鉄道)		289
七尾 ななお (七尾線)		118
七尾 ななお (のと鉄道)		354
七久保 ななくぼ (飯田線)		98
七隈 ななくま (福岡市交通局)		436
七光台 ななこうだい (東武鉄道)		200
七里 ななさと (東武鉄道)		200
七塚 ななつか (吉備線)		131
七ケ岳登山口 ななつがたけとざんぐち (会津鉄道)		303
七ツ屋 ななつや (北陸鉄道)		355
七和 ななわ (三岐鉄道)		381
なにわ橋 なにわばし (京阪電気鉄道)		263
七日町 なぬかまち (只見線)		65
那覇空港 なはくうこう (沖縄都市モノレール)		449
菜畑 なばた (近畿日本鉄道)		252
奈半利 なはり (土佐くろしお鉄道)		428
名張 なばり (近畿日本鉄道)		246
鍋倉 なべくら (山口線)		135
鍋島 なべしま (長崎本線)		173
鍋原 なべら (樽見鉄道)		378
鯰田 なまずた (筑豊本線)		187
生瀬 なまぜ (福知山線)		113
生麦 なまむぎ (京浜急行電鉄)		229
浪板海岸 なみいたかいがん (山田線)		61
浪江 なみえ (常磐線)		47
浪岡 なみおか (奥羽本線)		69
波方 なみかた (予讃線)		156
並河 なみかわ (山陰本線)		138
並木北 なみききた (横浜シーサイドライン)		335
並木中央 なみきちゅうおう (横浜シーサイドライン)		335
涙橋 なみだばし (鹿児島市交通局)		448
波野 なみの (豊肥本線)		179
浪花 なみはな (外房線)		86
滑河 なめがわ (成田線)		87
行川アイランド なめがわあいらんど (外房線)		86
滑津 なめづ (小海線)		37
滑川 なめりかわ (富山地方鉄道)		346
滑川 なめりかわ (あいの風とやま鉄道)		353
名寄 なよろ (宗谷本線)		17
奈良 なら (関西本線)		146
奈良井 ならい (中央本線)		102
那良口 ならぐち (肥薩線)		170
習志野 ならしの (新京成電鉄)		276
楢原 ならはら (姫新線)		127
平城山 ならやま (関西本線)		146
成岩 ならわ (名古屋鉄道)		239
成田 なりた (成田線)		87
成田空港 なりたくうこう (成田線)		88
成田空港 なりたくうこう (京成電鉄)		209
成田湯川 なりたゆかわ (京成電鉄)		211
成増 なります (東武鉄道)		201
鳴石 なるいし (松浦鉄道)		437
鳴尾 なるお (阪神電気鉄道)		270
鳴子温泉 なるこおんせん (陸羽東線)		76
鳴子北 なるこきた (名古屋市交通局)		373
鳴子御殿湯 なるこごてんゆ (陸羽東線)		76
鳴沢 なるさわ (五能線)		72
成島 なるしま (米坂線)		67
成島 なるしま (東武鉄道)		197
成瀬 なるせ (横浜線)		30
鳴滝 なるたき (京福電気鉄道)		390
鳴谷 なるたに (とさでん交通)		429
鳴門 なると (鳴門線)		160
成東 なるとう (総武本線)		83
鳴海 なるみ (名古屋鉄道)		235
名和 なわ (山陰本線)		140
名和 なわ (名古屋鉄道)		238
南郷 なんごう (日南線)		185
南港口 なんこうぐち (大阪市交通局)		397
南郷13丁目 なんごうじゅうさんちょうめ (札幌市交通局)		284
南郷18丁目 なんごうじゅうはっちょうめ (札幌市交通局)		284
南郷7丁目 なんごうななちょうめ (札幌市交通局)		284
南港東 なんこうひがし (大阪市交通局)		397
南蛇井 なんじゃい (上信電鉄)		311
南条 なんじょう (北陸本線)		115
難波 なんば (南海電気鉄道)		257

難波 なんば (大阪市交通局)		393
南部市場 なんぶしじょう (横浜シーサイドライン)		335
南陽市役所 なんようしやくしょ (山形鉄道)		300

に

新井 にい (播但線)		126
新居 にい (伊賀鉄道)		383
新潟 にいがた (信越本線)		79
新潟貨物ターミナル にいがたかもつたーみなる (白新線)		76
新潟大学前 にいがただいがくまえ (越後線)		82
新冠 にいかっぷ (日高本線)		12
新座 にいざ (武蔵野線)		28
新座貨物ターミナル にいざかもつたーみなる (武蔵野線)		28
新崎 にいざき (白新線)		76
新里 にいさと (上毛電気鉄道)		310
新郷 にいざと (伯備線)		130
仁井田 にいた (烏山線)		54
仁井山 にいた (土讃線)		163
二井田 にいだ (阿武隈急行)		301
新津 にいつ (信越本線)		79
新月 にいつき (大船渡線)		58
新鶴 にいつる (只見線)		65
新野 にいの (播但線)		126
新居浜 にいはま (予讃線)		156
新治 にいはり (水戸線)		53
新見 にいみ (伯備線)		130
新村 にいむら (アルピコ交通)		343
新谷 にいや (内子線)		158
新屋信号所 にいや (上信電鉄)		311
贄川 にえかわ (中央本線)		102
二階堂 にかいどう (近畿日本鉄道)		249
仁方 にがた (呉線)		133
苦竹 にがたけ (仙石線)		55
二月田 にがつでん (指宿枕崎線)		171
仁賀保 にかほ (羽越本線)		75
仁川 にがわ (阪急電鉄)		267
仁木 にき (函館本線)		4
二木島 にぎしま (紀勢本線)		105
賑橋 にぎわいばし (長崎電気軌道)		440
二軒茶屋 にけんちゃや (叡山電鉄)		389
二軒茶屋 にけんちゃや (鹿児島市交通局)		448
二軒屋 にけんや (牟岐線)		161
新里 にさと (弘南鉄道)		291
虹 にじ (神戸すまいまちづくり公社)		403
西相生 にしあいおい (赤穂線)		127
西青山 にしあおやま (近畿日本鉄道)		246
西明石 にしあかし (山陽本線)		121
西吾野 にしあがの (西武鉄道)		204
西鹿島 にしかじま (銚子電気鉄道)		315
西阿知 にしあち (山陽本線)		122
西新井 にしあらい (東武鉄道)		195
西新井大師西 にしあらいだいしにし (東京都交通局)		330
西有田信号場 にしありた (佐世保線)		176
西有田 にしありた (松浦鉄道)		437
西粟倉 にしあわくら (智頭急行)		411

西諫早 にしいさはや (長崎本線)		173
西泉 にしいずみ (北陸鉄道)		355
西出水 にしいずみ (肥薩おれんじ鉄道)		445
西出雲 にしいずも (山陰本線)		140
西一宮 にしいちのみや (名古屋鉄道)		243
西岩国 にしいわくに (岩徳線)		134
西上田 にしうえだ (しなの鉄道)		341
西魚津 にしうおづ (富山地方鉄道)		346
西梅田 にしうめだ (大阪市交通局)		394
西浦 にしうら (名古屋鉄道)		237
西浦上 にしうらかみ (長崎本線)		174
西浦和 にしうらわ (武蔵野線)		28
西頴娃 にしえい (指宿枕崎線)		172
西江井ヶ島 にしえいがしま (山陽電気鉄道)		279
西永福 にしえいふく (京王電鉄)		214
西尾 にしお (名古屋鉄道)		236
西相知 にしおうち (筑肥線)		175
西麻植 にしおえ (徳島線)		160
西大井 にしおおい (東海道本線)		24
西大分 にしおおいた (日豊本線)		182
西大垣 にしおおがき (養老鉄道)		379
西大方 にしおおがた (土佐くろしお鉄道)		427
西大崎 にしおおさき (陸羽東線)		76
西大路 にしおおじ (東海道本線)		110
西大路御池 にしおおじおいけ (京都市交通局)		392
西大路三条 にしおおじさんじょう (京福電気鉄道)		389
西大島 にしおおじま (東京都交通局)		327
西大洲 にしおおす (予讃線)		157
西大滝 にしおおたき (飯山線)		80
西大塚 にしおおつか (山形鉄道)		300
西大手 にしおおて (伊賀鉄道)		383
西大橋 にしおおはし (大阪市交通局)		396
西大原 にしおおはら (いすみ鉄道)		321
西大宮 にしおおみや (川越線)		49
西大家 にしおおや (東武鉄道)		202
西大山 にしおおやま (指宿枕崎線)		171
西岡崎 にしおかざき (東海道本線)		92
西荻窪 にしおぎくぼ (中央本線)		33
西尾口 にしおぐち (名古屋鉄道)		236
西帯広 にしおびひろ (根室本線)		14
西神楽 にしかぐら (富良野線)		16
西掛川 にしかけがわ (天竜浜名湖鉄道)		364
西葛西 にしかさい (東京地下鉄)		225
西笠松 にしかさまつ (名古屋鉄道)		243
西鹿島 にしかじま (天竜浜名湖鉄道)		365
西鹿島 にしかじま (遠州鉄道)		366
西笠田 にしかせだ (和歌山線)		150
西方 にしかた (肥薩おれんじ鉄道)		445
西片上 にしかたかみ (赤穂線)		128
西勝間田 にしかつまだ (姫新線)		127
西加積 にしかづみ (富山地方鉄道)		346
西金沢 にしかなざわ (北陸本線)		116
西可児 にしかに (名古屋鉄道)		242
西ヶ原 にしがはら (東京地下鉄)		227
西ケ原四丁目 にしがはらよんちょうめ (東京都交通局)		329
西ケ方 にしがほう (予土線)		158
西鎌倉 にしかまくら (湘南モノレール)		336

西辛島町 にしからしまちょう (熊本市交通局)		444
西唐津 にしからつ (唐津線)		174
西川口 にしかわぐち (東北本線)		40
西川越 にしかわごえ (川越線)		49
西川田 にしかわだ (東武鉄道)		199
西川原 にしかわら (山陽本線)		122
西川緑道公園 にしがわりょくどうこうえん (岡山電気軌道)		412
西観音町 にしかんおんまち (広島電鉄)		416
錦 にしき (京阪電気鉄道)		264
錦岡 にしきおか (室蘭本線)		10
西気賀 にしきが (天竜浜名湖鉄道)		365
西岸 にしぎし (のと鉄道)		354
西北見 にしきたみ (石北本線)		19
錦町 にしきちょう (錦川鉄道)		420
西木津 にしきづ (片町線)		148
西衣山 にしきぬやま (伊予鉄道)		424
二色浜 にしきのはま (南海電気鉄道)		257
西岐阜 にしぎふ (東海道本線)		93
西京極 にしきょうごく (阪急電鉄)		265
西桐生 にしきりゅう (上毛電気鉄道)		310
西九条 にしくじょう (大阪環状線)		112
西九条 にしくじょう (阪神電気鉄道)		271
西国立 にしくにたち (南武線)		27
西熊本 にしくまもと (鹿児島本線)		167
西栗栖 にしくりす (姫新線)		126
西黒崎 にしくろさき (筑豊電気鉄道)		432
西桑名 にしくわな (三岐鉄道)		381
西小泉 にしこいずみ (東武鉄道)		197
西国分寺 にしこくぶんじ (中央本線)		33
西小倉 にしこくら (日豊本線)		181
西小坂井 にしこざかい (東海道本線)		92
西小路 にしこじ (松浦鉄道)		437
西小林 にしこばやし (吉都線)		186
西御坊 にしごぼう (紀州鉄道)		409
西小山 にしこやま (東京急行電鉄)		219
西御料 にしごりょう (富良野線)		16
西寒河江 にしさがえ (左沢線)		70
西佐川 にしさがわ (土讃線)		163
西里 にしさと (鹿児島本線)		167
西鯖江 にしさばえ (福井鉄道)		358
西様似 にしさまに (日高本線)		12
西三荘 にしさんそう (京阪電気鉄道)		261
西塩釜 にししおがま (仙石線)		55
西飾磨 にししかま (山陽電気鉄道)		280
西新発田 にししばた (白新線)		75
西11丁目 にしじゅういっちょうめ (札幌市交通局)		284
西15丁目 にしじゅうごちょうめ (札幌市交通局)		285
西18丁目 にしじゅうはっちょうめ (札幌市交通局)		284
西条 にしじょう (篠ノ井線)		38
西庶路 にししょろ (根室本線)		15
西白井 にししろい (北総鉄道)		315
西新 にしじん (福岡市交通局)		435
西新宿 にししんじゅく (東京地下鉄)		223
西新宿五丁目 にししんじゅくごちょうめ (東京都交通局)		328
西新得信号場 にししんとく (根室本線)		14

西新町	にしんまち（山陽電気鉄道）	279
西巣鴨	にすがも（東京都交通局）	326
西鈴蘭台	にすずらんだい（神戸電鉄）	406
西聖和	にしせいわ（富良野線）	16
西線9条旭山公園通	にしせんくじょうあさひやまこうえんどおり（札幌市交通局）	285
西線11条	にしせんじゅういちじょう（札幌市交通局）	285
西線14条	にしせんじゅうよじょう（札幌市交通局）	286
西線16条	にしせんじゅうろくじょう（札幌市交通局）	286
西線6条	にしせんろくじょう（札幌市交通局）	285
西添田	にしそえだ（日田彦山線）	184
西代	にしだい（阪神電気鉄道）	272
西代	にしだい（山陽電気鉄道）	279
西田井	にしだい（真岡鐵道）	309
西台	にしだい（東京都交通局）	326
西太子堂	にしたいしどう（東京急行電鉄）	221
西高岡	にしたかおか（あいの風とやま鉄道）	353
西高蔵	にしたかくら（名古屋市交通局）	371
西高島平	にしたかしまだいら（東京都交通局）	326
西高須	にしたかす（とさでん交通）	429
西鷹巣	にしたかのす（秋田内陸縦貫鉄道）	298
西高屋	にしたかや（山陽本線）	122
西滝沢	にしたきさわ（由利高原鉄道）	300
西太子洗	にしたちあらい（甘木鉄道）	436
西立川	にしたちかわ（青梅線）	35
西田辺	にしたなべ（大阪市交通局）	393
西田平	にしたびら（松浦鉄道）	438
西大和	にしたわらもと（近畿日本鉄道）	252
西千葉	にしちば（総武本線）	83
西町	にしちょう（富山地方鉄道）	348
西調布	にしちょうふ（京王電鉄）	212
二十軒	にじっけん（名古屋鉄道）	241
燕	にしつばめ（弥彦線）	82
鶴岡信号場	にしつるおか（羽越本線）	74
西敦賀	にしつるが（小浜線）	116
西鉄小郡	にしてつおごおり（西日本鉄道）	273
西鉄香椎	にしてつかしい（西日本鉄道）	275
西鉄銀水	にしてつぎんすい（西日本鉄道）	274
西鉄久留米	にしてつくるめ（西日本鉄道）	273
西鉄五条	にしてつごじょう（西日本鉄道）	274
西鉄新宮	にしてつしんぐう（西日本鉄道）	275
西鉄千早	にしてつちはや（西日本鉄道）	274
西鉄中島	にしてつなかしま（西日本鉄道）	274
西鉄平尾	にしてつひらお（西日本鉄道）	274
西鉄福岡（天神）	にしてつふくおか（てんじん）（西日本鉄道）	273
西鉄二日市	にしてつふつかいち（西日本鉄道）	273
西鉄柳川	にしてつやながわ（西日本鉄道）	274
西鉄渡瀬	にしてつわたぜ（西日本鉄道）	274
西天下茶屋	にしてんがちゃや（南海電気鉄道）	259
西所沢	にしところざわ（西武鉄道）	203
西富井	にしとみい（水島臨海鉄道）	413
西富岡	にしとみおか（上信電鉄）	311
西富山	にしとやま（高山本線）	120
西取手	にしとりで（関東鉄道）	306
西中	にしなか（富良野線）	16
西中島南方	にしなかじまみなみがた（大阪市交通局）	393
西長田	にしながた（えちぜん鉄道）	357
西中通	にしなかどおり（越後線）	81
西中野	にしなかの（富山地方鉄道）	348
西長堀	にしながほり（大阪市交通局）	395
西那須野	にしなすの（東北本線）	41
西灘	にしなだ（阪神電気鉄道）	270
西滑川	にしなめりかわ（富山地方鉄道）	346
西28丁目	にしにじゅうはっちょうめ（札幌市交通局）	283
西日暮里	にしにっぽり（東北本線）	40
西日暮里	にしにっぽり（東京地下鉄）	225
西日暮里	にしにっぽり（東京都交通局）	330
西入善	にしにゅうぜん（あいの風とやま鉄道）	354
西ノ京	にしのきょう（近畿日本鉄道）	248
西ノ口	にしのくち（名古屋鉄道）	238
西の里信号場	にしのさと（千歳線）	7
西ノ庄	にしのしょう（南海電気鉄道）	259
西野尻	にしのじり（三岐鉄道）	380
西登戸	にしのぶと（京成電鉄）	210
虹ノ松原	にじのまつばら（筑肥線）	175
西宮	にしのみや（東海道本線）	110
西宮	にしのみや（阪神電気鉄道）	270
西宮北口	にしのみやきたぐち（阪急電鉄）	266
西宮名塩	にしのみやなじお（福知山線）	113
西幡豆	にしはず（名古屋鉄道）	237
西畑	にしはた（いすみ鉄道）	321
西八王子	にしはちおうじ（中央本線）	33
西8丁目	にしはっちょうめ（札幌市交通局）	284
西羽生	にしはにゅう（秩父鉄道）	312
西浜	にしはま（赤穂線）	127
西浜田	にしはまだ（山陰本線）	141
西浜町	にしはまのまち（長崎電気軌道）	439
西浜松	にしはままつ（東海道本線）	92
西早来信号場	にしはやきた（石勝線）	8
西原	にしはら（広島高速交通）	419
西原	にしはら（牟岐線）	161
西春	にしはる（名古屋鉄道）	241
西日野	にしひの（えちぜん鉄道）	357
西人吉	にしひとよし（肥薩線）	170
西日野	にしひの（四日市あすなろう鉄道）	382
西平内	にしひらない（青い森鉄道）	292
西広島	にしひろしま（山陽本線）	123
西枇杷島	にしびわじま（名古屋鉄道）	235
西府	にしふ（南武線）	26
西袋	にしぶくろ（羽越本線）	75
西富士宮	にしふじのみや（身延線）	95
西藤原	にしふじわら（三岐鉄道）	380
西二見	にしふたみ（山陽電気鉄道）	279
西船橋	にしふなばし（総武本線）	83
西船橋	にしふなばし（東京地下鉄）	225
西船橋	にしふなばし（東葉高速鉄道）	316
西古川	にしふるかわ（陸羽東線）	76
西分	にしぶん（土佐くろしお鉄道）	427
西別院	にしべついん（えちぜん鉄道）	357
西別所	にしべっしょ（三岐鉄道）	381
西堀端	にしほりばた（伊予鉄道）	425
西舞子	にしまいこ（山陽電気鉄道）	279
西舞鶴	にしまいづる（舞鶴線）	142
西舞鶴	にしまいづる（WILLER TRAINS）	387
西前田	にしまえだ（高松琴平電気鉄道）	423
西馬込	にしまごめ（東京都交通局）	325
西松井田	にしまついだ（信越本線）	78
西松本	にしまつもと（アルピコ交通）	343
西瑞穂	にしみずほ（富良野線）	16
西都城	にしみやこのじょう（日豊本線）	183
西三次	にしみよし（芸備線）	131
西向日	にしむこう（阪急電鉄）	265
西牟田	にしむた（鹿児島本線）	167
西目	にしめ（羽越本線）	75
西女満別	にしめまんべつ（石北本線）	20
西元町	にしもとまち（阪神電気鉄道）	272
西谷	にしや（相模鉄道）	232
西焼津	にしやいづ（東海道本線）	91
西屋敷	にしやしき（日豊本線）	181
西山	にしやま（越後線）	81
西山	にしやま（筑豊電気鉄道）	432
西山口	にしやまぐち（和歌山電鐵）	409
西山公園	にしやまこうえん（福井鉄道）	358
西山天王山	にしやまてんのうざん（阪急電鉄）	265
西山名	にしやまな（上信電鉄）	311
二重橋前	にじゅうばしまえ（東京地下鉄）	225
二十四軒	にじゅうよんけん（札幌市交通局）	283
二条	にじょう（山陰本線）	138
二上	にじょう（近畿日本鉄道）	245
二条	にじょう（京都市交通局）	392
二上山	にじょうざん（近畿日本鉄道）	249
二条城前	にじょうじょうまえ（京都市交通局）	392
二上神社口	にじょうじんじゃぐち（近畿日本鉄道）	250
西横浜	にしよこはま（相模鉄道）	232
西吉井	にしよしい（上信電鉄）	311
西米沢	にしよねざわ（米坂線）	70
西4丁目	にしよんちょうめ（札幌市交通局）	284
西留辺蘂	にしるべしべ（石北本線）	19
西若松	にしわかまつ（只見線）	65
西若松	にしわかまつ（会津鉄道）	303
西脇市	にしわきし（加古川線）	125
西早稲田	にしわせだ（東京地下鉄）	228
西和田	にしわだ（根室本線）	16
ニセコ	にせこ（函館本線）	4
似内	にたない（釜石線）	59
日前宮	にちぜんぐう（和歌山電鐵）	408
日南	にちなん（日南線）	185
日原	にちはら（山口線）	135
二中通	にちゅうどおり（鹿児島市交通局）	448
日華化学前	にっかかがくまえ（えちぜん鉄道）	357
新川	にっかわ（上毛電気鉄道）	310
日光	にっこう（日光線）	54

日工前	にっこうまえ (ひたちなか海浜鉄道) 305	糠南	ぬかなん (宗谷本線)	18	野木	のぎ (東北本線)	41
日進	にっしん (宗谷本線) 17	温田	ぬくた (飯田線)	97	乃木	のぎ (山陰本線)	140
日進	にっしん (川越線) 49	生見	ぬくみ (指宿枕崎線)	171	乃木坂	のぎざか (東京地下鉄)	225
日進	にっしん (名古屋鉄道) 237	抜里	ぬくり (大井川鐵道)	363	野木沢	のぎざわ (水郡線)	48
日生中央	にっせいちゅうおう (能勢電鉄) 402	布市	ぬのいち (富山地方鉄道)	348	野芥	のけ (福岡市交通局)	436
日赤病院前	にっせきびょういんまえ (広島電鉄) 417	布崎	ぬのざき (一畑電車)	411	野崎	のざき (東北本線)	41
新田	にった (東北本線) 42	布師田	ぬのしだ (土讃線)	162	野崎	のざき (片町線)	149
新田	にった (阿武隈急行) 301	布忍	ぬのせ (近畿日本鉄道)	249	野里	のざと (播但線)	126
日立木	にったき (常磐線) 47	布原	ぬのはら (伯備線)	130	野沢	のざわ (磐越西線)	64
新田塚	にったづか (えちぜん鉄道) 357	布部	ぬのべ (根室本線)	14	野志	のし (明知鉄道)	376
新田野	にったの (いすみ鉄道) 321	沼上信号場	ぬまがみ (磐越西線)	64	野島公園	のじまこうえん (横浜シーサイドライン)	335
新羽	にっぱ (横浜市交通局) 334	沼久保	ぬまくぼ (身延線)	95	野尻	のじり (中央本線)	102
日暮里	にっぽり (東北本線) 40	沼田	ぬまた (上越線)	50	能代	のしろ (五能線)	71
日暮里	にっぽり (京成電鉄) 208	沼津	ぬまづ (東海道本線)	91	能瀬	のせ (七尾線)	118
日暮里	にっぽり (東京都交通局) 330	沼ノ沢	ぬまのさわ (石勝線)	9	野跡	のせき (名古屋臨海高速鉄道)	374
日本橋	にっぽんばし (大阪市交通局) 396	沼ノ端	ぬまのはた (室蘭本線)	10	及位	のぞき (奥羽本線)	68
新ノ口	にのくち (近畿日本鉄道) 248	沼袋	ぬまぶくろ (西武鉄道)	204	野田	のだ (大阪環状線)	112
二ノ瀬	にのせ (叡山電鉄) 389	沼部	ぬまべ (東京急行電鉄)	220	野田	のだ (阪神電気鉄道)	271
二戸	にのへ (東北新幹線) 45		**ね**		野田生	のだおい (函館本線)	3
二戸	にのへ (IGRいわて銀河鉄道) 295	根雨	ねう (伯備線)	131	野田郷	のだごう (肥薩おれんじ鉄道)	445
二宮	にのみや (東海道本線) 24	根笠	ねがさ (錦川鉄道)	420	野田市	のだし (東武鉄道)	200
丹生	にぶ (高徳線) 159	根岸	ねぎし (根岸線)	30	野田城	のだじょう (飯田線)	96
仁豊野	にぶの (播但線) 126	根岸	ねぎし (只見線)	65	野田新町	のだしんまち (東海道本線)	92
仁保	にほ (山口線) 135	根岸	ねぎし (神奈川臨海鉄道)	332	野田玉川	のだたまがわ (三陸鉄道)	294
仁保津	にほづ (山口線) 135	猫又	ねこまた (黒部峡谷鉄道)	350	野田阪神	のだはんしん (大阪市交通局)	395
日本大通り	にほんおおどおり (横浜高速鉄道) 334	根小屋	ねごや (上信電鉄)	311	野馳	のち (芸備線)	131
二本木	にほんぎ (えちごトキめき鉄道) 344	鼠ケ関	ねずがせき (羽越本線)	74	能幌	のっぽろ (函館本線)	5
二本木口	にほんぎぐち (熊本市交通局) 444	根知	ねち (大糸線)	120	能登鹿島	のとかしま (のと鉄道)	354
日本橋	にほんばし (東京地下鉄) 222	根津	ねづ (東京地下鉄)	225	能登川	のとがわ (東海道本線)	109
日本橋	にほんばし (東京都交通局) 325	熱郛	ねっぷ (函館本線)	4	能登中島	のとなかじま (のと鉄道)	354
日本へそ公園	にほんへそこうえん (加古川線) 125	根府川	ねぶかわ (東海道本線)	24	能登二宮	のとにのみや (七尾線)	118
二本松	にほんまつ (東北本線) 41	根室	ねむろ (根室本線)	16	能登部	のとべ (七尾線)	118
日本ライン今渡	にほんらいんいまわたり (名古屋鉄道) 242	根本	ねもと (太多線)	103	野内	のない (青い森鉄道)	292
仁万	にま (山陰本線) 140	寝屋川信号所	ねやがわ (京阪電気鉄道)	262	野中	のなか (松浦鉄道)	438
仁山	にやま (函館本線) 3	寝屋川市	ねやがわし (京阪電鉄)	262	野並	のなみ (名古屋市交通局)	373
壬生川	にゅうがわ (予讃線) 156	練馬	ねりま (西武鉄道)	203	野々市	ののいち (北陸本線)	116
丹生川	にゅうがわ (三岐鉄道) 380	練馬	ねりま (東京都交通局)	328	野々市	ののいち (北陸鉄道)	355
入善	にゅうぜん (あいの風とやま鉄道) 354	練馬春日町	ねりまかすがちょう (東京都交通局)	328	野々市工大前	ののいちこうだいまえ (北陸鉄道)	355
入野	にゅうの (山陽本線) 122	練馬高野台	ねりまたかのだい (西武鉄道)	203	野々口	ののくち (津山線)	128
韮生	にろう (東北本線) 196		**の**		のの岳	ののだけ (気仙沼線)	56
韮崎	にらさき (中央本線) 34	のいち	のいち (土佐くろしお鉄道)	427	野蒜	のびる (仙石線)	56
韮山	にらやま (伊豆箱根鉄道) 360	能生	のう (えちごトキめき鉄道)	345	延方	のぶかた (鹿島線)	88
二里ケ浜	にりがはま (南海電気鉄道) 259	農学部前	のうがくぶまえ (高松琴平電気鉄道)	423	信木	のぶき (三江線)	145
楡木	にれぎ (東武鉄道) 198	能見台	のうけんだい (京浜急行電鉄)	230	信砂	のぶしな (留萌本線)	13
楡原	にれはら (高山本線) 120	能町	のうまち (氷見線)	119	延岡	のべおか (日豊本線)	182
二郎	にろう (神戸電鉄) 405	能町口	のうまちぐち (万葉線)	352	野辺地	のへじ (大湊線)	63
庭坂	にわさか (奥羽本線) 67	野江	のえ (京阪電気鉄道)	261	野辺地	のへじ (青い森鉄道)	292
庭瀬	にわせ (山陽本線) 122	野江内代	のえうちんだい (大阪市交通局)	394	野辺山	のべやま (小海線)	37
人形町	にんぎょうちょう (東京地下鉄) 224	直方	のおがた (筑豊本線)	187	登戸	のぼりと (南武線)	26
人形町	にんぎょうちょう (東京都交通局) 325	直方	のおがた (平成筑豊鉄道)	433	登戸	のぼりと (小田急電鉄)	215
	ぬ	ノーフォーク広場	のーふぉーくひろば (平成筑豊鉄道)	434	登別	のぼりべつ (室蘭本線)	10
糠沢	ぬかざわ (奥羽本線) 69	野方	のがた (西武鉄道)	204	野間	のま (名古屋鉄道)	239
額住宅前	ぬかじゅうたくまえ (北陸鉄道) 355	野花南	のかなん (根室本線)	14	野町	のまち (北陸鉄道)	355
額田	ぬかた (近畿日本鉄道) 247	野上	のがみ (秩父鉄道)	312	能美根上	のみねあがり (北陸本線)	116
額田	ぬかだ (水郡線) 49	野上原	のがみはら (水郡線)	48	野矢	のや (久大本線)	177
						は	
					ハーバーランド	はーばーらんど (神戸市交通局)	404

509

ハーモニーホール	はーもにーほーる (福井鉄道)	358
早岐	はいき (佐世保線)	176
拝島	はいじま (青梅線)	35
拝島	はいじま (西武鉄道)	207
梅津寺	ばいしんじ (伊予鉄道)	423
羽犬塚	はいぬづか (鹿児島本線)	167
榛原	はいばら (近畿日本鉄道)	246
梅林	ばいりん (可部線)	134
ハウステンボス	はうすてんぼす (大村線)	176
南風崎	はえのさき (大村線)	176
羽帯	はおび (根室本線)	14
博多	はかた (山陽新幹線)	125
博多	はかた (鹿児島本線)	166
博多	はかた (福岡市交通局)	435
博多南	はかたみなみ (博多南線)	137
計石	はかりいし (越美北線)	117
波川	はかわ (土讃線)	163
葉木	はき (肥薩線)	170
萩	はぎ (山陰本線)	141
萩野	はぎの (室蘭本線)	10
萩の台	はぎのだい (近畿日本鉄道)	252
萩ノ茶屋	はぎのちゃや (南海電気鉄道)	257
萩原天神	はぎはらてんじん (南海電気鉄道)	260
萩山	はぎやま (西武鉄道)	206
萩生	はぎゅう (米坂線)	70
萩原	はぎわら (名古屋鉄道)	243
萩原	はぎわら (筑豊電気鉄道)	432
羽咋	はくい (七尾線)	118
白山	はくさん (越後線)	82
白山	はくさん (都営地下鉄)	326
白山長滝	はくさんながたき (長良川鉄道)	378
白島	はくしま (広島電鉄)	418
白島	はくしま (広島高速交通)	419
柏農高校前	はくのうこうこうまえ (弘南鉄道)	291
白馬	はくば (大糸線)	39
白馬大池	はくばおおいけ (大糸線)	39
柏矢町	はくやちょう (大糸線)	38
柏陽	はくよう (石北本線)	19
白楽	はくらく (東京急行電鉄)	218
箱倉崎	はこくらざき (南海電気鉄道)	258
柏林台	はくりんだい (根室本線)	14
波久礼	はぐれ (秩父鉄道)	312
羽黒	はぐろ (水戸線)	53
羽黒	はぐろ (名古屋鉄道)	241
博労町	ばくろうまち (境線)	143
羽黒下	はぐろした (小海線)	37
馬喰町	ばくろちょう (総武本線)	83
馬喰横山	ばくろよこやま (東京都交通局)	326
半家	はげ (予土線)	158
八景水谷	はけのみや (熊本市交通局)	442
箱石	こいし (山田線)	30
箱崎	はこざき (鹿児島本線)	166
箱崎九大前	はこざききゅうだいまえ (福岡市交通局)	435
箱崎宮前	はこざきぐうまえ (福岡市交通局)	435
函館	はこだて (函館本線)	3
函館アリーナ前	はこだてありーなまえ (函館市企業局)	288
函館駅前	はこだてえきまえ (函館市企業局)	287
函館貨物	はこだてかもつ (函館本線)	3
函館どっく前	はこだてどっくまえ (函館市企業局)	286
箱作	はこつくり (南海電気鉄道)	258
箱根板橋	はこねいたばし (箱根登山鉄道)	337
箱根ケ崎	はこねがさき (八高線)	36
箱根湯本	はこねゆもと (箱根登山鉄道)	337
羽衣	はごろも (南海電気鉄道)	257
迫川	はざかわ (宇野線)	129
飯山満	はさま (東葉高速鉄道)	316
狭間	はざま (京王電鉄)	213
羽前	はざま (高松琴平電気鉄道)	422
波子	はし (山陰本線)	140
土師	はじ (因美線)	143
箸尾	はしお (近畿日本鉄道)	252
端岡	はしおか (予讃線)	155
階上	はしかみ (八戸線)	62
箸蔵	はしくら (土讃線)	162
土師ノ里	はじのさと (近畿日本鉄道)	249
波止浜	はしはま (予讃線)	156
箸別	はしべつ (留萌本線)	13
羽島市役所前	はしましやくしょまえ (名古屋鉄道)	243
橋本	はしもと (横浜線)	30
橋本	はしもと (和歌山線)	150
橋本	はしもと (京王電鉄)	213
橋本	はしもと (南海電気鉄道)	260
橋本	はしもと (京阪電気鉄道)	262
橋本	はしもと (福岡市交通局)	435
馬車道	ばしゃみち (横浜高速鉄道)	334
柱野	はしらの (岩徳線)	134
蓮池町通	はすいけまちどおり (とさでん交通)	430
蓮ケ池	はすがいけ (日豊本線)	183
バスセンター前	ばすせんたーまえ (札幌市交通局)	284
蓮田	はすだ (東北本線)	40
蓮沼	はすぬま (東京急行電鉄)	221
蓮根	はすね (都営地下鉄)	326
蓮町	はすまち (富山ライトレール)	352
長谷	はせ (播但線)	126
長谷	はせ (江ノ島電鉄)	336
波瀬	はぜ (松浦鉄道)	437
長谷寺	はせでら (近畿日本鉄道)	246
波田	はた (アルピコ交通)	343
葉多	はた (神戸電鉄)	406
波多浦	はたうら (三角線)	170
波多江	はたえ (筑肥線)	175
波高島	はだかじま (身延線)	95
幡ヶ谷	はたがや (京王電鉄)	212
八多喜	はたき (予讃線)	157
畑田	はただ (和歌山線)	150
波田須	はだす (紀勢本線)	105
畑田	はただ (高松琴平電気鉄道)	422
羽立	はだち (男鹿線)	71
秦野	はだの (小田急電鉄)	216
旗の台	はたのだい (東京急行電鉄)	220
幡生	はたぶ (山陽本線)	124
端間	はたま (西日本鉄道)	273
幡屋	はたや (木次線)	144
八王子	はちおうじ (中央本線)	33
八王子みなみ野	はちおうじみなみの (横浜線)	30
鉢形	はちがた (東武鉄道)	202
八軒	はちけん (札沼線)	6
蓮	はちす (飯山線)	80
八戸	はちのへ (八戸線)	62
八戸	はちのへ (青い森鉄道)	292
八戸貨物	はちのへかもつ (青い森鉄道)	292
八戸貨物	はちのへかもつ (八戸臨海鉄道)	293
八浜	はちはま (宇野線)	129
八本松	はちほんまつ (山陽本線)	122
蓮	はちす (飯山線)	366
八幡平	はちまんたい (花輪線)	61
八幡前	はちまんまえ (南海電気鉄道)	259
八幡前	はちまんまえ (叡山電鉄)	388
八幡山	はちまんやま (京王電鉄)	212
八森	はちもり (五能線)	71
八郎潟	はちろうがた (奥羽本線)	68
初石	はついし (東武鉄道)	200
抜海	ばっかい (宗谷本線)	18
廿日市	はつかいち (山陽本線)	123
廿日市市役所前 (平良)	はつかいちしやくしょまえ (へら) (広島電鉄)	415
初狩	はつかり (中央本線)	34
八景島	はっけいじま (横浜シーサイドライン)	335
発寒	はっさむ (函館本線)	4
発寒中央	はっさむちゅうおう (函館本線)	4
発寒南	はっさむみなみ (札幌市交通局)	283
初芝	はつしば (南海電気鉄道)	260
初島	はつしま (紀勢本線)	154
八田	はった (関西本線)	104
八田	はった (名古屋市交通局)	370
初台	はつだい (京王電鉄)	212
初田牛	はったうし (根室本線)	15
八ッ畷	はっちょうなわて (南武線)	27
八ッ畷	はっちょうなわて (京浜急行電鉄)	229
八丁馬場	はっちょうばば (熊本市交通局)	444
八丁堀	はっちょうぼり (京葉線)	84
八丁堀	はっちょうぼり (東京地下鉄)	224
八丁堀	はっちょうぼり (広島電鉄)	415
八丁牟田	はっちょうむた (西日本鉄道)	274
八東	はっとう (若桜鉄道)	410
初富	はつとみ (新京成電鉄)	276
服部	はっとり (吉備線)	129
服部川	はっとりがわ (近畿日本鉄道)	249
服部天神	はっとりてんじん (阪急電鉄)	268
初野	はつの (宗谷本線)	17
鳩ヶ谷	はとがや (埼玉高速鉄道)	313
鳩ノ巣	はとのす (青梅線)	35
羽鳥	はとり (常磐線)	46
花泉	はないずみ (東北本線)	43
花隈	はなくま (阪急電鉄)	269
花小金井	はなこがねい (西武鉄道)	205
花崎	はなさき (東武鉄道)	196
花白温泉	はなしろおんせん (明知鉄道)	376
花園	はなぞの (山陰本線)	138

駅名	よみ	(路線)	ページ
花園	はなぞの	(高松琴平電気鉄道)	422
花園町	はなぞのちょう	(大阪市交通局)	394
花田信号所	はなだ	(豊橋鉄道)	367
花田口	はなたぐち	(阪堺電気軌道)	399
放出	はなてん	(片町線)	149
花畑	はなばたけ	(西日本鉄道)	273
花畑町	はなばたちょう	(熊本市交通局)	443
花巻	はなまき	(東北本線)	43
花巻空港	はなまきくうこう	(東北線)	43
はなみずき通	はなみずきどおり	(愛知高速交通)	369
花水坂	はなみずさか	(福島交通)	302
花山	はなやま	(神戸電鉄)	405
花輪	はなわ	(わたらせ渓谷鐵道)	309
花堂	はなんどう	(福井鉄道)	358
羽生	はにゅう	(東武鉄道)	196
羽生	はにゅう	(秩父鉄道)	312
羽生田	はにゅうだ	(信越本線)	79
羽貫	はぬき	(埼玉新都市交通)	314
波根	はね	(山陰本線)	140
羽根尾	はねお	(吾妻線)	52
羽根沢信号場	はねざわ	(西武鉄道)	205
羽田空港国際線ターミナル	はねだくうこうこくさいせん―みなる	(京浜急行電鉄)	230
羽田空港国際線ビル	はねだくうこうこくさいせんびる	(東京モノレール)	324
羽田空港国内線ターミナル	はねだくうこうこくないせん―みなる	(京浜急行電鉄)	230
羽田空港第1ビル	はねだくうこうだいいちびる	(東京モノレール)	324
羽田空港第2ビル	はねだくうこうだいにびる	(東京モノレール)	324
羽ノ浦	はのうら	(牟岐線)	161
羽場	はば	(飯田線)	98
羽場	はば	(名古屋鉄道)	241
馬場崎町	ばばさきちょう	(境線)	143
埴生	はぶ	(山陽本線)	12
浜厚真	はまあつま	(日高本線)	12
浜大津	はまおおつ	(京阪電気鉄道)	264
浜加積	はまかづみ	(富山地方鉄道)	346
浜金谷	はまかなや	(内房線)	86
浜川崎	はまかわさき	(東海道本線)	24
浜北	はまきた	(遠州鉄道)	366
浜町	はまちょう	(長崎電気軌道)	439
浜五井	はまごい	(京葉臨海鉄道)	318
浜河内	はまごうち	(小野田線)	137
浜小倉	はまこくら	(鹿児島本線)	165
浜小清水	はまこしみず	(釧網本線)	21
浜坂	はまさか	(山陰本線)	139
浜崎	はまさき	(筑肥線)	175
浜田	はまだ	(山陰本線)	141
浜田浦	はまだうら	(日高本線)	12
浜田山	はまだやま	(京王電鉄)	214
浜町	はまちょう	(東京都交通局)	326
浜寺駅前	はまでらえきまえ	(阪堺電気軌道)	399
浜寺公園	はまでらこうえん	(南海電気鉄道)	257
浜中	はまなか	(根室本線)	15
浜名湖佐久米	はまなこさくめ	(天竜浜名湖鉄道)	365
浜野	はまの	(内房線)	86
浜の宮	はまのみや	(山陽電気鉄道)	280
浜原	はまはら	(三江線)	144
浜松	はままつ	(東海道本線)	92
浜松町	はままつちょう	(東海道本線)	23
浜村	はまむら	(山陰本線)	139
浜山公園北口	はまやまこうえんきたぐち	(一畑電車)	412
浜吉田	はまよしだ	(常磐線)	47
羽村	はむら	(青梅線)	35
刃物会館前	はものかいかんまえ	(長良川鉄道)	377
芳養	はや	(紀勢本線)	153
早川	はやかわ	(東海道本線)	24
早来	はやきた	(室蘭本線)	11
早口	はやぐち	(奥羽本線)	69
林	はやし	(城端線)	118
林崎	はやしざき	(五能線)	72
林崎松江海岸	はやしさきまつえかいがん	(山陽電気鉄道)	279
林野	はやしの	(姫新線)	127
早島	はやしま	(宇野線)	129
林道	はやしみち	(高松琴平電気鉄道)	422
早瀬	はやせ	(飯田線)	97
早月加積	はやつきかづみ	(富山地方鉄道)	346
早戸	はやと	(只見線)	65
隼人	はやと	(日豊本線)	183
早通	はやどおり	(白新線)	76
隼	はやぶさ	(若桜鉄道)	410
速星	はやほし	(高山本線)	120
羽床	はゆか	(高松琴平電気鉄道)	422
原	はら	(身延線)	91
原	はら	(名古屋市交通局)	372
原	はら	(高松琴平電気鉄道)	422
原市	はらいち	(埼玉新都市交通)	314
原木	はらき	(伊豆箱根鉄道)	360
原木中山	ばらきなかやま	(東京地下鉄)	225
原宿	はらじゅく	(山手線)	25
原田	はらだ	(天竜浜名湖鉄道)	364
腹帯	はらたい	(山田線)	61
原当麻	はらたいま	(相模線)	32
原野	はらの	(中央本線)	102
原ノ町	はらのまち	(常磐線)	47
原谷	はらのや	(天竜浜名湖鉄道)	364
原水	はらみず	(豊肥本線)	179
原向	はらむこう	(わたらせ渓谷鐵道)	309
針中野	はりなかの	(近畿日本鉄道)	249
播磨	はりま	(養老鉄道)	379
はりま勝原	はりまかつはら	(山陽本線)	121
播磨下里	はりましもさと	(北条鉄道)	408
播磨新宮	はりましんぐう	(姫新線)	126
播磨高岡	はりまたかおか	(姫新線)	126
播磨町	はりままち	(山陽電気鉄道)	279
播磨徳久	はりまとくさ	(姫新線)	127
はりまや橋	はりまやばし	(とさでん交通)	428
播磨横田	はりまよこた	(北条鉄道)	408
バルーンさが《臨》	ばるーんさが	(長崎本線)	173
春江	はるえ	(北陸本線)	115
春賀	はるか	(予讃線)	157
春木	はるき	(南海電気鉄道)	257
春木場	はるきば	(田沢湖線)	60
春田	はるた	(関西本線)	104
原田	はるだ	(鹿児島本線)	166
春立	はるたち	(日高本線)	12
春採	はるとり	(太平洋石炭販売輸送)	288
はるひ野	はるひの	(小田急電鉄)	217
原町	はるまち	(篠栗線)	169
晴山	はるやま	(釜石線)	59
播州赤穂	ばんしゅうあこう	(赤穂線)	127
阪神国道	はんしんこくどう	(阪急電鉄)	267
半蔵門	はんぞうもん	(東京地下鉄)	227
半田	はんだ	(武豊線)	99
番田	ばんだ	(相模線)	32
磐梯熱海	ばんだいあたみ	(磐越西線)	64
阪大病院前	はんだいびょういんまえ	(大阪高速鉄道)	401
磐梯町	ばんだいまち	(磐越西線)	64
半田口	はんだぐち	(名古屋鉄道)	239
半田埠頭	はんだふとう	(衣浦臨海鉄道)	369
番田	ばんでん	(えちぜん鉄道)	357
板東	ばんどう	(高徳線)	159
阪東橋	ばんどうばし	(横浜市交通局)	333
母野	はんの	(長良川鉄道)	377
飯能	はんのう	(西武鉄道)	204
万博記念公園	ばんぱくきねんこうえん	(首都圏新都市鉄道)	322
万博記念公園	ばんぱくきねんこうえん	(大阪高速鉄道)	401

ひ

日宇	ひう	(佐世保線)	176
緋牛内	ひうしない	(石北本線)	20
比延	ひえ	(加古川線)	125
美瑛	びえい	(富良野線)	16
比叡山坂本	ひえいざんさかもと	(湖西線)	111
日岡	ひおか	(加古川線)	125
東相内	ひがしあいのない	(石北本線)	19
東青原	ひがしあおはら	(山口線)	135
東青森	ひがしあおもり	(青い森鉄道)	293
東青山	ひがしあおやま	(近畿日本鉄道)	246
東赤坂	ひがしあかさか	(養老鉄道)	379
東吾野	ひがしあがの	(西武鉄道)	204
東秋留	ひがしあきる	(五日市線)	36
東旭川	ひがしあさひかわ	(石北本線)	19
東あずま	ひがしあずま	(東武鉄道)	196
東我孫子	ひがしあびこ	(成田線)	88
東甘木	ひがしあまぎ	(西日本鉄道)	274
東池袋	ひがしいけぶくろ	(東京地下鉄)	226
東池袋四丁目	ひがしいけぶくろよんちょうめ	(東京都交通局)	329
東生駒	ひがしいこま	(近畿日本鉄道)	247
東生駒信号場	ひがしいこま	(近畿日本鉄道)	248
東諫早	ひがしいさはや	(長崎本線)	173
東石黒	ひがしいしぐろ	(城端線)	119
東一身田	ひがしいしんでん	(伊勢鉄道)	382
東市来	ひがしいちき	(鹿児島本線)	168

東岩瀬 ひがしいわせ (富山ライトレール) 352	(平成筑豊鉄道) 434	東中野 ひがしなかの (東京都交通局) 328
東岩槻 ひがしいわつき (東武線) 200	東酒田 ひがしさかた (羽越本線) 75	東長原 ひがしながはら (磐越西線) 64
東梅田 ひがしうめだ (大阪市交通局) 394	東札幌 ひがしさっぽろ (札幌市交通局) 284	東中間 ひがしなかま (筑豊電気鉄道) 432
東浦 ひがしうら (武豊線) 99	東佐野 ひがしさの (阪和線) 151	東中峯信号場 ひがしなかみね (西鉄道) 207
東浦 ひがしうら (衣浦臨海鉄道) 370	東三条 ひがしさんじょう (信越本線) 79	東中山 ひがしなかやま (京成電鉄) 208
東浦和 ひがしうらわ (武蔵野線) 28	東塩釜 ひがししおがま (仙石線) 55	東名古屋港 ひがしなごやこう (名古屋鉄道) 238
東追分信号場 ひがしおいわけ (石勝線) 8	東鹿越 ひがししかごえ (根室本線) 14	
東青梅 ひがしおうめ (青梅線) 35	東静岡 ひがししずおか (東海道本線) 91	東滑川 ひがしなめりかわ (あいの風とやま鉄道) 353
東大垣 ひがしおおがき (樽見鉄道) 378	東静内 ひがししずない (日高本線) 12	
東大崎 ひがしおおさき (陸羽東線) 76	東占冠信号場 ひがししむかっぷ (石勝線) 8	東成岩 ひがしならわ (武豊線) 99
東大島 ひがしおおじま (東京都交通局) 327	東十条 ひがしじゅうじょう (東北本線) 40	東成岩 ひがしならわ (衣浦臨海鉄道) 369
東大館 ひがしおおだて (花輪線) 62	東庶路信号場 ひがししょろ (根室本線) 15	東成田 ひがしなりた (京成電鉄) 209
東大手 ひがしおおて (名古屋鉄道) 240	東白石 ひがししろいし (東北本線) 42	東成田 ひがしなりた (芝山鉄道) 321
東大更 ひがしおおぶけ (花輪線) 61	東新川 ひがししんかわ (宇部線) 136	東鳴尾 ひがしなるお (阪神電気鉄道) 271
東大宮 ひがしおおみや (東北本線) 40	東新木 ひがししんぎ (とさでん交通) 429	東新潟 ひがしにいがた (白新線) 76
東岡崎 ひがしおかざき (名古屋鉄道) 234	東新宿 ひがししんじゅく (東京地下鉄) 228	東新潟港 ひがしにいがたこう (信越本線) 190
東岡山 ひがしおかやま (山陽本線) 122	東新庄 ひがししんじょう (富山地方鉄道) 327	東新津 ひがしにいつ (磐越西線) 65
東尾久三丁目 ひがしおぐさんちょうめ (東京交通局) 328	東新庄 ひがししんじょう (富山地方鉄道) 346	東新川 ひがしにっかわ (上毛電気鉄道) 310
	東新町 ひがししんまち (飯田線) 96	東日本橋 ひがしにほんばし (東京都交通局) 325
東オサワ信号場 ひがしおさわ (石勝線) 8	東新湊 ひがししんみなと (万葉線) 353	
東尾道 ひがしおのみち (山陽本線) 122	東吹田信号所 ひがしすいた (阪急電鉄) 265	東根 ひがしね (奥羽本線) 67
東小浜 ひがしおばま (小浜線) 117	東宿毛 ひがしすくも (土佐くろしお鉄道) 427	東根室 ひがしねむろ (根室本線) 16
東折尾信号場 ひがしおりお (鹿児島本線) 166	東逗子 ひがしずし (横須賀線) 31	東寝屋川 ひがしねやがわ (片町線) 622
	東須磨 ひがしすま (山陽電気鉄道) 279	東野 ひがしの (明知鉄道) 376
東海神 ひがしかいじん (東葉高速鉄道) 316	東仙台 ひがしせんだい (東北本線) 42	東野 ひがしの (京都市交通局) 391
東貝塚 ひがしかいづか (阪和線) 151	東仙台信号場 ひがしせんだい (東北本線) 42	東野尻 ひがしのじり (城端線) 119
東開聞 ひがしかいもん (指宿枕崎線) 121	東総社 ひがしそうじゃ (吉備線) 129	東能代 ひがしのしろ (奥羽本線) 69
東加古川 ひがしかこがわ (山陽本線) 121	東園 ひがしその (長崎本線) 174	東萩 ひがしはぎ (山陰本線) 141
東柏崎 ひがしかしわざき (越後線) 81	東高崎 ひがしたかさき (吉都線) 186	東白楽 ひがしはくらく (東京急行電鉄) 218
東方操車場 ひがしかた (養老鉄道) 379	東高島 ひがしたかしま (東海道本線) 25	東羽衣 ひがしはごろも (阪和線) 152
東桂 ひがしかつら (富士急行) 339	東高須 ひがしたかす (広島電鉄) 415	東鷲崎 ひがしはしさき (姫新線) 126
東金井 ひがしかない (左沢線) 70	東滝川 ひがしたきかわ (根室本線) 14	東幡豆 ひがしはず (名古屋鉄道) 237
東神奈川 ひがしかながわ (東海道本線) 23	東多久 ひがしたく (唐津線) 174	東八森 ひがしはちもり (五能線) 71
東唐津 ひがしからつ (IRいしかわ鉄道) 356	東田子の浦 ひがしたごのうら (東海道本線) 91	東八町 ひがしはっちょう (豊橋鉄道) 367
東唐津 ひがしからつ (筑肥線) 175	東館 ひがしだて (水郡線) 48	東花園 ひがしはなぞの (近鉄日本鉄道) 247
東刈谷 ひがしかりや (東海道本線) 92	東田平 ひがしたびら (松浦鉄道) 437	東花輪 ひがしはなわ (身延線) 96
東川口 ひがしかわぐち (武蔵野線) 28	東玉出 ひがしたまで (阪堺電気軌道) 398	東浜 ひがしはま (山陰本線) 139
東川口 ひがしかわぐち (埼玉高速鉄道) 313	東多良木 ひがしたらぎ (くま川鉄道) 446	東飯能 ひがしはんのう (八高線) 36
東岸和田 ひがしきしわだ (阪和線) 151	東垂水 ひがしたるみ (山陽電気鉄道) 279	東飯能 ひがしはんのう (西武線) 204
東北沢 ひがしきたざわ (小田急電鉄) 215	東千葉 ひがしちば (総武本線) 83	東比恵 ひがしひえ (福岡市交通局) 435
東行田 ひがしぎょうだ (秩父鉄道) 312	東中央町 ひがしちゅうおうちょう (岡山電気軌道) 413	東姫路 ひがしひめじ (山陽本線) 121
東清川 ひがしきよかわ (久留里線) 88	東町 ひがしちょう (日本線) 12	東広島 ひがしひろしま (山陽新幹線) 124
東銀座 ひがしぎんざ (東京地下鉄) 224	東都筑 ひがしつづき (天竜浜名湖鉄道) 365	東枇杷島 ひがしびわじま (名古屋鉄道) 235
東銀座 ひがしぎんざ (東京都交通局) 325	東都農 ひがしつの (日豊本線) 183	東風連 ひがしふうれん (宗谷本線) 17
東釧路 ひがしくしろ (根室本線) 15	東津山 ひがしつやま (姫新線) 127	東福山 ひがしふくやま (山陽本線) 122
東久根別 ひがしくねべつ (道南いさりび鉄道) 289	東天下茶屋 ひがしてんがちゃや (阪堺電気軌道) 399	東福間 ひがしふくま (鹿児島本線) 166
東区役所前 ひがしくやくしょまえ (札幌市交通局) 284	東所沢 ひがしところざわ (武蔵野線) 28	東福山 ひがしふくやま (山陽本線) 122
東久留米 ひがしくるめ (西武鉄道) 203	東戸塚 ひがしとつか (横須賀線) 23	東総元 ひがしふさもと (いすみ鉄道) 321
東下条 ひがしげじょう (越後線) 65	東富岡 ひがしとみおか (上信電鉄) 311	東藤島 ひがしふじしま (えちぜん鉄道) 357
東小泉 ひがしこいずみ (東武線) 197	東富山 ひがしとやま (あいの風とやま鉄道) 353	東伏見 ひがしふしみ (西武鉄道) 205
東高円寺 ひがしこうえんじ (東京地下鉄) 223	東屯田通 ひがしとんでんどおり (札幌市交通局) 285	東藤原 ひがしふじわら (三岐鉄道) 380
東工業前 ひがしこうぎょうまえ (とさでん交通) 430	東中神 ひがしなかがみ (青梅線) 35	東二見 ひがしふたみ (山陽電気鉄道) 279
東郡家 ひがしこおげ (因美線) 142	東長崎 ひがしながさき (西武鉄道) 203	東府中 ひがしふちゅう (京王電鉄) 212
東小金井 ひがしこがねい (中央線) 33	東長沢 ひがしながさわ (陸羽西線) 76	東福生 ひがしふっさ (八高線) 36
東小倉 ひがしこくら (鹿児島本線) 165	東中津 ひがしなかつ (日本線) 181	東船岡 ひがしふなおか (阿武隈急行) 302
東粉浜 ひがしこはま (阪堺電気軌道) 398	東中野 ひがしなかの (中央本線) 33	東船橋 ひがしふなばし (総武本線) 83
東小諸 ひがしこもろ (小海線) 37		東別院 ひがしべついん (名古屋市交通局) 371
東犀川三四郎 ひがしさいがわさんしろう		東別府 ひがしべっぷ (日豊本線) 182
		東本願寺前 ひがしほんがんじまえ (札幌市交通局) 285

512

駅名	よみ (路線)	ページ
東舞鶴	ひがしまいづる（舞鶴線）	142
東松江	ひがしまつえ（山陰本線）	140
東松江	ひがしまつえ（南海電気鉄道）	259
東松阪	ひがしまつさか（近畿日本鉄道）	247
東松戸	ひがしまつど（武蔵野線）	29
東松戸	ひがしまつど（北総鉄道）	315
東松原	ひがしまつばら（京王電鉄）	214
東松山	ひがしまつやま（東武鉄道）	201
東三国	ひがしみくに（大阪市交通局）	393
東水島	ひがしみずしま（水島臨海鉄道）	414
東水巻	ひがしみずまき（筑豊本線）	187
東三日市	ひがしみっかいち（富山地方鉄道）	347
東水戸	ひがしみと（鹿島臨海鉄道）	306
東湊	ひがしみなと（阪堺電気軌道）	399
東美浜	ひがしみはま（小浜線）	116
東宮原	ひがしみやはら（埼玉新都市交通）	314
東向日	ひがしむこう（阪急電鉄）	265
東向島	ひがしむこうじま（東武鉄道）	195
東村山	ひがしむらやま（西武鉄道）	205
東室蘭	ひがしむろらん（室蘭本線）	10
東免田	ひがしめんだ（くま川鉄道）	446
東森	ひがしもり（函館本線）	6
東毛呂	ひがしもろ（東武鉄道）	202
東門前	ひがしもんぜん（京浜急行電鉄）	231
東八尾	ひがしやつお（高山本線）	120
東山	ひがしやま（函館本線）	3
東山	ひがしやま（近畿日本鉄道）	252
東山	ひがしやま（京都市交通局）	391
東山	ひがしやま（岡山電気軌道）	412
東山北	ひがしやまきた（御殿場線）	94
東山公園	ひがしやまこうえん（山陰本線）	140
東山公園	ひがしやまこうえん（名古屋市交通局）	370
東山代	ひがしやましろ（松浦鉄道）	437
東山田	ひがしやまた（横浜市交通局）	334
東大和市	ひがしやまとし（西武鉄道）	207
東山梨	ひがしやまなし（中央本線）	34
東矢本	ひがしやもと（仙石線）	56
東結城	ひがしゆうき（水戸線）	53
東横田	ひがしよこた（久留里線）	89
東淀川	ひがしよどがわ（東海道本線）	110
東林間	ひがしりんかん（小田急電鉄）	216
東六線	ひがしろくせん（宗谷本線）	17
東鷲宮	ひがしわしのみや（東北本線）	40
干潟	ひがた（総武本線）	84
光	ひかり（山陽本線）	123
光が丘	ひかりがおか（東京都交通局）	328
光の森	ひかりのもり（豊肥本線）	179
氷川台	ひかわだい（東京地下鉄）	226
引治	ひきじ（久大本線）	177
曳舟	ひきふね（東武鉄道）	195
蟇目	ひきめ（山田線）	61
日切	ひぎり（大井川鐵道）	363
ひぐち	ひぐち（真岡鐵道）	308
樋口	ひぐち（秩父鉄道）	312
曳馬	ひくま（遠州鉄道）	366
引田	ひけた（高徳線）	159
肥後伊倉	ひごいくら（鹿児島本線）	167
肥後大津	ひごおおづ（豊肥本線）	179
肥後高田	ひごこうだ（肥薩おれんじ鉄道）	445
彦崎	ひこさき（宇野線）	129
彦山	ひこさん（日田彦山線）	184
樋越	ひごし（上毛電気鉄道）	310
肥後田浦	ひごたのうら（肥薩おれんじ鉄道）	445
肥後長浜	ひごながはま（三角線）	170
肥後西村	ひごにしのむら（くま川鉄道）	446
彦根	ひこね（東海道本線）	109
彦根	ひこね（近江鉄道）	384
彦根口	ひこねぐち（近江鉄道）	384
ひこね芹川	ひこねせりかわ（近江鉄道）	384
肥後橋	ひごばし（大阪市交通局）	394
肥後二見	ひごふたみ（肥薩おれんじ鉄道）	445
日頃市信号場	ひころいち（岩手開発鉄道）	295
久居	ひさい（近畿日本鉄道）	253
久ノ浜	ひさのはま（常磐線）	46
久屋大通	ひさやおおどおり（名古屋市交通局）	371
日出	ひじ（日豊本線）	181
比地大	ひじだい（予讃線）	156
比島	ひしま（えちぜん鉄道）	357
比治山下	ひじやました（広島電鉄）	418
比治山橋	ひじやまばし（広島電鉄）	418
毘沙門	びしゃもん（津軽鉄道）	290
毘沙門台	びしゃもんだい（広島高速交通）	419
美術館図書館前	びじゅつかんとしょかんまえ（福島交通）	302
美章園	びしょうえん（阪和線）	151
美女平	びじょだいら（立山黒部貫光）	350
聖高原	ひじりこうげん（篠ノ井線）	38
日代	ひしろ（日豊本線）	182
飛水峡信号場	ひすいきょう（高山本線）	100
肥前旭	ひぜんあさひ（鹿児島本線）	167
肥前飯田	ひぜんいいだ（長崎本線）	173
備前一宮	びぜんいちのみや（吉備線）	129
肥前大浦	ひぜんおおうら（長崎本線）	173
備前鹿島	びぜんかしま（吉備線）	173
肥前鹿島	ひぜんかしま（長崎本線）	173
備前片岡	びぜんかたおか（宇野線）	129
肥前片上	ひぜんかたかみ（赤穂線）	128
肥前久保	ひぜんくぼ（筑肥線）	173
肥前古賀	ひぜんこが（長崎本線）	173
肥前白石	ひぜんしろいし（長崎本線）	173
備前田井	びぜんたい（宇野線）	129
肥前長田	ひぜんながた（長崎本線）	173
肥前長野	ひぜんながの（筑肥線）	175
肥前七浦	ひぜんななうら（長崎本線）	173
備前西市	びぜんにしいち（宇野線）	129
肥前浜	ひぜんはま（長崎本線）	173
備前原	びぜんはら（津山線）	128
肥前福田	ひぜんふくしろ（赤穂線）	127
肥前麓	ひぜんふもと（長崎本線）	173
備前三門	びぜんみかど（吉備線）	129
肥前三川信号場	ひぜんみかわ（長崎本線）	174
肥前山口	ひぜんやまぐち（長崎本線）	173
肥前竜王	ひぜんりゅうおう（長崎本線）	173
日田	ひた（久大本線）	177
飛彈一ノ宮	ひだいちのみや（高山本線）	100
飛彈小坂	ひだおさか（高山本線）	100
日高東別	ひだかとうべつ（日高本線）	12
飛彈金山	ひだかなやま（高山本線）	100
日高幌別	ひだかほろべつ（日高本線）	12
日高三石	ひだかみついし（日高本線）	12
日高門別	ひだかもんべつ（日高本線）	12
飛彈国府	ひだこくふ（高山本線）	100
日立	ひたち（常磐線）	46
常陸青柳	ひたちあおやぎ（水郡線）	47
常陸太田	ひたちおおた（水郡線）	49
常陸大宮	ひたちおおみや（水郡線）	48
常陸鴻巣	ひたちこうのす（水郡線）	48
常陸大子	ひたちだいご（水郡線）	48
常陸多賀	ひたちたが（常磐線）	46
常陸津田	ひたちつだ（水郡線）	48
比立内	ひたちない（秋田内陸縦貫鉄道）	299
ひたち野うしく	ひたちのうしく（常磐線）	46
飛彈萩原	ひだはぎわら（高山本線）	100
飛彈古川	ひだふるかわ（高山本線）	100
飛彈細江	ひだほそえ（高山本線）	100
飛彈宮田	ひだみやだ（高山本線）	100
左石	ひだりいし（松浦鉄道）	438
左堰	ひだりぜき（津軽線）	72
比津	ひつ（名松線）	106
備中川面	びっちゅうかわも（伯備線）	130
備中呉妹	びっちゅうくれせ（井原鉄道）	414
備中神代	びっちゅうこうじろ（伯備線）	130
備中高梁	びっちゅうたかはし（伯備線）	130
備中高松	びっちゅうたかまつ（吉備線）	129
備中広瀬	びっちゅうひろせ（伯備線）	130
備中箕島	びっちゅうみしま（宇野線）	129
比布	ぴっぷ（宗谷本線）	17
日詰	ひづめ（東北本線）	43
日出塩	ひでしお（中央本線）	102
日出谷	ひでや（磐越西線）	64
比土	ひど（伊賀線）	383
一日市場	ひといちば（大糸線）	38
一ツ木	ひとつぎ（名古屋鉄道）	234
一橋学園	ひとつばしがくえん（西武鉄道）	206
人丸	ひとまる（山陰本線）	141
人丸前	ひとまるまえ（山陽電気鉄道）	279
人見	ひとみ（平成筑豊鉄道）	433
人吉	ひとよし（肥薩線）	170
人吉温泉	ひとよしおんせん（くま川鉄道）	446
比奈	ひな（岳南電車）	362
日長	ひなが（名古屋鉄道）	238
日永	ひなが（四日市あすなろう鉄道）	381
日奈久温泉	ひなぐおんせん（肥薩おれんじ鉄道）	445
日生	ひなせ（赤穂線）	128
日当	ひなた（樽見鉄道）	378
日当山	ひなたやま（肥薩線）	171
日向和田	ひなたわだ（青梅線）	35
涸沼	ひぬま（鹿島臨海鉄道）	306
日根野	ひねの（阪和線）	151
日野	ひの（中央本線）	33
日野	ひの（長野電鉄）	340
日野	ひの（近江鉄道）	384
日の出	ひので（ゆりかもめ）	323
日ノ出町	ひのでちょう（京浜急行電鉄）	230
日野春	ひのはる（中央本線）	34
日登	ひのぼり（木次線）	144

駅名	よみ	(路線)	ページ
日御子	ひのみこ	(北陸鉄道)	356
美唄	びばい	(函館本線)	5
美馬牛	びばうし	(富良野線)	16
比婆山	ひばやま	(芸備線)	131
陽羽里	ひばり	(北陸線)	355
ひばりヶ丘	ひばりがおか	(西武鉄道)	203
ひばりが丘	ひばりがおか	(札幌市交通局)	284
雲雀丘花屋敷	ひばりがおかはなやしき	(阪急電鉄)	268
美々	びび	(千歳線)	8
日比野	ひびの	(名古屋鉄道)	243
日比野	ひびの	(名古屋市交通局)	371
日比谷	ひびや	(東京地下鉄)	224
日比谷	ひびや	(東京都交通局)	326
美深	びふか	(宗谷本線)	17
美幌	びほろ	(石北本線)	20
氷見	ひみ	(氷見線)	119
姫	ひめ	(太多線)	103
姫川	ひめかわ	(函館本線)	3
姫川	ひめかわ	(大糸線)	120
姫路	ひめじ	(山陽本線)	121
姫路貨物	ひめじかもつ	(山陽本線)	121
ひめじ別所	ひめじべっしょ	(山陽本線)	121
姫島	ひめじま	(阪神電気鉄道)	271
姫松	ひめまつ	(阪堺電気軌道)	399
姫宮	ひめみや	(東武鉄道)	196
日向	ひゅうが	(総武本線)	83
日向大束	ひゅうがおおつか	(日南線)	185
日向北方	ひゅうがきたかた	(日南線)	185
日向沓掛	ひゅうがくつかけ	(日豊本線)	183
日向市	ひゅうがし	(日豊本線)	182
日向庄内	ひゅうがしょうない	(吉都線)	186
日向新富	ひゅうがしんとみ	(日豊本線)	183
日向住吉	ひゅうがすみよし	(日豊本線)	183
日向長井	ひゅうがながい	(日豊本線)	182
日向前田	ひゅうがまえだ	(吉都線)	186
表木山	ひょうきやま	(肥薩線)	171
兵庫	ひょうご	(山陽本線)	121
瓢箪山	ひょうたんやま	(名古屋鉄道)	240
瓢箪山	ひょうたんやま	(近畿日本鉄道)	247
屏風浦	びょうぶがうら	(京浜急行電鉄)	230
日吉	ひよし	(山陰本線)	138
日吉	ひよし	(東京急行電鉄)	218
日吉	ひよし	(横浜市交通局)	334
日吉町	ひよしちょう	(静岡鉄道)	362
日吉本町	ひよしほんちょう	(横浜市交通局)	334
鵯越	ひよどりごえ	(神戸電鉄)	405
比良	ひら	(湖西線)	111
比良	ひら	(東海交通事業)	376
平井	ひらい	(総武本線)	83
平井信号場	ひらい	(名古屋鉄道)	234
平井	ひらい	(伊予鉄道)	424
平石	ひらいし	(北上線)	59
平泉	ひらいずみ	(東北本線)	43
平磯	ひらいそ	(ひたちなか海浜鉄道)	305
平岩	ひらいわ	(大糸線)	120
平岡	ひらおか	(飯田線)	97
枚岡	ひらおか	(近畿日本鉄道)	247
平賀	ひらか	(弘南鉄道)	291
枚方公園	ひらかたこうえん	(京阪電気鉄道)	262
枚方市	ひらかたし	(京阪電気鉄道)	262
平川	ひらかわ	(指宿枕崎線)	171
開	ひらき	(西日本鉄道)	274
平木	ひらき	(高松琴平電気鉄道)	423
平岸	ひらぎし	(根室本線)	14
平岸	ひらぎし	(札幌市交通局)	283
平木田	ひらきだ	(羽越本線)	74
平倉	ひらくら	(釜石線)	59
平子	ひらこ	(芸備線)	131
平瀬信号場	ひらせ	(篠ノ井線)	38
平田	ひらた	(篠ノ井線)	38
平田	ひらた	(近江鉄道)	385
平田	ひらた	(土佐くろしお鉄道)	427
平滝	ひらたき	(飯山線)	80
平田町	ひらたちょう	(近畿日本鉄道)	254
平塚	ひらつか	(東海道本線)	24
平津戸	ひらつと	(山田線)	60
平戸橋	ひらとばし	(名古屋鉄道)	236
平内	ひらない	(八戸線)	62
平沼橋	ひらぬまばし	(相模鉄道)	232
平野	ひらの	(関西本線)	146
平野	ひらの	(福島交通)	302
平野	ひらの	(大阪市交通局)	394
平野	ひらの	(能勢電鉄)	401
平野川信号場	ひらのがわ	(根室本線)	14
平端	ひらはた	(近畿日本鉄道)	248
平木	ひらばやし	(吉備線)	74
平林	ひらばやし	(大阪市交通局)	397
平原	ひらはら	(しなの鉄道)	341
平針	ひらばり	(名古屋市交通局)	372
比羅夫	ひらふ	(函館本線)	4
平福	ひらふく	(智頭急行)	411
平間	ひらま	(南武線)	26
平松	ひらまつ	(山陽電気鉄道)	280
平山	ひらやま	(久留里線)	89
平山城址公園	ひらやまじょうしこうえん	(京王電鉄)	213
ひらんだ	ひらんだ	(大井川鐵道)	364
美留和	びるわ	(釧網本線)	21
鰭ヶ崎	ひれがさき	(流鉄)	316
広	ひろ	(呉線)	133
広石信号場	ひろいし	(伯備線)	130
広内信号場	ひろうち	(根室本線)	14
広尾	ひろお	(東京地下鉄)	224
広丘	ひろおか	(篠ノ井線)	38
広川ビーチ	ひろかわビーチ	(紀勢本線)	154
広木	ひろき	(鹿児島本線)	168
広小路	ひろこうじ	(万葉線)	352
広小路	ひろこうじ	(伊予鉄道)	383
弘前	ひろさき	(奥羽本線)	292
弘前	ひろさき	(弘南鉄道)	69
弘前	ひろさき	(弘南鉄道)	291
弘前学院大	ひろさきがくいんだいまえ	(弘南鉄道)	291
弘前東高前	ひろさきひがしこうまえ	(弘南鉄道)	291
広島	ひろしま	(山陽本線)	123
広島駅	ひろしまえき	(広島電鉄)	416
広島貨物ターミナル	ひろしまかもつたーみなる	(山陽本線)	123
広島港 (宇品)	ひろしまこう (うじな)	(広島電鉄)	417
広瀬川原	ひろせがわら	(秩父鉄道)	312
広瀬通	ひろせどおり	(仙台市交通局)	296
ひろせ野鳥の森	ひろせやちょうのもり	(秩父鉄道)	312
広田	ひろた	(磐越西線)	64
広大附属学校前	ひろだいふぞくがっこうまえ	(広島電鉄)	417
広電阿品	ひろでんあじな	(広島電鉄)	415
広電五日市	ひろでんいつかいち	(広島電鉄)	415
広電西広島 (己斐)	ひろでんにしひろしま (こい)	(広島電鉄)	416
広電廿日市	ひろでんはつかいち	(広島電鉄)	415
広電本社前	ひろでんほんしゃまえ	(広島電鉄)	417
広電宮島口	ひろでんみやじまぐち	(広島電鉄)	416
広戸	ひろと	(五能線)	72
広野	ひろの	(常磐線)	46
広野	ひろの	(福知山線)	113
広野ゴルフ場前	ひろのごるふじょうまえ	(神戸電鉄)	406
広畑	ひろはた	(山陽電気鉄道)	280
広原	ひろはら	(吉都線)	186
日羽	ひわ	(伯備線)	130
日和佐	ひわさ	(牟岐線)	161
枇杷島	びわじま	(東海道本線)	93
枇杷島	びわじま	(東海交通事業)	376
枇杷島分岐点	びわじまぶんきてん	(名古屋鉄道)	235
日和田	ひわだ	(東北本線)	41
備後赤坂	びんごあかさか	(山陽本線)	122
備後落合	びんごおちあい	(芸備線)	131
備後西城	びんごさいじょう	(芸備線)	131
備後庄原	びんごしょうばら	(芸備線)	131
備後本庄	びんごほんじょう	(福塩線)	132
備後三川	びんごみかわ	(福塩線)	133
備後三日市	びんごみっかいち	(芸備線)	131
備後安田	びんごやすだ	(福塩線)	133
備後矢野	びんごやの	(芸備線)	131
備後八幡	びんごやわた	(芸備線)	131

ふ

駅名	よみ	(路線)	ページ
ファミリー公園前	ふぁみりーこうえんまえ	(近畿日本鉄道)	248
風連	ふうれん	(宗谷本線)	17
フェリーターミナル	ふぇりーたーみなる	(大阪市交通局)	397
深井	ふかい	(泉北高速鉄道)	278
深浦	ふかうら	(五能線)	72
深江	ふかえ	(阪神電気鉄道)	270
深江橋	ふかえばし	(大阪市交通局)	395
深川	ふかがわ	(函館本線)	5
深草	ふかくさ	(京阪電気鉄道)	262
深田	ふかた	(予土線)	159
深戸	ふかど	(長良川鉄道)	377

駅名	読み	(路線)	ページ
深堀町	ふかぼりちょう	(函館市企業局)	288
深溝	ふかみぞ	(宇部線)	136
深谷	ふかや	(高崎線)	50
富貴	ふき	(名古屋鉄道)	239
吹上	ふきあげ	(高崎線)	50
吹上	ふきあげ	(名古屋市交通局)	373
福	ふく	(阪神電気鉄道)	271
福井	ふくい	(北陸本線)	115
福居	ふくい	(東武鉄道)	196
福井	ふくい	(えちぜん鉄道)	356
福井	ふくい	(水島臨海鉄道)	413
福井駅	ふくいえき	(福井鉄道)	359
福井口	ふくいぐち	(えちぜん鉄道)	356
福浦	ふくうら	(横浜シーサイドライン)	335
福江	ふくえ	(山陰本線)	142
福岡	ふくおか	(あいの風とやま鉄道)	353
福岡貨物ターミナル	ふくおかもつたーみなる	(鹿児島本線)	191
福岡空港	ふくおかくうこう	(福岡市交通局)	435
福音寺	ふくおんじ	(伊予鉄道)	424
福神	ふくがみ	(近畿日本鉄道)	250
福川	ふくがわ	(山陽本線)	123
福崎	ふくさき	(播但線)	126
福島	ふくしま	(東北本線)	42
福島	ふくしま	(大阪環状線)	112
福島	ふくしま	(阪神電気鉄道)	271
福島	ふくしま	(阿武隈急行)	301
福島	ふくしま	(阿武隈急行)	302
福島今町	ふくしまいままち	(日南線)	185
福島学院前	ふくしまがくいんまえ	(阿武隈急行)	301
福島口	ふくしまぐち	(松浦鉄道)	437
福島高松	ふくしまたかまつ	(日田彦山線)	185
福島町	ふくしまちょう	(広島電鉄)	416
福住	ふくずみ	(札幌市交通局)	284
福大前	ふくだいまえ	(福岡市交通局)	436
福大前西福井	ふくだいまえにしふくい	(えちぜん鉄道)	357
福町	ふくだまち	(仙石線)	55
福俵	ふくたわら	(東金線)	89
福地	ふくち	(名古屋鉄道)	236
福知山	ふくちやま	(山陰本線)	138
福知山	ふくちやま	(WILLER TRAINS)	386
福知山市民病院口	ふくちやましみんびょういんぐち	(WILLER TRAINS)	386
福野	ふくの	(城端線)	119
福野	ふくの	(長良川鉄道)	377
福原	ふくはら	(水戸線)	53
福部	ふくべ	(山陰本線)	139
福間	ふくま	(鹿児島本線)	166
福光	ふくみつ	(城端線)	119
福山	ふくやま	(山陽本線)	122
福用	ふくよう	(大井川鐵道)	363
福吉	ふくよし	(筑肥線)	175
吹浦	ふくら	(羽越本線)	75
吹木信号場	ふくらしんごうじょう	(高山本線)	100
袋	ふくろ	(肥薩おれんじ鉄道)	445
袋井	ふくろい	(東海道本線)	92
袋倉	ふくろぐら	(吾妻線)	52
袋田	ふくろだ	(水郡線)	48

袋町	ふくろまち	(広島電鉄)	417
福渡	ふくわたり	(津山線)	128
深日港	ふけこう	(南海電気鉄道)	259
深日町	ふけちょう	(南海電気鉄道)	258
深郷田	ふこうだ	(津軽線)	290
布佐	ふさ	(成田線)	88
房前	ふさざき	(高松琴平電気鉄道)	422
総元	ふさもと	(いすみ鉄道)	321
富士	ふじ	(東海道本線)	91
仏子	ぶし	(西武鉄道)	203
藤井	ふじい	(小浜線)	116
藤井寺	ふじいでら	(近畿日本鉄道)	249
藤江	ふじえ	(山陽電気鉄道)	279
藤枝	ふじえだ	(東海道本線)	91
富士岡	ふじおか	(御殿場線)	95
藤岡	ふじおか	(八戸線)	198
藤が丘	ふじがおか	(東京急行電鉄)	219
藤が丘	ふじがおか	(愛知高速交通)	369
藤が丘	ふじがおか	(名古屋市交通局)	370
富士川	ふじかわ	(東海道本線)	91
藤川	ふじかわ	(名古屋鉄道)	234
伏木	ふしき	(氷見線)	119
富士急ハイランド	ふじきゅうはいらんど	(富士急行)	339
不二越	ふじこし	(富山地方鉄道)	347
藤阪	ふじさか	(片町線)	148
藤崎	ふじさき	(五能線)	72
藤崎	ふじさき	(福岡市交通局)	435
藤崎宮前	ふじさきぐうまえ	(熊本電気鉄道)	442
藤沢	ふじさわ	(東海道本線)	23
藤沢	ふじさわ	(小田急電鉄)	216
藤沢	ふじさわ	(江ノ島電鉄)	336
藤沢本町	ふじさわほんまち	(小田急電鉄)	216
富士山	ふじさん	(富士急行)	339
藤島	ふじしま	(羽越本線)	75
藤代	ふじしろ	(常磐線)	45
藤田	ふじた	(東北本線)	42
藤棚	ふじたな	(平成筑豊鉄道)	433
フジテック前	ふじてっくまえ	(近江鉄道)	384
藤並	ふじなみ	(紀勢本線)	154
藤浪	ふじなみ	(名古屋鉄道)	242
藤根	ふじね	(北上線)	58
富士根	ふじね	(身延線)	95
藤野	ふじの	(中央本線)	34
藤の牛島	ふじのうしじま	(東武鉄道)	200
藤ノ木	ふじのき	(筑豊本線)	187
富士宮	ふじのみや	(身延線)	95
藤森	ふじのもり	(京阪電気鉄道)	262
富士フイルム前	ふじふいるむまえ	(伊豆箱根鉄道)	360
富士松	ふじまつ	(名古屋鉄道)	234
伏見	ふしみ	(近畿日本鉄道)	251
伏見	ふしみ	(名古屋市交通局)	370
富士見	ふじみ	(中央本線)	34
伏見稲荷	ふしみいなり	(京阪電気鉄道)	262
富士ヶ丘	ふじがおか	(京王電鉄)	214
富士見台	ふじみだい	(西武鉄道)	203
富士見町	ふじみちょう	(境線)	143
富士見町	ふじみちょう	(湘南モノレール)	335

ふじみ野	ふじみの	(東武鉄道)	201
伏見桃山	ふしみももやま	(京阪電気鉄道)	262
伏屋	ふしや	(近畿日本鉄道)	254
藤山	ふじやま	(留萌本線)	13
富士山下	ふじやました	(上毛電気鉄道)	310
福生	ふっさ	(山陽本線)	123
武州荒木	ぶしゅうあらき	(秩父鉄道)	312
武州唐沢	ぶしゅうからさわ	(東武鉄道)	202
武州中川	ぶしゅうなかがわ	(秩父鉄道)	313
武州長瀬	ぶしゅうながせ	(東武鉄道)	202
武州原谷	ぶしゅうはらや	(秩父鉄道)	313
武州日野	ぶしゅうひの	(秩父鉄道)	313
布施	ふせ	(近畿日本鉄道)	245
豊前大熊	ぶぜんおおくま	(平成筑豊鉄道)	433
豊前川崎	ぶぜんかわさき	(日田彦山線)	184
豊前松江	ぶぜんしょうえ	(日豊本線)	181
豊前善光寺	ぶぜんぜんこうじ	(日豊本線)	181
豊前長洲	ぶぜんながす	(日豊本線)	181
豊前桝田	ぶぜんますだ	(日田彦山線)	184
扶桑	ふそう	(名古屋鉄道)	242
附属中学前	ふぞくちゅうがくまえ	(長野電鉄)	340
布田	ふだ	(京王電鉄)	212
普代	ふだい	(三陸鉄道)	294
双岩	ふたいわ	(予讃線)	157
二川	ふたがわ	(東海道本線)	92
札木	ふだぎ	(筑豊本線)	367
二古信号場	ふたこしんごうじょう	(羽越本線)	75
二子	ふたこ	(名古屋鉄道)	243
二子新地	ふたこしんち	(東京急行電鉄)	219
二子玉川	ふたこたまがわ	(東京急行電鉄)	219
双子山信号場	ふたごやましんごうじょう	(紀勢本線)	153
二島	ふたじま	(筑豊本線)	187
二田	ふただ	(男鹿線)	71
二ツ井	ふたつい	(奥羽本線)	69
二ツ杁	ふたついり	(名古屋鉄道)	235
二塚	ふたつか	(城端線)	118
二名	ふたな	(予土線)	159
双葉	ふたば	(常磐線)	47
二股	ふたまた	(函館本線)	4
二俣	ふたまた	(WILLER TRAINS)	386
二俣尾	ふたまたお	(青梅線)	35
二俣川	ふたまたがわ	(相模鉄道)	232
二俣新町	ふたまたしんまち	(京葉線)	85
二俣本町	ふたまたほんまち	(天竜浜名湖鉄道)	365
二見浦	ふたみのうら	(参宮線)	107
二和向台	ふたわむこうだい	(新京成電鉄)	276
淵垣	ふちがき	(舞鶴線)	142
渕高	ふちたか	(名古屋鉄道)	243
淵野辺	ふちのべ	(横浜線)	30
府中	ふちゅう	(福塩線)	133
府中	ふちゅう	(京王電鉄)	212
府中	ふちゅう	(丹後海陸交通)	387
婦中鵜坂	ふちゅううさか	(高山本線)	120
府中競馬正門前	ふちゅうけいばせいもんまえ	(京王電鉄)	214
府中本町	ふちゅうほんまち	(南武線)	26
二日市	ふつかいち	(鹿児島本線)	166
福工大前	ふっこうだいまえ	(鹿児島本線)	166

515

吹越 ふっこし (大湊線)	63
福生 ふっさ (青梅線)	35
仏生山 ぶっしょうざん (高松琴平電気鉄道)	421
富戸 ふと (伊豆急行)	361
不動前 ふどうまえ (広島高速交通)	419
不動の沢 ふどうのさわ (気仙沼線)	357
不動前 ふどうまえ (東京急行電鉄)	219
太海 ふとみ (内房線)	87
舟入川口町 ふないりかわぐちちょう (広島電鉄)	417
舟入幸町 ふないりさいわいちょう (広島電鉄)	417
舟入本町 ふないりほんまち (広島電鉄)	417
舟入町 ふないりまち (広島電鉄)	417
舟入南町 ふないりみなみまち (広島電鉄)	417
船尾 ふなお (後藤寺線)	188
船尾 ふなお (京阪電気軌道)	399
船岡 ふなおか (東北本線)	42
船岡 ふなおか (山陰本線)	138
舟形 ふながた (奥羽本線)	68
船越 ふなこし (男鹿線)	71
船佐 ふなさ (三江線)	145
船津 ふなつ (紀勢本線)	105
船津 ふなつ (近畿日本鉄道)	255
船戸 ふなと (和歌山線)	150
舟戸 ふなと (とさでん交通)	429
船橋 ふなばし (総武本線)	83
船橋 ふなばし (東武鉄道)	200
船橋競馬場 ふなばしけいばじょうまえ (京成電鉄)	208
船橋日大前 ふなばしにちだいまえ (東葉高速鉄道)	316
船橋法典 ふなばしほうてん (武蔵野線)	29
船平山 ふなひらやま (山口線)	135
船堀 ふなぼり (東京都交通局)	327
船町 ふなまち (飯田線)	96
船町口 ふなまちぐち (加古川線)	125
船見町 ふなみちょう (名古屋臨海鉄道)	374
船の科学館 ふねのかがくかん (ゆりかもめ)	323
船引 ふねひき (磐越東線)	63
分倍河原 ぶばいがわら (南武線)	26
分倍河原 ぶばいがわら (京王電鉄)	212
文挾 ふばさみ (日光線)	54
文の里 ふみのさと (大阪市交通局)	394
普門寺信号場 ふもんじ (中央本線)	81
府屋 ふや (羽越本線)	74
富良野 ふらの (根室本線)	14
フラワータウン ふらわーたうん (神戸電鉄)	406
古市 ふるいち (福知山線)	113
古市 ふるいち (近畿日本鉄道)	250
古市 ふるいち (広島高速交通)	419
古市橋 ふるいちばし (可部線)	134
フルーツパーク ふるーつぱーく (天竜浜名湖鉄道)	365
古江 ふるえ (広島電鉄)	415
古川 ふるかわ (陸羽東線)	76
古川橋 ふるかわばし (京阪電気鉄道)	261
古口 ふるくち (陸羽西線)	77
古国府 ふるごう (久大本線)	178
ふるさと公園 ふるさとこうえん (会津鉄道)	303
古山 ふるさん (室蘭本線)	11
古島 ふるじま (沖縄都市モノレール)	449
古庄 ふるしょう (静岡鉄道)	362
古瀬 ふるせ (根室本線)	15
古高松 ふるたかまつ (高松琴平電気鉄道)	422
古高松南 ふるたかまつみなみ (高徳線)	159
古館 ふるだて (東北本線)	43
古津 ふるつ (信越本線)	79
古間 ふるま (しなの鉄道)	342
ふれあい生力 ふれあいしょうりき (平成筑豊鉄道)	433
不破一色 ふわいしき (名古屋鉄道)	243
文化の森 ぶんかのもり (牟岐線)	161
豊後荻 ぶんごおぎ (豊肥本線)	179
豊後清川 ぶんごきよかわ (豊肥本線)	179
豊後国分 ぶんごこくぶ (久大本線)	177
豊後竹田 ぶんごたけた (豊肥本線)	179
豊後豊岡 ぶんごとよおか (日豊本線)	181
豊後中村 ぶんごなかむら (久大本線)	177
豊後三芳 ぶんごみよし (久大本線)	177
豊後森 ぶんごもり (久大本線)	177
分水 ぶんすい (越後線)	81

へ

平安通 へいあんどおり (名古屋市交通局)	371
ベイサイドアリーナ べいさいどありーな (気仙沼線)	57
ベイサイド・ステーション べいさいど・すてーしょん (舞浜リゾートライン)	319
平城 へいじょう (近畿日本鉄道)	251
平成 へいせい (豊肥本線)	179
平田 へいた (三陸鉄道)	294
平津 へいづ (三岐鉄道)	380
平和 へいわ (千歳線)	7
平和島 へいわじま (京浜急行電鉄)	229
平和台 へいわだい (東京地下鉄)	226
平和台 へいわだい (北九州高速鉄道)	316
平和通 へいわどおり (北九州高速鉄道)	431
平和通一丁目 へいわどおりいっちょうめ (伊予鉄道)	425
辺川 へがわ (牟岐線)	161
碧海古井 へきかいふるい (名古屋鉄道)	236
碧南 へきなん (名古屋鉄道)	237
碧南市 へきなんし (衣浦臨海鉄道)	370
碧南中央 へきなんちゅうおう (名古屋鉄道)	237
平群 へぐり (近畿日本鉄道)	252
戸坂 へさか (芸備線)	132
戸田 へた (山陽本線)	123
別院前 べついんまえ (広島電鉄)	418
別所信号場 べっしょ (武蔵野線)	29
別所 べっしょ (京浜電気鉄道)	264
別所温泉 べっしょおんせん (上田電鉄)	342
別曽池信号場 べっそいけ (名古屋鉄道)	239
別当賀 べっとうが (根室本線)	15
別府 べっぷ (日豊本線)	182
別府大学 べっぷだいがく (日豊本線)	182
別保 べっぽ (室蘭本線)	15
艫作 へなし (五能線)	72
蛇田 へびた (仙石線)	56
別府 べふ (山陽電気鉄道)	280
別府 べふ (福岡市交通局)	436
逸見 へみ (京浜急行電鉄)	230
ベル前 べるまえ (福井鉄道)	358
弁天島 べんてんじま (東海道本線)	92
弁天町 べんてんちょう (大阪環状線)	112
弁天町 べんてんちょう (大阪市交通局)	395
弁天橋 べんてんばし (鶴見線)	27

ほ

蓬栄 ほうえい (日高本線)	12
宝永町 ほうえいちょう (とさでん交通)	429
貿易センター ぼうえきせんたー (神戸新交通)	407
法界院 ほうかいいん (津山線)	128
宝木 ほうぎ (山陰本線)	139
伯耆大山 ほうきだいせん (山陰本線)	140
伯耆溝口 ほうきみぞぐち (伯備線)	131
方谷 ほうこく (伯備線)	130
宝山寺 ほうざんじ (近畿日本鉄道)	255
宝積寺 ほうしゃくじ (東北本線)	41
宝珠山 ほうしゅやま (日田彦山線)	184
坊城 ぼうじょう (近畿日本鉄道)	250
北条町 ほうじょうまち (北条線)	408
豊水すすきの ほうすいすすきの (札幌市交通局)	284
法善寺 ほうぜんじ (近畿日本鉄道)	245
祝園 ほうその (片町線)	148
宝達 ほうだつ (七尾線)	118
宝殿 ほうでん (山陽本線)	121
方南町 ほうなんちょう (東京地下鉄)	223
防府 ほうふ (山陽本線)	124
防府貨物 ほうふかもつ (山陽本線)	123
保谷 ほうや (西武鉄道)	203
蓬莱 ほうらい (湖西線)	111
ほうらい丘 ほうらいおか (比叡山鉄道)	386
宝来町 ほうらいちょう (函館市企業局)	287
法隆寺 ほうりゅうじ (関西本線)	103
ポートターミナル ぽーとたーみなる (神戸新交通)	407
ポートタウン西 ぽーとたうんにし (大阪市交通局)	397
ポートタウン東 ぽーとたうんひがし (大阪市交通局)	397
北星 ほくせい (宗谷本線)	17
北勢中央公園口 ほくせいちゅうおうこうえんぐち (三岐鉄道)	380
北鉄金沢 ほくてつかなざわ (北陸鉄道)	355
北濃 ほくのう (長良川鉄道)	378
ほくほく大島 ほくほくおおしま (北越急行)	344
母恋 ぼこい (室蘭本線)	11
糒 ほしい (平成筑豊鉄道)	433
星置 ほしおき (函館本線)	4
星ヶ丘 ほしがおか (京阪電気鉄道)	261
星ヶ丘 ほしがおか (名古屋市交通局)	370
星川 ほしかわ (相模鉄道)	232
星川 ほしかわ (三岐鉄道)	381

516

駅名	よみ（路線）	ページ
星田	ほしだ（片町線）	148
ほしみ	ほしみ（函館本線）	4
布施屋	ほしや（和歌山線）	150
上枝	ほずえ（高山本線）	100
細井川	ほそいがわ（阪堺電気軌道）	398
細浦	ほそうら（大船渡線）	58
細岡	ほそおか（釧網本線）	21
細野	ほその（大糸線）	39
細畑	ほそばた（名古屋鉄道）	241
細谷	ほそや（東武鉄道）	196
細谷	ほそや（天竜浜名湖鉄道）	364
細呂木	ほそろぎ（北陸本線）	115
保田	ほた（内房線）	86
保田	ほた（えちぜん鉄道）	357
穂高	ほたか（大糸線）	38
蛍池	ほたるがいけ（阪急電鉄）	268
蛍池	ほたるがいけ（大阪高速鉄道）	400
螢田	ほたるだ（小田急電鉄）	216
蛍茶屋	ほたるぢゃや（長崎電気軌道）	440
蛍橋	ほたるばし（とさでん交通）	428
北海道医療大学	ほっかいどういりょうだいがく（札沼線）	7
保津峡	ほづきょう（山陰本線）	138
法華口	ほっけぐち（北条鉄道）	408
発坂	ほっさか（えちぜん鉄道）	357
ほっとゆだ	ほっとゆだ（北上線）	58
穂積	ほづみ（東海道本線）	93
布袋	ほてい（名古屋鉄道）	242
保土ケ谷	ほどがや（東海道本線）	23
程久保	ほどくぼ（多摩都市モノレール）	330
保内	ほない（信越本線）	79
保原	ほばら（阿武隈急行）	301
保々	ほぼ（三岐鉄道）	380
保見	ほみ（愛知環状鉄道）	368
堀内公園	ほりうちこうえん（名古屋鉄道）	236
堀江	ほりえ（予讃線）	156
堀川	ほりかわ（熊本電気鉄道）	442
堀川小泉	ほりかわこいずみ（富山地方鉄道）	348
堀川町	ほりかわちょう（函館市企業局）	287
堀切	ほりきり（京成電鉄）	195
堀切信号場	ほりきり（阪神電気鉄道）	270
堀切菖蒲園	ほりきりしょうぶえん（京成電鉄）	208
堀米	ほりごめ（東武鉄道）	198
堀田	ほりた（名古屋鉄道）	235
堀田	ほりた（名古屋市交通局）	371
堀詰	ほりづめ（とさでん交通）	428
堀内	ほりない（三陸鉄道）	294
堀之内信号場	ほりのうち（成田線）	88
堀ノ内	ほりのうち（京浜急行電鉄）	230
甫嶺	ほれい（三陸鉄道）	294
ホロカ信号場	ほろか（石勝線）	8
幌糠	ほろぬか（留萌本線）	13
幌延	ほろのべ（宗谷本線）	18
幌平橋	ほろひらばし（札幌市交通局）	283
幌別	ほろべつ（室蘭本線）	10
幌内	ほろない（函館本線）	5
本厚木	ほんあつぎ（小田急電鉄）	216
本諫早	ほんいさはや（島原鉄道）	440
本石倉	ほんいしくら（函館本線）	3
本川越	ほんかわごえ（西武鉄道）	205
本川内	ほんかわち（長崎本線）	174
本町	ほんかわちょう（広島電鉄）	416
本桐	ほんきり（日高本線）	12
本宮	ほんぐう（富山地方鉄道）	347
本鵠沼	ほんくげぬま（小田急電鉄）	217
本黒田	ほんくろだ（加古川線）	125
本郷	ほんごう（山陽本線）	122
本郷	ほんごう（西日本鉄道）	275
本郷	ほんごう（長野電鉄）	340
本郷	ほんごう（名古屋市交通局）	370
本郷三丁目	ほんごうさんちょうめ（東京地下鉄）	223
本郷三丁目	ほんごうさんちょうめ（東京都交通局）	327
本郷台	ほんごうだい（根岸線）	31
本駒込	ほんこまごめ（東京地下鉄）	227
本塩釜	ほんしおがま（仙石線）	55
本所吾妻橋	ほんじょあづまばし（東京都交通局）	325
本庄	ほんじょう（高崎線）	50
本城	ほんじょう（筑豊本線）	187
本荘	ほんじょう（えちぜん鉄道）	357
本庄早稲田	ほんじょうわせだ（上越新幹線）	51
本陣	ほんじん（名古屋市交通局）	370
誉田	ほんだ（外房線）	85
本竜野	ほんたつの（姫新線）	126
本千葉	ほんちば（外房線）	85
本町信号場	ほんちょう（西武鉄道）	206
本津幡	ほんつばた（七尾線）	118
本通	ほんどおり（広島電鉄）	417
本通	ほんどおり（広島高速交通）	419
名	ほな（只見線）	65
本長篠	ほんながしの（飯田線）	97
本中野	ほんなかの（東武鉄道）	197
本納	ほんのう（外房線）	85
本八戸	ほんはちのへ（八戸線）	62
本俣賀	ほんまたが（山口線）	136
本町	ほんまち（大阪市交通局）	393
本町五丁目	ほんまちごちょうめ（伊予鉄道）	426
本町三丁目	ほんまちさんちょうめ（伊予鉄道）	426
本町四丁目	ほんまちよんちょうめ（伊予鉄道）	426
本町六丁目	ほんまちろくちょうめ（伊予鉄道）	425
本妙寺入口	ほんみょうじいりぐち（熊本市交通局）	444
本牟田部	ほんむたべ（唐津線）	174
本牧埠頭	ほんもくふとう（神奈川臨海鉄道）	332
本由良	ほんゆら（山陽本線）	124
本吉原	ほんよしわら（岳南電車）	362

ま

駅名	よみ（路線）	ページ
舞岡	まいおか（横浜市交通局）	333
舞木信号場	まいぎ（名古屋鉄道）	234
舞子	まいこ（山陽本線）	121
舞子公園	まいここうえん（山陽電気鉄道）	279
舞阪	まいさか（東海道本線）	92
蒔田	まいた（横浜市交通局）	333
舞田	まいた（上田電鉄）	342
馬出九大病院前	まいだしきゅうだいびょういんまえ（福岡市交通局）	435
舞浜	まいはま（京葉線）	85
米原	まいばら（東海道新幹線）	94
米原	まいばら（東海道本線）	109
米原	まいばら（近江鉄道）	384
舞松原	まいまつばら（香椎線）	169
前川	まえかわ（信越本線）	79
前川	まえかわ（京阪電鉄）	319
前郷	まえごう（由利高原鉄道）	300
前沢	まえさわ（東北本線）	43
前空	まえぞら（山陽本線）	123
前田南	まえだみなみ（秋田内陸縦貫鉄道）	298
前之浜	まえのはま（指宿枕崎線）	171
前橋	まえばし（両毛線）	53
前橋大島	まえばしおおしま（両毛線）	53
前畑	まえはた（豊橋鉄道）	367
前浜	まえはま（松浦鉄道）	437
前原	まえばら（新京成電鉄）	276
前平公園	まえひらこうえん（長良川鉄道）	377
前谷地	まえやち（石巻線）	56
前山	まえやま（奥羽本線）	69
馬下	まおろし（磐越西線）	65
馬替	まがえ（北陸鉄道）	355
勾金	まがりかね（平成筑豊鉄道）	434
曲沢	まがりざわ（由利高原鉄道）	300
巻	まき（越後線）	81
牧	まき（日豊本線）	182
牧	まき（WILLER TRAINS）	386
牧落	まきおち（阪急電鉄）	268
牧志	まきし（沖縄都市モノレール）	449
マキノ	まきの（湖西線）	111
牧野	まきの（京阪電鉄）	262
牧之郷	まきのこう（伊豆箱根鉄道）	361
巻向	まきむく（桜井線）	148
牧山	まきやま（津山線）	128
馬来田	まくた（久留里線）	89
幕ノ内信号場	まくのうち（羽越本線）	74
幕張	まくはり（総武本線）	83
幕張本郷	まくはりほんごう（総武本線）	83
幕別	まくべつ（根室本線）	15
真倉	まぐら（舞鶴線）	142
枕崎	まくらざき（指宿枕崎線）	172
真駒内	まこまない（札幌市交通局）	283
馬込	まごめ（東京都交通局）	325
馬込沢	まごめざわ（東武鉄道）	200
真幸	まさき（肥薩線）	170
松前	まさき（伊予鉄道）	424
真申	まさる（松浦鉄道）	438
馬路	まじ（山陰本線）	140
増毛	ましけ（留萌本線）	13
益子	ましこ（真岡鐵道）	309
間島	まじま（羽越本線）	74
摩周	ましゅう（釧網本線）	21
鱒浦	ますうら（釧網本線）	21
増尾	ますお（東武鉄道）	200
益生	ますお（近畿日本鉄道）	254
真菅	ますが（近畿日本鉄道）	245

駅名	よみ	(路線)	ページ
升形	ますかた	(陸羽西線)	77
枡形	ますがた	(とさでん交通)	428
鱒沢	ますざわ	(釜石線)	59
益田	ますだ	(山陰本線)	141
馬田	まだ	(西日本鉄道)	275
真滝	まだき	(大船渡線)	57
町方	まちかた	(名古屋鉄道)	243
町田	まちだ	(横浜線)	30
町田	まちだ	(小田急電鉄)	215
町屋	まちや	(京成電鉄)	208
町屋	まちや	(東京地下鉄)	225
町屋駅前	まちやえきまえ	(東京都交通局)	328
町屋二丁目	まちやにちょうめ	(東京都交通局)	328
松井田	まついだ	(信越本線)	78
松井山手	まついやまて	(片町線)	148
松岩	まついわ	(気仙沼線)	57
松浦	まつうら	(松浦鉄道)	437
松浦発電所前	まつうらはつでんしょまえ	(松浦鉄道)	437
松江	まつえ	(山陰本線)	140
松江イングリッシュガーデン前	まつえいんぐりっしゅがーでんまえ	(一畑電車)	412
松江しんじ湖温泉	まつえしんじこおんせん	(一畑電車)	412
松江フォーゲルパーク	まつえふぉーげるぱーく	(一畑電車)	411
松尾	まつお	(総武本線)	83
松尾	まつお	(近畿日本鉄道)	255
松岡	まつおか	(えちぜん鉄道)	357
松尾大社	まつおたいしゃ	(阪急電鉄)	266
松尾八幡平	まつおはちまんたい	(花輪線)	61
松尾町	まつおまち	(島原鉄道)	441
松浦	まつうら	(指宿枕崎線)	172
松ヶ崎	まつがさき	(近畿日本鉄道)	246
松ヶ崎	まつがさき	(京都市交通局)	391
松風町	まつかぜちょう	(函館市企業局)	287
松神	まつかみ	(五能線)	71
松が谷	まつがや	(多摩都市モノレール)	330
松川	まつかわ	(東北本線)	41
松岸	まつぎし	(総武本線)	84
松木平	まつきたい	(弘南鉄道)	291
松草	まつくさ	(山田線)	60
松倉	まつくら	(釜石線)	59
松阪	まつさか	(紀勢本線)	105
松阪	まつさか	(近畿日本鉄道)	246
松崎	まつさき	(山陰本線)	139
松崎	まつざき	(甘木鉄道)	436
松下	まつした	(参宮線)	107
松島	まつしま	(東北本線)	42
松島海岸	まつしまかいがん	(仙石線)	55
松島二丁目	まつしまにちょうめ	(高松琴平電気鉄道)	422
松田	まつだ	(御殿場線)	94
まつだい	まつだい	(北越急行)	344
松町	まつだちょう	(阪堺電気軌道)	398
真土	まつち	(予土線)	158
松塚	まつづか	(近畿日本鉄道)	245
松戸	まつど	(常磐線)	45
松戸	まつど	(新京成電鉄)	276
松任	まっとう	(北陸本線)	116
松戸新田	まつどしんでん	(新京成電鉄)	276
松永	まつなが	(山陽本線)	122
松尾寺	まつおでら	(小浜線)	117
松ノ浜	まつのはま	(南海電気鉄道)	257
松ノ馬場	まつのばんば	(京阪電気鉄道)	264
松葉	まつば	(秋田内陸縦貫鉄道)	299
松橋	まつばせ	(鹿児島本線)	167
松原	まつばら	(大村線)	176
松原	まつばら	(東急電鉄)	221
松原湖	まつばらこ	(小海線)	37
松原団地	まつばらだんち	(東武鉄道)	195
松久	まつひさ	(八高線)	36
松飛台	まつひだい	(北総鉄道)	315
真布	まっぷ	(留萌本線)	13
松丸	まつまる	(予土線)	158
松虫	まつむし	(阪堺電気軌道)	399
松本	まつもと	(篠ノ井線)	38
松本	まつもと	(アルピコ交通)	343
まつもと町屋	まつもとまちや	(えちぜん鉄道)	357
松森	まつもり	(長良川鉄道)	377
松山	まつやま	(予讃線)	157
松山	まつやま	(平成筑豊鉄道)	433
松山市	まつやまし	(伊予鉄道)	424
松山市駅前	まつやましえきまえ	(伊予鉄道)	426
松屋町	まつやまち	(大阪市交通局)	396
松山町	まつやままち	(東北本線)	42
松山町	まつやままち	(長崎電気軌道)	439
間藤	まとう	(わたらせ渓谷鐵道)	309
的形	まとがた	(山陽電気鉄道)	280
的場	まとば	(川越線)	49
的場町	まとばちょう	(広島電鉄)	416
間内	まない	(名古屋鉄道)	240
馬渡	まだら	(七尾線)	37
万能倉	まなぐら	(福塩線)	132
真鶴	まなづる	(東海道本線)	24
馬庭	まにわ	(上信電鉄)	311
馬橋	まばし	(常磐線)	45
馬橋	まばし	(流鉄)	316
馬堀海岸	まほりかいがん	(京急電鉄)	230
間々田	ままだ	(東北本線)	41
真室川	まむろがわ	(奥羽本線)	68
摩耶	まや	(東海道本線)	110
摩耶ケーブル	まやけーぶる	(神戸すまいまちづくり公社)	403
マリンパーク	まりんぱーく	(神戸新交通)	407
丸尾	まるお	(宇部線)	136
丸岡	まるおか	(北陸本線)	115
丸亀	まるがめ	(予讃線)	155
丸山	まるせっか	(花北本線)	19
丸太町	まるたまち	(京都市交通局)	391
丸ノ内	まるのうち	(名古屋鉄道)	235
丸の内	まるのうち	(富山地方鉄道)	349
丸の内	まるのうち	(名古屋市交通局)	372
丸渕	まるぶち	(名古屋鉄道)	243
丸森	まるもり	(阿武隈急行)	302
丸山	まるやま	(埼玉新都市交通)	314
丸山	まるやま	(伊賀鉄道)	383
丸山	まるやま	(神戸電鉄)	405
円山公園	まるやまこうえん	(札幌市交通局)	283
丸山下	まるやました	(上毛電気鉄道)	310
稀府	まれっぷ	(室蘭本線)	10
万々塚	まんがつか	(吉都線)	186
万願寺	まんがんじ	(多摩都市モノレール)	331
万石浦	まんごくうら	(石巻線)	56
万座・鹿沢口	まんざかざわぐち	(吾妻線)	52
万富	まんとみ	(山陽本線)	122
万場	まんば	(長良川鉄道)	378

み

駅名	よみ	(路線)	ページ
美合	みあい	(名古屋鉄道)	234
御井	みい	(久大本線)	177
三井寺	みいでら	(京阪電気鉄道)	264
三井野原	みいのはら	(木次線)	144
三浦	みうら	(因美線)	143
三浦海岸	みうらかいがん	(京浜急行電鉄)	231
三会	みえ	(島原鉄道)	441
美江寺	みえじ	(樽見鉄道)	378
美栄橋	みえばし	(沖縄都市モノレール)	449
三重町	みえまち	(豊肥本線)	179
三柿野	みかきの	(名古屋鉄道)	241
御影	みかげ	(根室本線)	14
御影	みかげ	(阪急電鉄)	267
御影	みかげ	(阪神電気鉄道)	270
三ヶ尻	みかじり	(秩父鉄道)	313
三方	みかた	(小浜線)	116
三日市	みかづいち	(姫新線)	126
三門	みかど	(外房線)	86
御門台	みかどだい	(静岡鉄道)	363
美加の台	みかのだい	(南海電気鉄道)	260
三加茂	みかも	(徳島線)	160
三ヶ山口	みかやまぐち	(水間鉄道)	400
三川	みかわ	(羽越本線)	11
三川	みかわ	(磐越西線)	65
美川	みかわ	(北陸本線)	116
三河安城	みかわあんじょう	(東海道本線)	92
三河一宮	みかわいちのみや	(飯田線)	96
三河大塚	みかわおおつか	(東海道本線)	92
三河大野	みかわおおの	(飯田線)	97
三河鹿島	みかわかしま	(名古屋鉄道)	237
三河上郷	みかわかみごう	(愛知環状鉄道)	368
三河川合	みかわかわい	(飯田線)	97
三河塩津	みかわしおつ	(東海道本線)	92
三河島	みかわしま	(常磐線)	45
三河高浜	みかわたかはま	(名古屋鉄道)	237
三河田原	みかわたはら	(豊橋鉄道)	367
三河内	みかわち	(佐世保線)	176
三河知立	みかわちりゅう	(名古屋鉄道)	236
三河東郷	みかわとうごう	(飯田線)	96
三河鳥羽	みかわとば	(名古屋鉄道)	237
三河豊田	みかわとよた	(愛知環状鉄道)	368
三河槙原	みかわまきはら	(飯田線)	97
三河三谷	みかわみや	(東海道本線)	92
三河八橋	みかわやつはし	(名古屋鉄道)	236
三木	みき	(神戸電鉄)	406
三木上の丸	みきうえのまる	(神戸電鉄)	406
三木里	みきさと	(紀勢本線)	105
三国	みくに	(阪急電鉄)	268
三国	みくに	(えちぜん鉄道)	358

518

三国ケ丘	みくにがおか	(阪和線)	151
三国ヶ丘	みくにがおか	(南海電気鉄道)	260
三国が丘	みくにがおか	(西日本鉄道)	273
三国神社	みくにじんじゃ	(えちぜん鉄道)	358
三国港	みくにみなと	(えちぜん鉄道)	358
三雲	みくも	(草津線)	147
御来屋	みくりや	(山陰本線)	140
御厨	みくりや	(松浦鉄道)	437
三毛門	みけかど	(日豊本線)	181
御崎	みさき	(室蘭本線)	11
三咲	みさき	(新京成鉄)	276
美咲が丘	みさきがおか	(筑肥線)	175
三崎口	みさきぐち	(京浜急行電鉄)	231
みさき公園	みさきこうえん	(南海電気鉄道)	258
御崎公園	みさきこうえん	(神戸市交通局)	404
水窪	みさくぼ	(飯田線)	97
御陵	みささぎ	(京阪電気鉄道)	263
御陵	みささぎ	(京都市交通局)	391
美佐島	みさしま	(北越急行)	343
三郷	みさと	(武蔵野線)	29
美里	みさと	(小海線)	37
三里	みさと	(三岐鉄道)	380
三郷中央	みさとちゅうおう	(首都圏新都市鉄道)	322
三沢	みさわ	(青い森鉄道)	292
三島	みしま	(東海道本線)	91
三島	みしま	(伊豆箱根鉄道)	360
三島田町	みしまたまち	(伊豆箱根鉄道)	360
三島広小路	みしまひろこうじ	(伊豆箱根鉄道)	360
三島二日町	みしまふつかまち	(伊豆箱根鉄道)	360
水居	みすい	(えちぜん鉄道)	358
瑞江	みずえ	(東京都交通局)	327
水江町	みずえちょう	(神奈川臨海鉄道)	332
水落	みずおち	(福井鉄道)	358
水城	みずき	(鹿児島本線)	166
水沢	みずさわ	(東北本線)	43
水沢江刺	みずさわえさし	(東北新幹線)	45
水島	みずしま	(水島臨海鉄道)	413
水尻	みずしり	(呉線)	134
水田	みずた	(高松琴平電気鉄道)	423
瑞浪	みずなみ	(中央本線)	102
水成川	みずなりかわ	(指宿枕崎線)	172
水沼	みずぬま	(わたらせ渓谷鐵道)	309
水野	みずの	(名古屋鉄道)	240
水橋	みずはし	(あいの風とやま鉄道)	353
瑞穂	みずほ	(宗谷本線)	17
瑞穂運動場西	みずほうんどうじょうにし	(名古屋市交通局)	373
瑞穂運動場東	みずほうんどうじょうひがし	(名古屋市交通局)	371
瑞穂区役所	みずほくやくしょ	(名古屋市交通局)	373
みずほ台	みずほだい	(東武鉄道)	201
三潴	みずま	(西日本鉄道)	274
水間観音	みずまかんのん	(水間鉄道)	400
水巻	みずまき	(鹿児島本線)	166
三角	みすみ	(三角線)	170
三瀬谷	みせだに	(紀勢本線)	105

溝口	みぞぐち	(播但線)	126
味噌天神前	みそてんじんまえ	(熊本市交通局)	443
美園	みその	(札幌市交通局)	284
溝の口	みぞのくち	(東京急行電鉄)	219
美園中央公園	みそのちゅうおうこうえん	(道央鉄道)	366
三田	みた	(東京都交通局)	325
箕田	みだ	(近畿日本鉄道)	253
三代橋	みだいばし	(松浦鉄道)	437
三鷹	みたか	(中央本線)	33
三鷹台	みたかだい	(京王電鉄)	214
三滝	みたき	(可部線)	134
御嶽	みたけ	(青梅線)	35
御嵩	みたけ	(名古屋鉄道)	242
御嵩口	みたけぐち	(名古屋鉄道)	242
御岳山	みたけさん	(御岳登山鉄道)	331
御岳堂	みたけどう	(気仙沼線)	57
美田園	みたぞの	(仙台空港鉄道)	298
三谷	みたに	(山口線)	135
三谷	みたに	(井原鉄道)	414
美談	みだみ	(一畑電車)	411
乱川	みだれがわ	(奥羽本線)	67
道川	みちかわ	(羽越本線)	75
道上	みちのうえ	(福塩線)	132
道ノ尾	みちのお	(長崎本線)	174
三津	みつ	(伊予鉄道)	424
見津信号所	みつ	(神戸電鉄)	406
三石	みついし	(山陽本線)	121
三ツ石	みついし	(熊本電気鉄道)	442
三岡	みつおか	(小海線)	37
三日市	みっかいち	(近畿日本鉄道)	254
三日市町	みっかいちちょう	(南海電気鉄道)	260
水海道	みつかいどう	(関東鉄道)	307
三ヶ日	みっかび	(天竜浜名湖鉄道)	365
三ツ境	みつきょう	(相模鉄道)	232
三口	みつくち	(北陸本線)	355
見附	みつけ	(信越本線)	79
三越前	みつこしまえ	(東京地下鉄)	222
三沢	みつさわ	(西日本鉄道)	273
三ツ沢上町	みつざわかみちょう	(横浜市交通局)	333
三ツ沢下町	みつざわしもちょう	(横浜市交通局)	333
三関	みつせき	(奥羽本線)	68
三つ峠	みつとうげ	(富士急行)	339
三津浜	みつはま	(予讃線)	157
三菱自工前	みつびしじこうまえ	(水島臨海鉄道)	413
三妻	みつま	(関東鉄道)	307
三俣	みつまた	(上毛電気鉄道)	310
三松	みつまつ	(小浜線)	117
三ツ松	みつまつ	(近畿日本鉄道)	400
三峰口	みつみねぐち	(秩父鉄道)	313
三ツ屋	みつや	(北陸鉄道)	355
みつわ台	みつわだい	(千葉都市モノレール)	317
御幣島	みてじま	(JR東西線)	113
水戸	みと	(常磐線)	46
弥刀	みと	(近畿日本鉄道)	245

水戸	みと	(鹿島臨海鉄道)	306
御堂	みどう	(IGRいわて銀河鉄道)	295
三苫	みとま	(西日本鉄道)	275
緑	みどり	(釧網本線)	21
水鳥	みどり	(樽見鉄道)	378
緑井	みどりい	(可部線)	134
緑が丘	みどりがおか	(富良野線)	16
緑が丘	みどりがおか	(東京急行電鉄)	220
緑が丘	みどりがおか	(神戸電鉄)	406
緑川	みどりかわ	(三角線)	170
みどり口	みどりぐち	(スカイレールサービス)	415
みどり湖	みどりこ	(中央本線)	34
みどり台	みどりだい	(京成電鉄)	210
みどり中央	みどりちゅうおう	(スカイレールサービス)	415
緑町	みどりちょう	(伊豆箱根鉄道)	360
みどり中街	みどりなかまち	(スカイレールサービス)	415
みどりの	みどりの	(首都圏新都市鉄道)	322
緑橋	みどりばし	(大阪市交通局)	395
水上	みなかみ	(上越線)	50
美袋	みなぎ	(伯備線)	130
水口	みなくち	(近江鉄道)	384
水口石橋	みなくちいしばし	(近江鉄道)	384
水口城南	みなくちじょうなん	(近江鉄道)	384
水口松尾	みなくちまつお	(近江鉄道)	384
水無瀬	みなせ	(阪急電鉄)	265
湊	みなと	(南海電気鉄道)	257
湊川	みなとがわ	(神戸電鉄)	405
湊川公園	みなとがわこうえん	(神戸市交通局)	404
港区役所	みなとくやくしょ	(名古屋市交通局)	372
みなとじま	みなとじま	(神戸新交通)	407
港町	みなとちょう	(京浜急行電鉄)	231
みなとみらい	みなとみらい	(横浜高速鉄道)	334
みなと元町	みなともとまち	(神戸市交通局)	404
港山	みなとやま	(伊予鉄道)	424
皆野	みなの	(秩父鉄道)	313
南部	みなべ	(紀勢本線)	153
水俣	みなまた	(肥薩おれんじ鉄道)	445
南阿佐ケ谷	みなみあさがや	(東京地下鉄)	223
南阿蘇白川水源	みなみあそしらかわすいげん	(南阿蘇鉄道)	441
南阿蘇水の生まれる里白水高原	みなみあそみずのうまれるさとはくすいこうげん	(南阿蘇鉄道)	441
南荒尾信号場	みなみあらお	(東海道本線)	93
南荒尾	みなみあらお	(鹿児島本線)	167
南荒子	みなみあらこ	(名古屋臨海高速鉄道)	373
南安城	みなみあんじょう	(名古屋鉄道)	236
南生駒	みなみいこま	(近畿日本鉄道)	252
南石井	みなみいしい	(水郡線)	48
南石下	みなみいしげ	(関東鉄道)	307
南伊勢	みなみいせ	(伊豆急行)	361
南茨木	みなみいばらき	(阪急電鉄)	265

南茨木 みなみいばらき (大阪高速鉄道) 401	南宍道 みなみしんじ (木次線) 143	233
南今庄 みなみいまじょう (北陸本線) 115	南新宿 みなみしんじゅく (小田急電鉄) 215	南町 みなみまち (伊予鉄道) 425
南入曽信号場 みなみいりそ (西武鉄道) 205	南新庄 みなみしんじょう (陸羽東線) 77	南町田 みなみまちだ (東京急行電鉄) 219
南岩国 みなみいわくに (山陽本線) 123	南砂町 みなみすなまち (東京地下鉄) 225	皆実町二丁目 みなみまちにちょうめ (広島電鉄) 418
南魚崎 みなみうおざき (神戸新交通) 407	南瀬高 みなみせたか (鹿児島本線) 167	皆実町六丁目 みなみまちろくちょうめ (広島電鉄) 417
南ウッディタウン みなみうっでぃたうん (神戸電鉄) 406	南摂津 みなみせっつ (大阪高速鉄道) 401	南松本 みなみまつもと (篠ノ井線) 38
南宇都宮 みなみうつのみや (東武鉄道) 199	南千住 みなみせんじゅ (常磐線) 45	南水海道信号所 みなみみつかいどう (関東鉄道) 307
南浦和 みなみうらわ (東北本線) 40	南千住 みなみせんじゅ (東京地下鉄) 224	南宮崎 みなみみやざき (日豊本線) 183
南大分 みなみおおいた (久大本線) 177	南千住 みなみせんじゅ (首都圏新都市鉄道) 322	南森町 みなみもりまち (大阪市交通局) 394
南大沢 みなみおおさわ (京王電鉄) 213	南仙台 みなみせんだい (東北本線) 42	南守谷 みなみもりや (関東鉄道) 307
南太田 みなみおおた (京浜急行電鉄) 230	南千里 みなみせんり (山形鉄道) 266	南矢代 みなみやしろ (福知山線) 114
南大高 みなみおおだか (東海道本線) 92	南大東 みなみだいとう (木次線) 144	南行橋 みなみゆくはし (日豊本線) 181
南大塚 みなみおおつか (西武鉄道) 205	南平 みなみたいら (京王電鉄) 213	南由布 みなみゆふ (久大本線) 177
南大町 みなみおおまち (大糸線) 39	南高崎 みなみたかさき (上信電鉄) 311	南吉田 みなみよしだ (越後線) 81
南大嶺 みなみおおみね (美祢線) 137	南高田 みなみたかだ (えちごトキめき鉄道) 344	南四日市 みなみよっかいち (関西本線) 104
南小谷 みなみおたり (大糸線) 39	南巽 みなみたつみ (大阪市交通局) 396	南米沢 みなみよねざわ (米坂線) 70
南小樽 みなみおたる (函館本線) 4	南田辺 みなみたなべ (阪和線) 151	南与野 みなみよの (東北本線) 44
南小野田 みなみおのだ (小野田線) 136	南多摩 みなみたま (南武線) 26	南林間 みなみりんかん (小田急電鉄) 216
南が丘 みなみがおか (近畿日本鉄道) 253	南千歳 みなみちとせ (千歳線) 8	南若松 みなみわかまつ (会津鉄道) 303
南加木屋 みなみかぎや (名古屋鉄道) 239	南鳥海 みなみちょうかい (羽越本線) 75	南稚内 みなみわっかない (宗谷本線) 18
南角田 みなみかくだ (阿武隈急行) 302	南弟子屈 みなみてしかが (釧網本線) 21	見奈良 みなら (伊予鉄道) 424
南鹿児島 みなみかごしま (指宿枕崎線) 171	南出羽 みなみでわ (奥羽本線) 67	三縄 みなわ (土讃線) 162
南鹿児島駅前 みなみかごしまえきまえ (鹿児島市交通局) 448	南富山 みなみとやま (富山地方鉄道) 348	見沼代親水公園 みぬまだいしんすいこうえん (東京都交通局) 330
南柏 みなみかしわ (常磐線) 45	南富山駅前 みなみとやまえきまえ (富山地方鉄道) 348	美祢 みね (美祢線) 137
南方 みなみかた (日南線) 185	南豊科 みなみとよしな (大糸線) 38	峰ヶ原信号場 みねがはら (江ノ島電鉄) 336
南方 みなみかた (阪急電鉄) 265	南長井 みなみながい (山形鉄道) 301	峰延 みねのぶ (函館本線) 5
南神城 みなみかみしろ (大糸線) 39	南長岡 みなみながおか (信越本線) 79	峰山 みねやま (WILLER TRAINS) 387
美並苅安 みなみかりやす (長良川鉄道) 377	南中川 みなみなかがわ (小野田線) 137	峰吉川 みねよしかわ (奥羽本線) 68
南行徳 みなみぎょうとく (東京地下鉄) 225	南中郷 みなみなかごう (常磐線) 46	みの みの (予讃線) 156
南霧島信号場 みなみきりしま (日豊本線) 183	南永山 みなみながやま (石北本線) 19	美濃赤坂 みのあかさか (東海道本線) 93
南草津 みなみくさつ (東海道本線) 109	南流山 みなみながれやま (武蔵野線) 29	美濃赤坂 みのあかさか (西濃鉄道) 380
南熊本 みなみくまもと (豊肥本線) 179	南流山 みなみながれやま (首都圏新都市鉄道) 322	箕浦 みのうら (予讃線) 156
南区役所前 みなみくやくしょまえ (広島電鉄) 418	南野 みなみの (陸羽西線) 77	箕面 みのお (阪急電鉄) 268
南栗橋 みなみくりはし (東武鉄道) 198	南直方御殿口 みなみのおがたごてんぐち (平成筑豊鉄道) 433	美濃太田 みのおおた (高山本線) 100
南久留米 みなみくるめ (久大本線) 177	南能代信号場 みなみのしろ (奥羽本線) 69	美濃太田 みのおおた (長良川鉄道) 377
南気仙沼 みなみけせんぬま (気仙沼線) 57	南延岡 みなみのべおか (日豊本線) 182	美濃川合 みのかわい (太多線) 103
南公園 みなみこうえん (神戸新交通) 407	南羽咋 みなみはくい (七尾線) 118	美乃坂本 みのさかもと (中央本線) 101
南河内 みなみこうち (錦川鉄道) 420	南橋本 みなみはしもと (相模線) 32	美濃市 みのし (長良川鉄道) 377
南甲府 みなみこうふ (身延線) 96	南鳩ヶ谷 みなみはとがや (埼玉高速鉄道) 313	箕島 みのしま (紀勢本線) 154
南小倉 みなみこくら (日豊本線) 181	南羽生 みなみはにゅう (東武鉄道) 196	美濃白鳥 みのしろとり (長良川鉄道) 378
南越谷 みなみこしがや (武蔵野線) 28	南三原 みなみはら (内房線) 87	三野瀬 みのせ (紀勢本線) 105
みなみ子宝温泉 みなみこだからおんせん (長良川鉄道) 377	南彦根 みなみひこね (東海道本線) 109	美濃高田 みのたかだ (養老鉄道) 379
南御殿場 みなみごてんば (御殿場線) 95	南比布 みなみぴっぷ (石北本線) 17	箕谷 みのたに (神戸電鉄) 405
南小松島 みなみこまつしま (牟岐線) 161	南日永 みなみひなが (四日市あすなろう鉄道) 381	美濃津屋 みのつや (養老鉄道) 379
南酒出 みなみさかいで (水郡線) 49	南日向 みなみひゅうが (日豊本線) 183	見能林 みのばやし (牟岐線) 161
南栄 みなみさかえ (豊橋鉄道) 367	南美深 みなみびふか (宗谷本線) 17	身延 みのぶ (身延線) 95
南寒江 みなみさむえ (左沢線) 70	南平岸 みなみひらぎし (札幌市交通局) 283	美濃本郷 みのほんごう (養老鉄道) 379
南桜井 みなみさくらい (東武鉄道) 200	南福井 みなみふくい (北陸本線) 115	美濃松山 みのまつやま (養老鉄道) 379
南桜井 みなみさくらい (名古屋鉄道) 236	南福岡 みなみふくおか (鹿児島本線) 166	美濃青柳 みのやなぎ (養老鉄道) 379
南滋賀 みなみしが (京阪電気鉄道) 264	南福島 みなみふくしま (東北本線) 42	美濃山崎 みのやまざき (養老鉄道) 379
南酒々井 みなみしすい (総武本線) 83	南船橋 みなみふなばし (京葉線) 85	みのり台 みのりだい (新京成電鉄) 276
南島原 みなみしまばら (島原鉄道) 441	南古谷 みなみふるや (川越線) 28	三ノ輪 みのわ (東京地下鉄) 224
南清水沢 みなみしみずさわ (石勝線) 9	南堀端 みなみほりばた (伊予鉄道) 425	三ノ輪橋 みのわばし (東京都交通局) 328
南下富良 みなみしもとっぷ (札沼線) 7	南幌延 みなみほろのべ (宗谷本線) 18	美旗 みはた (近畿日本鉄道) 246
南斜里 みなみしゃり (釧網本線) 21	南万騎が原 みなみまきがはら (相模鉄道)	美浜 みはま (小浜線) 116
南宿 みなみじゅく (名古屋鉄道) 243		美浜緑苑 みはまりょくえん (名古屋鉄道) 239
		三原 みはら (山陽本線) 122

見晴台	みはらしだい (南阿蘇鉄道)	441
三春	みはる (磐越東線)	63
壬生	みぶ (東武鉄道)	199
三保三隅	みほみすみ (山陰本線)	141
三間坂	みまさか (佐世保線)	176
美作江見	みまさかえみ (姫新線)	127
美作追分	みまさかおいわけ (姫新線)	127
美作大崎	みまさかおおさき (姫新線)	127
美作落合	みまさかおちあい (姫新線)	127
美作加茂	みまさかかも (因美線)	143
美作河井	みまさかかわい (因美線)	143
美作千代	みまさかせんだい (因美線)	127
美作滝尾	みまさかたきお (因美線)	143
美作土居	みまさかどい (姫新線)	127
三股	みまた (日豊本線)	183
美々津	みみつ (日豊本線)	183
耳成	みみなし (近畿日本鉄道)	246
三室戸	みむろど (京阪電気鉄道)	262
実籾	みもみ (京成電鉄)	209
宮内	みやうち (信越本線)	79
宮内	みやうち (山形鉄道)	300
宮内	みやうち (広島電鉄)	416
宮内串戸	みやうちくしど (山陽本線)	123
宮ケ浜	みやがはま (指宿枕崎線)	171
宮川	みやがわ (参宮線)	106
宮木	みやぎ (飯田線)	98
宮城野信号場	みやぎの (仙石線)	55
宮城野通	みやぎのどおり (仙台市交通局)	296
宮城野原	みやぎのはら (仙石線)	55
宮口	みやぐち (天竜浜名湖鉄道)	365
三宅八幡	みやけはちまん (叡山電鉄)	388
宮古	みやこ (山田線)	61
宮古	みやこ (三陸鉄道)	293
美夜古泉	みやこいずみ (平成筑豊鉄道)	434
都島	みやこじま (大阪市交通局)	394
都田	みやこだ (天竜浜名湖鉄道)	365
都通	みやこどおり (鹿児島市交通局)	448
都城	みやこのじょう (日豊本線)	183
宮崎	みやざき (日豊本線)	183
宮崎空港	みやざきくうこう (宮崎空港線)	185
宮崎神宮	みやざきじんぐう (日豊本線)	183
宮崎台	みやざきだい (東京急行電鉄)	219
宮地	みやじ (豊肥本線)	179
宮島口	みやじまぐち (山陽本線)	123
宮田	みやだ (飯田線)	98
宮田町	みやたちょう (伊予鉄道)	426
宮津	みやづ (WILLER TRAINS)	387
宮野	みやの (山口線)	135
宮の奥	みやのおく (とさでん交通)	429
宮ノ越	みやのこし (中央本線)	102
宮の坂	みやのさか (東京急行電鉄)	221
宮ノ阪	みやのさか (京阪電気鉄道)	261
宮ノ沢	みやのさわ (札幌市交通局)	283
宮ノ下	みやのした (箱根登山鉄道)	337
宮ノ陣	みやのじん (西日本鉄道)	273
宮ノ平	みやのひら (青梅線)	35
宮ノ前	みやのまえ (東京都交通局)	329
宮原	みやはら (高崎線)	49
美山	みやま (越美北線)	117
宮前	みやまえ (紀勢本線)	154
宮前平	みやまえだいら (東京急行電鉄)	219

三山木	みやまき (近畿日本鉄道)	251
宮町	みやまち (近畿日本鉄道)	247
海山道	みやまど (近畿日本鉄道)	253
宮村	みやむら (WILLER TRAINS)	386
宮本武蔵	みやもとむさし (智頭急行)	411
宮守	みやもり (釜石線)	59
宮山	みややま (相模線)	31
宮脇	みやわき (筑波観光鉄道)	307
御幸辻	みゆきつじ (南海電気鉄道)	260
御幸橋	みゆきばし (広島電鉄)	417
妙音通	みょうおんどおり (名古屋市交通局)	371
明覚	みょうかく (八高線)	36
茗荷谷	みょうがだに (東京地下鉄)	223
妙見口	みょうけんぐち (能勢電鉄)	402
明見橋	みょうけんばし (とさでん交通)	430
妙高高原	みょうこうこうげん (しなの鉄道)	342
妙高高原	みょうこうこうげん (えちごトキめき鉄道)	344
妙興寺	みょうこうじ (名古屋鉄道)	235
妙国寺前	みょうこくじまえ (阪堺電気軌道)	399
妙寺	みょうじ (和歌山線)	150
明星	みょうじょう (近畿日本鉄道)	247
明神	みょうじん (東武鉄道)	199
妙心寺	みょうしんじ (京福電気鉄道)	390
名谷	みょうだに (神戸市交通局)	404
妙典	みょうでん (東京地下鉄)	225
妙法寺	みょうほうじ (越後線)	81
妙法寺	みょうほうじ (神戸市交通局)	404
妙蓮寺	みょうれんじ (東京急行電鉄)	218
三次	みよし (芸備線)	131
御代志	みよし (熊本電気鉄道)	442
三好ケ丘	みよしがおか (名古屋鉄道)	237
三好町	みよしちょう (上田電鉄)	342
御代田	みよた (しなの鉄道)	341
みらい平	みらいだいら (首都圏新都市鉄道)	322
三良坂	みらさか (福塩線)	133
見老津	みろづ (紀勢本線)	153
三輪	みわ (桜井線)	148
三輪崎	みわさき (紀勢本線)	153
三厩	みんまや (津軽線)	73

む

六日町	むいかまち (上越線)	51
六日町	むいかまち (北越急行)	343
向河原	むかいがわら (南武線)	26
向島	むかいじま (近畿日本鉄道)	251
向瀬上	むかいせのうえ (阿武隈急行)	301
向市場	むかいいちば (山陽本線)	97
向洋	むかいなだ (山陽本線)	123
向能代	むかいのしろ (五能線)	71
向之原	むかいのはる (久大本線)	177
向浜	むかいはま (秋田臨海鉄道)	299
向原	むかいはら (芸備線)	132
向井原	むかいばら (予讃線)	157
向山	むかいやま (青い森鉄道)	292
鵡川	むかわ (日高本線)	12
牟岐	むぎ (牟岐線)	161

椋野	むくの (錦川鉄道)	420
武庫	むこ (伯備線)	131
向ヶ丘	むこうがおか (豊橋鉄道)	367
向ヶ丘遊園	むこうがおかゆうえん (小田急電鉄)	215
向原	むこうはら (東京都交通局)	329
向日町	むこうまち (東海道本線)	110
武庫川信号場	むこがわ (阪神電気鉄道)	270
武庫川	むこがわ (阪神電気鉄道)	270
武庫川団地前	むこがわだんちまえ (阪神電気鉄道)	271
武庫之荘	むこのそう (阪急電鉄)	266
武佐	むさ (根室本線)	15
武佐	むさ (近江鉄道)	385
武蔵五日市	むさしいつかいち (五日市線)	36
武蔵浦和	むさしうらわ (東北本線)	44
武蔵丘信号場	むさしがおか (西武鉄道)	204
武蔵小金井	むさしこがねい (中央本線)	26
武蔵小杉	むさしこすぎ (南武線)	26
武蔵小杉	むさしこすぎ (東京急行電鉄)	218
武蔵小山	むさしこやま (東京急行電鉄)	219
武蔵境	むさしさかい (中央本線)	33
武蔵境	むさしさかい (西武鉄道)	207
武蔵白石	むさししらいし (鶴見線)	27
武蔵新城	むさししんじょう (南武線)	26
武蔵砂川	むさしすながわ (西武鉄道)	207
武蔵関	むさしせき (西武鉄道)	204
武蔵高萩	むさしたかはぎ (川越線)	49
武蔵塚	むさしづか (豊肥本線)	179
武蔵中原	むさしなかはら (南武線)	26
武蔵新田	むさしにった (東京急行電鉄)	220
武蔵野台	むさしのだい (京王電鉄)	212
武蔵引田	むさしひきだ (五日市線)	36
武蔵藤沢	むさしふじさわ (西武鉄道)	203
武蔵増戸	むさしますこ (五日市線)	36
武蔵溝ノ口	むさしみぞのくち (南武線)	26
武蔵大和	むさしやまと (西武鉄道)	206
武蔵横手	むさしよこて (西武鉄道)	204
武蔵嵐山	むさしらんざん (東武鉄道)	201
虫川大杉	むしかわおおすぎ (北越急行)	344
六十谷	むそた (阪和線)	151
六田	むだ (近畿日本鉄道)	250
六会日大前	むつあいにちだいまえ (小田急電鉄)	216
陸奥赤石	むつあかいし (五能線)	72
陸奥市川	むついちかわ (青い森鉄道)	292
陸奥岩崎	むついわさき (五能線)	71
六浦	むつうら (京浜急行電鉄)	231
陸奥沢辺	むつさわべ (五能線)	71
陸奥白浜	むつしらはま (八戸線)	62
陸奥鶴田	むつつるだ (五能線)	72
六名	むつな (愛知環状鉄道)	368
六実	むつみ (東武鉄道)	200
陸奥湊	むつみなと (八戸線)	62
陸奥森田	むつもりた (五能線)	72
陸奥柳田	むつやなぎた (五能線)	72
陸奥横浜	むつよこはま (大湊線)	63
務田	むでん (予土線)	159
撫養	むや (鳴門線)	160
村井	むらい (篠ノ井線)	38
村上	むらかみ (羽越本線)	74

村上 むらかみ (東葉高速鉄道)	316
紫 むらさき (西日本鉄道)	273
紫川信号場 むらさきがわ (鹿児島本線)	165
村崎野 むらさきの (東北本線)	43
村野 むらの (京阪電気鉄道)	261
村山 むらやま (奥羽本線)	67
村山 むらやま (長野電鉄)	340
牟礼 むれ (しなの鉄道)	342
室 むろ (養老鉄道)	379
室生口大野 むろうぐちおおの (近畿日本鉄道)	246
室堂 むろどう (立山黒部貫光)	351
室見 むろみ (福岡市交通局)	435
室蘭 むろらん (室蘭本線)	11

め

明治神宮前 めいじじんぐうまえ (東京地下鉄)	225
名城公園 めいじょうこうえん (名古屋市交通局)	371
明大前 めいだいまえ (京王電鉄)	212
名鉄一宮 めいてついちのみや (名古屋鉄道)	243
名鉄岐阜 めいてつぎふ (名古屋鉄道)	335
名鉄名古屋 めいてつなごや (名古屋鉄道)	235
名電赤坂 めいでんあかさか (名古屋鉄道)	234
名電各務原 めいでんかかみがはら (名古屋鉄道)	241
名電築港 めいでんちっこう (名古屋臨海鉄道)	375
名電長沢 めいでんながさわ (名古屋鉄道)	234
名電山中 めいでんやまなか (名古屋鉄道)	234
姪浜 めいのはま (筑肥線)	175
姪浜 めいのはま (福岡市交通局)	435
明峰 めいほう (北陸本線)	116
夫婦石 めおといし (松浦鉄道)	437
女鹿 めが (羽越本線)	75
妻鹿 めが (山陽電気鉄道)	280
恵み野 めぐみの (千歳線)	7
回信号場 めぐりた (西武鉄道)	206
目黒 めぐろ (山手線)	25
目黒 めぐろ (東京急行電鉄)	218
目黒 めぐろ (東京地下鉄)	227
目白 めじろ (山手線)	25
めじろ台 めじろだい (京王電鉄)	213
目白山下 めじろやました (湘南モノレール)	336
目出 めで (小田急線)	137
目時 めとき (青い森鉄道)	292
目時 めとき (IGRいわて銀河鉄道)	295
目名 めな (函館本線)	4
売布神社 めふじんじゃ (阪急電鉄)	268
女満別 めまんべつ (石北本線)	20
芽室 めむろ (根室本線)	14
免田 めんでん (七尾線)	118

も

茂市 もいち (山田線)	61
舞木 もうぎ (磐越東線)	63

真岡 もおか (真岡鐵道)	308
最上 もがみ (陸羽東線)	76
茂吉記念館前 もきちきねんかんまえ (奥羽本線)	67
百草園 もぐさえん (京王電鉄)	213
藻琴 もこと (釧網本線)	21
門司 もじ (鹿児島本線)	165
門司港 もじこう (鹿児島本線)	165
茂尻 もしり (根室本線)	14
百舌鳥 もず (阪和線)	151
百舌鳥八幡 もずはちまん (南海電気鉄道)	260
妹背牛 もせうし (函館本線)	5
もたて山 もたてやま (比叡山鉄道)	386
用瀬 もちがせ (因美線)	142
持田 もちだ (秩父鉄道)	312
餅原 もちばる (日豊本線)	183
以宗 もちむね (東海道本線)	91
茂木 もてぎ (真岡鐵道)	309
元宇品口 もとうじなぐち (広島電鉄)	417
本笠寺 もとかさでら (名古屋鉄道)	235
元加治 もとかじ (西武鉄道)	203
元山上口 もとさんじょうぐち (近畿日本鉄道)	252
本宿 もとじゅく (名古屋鉄道)	234
本宿 もとじゅく (わたらせ渓谷鐵道)	309
本巣 もとす (樽見鉄道)	378
元住吉 もとすみよし (東京急行電鉄)	218
元善光寺 もとぜんこうじ (飯田線)	98
本楯 もとたて (羽越本線)	75
元田中 もとたなか (叡山電鉄)	388
本銚子 もとちょうし (銚子電気鉄道)	314
本中小屋 もとなかごや (札沼線)	7
本蓮沼 もとはすぬま (東京都交通局)	326
本星崎 もとほしざき (名古屋鉄道)	235
元町 もとまち (東海道本線)	110
元町 もとまち (阪神電気鉄道)	270
元町 もとまち (札幌市交通局)	644
元町・中華街 もとまち・ちゅうかがい (横浜高速鉄道)	334
本宮 もとみや (東北本線)	41
本山 もとやま (予讃線)	156
元山 もとやま (新京成電鉄)	276
本山 もとやま (名古屋市交通局)	370
本山 もとやま (高松琴平電気鉄道)	423
本山 もとやま (札幌市交通局)	438
本八幡 もとやわた (総武線)	83
本八幡 もとやわた (東京都交通局)	327
本吉 もとよし (気仙沼線)	57
本輪西 もとわにし (室蘭本線)	10
物井 ものい (総武本線)	83
モノレール浜松町 ものれーるはままつちょう (東京モノレール)	325
茂原 もばら (外房線)	85
茂辺地 もへじ (道南いさりび鉄道)	289
樅山 もみやま (東武鉄道)	198
桃内 ももうち (常磐線)	47
桃園 ももぞの (近畿日本鉄道)	253
桃谷 ももだに (大阪環状線)	112
桃川 もものかわ (筑肥線)	175
桃山 ももやま (奈良線)	147

桃山御陵前 ももやまごりょうまえ (近畿日本鉄道)	251
桃山台 ももやまだい (北大阪急行電鉄)	277
桃山南口 ももやまみなみぐち (京阪電気鉄道)	262
森 もり (函館本線)	3
森 もり (水間鉄道)	400
森石 もりいし (黒部峡谷鉄道)	350
盛岡 もりおか (東北本線)	43
盛岡 もりおか (IGRいわて銀河鉄道)	294
盛岡貨物ターミナル もりおかかもつたーみなる (岩徳線)	43
森ヶ原信号場 もりがはら (岩徳線)	134
森上 もりかみ (名古屋鉄道)	243
守口 もりぐち (アルピコ交通)	343
守口 もりぐち (大阪市交通局)	394
守口市 もりぐちし (京阪電気鉄道)	261
森下 もりした (名古屋鉄道)	240
森下 もりした (東京都交通局)	326
森下 もりした (筑豊電気鉄道)	432
森小路 もりしょうじ (京阪電気鉄道)	261
杜せきのした もりせきのした (仙台空港鉄道)	298
森田 もりた (北陸本線)	115
森岳 もりたけ (奥羽本線)	69
守恒 もりつね (北九州高速鉄道)	431
森ノ宮 もりのみや (大阪環状線)	112
森ノ宮 もりのみや (大阪市交通局)	395
茂里町 もりまち (長崎電軌)	439
森町病院前 もりまちびょういんまえ (天竜浜名湖鉄道)	365
森宮野原 もりみやのはら (飯山線)	80
森本 もりもと (IRいしかわ鉄道)	356
守谷 もりや (関東鉄道)	307
守谷 もりや (首都圏新都市鉄道)	322
守山 もりやま (東海道本線)	109
守山 もりやま (名古屋ガイドウェイバス)	375
森山 もりやま (島原鉄道)	440
守山自衛隊前 もりやまじえいたいまえ (名古屋鉄道)	240
茂林寺前 もりんじまえ (東武鉄道)	196
モレラ岐阜 もれらぎふ (樽見鉄道)	378
毛呂 もろ (八高線)	36
諸寄 もろよせ (山陰本線)	139
門静 もんしず (根室本線)	15
文珠通 もんじゅどおり (とさでん交通)	429
門前仲町 もんぜんなかちょう (東京地下鉄)	225
門前仲町 もんぜんなかちょう (東京都交通局)	327
門田 もんでん (会津鉄道)	303
門戸厄神 もんどやくじん (阪急電鉄)	267
紋穂内 もんぽない (宗谷本線)	17

や

矢板 やいた (東北本線)	41
焼津 やいづ (東海道本線)	91
八色 やいろ (上越線)	51
八戸ノ里 やえのさと (近畿日本鉄道)	247
八尾 やお (関西本線)	146
八乙女 やおとめ (仙台市交通局)	296

駅名	よみ	路線	ページ
八尾南	やおみなみ	(大阪市交通局)	394
八家	やか	(山陽電気鉄道)	280
谷峨	やが	(御殿場線)	94
矢賀	やが	(芸備線)	132
矢掛	やかげ	(井原鉄道)	414
矢加部	やかべ	(西日本鉄道)	274
矢神	やがみ	(芸備線)	131
八川	やかわ	(木次線)	144
矢川	やがわ	(南武線)	26
谷河原	やがわら	(水郡線)	49
八木	やぎ	(山陰本線)	138
八木崎	やぎさき	(東武鉄道)	200
八木沢	やぎさわ	(上田電鉄)	342
八木西口	やぎにしぐち	(近畿日本鉄道)	248
八木原	やぎはら	(上越線)	50
八木山動物公園	やぎやまどうぶつこうえん	(仙台市交通局)	296
柳生	やぎゅう	(東武鉄道)	198
柳生橋	やぎゅうばし	(豊橋鉄道)	367
矢切	やぎり	(北総鉄道)	315
薬院	やくいん	(西日本鉄道)	273
薬院	やくいん	(福岡市交通局)	436
薬院大通	やくいんおおどおり	(福岡市交通局)	436
薬園台	やくえんだい	(新京成電鉄)	276
八草	やくさ	(愛知環状鉄道)	368
八草	やくさ	(愛知高速交通)	369
薬師堂	やくしどう	(仙台市交通局)	297
薬師堂	やくしどう	(由利高原鉄道)	300
薬師峠信号場	やくしとうげ	(北越急行)	344
厄神	やくじん	(加古川線)	125
矢口渡	やぐちのわたし	(東京急行電鉄)	220
やぐま台	やぐまだい	(豊橋鉄道)	367
八雲	やくも	(函館本線)	3
矢倉	やぐら	(吾妻線)	52
八栗	やくり	(高松琴平電気鉄道)	422
八栗口	やくりぐち	(高徳線)	159
八栗山上	やくりさんじょう	(四国ケーブル)	423
八栗新道	やくりしんみち	(高松琴平電気鉄道)	422
八栗登山口	やくりとざんぐち	(四国ケーブル)	423
焼石	やけいし	(高山本線)	100
焼島	やけじま	(信越本線)	190
矢向	やこう	(南武線)	26
矢越	やごし	(大船渡線)	57
弥五島	やごしま	(会津鉄道)	303
八事	やごと	(名古屋市交通局)	372
八事日赤	やごとにっせき	(名古屋市交通局)	371
谷在家	やざいけ	(東京都交通局)	330
八坂	やさか	(西武鉄道)	206
八坂	やさか	(長良川鉄道)	377
八潮	やしお	(首都圏新都市鉄道)	322
屋島	やしま	(高徳線)	159
矢島	やしま	(由利高原鉄道)	300
野州大塚	やしゅうおおつか	(真岡鐵道)	199
野州平川	やしゅうひらかわ	(真岡鐵道)	199
野州山辺	やしゅうやまべ	(東武鉄道)	196
屋代	やしろ	(しなの鉄道)	341
屋代高校前	やしろこうこうまえ	(しなの鉄道)	341
矢代田	やしろだ	(信越本線)	79
社町	やしろちょう	(加古川線)	125
八代通	やしろどおり	(とさでん交通)	429
野洲	やす	(東海道本線)	109
夜須	やす	(土佐くろしお鉄道)	427
安牛	やすうし	(宗谷本線)	18
安浦	やすうら	(呉線)	133
安岡	やすおか	(山陰本線)	142
安来	やすぎ	(山陰本線)	140
安国	やすくに	(石北本線)	19
八頭高校前	やすこうこうまえ	(若桜鉄道)	410
安田	やすだ	(信越本線)	79
安田	やすだ	(土佐くろしお鉄道)	428
安武	やすたけ	(西日本鉄道)	274
安塚	やすづか	(東武鉄道)	199
安野屋	やすのや	(富山地方鉄道)	349
安東	やすひがし	(広島高速交通)	419
八瀬比叡山口	やせひえいざんぐち	(叡山電鉄)	388
八十場	やそば	(予讃線)	155
矢田	やた	(近畿日本鉄道)	249
矢田	やだ	(名古屋市交通局)	240
谷田川	やたがわ	(水郡線)	48
矢岳	やたけ	(肥薩線)	170
矢田前	やだまえ	(青い森鉄道)	292
谷地頭	やちがしら	(函館市企業局)	287
八千穂	やちほ	(小海線)	37
八街	やちまた	(総武本線)	83
八千代台	やちよだい	(京成電鉄)	209
八千代中央	やちよちゅうおう	(東葉高速鉄道)	316
八千代町	やちよまち	(長野電気軌道)	439
八千代緑が丘	やちよみどりがおか	(東葉高速鉄道)	316
谷津	やつ	(京成電鉄)	208
八津	やつ	(秋田内陸縦貫鉄道)	299
谷塚	やつか	(東武鉄道)	195
八次	やつぎ	(芸備線)	131
八ツ島	やつしま	(えちぜん鉄道)	357
八代	やつしろ	(鹿児島本線)	167
八代	やつしろ	(肥薩おれんじ鉄道)	445
八積	やつみ	(外房線)	85
弥富	やとみ	(関西本線)	104
弥富	やとみ	(名古屋鉄道)	243
柳井	やない	(山陽本線)	123
柳津	やないづ	(気仙沼線)	57
柳津	やないづ	(名古屋鉄道)	243
柳井港	やないみなと	(山陽本線)	123
梁川	やながわ	(中央本線)	34
梁川	やながわ	(阿武隈急行)	301
柳川	やながわ	(岡山電気軌道)	412
やながわ希望の森公園前	やながわきぼうのもりこうえんまえ	(阿武隈急行)	301
柳	やなぎ	(近畿日本鉄道)	254
柳ケ浦	やなぎがうら	(日豊本線)	181
柳小路	やなぎこうじ	(江ノ島電鉄)	336
柳田	やなぎた	(奥羽本線)	68
柳橋	やなぎばし	(黒部峡谷鉄道)	350
柳原	やなぎはら	(北上線)	58
柳原	やなぎはら	(予讃線)	156
柳原	やなぎはら	(長野電鉄)	340
柳本	やなぎもと	(桜井線)	148
梁瀬	やなせ	(山陰本線)	138
柳瀬	やなぜ	(錦川鉄道)	420
柳瀬川	やなせがわ	(東武鉄道)	201
簗場	やなば	(大糸線)	39
ヤナバスキー場前《臨》	やなばすきーじょうまえ	(大糸線)	39
矢野	やの	(呉線)	134
矢野口	やのくち	(南武線)	26
矢野目信号場	やのめ	(東北本線)	42
矢作	やはぎ	(弥彦線)	82
矢作橋	やはぎばし	(名古屋鉄道)	234
八柱	やばしら	(新京成電鉄)	276
八橋	やばせ	(山陰本線)	139
八幡	やはた	(鹿児島本線)	165
矢場町	やばちょう	(名古屋市交通局)	371
矢幅	やはば	(東北本線)	43
矢原	やばら	(山口線)	135
弥彦	やひこ	(弥彦線)	82
矢美津	やびつ	(北上線)	59
八広	やひろ	(京成電鉄)	209
養父	やぶ	(山陰本線)	139
藪神	やぶかみ	(只見線)	66
矢吹	やぶき	(東北本線)	41
藪塚	やぶづか	(東武鉄道)	197
藪原	やぶはら	(中央本線)	102
矢不来信号場	やふらい	(道南いさりび鉄道)	289
矢部	やべ	(横浜線)	30
谷保	やほ	(南武線)	26
山岡	やまおか	(明知鉄道)	376
山家	やまが	(山陰本線)	138
山形	やまがた	(奥羽本線)	67
山方宿	やまがたじゅく	(水郡線)	48
山川	やまかわ	(指宿枕崎線)	171
山河内	やまがわち	(牟岐線)	161
山岸	やまぎし	(山田線)	60
山北	やまきた	(御殿場線)	94
山口	やまぐち	(山口線)	135
山口	やまぐち	(愛知環状鉄道)	368
山口団地	やまぐちだんち	(三陸鉄道)	293
山隈	やまくま	(甘木鉄道)	436
山越	やまこし	(函館本線)	3
山崎	やまさき	(函館本線)	4
山崎	やまざき	(東海道本線)	110
山崎	やまざき	(名古屋鉄道)	243
山郷	やまさと	(智頭急行)	411
山下	やました	(常磐線)	47
山下	やました	(東京急行電鉄)	221
山下	やました	(能勢電鉄)	402
山科	やましな	(東海道本線)	109
山科	やましな	(京都市交通局)	391
山城	やましろ	(三岐鉄道)	380
山城青谷	やましろあおだに	(奈良線)	147
山城多賀	やましろたが	(奈良線)	147
山瀬	やませ	(徳島線)	160
山田	やまだ	(京王電鉄)	213

山田 やまだ (阪急電鉄)		266
山田 やまだ (長良川鉄道)		377
山田 やまだ (大阪高速鉄道)		401
山田上口 やまだかみぐち (参宮線)		106
山田川 やまだがわ (近畿日本鉄道)		251
山谷 やまだに (松浦鉄道)		437
山田西町 やまだにしまち (土讃線)		162
矢祭山 やまつりやま (水郡線)		48
山手 やまて (根岸線)		30
山寺 やまでら (仙山線)		55
大和 やまと (水戸線)		53
山都 やまと (磐越西線)		64
大和 やまと (小田急電鉄)		216
大和 やまと (相模鉄道)		232
大和朝倉 やまとあさくら (近畿日本鉄道)		246
大和上市 やまとかみいち (近畿日本鉄道)		250
大和川 やまとがわ (阪堺電気軌道)		398
大和小泉 やまとこいずみ (関西本線)		146
大和西大寺 やまとさいだいじ (近畿日本鉄道)		247
大和新庄 やまとしんじょう (和歌山線)		150
大和高田 やまとたかだ (近畿日本鉄道)		245
大和二見 やまとふたみ (和歌山線)		150
大和八木 やまとやぎ (近畿日本鉄道)		246
山名 やまな (上信電鉄)		311
山中渓 やまなかだに (阪和線)		151
山梨市 やまなしし (中央本線)		34
山西 やまにし (伊予鉄道)		424
山ノ内 やまのうち (芸備線)		131
山ノ内 やまのうち (京福電気鉄道)		389
山之口 やまのくち (日豊本線)		183
山の田 やまのた (松浦鉄道)		438
山の街 やまのまち (神戸電鉄)		405
山ノ目 やまのめ (東北本線)		43
山鼻9条 やまはなくじょう (札幌市交通局)		285
山鼻19条 やまはなじゅうくじょう (札幌市交通局)		285
山吹 やまぶき (飯田線)		98
山部 やまべ (根室本線)		14
山前 やままえ (両毛線)		52
山本 やまもと (唐津線)		174
山本 やまもと (阪急電鉄)		268
止別 やむべつ (釧網本線)		21
谷村町 やむらまち (富士急行)		339
矢本 やもと (仙石線)		56
弥生 やよい (水島臨海鉄道)		413
弥生が丘 やよいがおか (鹿児島本線)		166
弥生台 やよいだい (相模鉄道)		233
鑓見内 やりみない (田沢湖線)		60
八幡信号場 やわた (東海道本線)		190
八幡 やわた (名古屋線)		244
八幡市 やわたし (京阪電気鉄道)		262
八幡宿 やわたじゅく (内房線)		86
八幡新田 やわたしんでん (名古屋鉄道)		239
八幡浜 やわたはま (予讃線)		157

ゆ

湯浅 ゆあさ (紀勢本線)		154
由比 ゆい (東海道本線)		91
由比ヶ浜 ゆいがはま (江ノ島電鉄)		336
由宇 ゆう (山陽本線)		123
遊園地西 ゆうえんちにし (西武鉄道)		207
ユーカリが丘 ゆーかりがおか (京成電鉄)		209
ユーカリが丘 ゆーかりがおか (山万)		317
結城 ゆうき (水戸線)		53
結崎 ゆうざき (近畿日本鉄道)		248
勇知 ゆうち (宗谷本線)		18
祐天寺 ゆうてんじ (東京急行電鉄)		218
夕張 ゆうばり (石勝線)		9
夕日ヶ浦木津温泉 ゆうひがうらきつおんせん (WILLER TRAINS)		387
有備館 ゆうびかん (陸羽東線)		76
郵便局前 ゆうびんきょくまえ (岡山電気軌道)		413
勇払 ゆうふつ (日高本線)		12
有楽町 ゆうらくちょう (東海道本線)		23
有楽町 ゆうらくちょう (東京地下鉄)		226
湯江 ゆえ (長崎本線)		173
行波 ゆかば (錦川鉄道)		420
湯川 ゆかわ (紀勢本線)		153
湯河原 ゆがわら (東海道本線)		24
油木 ゆき (木次線)		144
由岐 ゆき (牟岐線)		161
雪が谷大塚 ゆきがやおおつか (東京急行電鉄)		221
行橋 ゆくはし (日豊本線)		181
行橋 ゆくはし (平成筑豊鉄道)		434
弓削 ゆげ (予讃線)		128
遊佐 ゆざ (羽越本線)		75
湯里 ゆさと (山陽本線)		140
湯沢 ゆざわ (奥羽本線)		68
油島 ゆしま (東北本線)		43
湯島 ゆしま (東京地下鉄)		225
湯原 ゆずる (篠栗線)		169
油須原 ゆすばる (平成筑豊鉄道)		434
湯瀬温泉 ゆぜおんせん (花輪線)		61
湯田温泉 ゆだおんせん (山口線)		135
ゆだ錦秋湖 ゆだきんしゅうこ (北上線)		58
ゆだ高原 ゆだこうげん (北上線)		58
湯田中 ゆだなか (長野電鉄)		340
湯玉 ゆたま (山陰本線)		141
湯田村 ゆだむら (福塩線)		132
由仁 ゆに (室蘭本線)		11
湯西川温泉 ゆにしがわおんせん (野岩鉄道)		308
ユニバーサルシティ ゆにばーさるしてい (桜島線)		112
湯野 ゆの (井原鉄道)		414
湯浦 ゆのうら (肥薩おれんじ鉄道)		445
湯尾 ゆのお (北陸本線)		115
湯野上温泉 ゆのかみおんせん (会津鉄道)		303
湯の川 ゆのかわ (函館市企業局)		288
湯の川温泉 ゆのかわおんせん (函館市企業局)		288
柚木 ゆのき (身延線)		95
柚木 ゆのき (静岡鉄道)		362
湯の里知内信号場 ゆのさとしりうち (海峡線)		6
温泉津 ゆのつ (山陰本線)		140
湯ノ峠 ゆのとう (美祢線)		137
湯平 ゆのひら (久大本線)		177
湯の洞温泉口 ゆのほらおんせんぐち (長良川鉄道)		377
湯前 ゆのまえ (くま川鉄道)		446
湯之元 ゆのもと (鹿児島本線)		168
湯の山温泉 ゆのやまおんせん (近畿日本鉄道)		255
湯檜曽 ゆびそ (上越線)		50
由布院 ゆふいん (久大本線)		177
弓ヶ浜 ゆみがはま (境線)		143
ゆめが丘 ゆめがおか (相模鉄道)		233
夢前川 ゆめさきがわ (山陽電気鉄道)		280
ゆめみ野 ゆめみの (関東鉄道)		307
湯本 ゆもと (常磐線)		46
湯谷温泉 ゆやおんせん (飯田線)		97
由良 ゆら (山陰本線)		139
百合ヶ丘 ゆりがおか (小田急電鉄)		215
百合が原 ゆりがはら (札沼線)		6

よ

夜明 よあけ (久大本線)		177
余市 よいち (函館本線)		4
八鹿 ようか (山陰本線)		139
用賀 ようが (東京急行電鉄)		219
八日市 ようかいち (近江鉄道)		384
八日市場 ようかいちば (総武本線)		84
遙堪 ようかん (一畑電車)		412
余戸 ようご (伊予鉄道)		424
洋光台 ようこうだい (根岸線)		31
陽谷 ようこく (日豊本線)		181
養鱒公園 ようそんこうえん (会津鉄道)		303
用土 ようど (八高線)		36
養老 ようろう (養老鉄道)		379
養老渓谷 ようろうけいこく (小湊鉄道)		320
余呉 よご (北陸本線)		115
横磯 よこいそ (五能線)		72
横江 よこえ (富山地方鉄道)		347
横尾 よこお (福塩線)		132
横川 よこかわ (信越本線)		78
横川 よこかわ (山陽本線)		123
横川一丁目 よこがわいっちょうめ (広島電鉄)		418
横川駅 よこがわえき (広島電鉄)		418
横川目 よこかわめ (北上線)		58
横河原 よこがわら (伊予鉄道)		424
横倉 よこくら (飯山線)		80
横倉 よこくら (阿武隈急行)		302
横芝 よこしば (総武本線)		84
横須賀 よこすか (横須賀線)		31
横須賀中央 よこすかちゅうおう (京浜急行電鉄)		230
横瀬 よこぜ (西武鉄道)		204
横田 よこた (久留里線)		88
横堤 よこづつみ (大阪市交通局)		396
横手 よこて (奥羽本線)		68
横浜 よこはま (東海道本線)		23
横浜 よこはま (東京急行電鉄)		218
横浜 よこはま (京浜急行電鉄)		229
横浜 よこはま (相模鉄道)		232
横浜 よこはま (横浜市交通局)		333

524

駅名	読み(事業者・路線)	ページ
横浜	よこはま (横浜高速鉄道)	334
横浜羽沢	よこはまはざわ (東海道本線)	24
横浜本牧	よこはまほんもく (神奈川臨海鉄道)	332
横堀	よこぼり (奥羽本線)	68
横間	よこま (花輪線)	61
横屋	よこや (樽見鉄道)	378
横山	よこやま (七尾線)	118
横山	よこやま (神戸電鉄)	405
与謝野	よさの (WILLER TRAINS)	387
吉井	よしい (上信電鉄)	311
吉井	よしい (松浦鉄道)	438
葭池温泉前	よしいけおんせんまえ (富士急行)	339
吉浦	よしうら (呉線)	133
吉尾	よしお (肥薩線)	170
吉川	よしかわ (武蔵野線)	29
吉川	よしかわ (七尾線)	118
よしかわ	よしかわ (土佐くろしお鉄道)	427
葭川公園	よしかわこうえん (千葉都市モノレール)	318
吉川美南	よしかわみなみ (武蔵野線)	29
吉沢	よしざわ (由利高原鉄道)	300
吉田	よしだ (越後線)	81
吉田	よしだ (近畿日本鉄道)	248
吉田口	よしだぐち (芸備線)	132
吉塚	よしづか (鹿児島本線)	166
吉富	よしとみ (山陰本線)	138
吉富	よしとみ (日豊本線)	181
吉名	よしな (呉線)	133
吉永	よしなが (山陽本線)	121
吉成	よしなり (高徳線)	159
吉野	よしの (鹿児島本線)	167
吉野	よしの (近畿日本鉄道)	250
吉野ケ里公園	よしのがりこうえん (長崎本線)	173
吉野口	よしのぐち (和歌山線)	150
吉野口	よしのぐち (近畿日本鉄道)	250
吉野神宮	よしのじんぐう (近畿日本鉄道)	250
吉野町	よしのちょう (横浜市交通局)	333
吉野原	よしのはら (埼玉新都市交通)	314
吉野生	よしのぶ (予土線)	158
吉浜	よしはま (名古屋鉄道)	236
吉浜	よしはま (三陸鉄道)	294
吉久	よしひさ (万葉線)	352
吉松	よしまつ (肥薩線)	170
吉見	よしみ (山陰本線)	142
吉水	よしみず (東武鉄道)	198
吉見ノ里	よしみのさと (南海電気鉄道)	258
吉原	よしわら (東海道本線)	91
吉原	よしわら (岳南電車)	362
吉原本町	よしわらほんちょう (岳南電車)	362
四日市	よっかいち (関西本線)	104
四街道	よつかいどう (総武本線)	83
四ツ木	よつぎ (京成電鉄)	209
四ツ倉	よつくら (常磐線)	46
四ツ小屋	よつごや (奥羽本線)	68
四辻	よつつじ (山陽本線)	124
四ツ橋	よつばし (大阪市交通局)	394
四ツ谷	よつや (中央本線)	33
四ツ谷	よつや (東京地下鉄)	223

駅名	読み(事業者・路線)	ページ
四谷三丁目	よつやさんちょうめ (東京地下鉄)	223
淀	よど (京阪電気鉄道)	262
淀江	よどえ (山陰本線)	140
淀川	よどがわ (阪神電気鉄道)	271
淀屋橋	よどやばし (京阪電気鉄道)	261
淀屋橋	よどやばし (大阪市交通局)	393
米内沢	よないざわ (秋田内陸縦貫鉄道)	298
米子	よなご (山陰本線)	140
米子空港	よなごくうこう (境線)	143
米川	よねかわ (岩泉線)	135
米沢	よねざわ (奥羽本線)	67
米島口アルビス米島店前	よねじまぐちあるびすよねじまてんまえ (万葉線)	352
米津	よねづ (名古屋鉄道)	236
米山	よねやま (信越本線)	78
与野	よの (東北本線)	40
与野本町	よのほんまち (東北本線)	44
夜ノ森	よのもり (常磐線)	47
呼続	よびつぎ (名古屋鉄道)	235
呼人	よびと (石北本線)	20
呼野	よぶの (日田彦山線)	184
余部	よべ (姫新線)	126
余部信号場	よべ (姫新線)	126
夜間瀬	よませ (長野電鉄)	340
読売ランド前	よみうりらんどまえ (小田急電鉄)	215
蓬田	よもぎた (津軽線)	73
代々木	よよぎ (中央本線)	33
代々木	よよぎ (東京都交通局)	328
代々木上原	よよぎうえはら (小田急電鉄)	215
代々木上原	よよぎうえはら (東京地下鉄)	225
代々木公園	よよぎこうえん (東京地下鉄)	225
代々木八幡	よよぎはちまん (小田急電鉄)	215
寄居	よりい (八高線)	36
寄居	よりい (東武鉄道)	202
寄居	よりい (秩父鉄道)	312
寄畑	よりはた (身延線)	95
鎧	よろい (山陰本線)	139
榎原	よわら (日南線)	185

ら

駅名	読み(事業者・路線)	ページ
来迎寺	らいこうじ (信越本線)	79
礼拝	らいはい (越後線)	81
洛西口	らくさいぐち (阪急電鉄)	265
楽々園	らくらくえん (広島電鉄)	415
ラベンダー畑〔臨〕	らべんだーばたけ (富良野線)	16
蘭越	らんこし (函館本線)	4
嵐山信号場	らんざん (東武鉄道)	201
蘭島	らんしま (函館本線)	4
嵐電嵯峨	らんでんさが (京福電気鉄道)	389
嵐電天神川	らんでんてんじんがわ (京福電気鉄道)	389
蘭留	らんる (宗谷本線)	17

り

駅名	読み(事業者・路線)	ページ
陸前赤井	りくぜんあかい (仙石線)	56
陸前赤崎	りくぜんあかさき (三陸鉄道)	294
陸前稲井	りくぜんいない (石巻線)	56
陸前大塚	りくぜんおおつか (仙石線)	55
陸前大谷	りくぜんおおや (気仙沼線)	54
陸前落合	りくぜんおちあい (仙山線)	54
陸前小野	りくぜんおの (仙石線)	56
陸前小泉	りくぜんこいずみ (気仙沼線)	57
陸前山王	りくぜんさんのう (東北本線)	42
陸前山王	りくぜんさんのう (仙台臨海鉄道)	297
陸前白沢	りくぜんしらさわ (仙山線)	55
陸前高砂	りくぜんたかさご (仙石線)	55
陸前高田	りくぜんたかた (大船渡線)	58
陸前戸倉	りくぜんとぐら (気仙沼線)	57
陸前富山	りくぜんとみやま (仙石線)	55
陸前豊里	りくぜんとよさと (気仙沼線)	57
陸前階上	りくぜんはしかみ (気仙沼線)	57
陸前浜田	りくぜんはまだ (仙石線)	55
陸前原ノ町	りくぜんはらのまち (仙石線)	55
陸前港	りくぜんみなと (気仙沼線)	57
陸前谷地	りくぜんやち (陸東東線)	76
陸前矢作	りくぜんやはぎ (大船渡線)	58
陸前山下	りくぜんやました (仙石線)	56
陸前横山	りくぜんよこやま (仙石線)	57
陸中宇部	りくちゅううべ (三陸鉄道)	294
陸中大里	りくちゅうおおさと (花輪線)	61
陸中大橋	りくちゅうおおはし (釜石線)	57
陸中折居	りくちゅうおりい (東北本線)	43
陸中川井	りくちゅうかわい (山田線)	60
陸中門崎	りくちゅうかんざき (大船渡線)	57
陸中中野	りくちゅうなかの (八戸線)	62
陸中夏井	りくちゅうなつい (八戸線)	63
陸中野田	りくちゅうのだ (三陸鉄道)	294
陸中松川	りくちゅうまつかわ (大船渡線)	57
陸中八木	りくちゅうやぎ (八戸線)	62
陸中山田	りくちゅうやまだ (山田線)	61
リゾートゲートウェイ・ステーション	りぞーとげーとうぇい・すてーしょん (舞浜リゾートライン)	319
栗東信号場	りっとう (東海道新幹線)	94
栗東	りっとう (東海道本線)	109
栗林	りつりん (高徳線)	159
栗林公園	りつりんこうえん (高松琴平電気鉄道)	421
栗林公園北口	りつりんこうえんきたぐち (高徳線)	159
利府	りふ (東北本線)	44
竜王	りゅうおう (中央本線)	34
龍王峡	りゅうおうきょう (野岩鉄道)	308
竜ヶ崎	りゅうがさき (関東鉄道)	306
竜水	りゅうがみず (日豊本線)	184
流通センター	りゅうつうせんたー (東京モノレール)	324
竜舞	りゅうまい (東武鉄道)	197
龍安寺	りょうあんじ (京福電気鉄道)	390
両石	りょういし (山田線)	61
両国	りょうごく (総武本線)	84
両国	りょうごく (東京都交通局)	327
領石通	りょうせきどおり (とさでん交通)	430

綾里	りょうり (三陸鉄道)	294
緑園都市	りょくえんとし (相模鉄道)	233
緑地公園	りょくちこうえん (北大阪急行電鉄)	277
林間田園都市	りんかんでんえんとし (南海電気鉄道)	260
りんくうタウン	りんくうたうん (関西空港線)	152
りんくうタウン	りんくうたうん (南海電気鉄道)	258
りんくう常滑	りんくうとこなめ (名古屋鉄道)	244
梨郷	りんごう (山形鉄道)	300

る

留辺蘂	るべしべ (石北本線)	19
留萌	るもい (留萌本線)	13

れ

礼受	れうけ (留萌本線)	13
礼文	れぶん (室蘭本線)	10
蓮花寺	れんげじ (三岐鉄道)	381
蓮台寺	れんだいじ (伊豆急行)	361
連坊	れんぼう (仙台市交通局)	297

ろ

ロープウェイ入口	ろーぷうぇいいりぐち (札幌市交通局)	286
芦花公園	ろかこうえん (京王電鉄)	212
鹿王院	ろくおういん (京福電気鉄道)	389
六合	ろくごう (東海道本線)	92
六郷土手	ろくごうどて (京浜急行電鉄)	229
六地蔵	ろくじぞう (奈良線)	147
六地蔵	ろくじぞう (京阪電気鉄道)	262
六地蔵	ろくじぞう (京都市交通局)	391
六条	ろくじょう (越美北線)	117
六反地	ろくたんじ (土讃線)	163
六町	ろくちょう (首都圏新都市鉄道)	322
六丁の目	ろくちょうのめ (仙台市交通局)	297
六渡寺	ろくどうじ (万葉線)	353
六原	ろくはら (東北本線)	43
六番町	ろくばんちょう (名古屋市交通局)	371
六万寺	ろくまんじ (高松琴平電気鉄道)	422
六輪	ろくわ (名古屋鉄道)	243
六軒	ろっけん (紀勢本線)	105
六軒	ろっけん (名古屋鉄道)	241
六甲	ろっこう (阪急電鉄)	267
六甲ケーブル下	ろっこうけーぶるした (六甲山観光)	402
六甲山上	ろっこうさんじょう (六甲山観光)	402
六甲道	ろっこうみち (東海道本線)	110
六本木	ろっぽんぎ (東京地下鉄)	224
六本木	ろっぽんぎ (東京都交通局)	327
六本木一丁目	ろっぽんぎいっちょうめ (東京地下鉄)	227
六本松	ろっぽんまつ (福岡市交通局)	436

わ

ＹＲＰ野比	わいあーるぴーのび (京浜急行電鉄)	231
若井	わかい (予土線)	158
若井	わかい (土佐くろしお鉄道)	426
若江岩田	わかえいわた (近畿日本鉄道)	247
若栗	わかぐり (富山地方鉄道)	347
若桜	わかさ (若桜鉄道)	410
若狭有田	わかさありた (小浜線)	116
若狭高浜	わかさたかはま (小浜線)	117
若狭本郷	わかさほんごう (小浜線)	117
若狭和田	わかさわだ (小浜線)	117
和賀仙人	わかせんにん (北上線)	58
若葉	わかば (東武鉄道)	201
若葉台	わかばだい (京王電鉄)	213
若葉町	わかばまち (長崎電気軌道)	439
若林	わかばやし (東京急行電鉄)	221
若林	わかばやし (名古屋鉄道)	236
若松	わかまつ (筑豊本線)	187
若松河田	わかまつかわだ (東京都交通局)	327
若宮	わかみや (只見線)	65
和歌山	わかやま (紀勢本線)	154
和歌山	わかやま (和歌山電鐵)	408
和歌山港	わかやまこう (南海電気鉄道)	259
和歌山市	わかやまし (紀勢本線)	154
和歌山市	わかやまし (南海電気鉄道)	258
和歌山大学前	わかやまだいがくまえ (南海電気鉄道)	258
和木	わき (山陽本線)	123
掖上	わきがみ (和歌山線)	150
脇田信号場	わきた (西武鉄道)	205
脇田	わきた (鹿児島市交通局)	448
脇ノ沢	わきのさわ (大船渡線)	58
脇本	わきもと (男鹿線)	71
涌谷	わくや (石巻線)	56
和倉温泉	わくらおんせん (七尾線)	118
和倉温泉	わくらおんせん (のと鉄道)	354
和気	わけ (山陽本線)	122
和光市	わこうし (東武鉄道)	201
和光市	わこうし (東京地下鉄)	226
和佐	わさ (紀勢本線)	154
和食	わじき (土佐くろしお鉄道)	427
鷲津	わしづ (東海道本線)	92
鷲塚針原	わしづかはりばら (えちぜん鉄道)	357
鷲ノ巣信号場	わしのす (函館本線)	4
鷲宮	わしのみや (東武鉄道)	196
鷲原信号場	わしばら (高山本線)	100
鷲別	わしべつ (室蘭本線)	10
和白	わじろ (香椎線)	169
和白	わじろ (西日本鉄道)	275
早稲田	わせだ (東京地下鉄)	224
早稲田	わせだ (東京都交通局)	330
和田	わだ (奥羽本線)	68
和田浦	わだうら (内房線)	87
和田河原	わだがはら (伊豆箱根鉄道)	360
渡瀬	わたぜ (鹿児島本線)	167
和多田	わただ (筑肥線)	175
和田塚	わだづか (江ノ島電鉄)	336
渡辺通	わたなべどおり (福岡市交通局)	436
渡辺橋	わたなべばし (京阪電気鉄道)	263
渡波	わたのは (石巻線)	56
和田浜	わだはま (境線)	143
和田町	わだまち (相模鉄道)	232
和田岬	わだみさき (山陽本線)	124
和田岬	わだみさき (神戸市交通局)	404
和田山	わだやま (山陰本線)	138
渡瀬	わたらせ (東武鉄道)	198
亘理	わたり (常磐線)	47
渡	わたり (肥薩線)	170
渡川	わたりがわ (山口線)	135
和知	わち (山陰本線)	138
稚内	わっかない (宗谷本線)	18
和寒	わっさむ (宗谷本線)	17
和戸	わど (東武鉄道)	196
和銅黒谷	わどうくろや (秩父鉄道)	313
和迩	わに (湖西線)	111
輪西	わにし (室蘭本線)	11
和深	わぶか (紀勢本線)	153
和渕	わぶち (気仙沼線)	56
蕨	わらび (東北本線)	40
蕨岱	わらびたい (函館本線)	4
割出	わりだし (北陸鉄道)	355

和暦・西暦・干支　早見表

和暦	西暦	干支	和暦	西暦	干支	和暦	西暦	干支
明治			7	1918	戊午	44	1969	己酉
1	1868	戊辰	8	1919	己未	45	1970	庚戌
2	1869	己巳	9	1920	庚申	46	1971	辛亥
3	1870	庚午	10	1921	辛酉	47	1972	壬子
4	1871	辛未	11	1922	壬戌	48	1973	癸丑
5	1872	壬申	12	1923	癸亥	49	1974	甲寅
6	1873	癸酉	13	1924	甲子	50	1975	乙卯
7	1874	甲戌	14	1925	乙丑	51	1976	丙辰
8	1875	乙亥	15	1926	丙寅	52	1977	丁巳
9	1876	丙子	昭和			53	1978	戊午
10	1877	丁丑	1	1926	丙寅	54	1979	己未
11	1878	戊寅	2	1927	丁卯	55	1980	庚申
12	1879	己卯	3	1928	戊辰	56	1981	辛酉
13	1880	庚辰	4	1929	己巳	57	1982	壬戌
14	1881	辛巳	5	1930	庚午	58	1983	癸亥
15	1882	壬午	6	1931	辛未	59	1984	甲子
16	1883	癸未	7	1932	壬申	60	1985	乙丑
17	1884	甲申	8	1933	癸酉	61	1986	丙寅
18	1885	乙酉	9	1934	甲戌	62	1987	丁卯
19	1886	丙戌	10	1935	乙亥	63	1988	戊辰
20	1887	丁亥	11	1936	丙子	64	1989	己巳
21	1888	戊子	12	1937	丁丑	平成		
22	1889	己丑	13	1938	戊寅	1	1989	己巳
23	1890	庚寅	14	1939	己卯	2	1990	庚午
24	1891	辛卯	15	1940	庚辰	3	1991	辛未
25	1892	壬辰	16	1941	辛巳	4	1992	壬申
26	1893	癸巳	17	1942	壬午	5	1993	癸酉
27	1894	甲午	18	1943	癸未	6	1994	甲戌
28	1895	乙未	19	1944	甲申	7	1995	乙亥
29	1896	丙申	20	1945	乙酉	8	1996	丙子
30	1897	丁酉	21	1946	丙戌	9	1997	丁丑
31	1898	戊戌	22	1947	丁亥	10	1998	戊寅
32	1899	己亥	23	1948	戊子	11	1999	己卯
33	1900	庚子	24	1949	己丑	12	2000	庚辰
34	1901	辛丑	25	1950	庚寅	13	2001	辛巳
35	1902	壬寅	26	1951	辛卯	14	2002	壬午
36	1903	癸卯	27	1952	壬辰	15	2003	癸未
37	1904	甲辰	28	1953	癸巳	16	2004	甲申
38	1905	乙巳	29	1954	甲午	17	2005	乙酉
39	1906	丙午	30	1955	乙未	18	2006	丙戌
40	1907	丁未	31	1956	丙申	19	2007	丁亥
41	1908	戊申	32	1957	丁酉	20	2008	戊子
42	1909	己酉	33	1958	戊戌	21	2009	己丑
43	1910	庚戌	34	1959	己亥	22	2010	庚寅
44	1911	辛亥	35	1960	庚子	23	2011	辛卯
45	1912	壬子	36	1961	辛丑	24	2012	壬辰
大正			37	1962	壬寅	25	2013	癸巳
1	1912	壬子	38	1963	癸卯	26	2014	甲午
2	1913	癸丑	39	1964	甲辰	27	2015	乙未
3	1914	甲寅	40	1965	乙巳	28	2016	丙申
4	1915	乙卯	41	1966	丙午	29	2017	丁酉
5	1916	丙辰	42	1967	丁未			
6	1917	丁巳	43	1968	戊申			

[注]
(1) 日本での太陽暦の採用は明治5年12月から。
(2) 明治元年は9月8日から、大正元年は7月30日から、昭和元年は12月25日から、平成元年は1月8日から。
(3) 干支の読み方は以下のとおり。
　　十　干：甲(きのえ)、乙(きのと)、丙(ひのえ)、丁(ひのと)、戊(つちのえ)、己(つちのと)、庚(かのえ)、辛(かのと)、壬(みずのえ)、癸(みずのと)
　　十二支：子(ね)、丑(うし)、寅(とら)、卯(う)、辰(たつ)、巳(み)、午(うま)、未(ひつじ)、申(さる)、酉(とり)、戌(いぬ)、亥(い)

● 著者……………………………………………………………………………………

星野真太郎（ほしの・しんたろう）

1968年大阪市生まれ。幼少時から鉄道に親しみ、時刻表を愛読、やがて駅名研究に傾倒する。『駅名変遷事典』（1993年、JTB）に触発され、私鉄の駅名変遷の調査を決意。私家版『私鉄駅名変遷一覧』を作成するも、未調査部分が残ったため、公文書を中心に調査を継続、現在に至る。『日本鉄道旅行地図帳』（新潮社）では東海～九州の駅名編集を担当。『私鉄駅名変遷事典 完全版』を出版するのが夢。鉄道フォーラム会員。

● 監修……………………………………………………………………………………

前里　孝（まえさと・たかし）

1953年大阪市生まれ。子供の頃に買い与えられた三線式Oゲージ鉄道模型セットを皮切りとして鉄道模型の趣味に傾倒。模型製作資料の収集を目的として写真撮影も手がけるようになり、各地に出向いて鉄道とそれを取り巻く歴史や風土の調査にも手を広げる。輸入車輛や技術的関心に始まる諸外国の鉄道への興味も強い。1973年に㈱エリエイ（プレス・アイゼンバーン）に入社、同社刊行鉄道趣味出版物の制作販売に携わる。現在、同社顧問。

● 企画協力………………………………………………………………………………

伊藤博康（いとう・ひろやす）

1958年愛知県犬山市生まれ。㈲鉄道フォーラム代表。著書：『日本の"珍々"踏切』（東邦出版）、『鉄道名所の事典』（東京堂出版）、『日本の鉄道ナンバーワン＆オンリーワン』『「トワイライトエクスプレス」食堂車 ダイナープレヤデスの輝き』（ともに創元社）など著書多数。本書資料3執筆。

来住憲司（きし・けんじ）

1961年東京生まれ。鉄道ライター。著書：『通勤電車マル得読本 首都圏編』（共著、トラベルジャーナル）、『京都鉄道博物館ガイド』（創元社）のほか、鉄道CD-ROMの企画構成、駅すぱあとのブログ・カレンダーの担当、鉄道各誌への連載・寄稿など幅広く活動。

● 編集協力………………………………………………………………………………

所澤秀樹（しょざわ・ひでき）

全国駅名事典
2016年12月20日　第1版第1刷発行

著者　　星野真太郎

監修　　前里　孝

発行者　　矢部敬一

発行所　　株式会社 創元社
http://www.sogensha.co.jp/
本社 〒541-0047 大阪市中央区淡路町4-3-6
Tel.06-6231-9010 Fax.06-6233-3111
東京支店 〒162-0825 東京都新宿区神楽坂4-3 煉瓦塔ビル
Tel.03-3269-1051

印刷所　　図書印刷株式会社

©2016 Shintaro Hoshino, Printed in Japan
ISBN978-4-422-24075-6

装丁　濱崎実幸　　装画　野津あき　　路線図制作　河本佳樹

本書の全部または一部を無断で複写・複製することを禁じます。
落丁・乱丁のときはお取り替えいたします。

JCOPY 〈㈳出版者著作権管理機構 委託出版物〉
本書の無断複写は著作権法上での例外を除き禁じられています。
複写される場合は、そのつど事前に、㈳出版者著作権管理機構
（電話 03-3513-6969、FAX 03-3513-6979、e-mail: info@jcopy.or.jp）
の許諾を得てください。

鉄道史の仁義なき闘い──鉄道会社ガチンコ勝負列伝
所澤秀樹著　官vs民、民vs民──史上有名な対決を取り上げ、日本の鉄道の来し方を振り返る。社の存亡をかけた「仁義なき闘い」は一読巻を措く能わずの面白さ。　四六判・216頁　1,400円

鉄道の基礎知識
所澤秀樹著　列車、ダイヤ、駅、きっぷ、乗務員、信号標識の読み方など、鉄道システム全般を徹底解説。初心者からベテランまで。資料写真700点超。　A5判・424頁（2段組）　2,300円

国鉄の基礎知識──敗戦から解体まで［昭和20年－昭和62年］
所澤秀樹著　画期をなした技術、列車、ダイヤ改正、事件事故、労働運動など、国鉄の黄金時代から終焉までを1年ごとに振り返る。厳選写真350点超。　A5判・400頁（2段組）　2,800円

ダイナープレヤデスの輝き──栄光の軌跡と最終列車の記録
伊藤博康著　「トワイライトエクスプレス」を四半世紀にわたって支えてきた食堂車の物語。その知られざる舞台裏に踏み込み、食堂車クルーたちの奮闘を追う。　A5判・184頁　1,500円

日本の鉄道ナンバーワン＆オンリーワン──日本一の鉄道をたずねる旅
伊藤博康著　鉄道好きならずとも知っておきたい、あらゆる日本一、日本唯一を一挙に紹介。お馴染みの知識からマニアックなネタまで、必読・必見・必乗の一冊。　四六判・256頁　1,200円

鉄道の歴史──鉄道誕生から磁気浮上式鉄道まで
クリスチャン・ウォルマー著／北川玲訳　蒸気機関車以前から最新の高速鉄道まで、世界の鉄道の歴史を豊富な図版とともに紹介。地図・写真・図版250点以上。　A5判・400頁　2,800円

鉄道の誕生──イギリスから世界へ
湯沢威著　比較経営史の第一人者による草創期の本格的通史。各国の近代化を推し進めた鉄道誕生の秘密と影響をその考察。第40回交通図書賞［歴史部門］受賞。　四六判・304頁　2,200円

行商列車──〈カンカン部隊〉を追いかけて
山本志乃著　知られざる鉄道行商の実態と歴史、さらに行商が育んできた食文化、人々のつながりを明らかにする。後世に遺すべき、唯一無二の行商列車探訪記。　A5判・256頁　1,800円

乗らずに死ねるか！──列車を味わいつくす裏マニュアル
黒田一樹著　通勤電車からインターシティ、JR・私鉄特急、はたまた地方私鉄の名優まで、ぜひとも乗っておきたい27の名列車の魅力と愉しみ方を紹介。　A5判・200頁（2段組）　1,500円

鉄道手帳［各年版］
所澤秀樹責任編集／創元社編集部編　全国鉄軌道路線図、各社イベント予定、豆知識入りダイアリー、数十頁の資料編など、専門手帳ならではのコンテンツを収載。　B6判・248頁　1,200円

＊価格には消費税は含まれていません。